# ILLUSTRATIONS

TO THE

# ARMORIAL GÉNÉRAL

III & IV

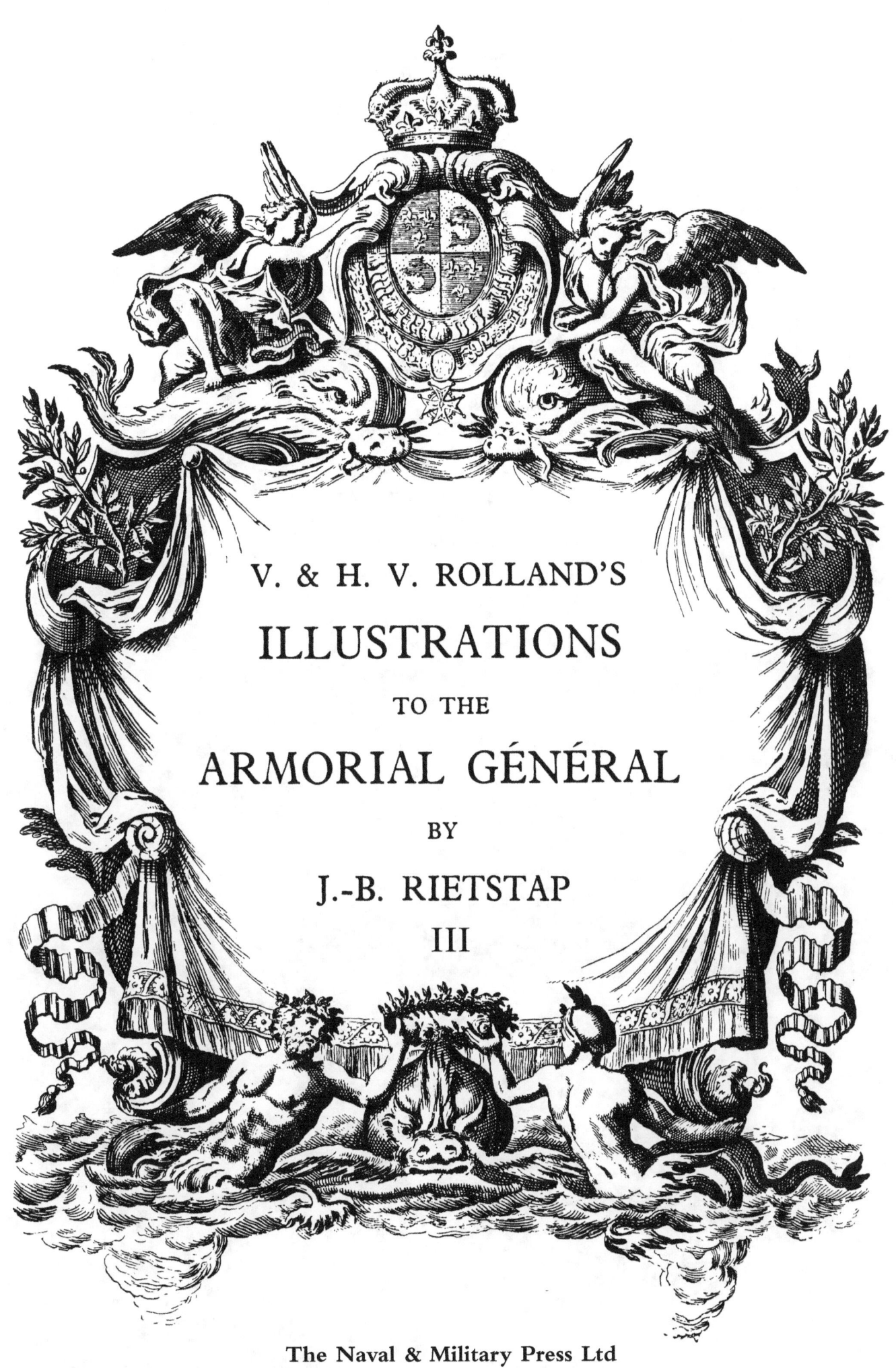

V. & H. V. ROLLAND'S

ILLUSTRATIONS

TO THE

ARMORIAL GÉNÉRAL

BY

J.-B. RIETSTAP

III

The Naval & Military Press Ltd

*Published by*

**The Naval & Military Press Ltd**
Unit 10 Ridgewood Industrial Park,
Uckfield, East Sussex,
TN22 5QE England

Tel: +44 (0) 1825 749494
Fax: +44 (0) 1825 765701

www.naval-military-press.com
www.nmarchive.com

*In reprinting in facsimile from the original, any imperfections are inevitably reproduced
and the quality may fall short of modern type and cartographic standards.*

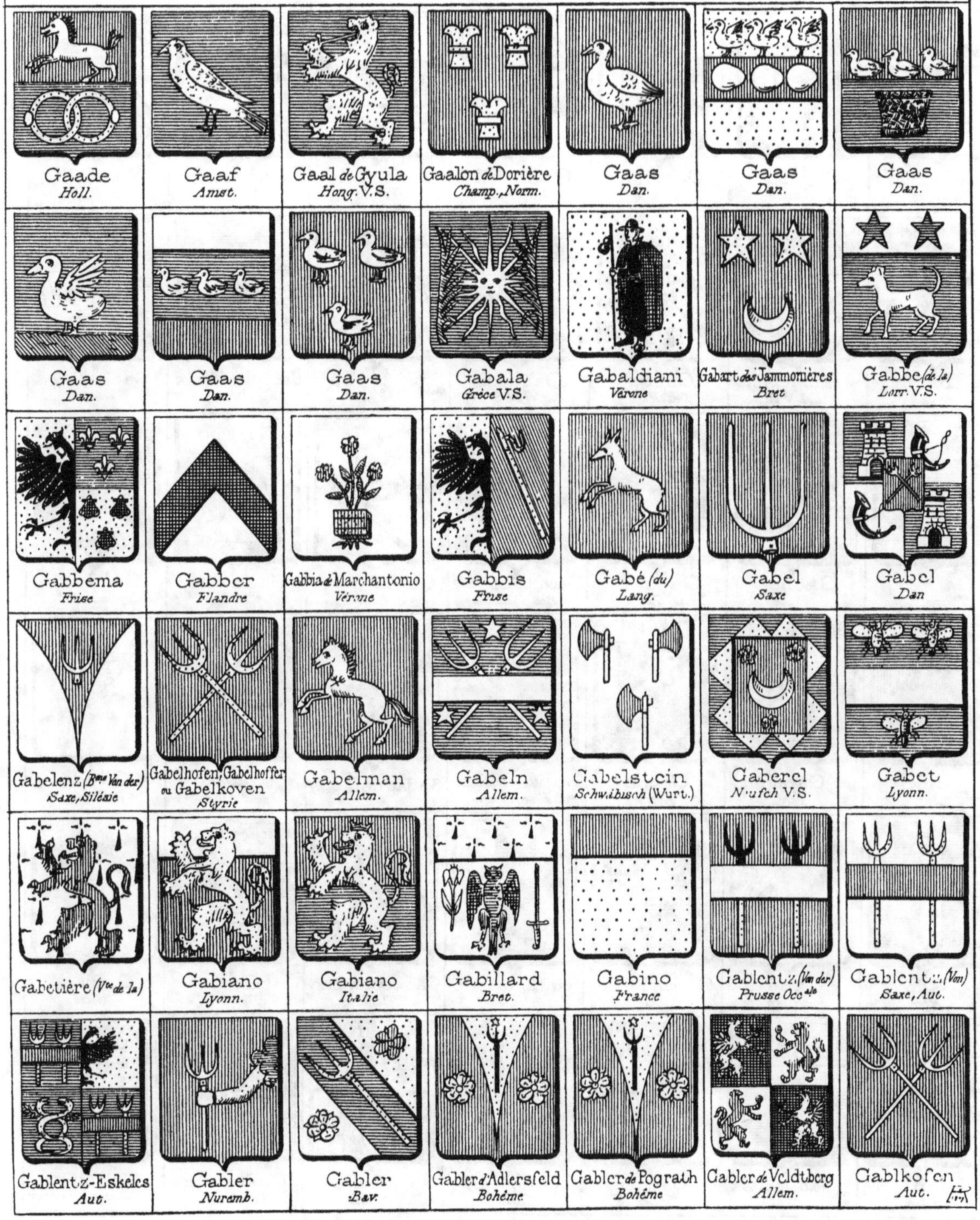

Pl. I

G

| Gaade Holl. | Gaaf Amst. | Gaal de Gyula Hong. V.S. | Gaalon de Dorière Champ., Norm. | Gaas Dan. | Gaas Dan. | Gaas Dan. |
| Gaas Dan. | Gaas Dan. | Gaas Dan. | Gabala Grèce V.S. | Gabaldiani Vérone | Gabart des Jammonières Bret. | Gabbe (de la) Lorr. V.S. |
| Gabbema Frise | Gabber Flandre | Gabbia de Marchantonio Vérone | Gabbis Frise | Gabé (du) Lang. | Gabel Saxe | Gabel Dan |
| Gabelenz (Bne Van der) Saxe, Silésie | Gabelhofen, Gabelhoffer ou Gabelkoven Styrie | Gabelman Allem. | Gabeln Allem. | Gabelstein Schw.busch (Wurt.) | Gaherel Neufch V.S. | Gabet Lyonn. |
| Gabetière (Vte de la) | Gabiano Lyonn. | Gabiano Italie | Gabillard Bret. | Gabino France | Gablentz (Van der) Prusse Occale | Gablentz (Von) Saxe, Aut. |
| Gablentz-Eskeles Aut. | Gabler Nuremb. | Gabler Bav. | Gabler d'Adlersfeld Bohême | Gabler de Pograth Bohême | Gabler de Veldtberg Allem. | Gablkofen Aut. |

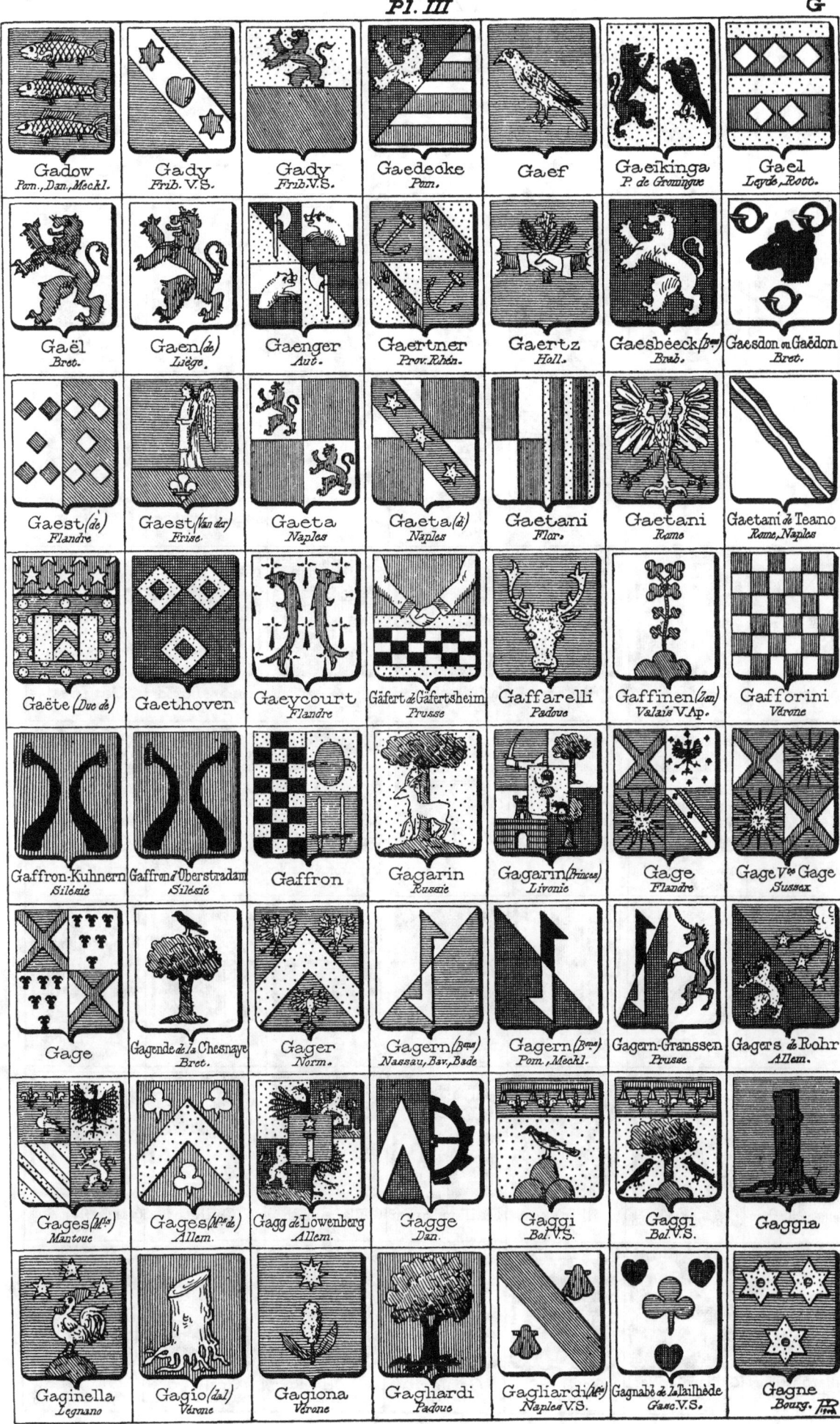

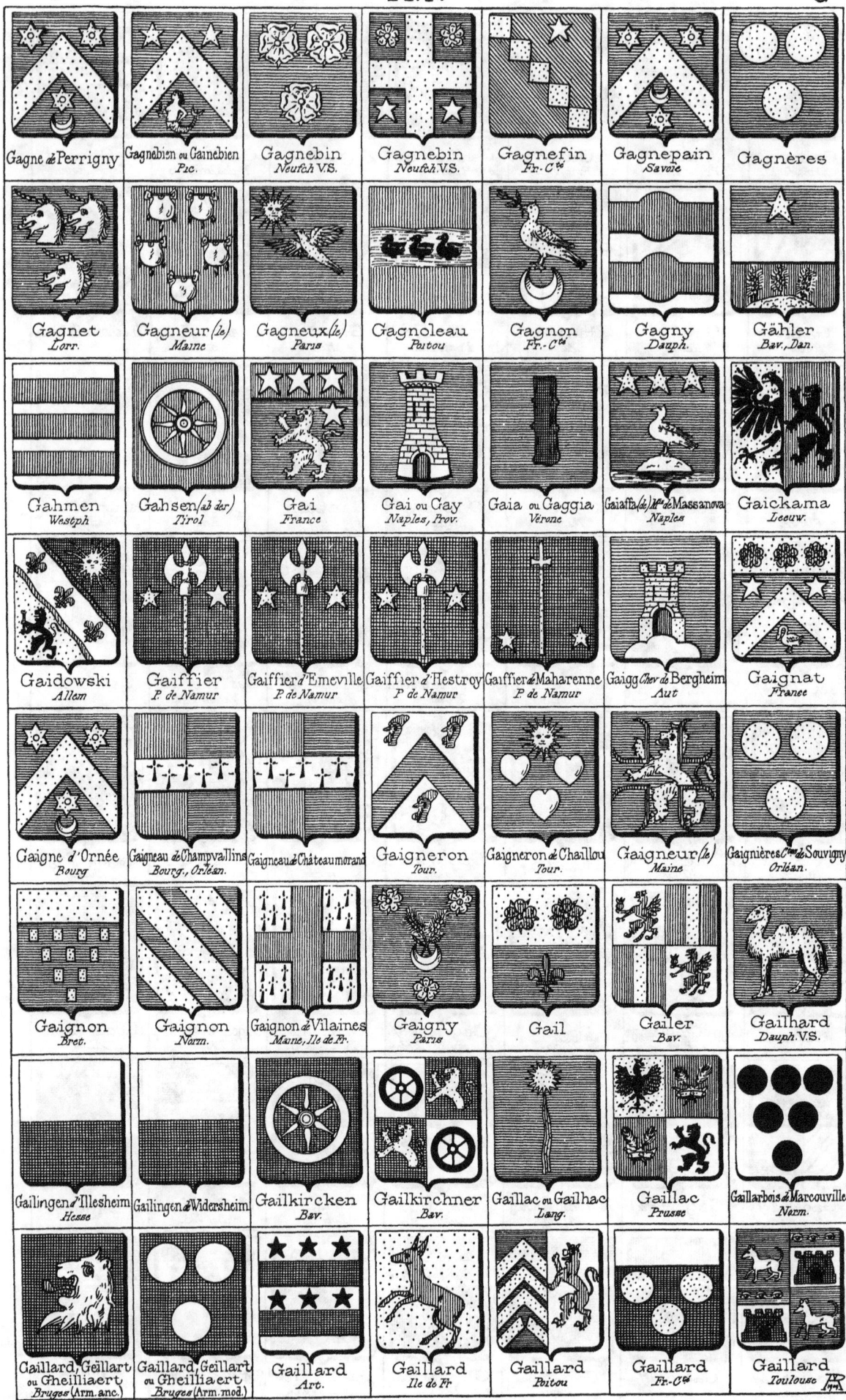

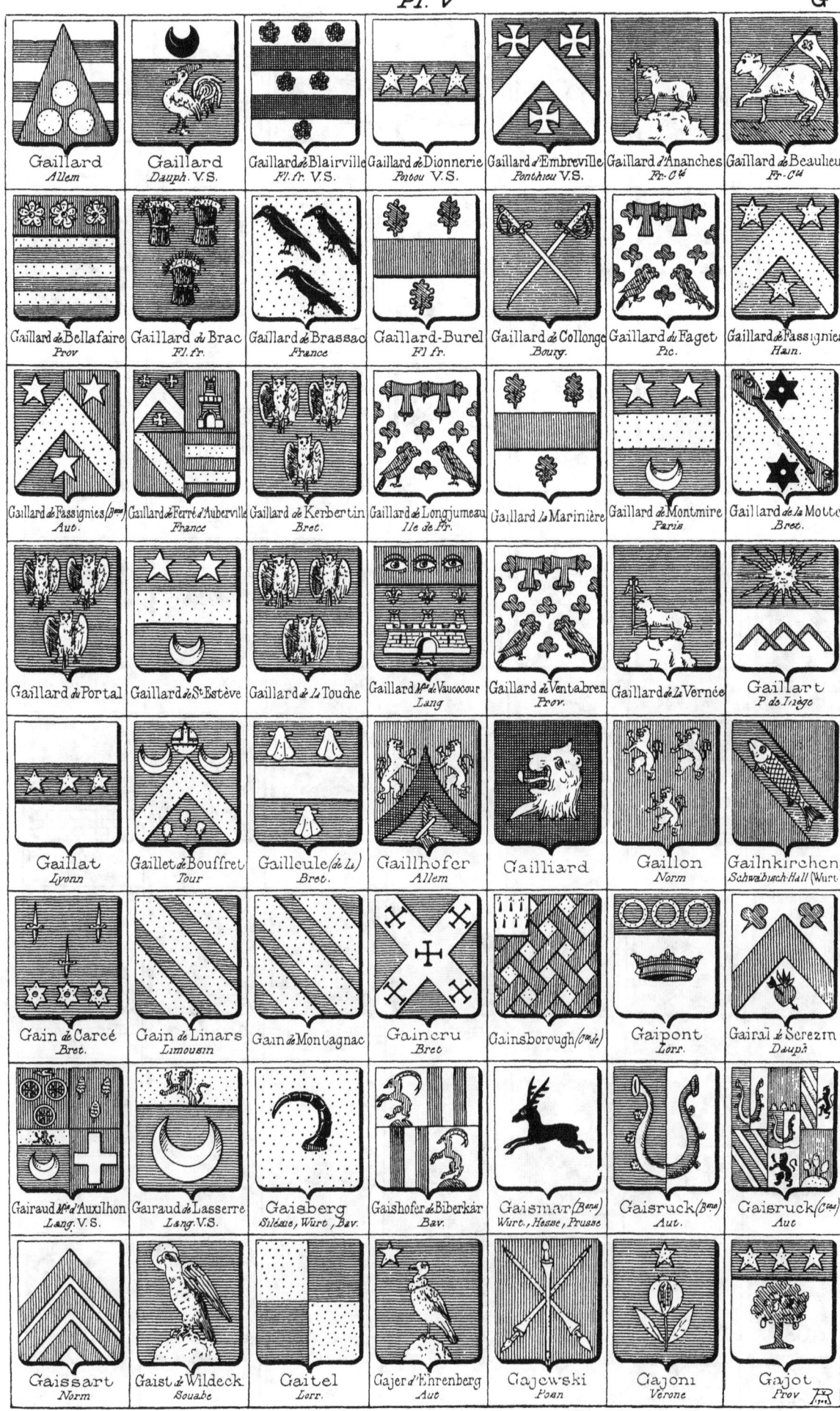

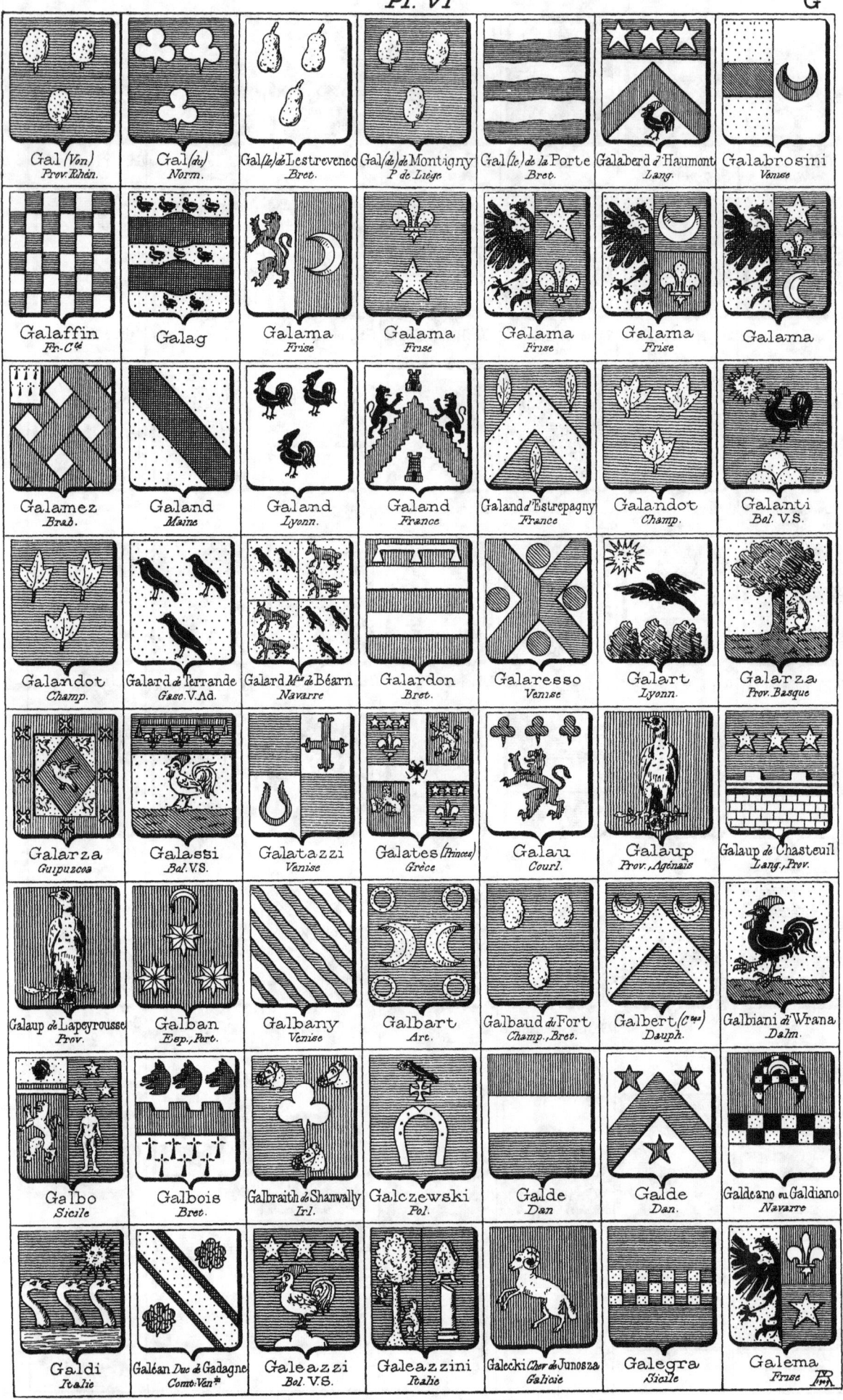

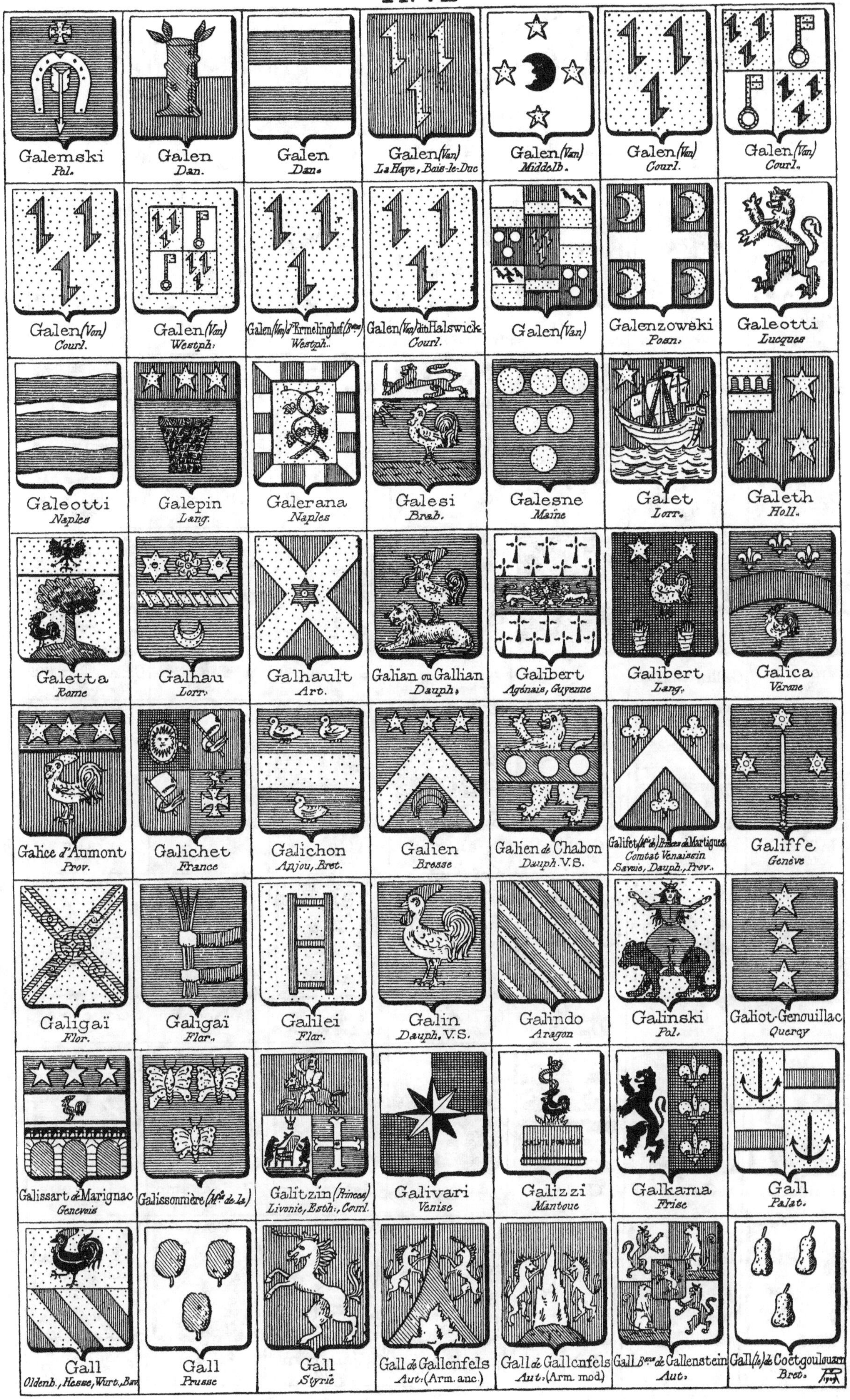

Pl. VII

| Galemski Pol. | Galen Dan. | Galen Dan. | Galen (Van) La Haye, Bois-le-Duc | Galen (Van) Middelb. | Galen (Van) Courl. | Galen (Van) Courl. |
|---|---|---|---|---|---|---|
| Galen (Van) Courl. | Galen (Van) Westph. | Galen (Van) d'Ermelinghof (B⁵) Westph. | Galen (Van) van Halswick Courl. | Galen (Van) | Galenzowski Posn. | Galeotti Lucques |
| Galeotti Naples | Galepin Lang. | Galerana Naples | Galesi Brab. | Galesne Maine | Galet Lorr. | Galeth Holl. |
| Galetta Rome | Galhau Lorr. | Galhault Art. | Galian ou Gallian Dauph. | Galibert Agénais, Guyenne | Galibert Lang. | Galica Vérone |
| Galice d'Aumont Prov. | Galichet France | Galichon Anjou, Bret. | Galien Brosse | Galien de Chabon Dauph. V.S. | Galifet (M¹⁵ de) Princes de Martigues Comtat Venaissin, Savoie, Dauph., Prov. | Galiffe Genève |
| Galigaï Flor. | Galigaï Flor. | Galilei Flor. | Galin Dauph. V.S. | Galindo Aragon | Galinski Pol. | Galiot-Genouillac Quercy |
| Galissart de Marignac Genevois | Galissonnière (M¹⁵ de la) | Galitzin (Princes) Livonie, Esth., Courl. | Galivari Venise | Galizzi Mantoue | Galkama Frise | Gall Palat. |
| Gall Oldenb., Hesse, Wurt., Bav. | Gall Prusse | Gall Styrie | Gall de Gallenfels Aut. (Arm. anc.) | Gall de Gallenfels Aut. (Arm. mod) | Gall B⁵⁰ⁿ de Gallenstein Aut. | Gall (le) de Coëtgouloüarn Bret. |

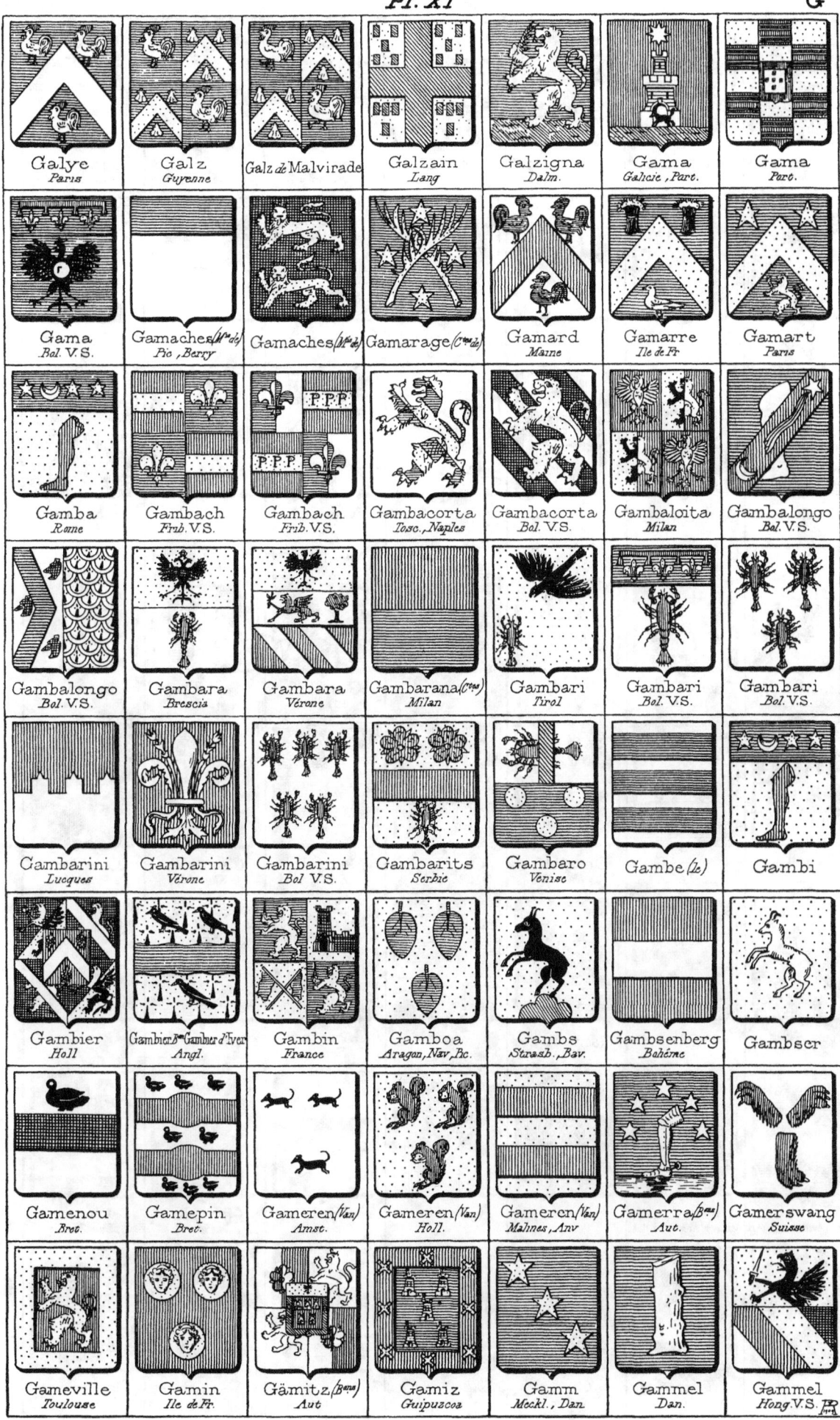

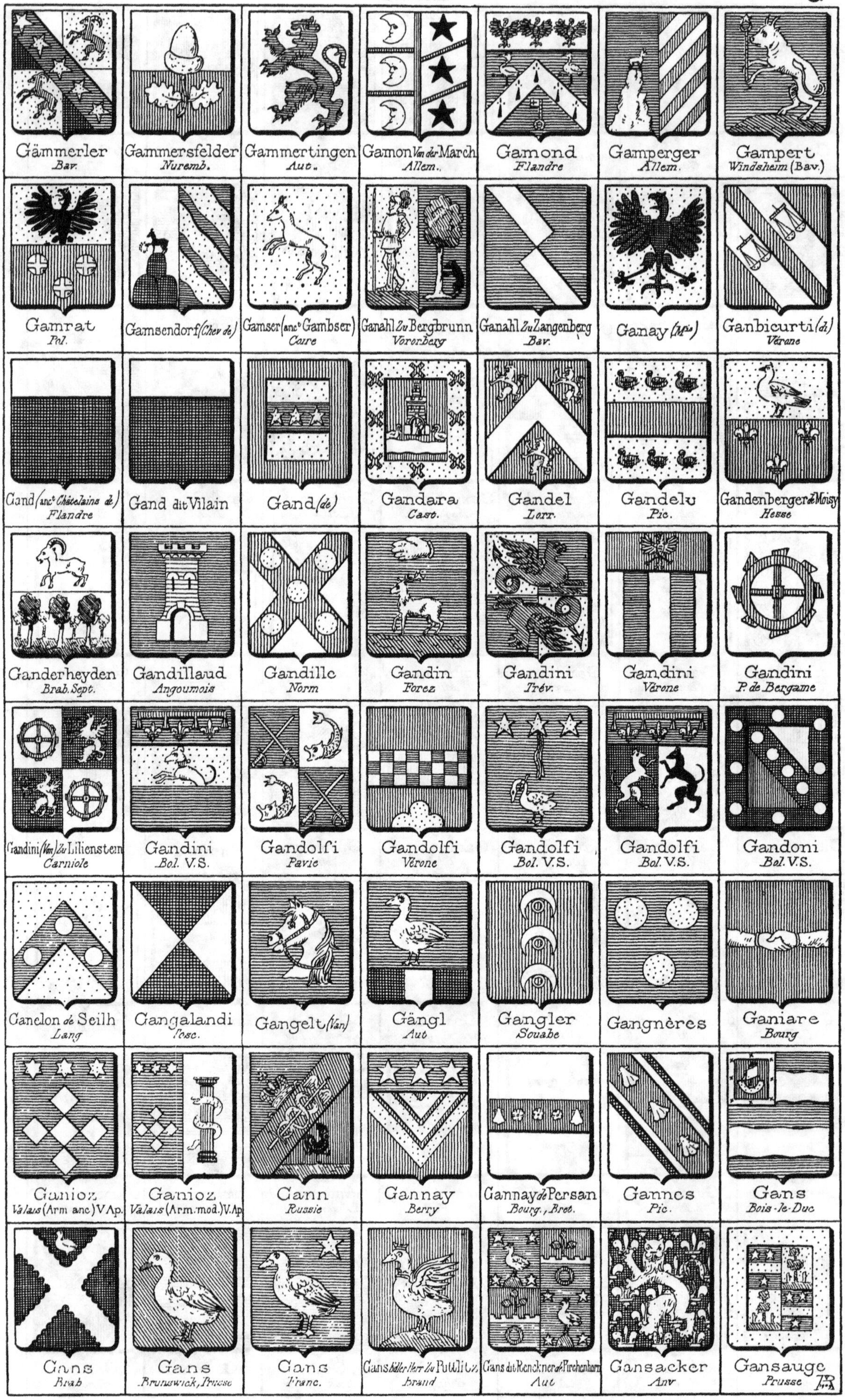

Pl. XII    G.

| | | | | | | |
|---|---|---|---|---|---|---|
| Gämmerler<br>Bav. | Gammersfelder<br>Nuremb. | Gammertingen<br>Aut. | Gamon Van der March<br>Allem. | Gamond<br>Flandre | Gamperger<br>Allem. | Gampert<br>Windsheim (Bav.) |
| Gamrat<br>Pol. | Gamsendorf (Chev de) | Gamser (anc¹ Gambser)<br>Caire | Ganahl zu Bergbrunn<br>Vorarlberg | Ganahl zu Zangenberg<br>Bav. | Ganay (M¹⁸) | Ganbicurti (di)<br>Vérone |
| Gand (anc¹ Châtelains de)<br>Flandre | Gand dit Vilain | Gand (de) | Gandara<br>Cast. | Gandel<br>Lorr. | Gandelu<br>Pic. | Gandenberger de Moisy<br>Hesse |
| Ganderheyden<br>Brab. Sept. | Gandillaud<br>Angoumois | Gandille<br>Norm. | Gandin<br>Forez | Gandini<br>Trév. | Gandini<br>Vérone | Gandini<br>P. de Bergame |
| Gandini (Van) zu Lilienstein<br>Carniole | Gandini<br>Bol. V.S. | Gandolfi<br>Pavie | Gandolfi<br>Vérone | Gandolfi<br>Bol. V.S. | Gandolfi<br>Bol. V.S. | Gandoni<br>Bol. V.S. |
| Ganelon de Seilh<br>Lang. | Gangalandi<br>Tosc. | Gangelt (Van) | Gängl<br>Aut. | Gangler<br>Souabe | Gangnères | Ganiare<br>Bourg. |
| Ganioz<br>Valais (Arm anc) V.Ap. | Ganioz<br>Valais (Arm. mod.) V.Ap. | Gann<br>Russie | Gannay<br>Berry | Gannay de Persan<br>Bourg., Bret. | Gannes<br>Pic. | Gans<br>Bois-le-Duc |
| Gans<br>Brab. | Gans<br>Brunswick, Prusse | Gans<br>Franc. | Gans hiller Herr zu Putilitz<br>Brand. | Gans dit Renckner de Kirchenhorn<br>Aut. | Gansacker<br>Anv. | Gansauge<br>Prusse |

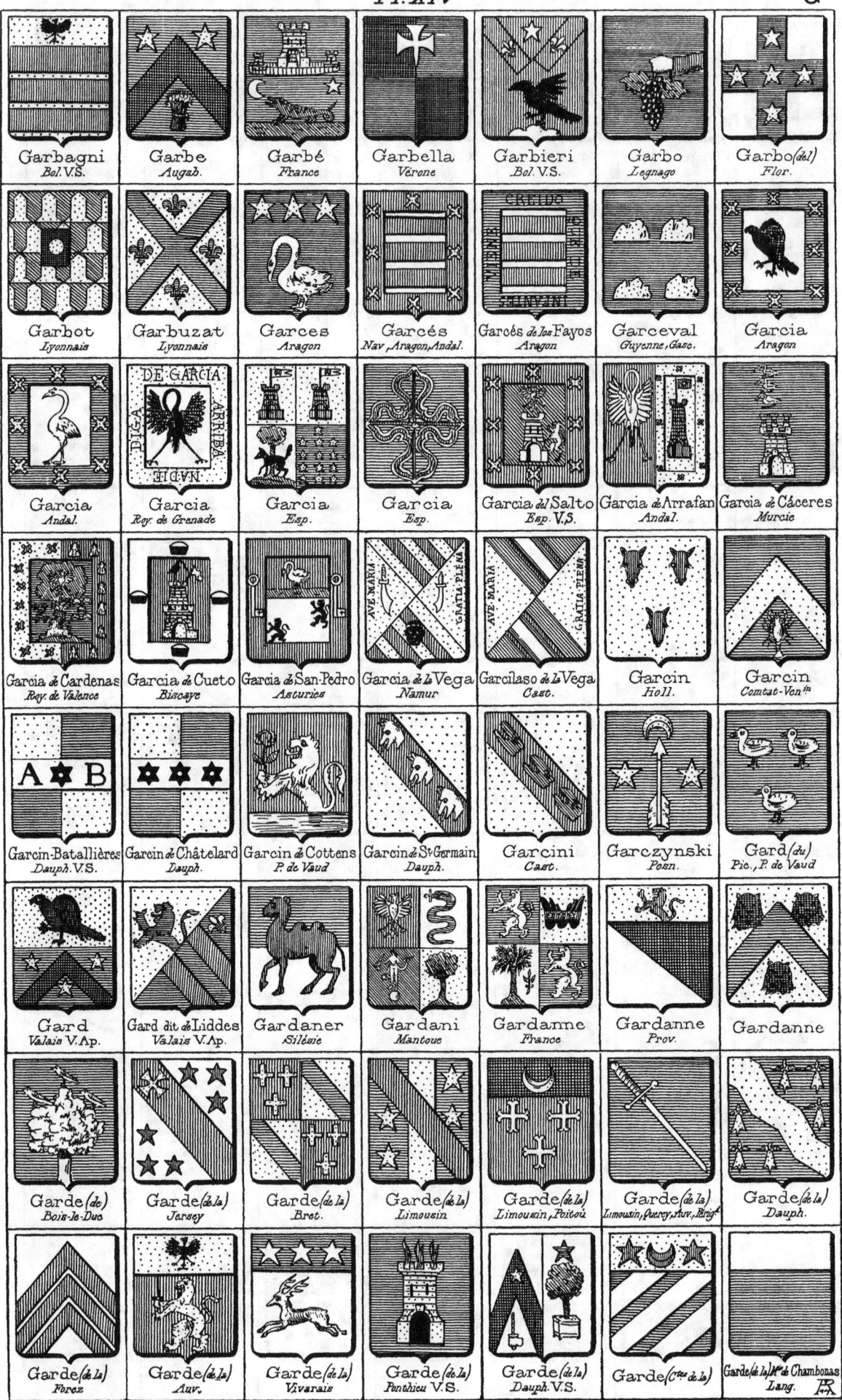

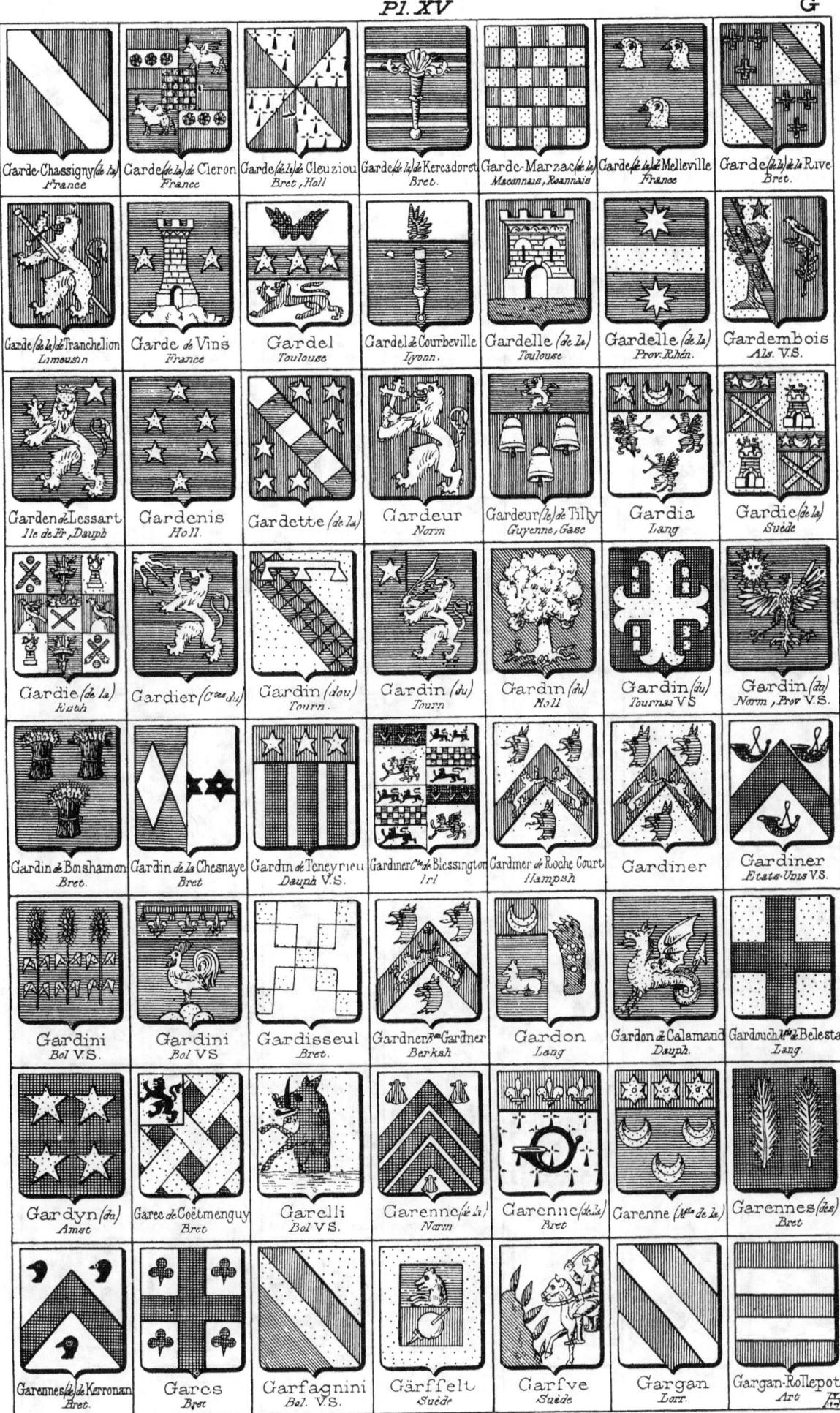

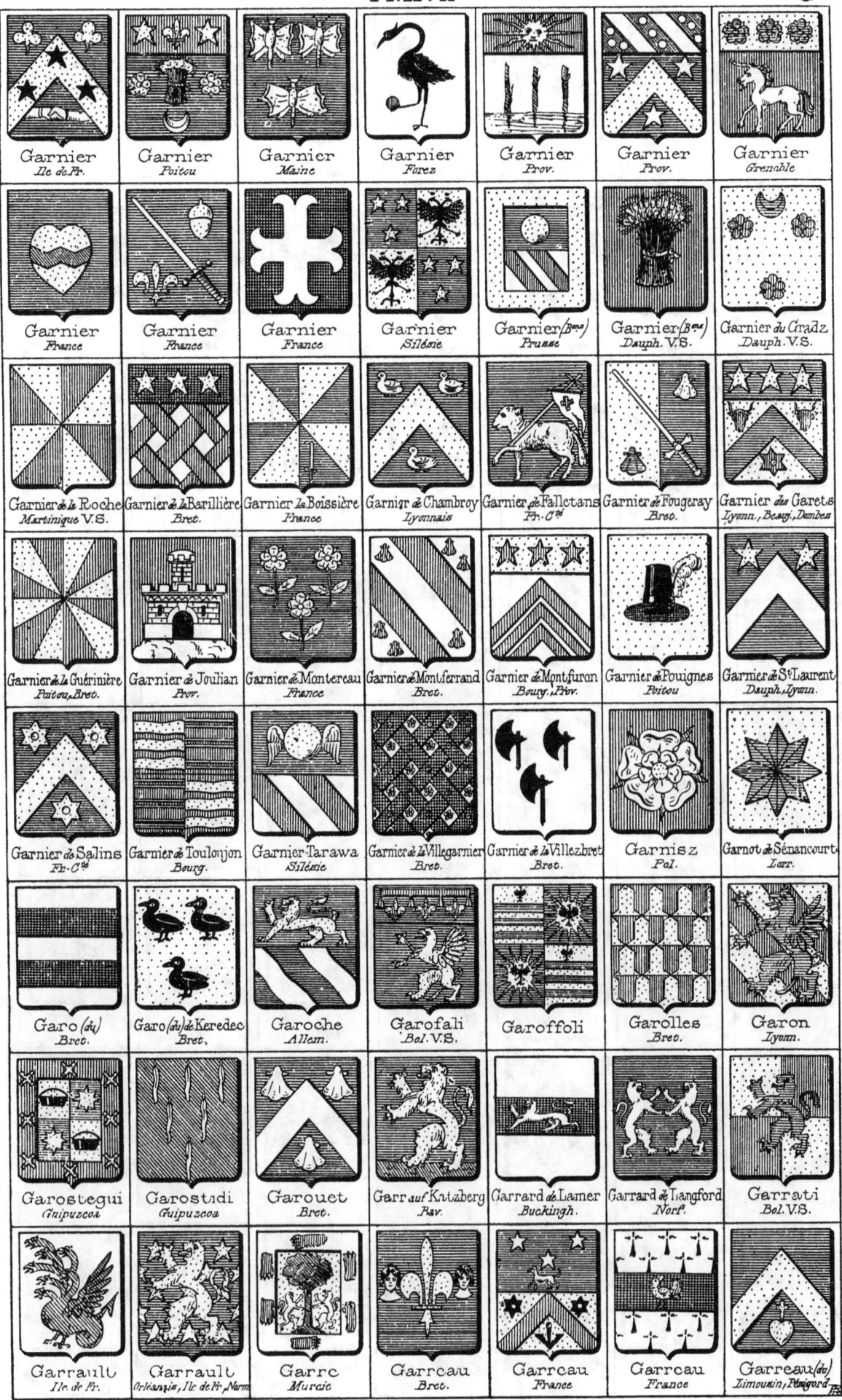

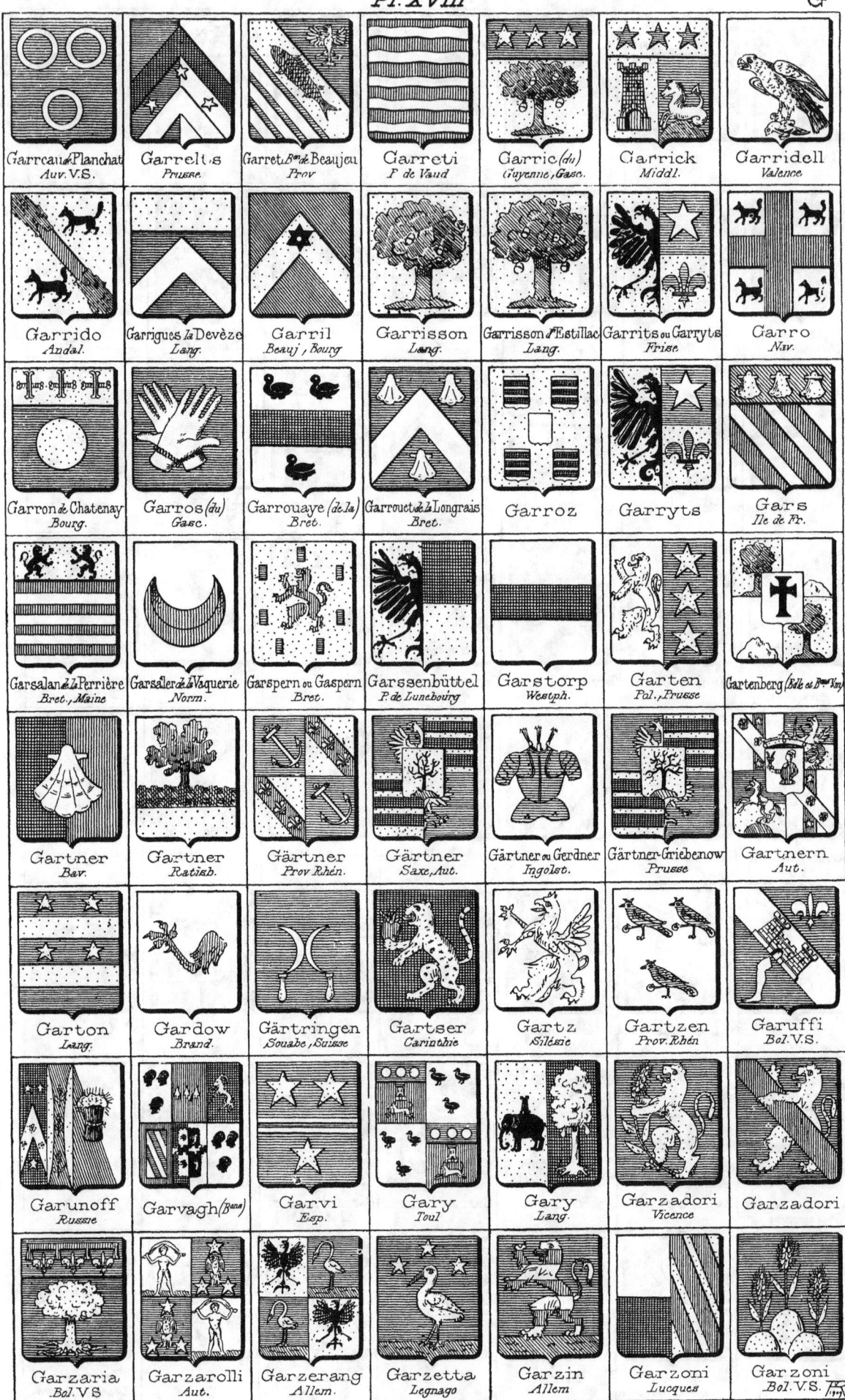

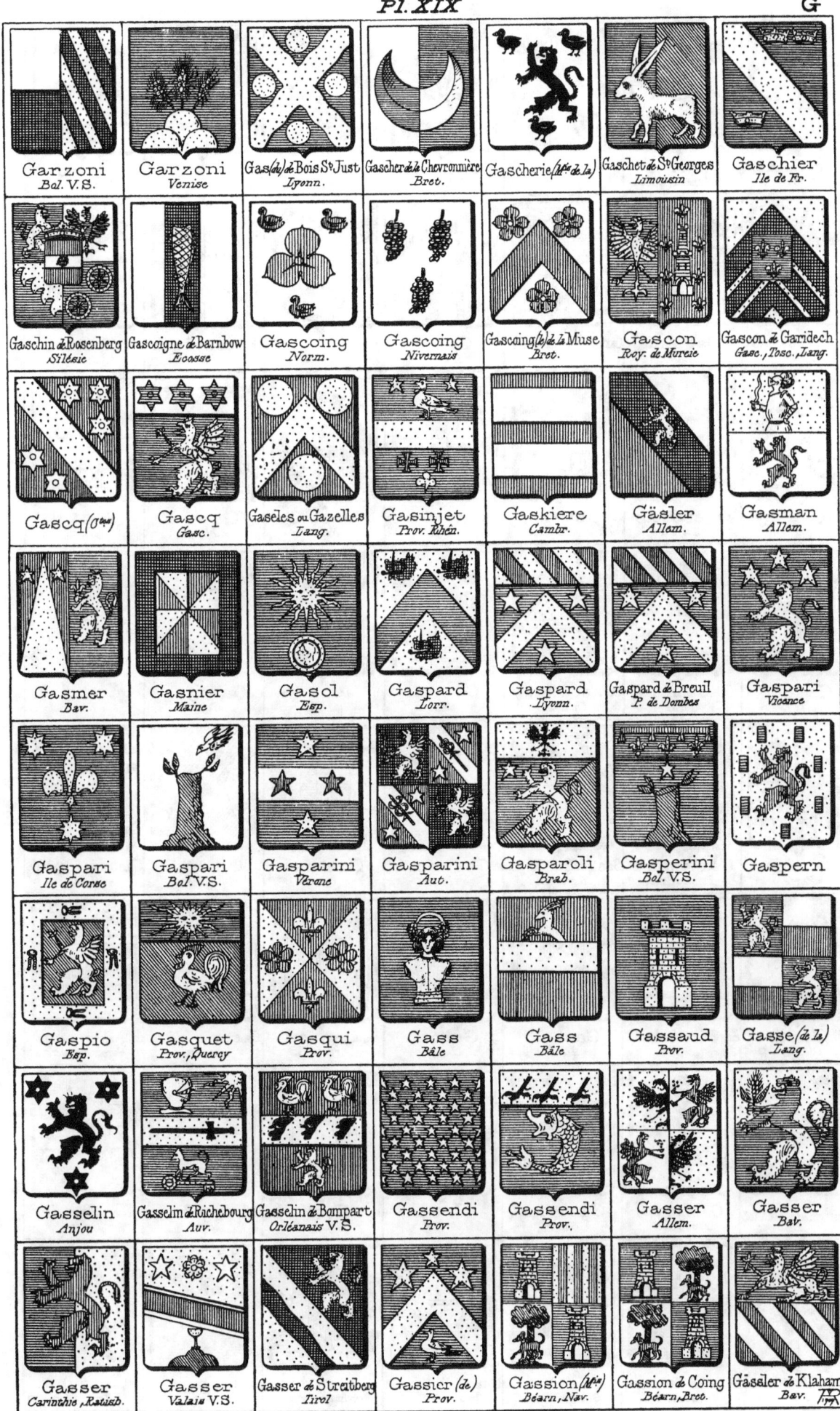

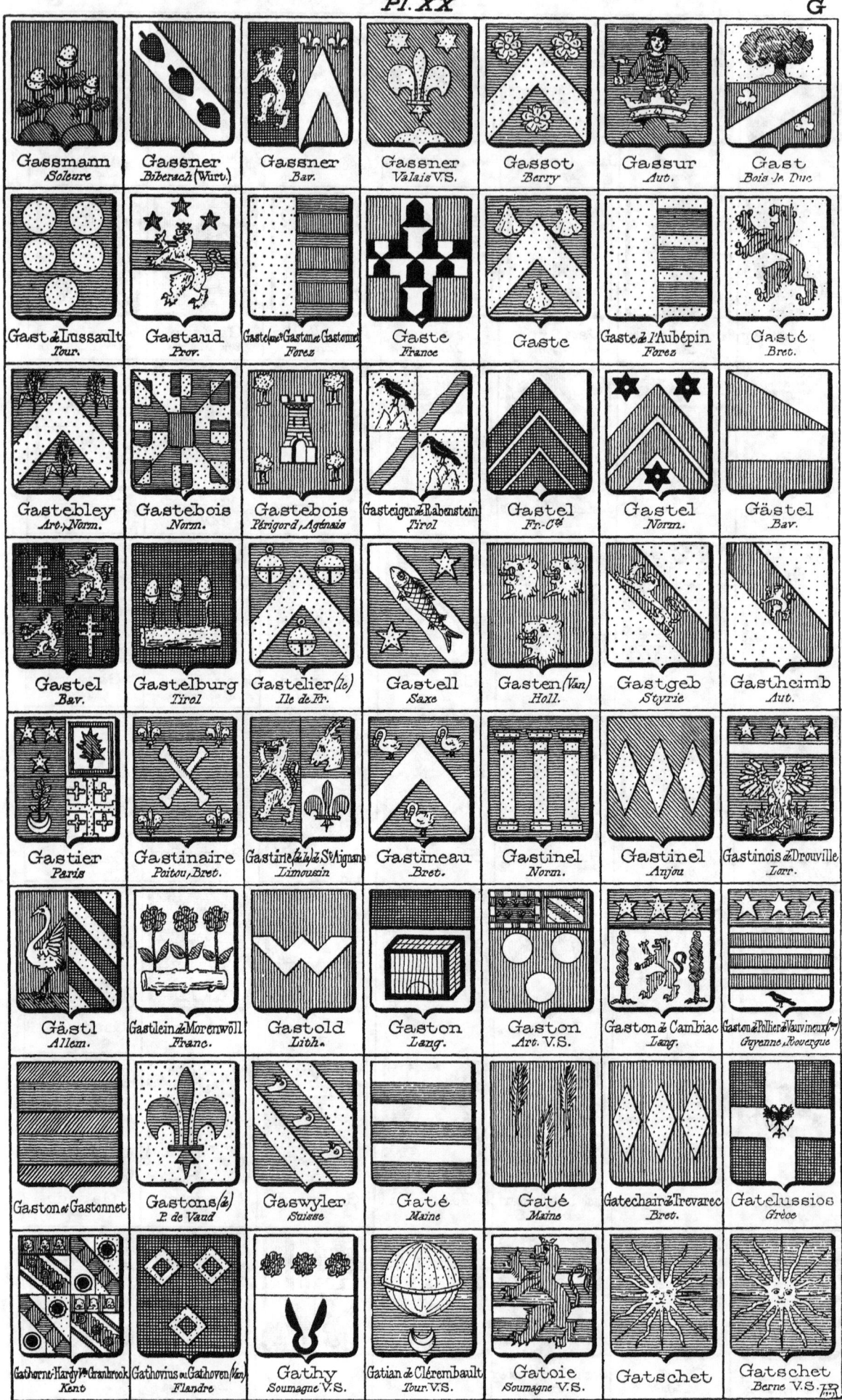

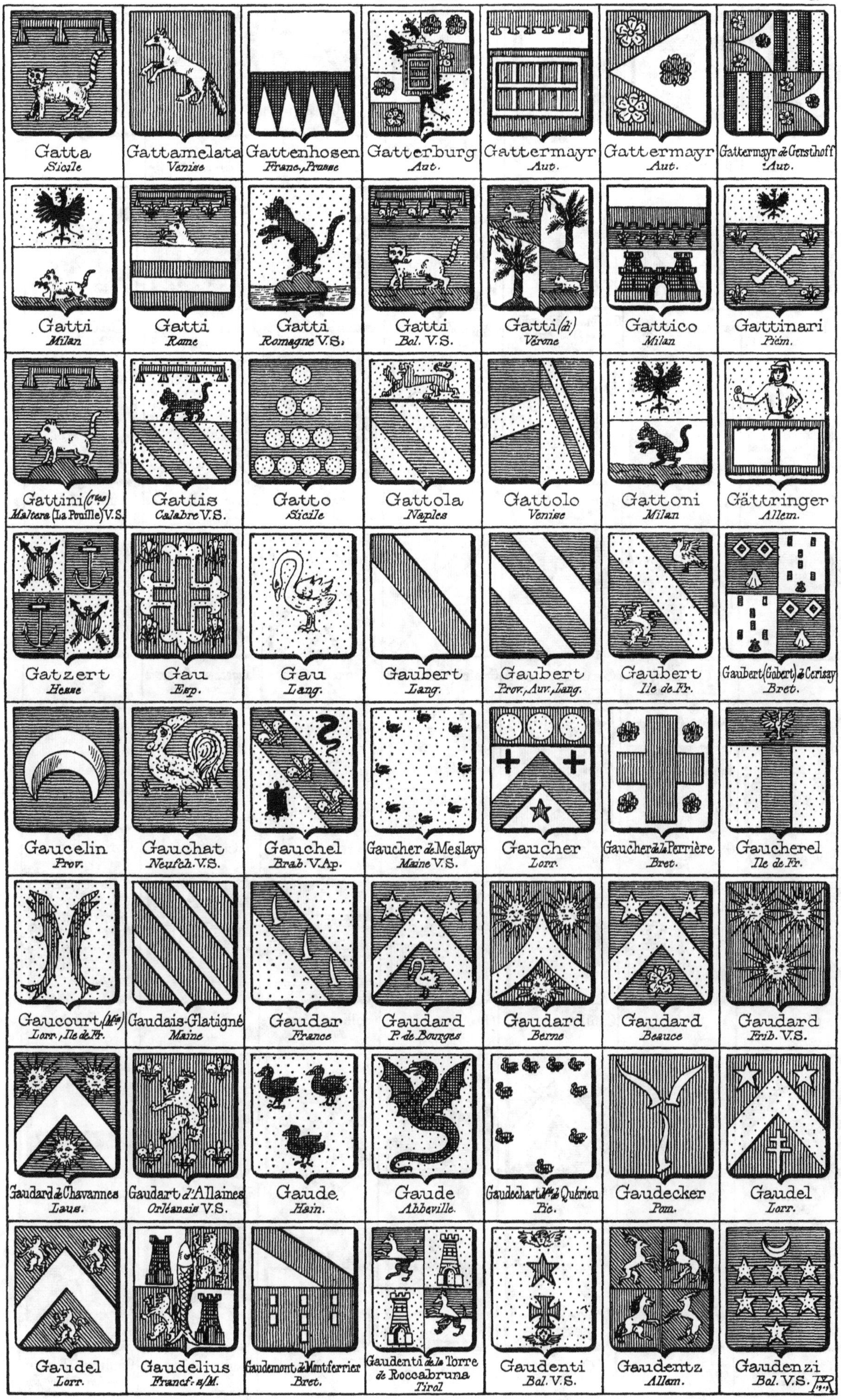

Pl. XXI G

| Gatta *Sicile* | Gattamelata *Venise* | Gattenhosen *Franc., Prusse* | Gatterburg *Aut.* | Gattermayr *Aut.* | Gattermayr *Aut.* | Gattermayr de Gensthoff *Aut.* |
| --- | --- | --- | --- | --- | --- | --- |
| Gatti *Milan* | Gatti *Rome* | Gatti *Romagne V.S.* | Gatti *Bol. V.S.* | Gatti (di) *Vérone* | Gattico *Milan* | Gattinari *Piém.* |
| Gattini (C.tes) *Maltere (La Pouille) V.S.* | Gattis *Calabre V.S.* | Gatto *Sicile* | Gattola *Naples* | Gattolo *Venise* | Gattoni *Milan* | Gättringer *Allem.* |
| Gatzert *Hesse* | Gau *Esp.* | Gau *Lang.* | Gaubert *Lang.* | Gaubert *Prov., Auv., Lang.* | Gaubert *Ile de Fr.* | Gaubert (Gobert) de Cerisay *Bret.* |
| Gaucelin *Prov.* | Gauchat *Neufch. V.S.* | Gauchel *Brab. V.Ap.* | Gaucher de Meslay *Maine V.S.* | Gaucher *Lorr.* | Gaucher de la Perrière *Bret.* | Gaucherel *Ile de Fr.* |
| Gaucourt (M.is) *Lorr., Ile de Fr.* | Gaudais-Glatigné *Maine* | Gaudar *France* | Gaudard *P. de Bourges* | Gaudard *Berne* | Gaudard *Beauce* | Gaudard *Frib. V.S.* |
| Gaudard de Chavannes *Laus.* | Gaudart d'Allaines *Orléanais V.S.* | Gaude *Hain.* | Gaude *Abbeville* | Gaudechart M.is de Querrieu *Pic.* | Gaudecker *Pom.* | Gaudel *Lorr.* |
| Gaudel *Lorr.* | Gaudelius *Francf. s/M.* | Gaudemont de Montferrier *Bret.* | Gaudenti de la Torre de Roccabruna *Tirol* | Gaudenti *Bol. V.S.* | Gaudentz *Allem.* | Gaudenzi *Bol. V.S.* |

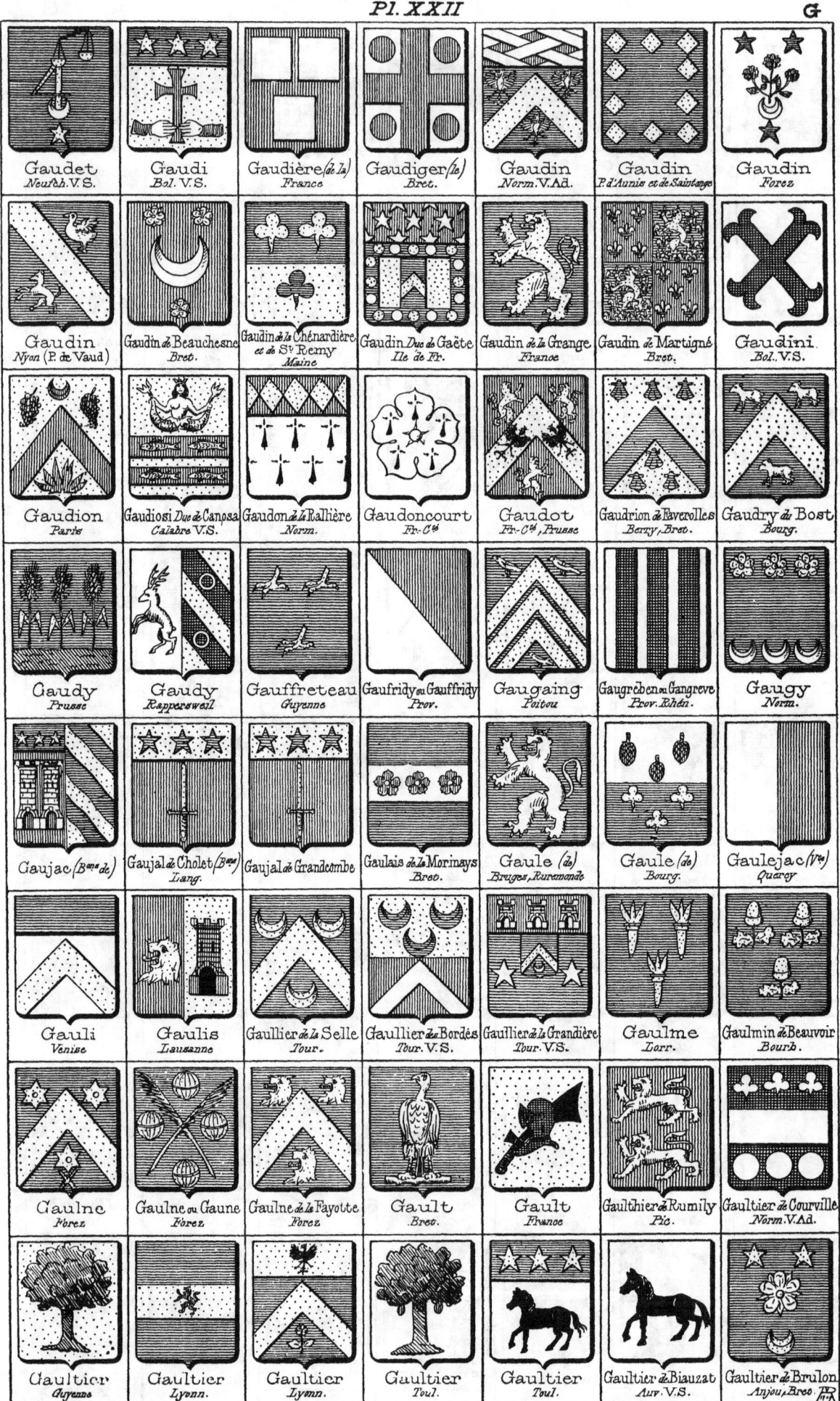

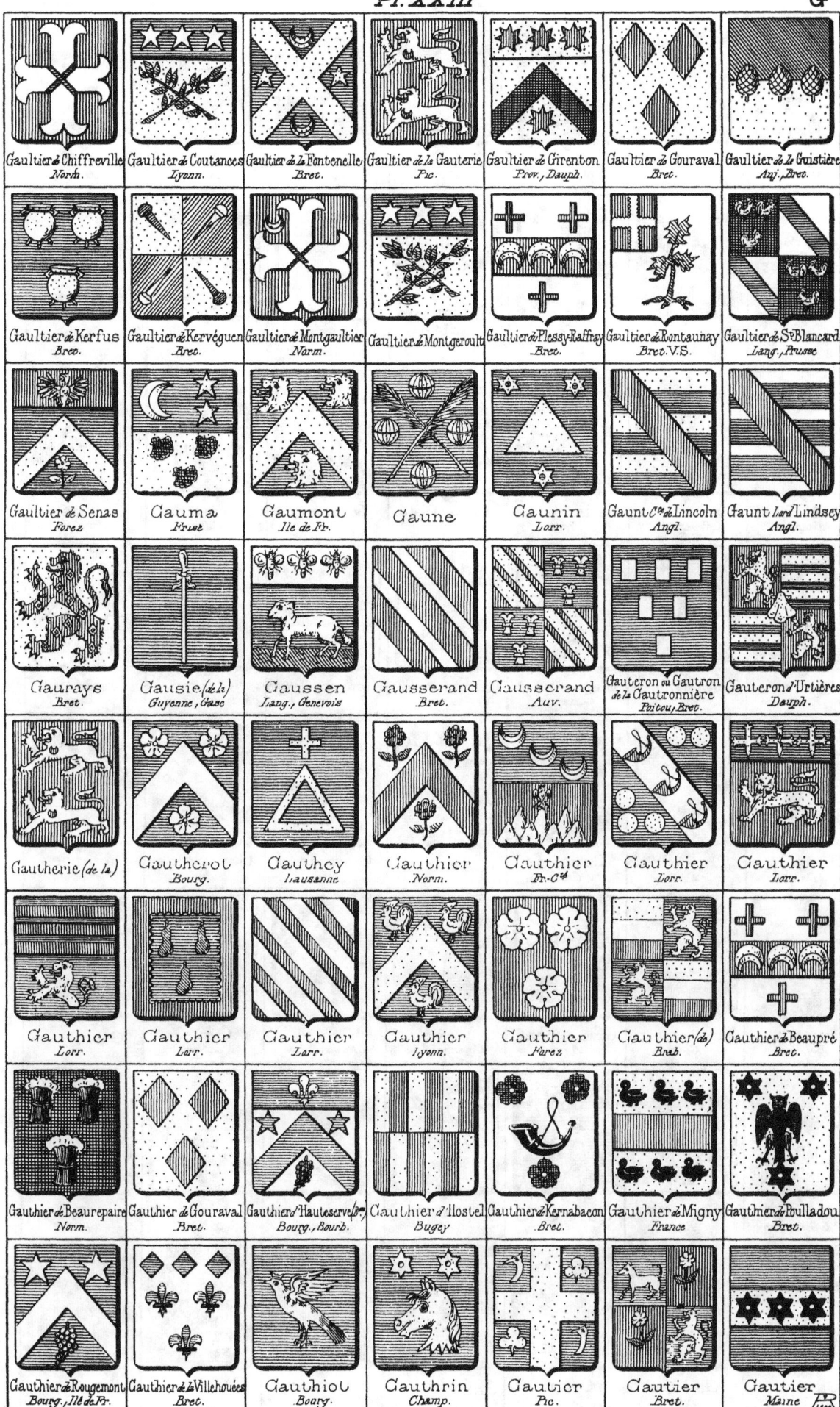

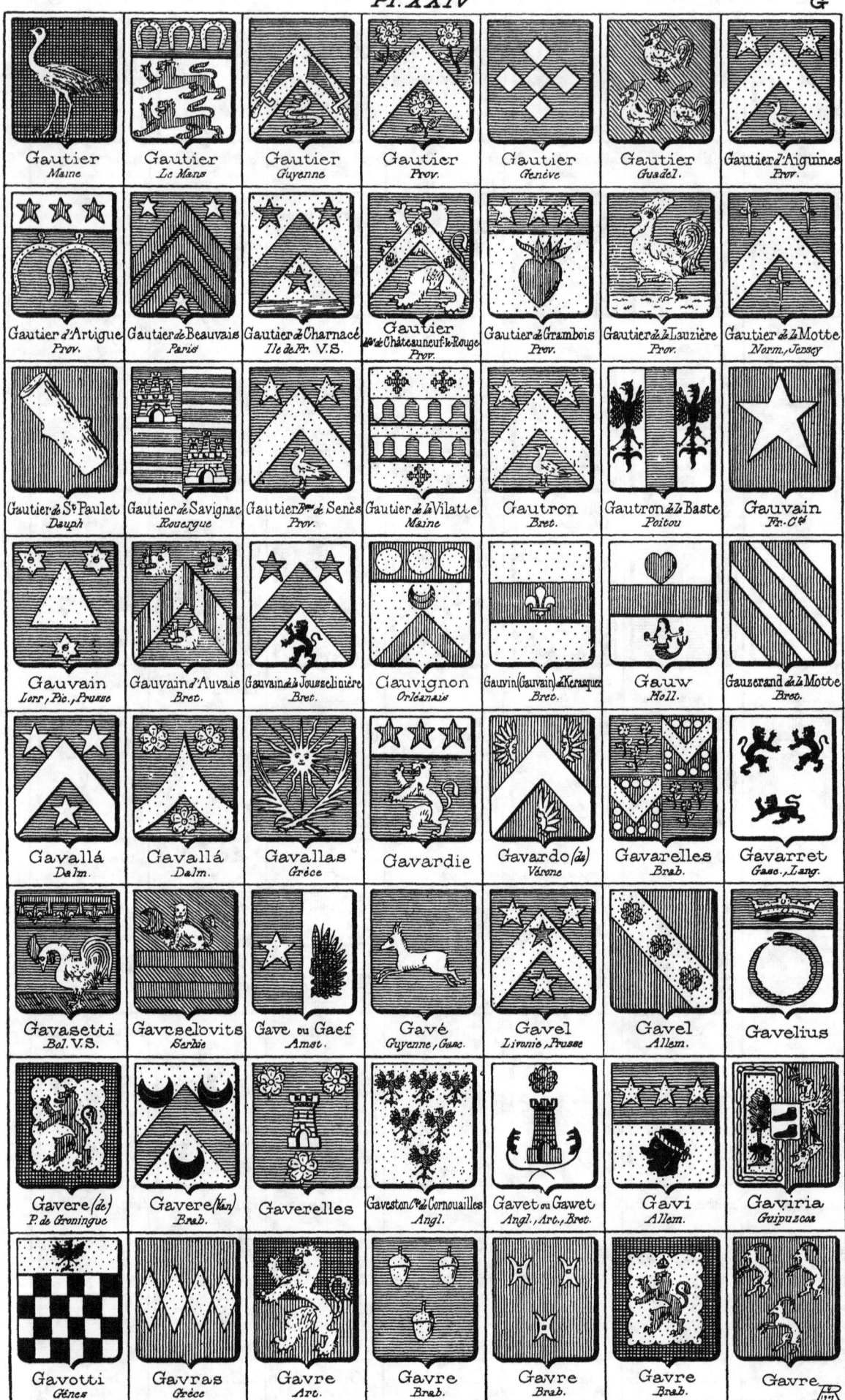

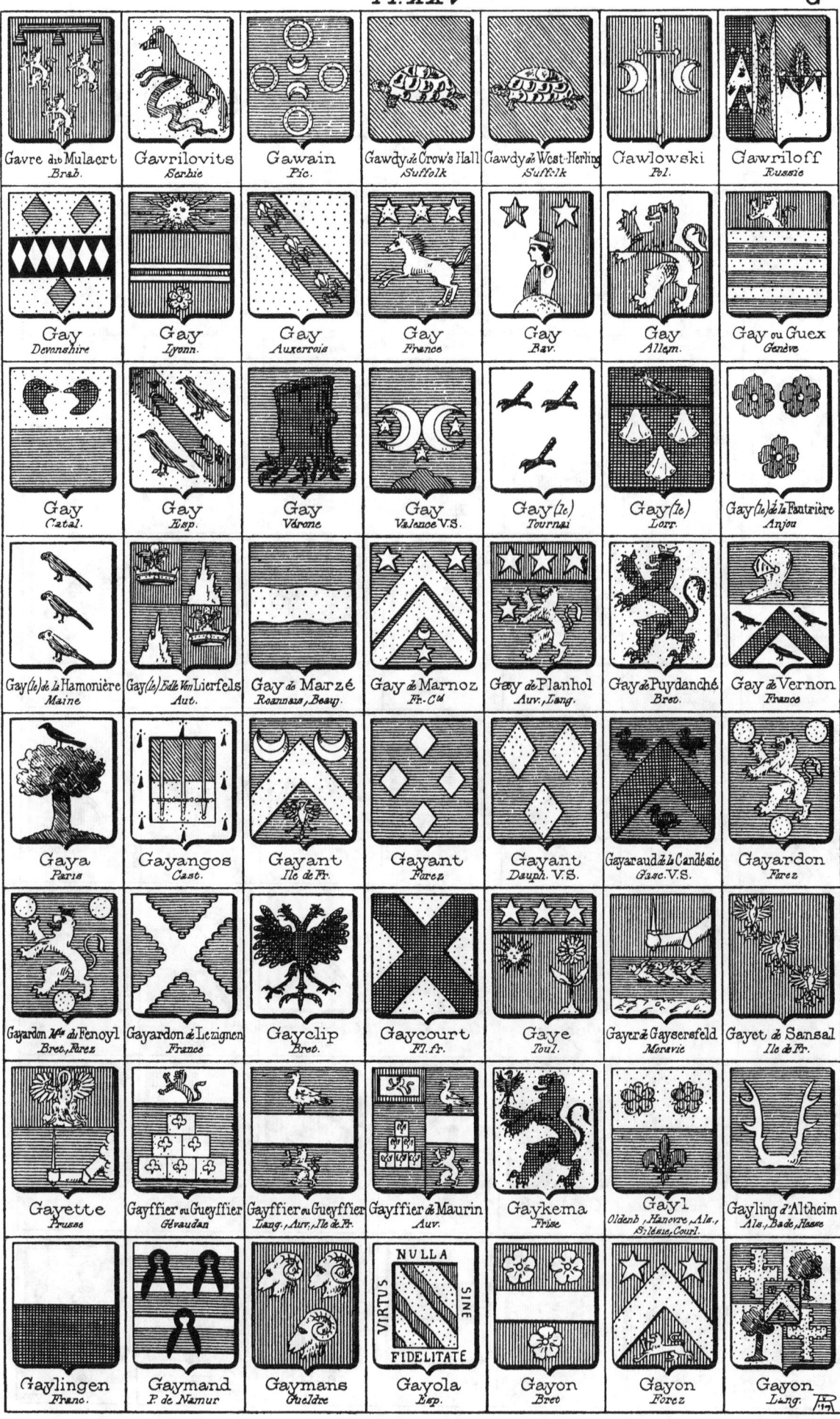

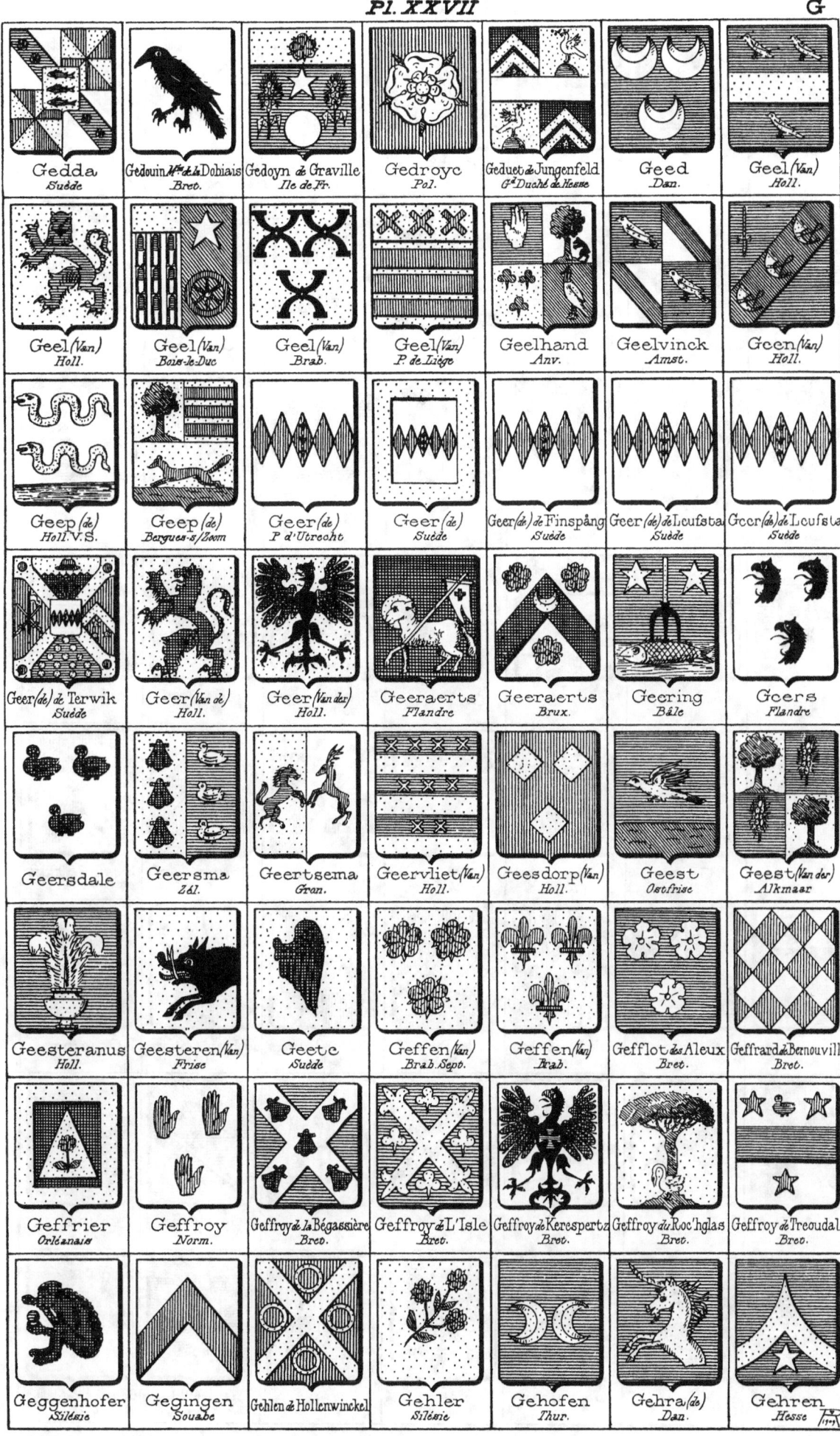

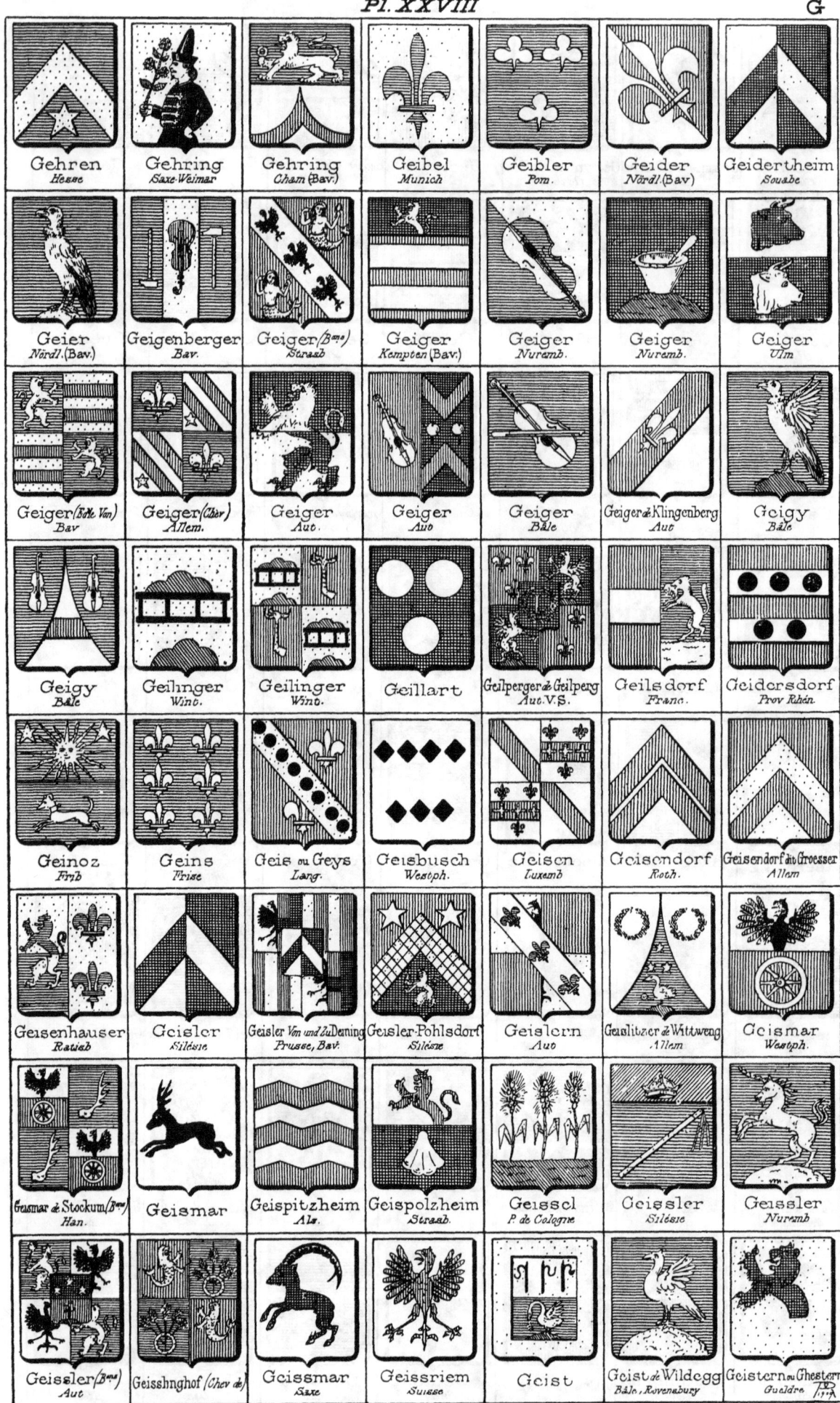

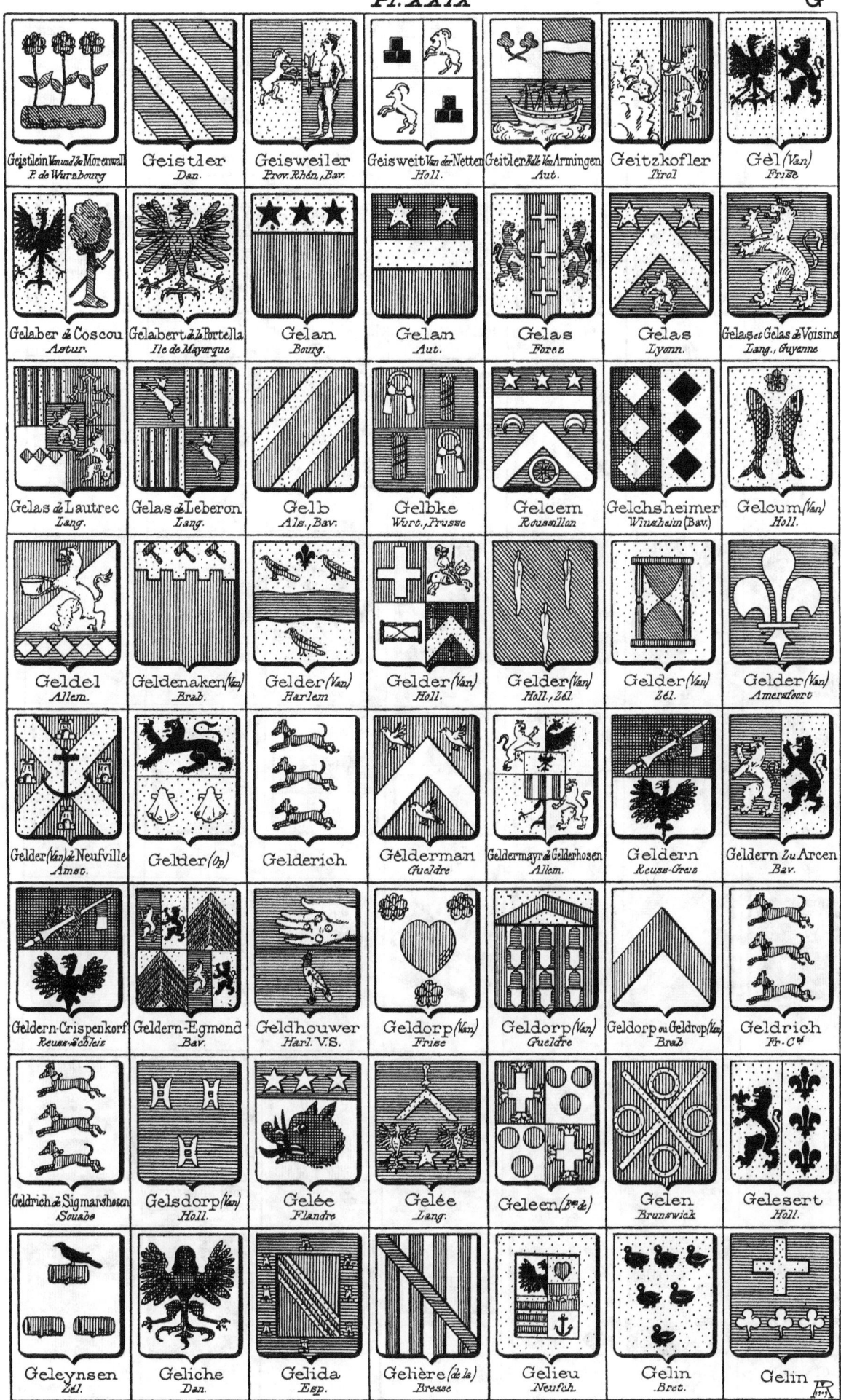

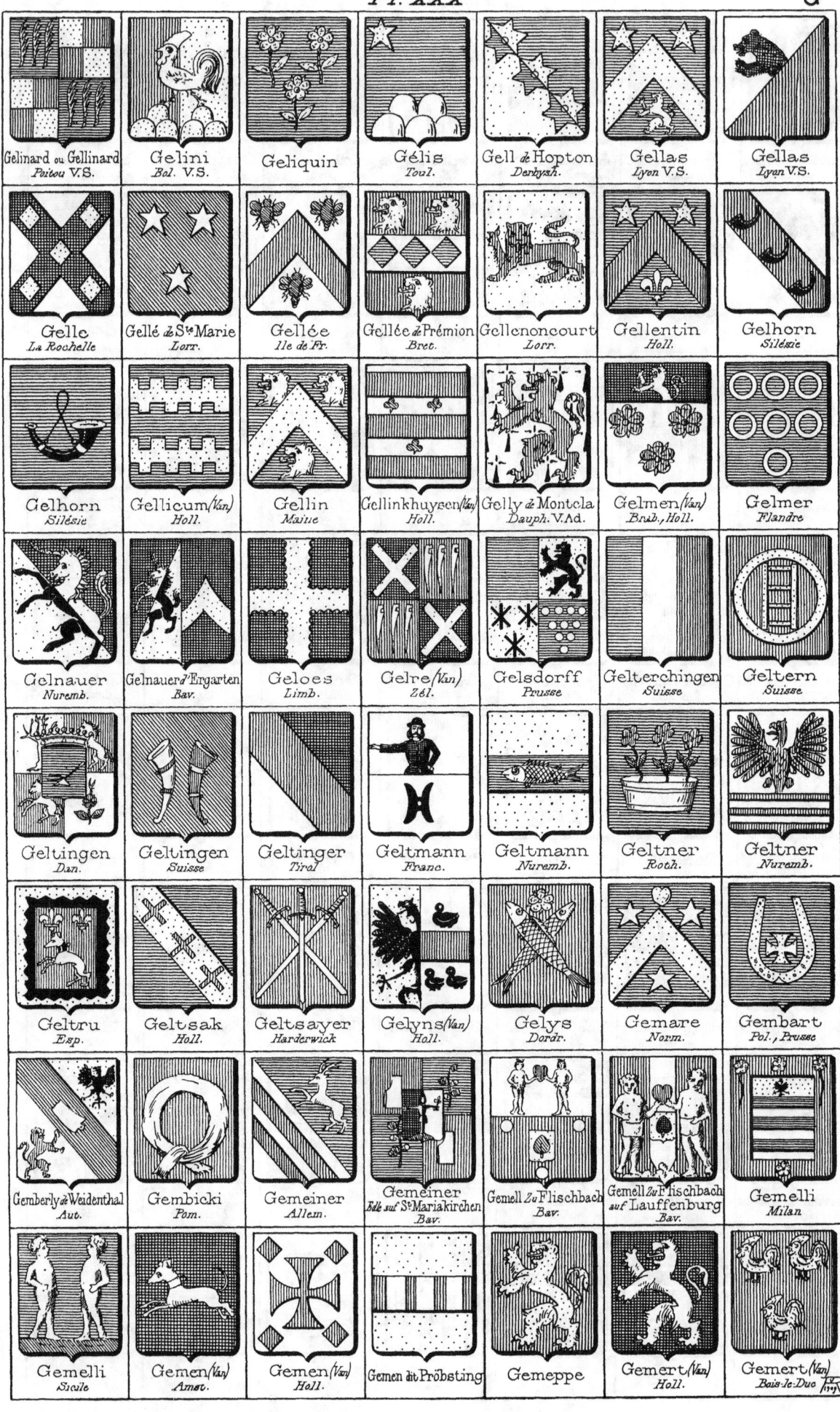

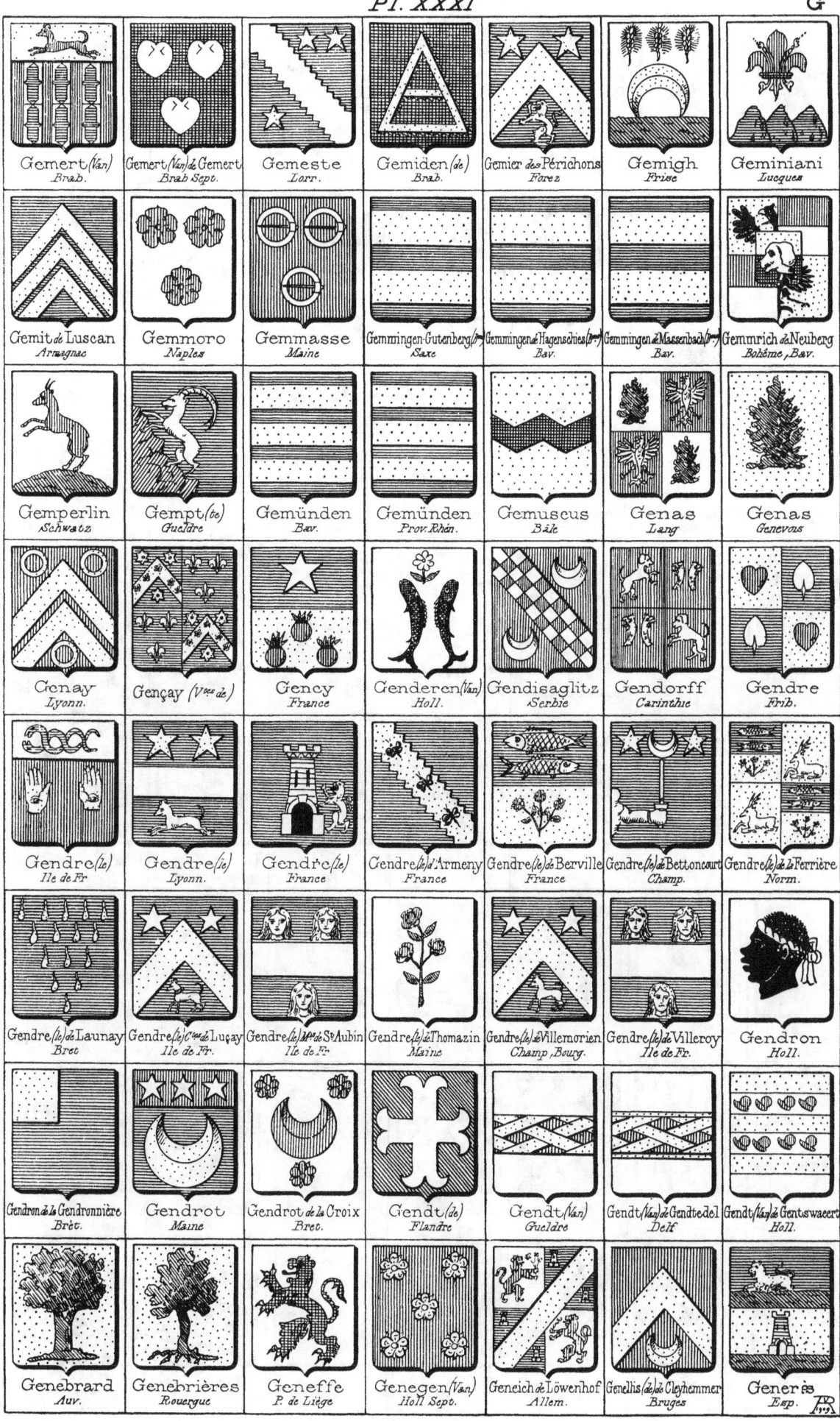

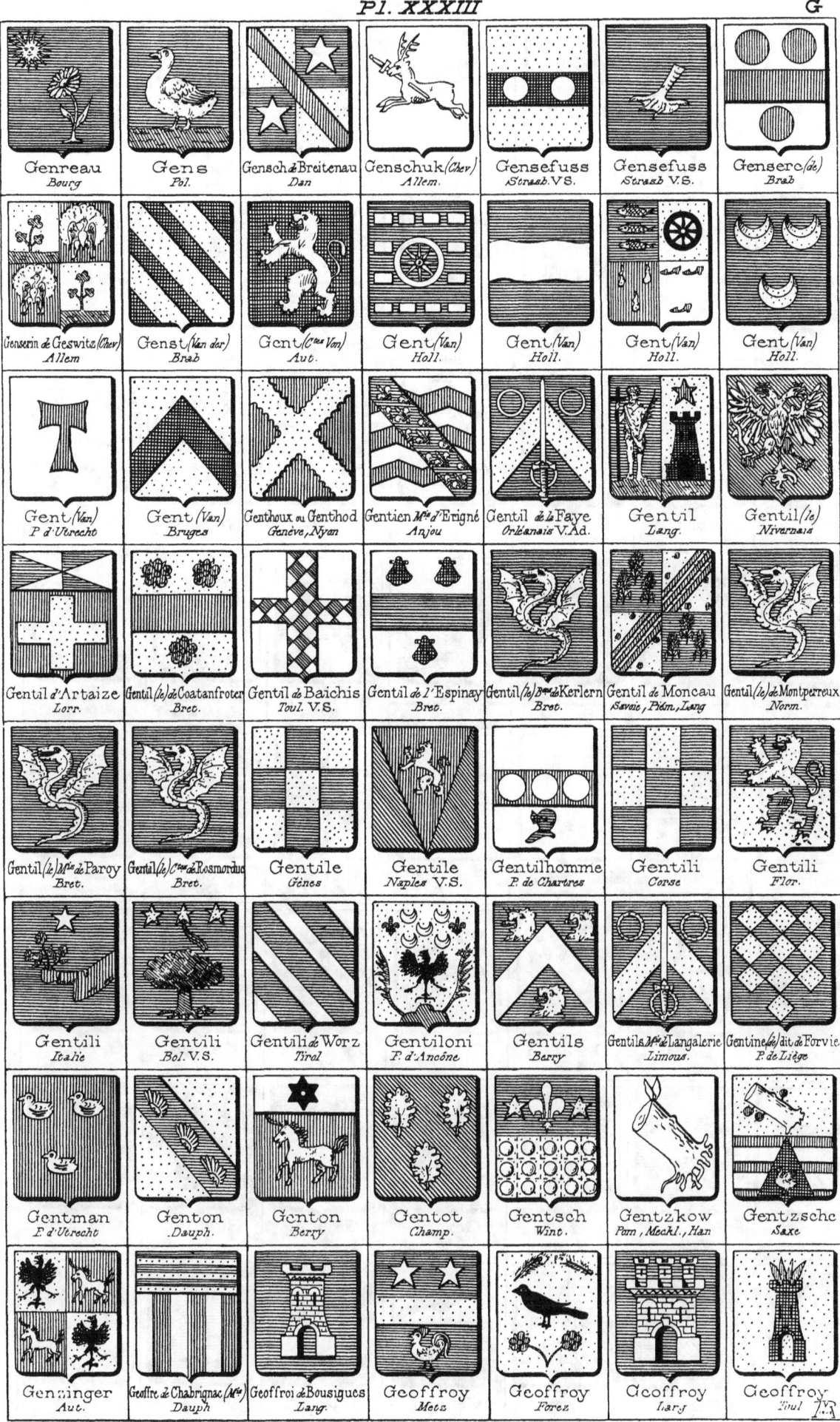

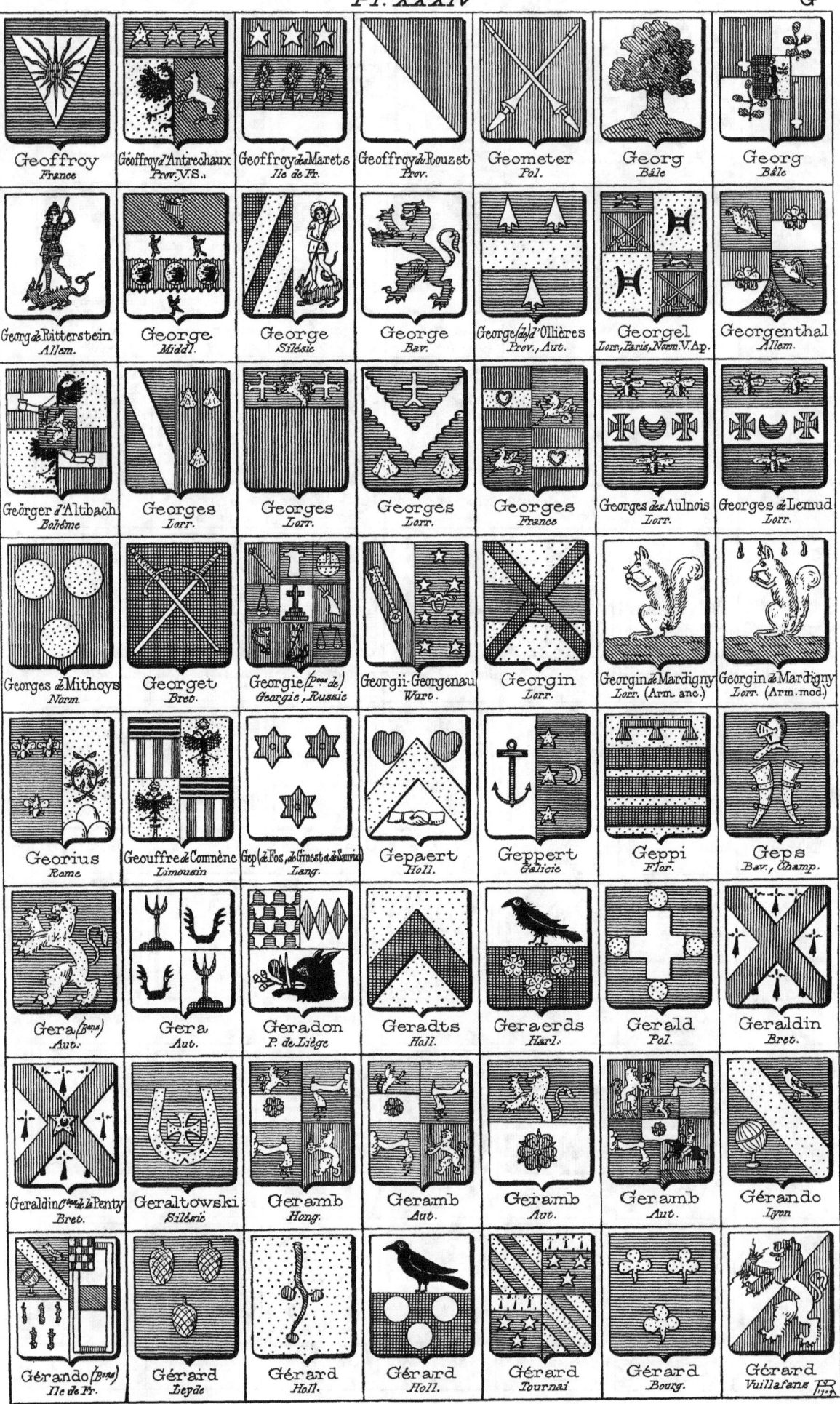

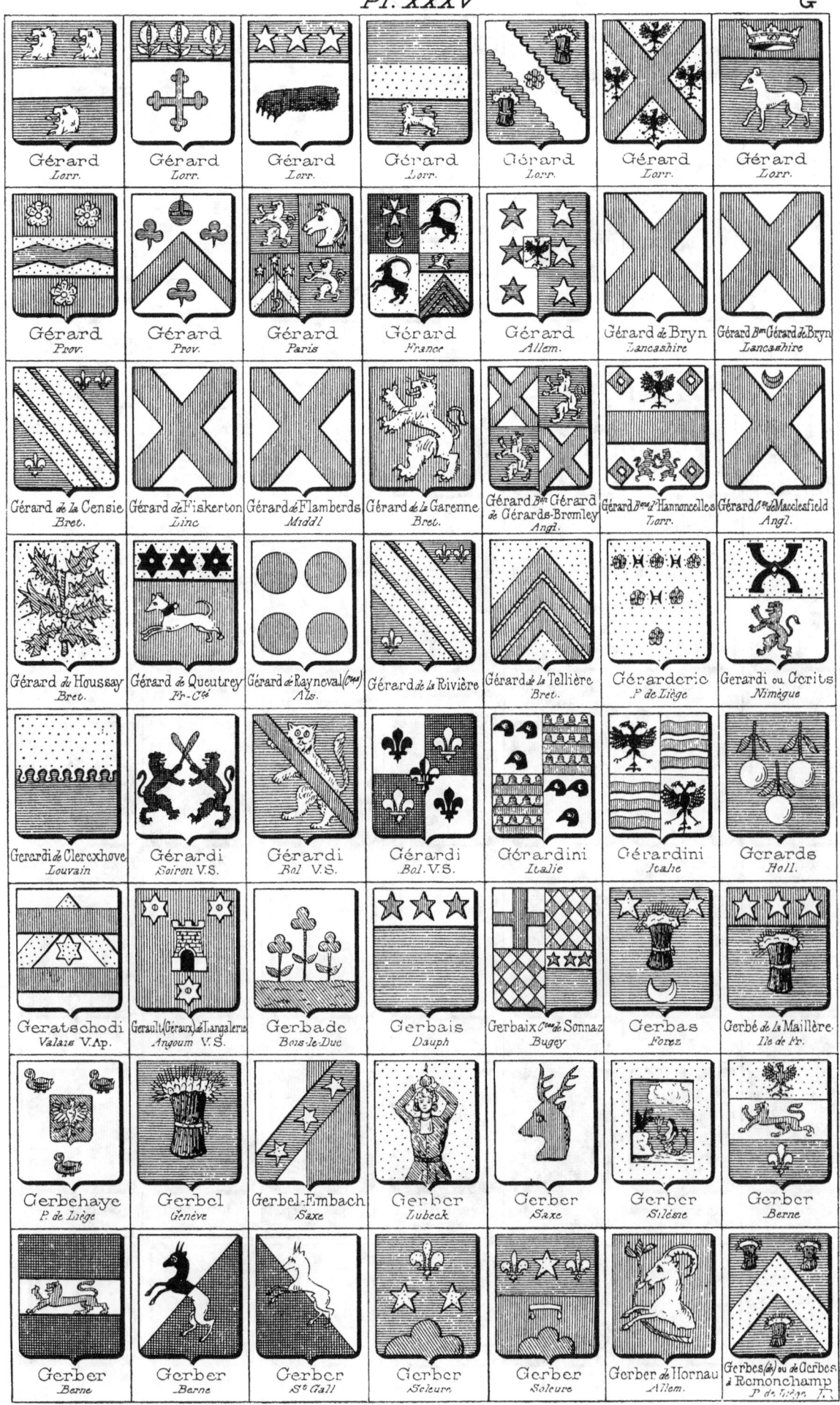

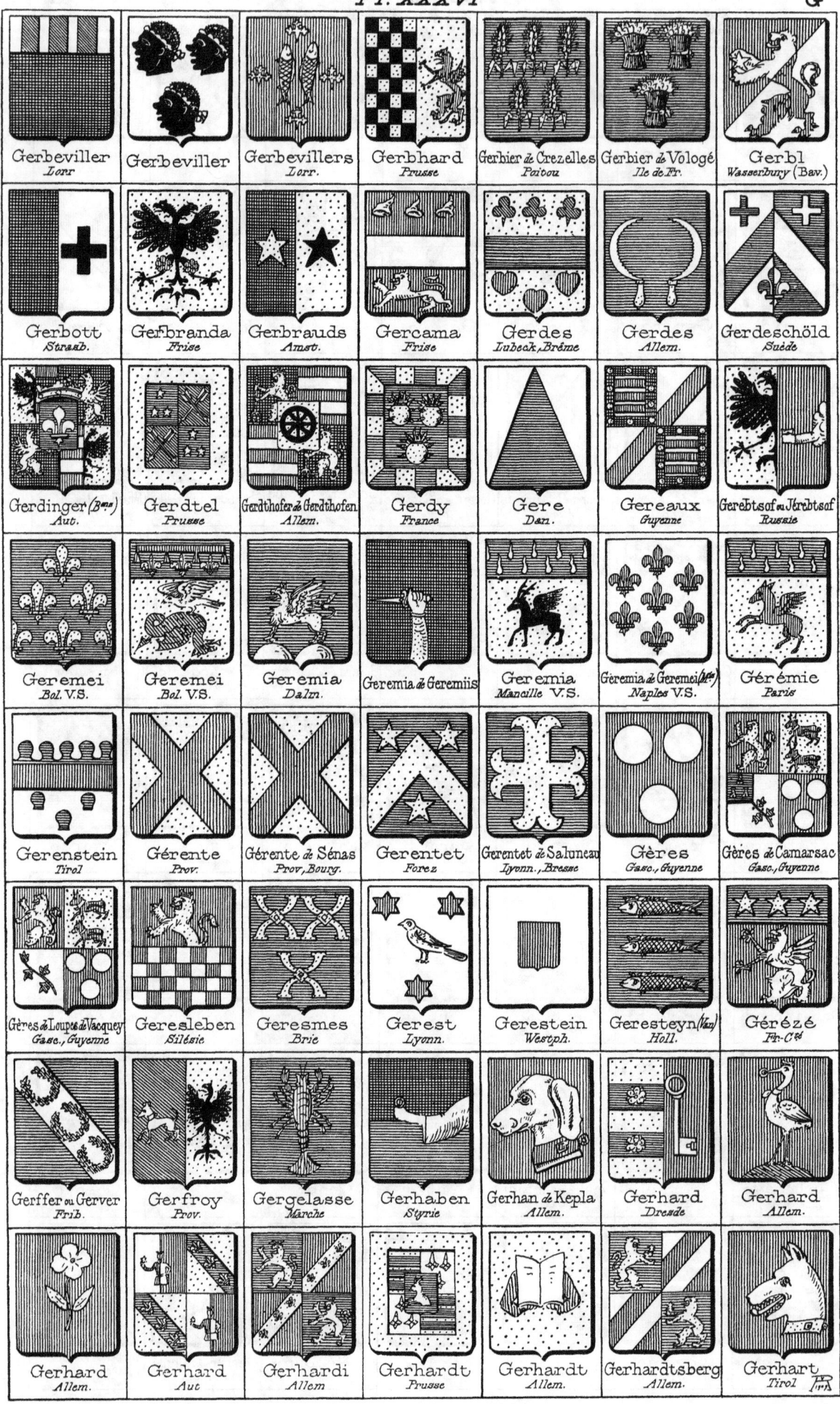

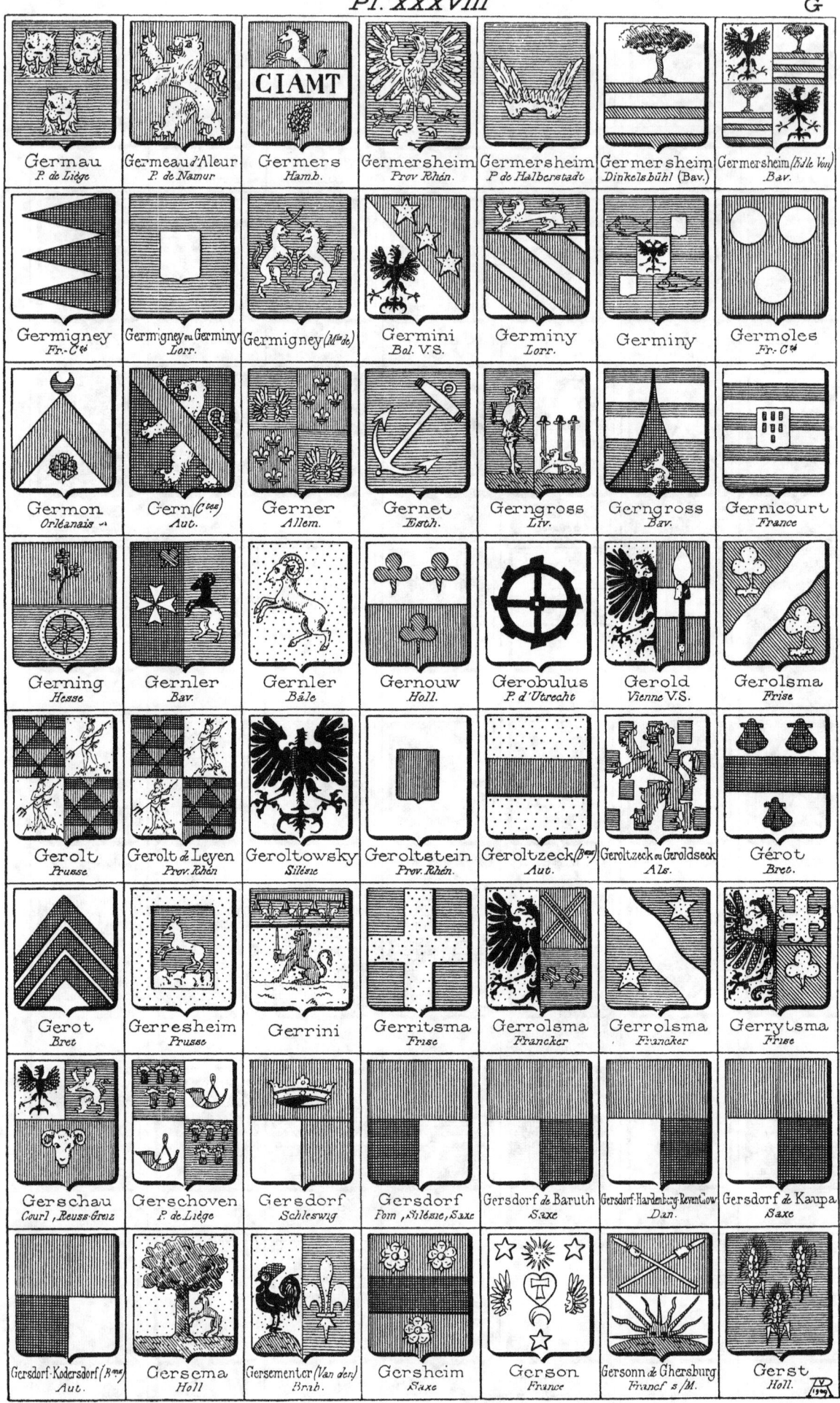

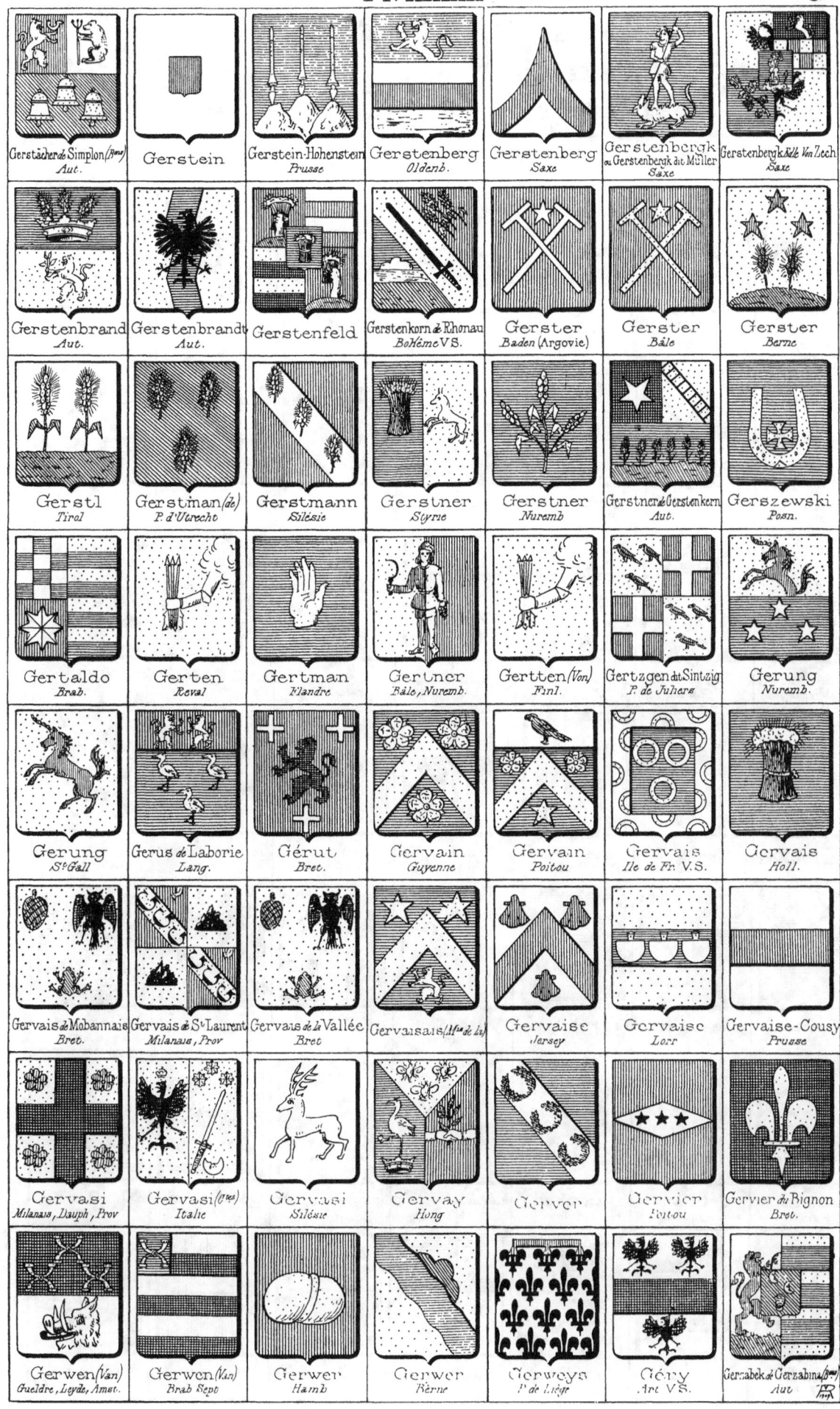

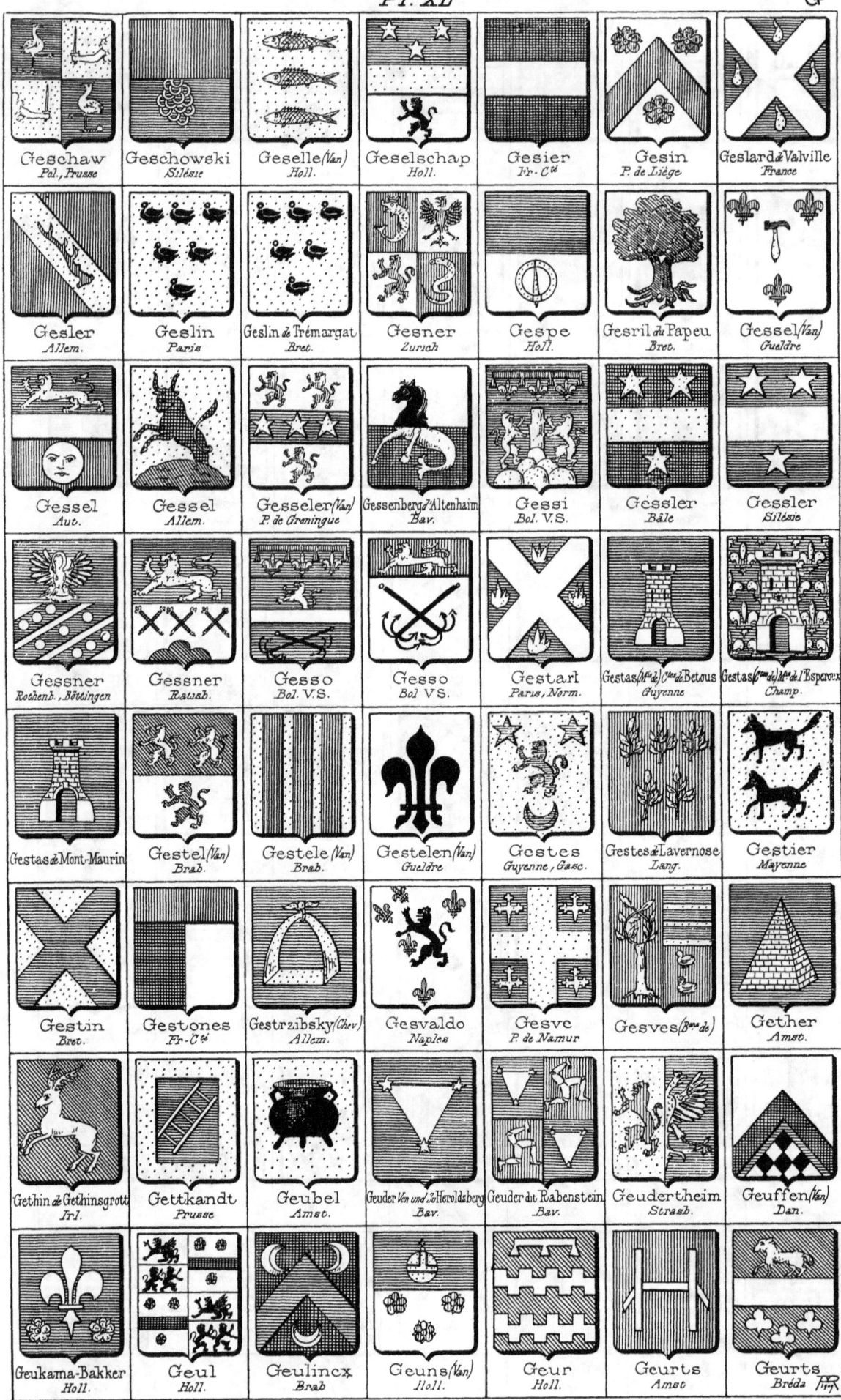

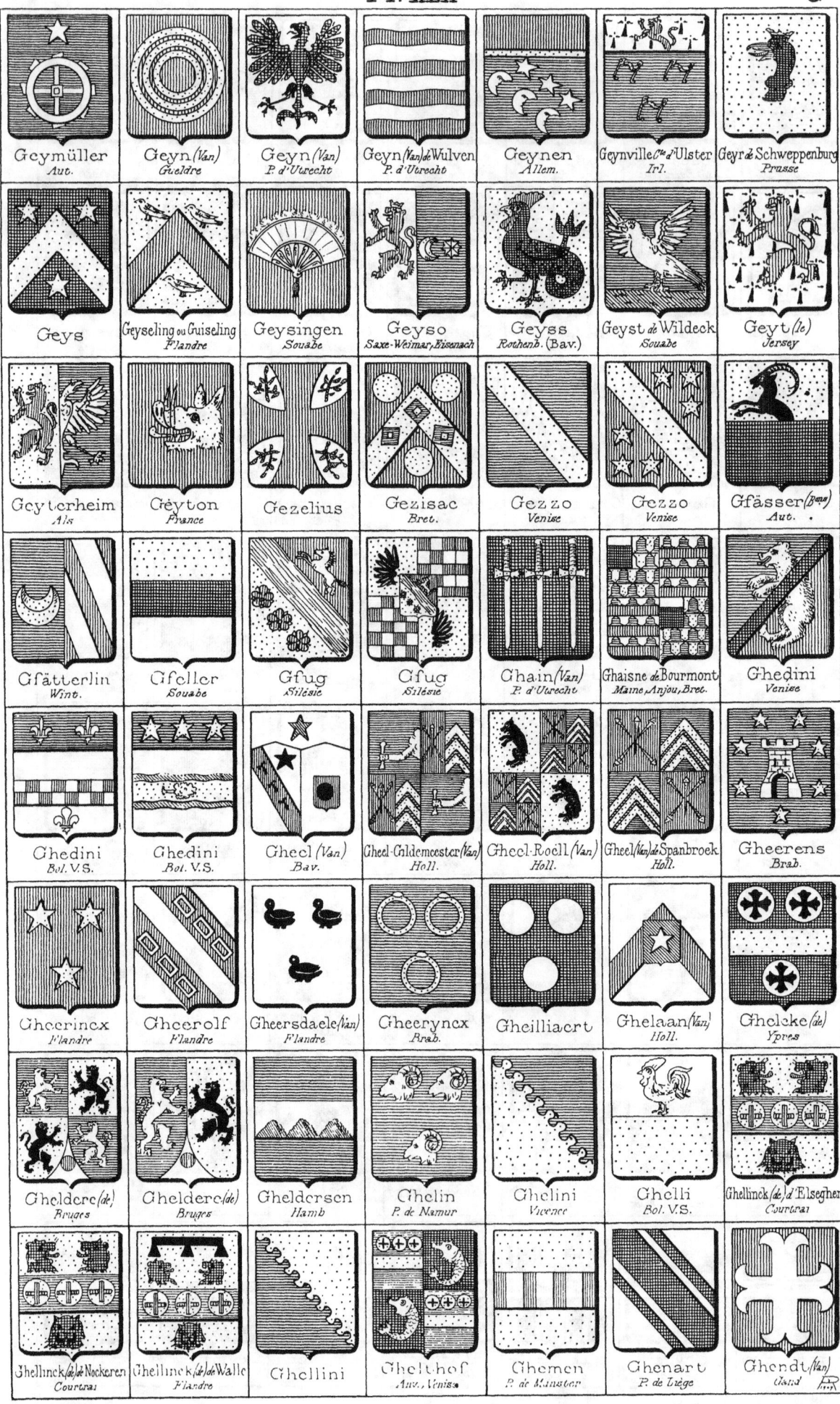

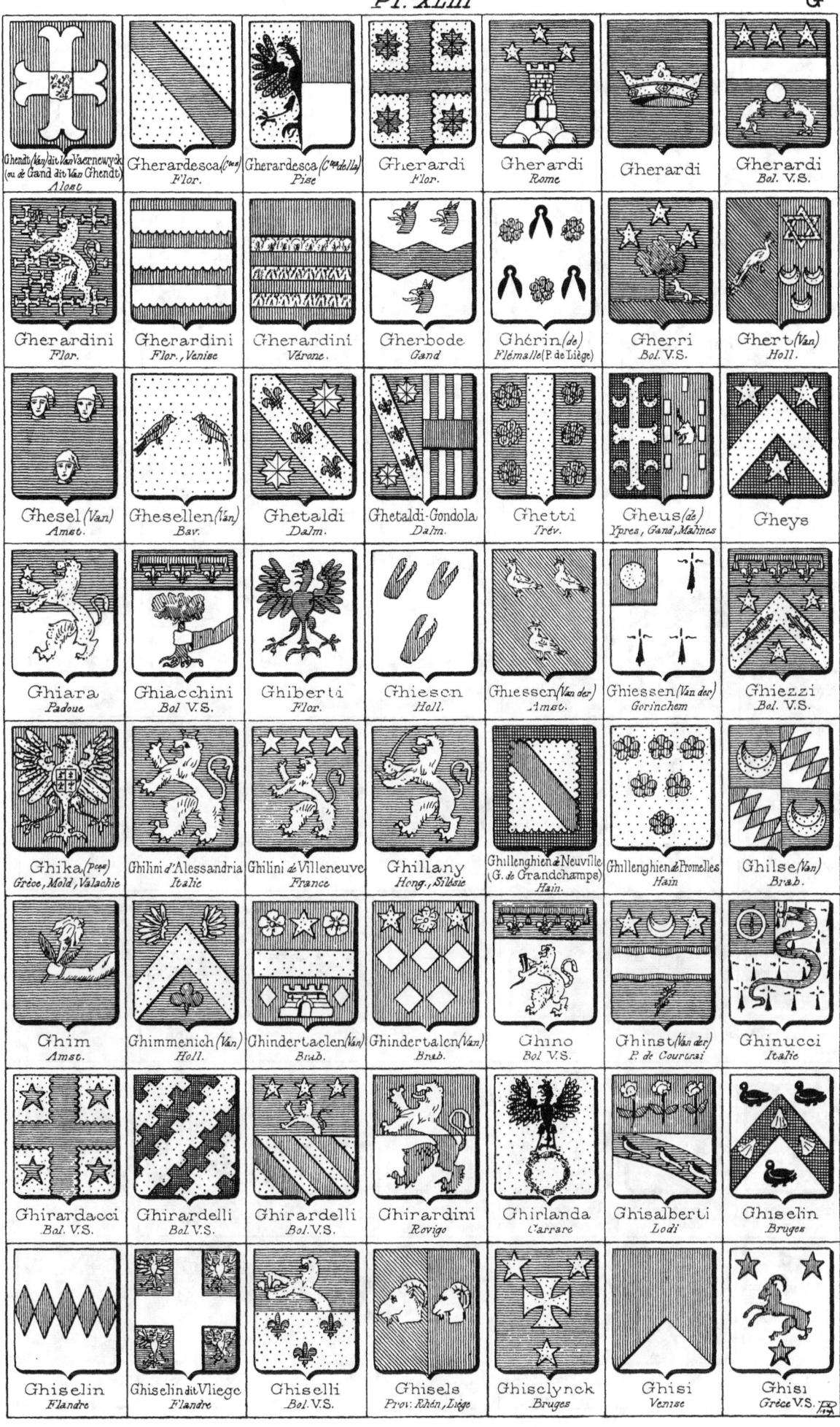

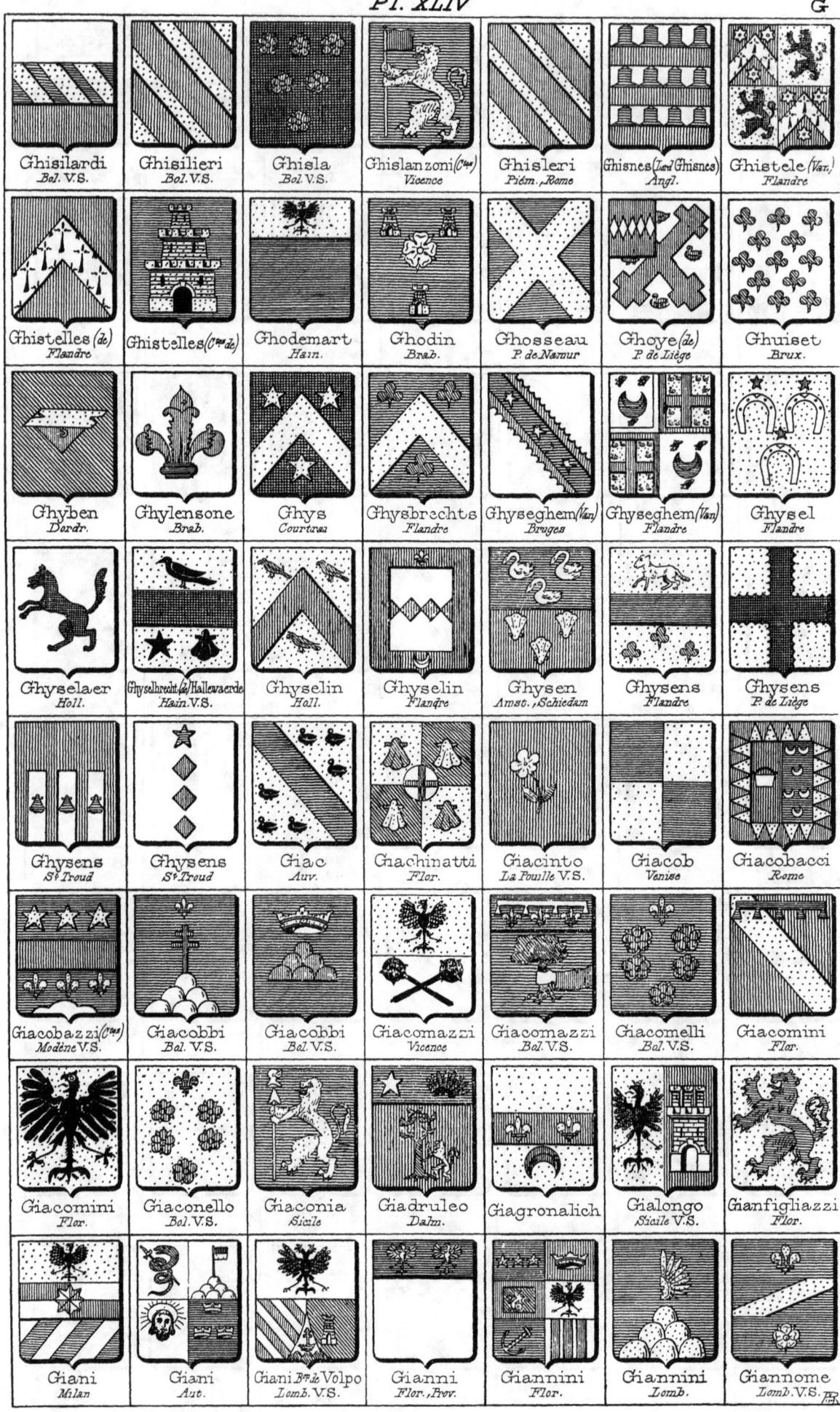

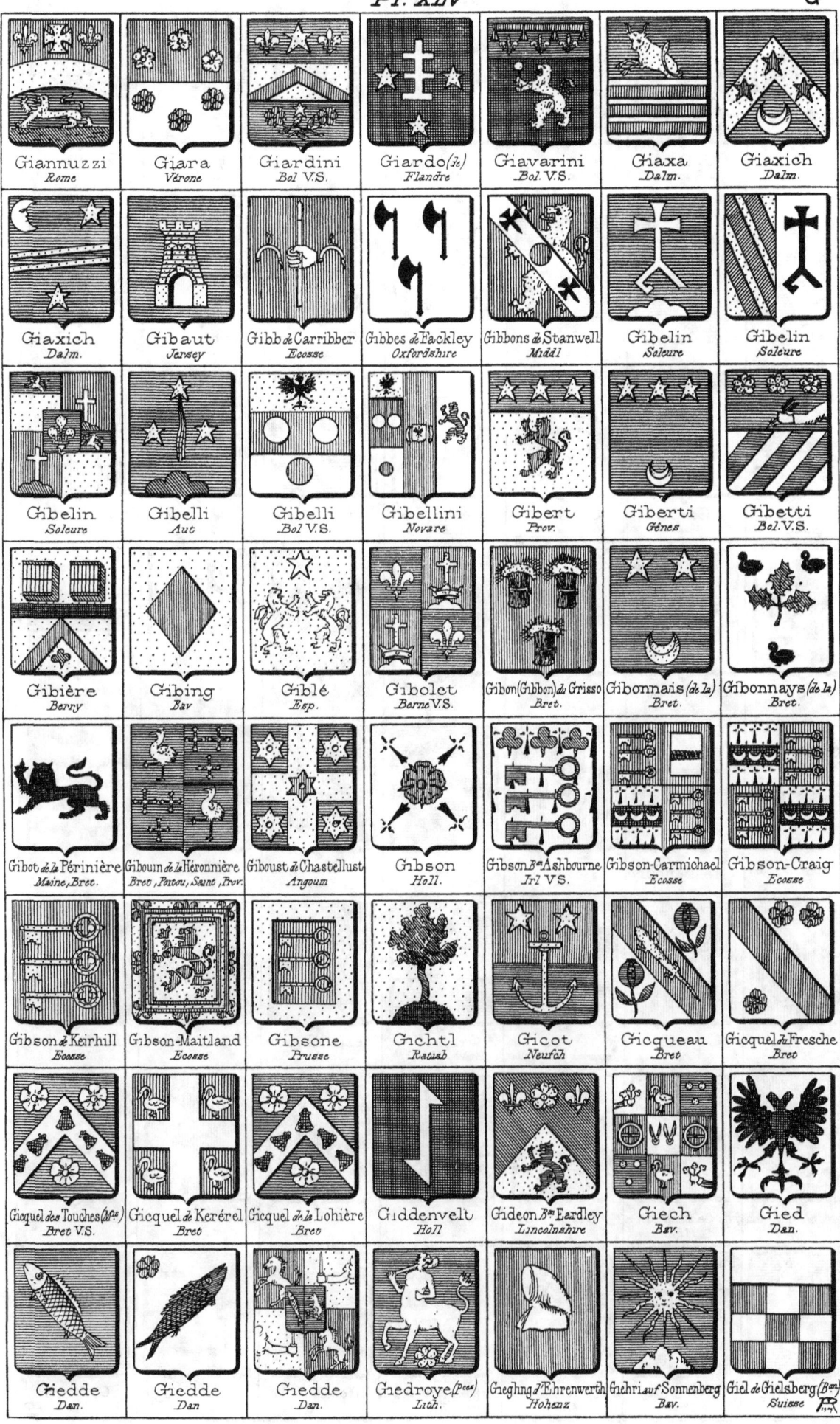

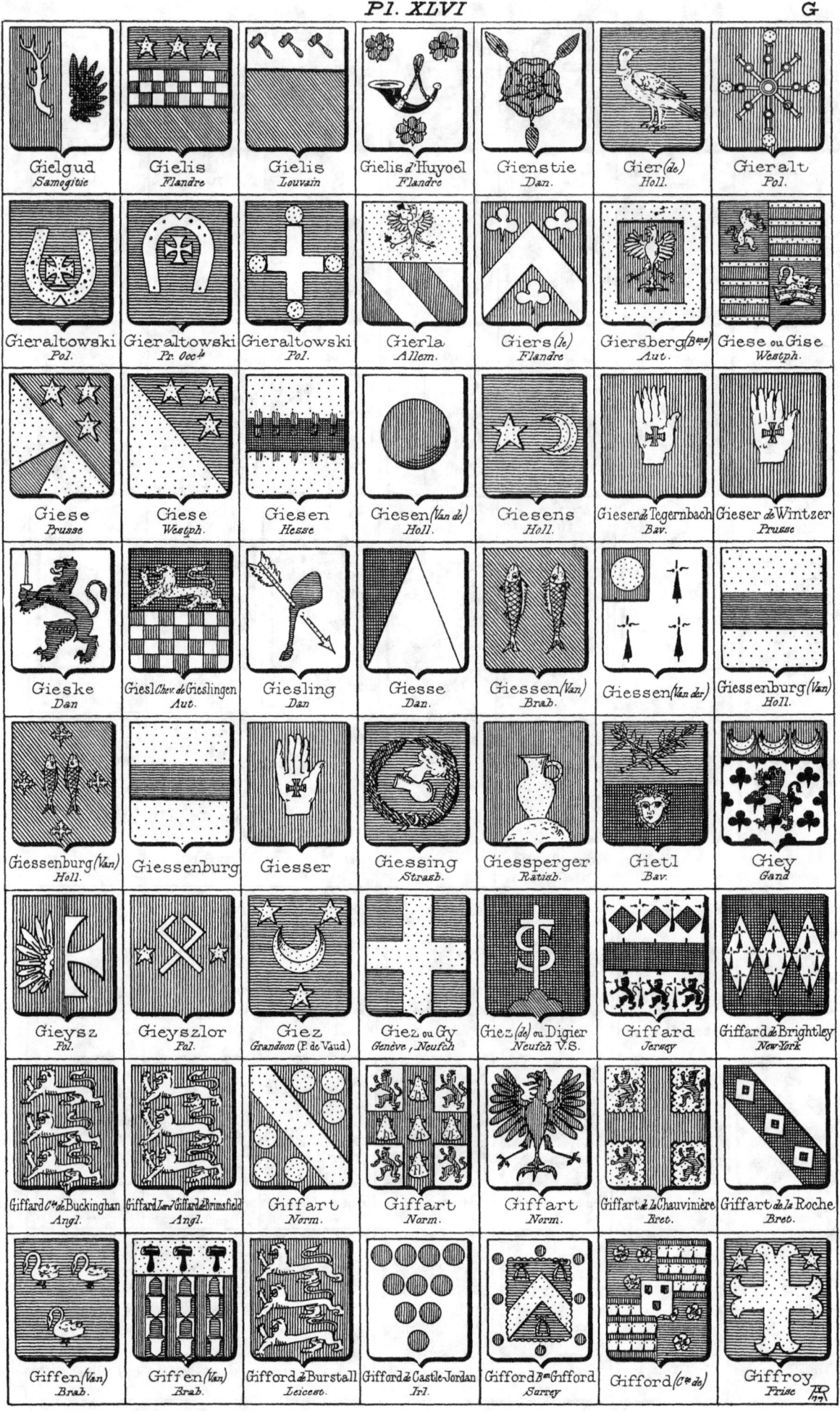

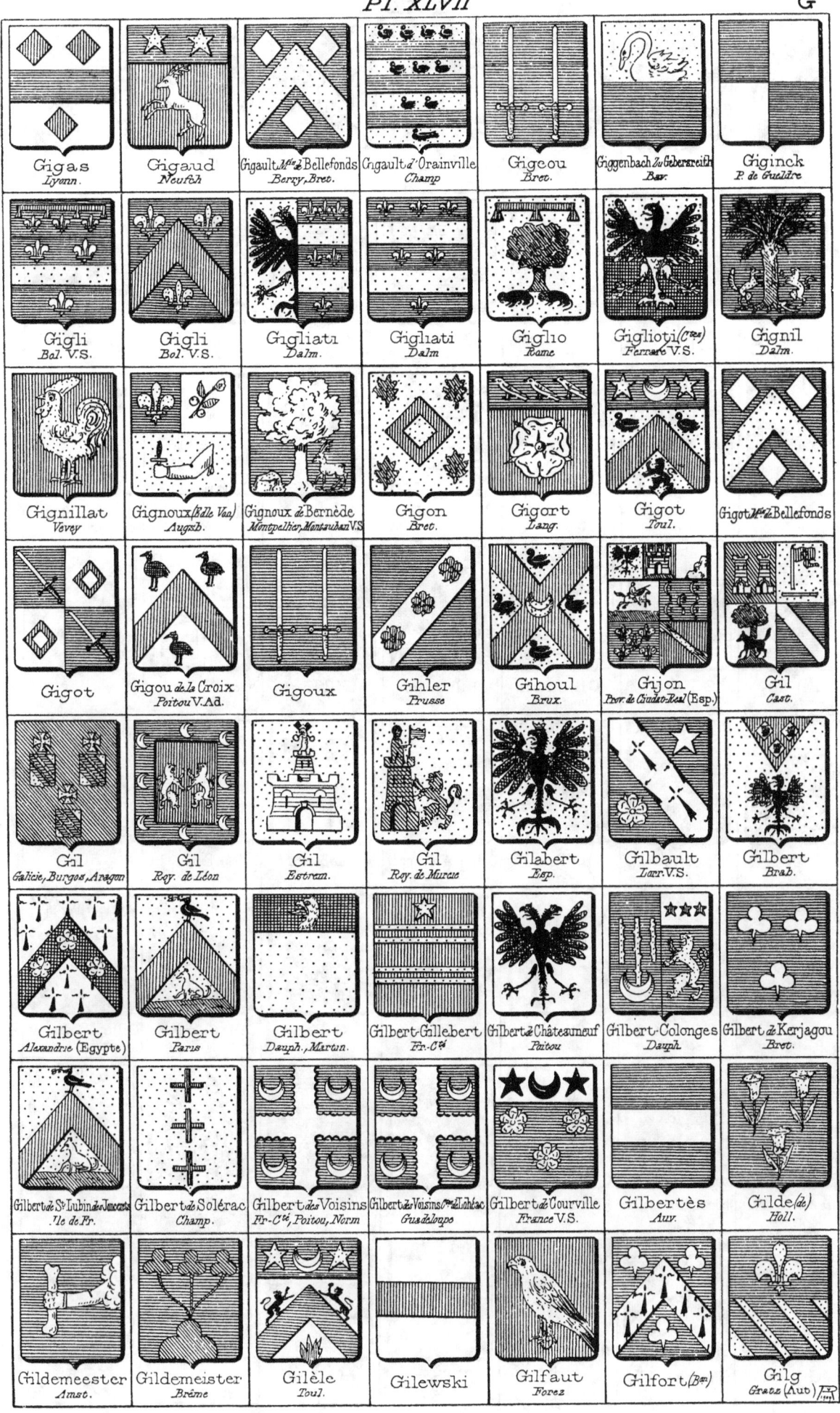

Pl. XLVIII — G

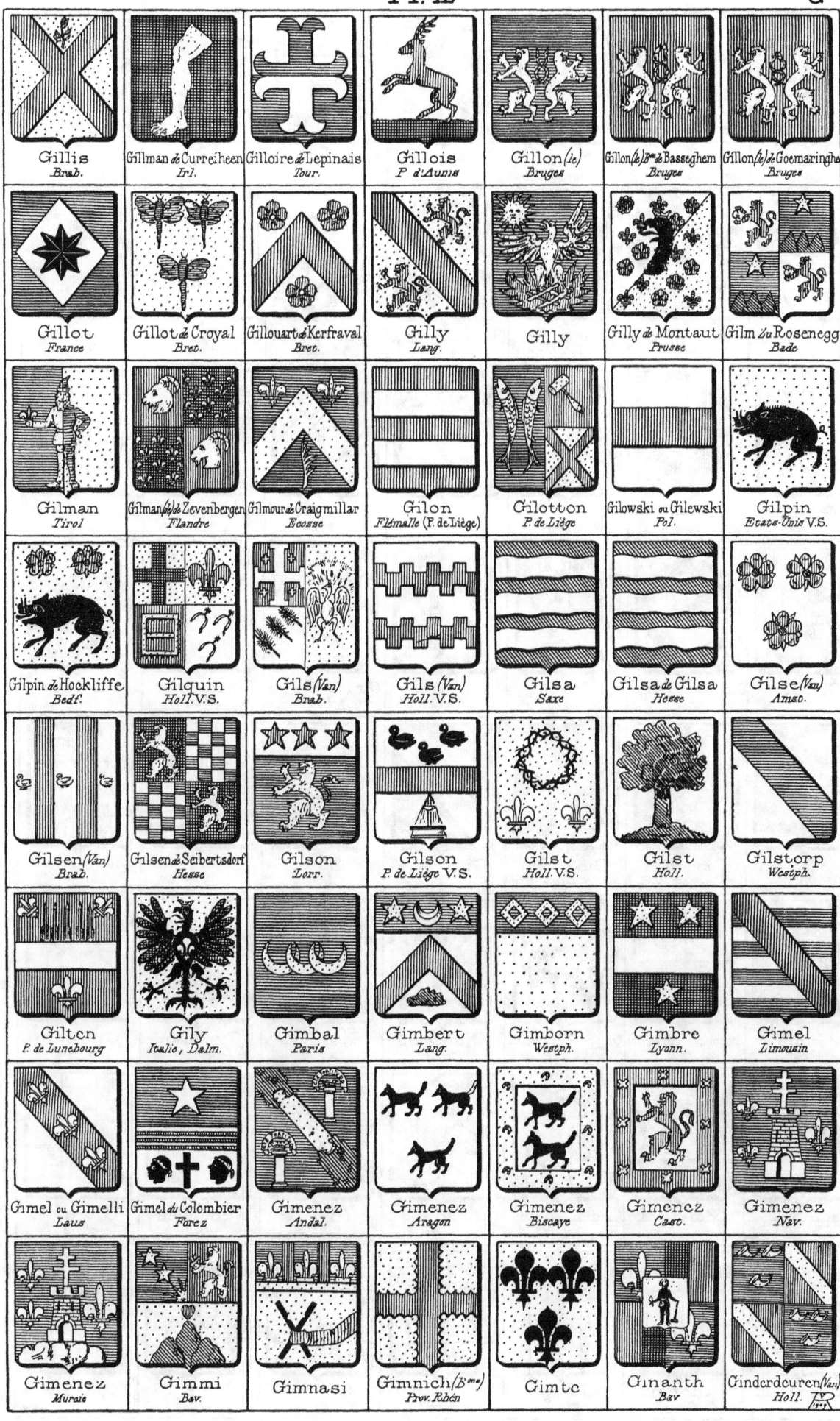

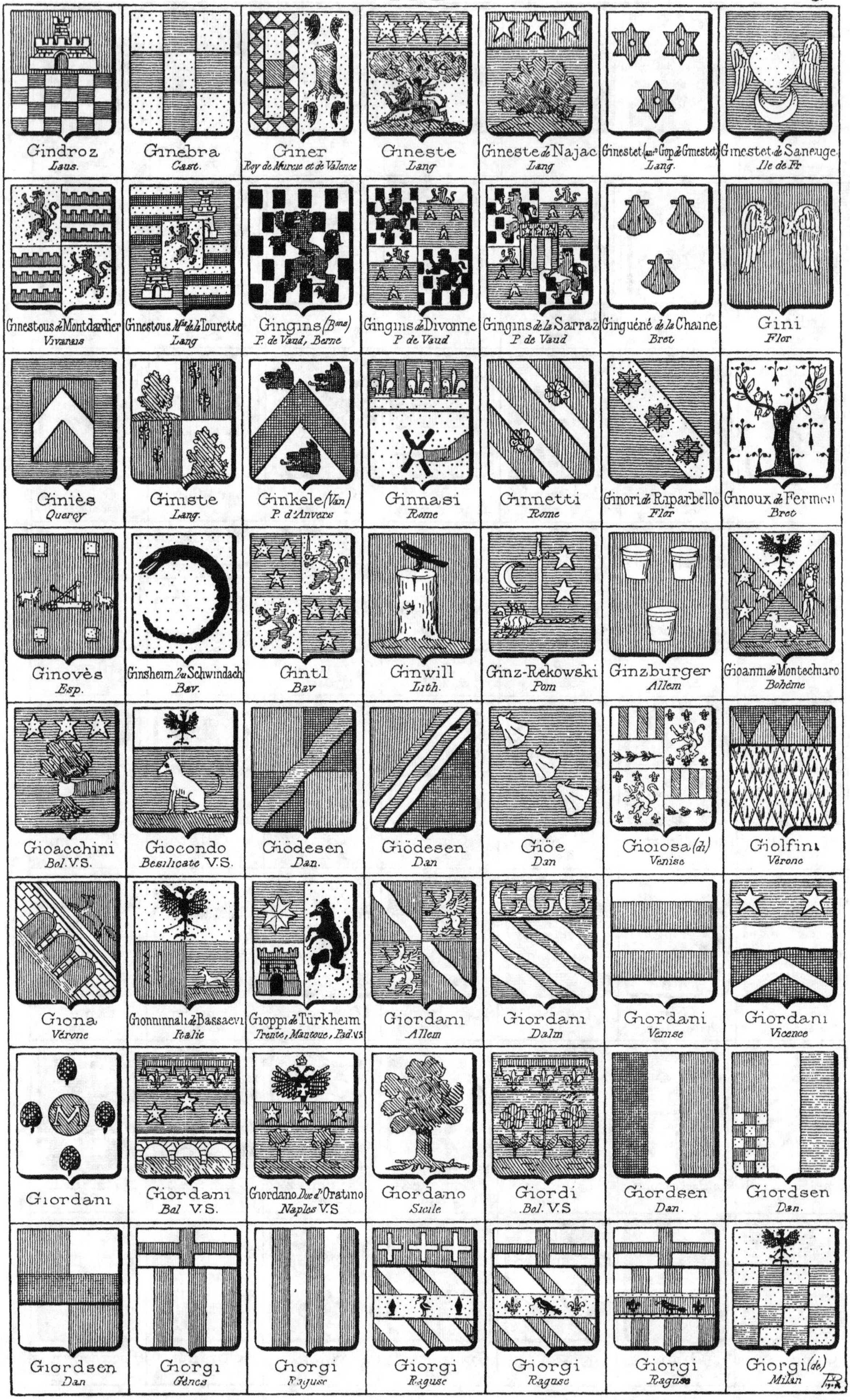

| Gindroz *Laus.* | Ginebra *Cast.* | Giner *Roy de Murcie et de Valence* | Gineste *Lang* | Gineste de Najac *Lang* | Ginestet (snr Giop de Ginestet) *Lang.* | Ginestet de Saneuge *Ile de Fr.* |
|---|---|---|---|---|---|---|
| Ginestous de Montdardier *Vivarais* | Ginestous M<sup>is</sup> de la Tourette *Lang* | Gingins (B<sup>ons</sup>) *P. de Vaud, Berne* | Gingins de Divonne *P. de Vaud* | Gingins de la Sarraz *P. de Vaud* | Ginguené de la Chaine *Bret* | Gini *Flor* |
| Giniès *Quercy* | Giniste *Lang.* | Ginkele (Van) *P. d'Anvers* | Ginnasi *Rome* | Ginnetti *Rome* | Ginori di Riparbello *Flor* | Ginoux de Fermon *Bret* |
| Ginovès *Esp.* | Ginsheim Du Schwindach *Bav.* | Gintl *Bav* | Ginwill *Lith.* | Ginz-Rekowski *Pom* | Ginzburger *Allem* | Gioanni de Montechiaro *Bohême* |
| Gioacchini *Bol. V.S.* | Giocondo *Basilicate V.S.* | Giödesen *Dan.* | Giödesen *Dan* | Göe *Dan* | Gioiosa (di) *Venise* | Giolfini *Vérone* |
| Giona *Vérone* | Gionninnali de Bassaevi *Italie* | Gioppi de Türkheim *Trente, Mantoue, Pad. V.S* | Giordani *Allem* | Giordani *Dalm* | Giordani *Venise* | Giordani *Vicence* |
| Giordani | Giordani *Bal. V.S.* | Giordano Duc d'Oratino *Naples V.S* | Giordano *Sicile* | Giordi *Bol. V.S* | Giordsen *Dan.* | Giordsen *Dan.* |
| Giordsen *Dan* | Giorgi *Gênes* | Giorgi *Raguse* | Giorgi *Raguse* | Giorgi *Raguse* | Giorgi *Raguse* | Giorgi (de) *Milan* |

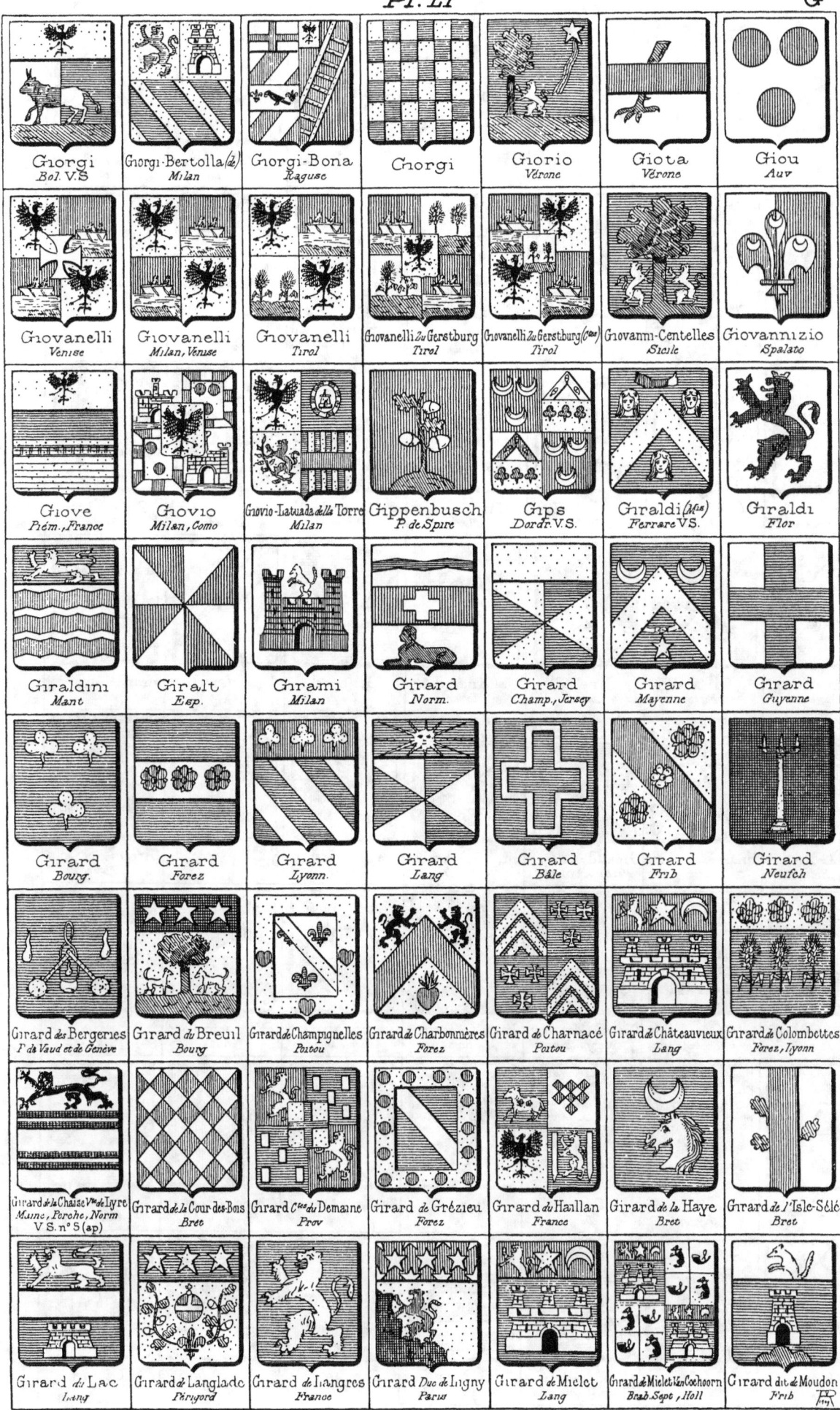

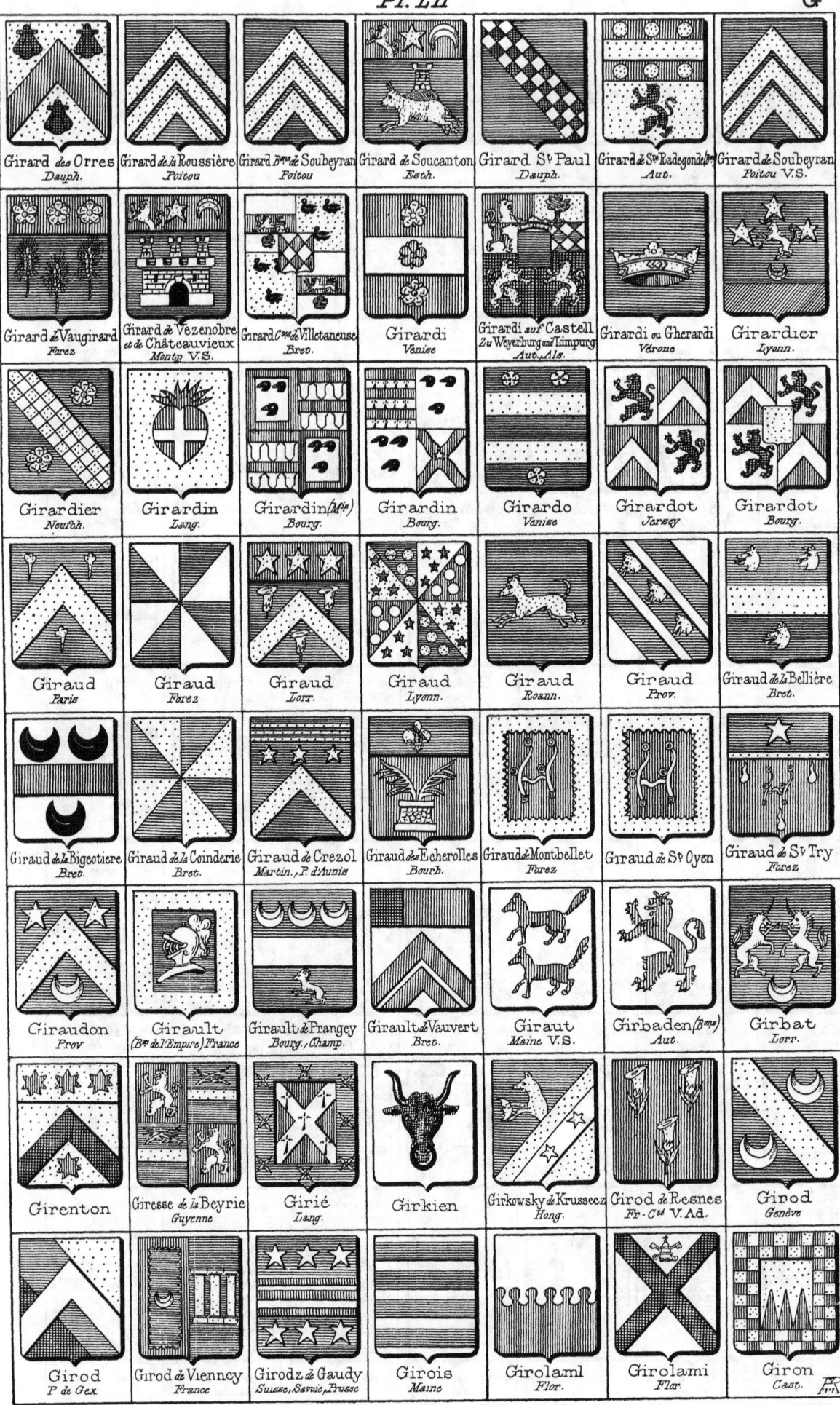

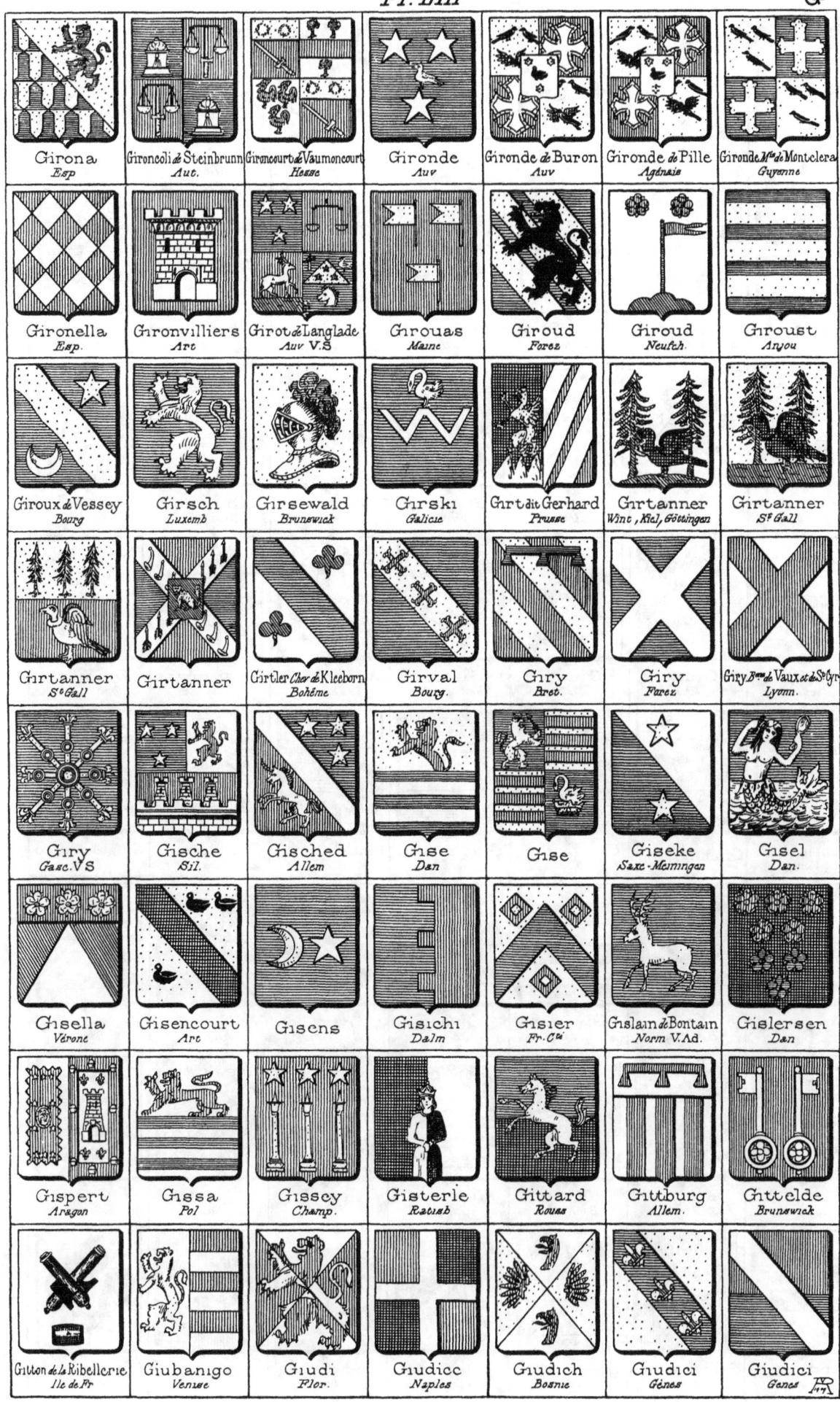

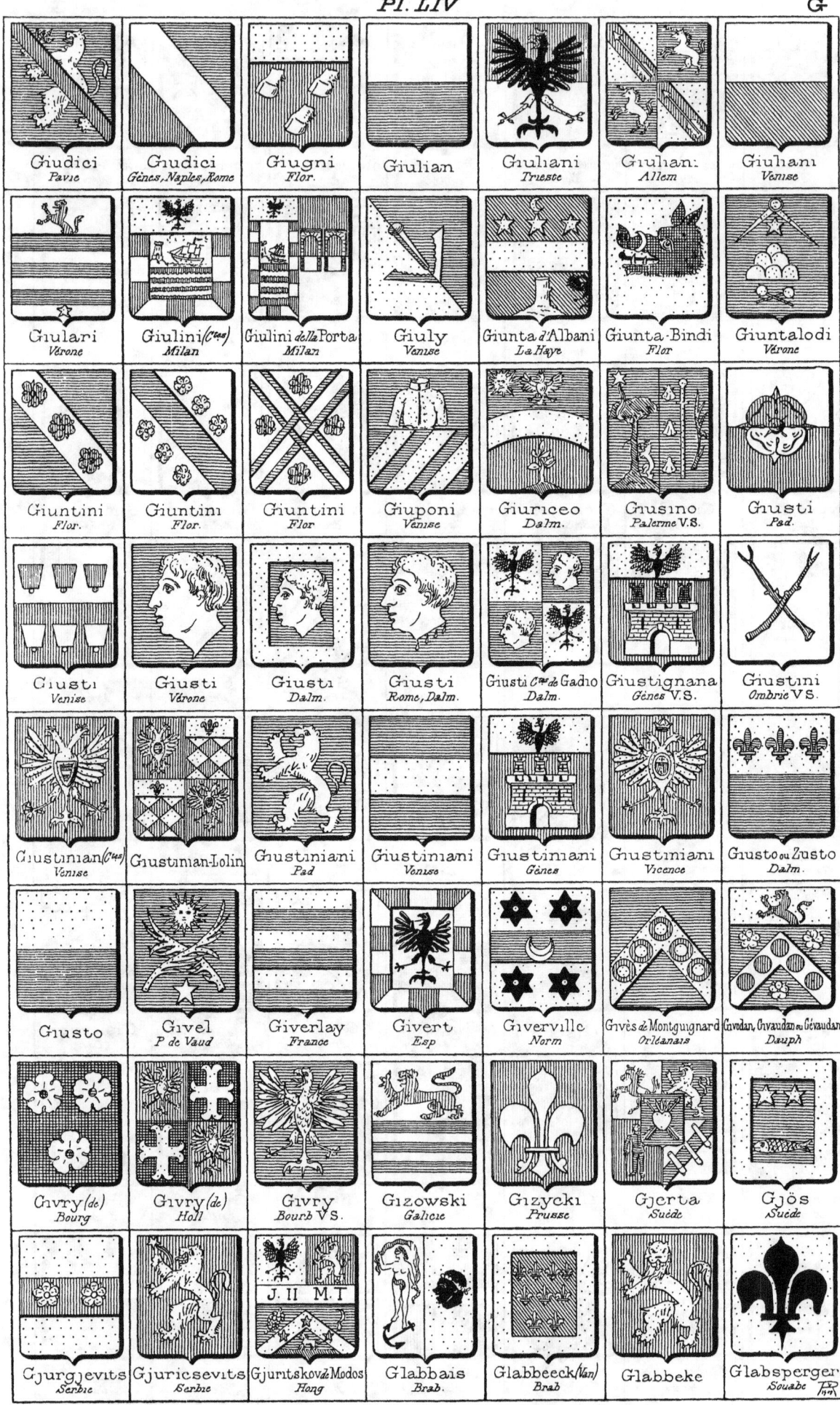

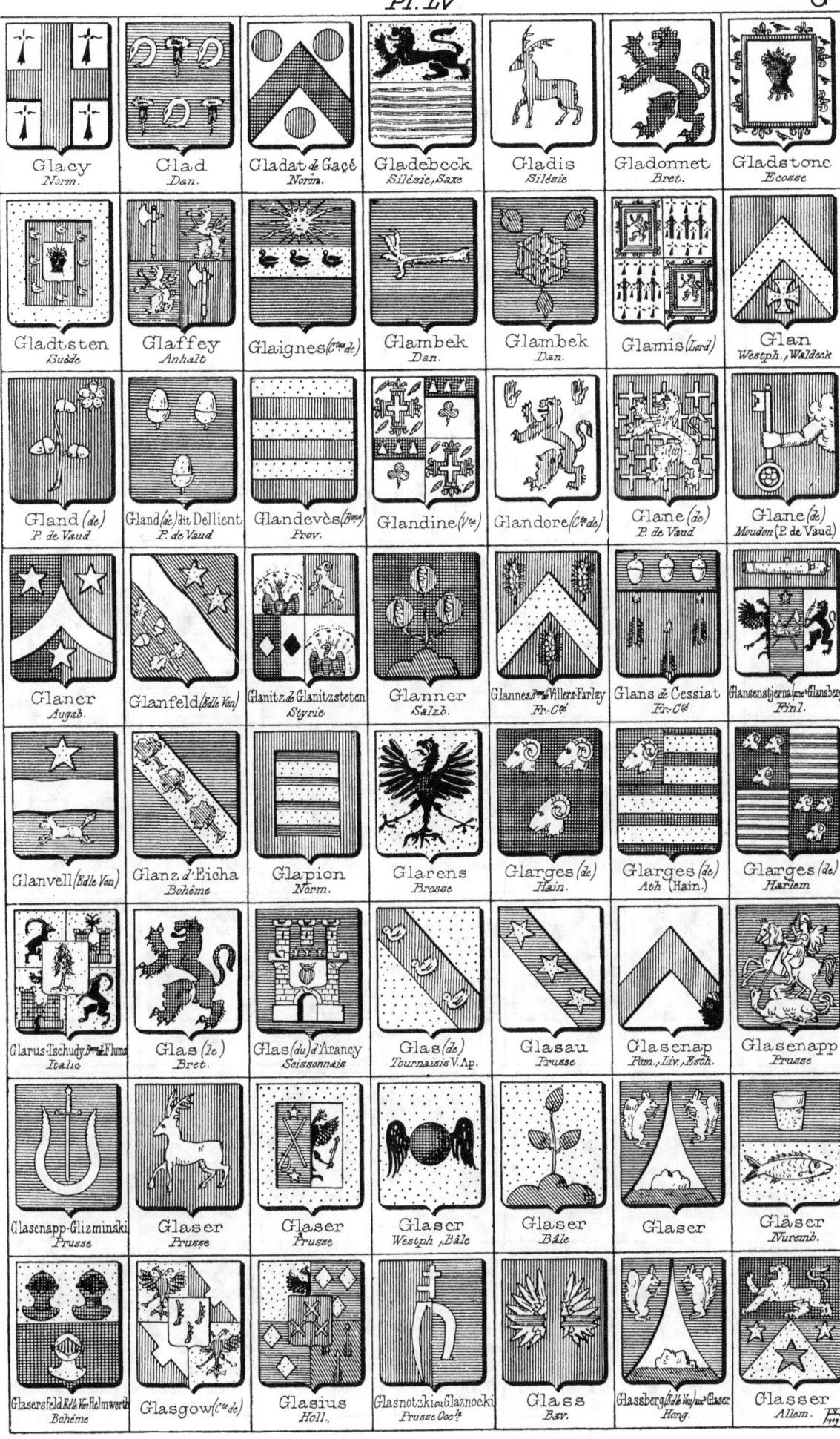

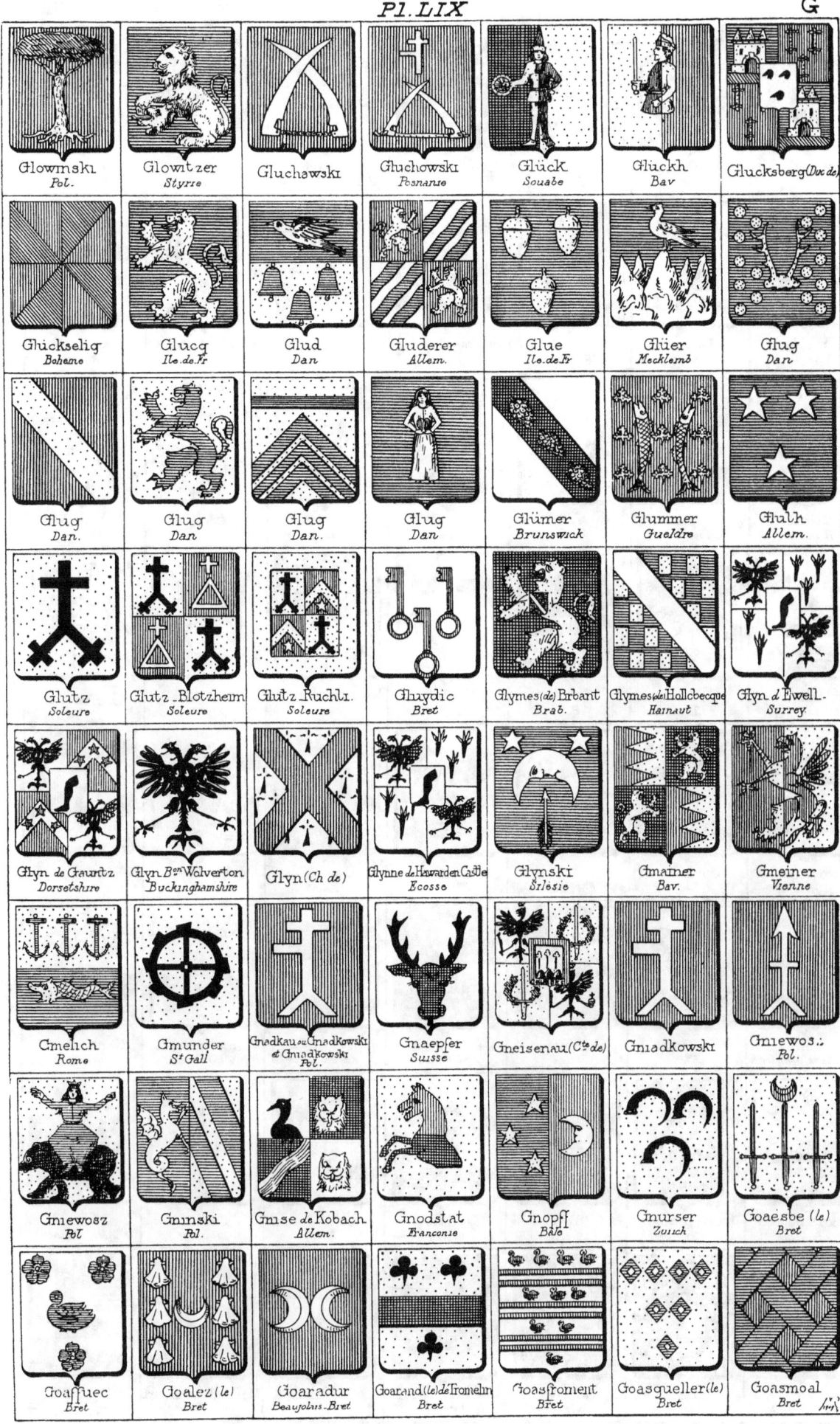

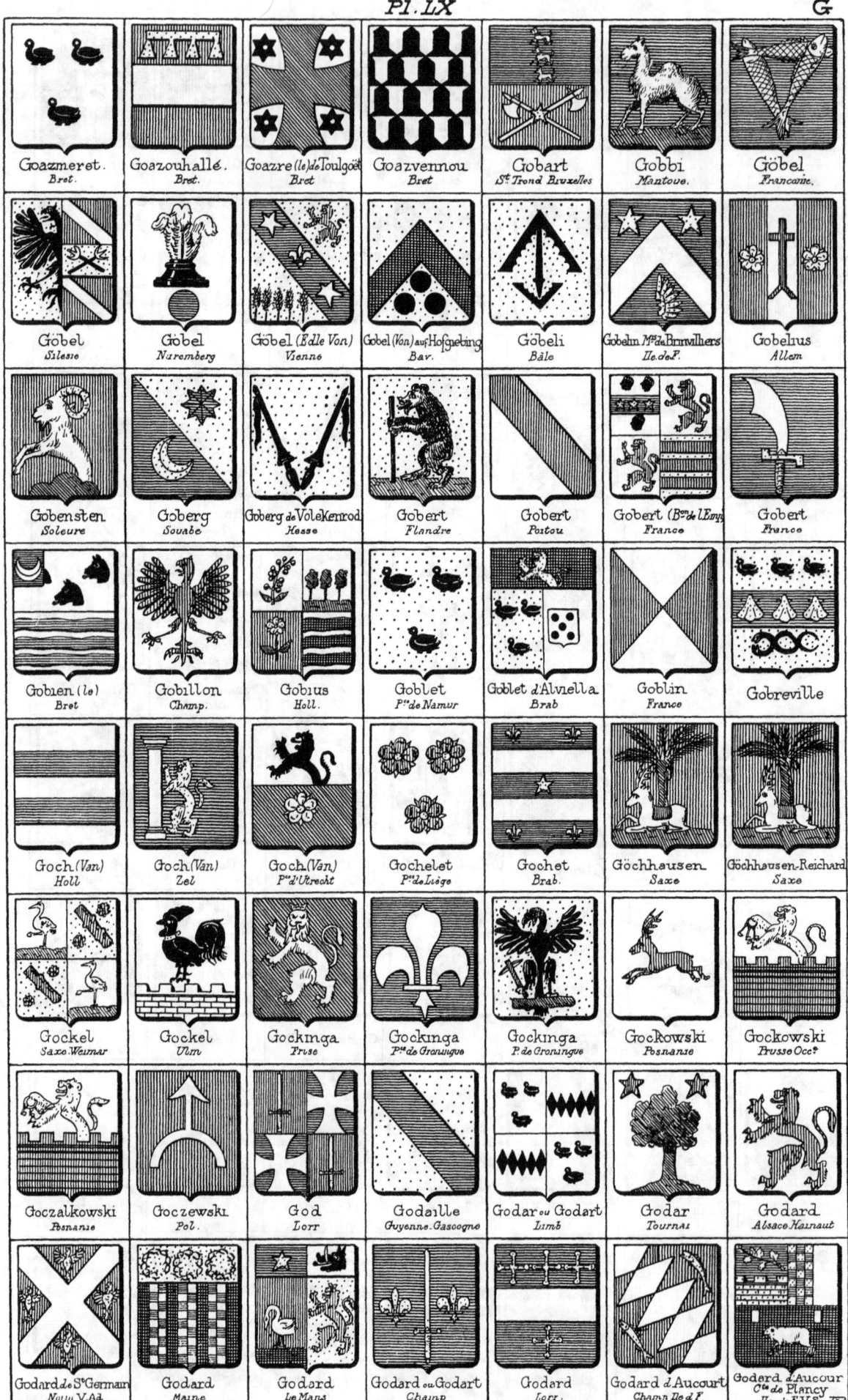

Pl. LXI G

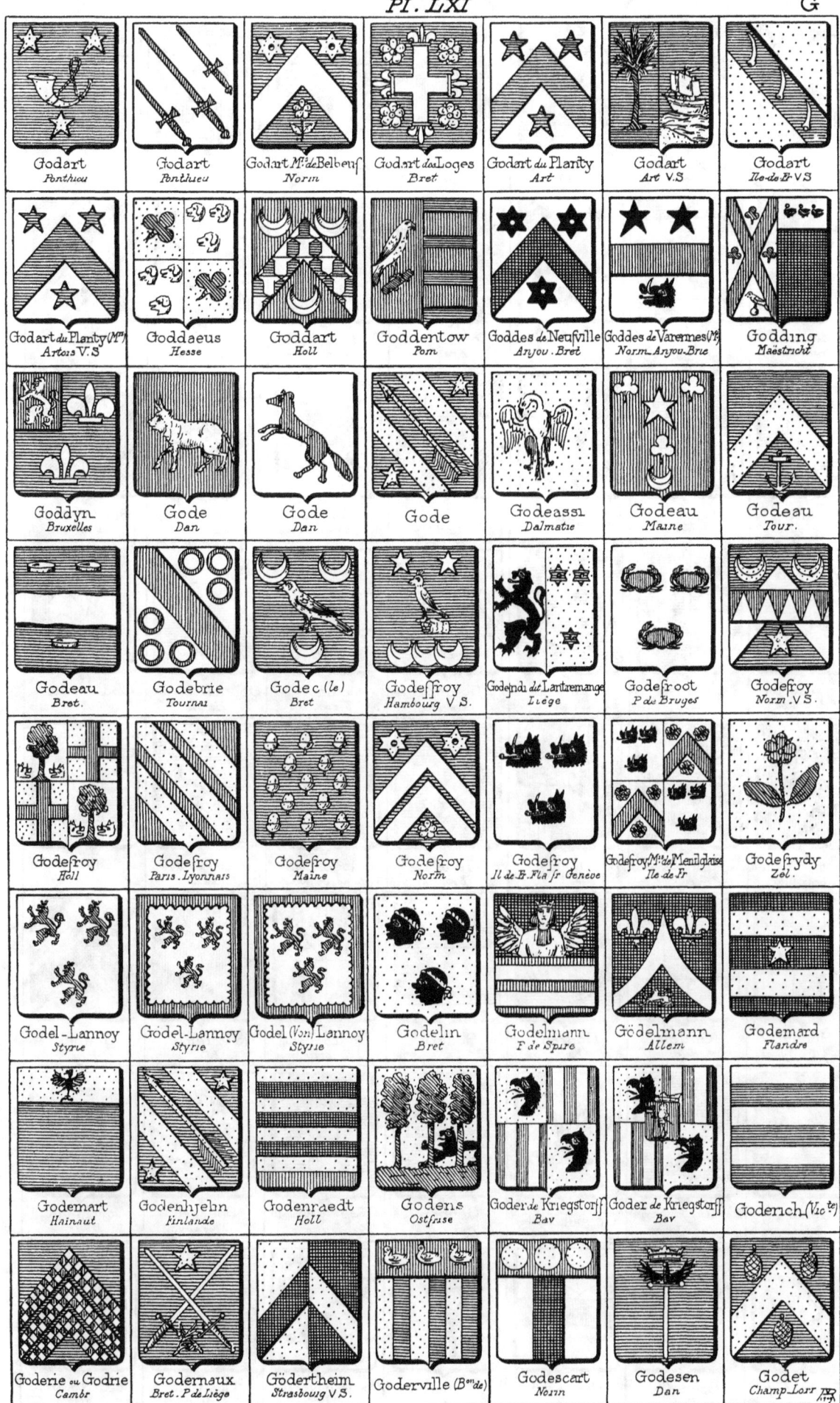

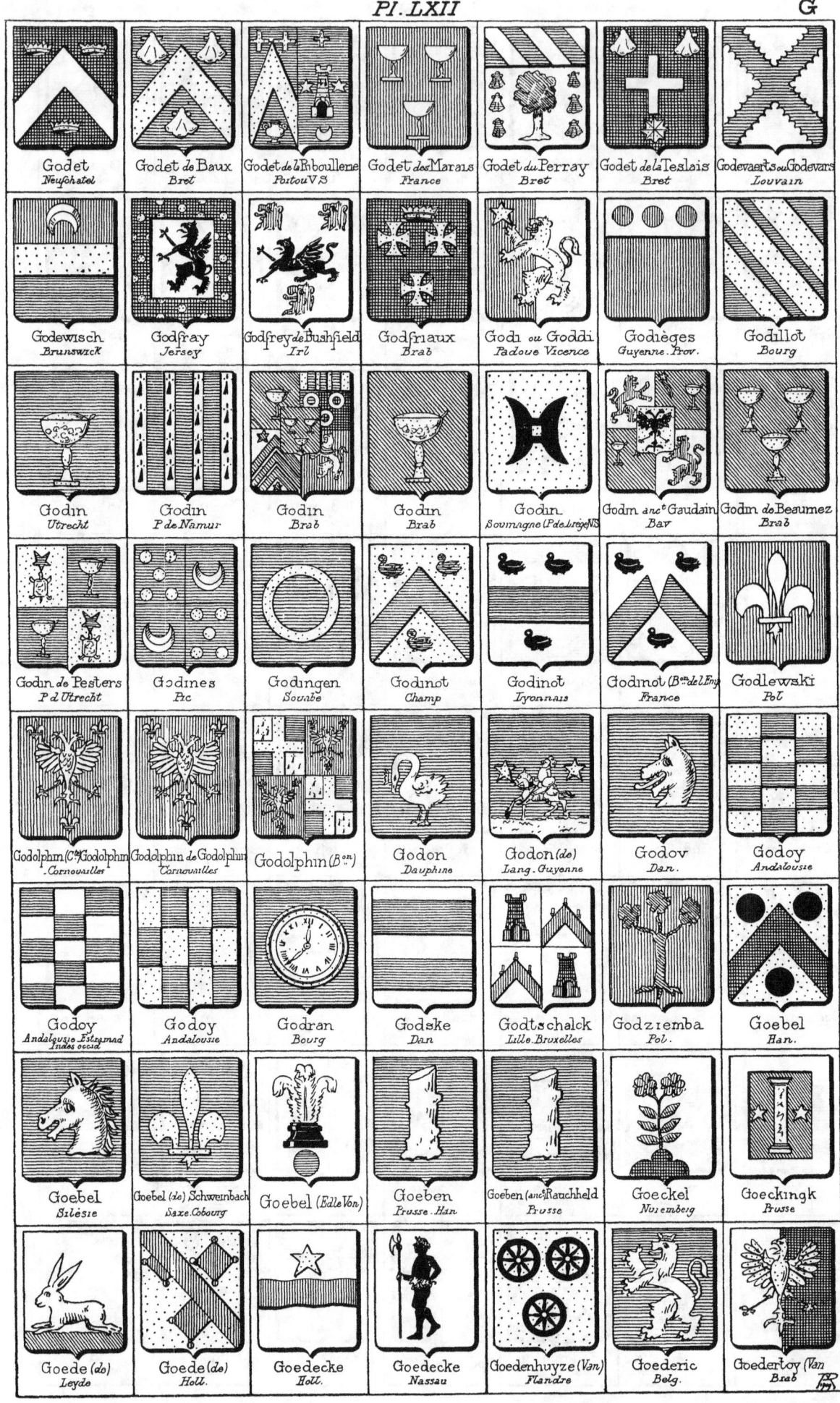

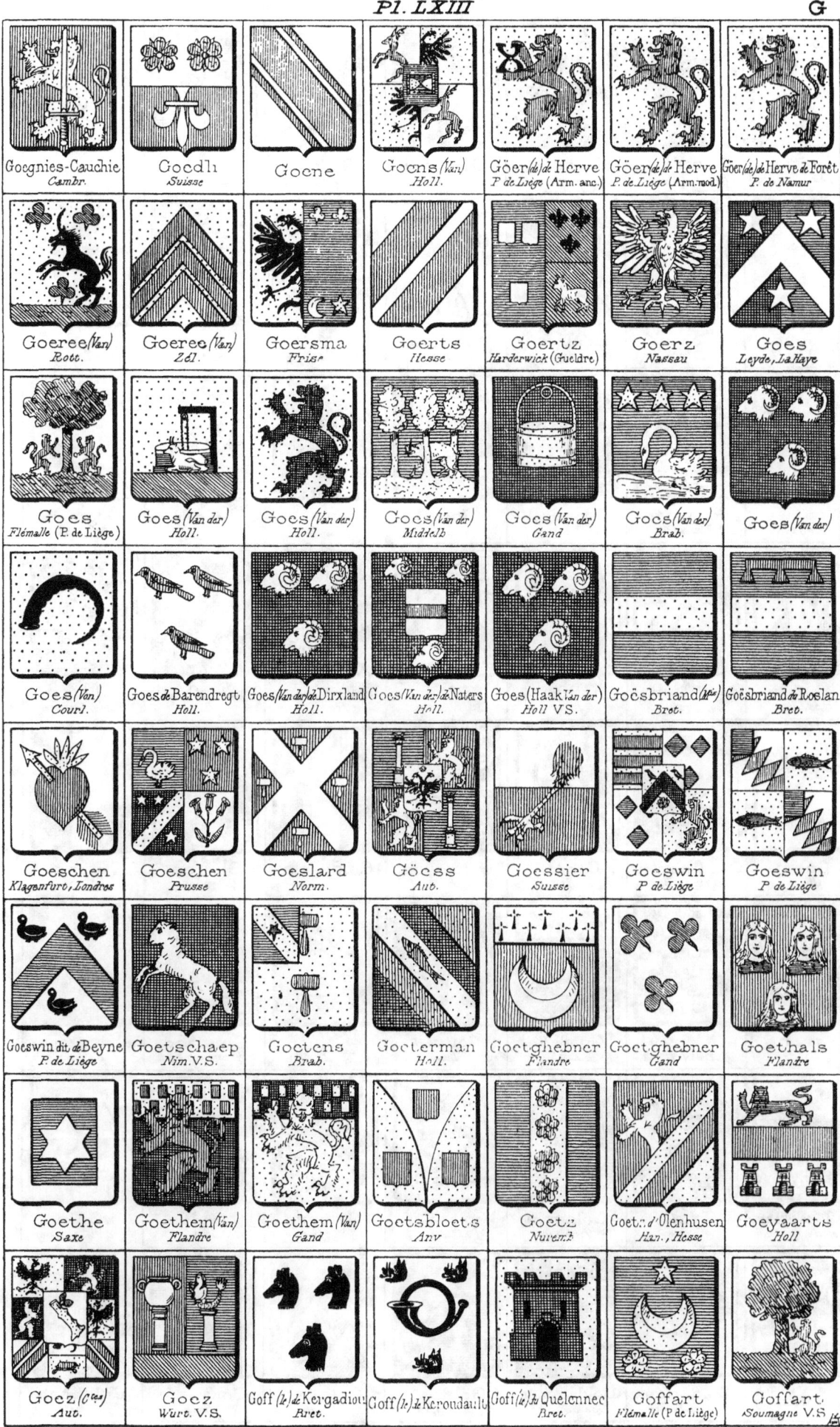

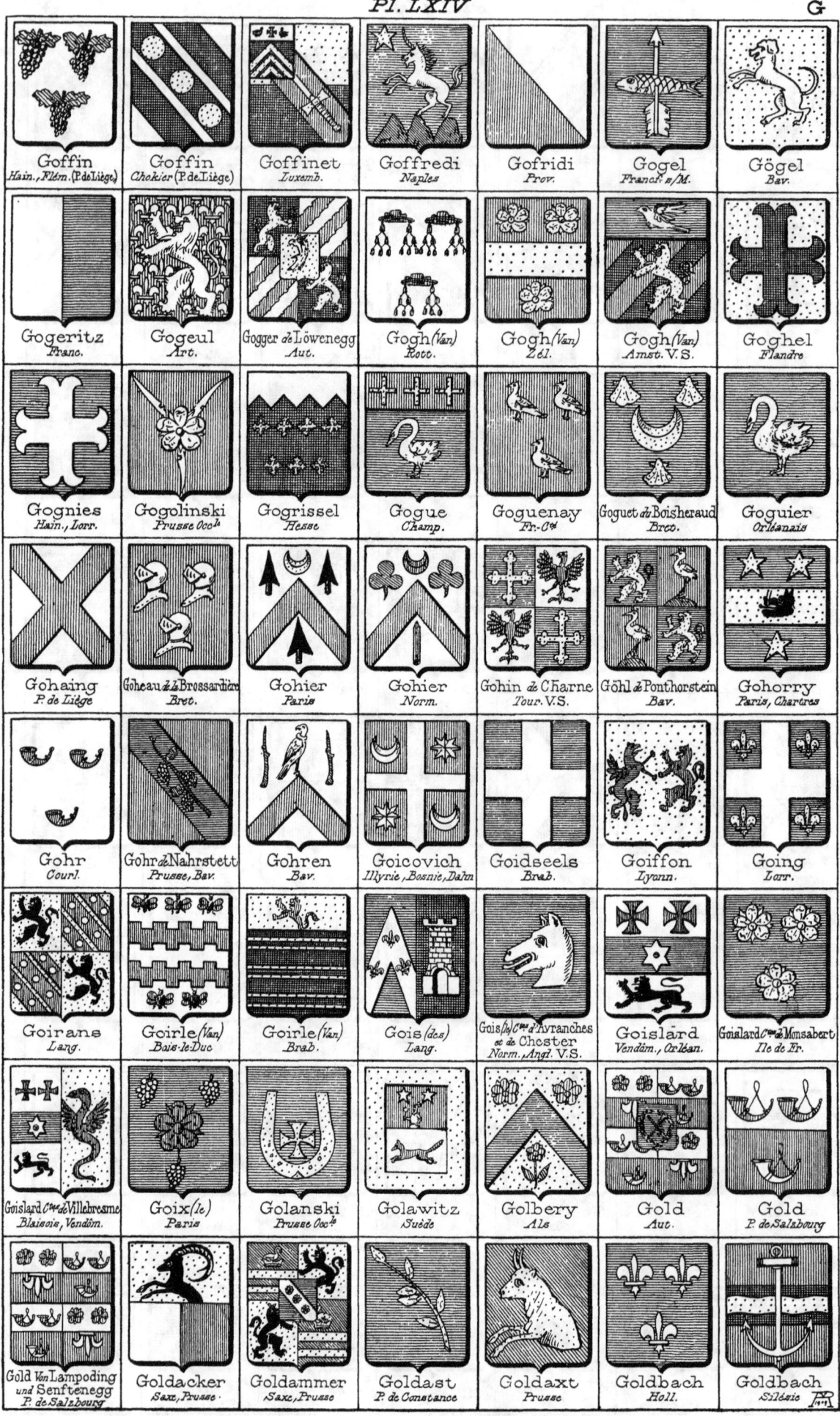

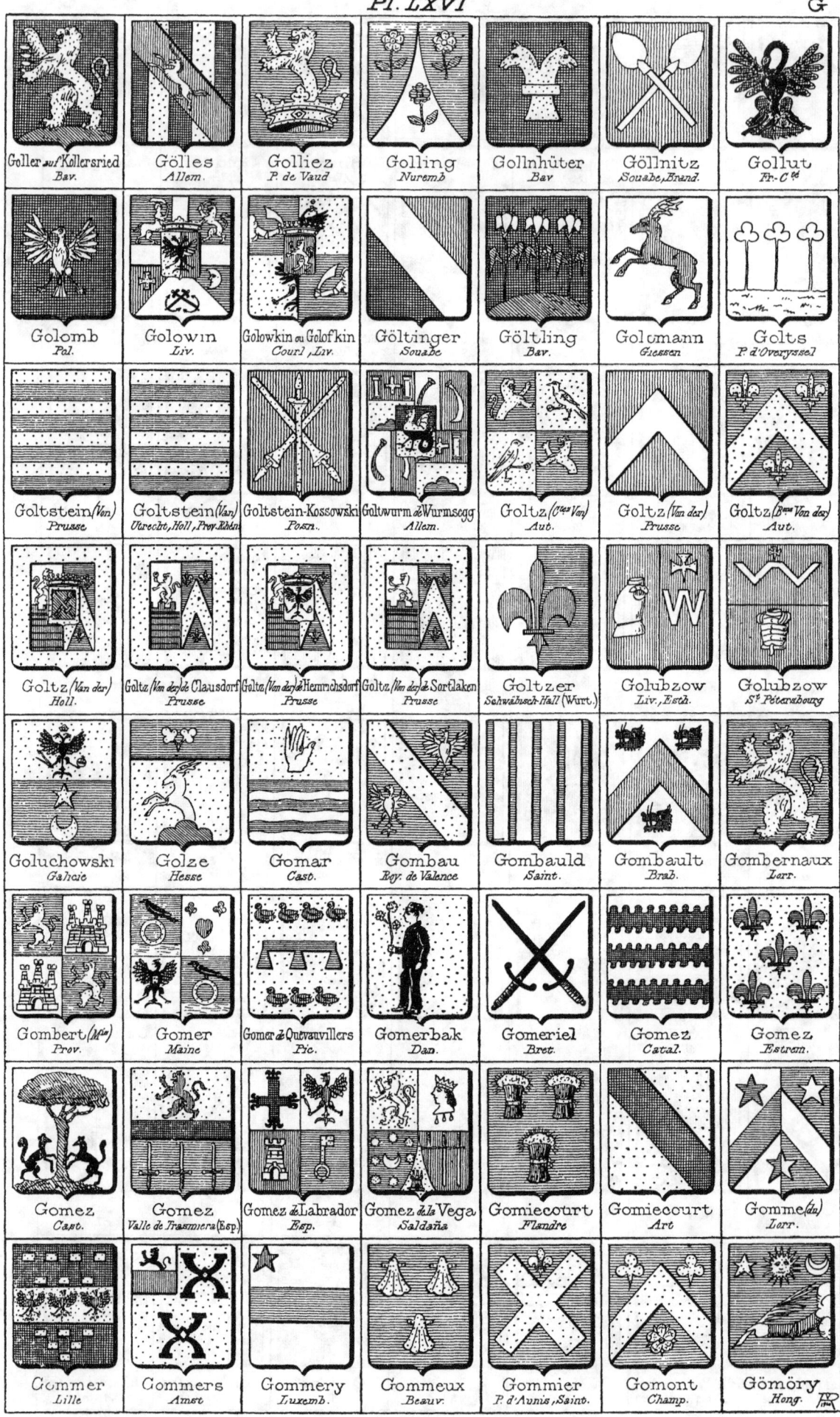

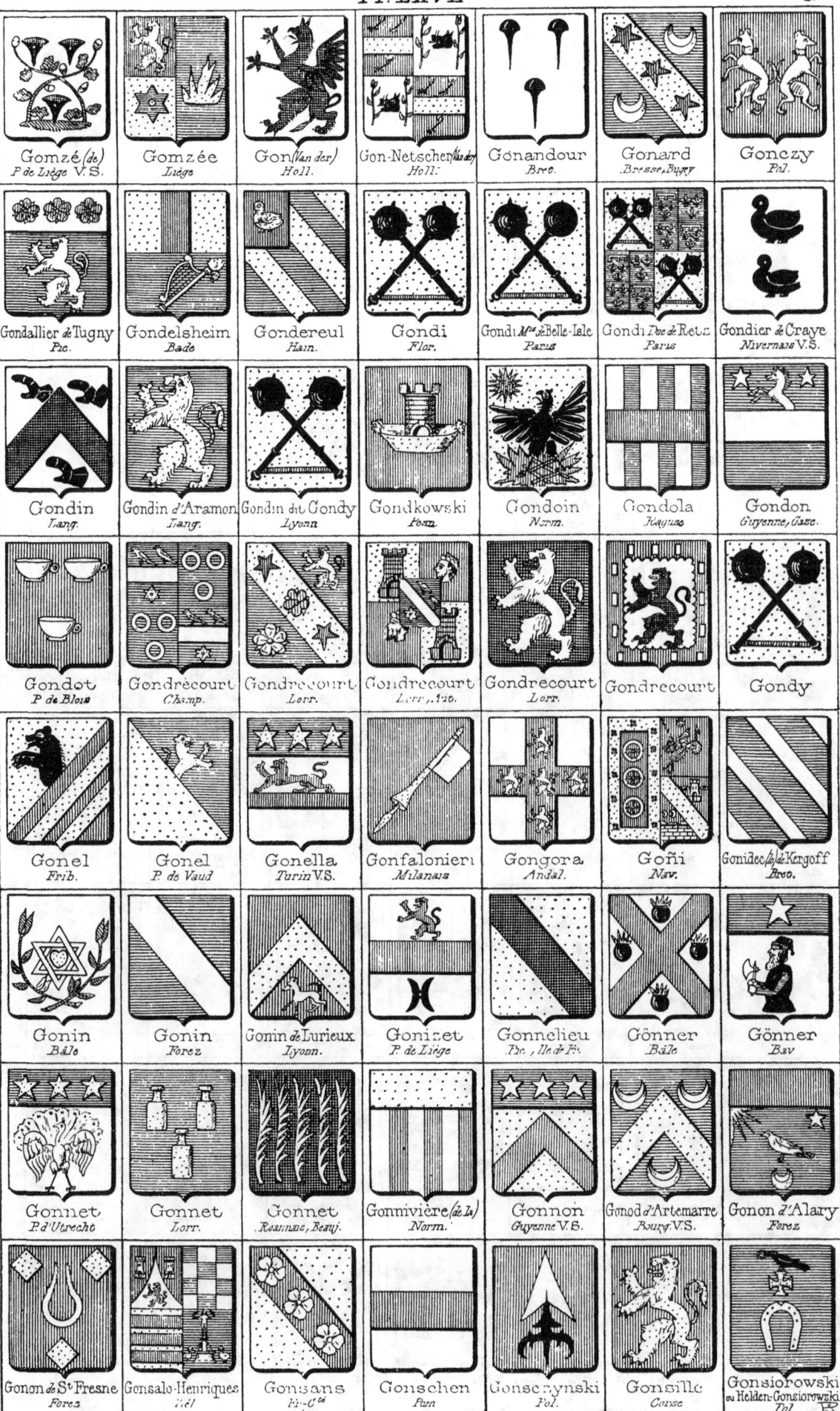

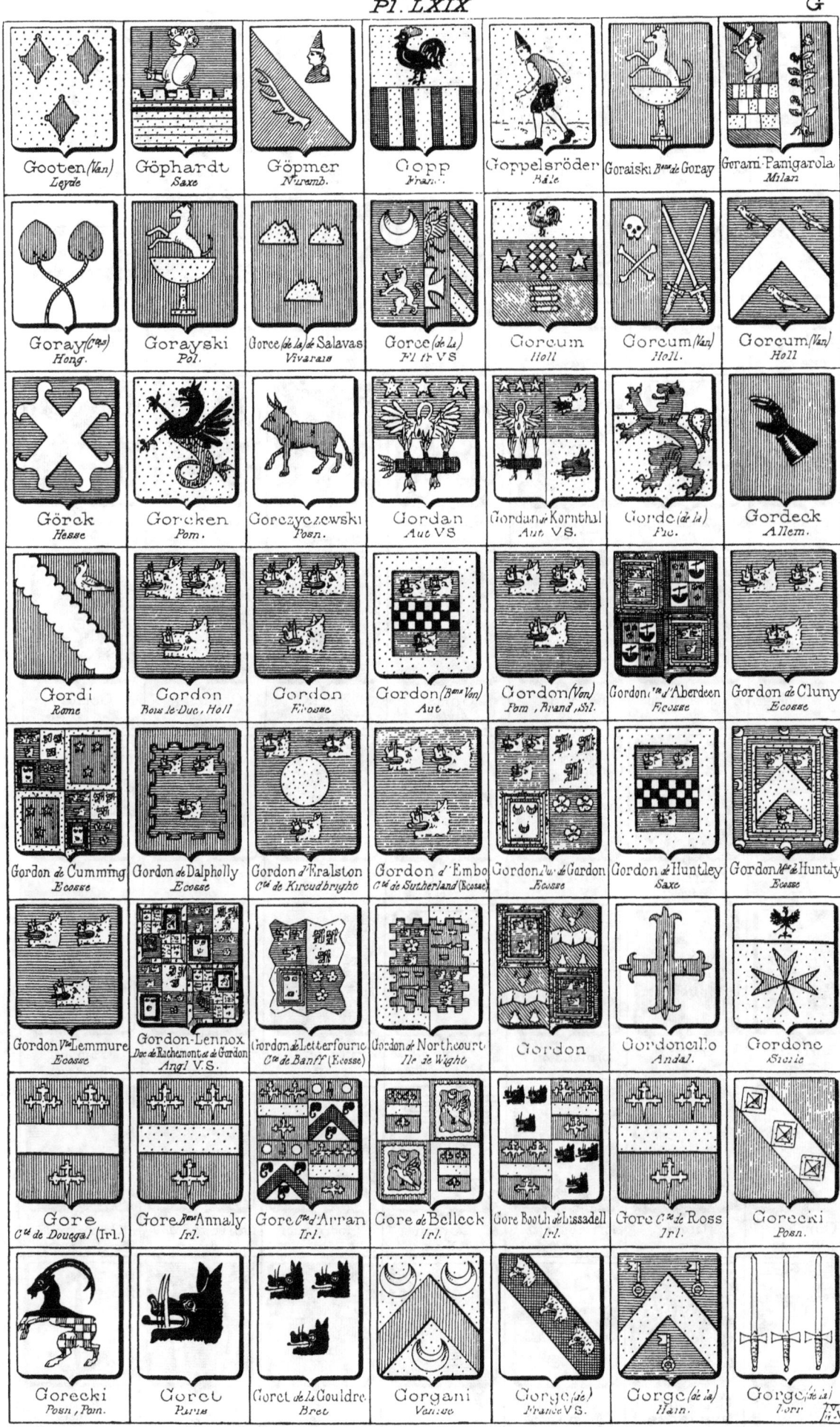

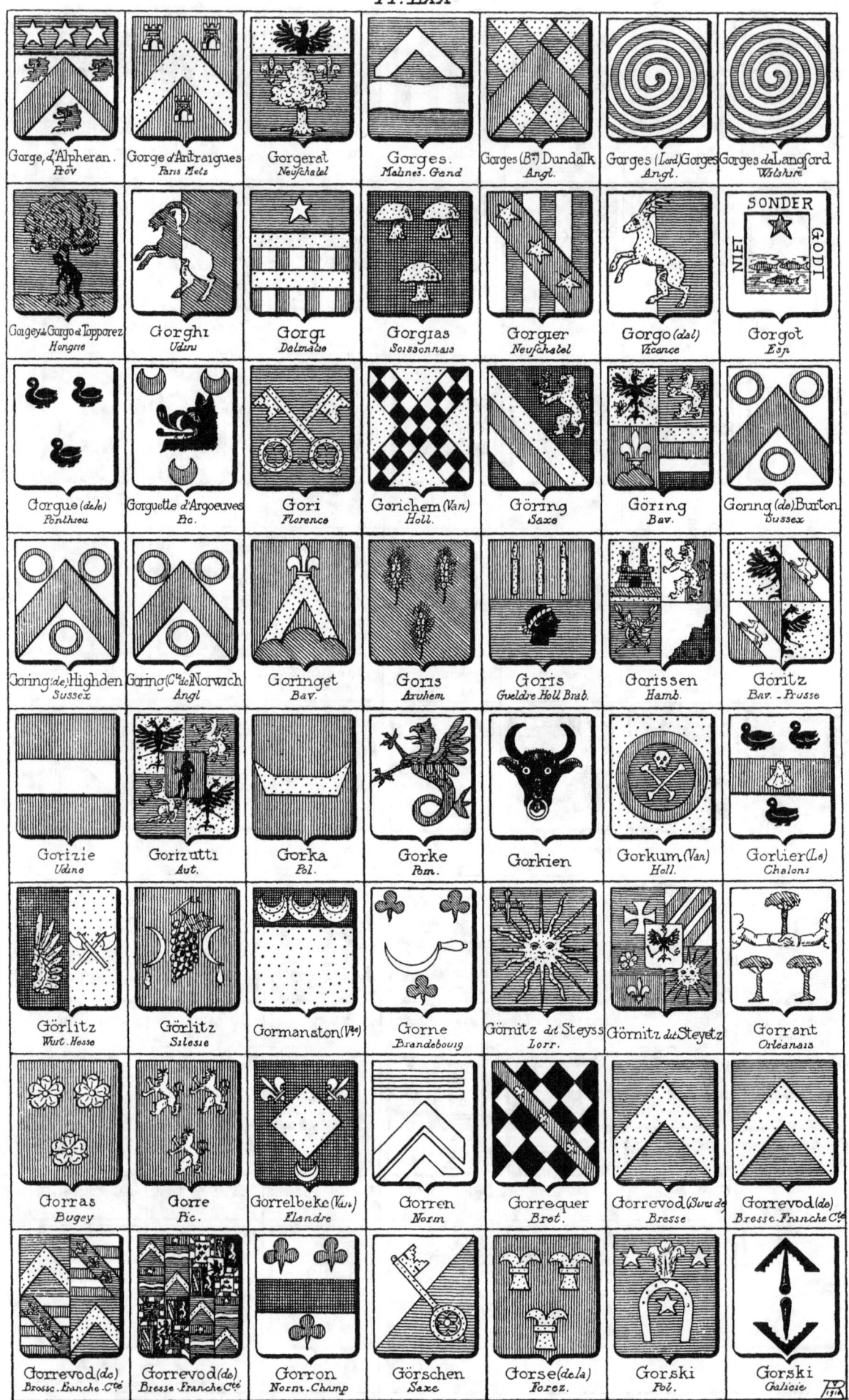

Pl. LXXI

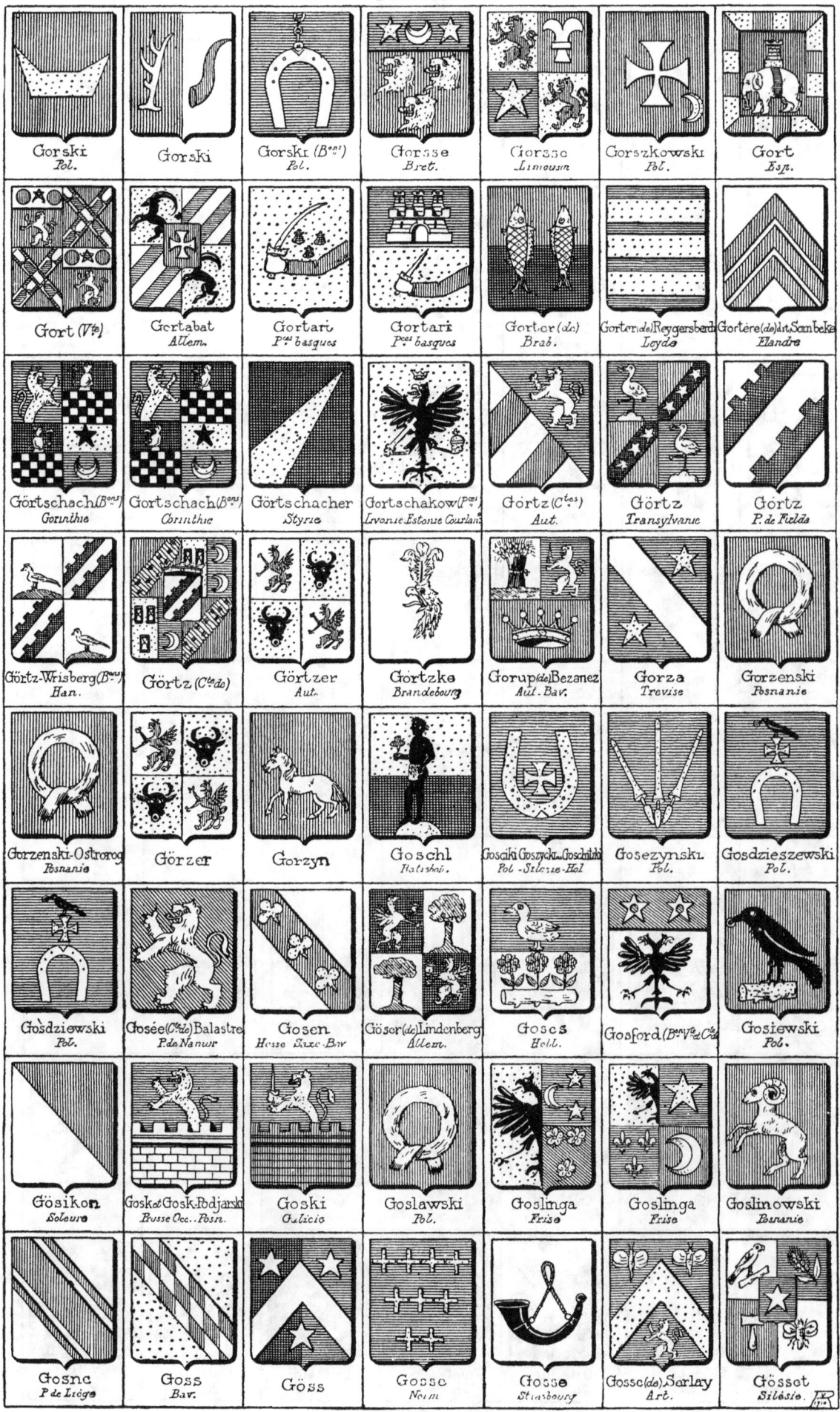

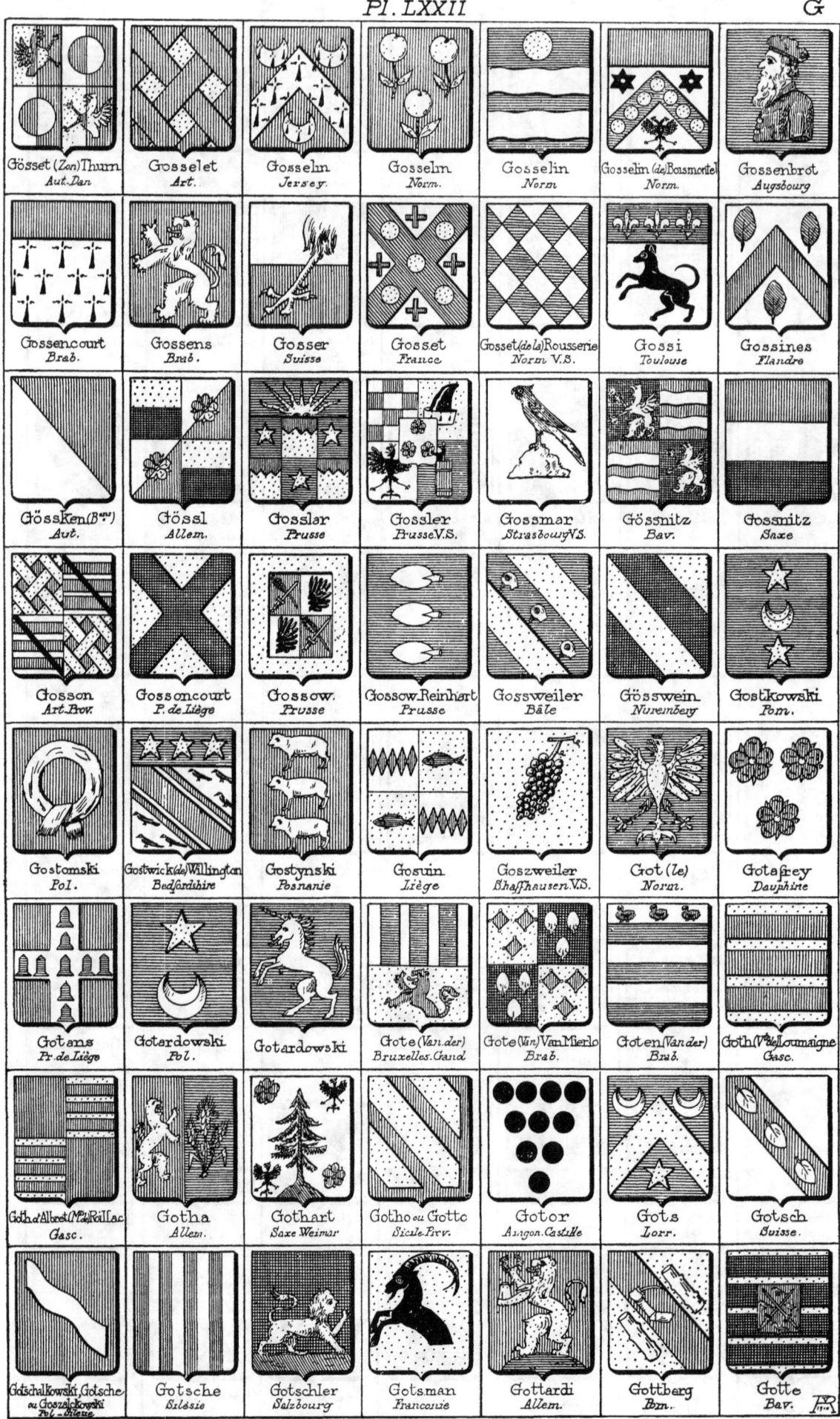

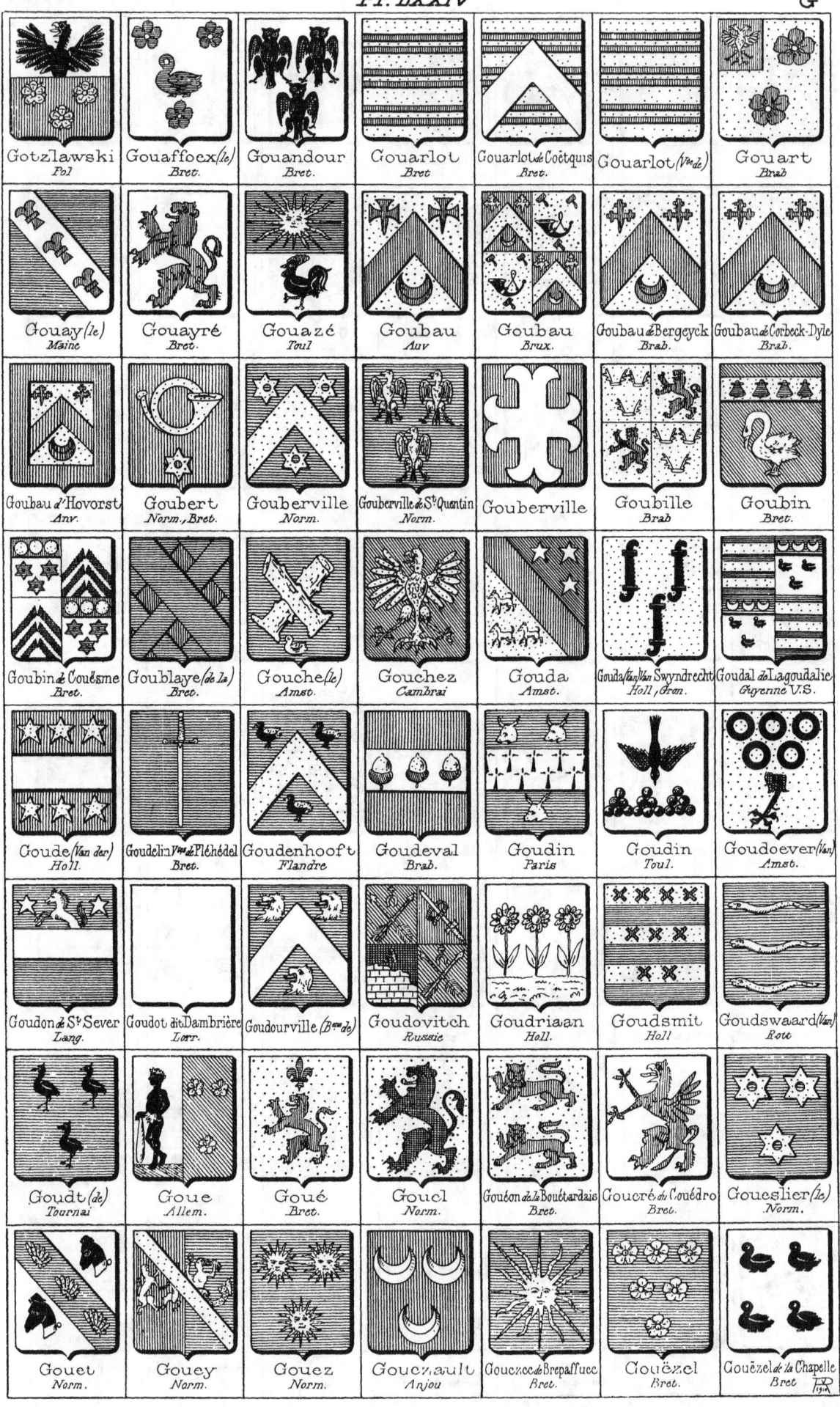

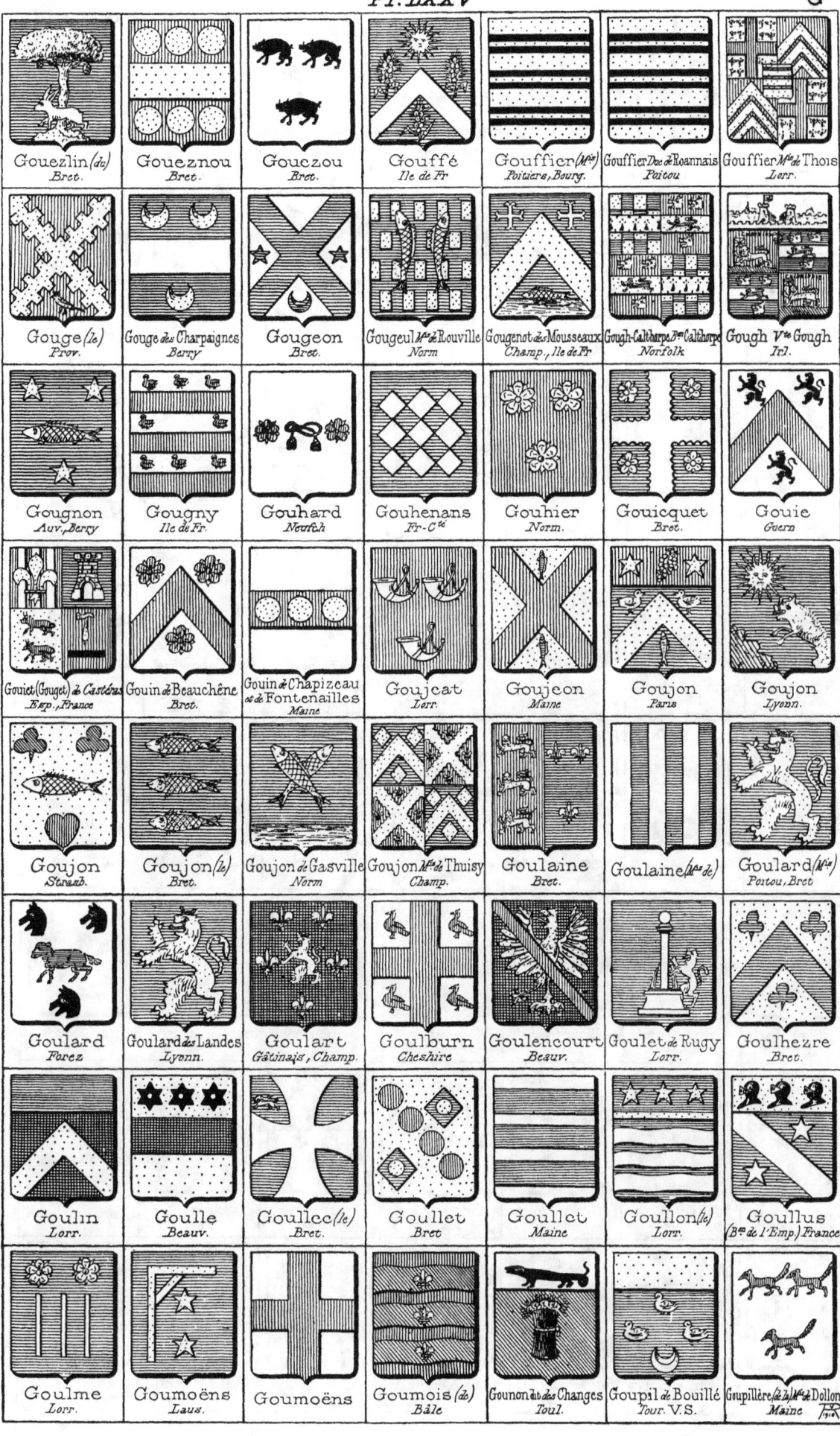

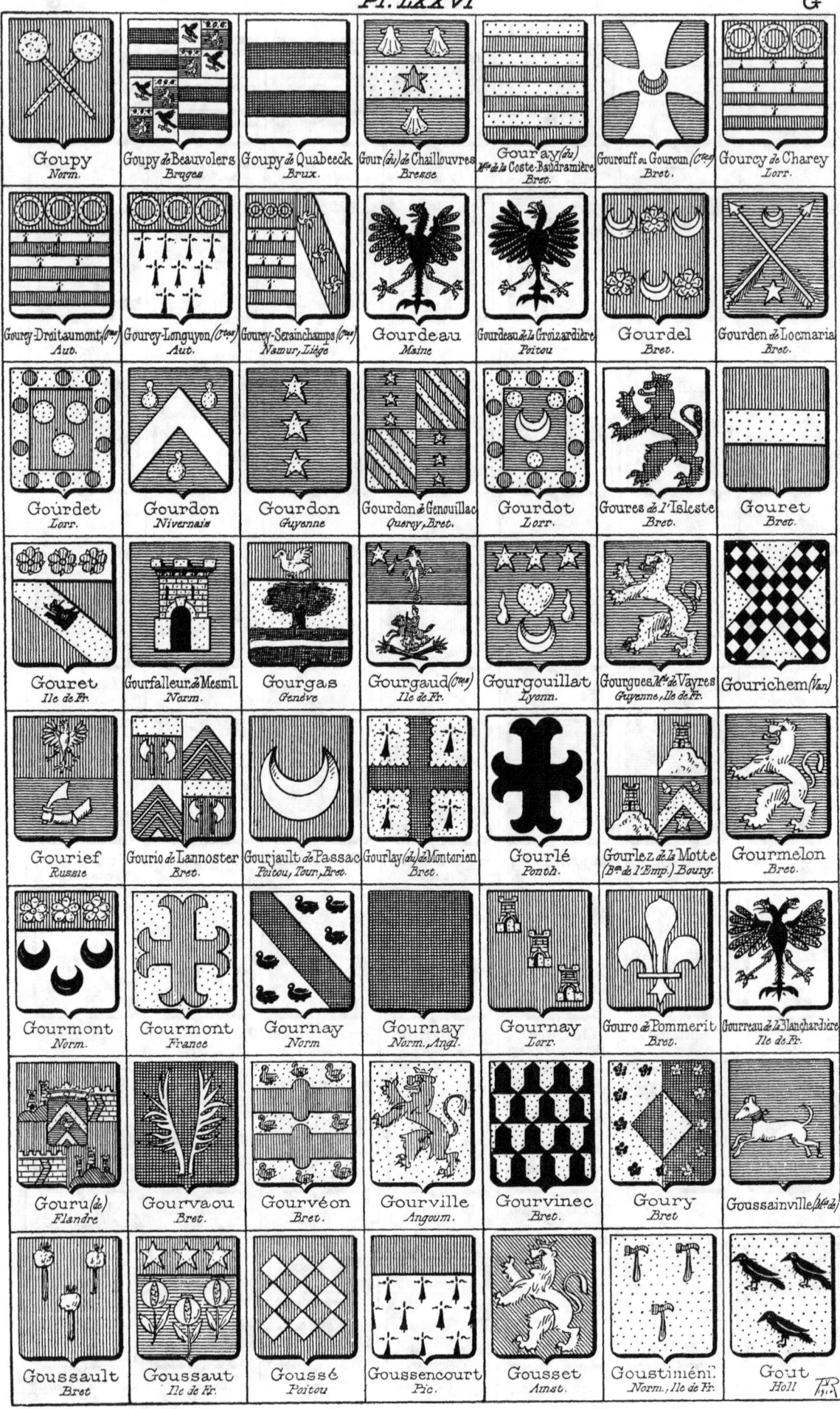

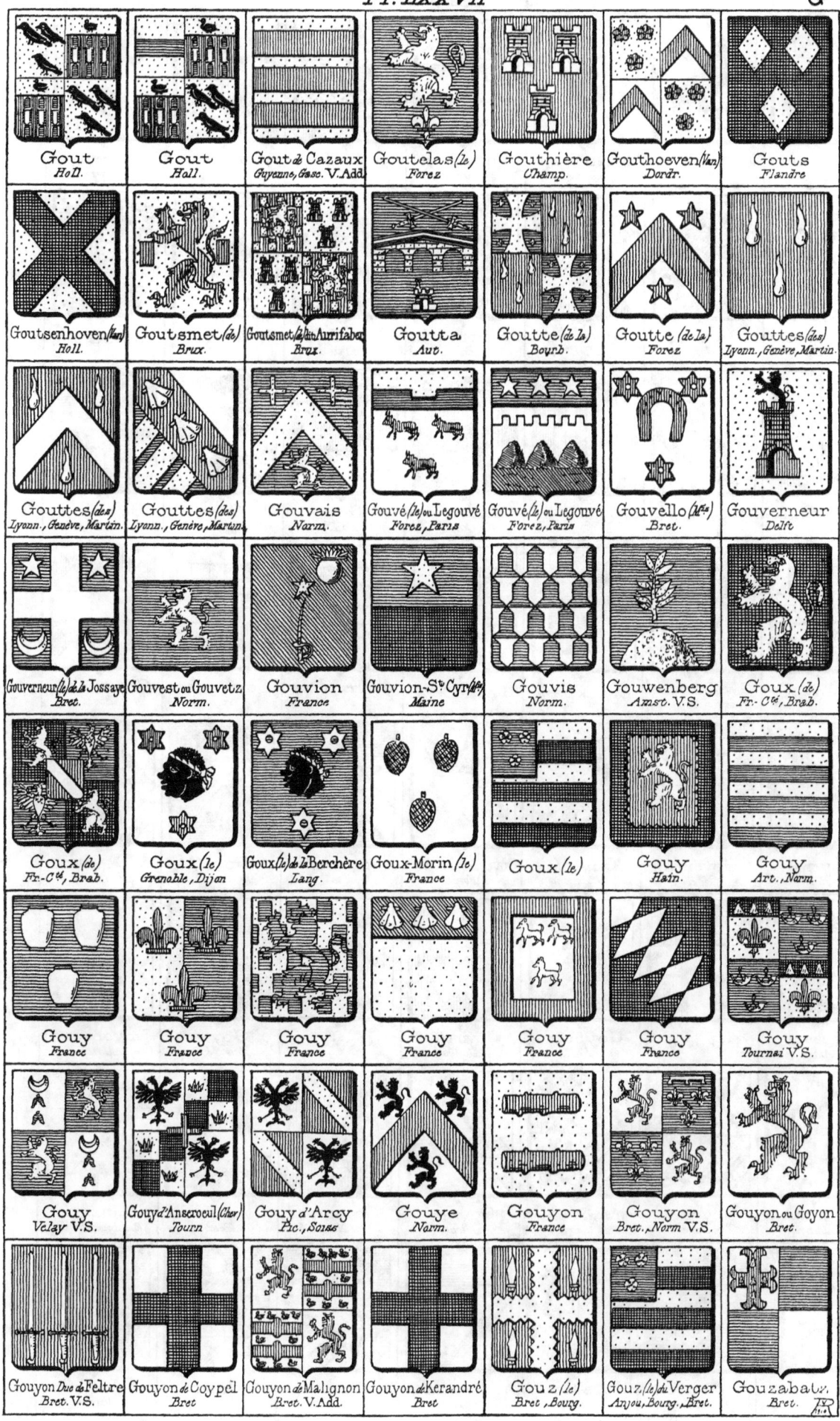

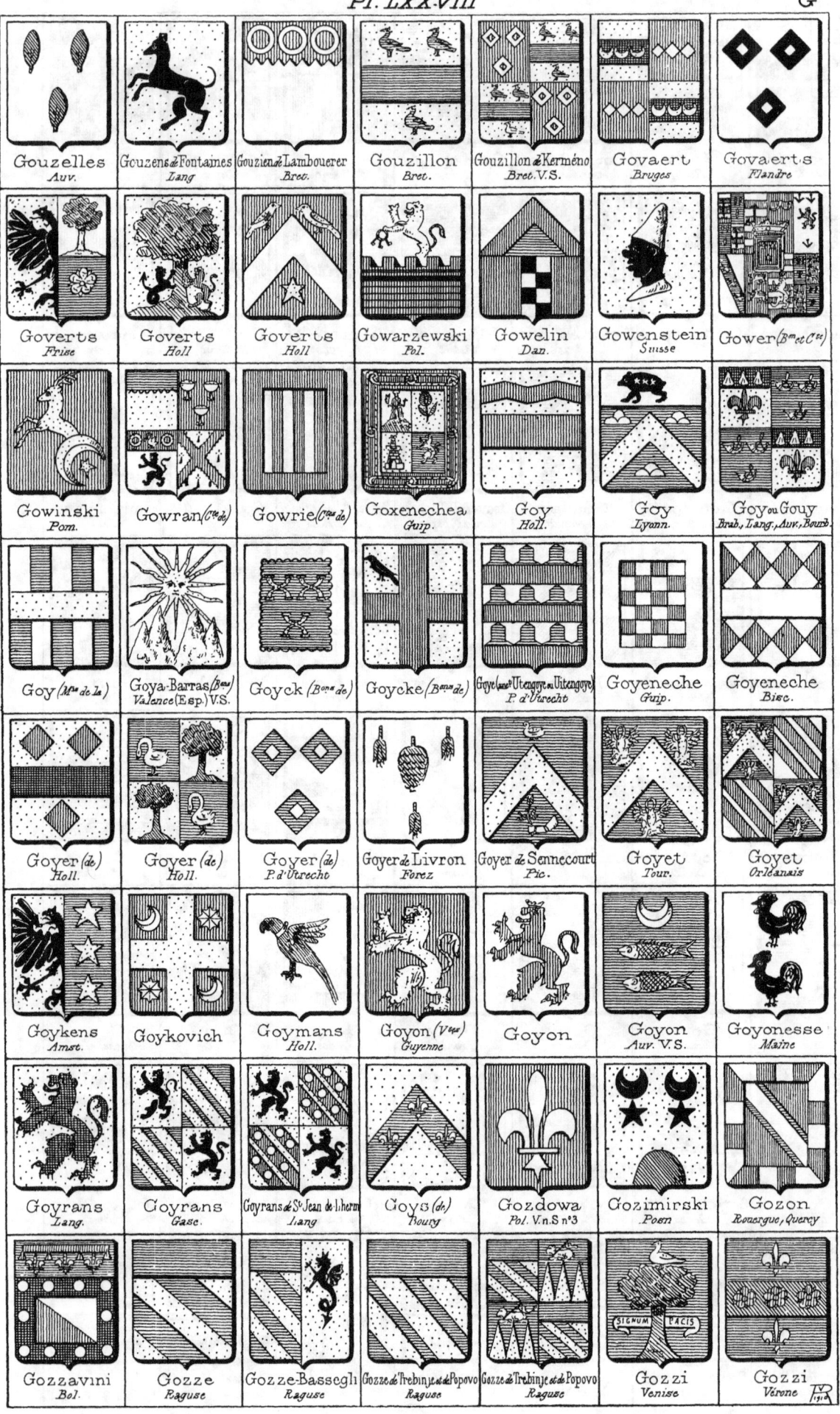

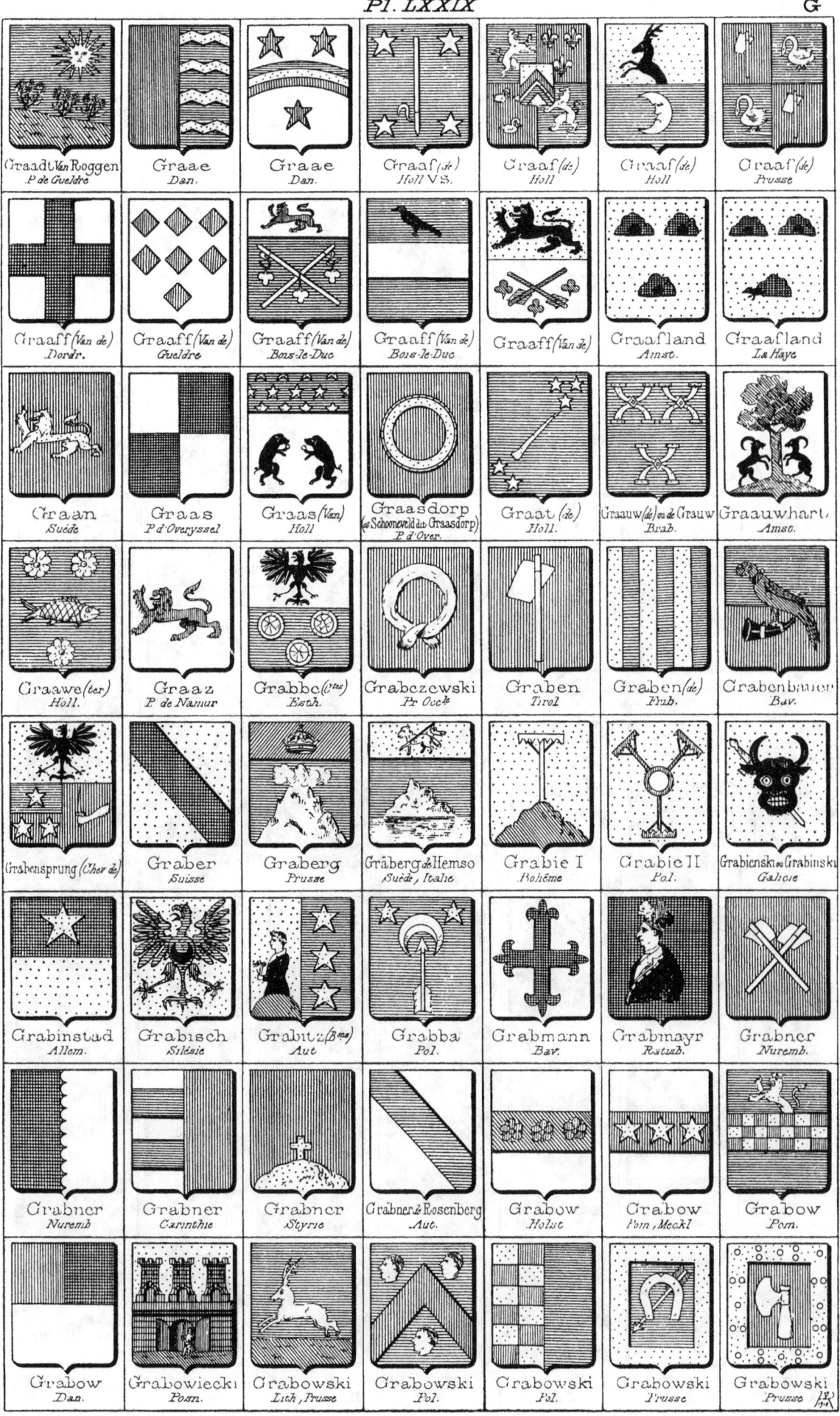

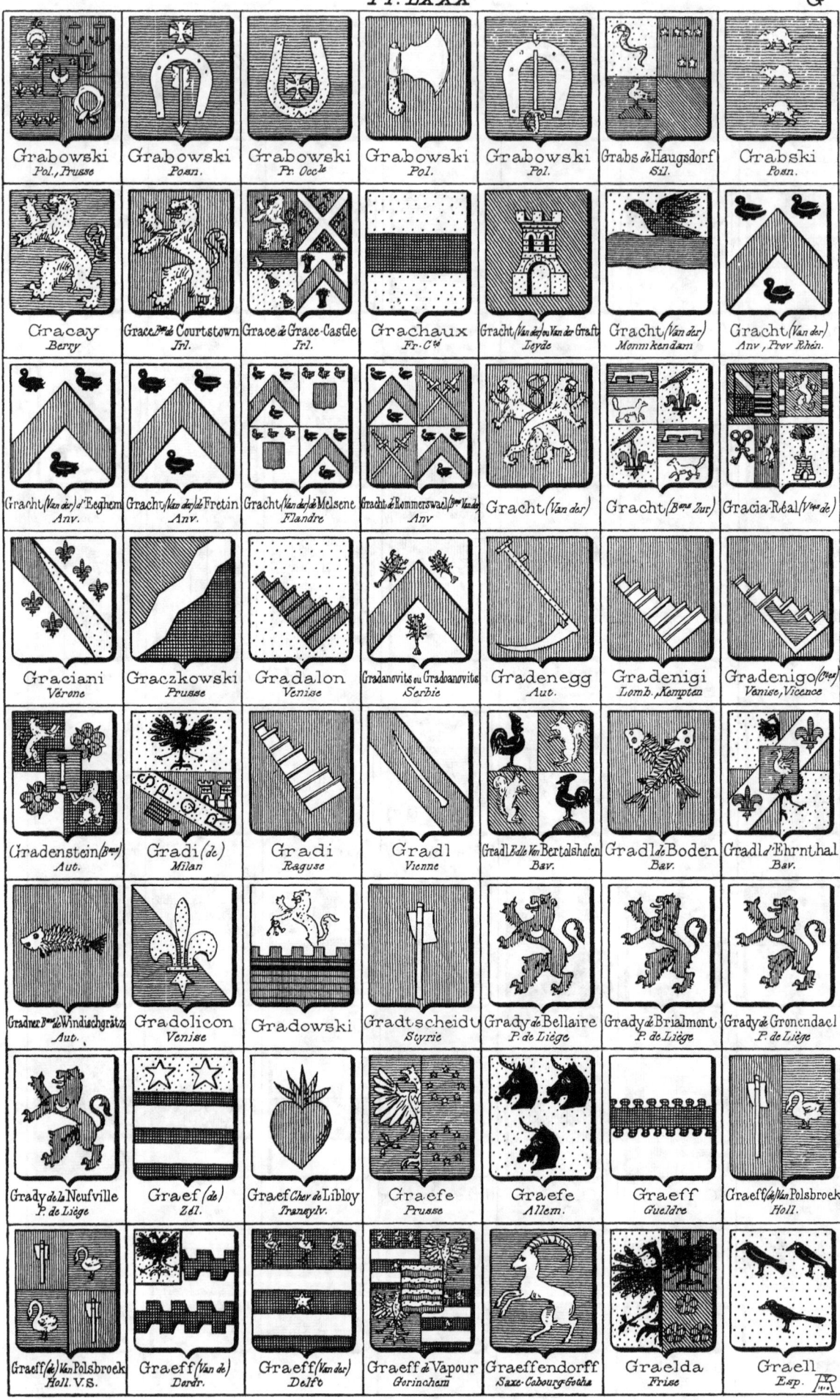

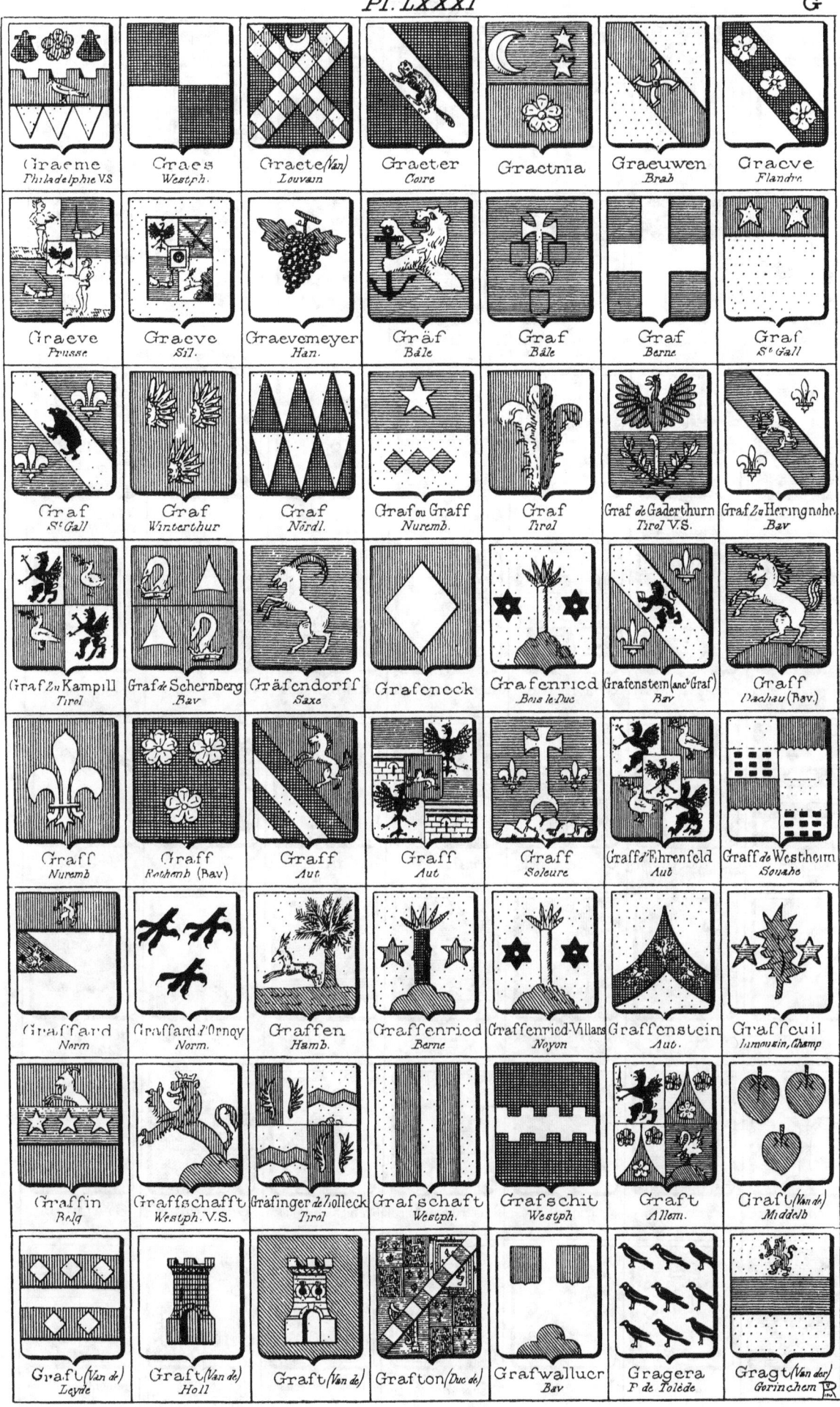

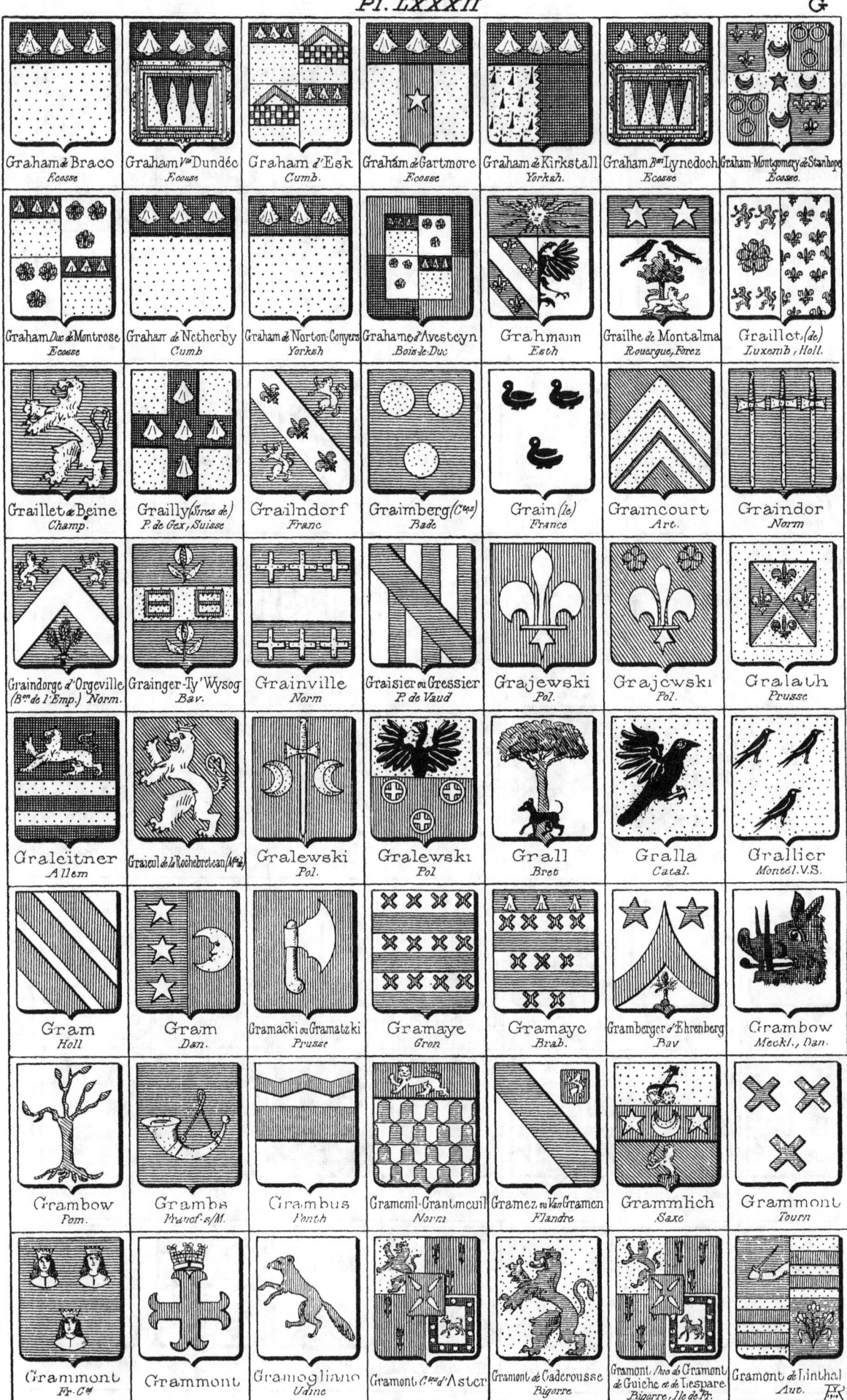

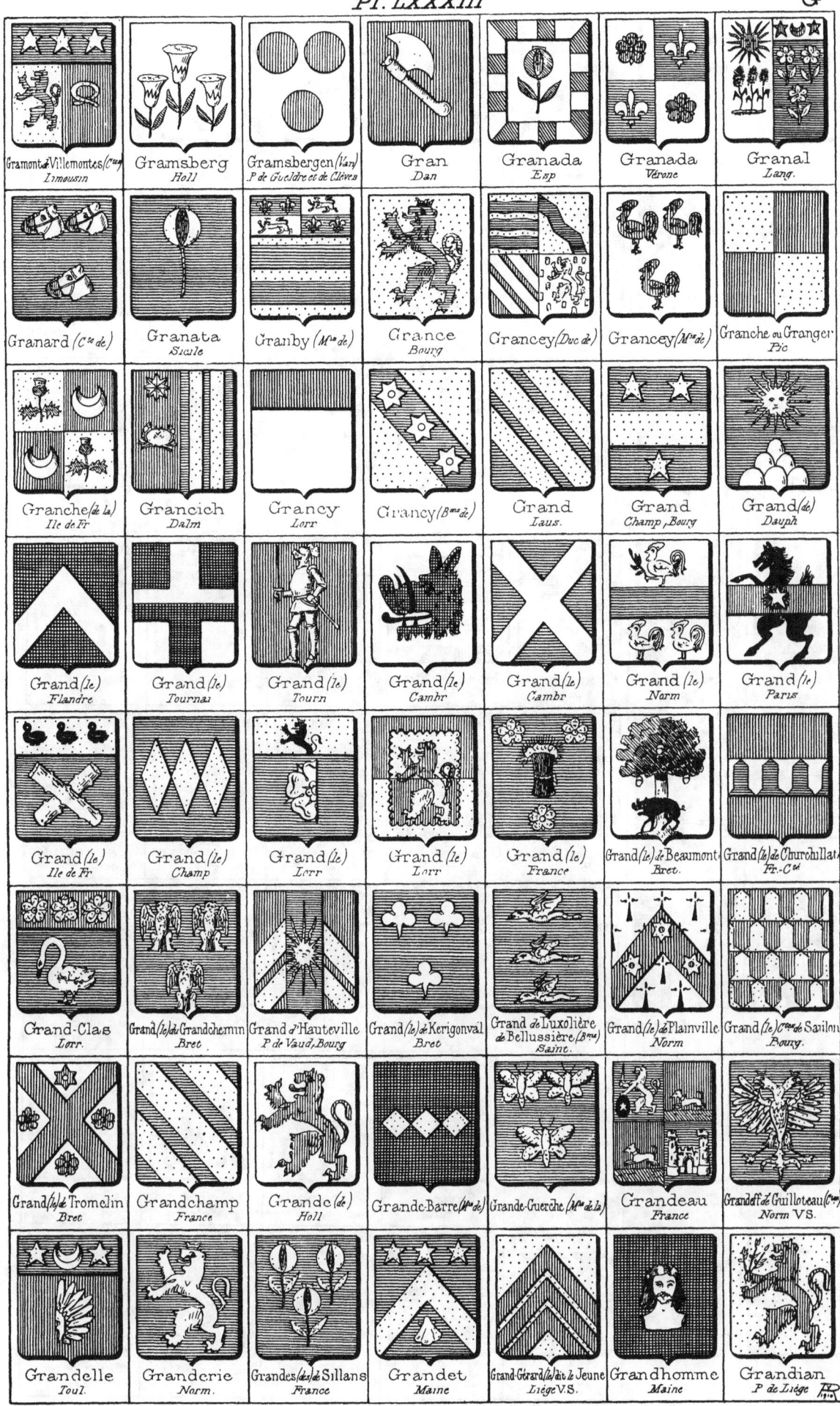

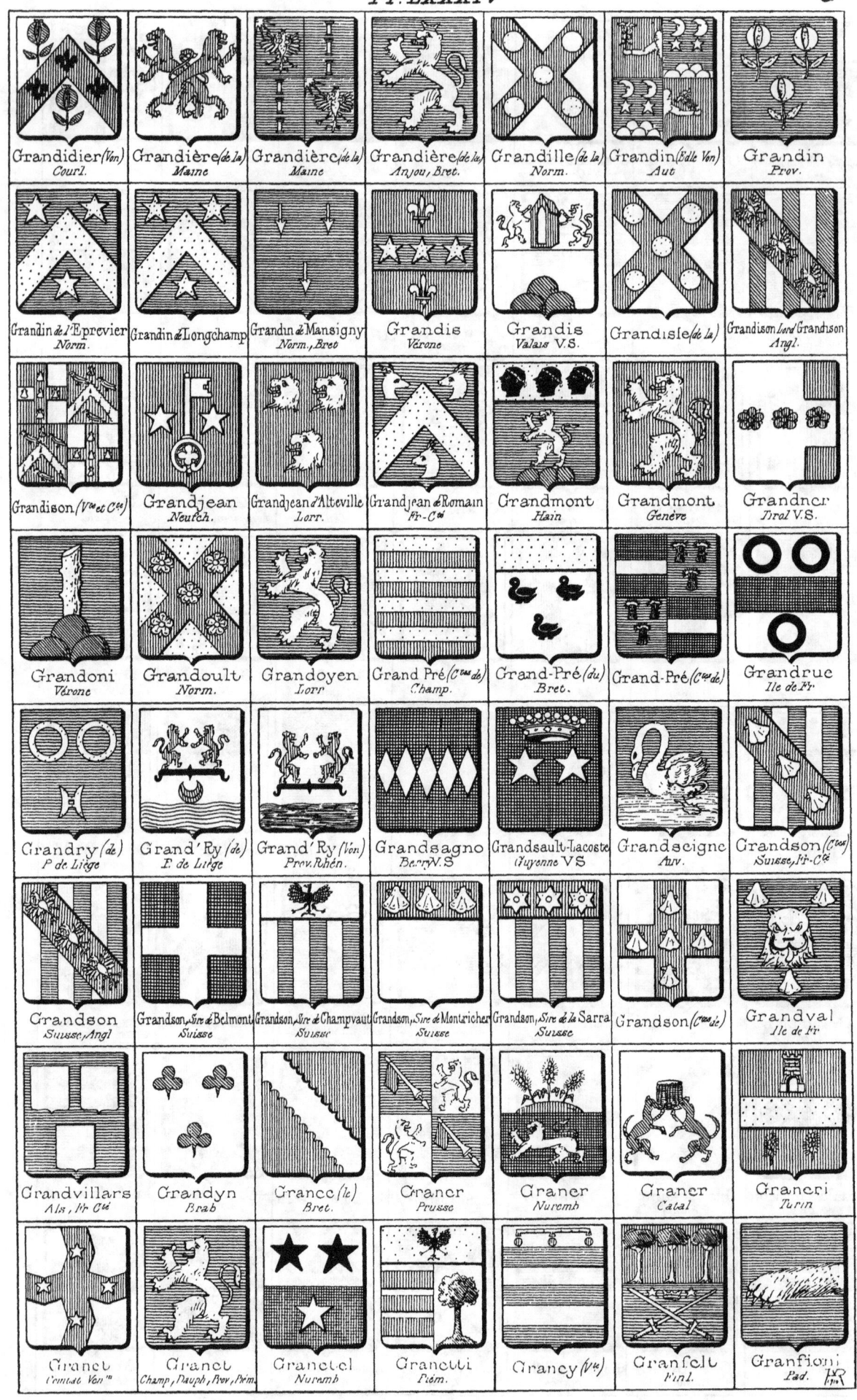

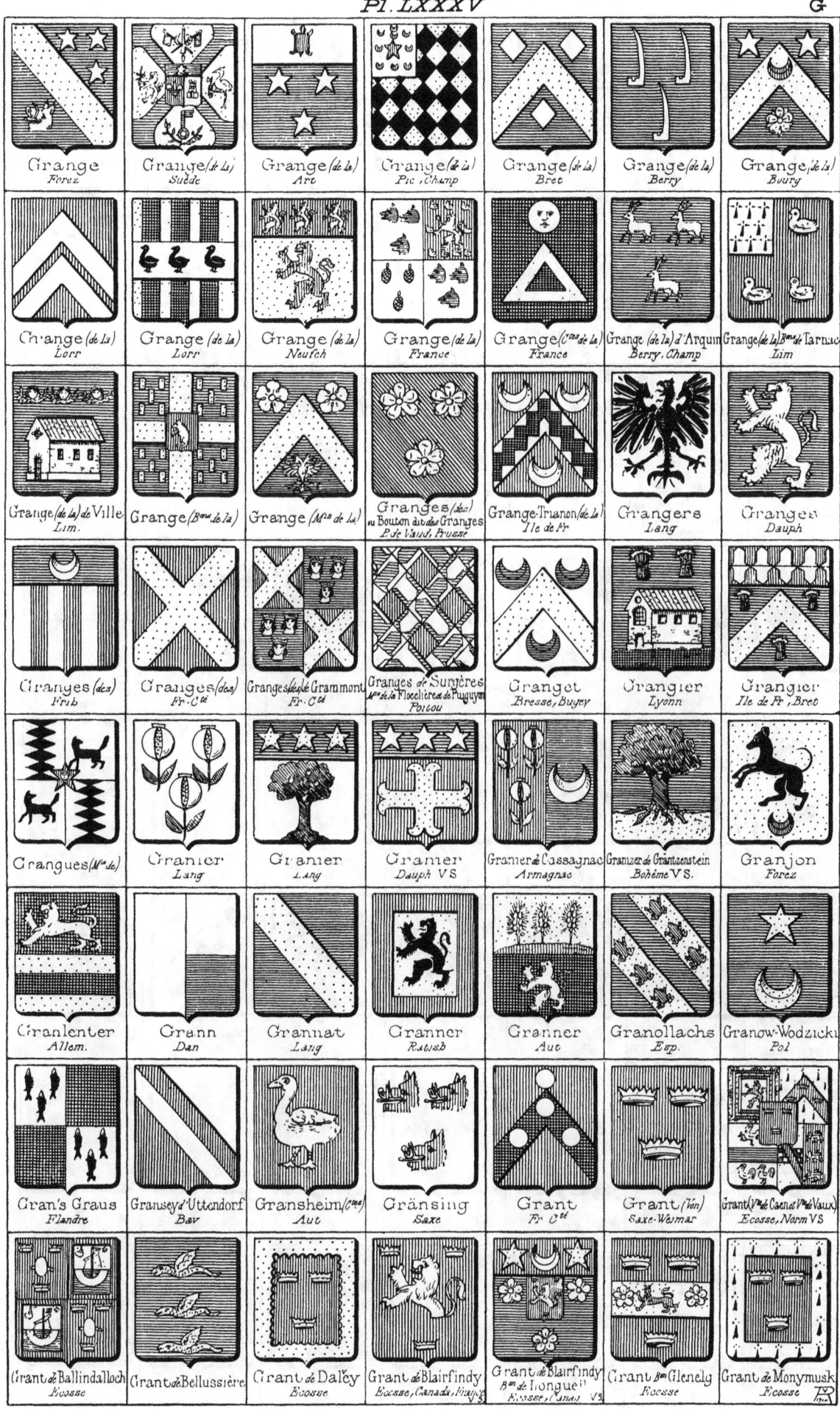

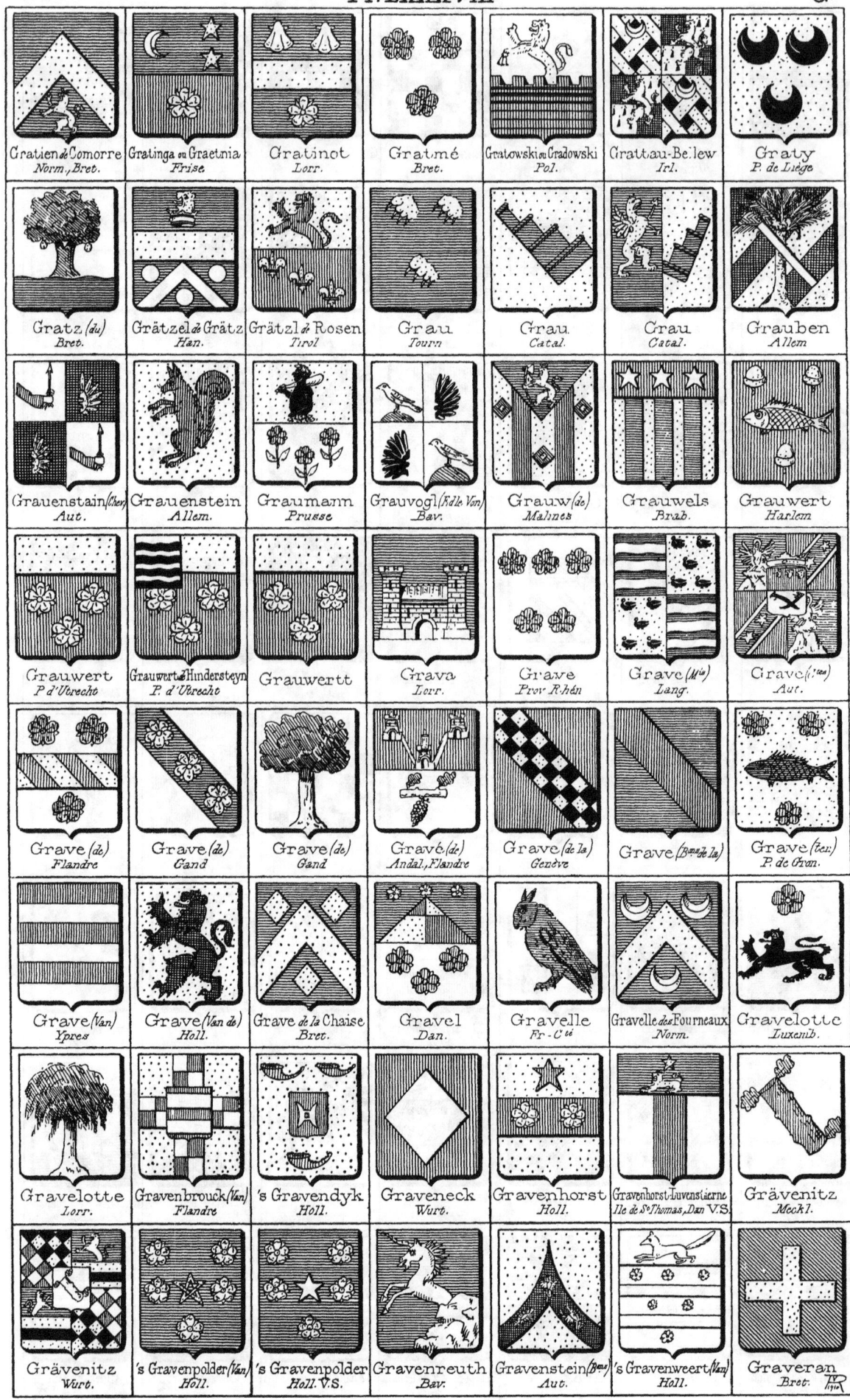

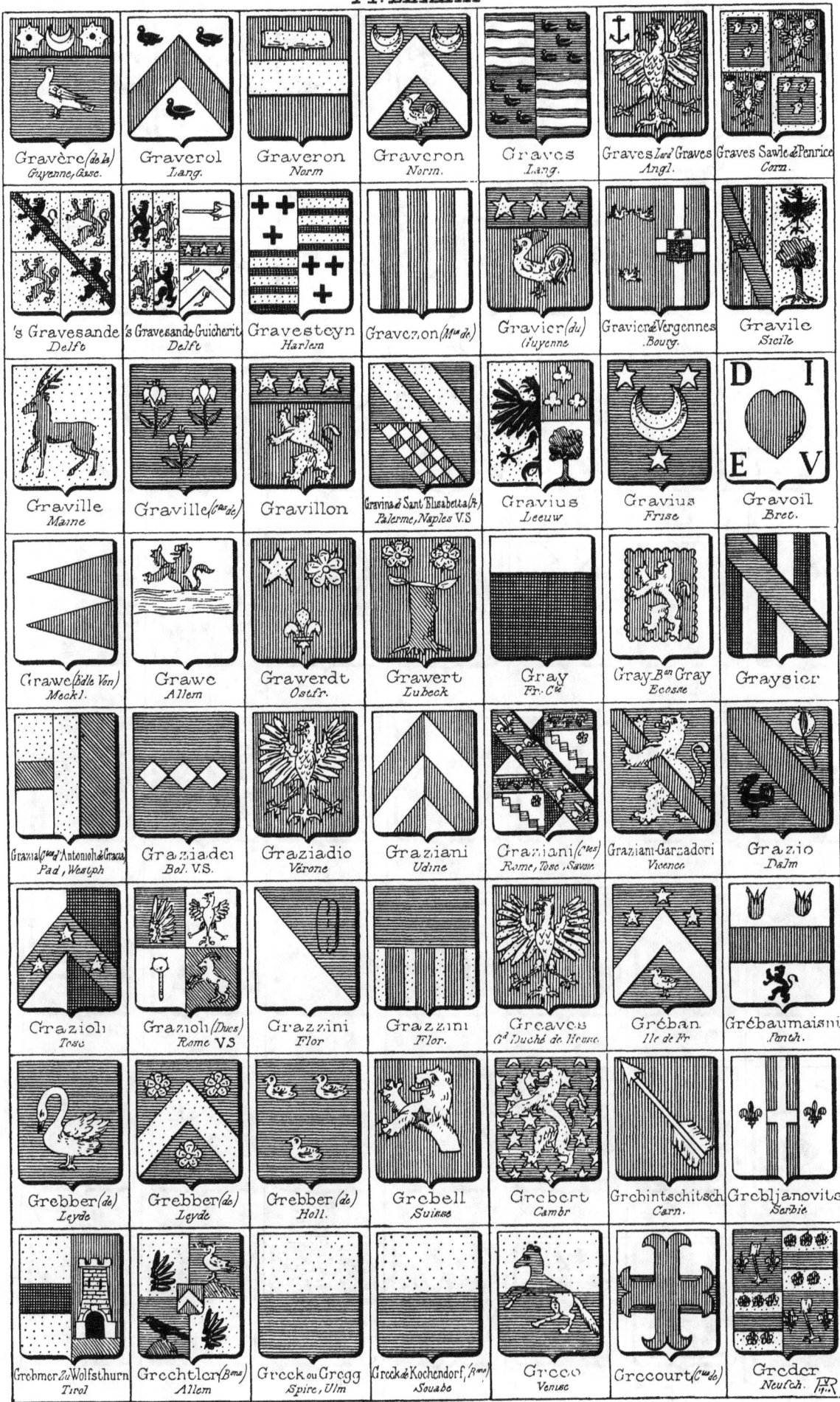

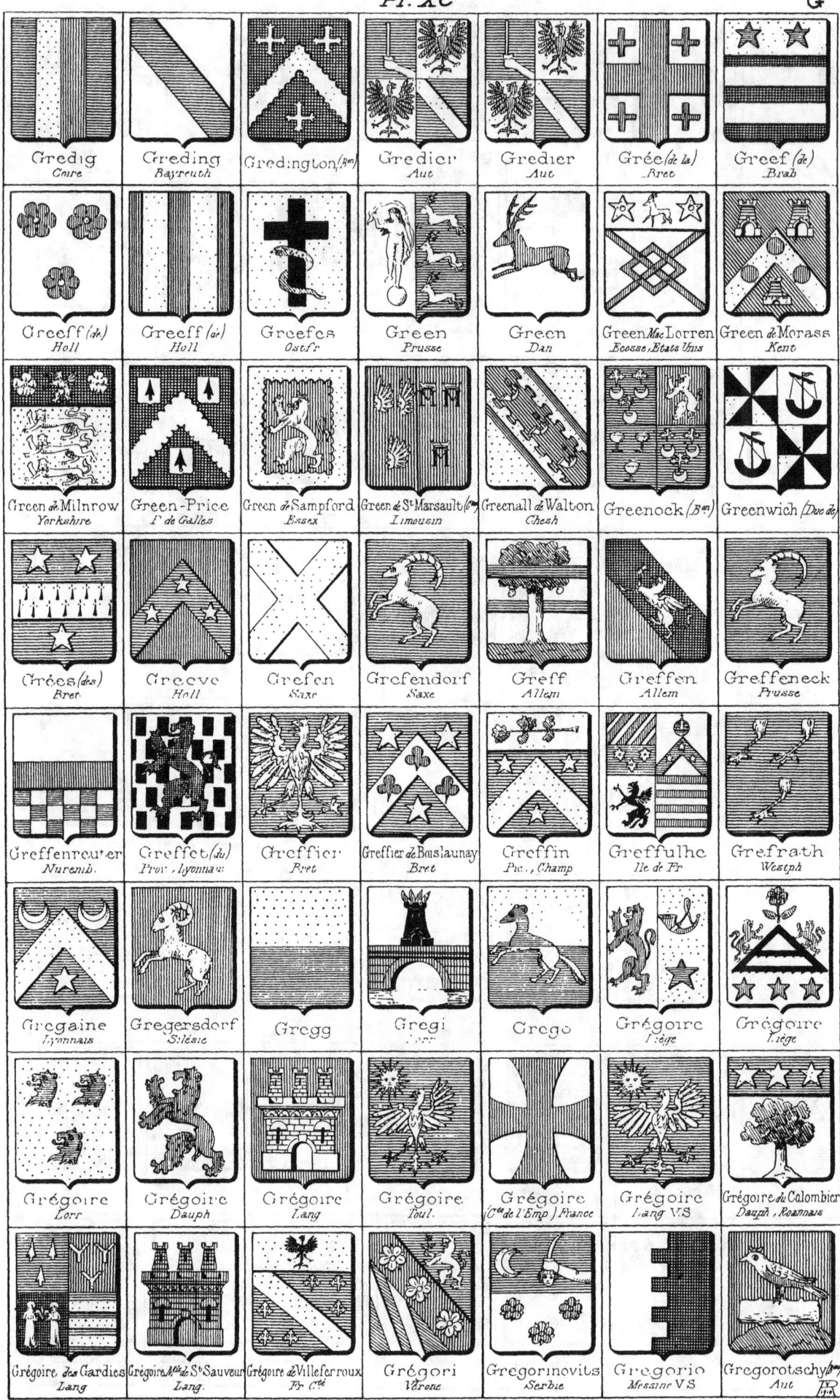

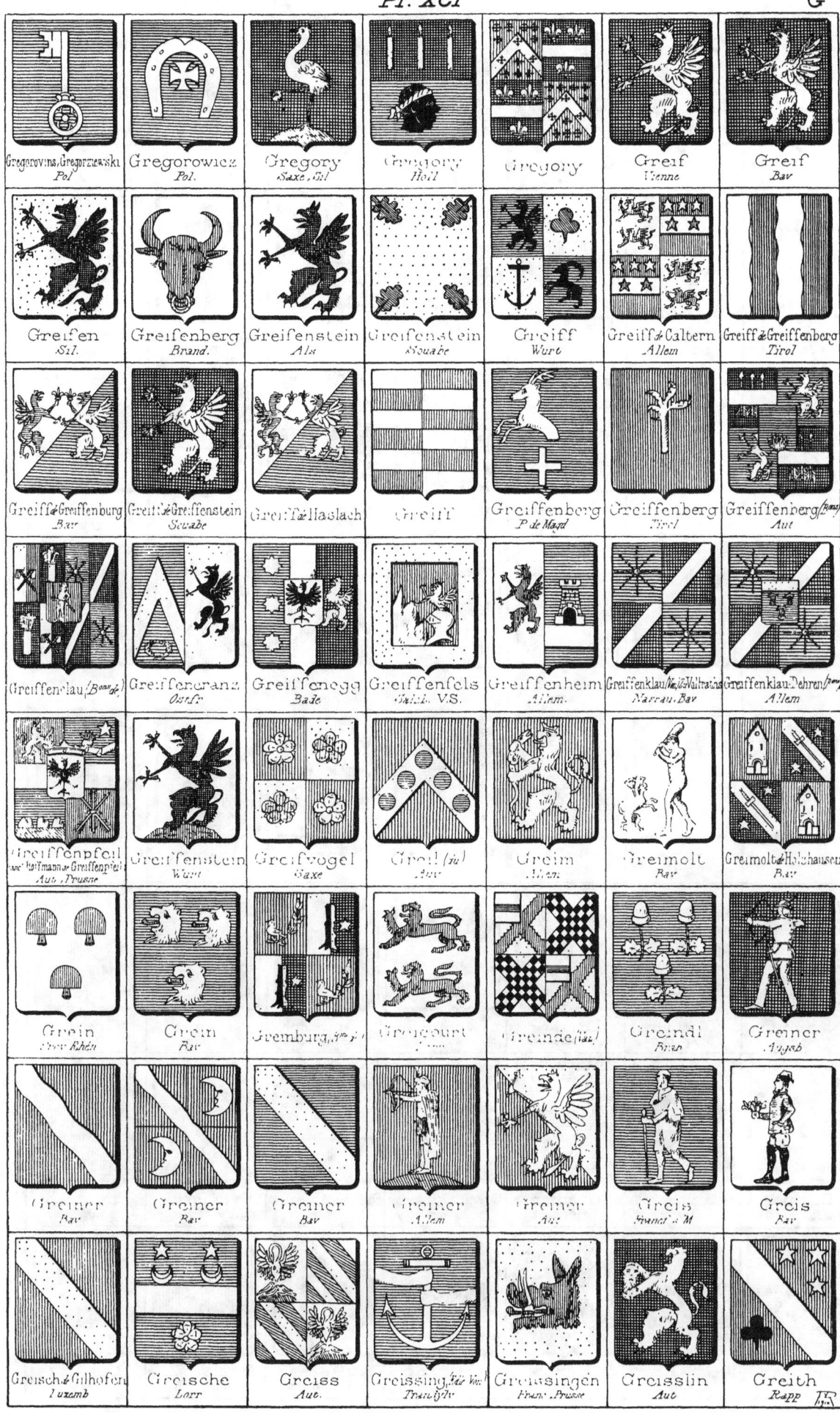

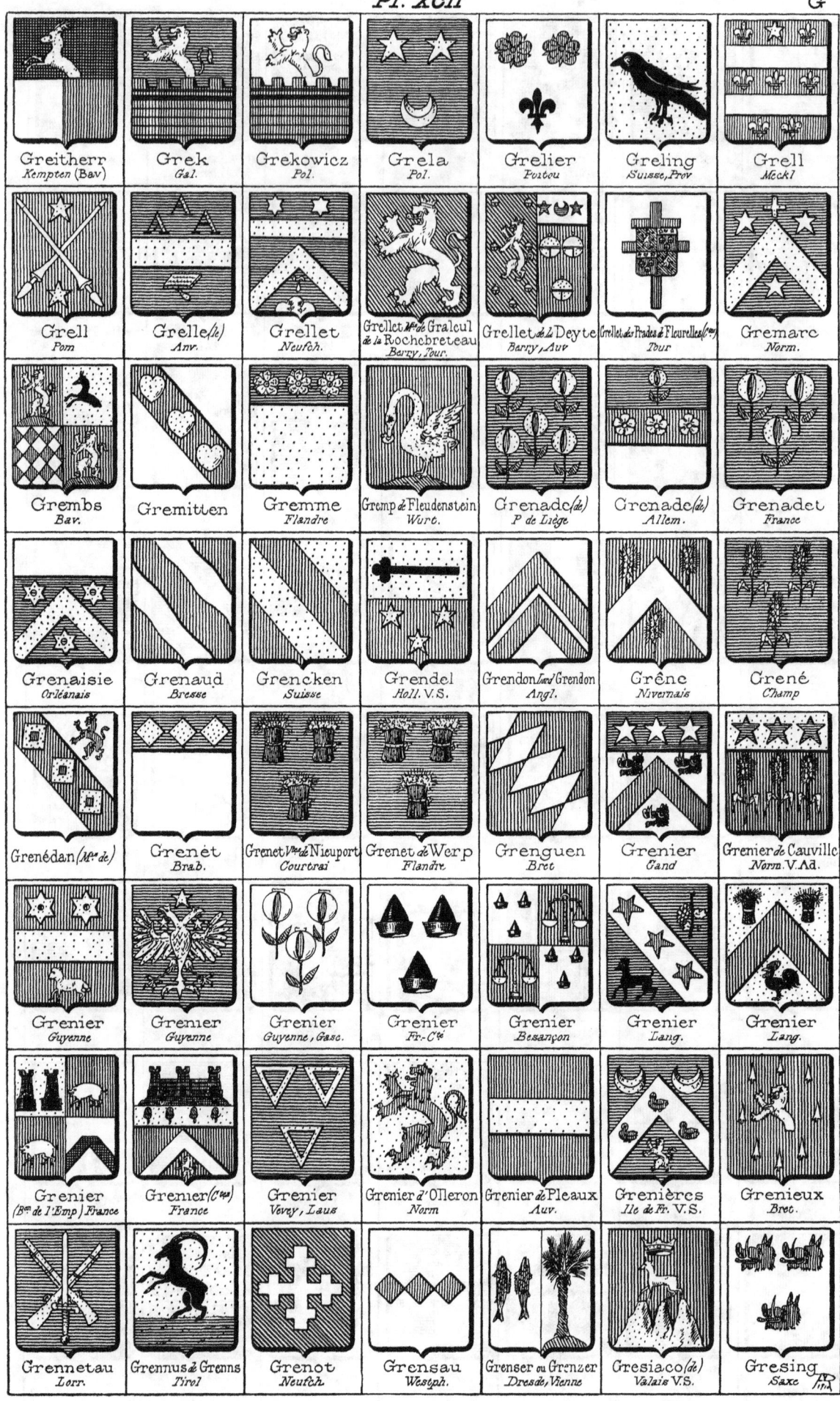

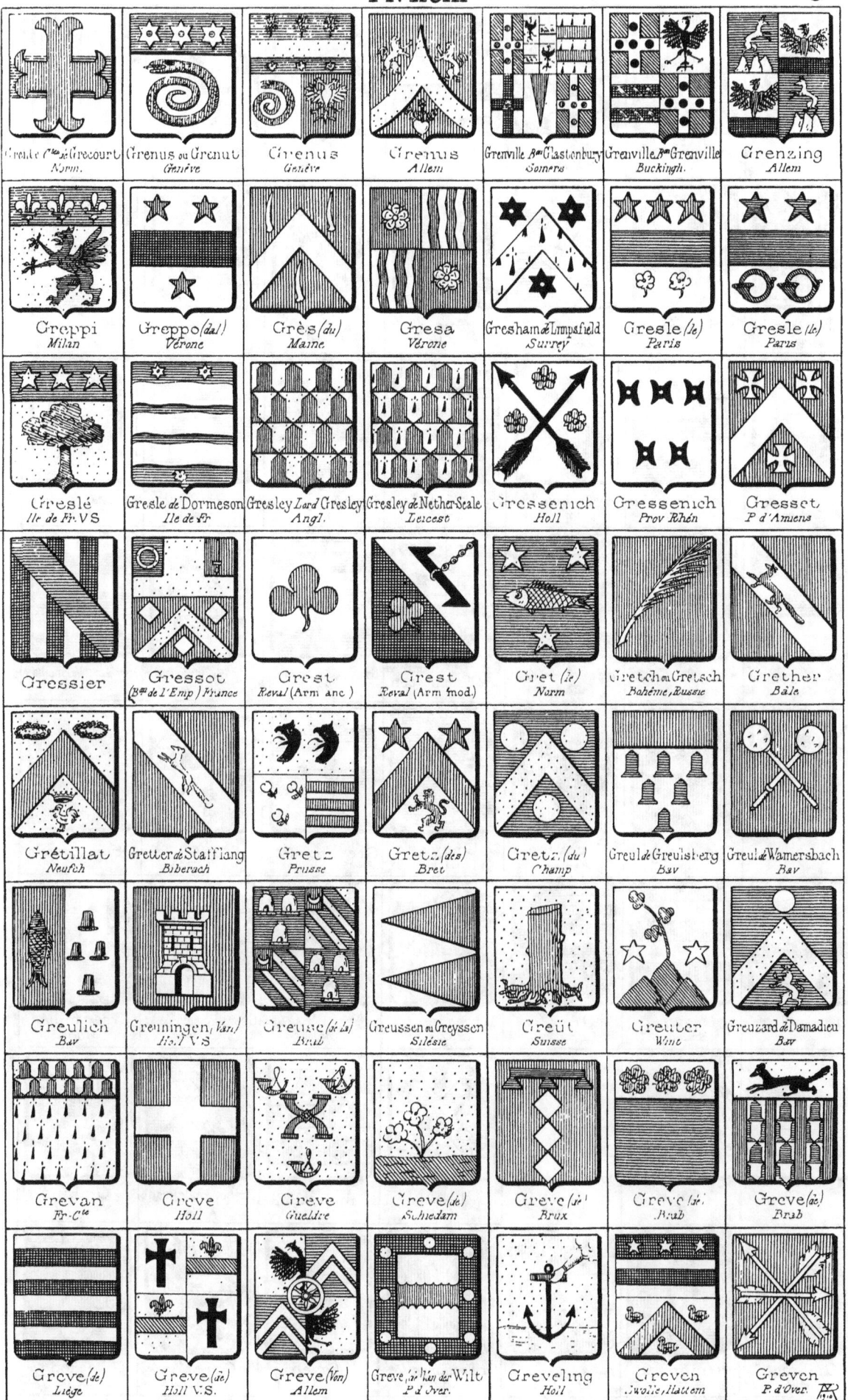

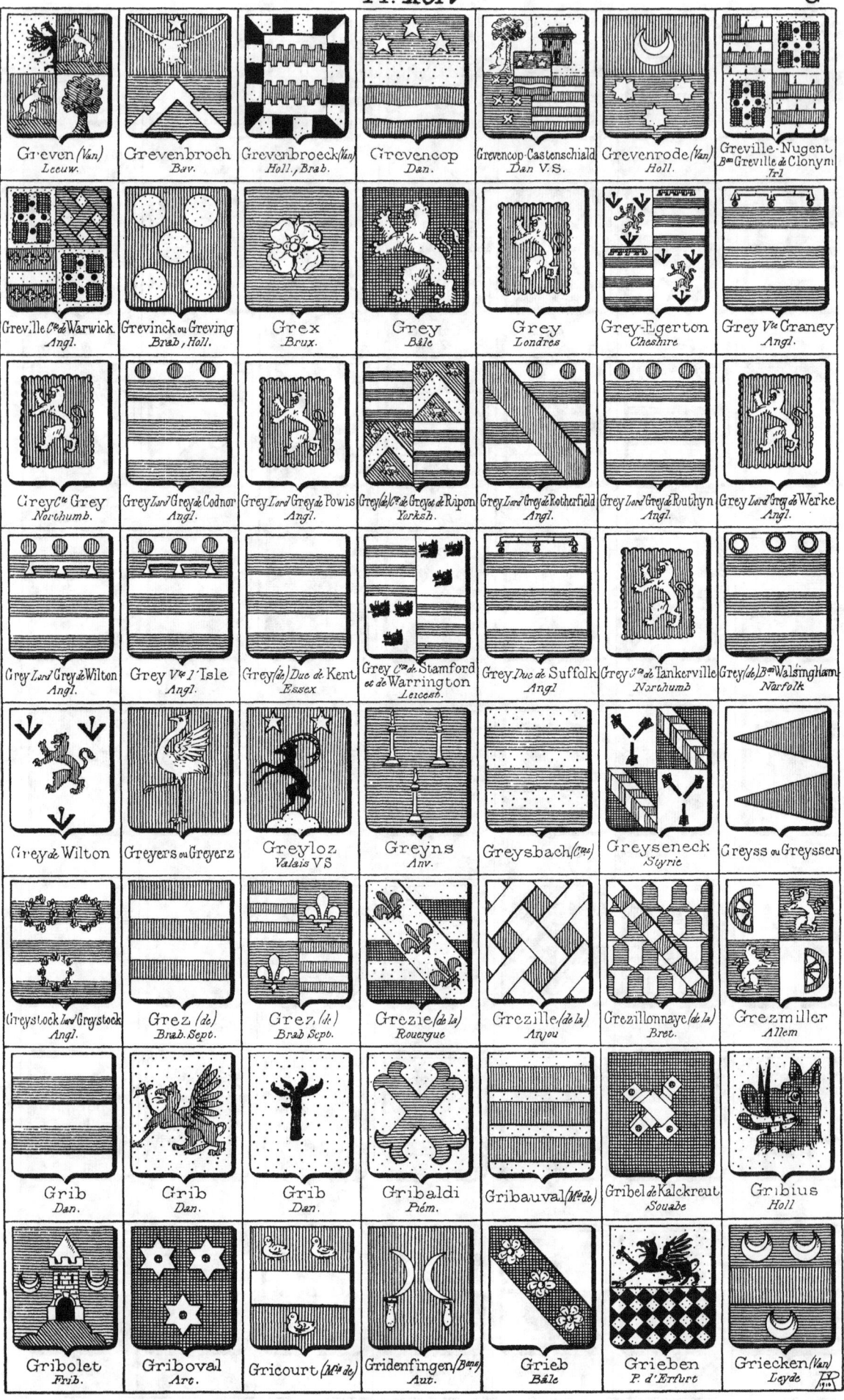

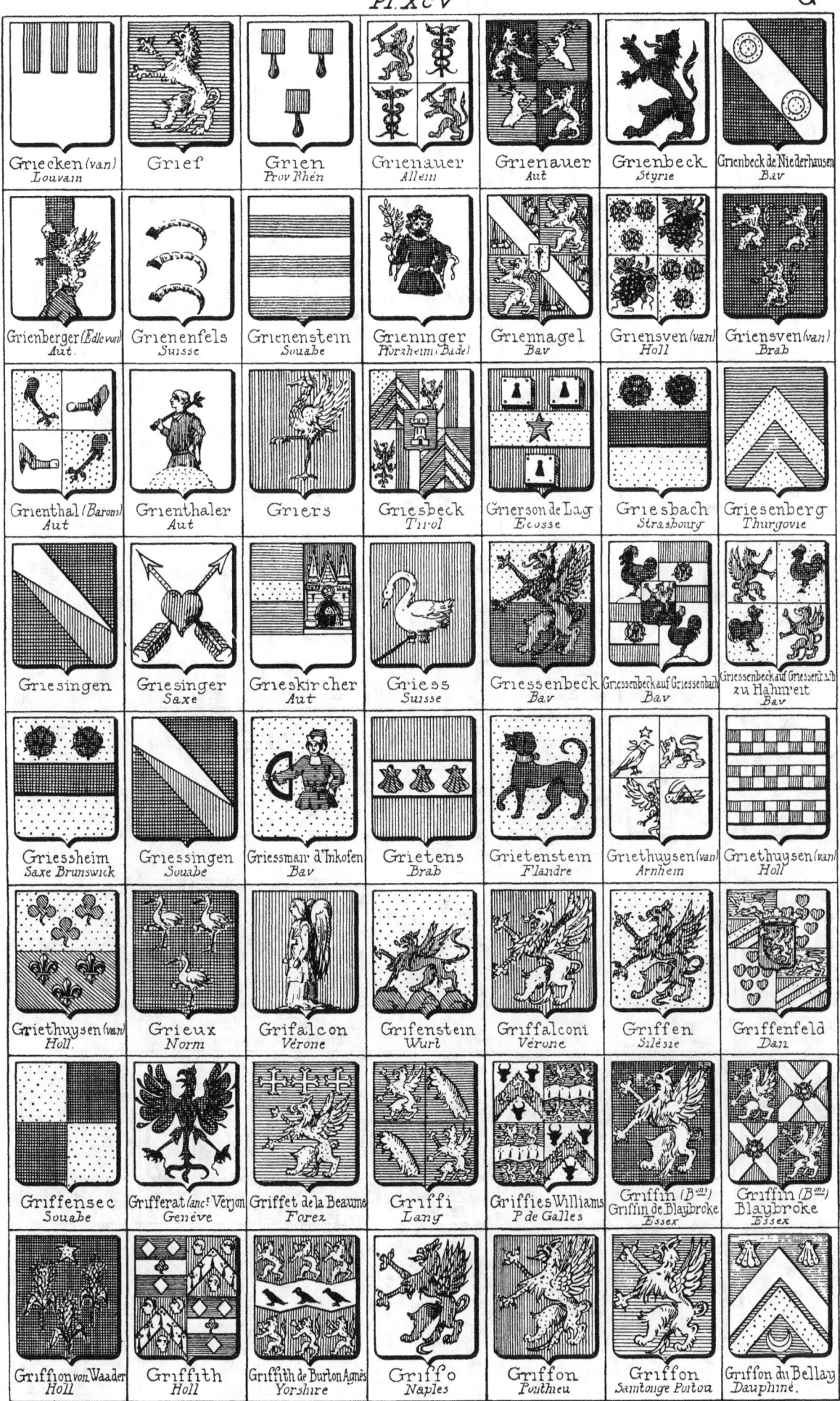

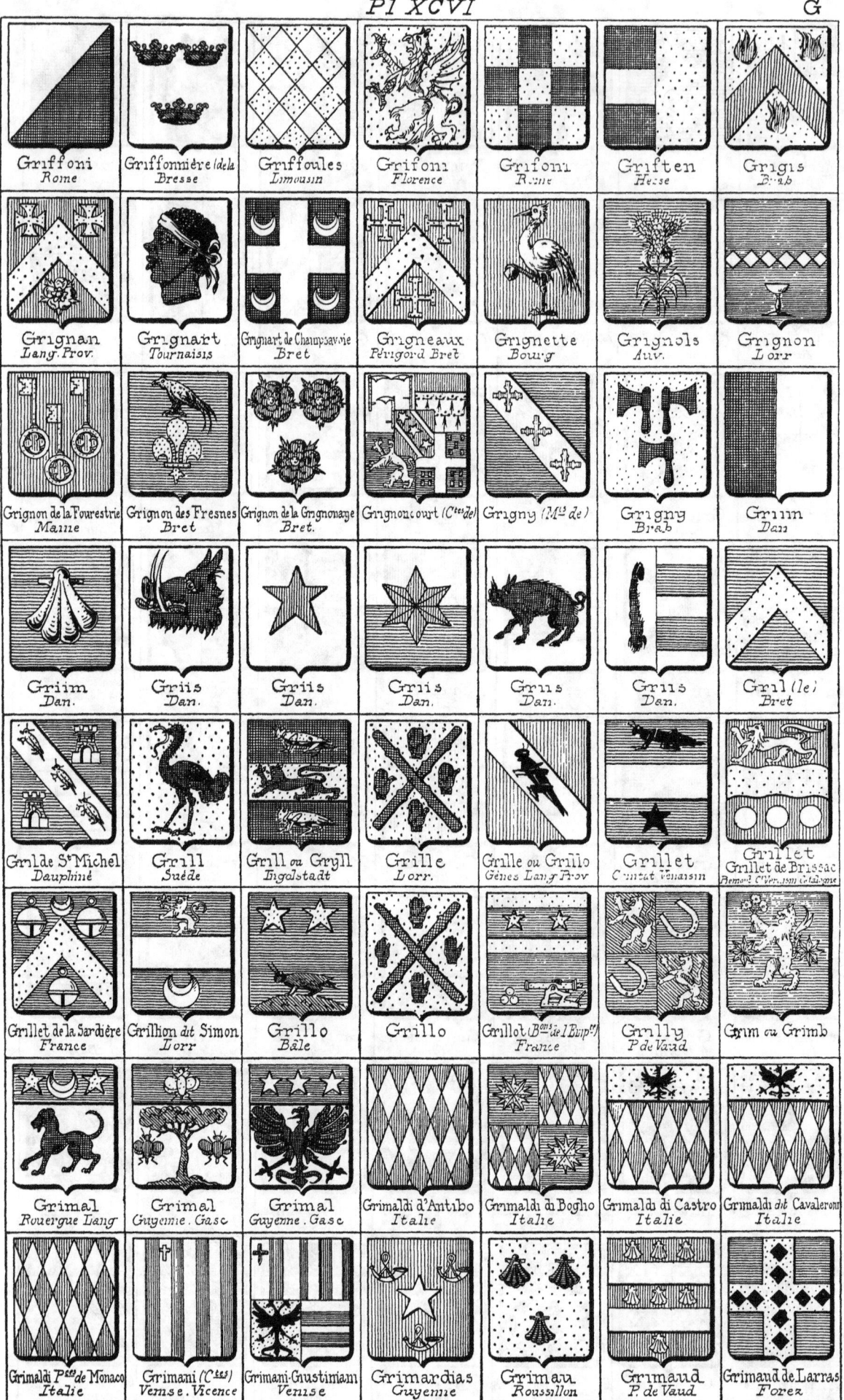

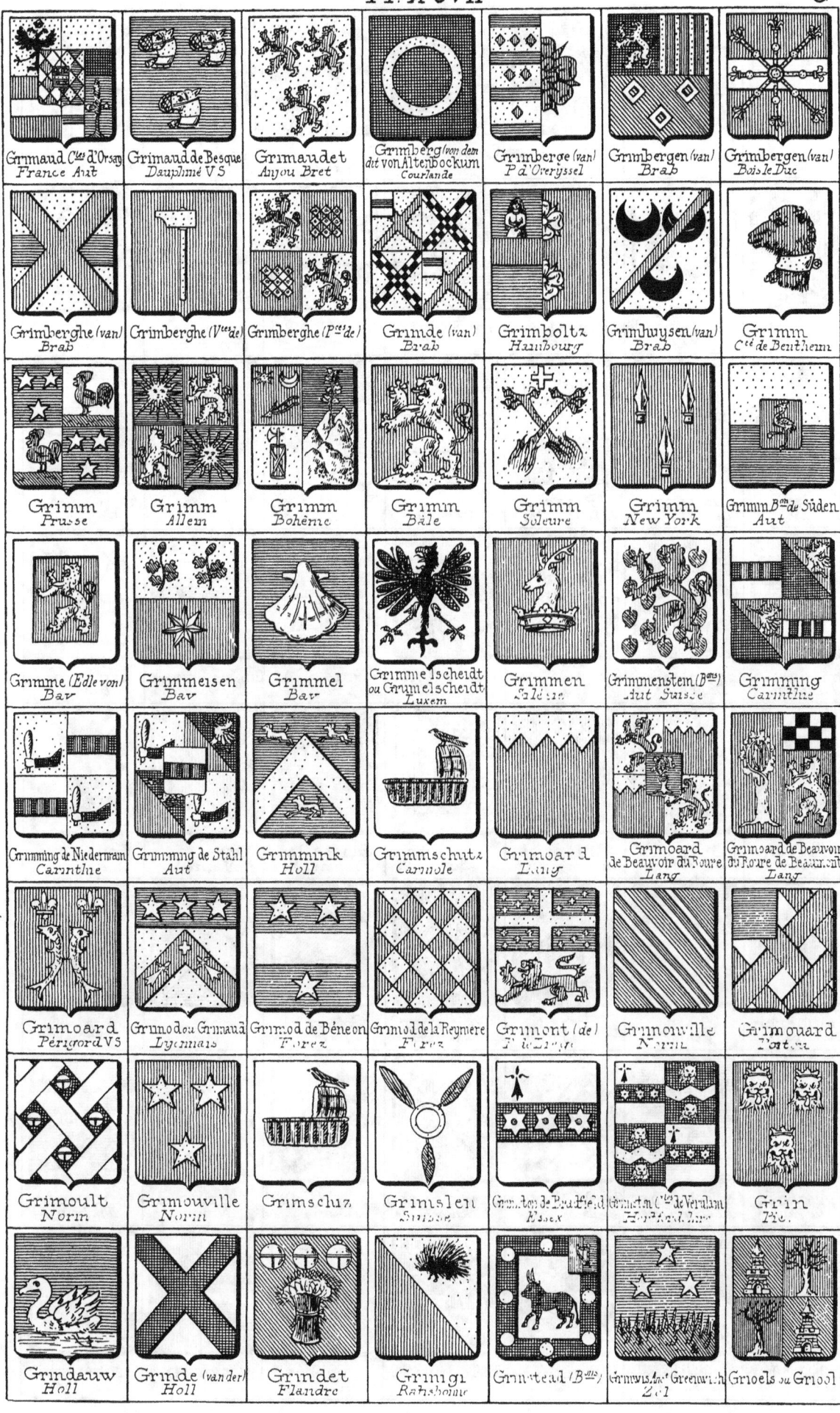

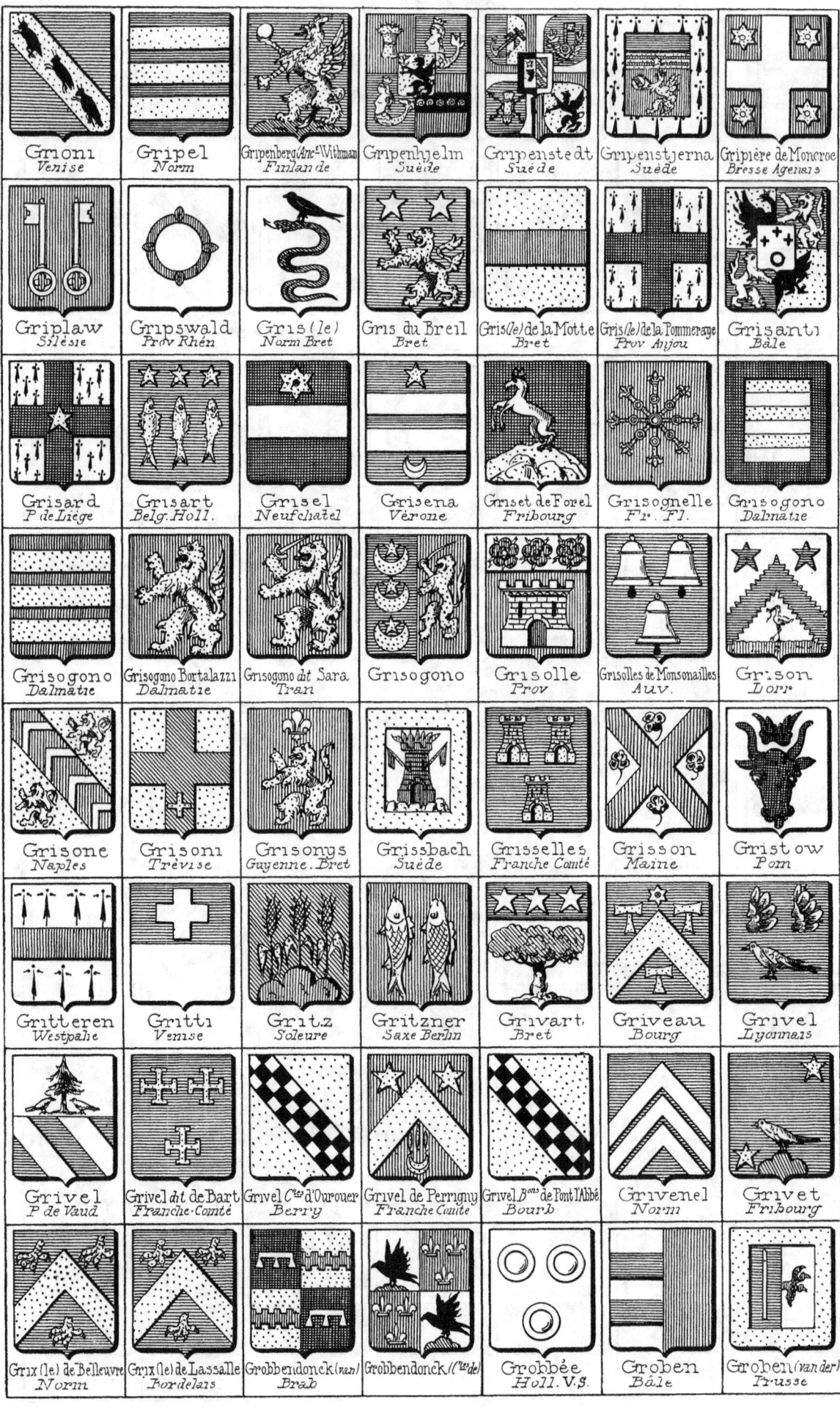

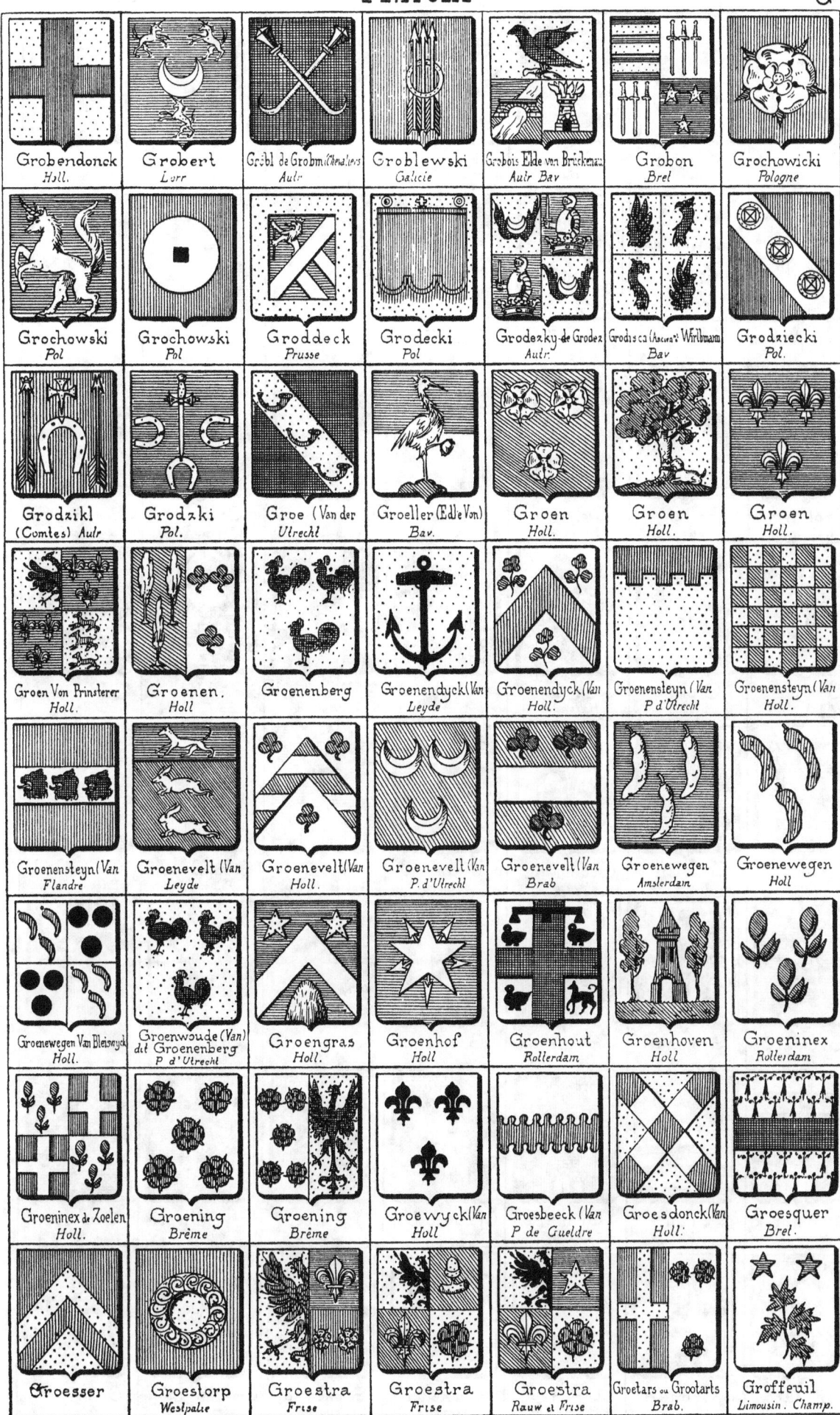

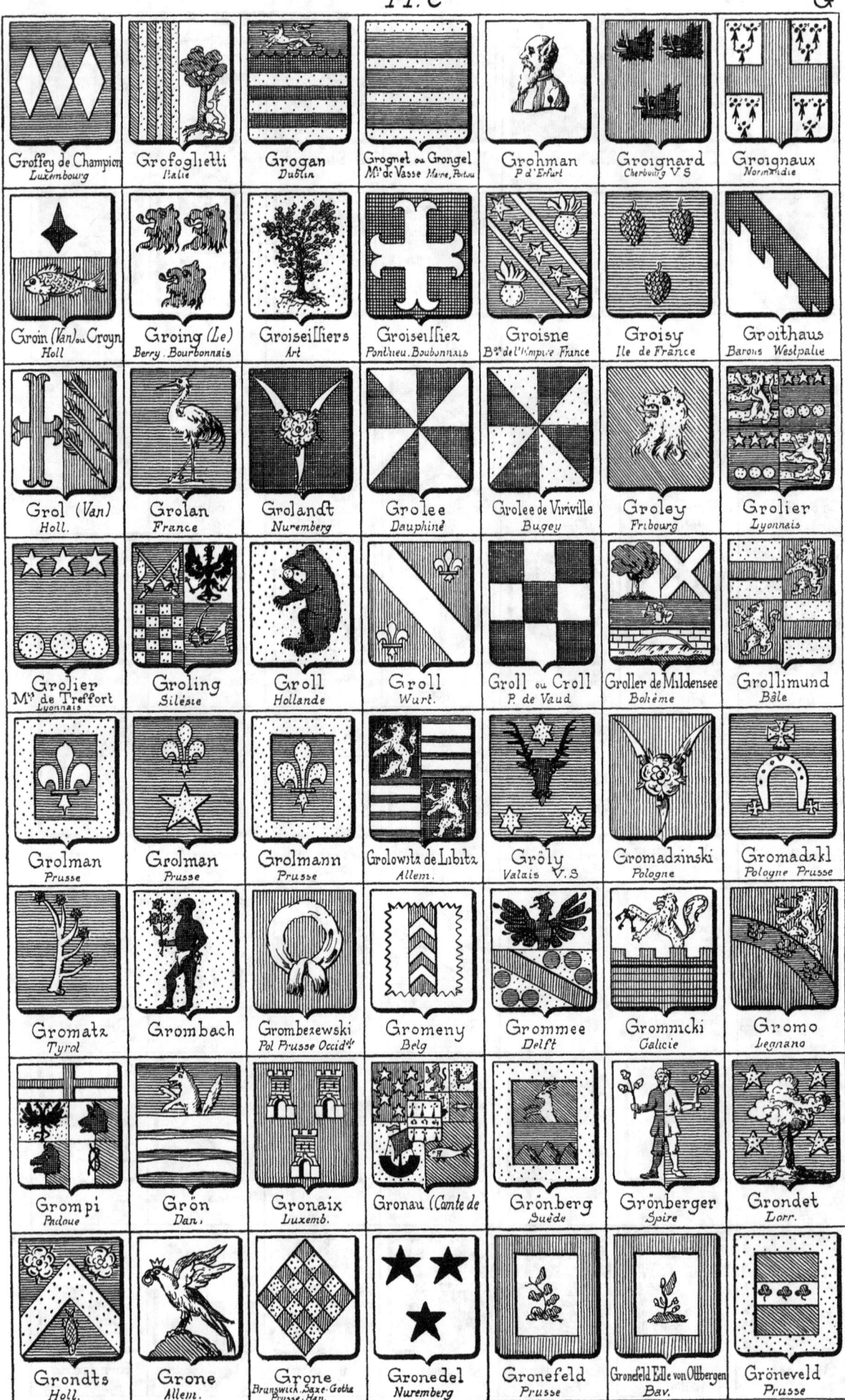

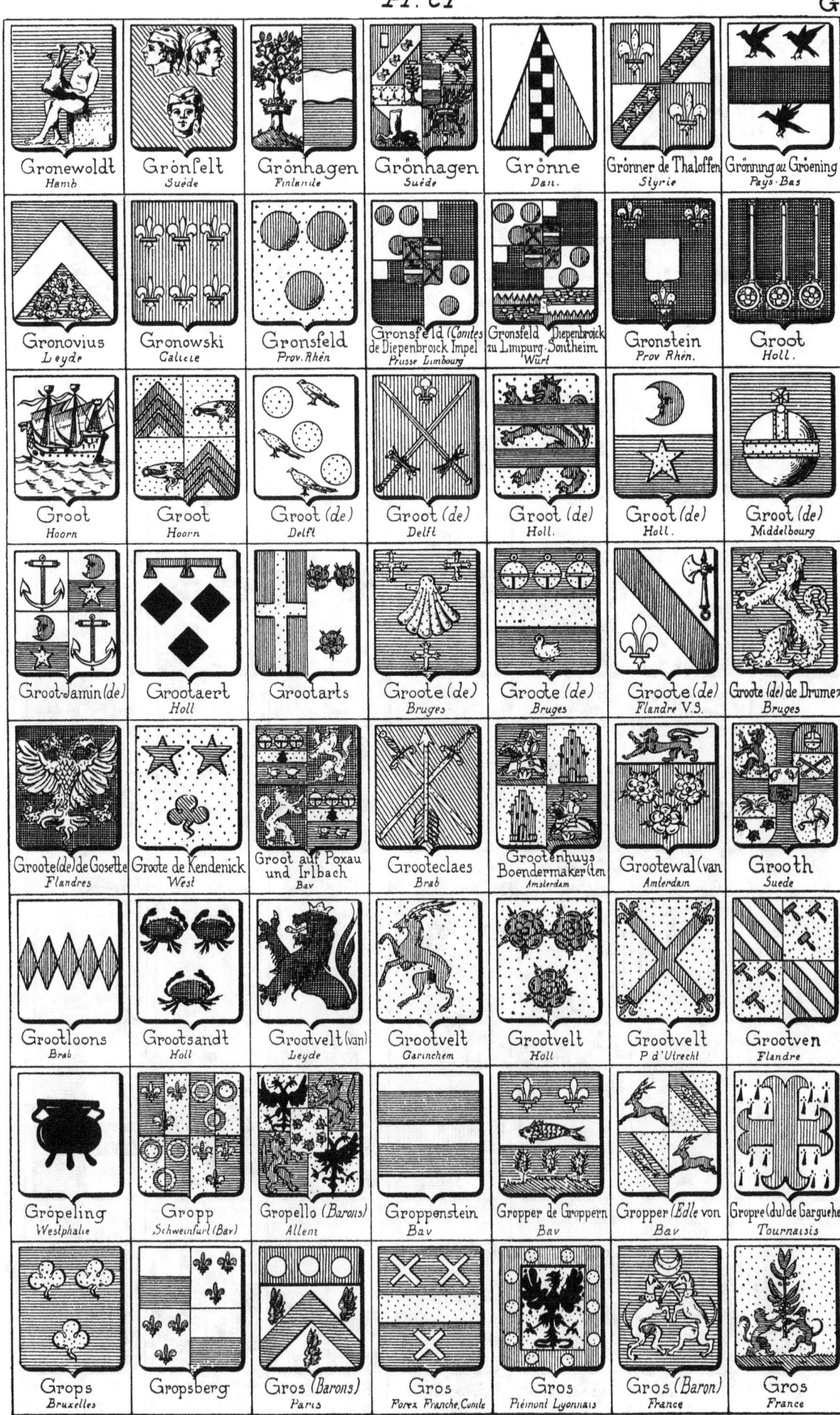

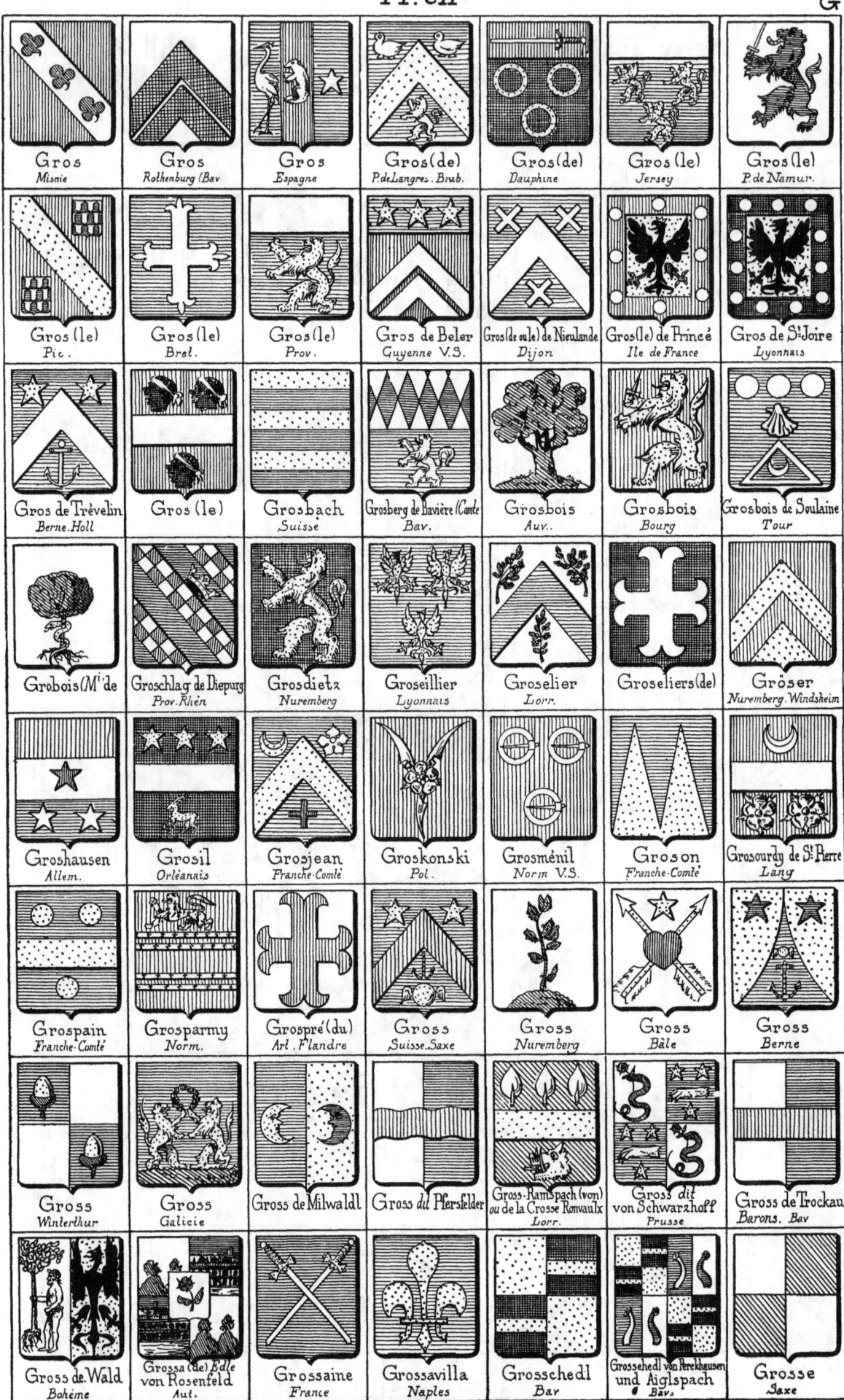

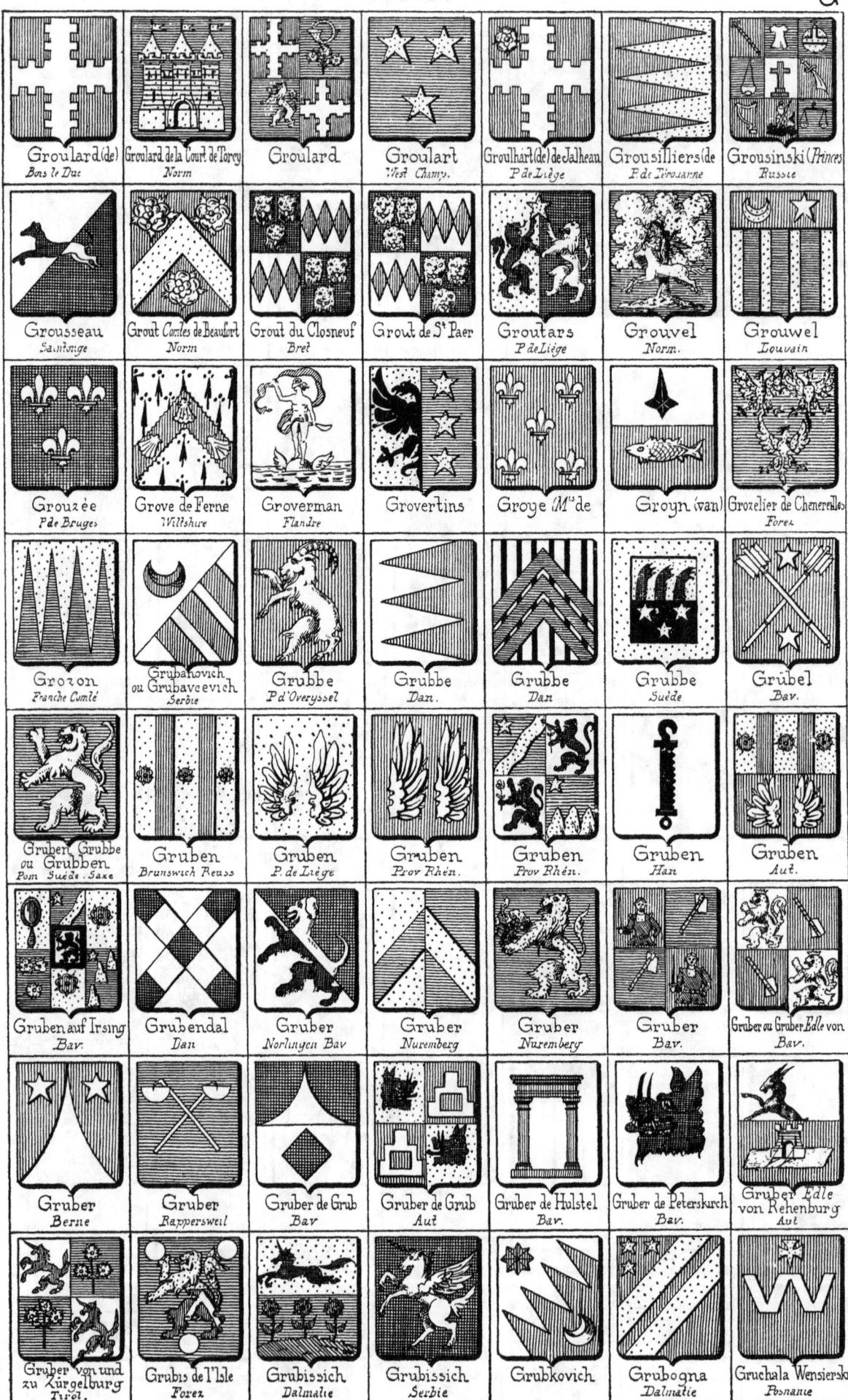

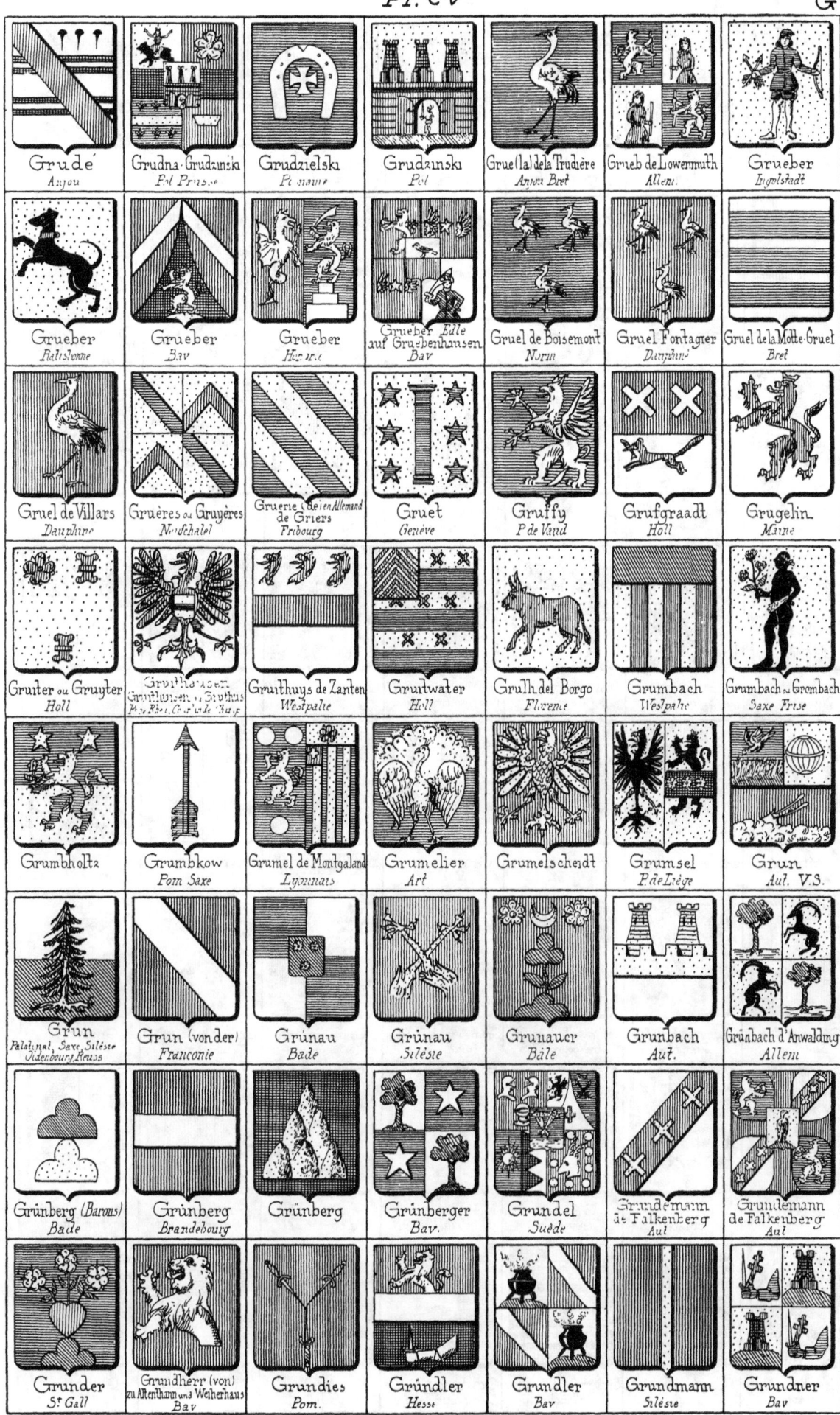

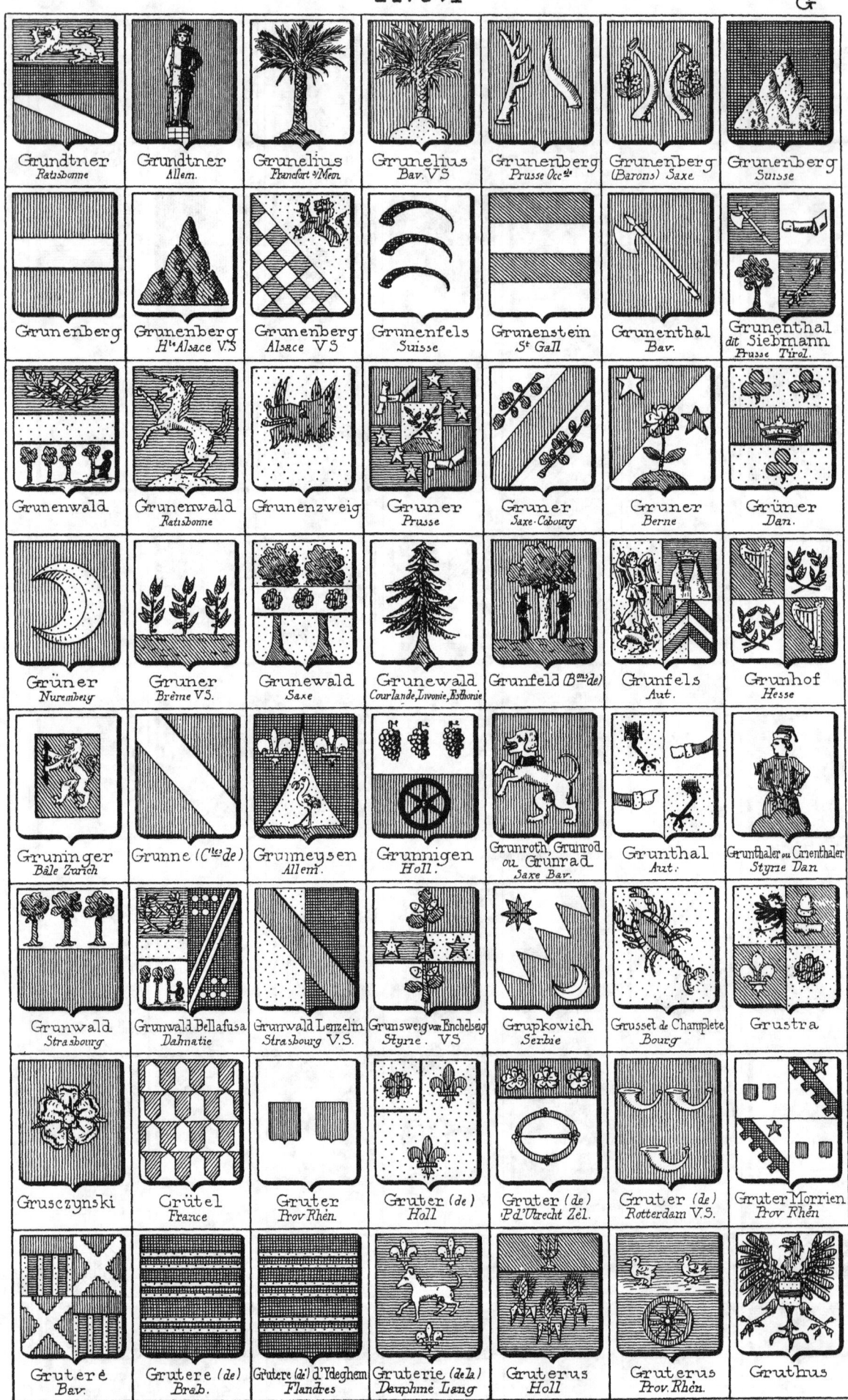

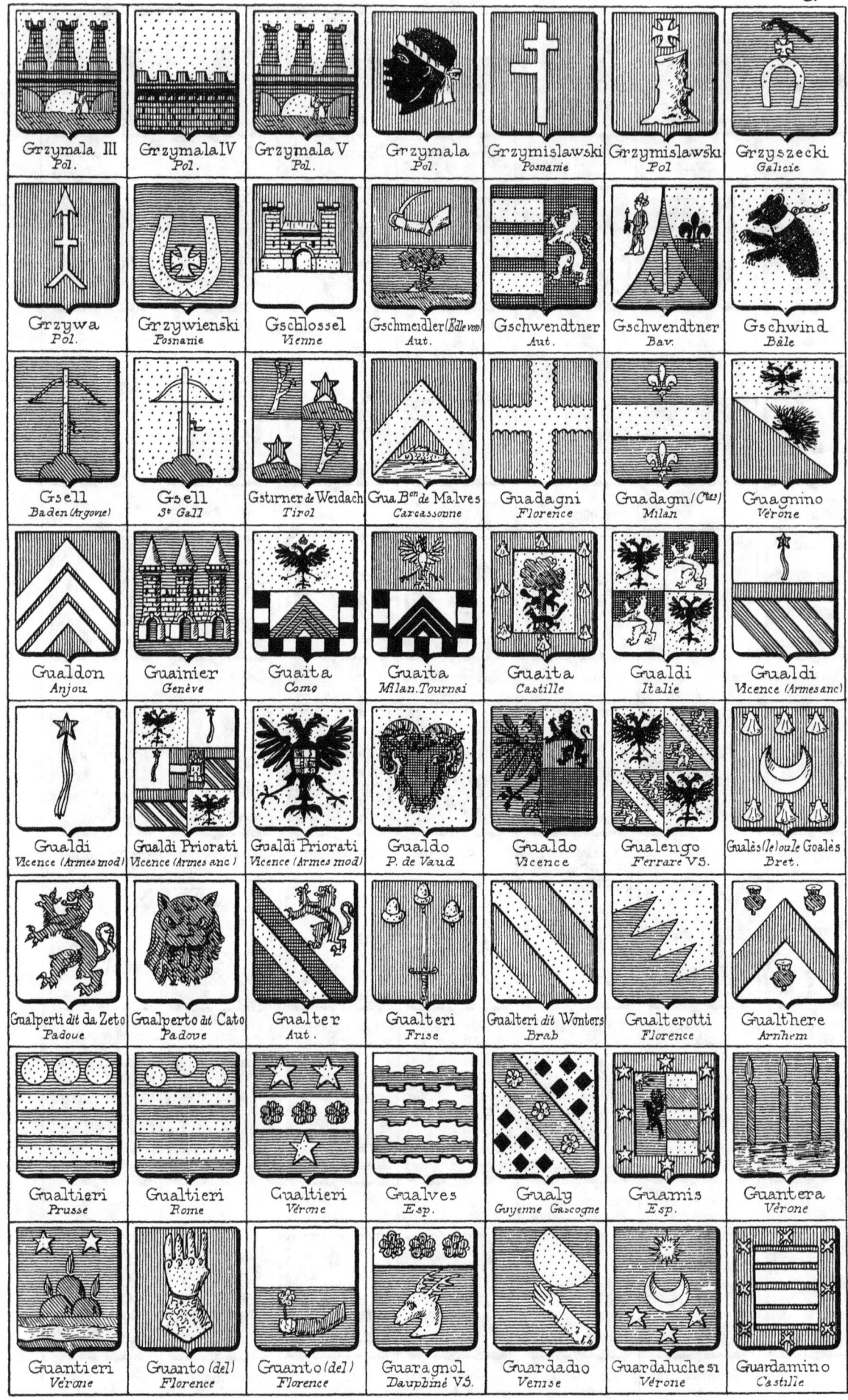

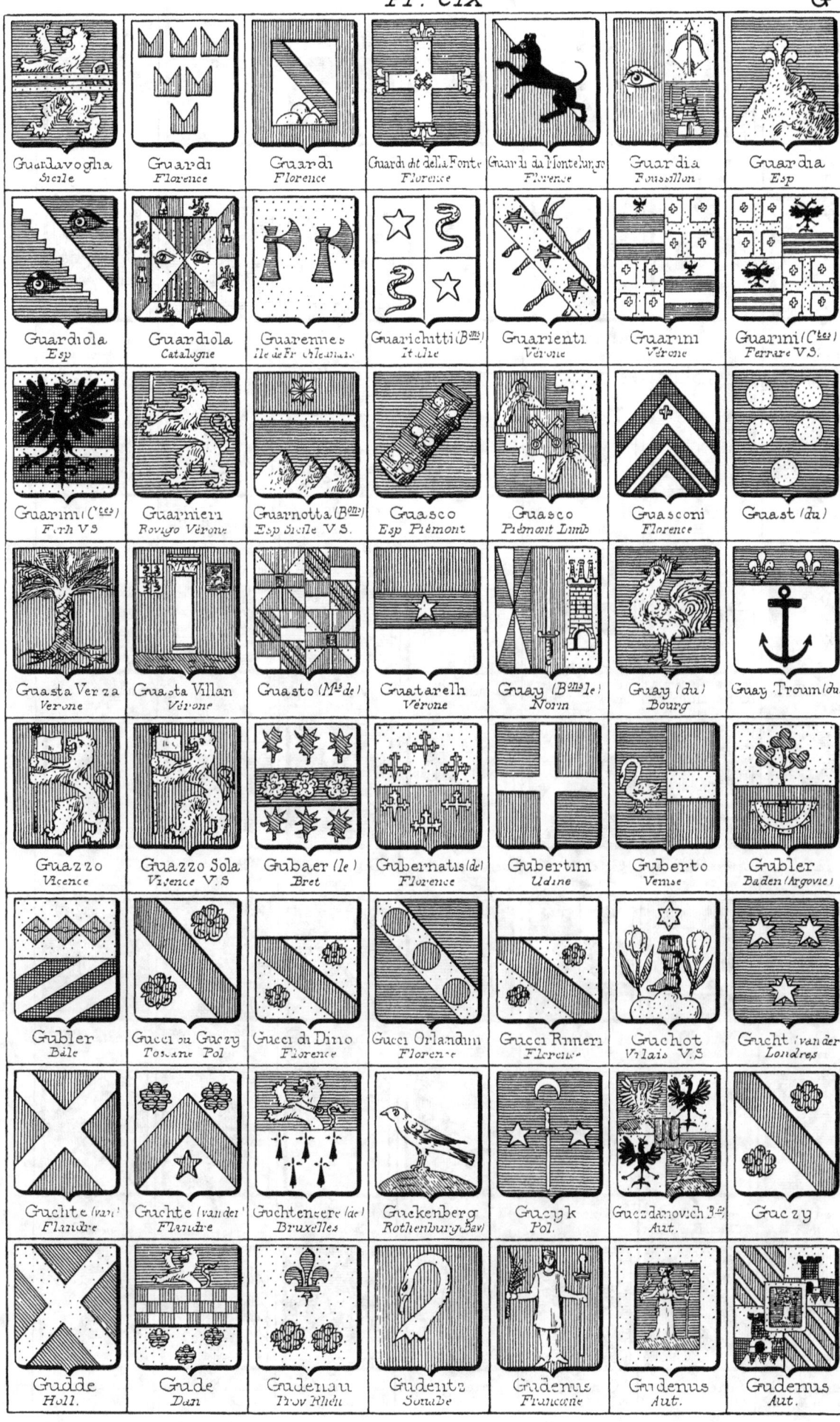

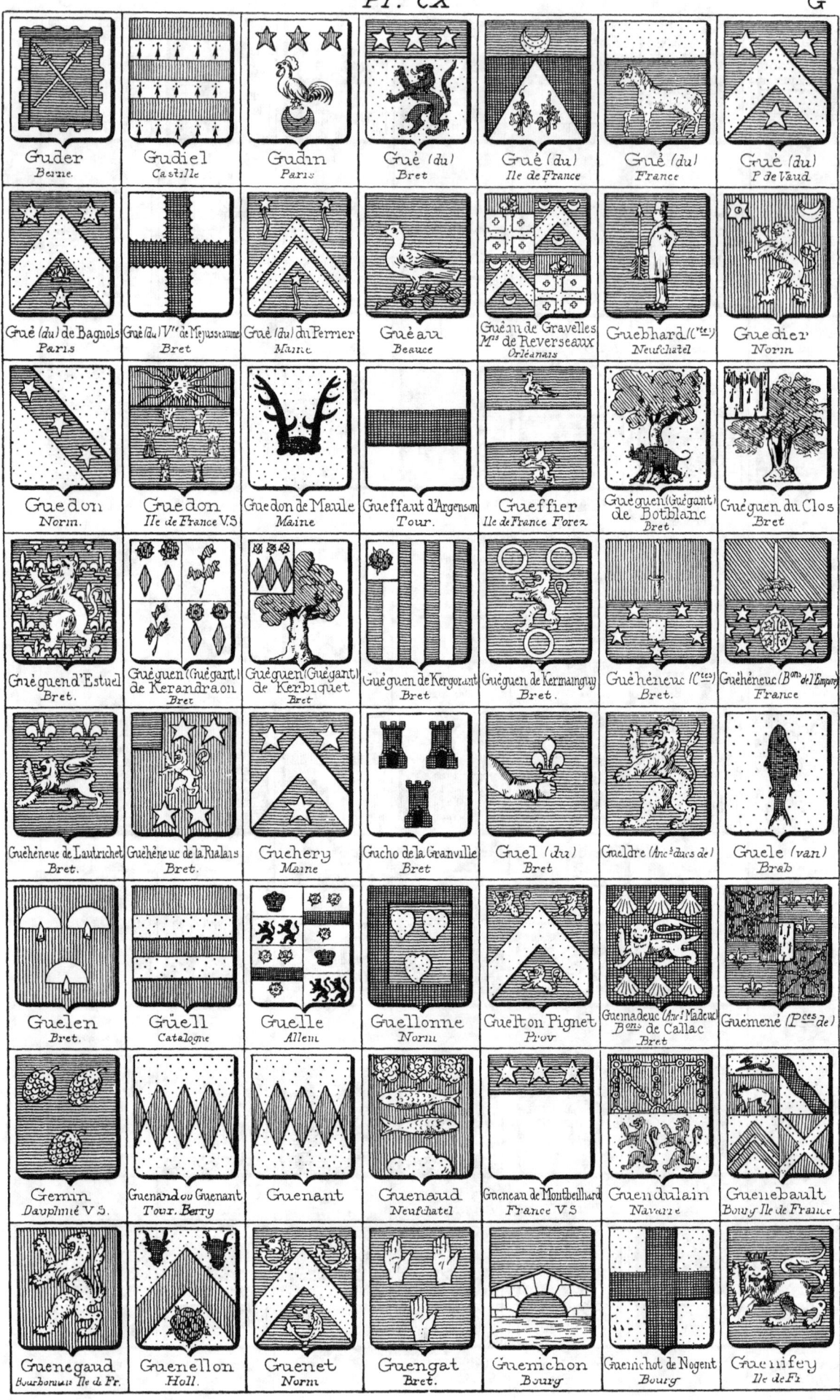

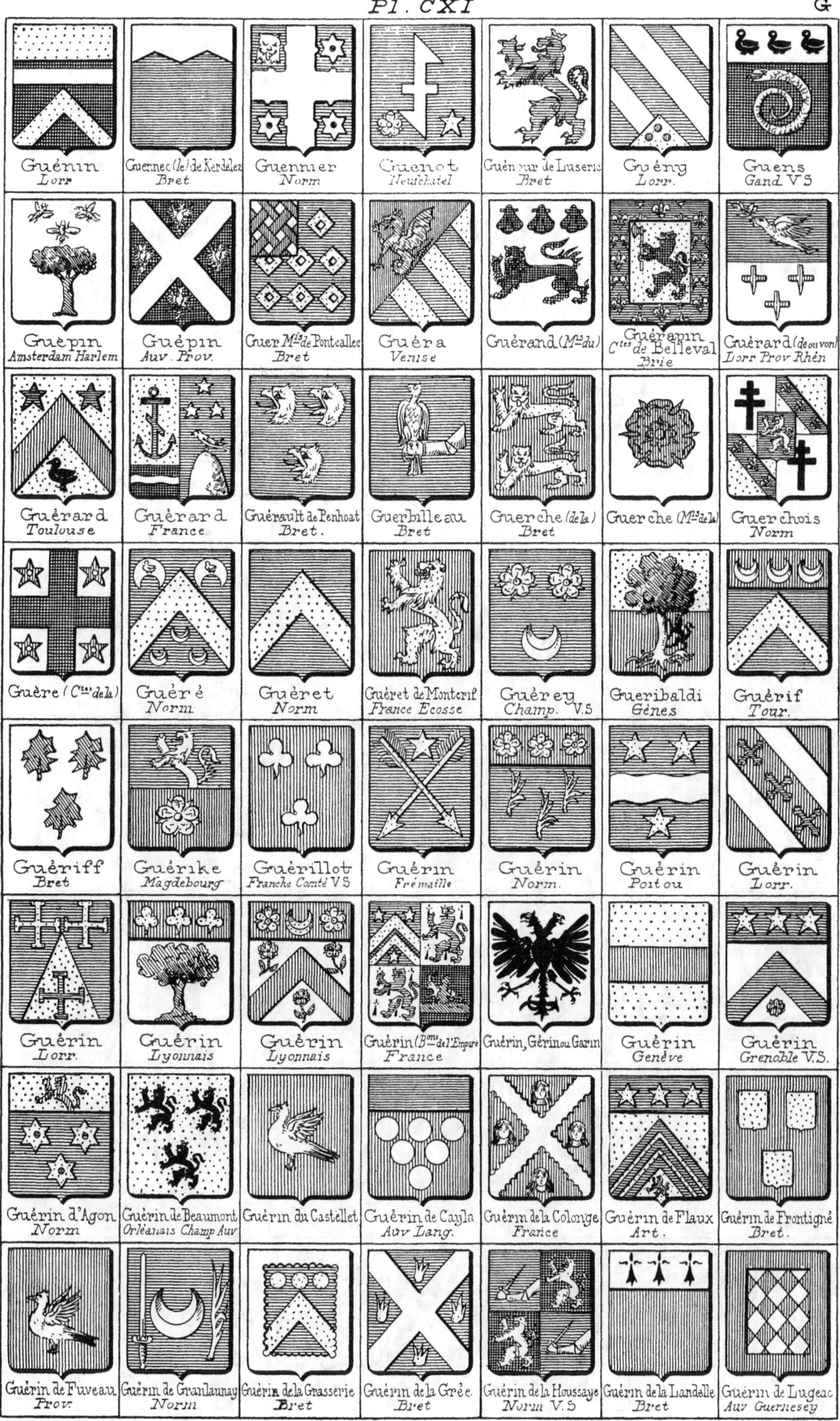

Pl. CXII

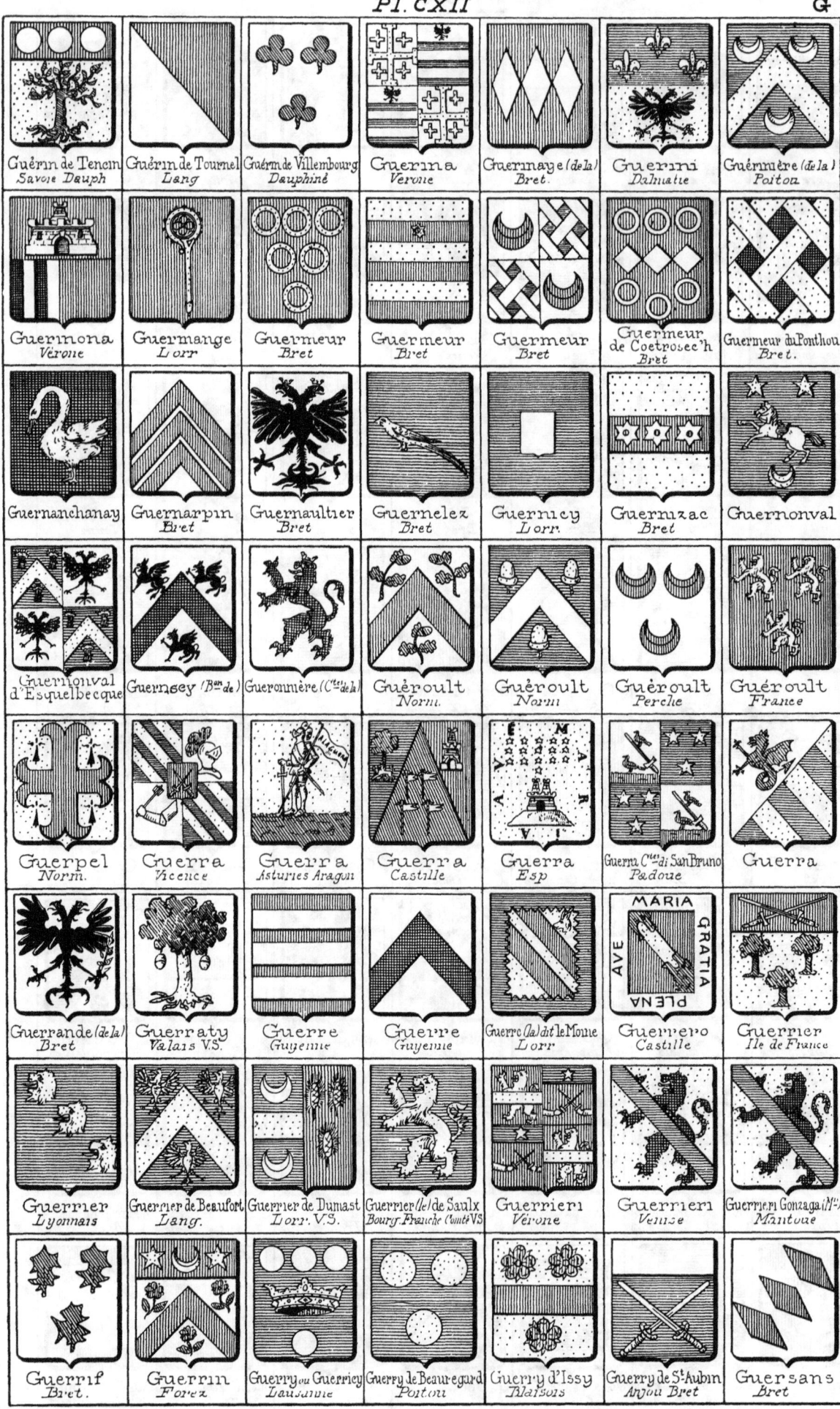

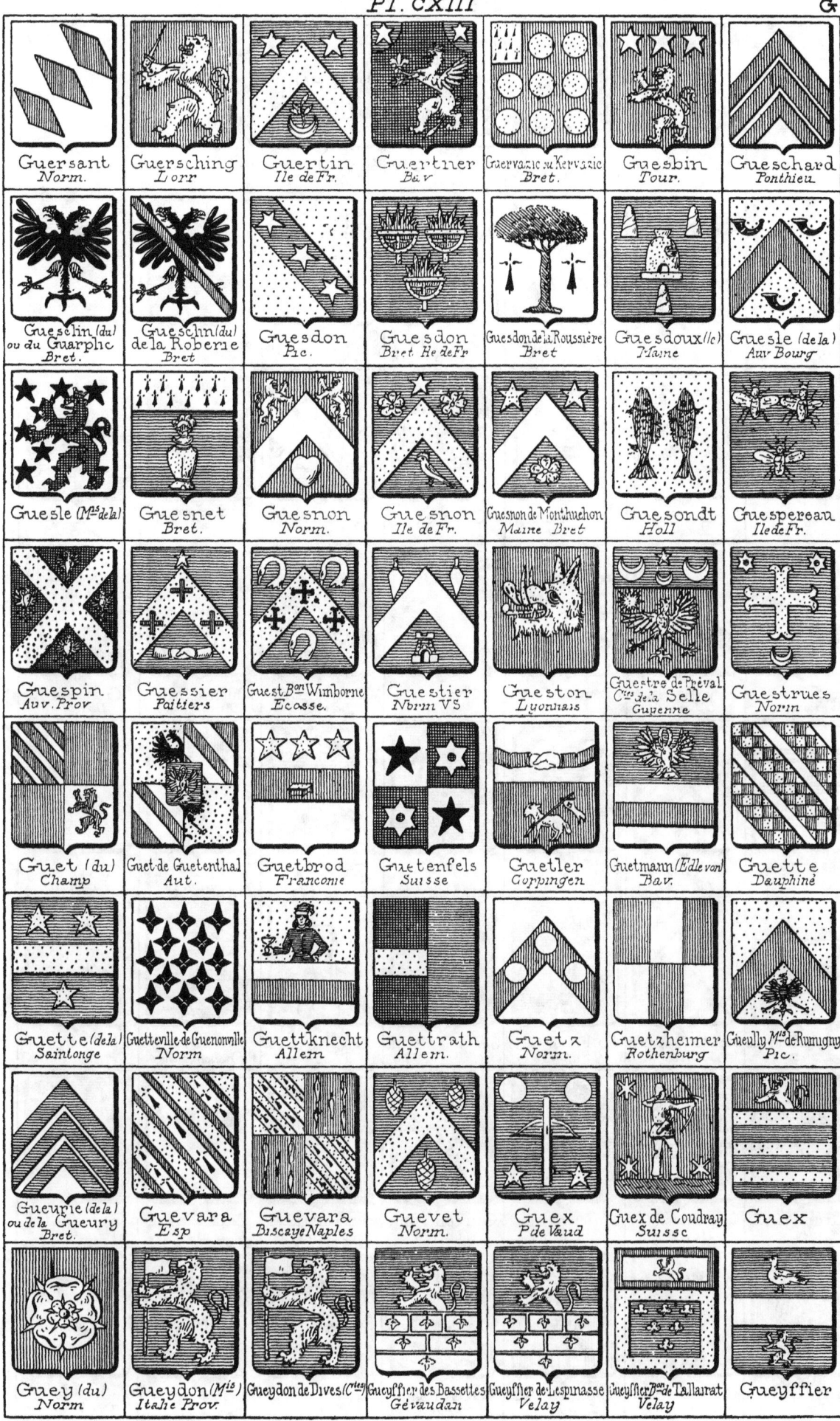

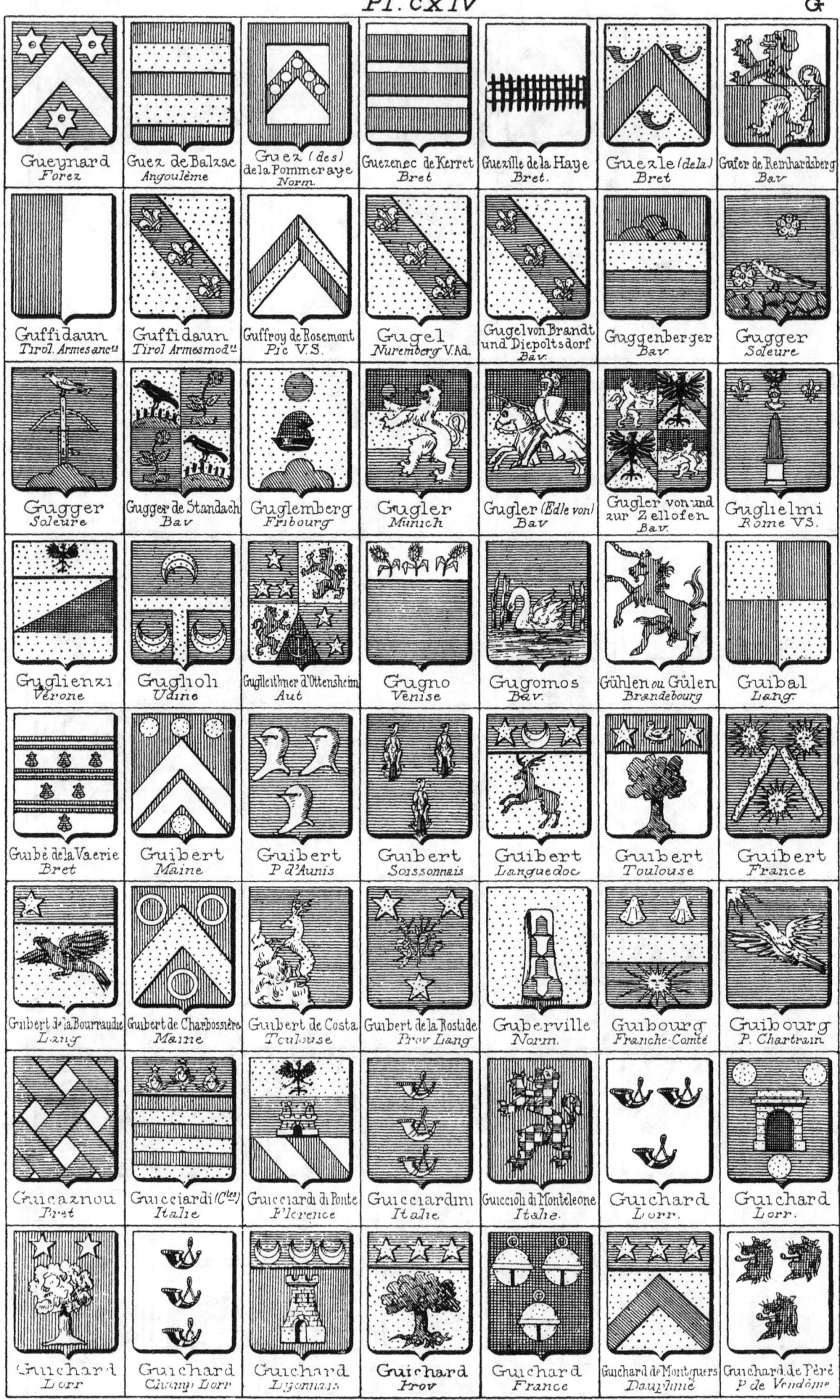

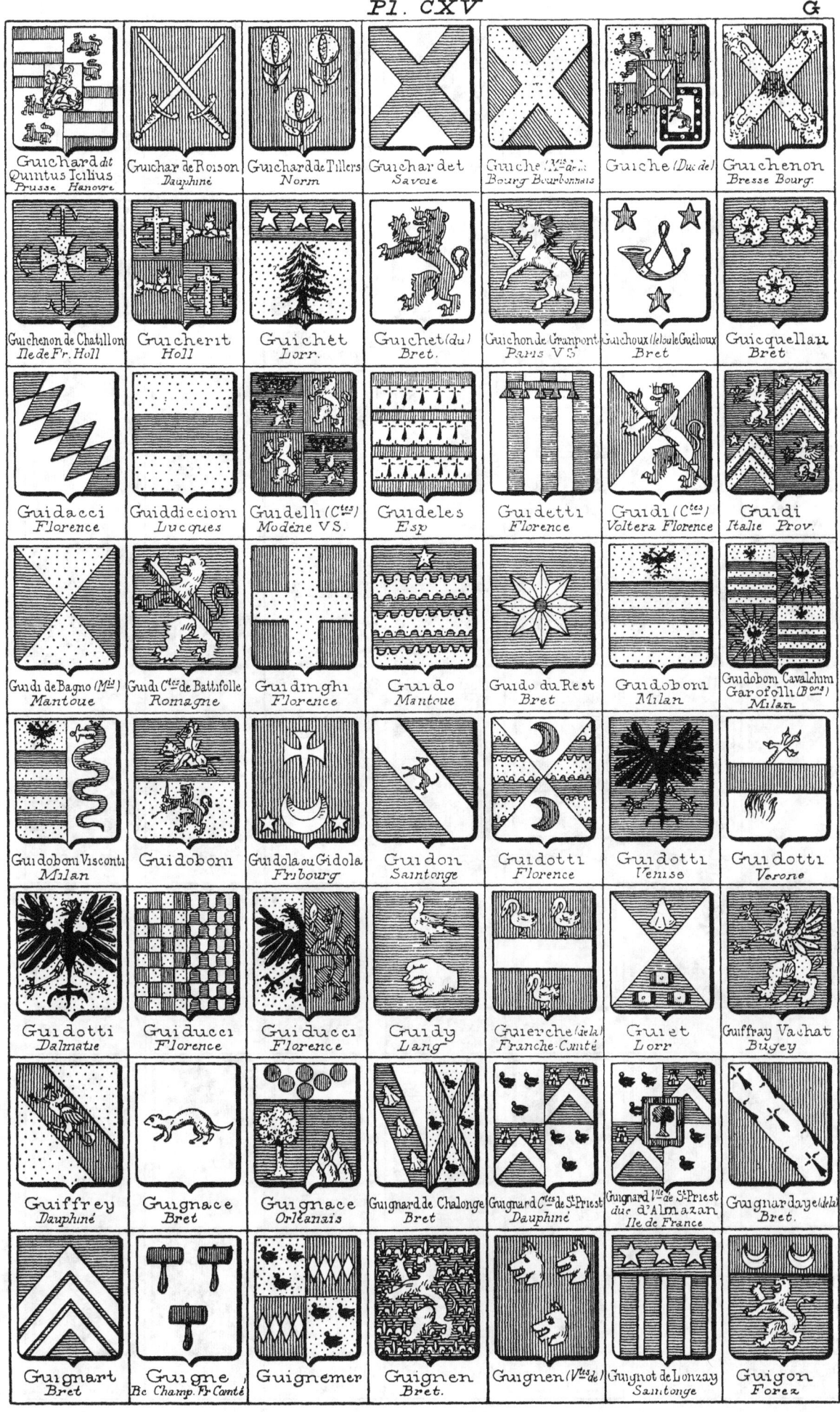

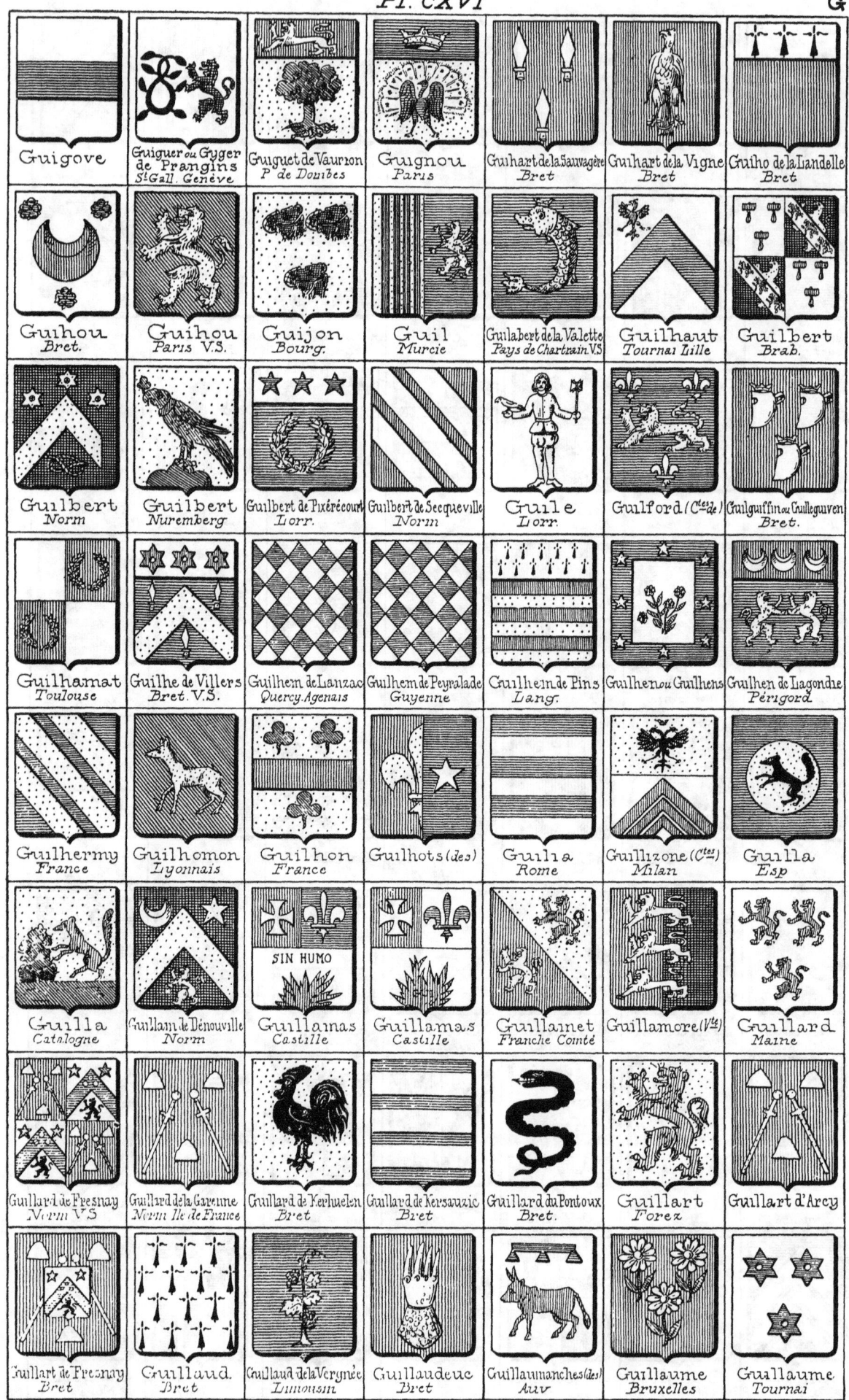

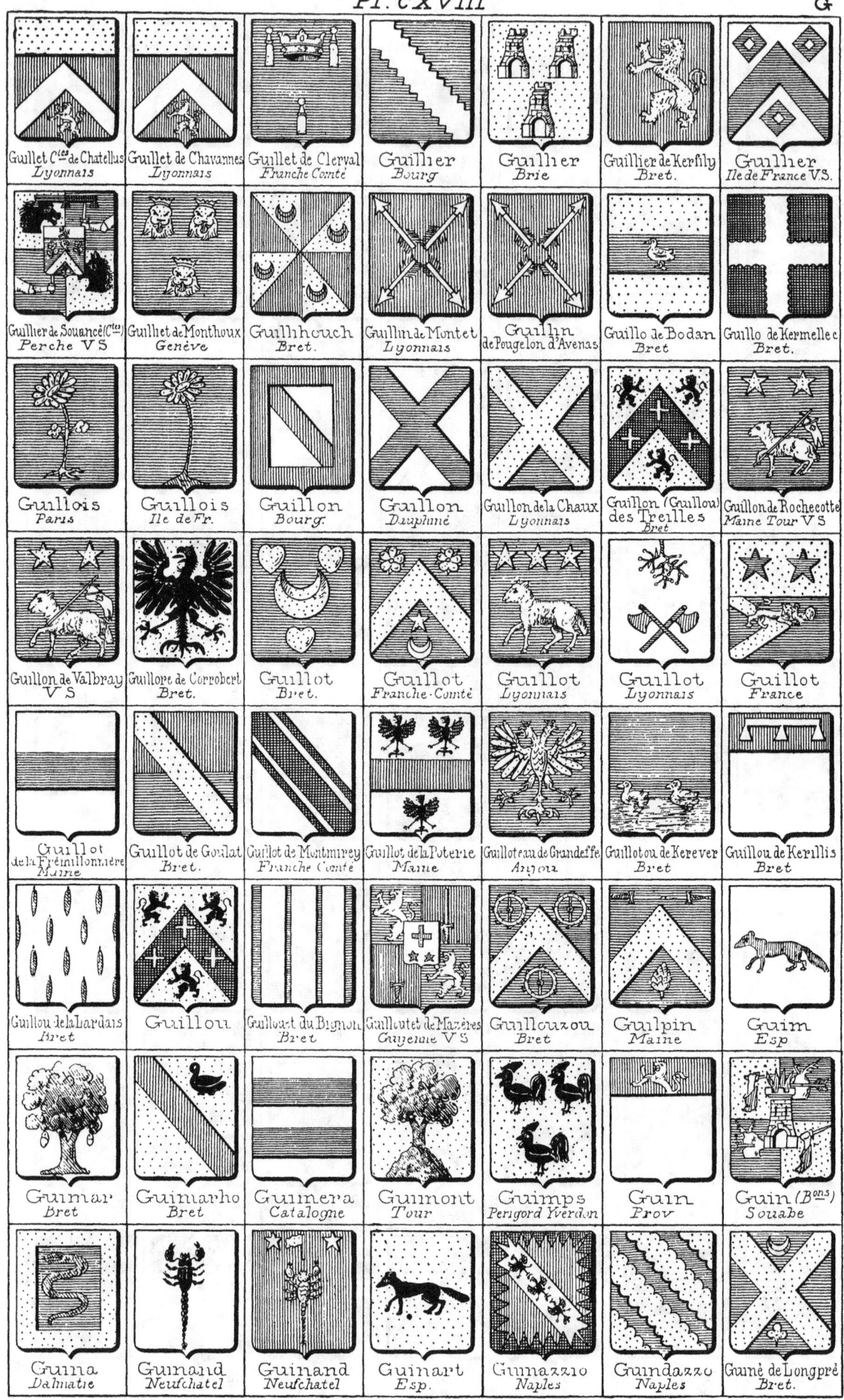

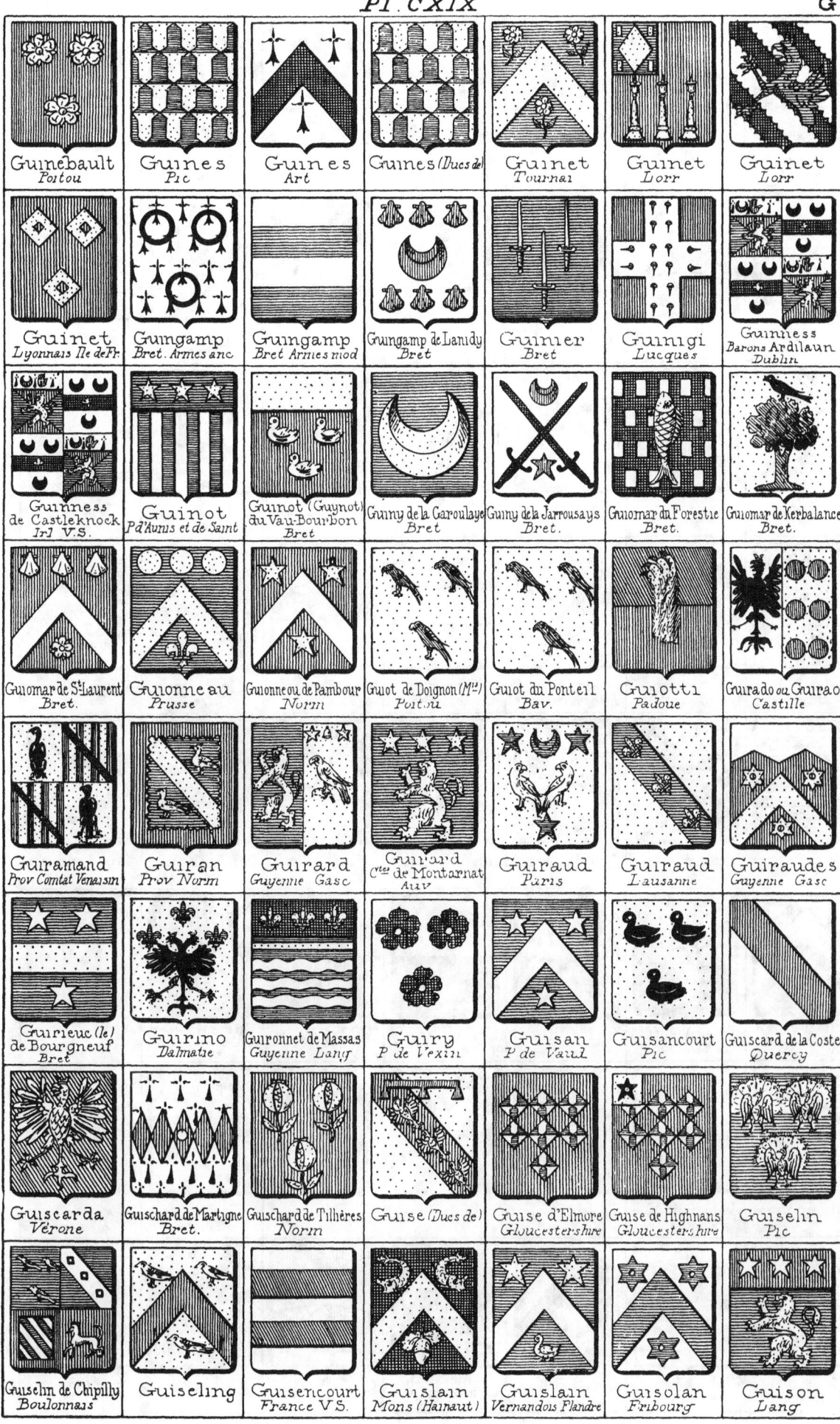

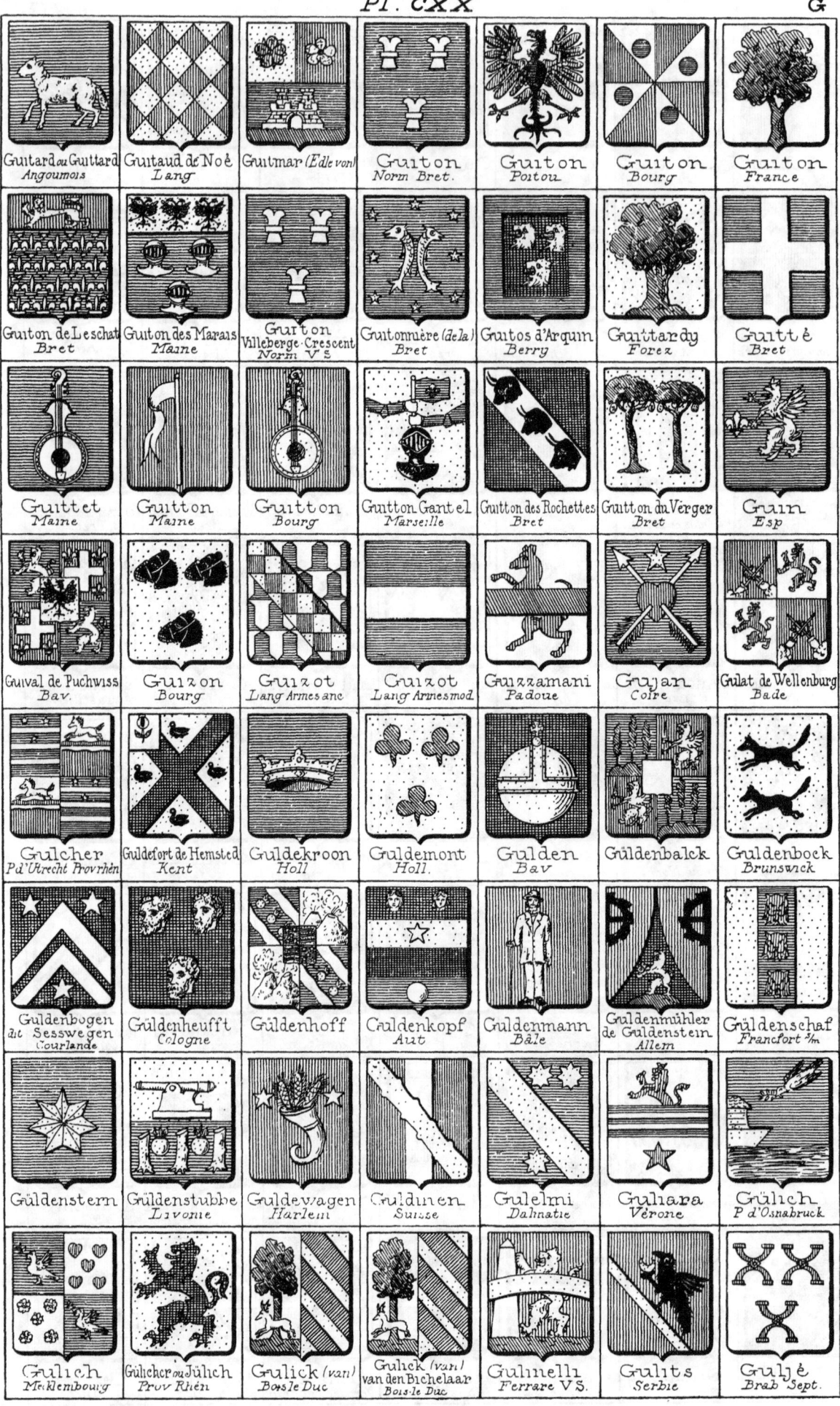

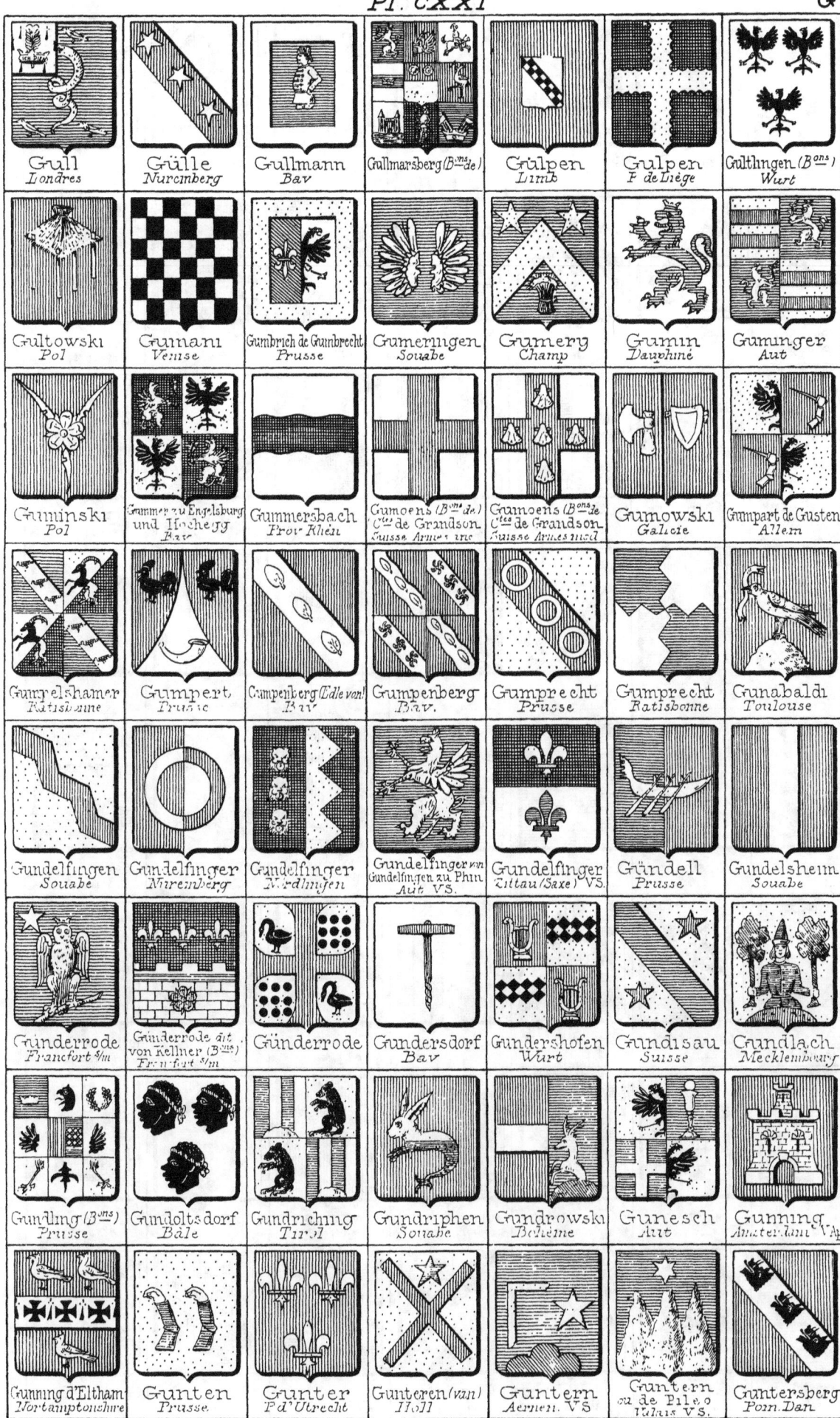

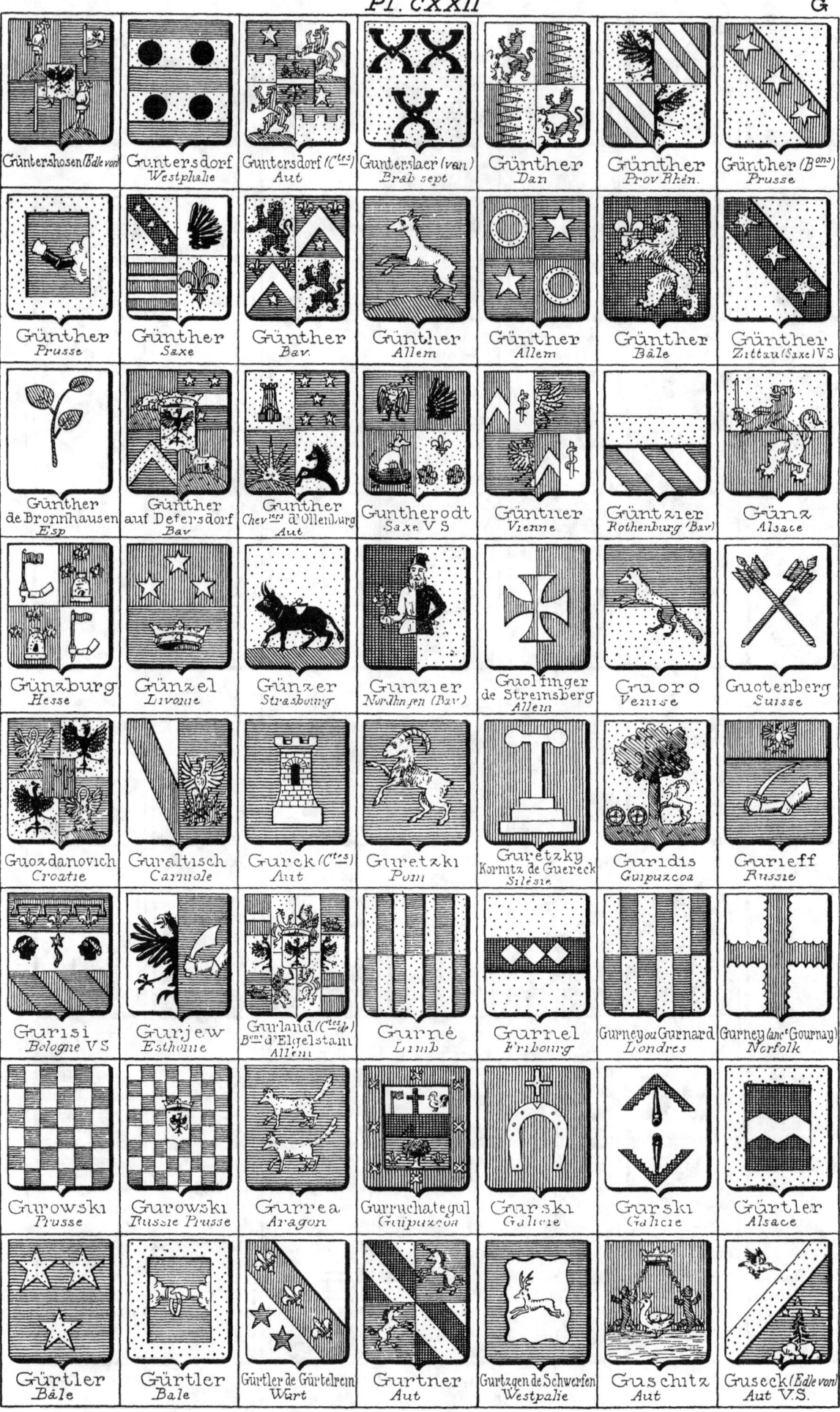

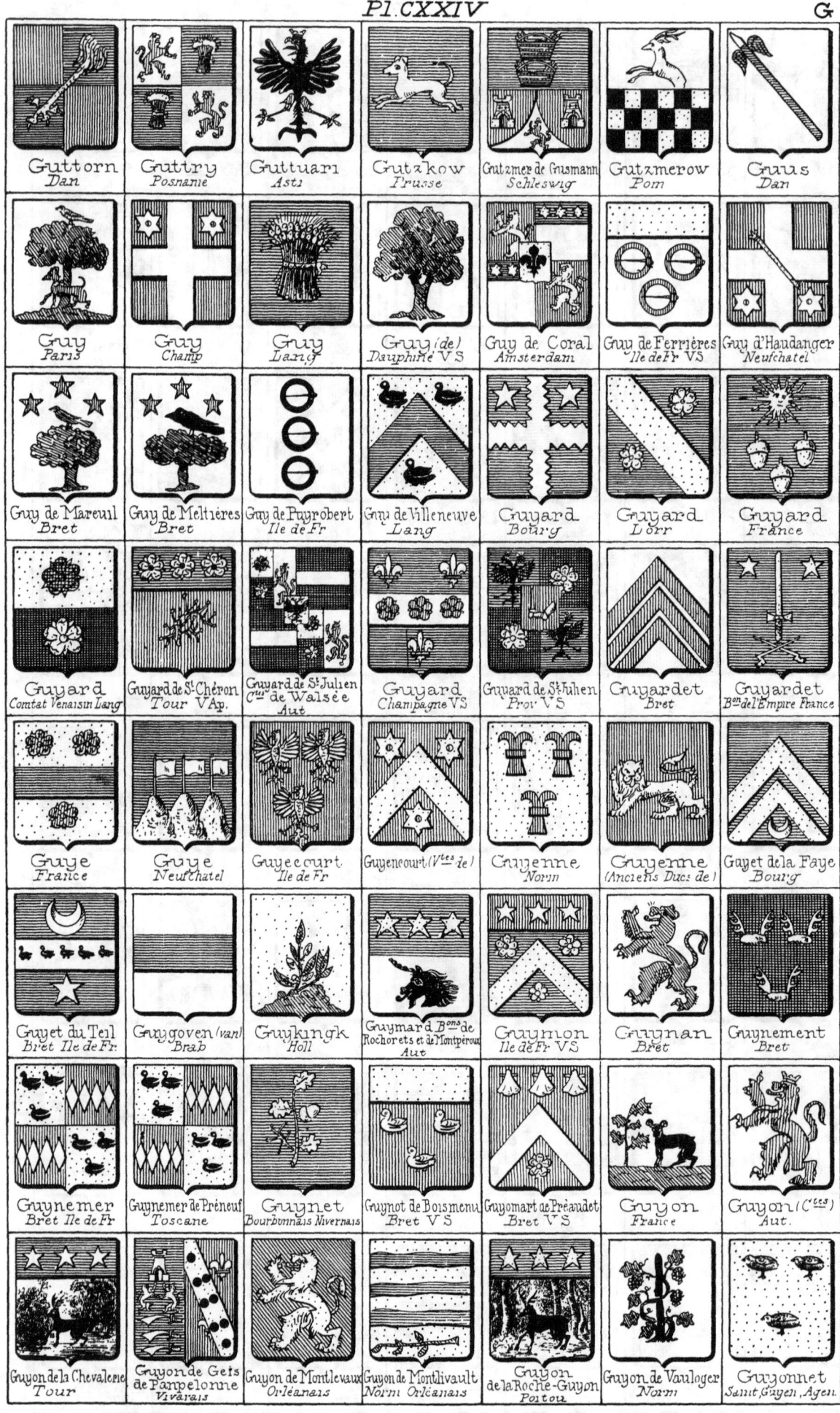

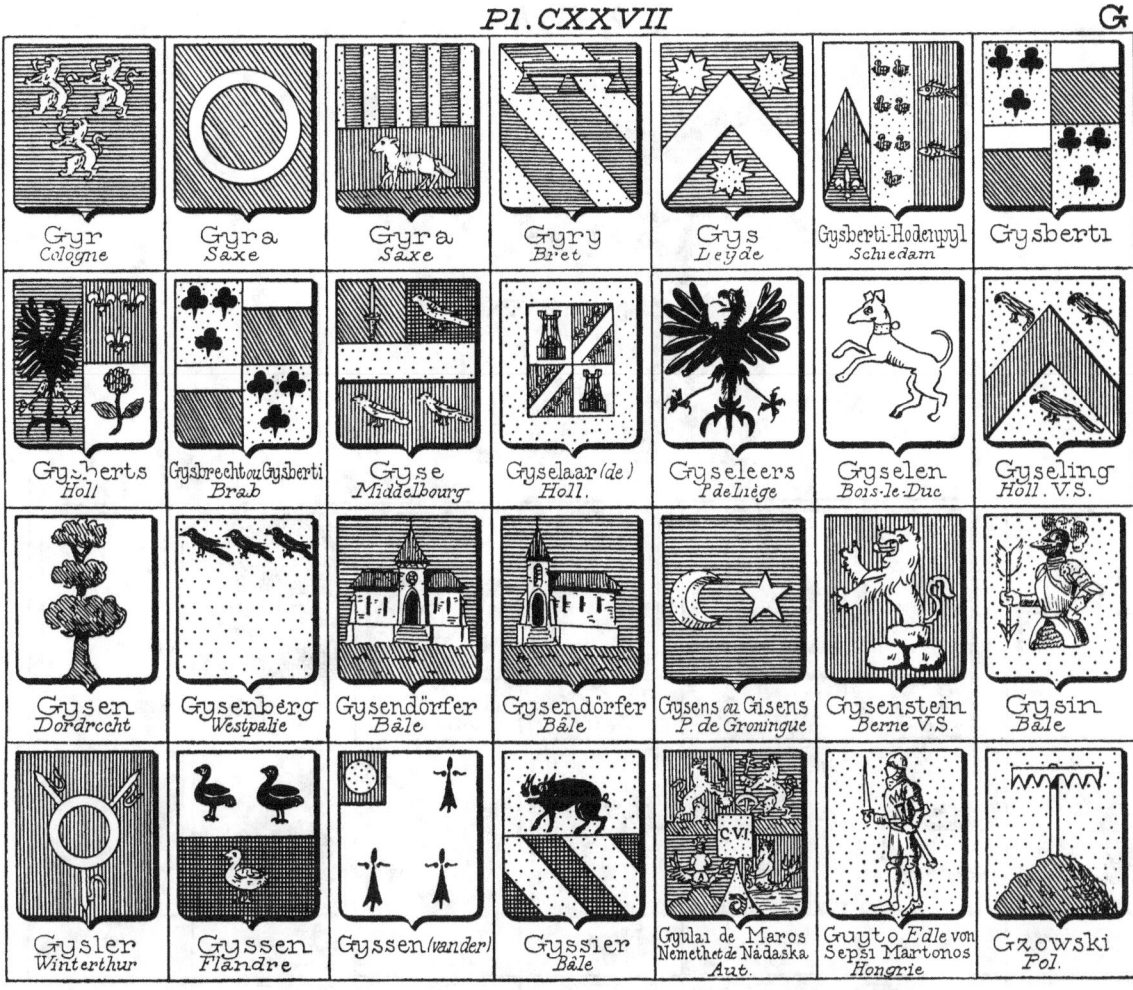

## Omissions dans la lettre G

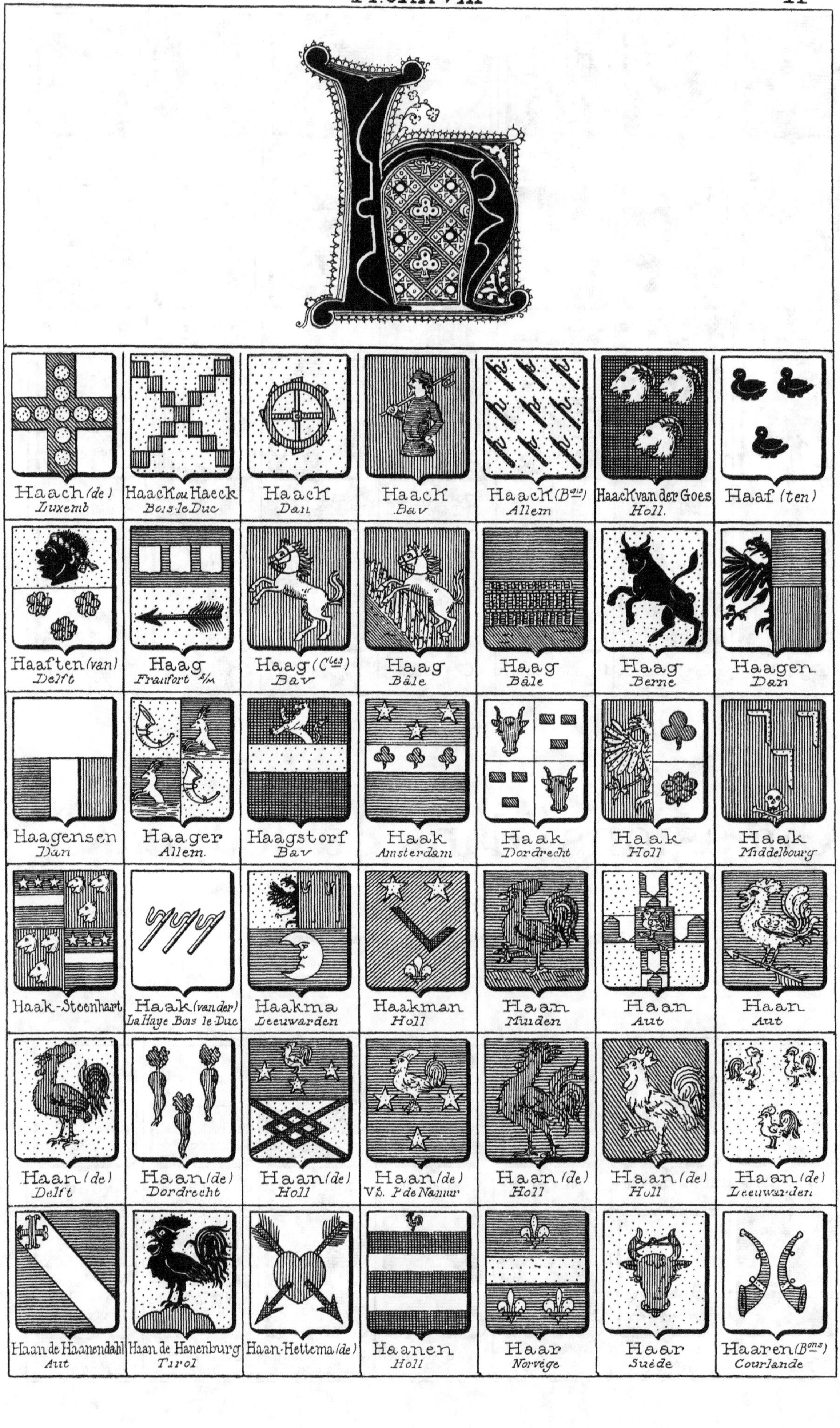

Pl.CXXVIII H

| Haach (de) Luxemb | Haack ou Haeck Bois le Duc | Haack Dan | Haack Bav | Haack (B<sup>on</sup>) Allem | Haack van der Goes Holl. | Haaf (ten) |
| --- | --- | --- | --- | --- | --- | --- |
| Haaften (van) Delft | Haag Francfort s/M | Haag (C<sup>tes</sup>) Bav | Haag Bâle | Haag Bâle | Haag Berne | Haagen Dan |
| Haagensen Dan | Haager Allem. | Haagstorf Bav | Haak Amsterdam | Haak Dordrecht | Haak Holl | Haak Middelbourg |
| Haak-Steenhart | Haak (van der) La Haye Bois le Duc | Haakma Leeuwarden | Haakman Holl | Haan Muiden | Haan Aut | Haan Aut |
| Haan (de) Delft | Haan (de) Dordrecht | Haan (de) Holl | Haan (de) V.S. P de Namur | Haan (de) Holl | Haan (de) Holl | Haan (de) Leeuwarden |
| Haan de Haanendahl Aut | Haan de Hanenburg Tirol | Haan-Hettema (de) | Haanen Holl | Haar Norvège | Haar Suède | Haaren (B<sup>ons</sup>) Courlande |

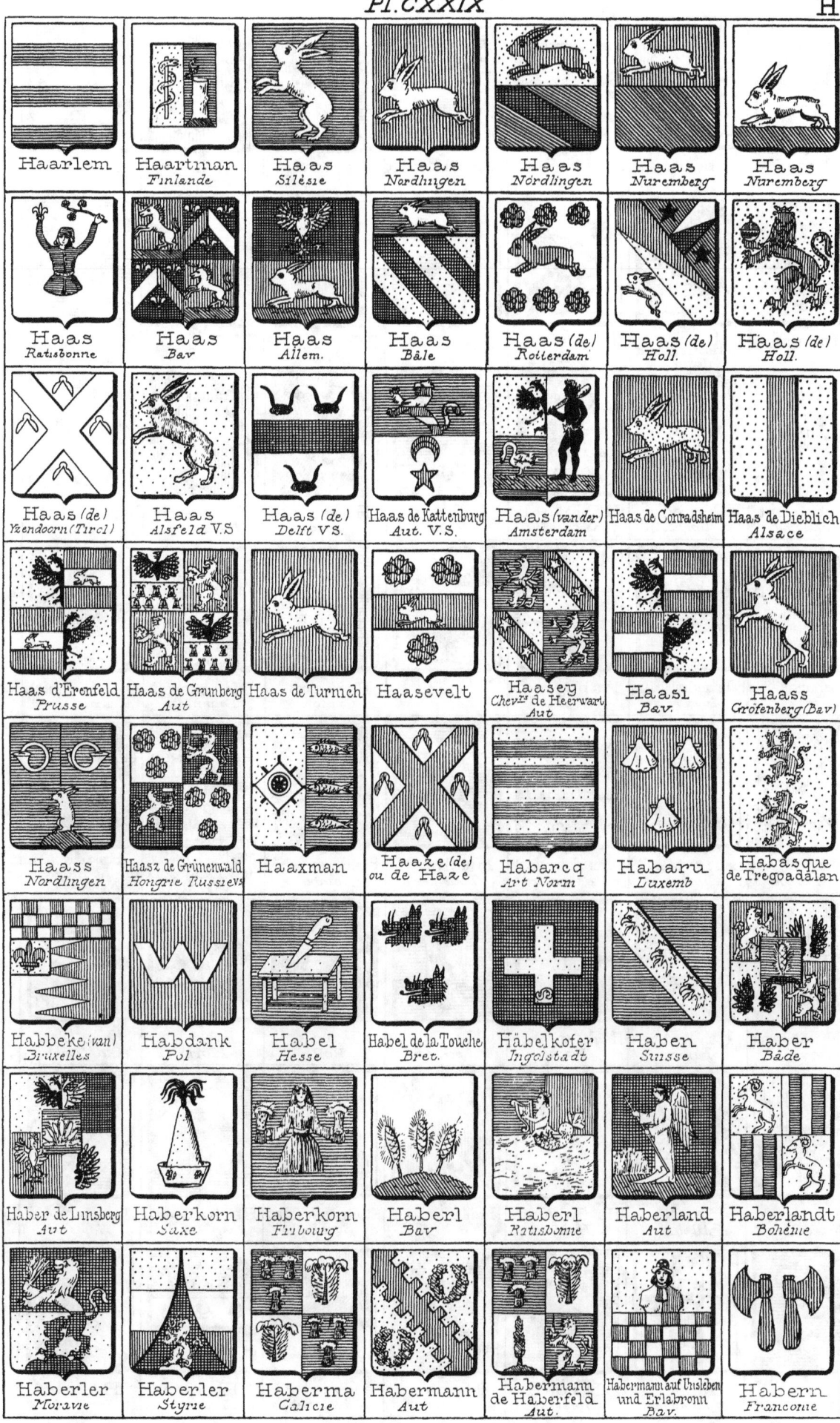

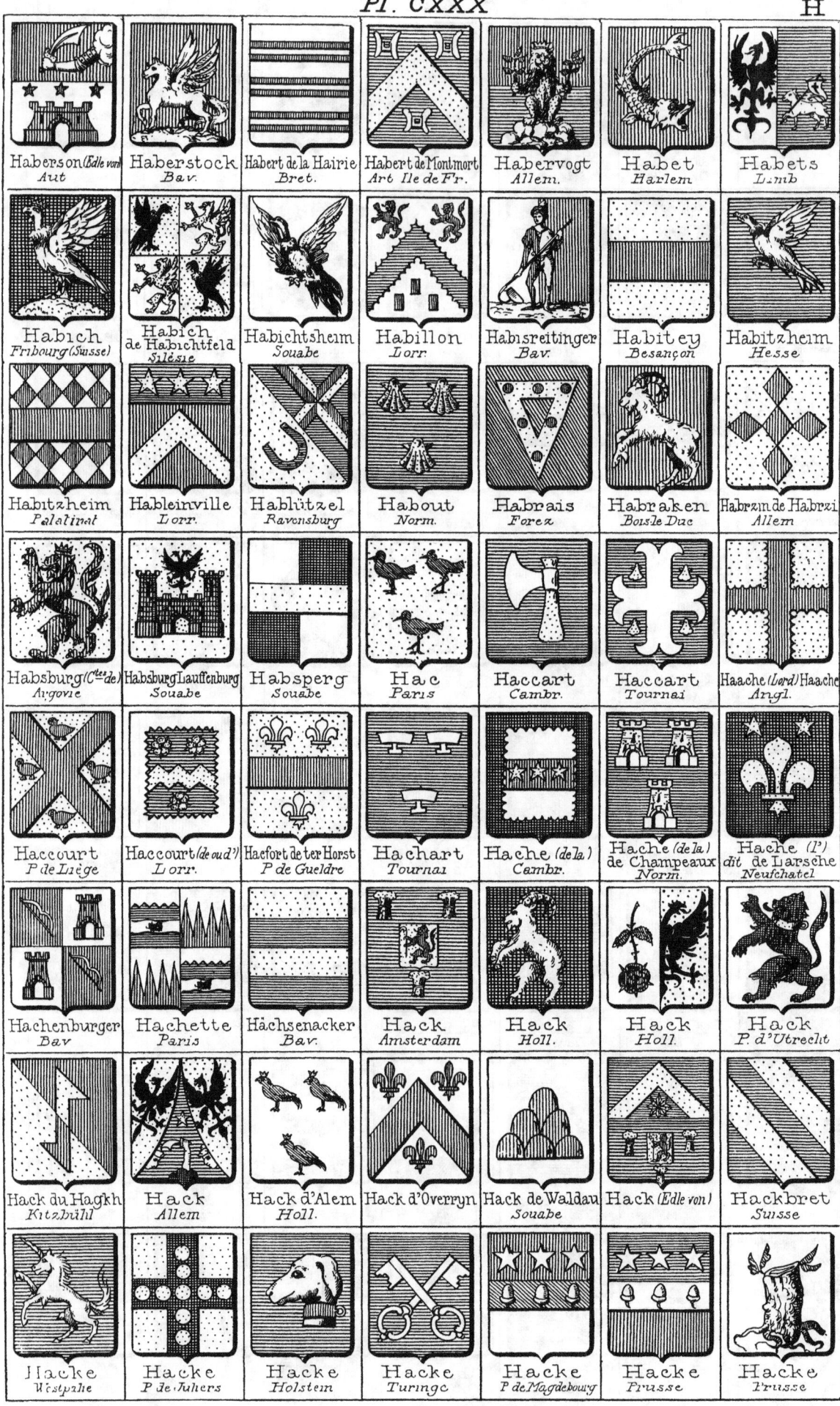

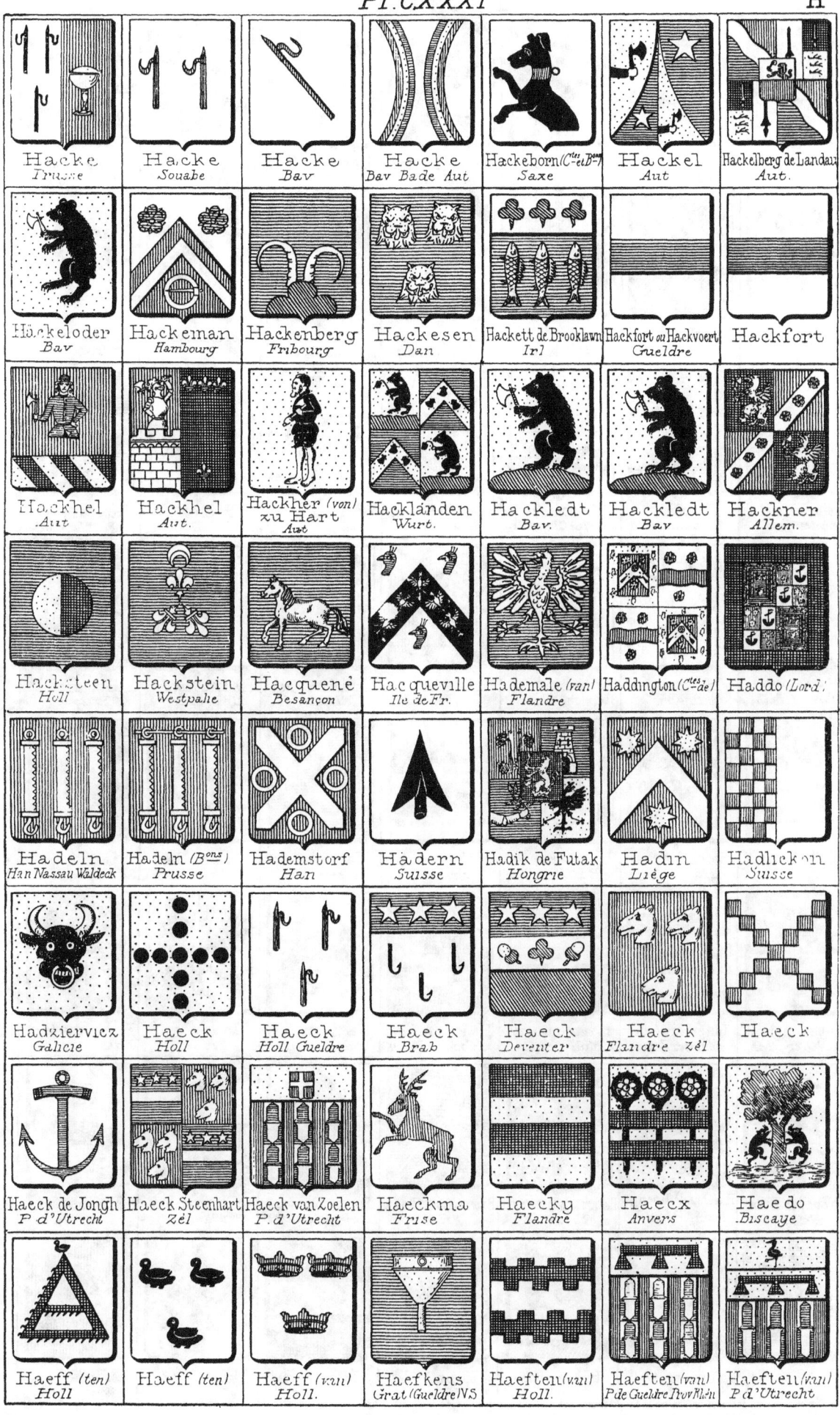

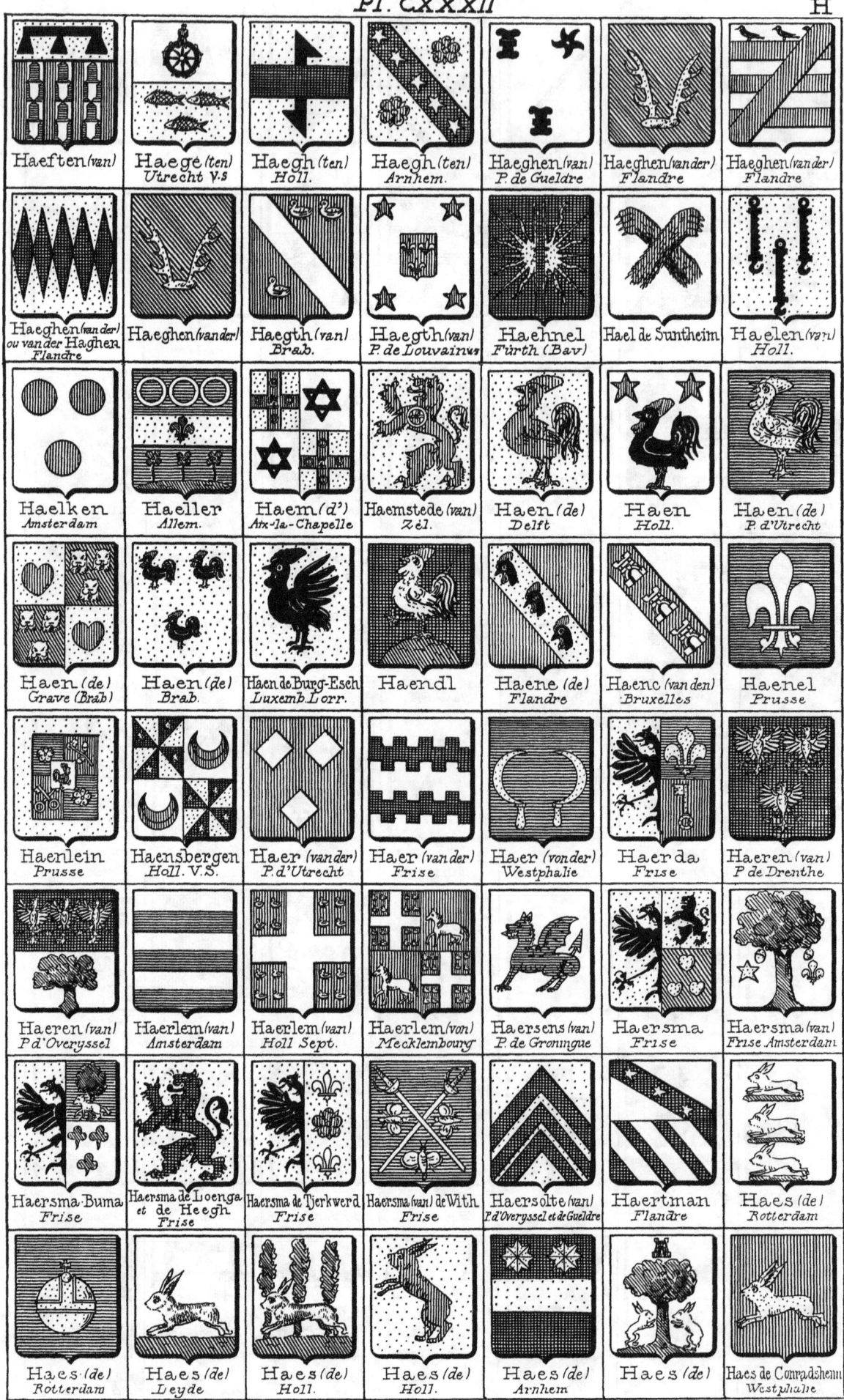

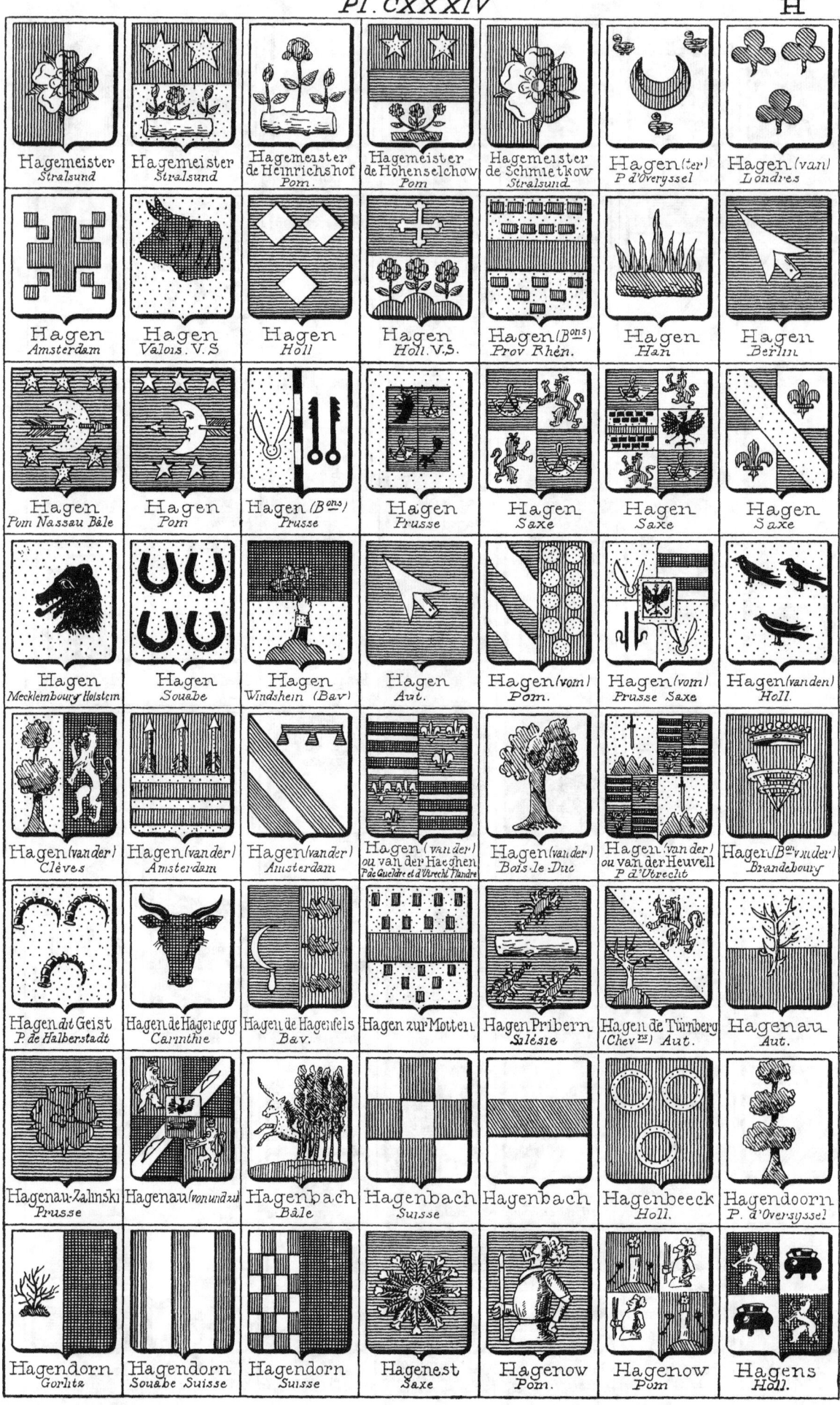

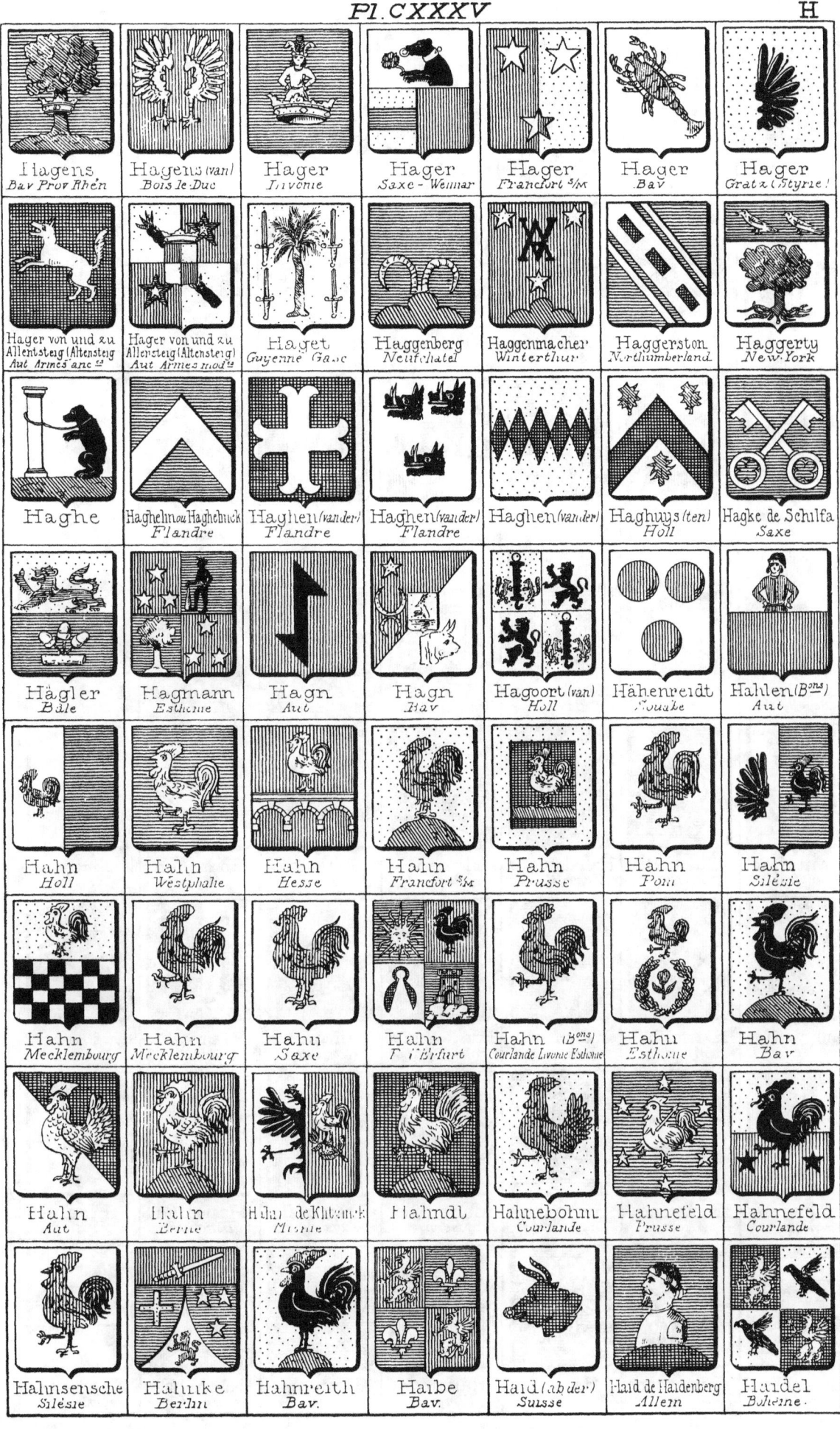

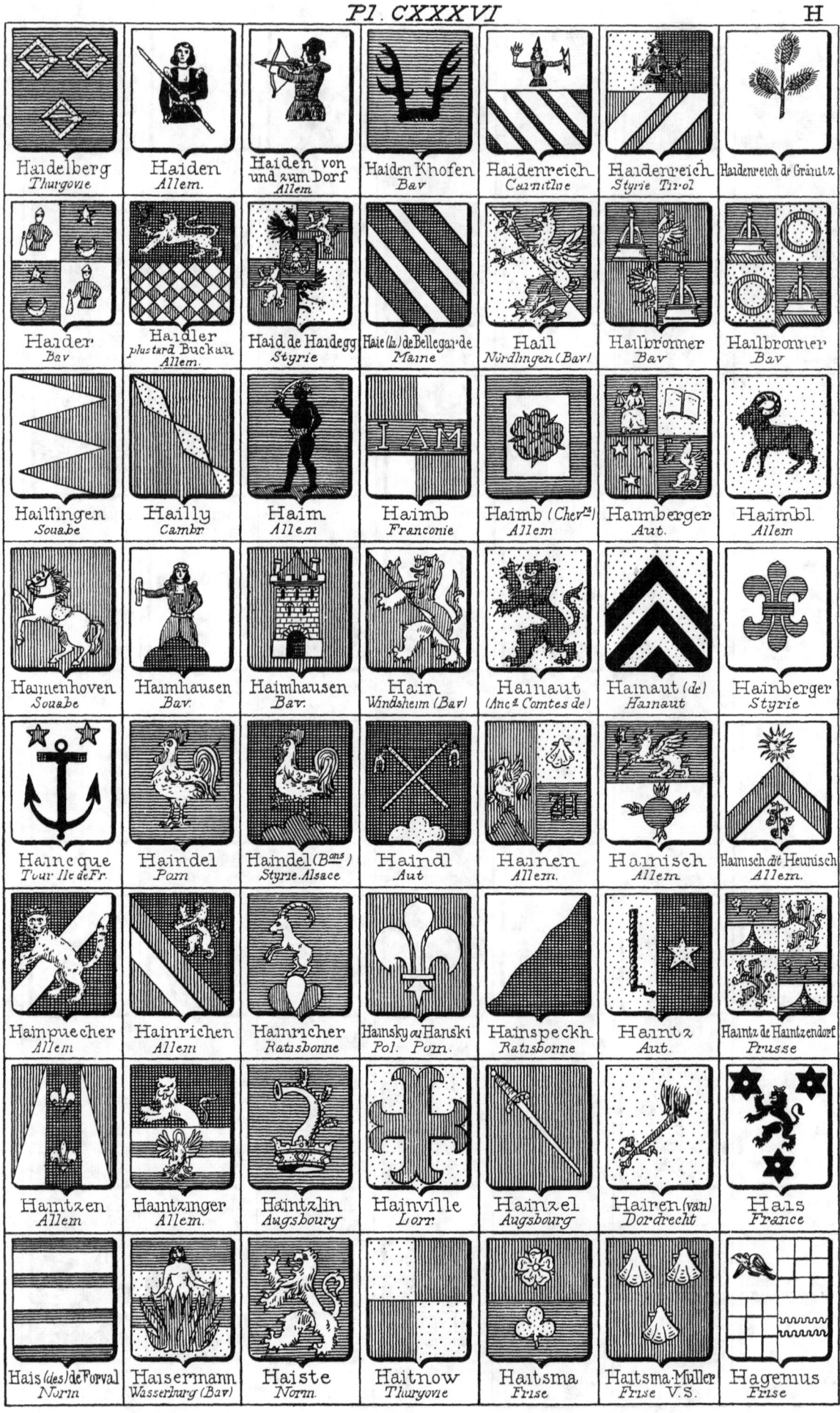

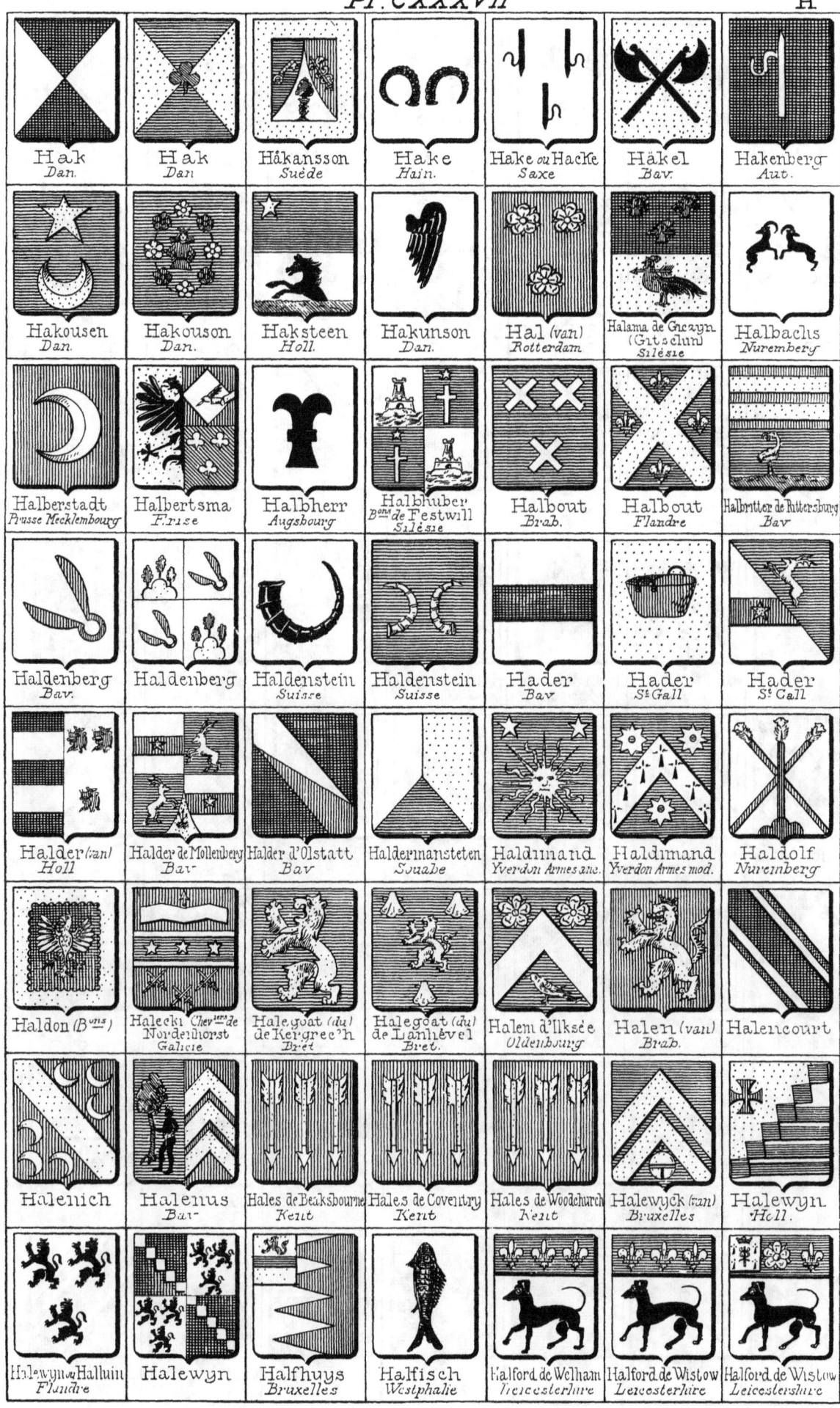

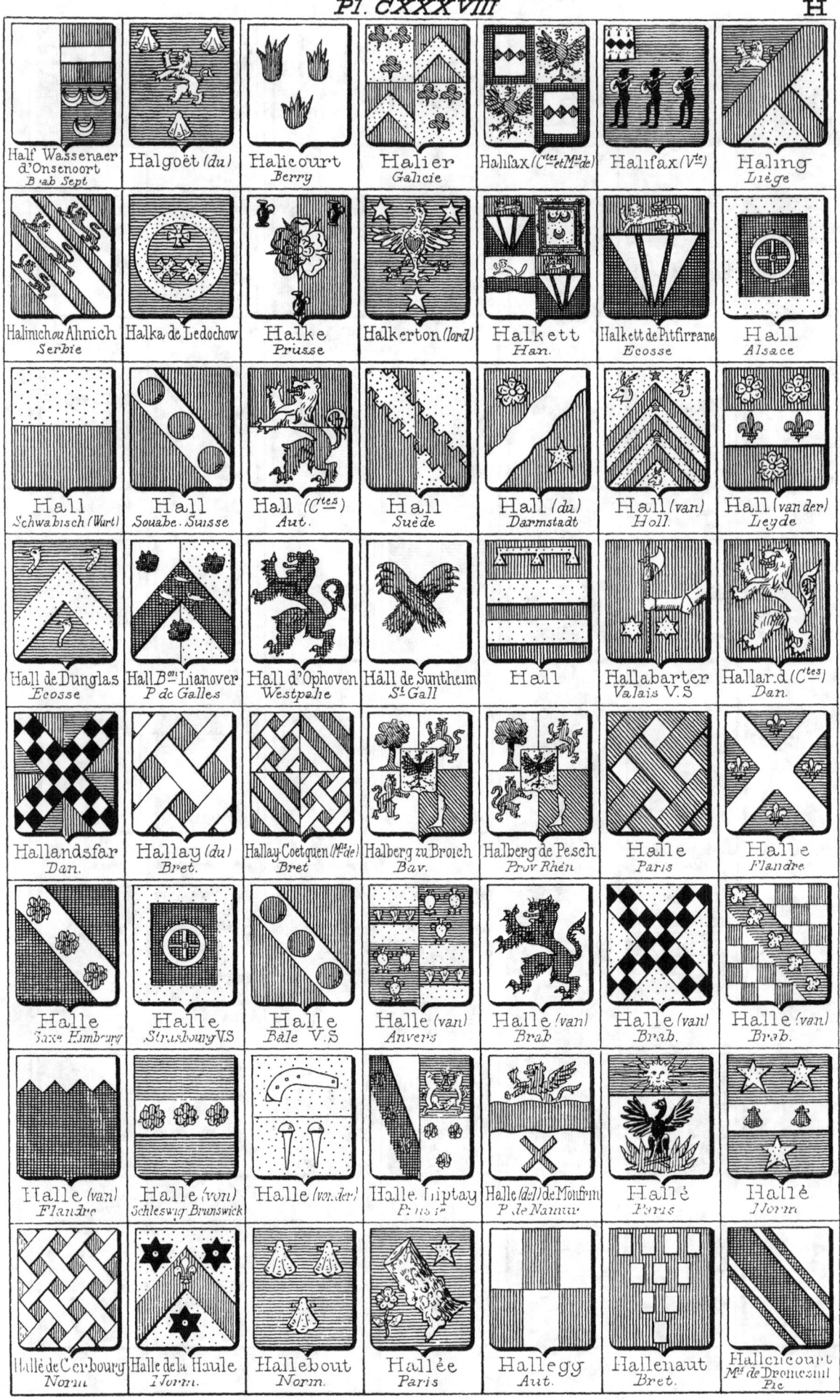

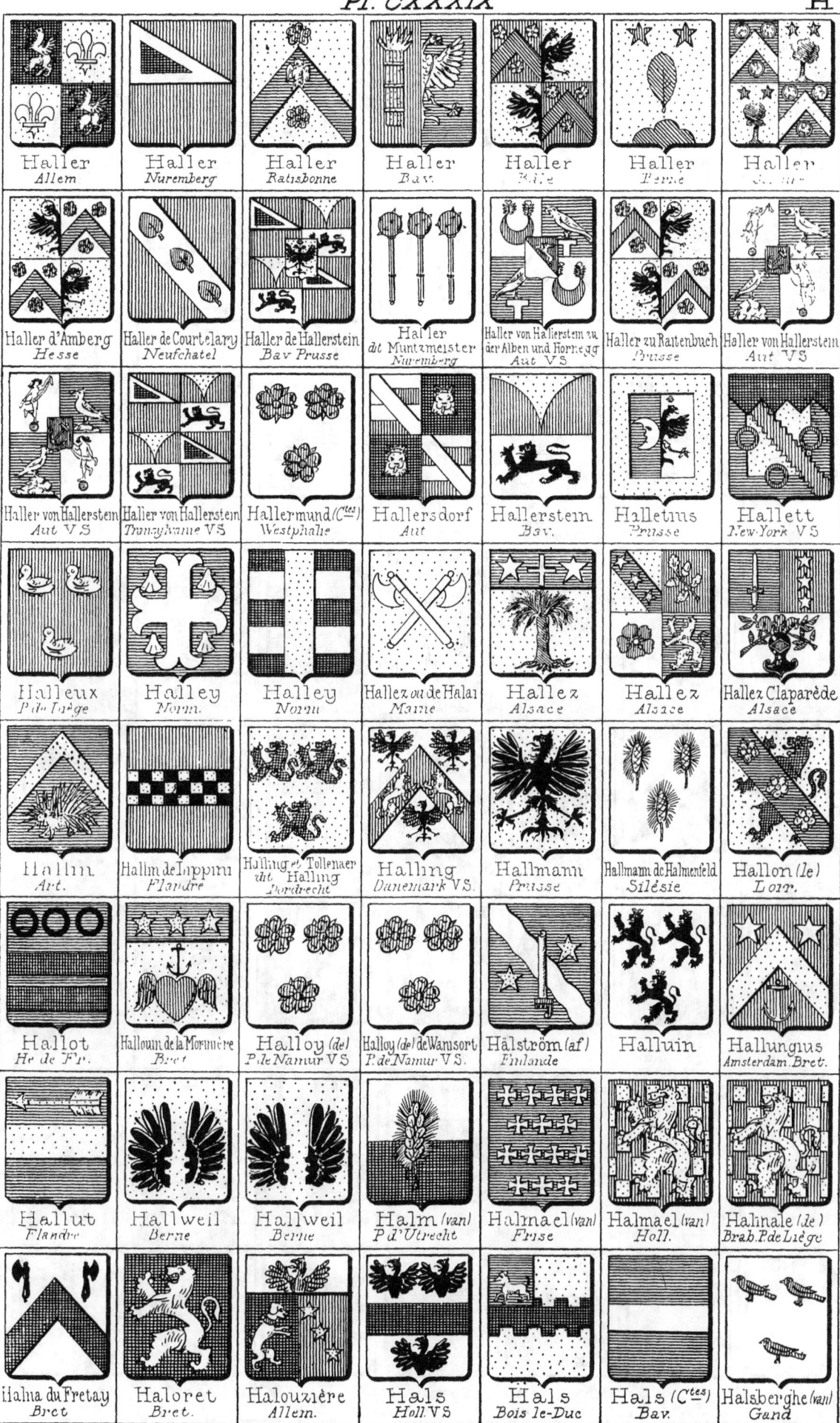

Pl. CXL H

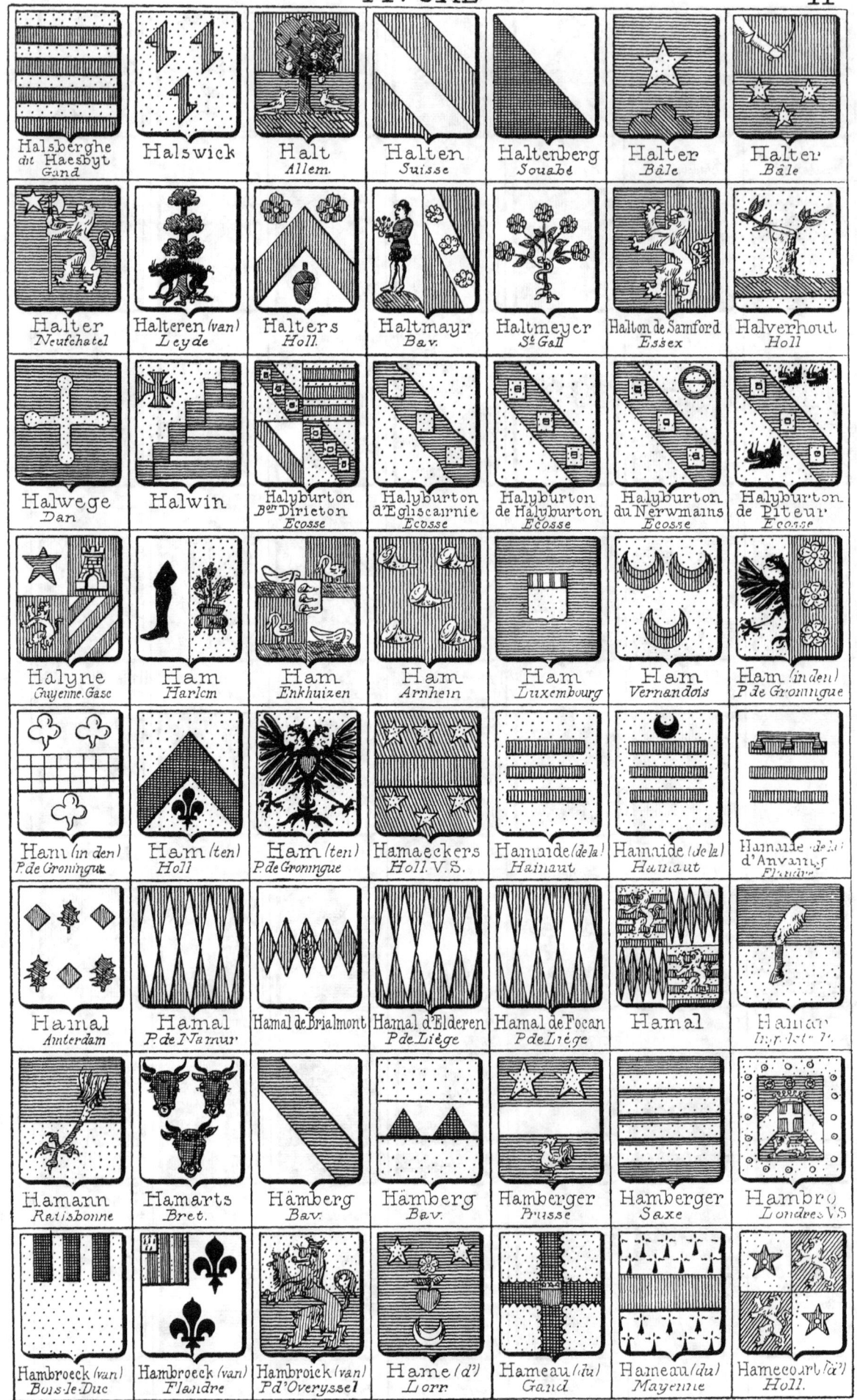

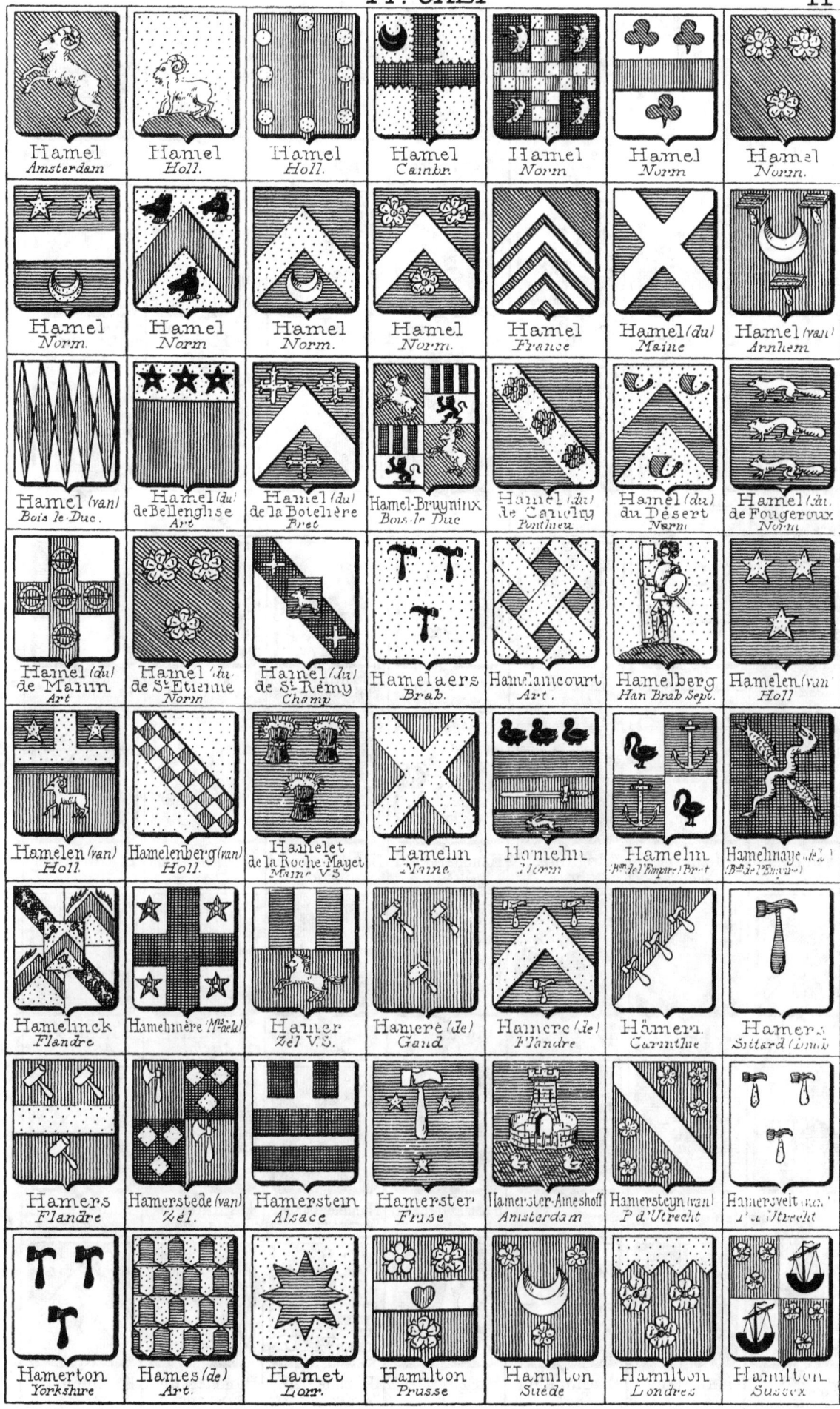

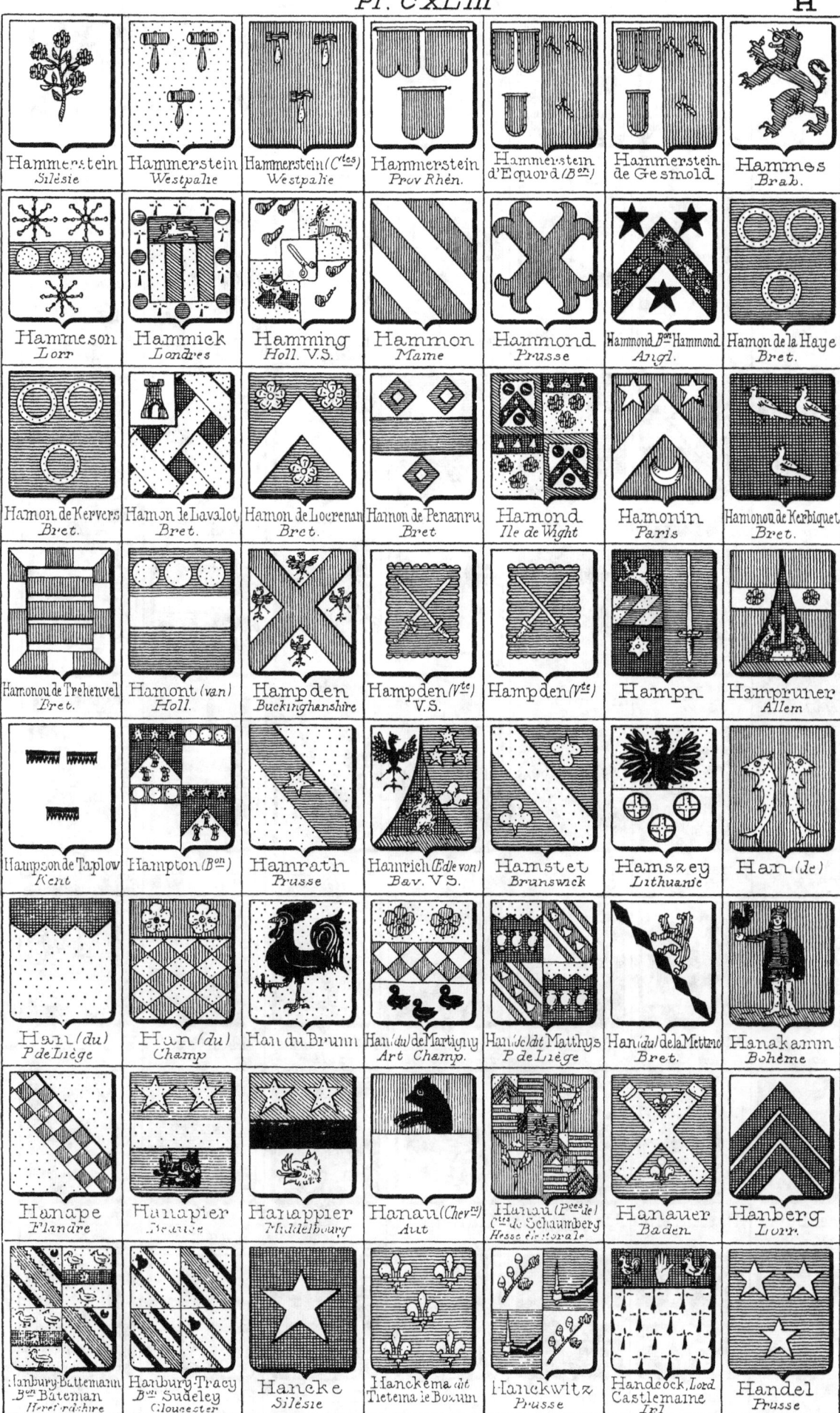

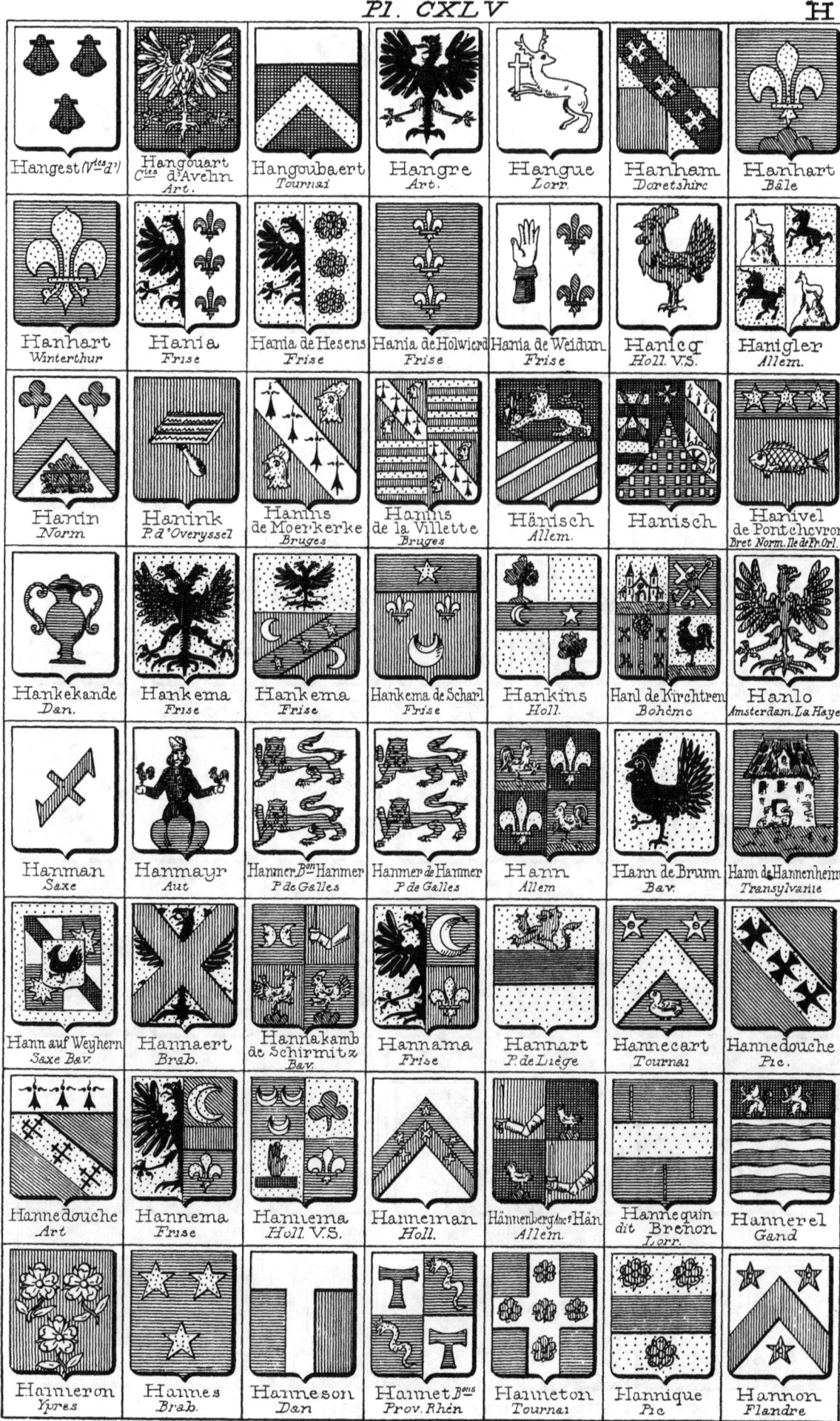

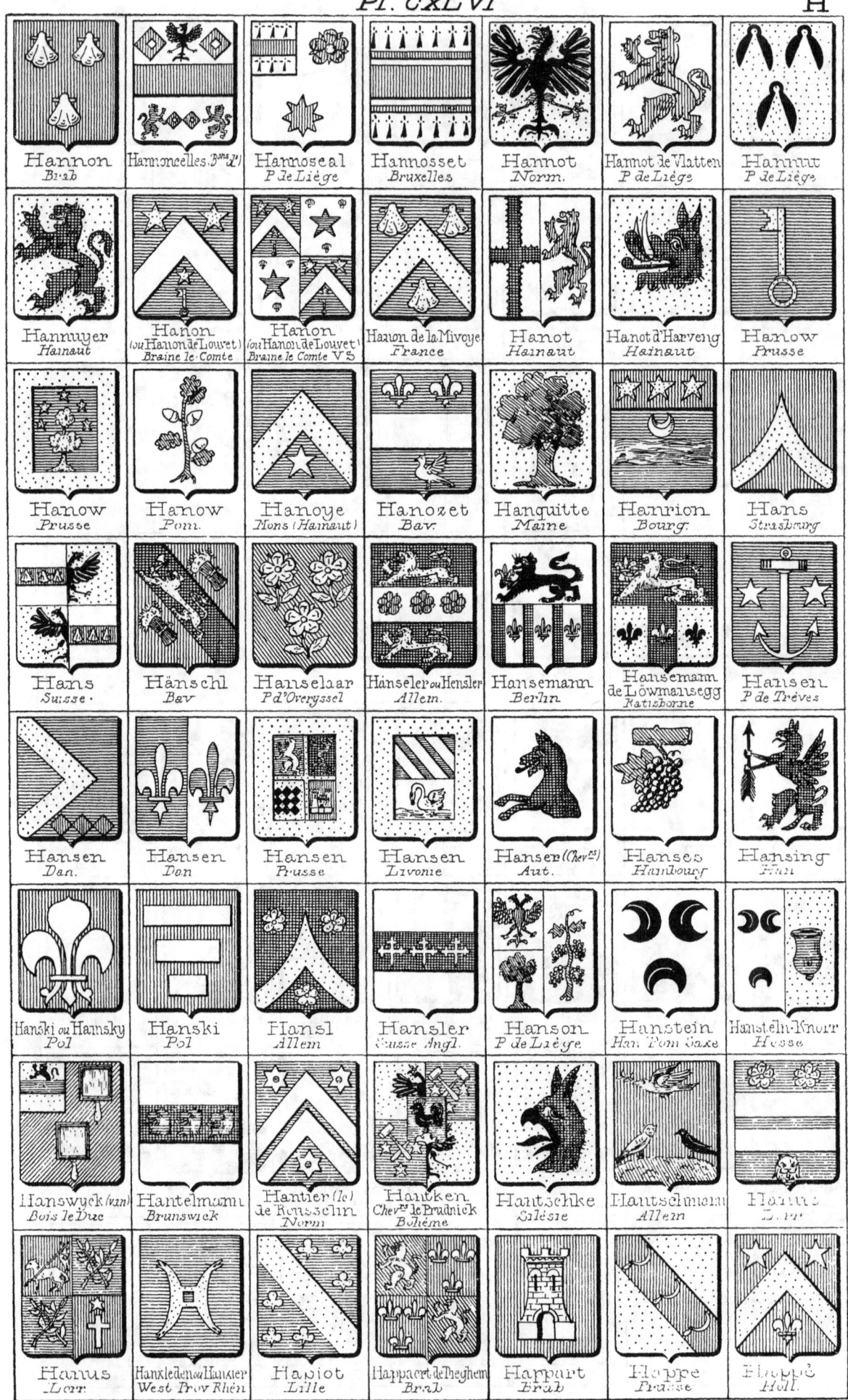

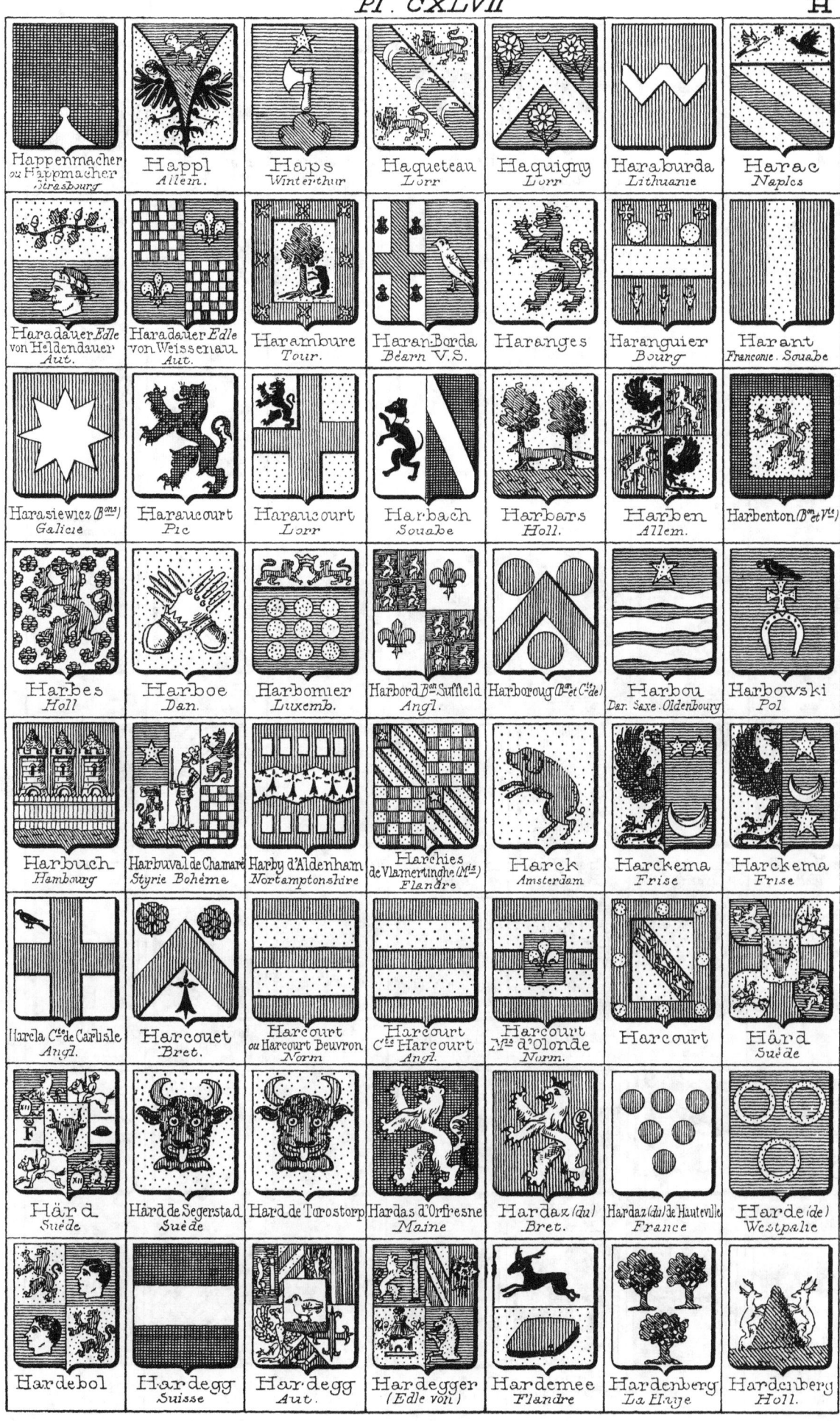

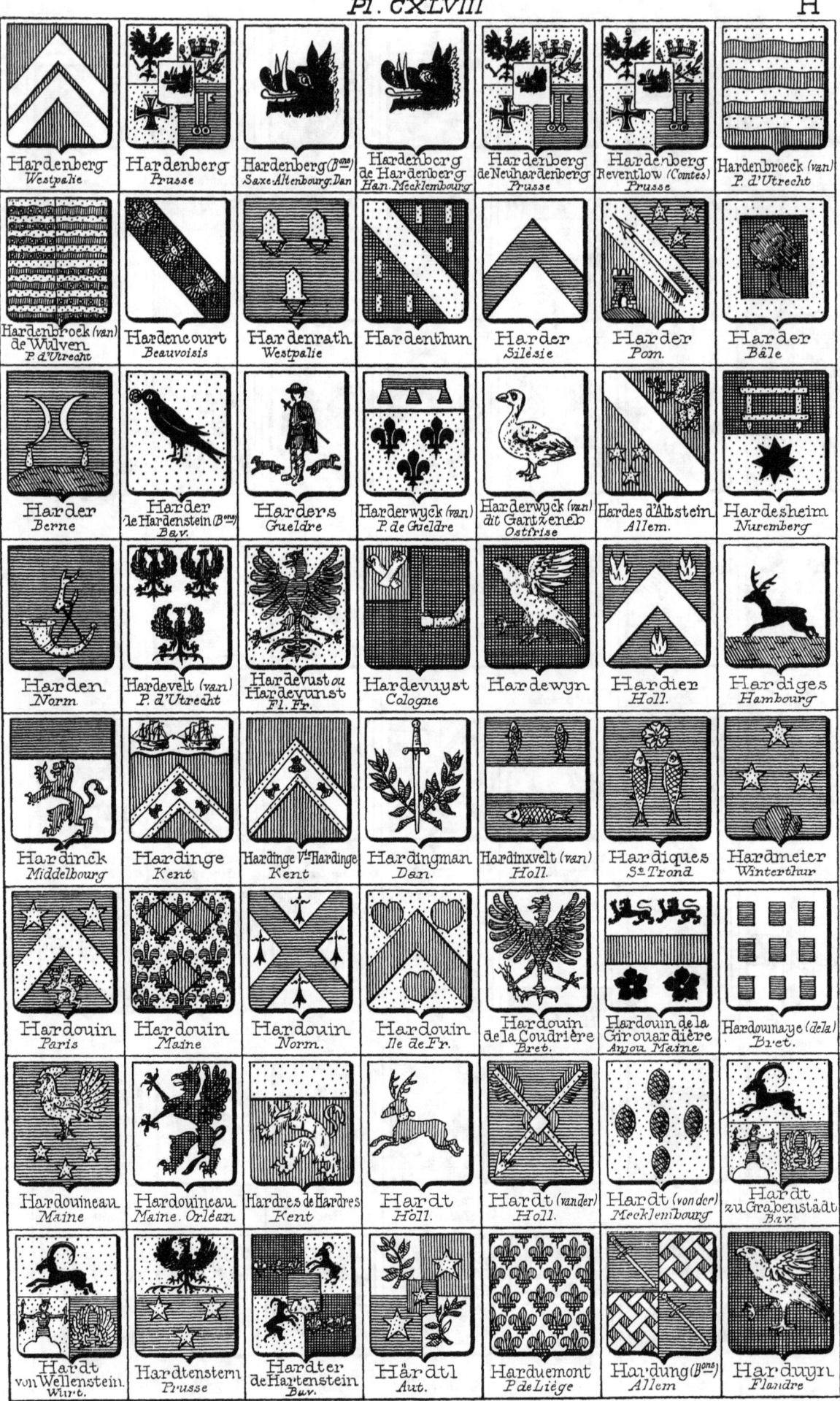

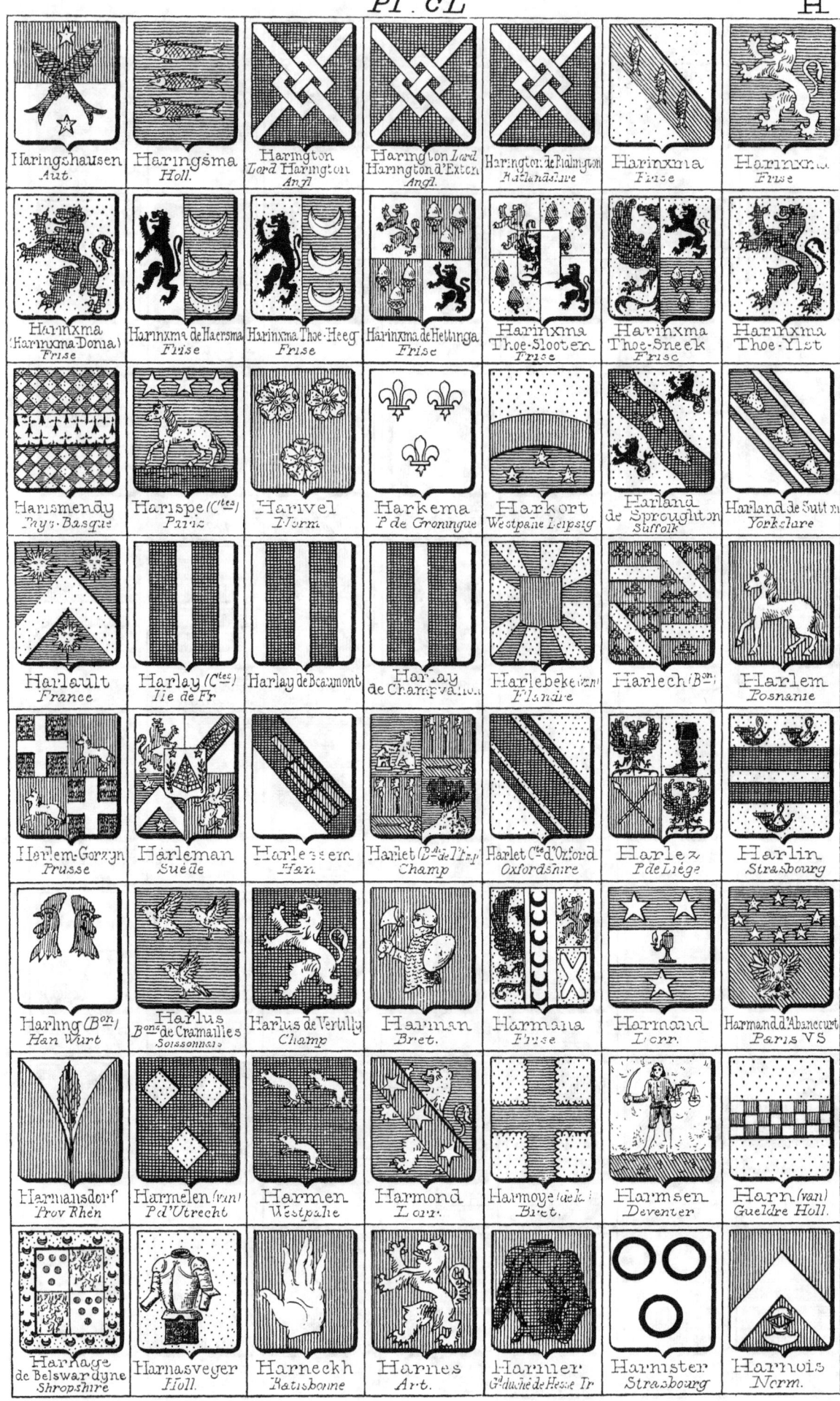

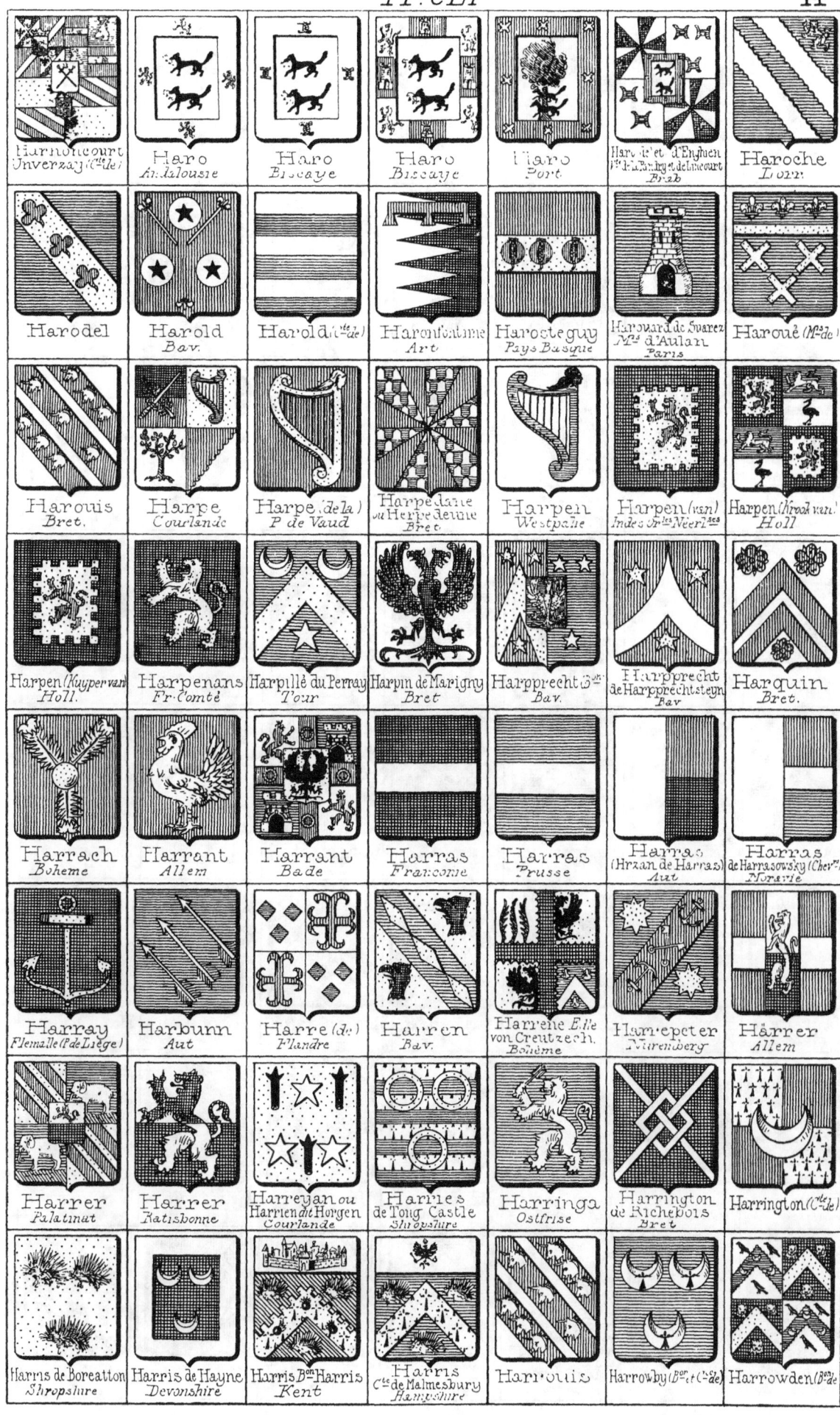

Pl. CLIII H

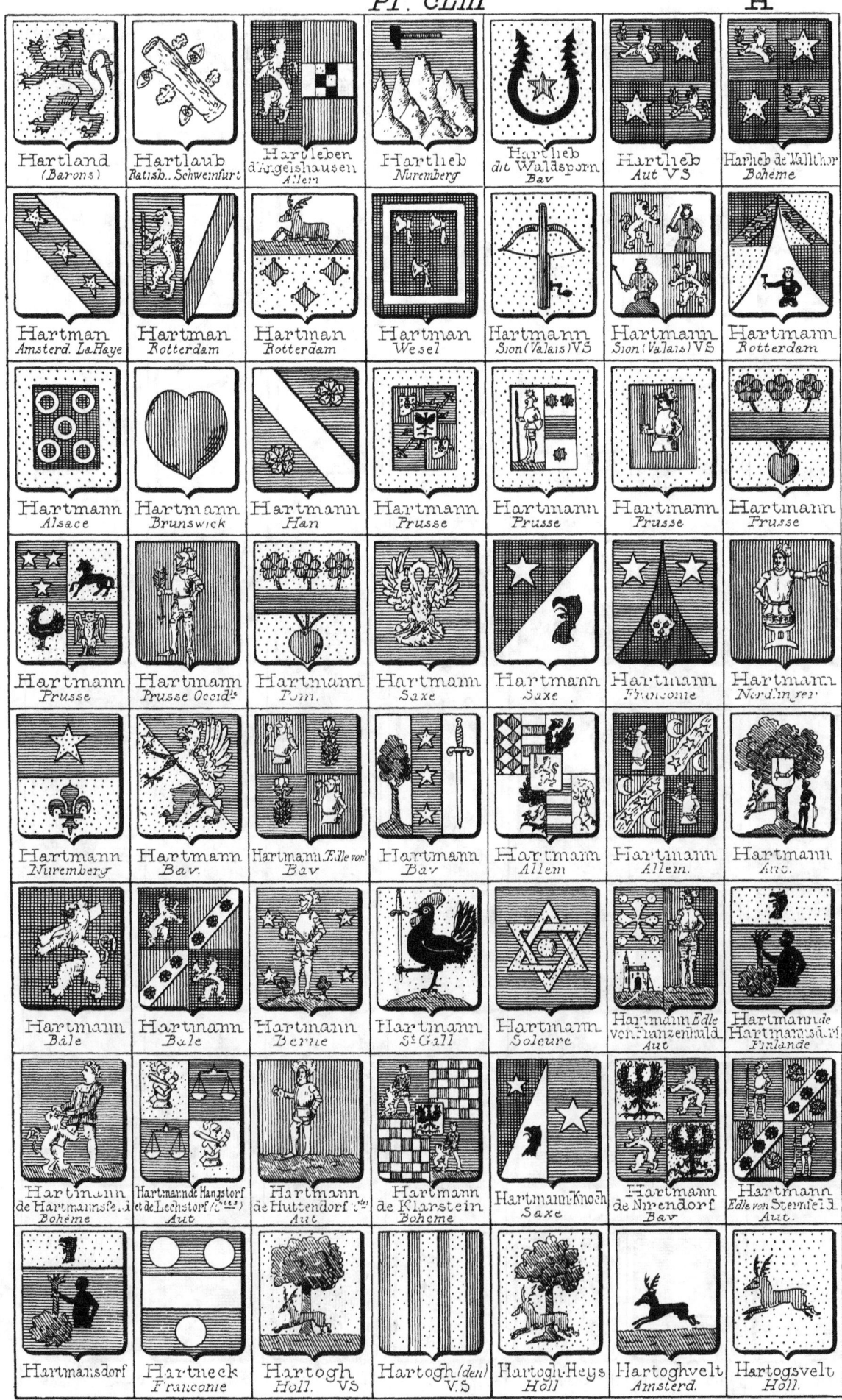

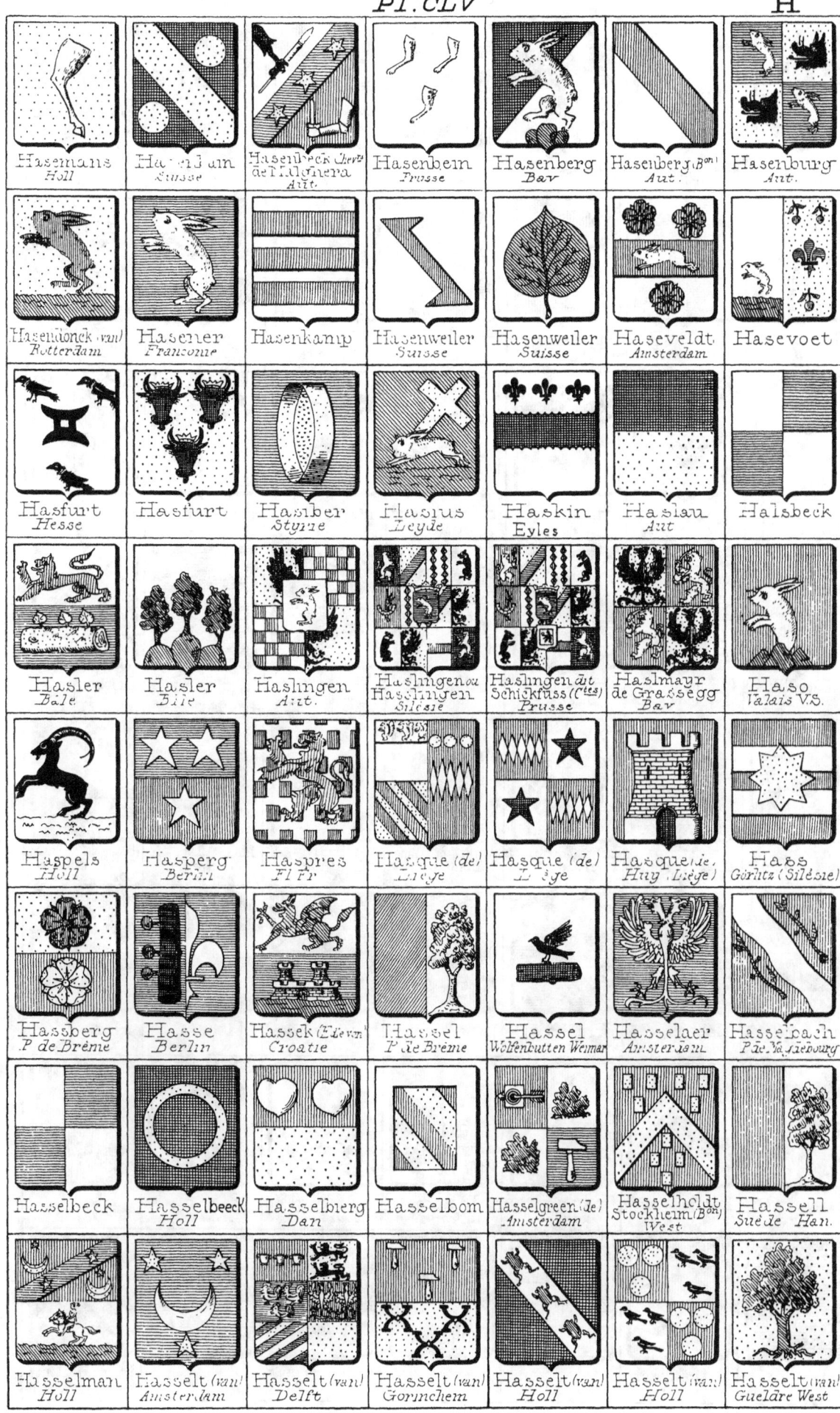

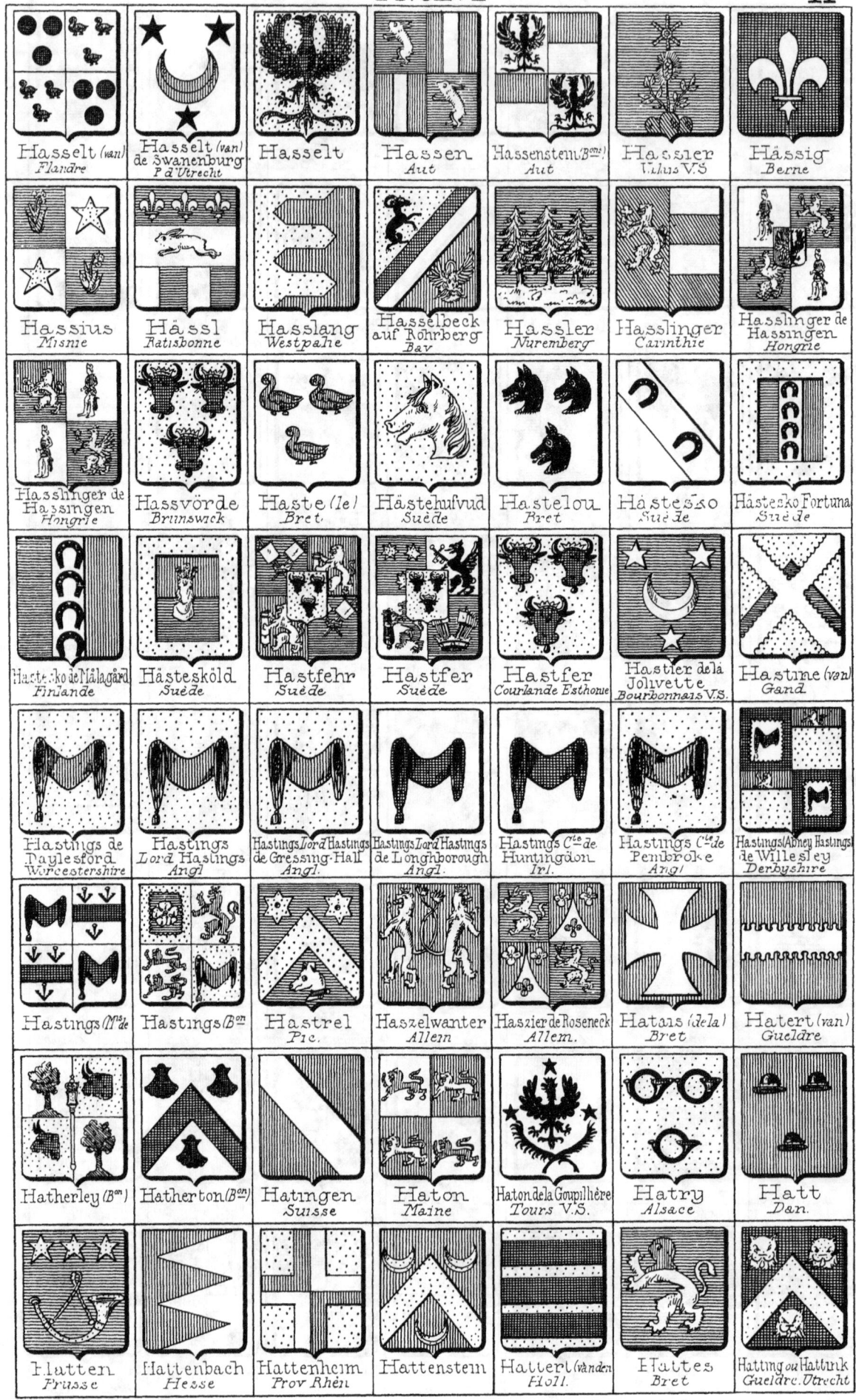

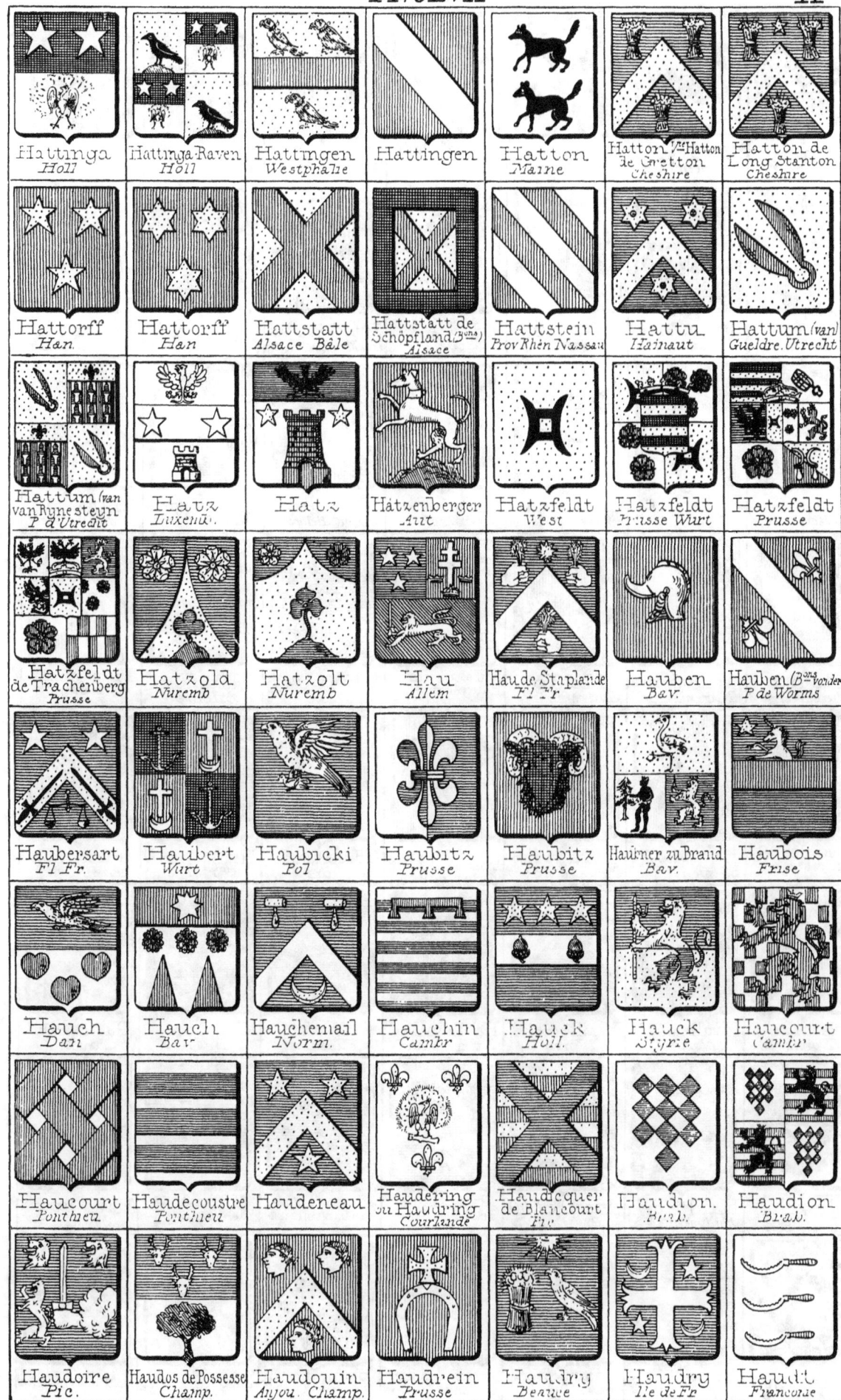

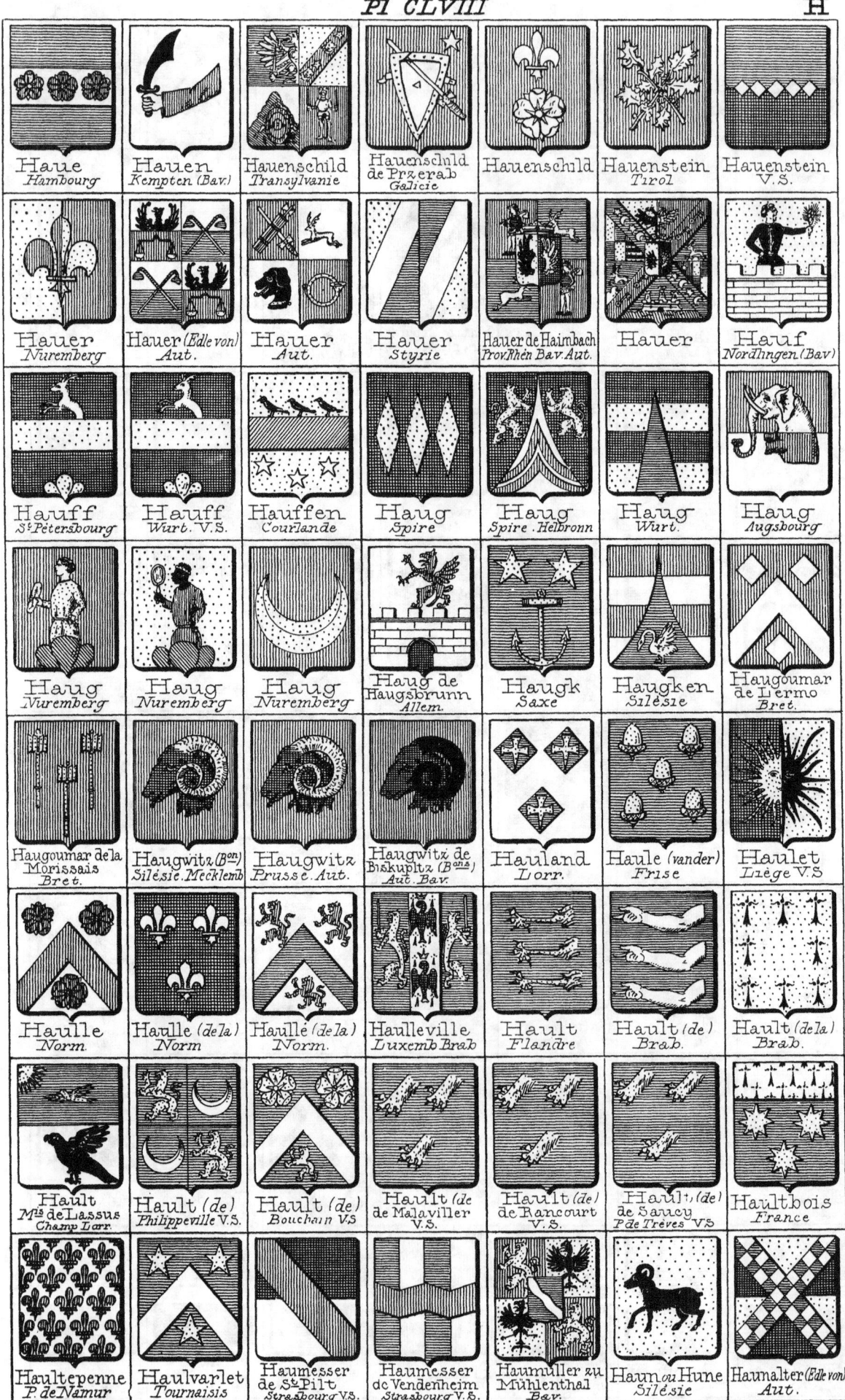

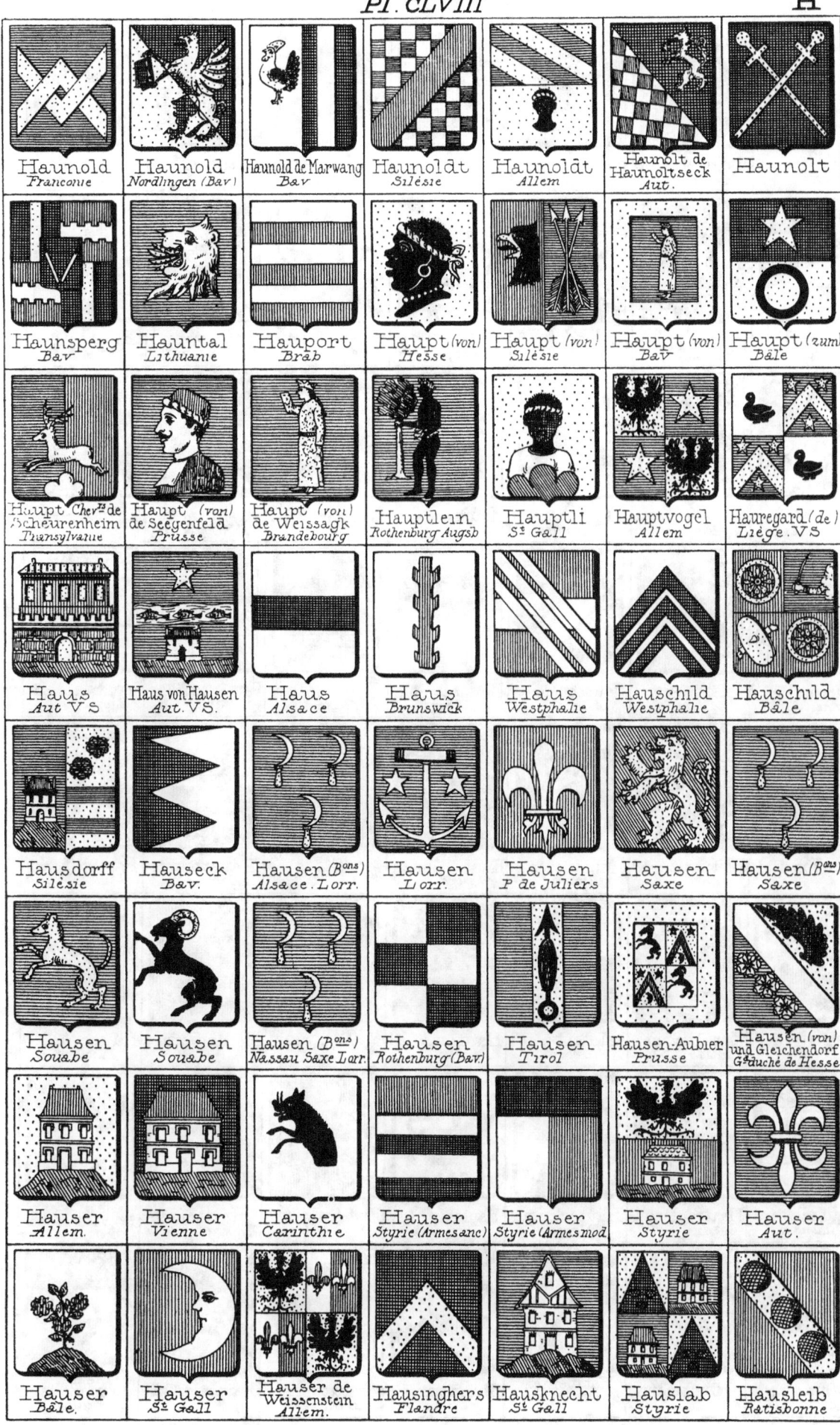

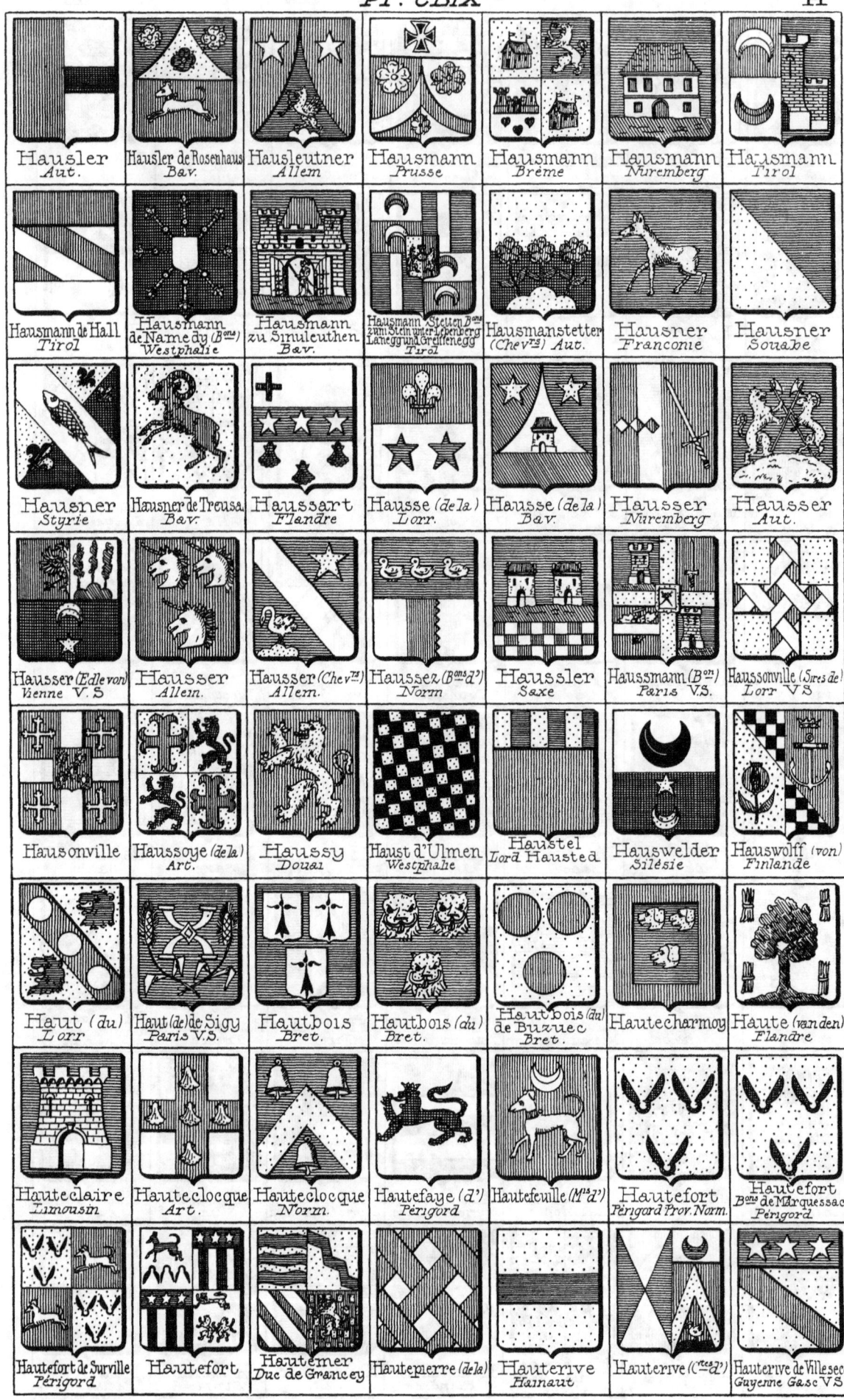

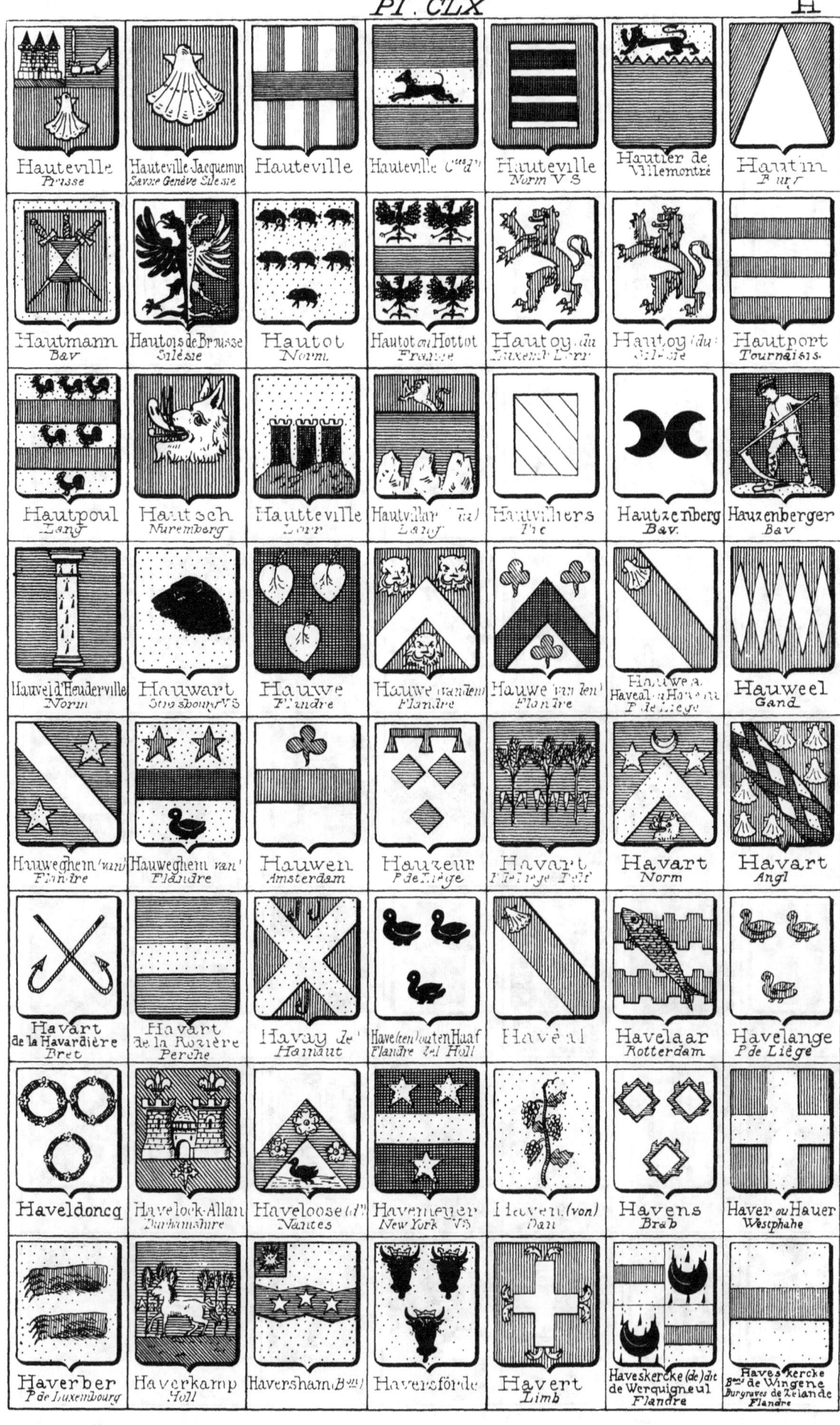

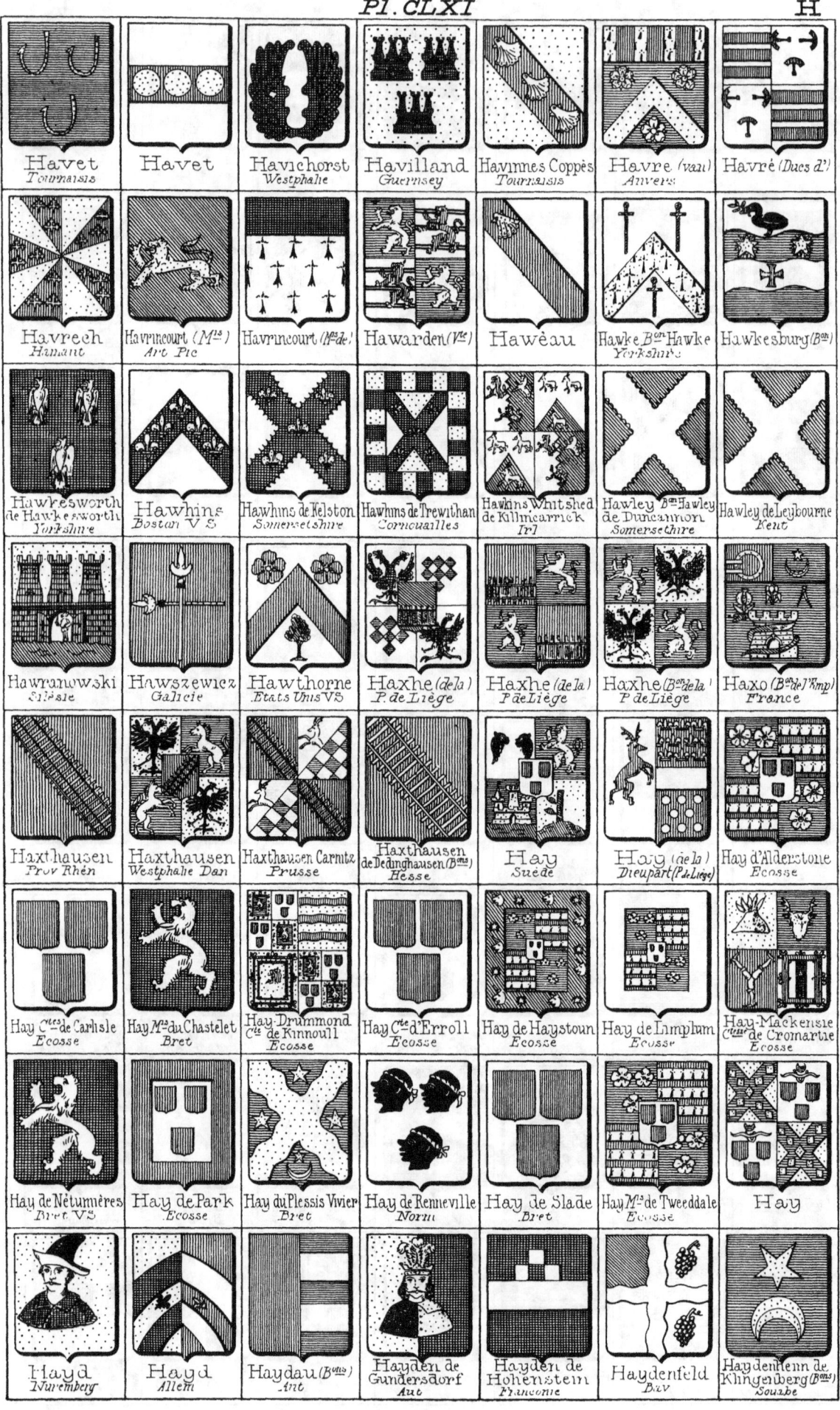

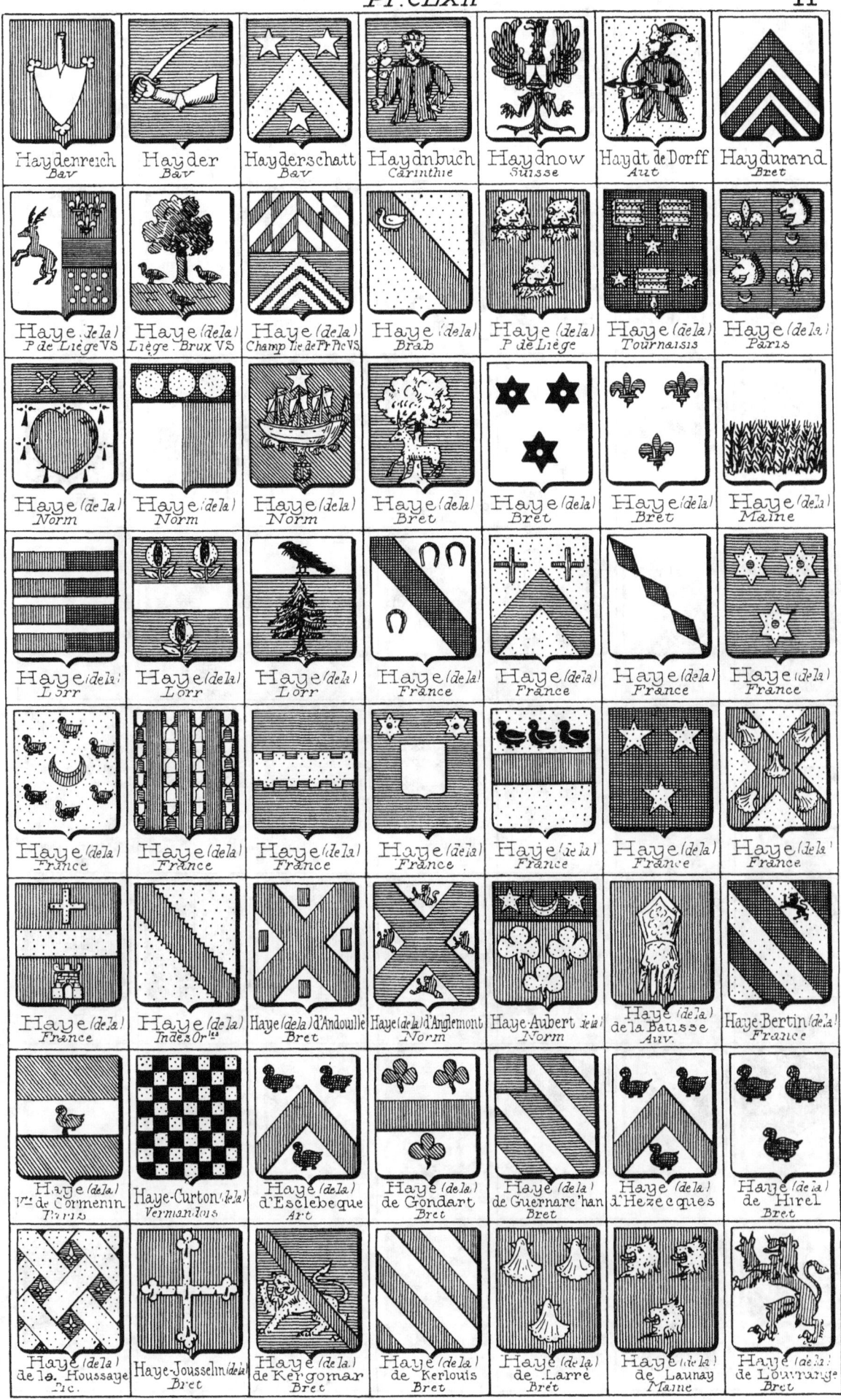

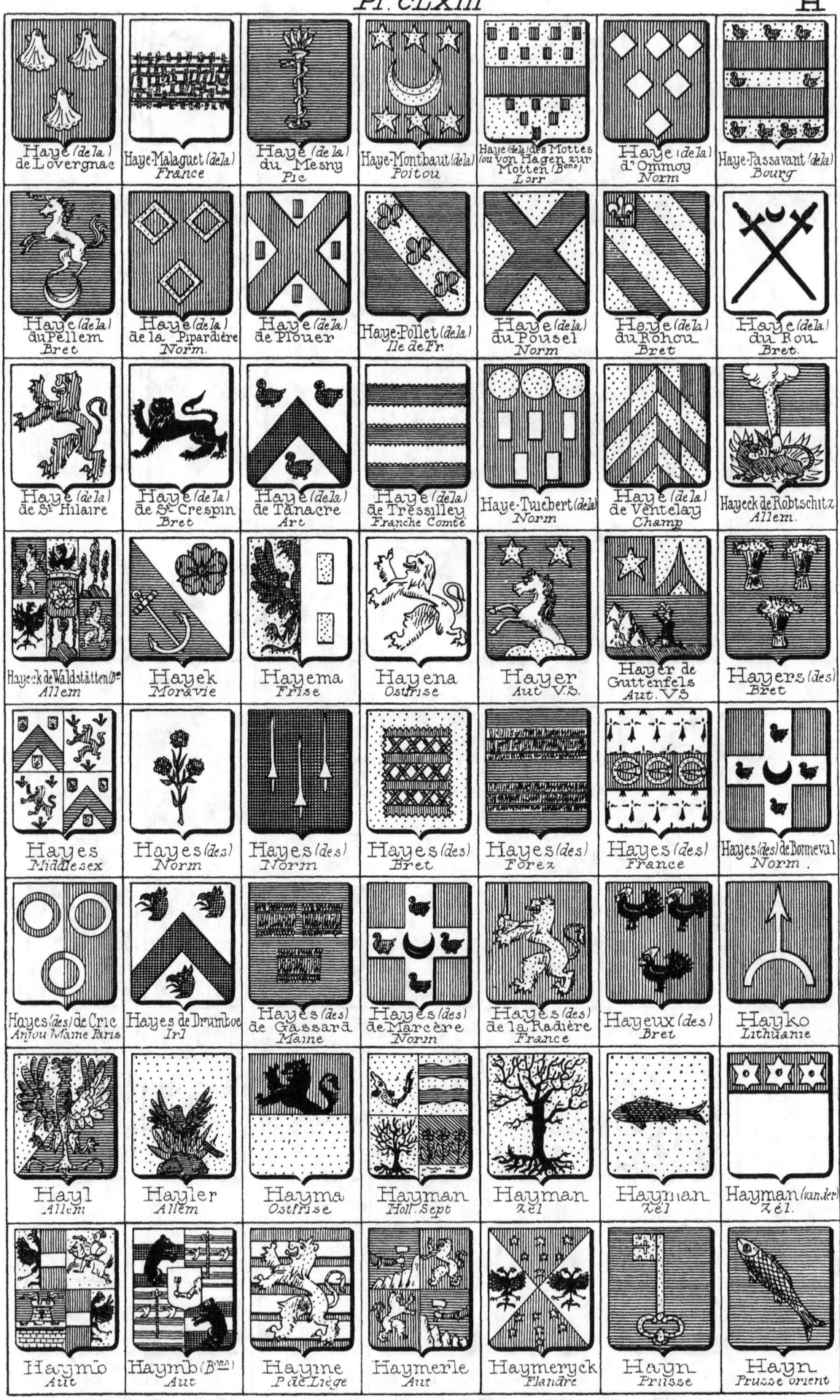

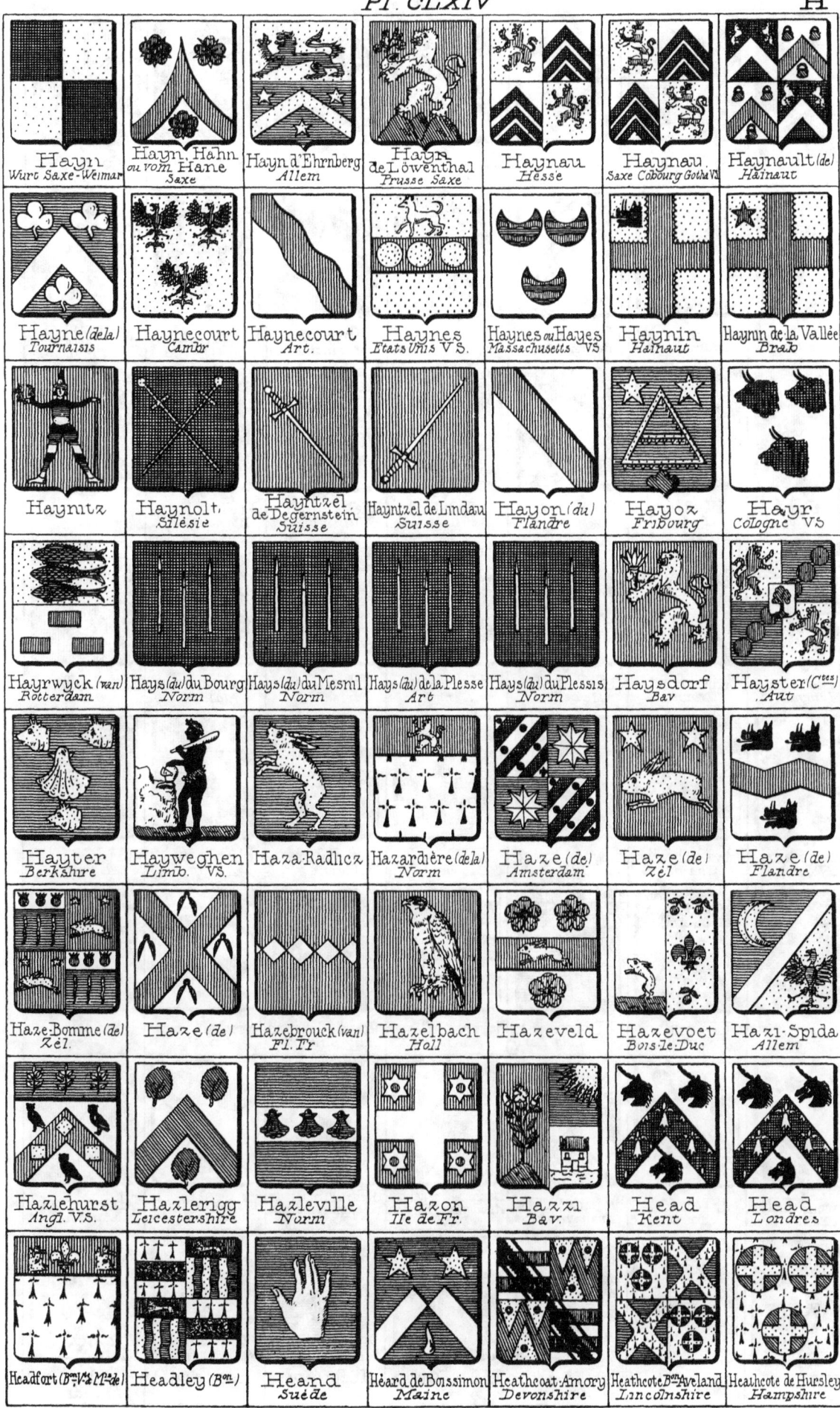

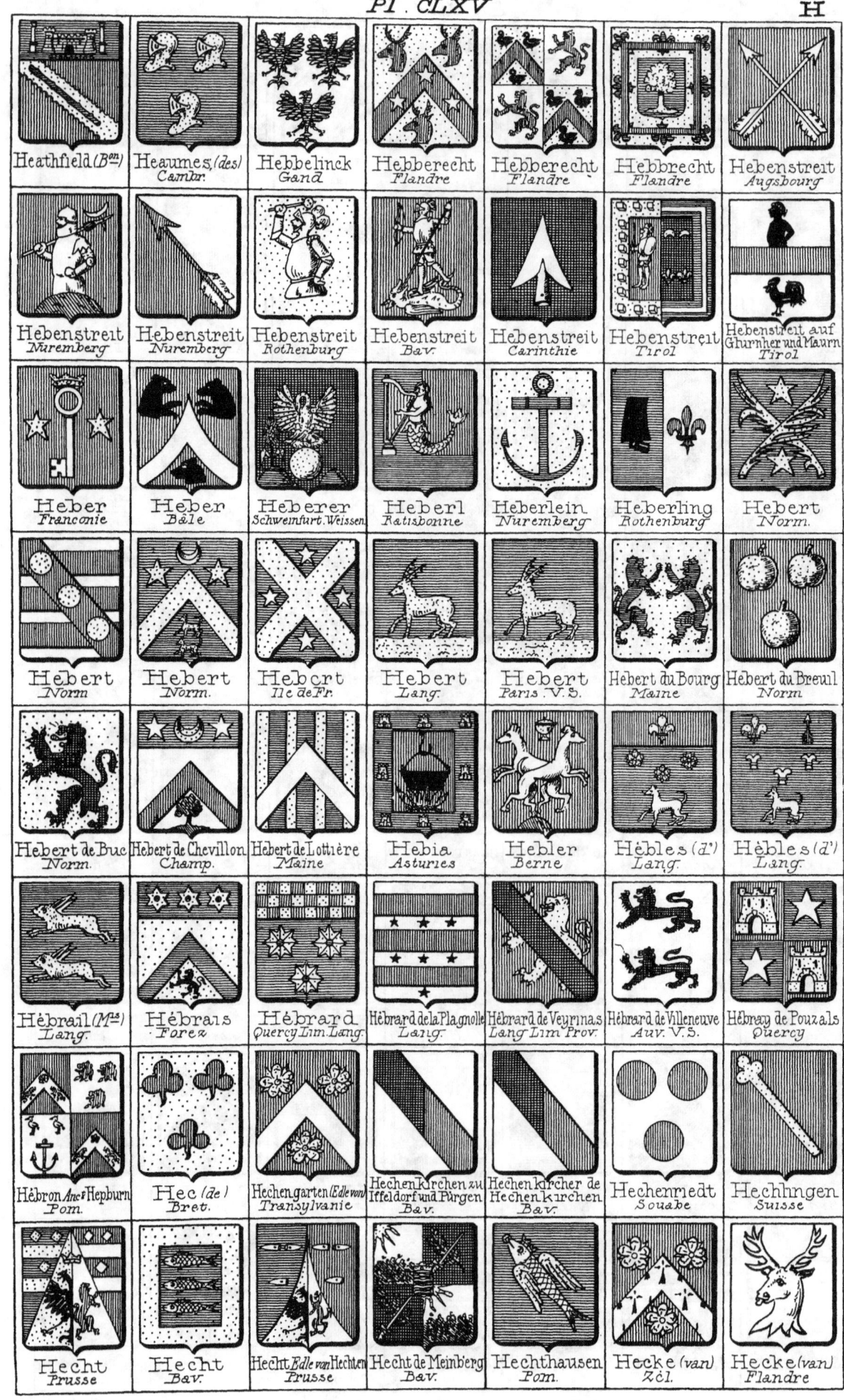

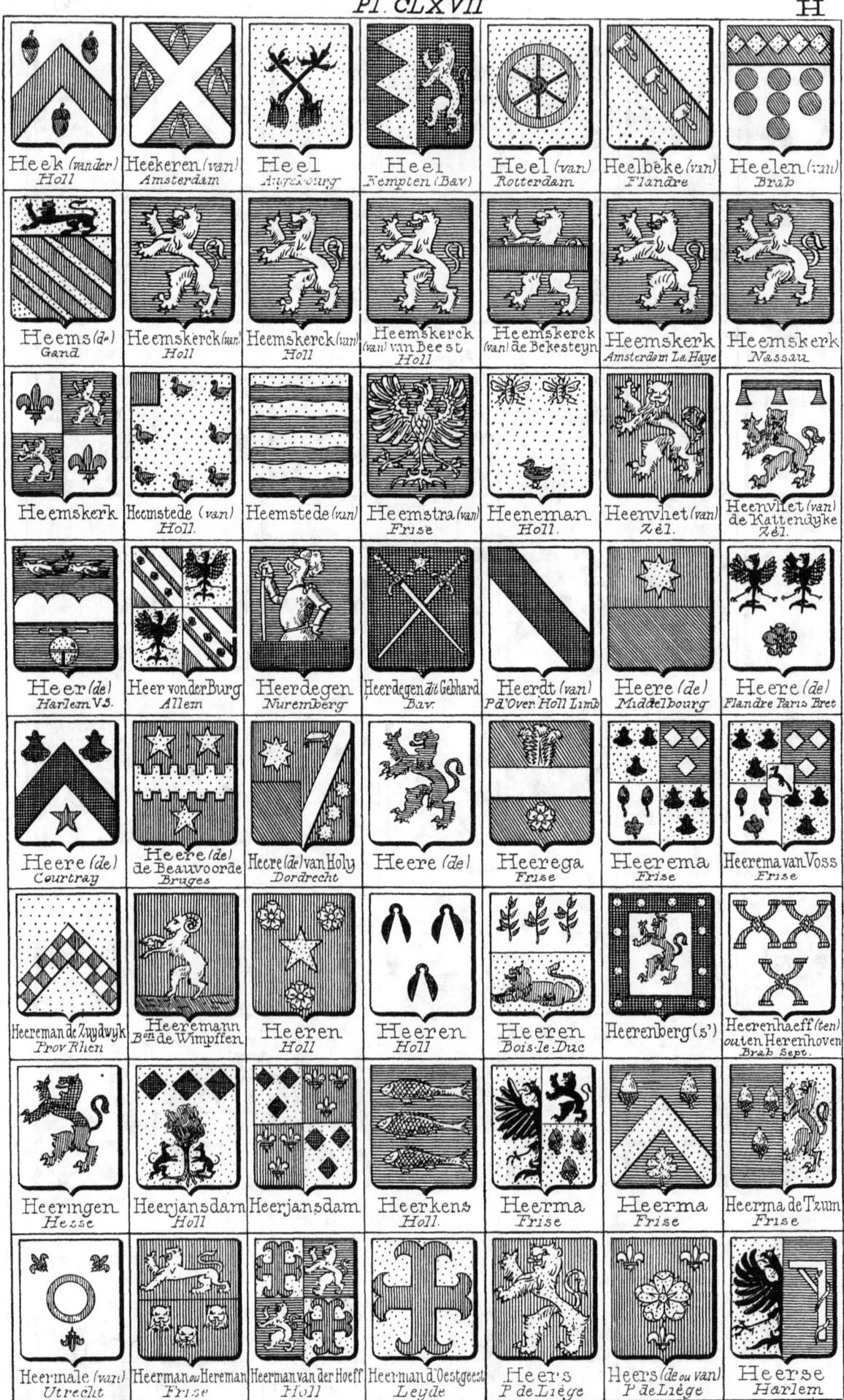

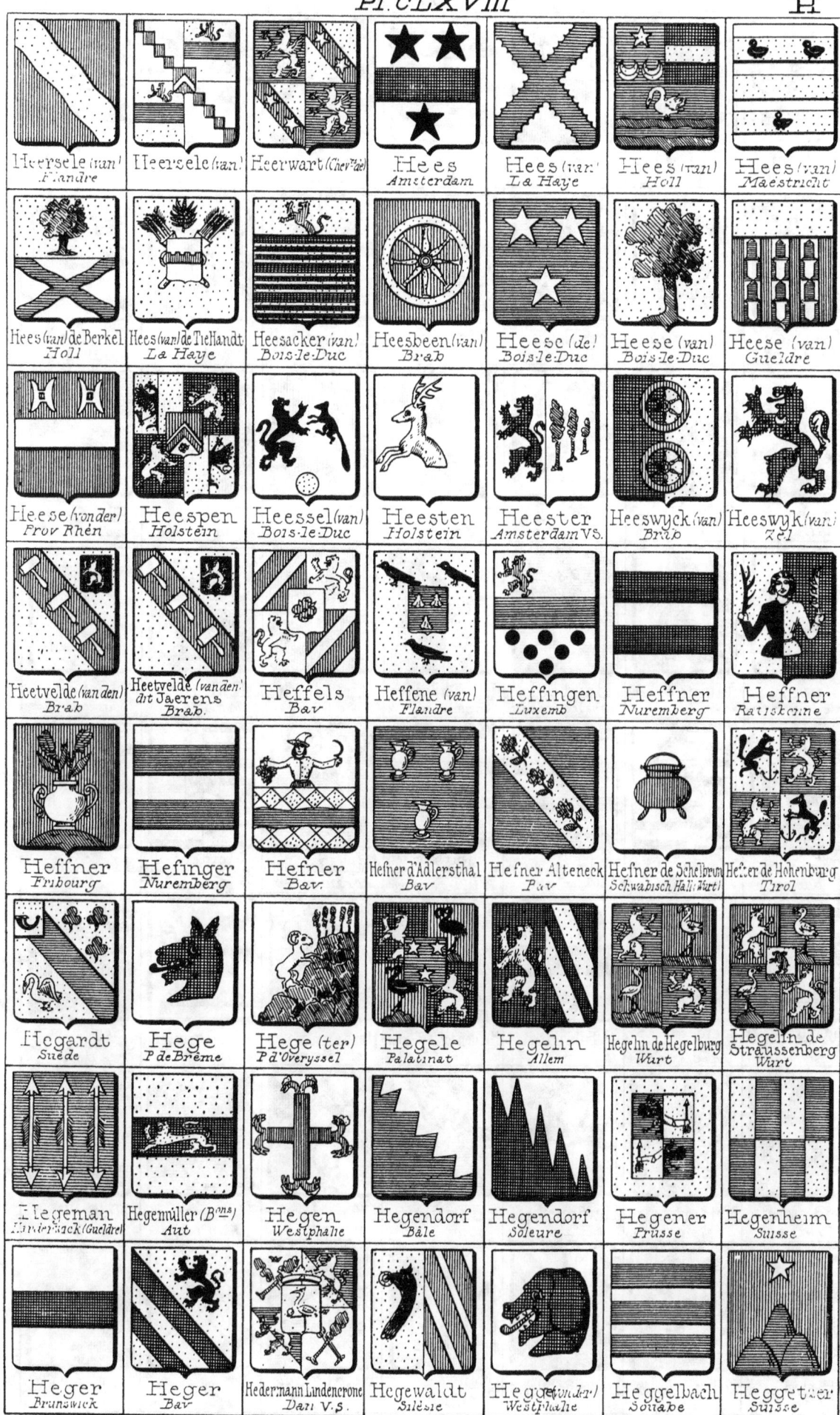

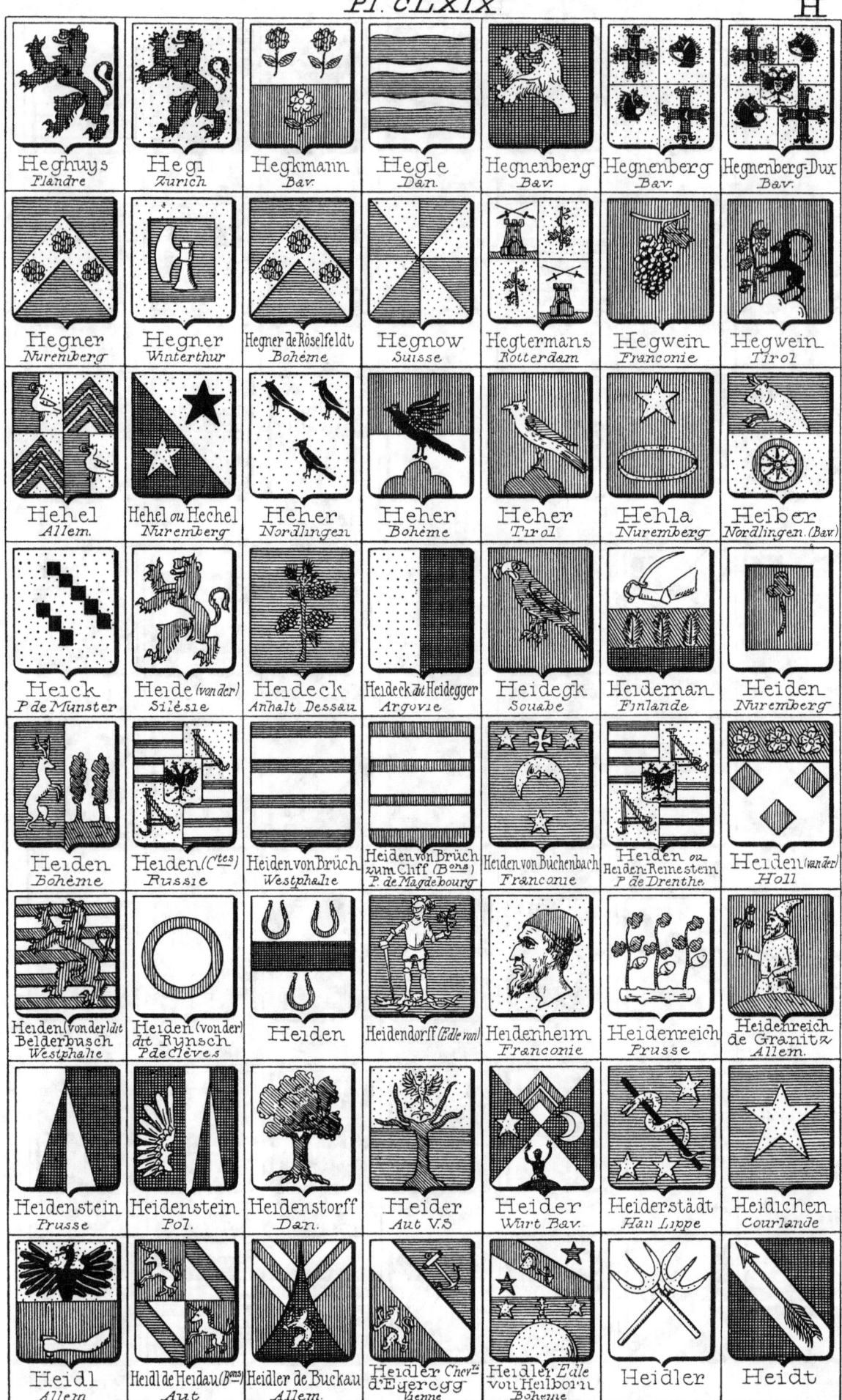

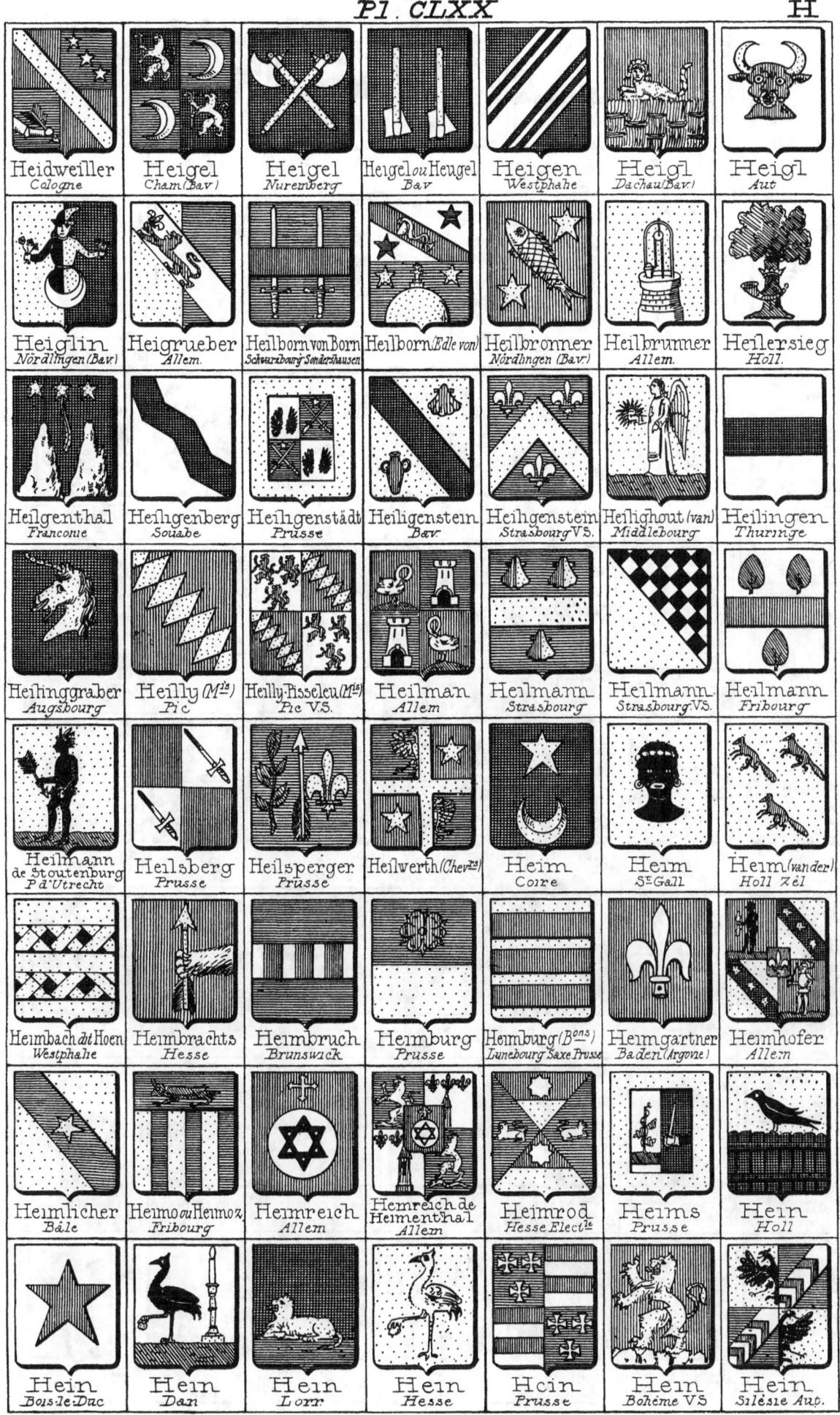

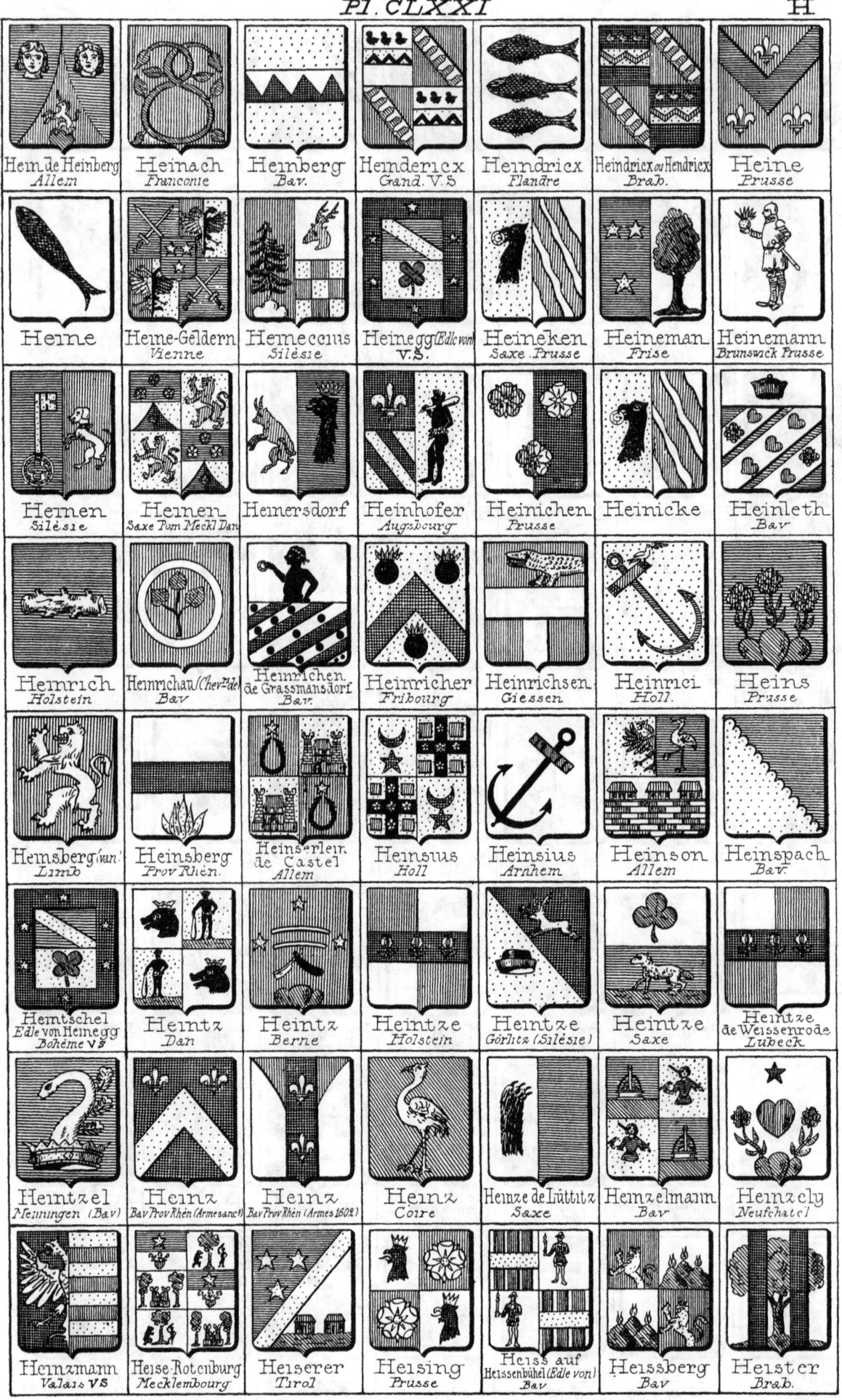

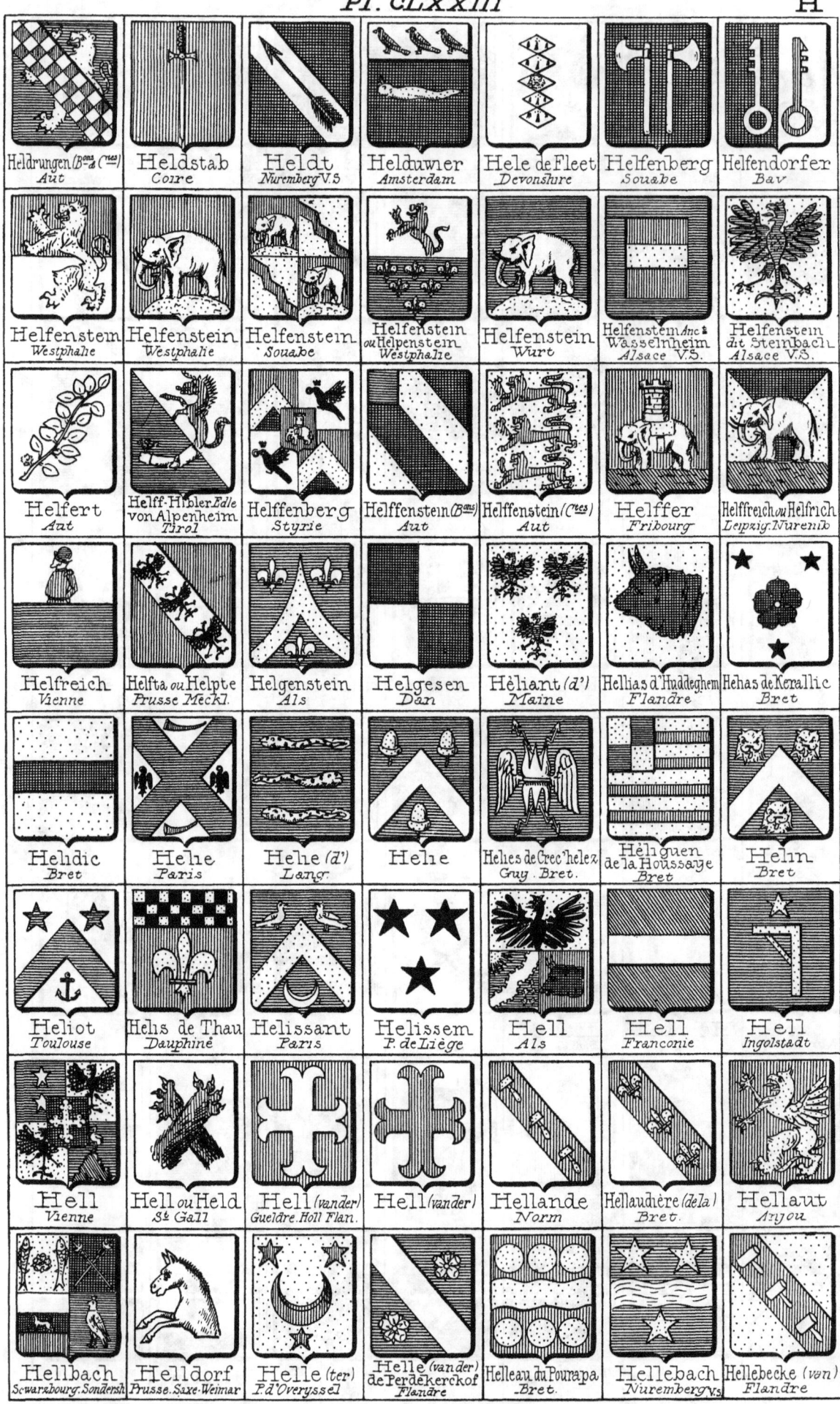

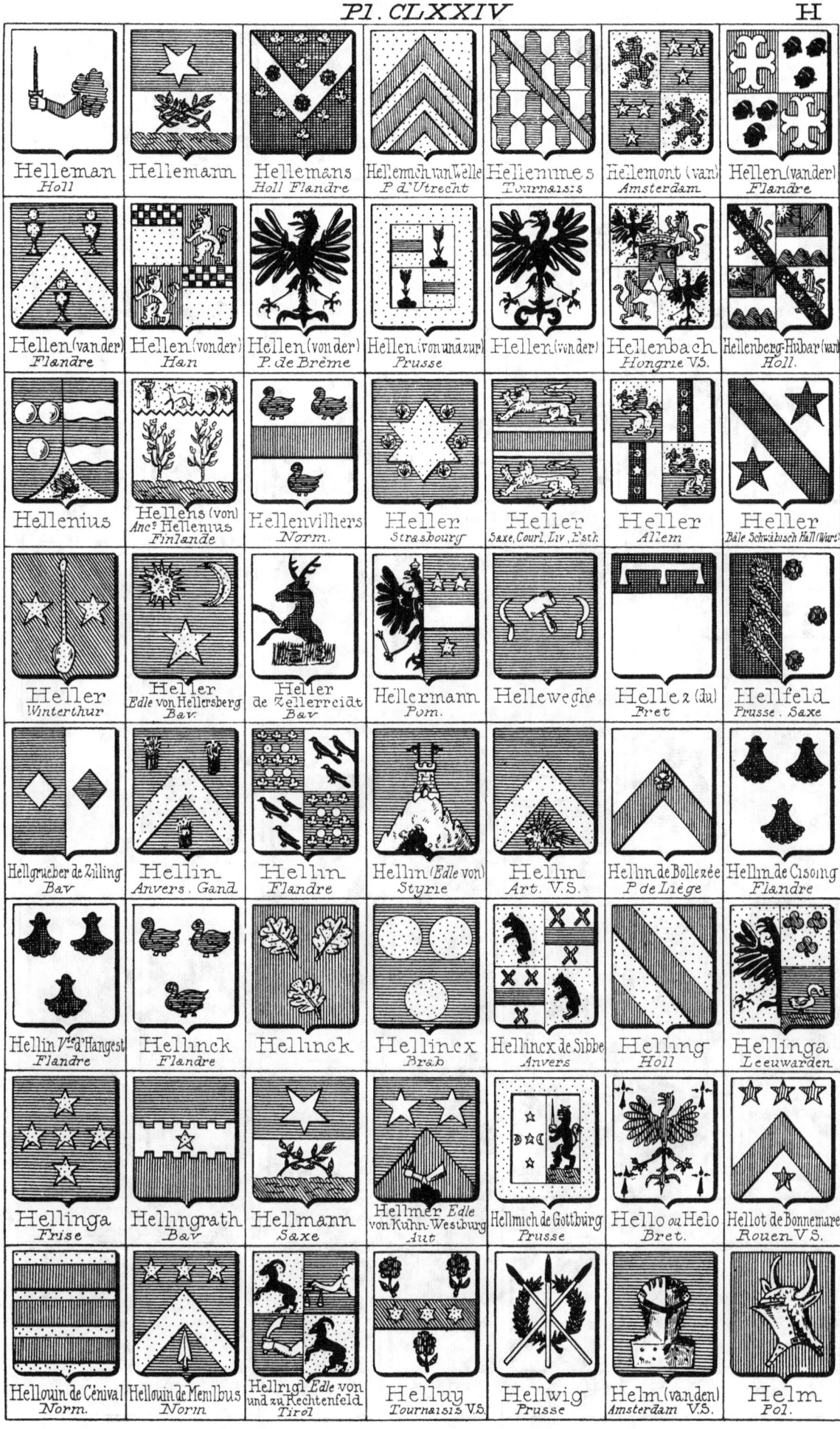

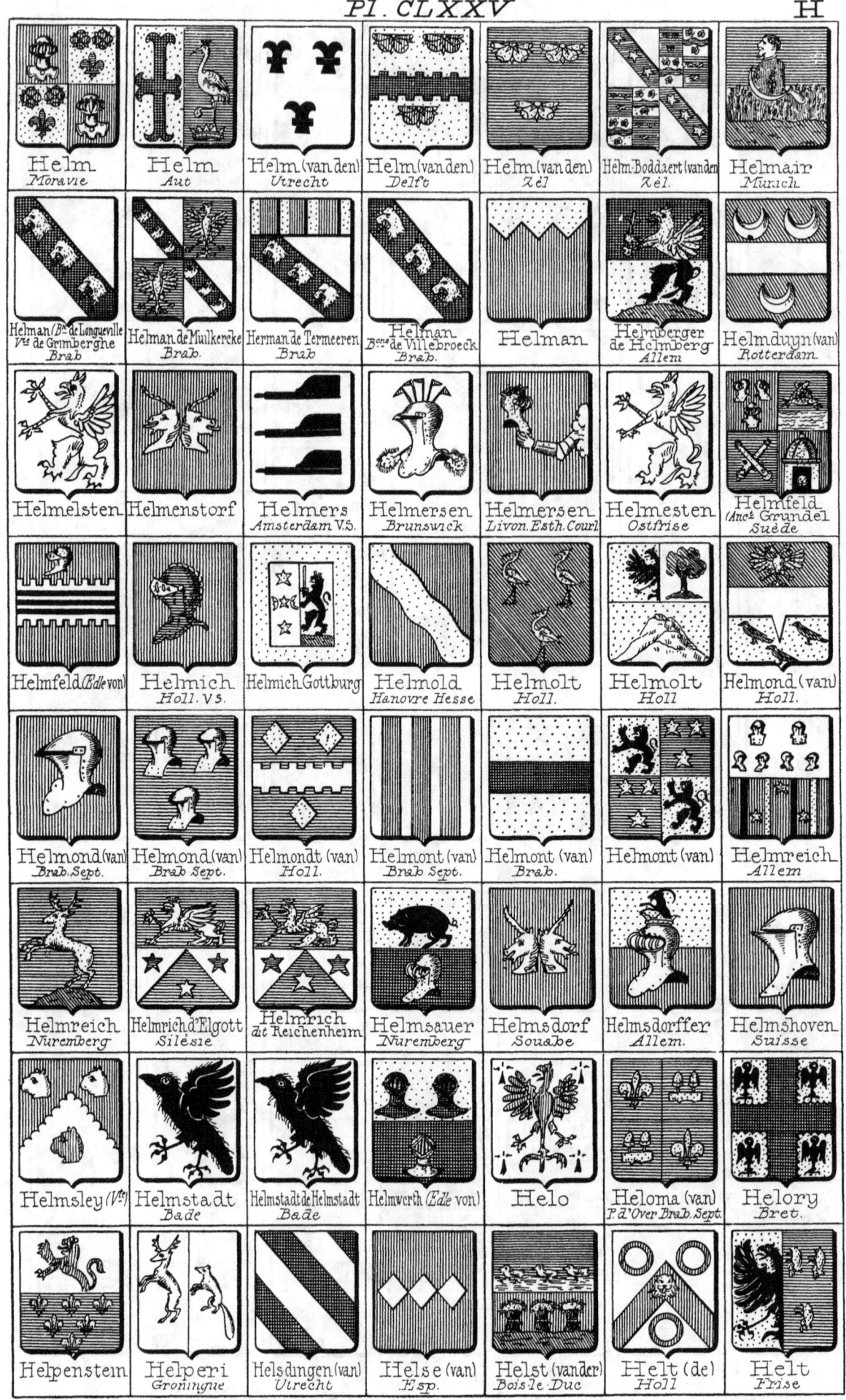

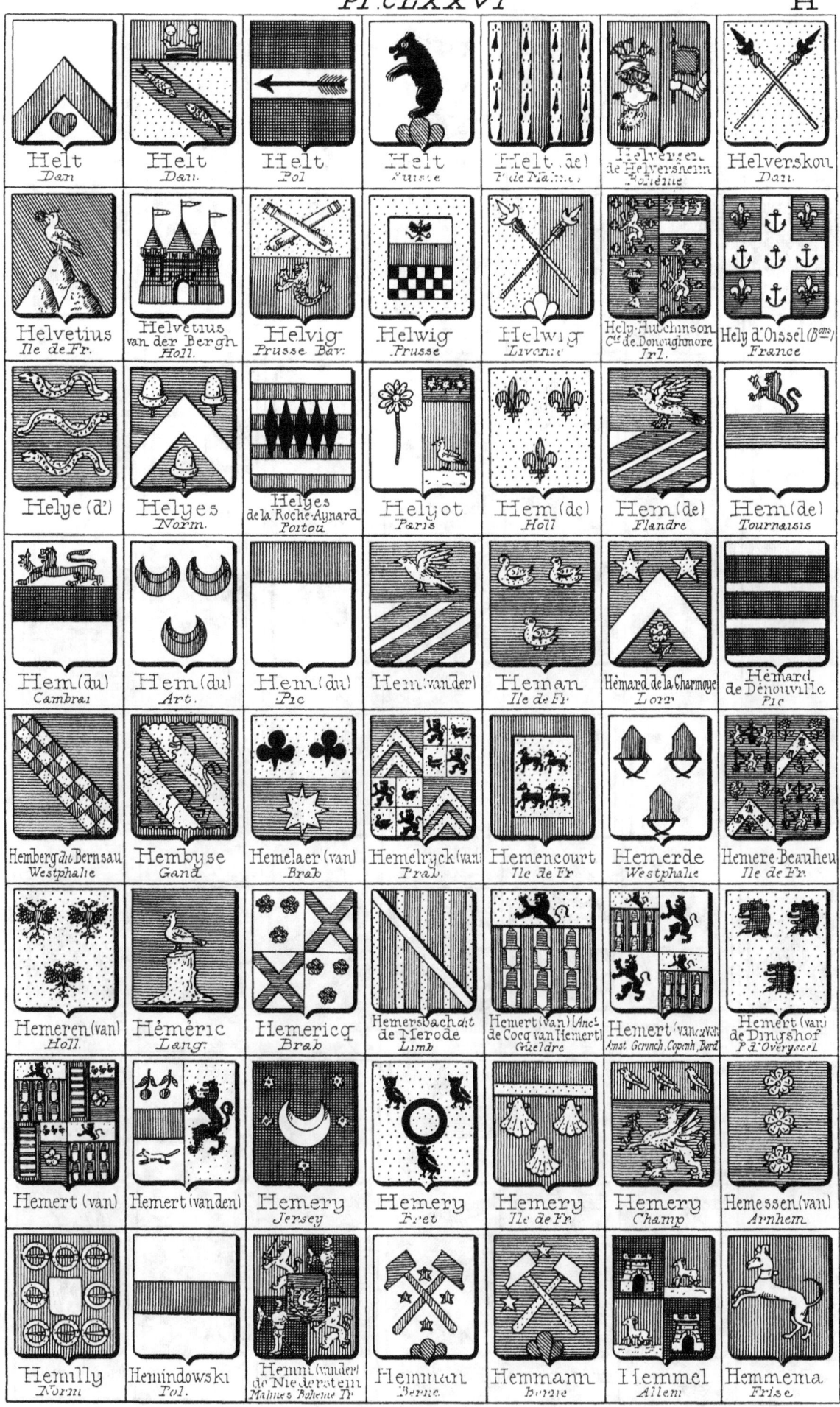

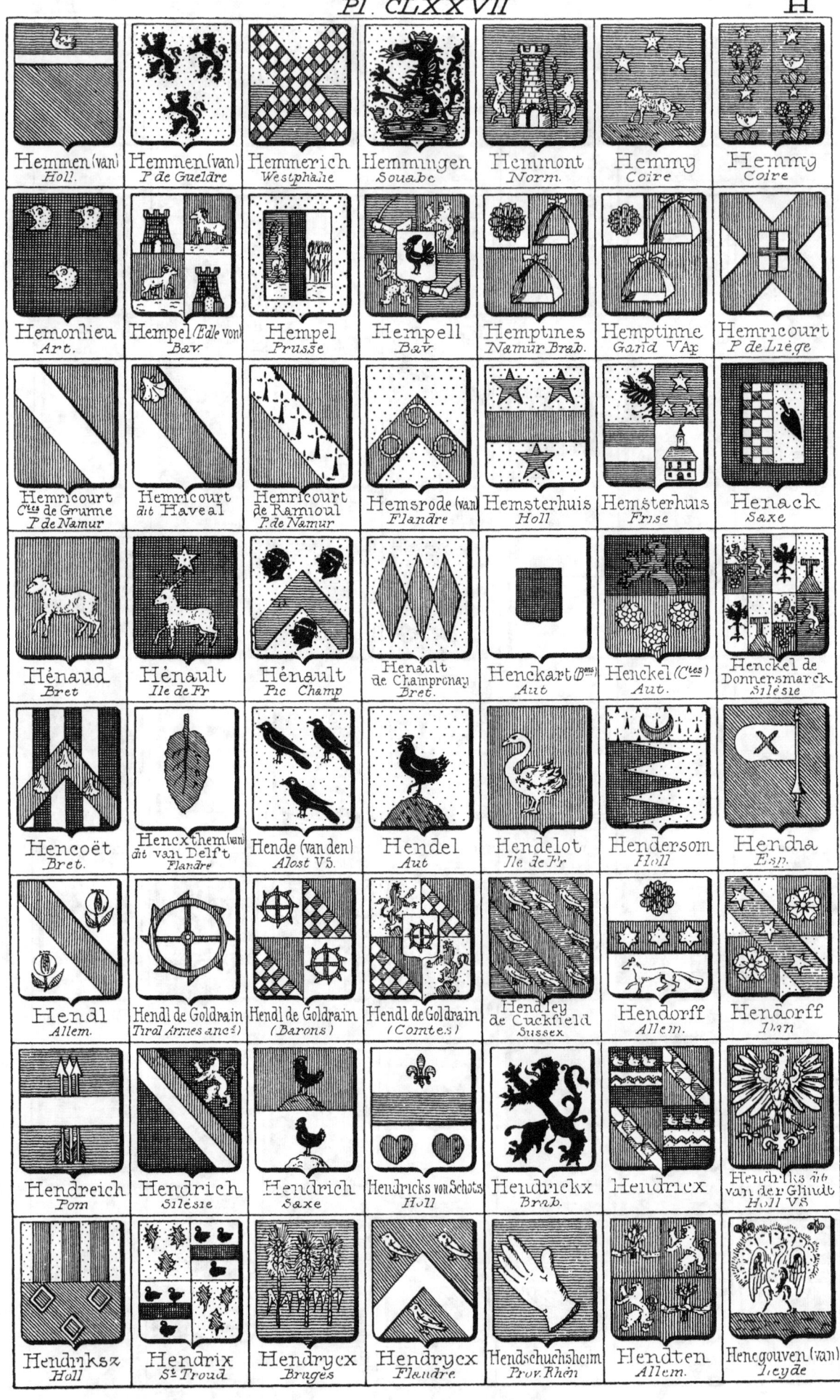

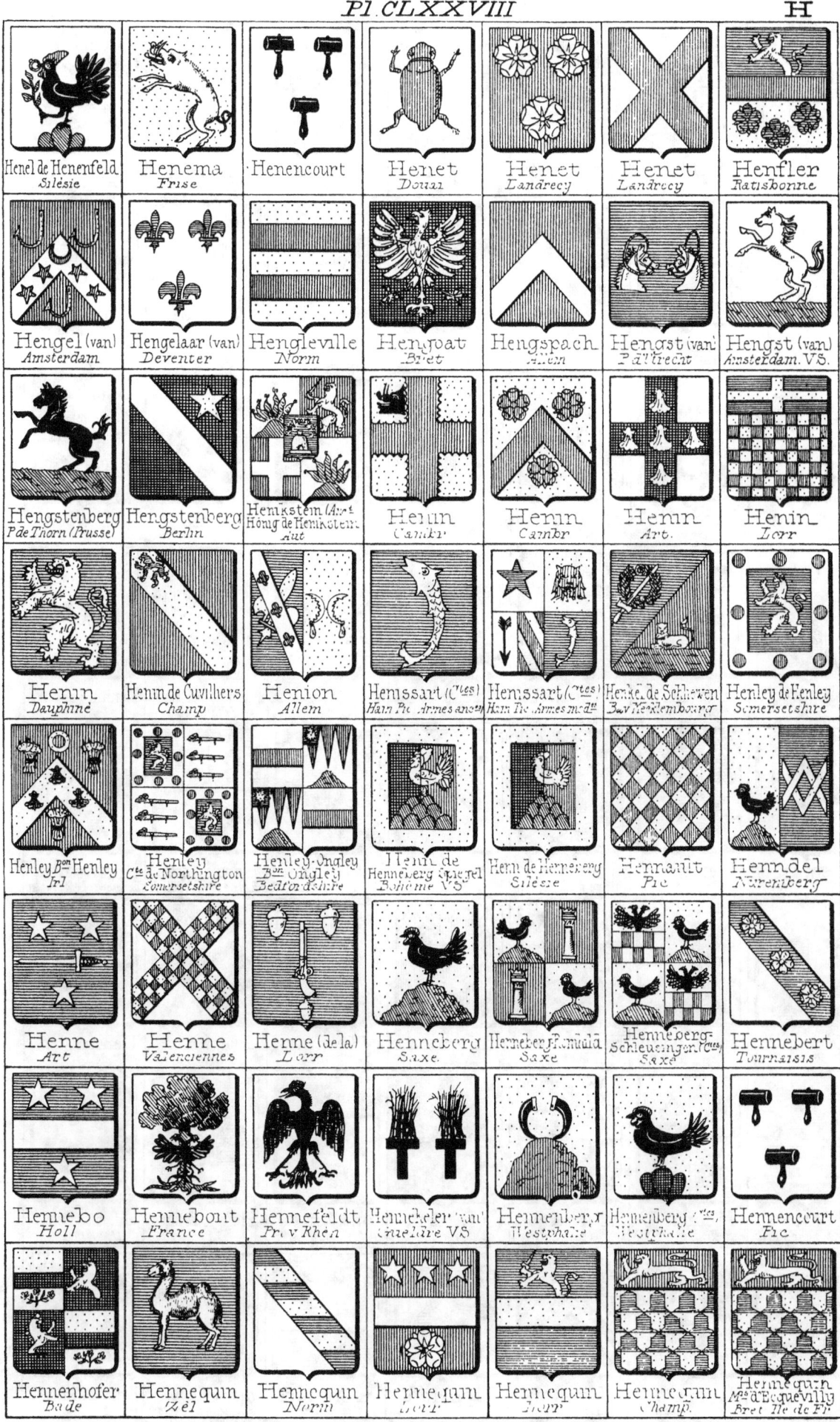

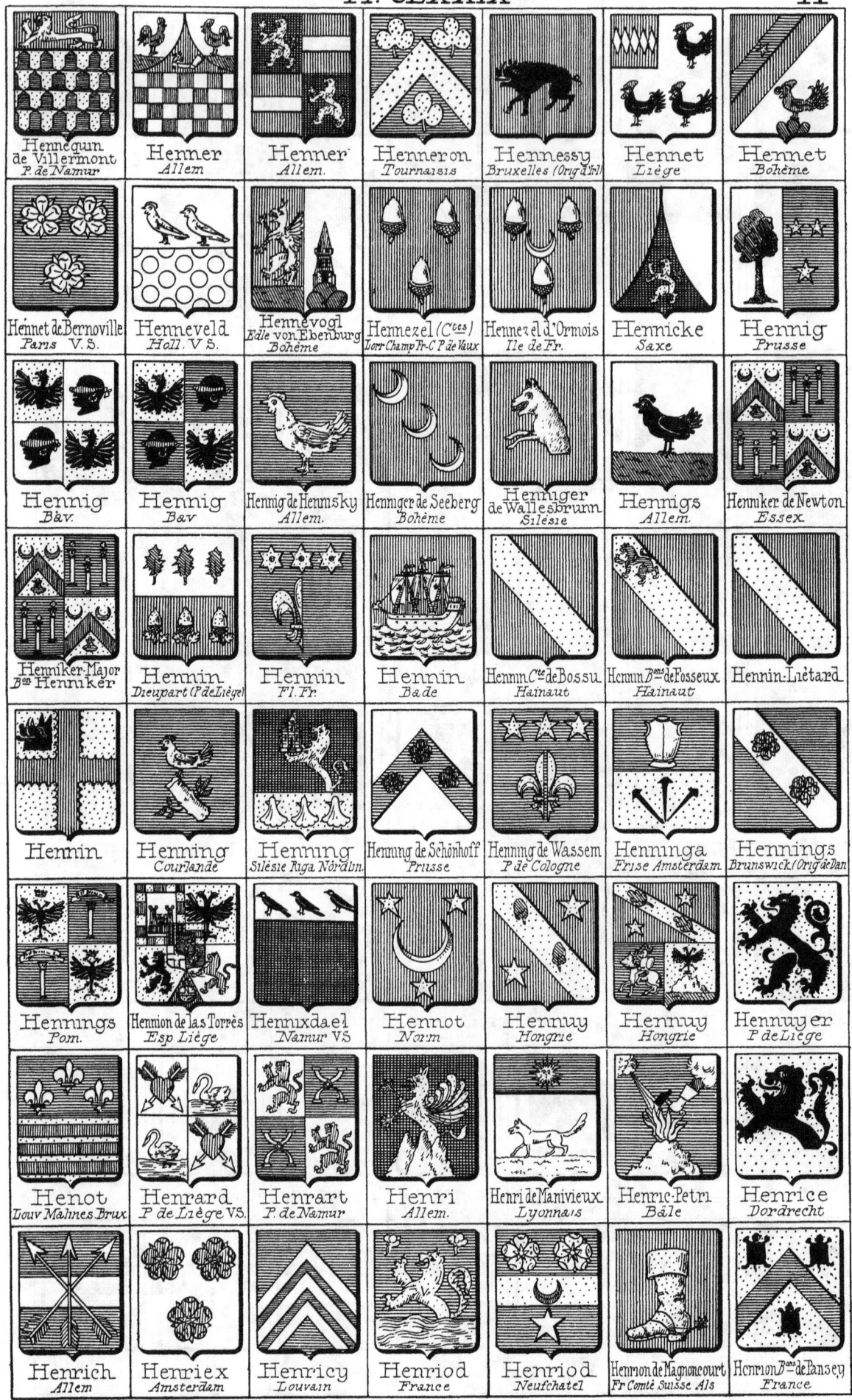

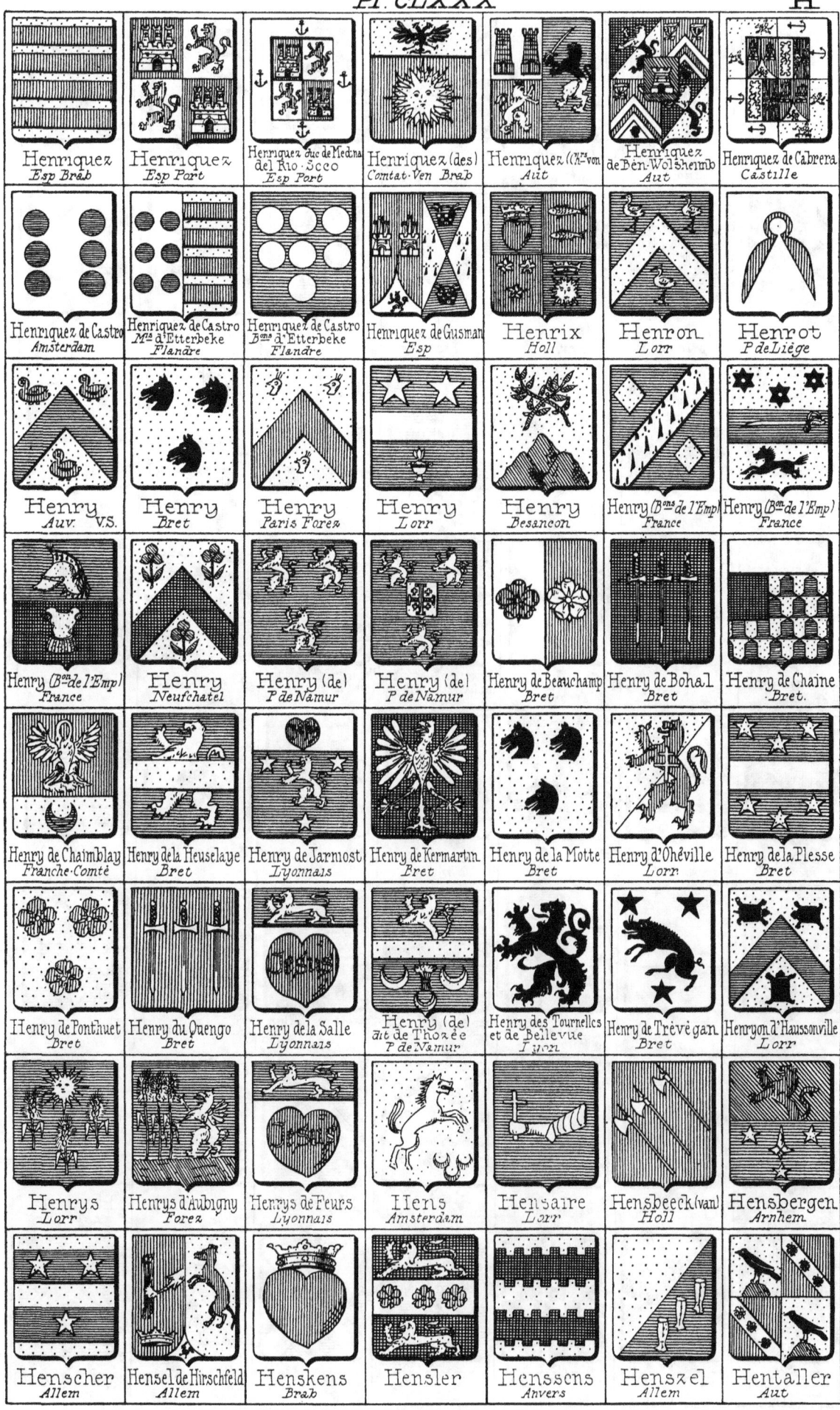

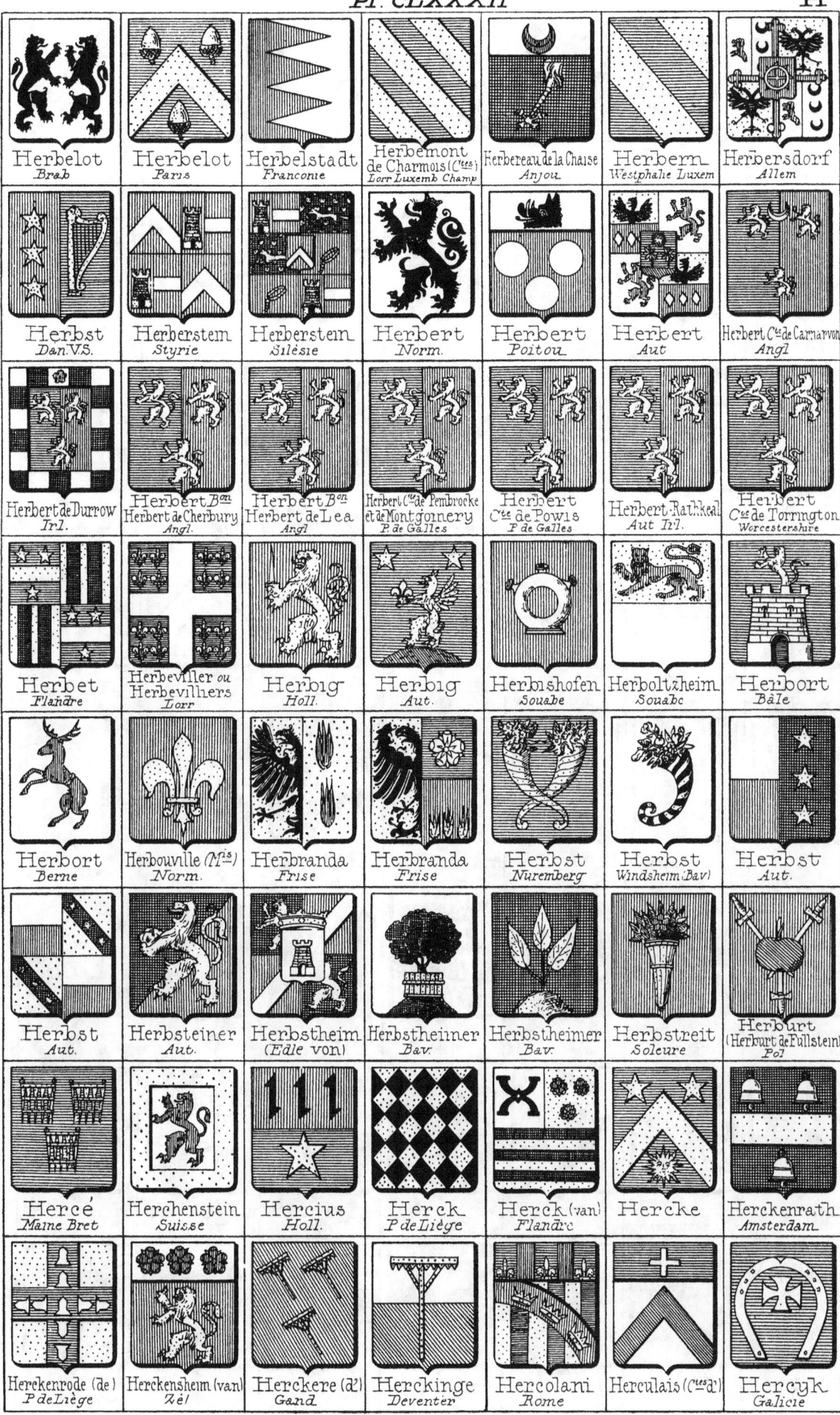

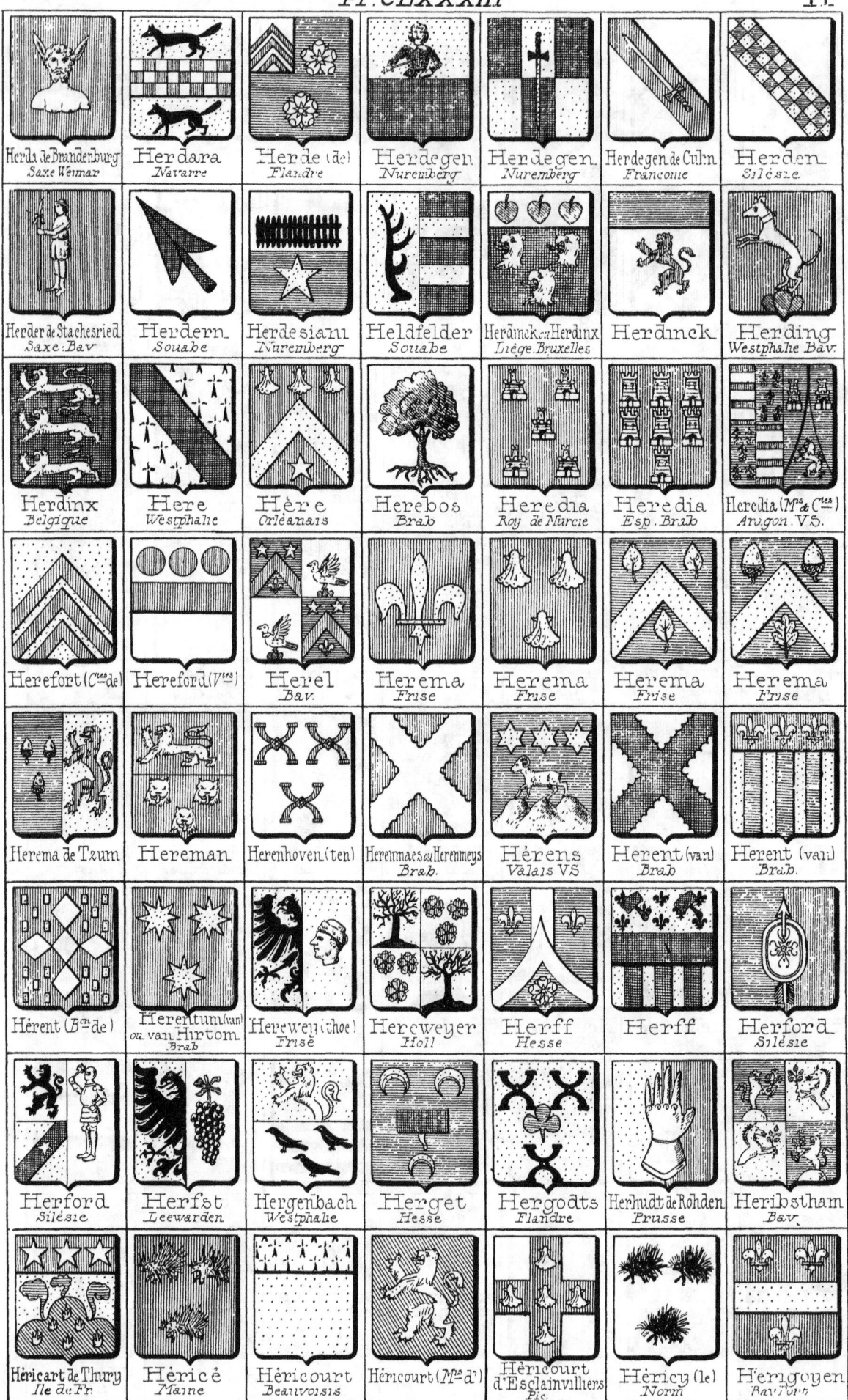

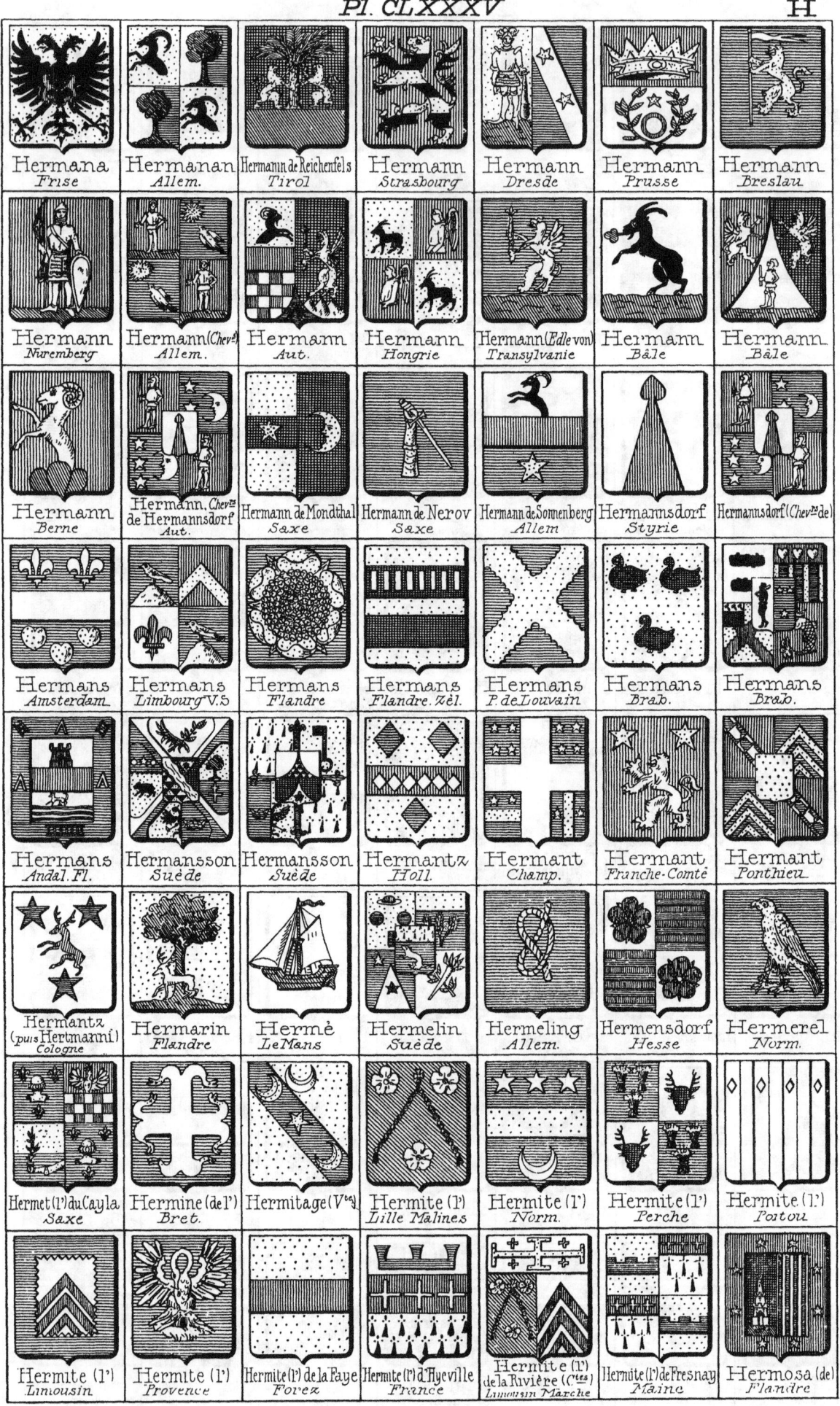

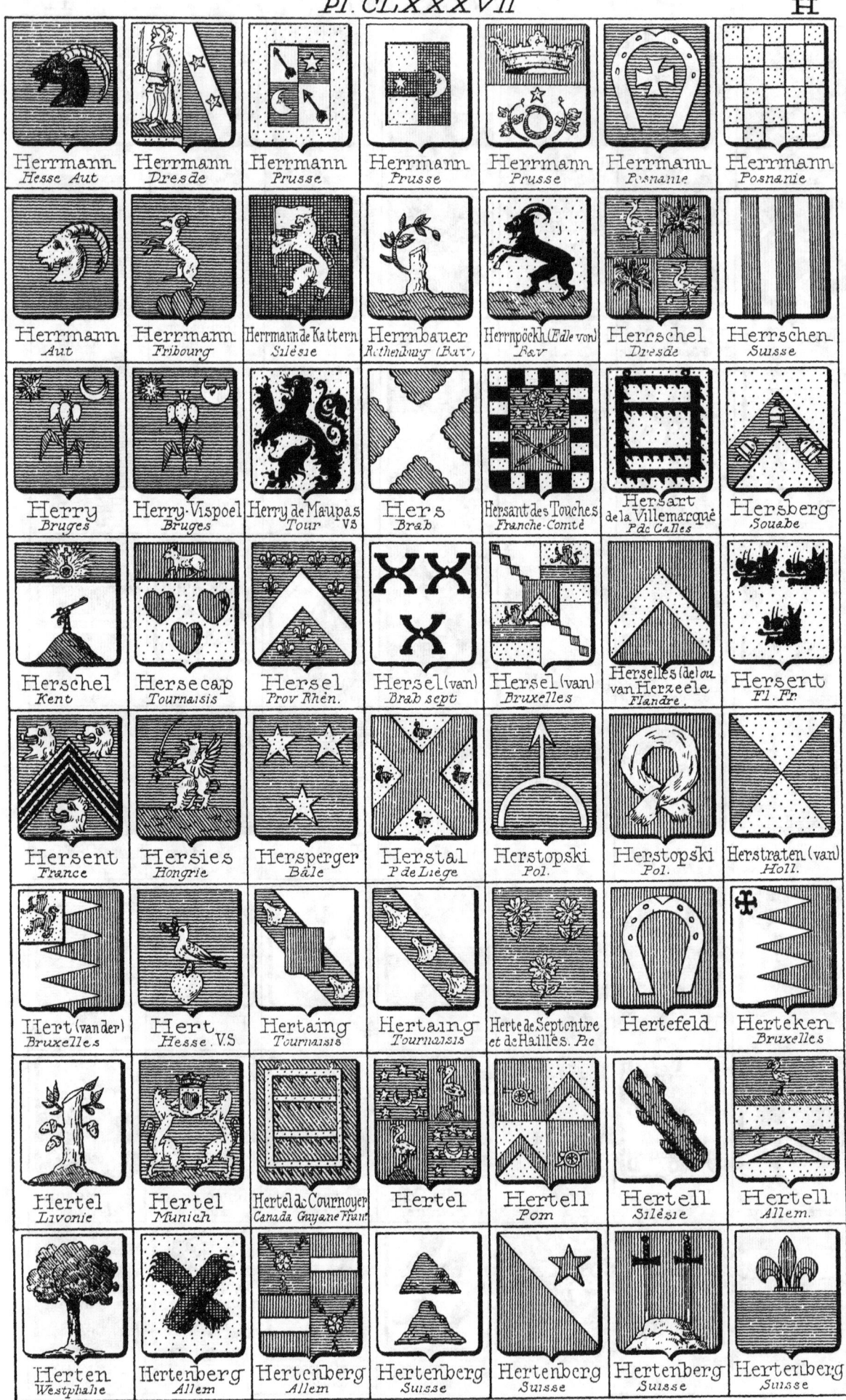

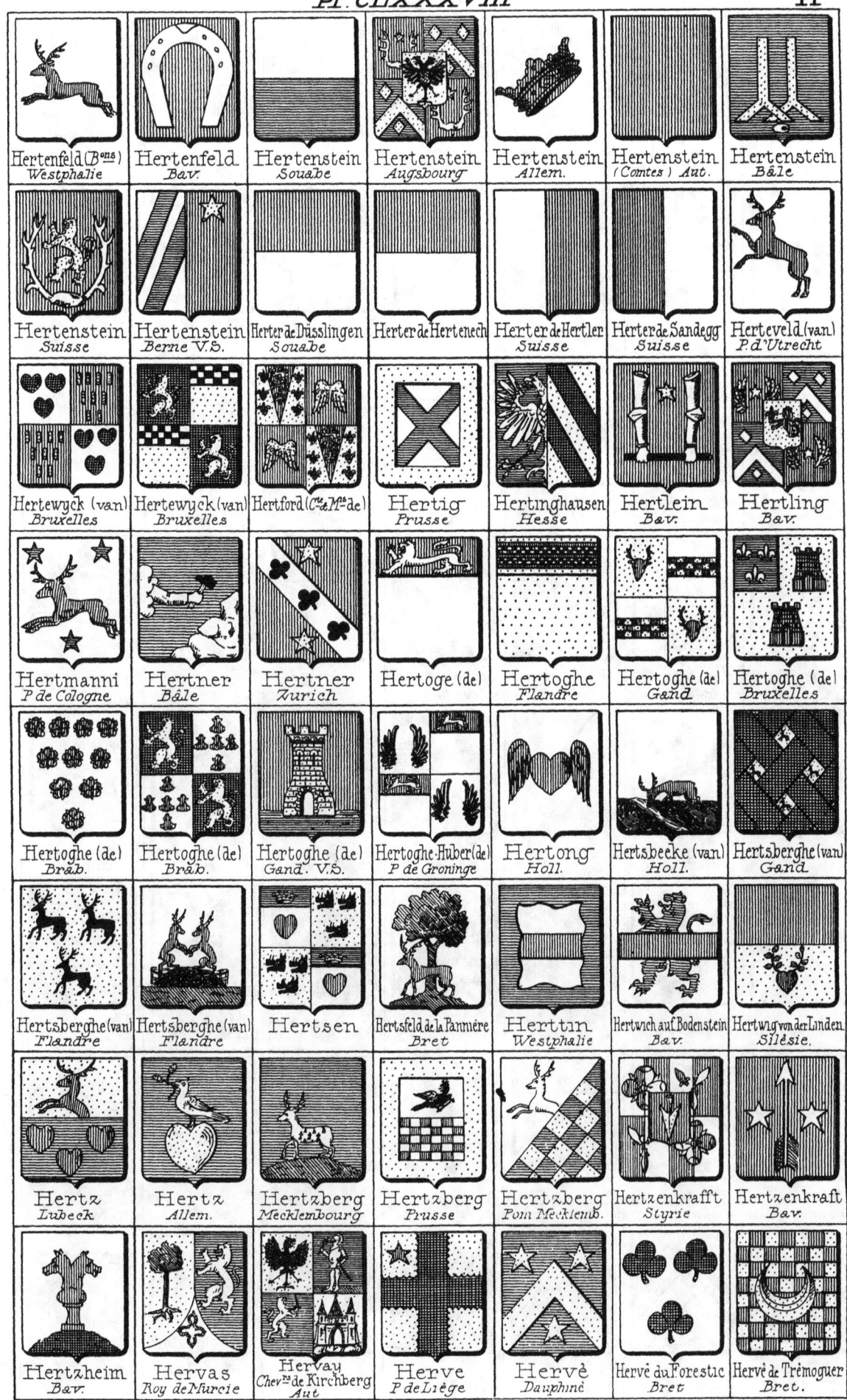

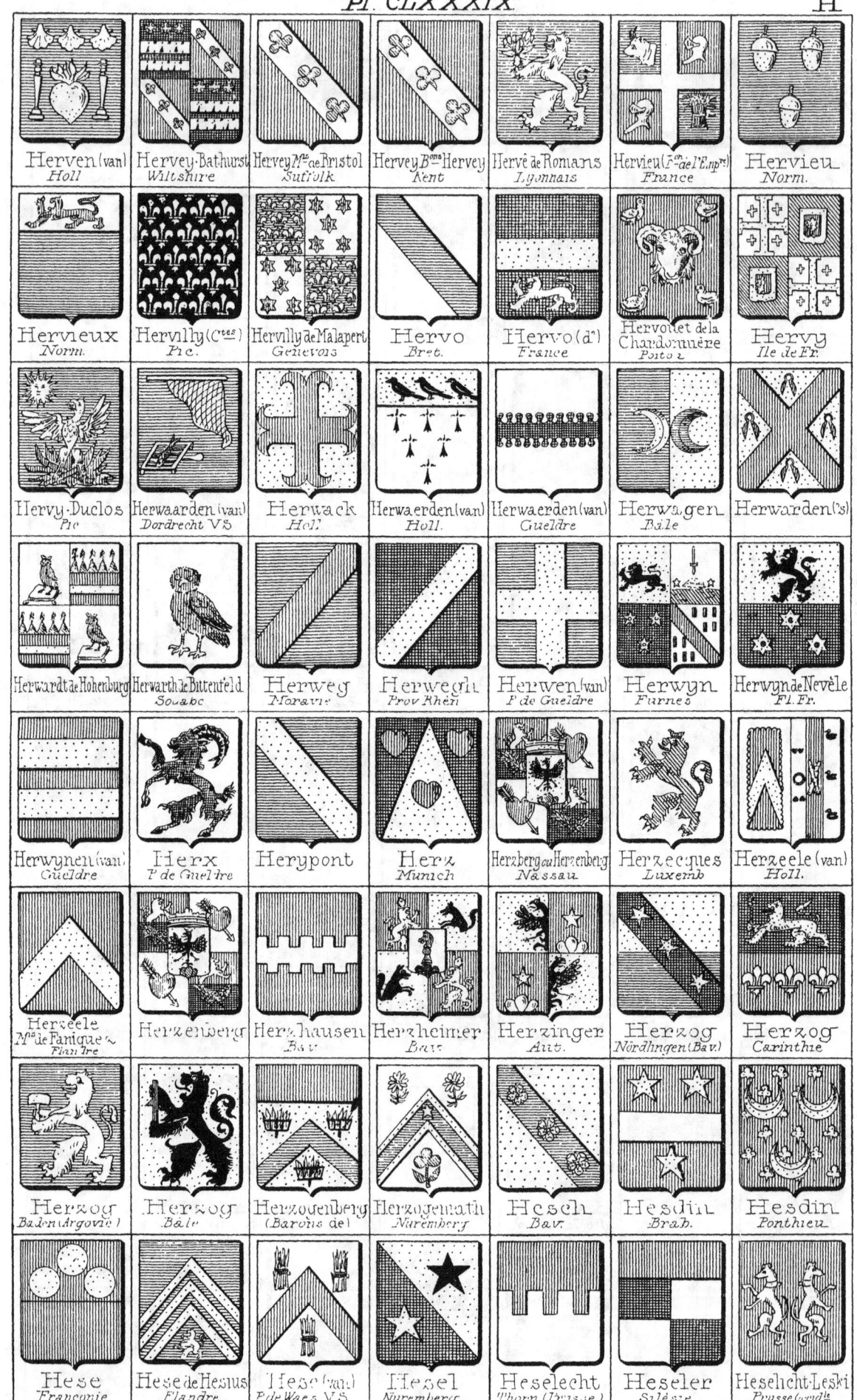

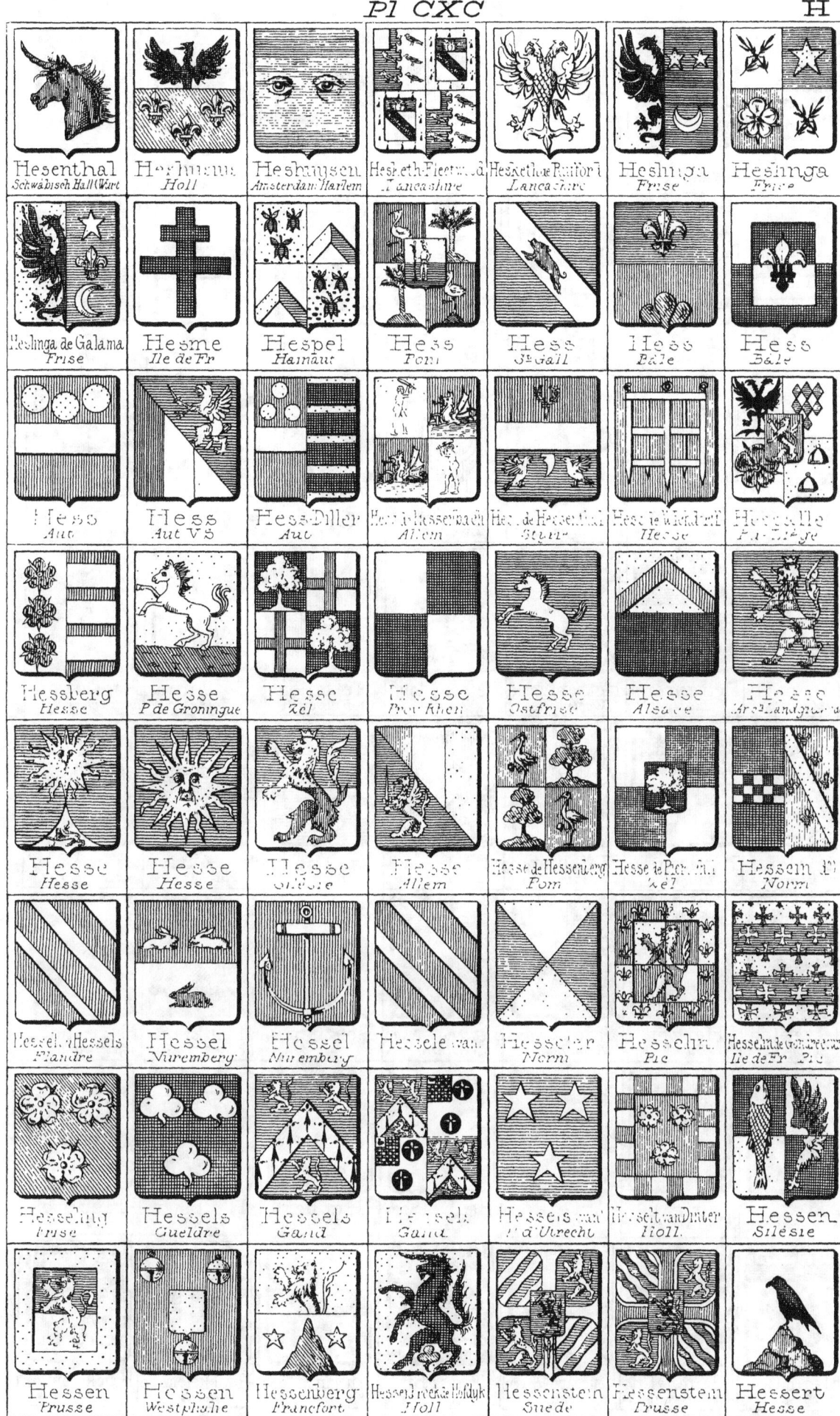

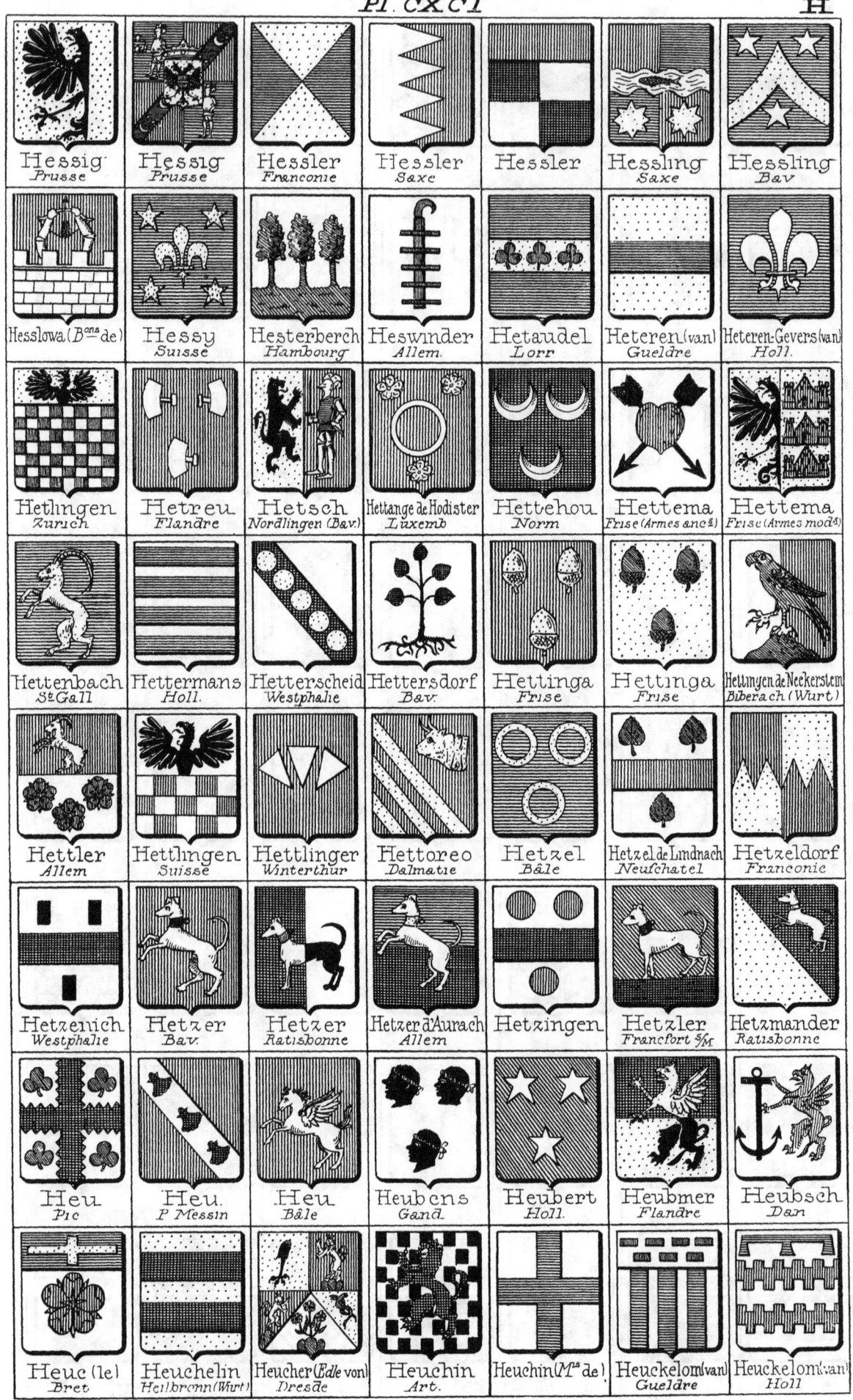

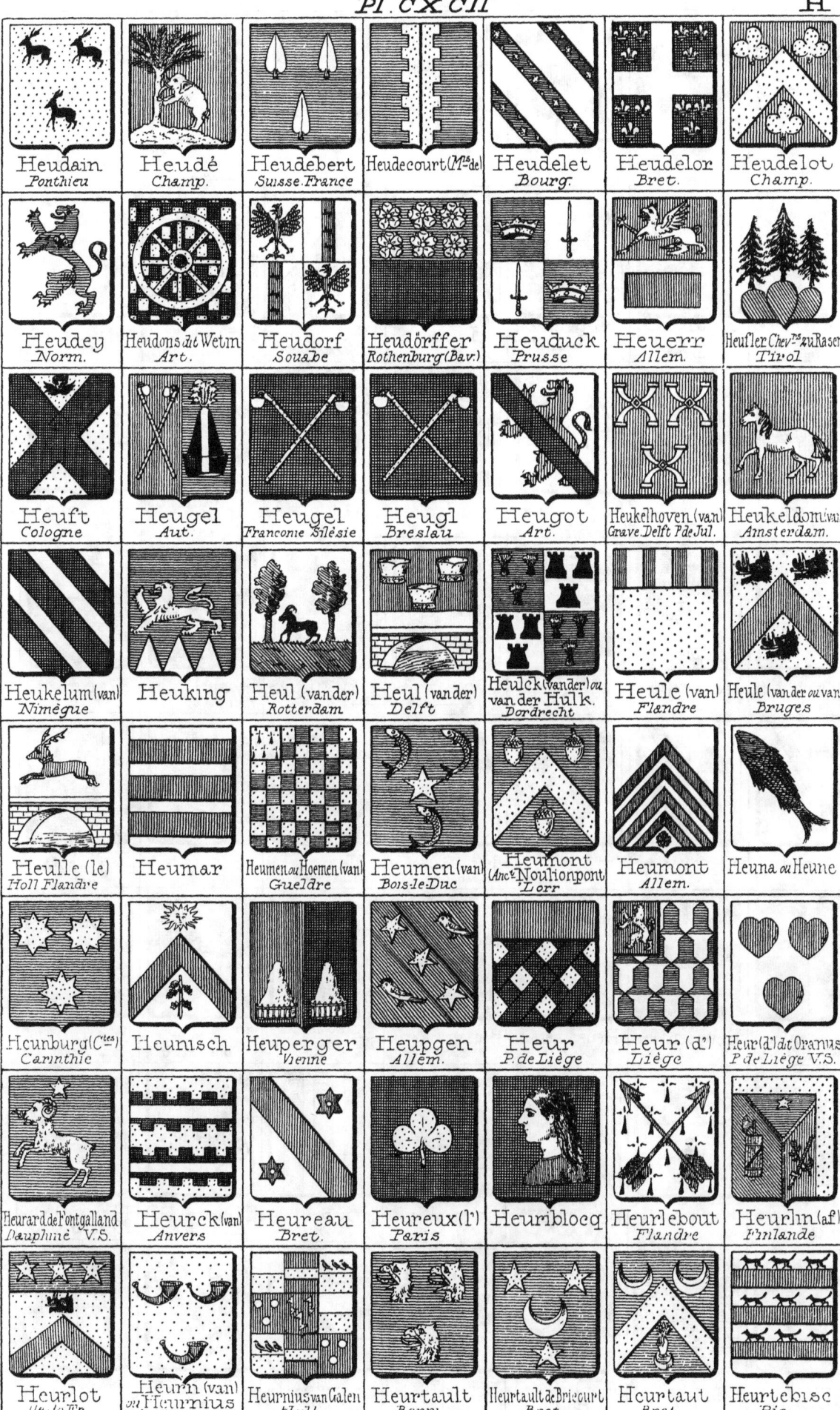

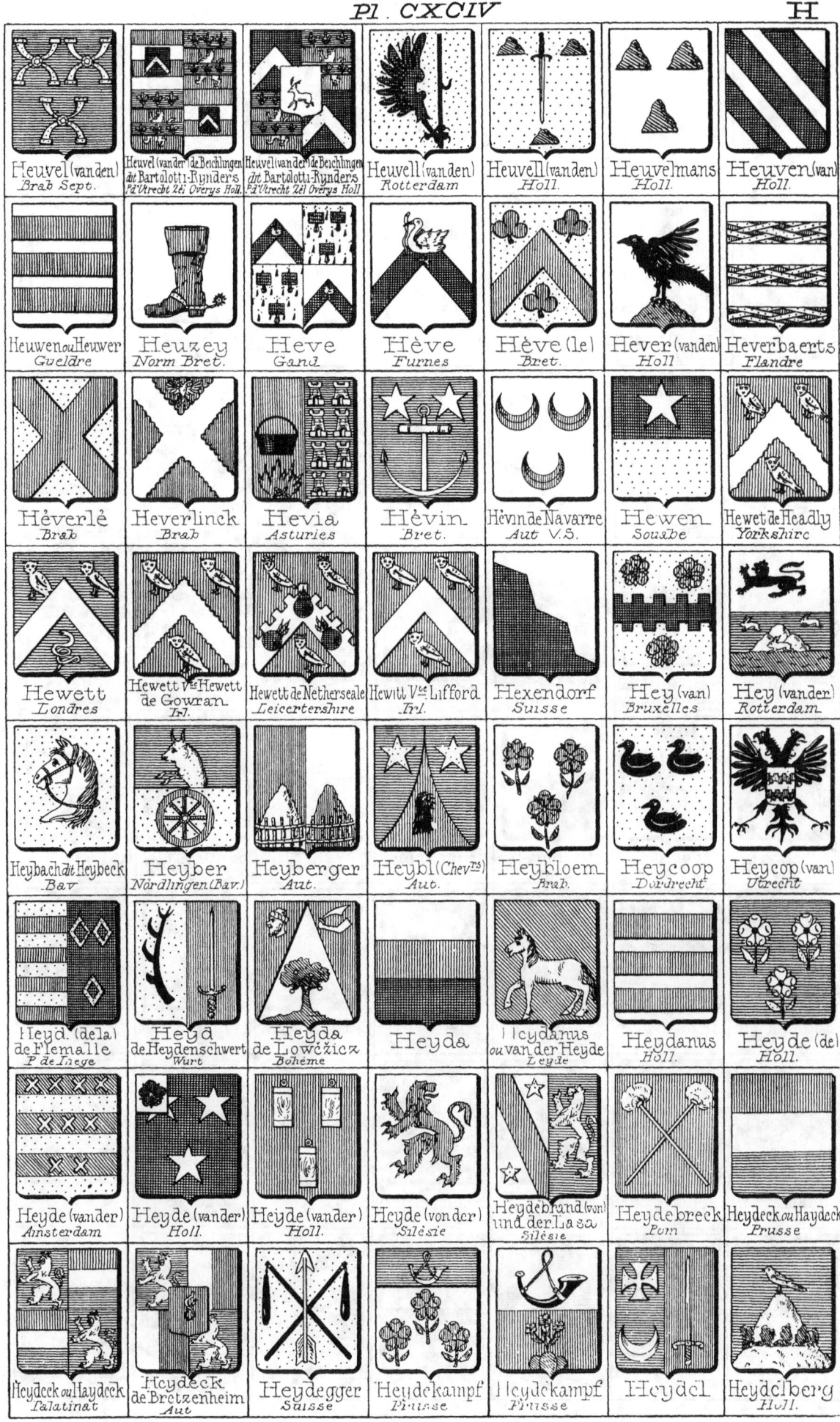

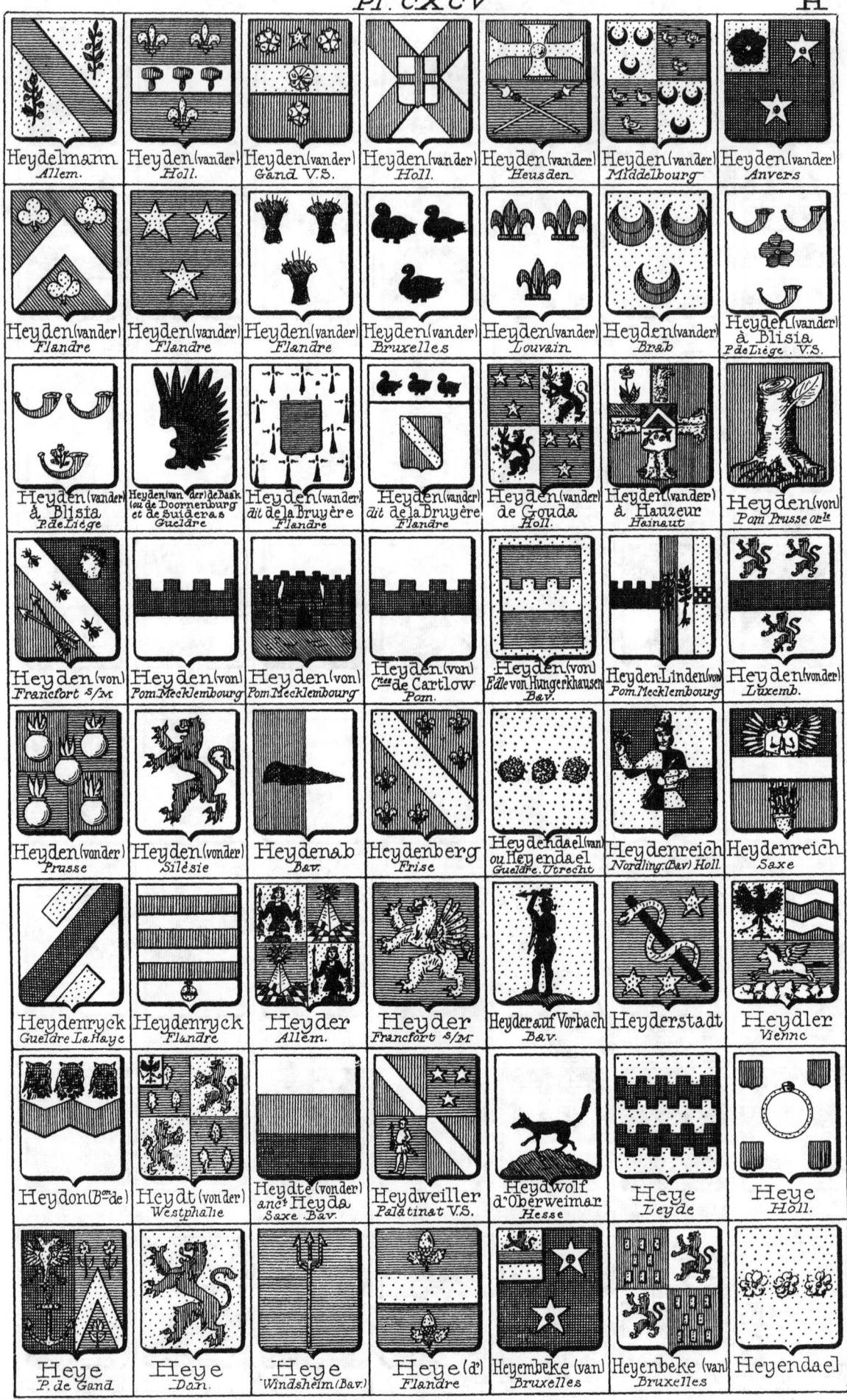

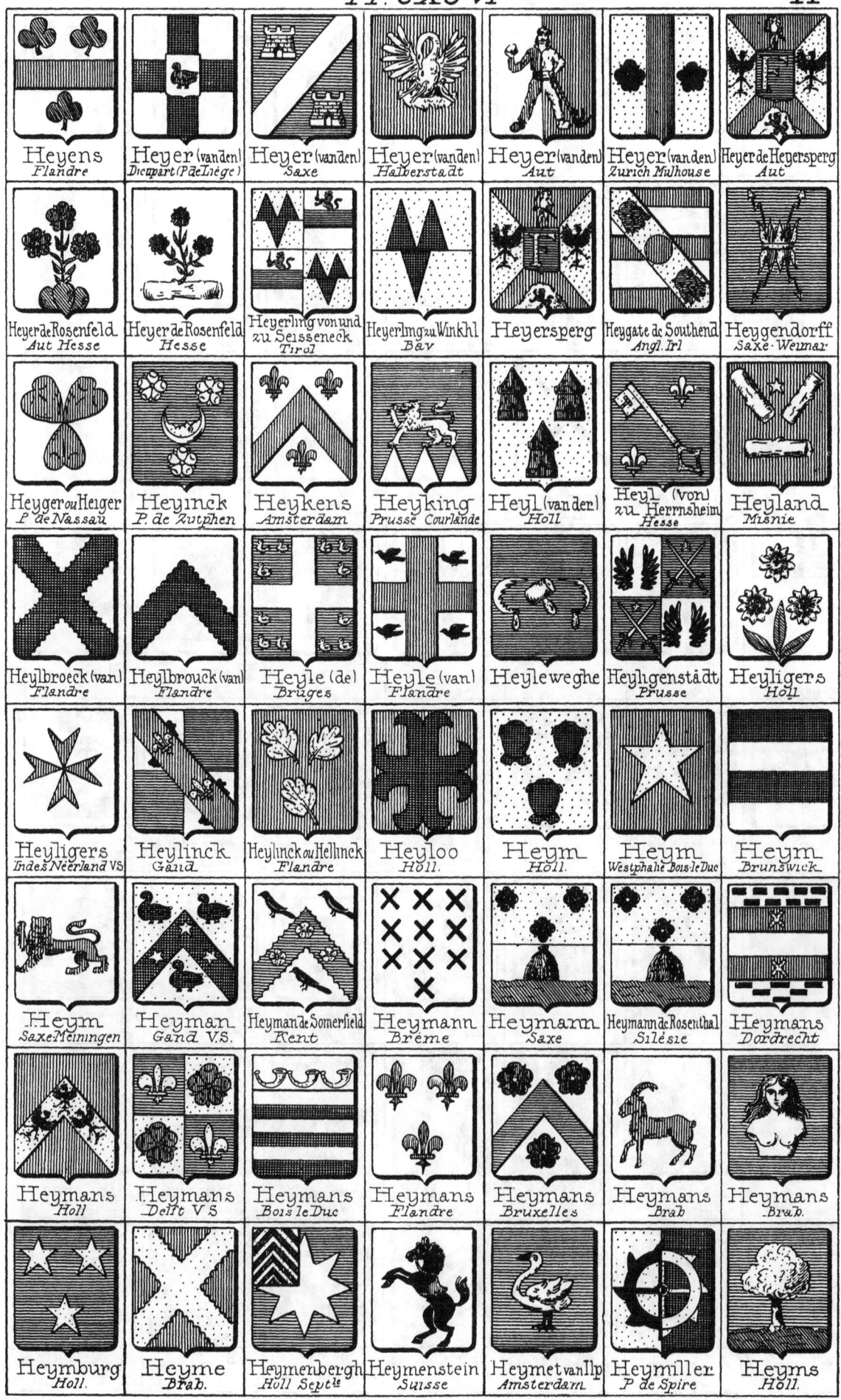

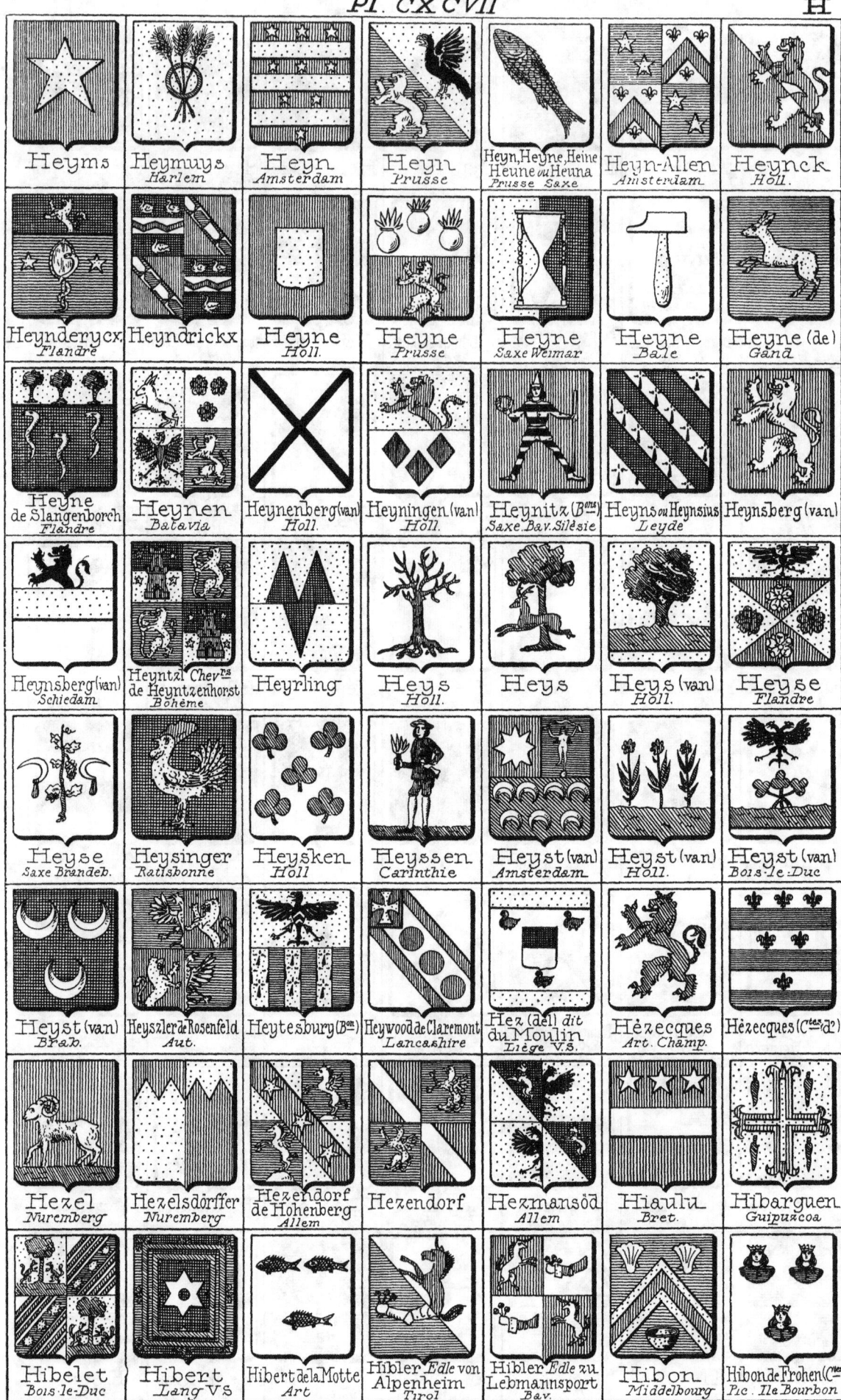

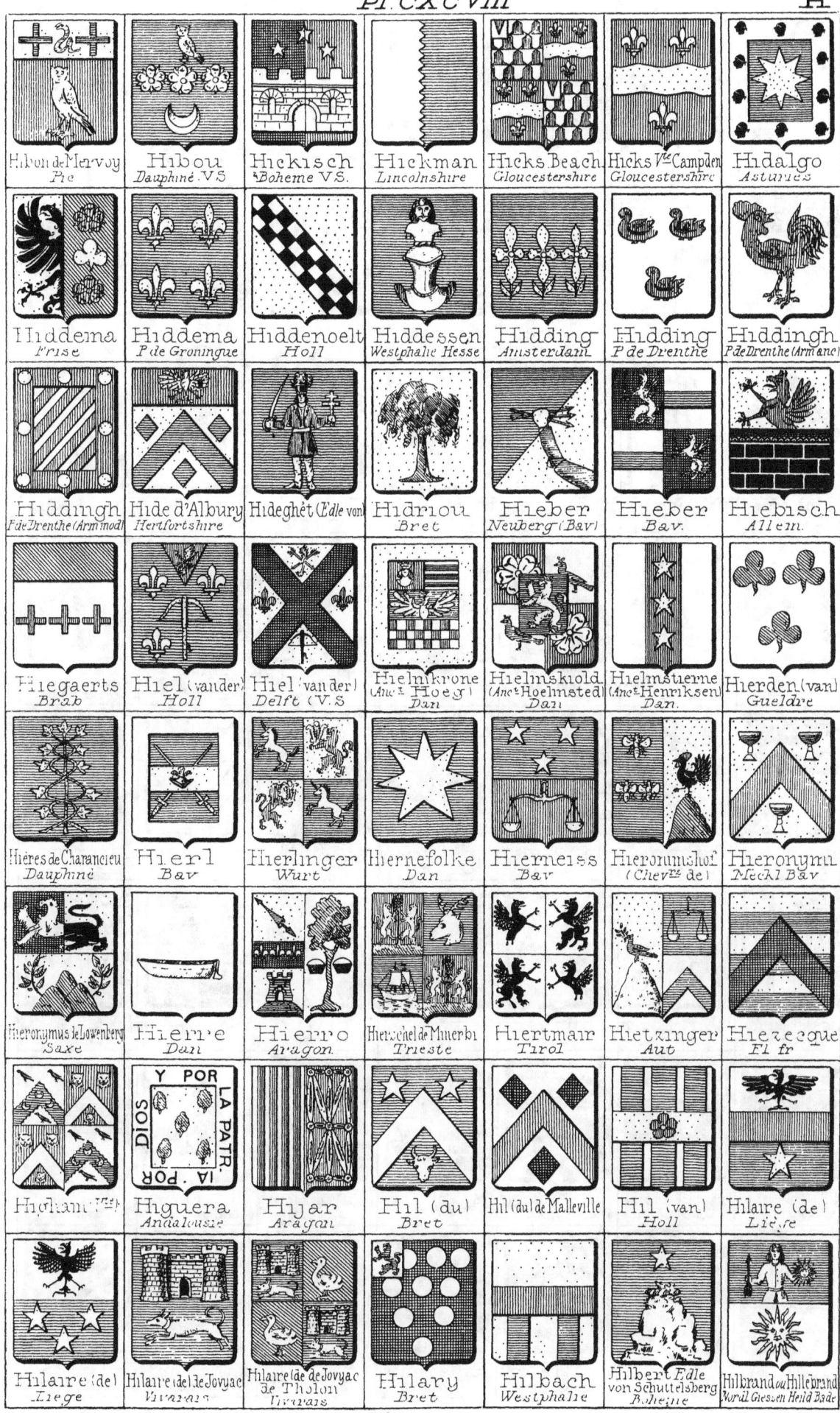

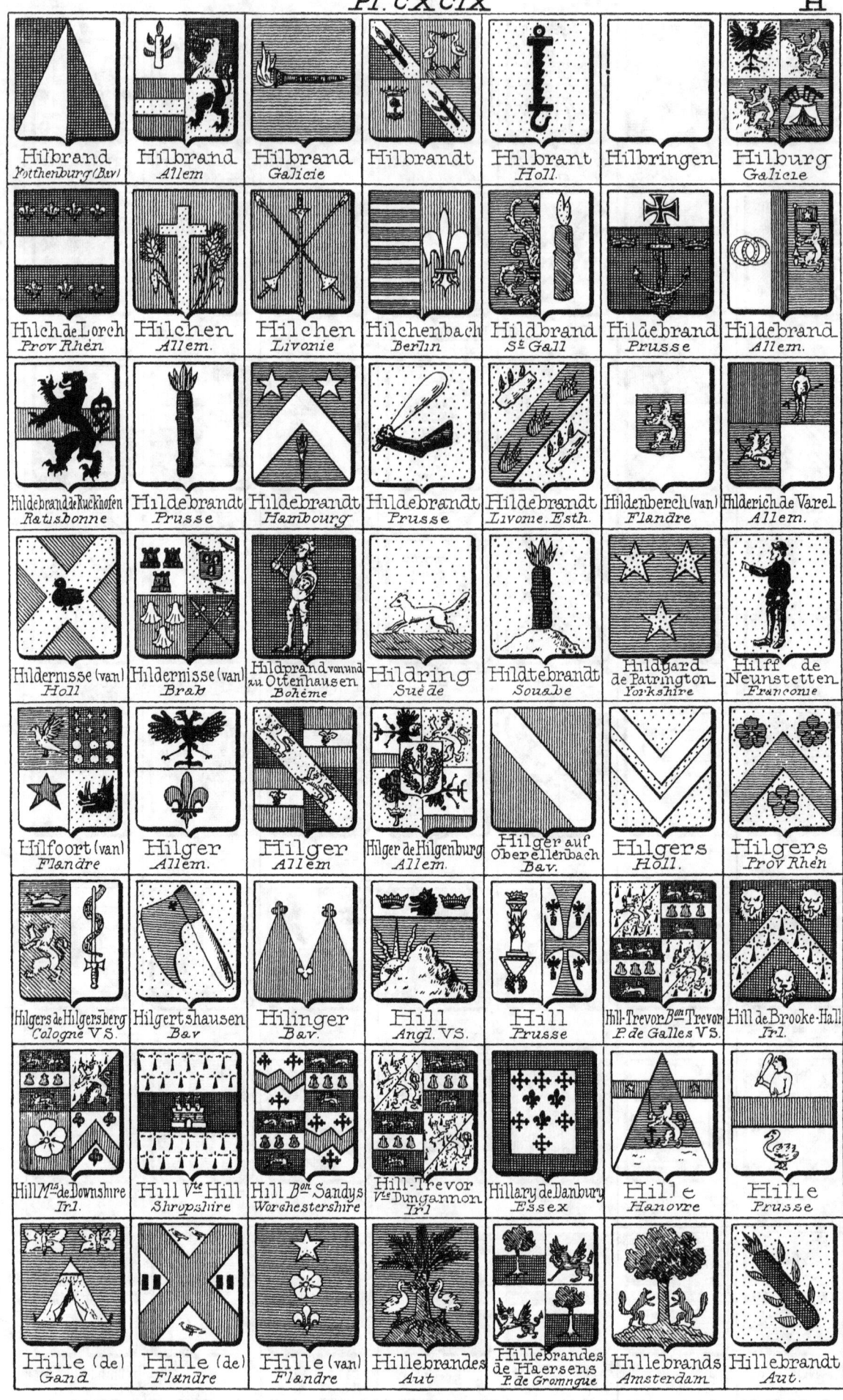

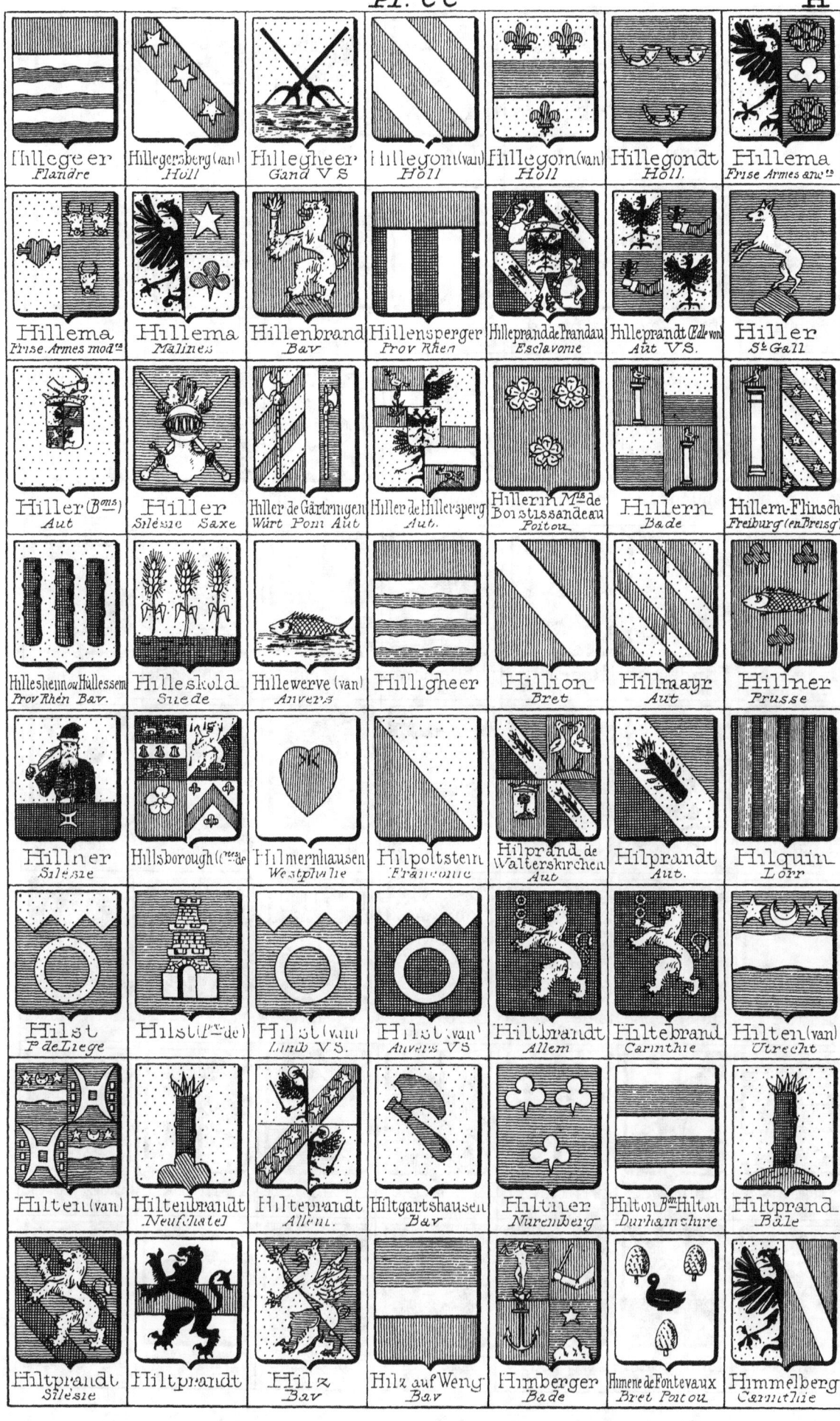

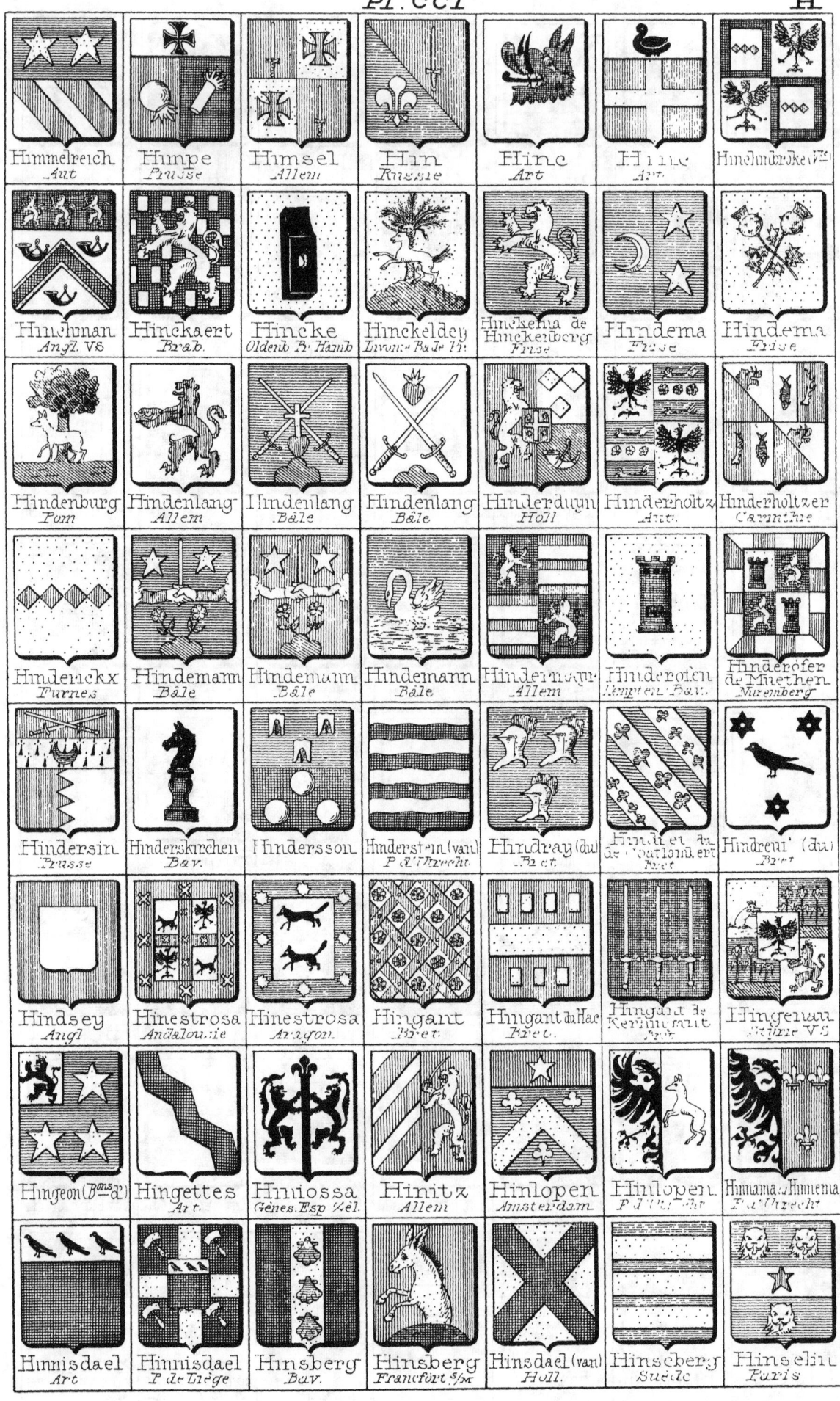

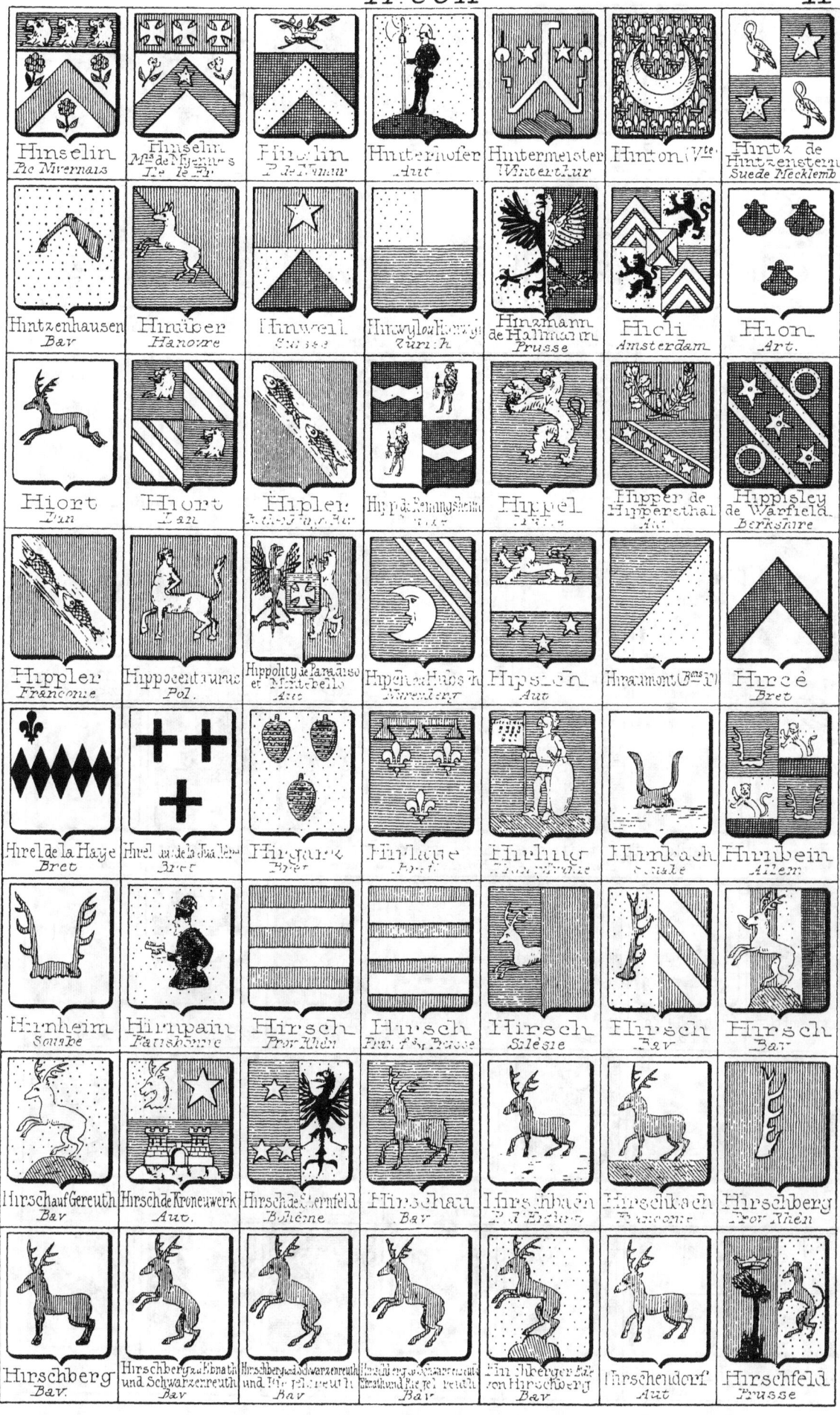

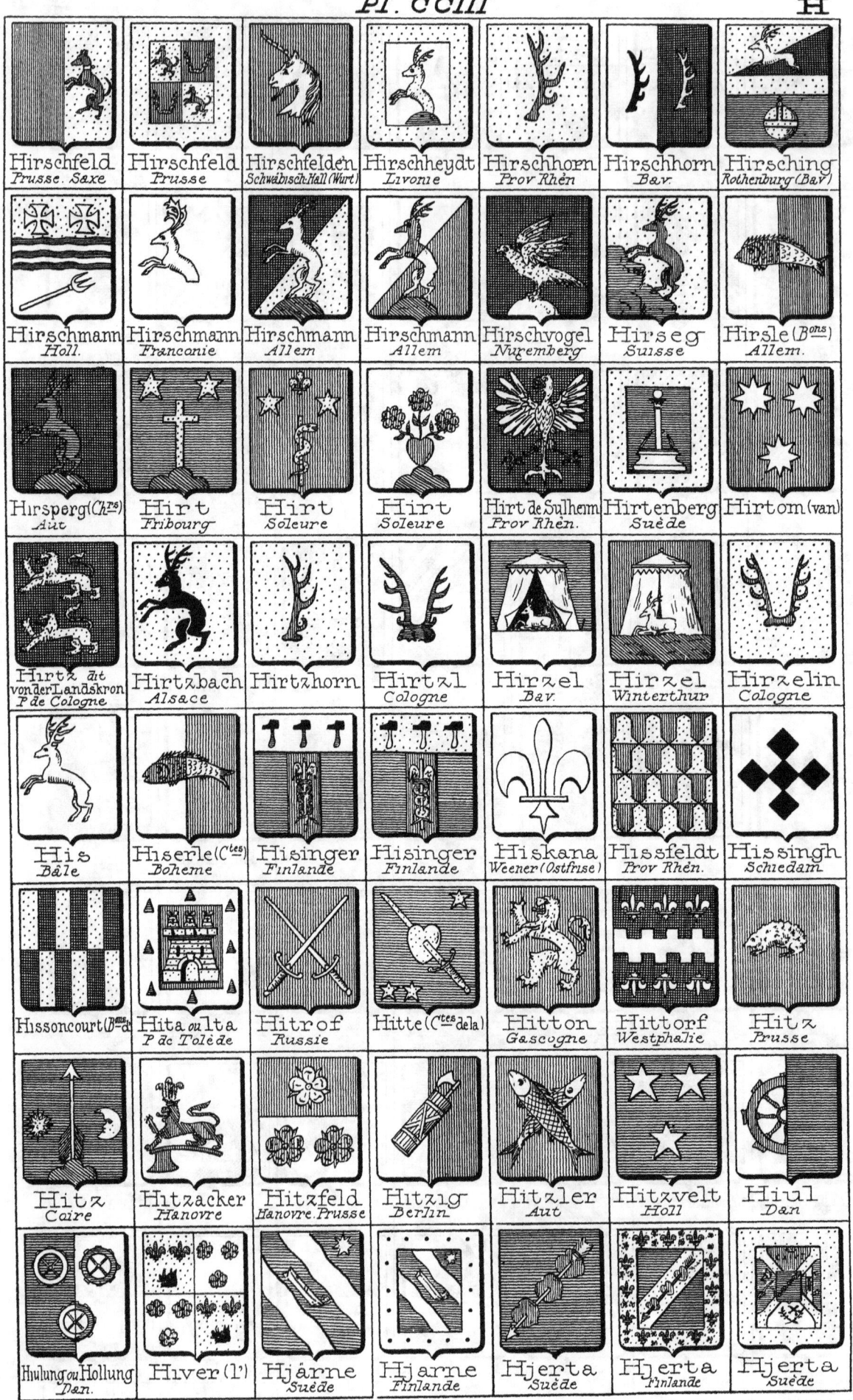

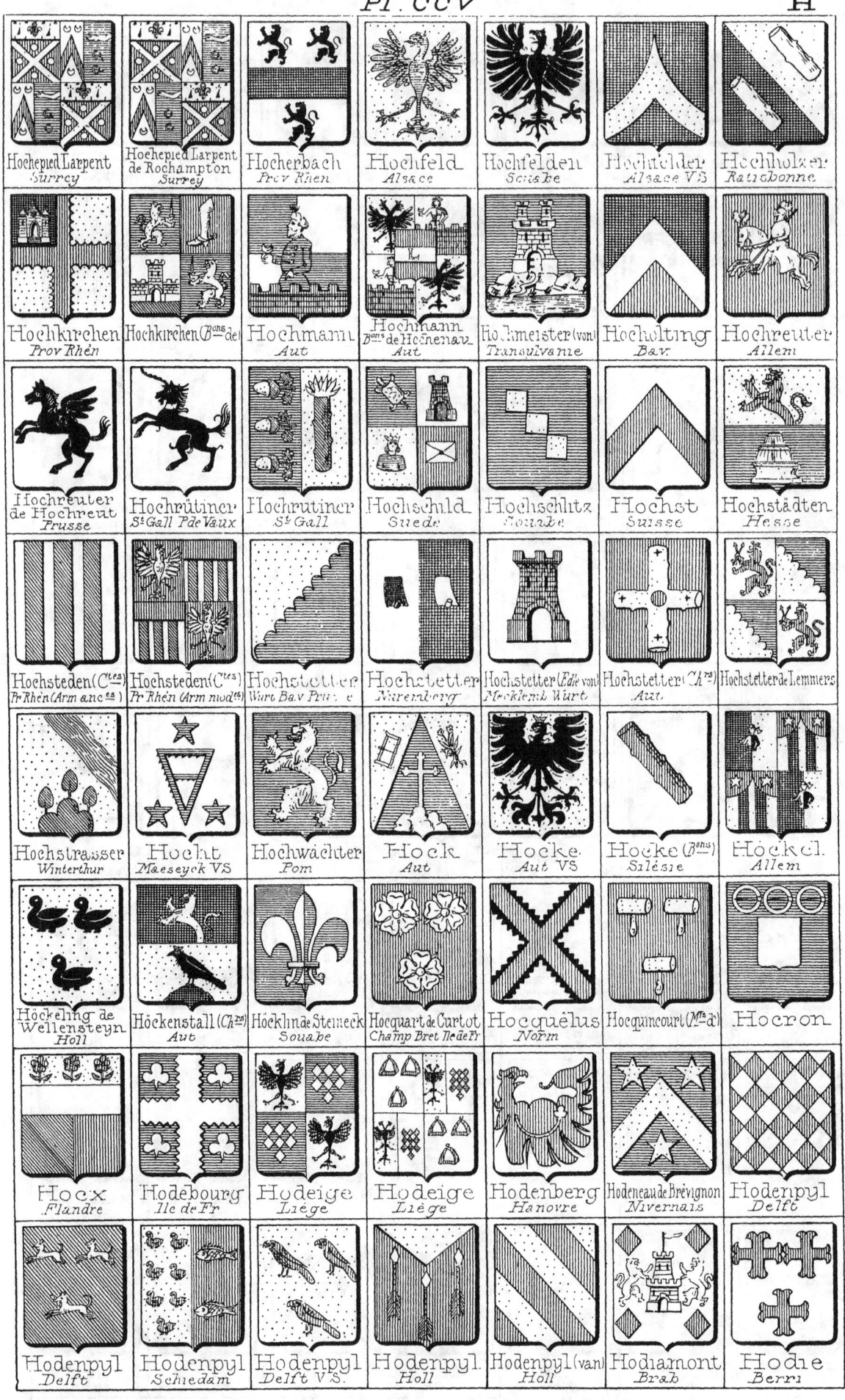

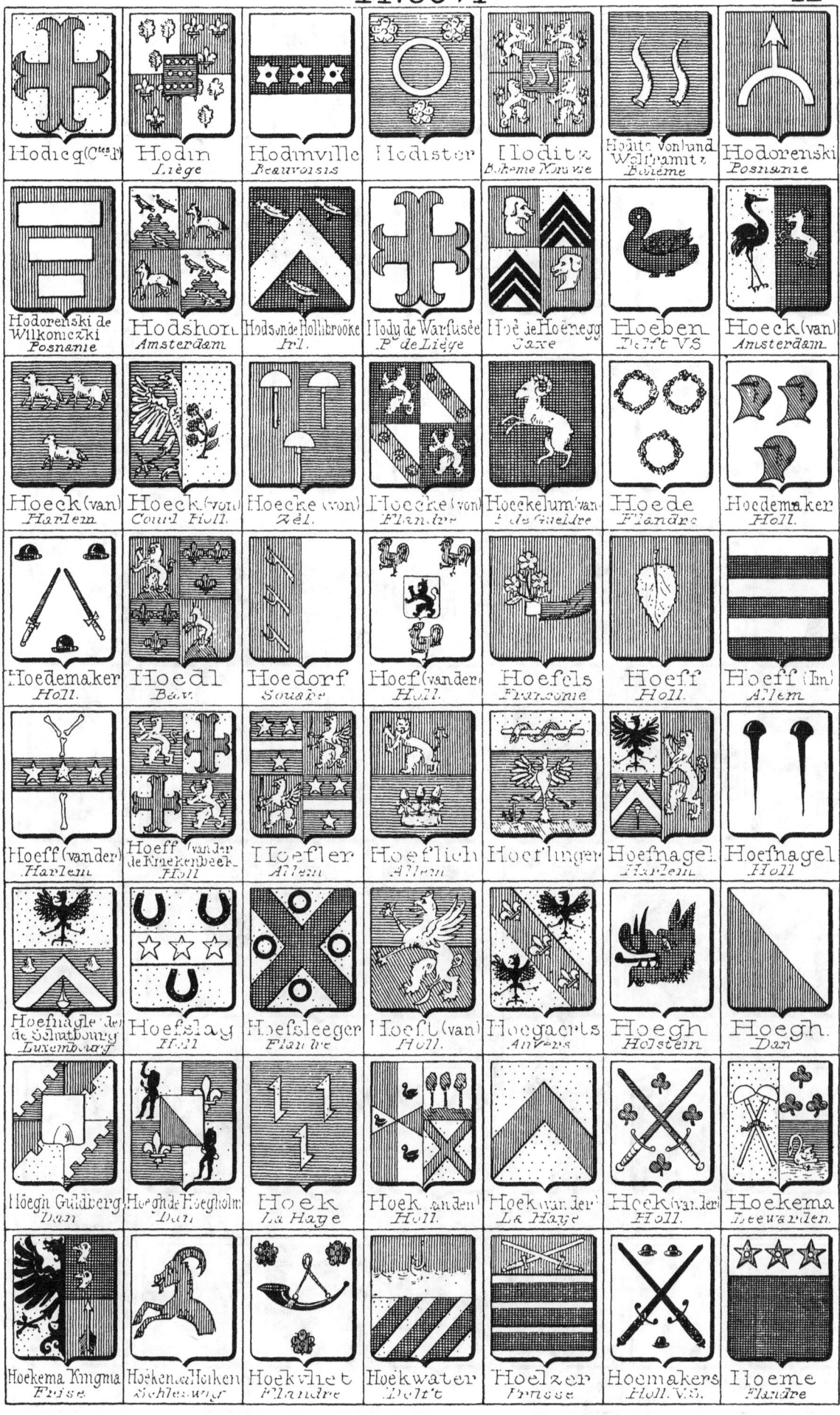

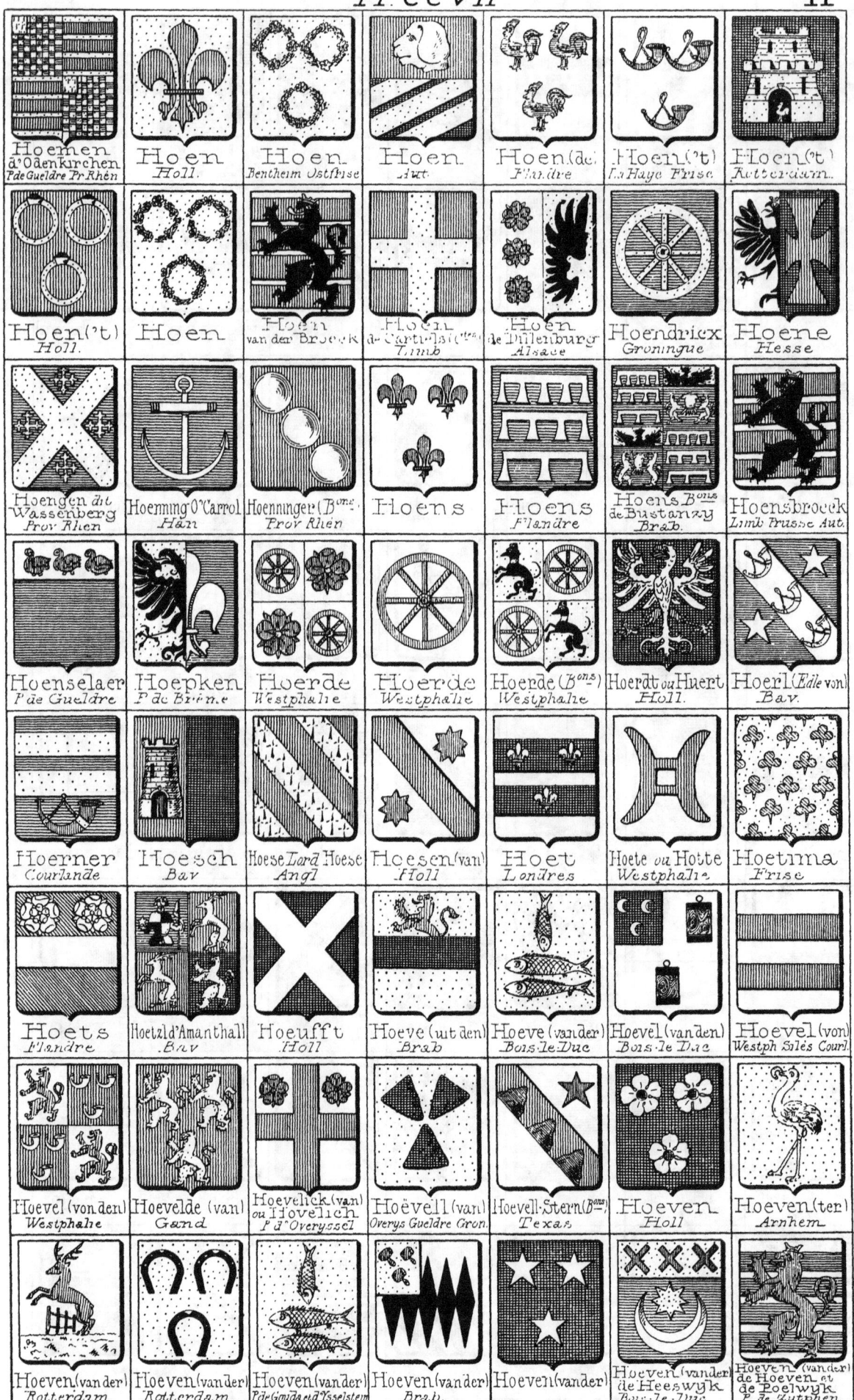

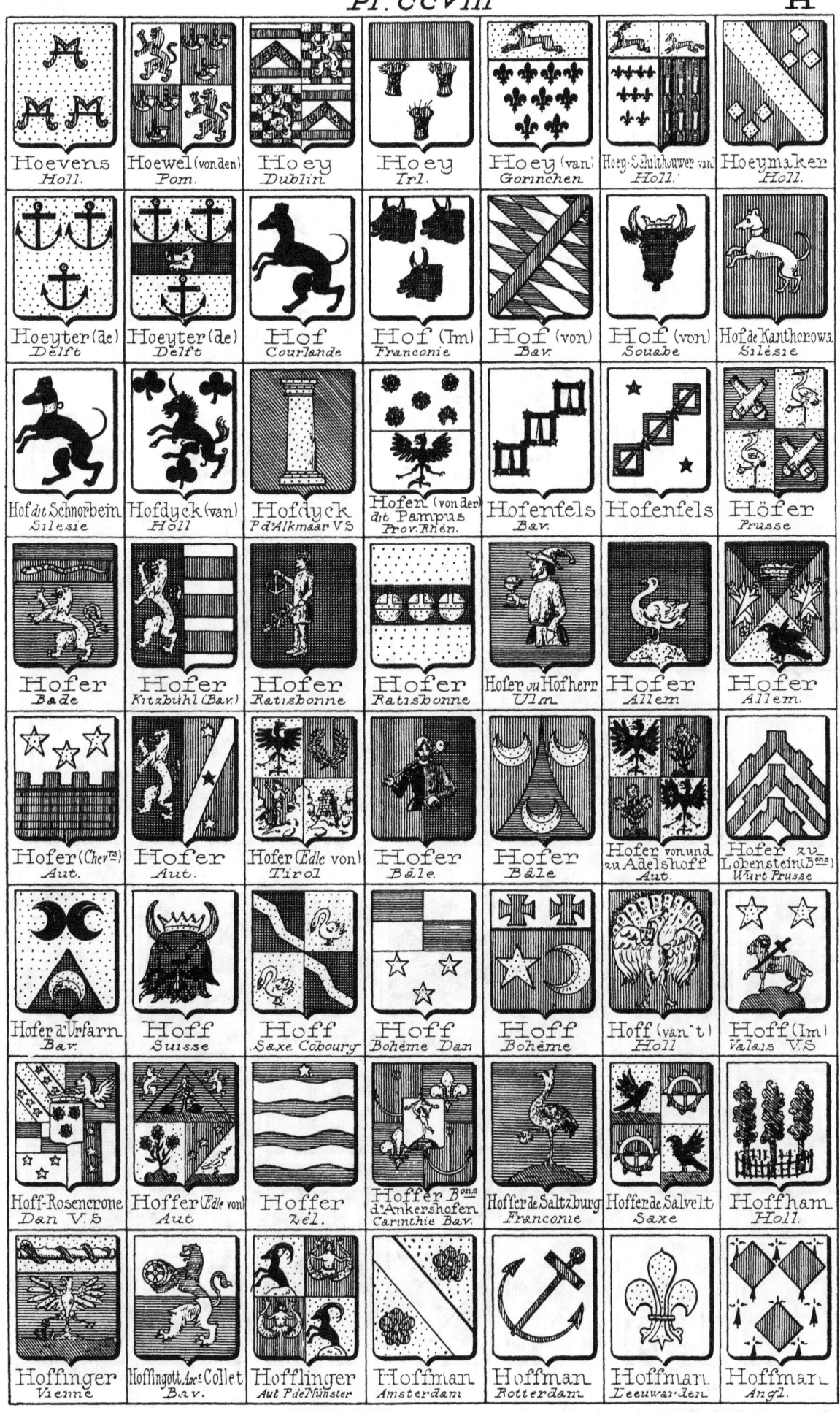

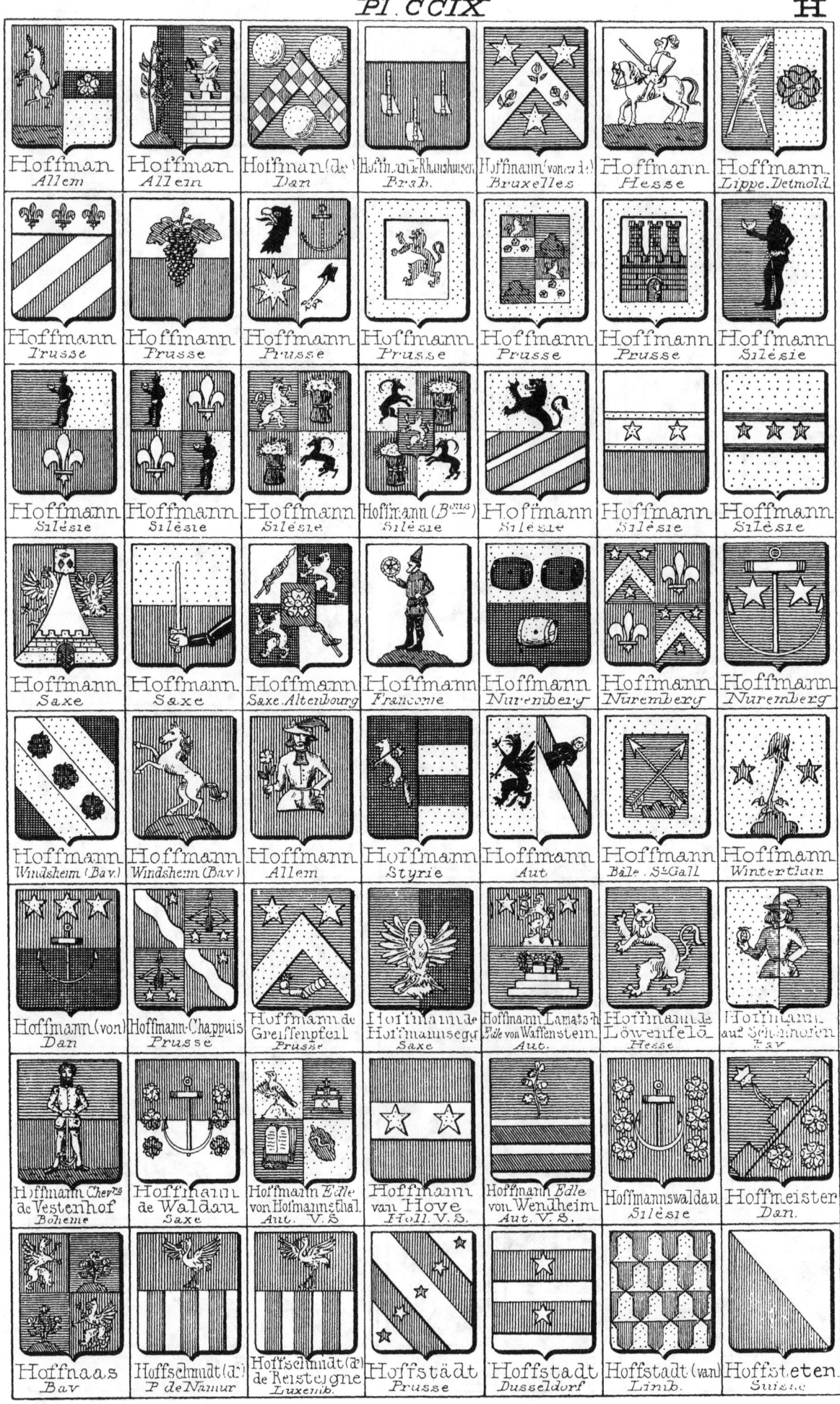

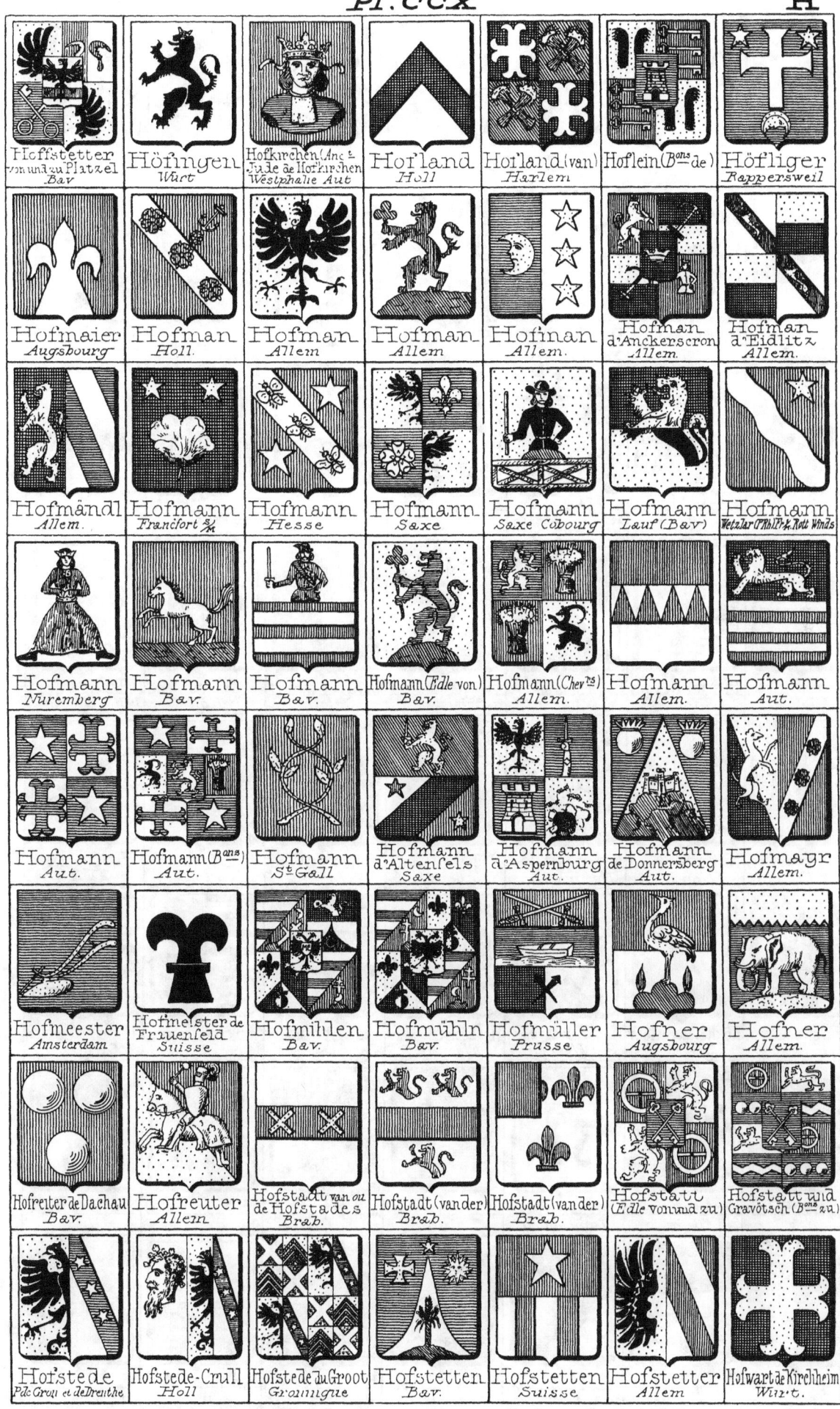

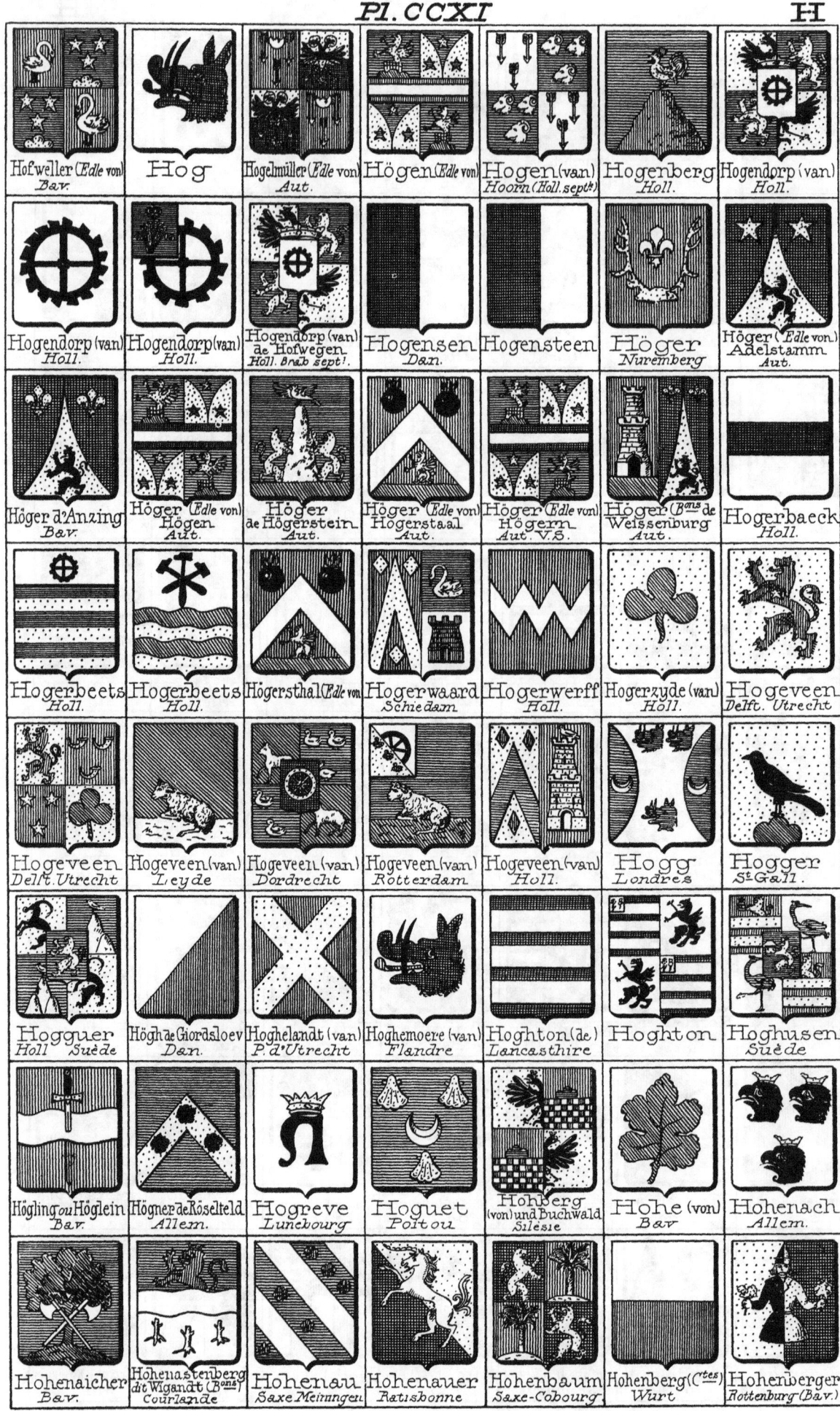

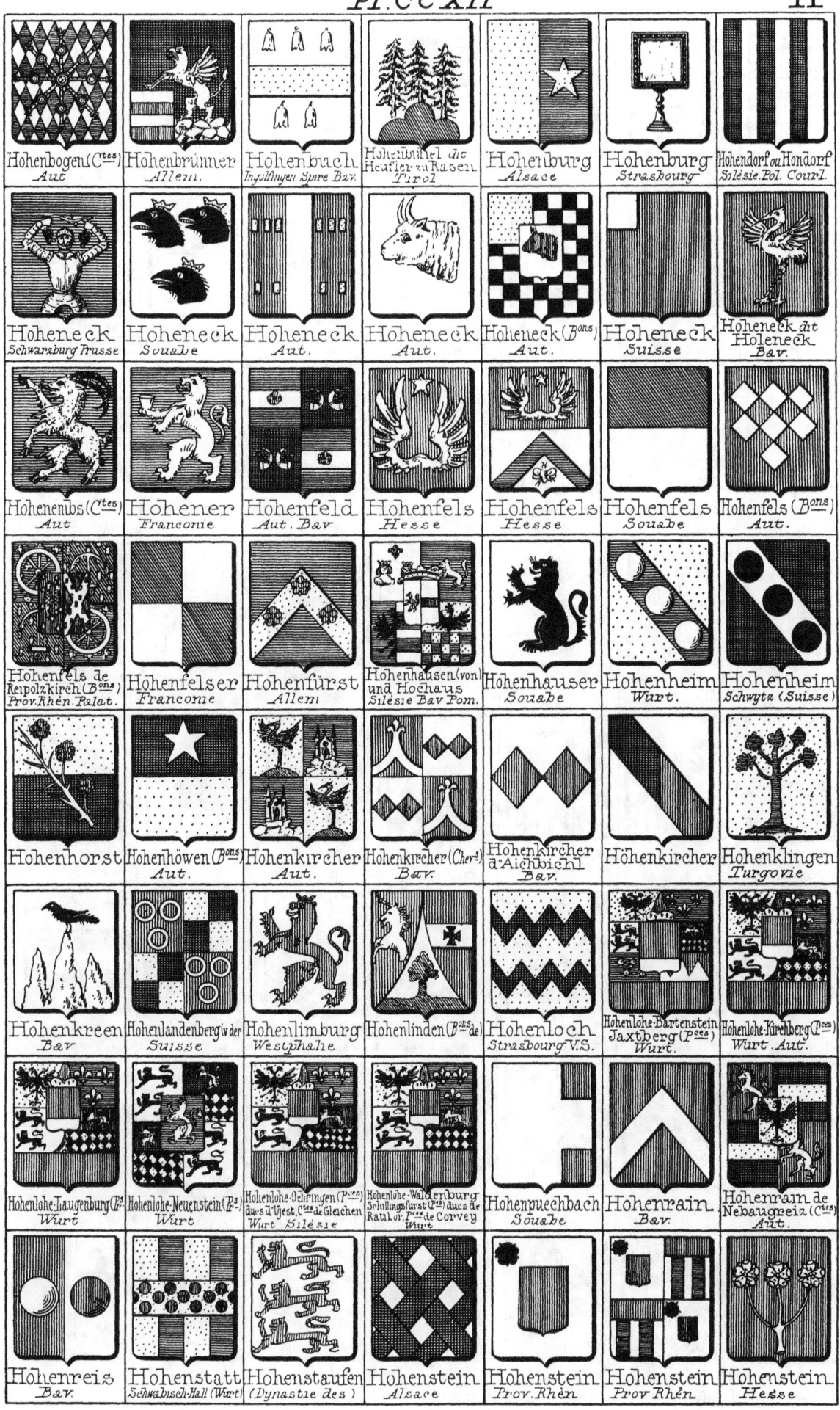

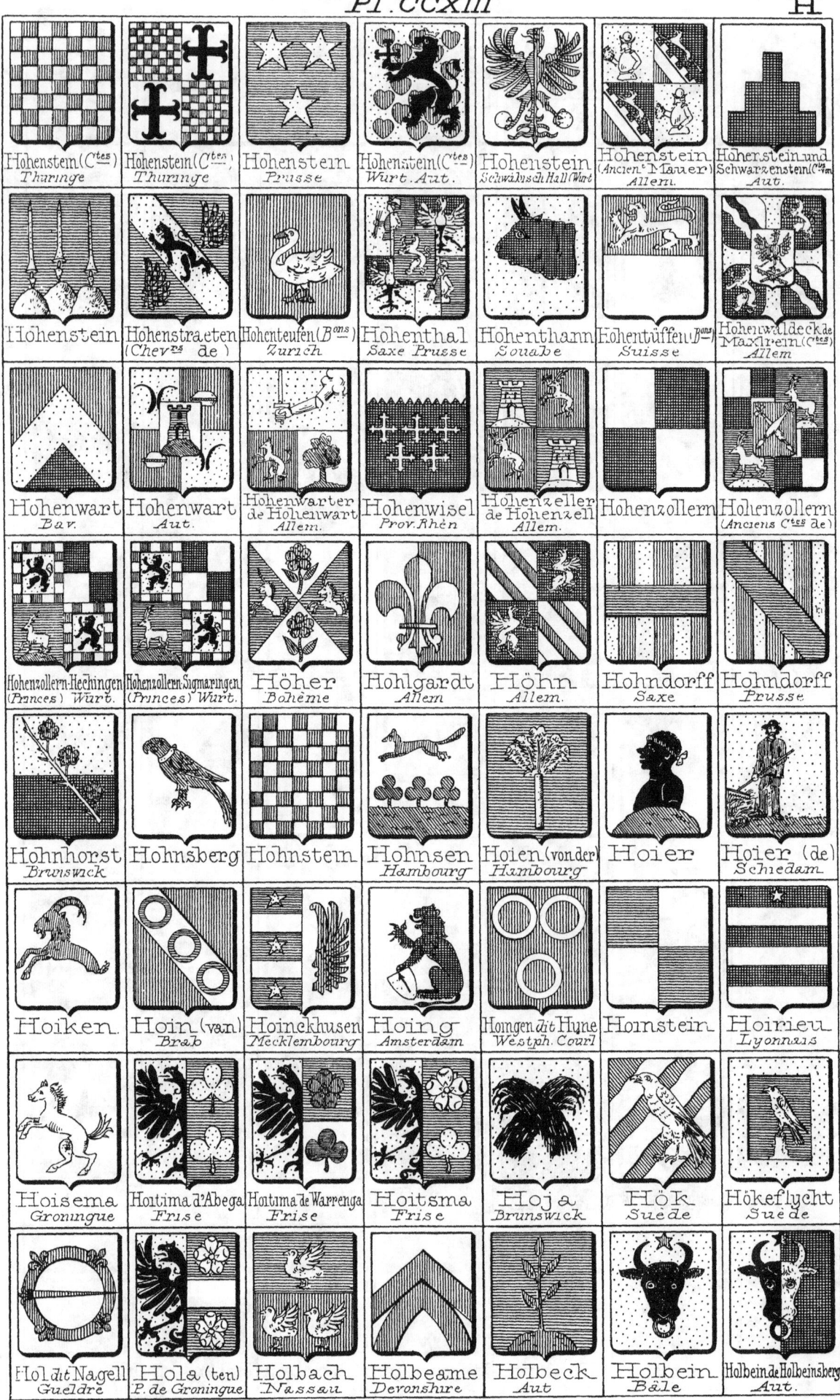

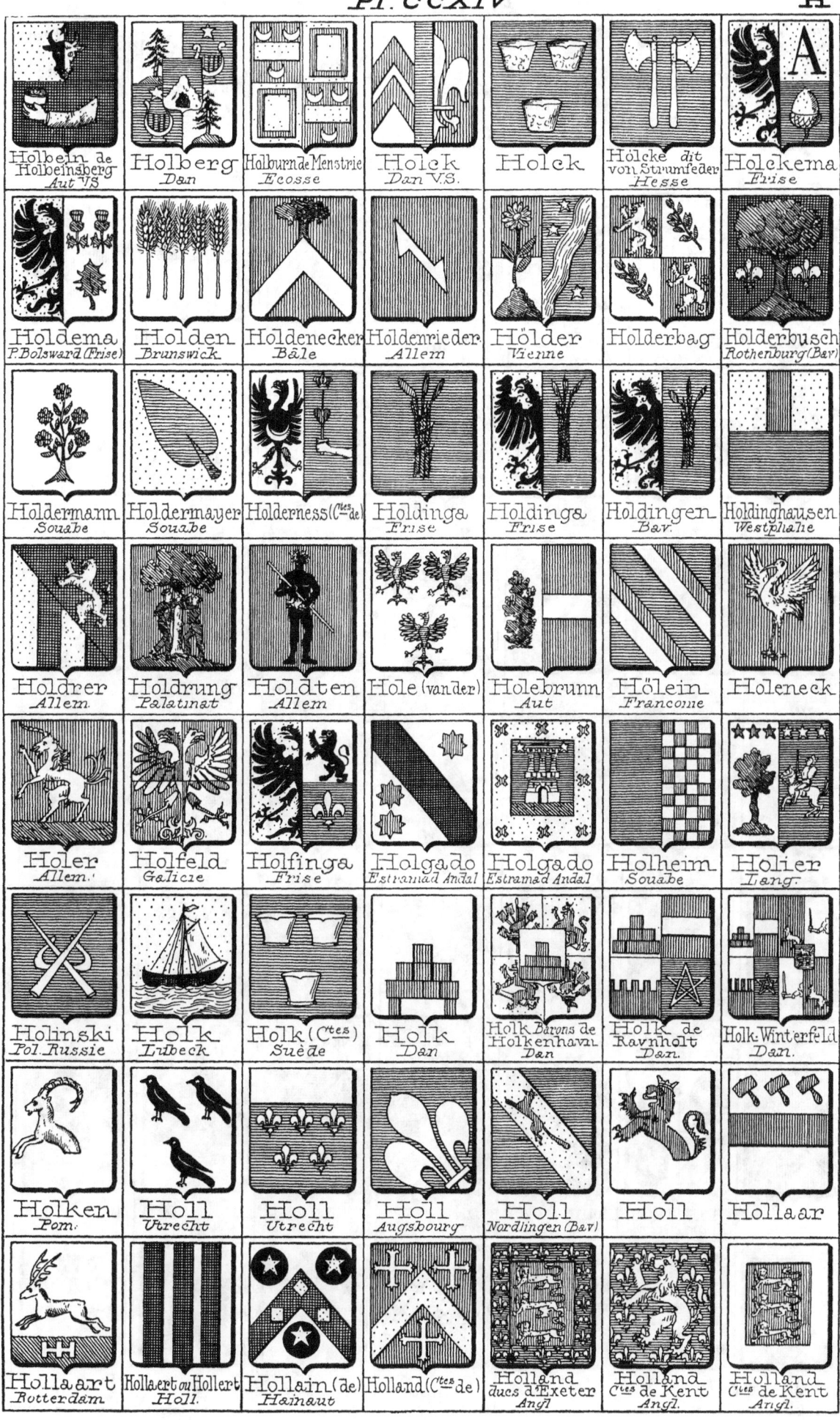

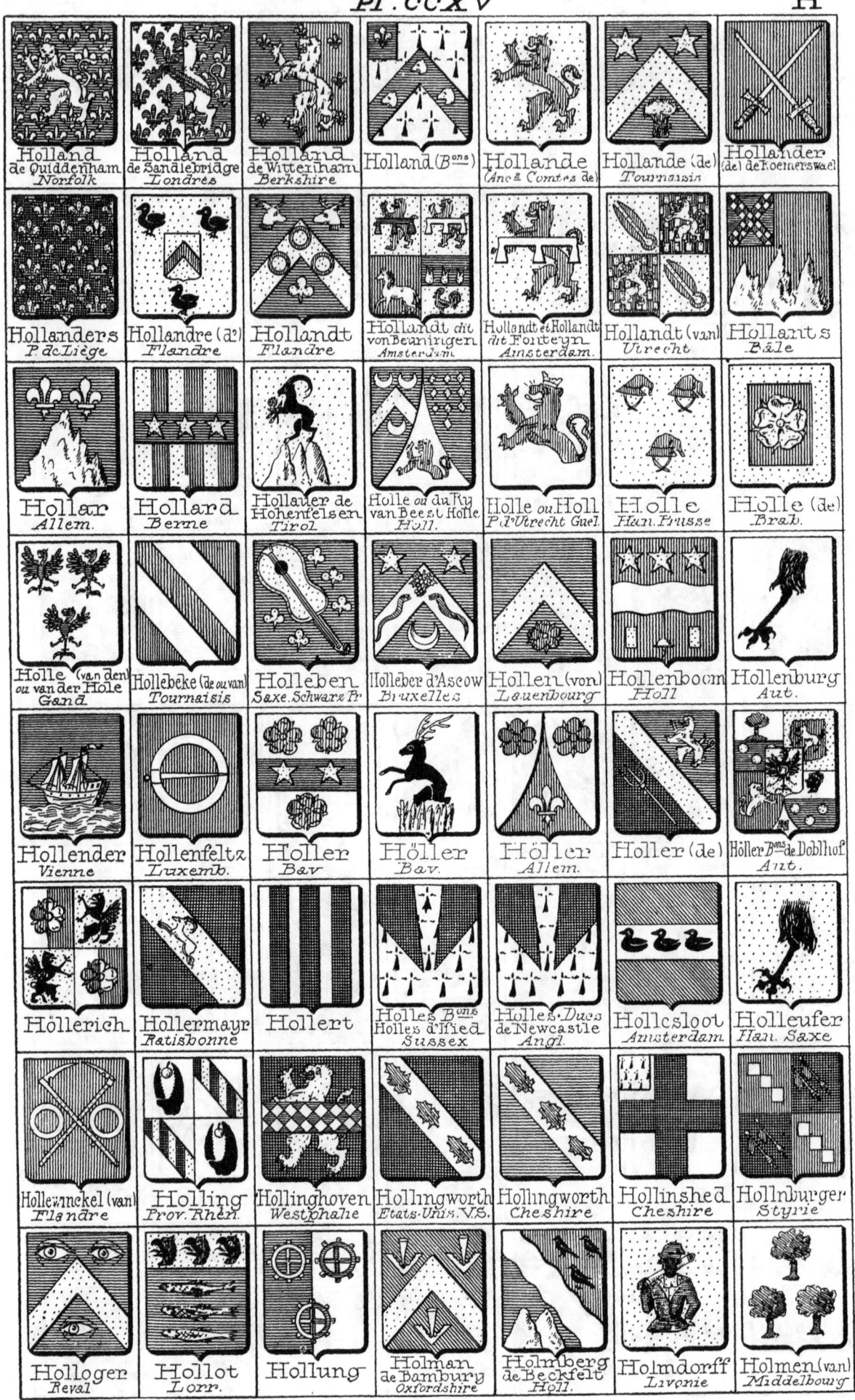

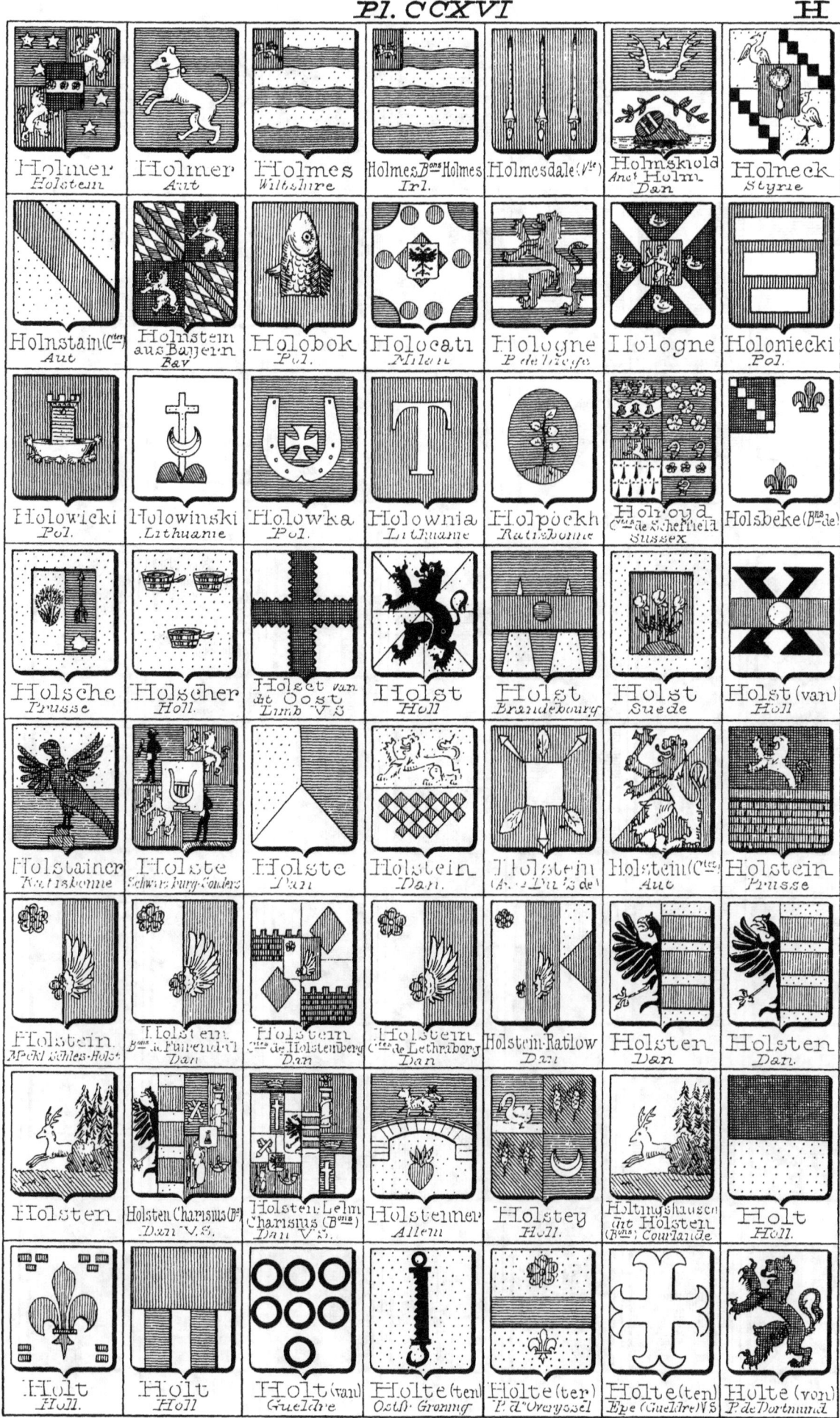

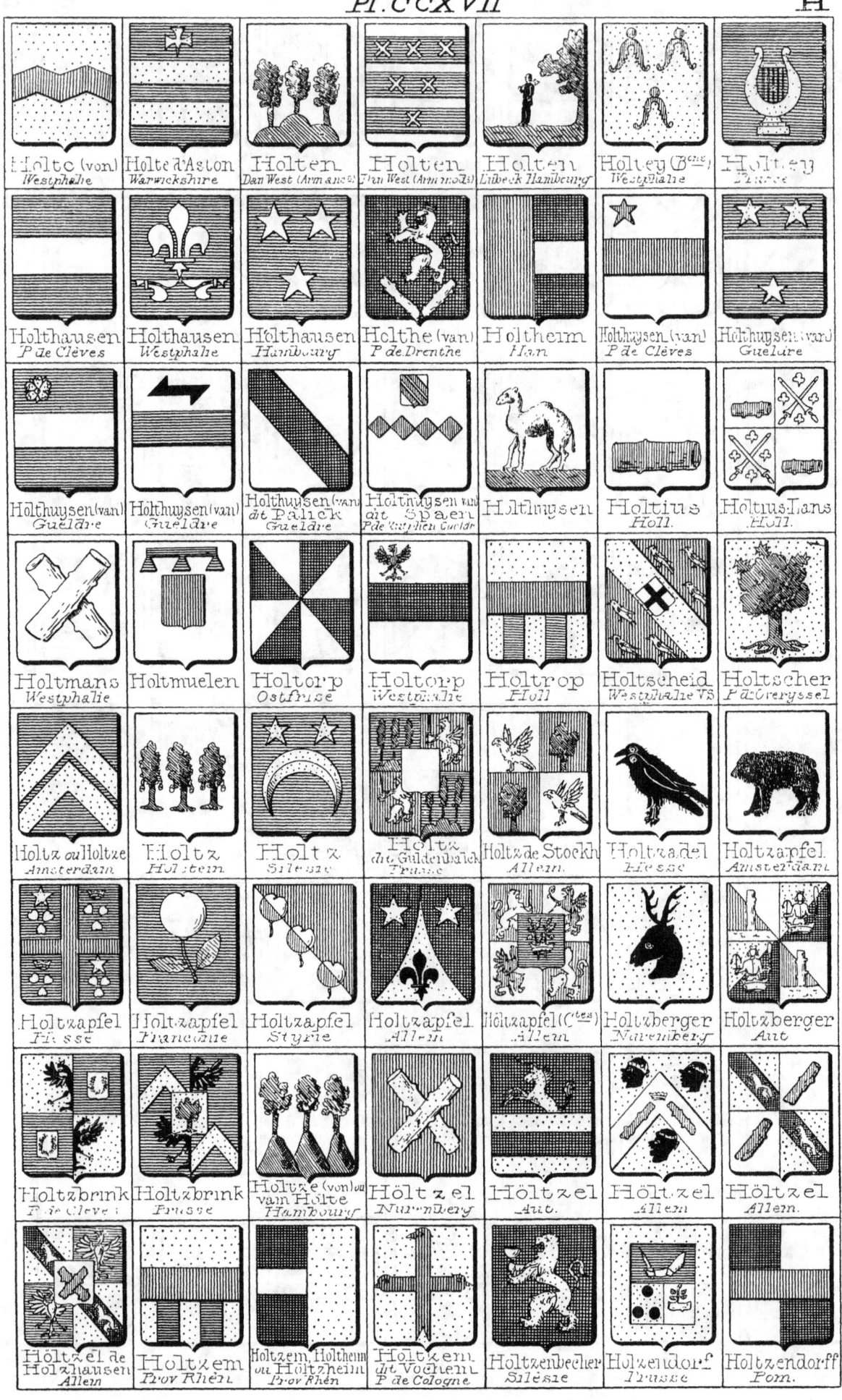

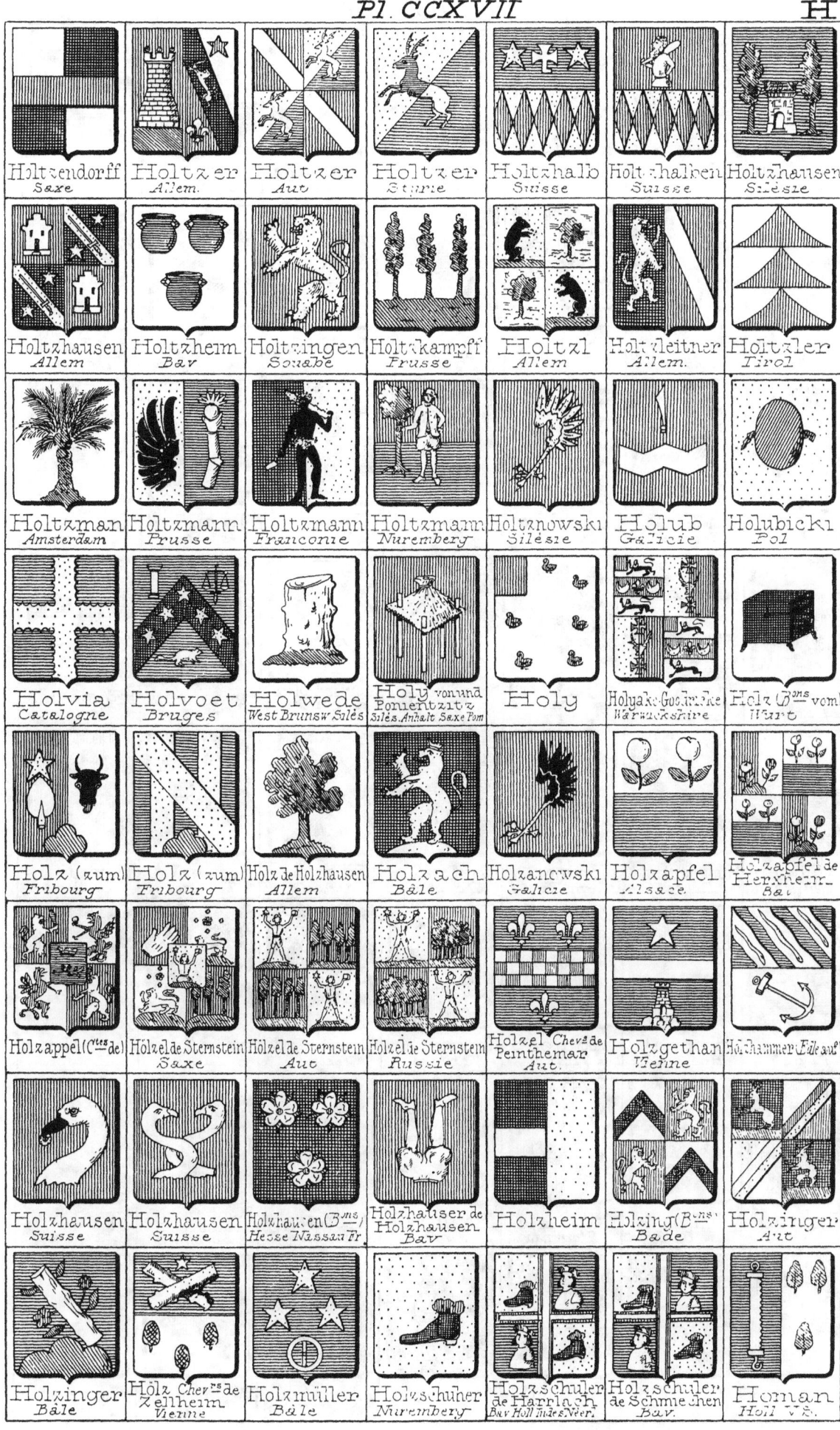

Pl. CCXVIII H

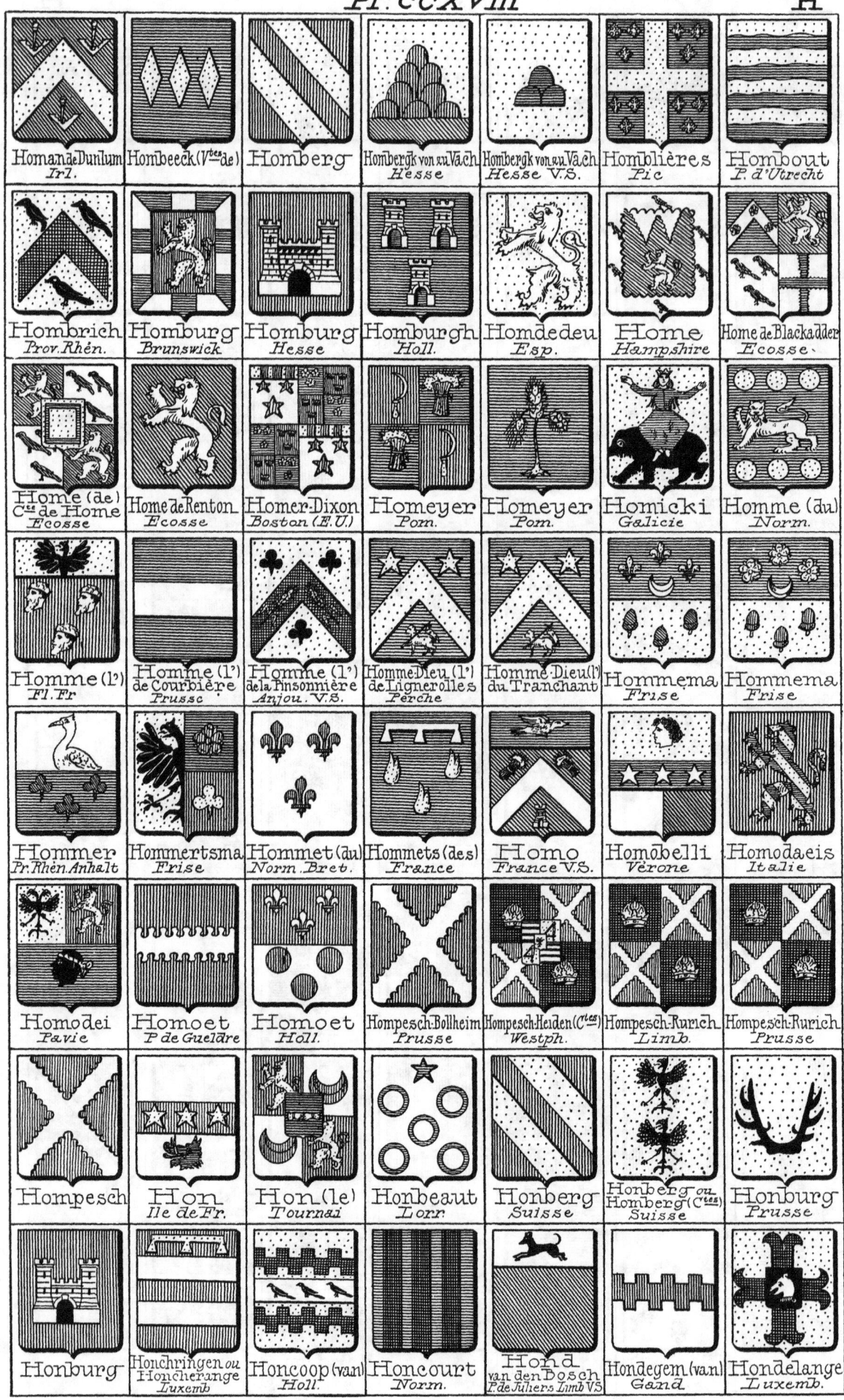

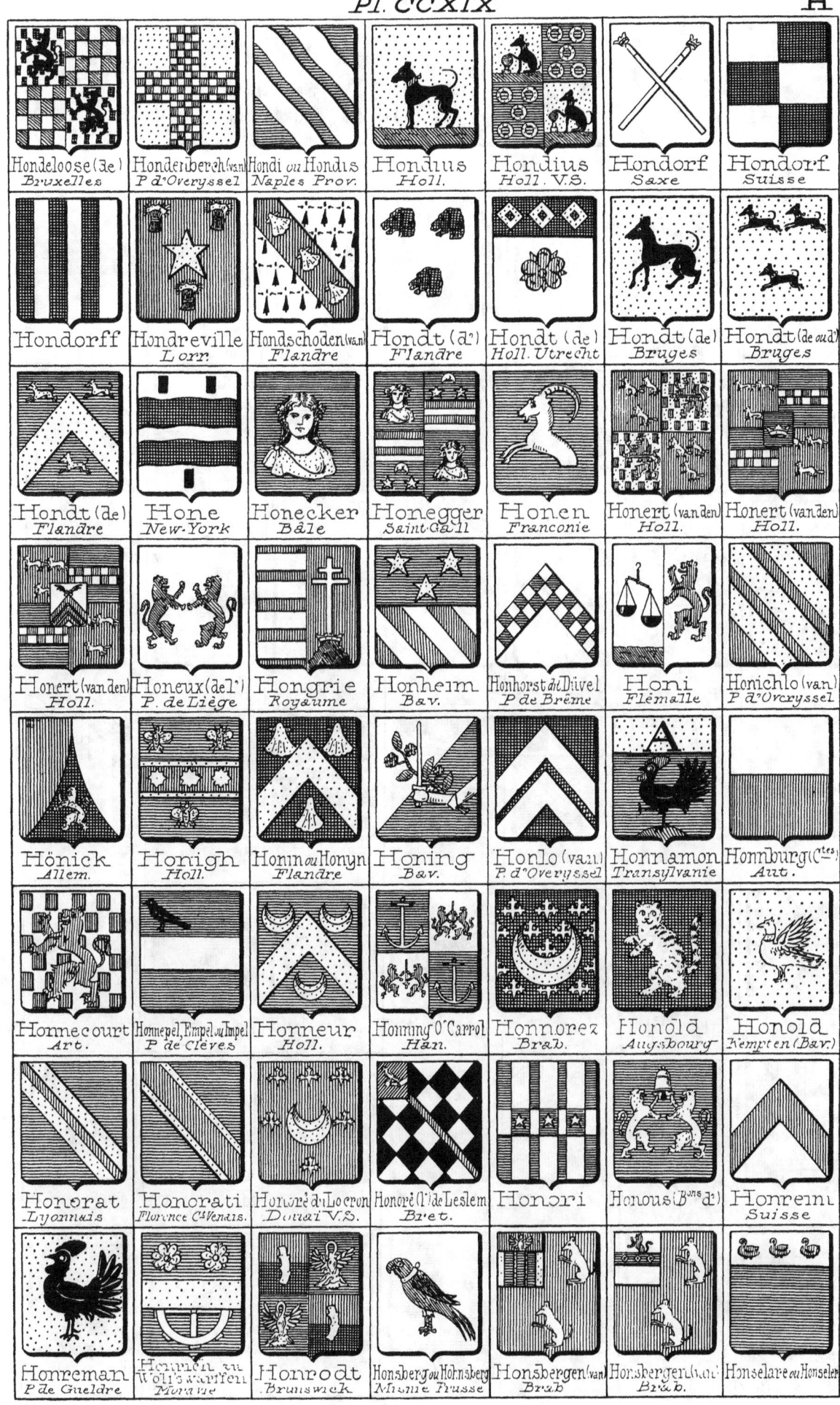

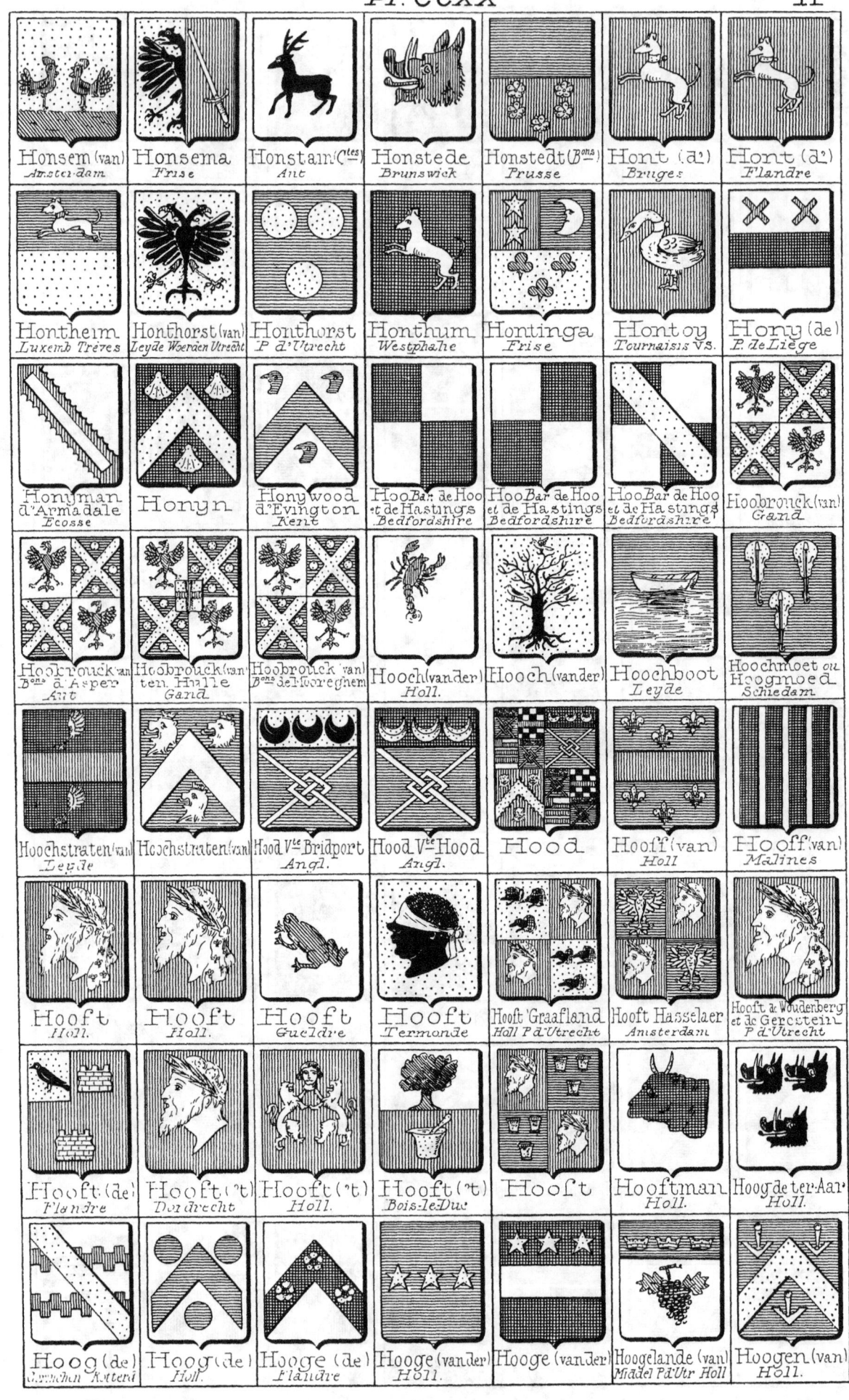

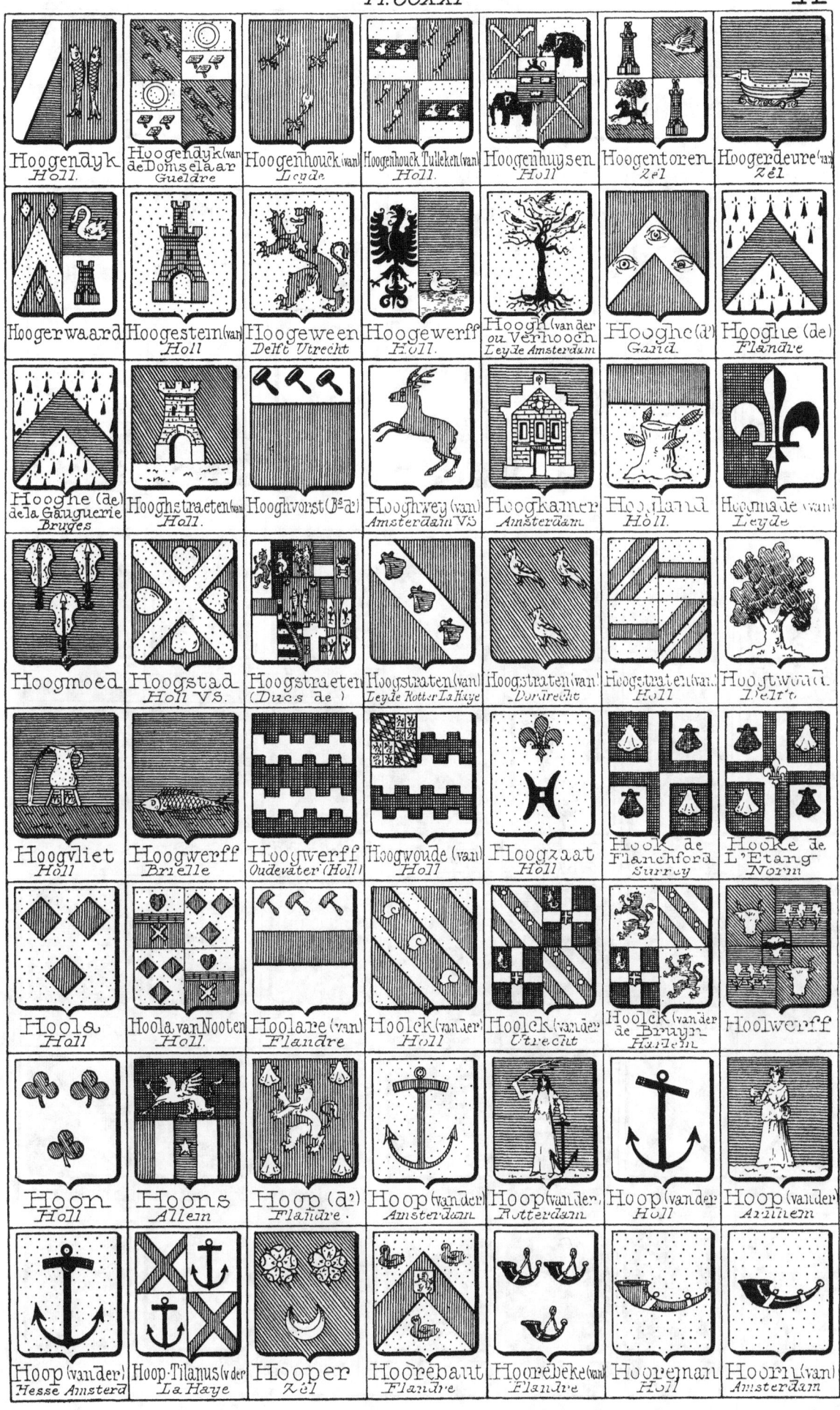

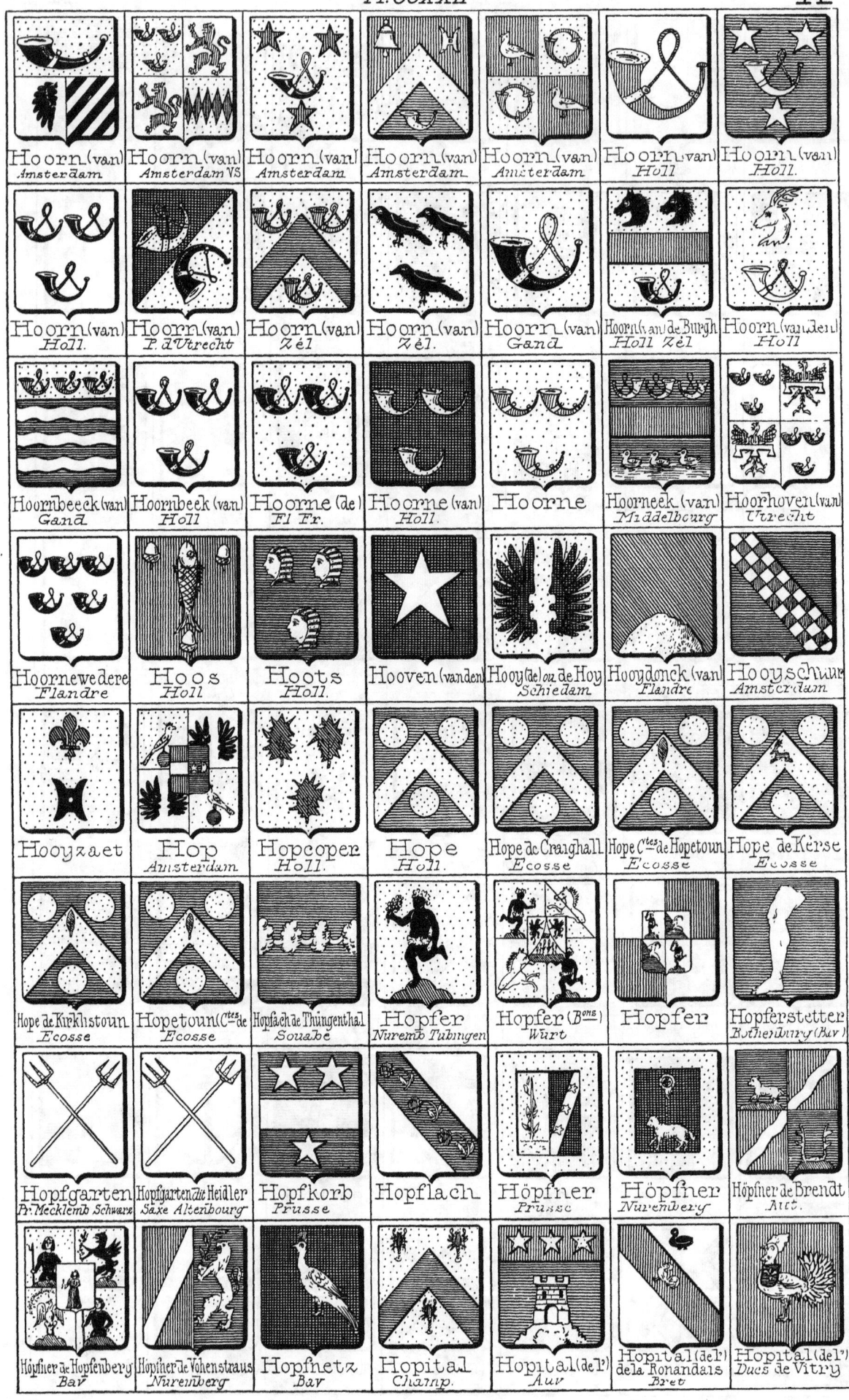

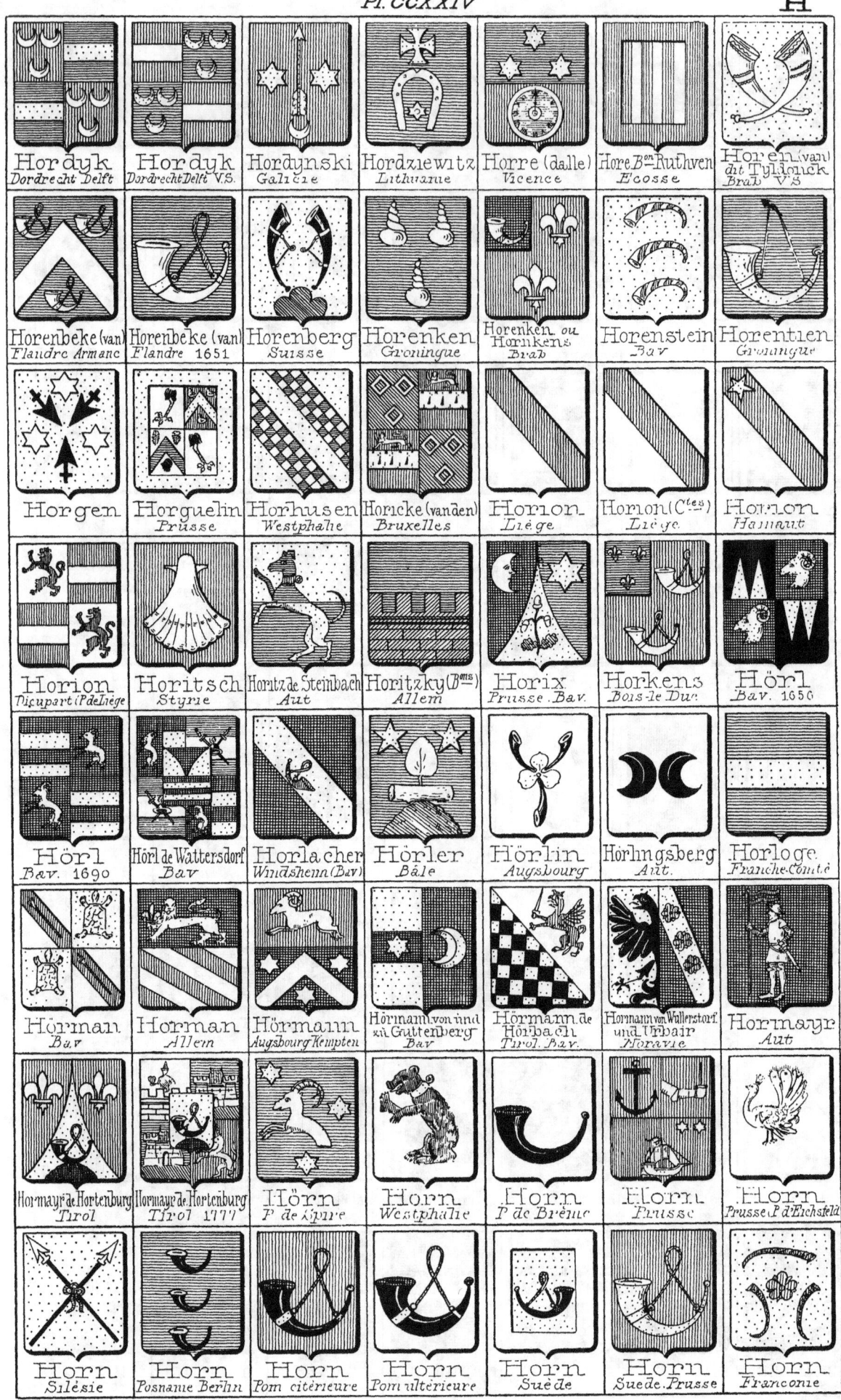

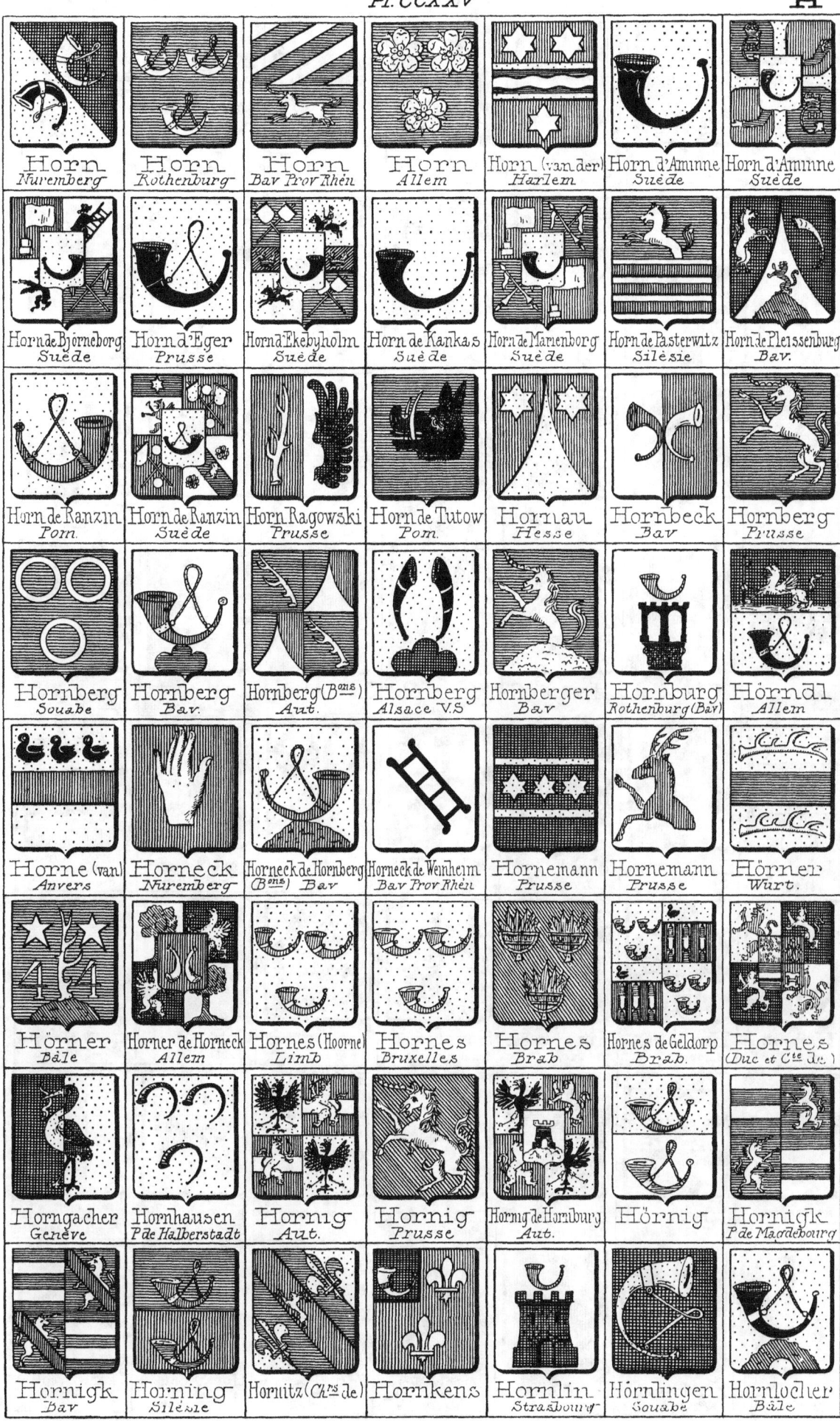

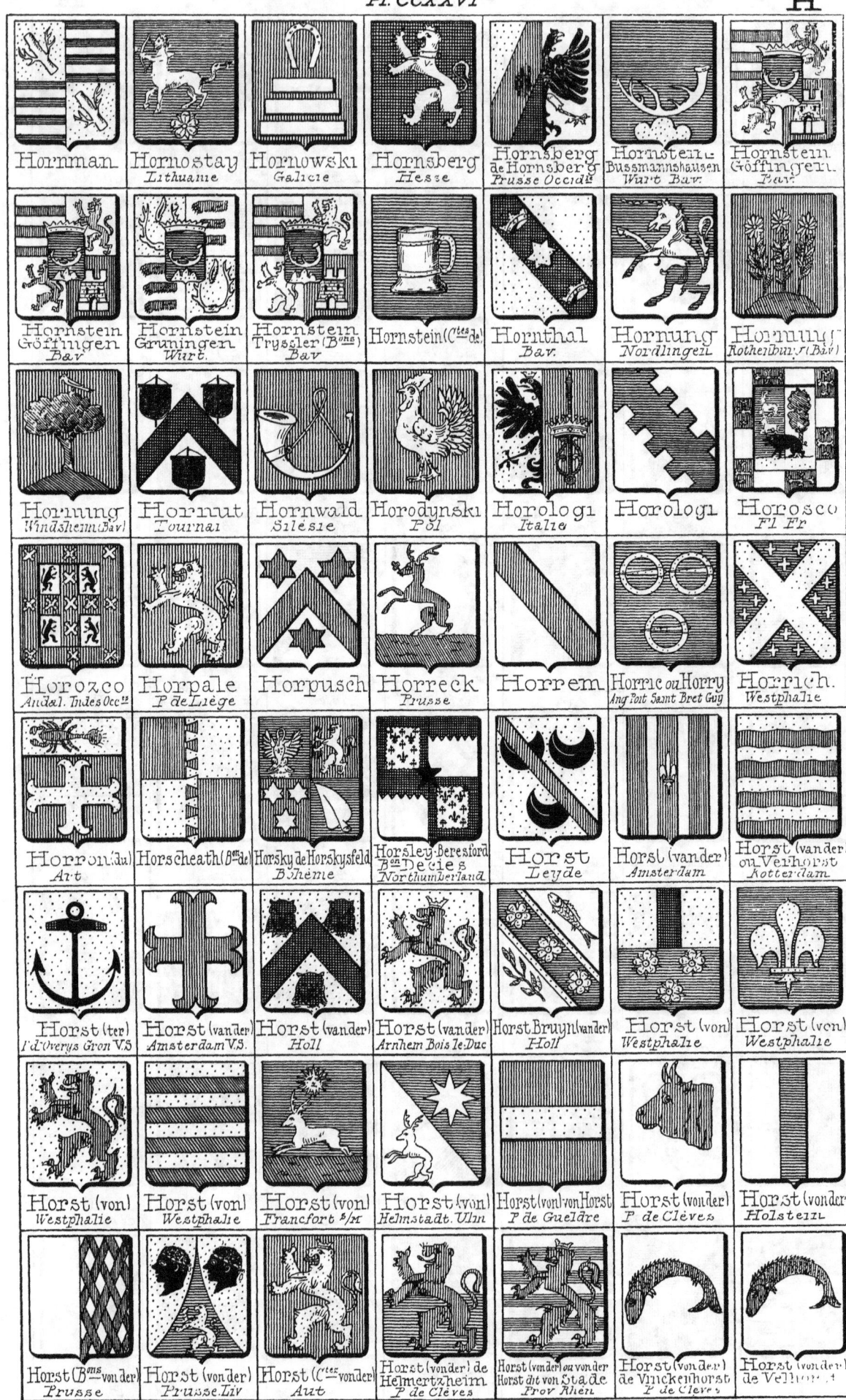

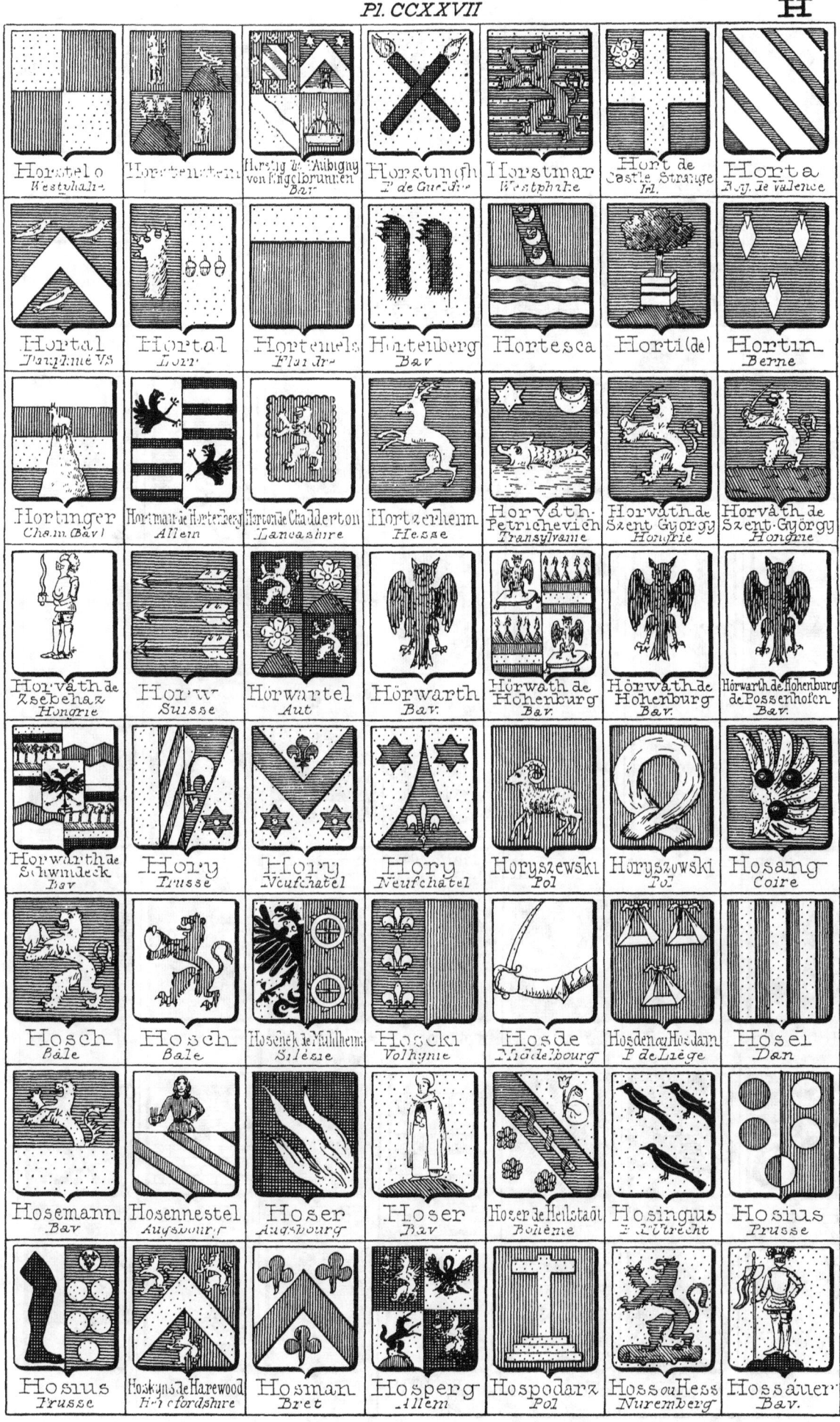

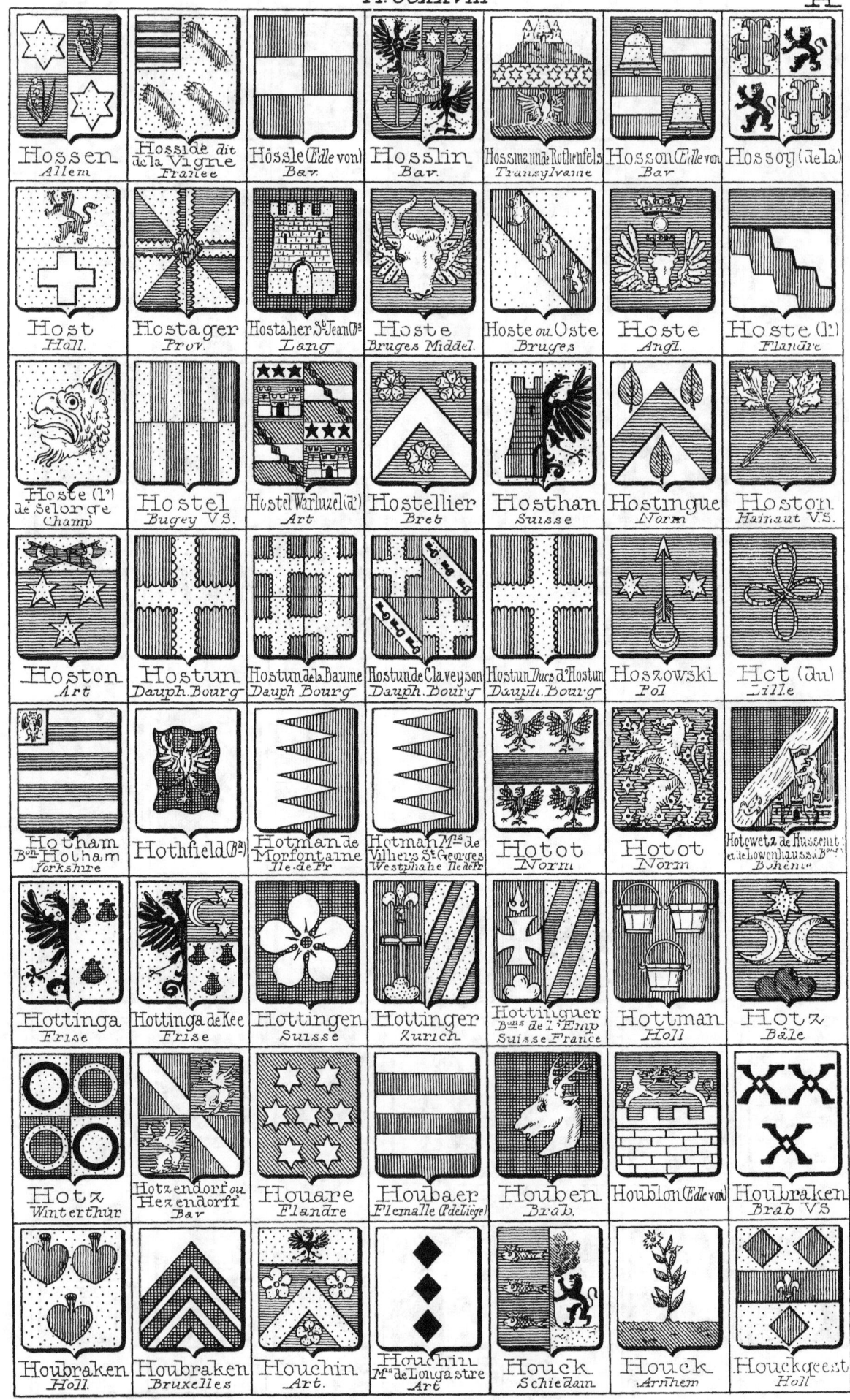

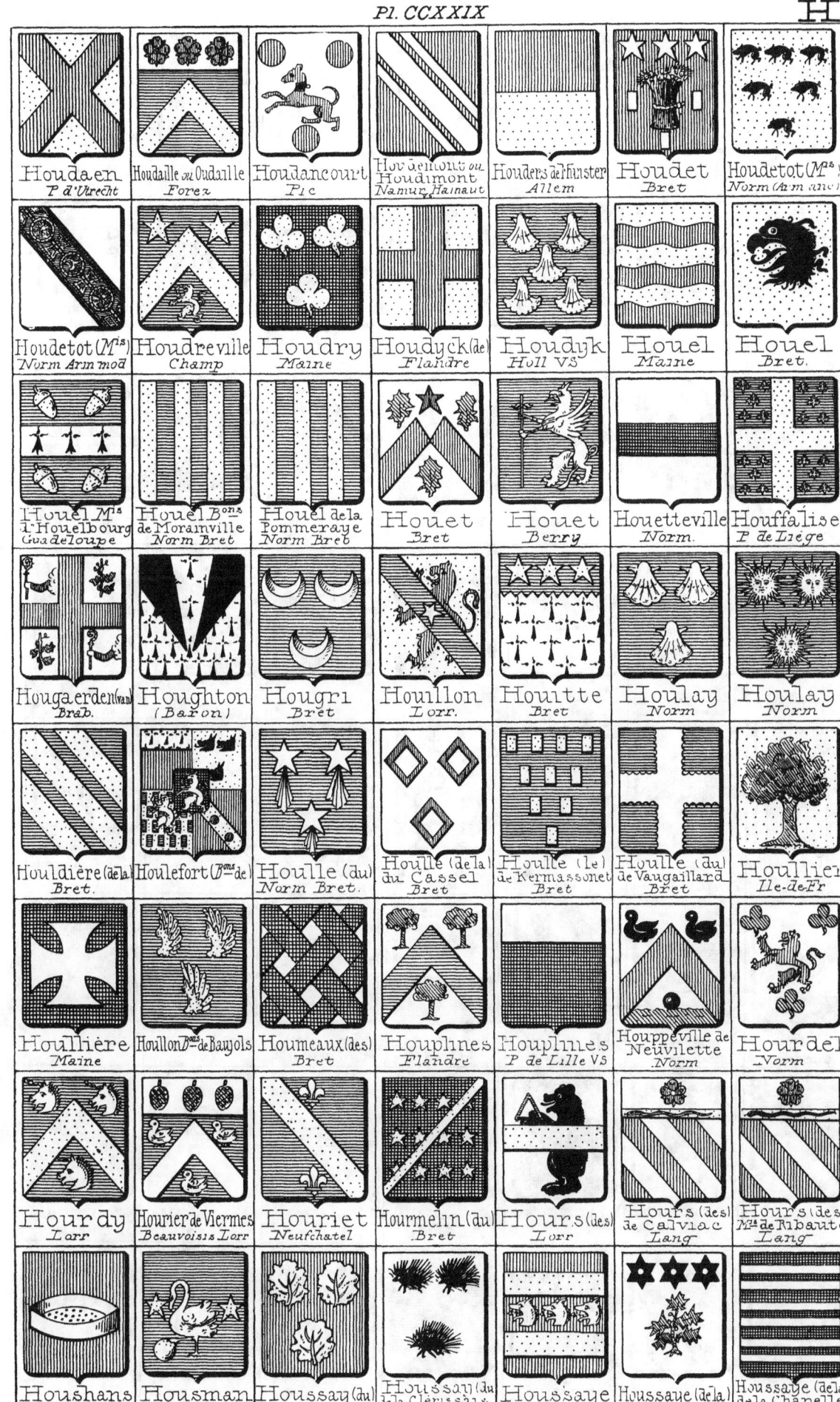

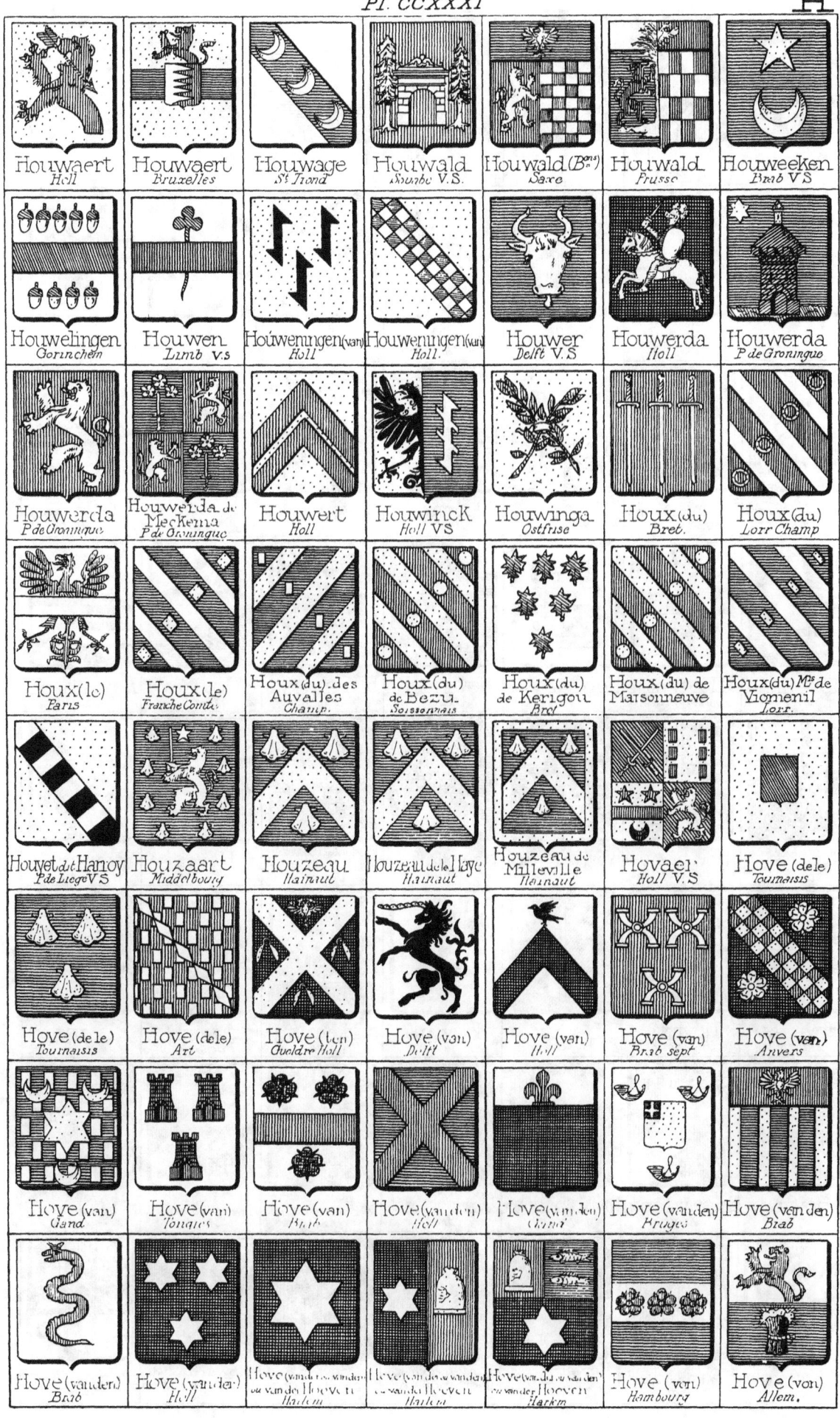

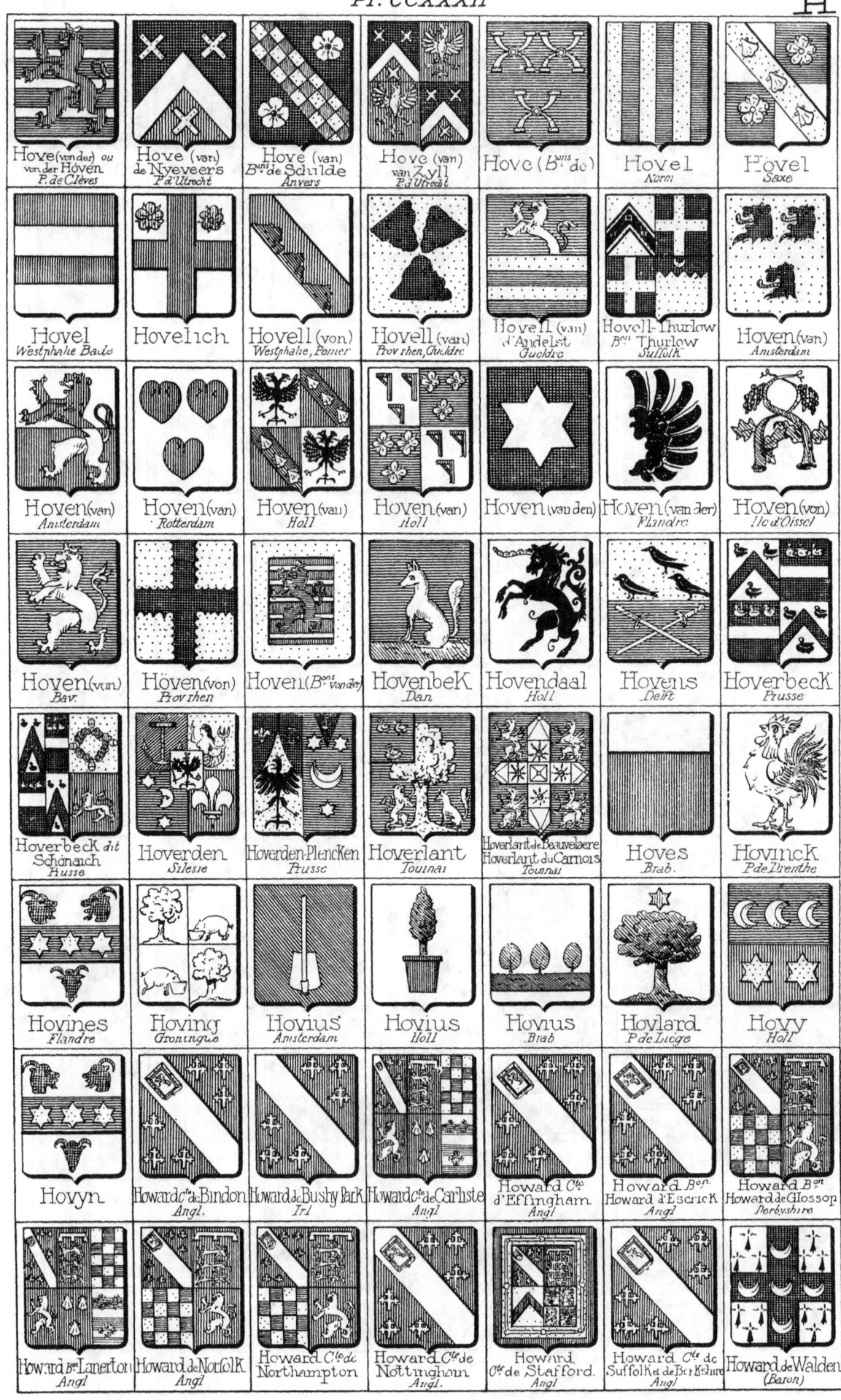

Pl. CCXXXII

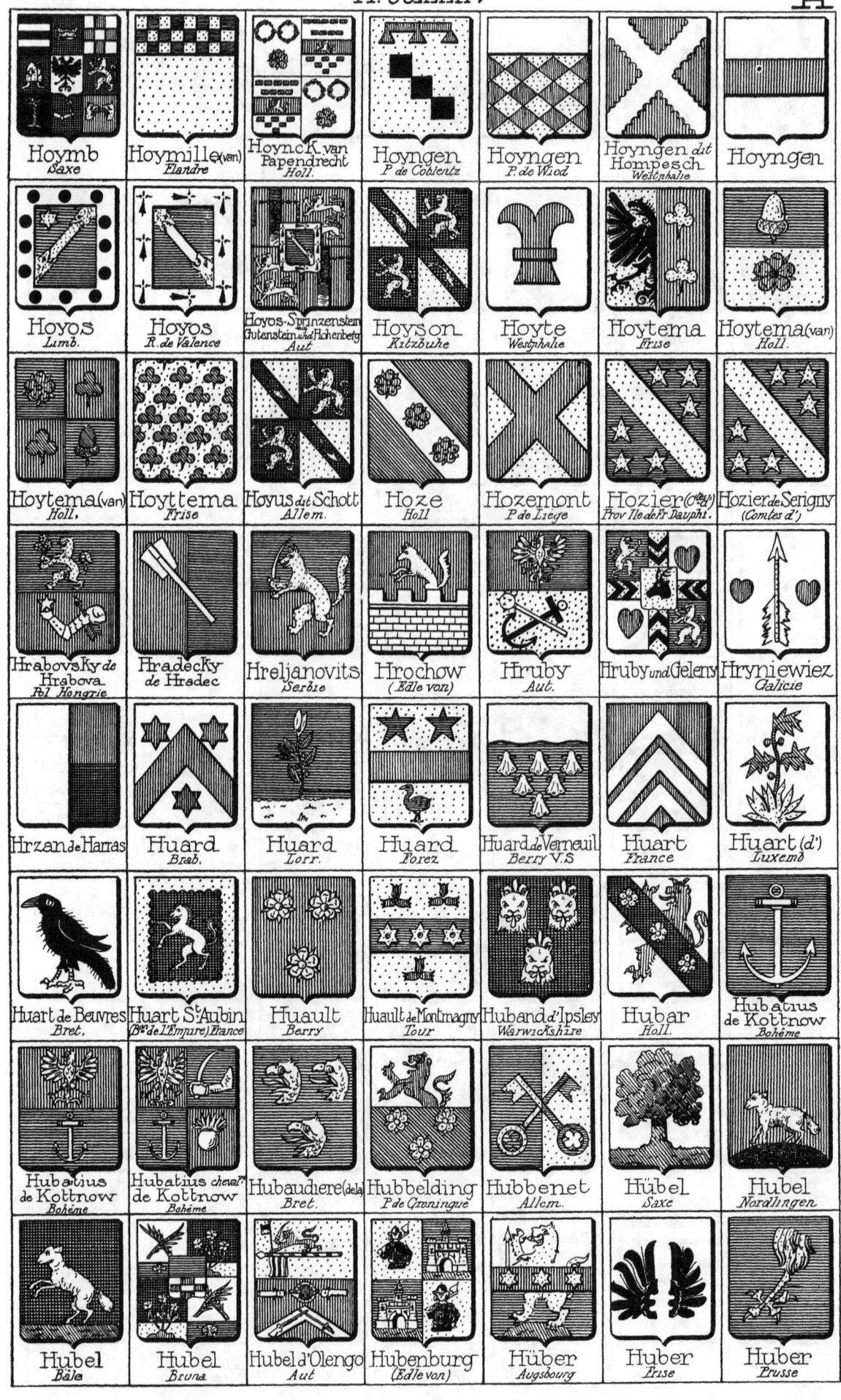

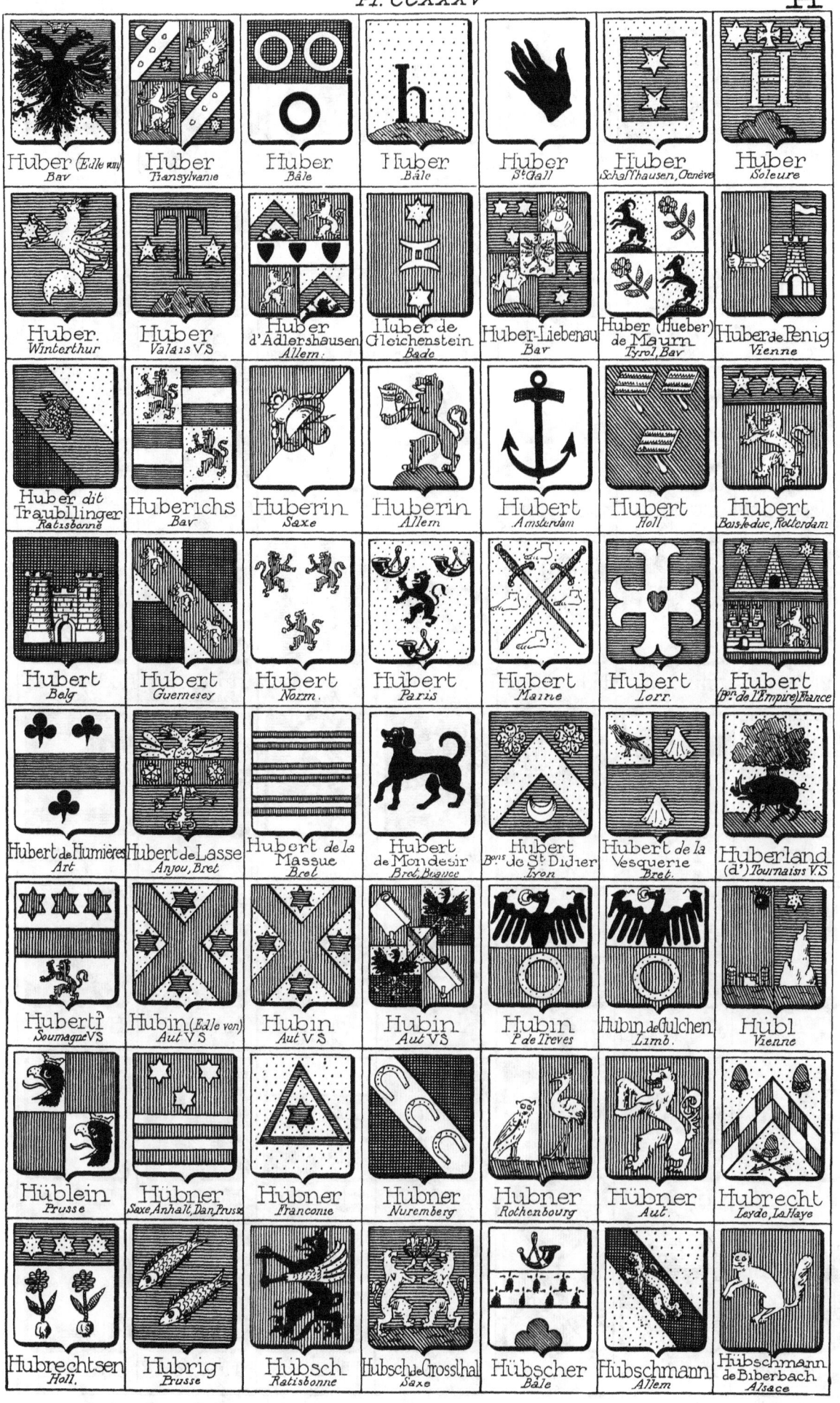

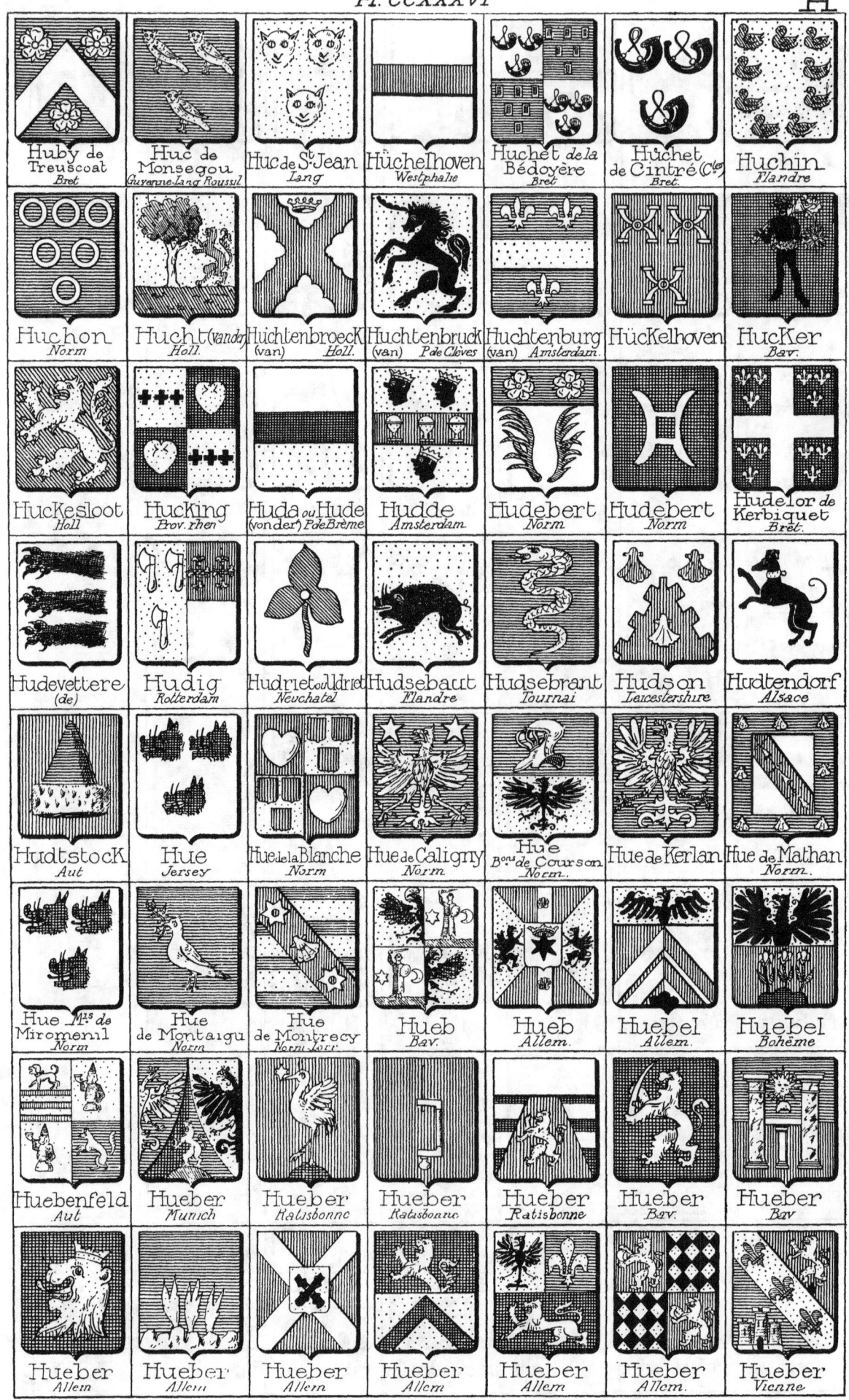

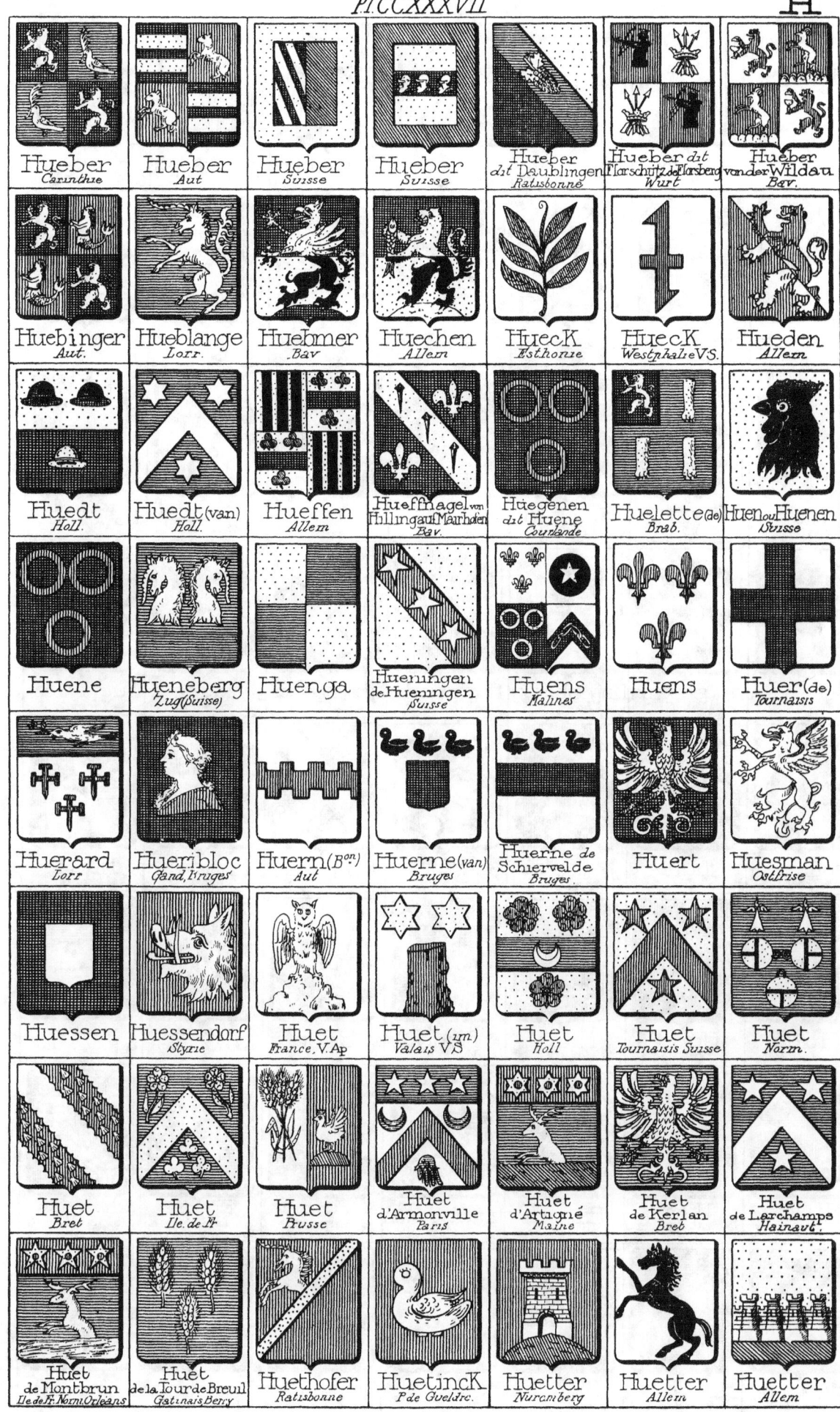

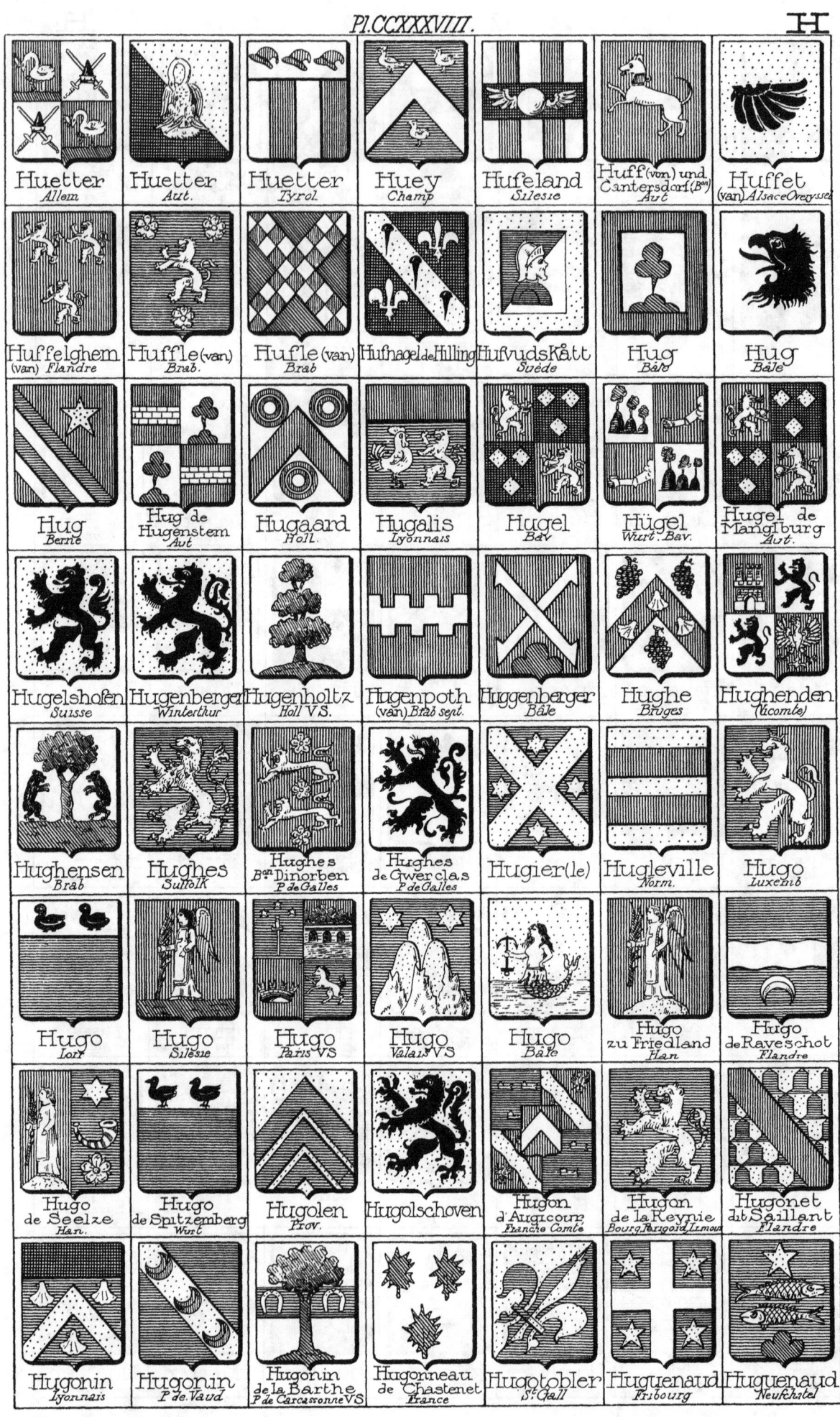

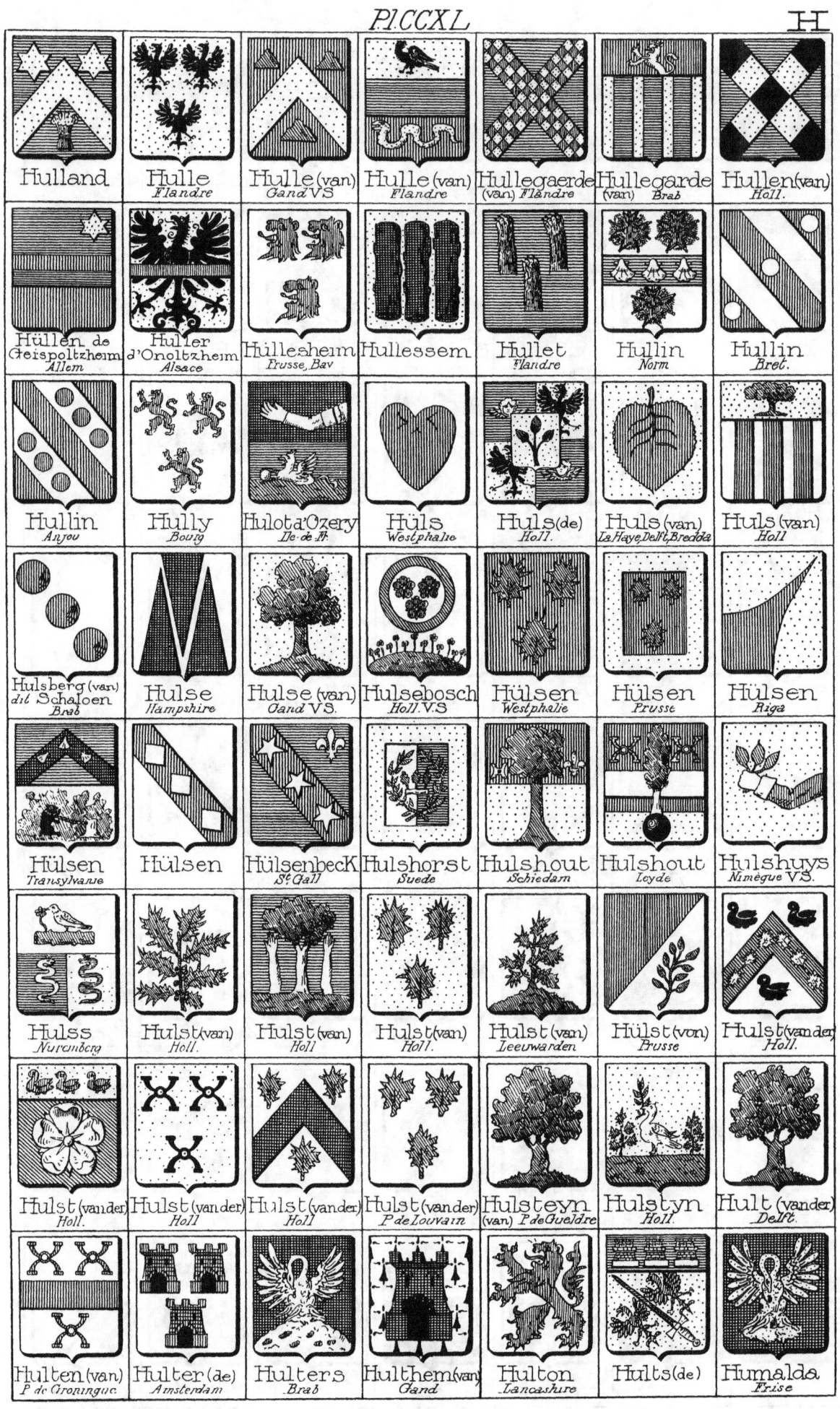

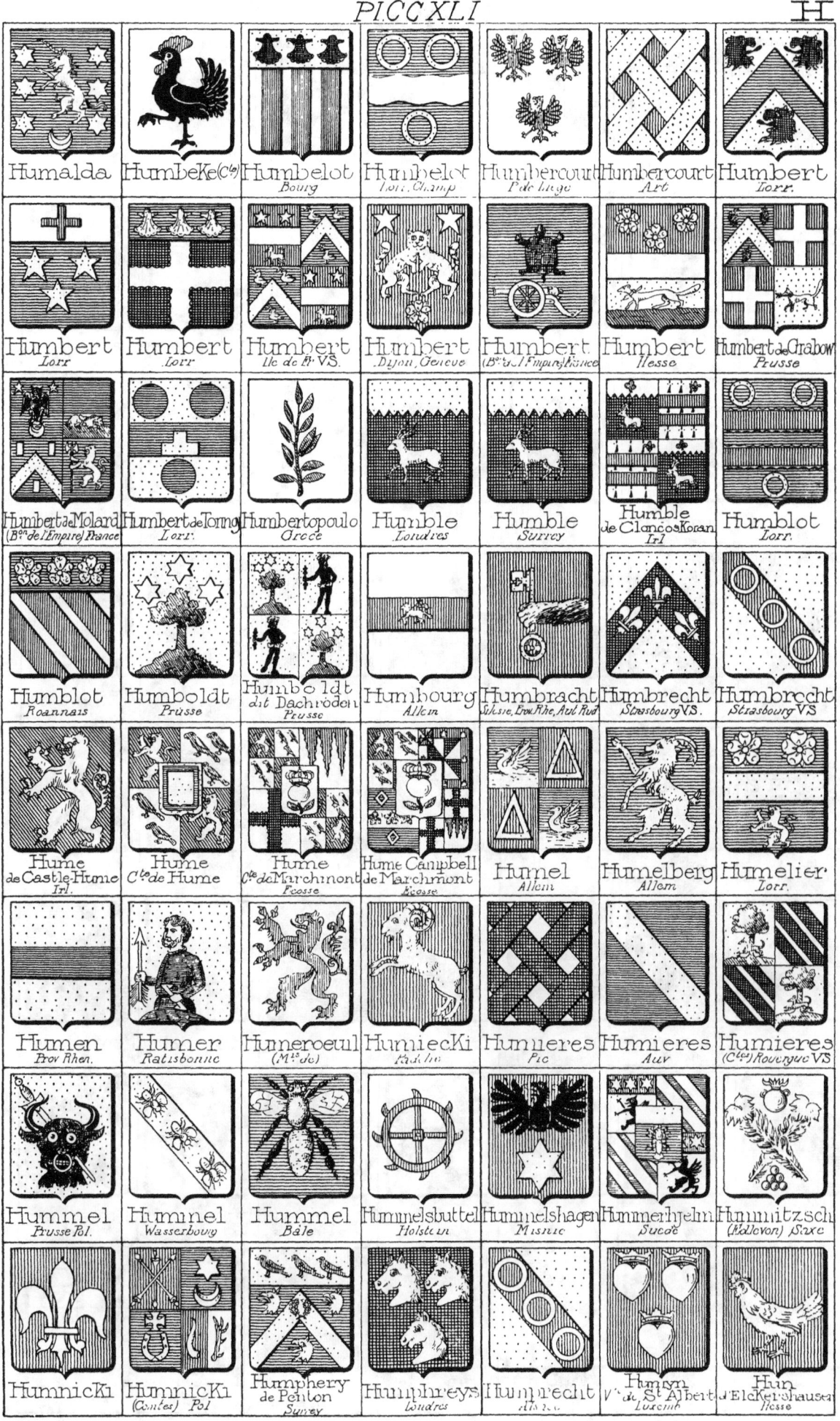

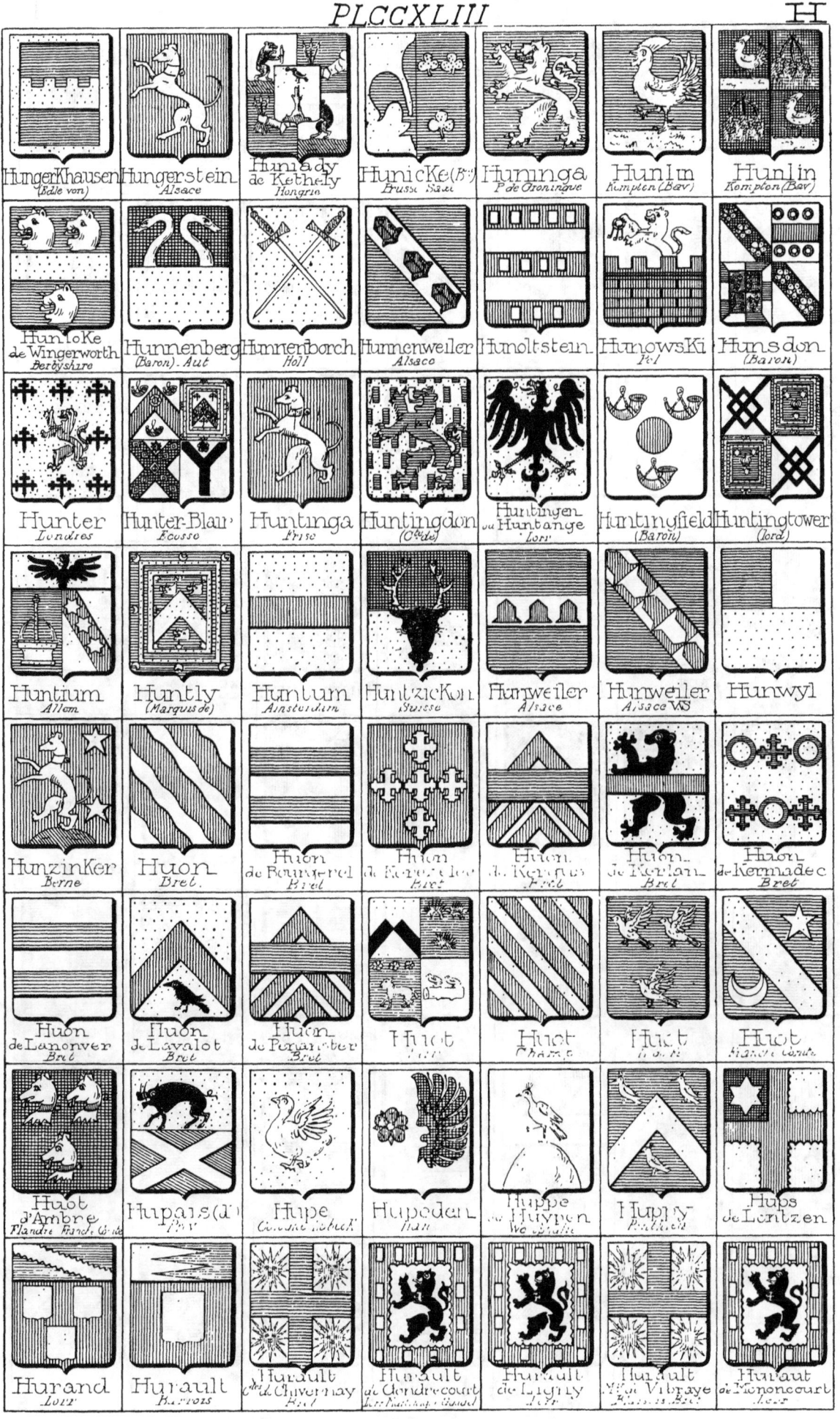

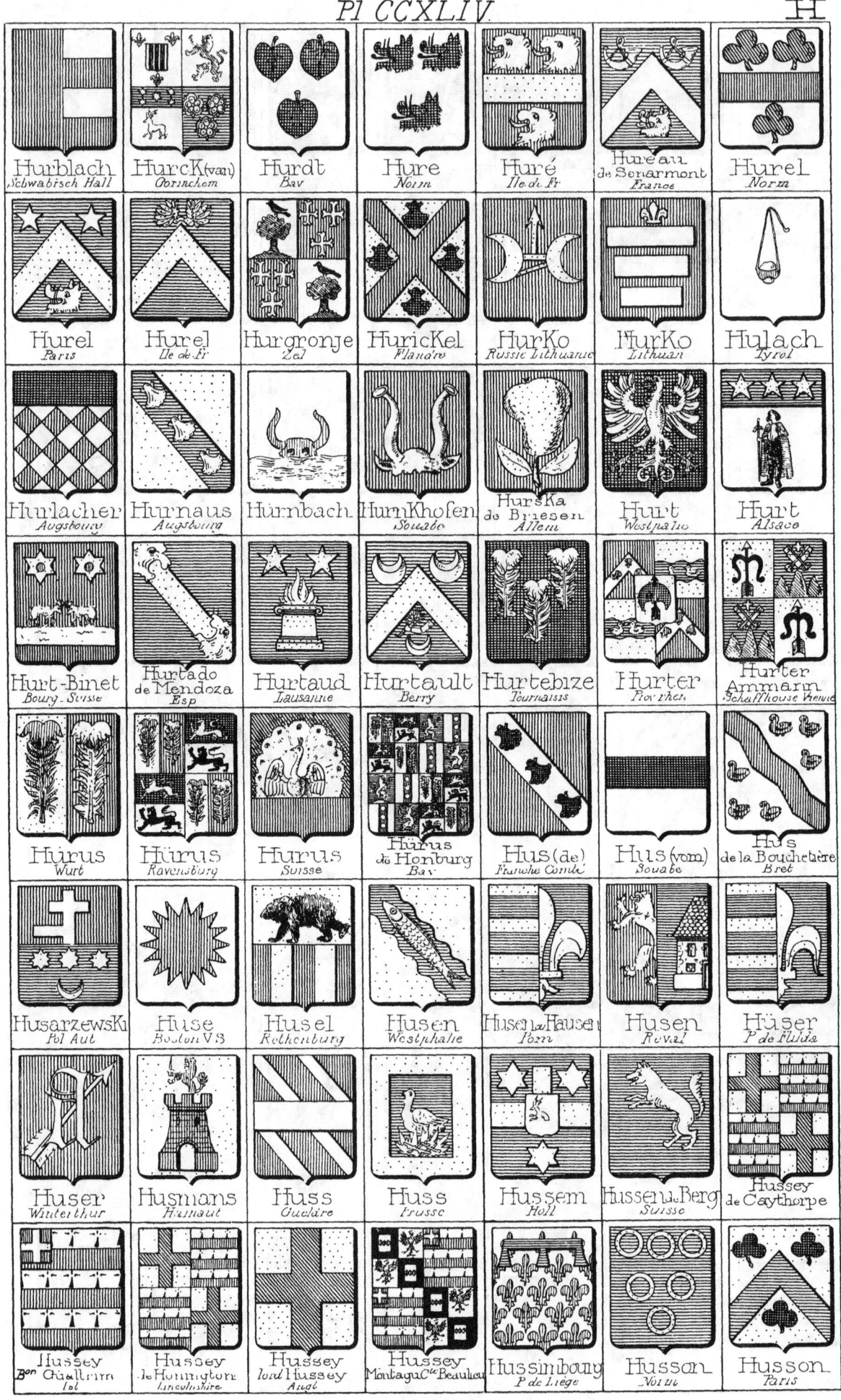

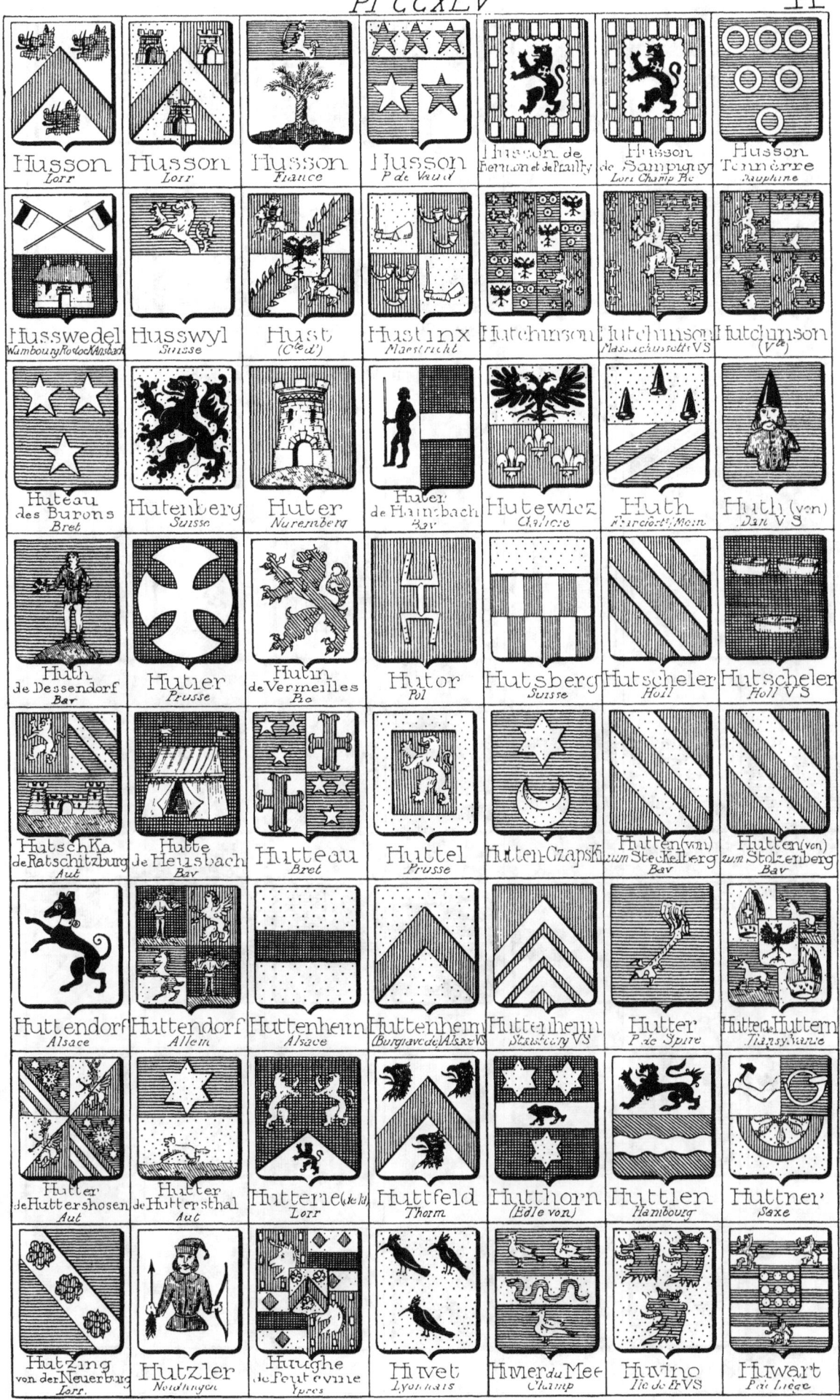

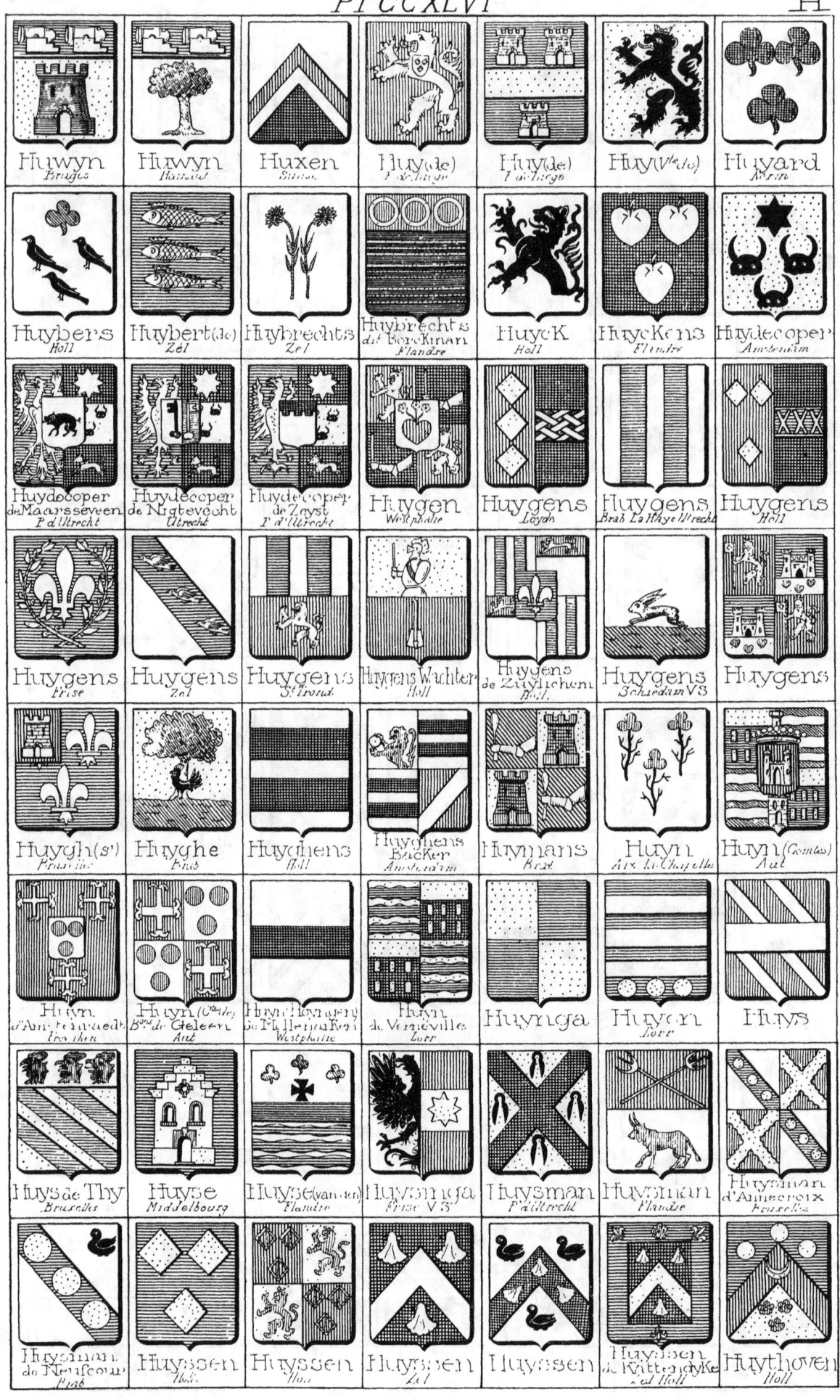

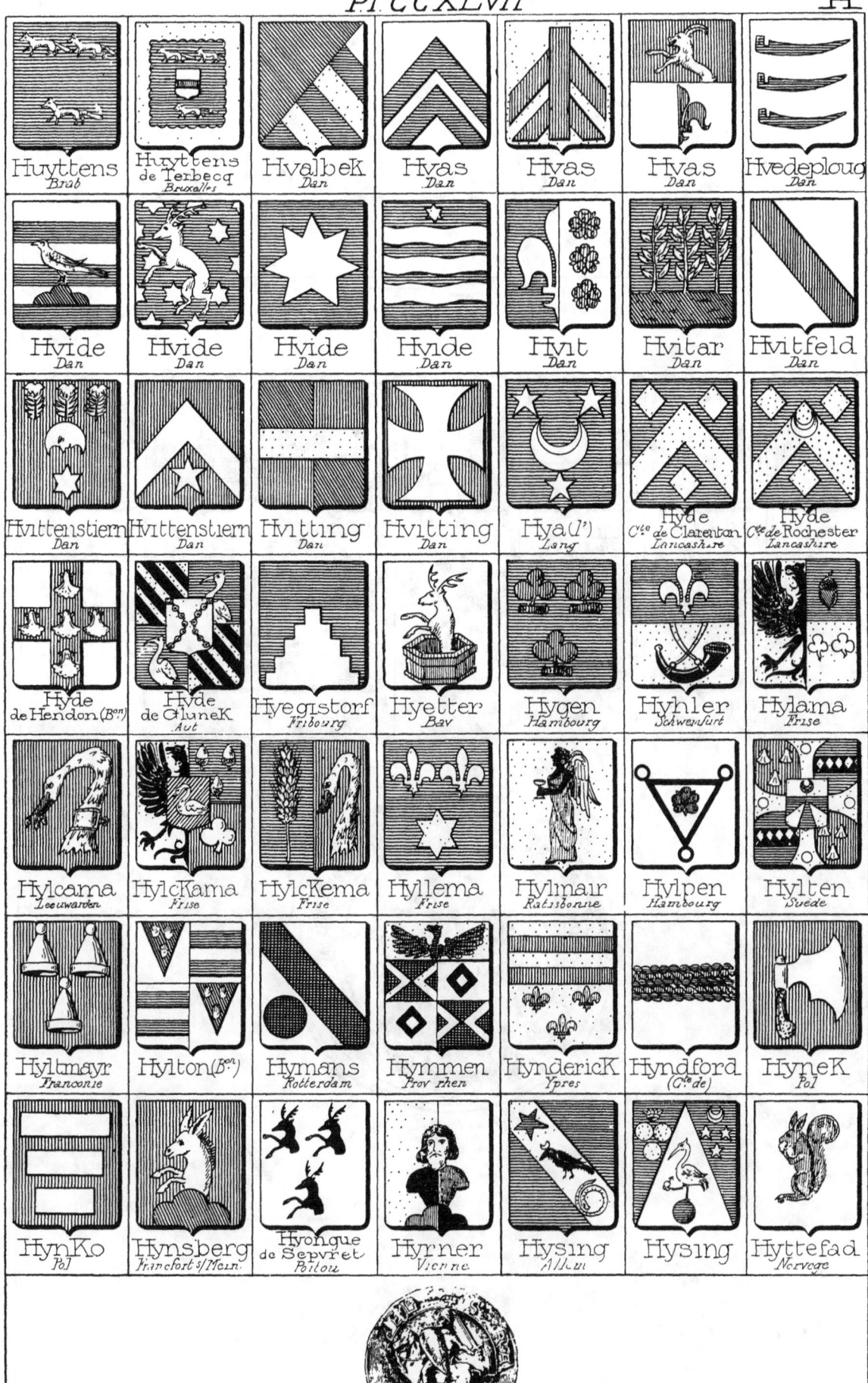

# Omissions dans la lettre H

Sceau de Louis le Hutin
(Archives nationales, n° 49)

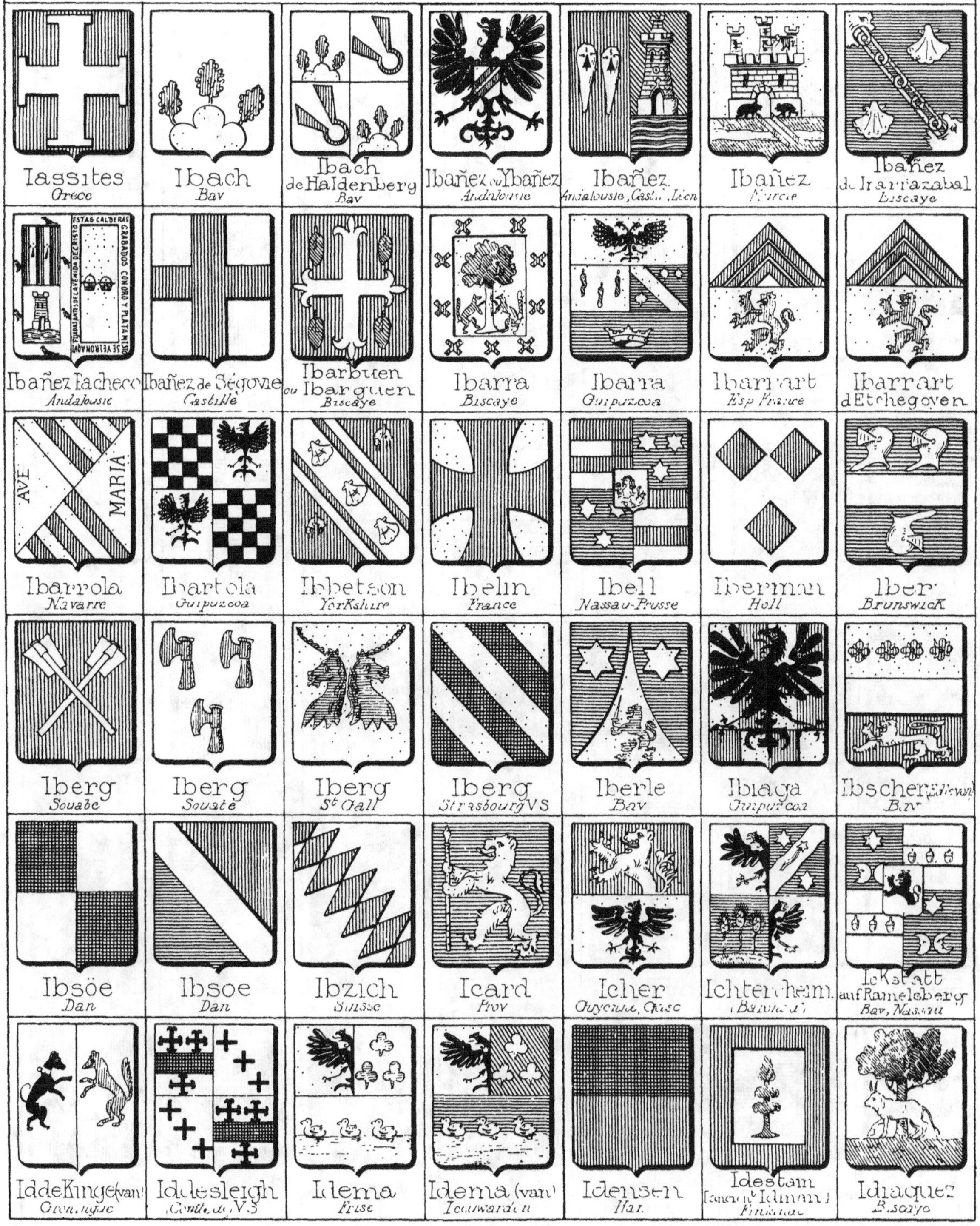

# I

| Iassites<br>Grece | Ibach<br>Bav | Ibach<br>de Haldenberg<br>Bav | Ibañez ou Ybañez<br>Andalousie | Ibañez<br>Andalousie, Castille, Léon | Ibañez<br>Murcie | Ibañez<br>de Irarrazabal<br>Biscaye |
|---|---|---|---|---|---|---|
| Ibañez Pacheco<br>Andalousie | Ibañez de Segovie<br>Castille | Ibarbuen<br>ou Ibarguen<br>Biscaye | Ibarra<br>Biscaye | Ibarra<br>Guipuzcoa | Ibarrart<br>Esp France | Ibarrart<br>d'Etchegoyen |
| Ibarrola<br>Navarre | Ibartola<br>Guipuzcoa | Ibbetson<br>Yorkshire | Ibelin<br>France | Ibell<br>Nassau-Prusse | Iberman<br>Holl | Iber<br>Brunswick |
| Iberg<br>Souabe | Iberg<br>Souabe | Iberg<br>St Gall | Iberg<br>Strasbourg VS | Iberle<br>Bav | Ibiaga<br>Guipuzcoa | Ibscher<br>Bav |
| Ibsöe<br>Dan | Ibsoe<br>Dan | Ibzich<br>Suisse | Icard<br>Prov | Icher<br>Guyenne, Gasc | Ichterheim<br>Bavière | Ickstatt<br>auf Ramelsberg<br>Bav, Nassau |
| Idde Kinge (van)<br>Groningue | Iddesleigh<br>Comte de V.S. | Idema<br>Frise | Idema (van)<br>Leeuwarden | Idensen<br>Han | Idestam<br>anciennt Idman<br>Finlande | Idiaquez<br>Biscaye |

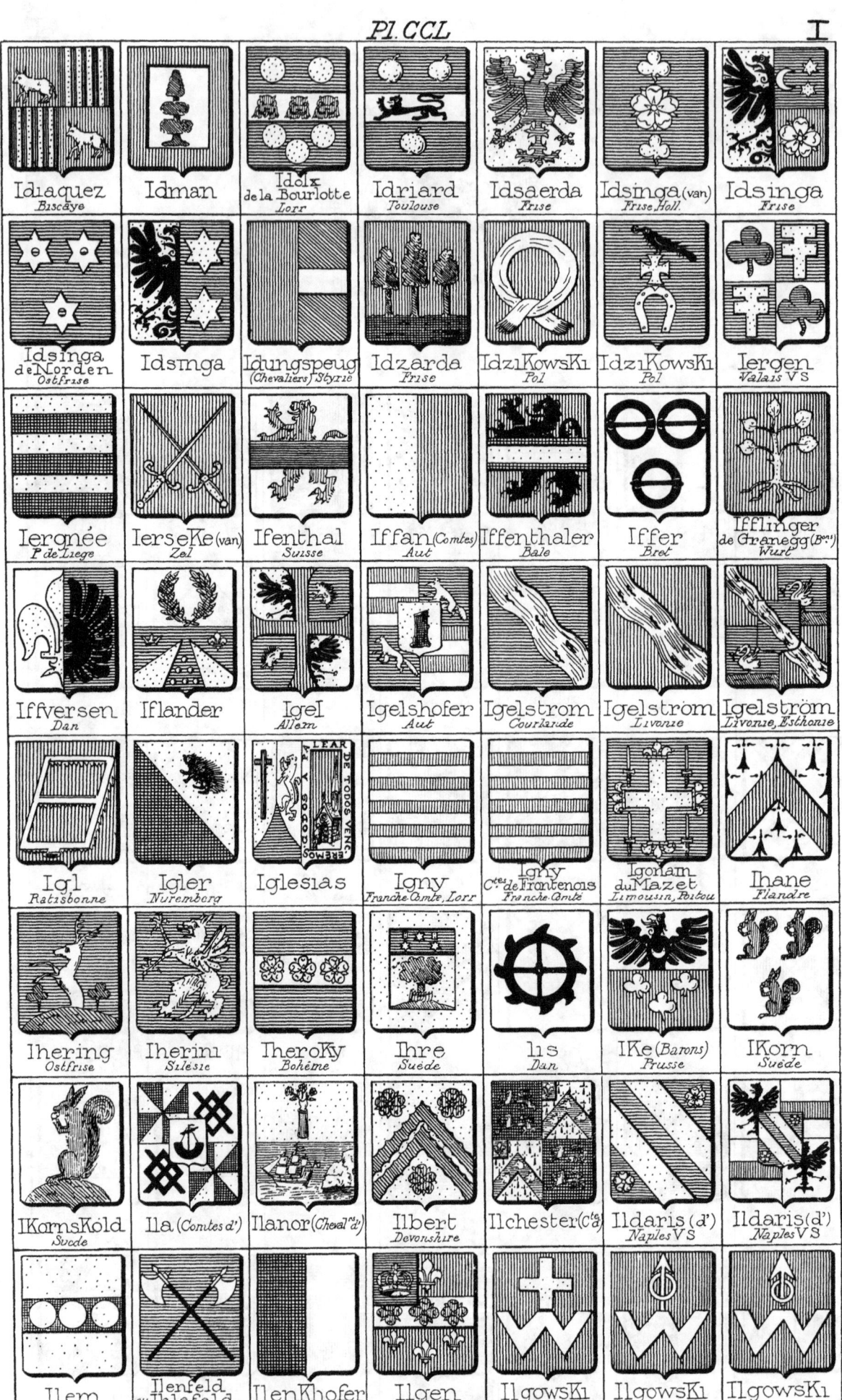

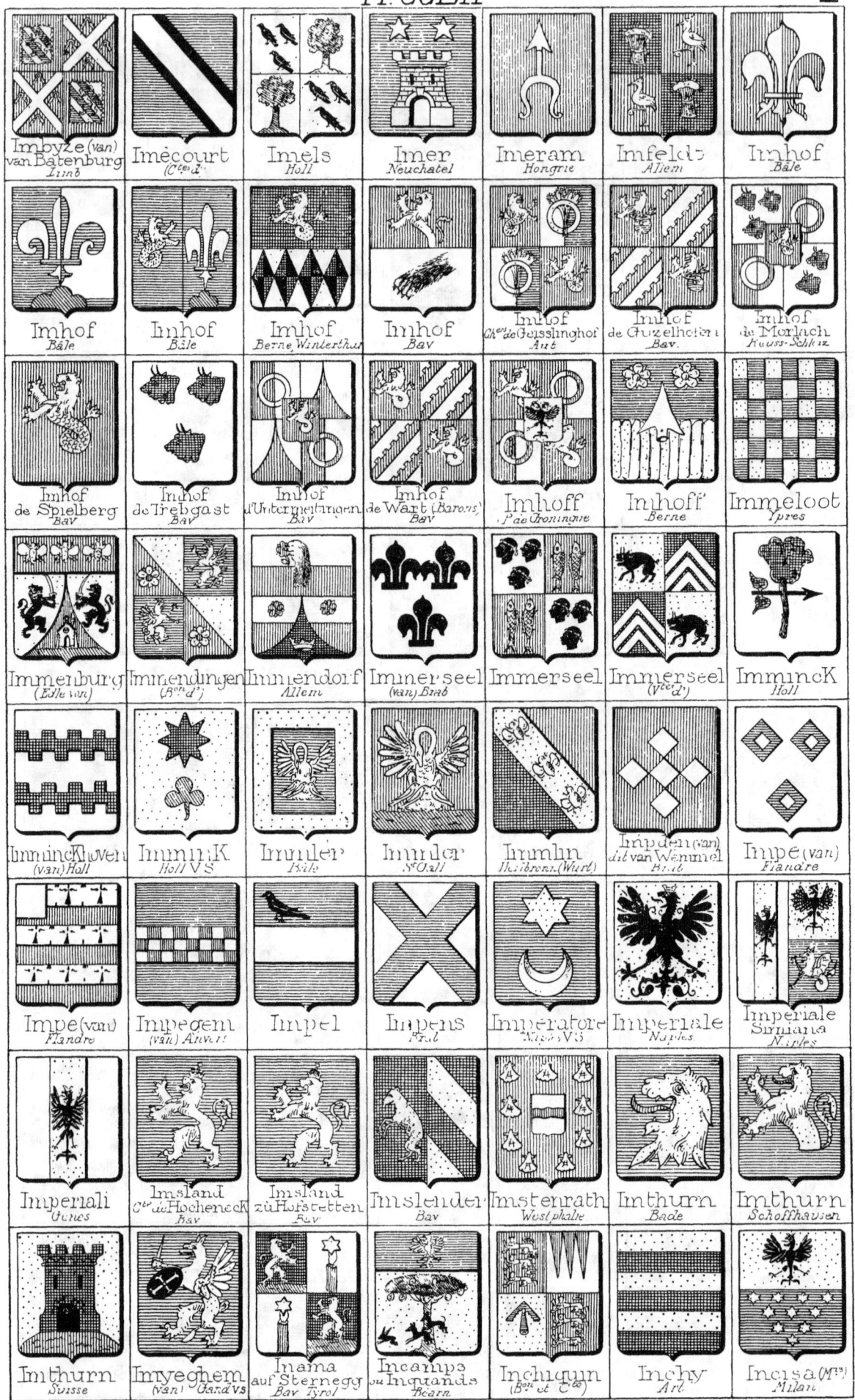

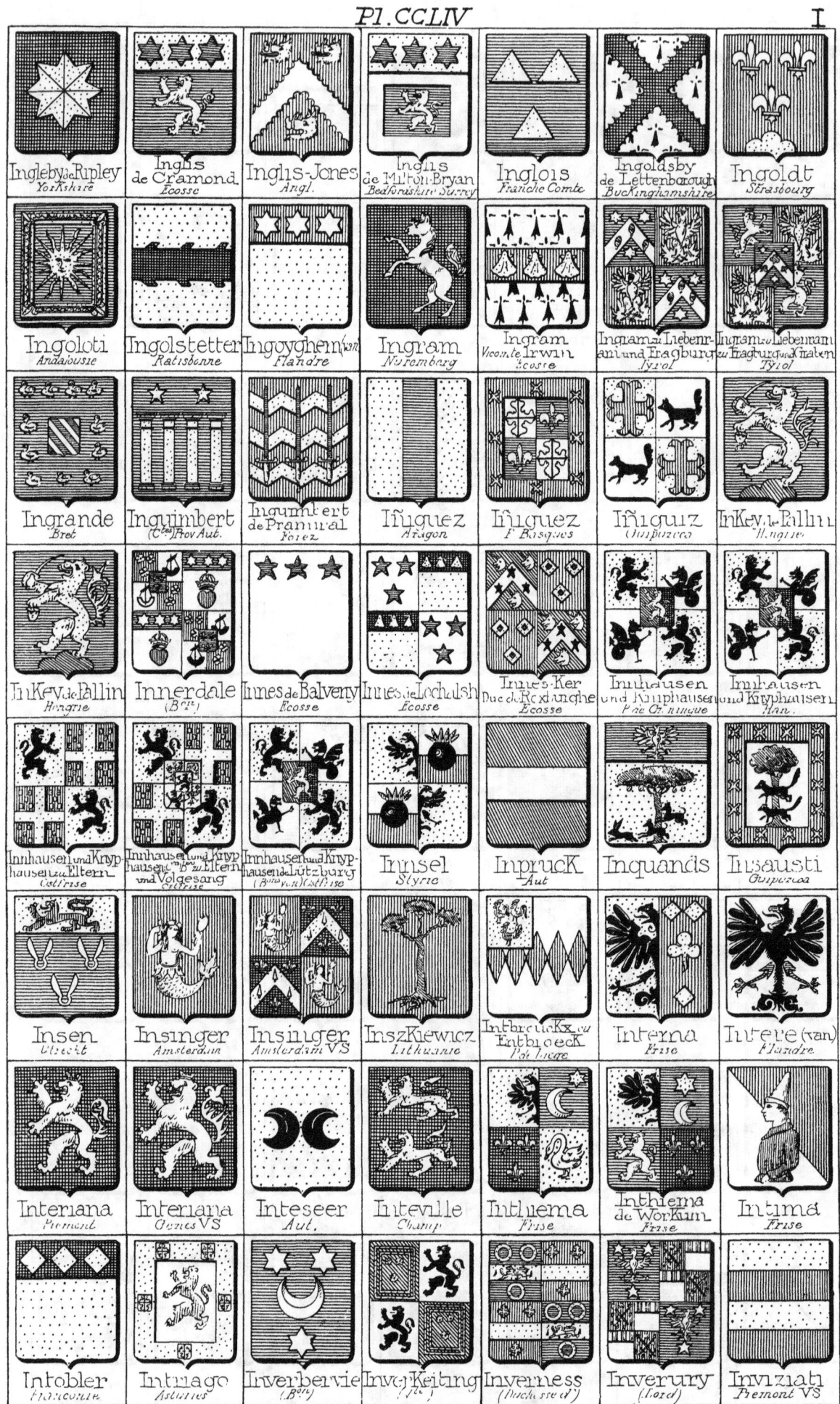

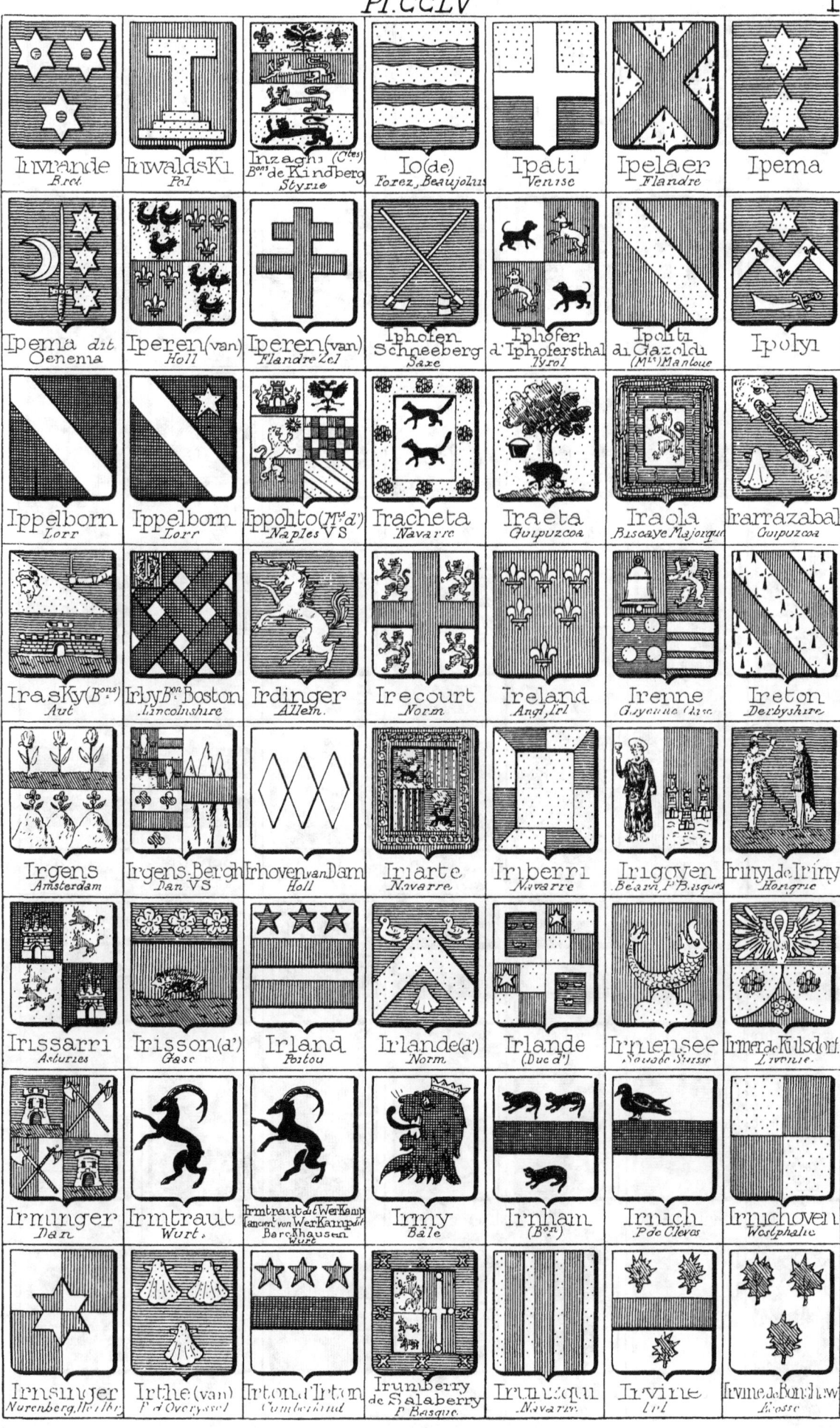

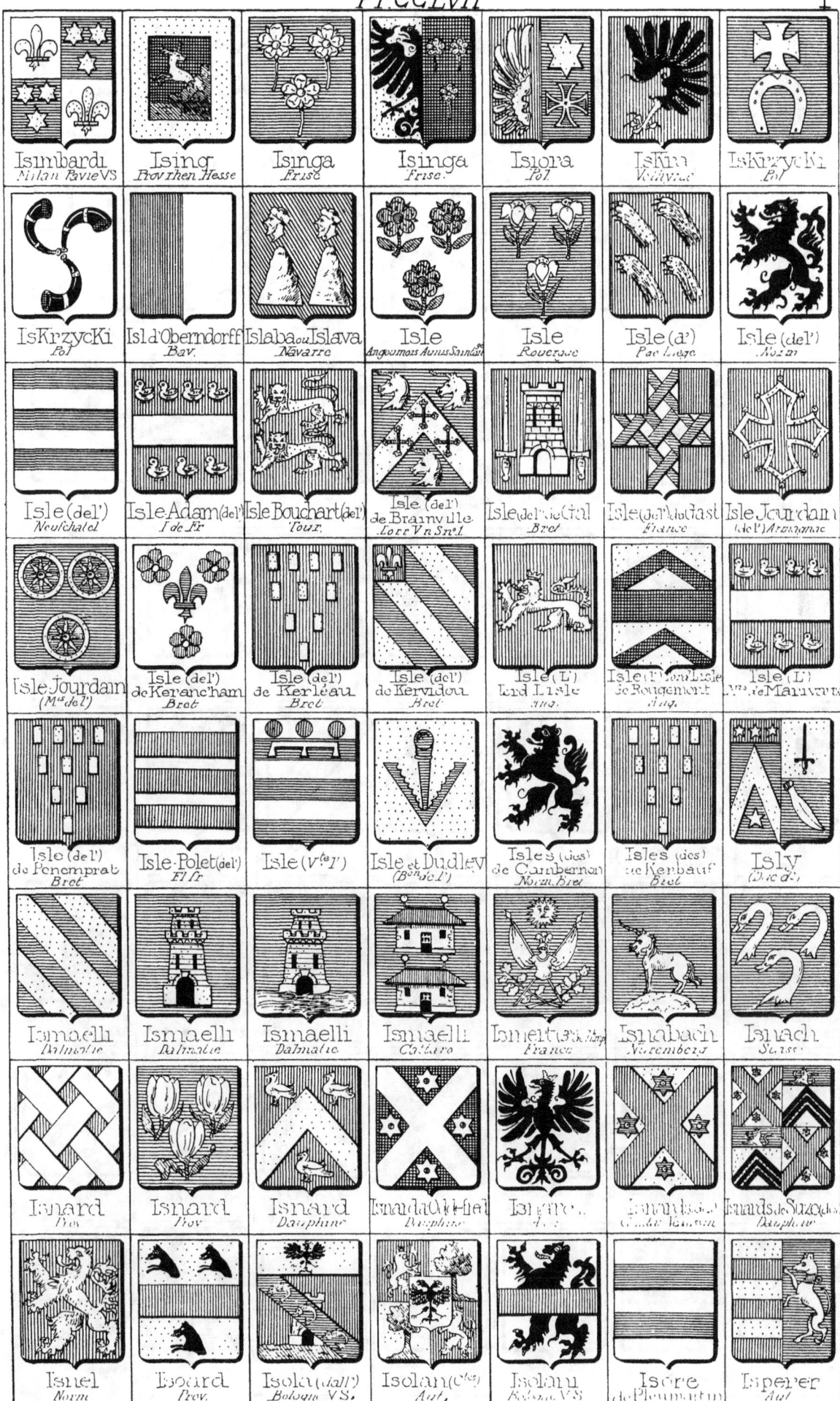

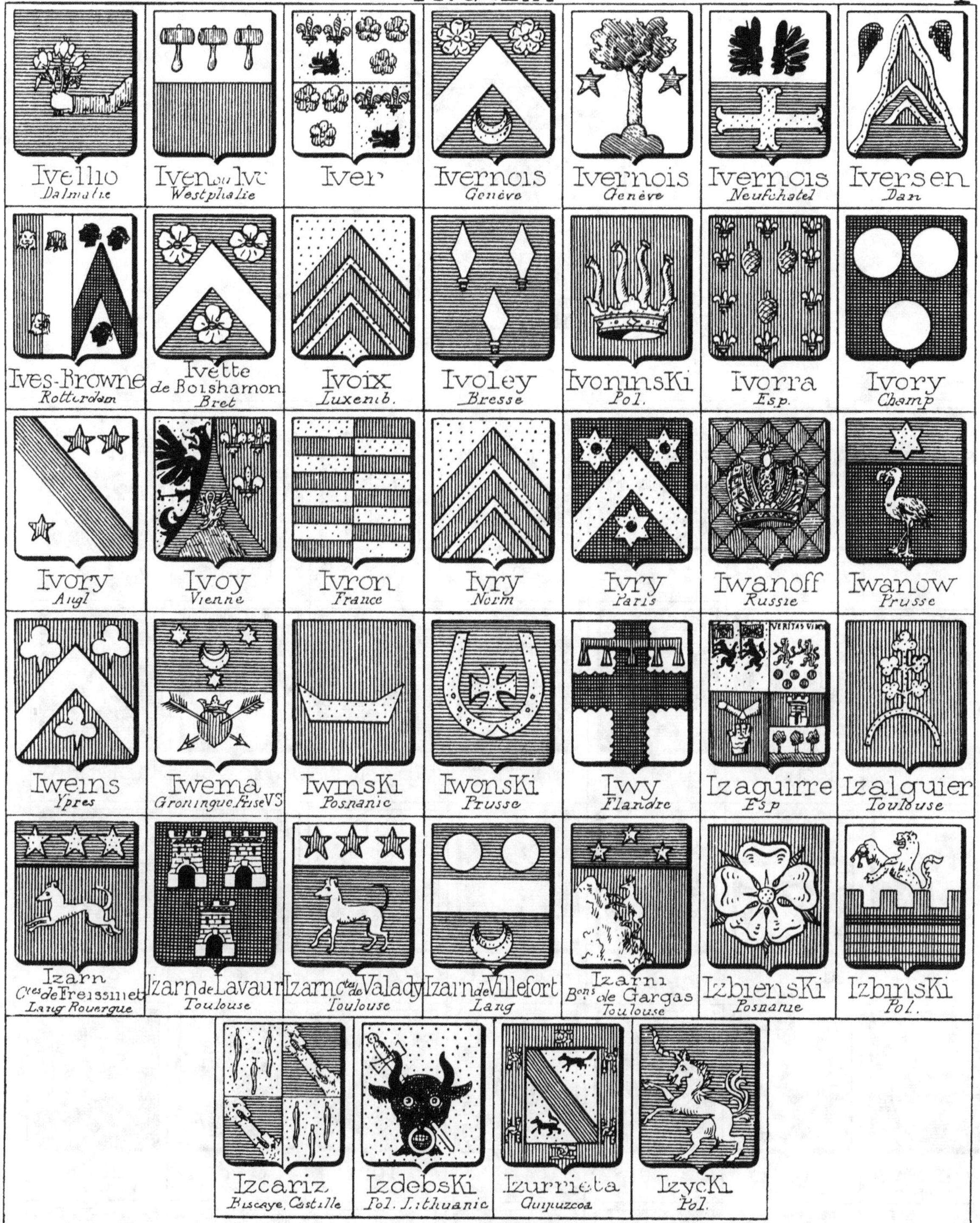

Pl. CCLIX

| Ivellio Dalmatie | Iven ou Ivi Westphalie | Iver | Ivernois Genève | Ivernois Genève | Ivernois Neufchâtel | Iversen Dan |
| Ives-Browne Rotterdam | Ivette de Boishamon Bret | Ivoix Luxemb. | Ivoley Bresse | Ivoninski Pol. | Ivorra Esp. | Ivory Champ |
| Ivory Angl | Ivoy Vienne | Ivron France | Ivry Norm | Ivry Paris | Iwanoff Russie | Iwanow Prusse |
| Iweins Ypres | Iwema Groningue,Frise VS | Iwinski Posnanie | Iwonski Prusse | Iwy Flandre | Izaguirre Esp | Izalguier Toulouse |
| Izarn C.tes de Freissinet Lang Rouergue | Izarn de Lavaur Toulouse | Izarn de Valady Toulouse | Izarn de Villefort Lang | Izarni B.ons de Gargas Toulouse | Izbienski Posnanie | Izbinski Pol. |
| | Izcariz Biscaye,Castille | Izdebski Pol.Lithuanie | Izurrieta Guipuzcoa | Izycki Pol. | | |

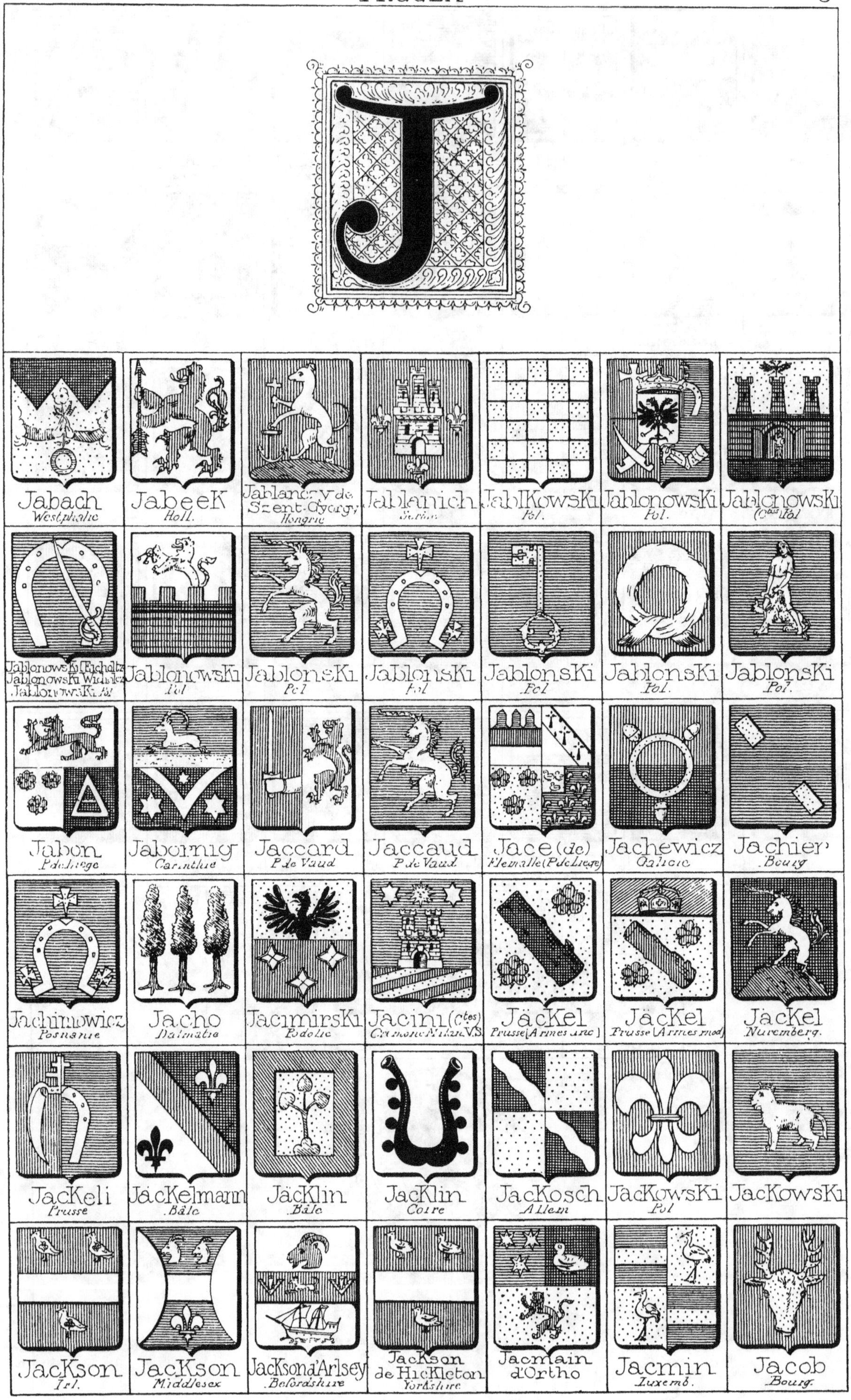

Pl.CCLX J

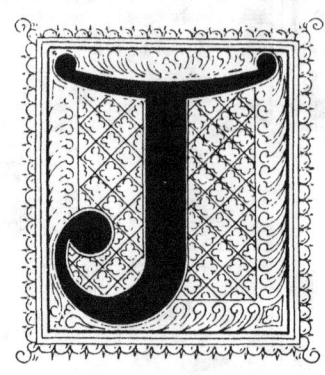

| Jabach Westphalie | Jabeek Holl. | Jablanczy de Szent-György Hongrie | Jablanich Serbie | Jablkowski Pol. | Jablonowski Pol. | Jablonowski (C.tes) Pol. |
| Jablonowski (Eicholtz, Jablonowski Wichule, Jablonowski Rt.tr) | Jablonowski Pol. | Jablonski Pol. | Jablonski Pol. | Jablonski Pol. | Jablonski Pol. | Jablonski Pol. |
| Jabon P. de Liège | Jabornig Carinthie | Jaccard P. de Vaud | Jaccaud P. de Vaud | Jace (de) Flémalle (P. de Liège) | Jachewicz Galicie | Jachier Bourg. |
| Jachimowicz Posnanie | Jacho Dalmatie | Jacimirski Podolie | Jacini (C.tes) Cremone Milan V.S. | Jäckel Prusse (Armes anc.) | Jäckel Prusse (Armes mod.) | Jäckel Nuremberg |
| Jackeli Prusse | Jäckelmann Bâle | Jäcklin Bâle | Jacklin Coire | Jackosch Allem. | Jackowski Pol. | Jackowski |
| Jackson Irl. | Jackson Middlesex | Jackson d'Arlsey Bedfordshire | Jackson de Hickleton Yorkshire | Jacmain d'Ortho | Jacmin Luxemb. | Jacob Bourg. |

Pl. CCLXI

| Jacob<br>Lorr | Jacob<br>Lorr | Jacob<br>Lorr | Jacob<br>Lorr | Jacob<br>Lyonnais | Jacob<br>Prusse | Jacob-Bromley<br>Cambridgeshire |
|---|---|---|---|---|---|---|
| Jacob<br>de la Cottière<br>Bret | Jacob<br>d'Ebelsbach<br>Franconie | Jacob<br>de Hollach<br>Bav | Jacob<br>de Kerjegu<br>Bret | Jacob<br>de Tigné<br>Anjou | Jacob('s)<br>Rotterdam | Jacobaei<br>de Brunau<br>Allem |
| Jacobé<br>de Frémont<br>Lang | Jacobé<br>de Goncourt<br>Champ Norm | Jacobé<br>de Naurois<br>Lang | Jacobé<br>de Soulanges<br>Champ | Jacobel<br>(ancien¹ Jacobey)<br>Neufchtel | Jacobet<br>de Mazieres<br>Agenois | Jacobi<br>Holl |
| Jacobi<br>Holl | Jacobi<br>Berlin | Jacobi<br>Han | Jacobi<br>Silesie | Jacobi<br>Prusse | Jacobi<br>Bav | Jacobi d'Ekolm<br>(B^ons) Aut |
| Jacobi<br>von Ehrencron<br>Hesse Darmstadt VS | Jacobi-Klost<br>Prusse | Jacobi de Vallon<br>France Italie | Jacobi<br>de Wangelin<br>Prusse | Jacobin(k)<br>Bret | Jacobj (de)<br>Limb | Jacobs<br>Amsterdam |
| Jacobs<br>Schiedam | Jacobs<br>Schiedam | Jacobs<br>Bruges | Jacobs<br>Bruxelles | Jacobs<br>Bruxelles | Jacobs<br>Bruxelles | Jacobs<br>Brab |
| Jacobs<br>Art | Jacobs<br>Potsdam | Jacobs | Jacobs<br>de Kantstein<br>Aut | Jacobsen<br>Holl Frison | Jacobsen<br>Middelbourg | Jacobsen<br>Bruges |
| Jacobsen<br>Dan | Jacobsen<br>Dan | Jacobskjold<br>Suede | Jacobsz<br>Holl | Jacoby<br>Holl | Jacogna<br>Dalmatie | Jacogna<br>Cattaro |

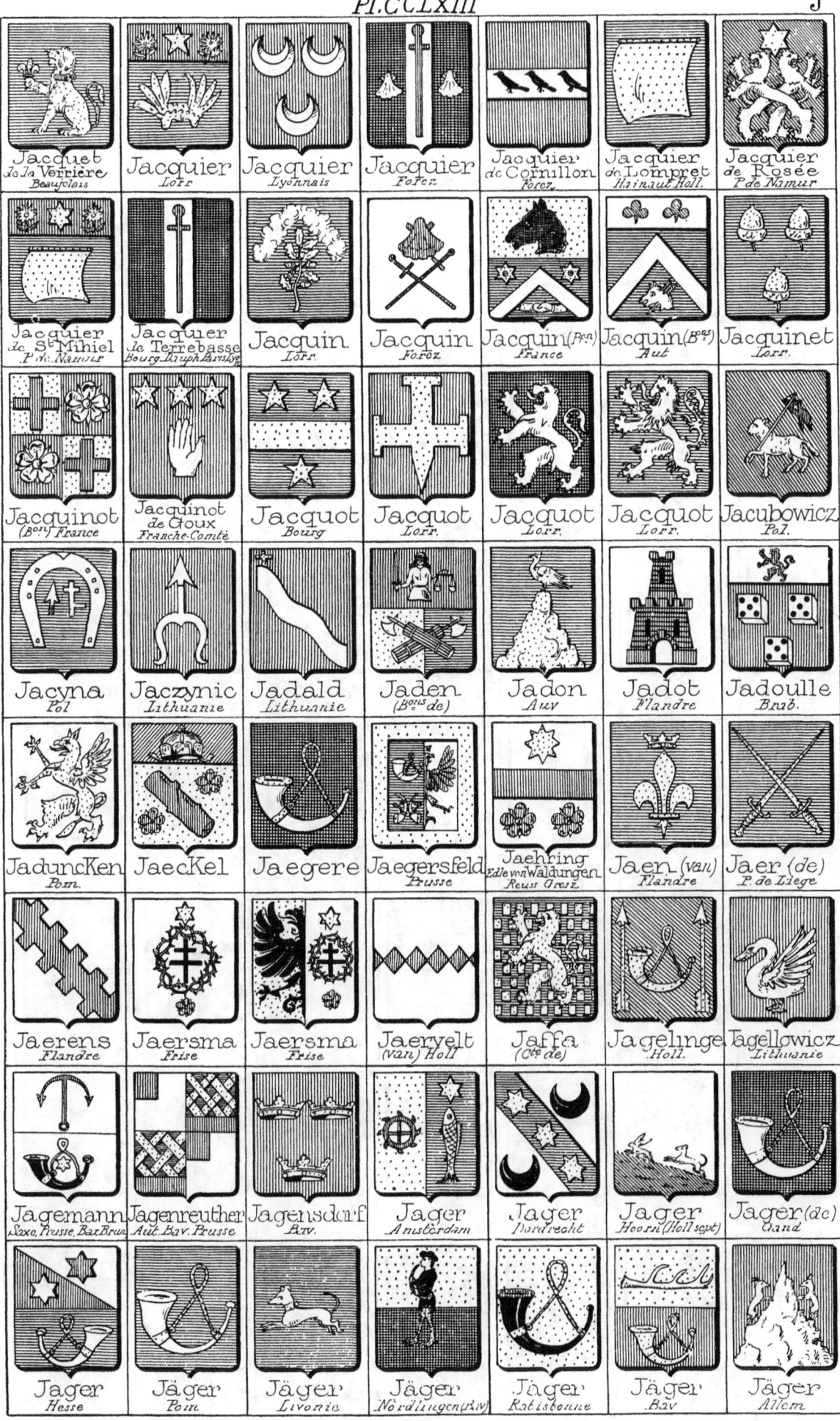

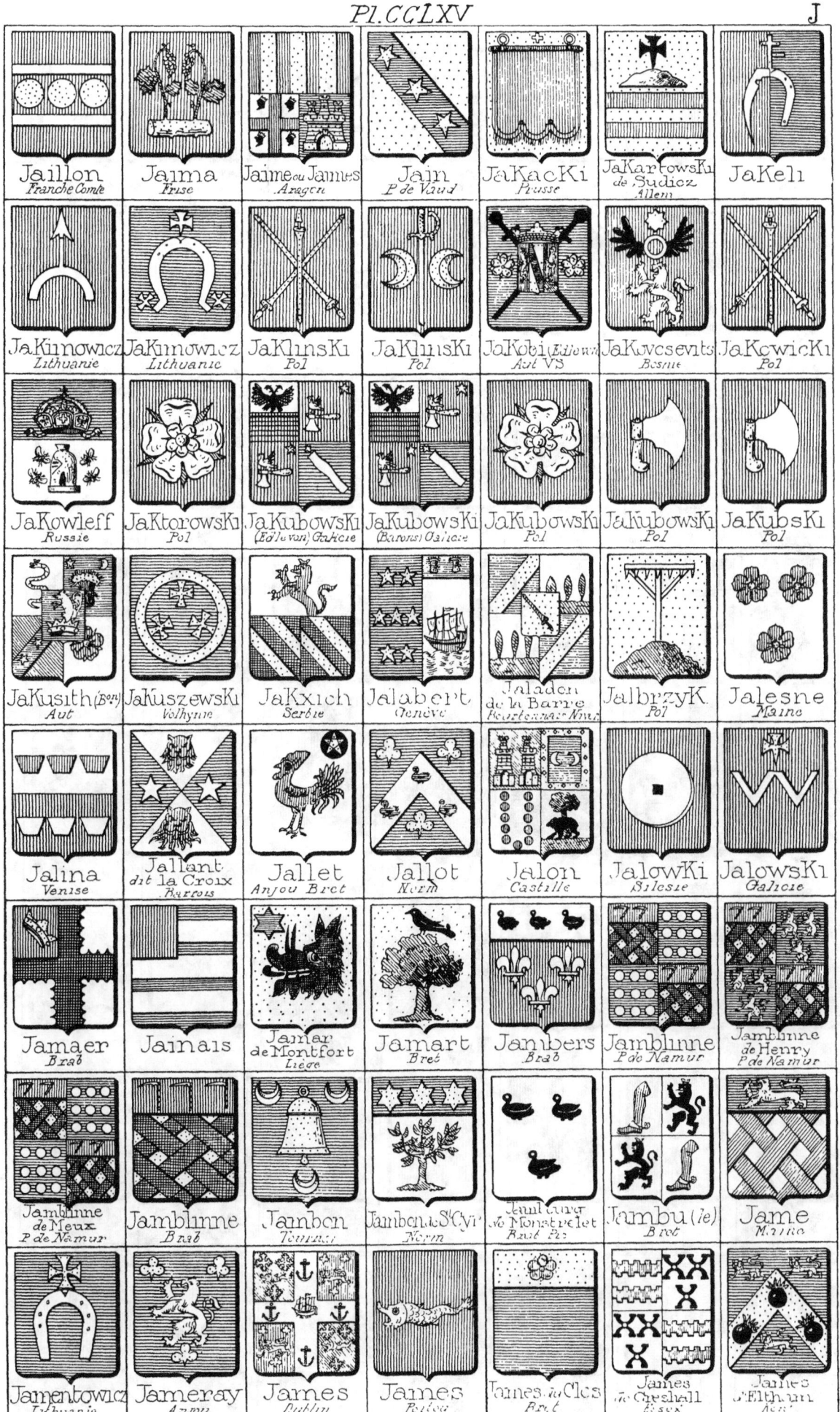

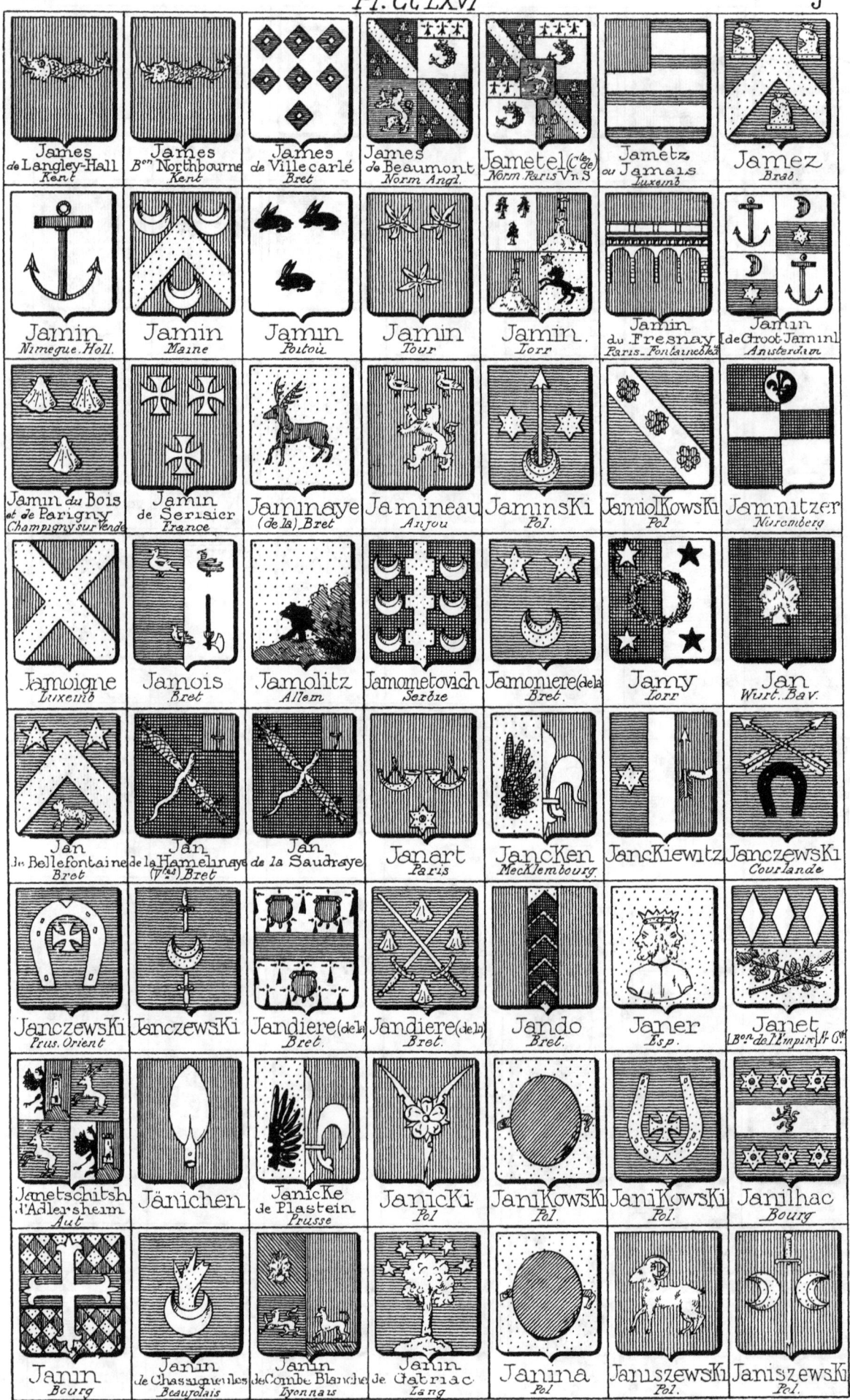

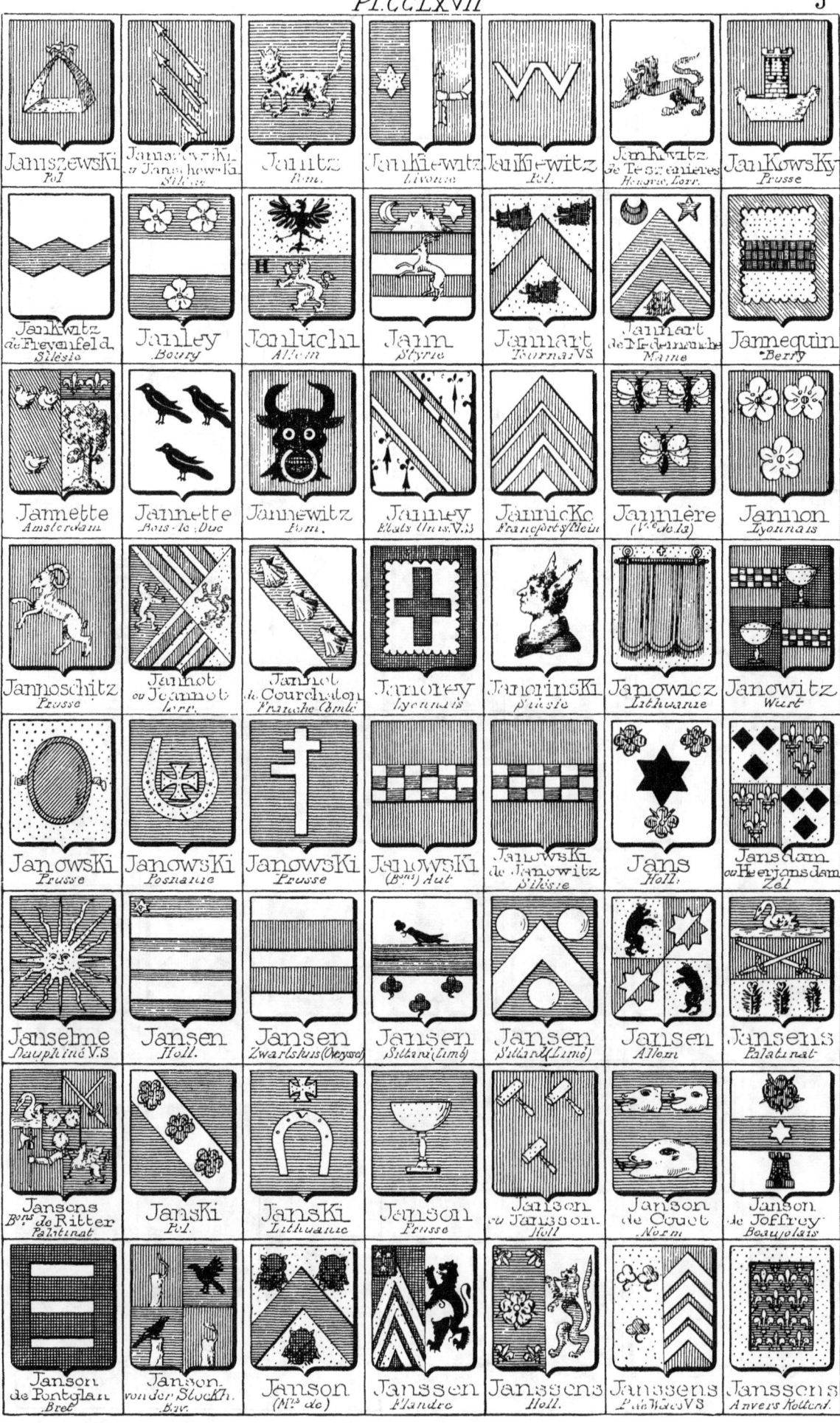

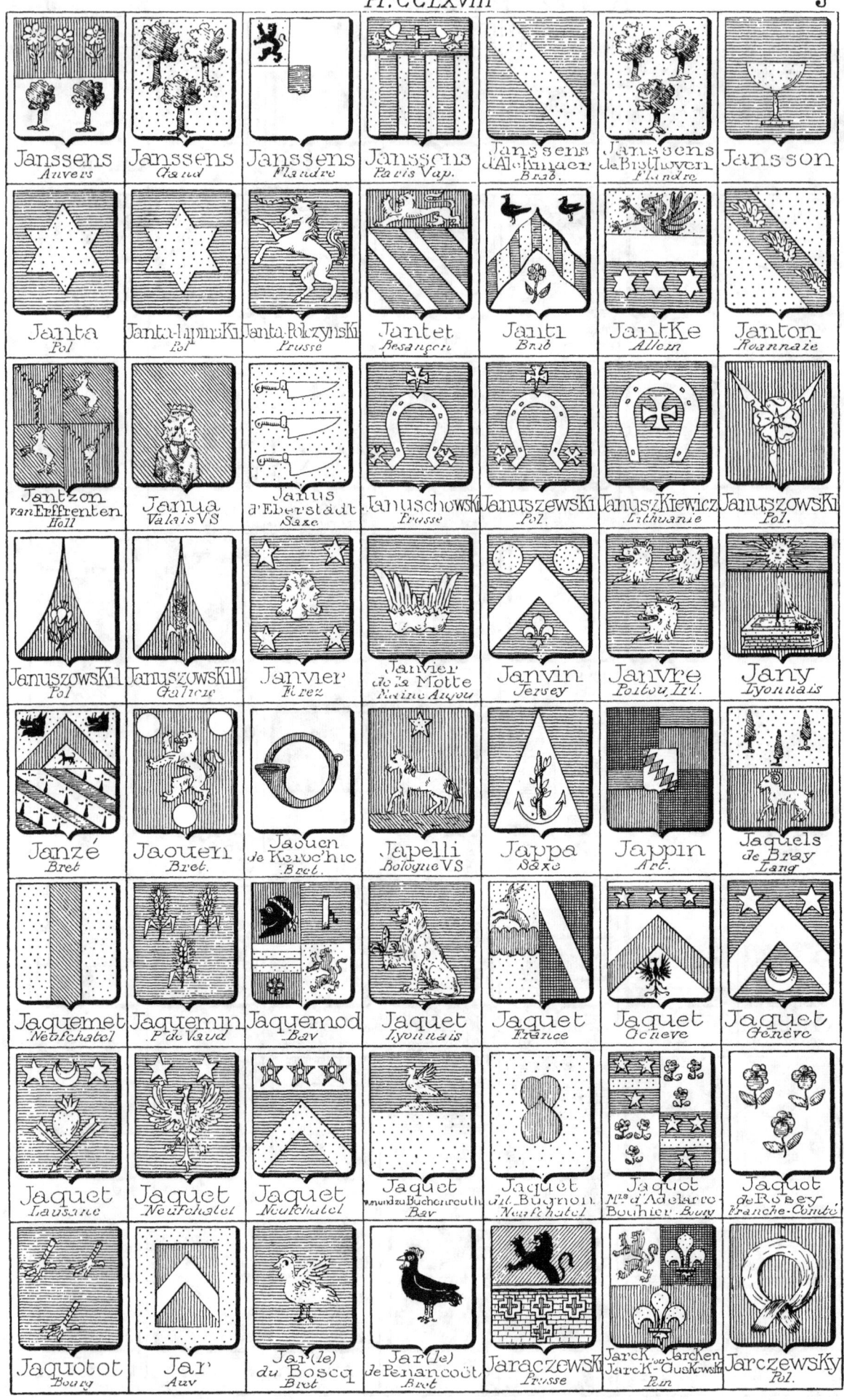

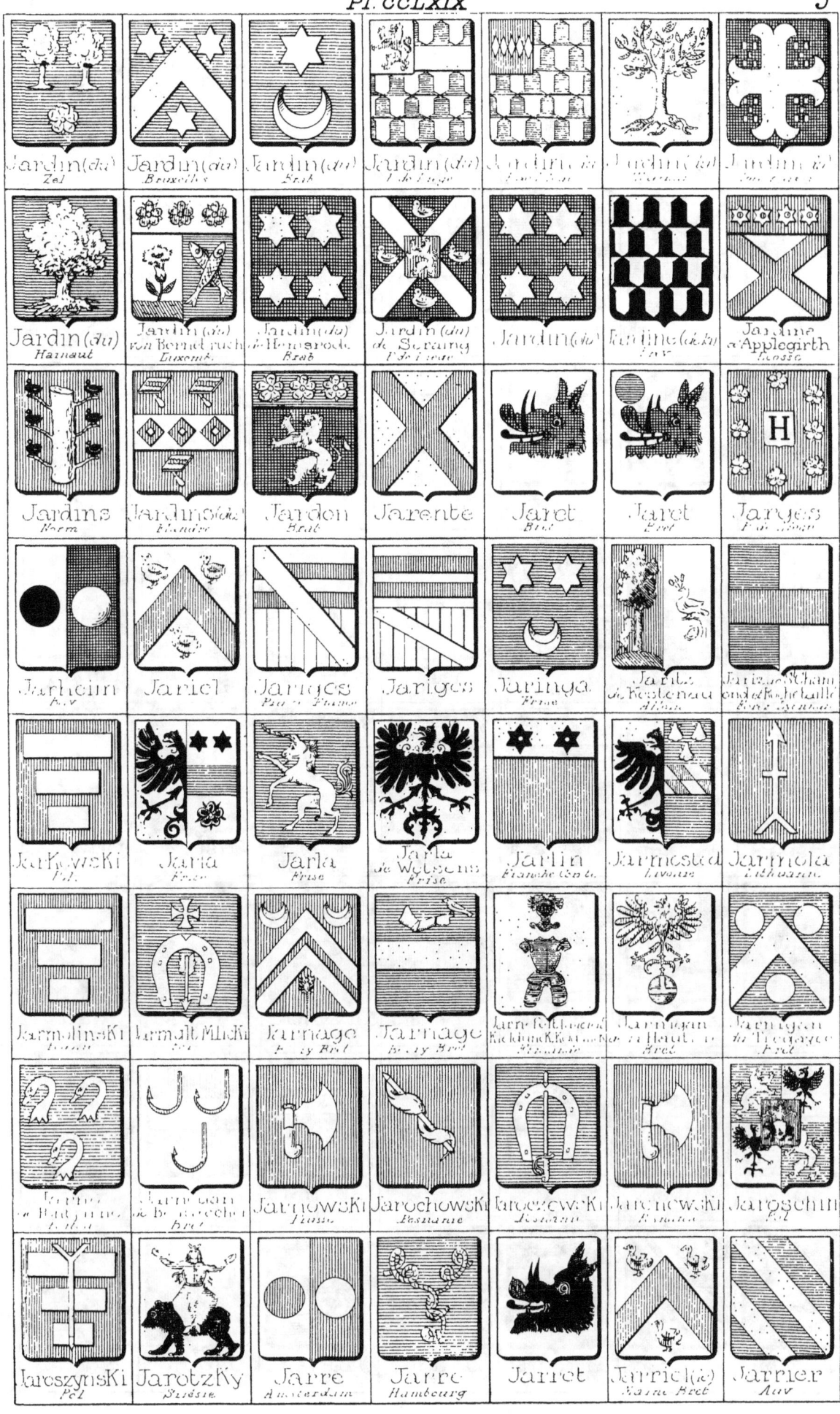

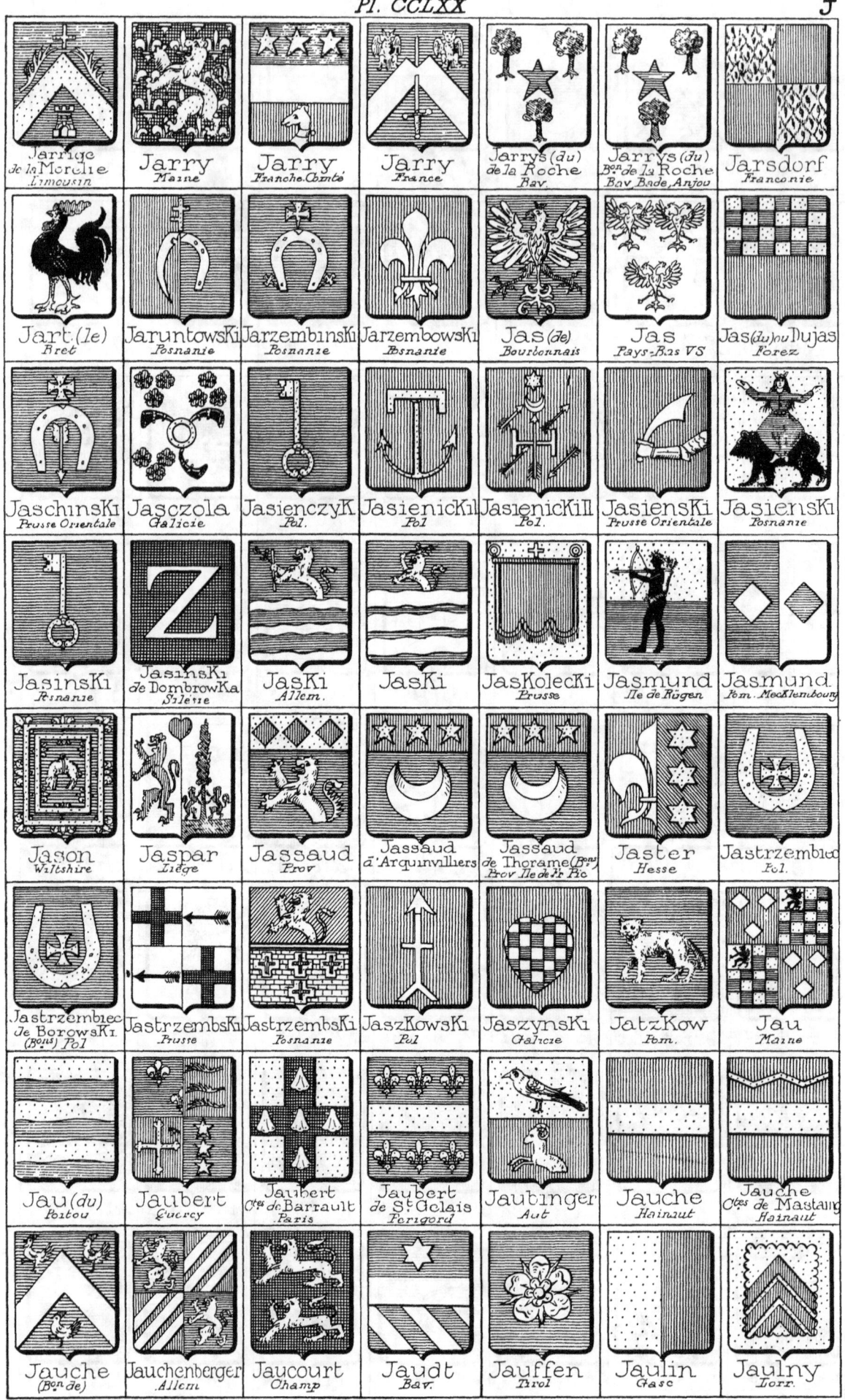

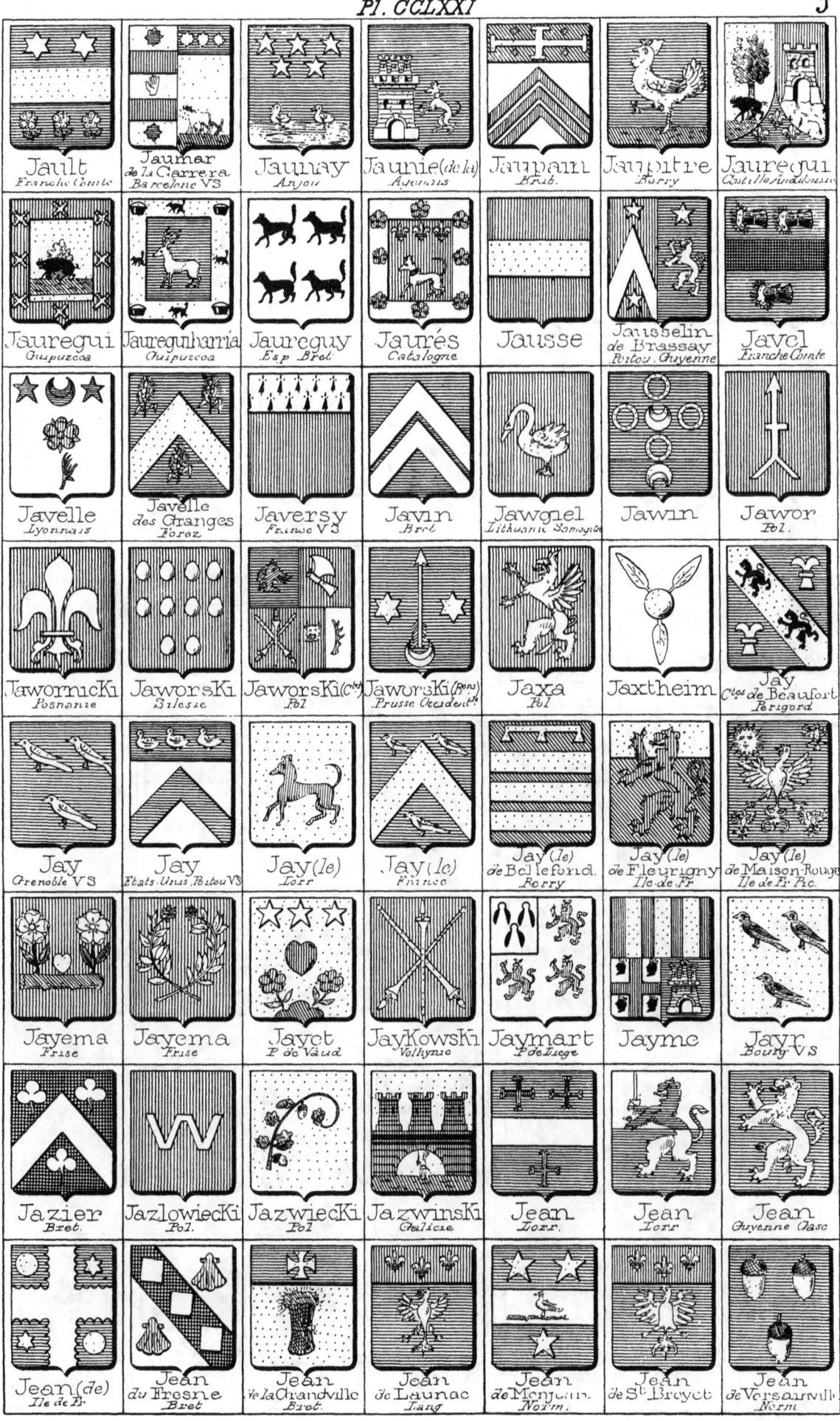

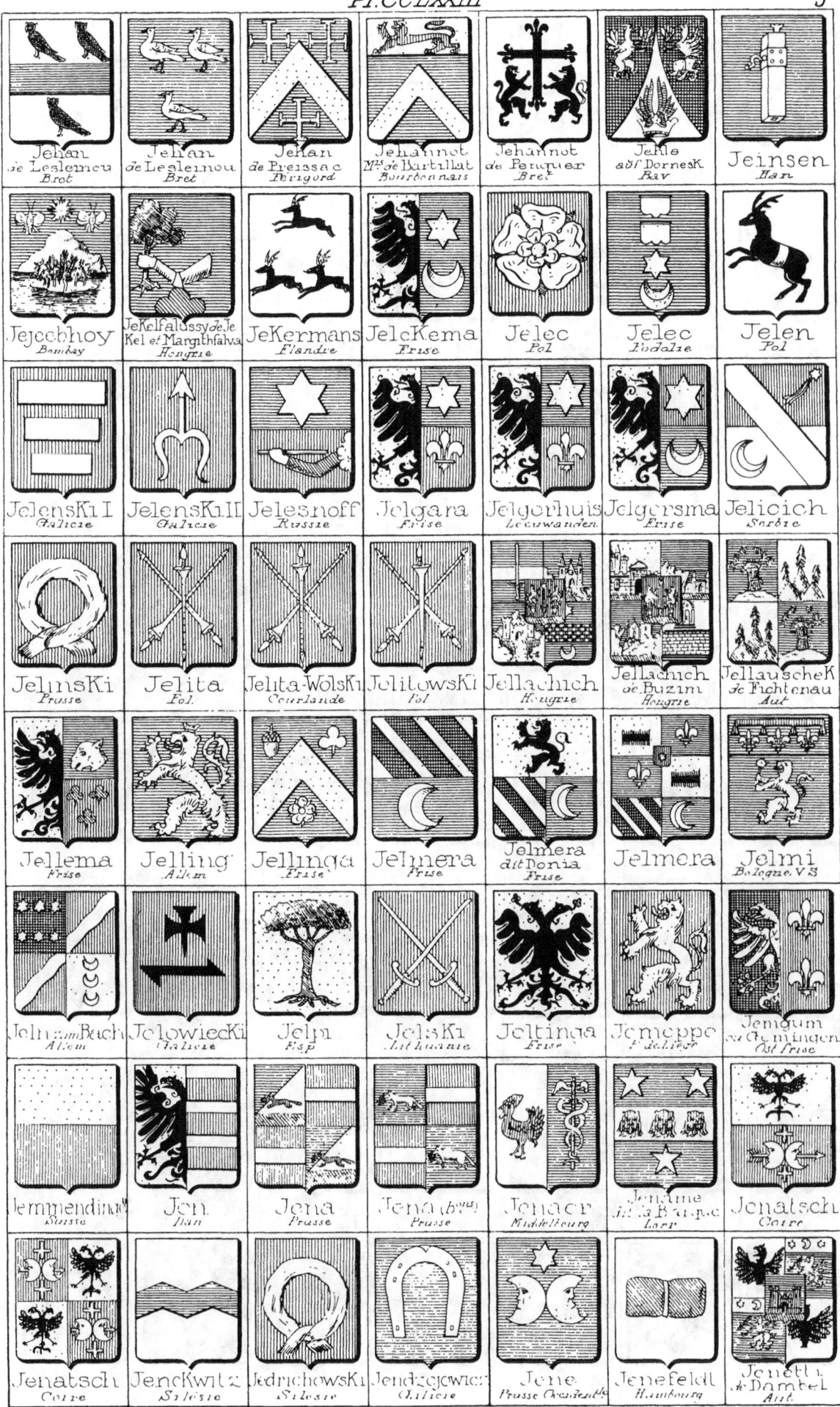

Pl. CCLXXIV

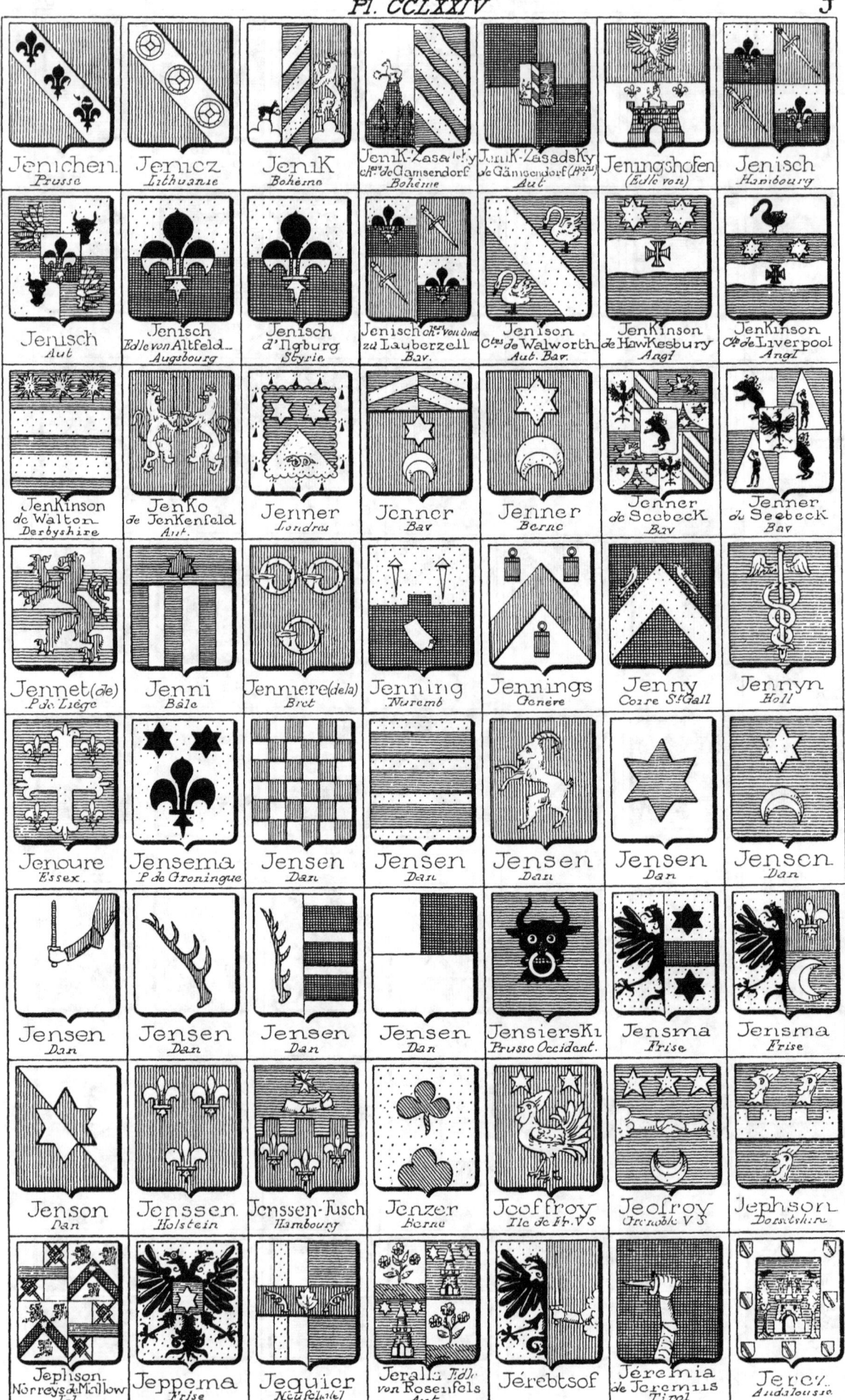

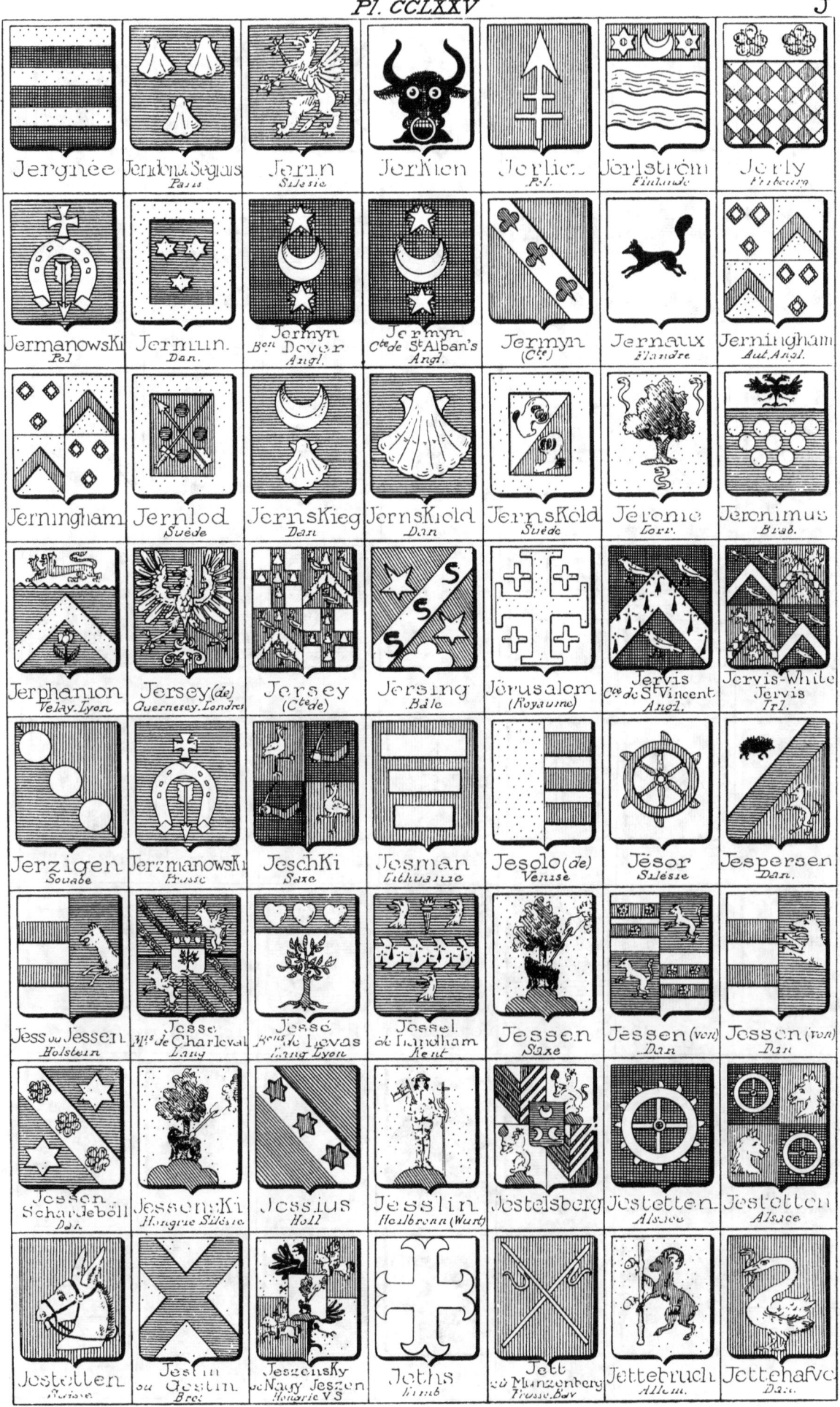

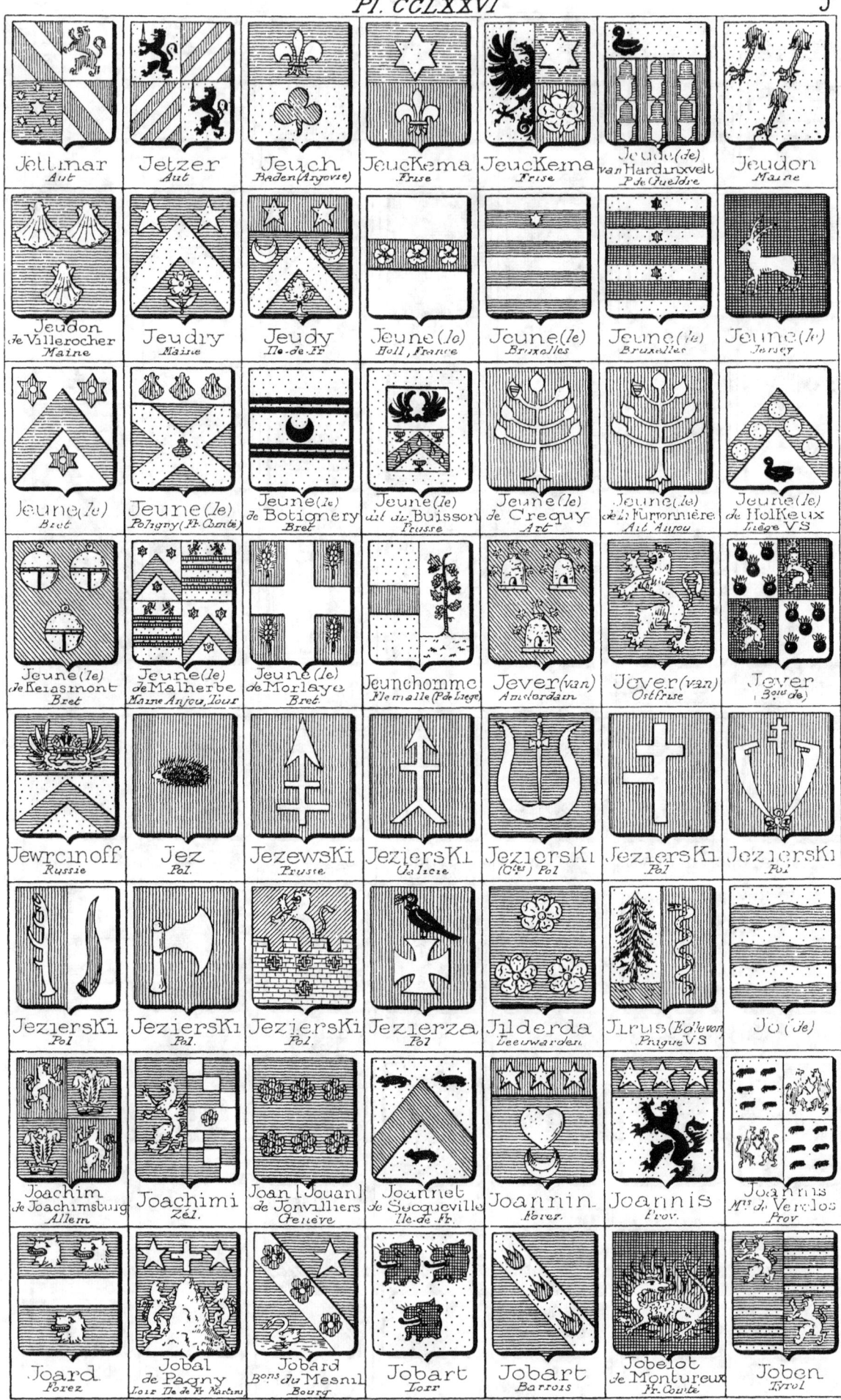

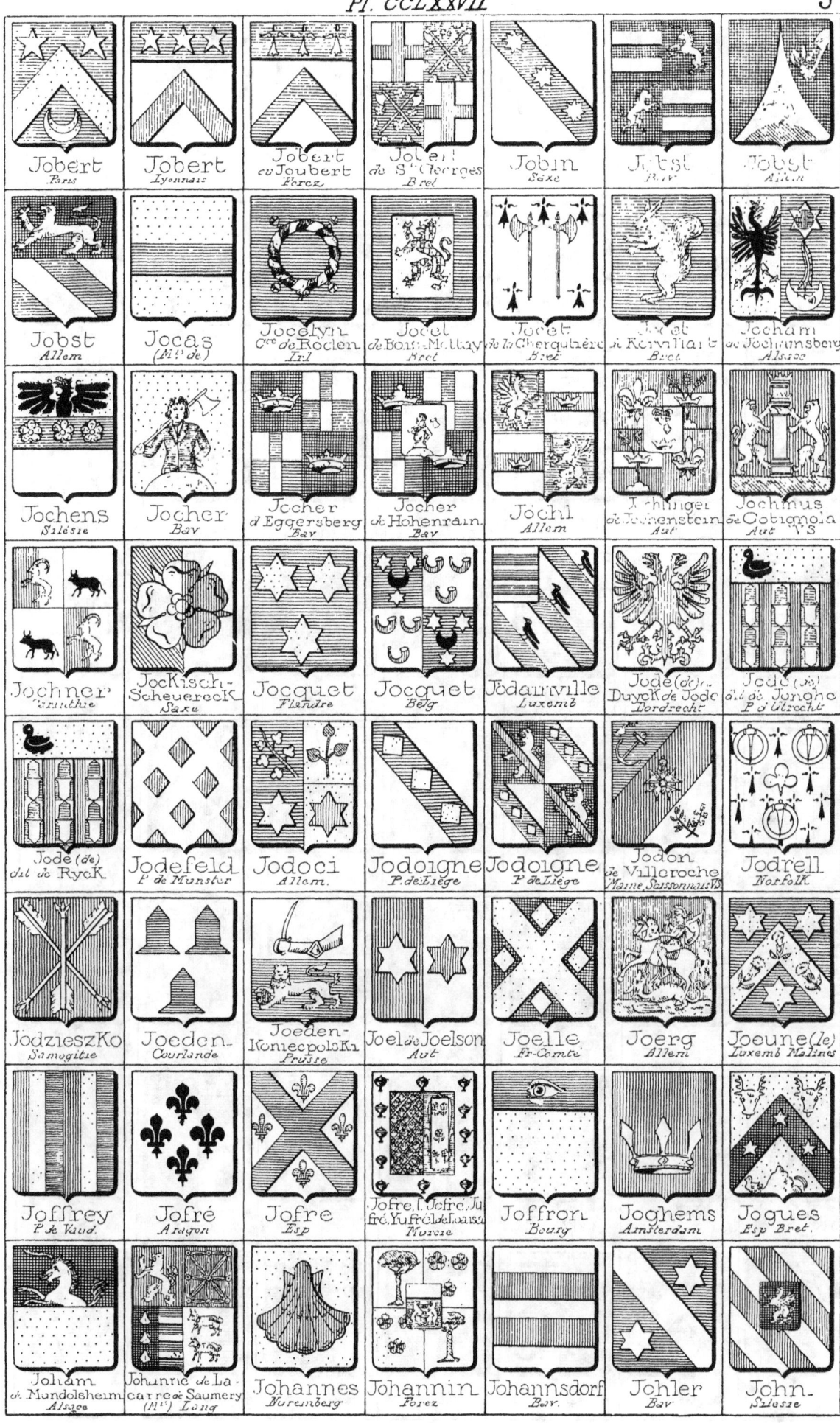

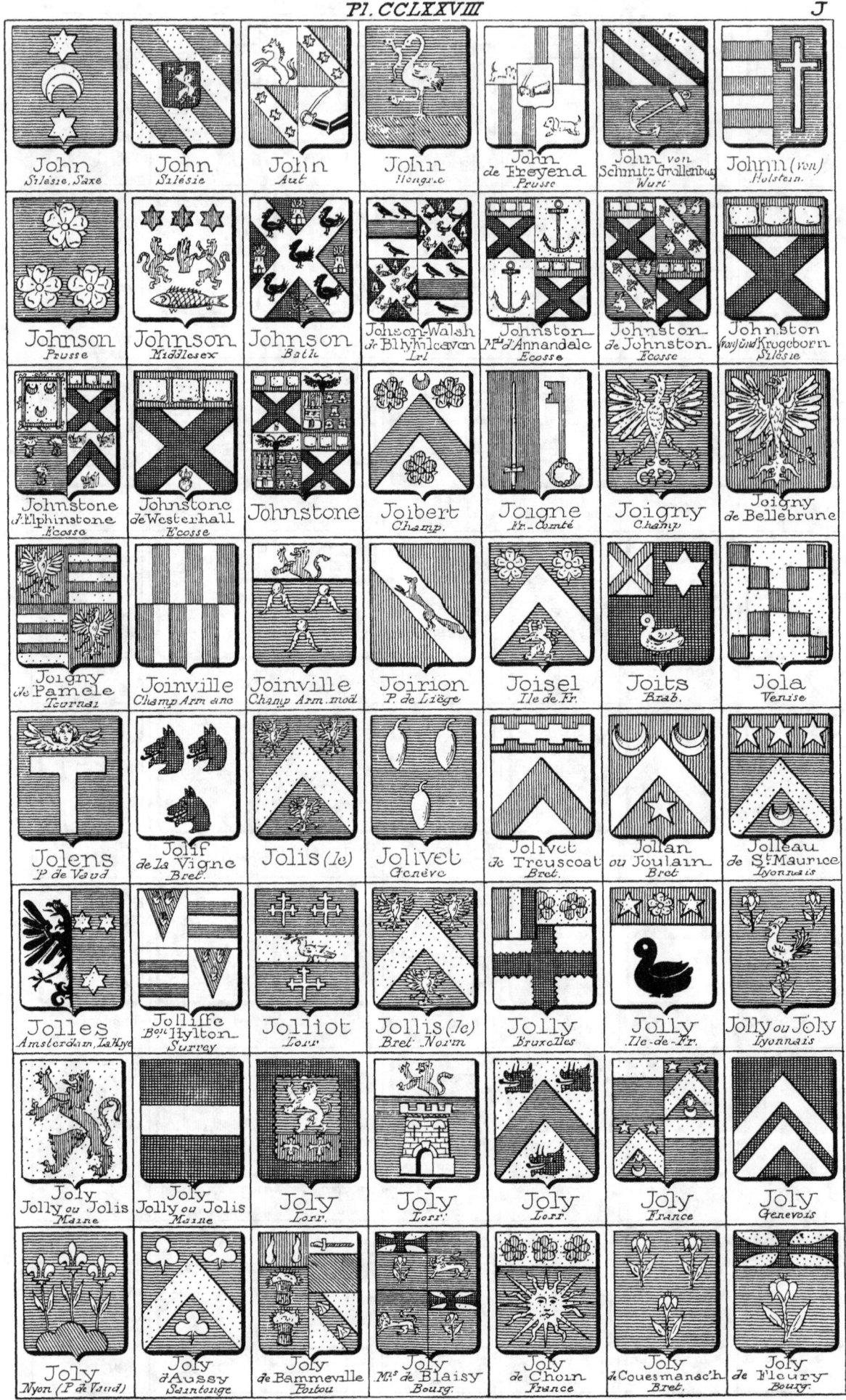

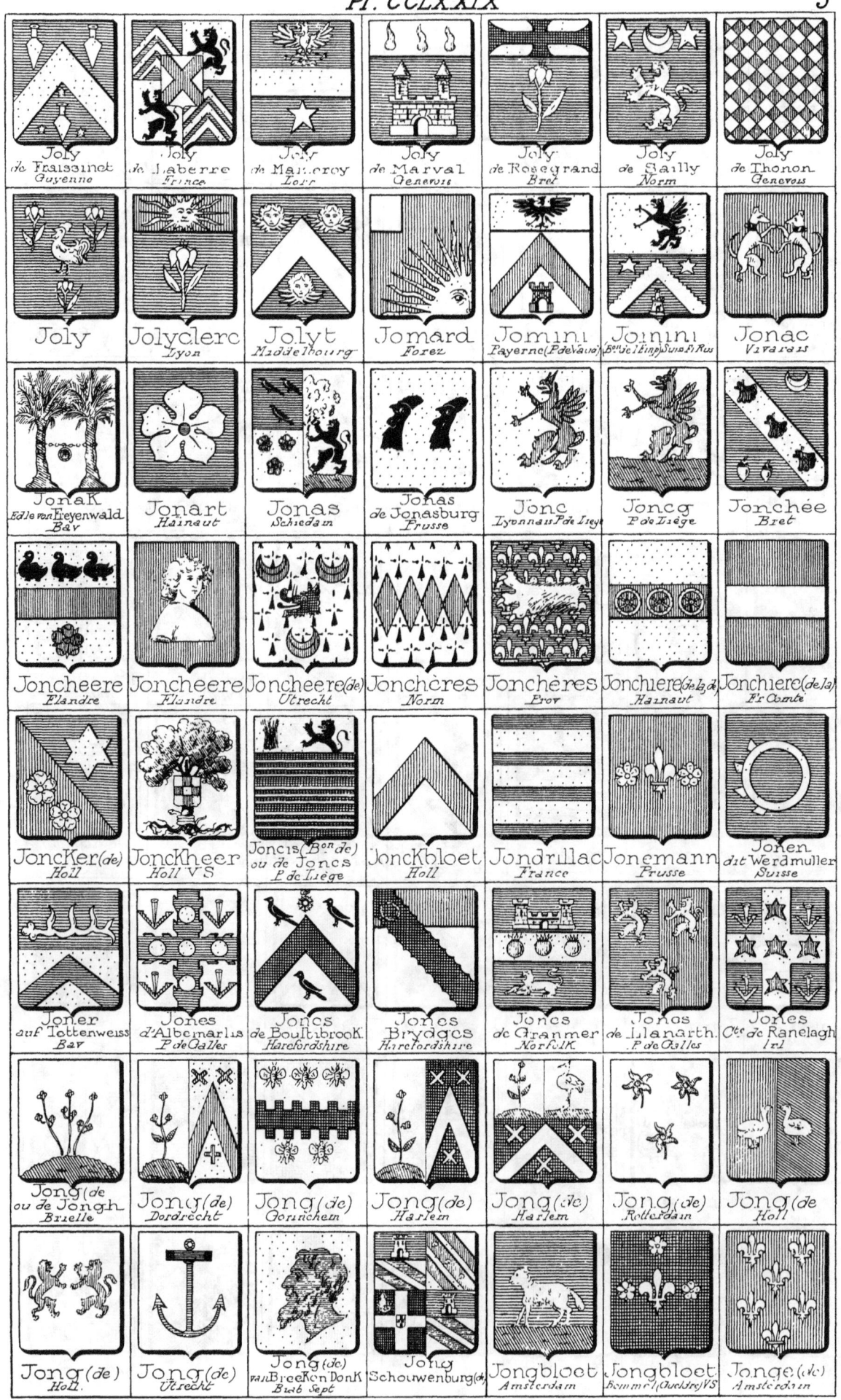

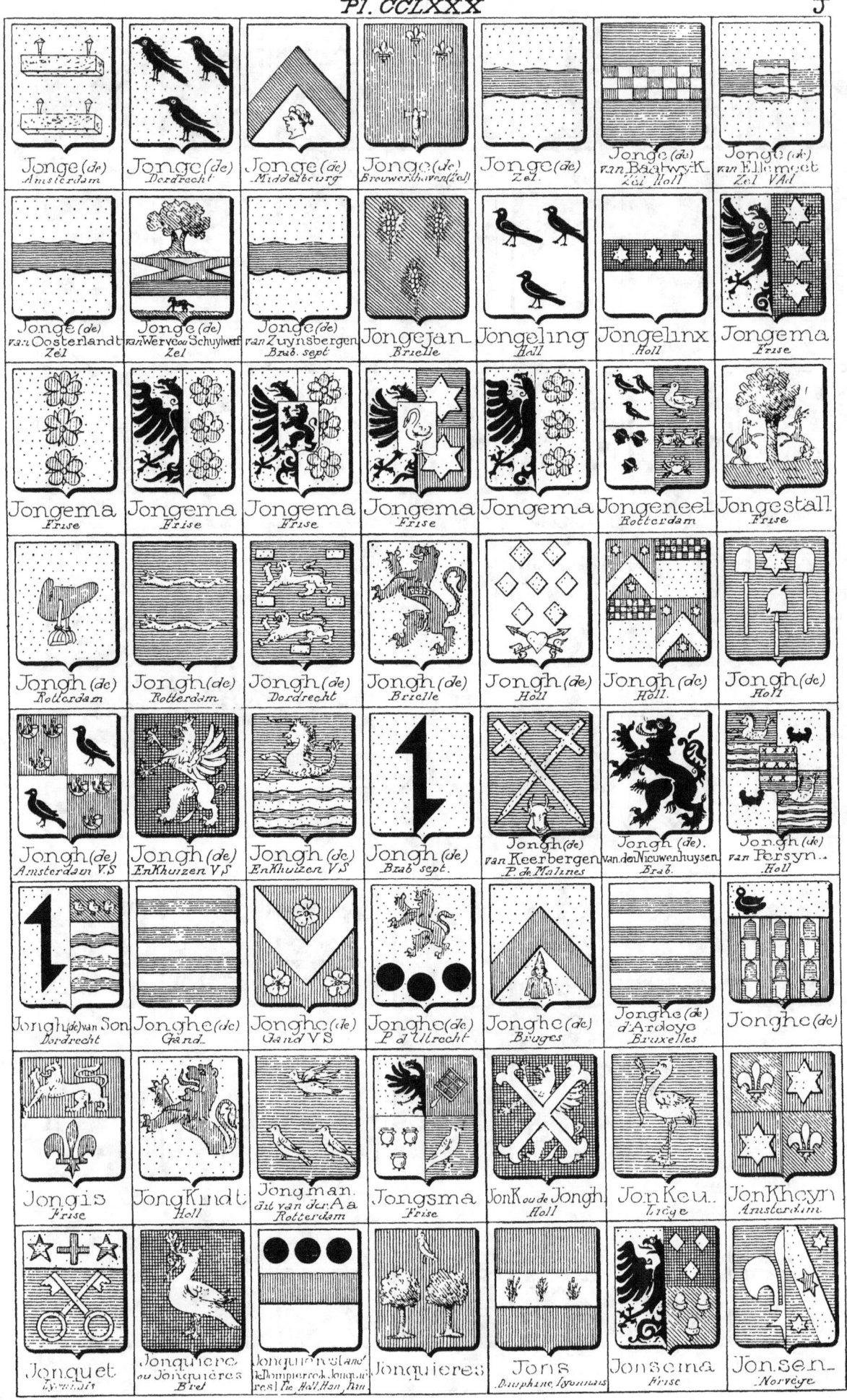

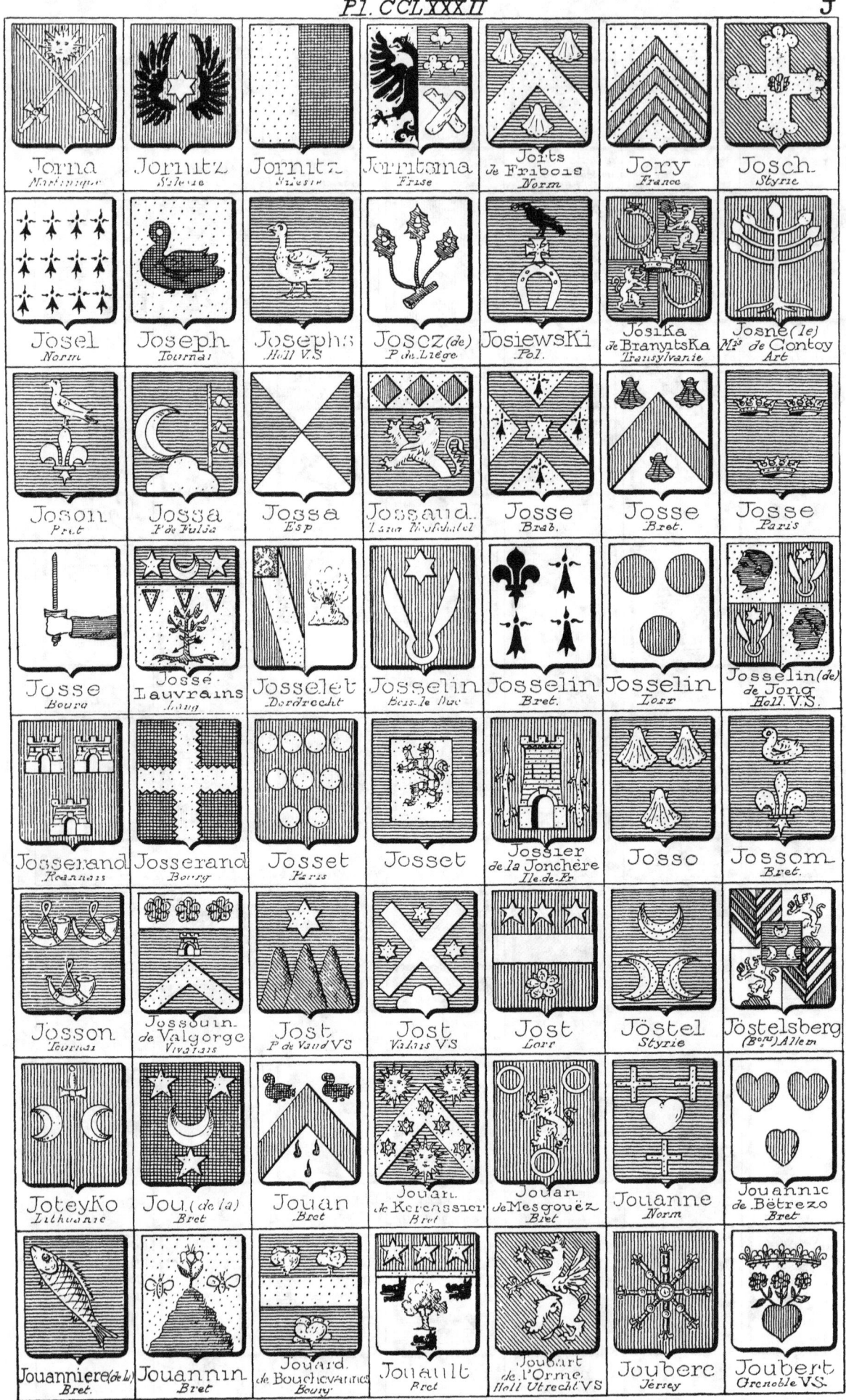

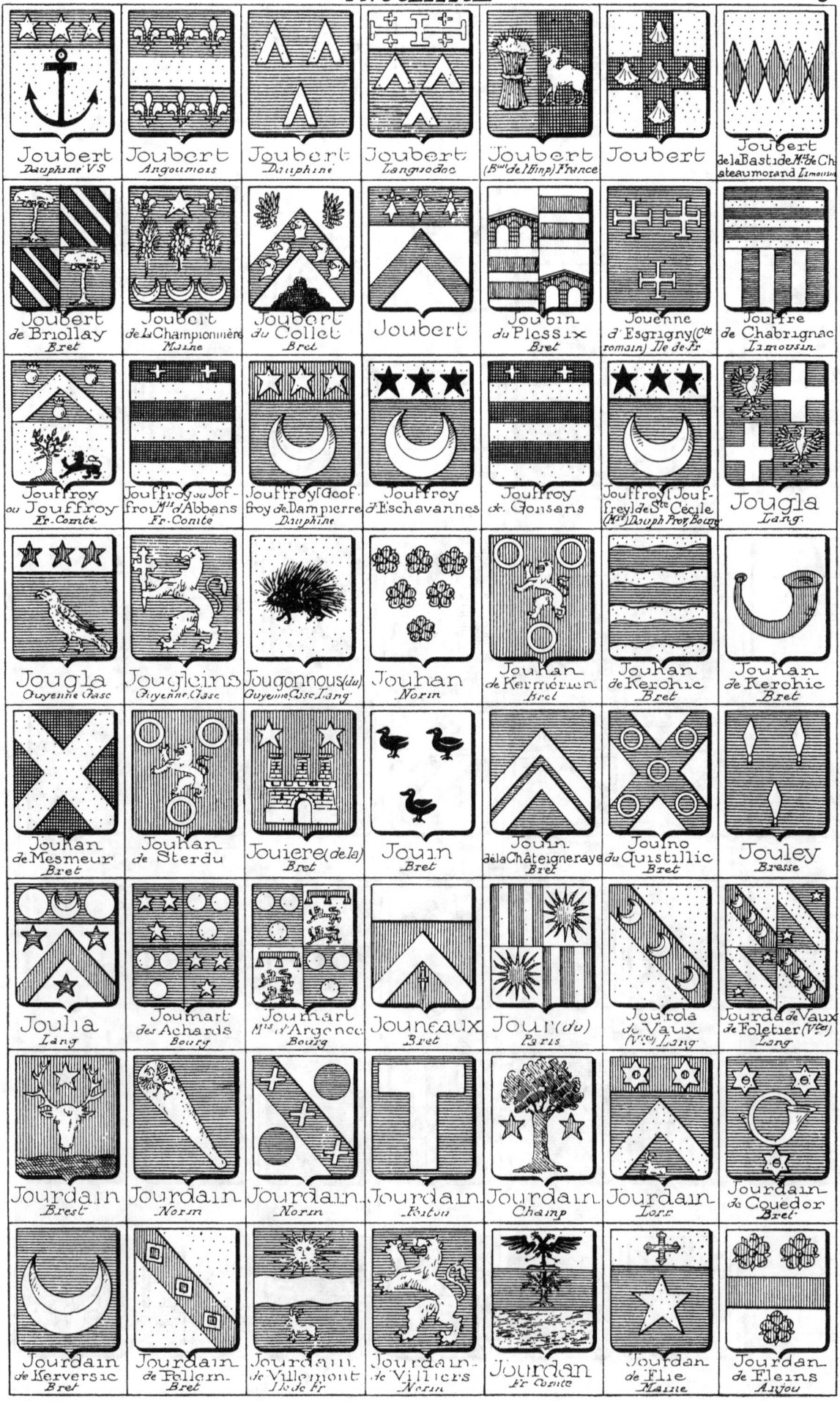

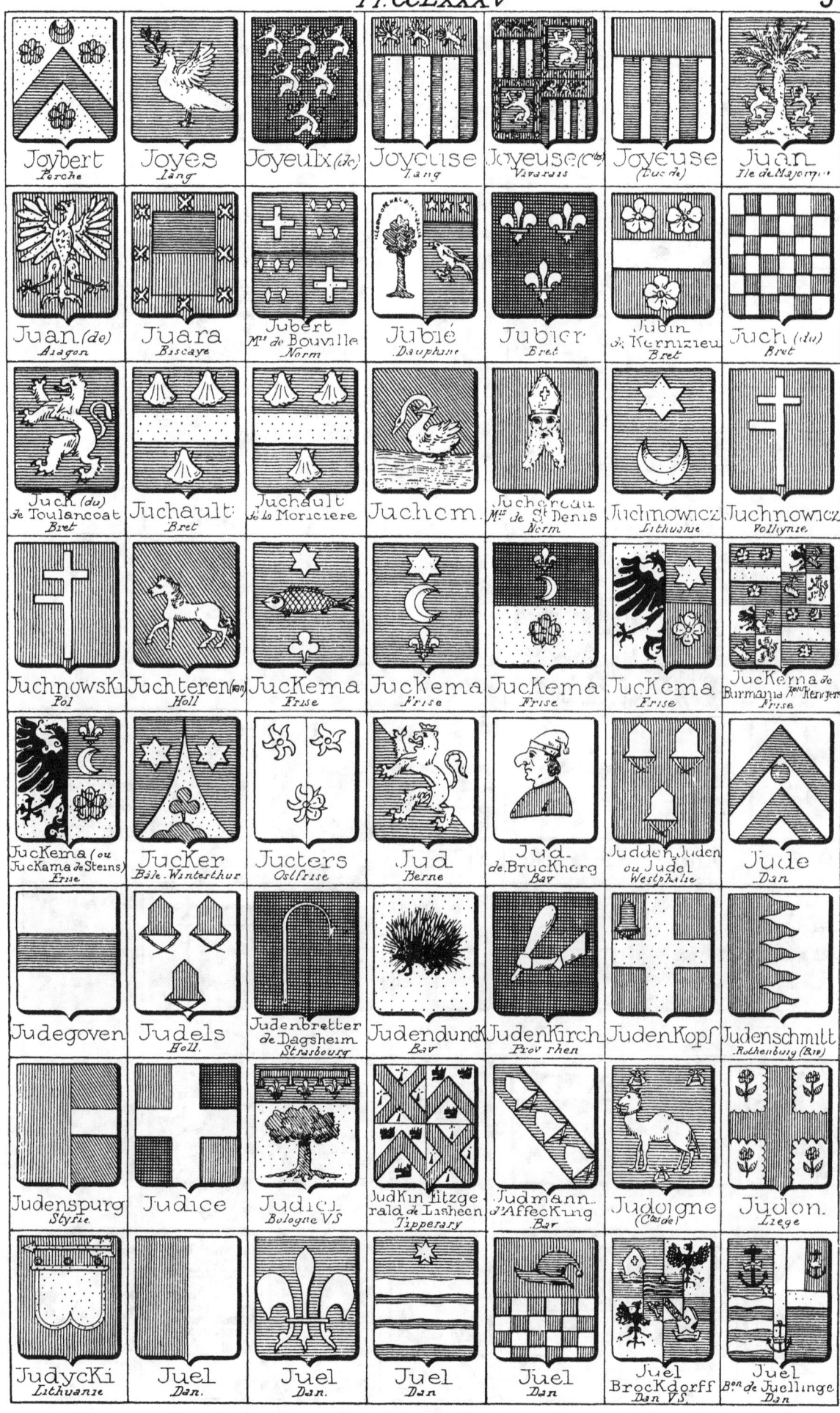

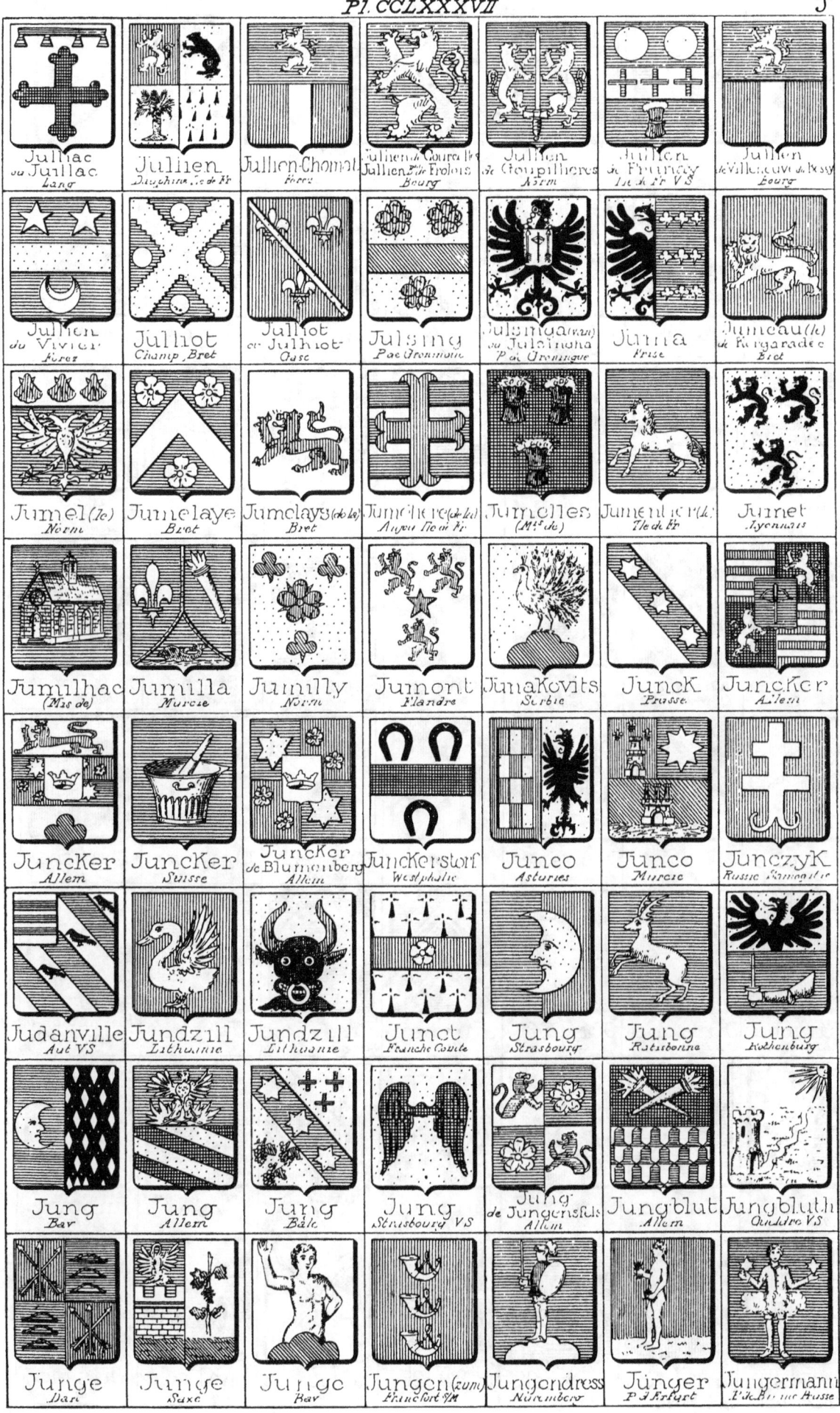

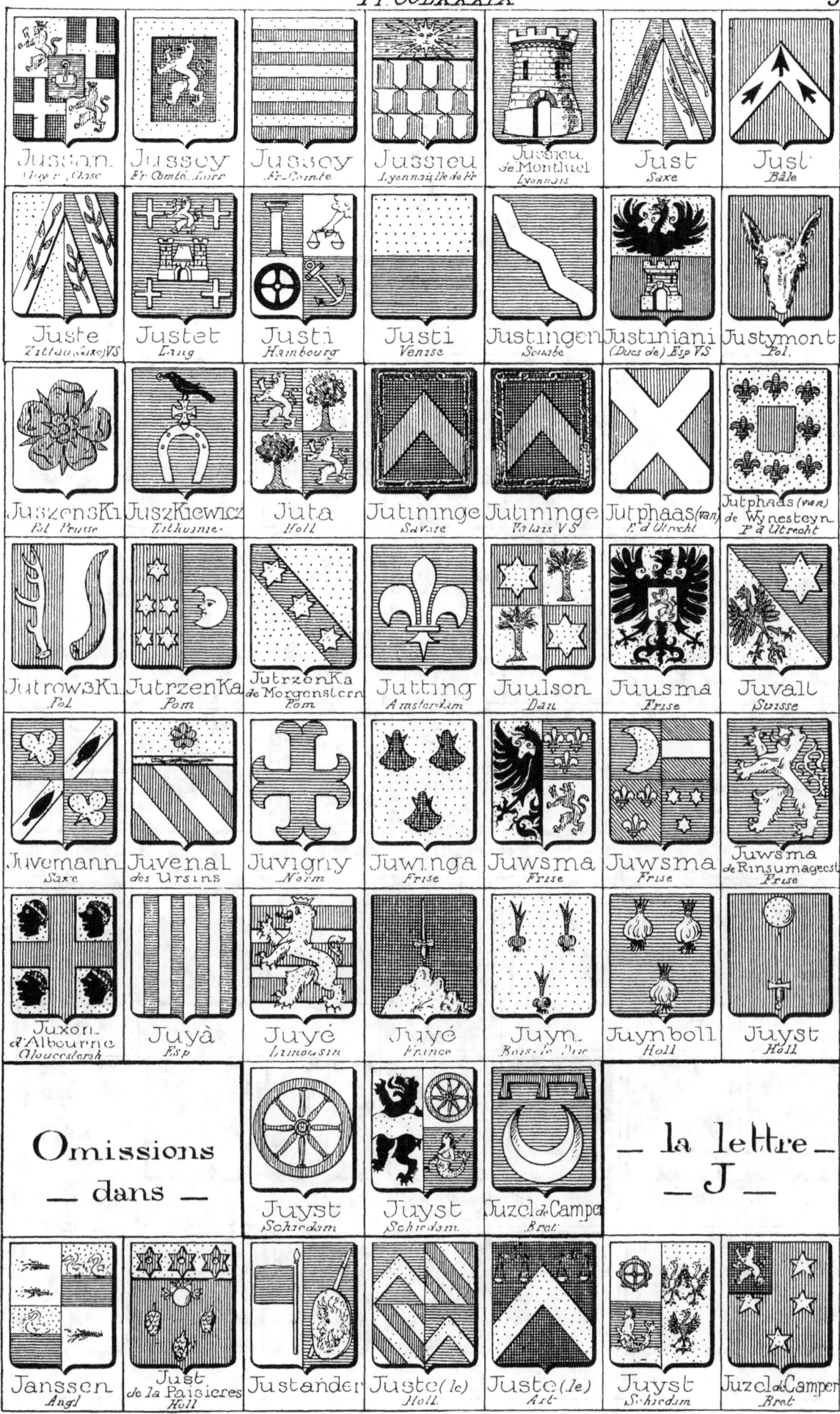

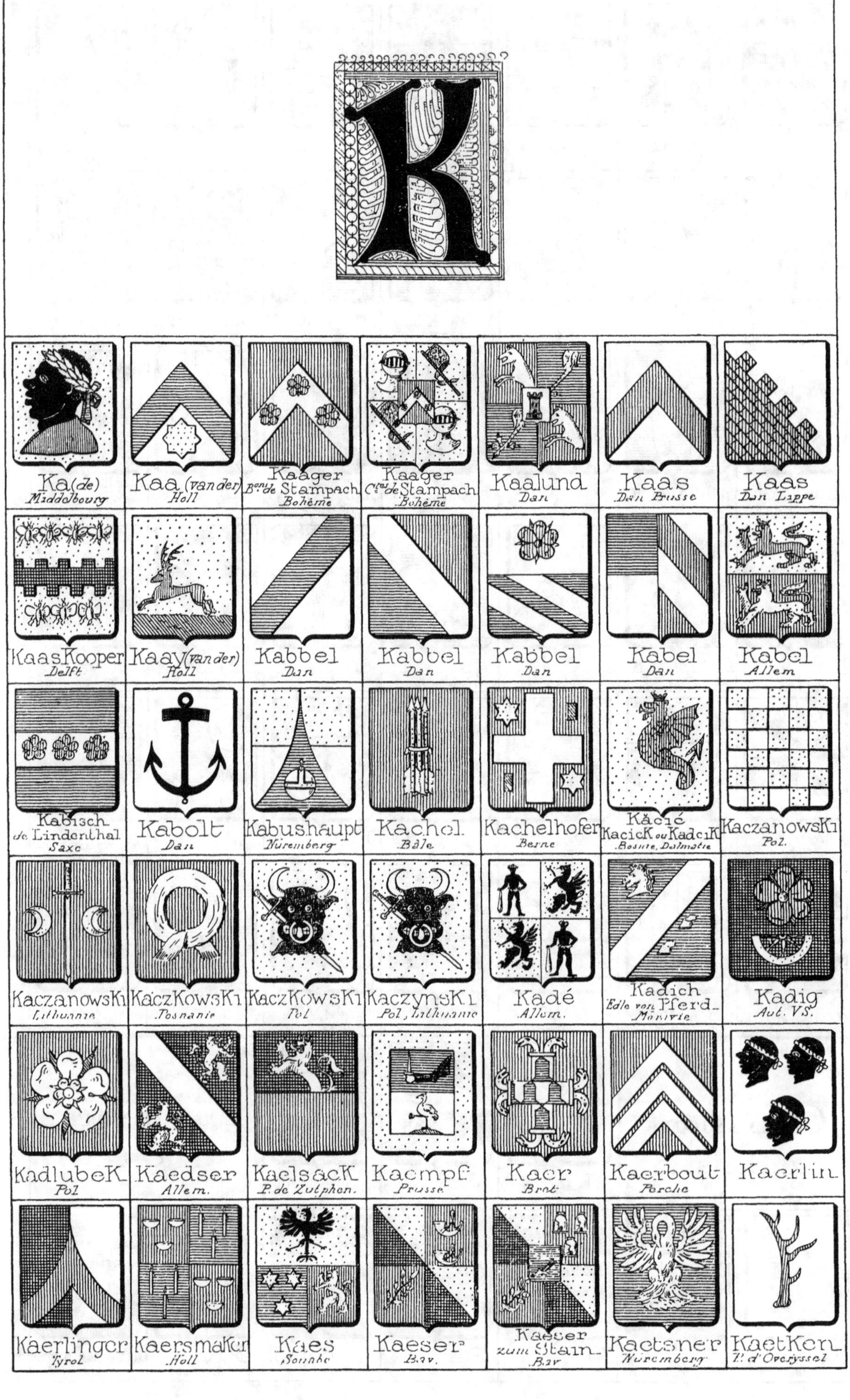

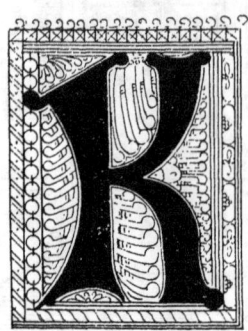

| | | | | | | |
|---|---|---|---|---|---|---|
| Ka (de) Middelbourg | Kaa (van der) Holl. | Kaager Bon de Stampach Bohême | Kaager Cte de Stampach Bohême | Kaalund Dan. | Kaas Dan. Prusse | Kaas Dan. Lippe |
| KaasKooper Delft | Kaay (van der) Holl. | Kabbel Dan. | Kabbel Dan. | Kabbel Dan. | Kabel Dan. | Kabel Allem. |
| Kabisch de Lindenthal Saxe | Kabolt Dan. | Kabushaupt Nuremberg | Kachel Bâle | Kachelhofer Berne | Kačić Kacick ou Kadcik Bosnie, Dalmatie | Kaczanowski Pol. |
| Kaczanowski Lithuanie | Kaczkowski Posnanie | Kaczkowski Pol. | Kaczynski Pol, Lithuanie | Kadé Allem. | Kadich Edle von Pferd-Monvie | Kadig Aut. V.S. |
| Kadlubek Pol. | Kaedser Allem. | Kaelsack P. de Zutphen | Kaempf Prusse | Kaer Brab. | Kaerbout Perche | Kaerlin |
| Kaerlinger Tyrol | Kaersmaker Holl. | Kaes Souabe | Kaeser Bav. | Kaeser zum Stain Bav. | Kaetsner Nuremberg | Kaetken P. d'Overyssel |

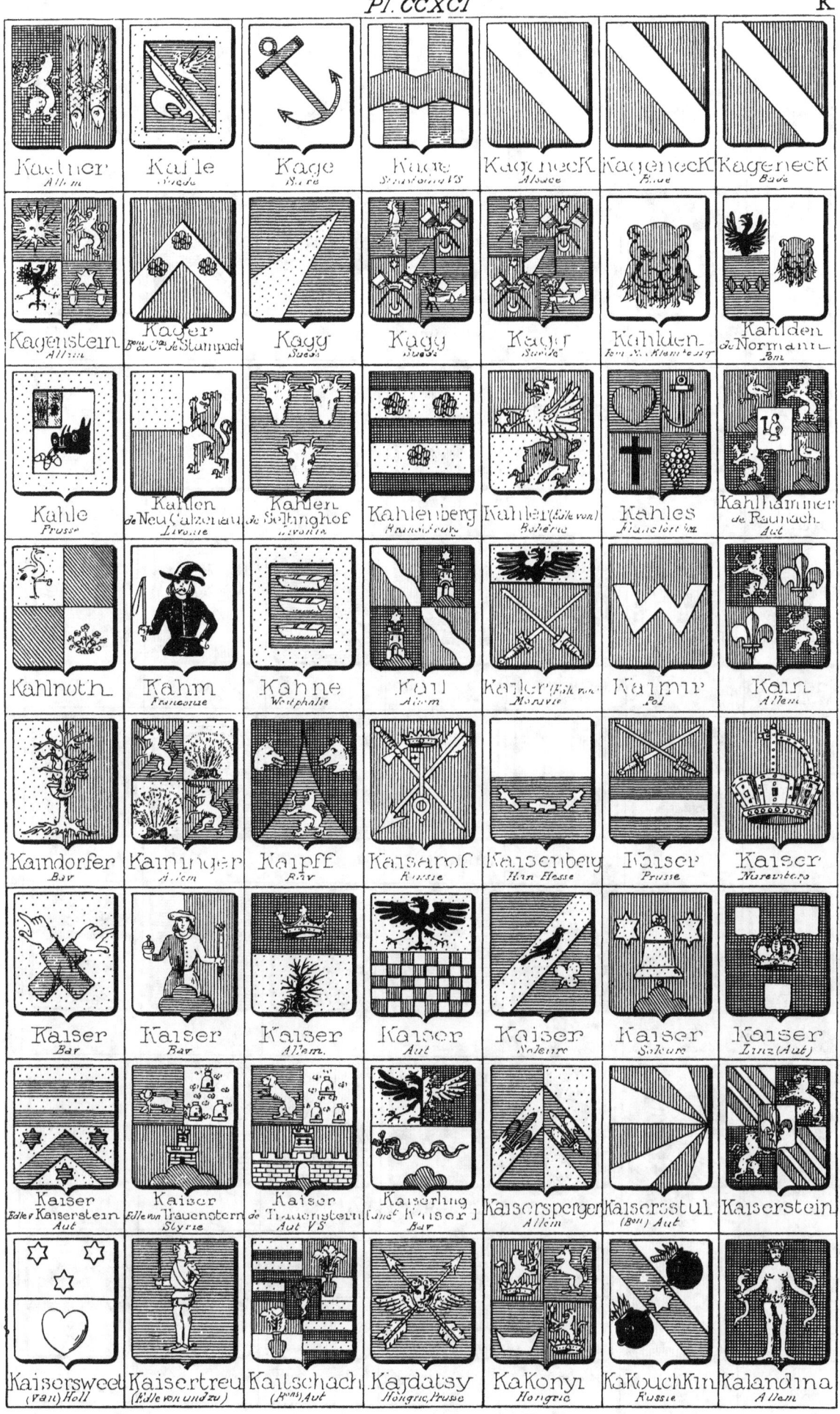

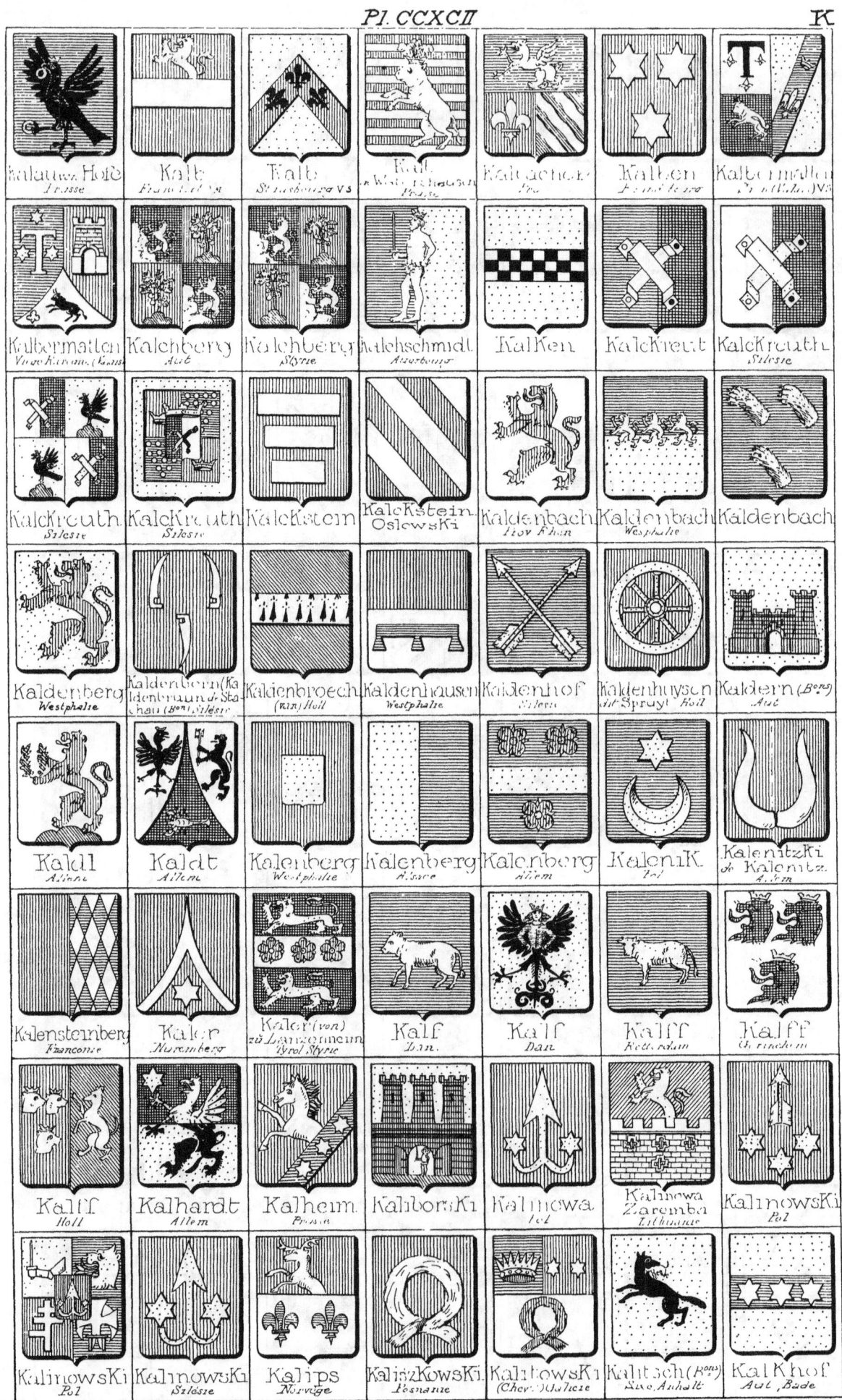

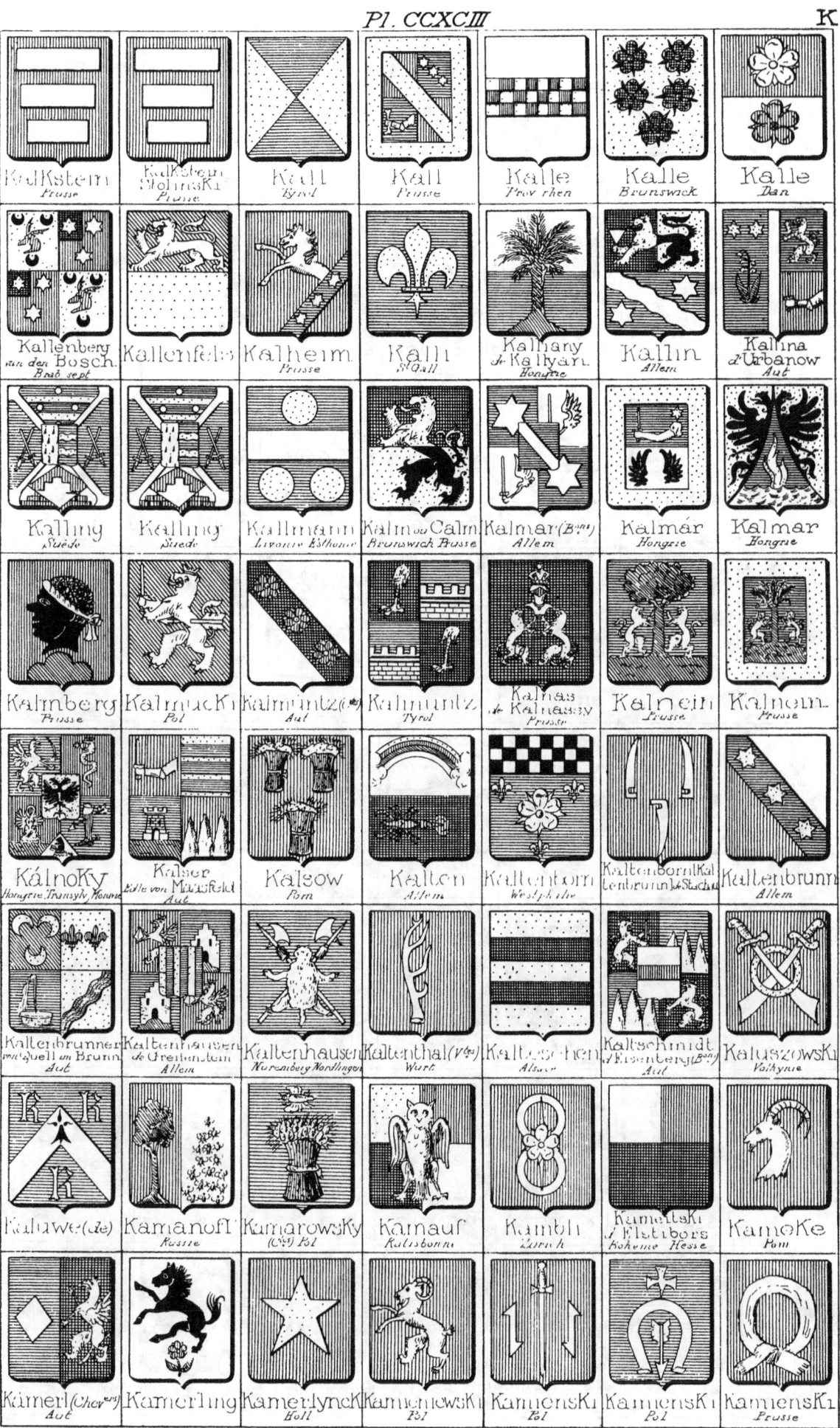

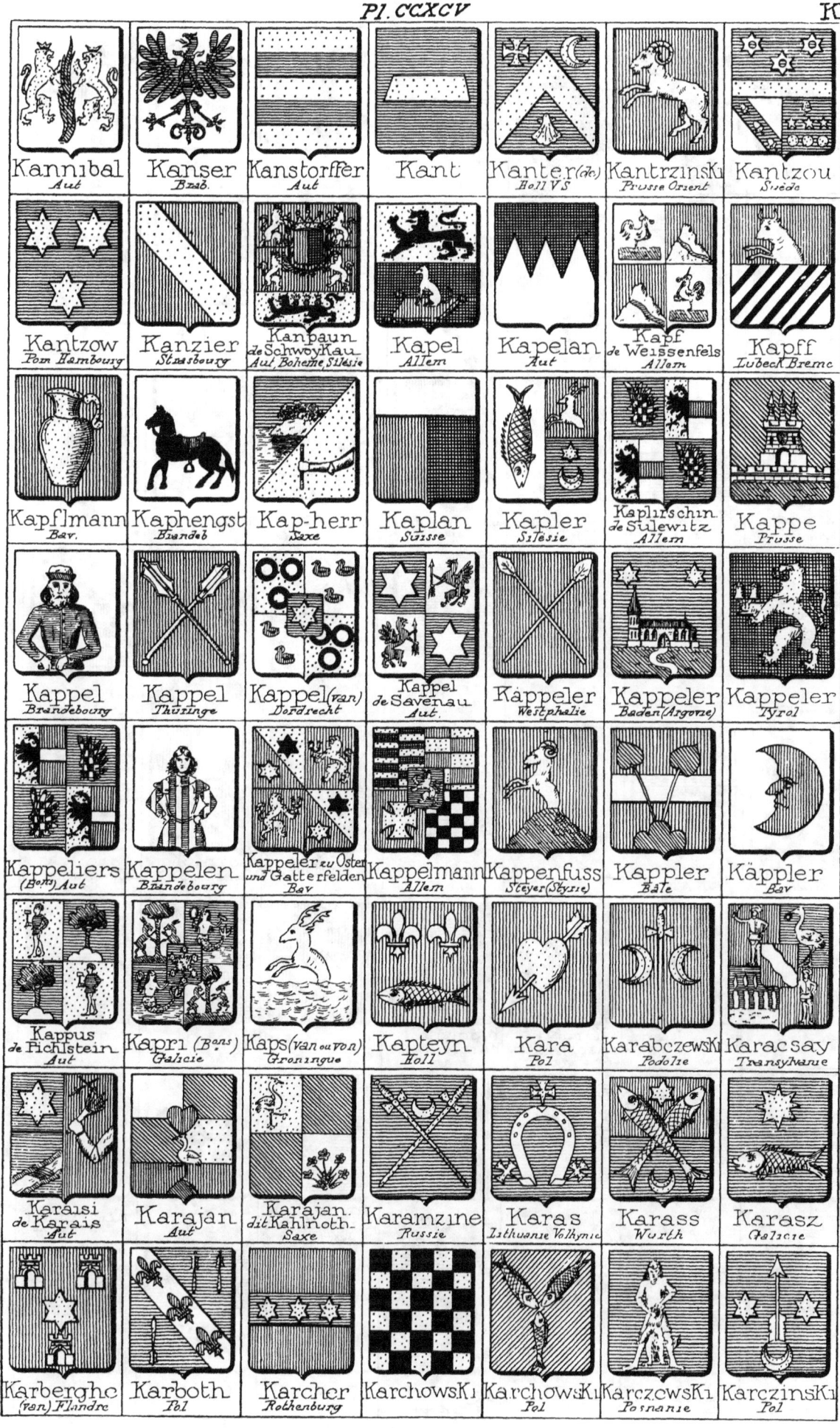

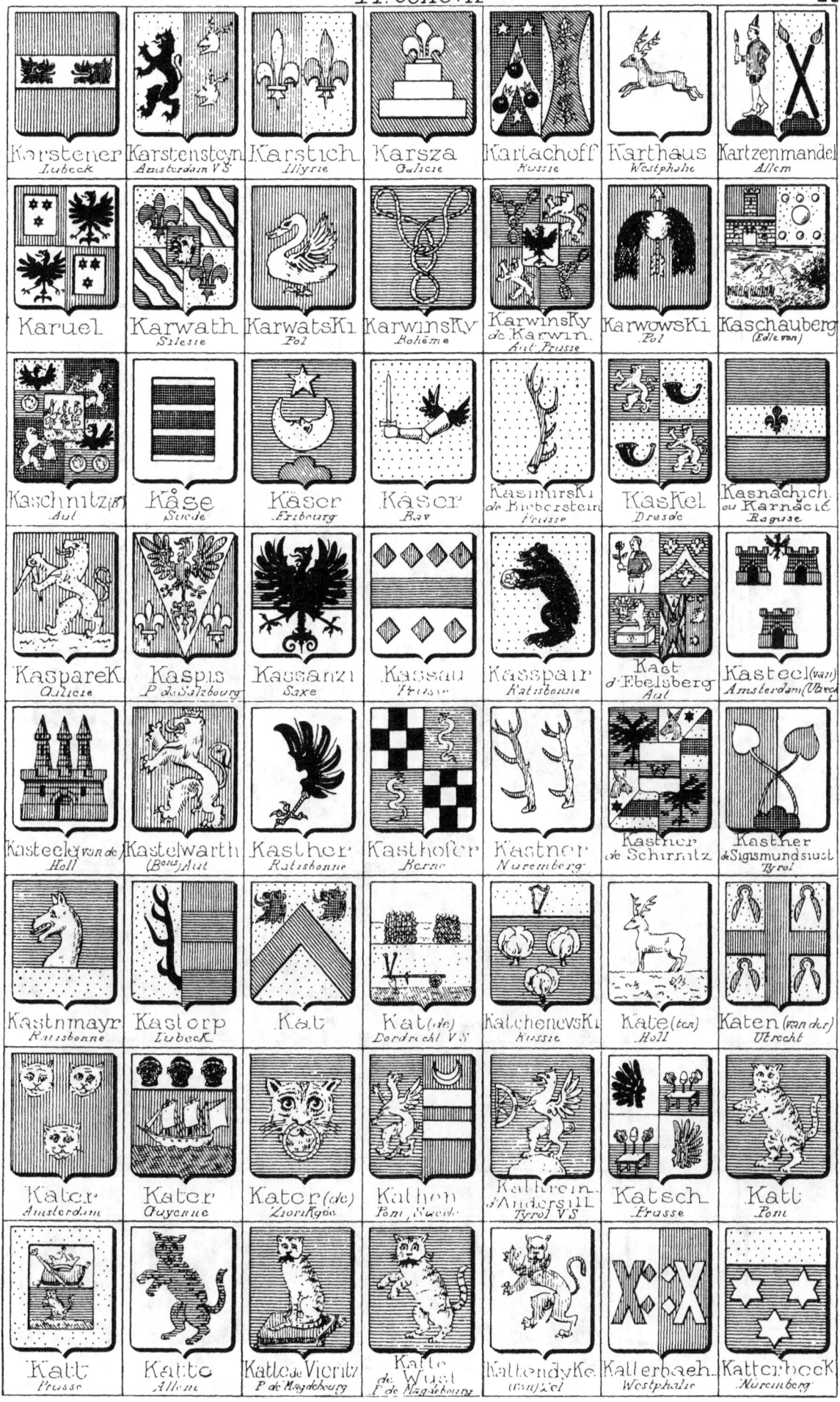

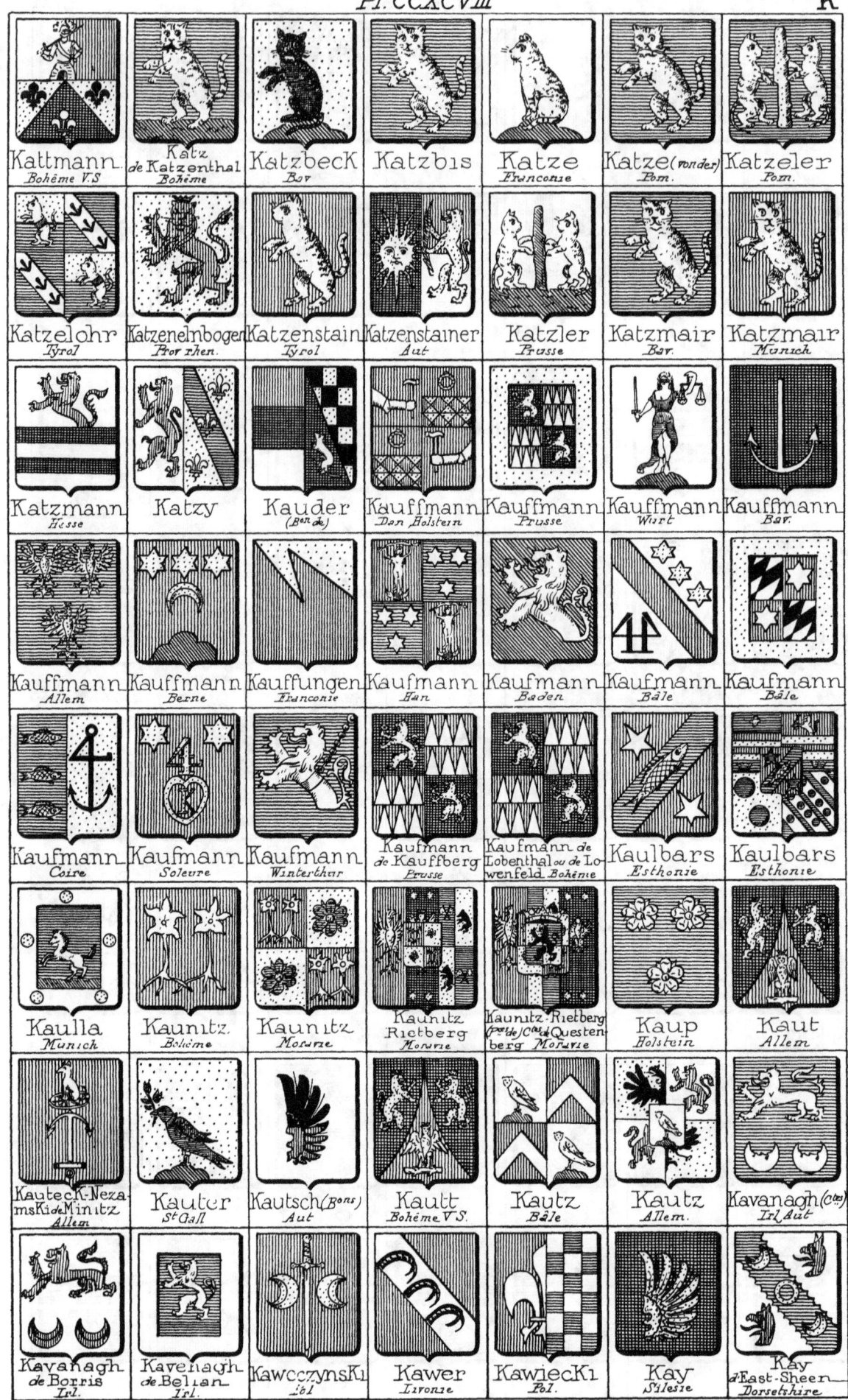

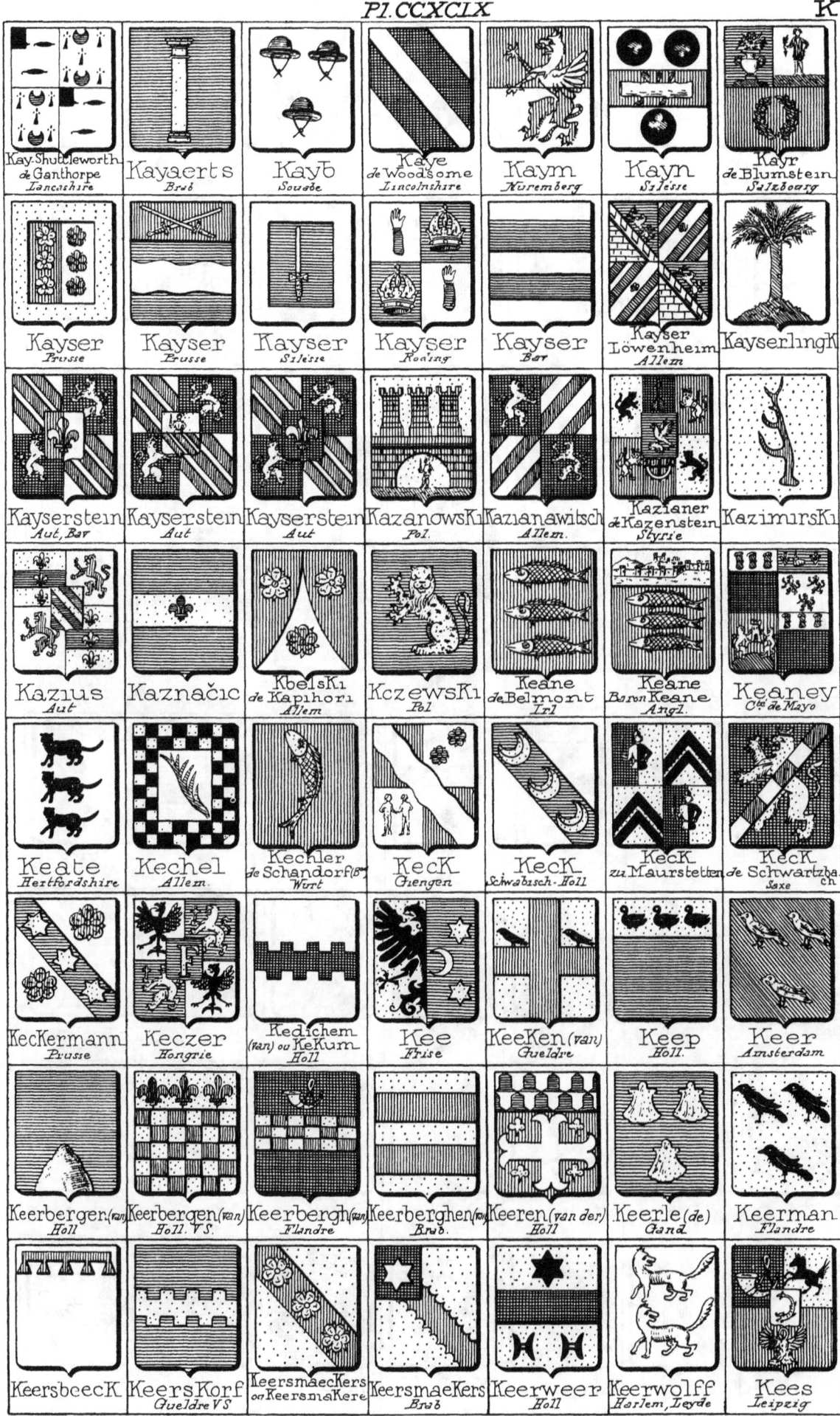

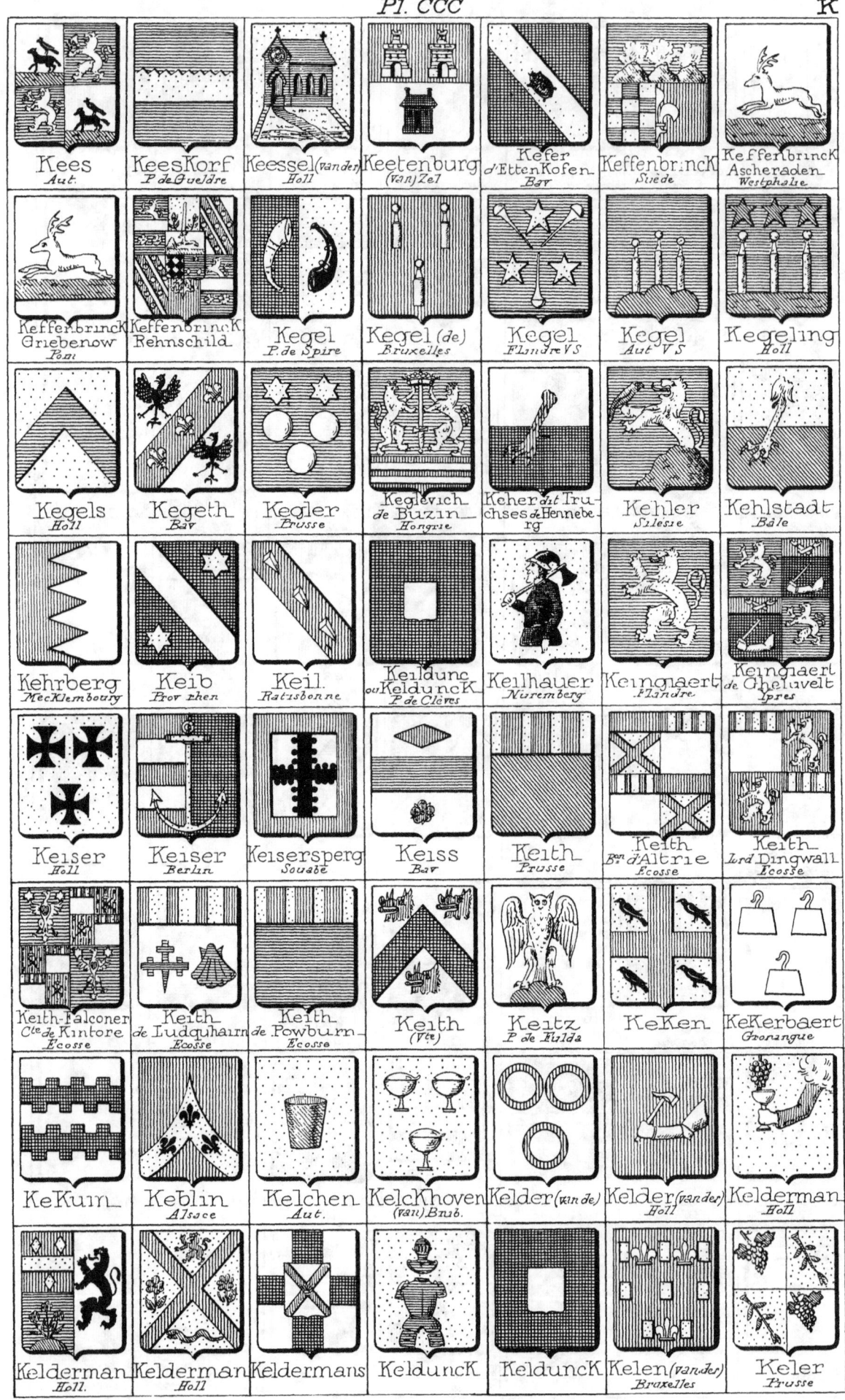

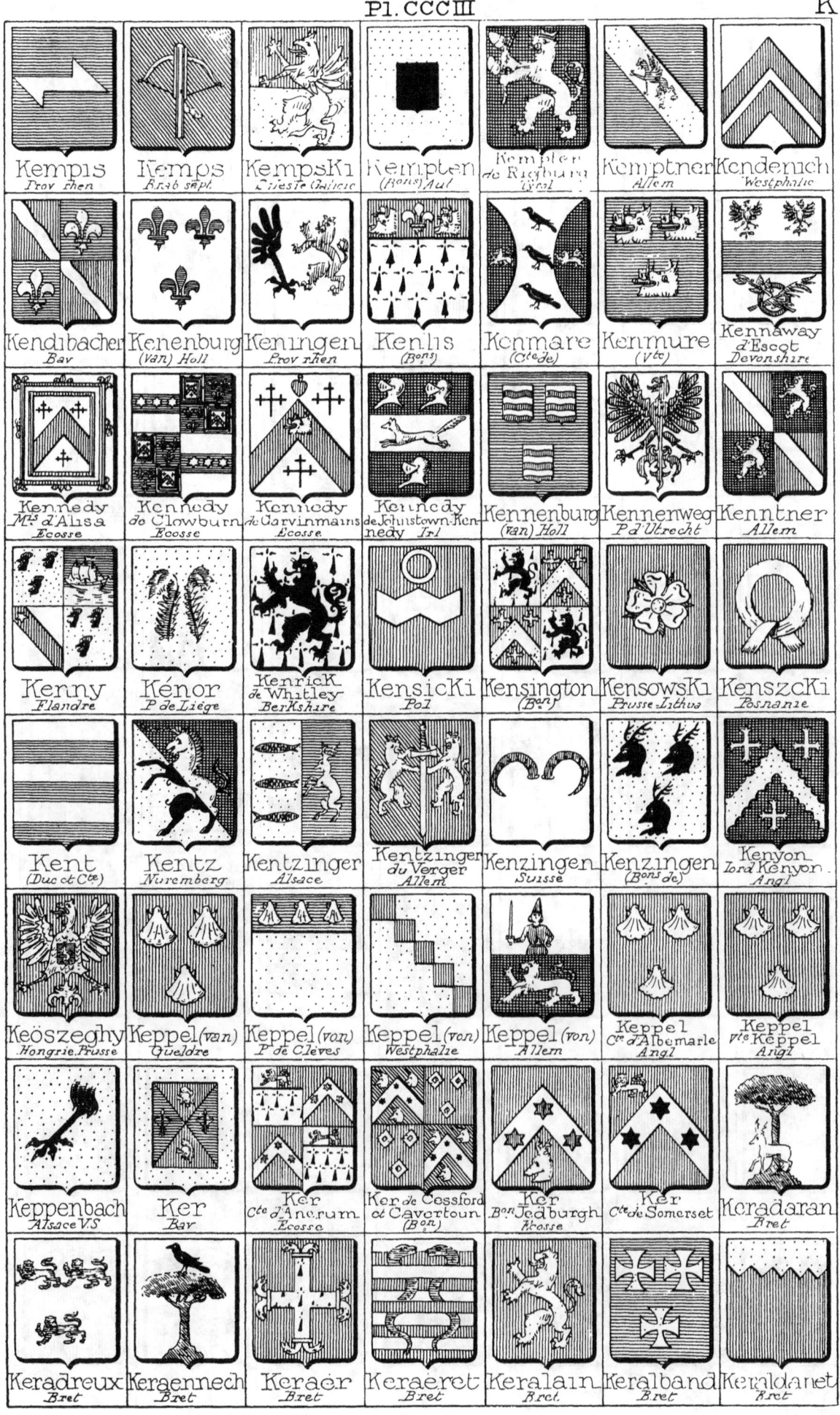

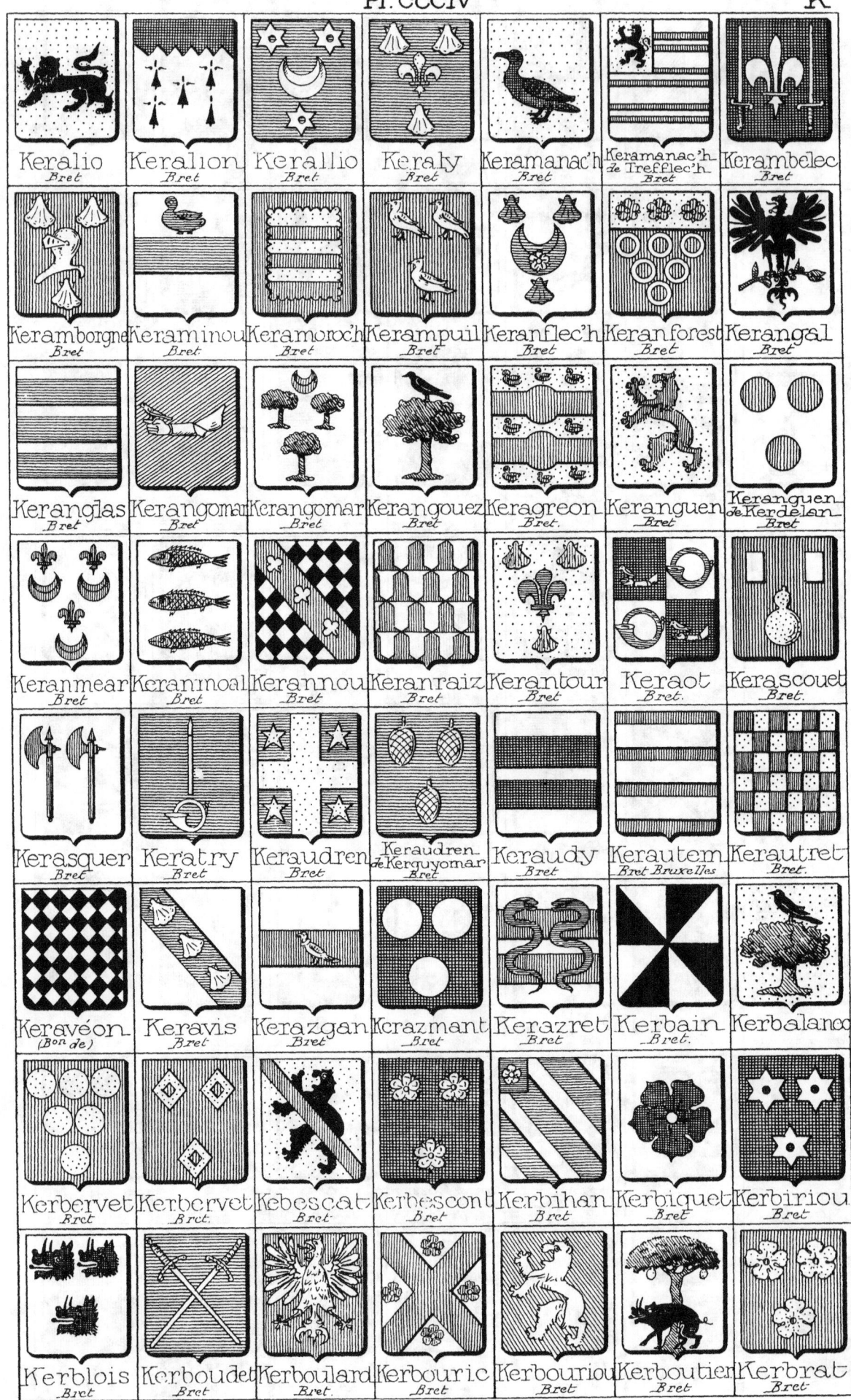

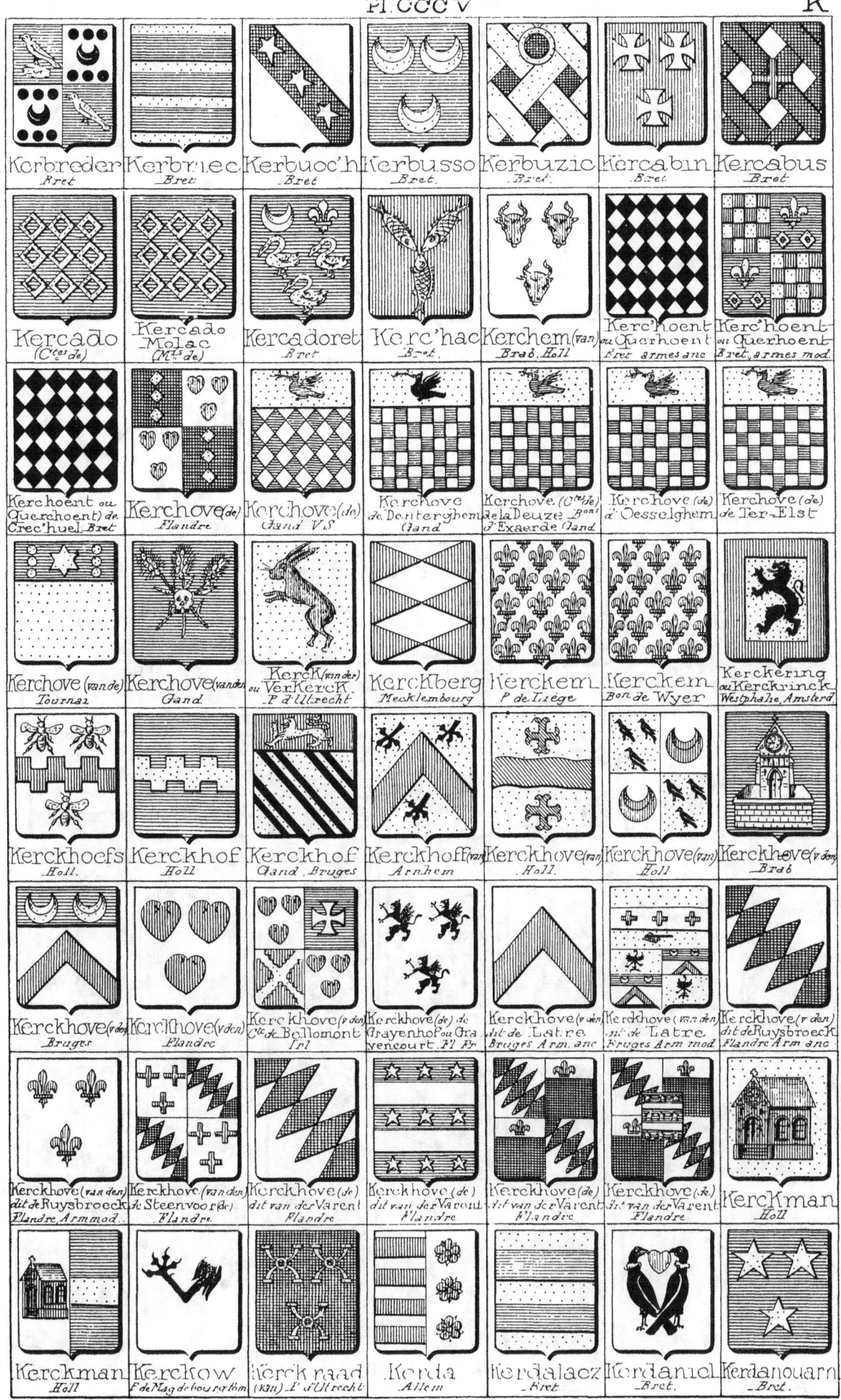

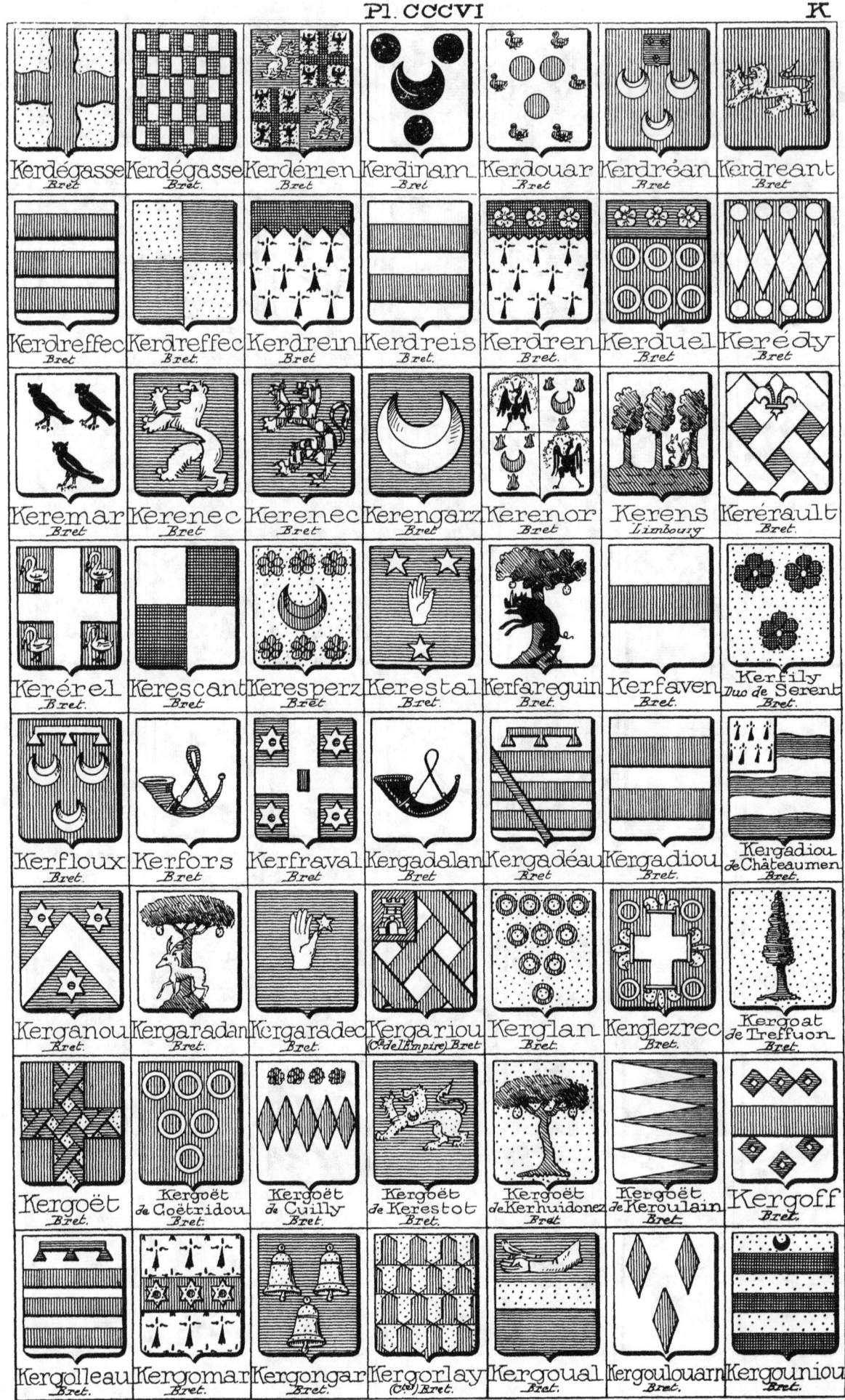

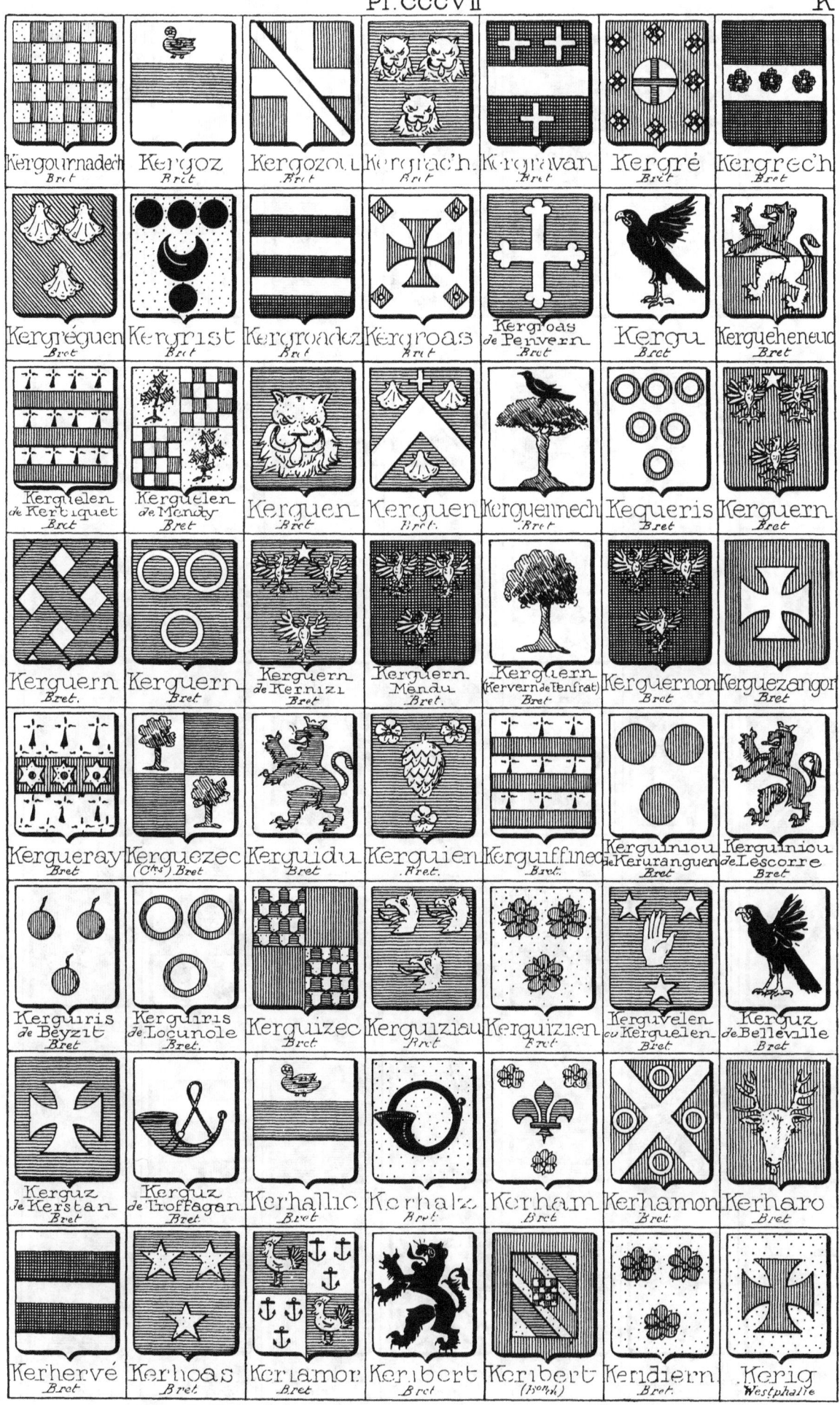

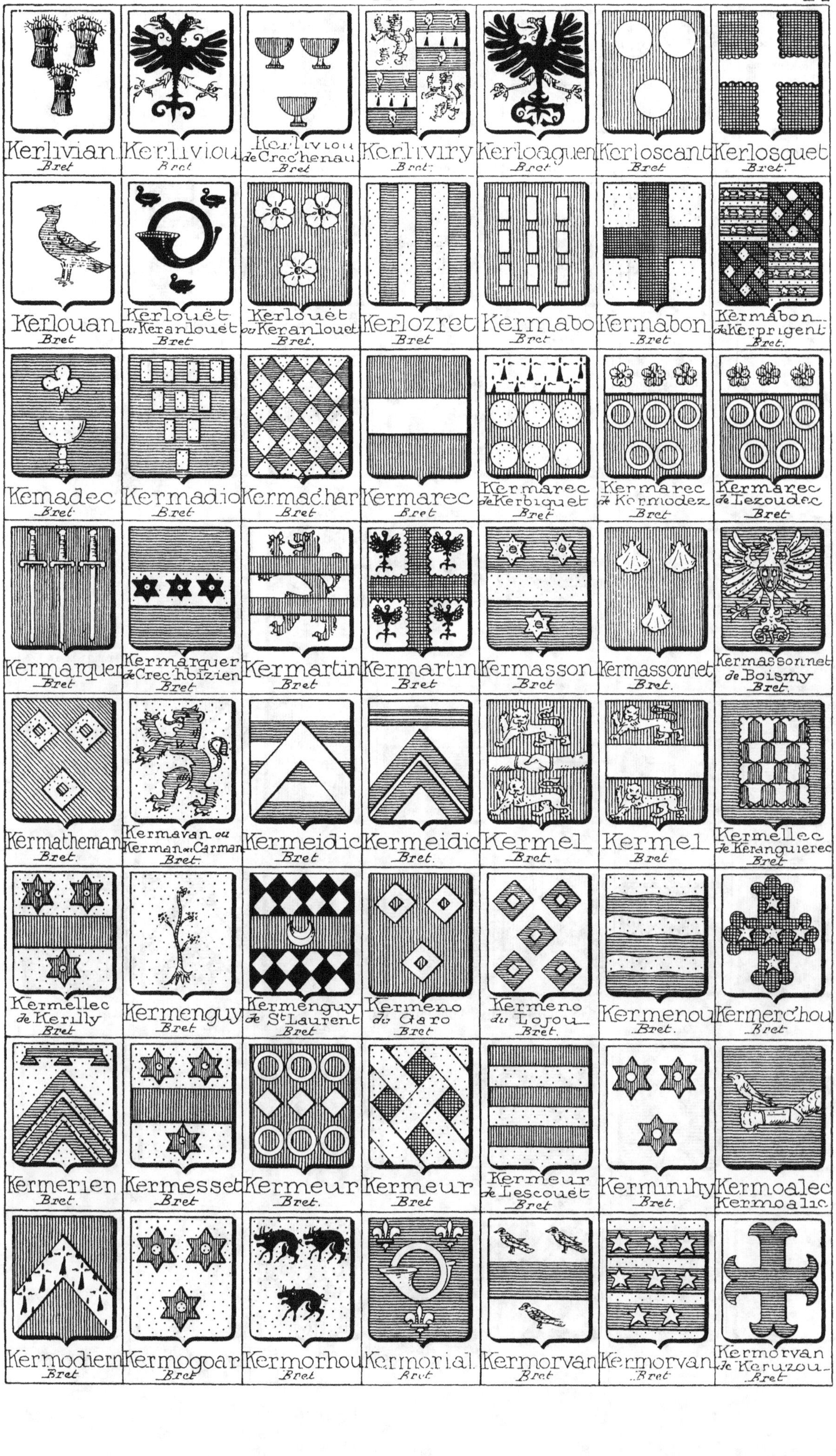

Pl. CCCIX K

| Kerlivian Bret | Kerliviou Bret | Kerliviou de Crechenau Bret | Kerliviry Bret | Kerloaguen Bret | Kerloscant Bret | Kerlosquet Bret |
| Kerlouan Bret | Kerlouët ou Kéranlouët Bret | Kerlouët ou Kéranlouët Bret | Kerlozret Bret | Kermabo Bret | Kermabon Bret | Kermabon de Kerprigent Bret |
| Kemadec Bret | Kermadio Bret | Kermachar Bret | Kermarec Bret | Kermarec de Kerbiquet Bret | Kermarec de Kermodez Bret | Kermarec de Lezoudec Bret |
| Kermarquer Bret | Kermarquer de Crech'bizien Bret | Kermartin Bret | Kermartin Bret | Kermasson Bret | Kermassonnet Bret | Kermassonnet de Boismy Bret |
| Kermatheman Bret | Kermavan ou Herman de Carman Bret | Kermeidic Bret | Kermeidic Bret | Kermel Bret | Kermel Bret | Kermellec de Keranguierec Bret |
| Kermellec de Kerilly Bret | Kermenguy Bret | Kermenguy de St Laurent Bret | Kermeno du Garo Bret | Kermeno du Lojou Bret | Kermenou Bret | Kermerc'hou Bret |
| Kermerien Bret | Kermesset Bret | Kermeur Bret | Kermeur Bret | Kermeur de Lescouet Bret | Kerminihy Bret | Kermoalec Kermoalic |
| Kermodiern Bret | Kermogoar Bret | Kermorhou Bret | Kermorial Bret | Kermorvan Bret | Kermorvan Bret | Kermorvan de Keruzou Bret |

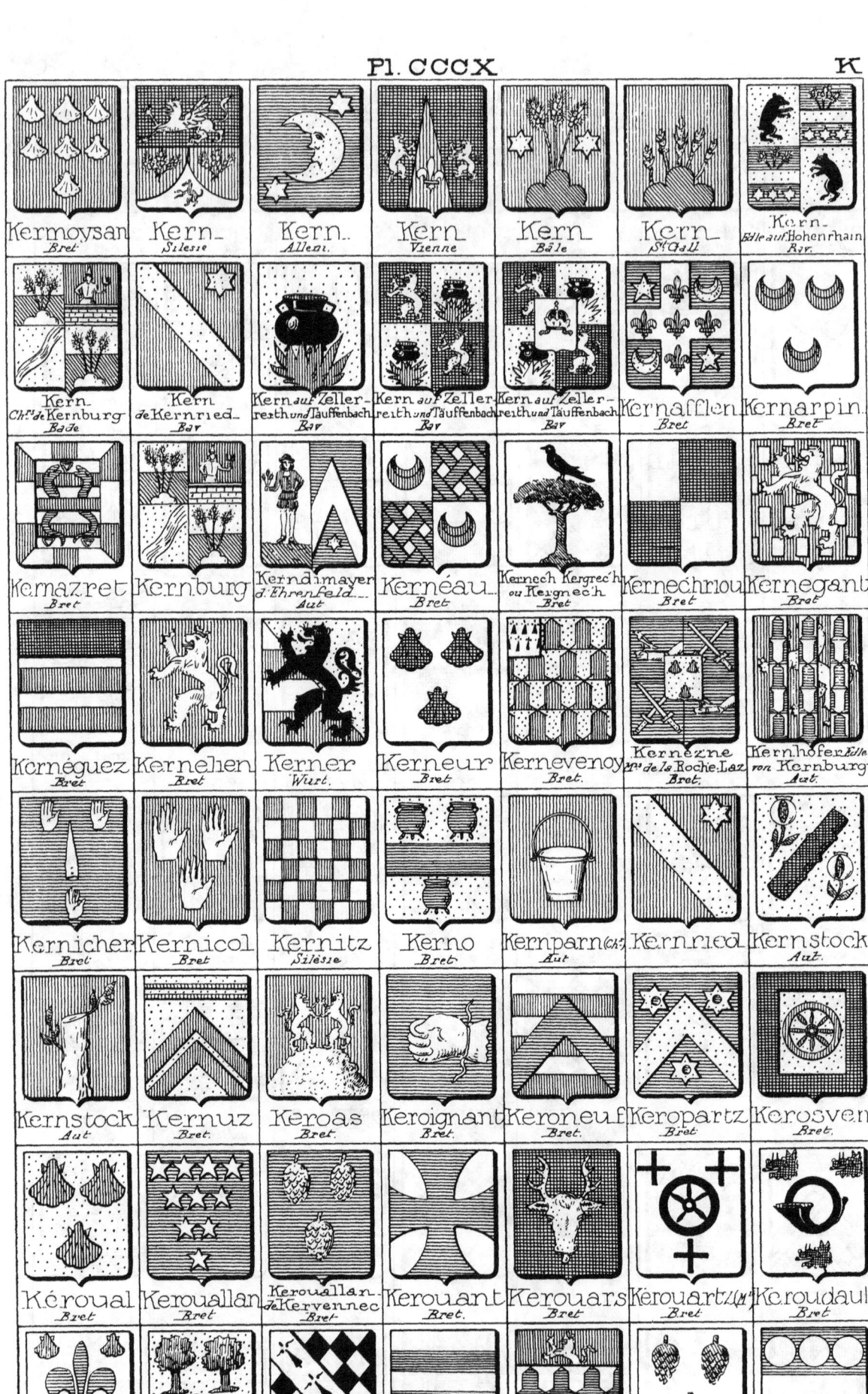

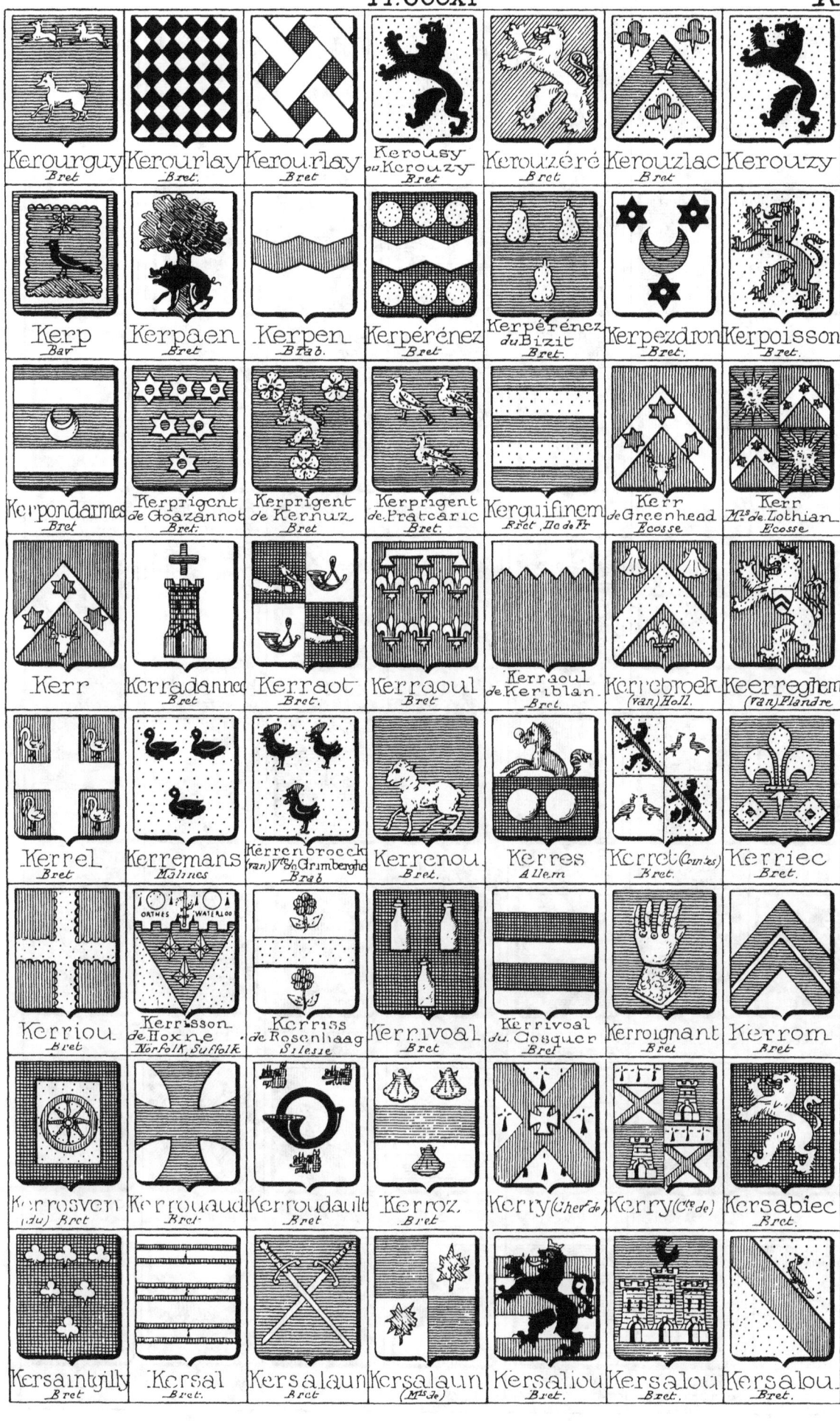

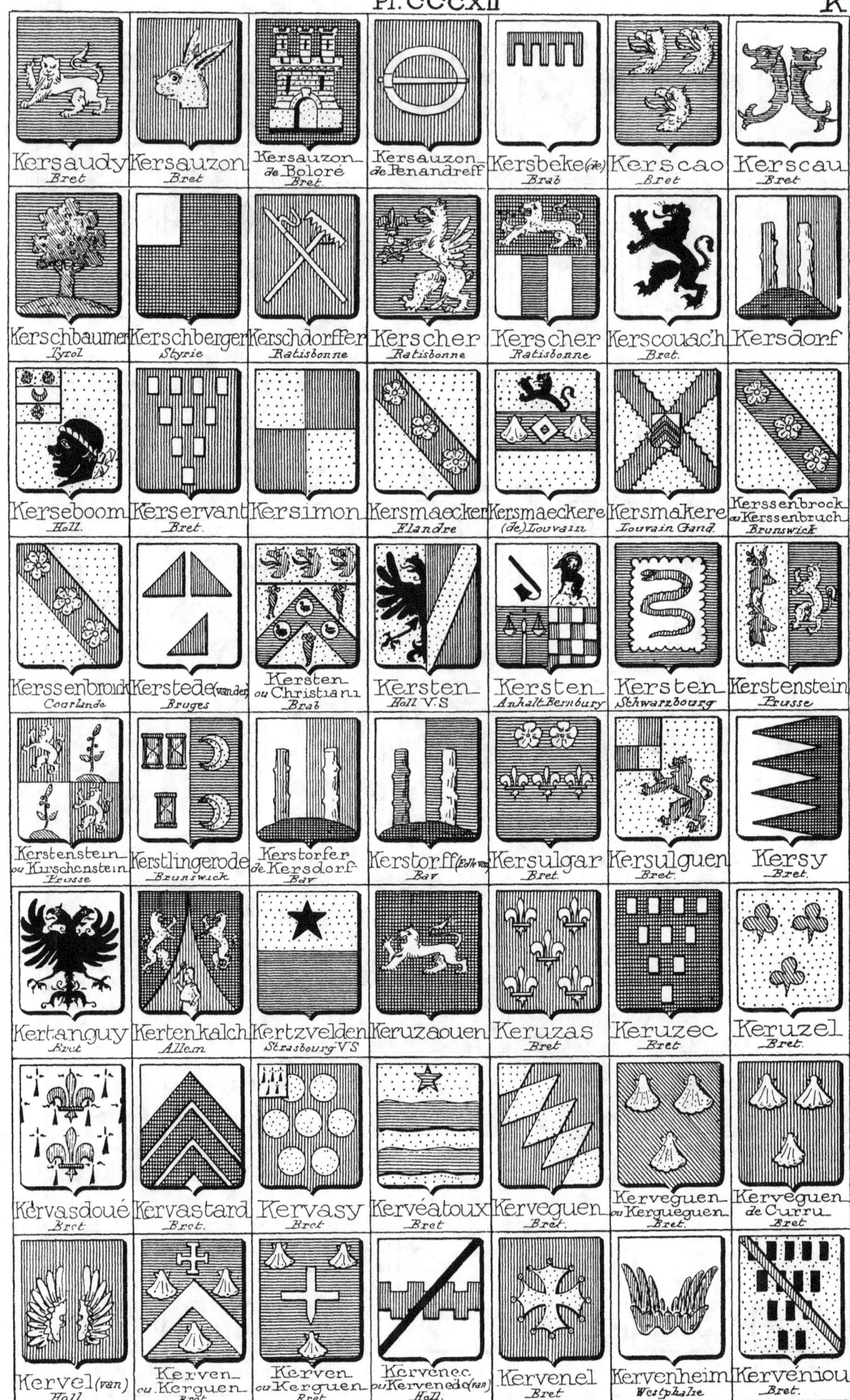

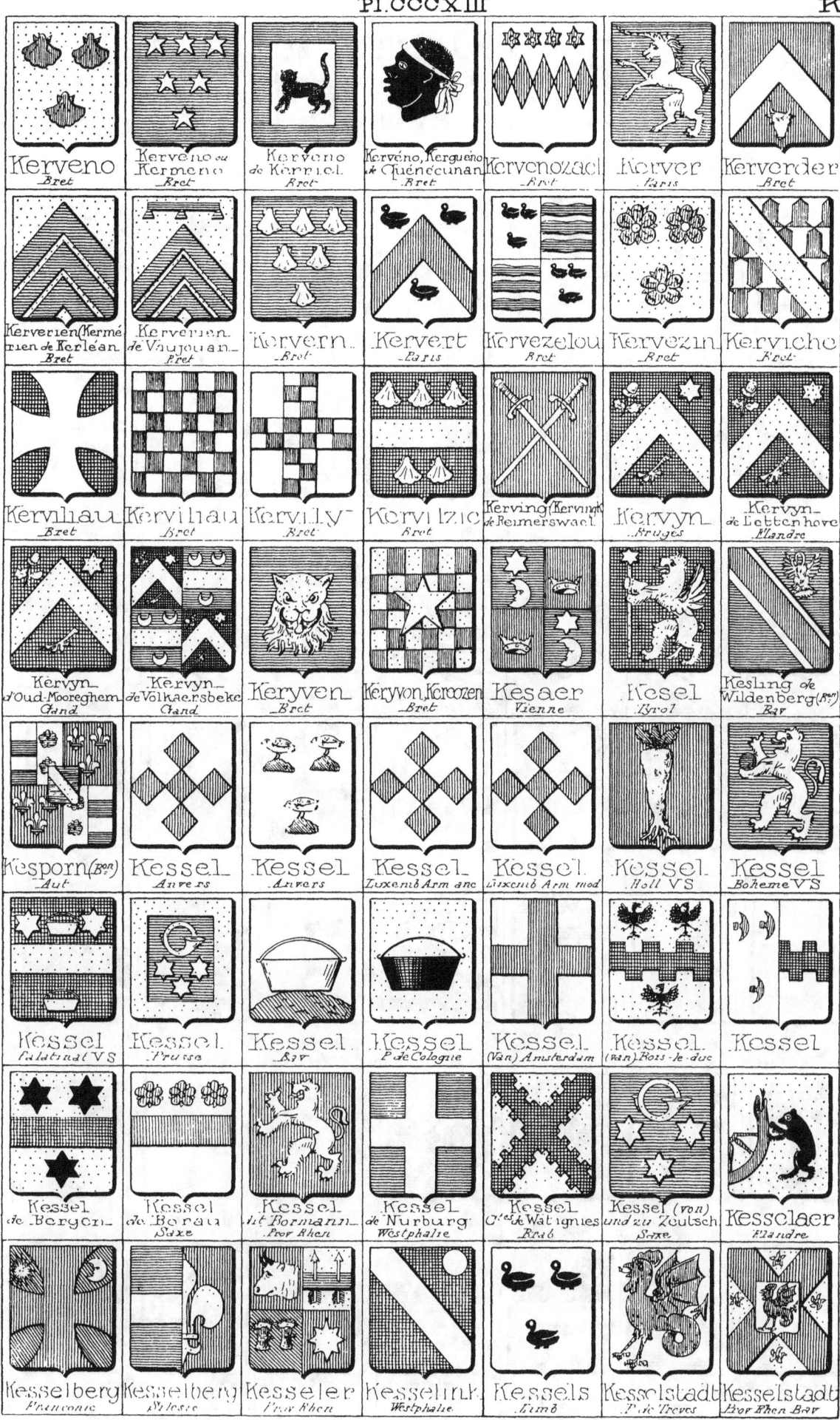

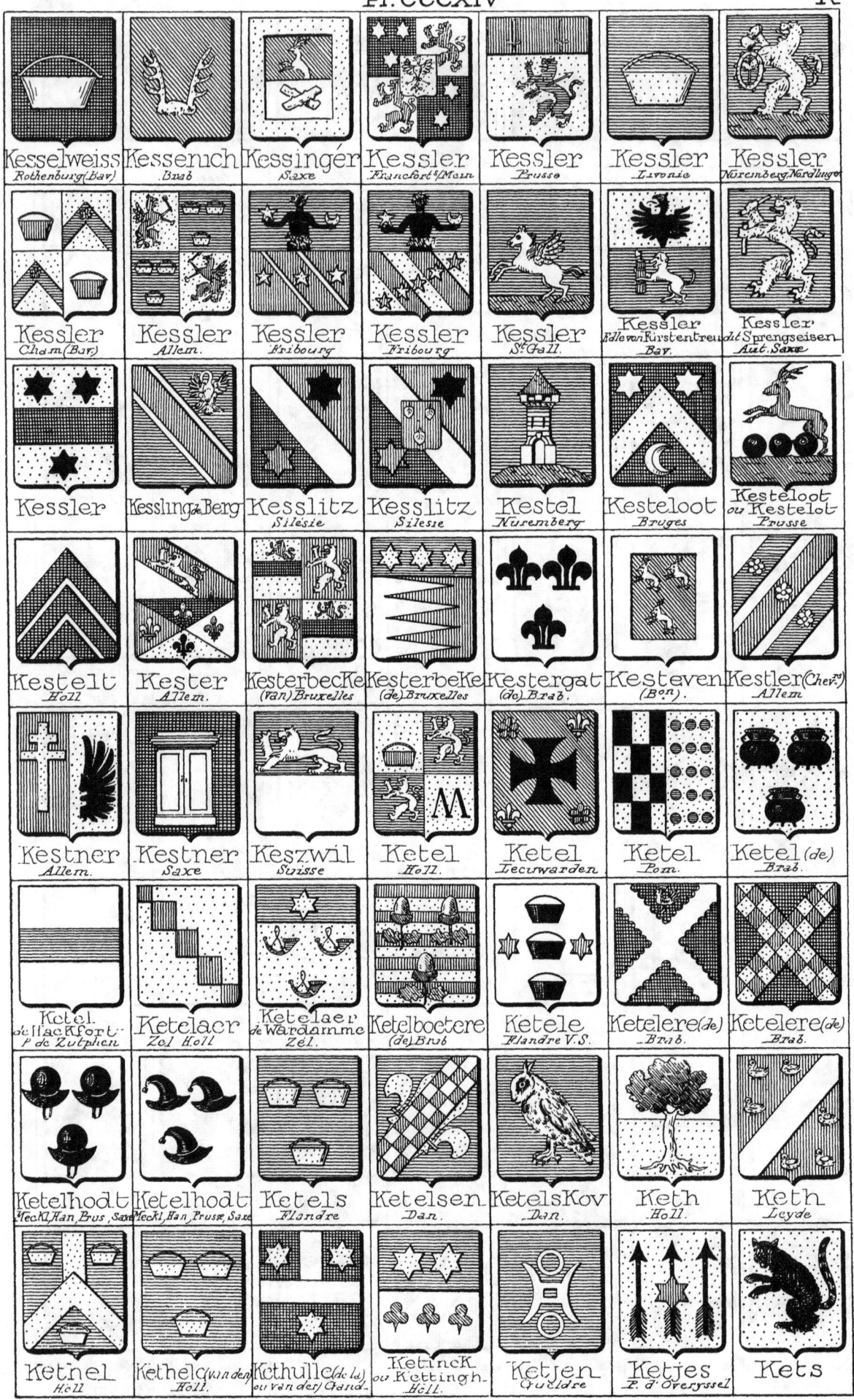

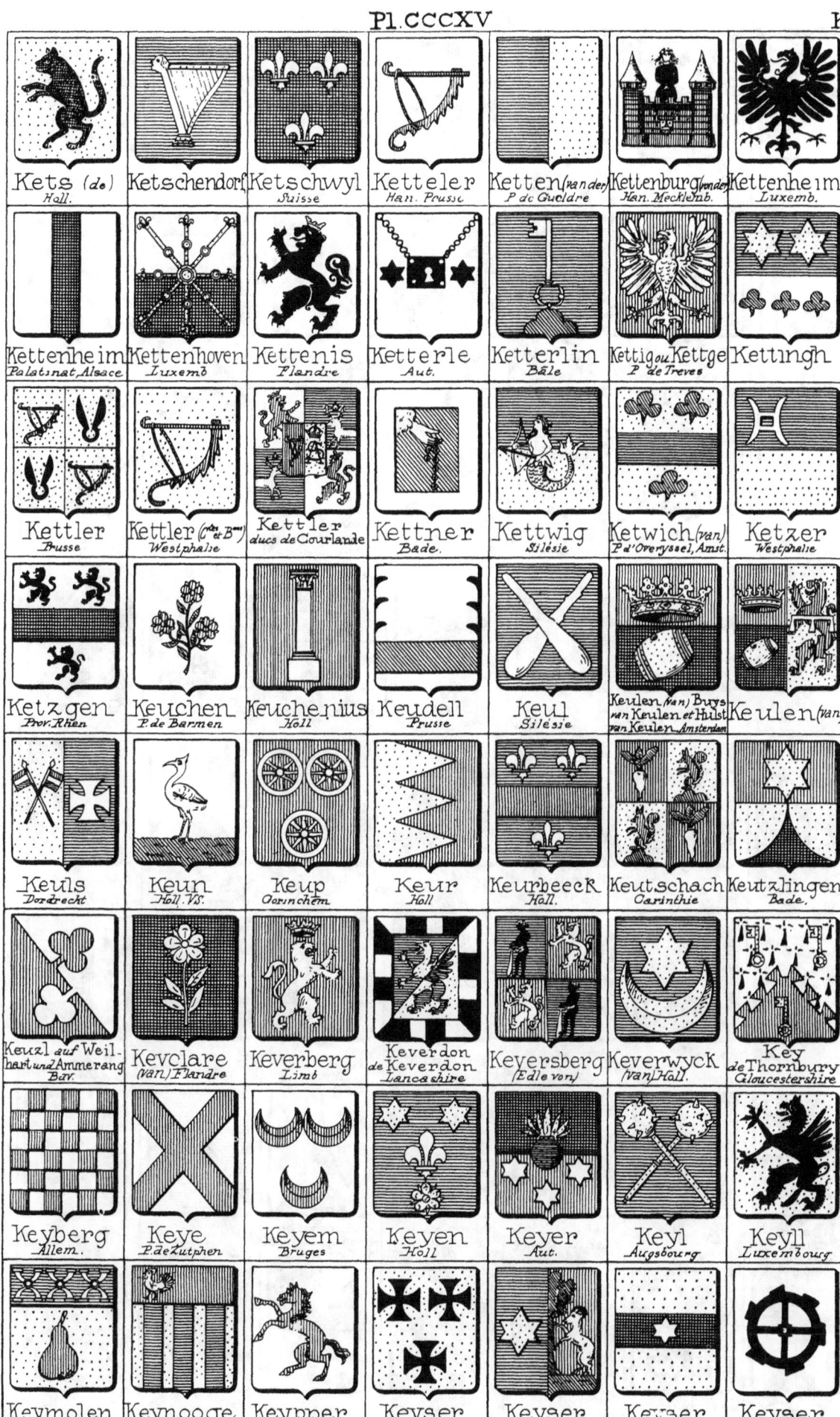

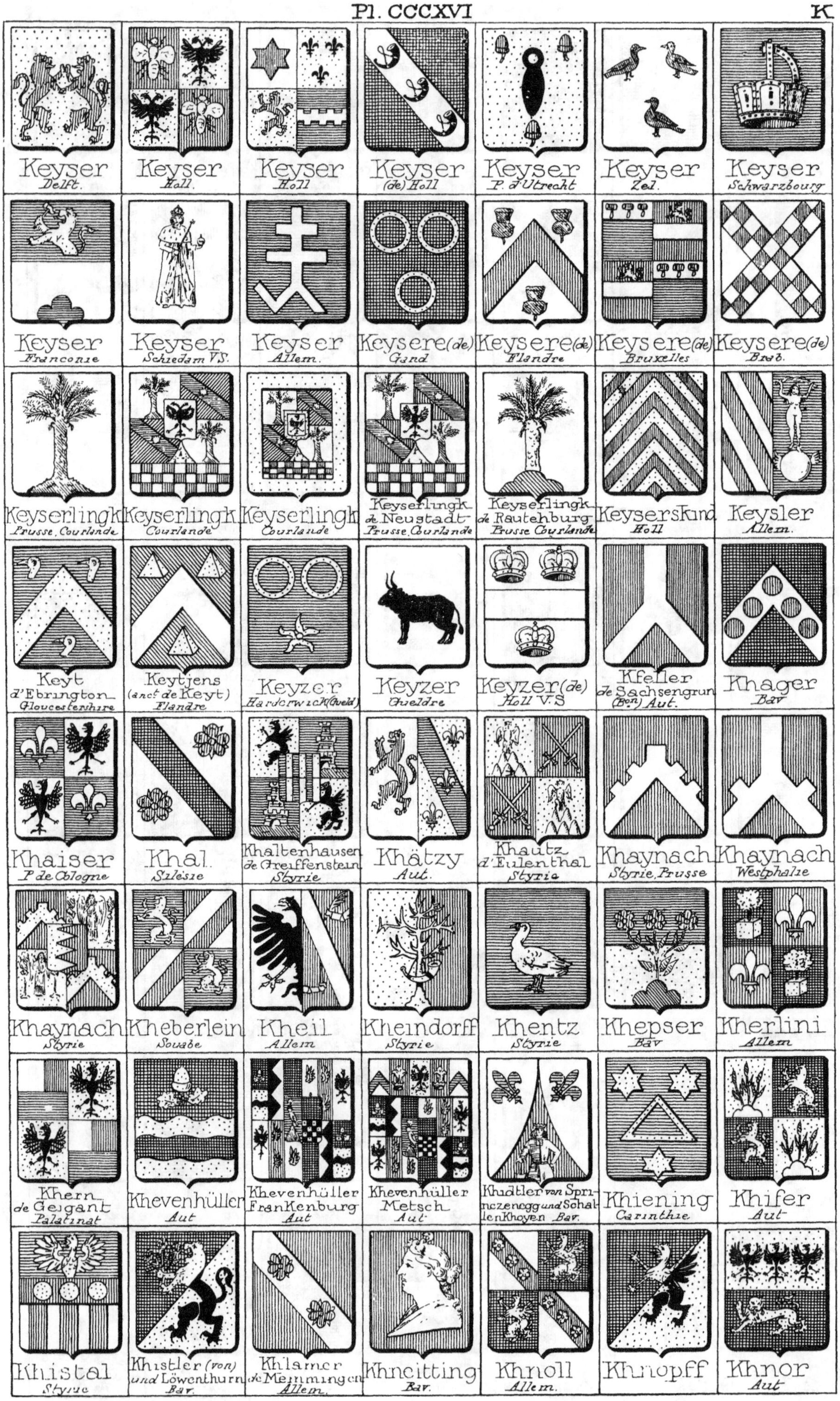
Keyser Delft.
Keyser Holl.
Keyser Holl
Keyser (de) Holl
Keyser P. d'Utrecht
Keyser Zel.
Keyser Schwarzbourg
Keyser Franconie
Keyser Schiedam V.S.
Keyser Allem.
Keysere (de) Gand
Keysere (de) Flandre
Keysere (de) Bruxelles
Keysere (de) Brab.
Keyserlingk Prusse, Courlande
Keyserlingk Courlande
Keyserlingk Courlande
Keyserlingk de Neustadt Prusse, Courlande
Keyserlingk de Rautenburg Prusse Courlande
Keyserskind Holl
Keysler Allem.
Keyt d'Ebrington Gloucestershire
Keytjens (anct de Keyt) Flandre
Keyzer Harderwick (Gueld)
Keyzer Gueldre
Keyzer (de) Holl V.S
Kfeller de Sachsengrun (Bon) Aut.
Khager Bav
Khaiser P. de Cologne
Khal Silésie
Khaltenhausen de Greiffenstein Styrie
Khätzy Aut.
Khautz d'Eulenthal Styrie
Khaynach Styrie, Prusse
Khaynach Westphalie
Khaynach Styrie
Kheberlein Souabe
Kheil Allem
Kheindorff Styrie
Khentz Styrie
Khepser Bav
Kherlini Allem
Khern de Geigant Palatinat
Khevenhüller Aut
Khevenhüller Frankenburg Aut
Khevenhüller Metsch Aut
Khidtler von Sprinczenegg und Schallenkhoyen Bav.
Khiening Carinthie
Khifer Aut
Khistal Styrie
Khistler (von) und Löwenthurn Bav.
Khlamer de Memmingen Allem.
Khneitting Bav.
Khnoll Allem.
Khnopff
Khnor Aut

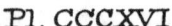

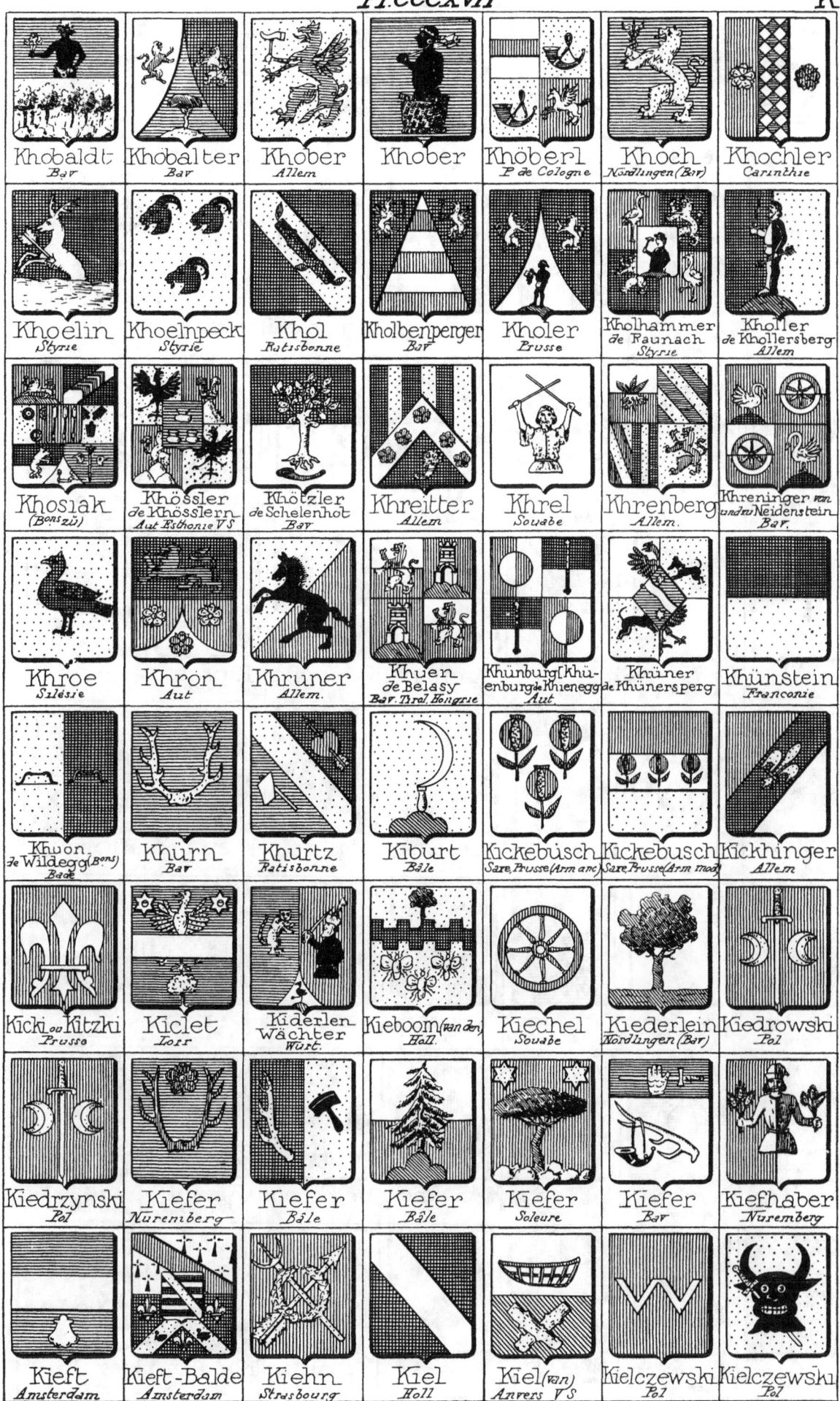

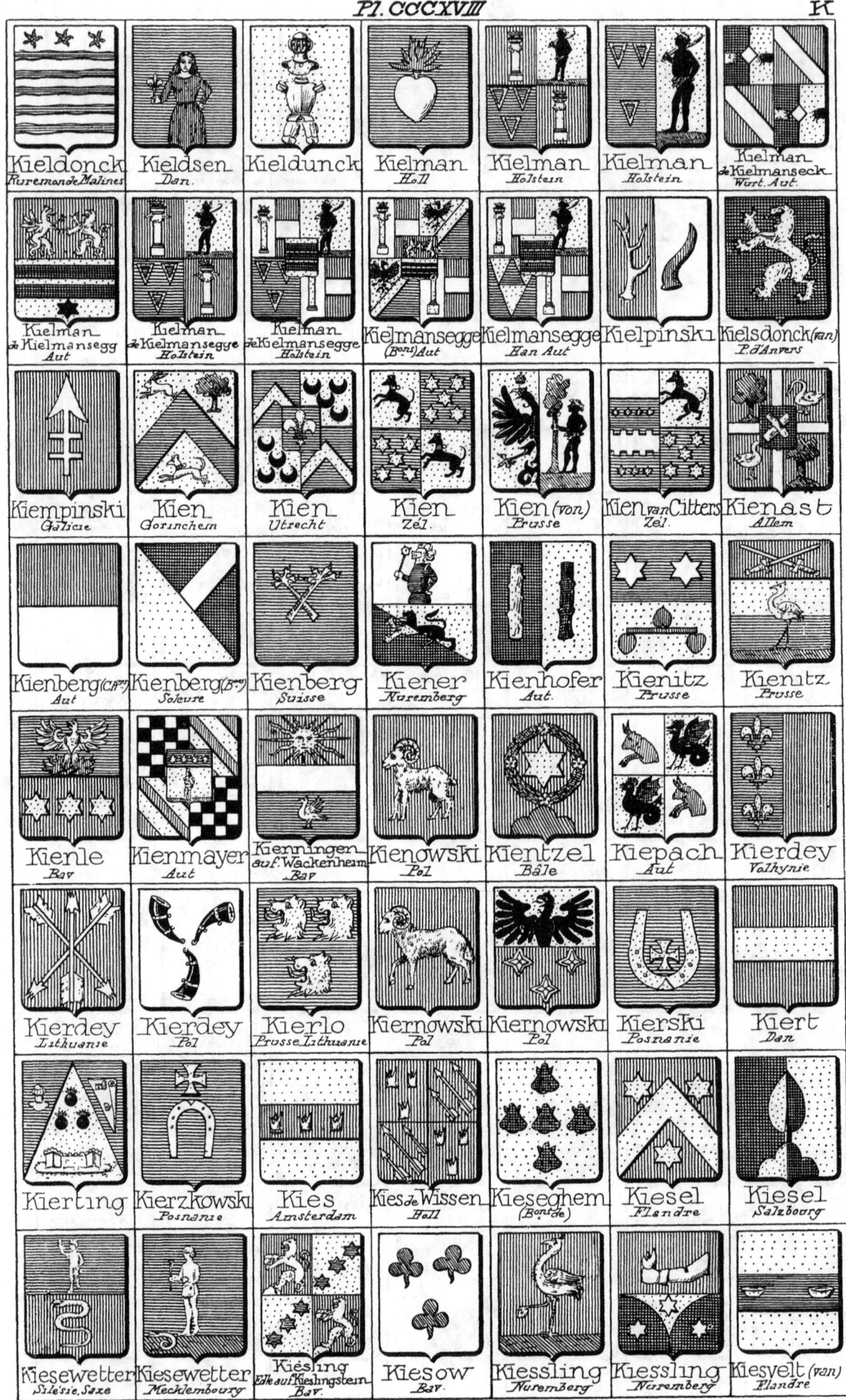

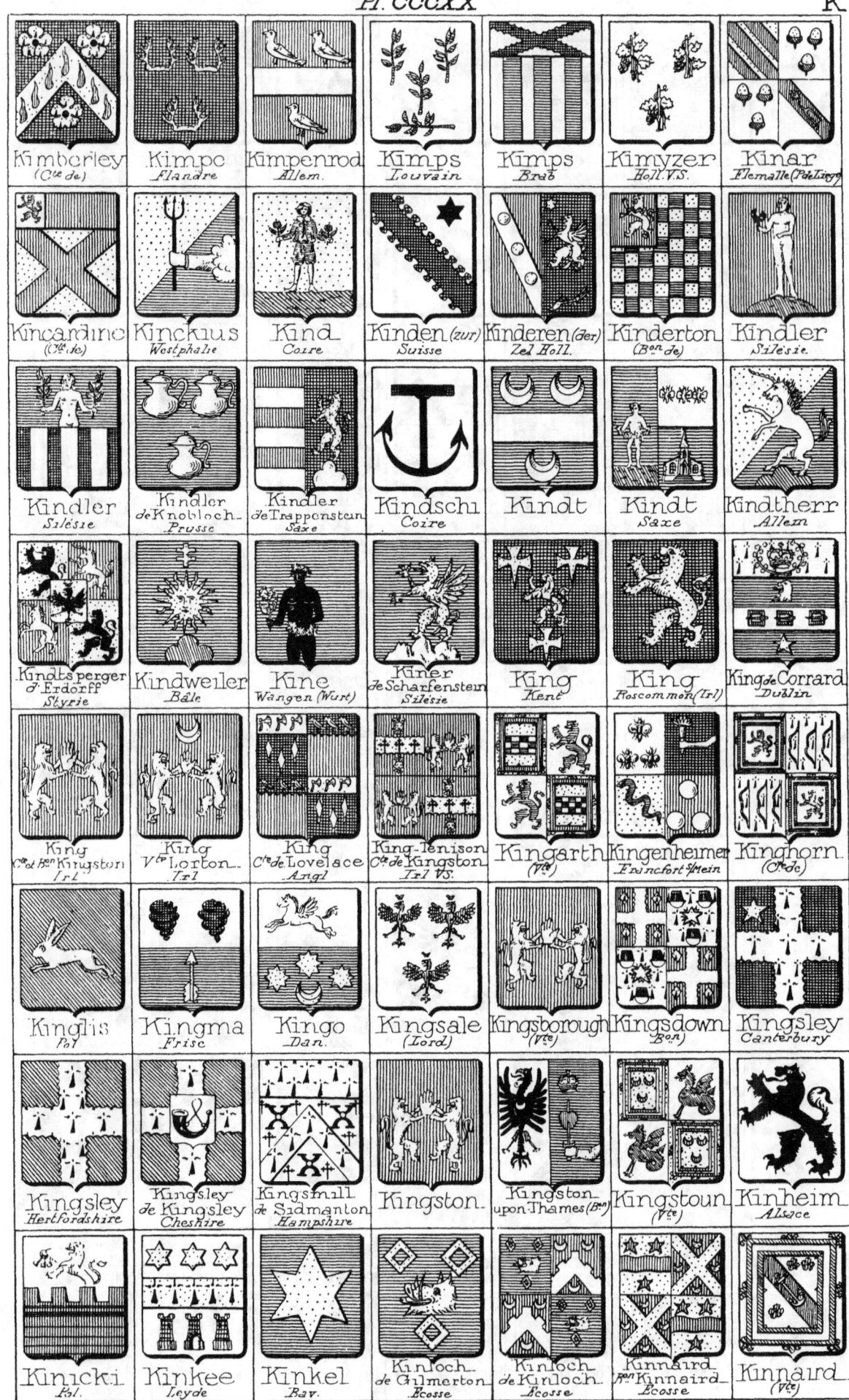

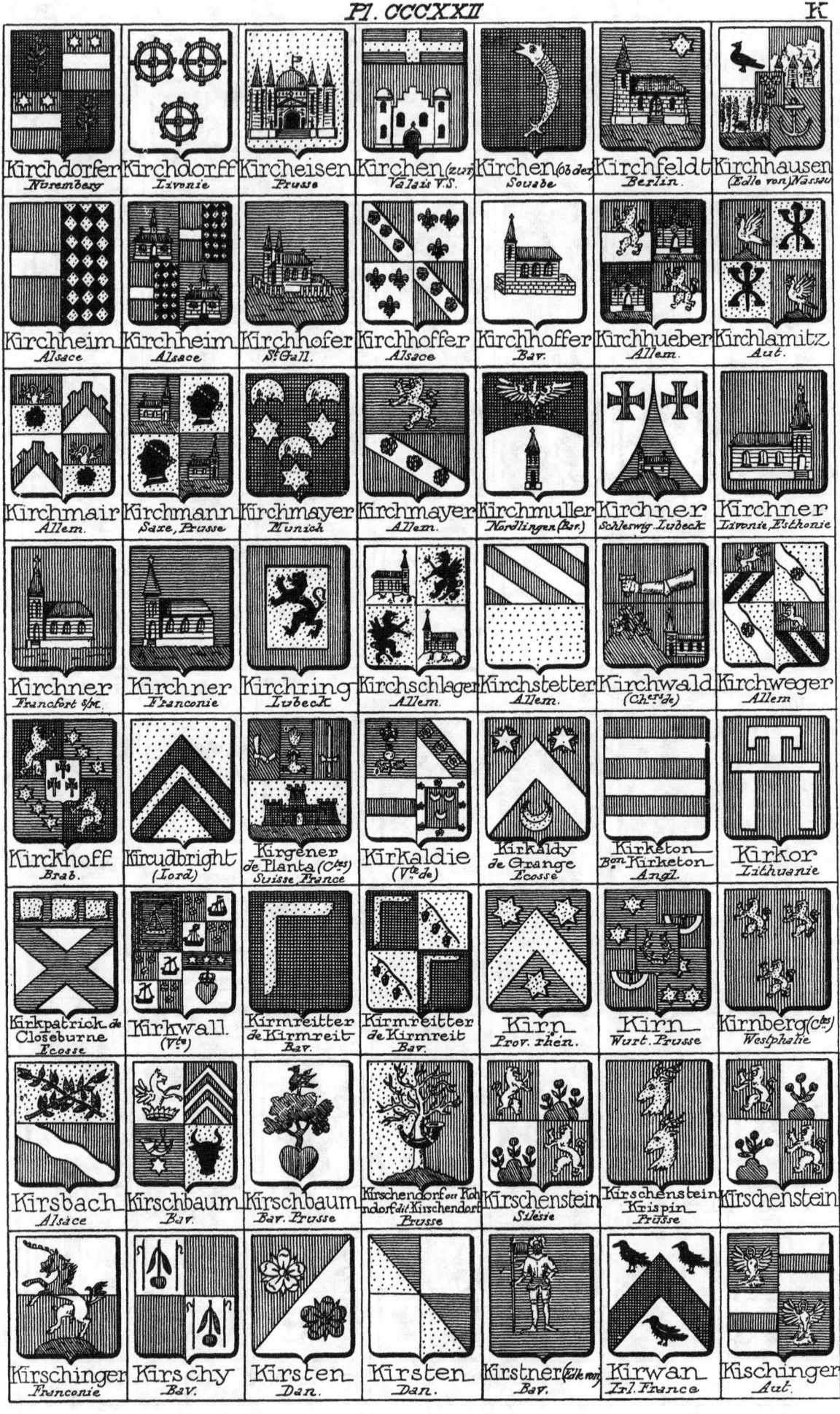

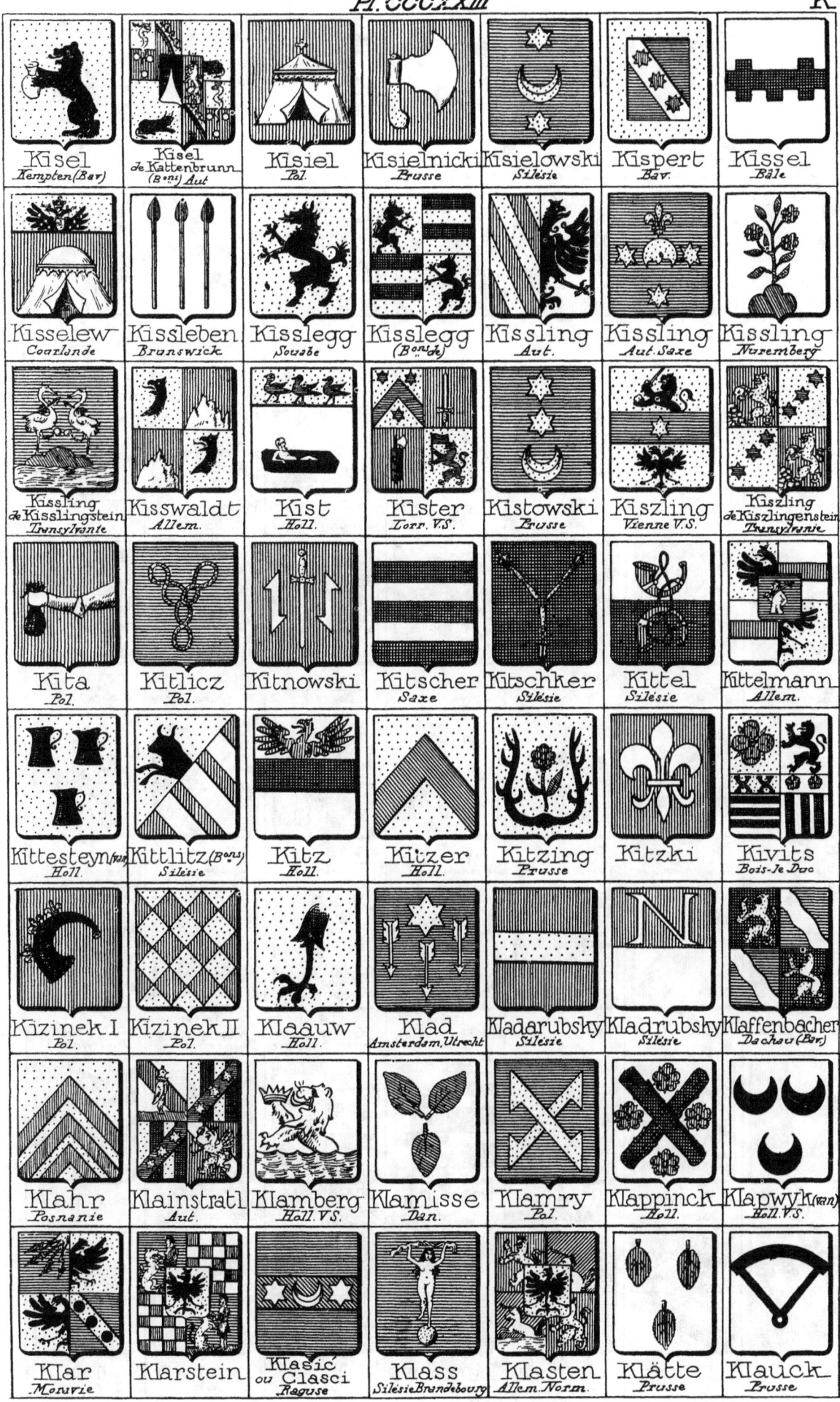

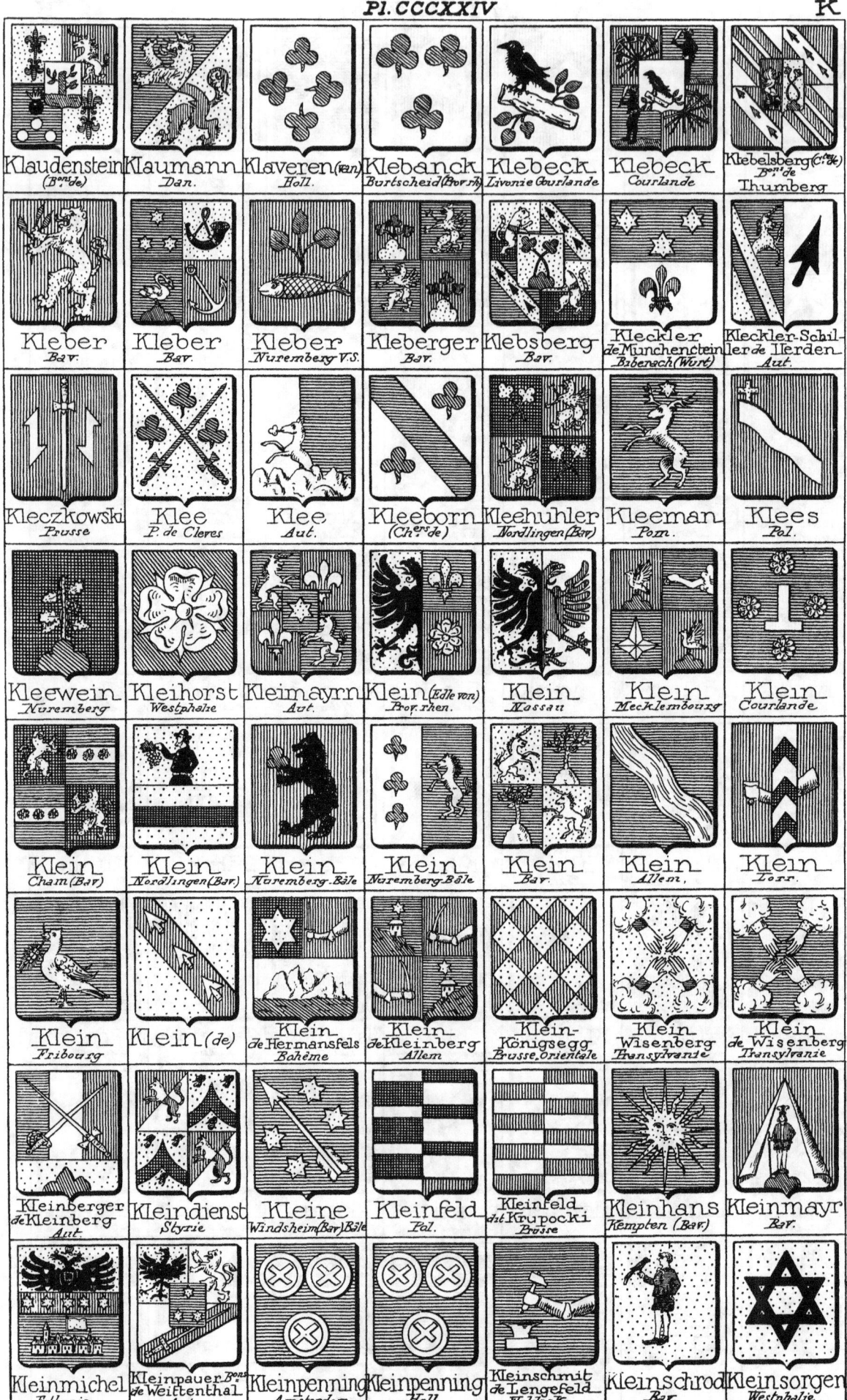

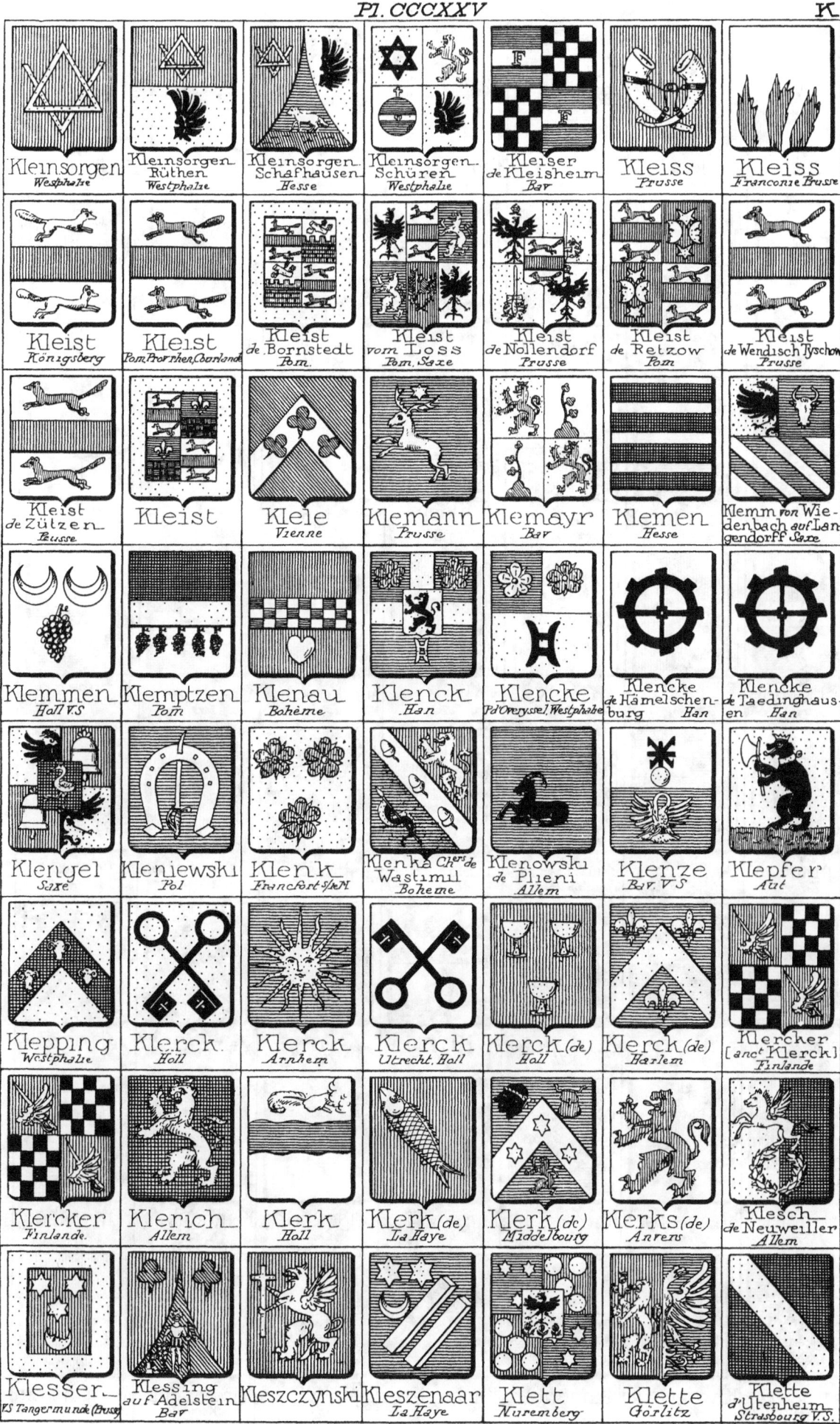

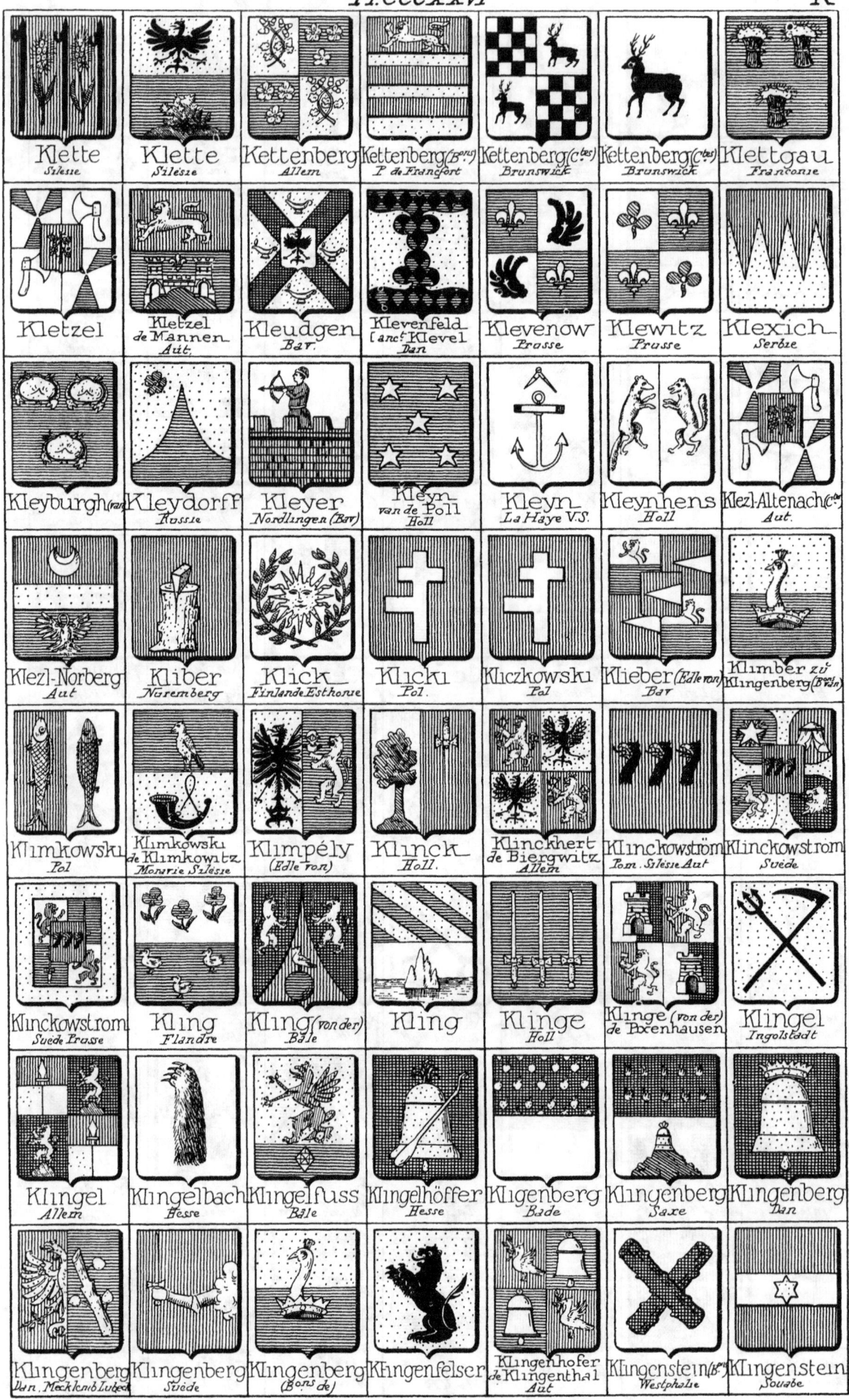

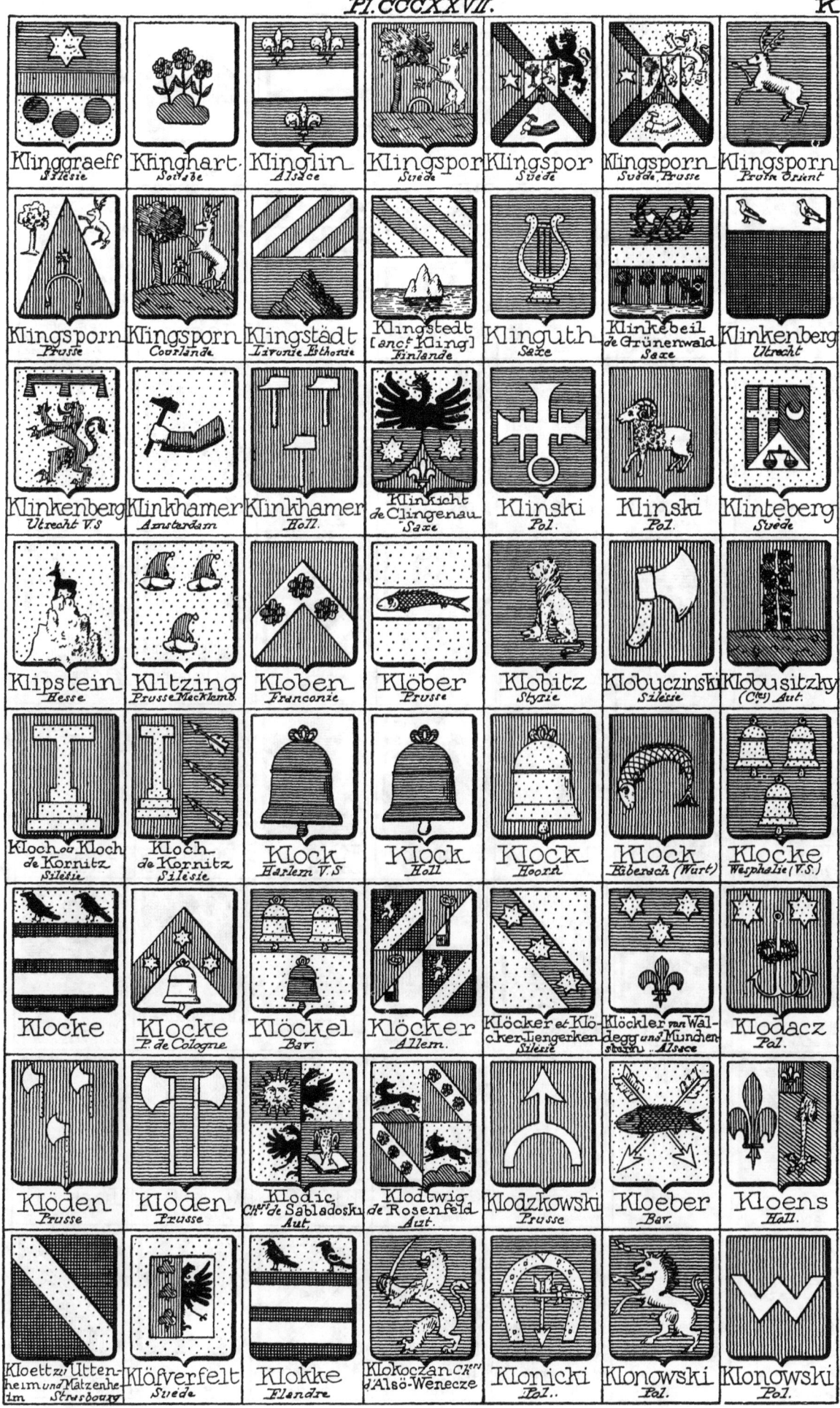

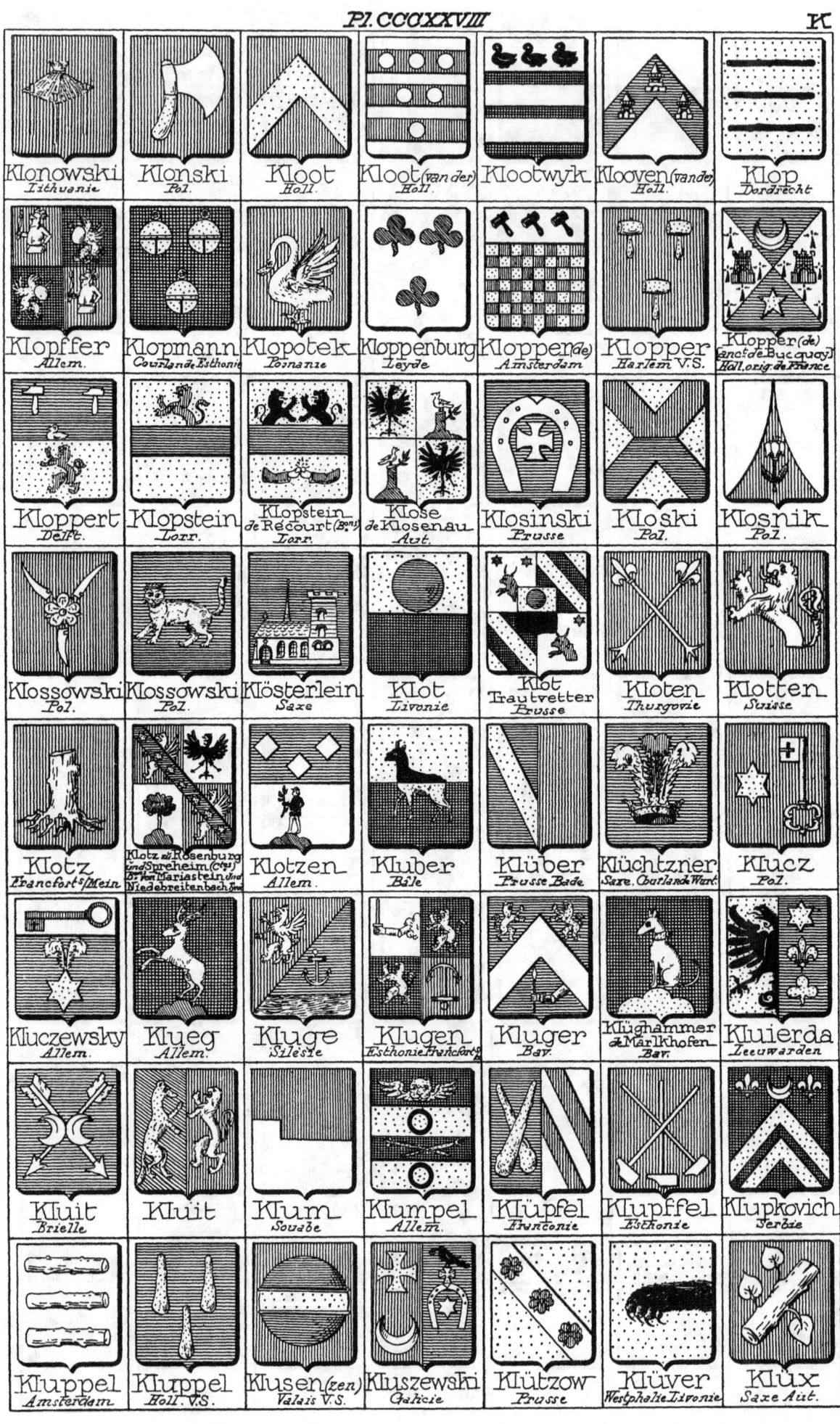

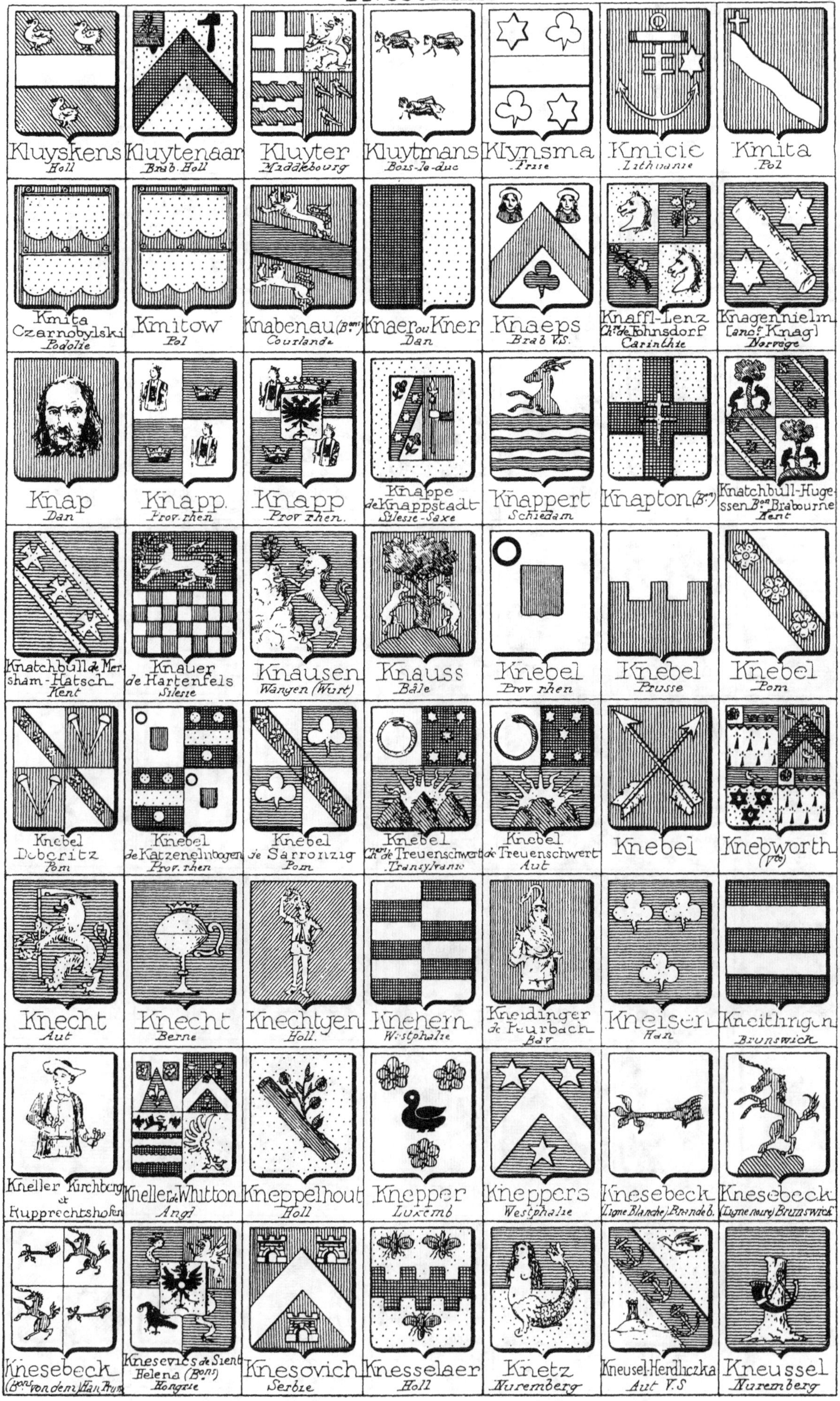

Pl. CCCXXIX — K

| | | | | | | |
|---|---|---|---|---|---|---|
| Kluyskens *Holl* | Kluytenaar *Brab.Holl* | Kluyter *Middelbourg* | Kluytmans *Bois-le-duc* | Klynsma *Frise* | Kmicic *Lithuanie* | Kmita *Pol* |
| Kmita Czarnobylski *Podolie* | Kmitow *Pol* | Knabenau (B<sup>on</sup>) *Courlande* | Knaer ou Kner *Dan* | Knaeps *Brab.V.S.* | Knaffl-Lenz Ch<sup>rs</sup> de Johnsdorf *Carinthie* | Knagennielm [anc<sup>t</sup> Knag] *Norvège* |
| Knap *Dan* | Knapp *Prov.rhen* | Knapp *Prov.rhen* | Knappe de Knappstadt *Silésie-Saxe* | Knappert *Schiedam* | Knapton (B<sup>on</sup>) | Knatchbull-Hugessen B<sup>on</sup> de Brabourne *Kent* |
| Knatchbull de Mersham-Hatsch *Kent* | Knauer de Hartenfels *Silésie* | Knausen *Wangen (Würt)* | Knauss *Bâle* | Knebel *Prov.rhen* | Knebel *Prusse* | Knebel *Pom* |
| Knebel Doberitz *Pom* | Knebel de Katzenelnbogen *Prov.rhen* | Knebel de Sarronzig *Pom* | Knebel Ch<sup>ers</sup> de Treuenschwert *Transylvanie* | Knebel de Treuenschwert *Aut* | Knebel | Knebworth (V<sup>te</sup>) |
| Knecht *Aut* | Knecht *Berne* | Knechtgen *Holl.* | Knehem *Westphalie* | Kneidinger de Peurbach *Bav.* | Kneisen *Han* | Kneithingen *Brunswick* |
| Kneller Kirchberg et Rupprechtshofen | Kneller Whitton *Angl* | Kneppelhout *Holl* | Knepper *Luxemb* | Kneppers *Westphalie* | Knesebeck (Ligne Blanche) *Brand.b.* | Knesebeck (Ligne noire) *Brunswick* |
| Knesebeck (B<sup>on</sup>) von dem Han *Prusse* | Knesevics de Sient Helena (B<sup>on</sup>) *Hongrie* | Knesovich *Serbie* | Knesselaer *Holl* | Knetz *Nuremberg* | Kneusel-Herdliczka *Aut V.S* | Kneussel *Nuremberg* |

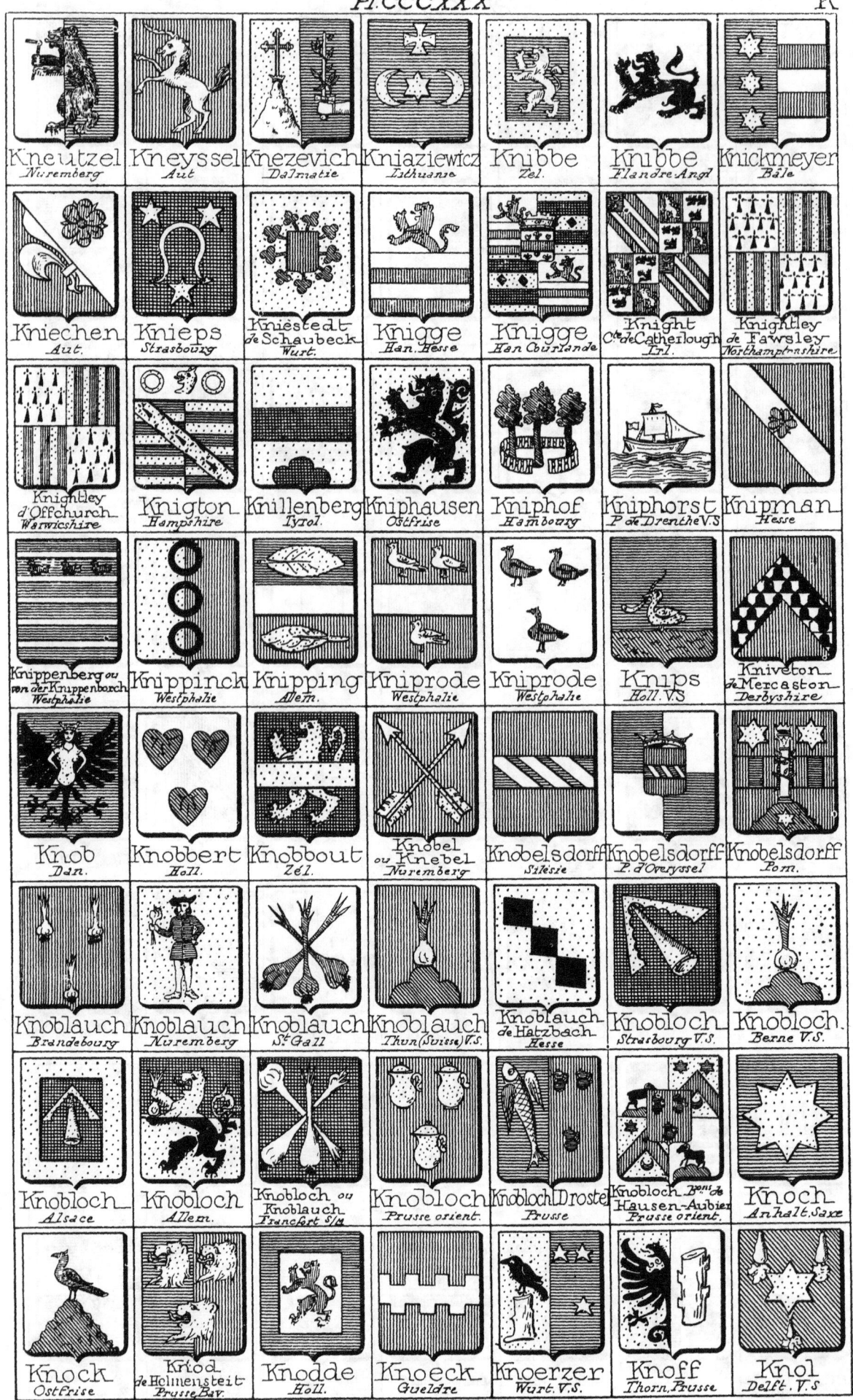

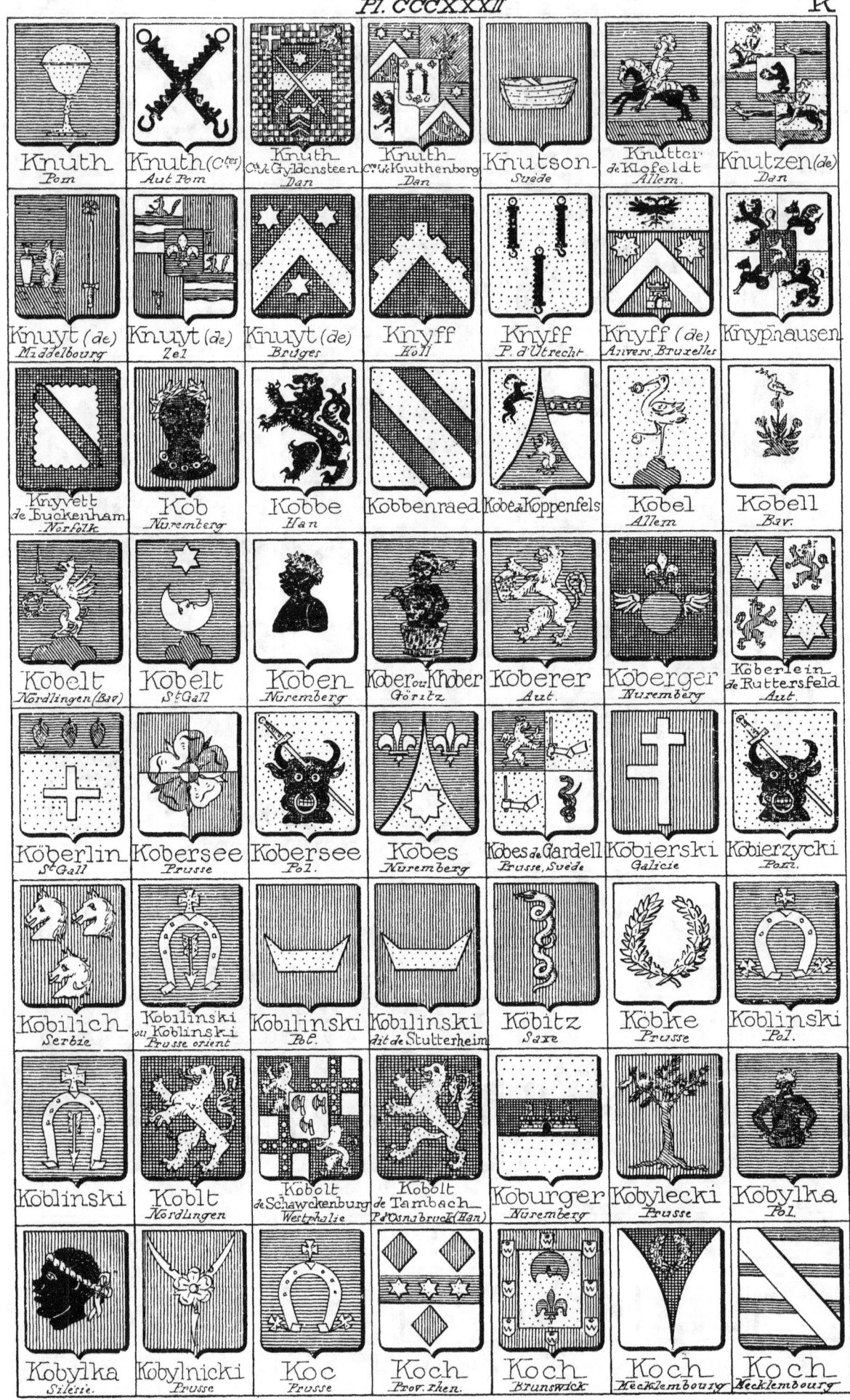

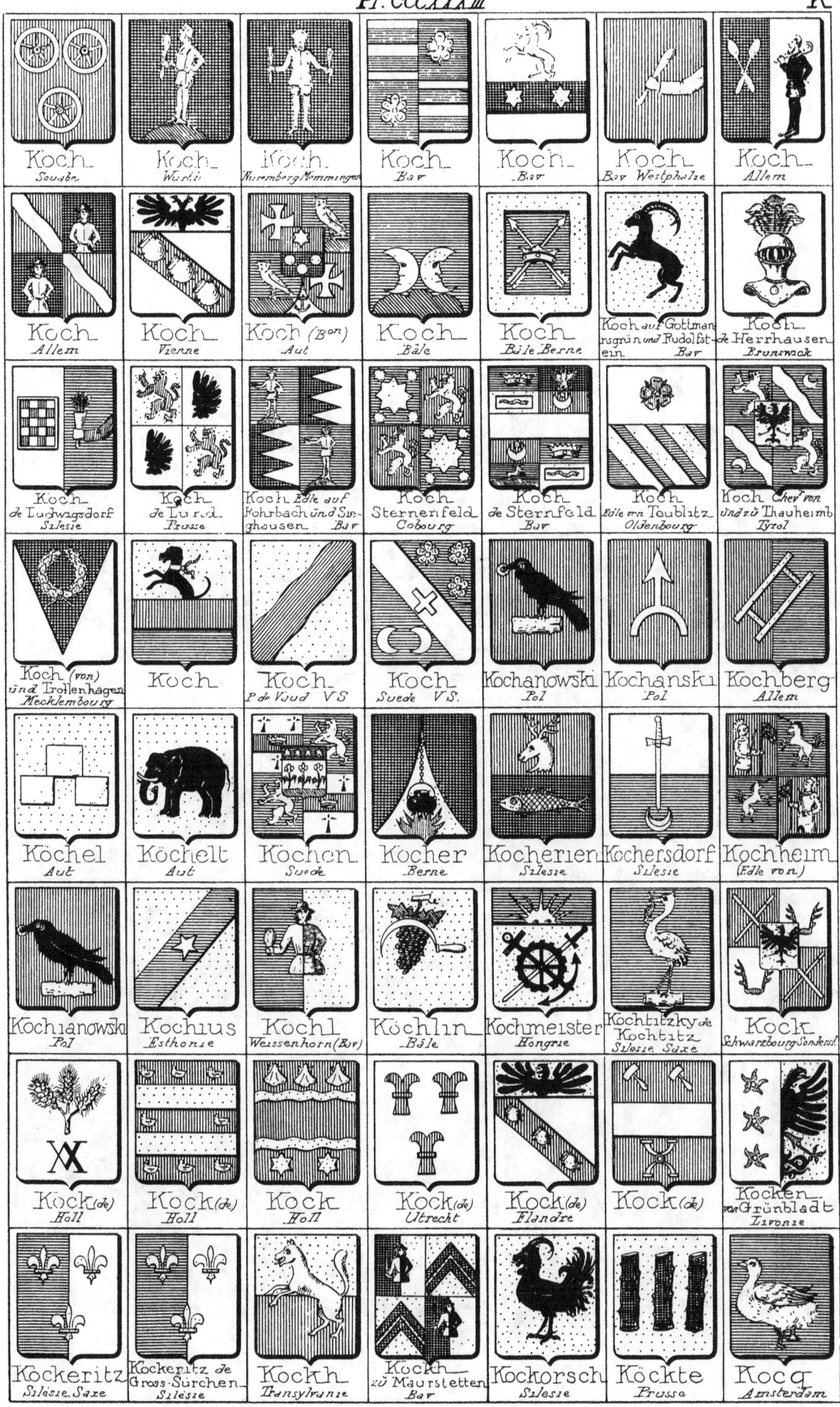

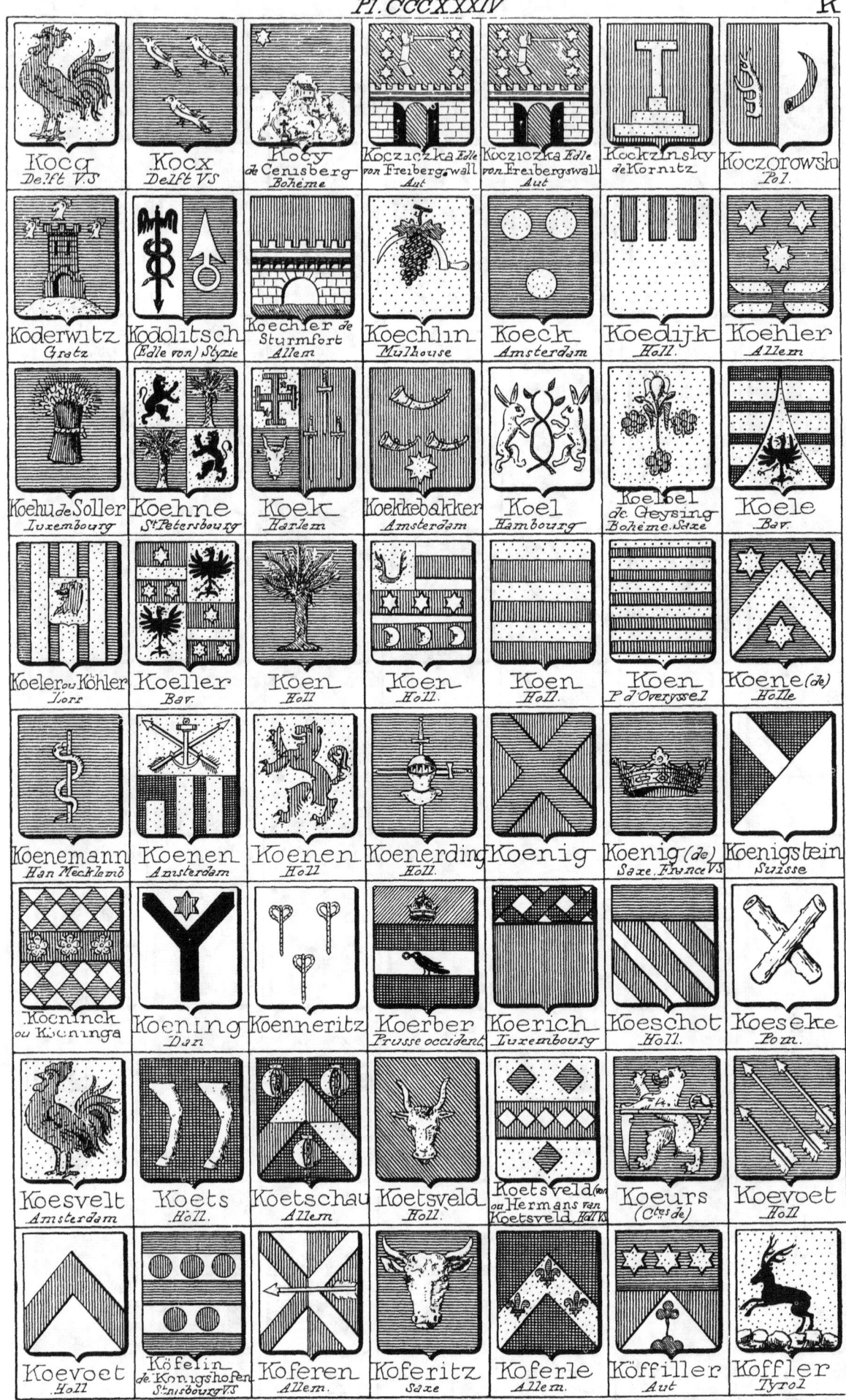

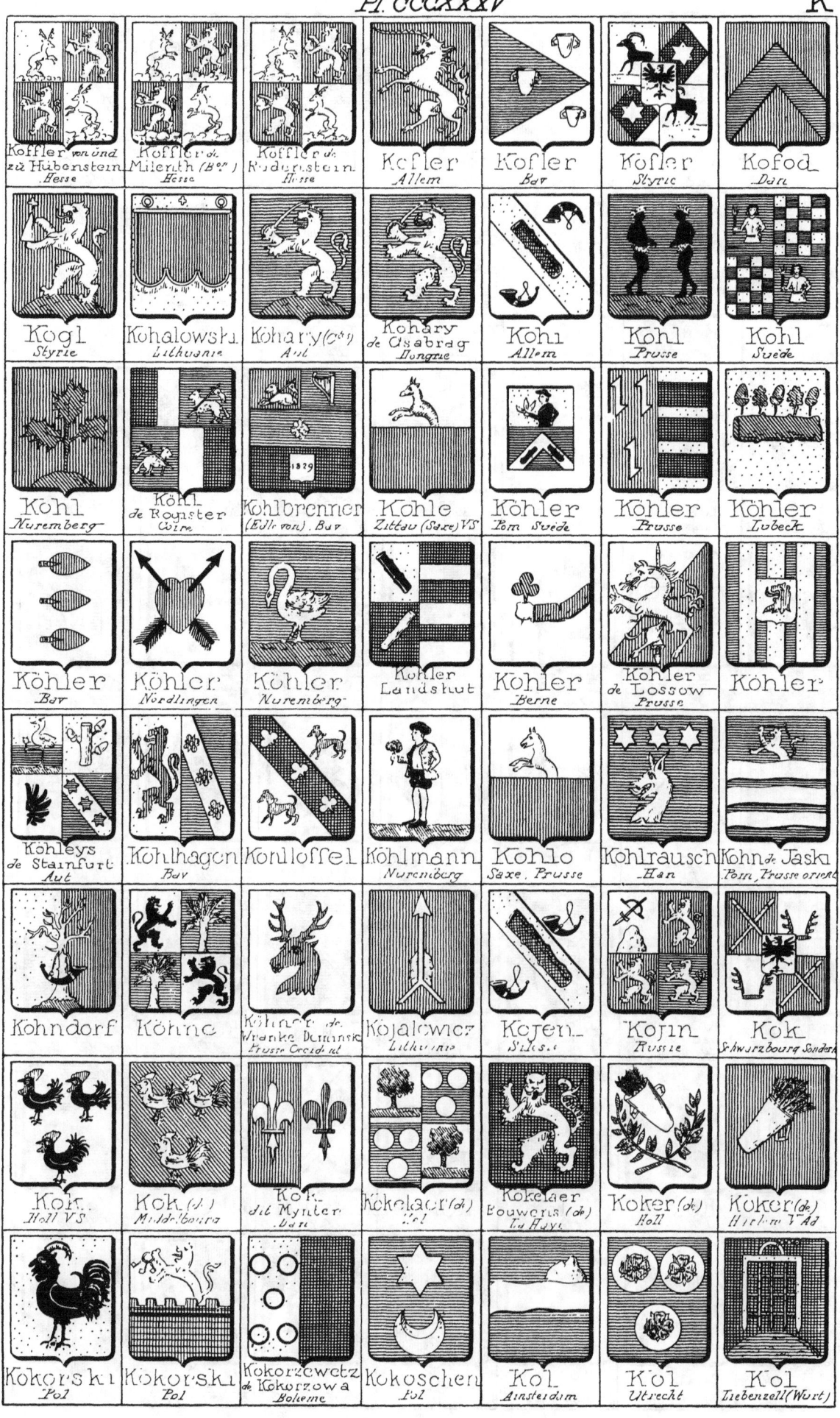

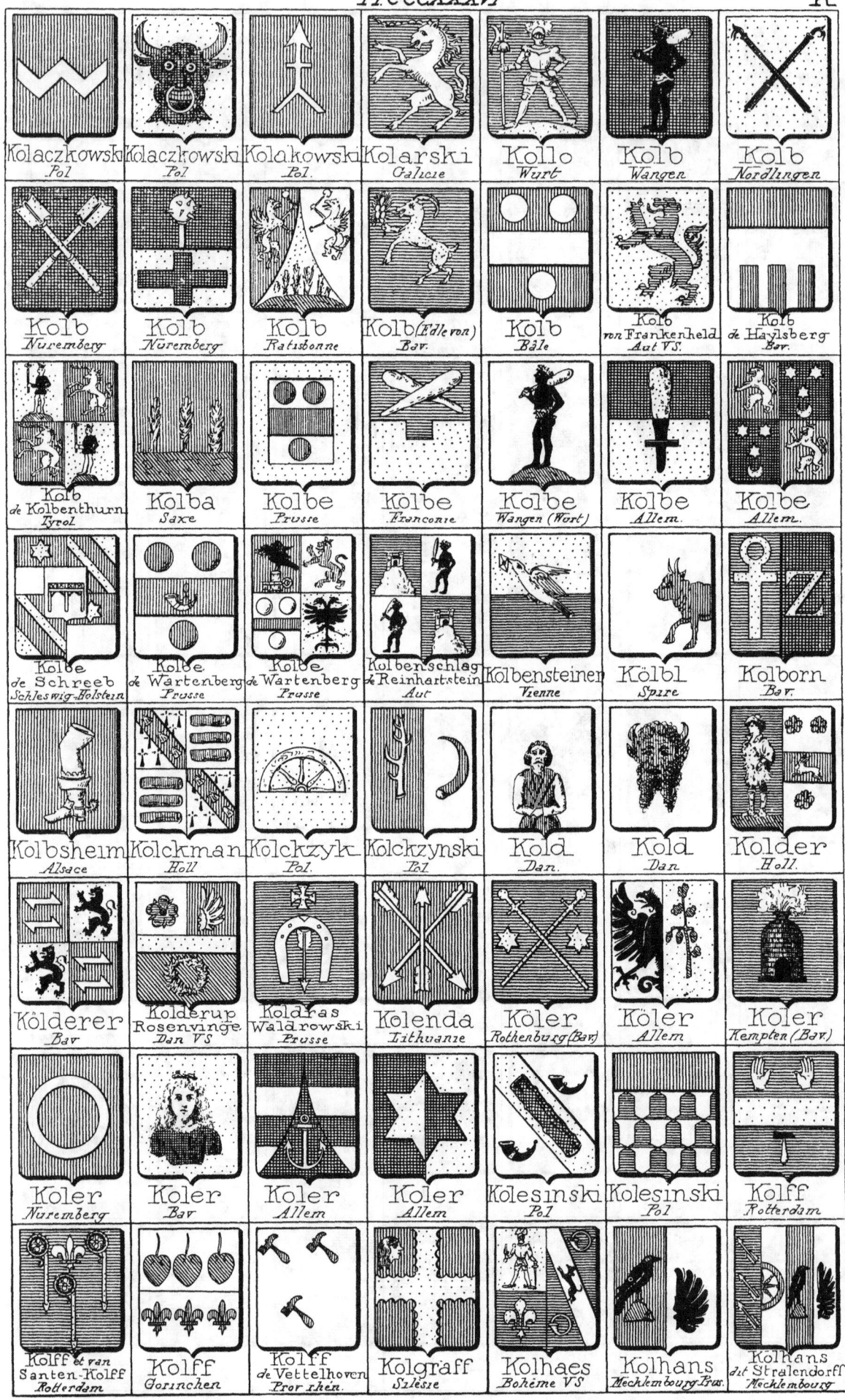

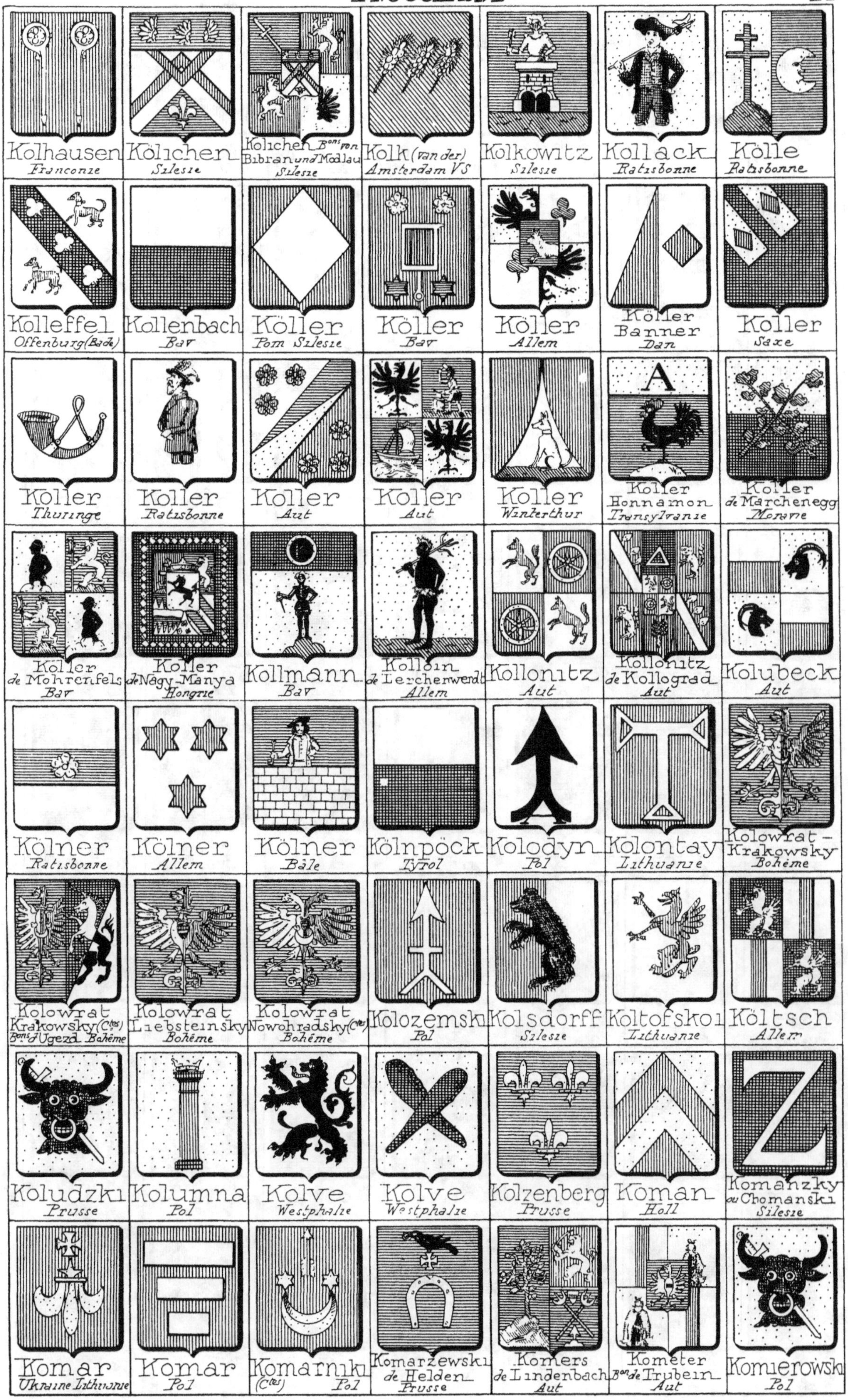

Pl.CCCXXXVII

| Kolhausen<br>Franconie | Kolichen<br>Silesie | Kolichen Bon von<br>Bibran und Modlau<br>Silesie | Kolk (van der)<br>Amsterdam US | Kolkowitz<br>Silesie | Kollack<br>Ratisbonne | Kölle<br>Ratisbonne |
| Kölleffel<br>Offenburg (Bade) | Kollenbach<br>Bav | Köller<br>Pom Silesie | Köller<br>Bav | Köller<br>Allem | Köller Banner<br>Dan | Koller<br>Saxe |
| Koller<br>Thuringe | Koller<br>Ratisbonne | Koller<br>Aut | Koller<br>Aut | Koller<br>Winterthur | Koller Honnamon<br>Transylvanie | Koller de Marchenegg<br>Moravie |
| Koller de Mohrenfels<br>Bav | Koller de Nagy-Manya<br>Hongrie | Kollmann<br>Bav | Kolloin de Lerchenwerth<br>Allem | Kollonitz<br>Aut | Kollonitz de Kollograd<br>Aut | Kolubeck<br>Aut |
| Kölner<br>Ratisbonne | Kölner<br>Allem | Kölner<br>Bâle | Kölnpöck<br>Tyrol | Kolodyn<br>Pol | Kolontay<br>Lithuanie | Kolowrat-Krakowsky<br>Bohême |
| Kolowrat Krakowsky (Ctes)<br>Bons d'Ugezd Bohême | Kolowrat Liebsteinsky<br>Bohême | Kolowrat Nowohradsky (Ctes)<br>Bohême | Kolozemski<br>Pol | Kolsdorff<br>Silesie | Koltofskoi<br>Lithuanie | Költsch<br>Allem |
| Koludzki<br>Prusse | Kolumna<br>Pol | Kolve<br>Westphalie | Kolve<br>Westphalie | Kolzenberg<br>Prusse | Koman<br>Holl | Komanzky<br>ou Chomanski<br>Silesie |
| Komar<br>Ukraine Lithuanie | Komar<br>Pol | Komarniki (Ctes)<br>Pol | Komarzewski de Helden<br>Prusse | Komers de Lindenbach<br>Aut | Kometer Bon de Trubein<br>Aut | Komierowski<br>Pol |

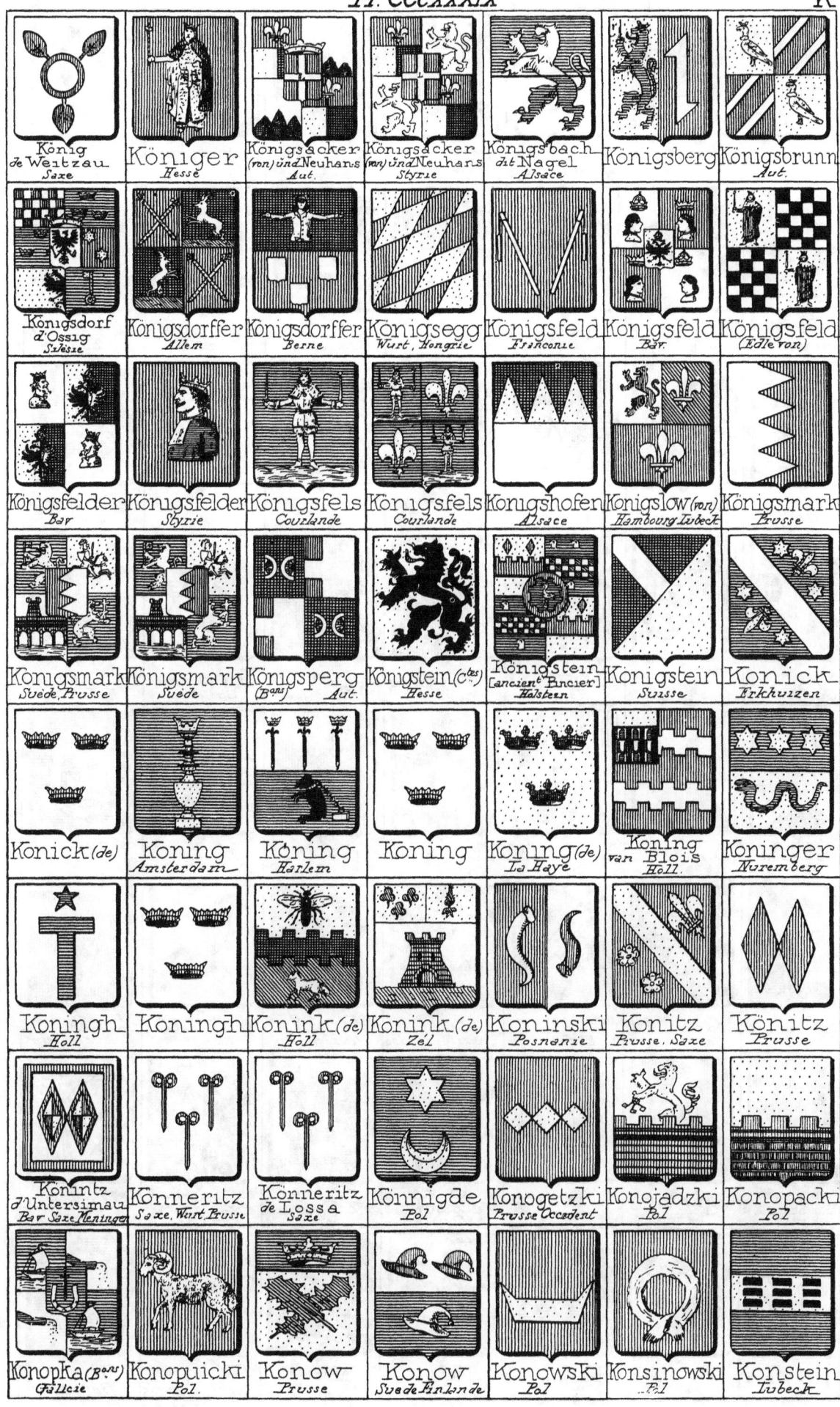

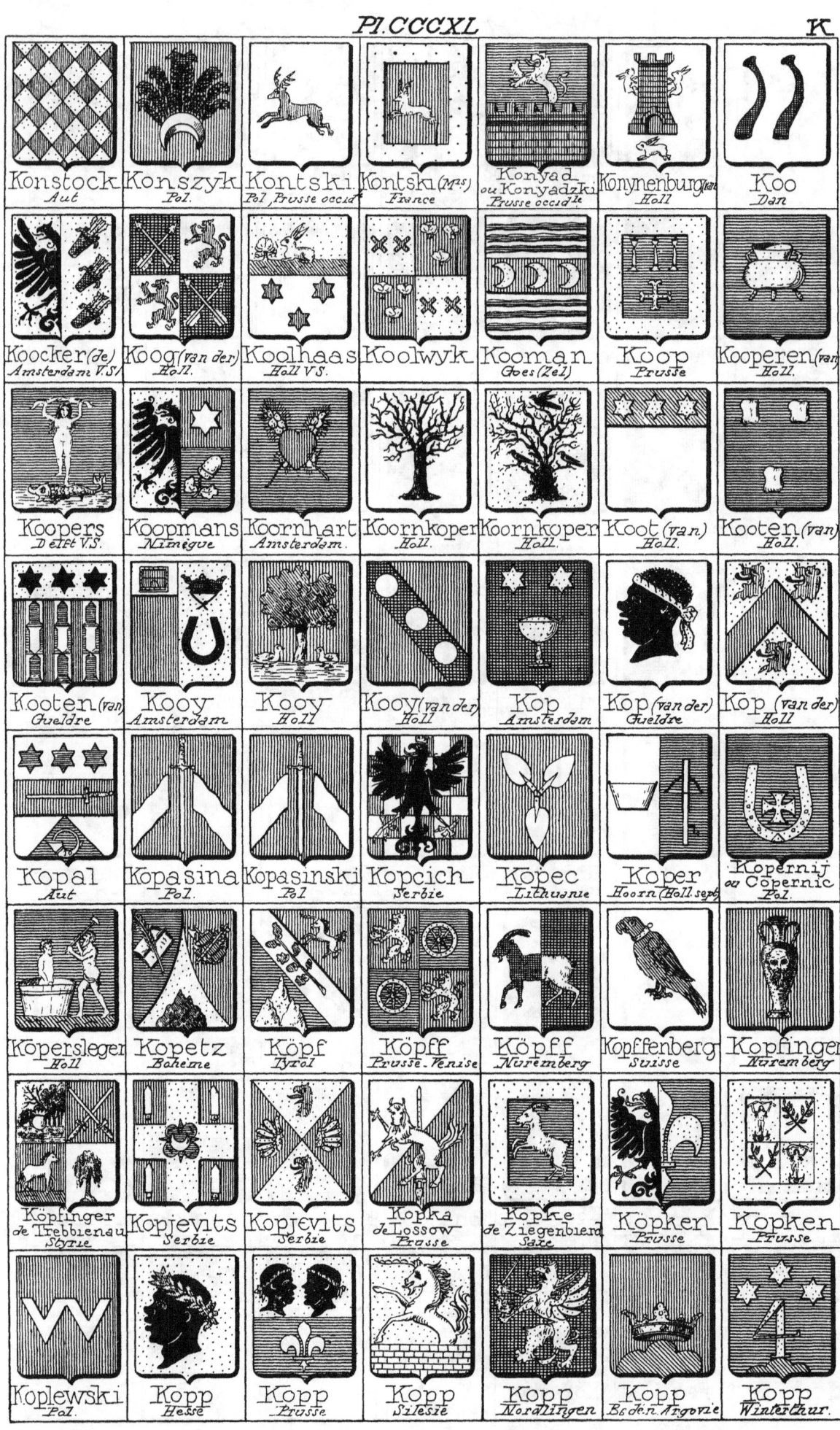

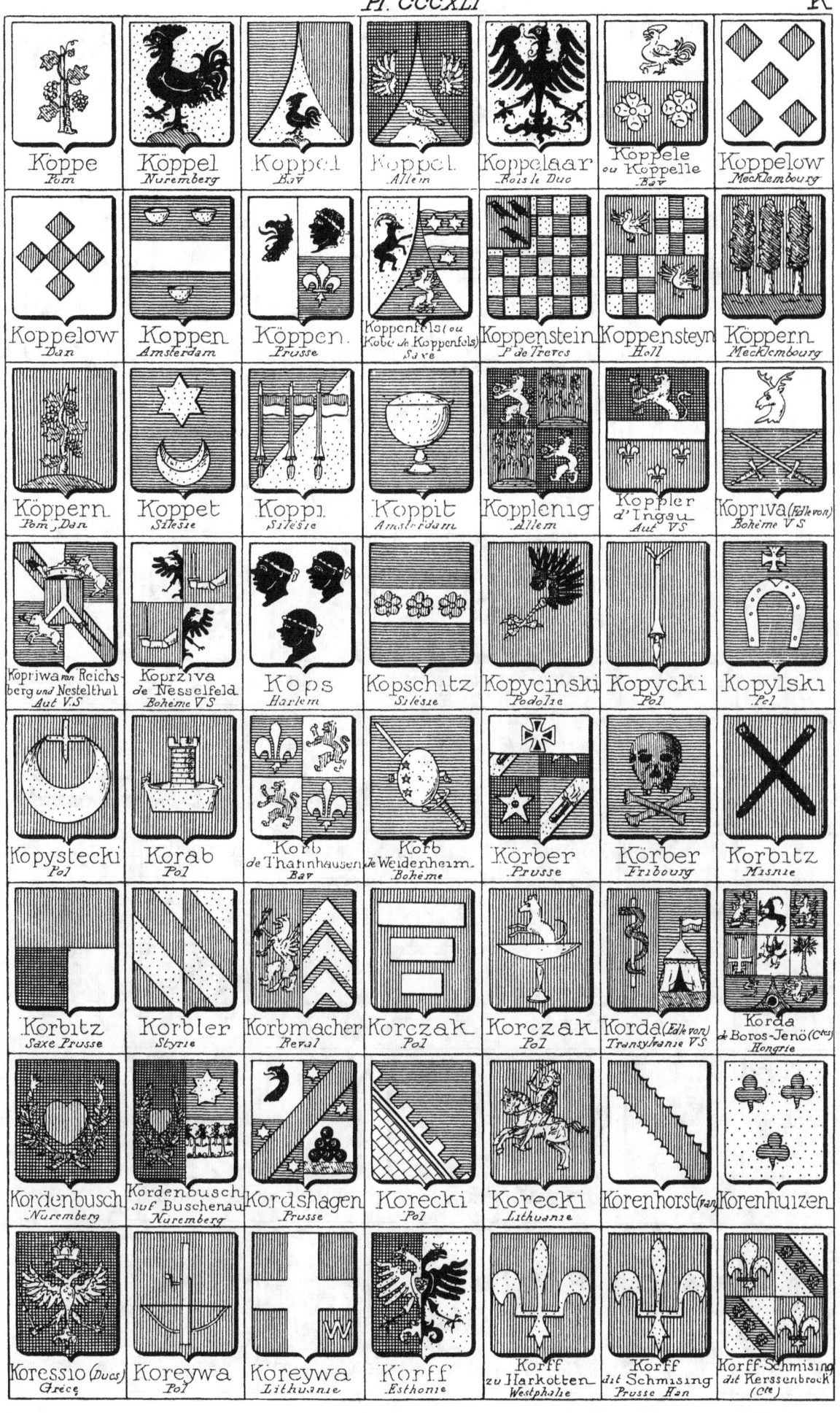

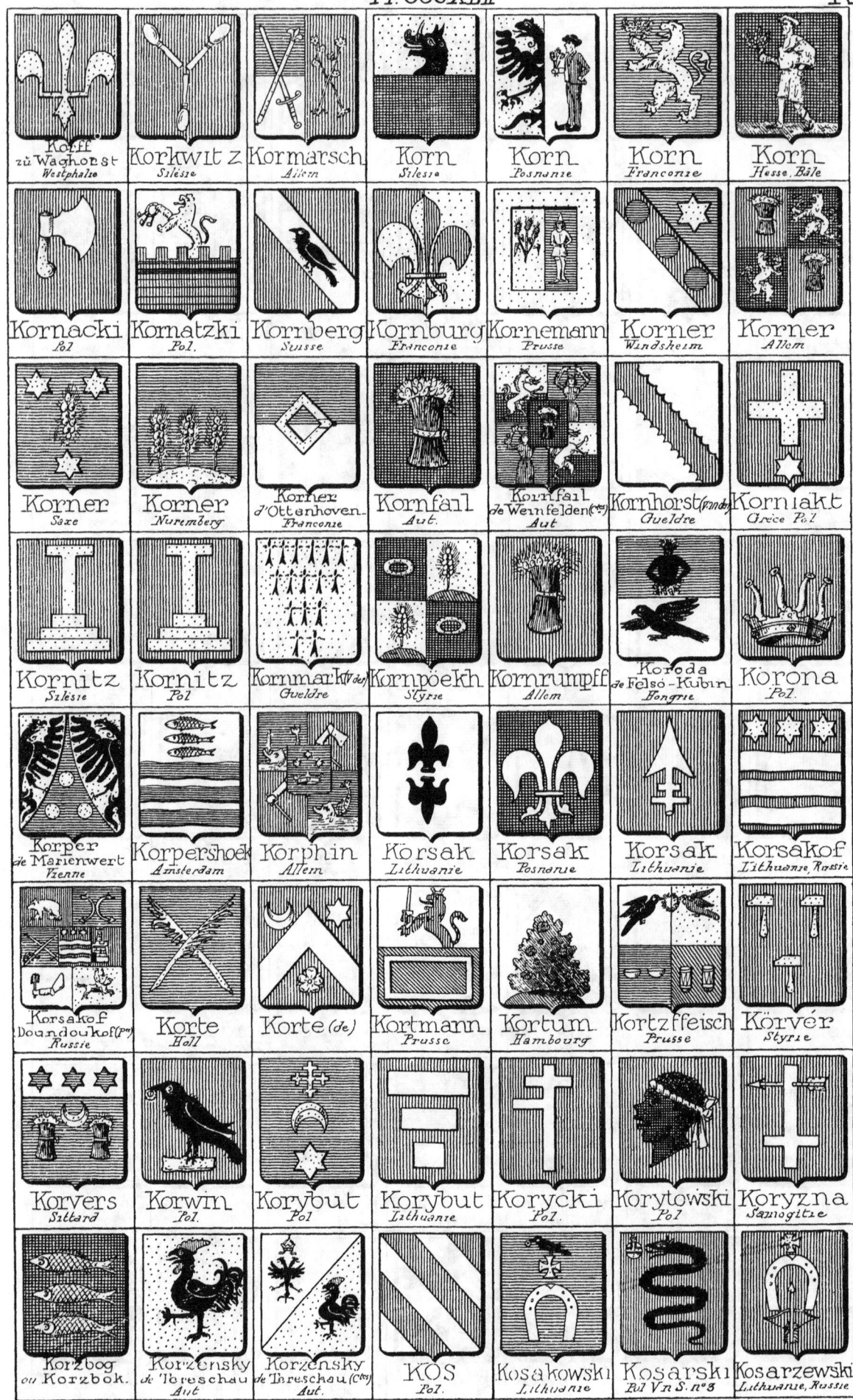

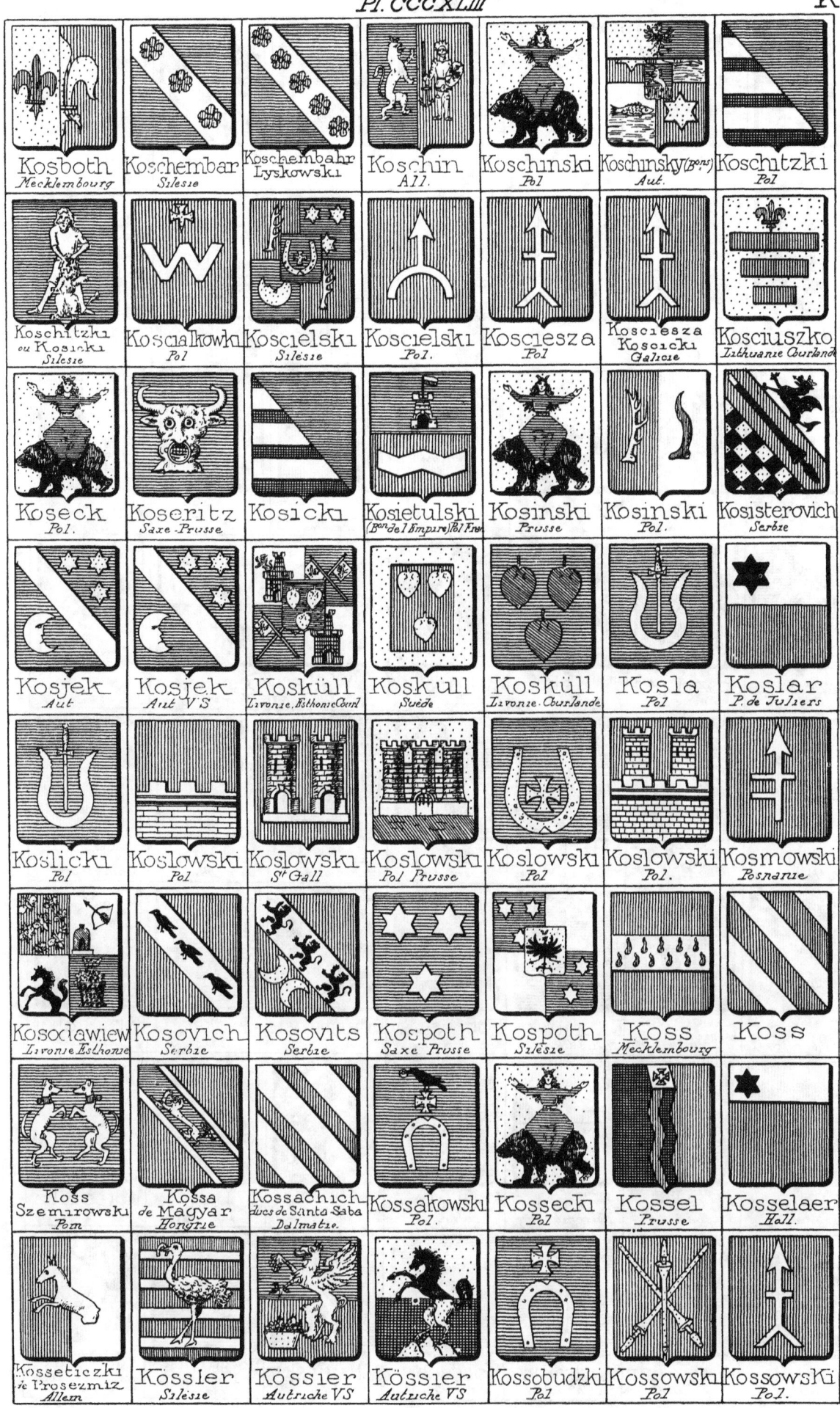

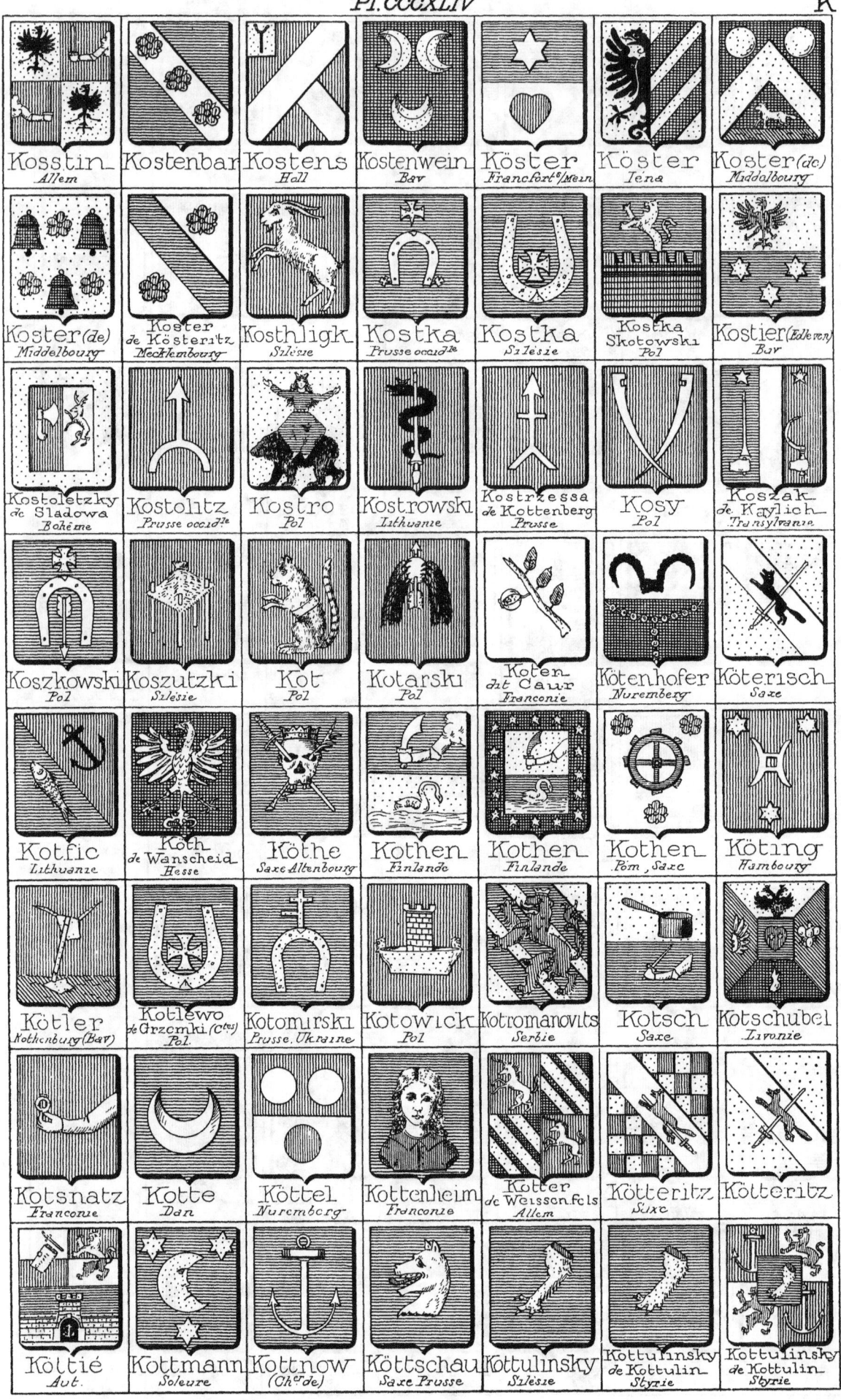

| Kottwa du Freienfeld Allem | Kottwitz Silesie | Kottwitz d'Aulenbach Allem | Kotwica Pol | Kotwica | Kotwiez Pol. | Kotz de Dobrsch Boheme |
| Kotz de Dobrsch Boheme | Kotzau Saxe | Kotzau Prusse | Kotzau Bav Han | Kotzbühel Schwäbisch-Hall | Kotze (B ons) Silesie | Kotzebue Prusse Esthonie |
| Kotzebue Esthonie | Kötzel Nuremberg | Kotzeler Prov rhen | Kotzier Nuremberg | Kötzier Aut | Koudekerke | Koudenhove |
| Koudriavisof Russie | Koul Holl | Koumans Brouwer Frise | Kourakin (P ces) Livonie | Kousowloff Russie | Kouwens Dordrecht | Kovacsits Dalmatie |
| Koven Prusse | Koven Prusse | Koven Prusse | Koven Prusse | Kowách de Hort et de Rigyeza Hongrie VS | Kowal Saxe | Kowalek Pol |
| Kowalek Dombrowski Pol | Kowalewski Pol. | Kowalewski Pol. | Kowalkowski Pol | Kowalski Pol | Kowalski Pol | Kowalski Pol |
| Kower Dan | Kownacki Pol | Kownacki Prusse occident | Kownatzki Pol | Kownia Pol | Kox Westphalie | Koz Allem |
| Kozarski Pol | Kozaryn Lithuanie | Kozaryn d'Okuliez Galicie Russie | Kozic Lithuanie | Kozicki Pol | Koziczkowski Pom | Koziczkowski |

Pl. CCCXLVII    K

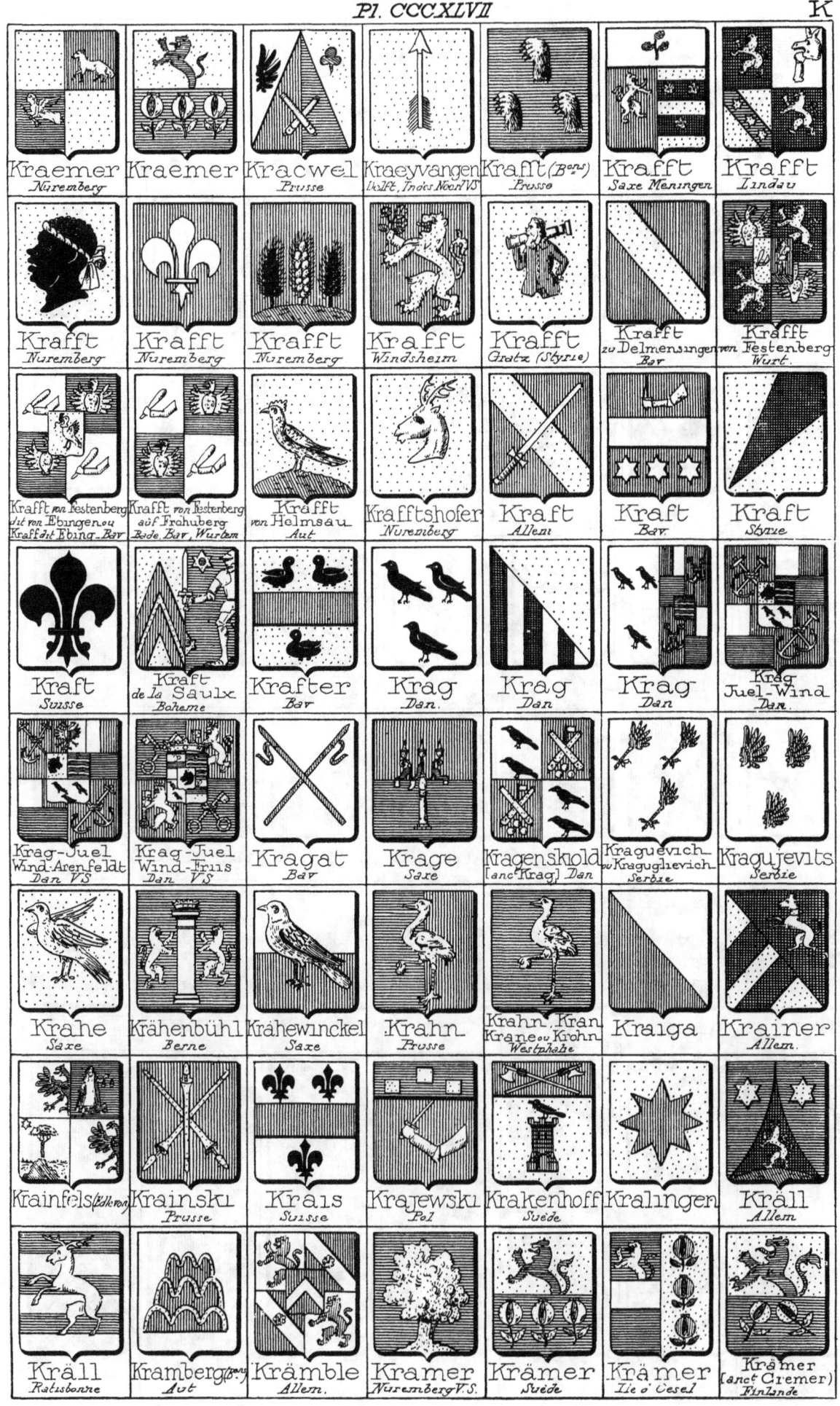

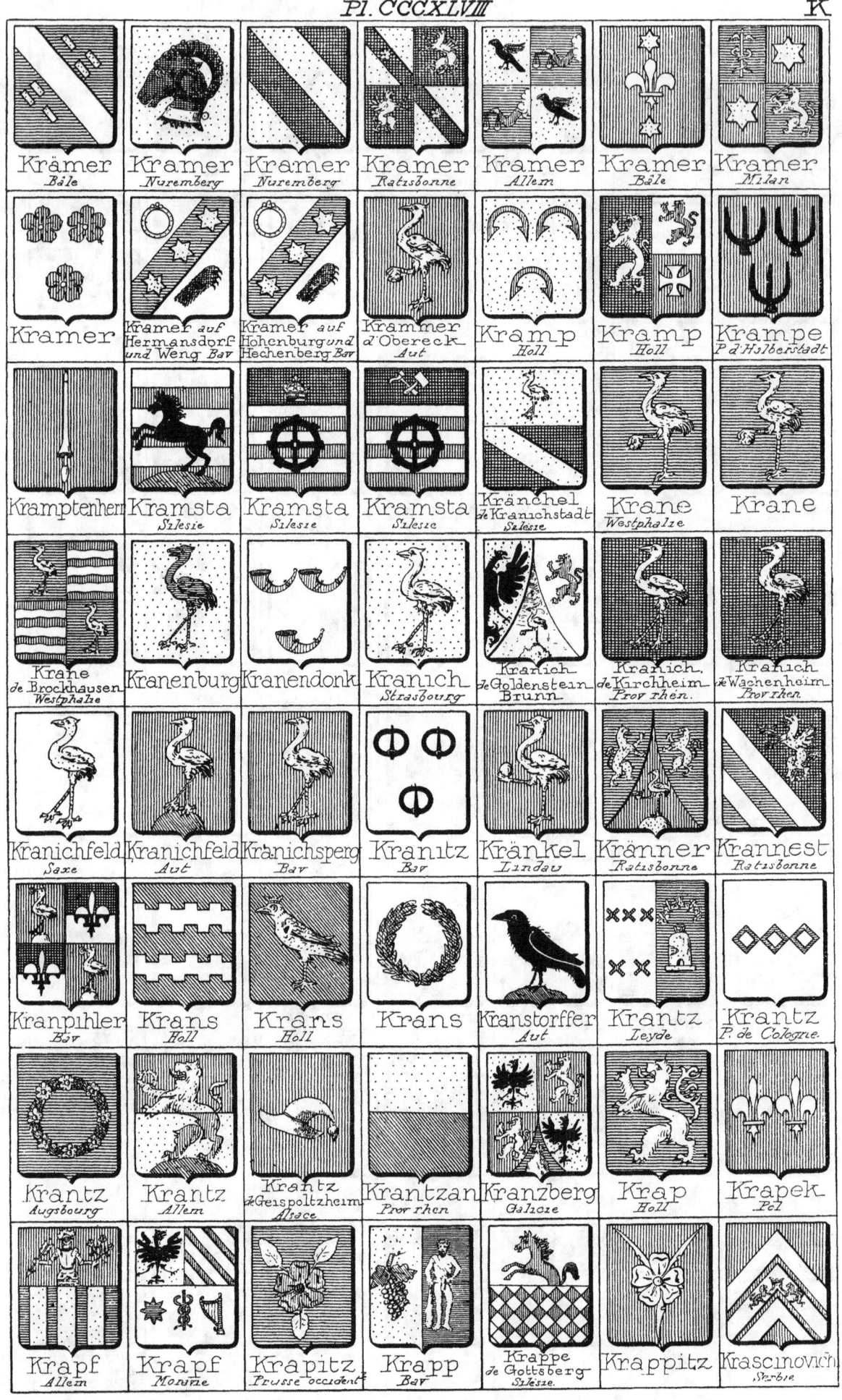

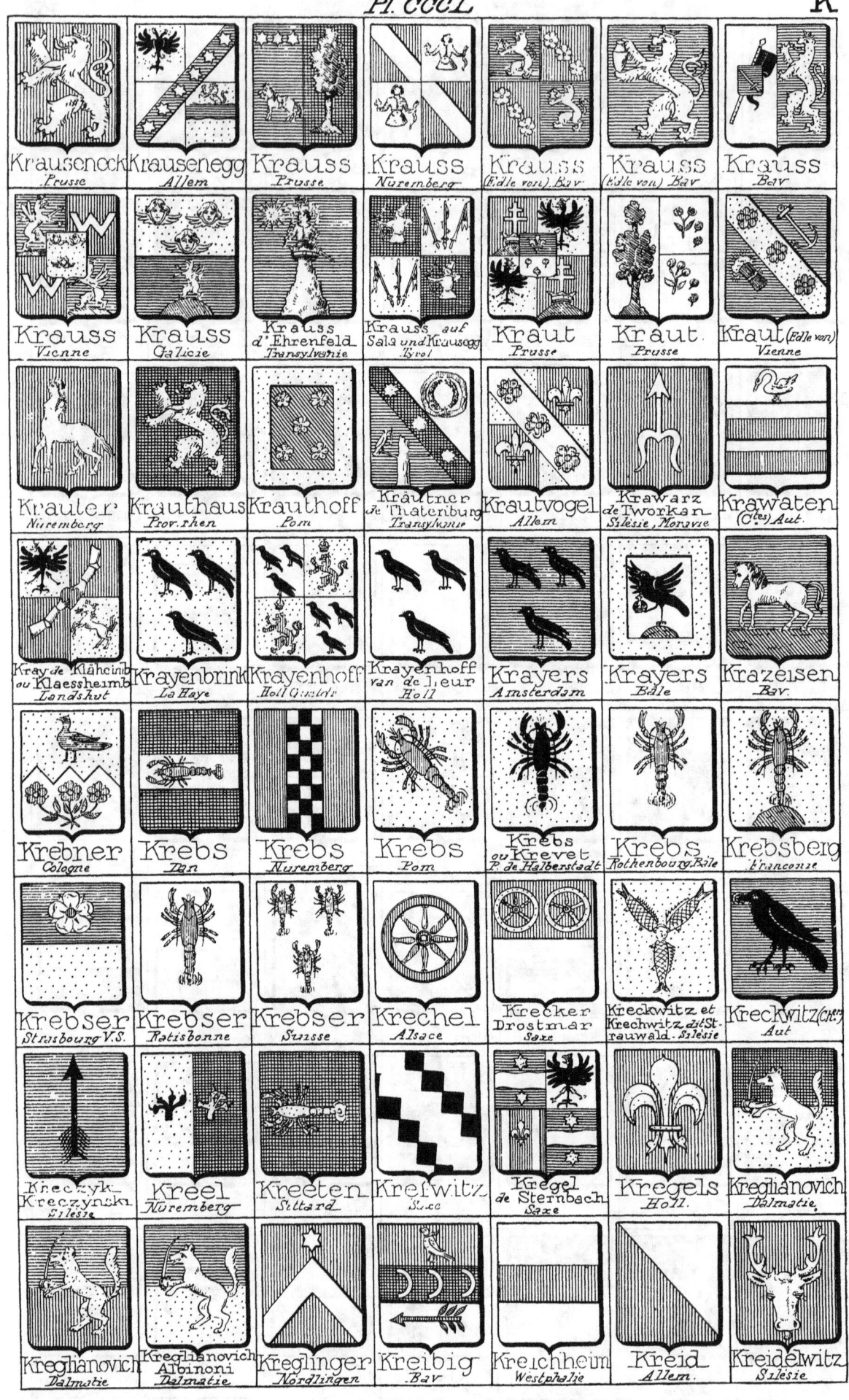

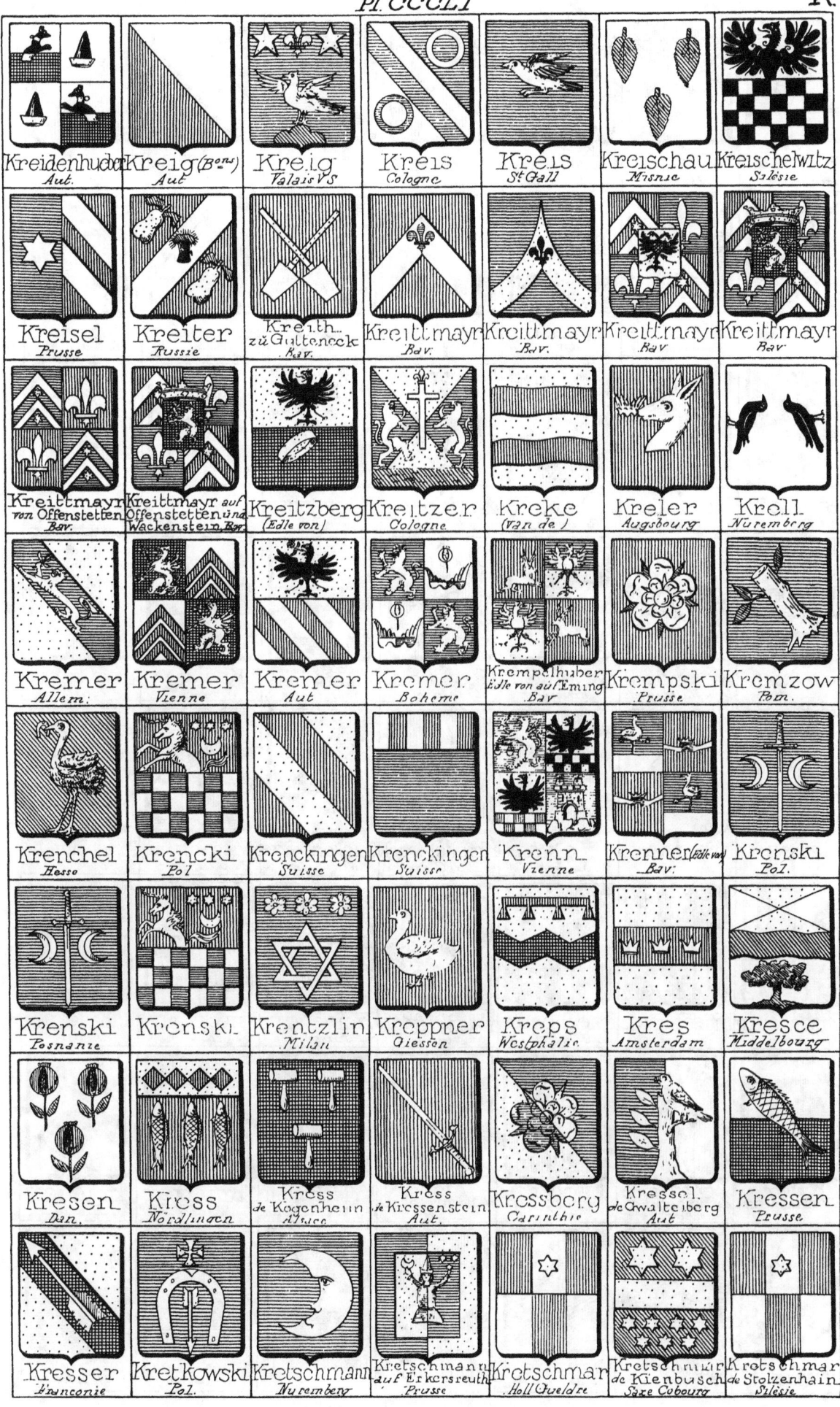

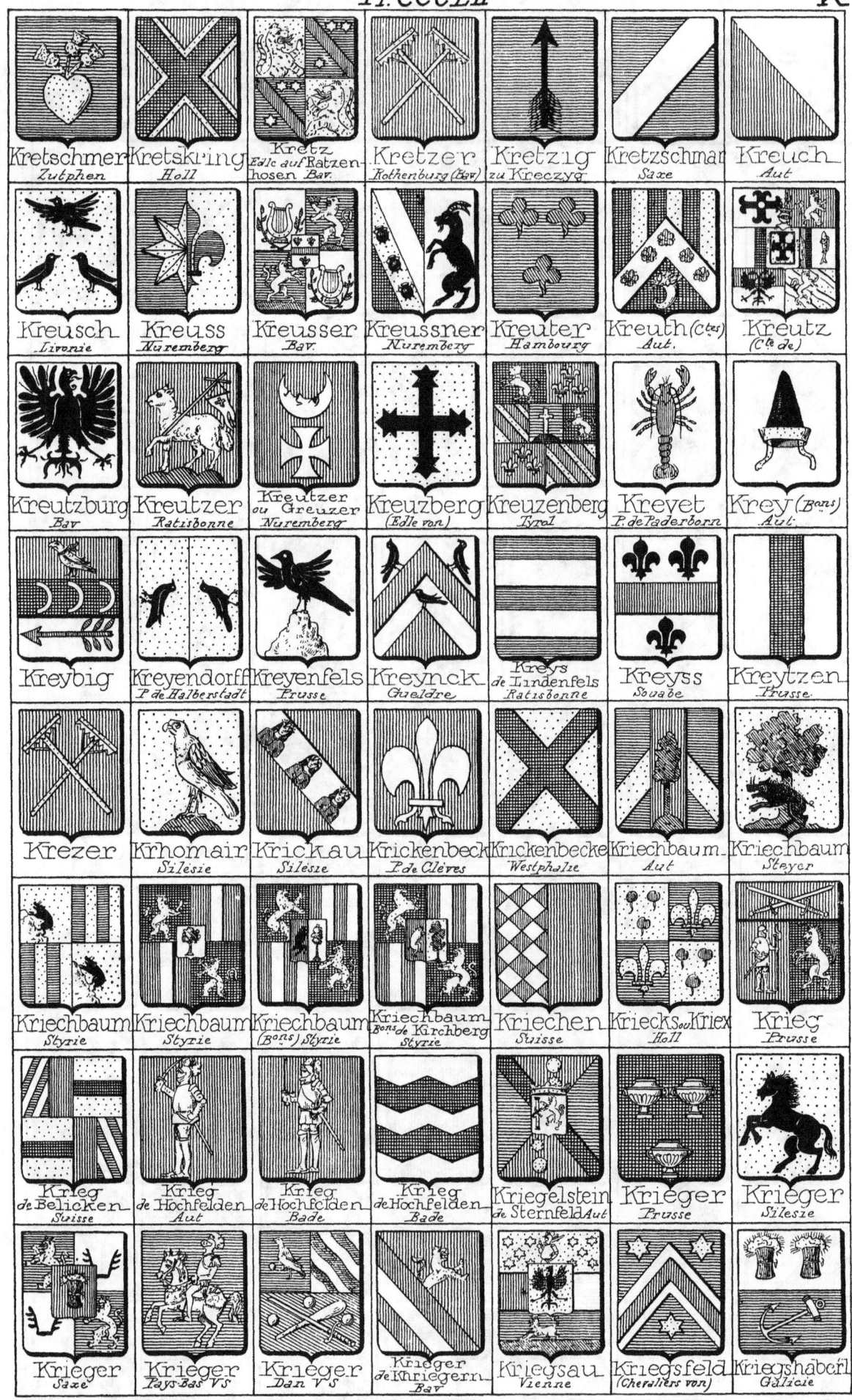

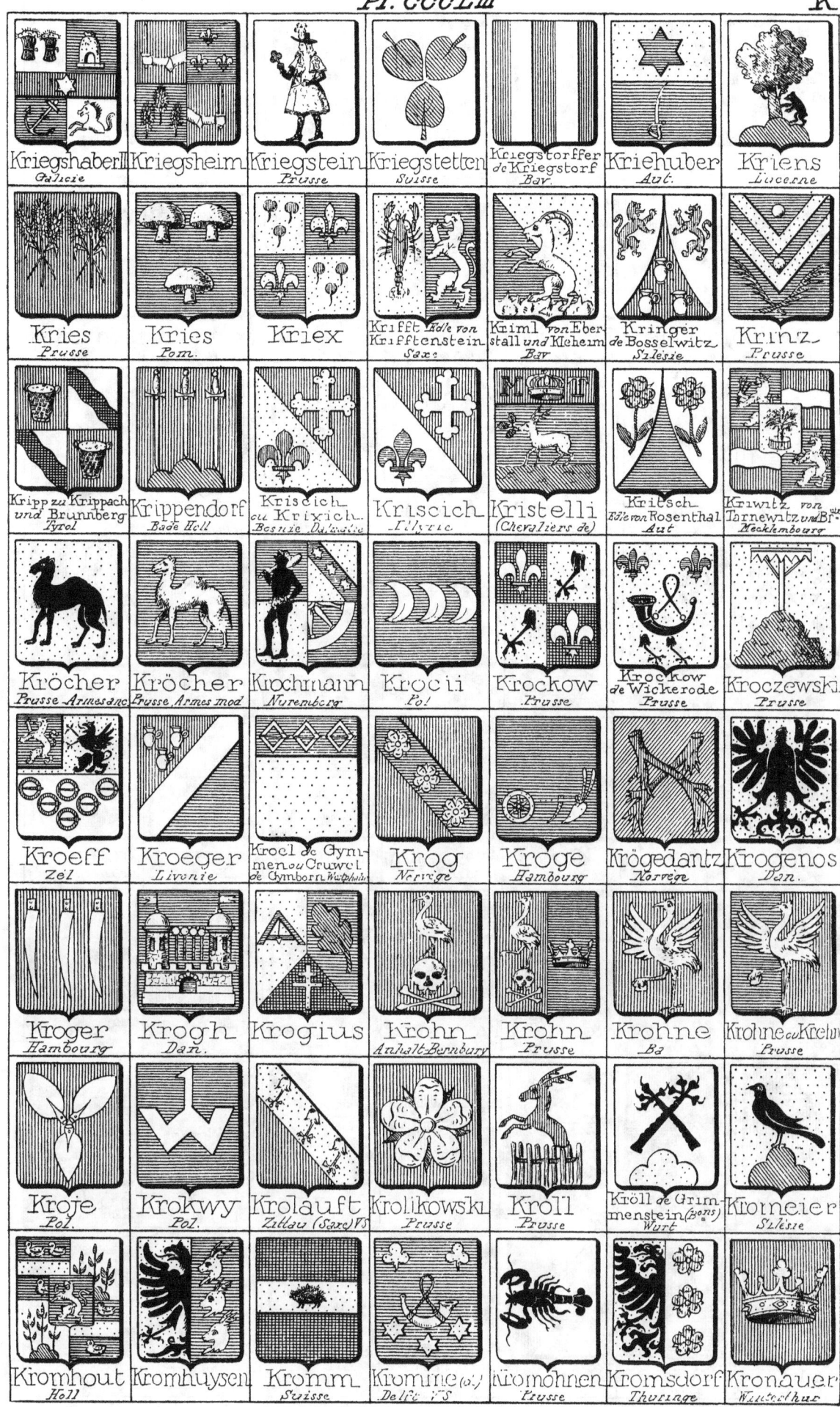

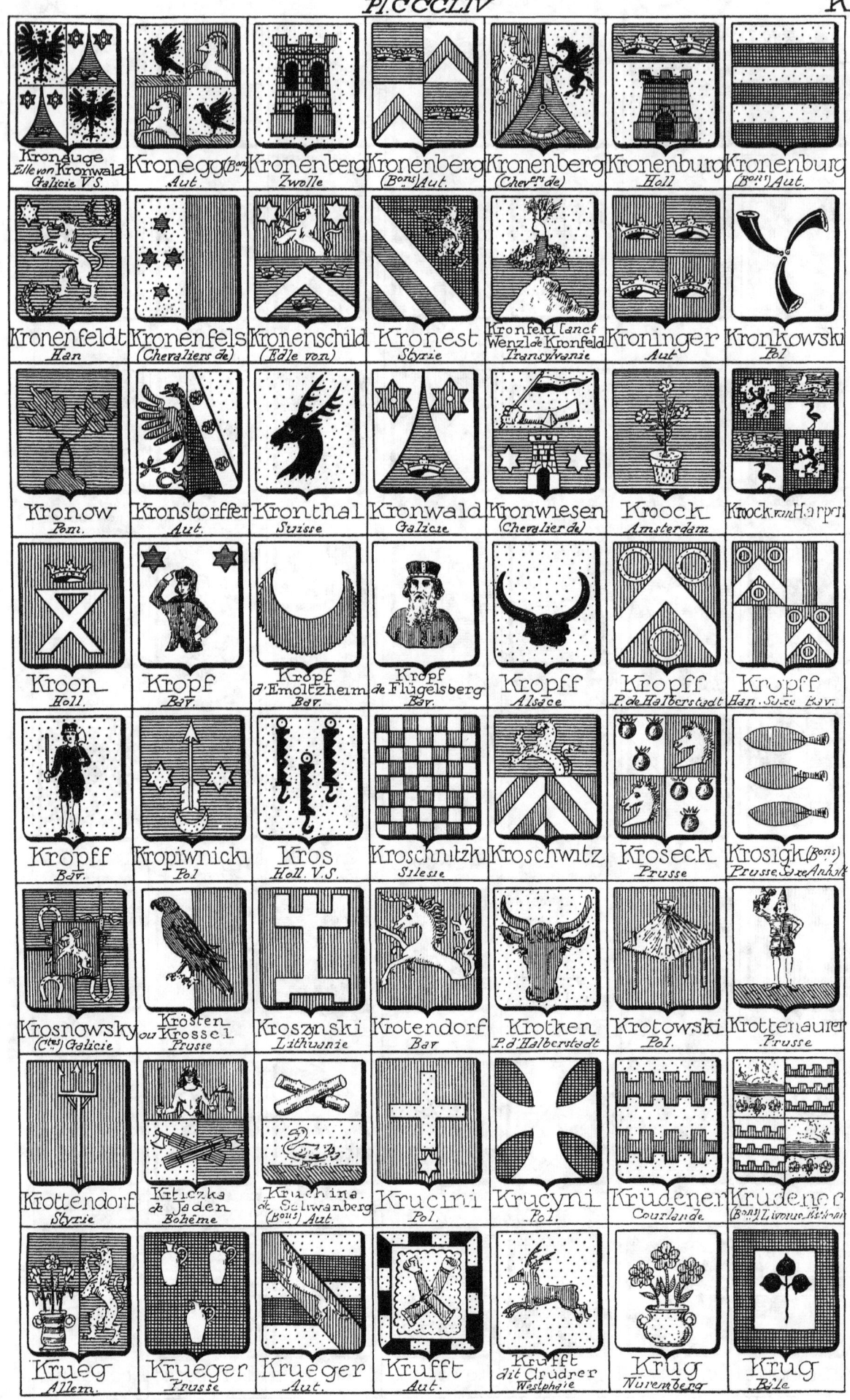

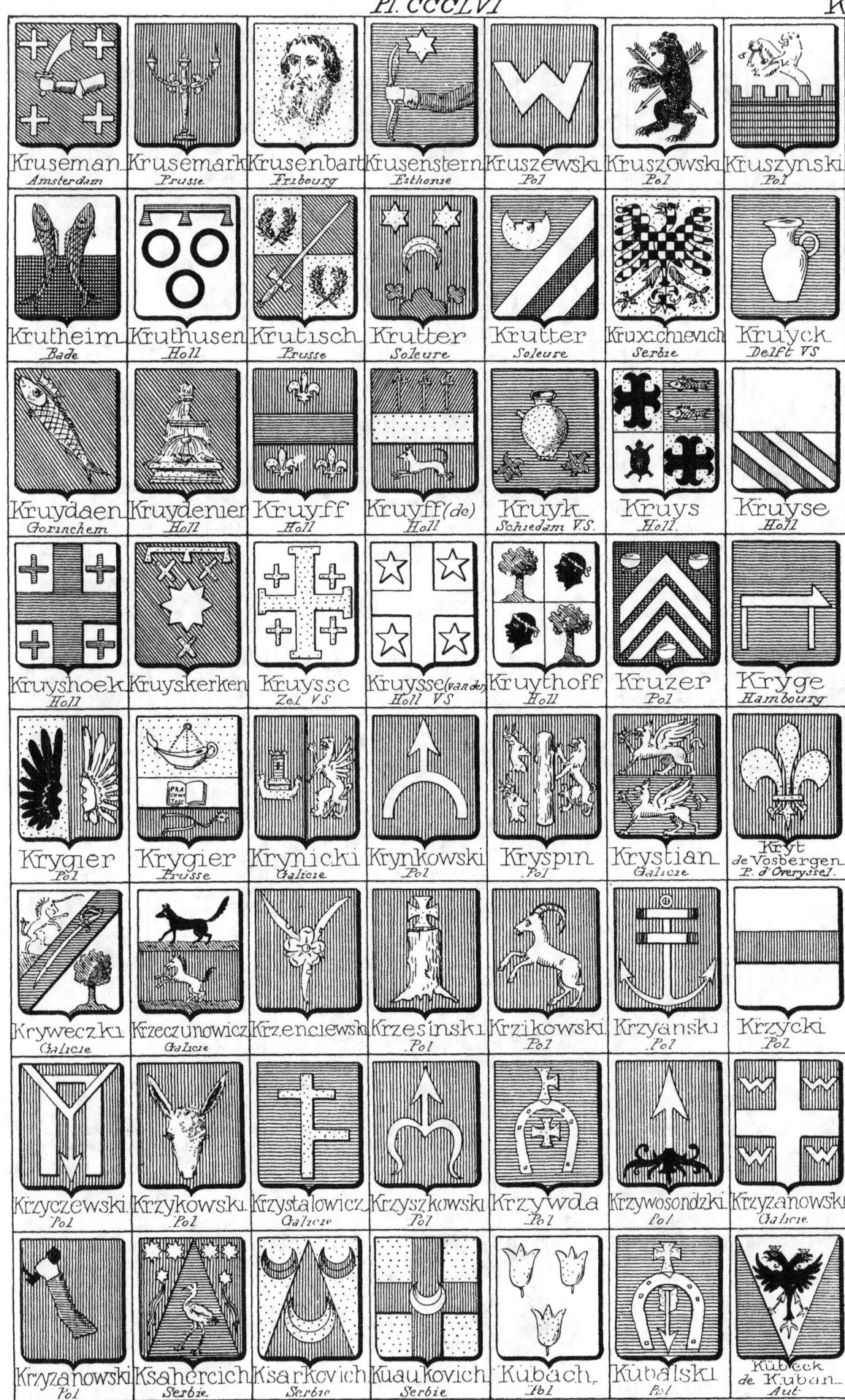

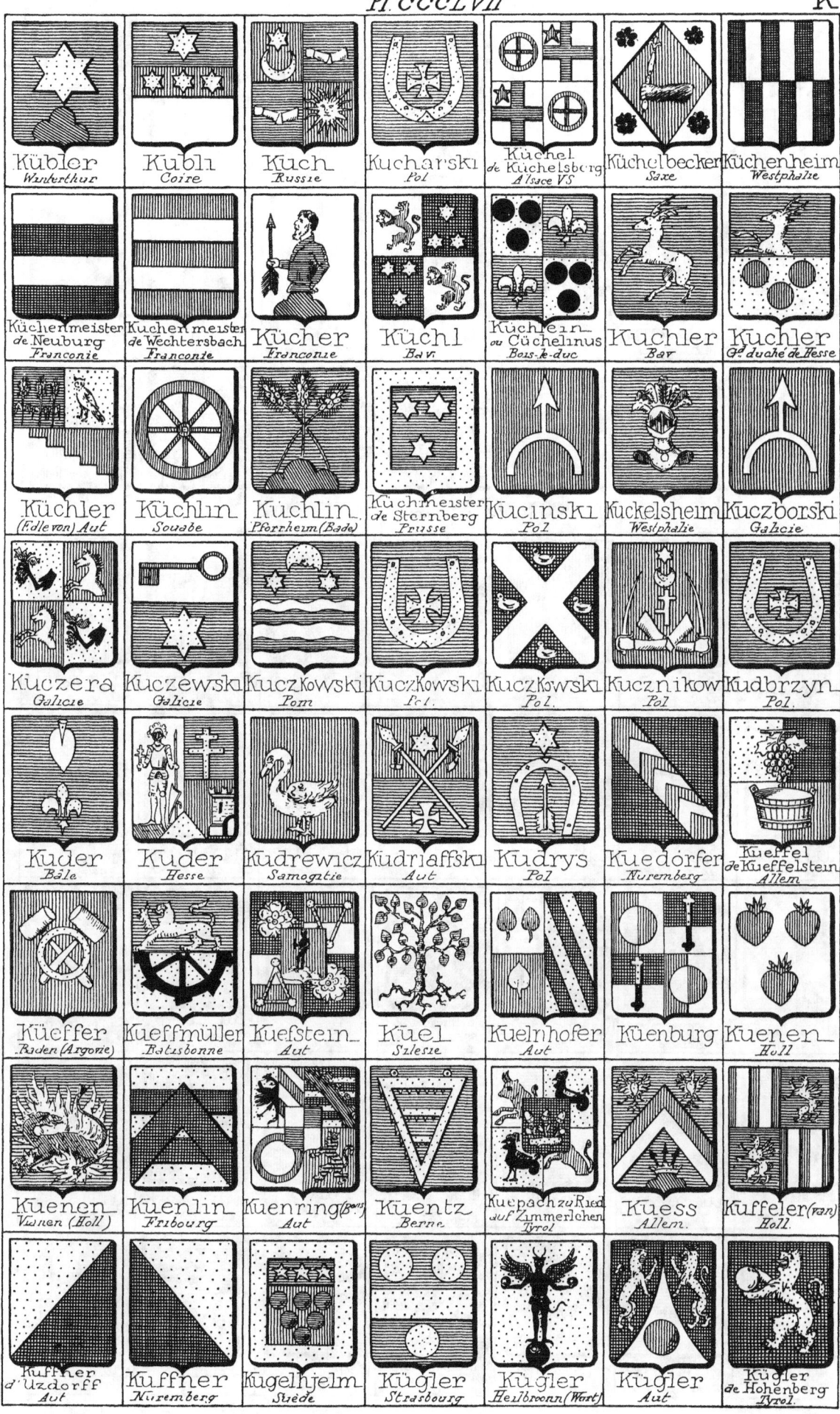

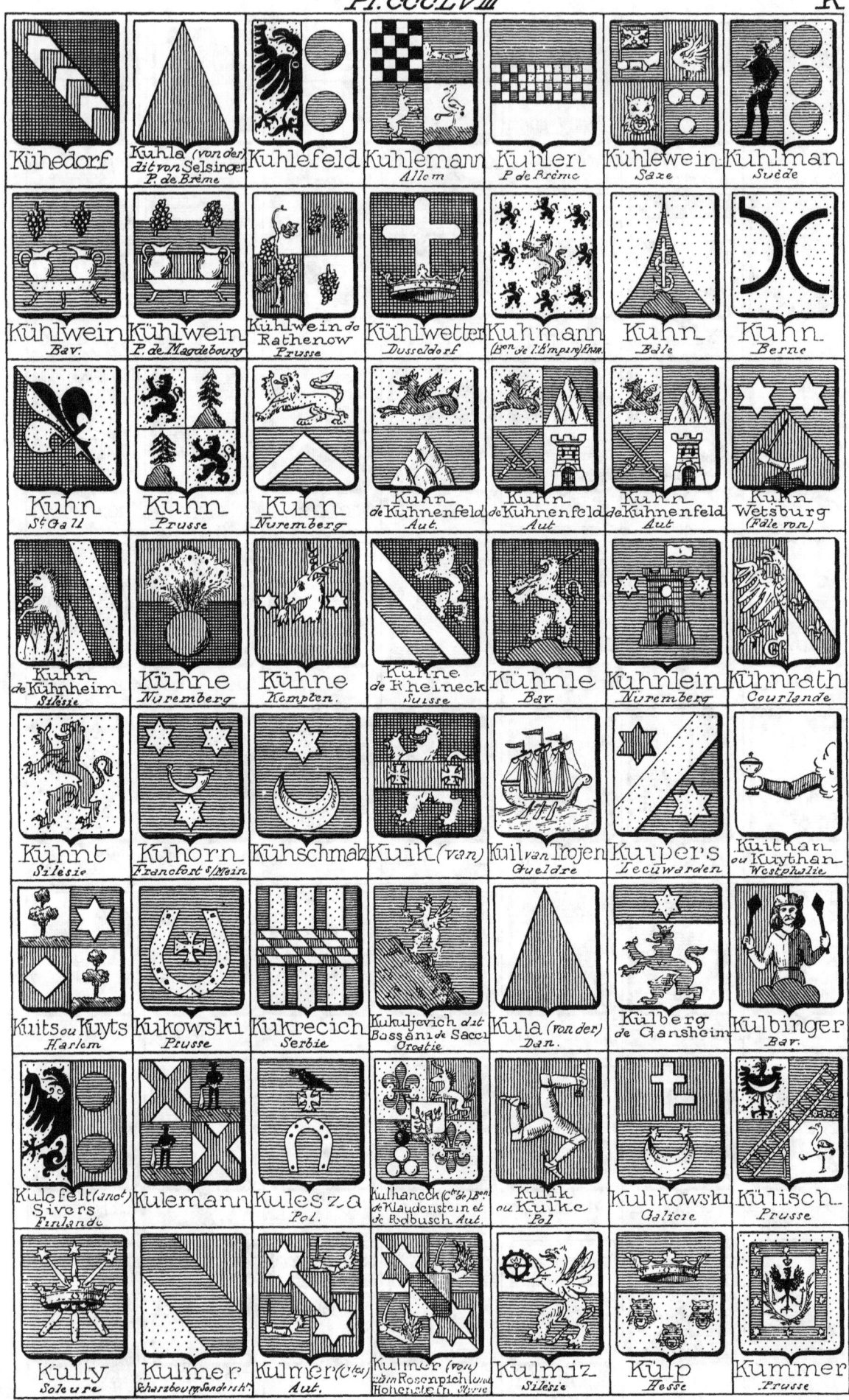

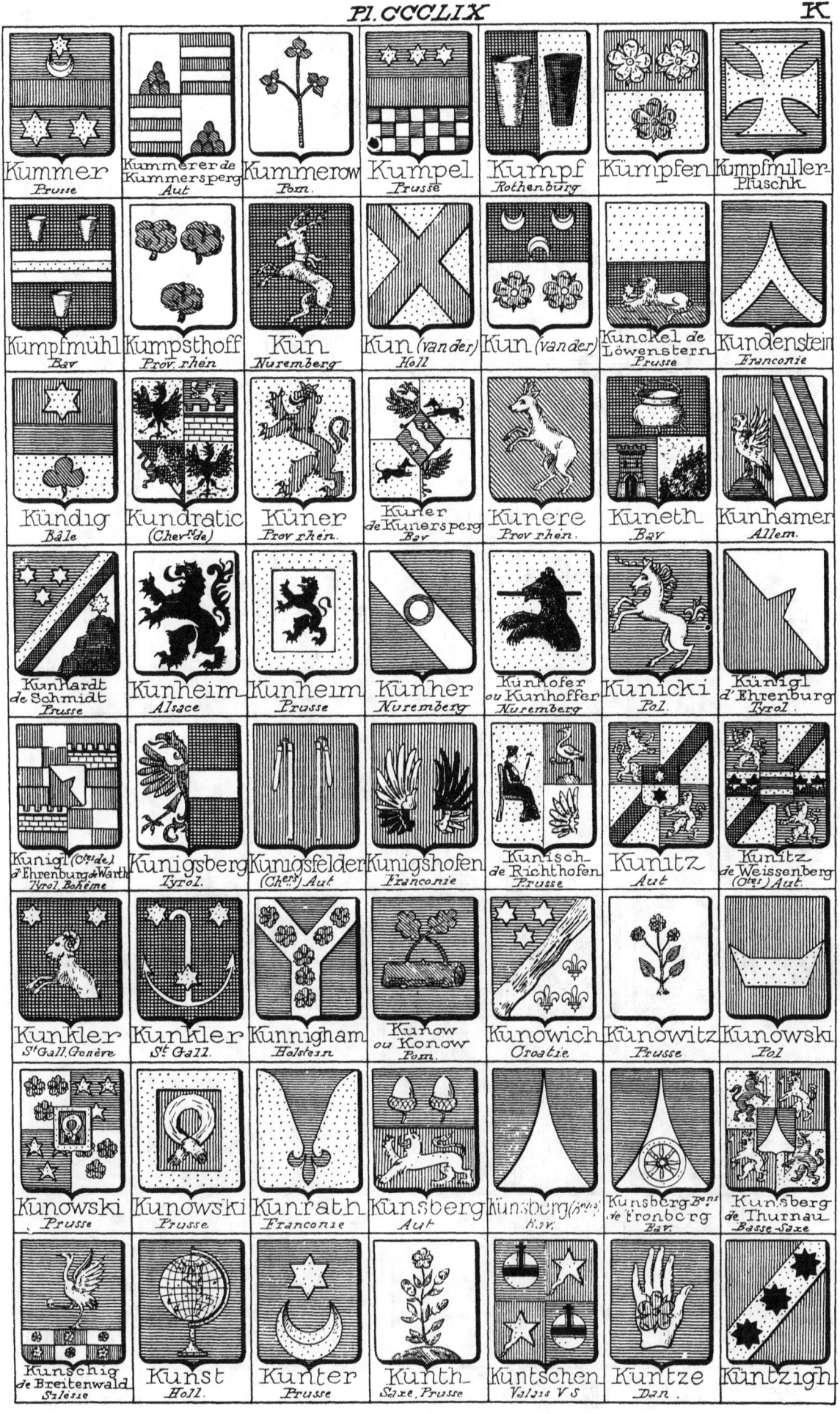

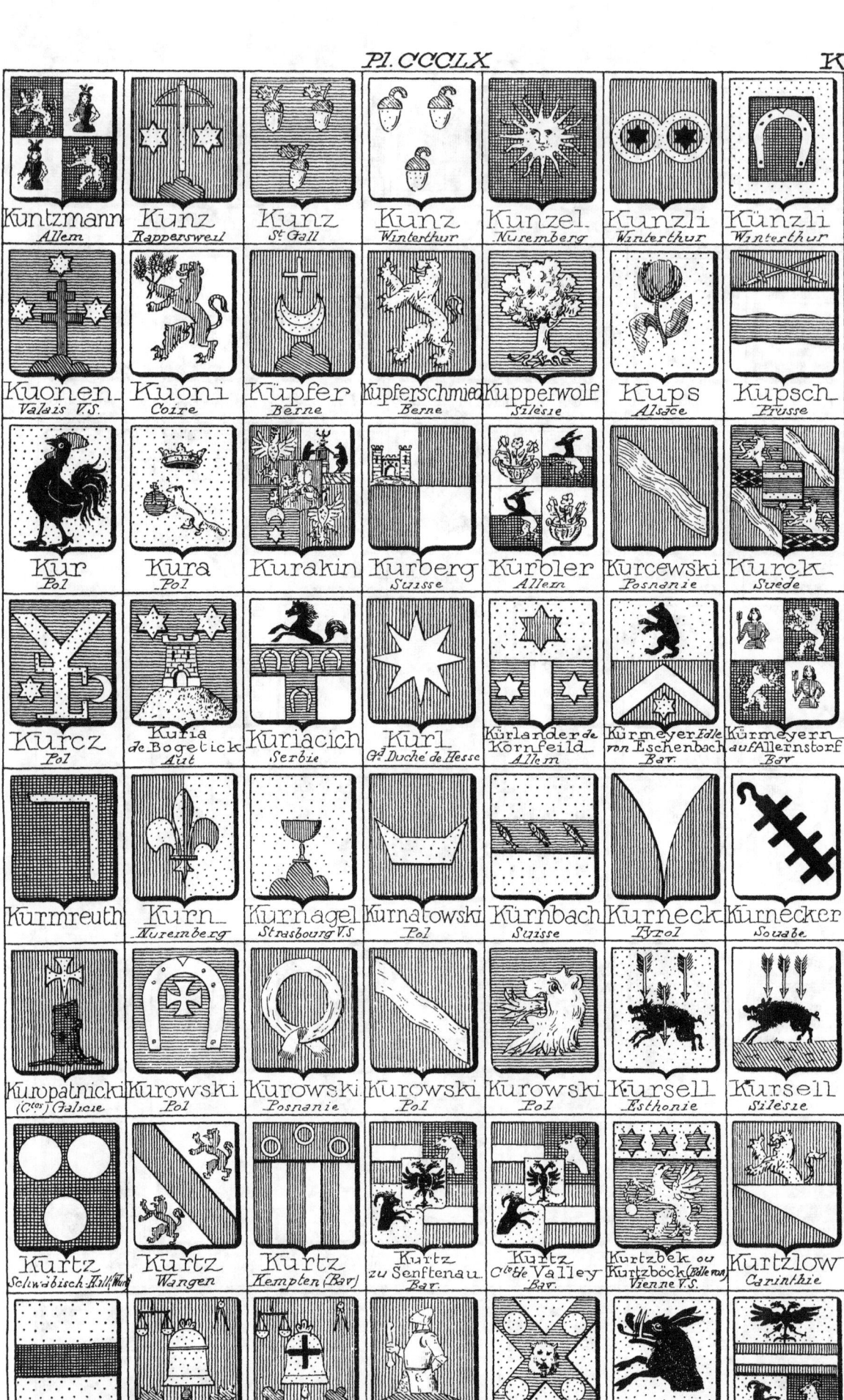

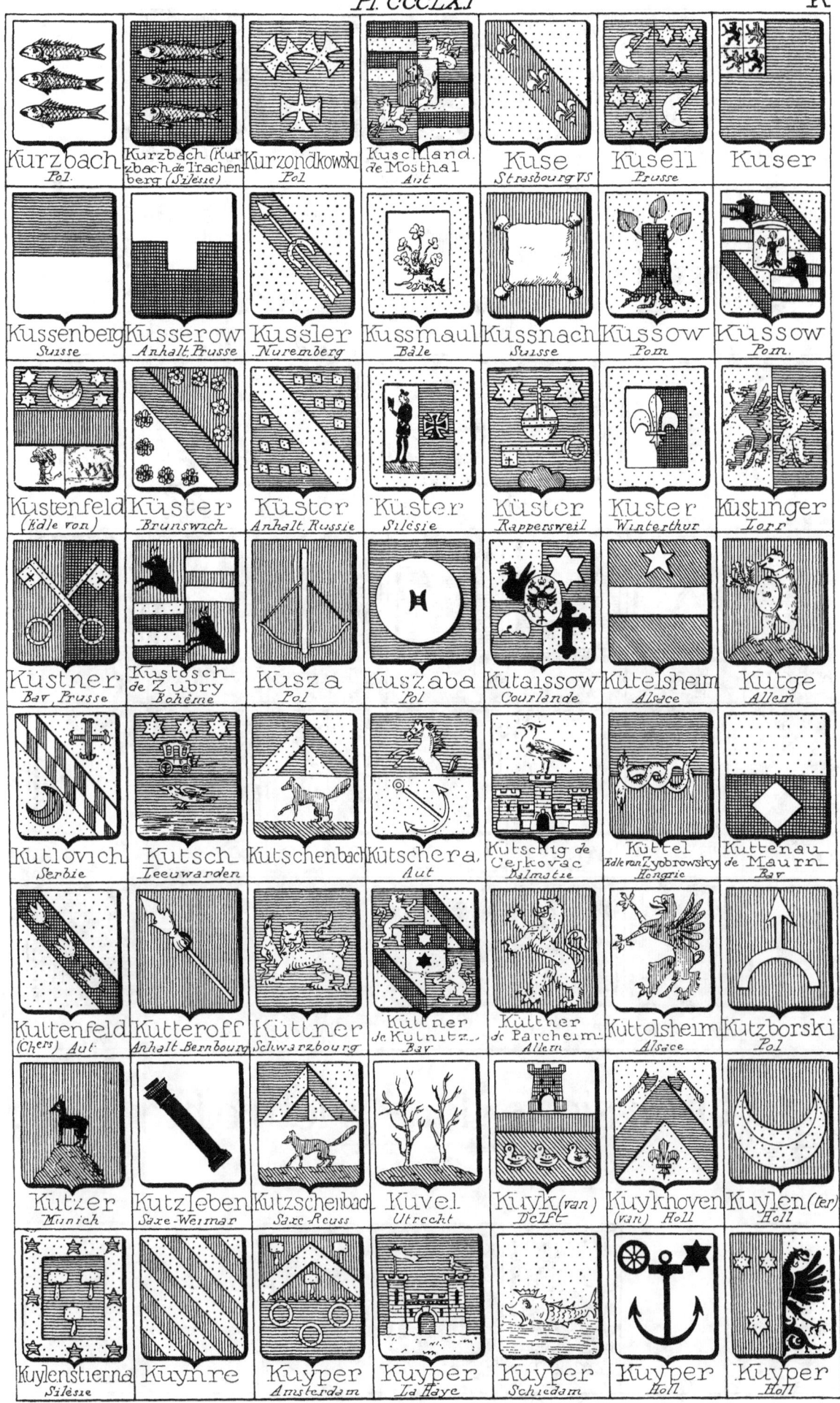

Pl. CCCLXII K

| 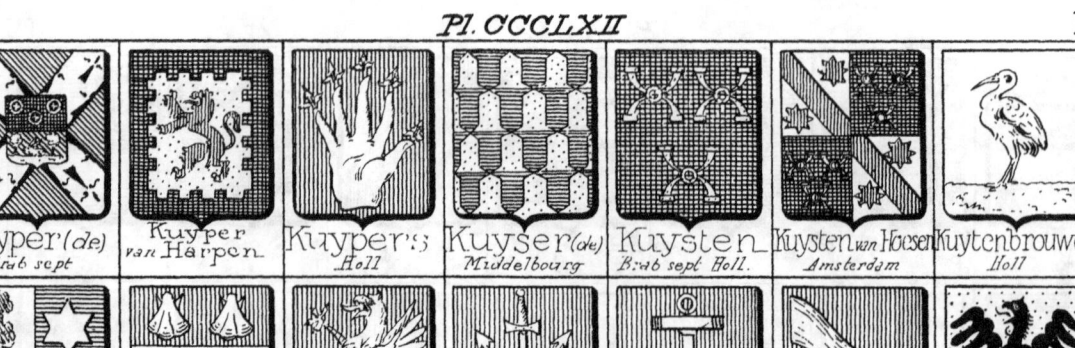 | | | | | | |
|---|---|---|---|---|---|---|
| Kuyper (de) Brab sept | Kuyper van Harpen | Kuyper's Holl | Kuyser (de) Middelbourg | Kuysten Brab sept Holl | Kuysten van Hoesen Amsterdam | Kuytenbrouwer Holl |
|  |  |  |  |  | 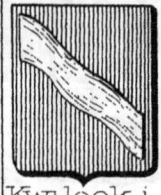 |  |
| Kuyts | Kuyzer (de) Zel VS | Kwiatkowski Pol | Kwiatkowski Pol | Kwiatkowski Prusse Wurt | Kwilecki Pol | Kwilecki Pol |
| 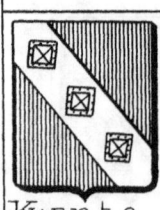 |  |  |  | 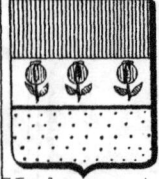 | 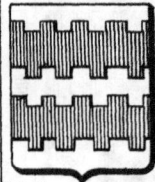 |  |
| Kwinta Lithuanie | Kyau (Bons) Saxe, Prusse | Kyburg (Ctes) Soleure | Kyckboom (vd) Brut | Kyckpusch | Kyfhoeck (van) Holl | Kyhm Prusse |
| 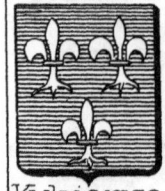 |  |  |  |  |  |  |
| Kykieryc Prusse | Kyl Suède | Kyle Suède | Kylle, Kyle, Kylen ou Kylen Dan | Kylman Prov rhen | Kylman Prov rhen | Kylman Westphalie |
|  |  |  | | 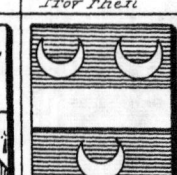 |  | |
| Kyme lord Kyme Angl | Kyme (Cte de) | Kymech Brot | Kymmell P de Drenthe | Kynaston Shropshire, Suffolk | Kyndt Ypres | Kynowitz (Bons) Aut |
| 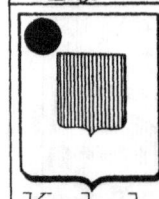 |  |  |  |  |  |  |
| Kyrbel Souabe | Kyrburg Westphalie | Kyrein (tdk von) Bav | Kyrle Herefordshire | Kyrn (von der) Souabe | Kytspotter (de) Flandre | Kytter Dan |

## Omissions dans la lettre K

Kyvelick Cte de Chester Angl

Kyver Deventer

Kerchem (van) Leyde — Khistler (von) und Löwenthurn (Cfs) Bav — Khistler (von) und Löwenthurn (Hons) Bav

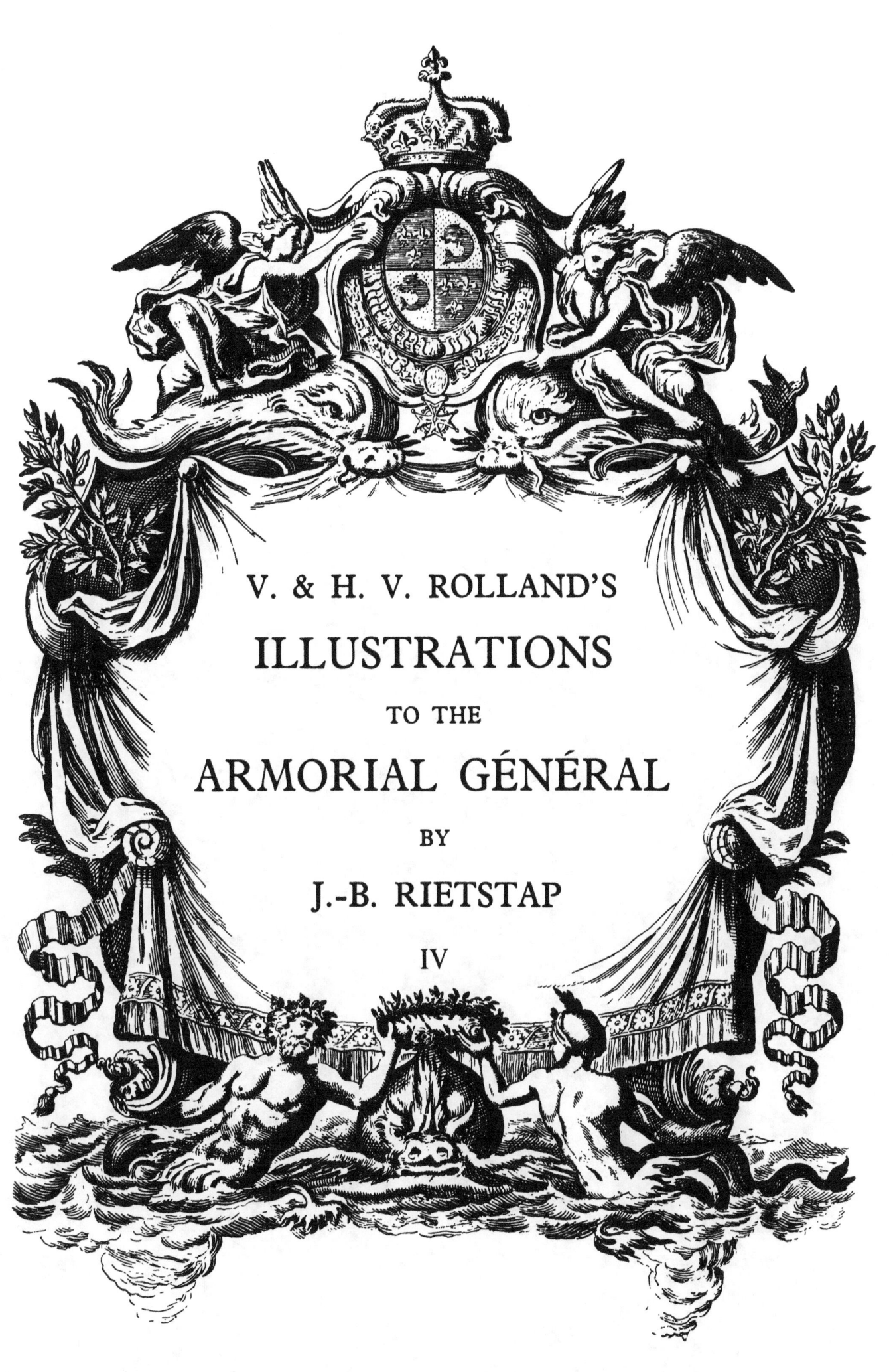

V. & H. V. ROLLAND'S

ILLUSTRATIONS

TO THE

ARMORIAL GÉNÉRAL

BY

J.-B. RIETSTAP

IV

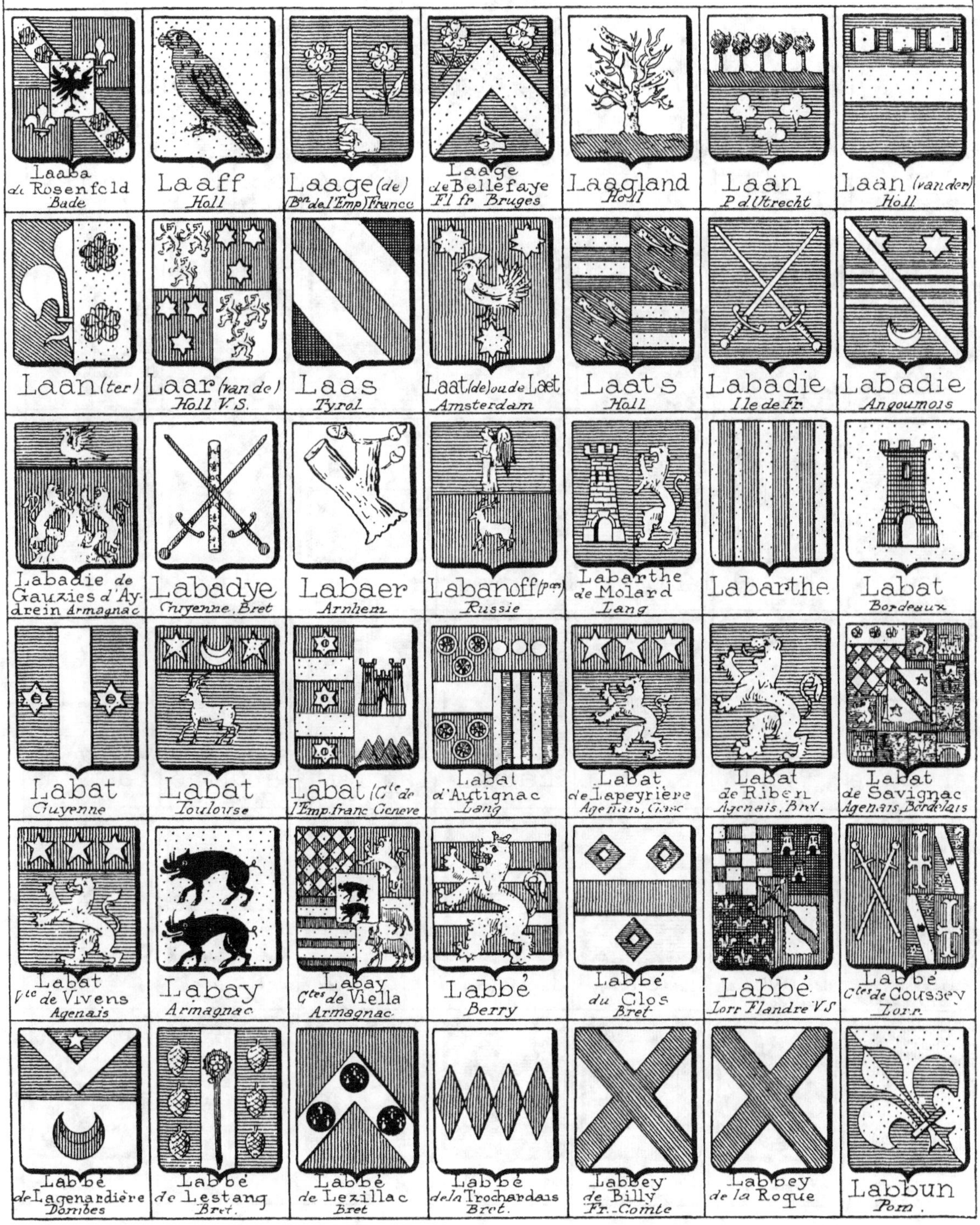

Pl. I

L

| Laaba de Rosenfeld Bade | Laaff Holl | Laage (de) Bon de l'Emp.France | Laage de Bellefaye Fl. fr Bruges | Laagland Holl | Laan P. d'Utrecht | Laan (van der) Holl |
| Laan (ter) | Laar (van de) Holl V.S. | Laas Tyrol | Laat (de) ou de Laet Amsterdam | Laats Holl | Labadie Ile de Fr. | Labadie Angoumois |
| Labadie de Gauzies d'Aydrein Armagnac | Labadye Guyenne, Bret. | Labaer Arnhem | Labanoff (pr.) Russie | Labarthe de Molard Lang. | Labarthe | Labat Bordeaux |
| Labat Guyenne | Labat Toulouse | Labat (C.te de l'Emp.franc Geneve | Labat d'Autignac Lang. | Labat de Lapeyrière Agenais, Guie. | Labat de Riben Agenais, Bret. | Labat de Savignac Agenais, Bordelais |
| Labat V.te de Vivens Agenais | Labay Armagnac | Labay C.tes de Viella Armagnac | Labbé Berry | Labbé du Clos Bret. | Labbé Lorr. Flandre V.S. | Labbé C.tes de Coussey Lorr. |
| Labbé de Lagenardière Dombes | Labbé de Lestang Bret. | Labbé de Lezillac Bret. | Labbé de la Trochardais Bret. | Labbey de Billy Fr.-Comté | Labbey de la Roque | Labbun Pom. |

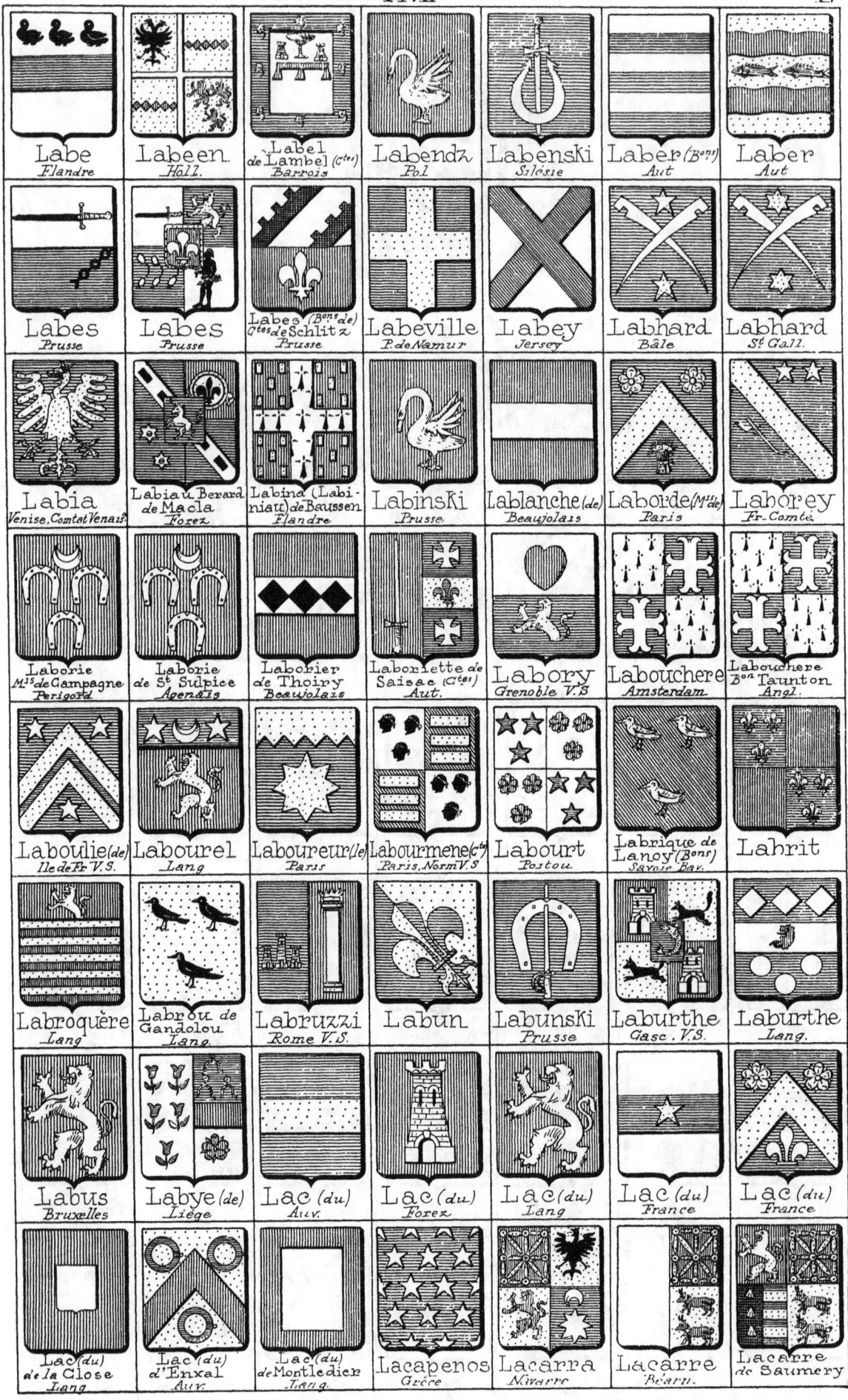

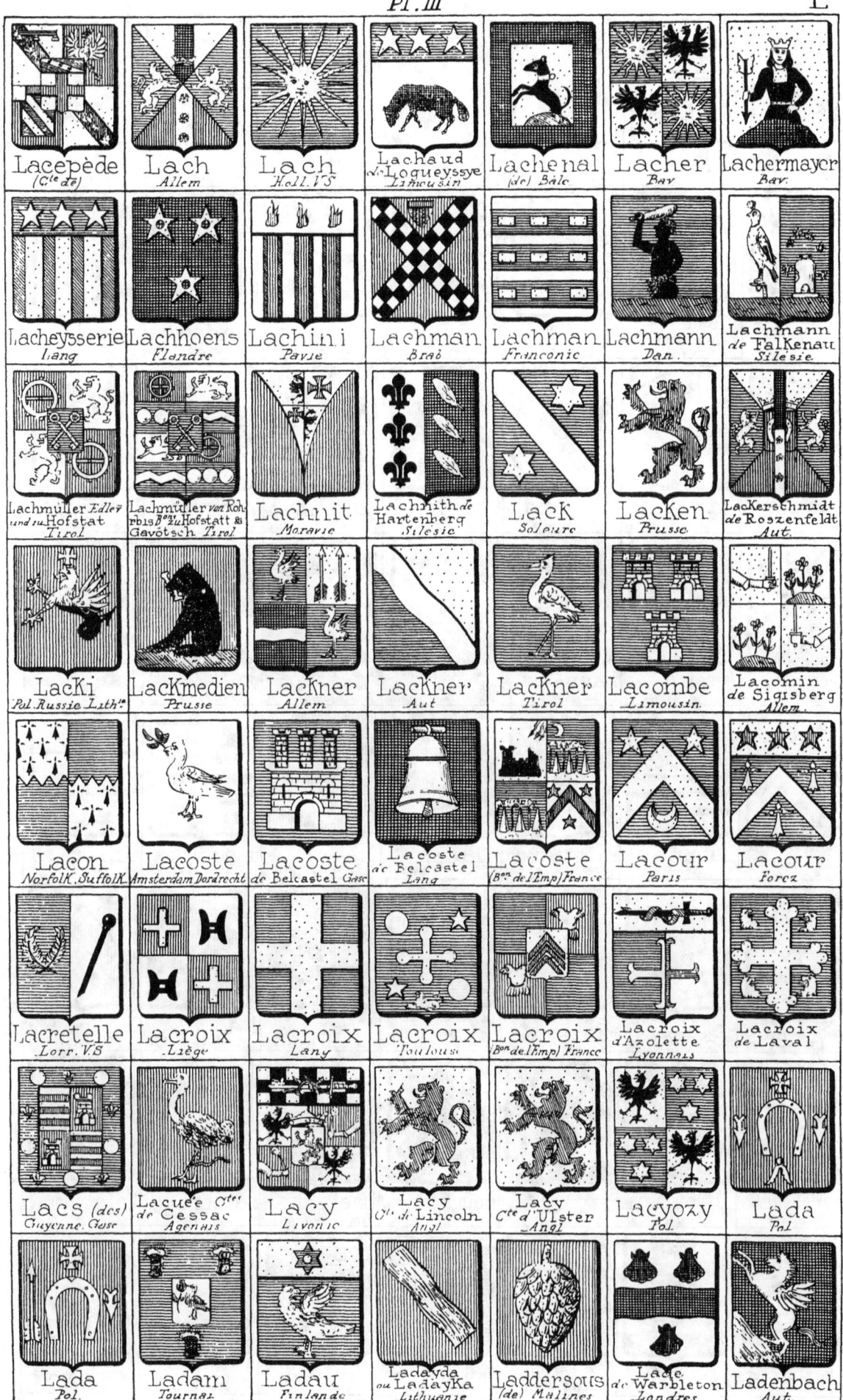

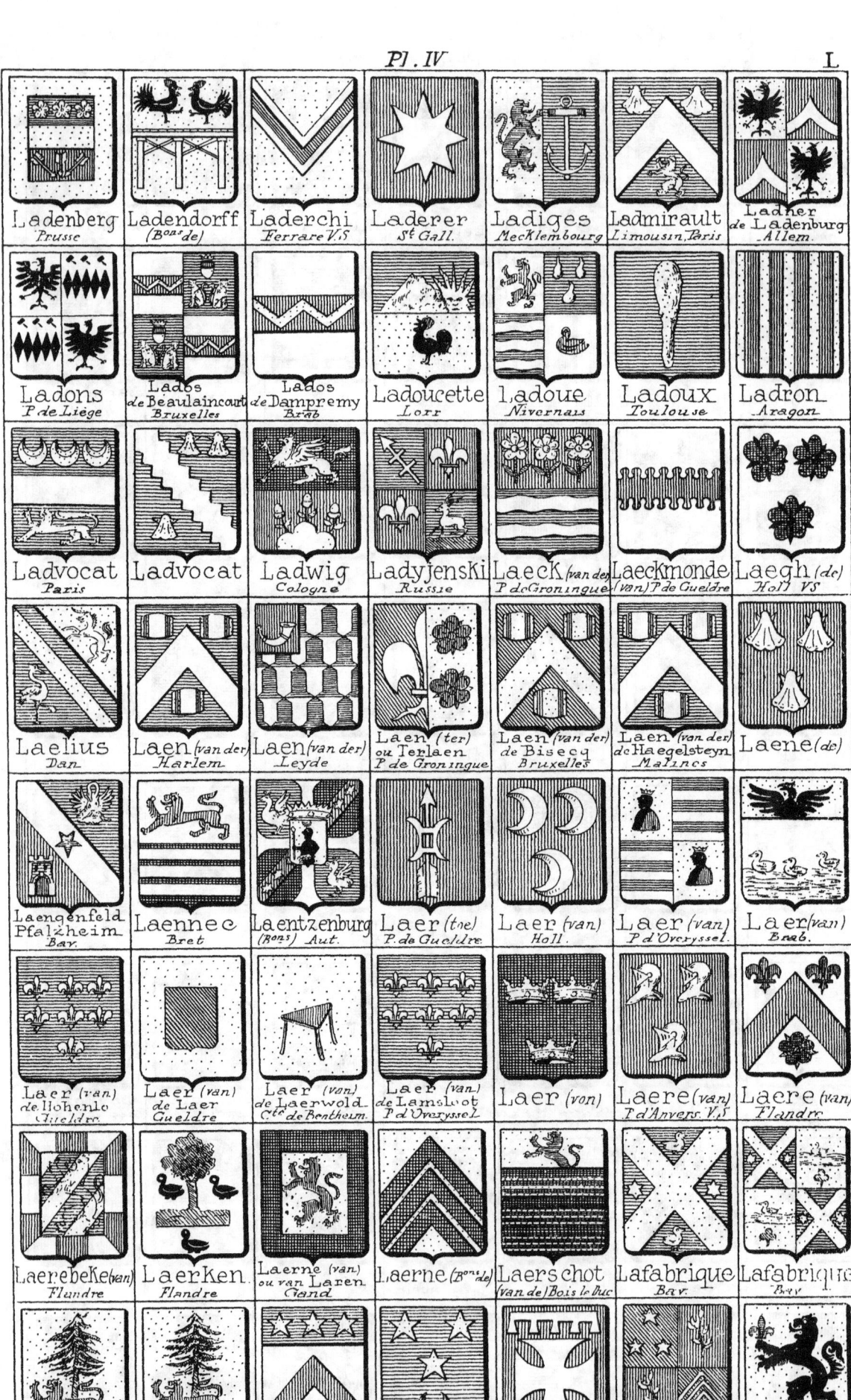

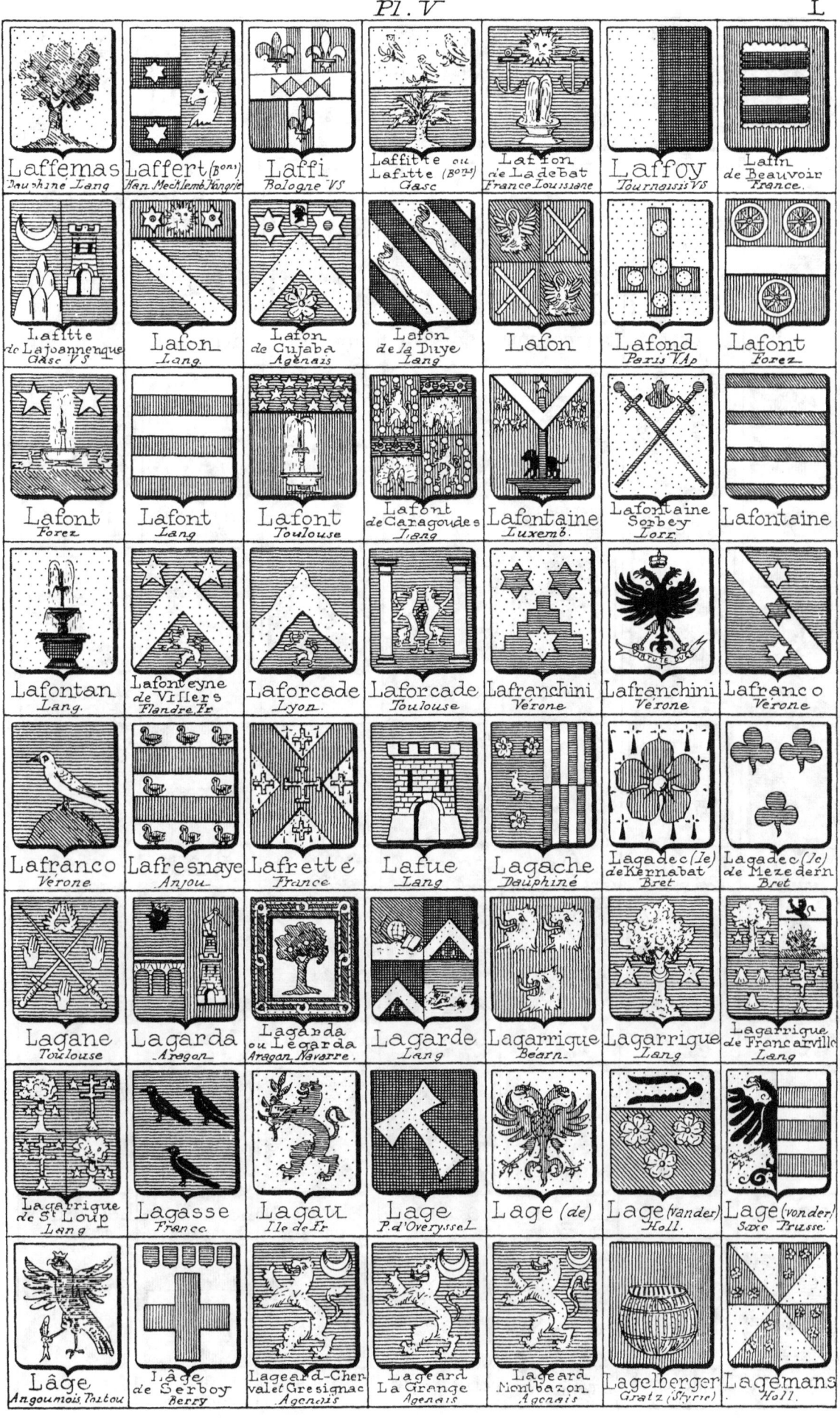

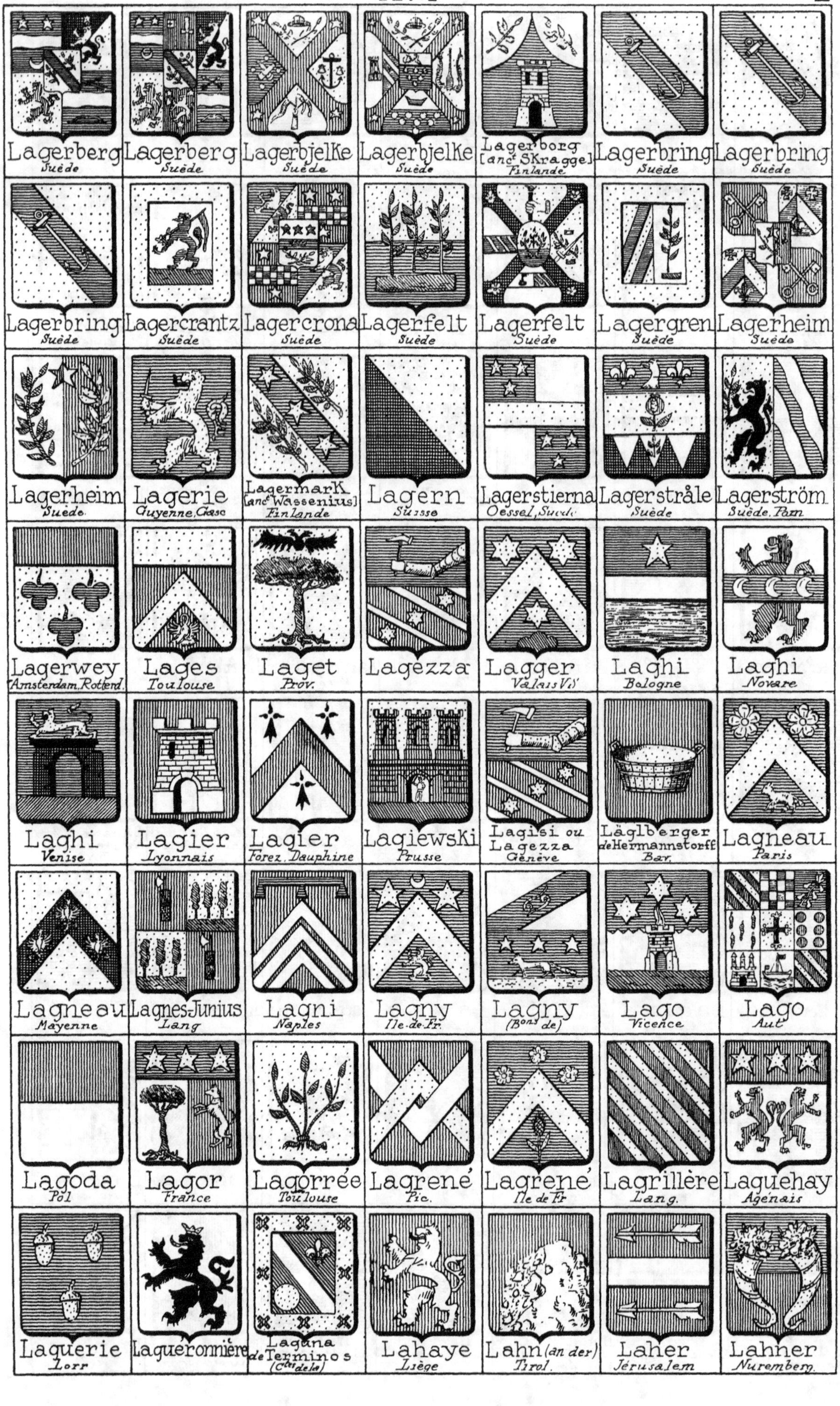

Pl. VI — L

| Lagerberg Suède | Lagerberg Suède | Lagerbjelke Suède | Lagerbjelke Suède | Lagerborg (anc. Skragge) Finlande | Lagerbring Suède | Lagerbring Suède |
|---|---|---|---|---|---|---|
| Lagerbring Suède | Lagercrantz Suède | Lagercrona Suède | Lagerfelt Suède | Lagerfelt Suède | Lagergren Suède | Lagerheim Suède |
| Lagerheim Suède | Lagerie Guyenne, Gasc. | Lagermark (anc. Wassenius) Finlande | Lagern Suisse | Lagerstierna Oessel, Suède | Lagerstråle Suède | Lagerström Suède, Pom. |
| Lagerwey Amsterdam, Rotterd. | Lages Toulouse | Laget Prov. | Lagezza | Lagger Valais, Vs. | Laghi Bologne | Laghi Novare |
| Laghi Venise | Lagier Lyonnais | Lagier Forez, Dauphiné | Lagiewski Prusse | Lagisi ou Lagezza Genève | Läglberger de Hermannstorff Bav. | Lagneau Paris |
| Lagneau Mayenne | Lagnes-Junius Lang. | Lagni Naples | Lagny Ile-de-Fr. | Lagny (Bon de) | Lago Vicence | Lago Aut. |
| Lagoda Pol. | Lagor France | Lagorrée Toulouse | Lagrené Pic. | Lagrené Ile-de-Fr. | Lagrillère Lang. | Laguehay Agénais |
| Laquerie Lorr. | Lagueronnière | Laguna de Terminos (Cⁱᵉ de la) | Lahaye Liège | Lahn (an der) Tirol. | Laher Jérusalem | Lahner Nuremberg |

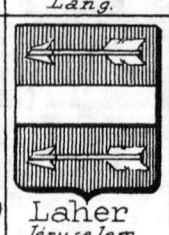

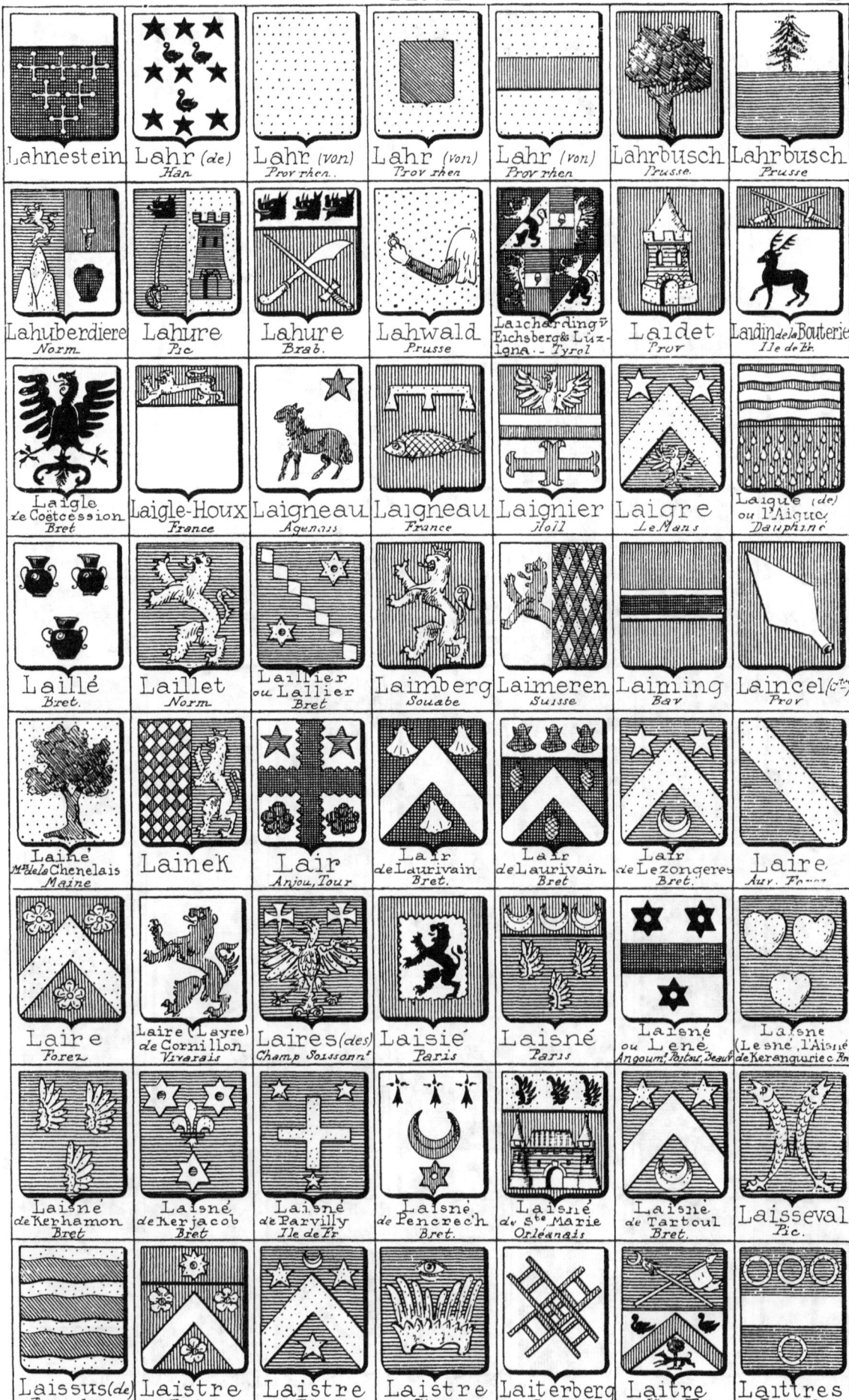

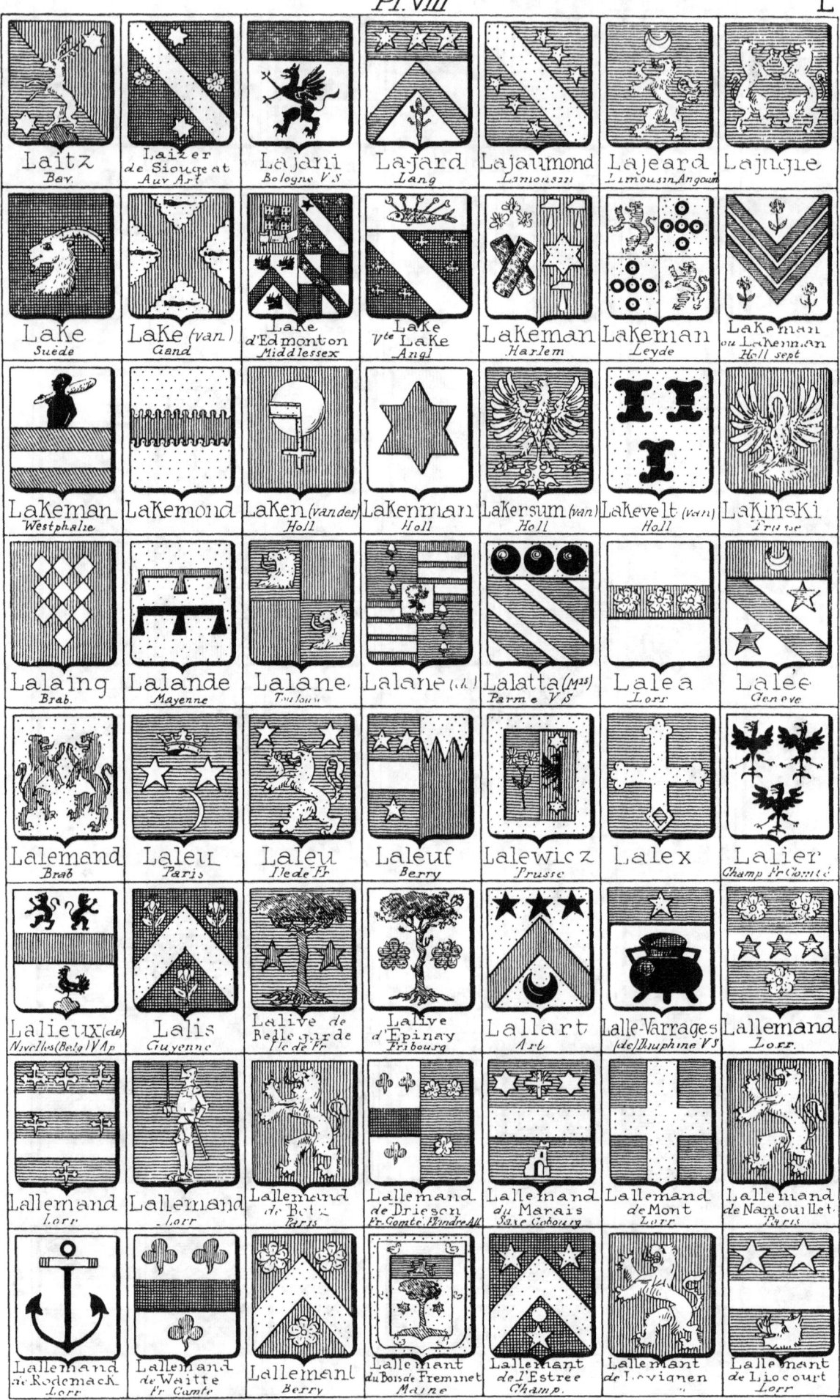

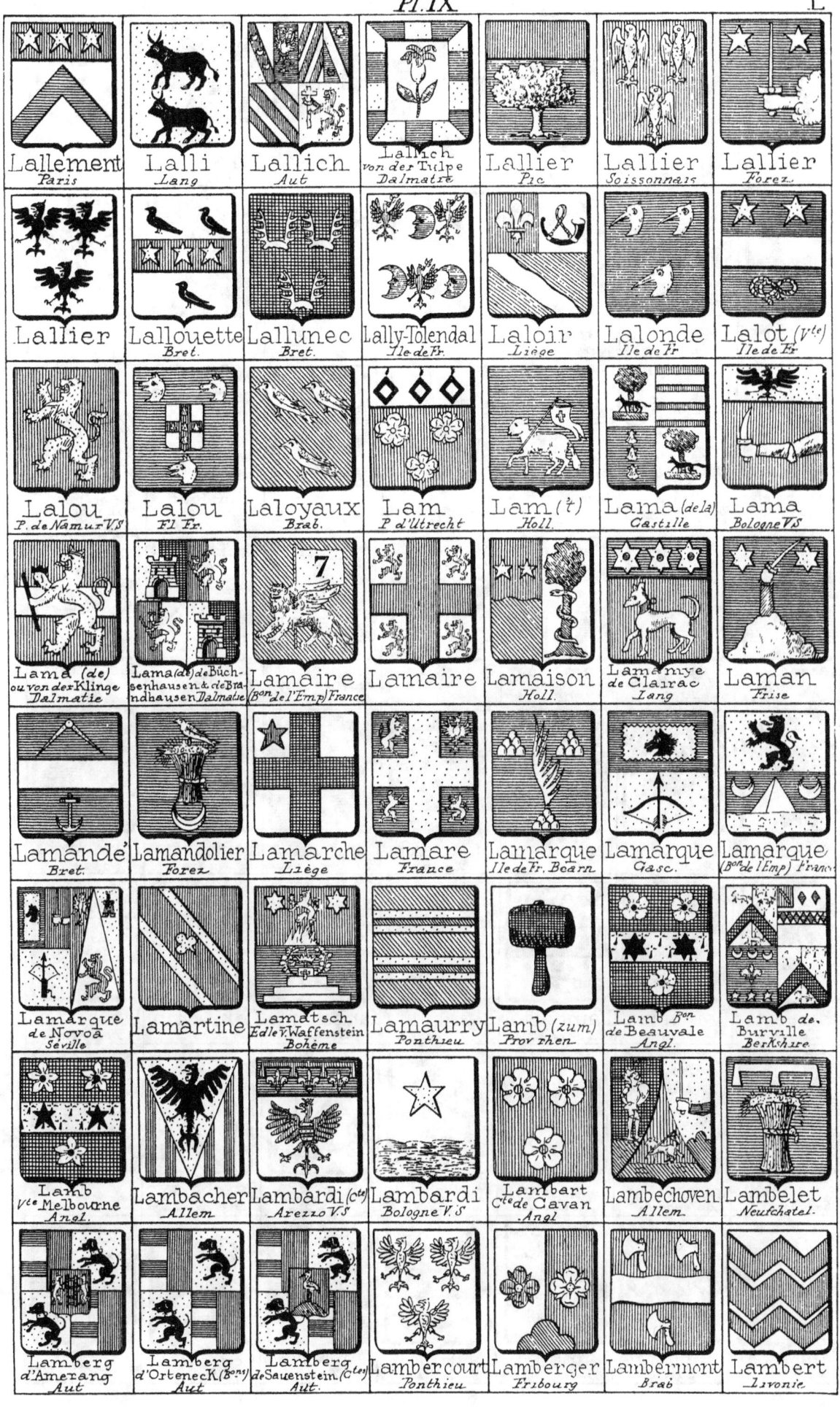

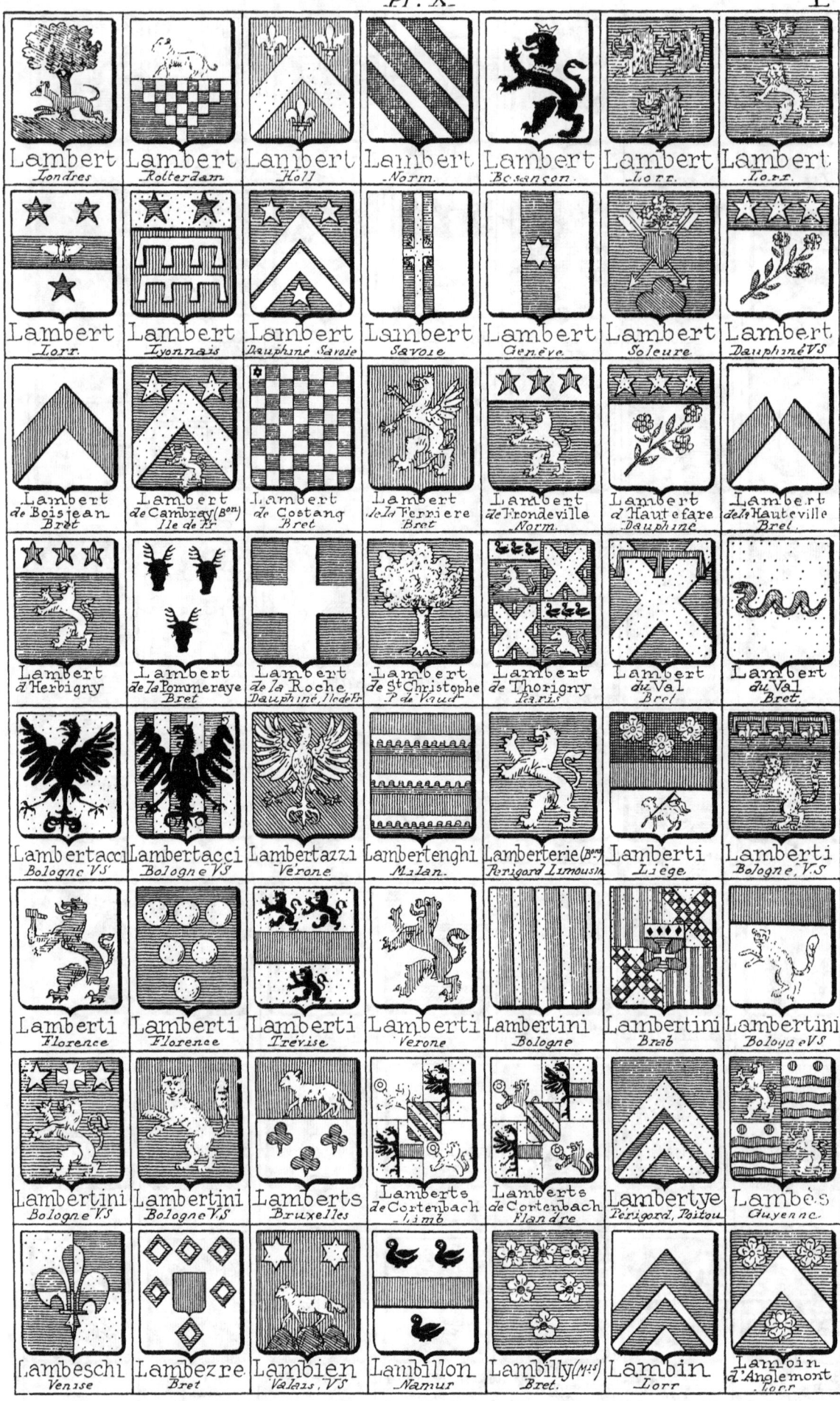

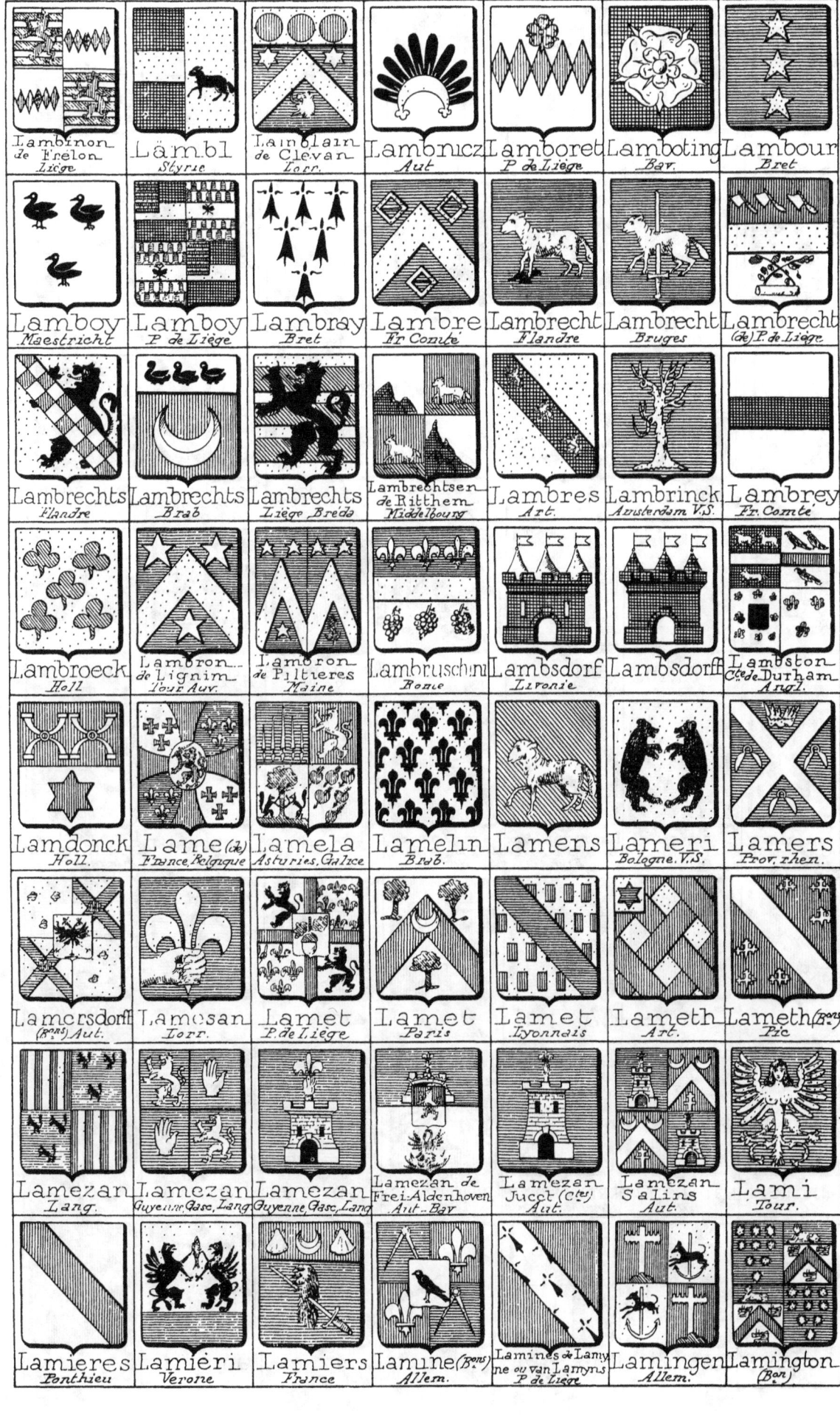

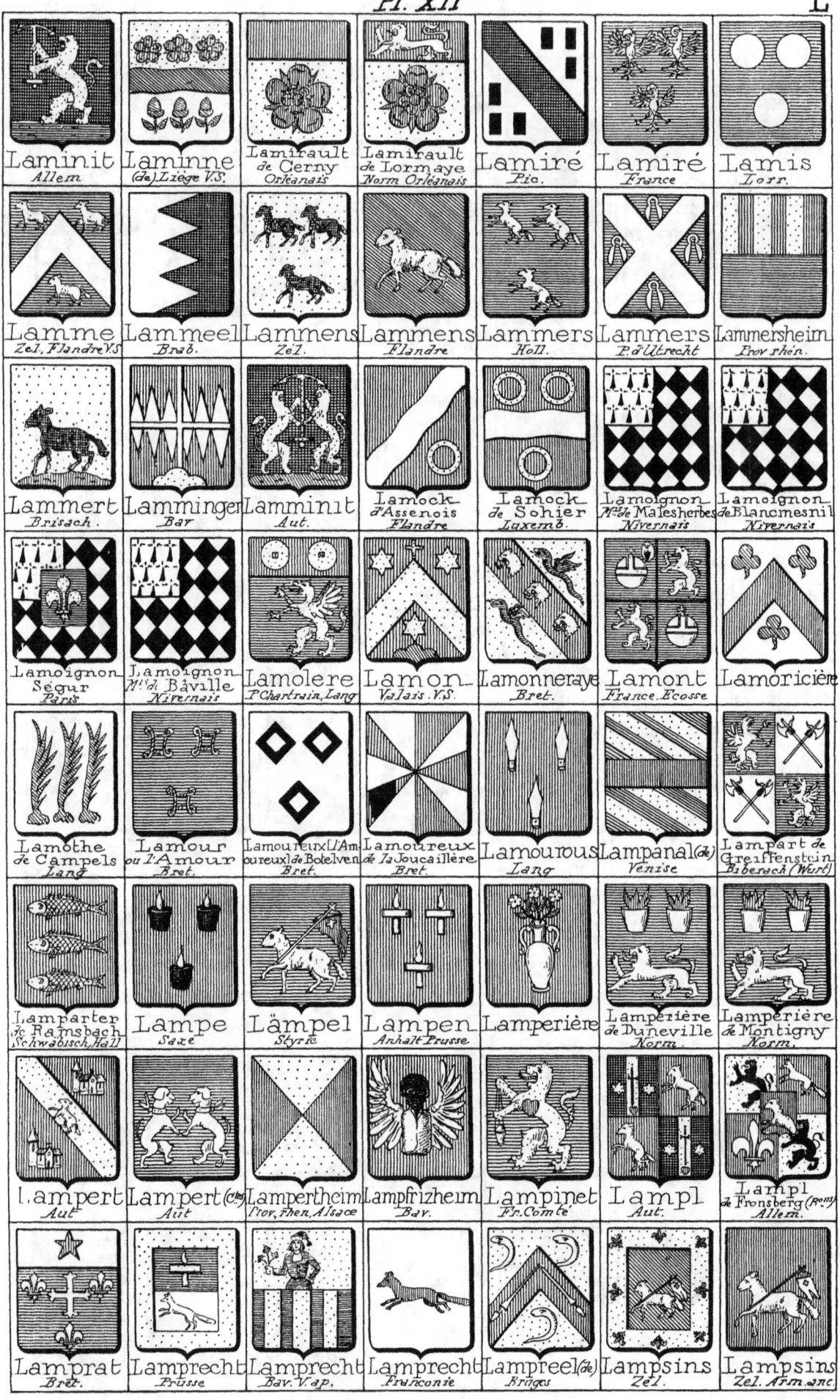

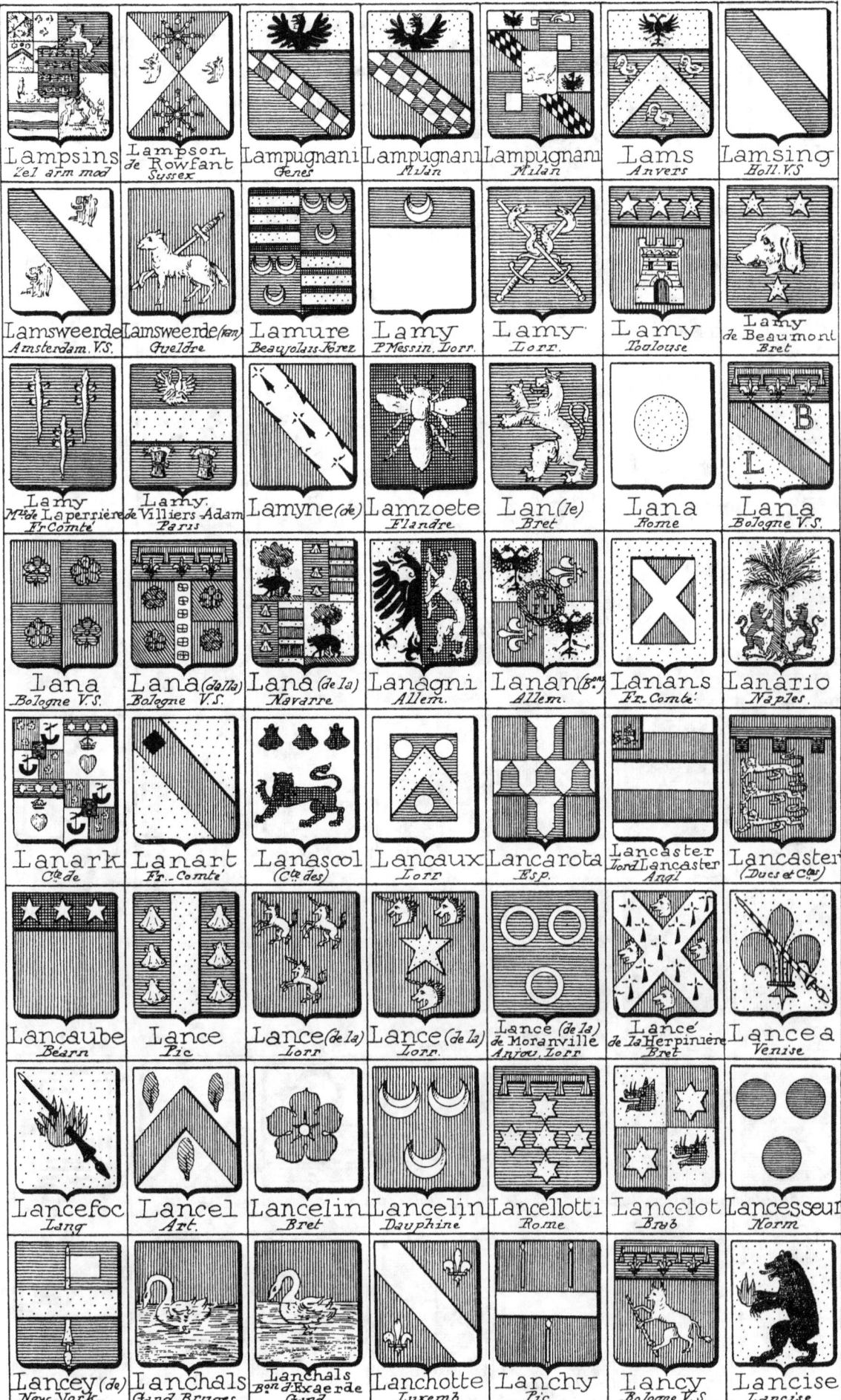

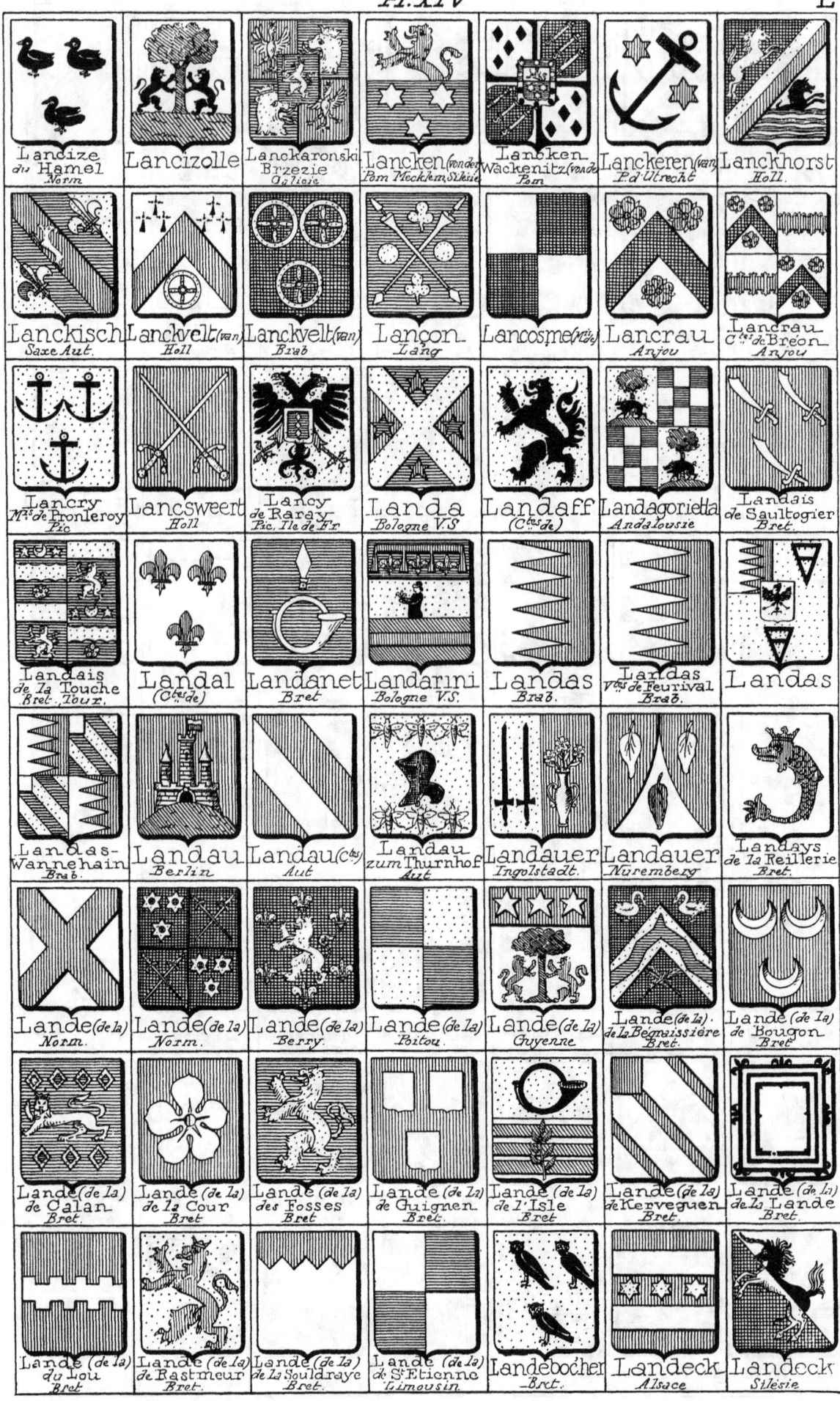

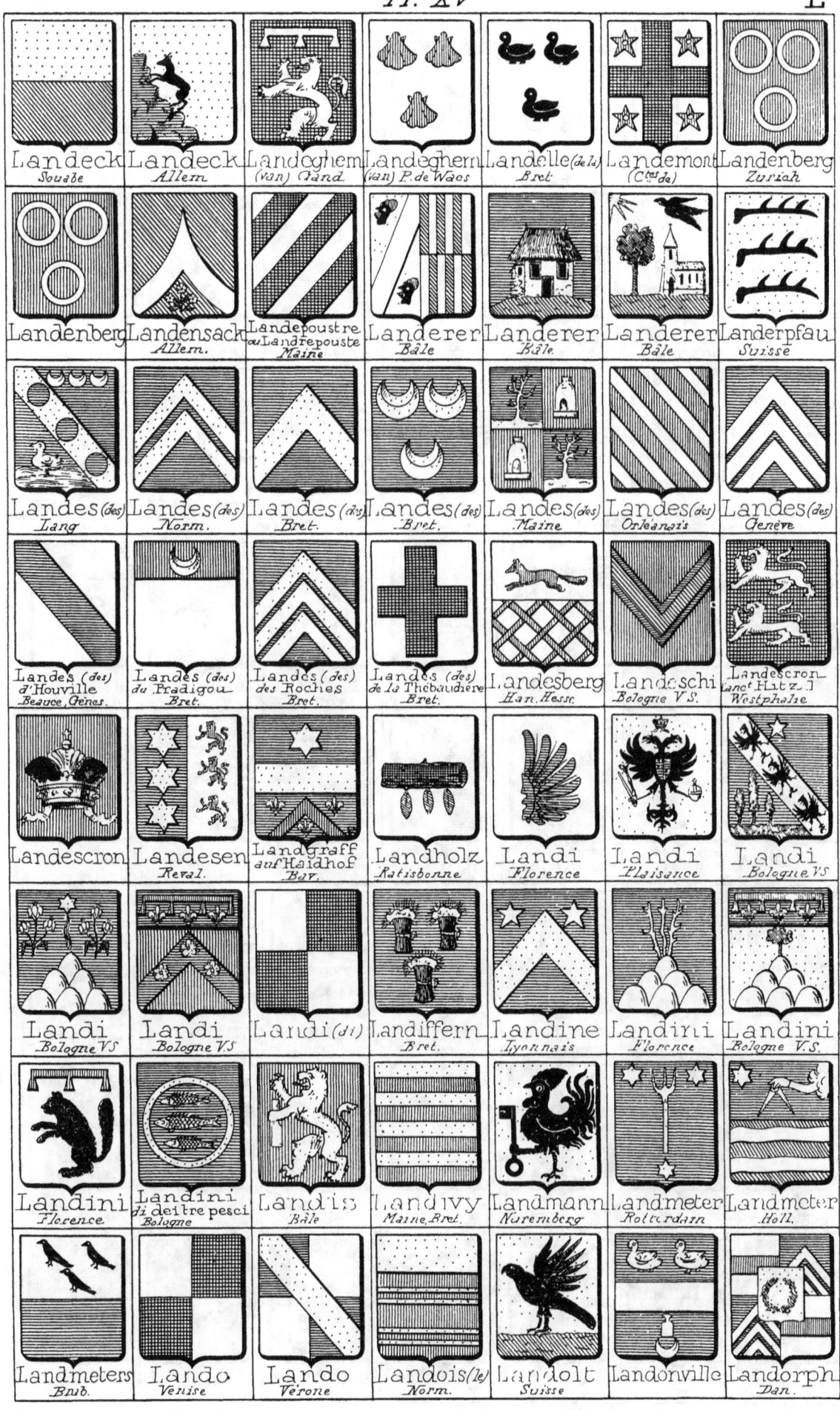

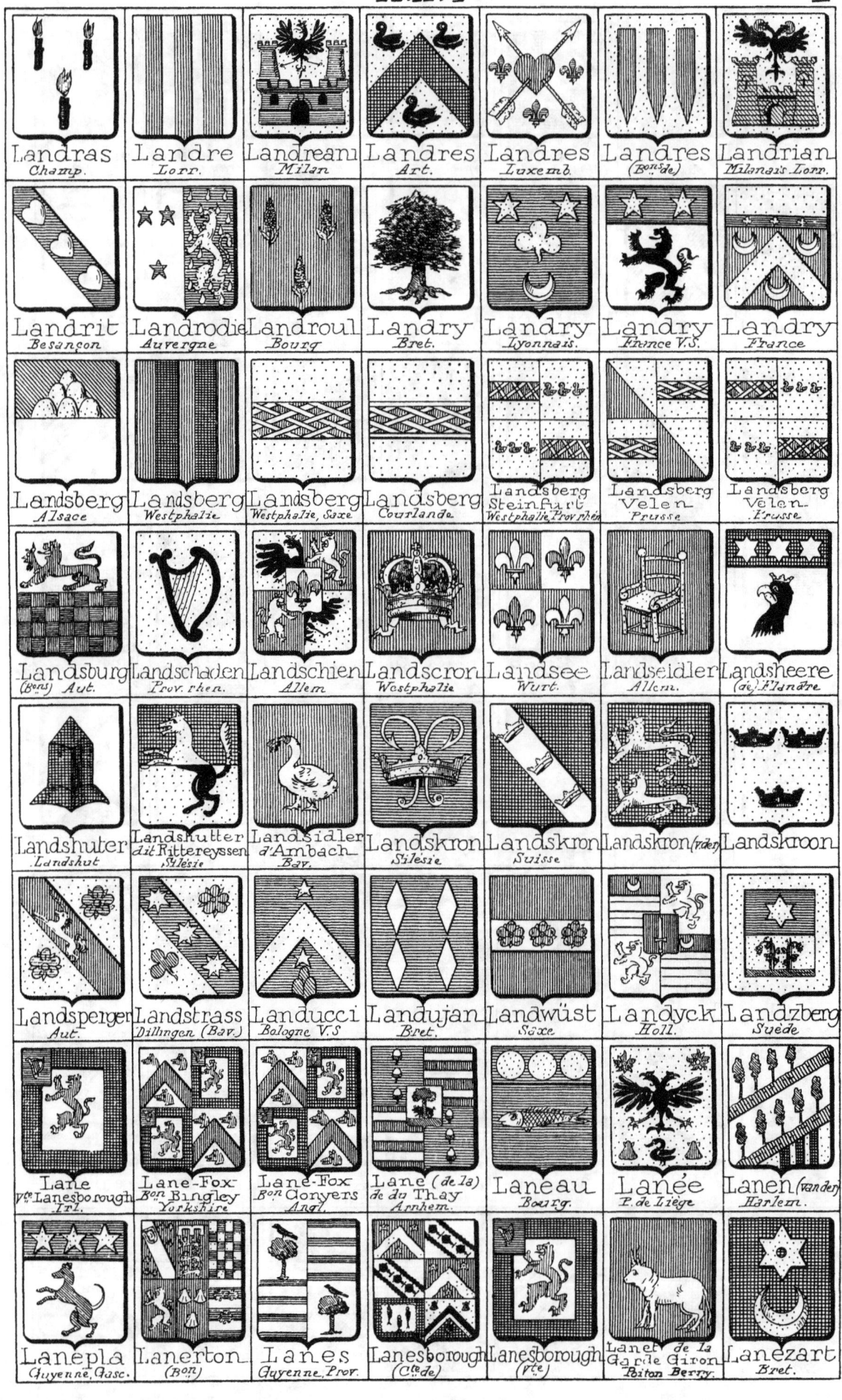

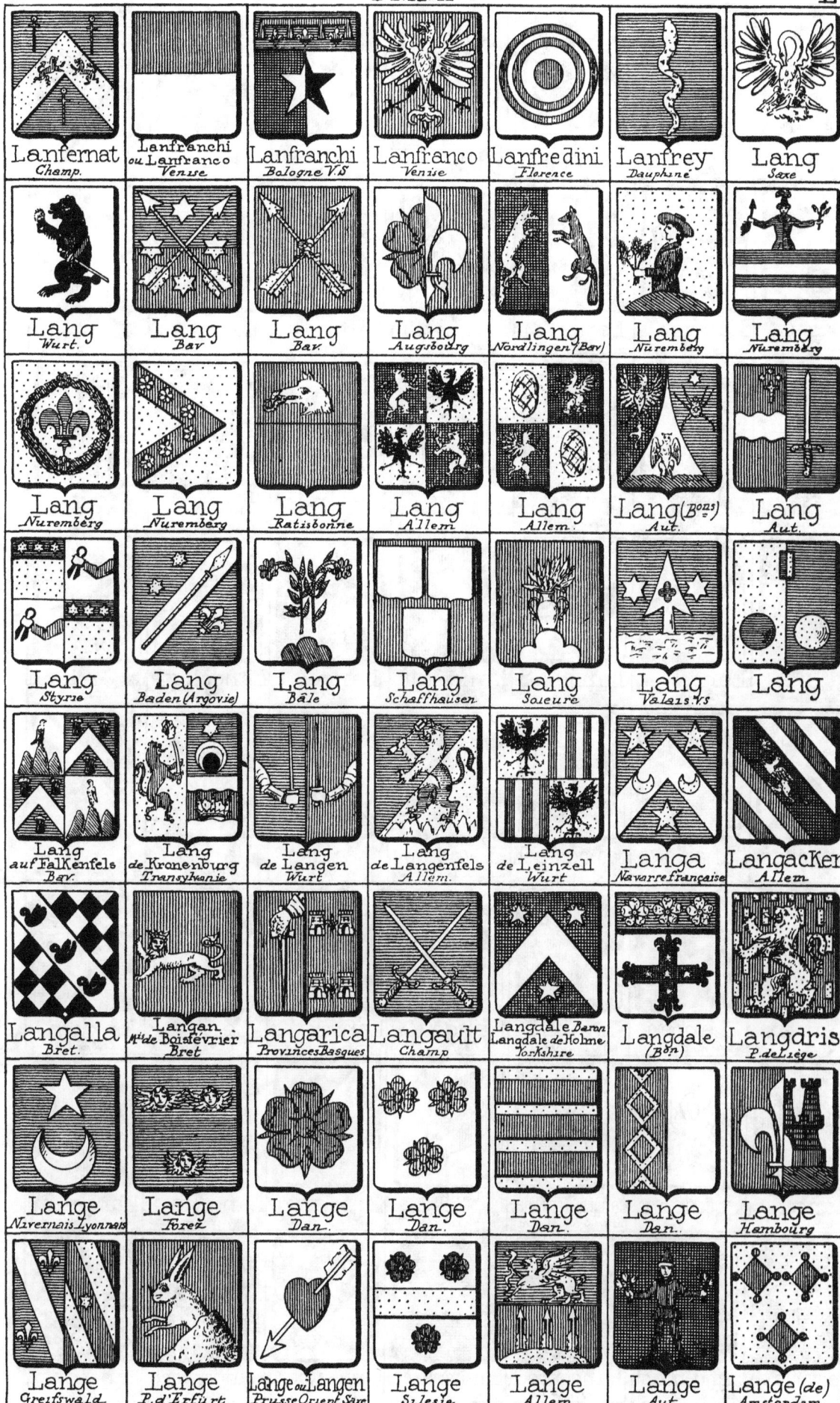

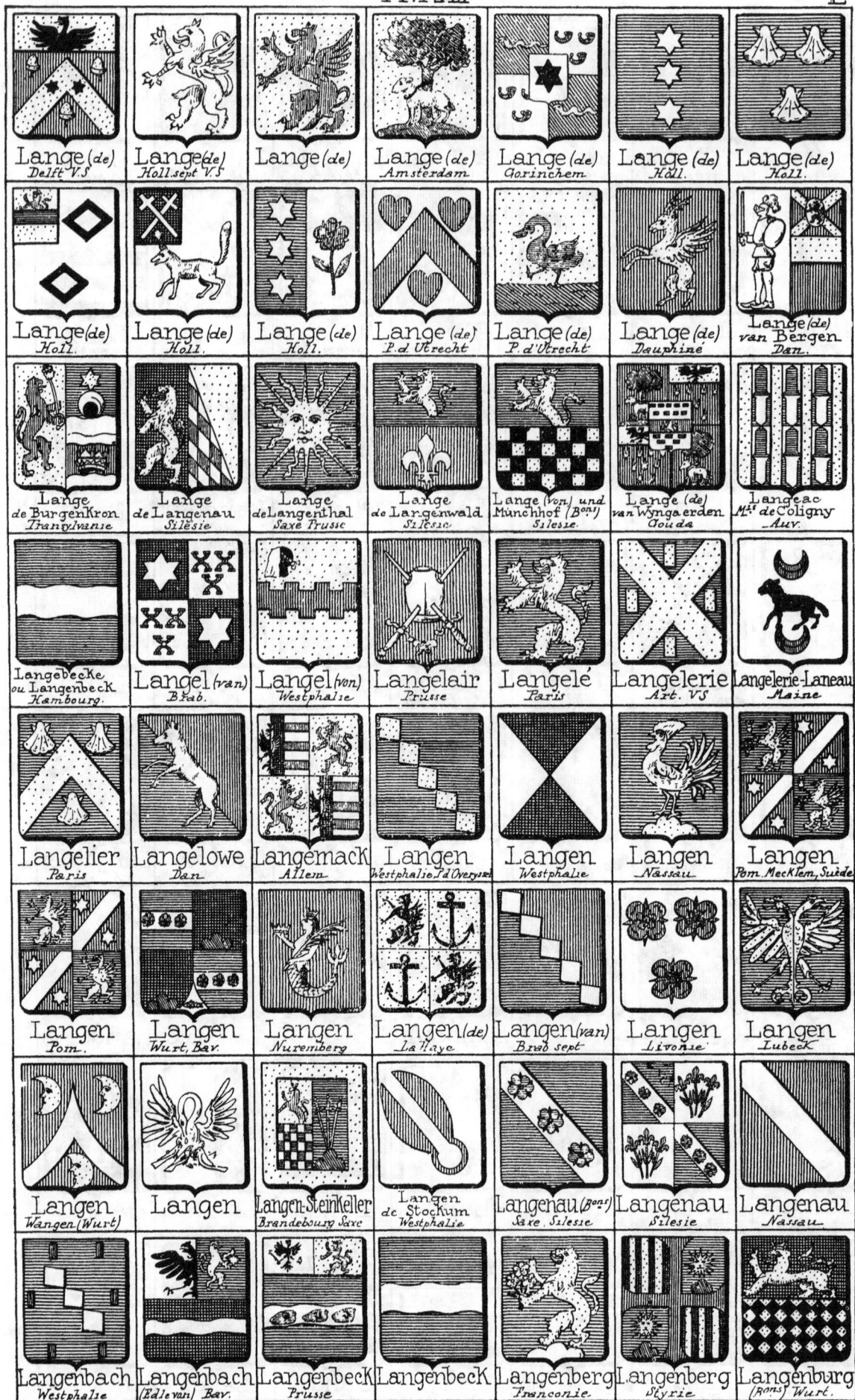

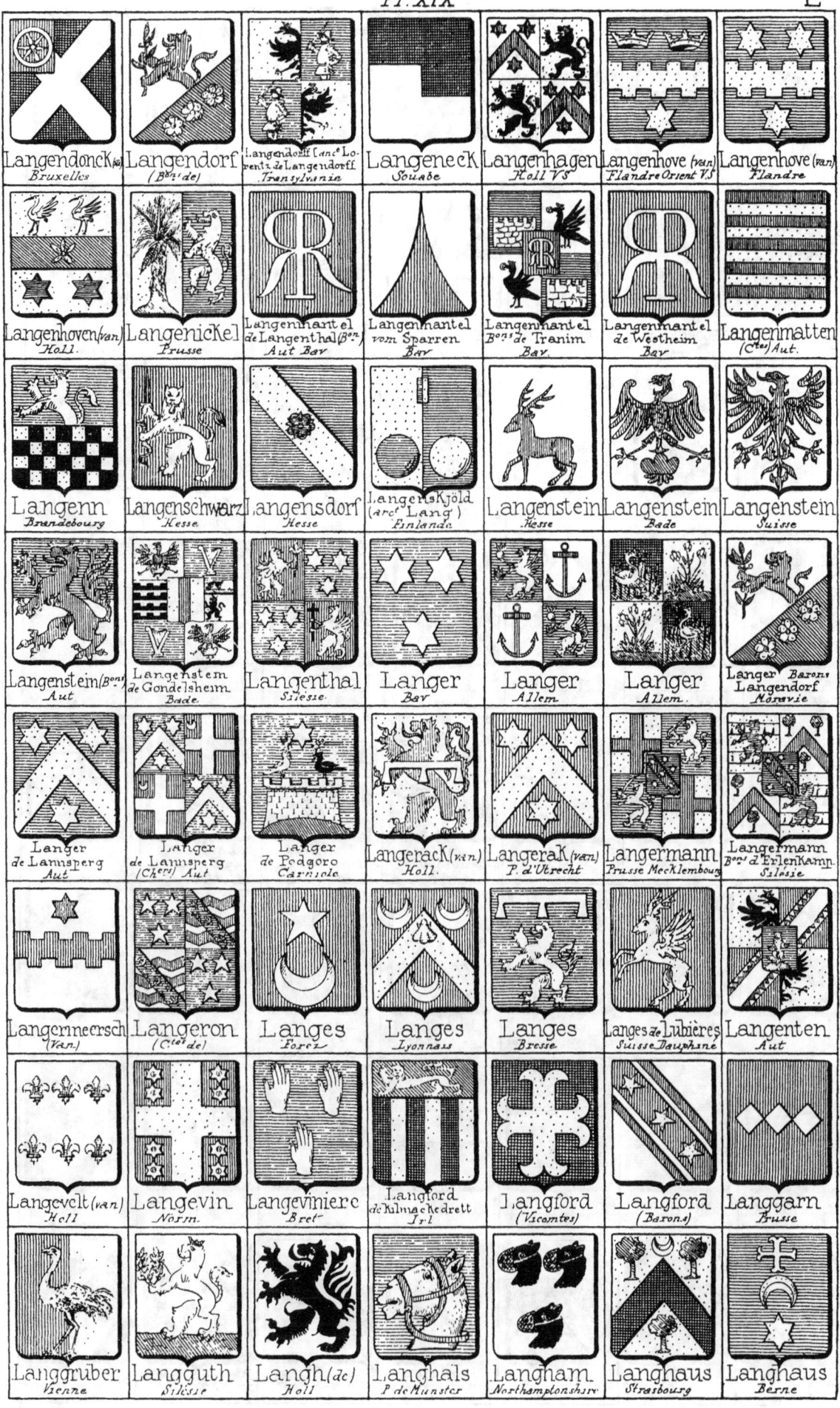

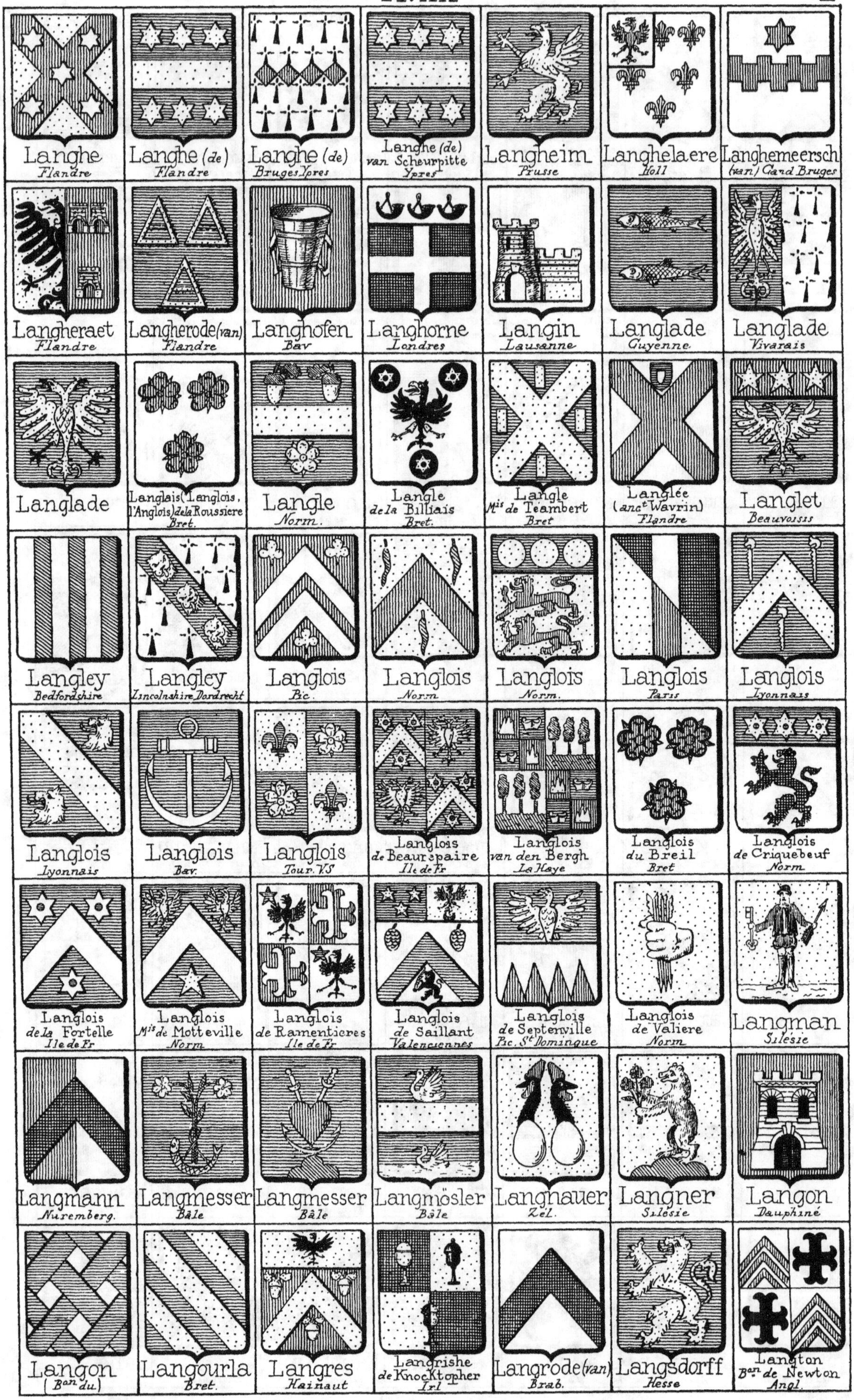
Langhe
Flandre
Langhe (de)
Flandre
Langhe (de)
Bruges Ypres
Langhe (de)
van Scheurpitte
Ypres
Langheim
Prusse
Langhelaere
Holl
Langhemeersch
(van) Gand Bruges
Langheraet
Flandre
Langherode (van)
Flandre
Langhofen
Bav
Langhorne
Londres
Langin
Lausanne
Langlade
Guyenne
Langlade
Vivarais
Langlade
Langlais (Langlois, l'Anglois) de la Roussiere
Bret.
Langle
Norm.
Langle
de la Billiais
Bret.
Langle
Mis de Teambert
Bret
Langlée
(anct Wavrin)
Flandre
Langlet
Beauvoisis
Langley
Bedfordshire
Langley
Lincolnshire Dordrecht
Langlois
Pic.
Langlois
Norm
Langlois
Norm.
Langlois
Paris
Langlois
Lyonnais
Langlois
Lyonnais
Langlois
Bav.
Langlois
Tour. VS
Langlois
de Beaurepaire
Ile de Fr
Langlois
van den Bergh
La Haye
Langlois
du Breil
Bret
Langlois
de Criquebeuf
Norm.
Langlois
de la Fortelle
Ile de Fr
Langlois
Mis de Motteville
Norm
Langlois
de Ramentieres
Ile de Fr
Langlois
de Saillant
Valenciennes
Langlois
de Septenville
Pic. St Domingue
Langlois
de Valiere
Norm
Langman
Silesie
Langmann
Nuremberg.
Langmesser
Bâle
Langmesser
Bâle
Langmösler
Bâle
Langnauer
Zel.
Langner
Silésie
Langon
Dauphiné
Langon
(Ban du)
Langourla
Bret.
Langres
Hainaut
Langrishe
de Knocktopher
Irl
Langrode (van)
Brab.
Langsdorff
Hesse
Langton
Ban de Newton
Angl.

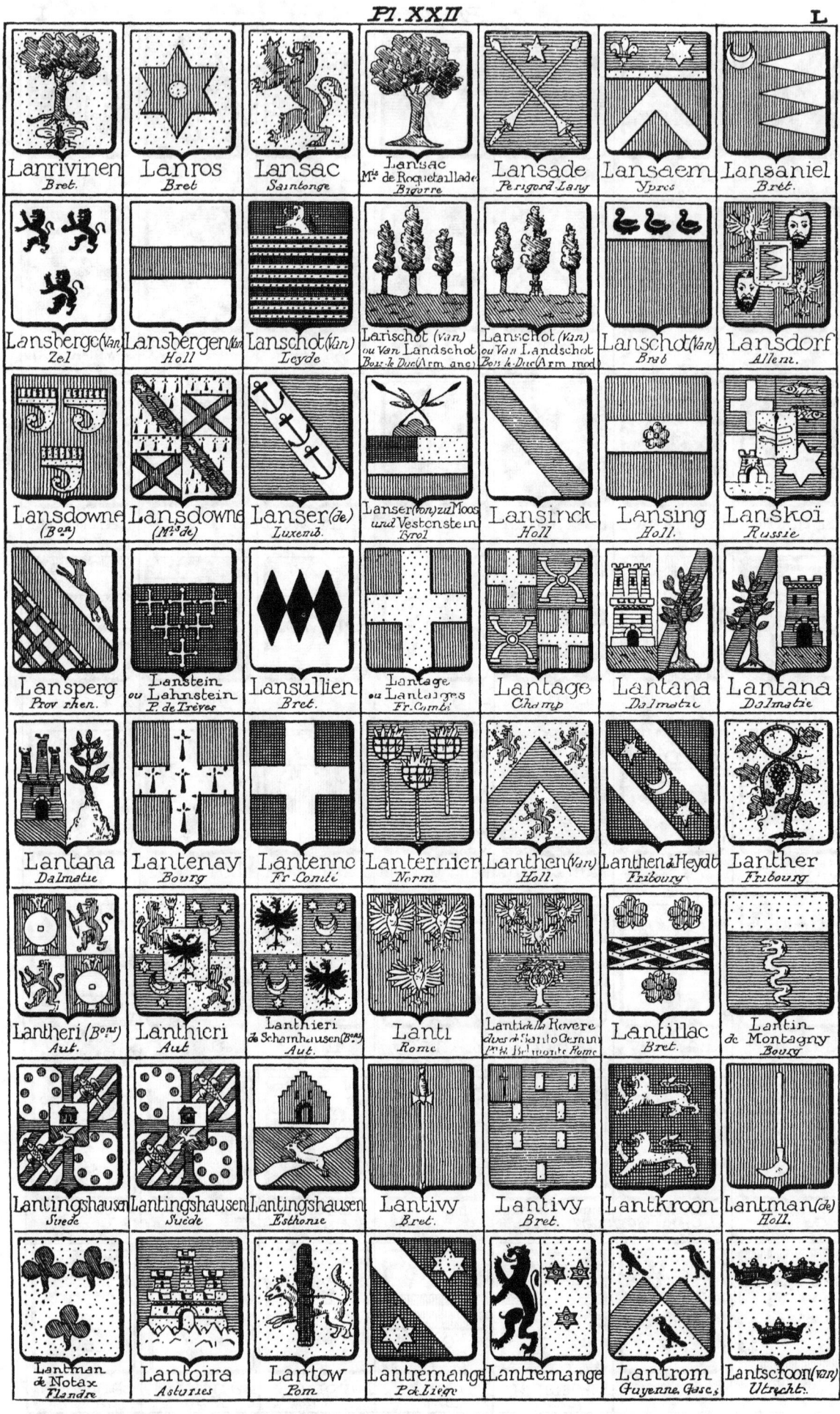

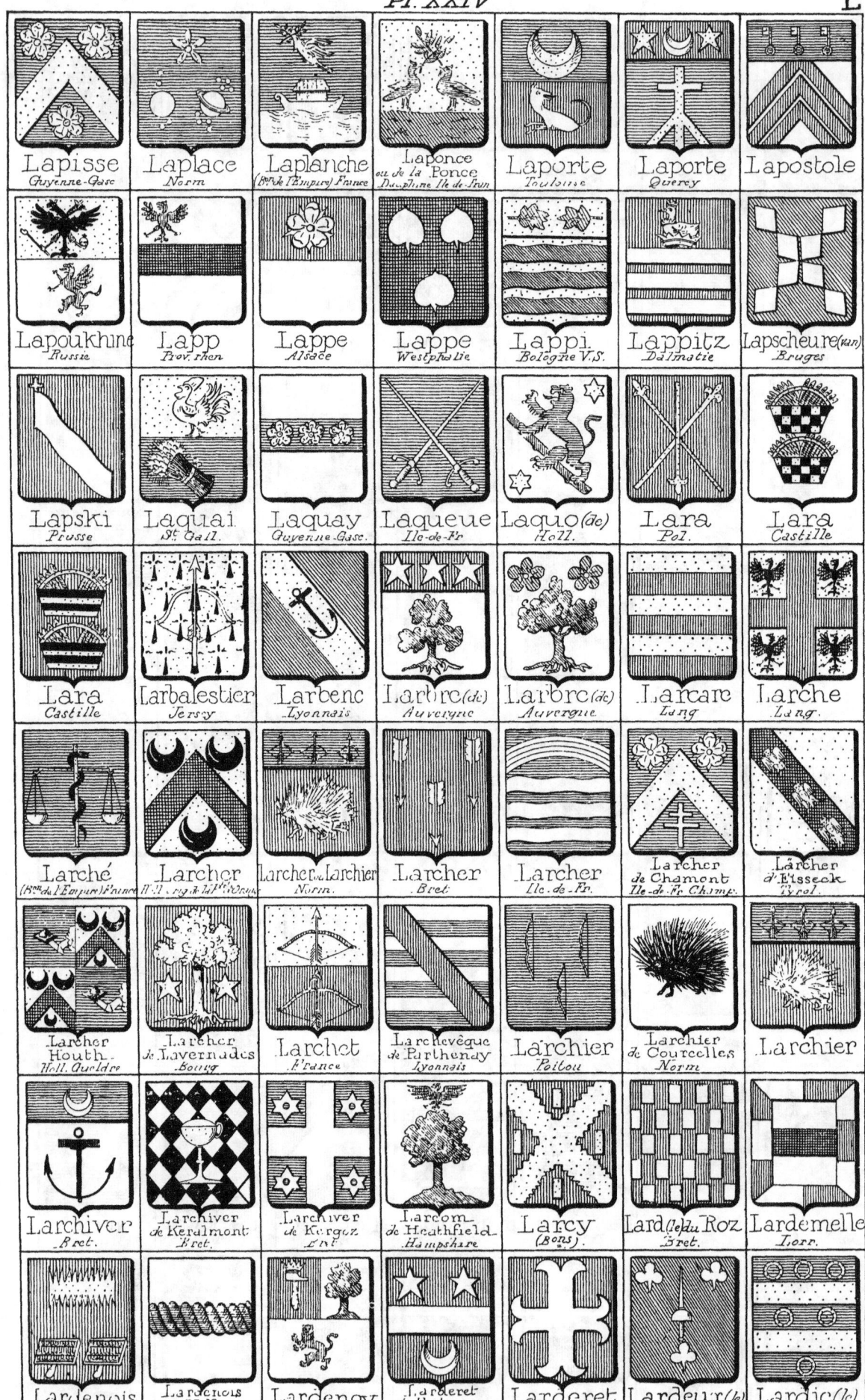

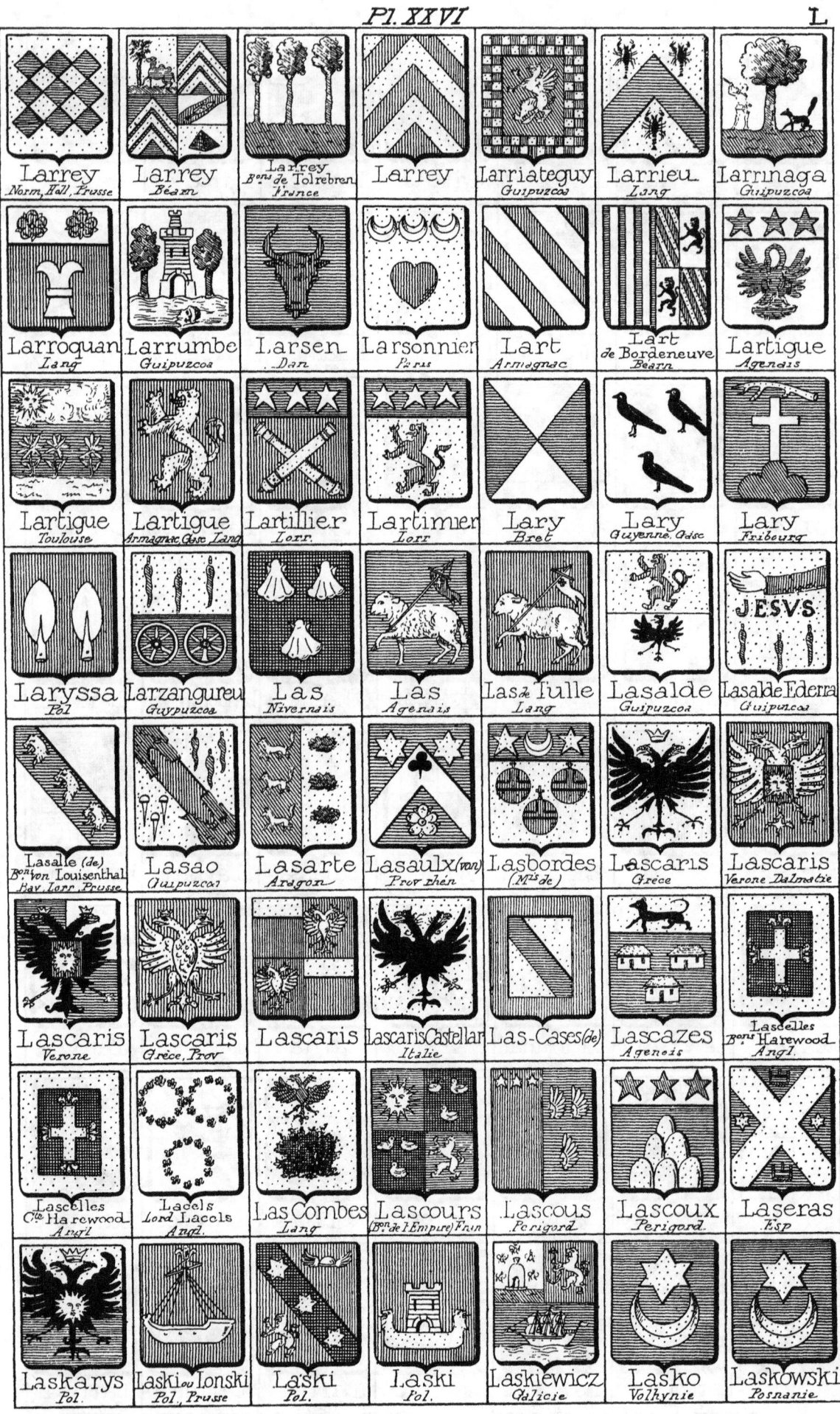

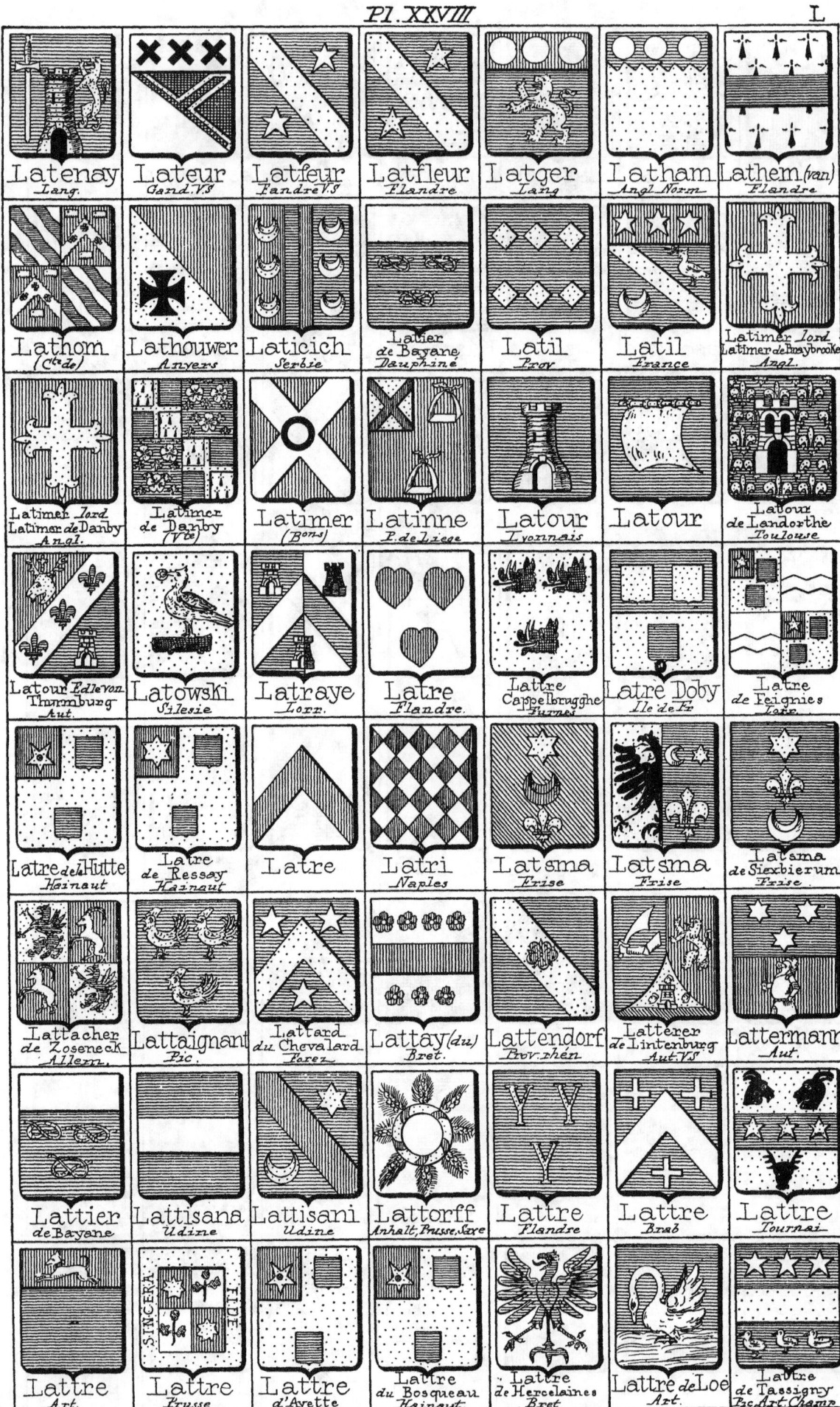

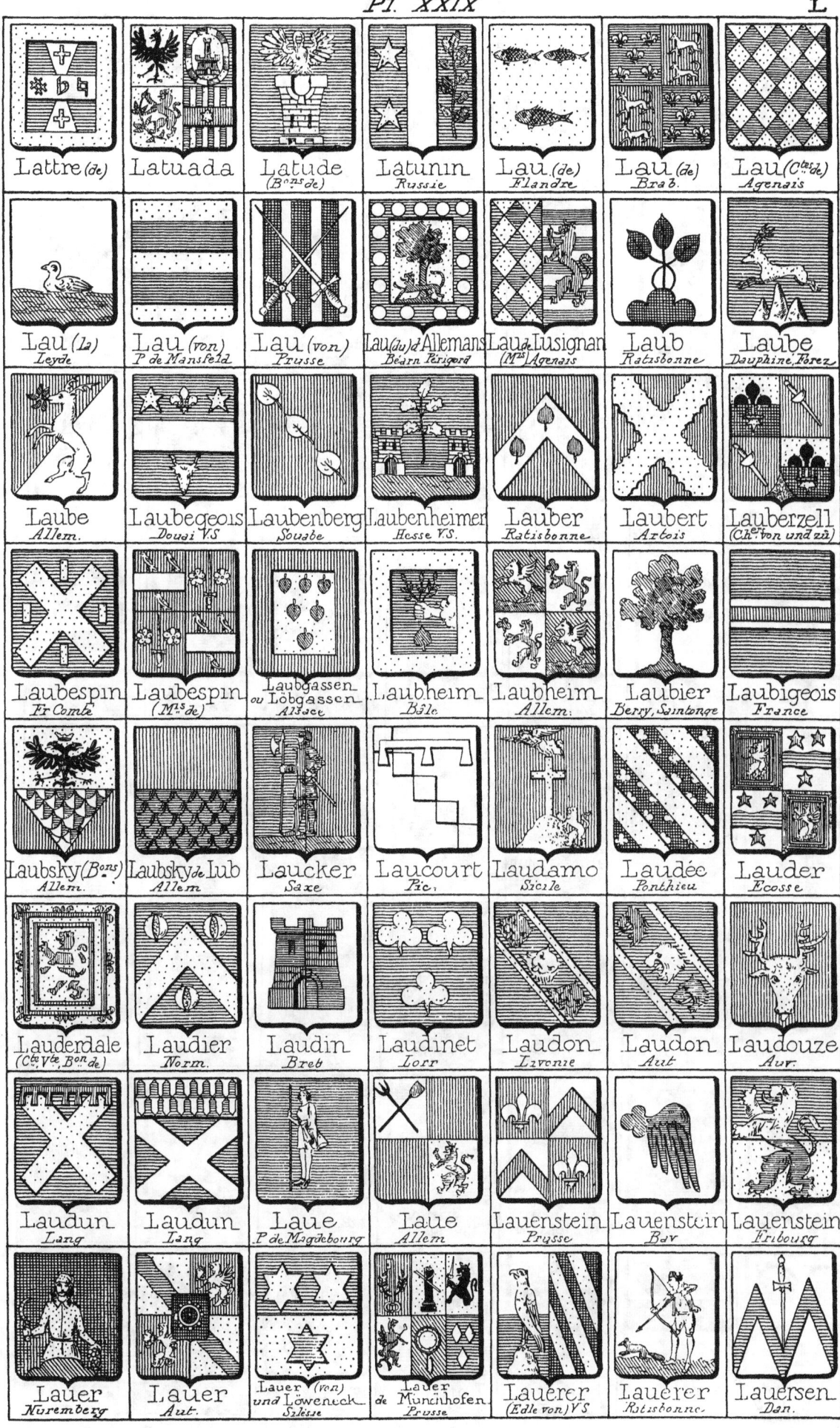

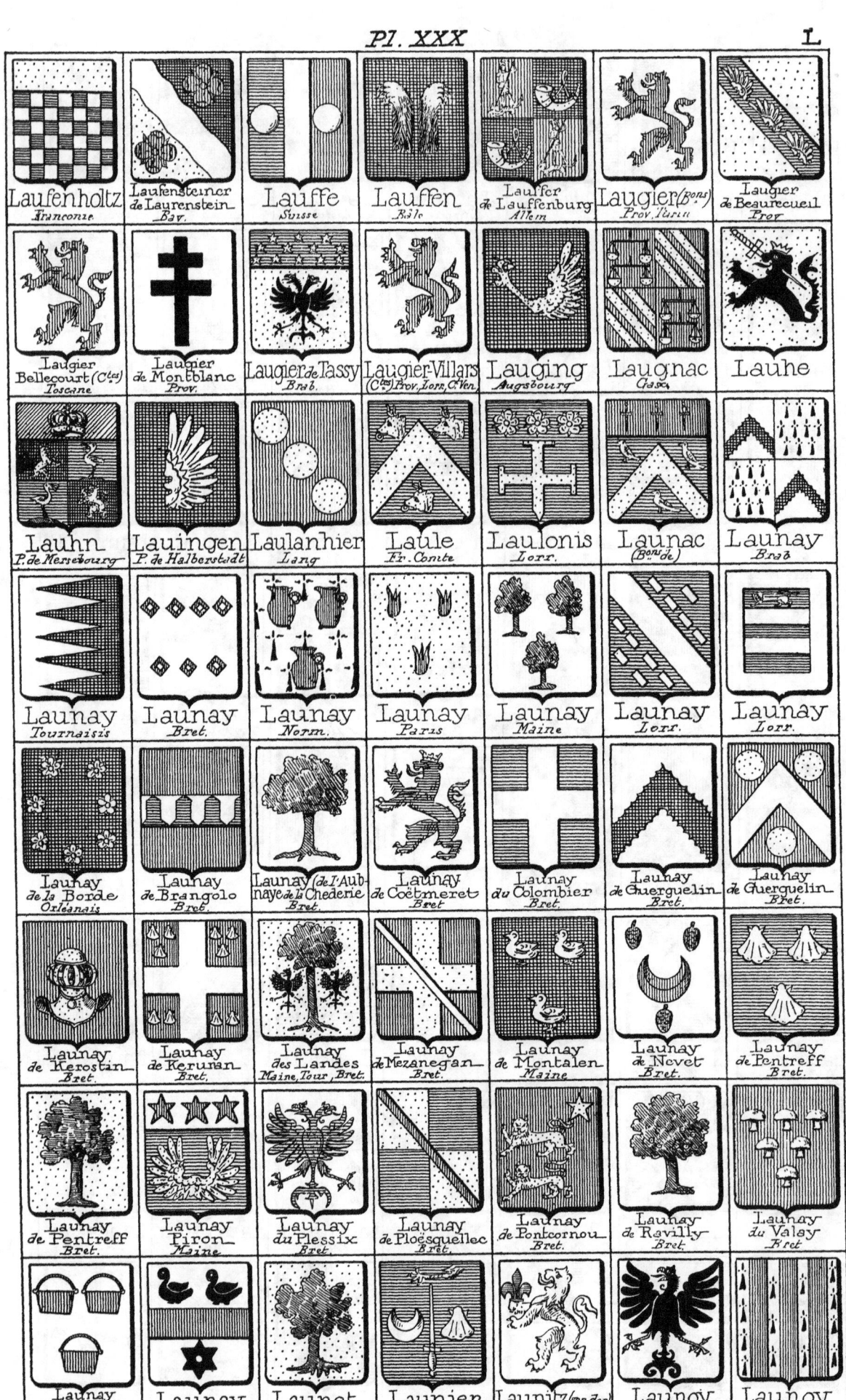

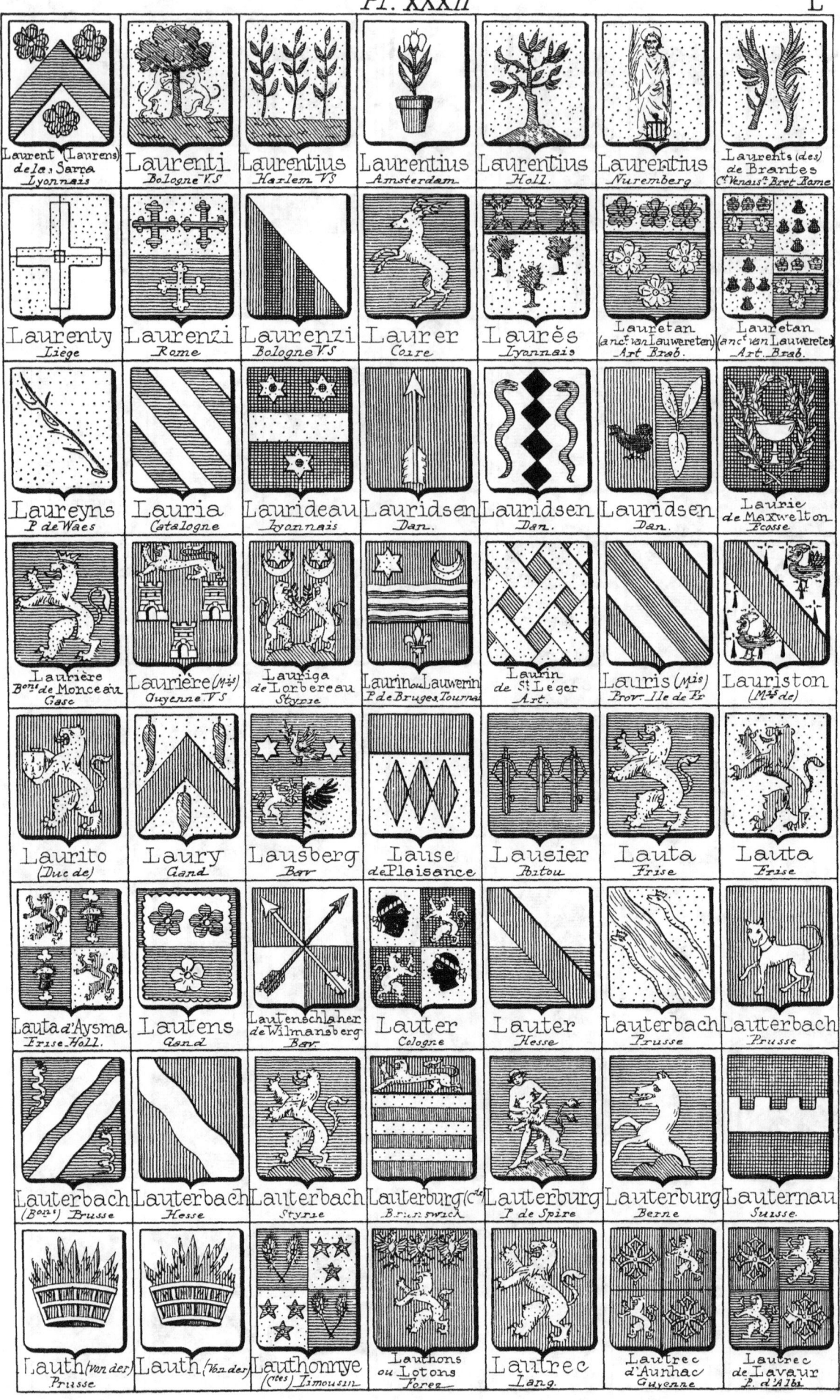

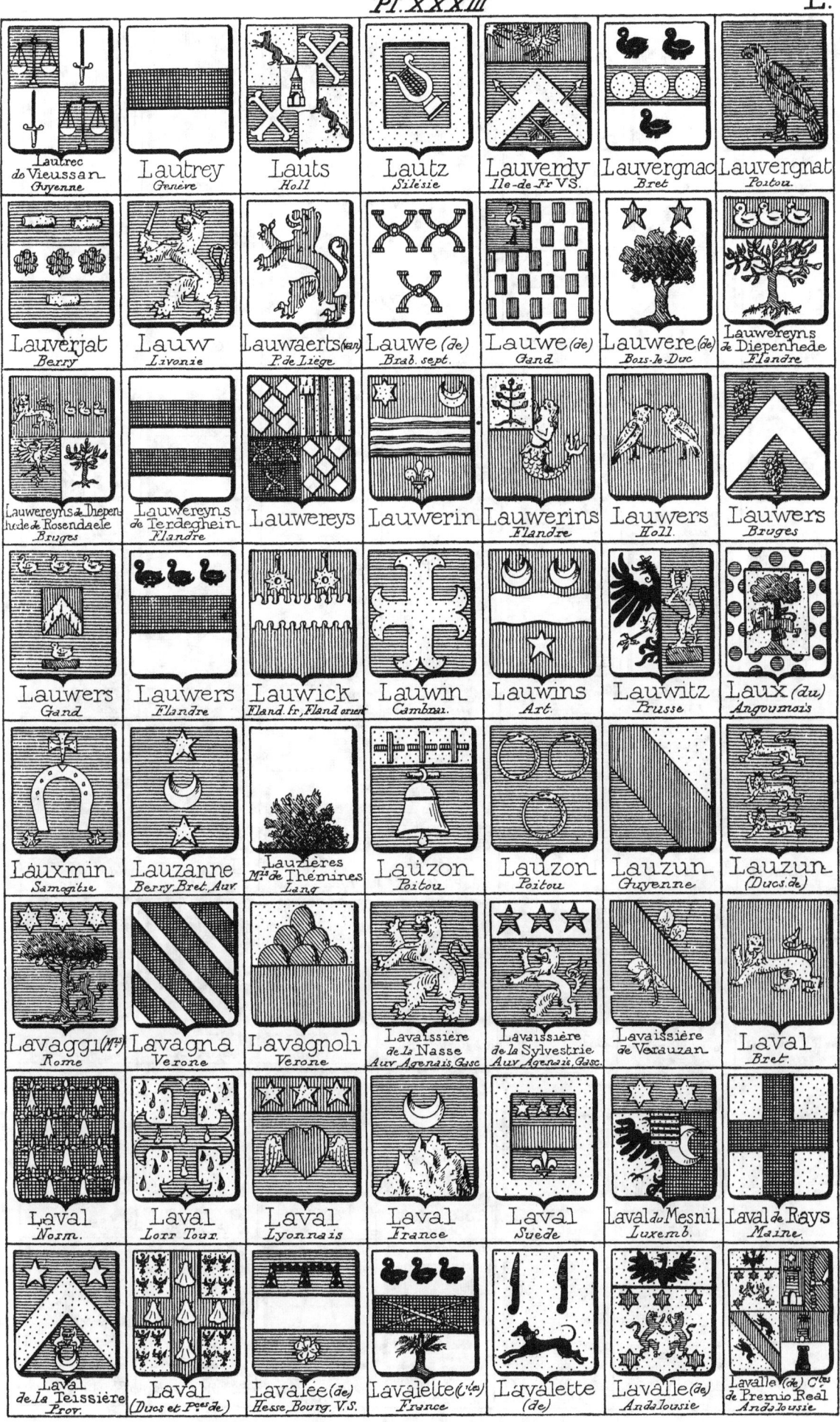

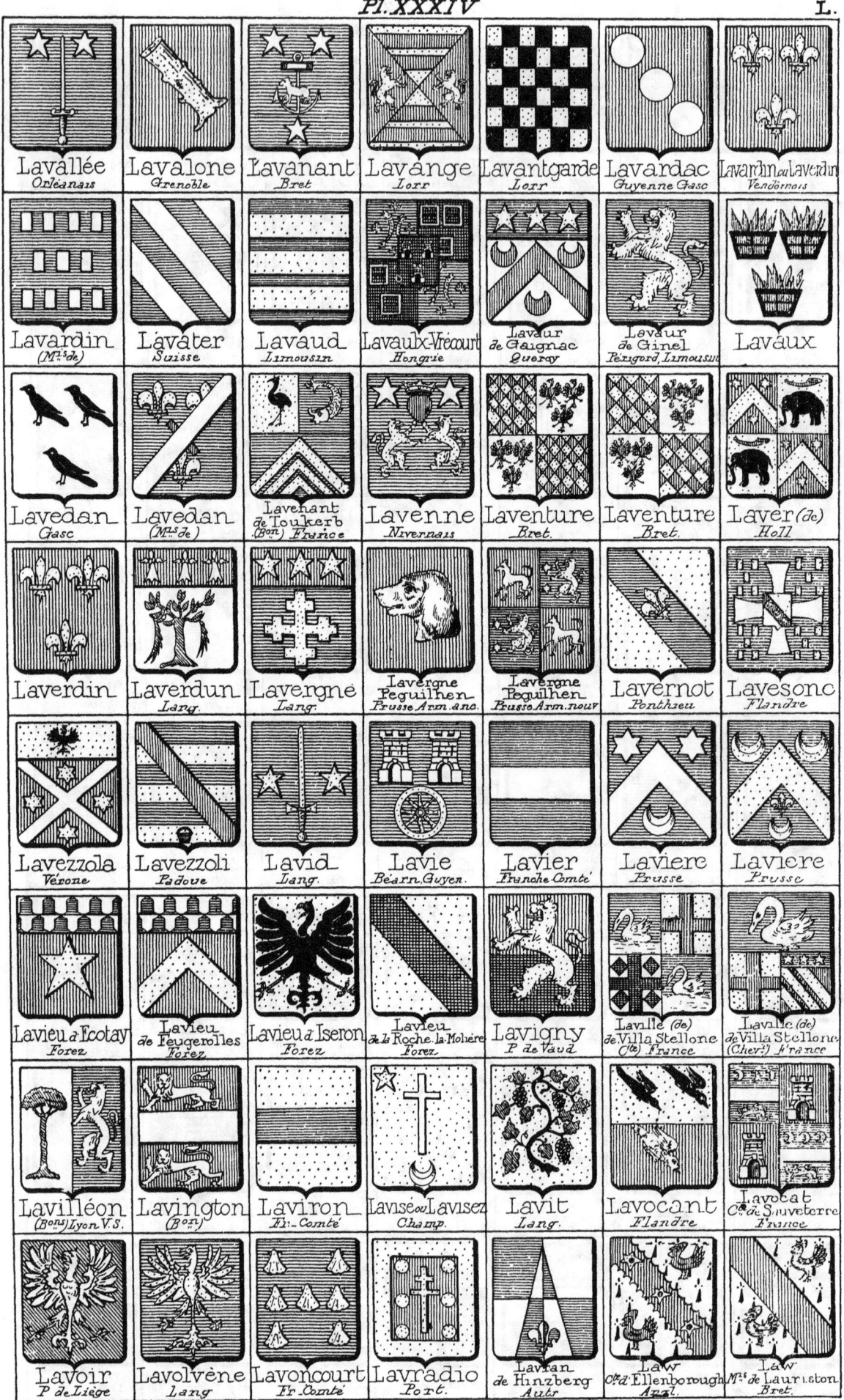

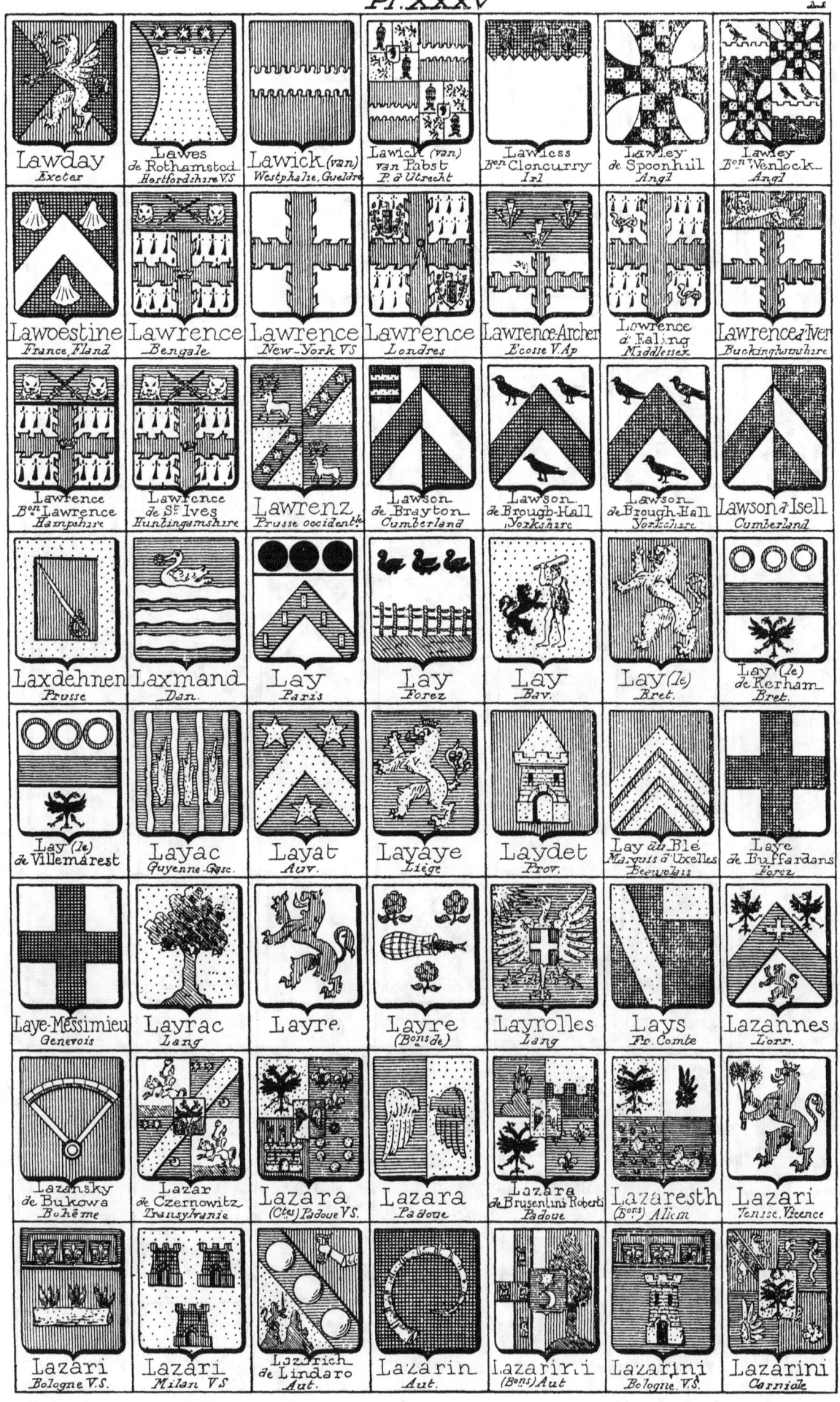

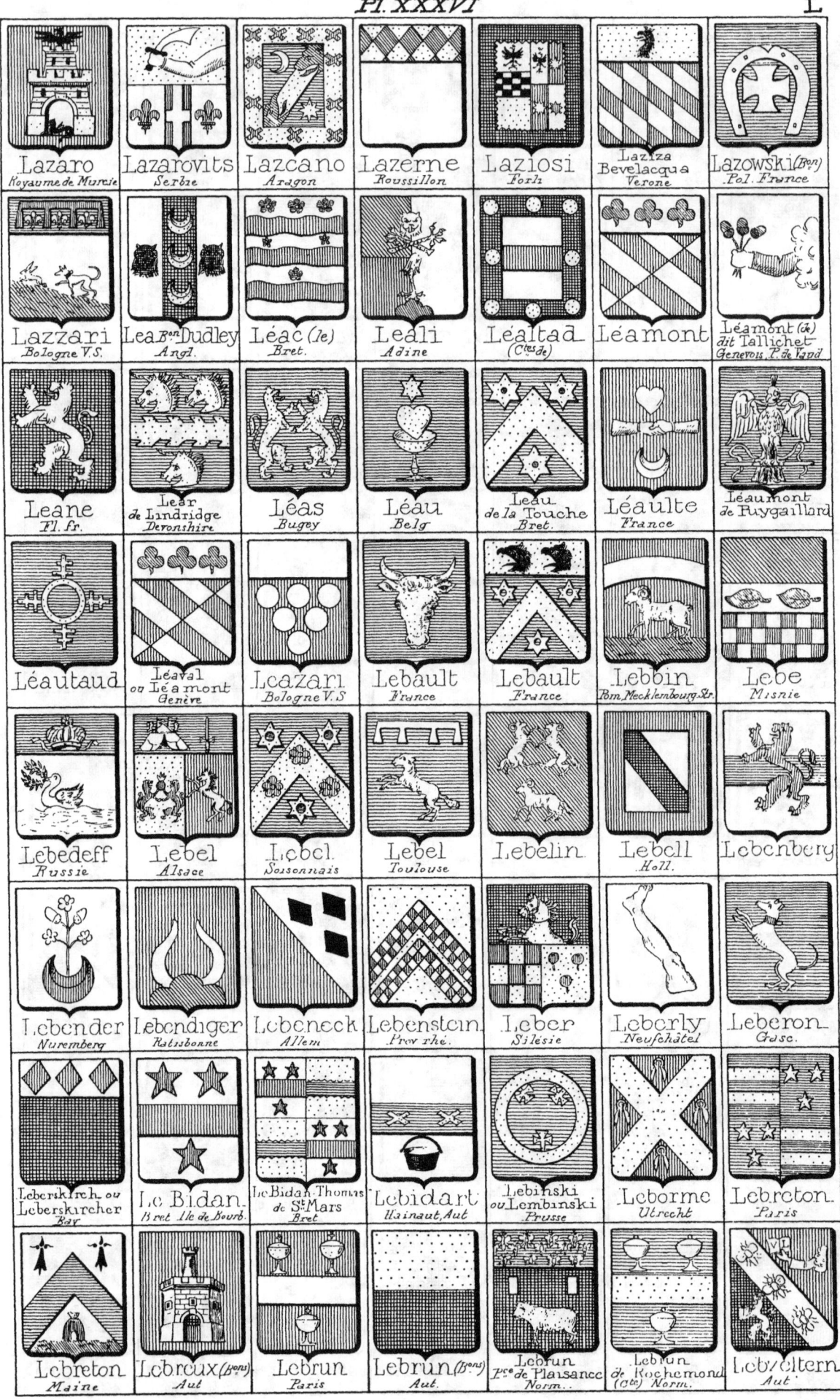

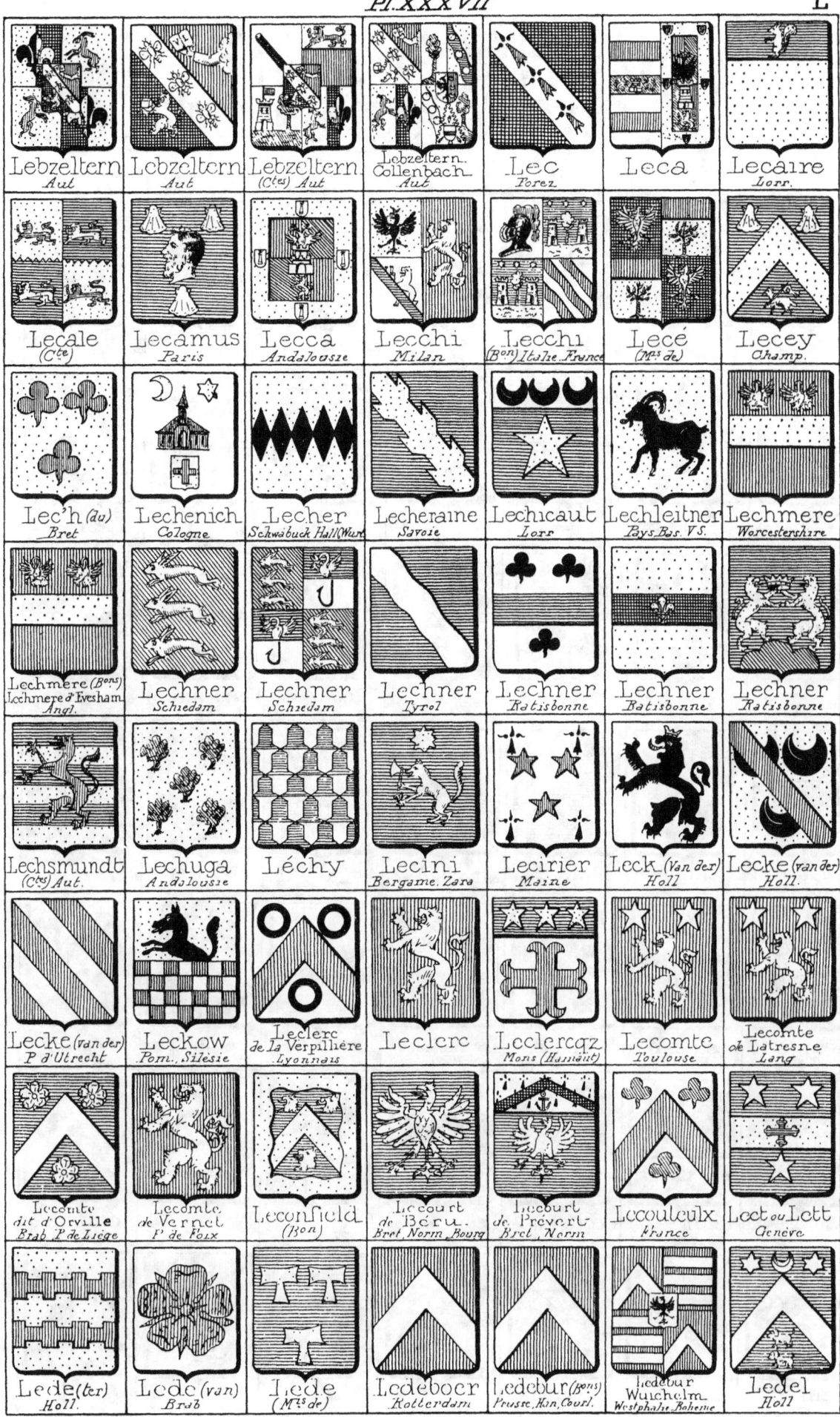

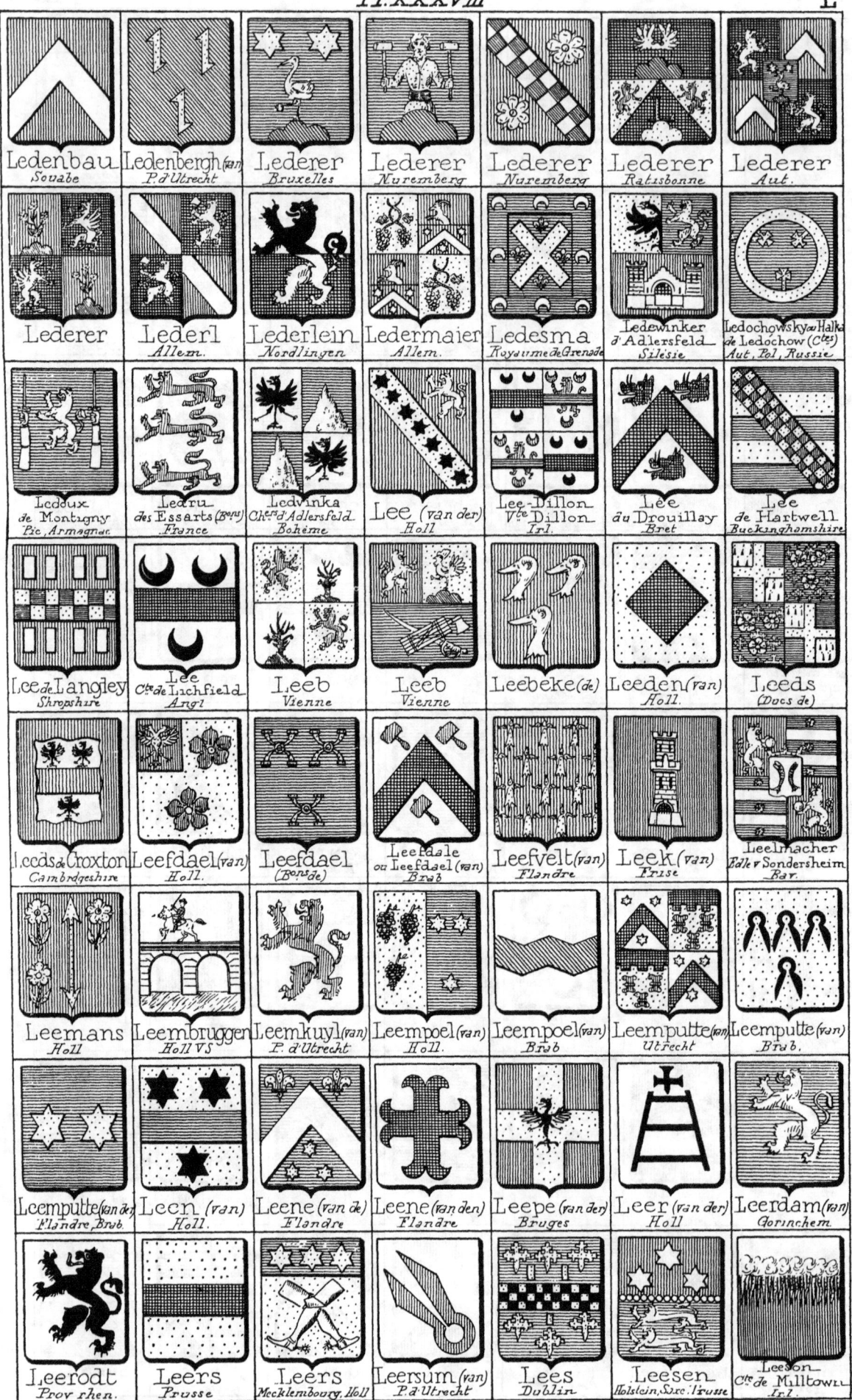

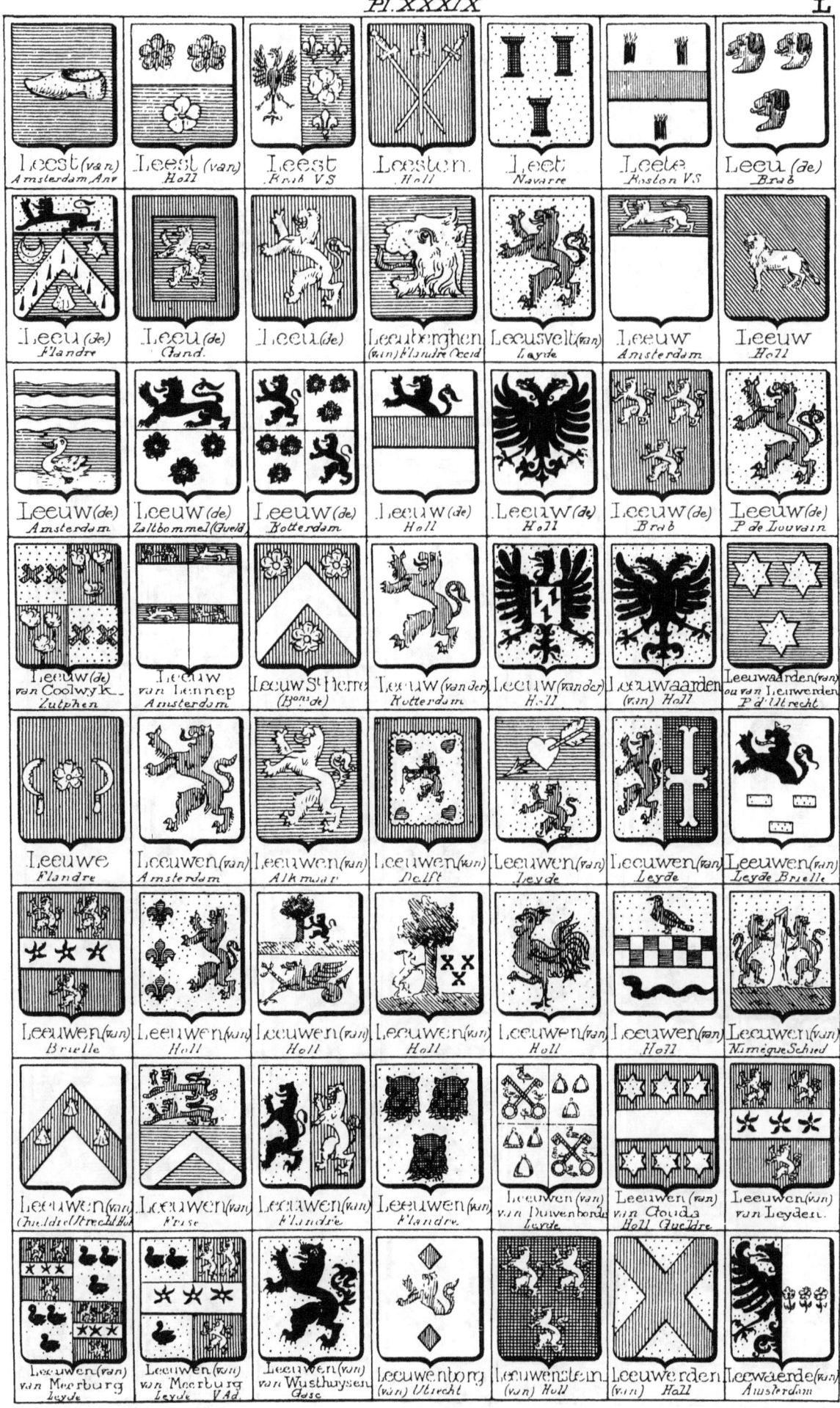

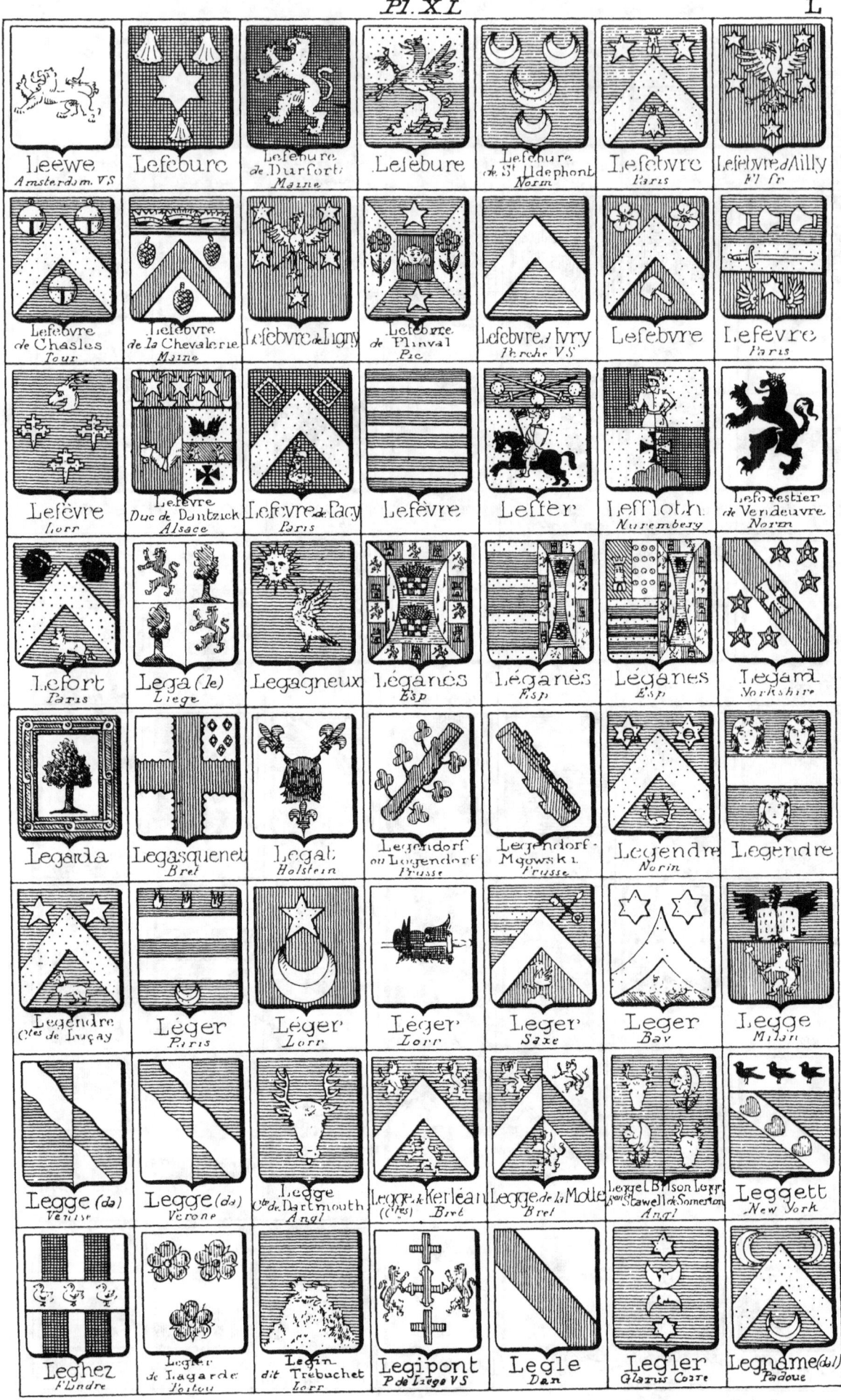

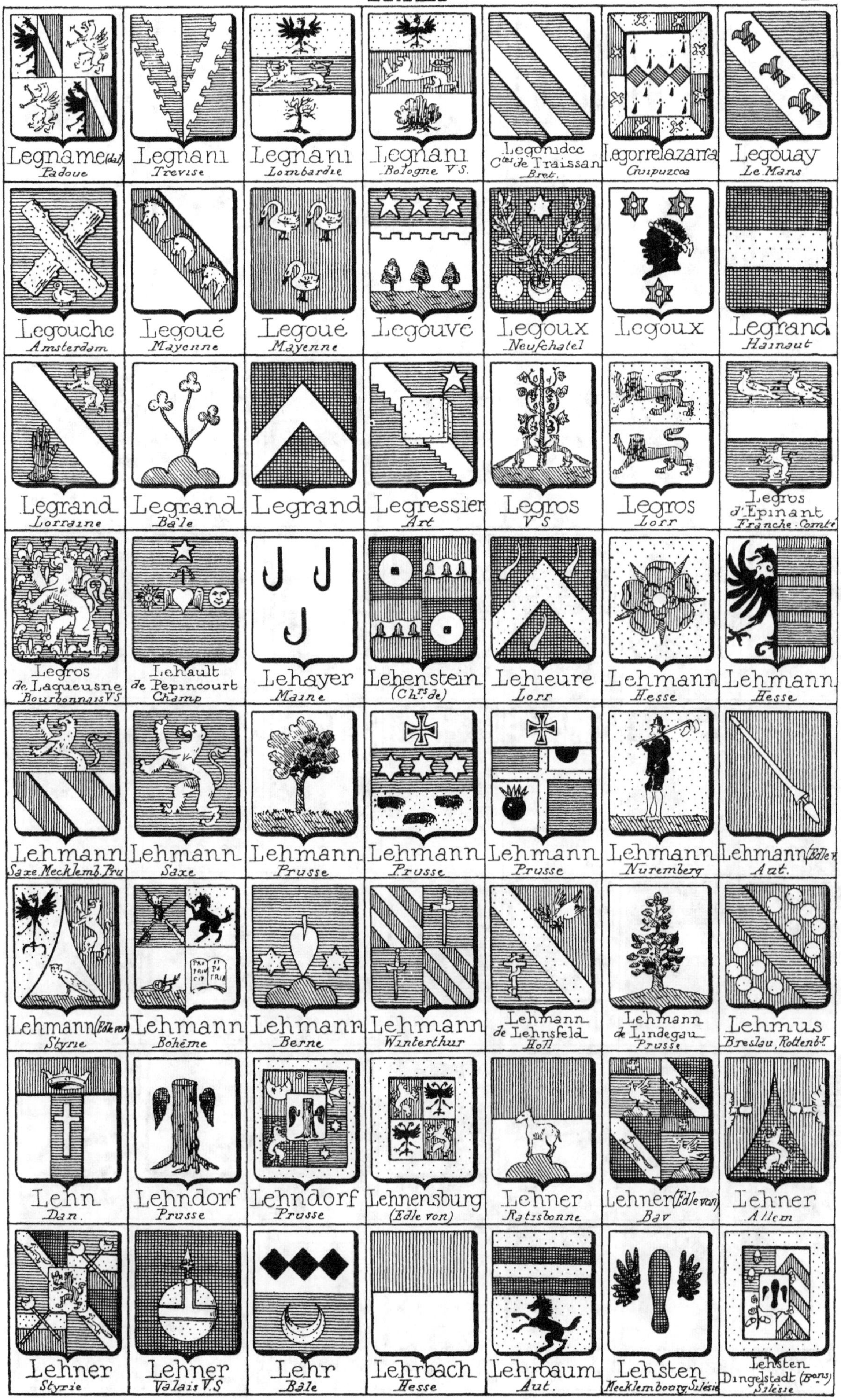
Legname (dal) Padoue
Legnani Trevise
Legnani Lombardie
Legnani Bologne V.S.
Legonidec Ctes de Traissan Bret.
Legorrelazarra Guipuzcoa
Legouay Le Mans
Legouche Amsterdam
Legoué Mayenne
Legoué Mayenne
Legouvé
Legoux Neufchatel
Legoux
Legrand Hainaut
Legrand Lorraine
Legrand Bâle
Legrand
Legressier Art
Legros V S
Legros Lorr
Legros d'Epinant Franche-Comté
Legros de Laqueusne Bourbonnais V S
Lehault de Pepincourt Champ
Lehayer Maine
Lehenstein (Chrs de)
Lehieure Lorr
Lehmann Hesse
Lehmann Hesse
Lehmann Saxe Mecklemb. Pru
Lehmann Saxe
Lehmann Prusse
Lehmann Prusse
Lehmann Prusse
Lehmann Nuremberg
Lehmann (Edle v.) Aut.
Lehmann (Edle von) Styrie
Lehmann Bohême
Lehmann Berne
Lehmann Winterthur
Lehmann de Lehnsfeld Holl
Lehmann de Lindegau Prusse
Lehmus Breslau, Rottenbr.
Lehn Dan.
Lehndorf Prusse
Lehndorf Prusse
Lehnensburg (Edle von)
Lehner Ratisbonne
Lehner (Edle von) Bav
Lehner Allem
Lehner Styrie
Lehner Valais V.S
Lehr Bâle
Lehrbach Hesse
Lehrbaum Aut.
Lehsten Mecklembourg, Silésie
Lehsten Dingelstadt (Bons) Silésie

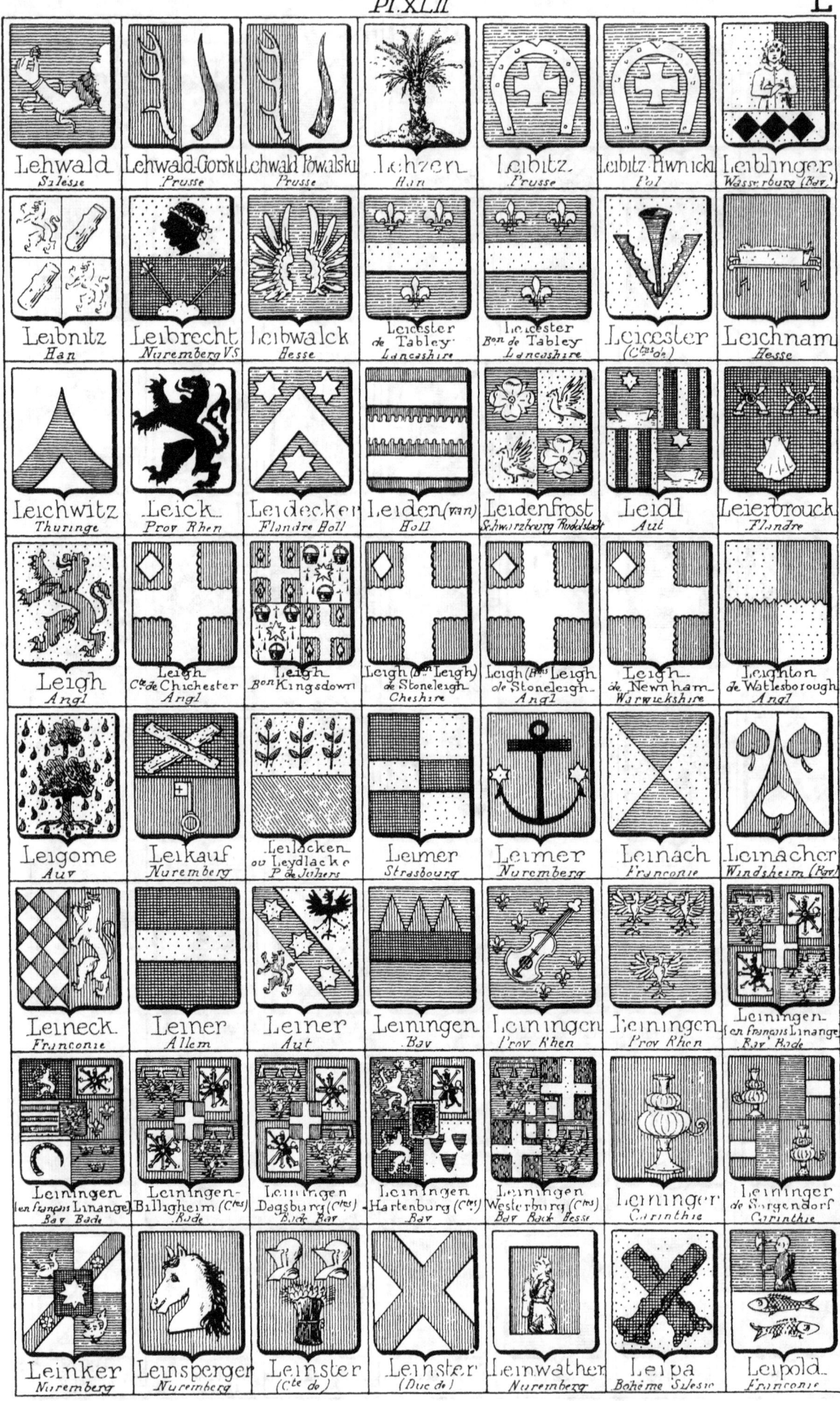

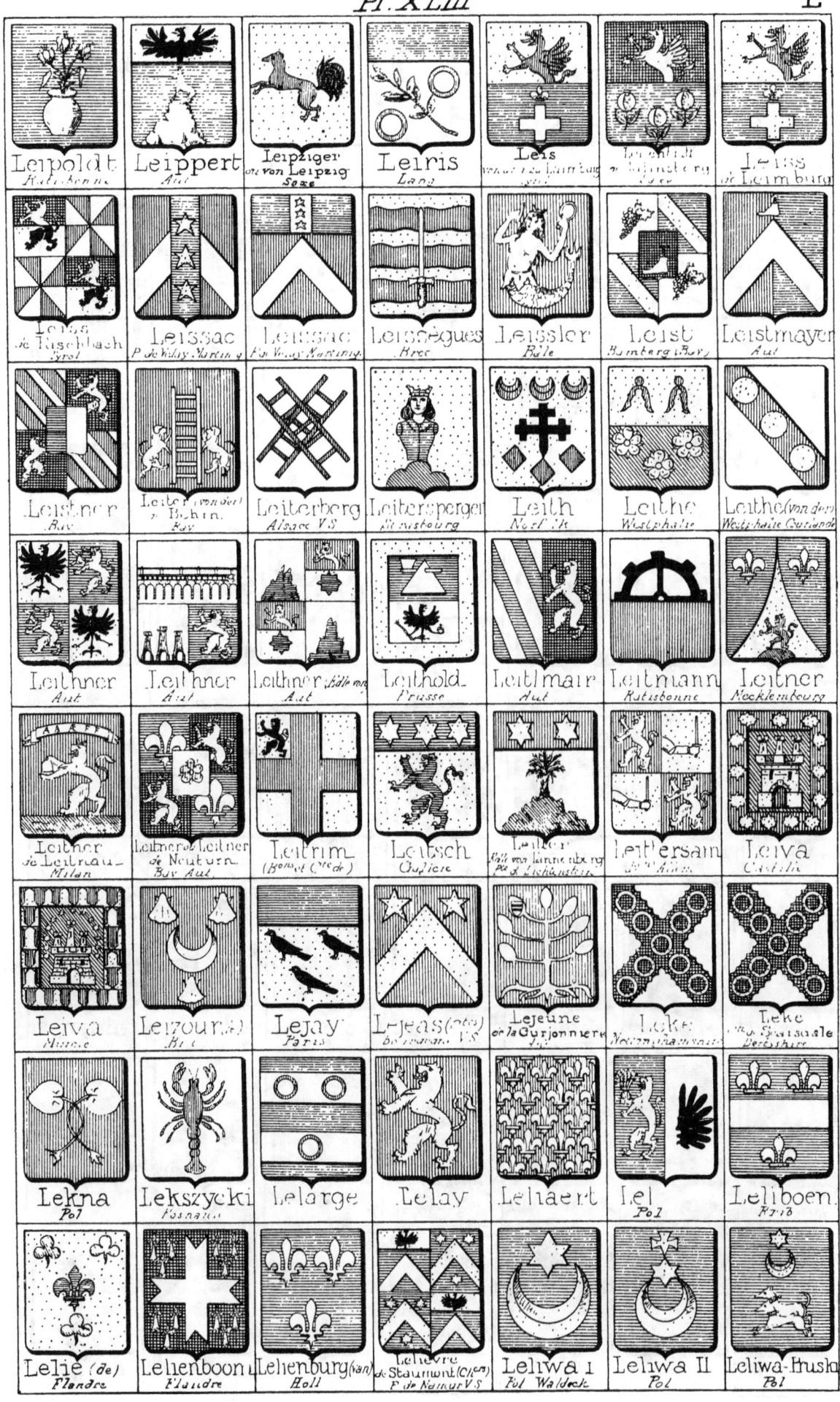

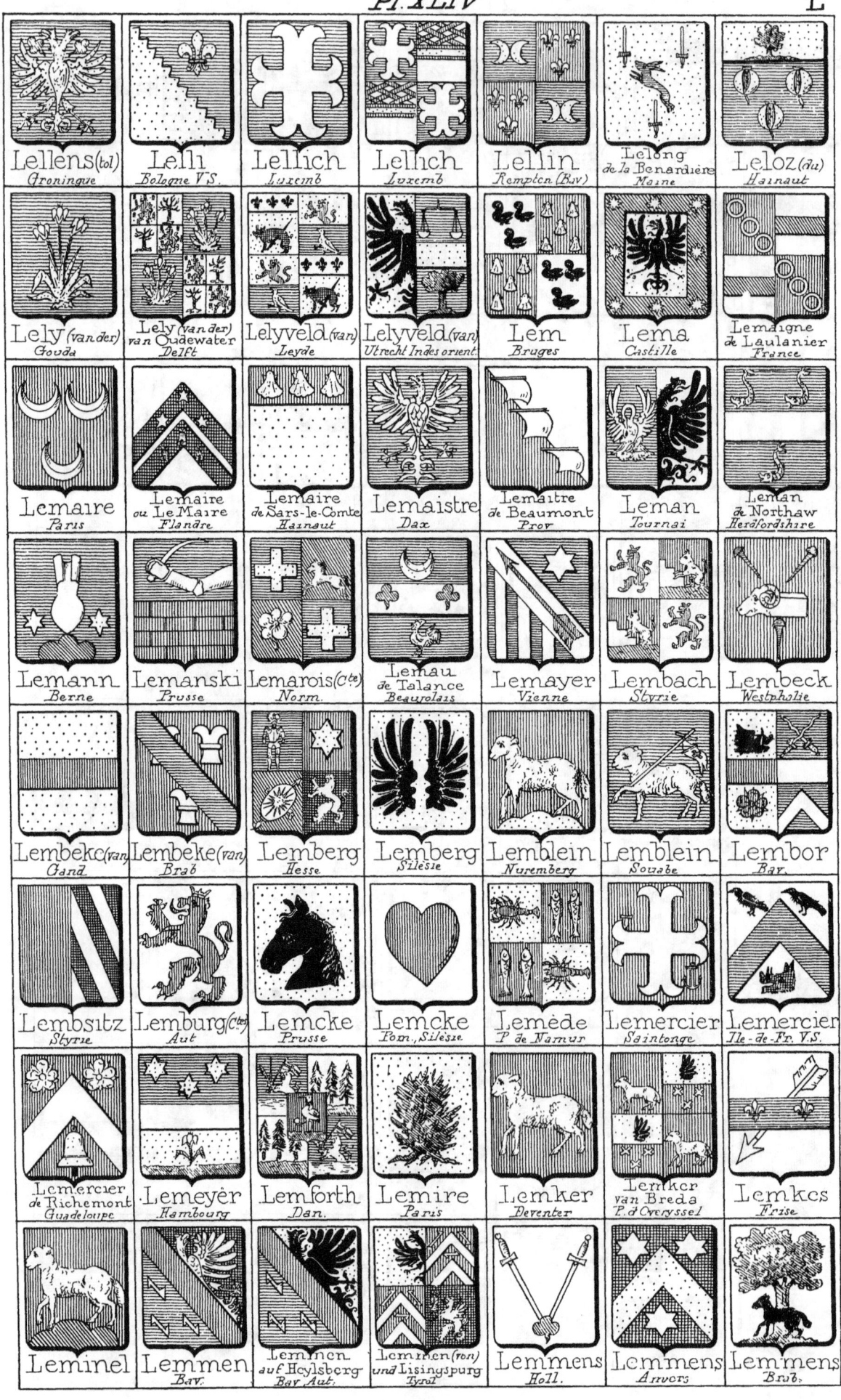

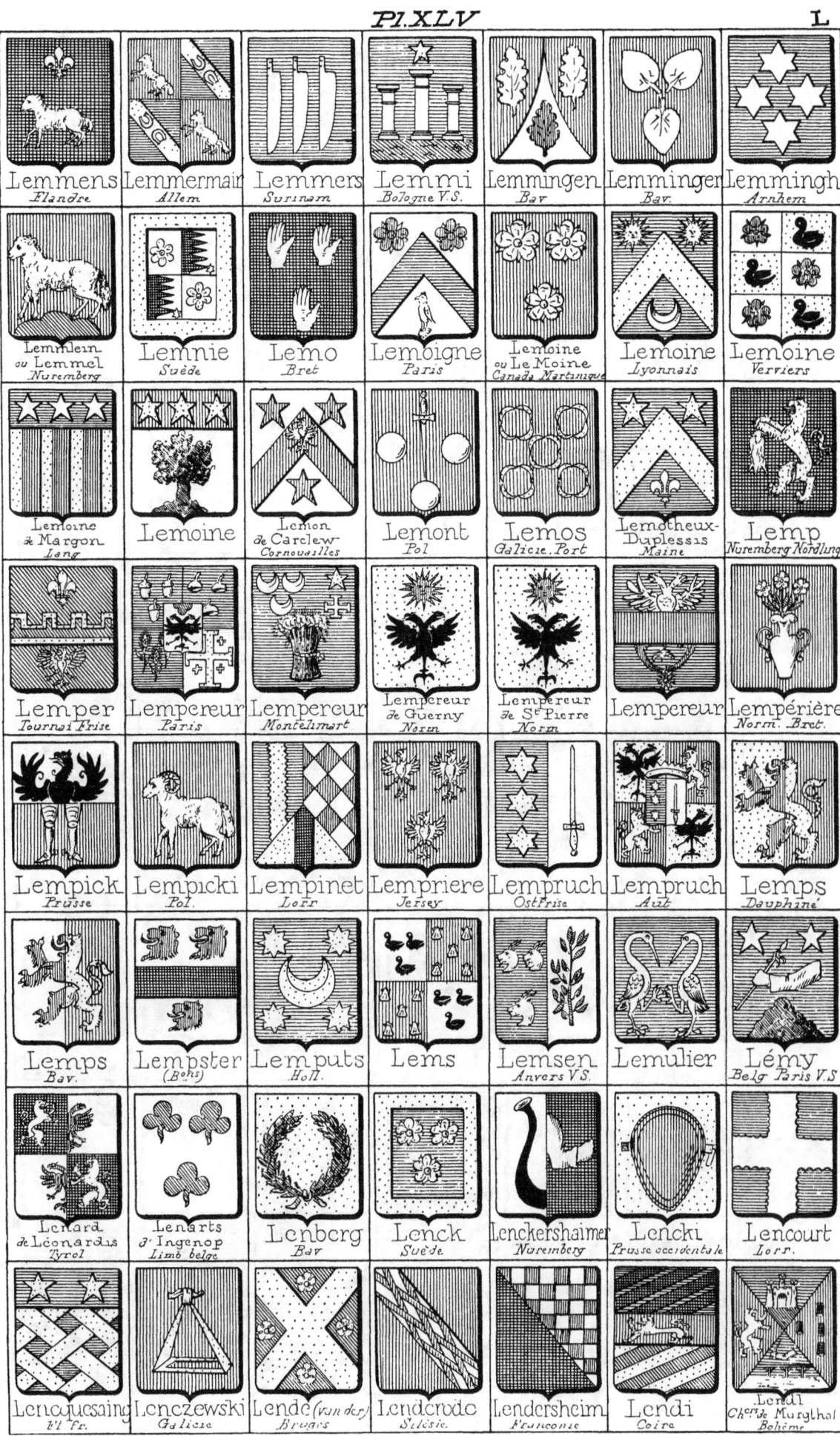

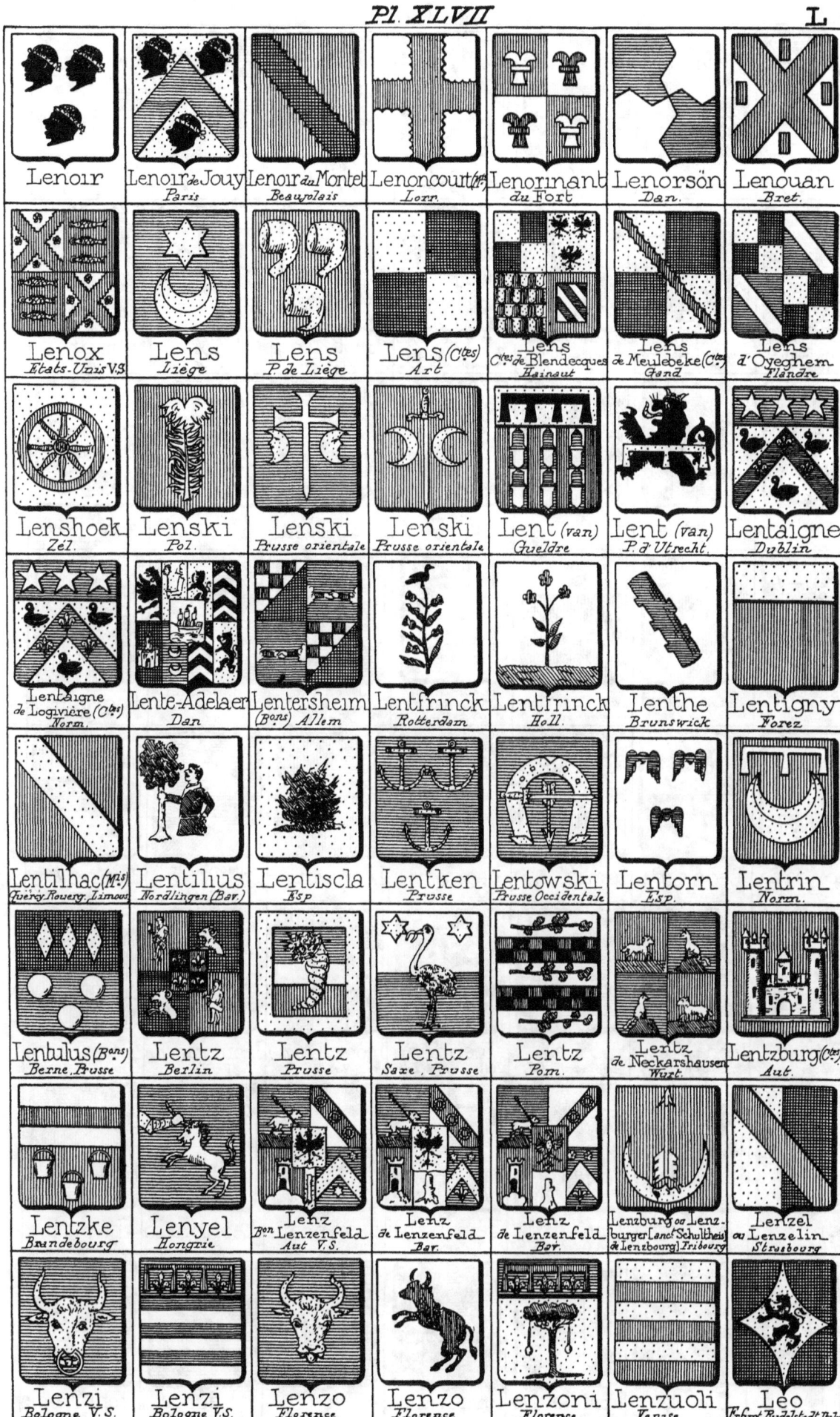

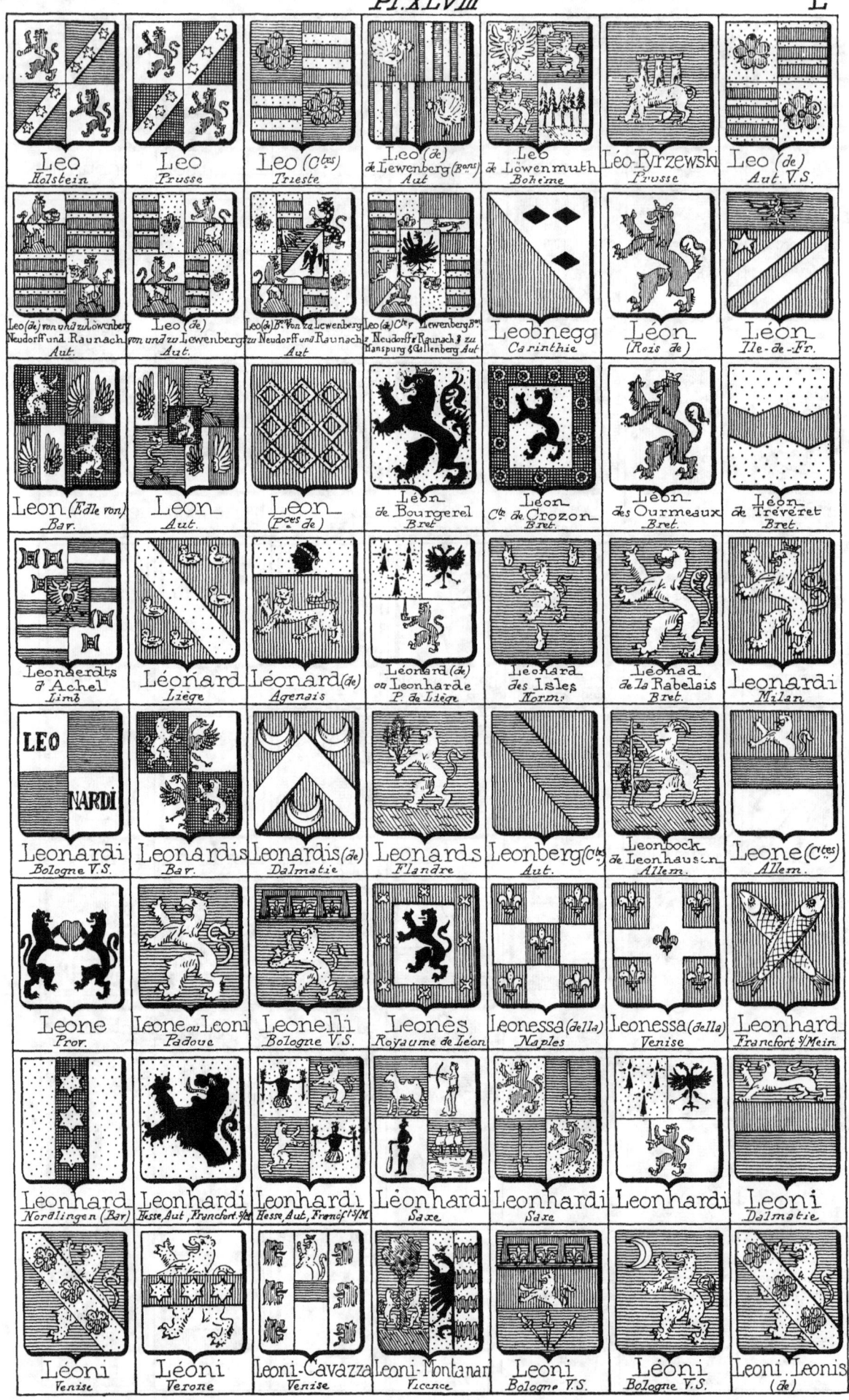

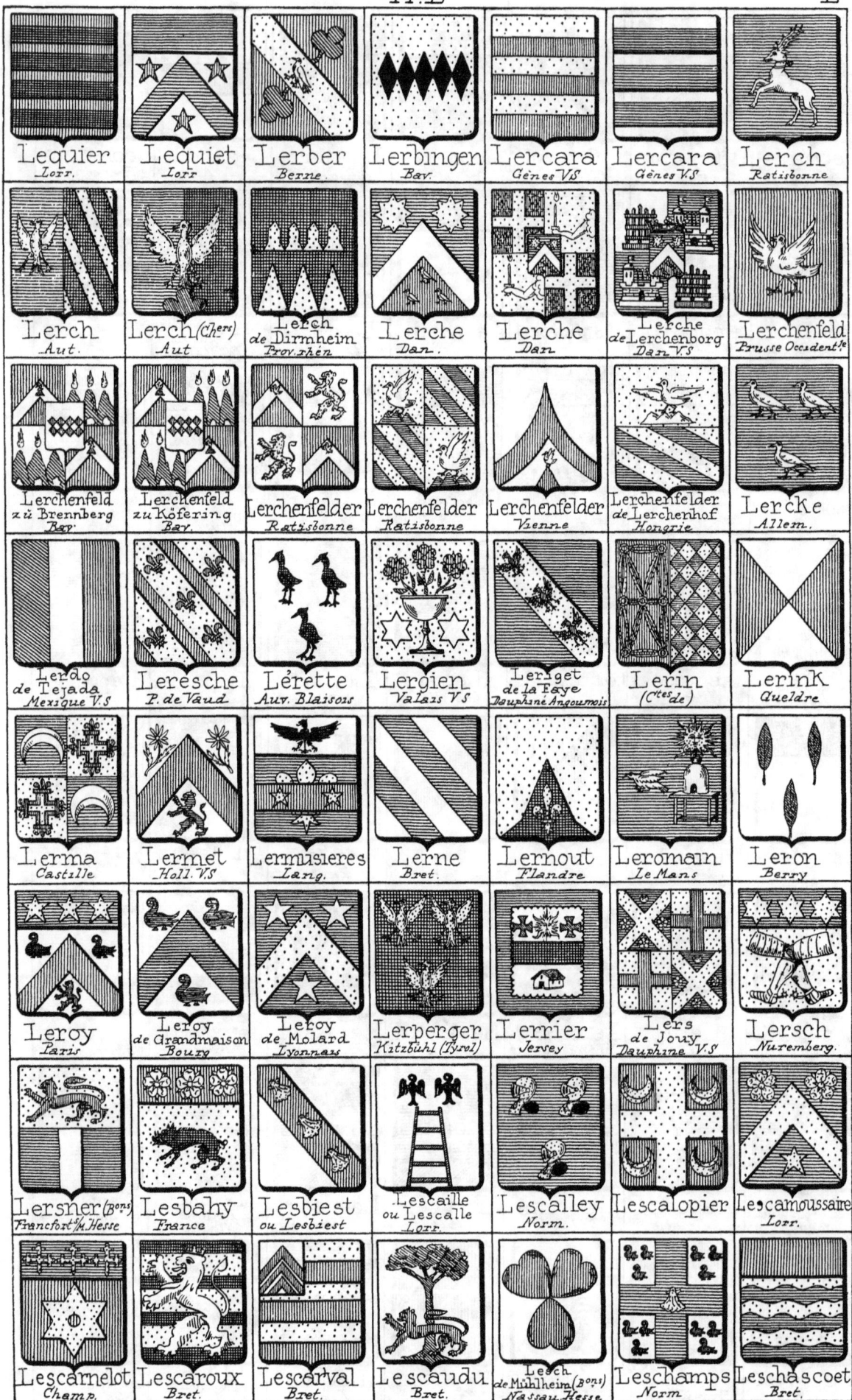

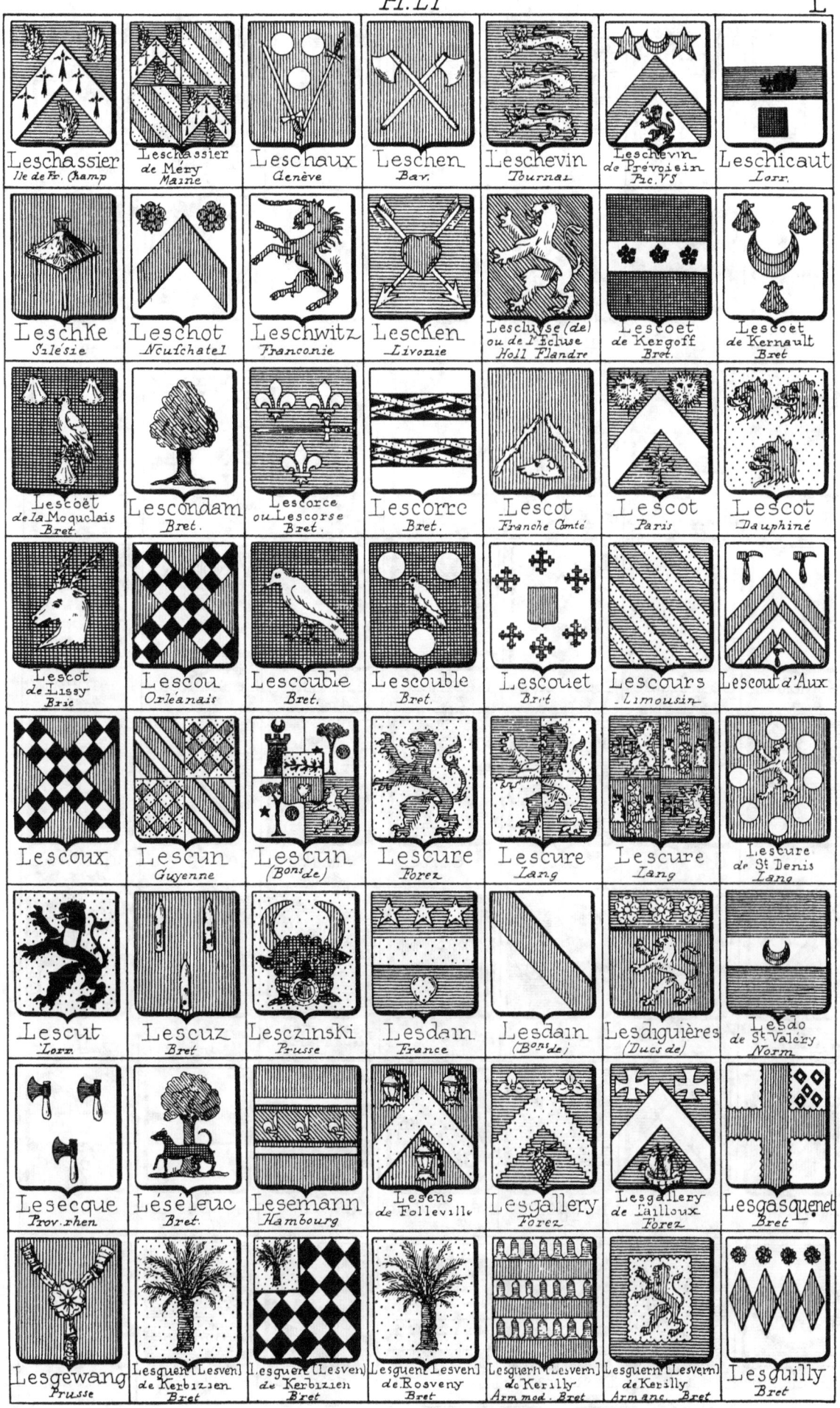

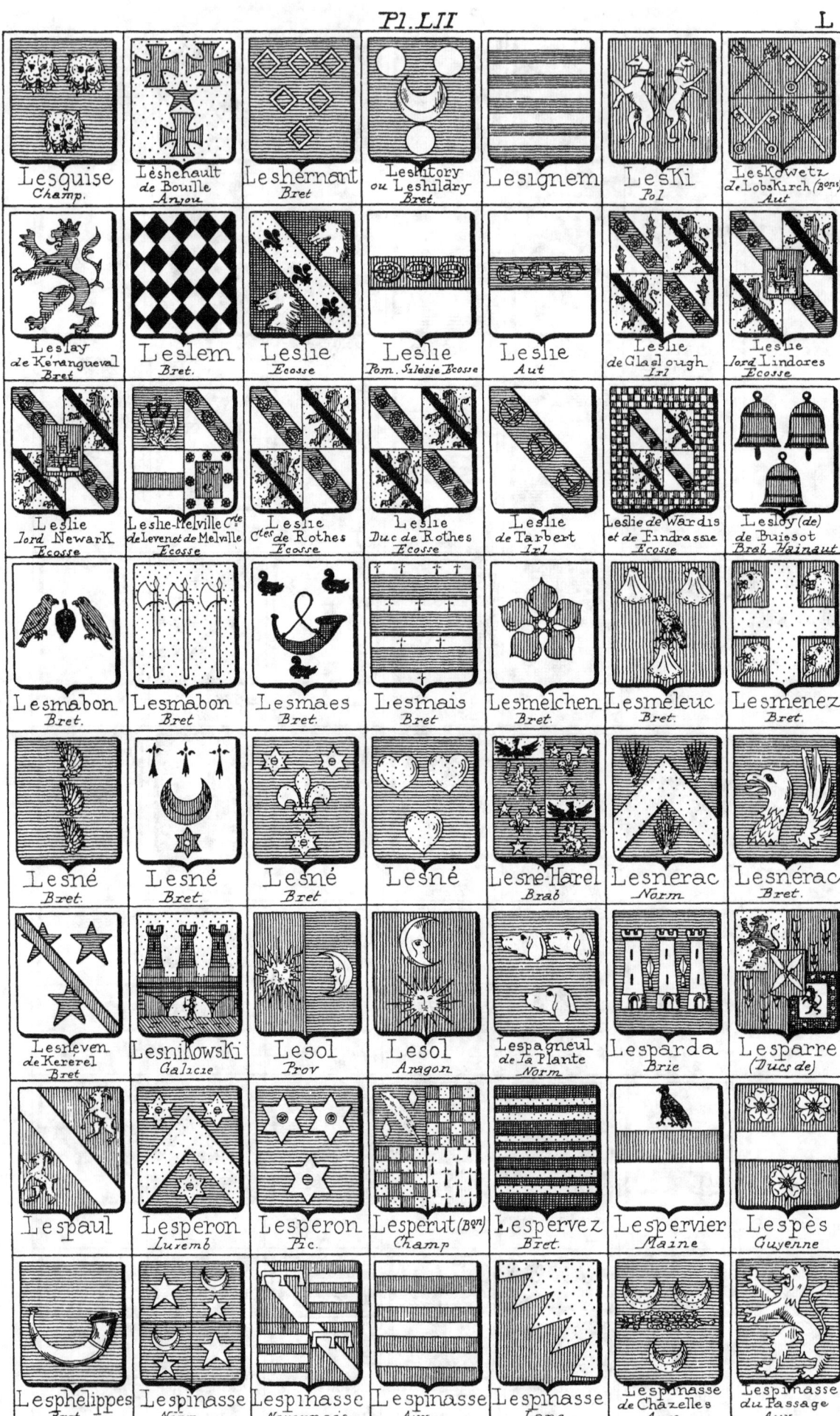

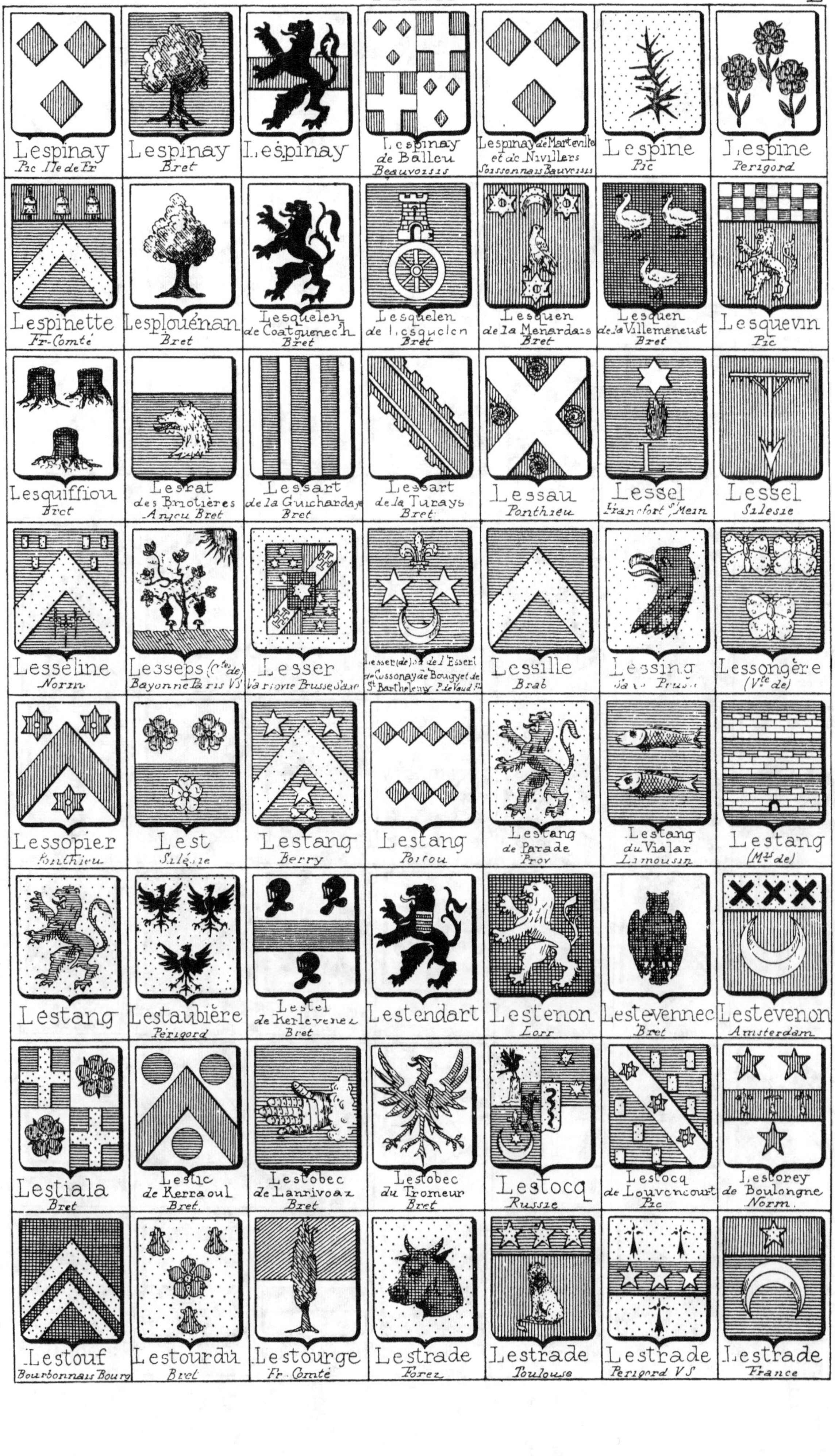

| Lespinay Pic Ile de Fr | Lespinay Bret | Lespinay | Lespinay de Balleu Beauvoisis | Lespinay de Marteville et de Nivillers Soissonnais Beauvoisis | Lespine Pic | Lespine Perigord |
|---|---|---|---|---|---|---|
| Lespinette Fr.Comté | Lesplouénan Bret | Lesquelen de Coatguenech Bret | Lesquelen de Lesquelen Bret | Lesquen de la Menardais Bret | Lesquen de la Villemeneust Bret | Lesquevin Pic |
| Lesquiffiou Bret | Lesrat des Briotières Anjou Bret | Lessart de la Guicharda Bret | Lessart de la Turays Bret | Lessau Ponthieu | Lessel Francfort S.t Mein | Lessel Silesie |
| Lesseline Norm | Lesseps (C.te de) Bayonne Paris VS | Lesser Varsovie Brusse S.ar | Lesser (de) ou de l'Esseri de Cussonay de Bouquet de S.t Barthelemy P. de Vaud P. | Lessille Brab | Lessing Sax. Prusse | Lessongère (V.te de) |
| Lessopier Ponthieu | Lest Silesie | Lestang Berry | Lestang Poitou | Lestang de Parade Prov | Lestang du Vialar Limousin | Lestang (M.is de) |
| Lestang | Lestaubière Perigord | Lestel de Kerlevenez Bret | Lestendart | Lestenon Lorr | Lestevennec Bret | Lestevenon Amsterdam |
| Lestiala Bret | Leslic de Kerraoul Bret | Lestobec de Lanrivoaz Bret | Lestobec du Tromeur Bret | Lestocq Russie | Lestocq de Louvencourt Pic | Lestorey de Boulongne Norm. |
| Lestouf Bourbonnais Bourg | Lestourdu Bret | Lestourge Fr.Comté | Lestrade Forez | Lestrade Toulouse | Lestrade Perigord VS | Lestrade France |

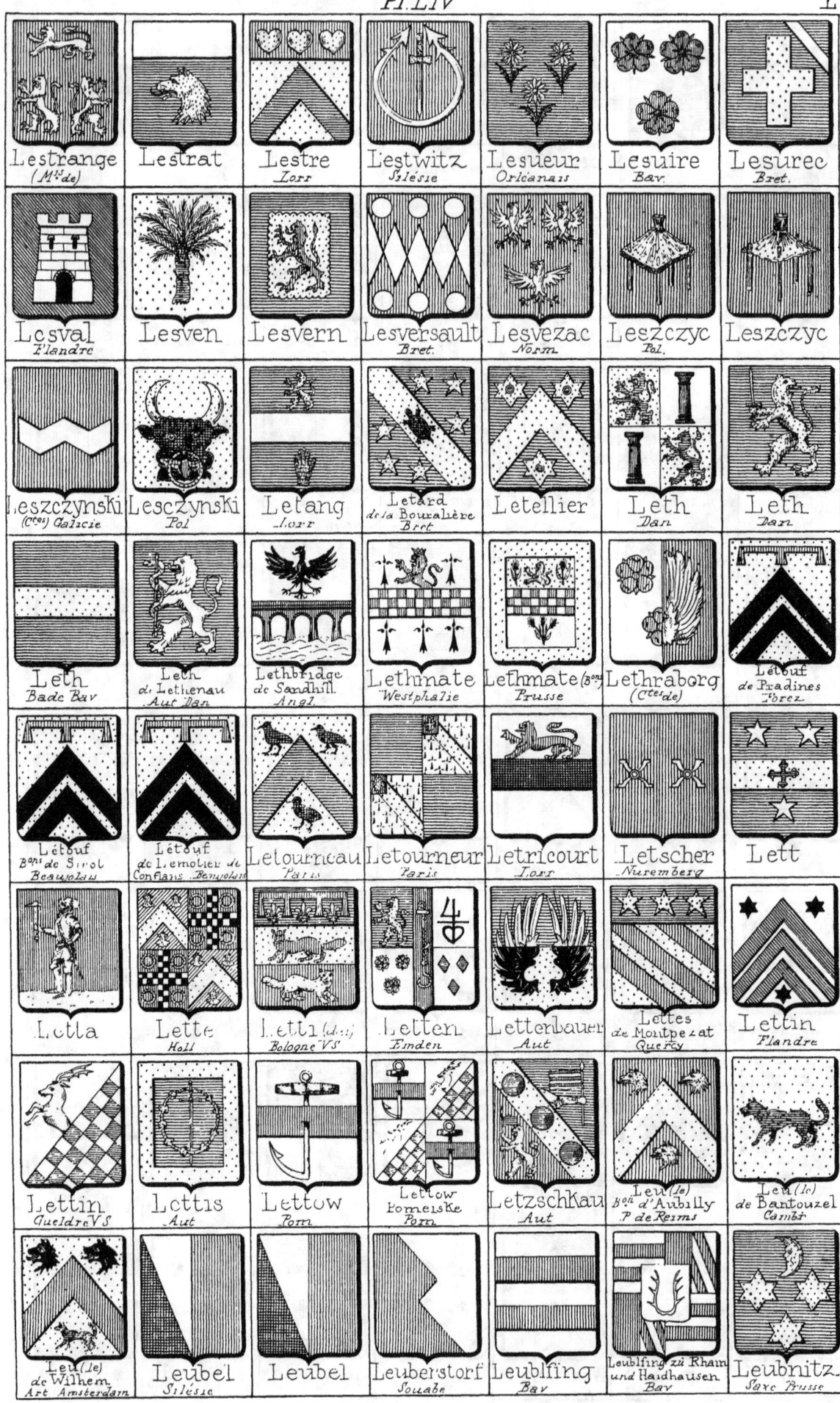

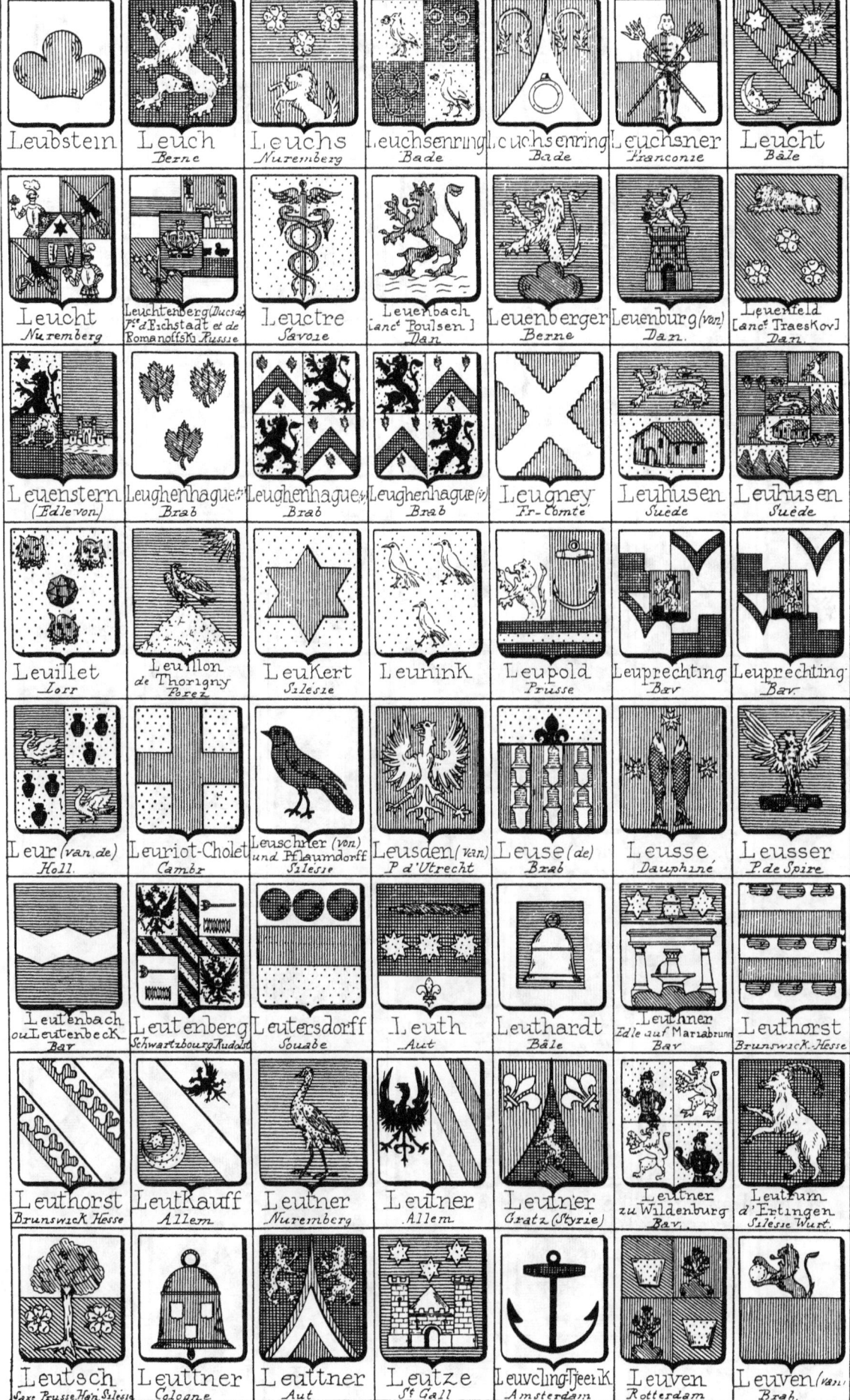

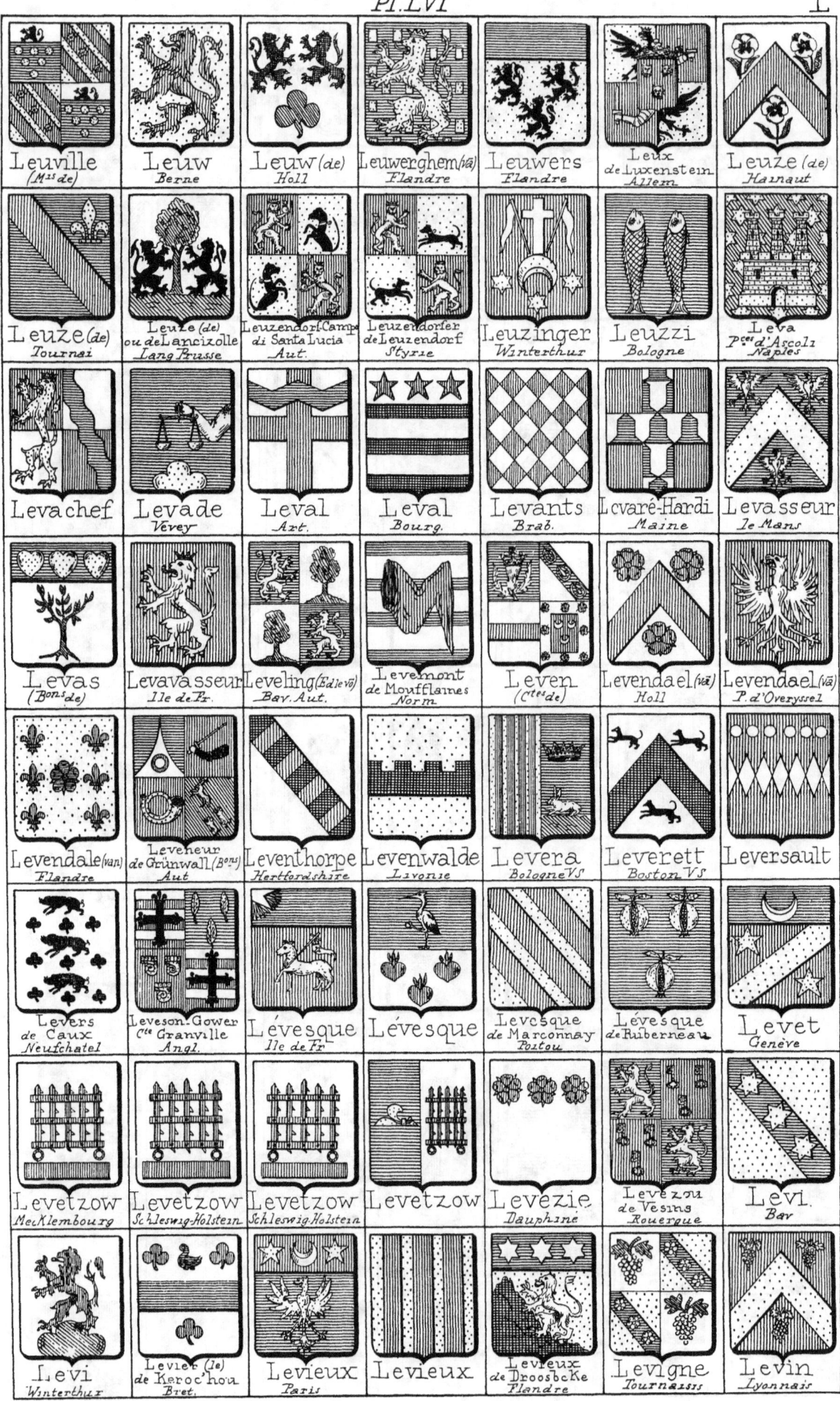

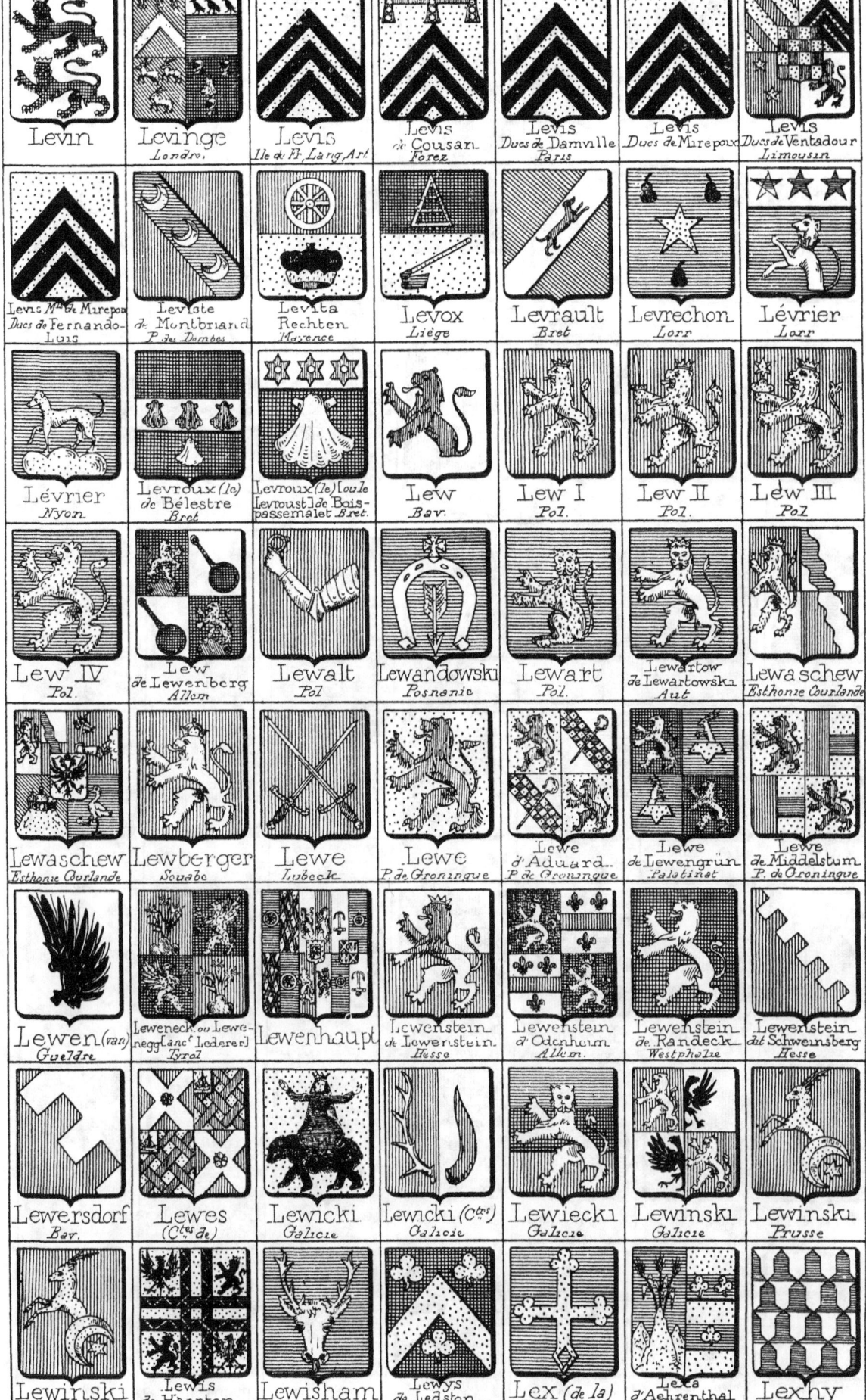

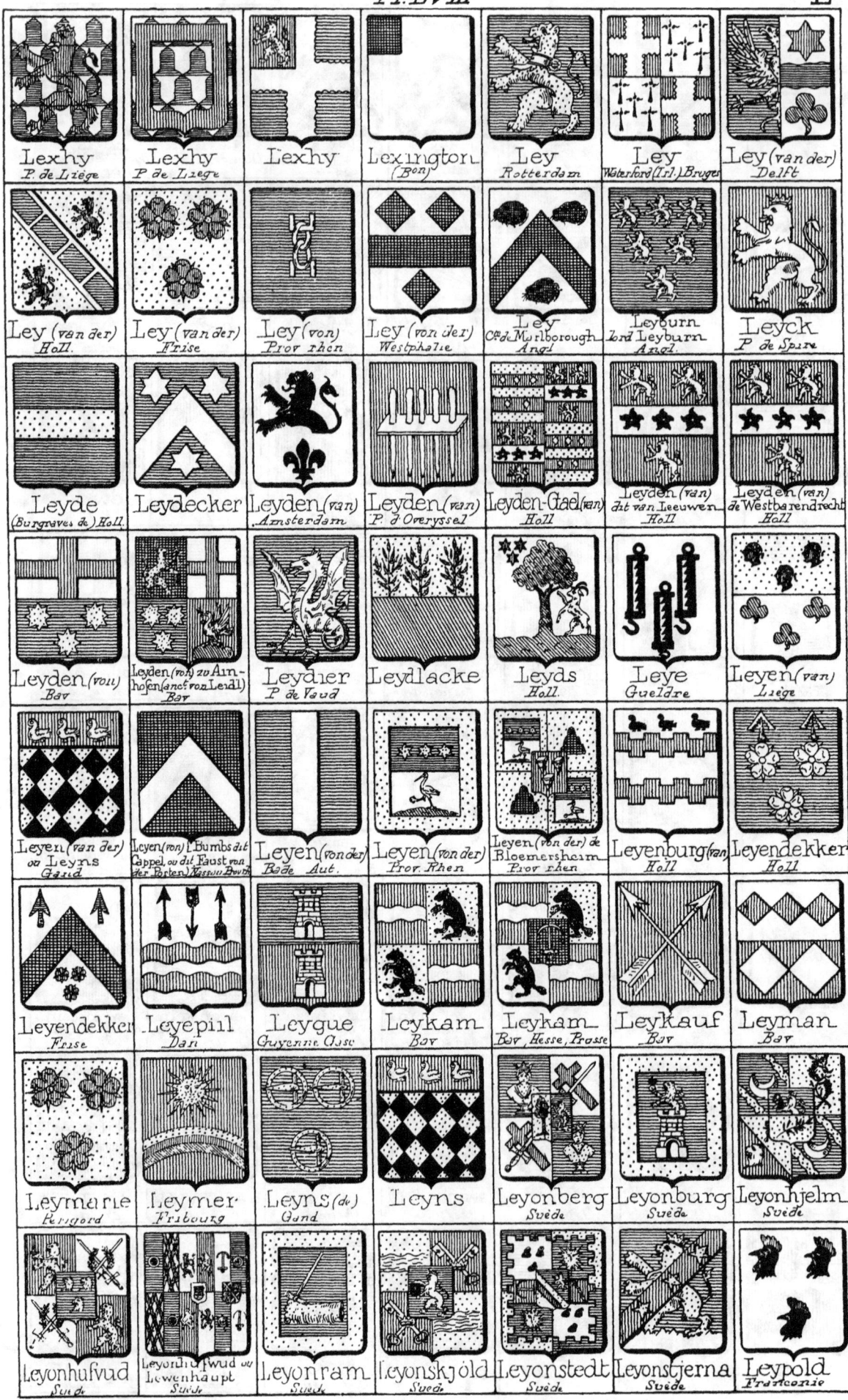

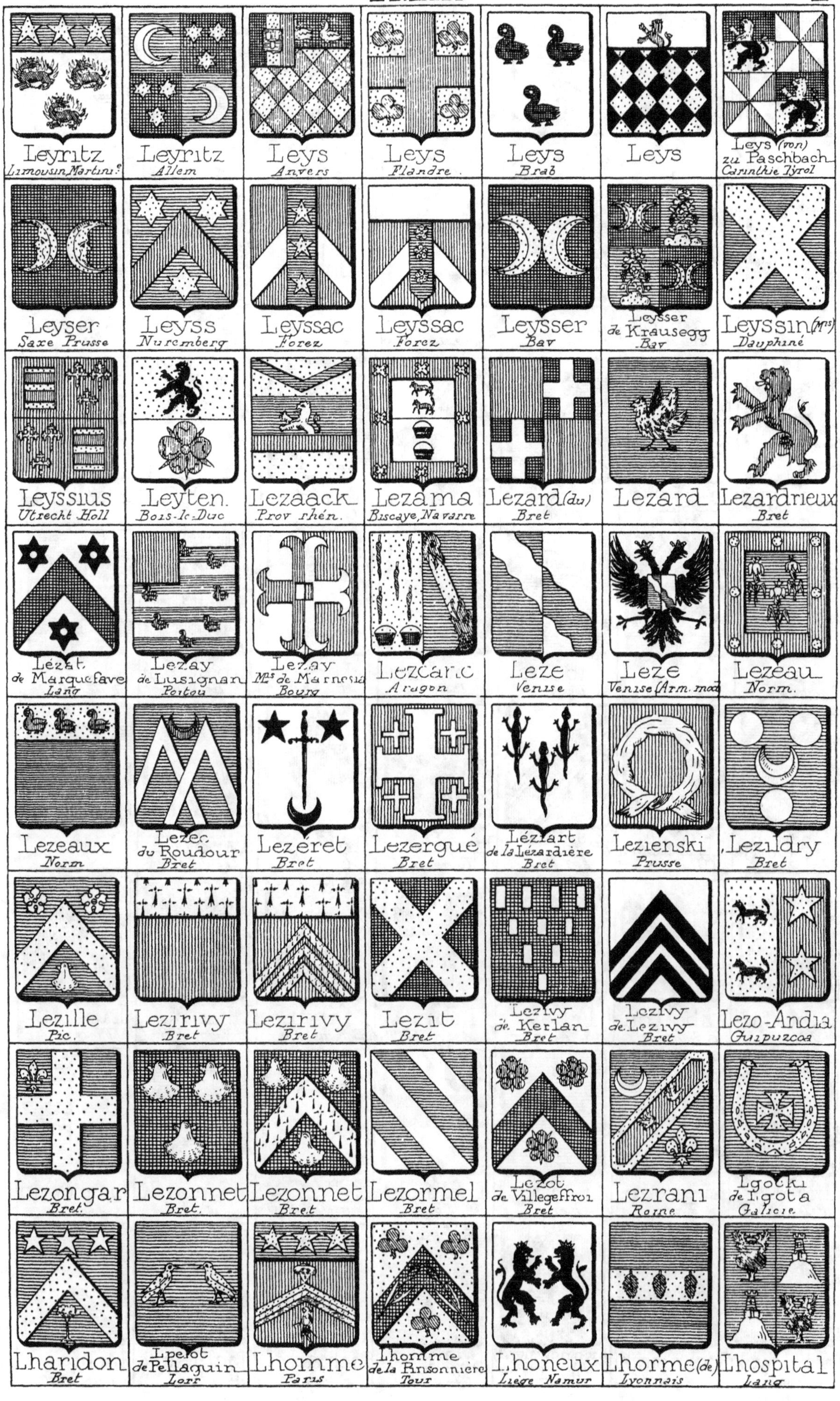

Pl. LIX L

| Leyritz Limousin Martini? | Leyritz Allem | Leys Anvers | Leys Flandre | Leys Brab | Leys | Leys (von) zu Paschbach Carinthie Tyrol |
|---|---|---|---|---|---|---|
| Leyser Saxe Prusse | Leyss Nuremberg | Leyssac Forez | Leyssac Forez | Leysser Bav | Leysser de Krausegg Bav | Leyssin (m?) Dauphiné |
| Leyssius Utrecht Holl | Leyten Bois-le-Duc | Lezaack Prov. rhén. | Lezama Biscaye, Navarre | Lezard (du) Bret | Lezard | Lezardrieux Bret |
| Lézat de Marquefave Lang | Lezay de Lusignan Poitou | Lezay M? de Marnesia Bourg | Lezcaric Aragon | Leze Venise | Leze Venise (Arm. mod) | Lezeau Norm |
| Lezeaux Norm | Lezec du Roudour Bret | Lezeret Bret | Lezergué Bret | Léziart de la Lézardière Bret | Lezienski Prusse | Lezildry Bret |
| Lezille Pic | Lezirivy Bret | Lezirivy Bret | Lezit Bret | Lezivy de Kerlan Bret | Lezivy de Lezivy Bret | Lezo-Andia Guipuzcoa |
| Lezongar Bret | Lezonnet Bret | Lezonnet Bret | Lezormel Bret | Lezot de Villegeffroi Bret | Lezrani Rome | Lgocki de Lgota Galicie |
| Lharidon Bret | Lperot de Pellaguin Lorr | Lhomme Paris | Lhomme de la Ransonnière Tour | Lhoneux Liège Namur | Lhorme (de) Lyonnais | Lhospital Lang |

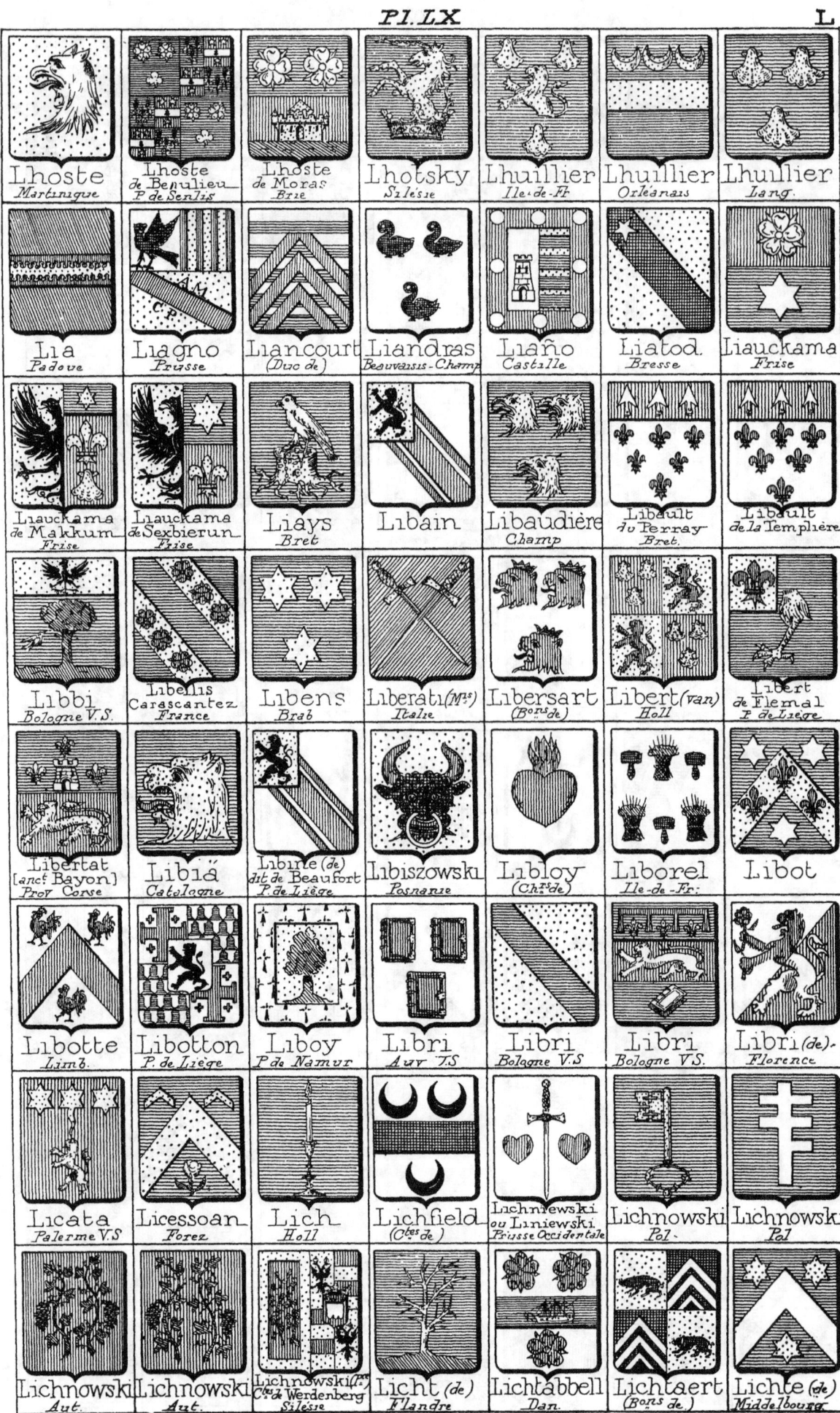

Pl. LXI

| Lichtenau Prusse | Lichtenberg (van) P.d'Utrecht | Lichtenberg (van) P.de Zulphen | Lichtenberg Westphalie | Lichtenberg Dan. | Lichtenberg (Bons) Saxe-Cobourg, Prusse | Lichtenberg Hesse |
|---|---|---|---|---|---|---|
| Lichtenberg Hesse | Lichtenberg Alsace | Lichtenberg Aut. | Lichtenberger Nuremberg | Lichtenborgh (van) P.de Liège | Lichteneck (Bons) Aut. | Lichtenfeld (Ch.ers de) |
| Lichtenfels Souabe | Lichtenfels (Bons de) | Lichtenhahn Bâle | Lichtenhayn Prusse Occident | Lichtenhayn Saxe | Lichtenberg P.d'Utrecht | Lichtenhielm (anc.t Rodenborg) Dan |
| Lichtensteiger Strasbourg | Lichtenstein Dan | Lichtenstein (Bons) Franconie | Lichtenstein Wurt | Lichtenstein Souabe | Lichtenstein Allem | Lichtenstein Bohême |
| Lichtenstein Castelborn (Ctes) Bohême | Lichtenstern | Lichtenstern (Bons de) | Lichtenthal Wurt | Lichtenthurn (Bons) Aut | Lichtenthurn (Bons von) | Lichtenwoort Groningue |
| Lichtervelde (van) Gand | Lichtervelde (van) Gand | Lichtervelde (van) Gand | Lichtfuss Prusse Pol | Lichti Winterthur | Lichtli Winterthur | Lichtnegel Aut |
| Lichtner Aut | Lichtner Edle von Elbenthal Aut | Lichtone Suède | Lichy Nivernais Bourbon | Licini Dalmatie | Licques Pic. | Licques |
| Licquet Anjou | Licudi Venise, Iles Ioniennes V.S | Licudi Iles Ioniennes Russie V.S | Liddel de Ravensworth Durhamshire | Liddes Valais V.S | Liddesdale (Lord) | Lidel (Aut) |

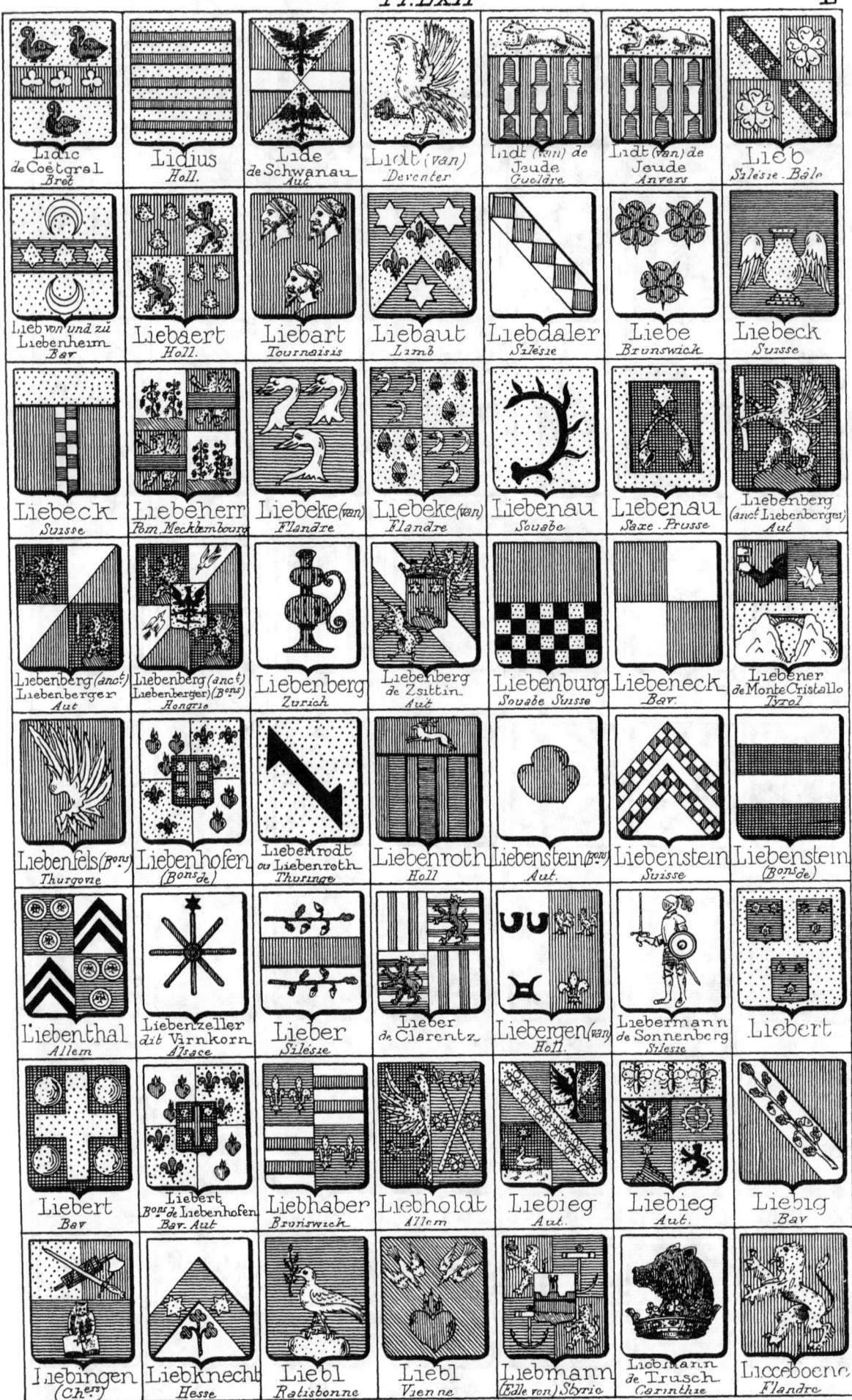

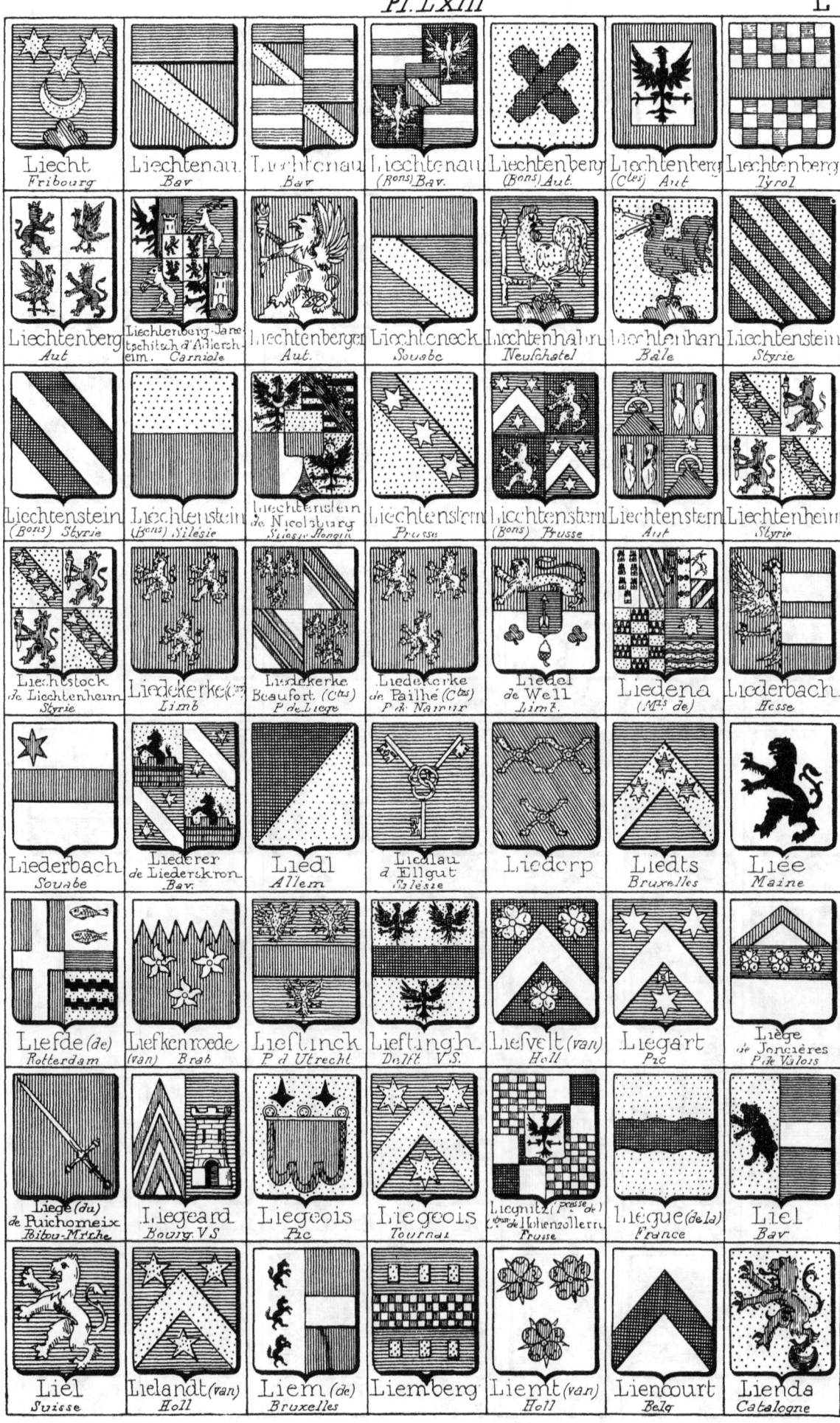

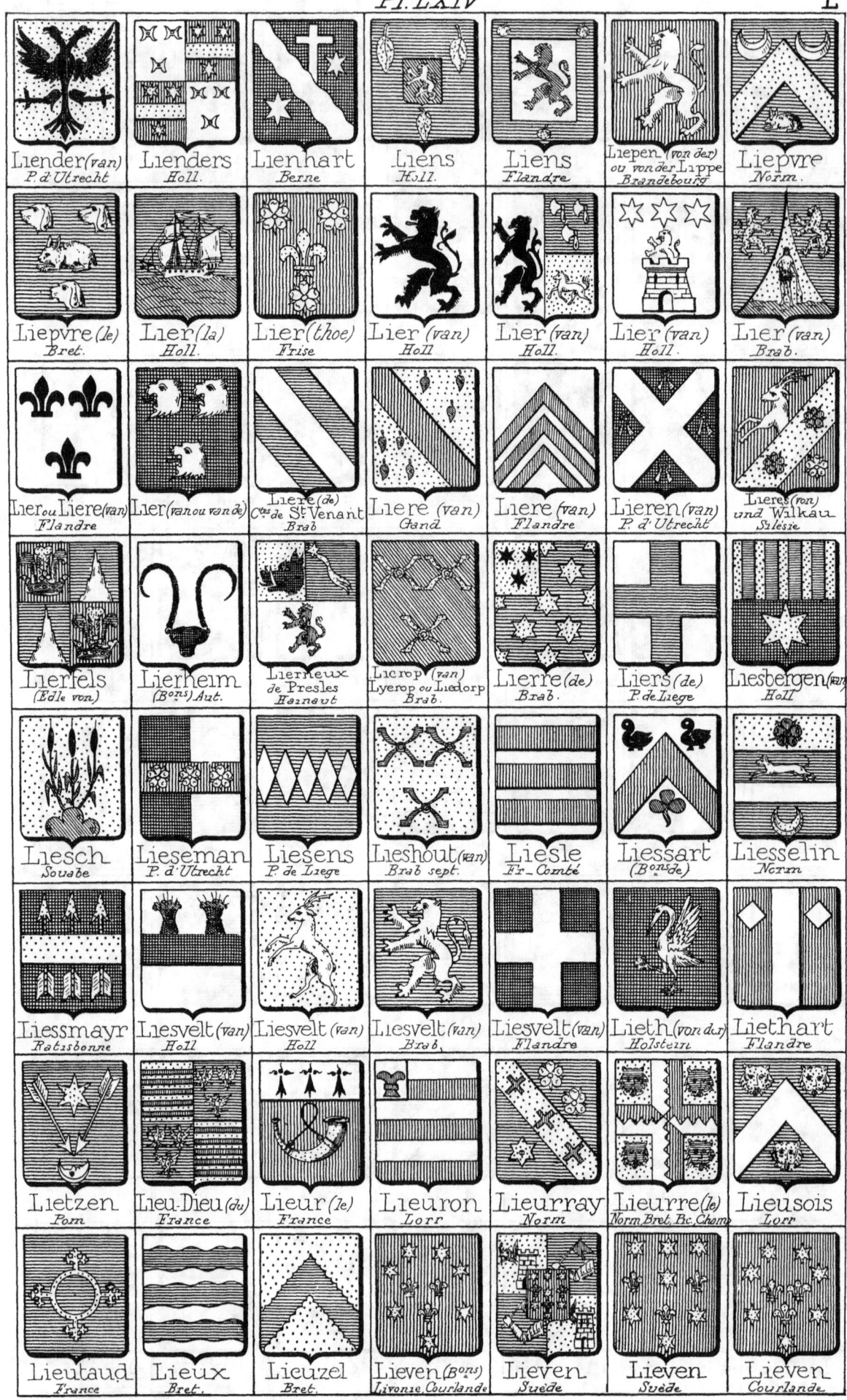

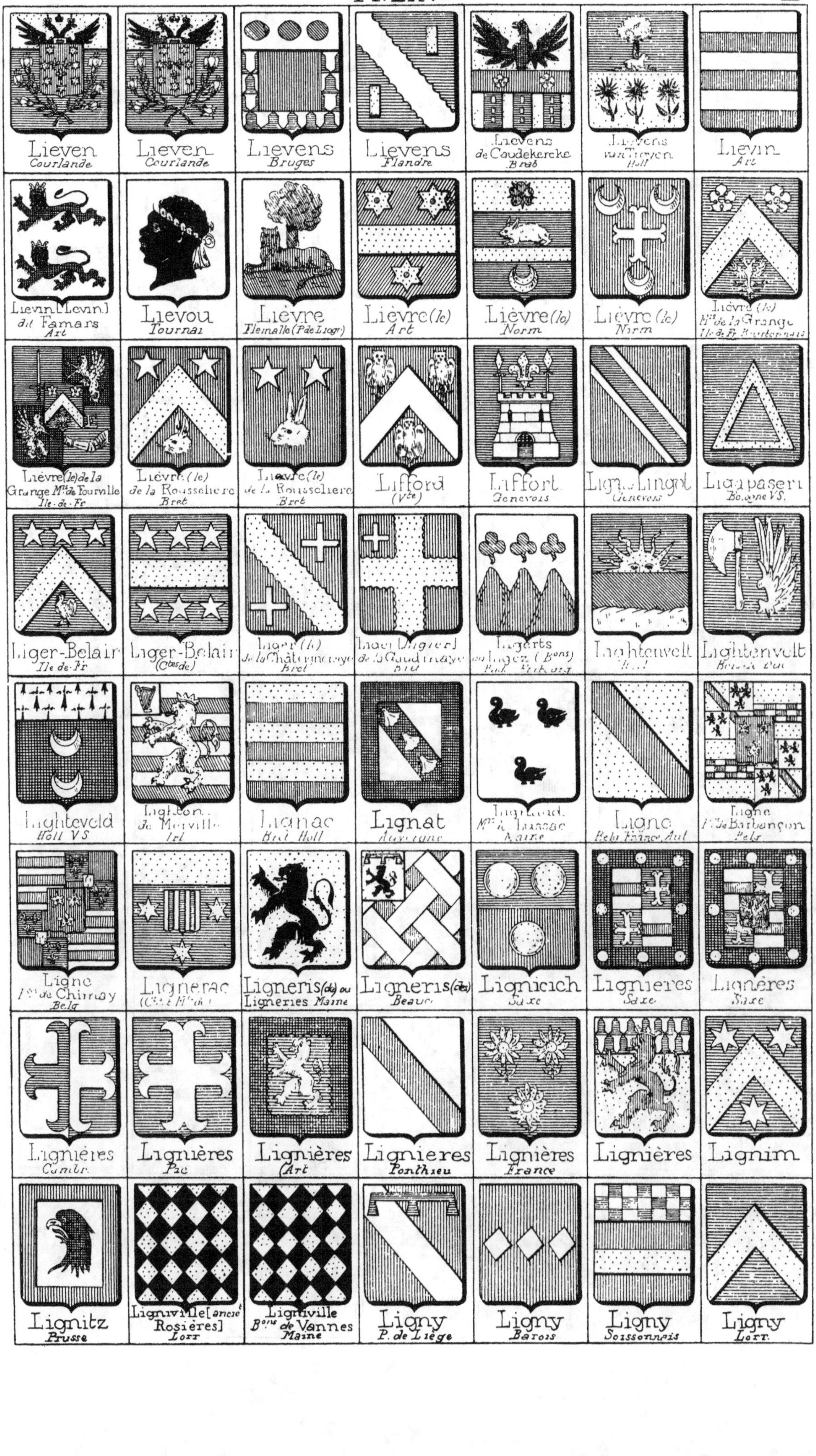

Pl. LXV

| Lieven Courlande | Lieven Courlande | Lievens Bruges | Lievens Flandre | Lievens de Caudekercke Brab. | Lievens van Theyen Holl. | Lievin Art. |
| Lievin (Levin) dit Famars Art. | Lievou Tournai | Lièvre Flemalle (P. de Liege) | Lièvre (le) Art. | Lièvre (le) Norm. | Lièvre (le) Norm. | Lièvre (le) M.is de la Grange Ile-de-Fr. Bourbonnais |
| Lièvre (le) de la Grange M.is de Tourville Ile-de-Fr. | Lièvre (le) de la Rousseliere Bret. | Lièvre (le) de la Rousseliere Bret. | Lifford (V.te) | Liffort Genevois | Liger-Lingot Genevois | Ligapaseri Bologne VS |
| Liger-Belair Ile-de-Fr. | Liger-Belair (C.te de) | Liger (L.) de la Châterineraye Bret. | Liger (Vigier) de la Gaudinaye Poit. | Ligerts ou Ligez (B.ons) Ent. Poitiers | Lightenvelt Holl. | Lightenvelt Bois le Duc |
| Lighteveld Holl. VS | Lighton de Merville Irl. | Lignac Bret. Holl. | Lignat Auvergne | Ingraud M.is de Lussac Maine | Ligne Belg. Franç. All. | Ligne P.ce de Barbançon Pcie |
| Ligne P.ce de Chimay Belg. | Lignerac (C.te de M.al) | Ligneris (de) ou Ligneries Maine | Ligneris (de) Beauce | Lignicich Saxe | Lignières Saxe | Lignières Saxe |
| Lignières Cambr. | Lignières Pic. | Lignières (Art. | Lignières Ponthieu | Lignières France | Lignières | Lignim |
| Lignitz Prusse | Ligniville [ancien. Rosières] Lorr. | Ligniville B.on de Vannes Maine | Ligny P. de Liège | Ligny Barois | Ligny Soissonnais | Ligny Lorr. |

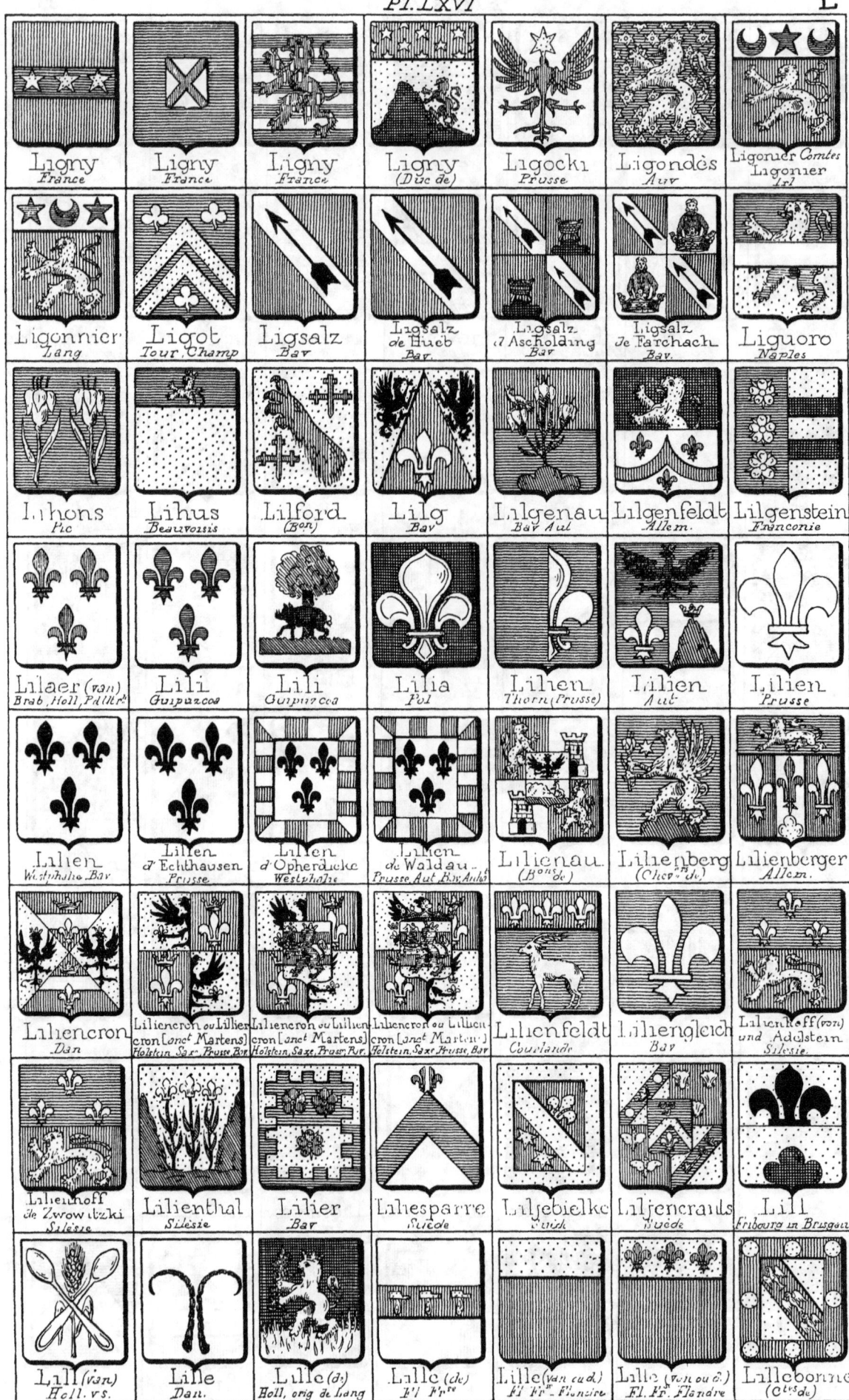

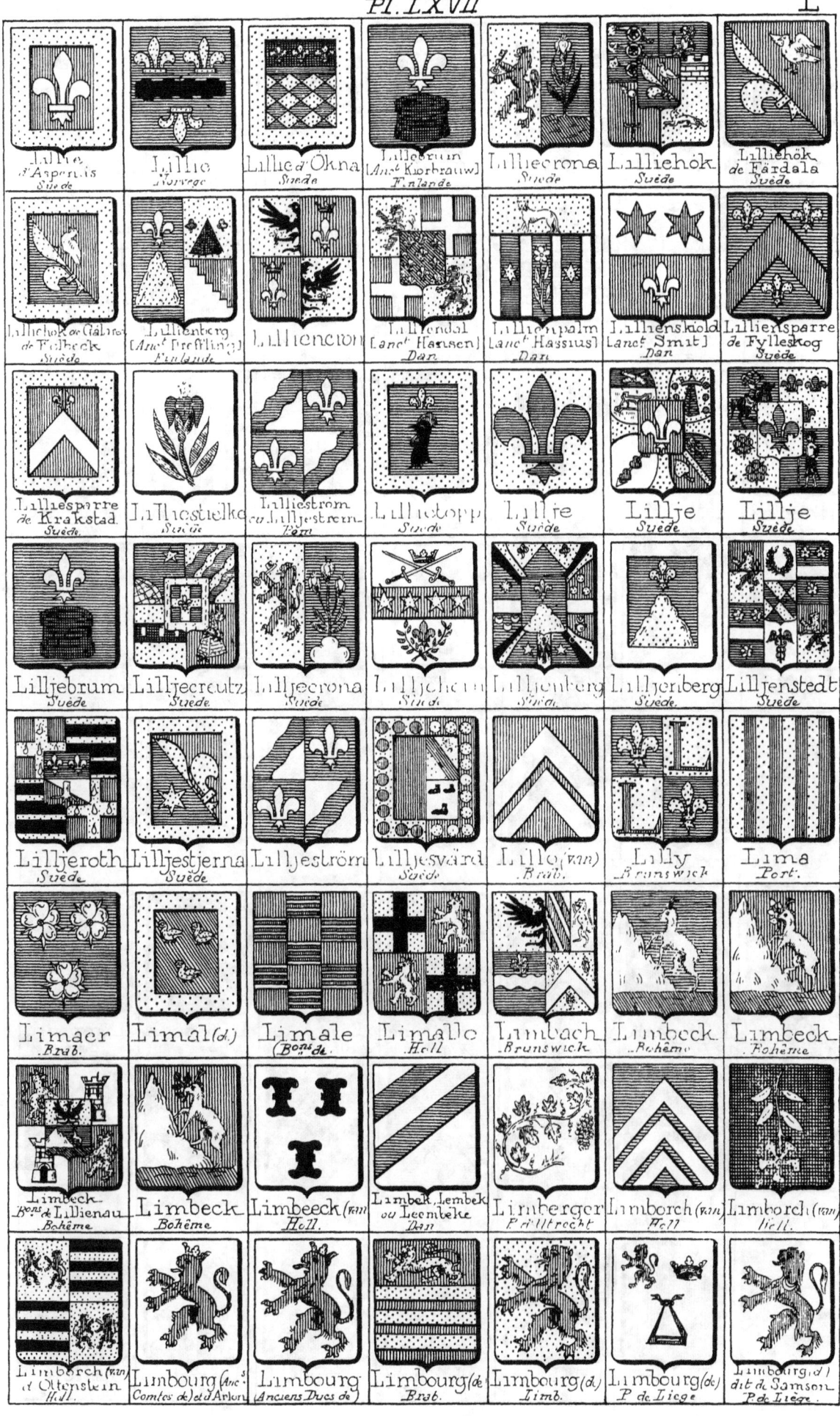

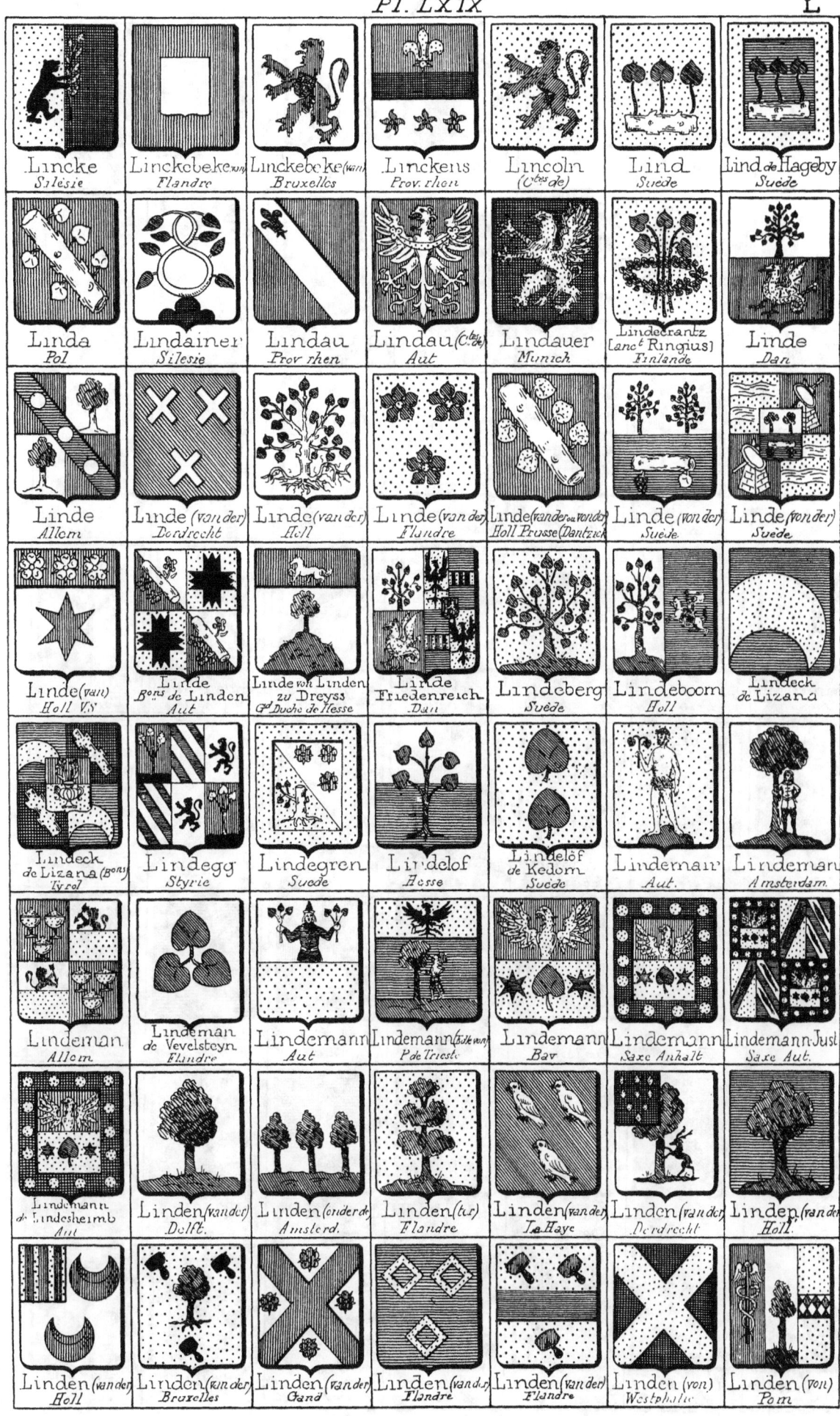

Pl. LXX

| | | | | | | |
|---|---|---|---|---|---|---|
| Linden (von) Livonie, Esthonie | Linden (von) Bav., Wurt. | Linden (von) Bav., Wurt. (1832) | Linden (von der) Allem. | Linden (van der) van den Heuvell Holl. | Linden (van der) Bons d'Hoogvorst Brab. | Linden (van der) Bons d'Hoogvorst Brab. |
| Linden dit von Weickmann Frauenberg (Cles) Wurt. | Linden (Bons de) | Linden (van der) | Lindenaer Holl VS | Lindenau Saxe | Lindenau Saxe | Lindenbaum (Bons de) |
| Lindenberg Brandebourg | Lindenberg St Gall | Lindenborg (Bons de) | Lindenbruch (Wittmar dit) | Lindencrone (anct Lintrup) Dan. | Lindener Goritz | Lindener Nuremberg |
| Lindenfels Strasbourg | Lindenfels Hesse | Lindenfels (Bons) Saxe, Prusse, Aut. | Lindenfels-Reislas Aut., Prusse | Lindenfels-Thumsenreuth (Bons) | Lindenkampf Wesphalie | Lindenmayer Coire |
| Lindenmayer Allem. | Lindenmeyer Bâle | Lindenov Schlesvig | Lindenov Bons Lindenborg Dan. | Lindenowski Prusse | Lindenpalm (de) [anct Hvas] Dan. | Lindenspür Souabe |
| Lindenthal | Lindequist Pom. | Linder Finlande | Linder Bav. | Linder Rothenburg (Bav) | Linder Bâle | Linder Bâle |
| Linderhorst Holl. | Linderman New-York | Lindern (von) Oldenbourg, Dan., Sue. | Linderot [anct Rot] Dan. | Linderoth Suède | Lindhart de Ketztorff Allem. | Lindheim Prusse |
| Lindheim Prusse | Lindheim Silésie | Lindheim Francfort s/Mein | Lindheim Allem. | Lindheimer Francfort s/M. | Lindheimer auf Wildenberg Bav. | Lindhjelm Suède |

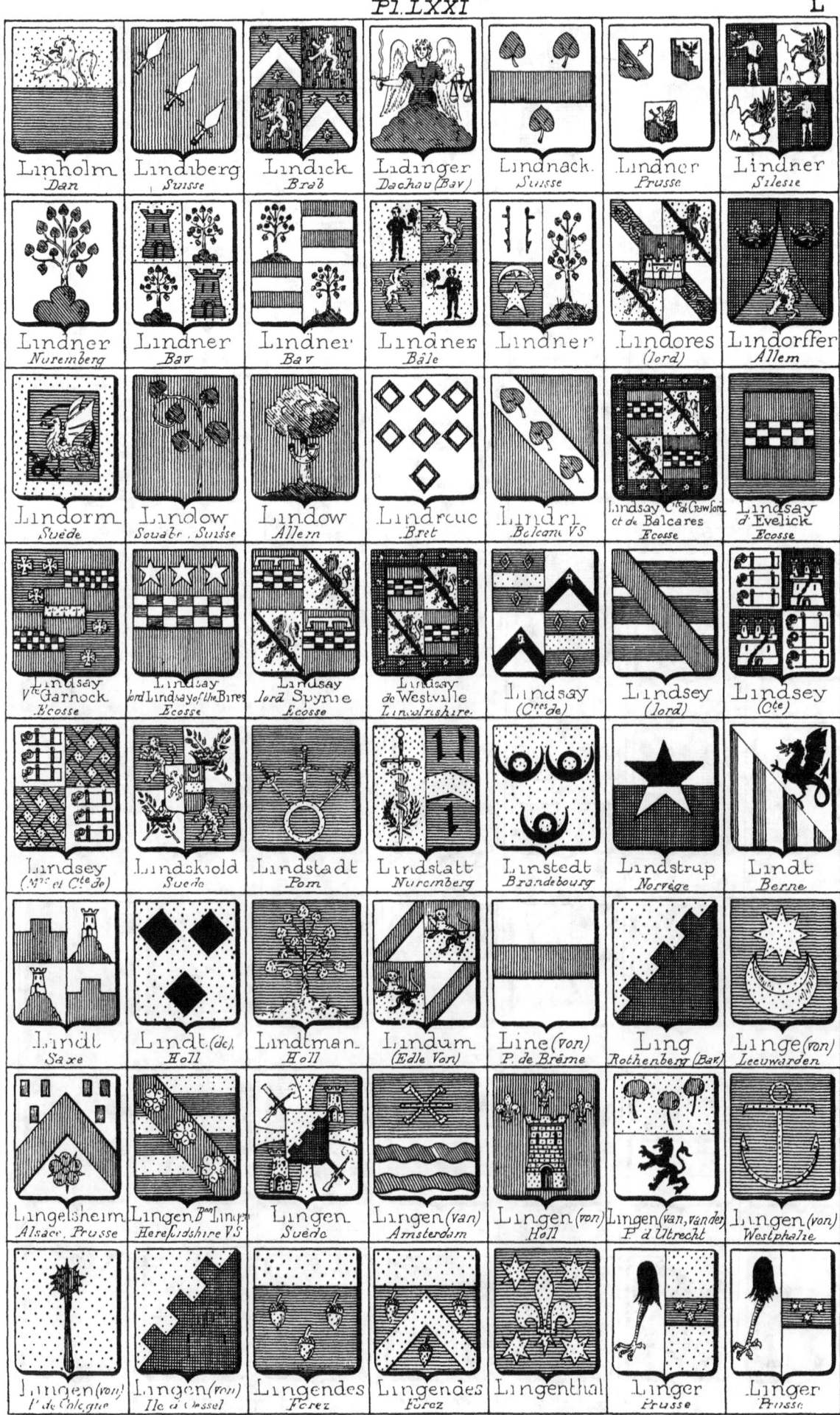

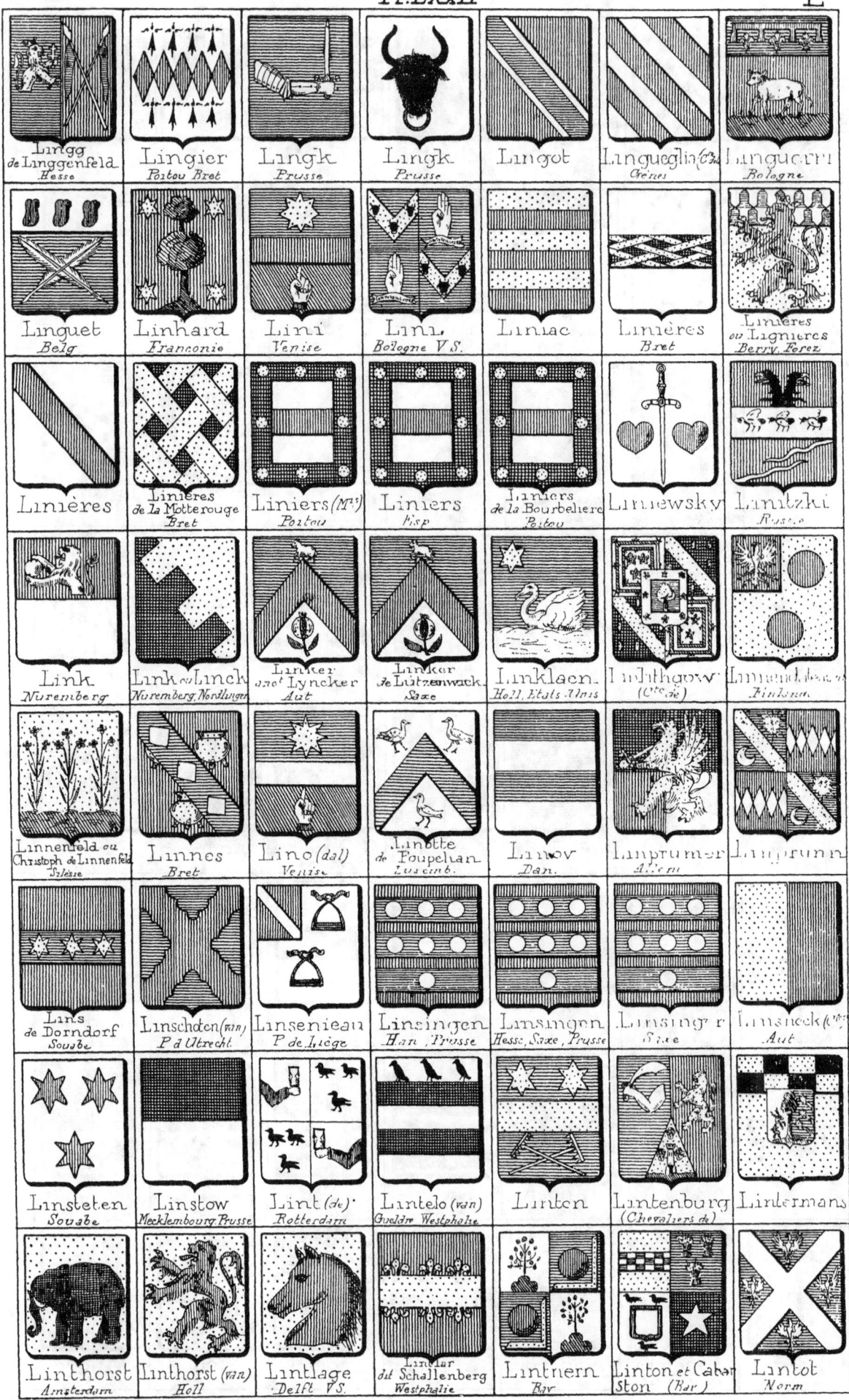

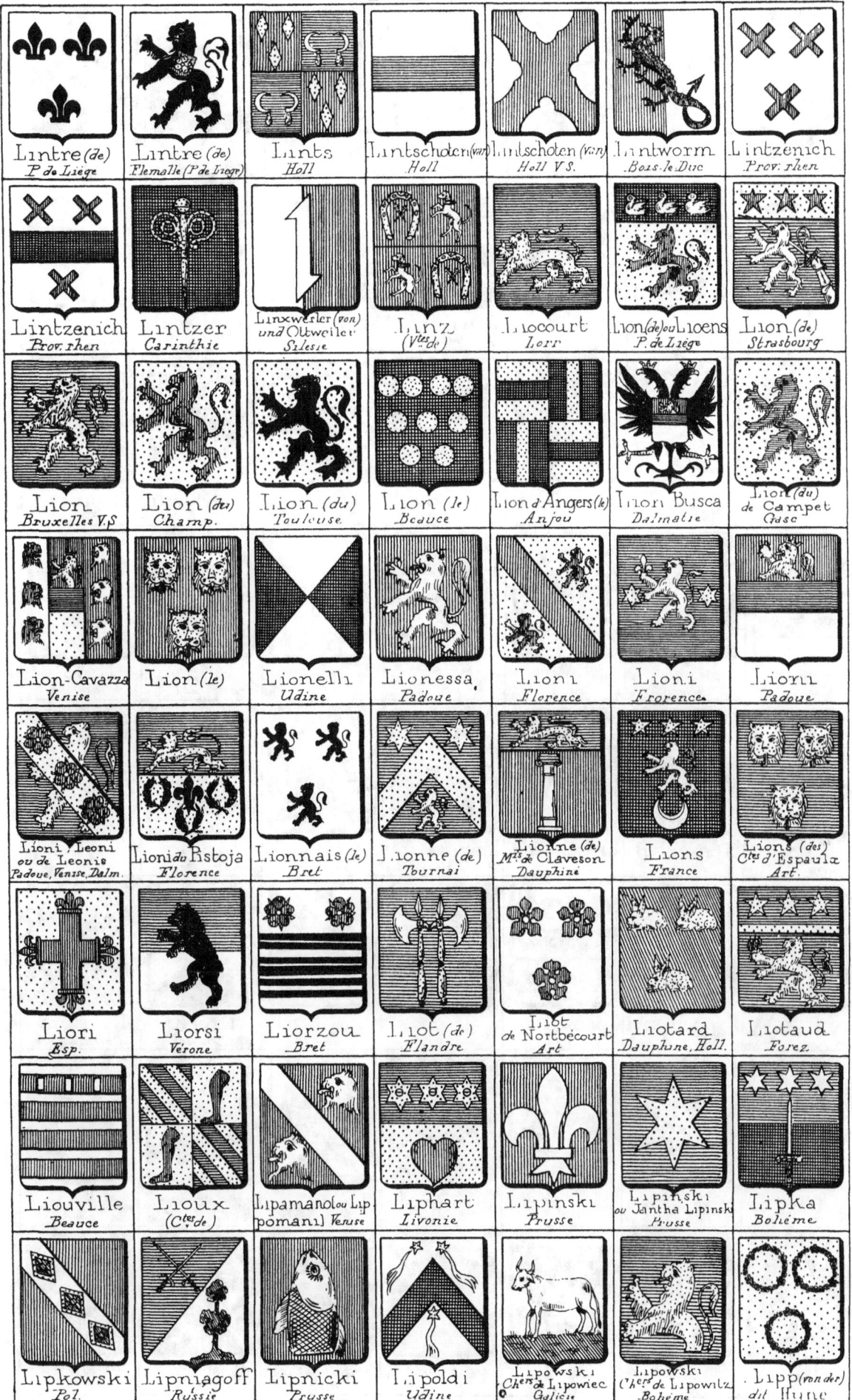

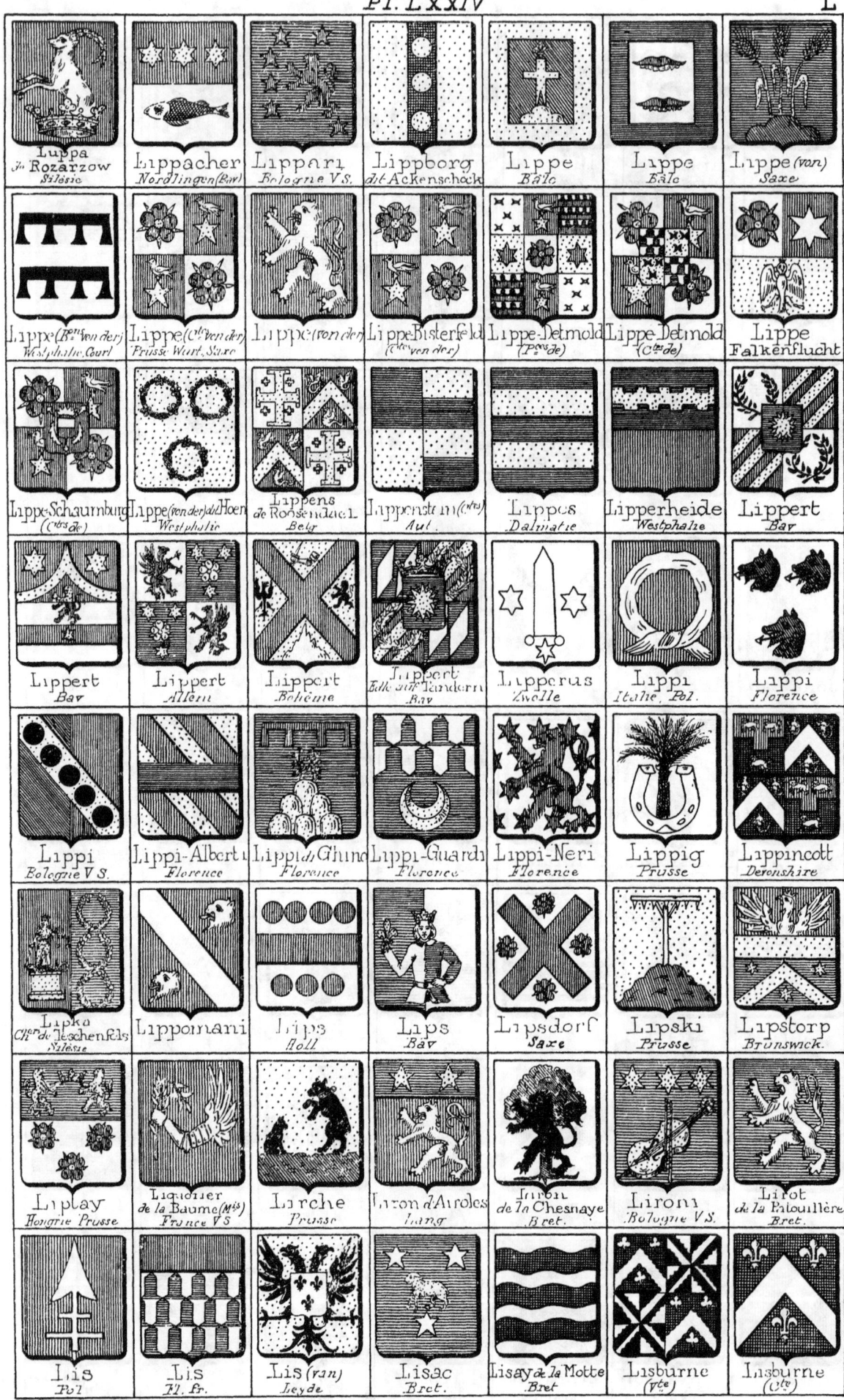

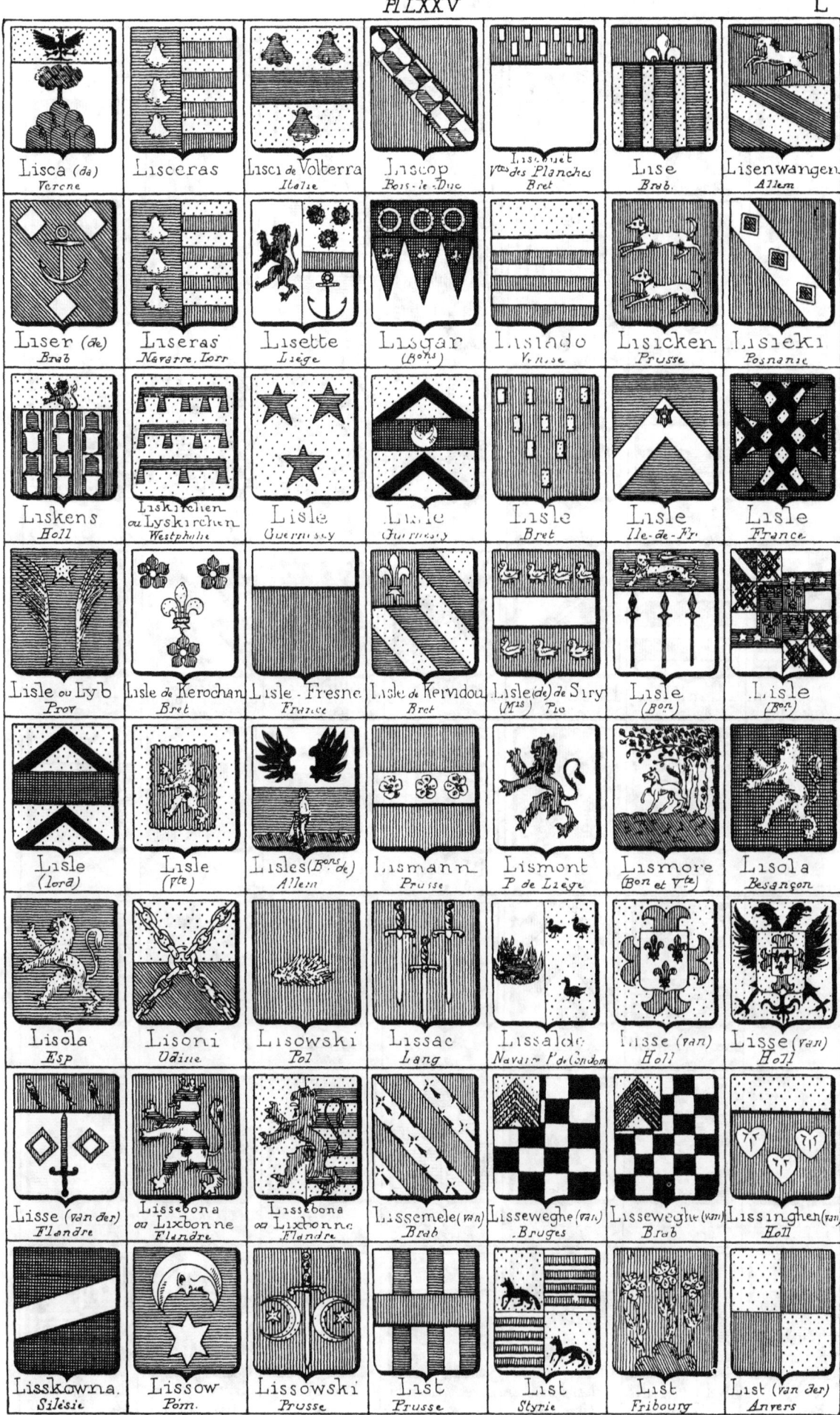

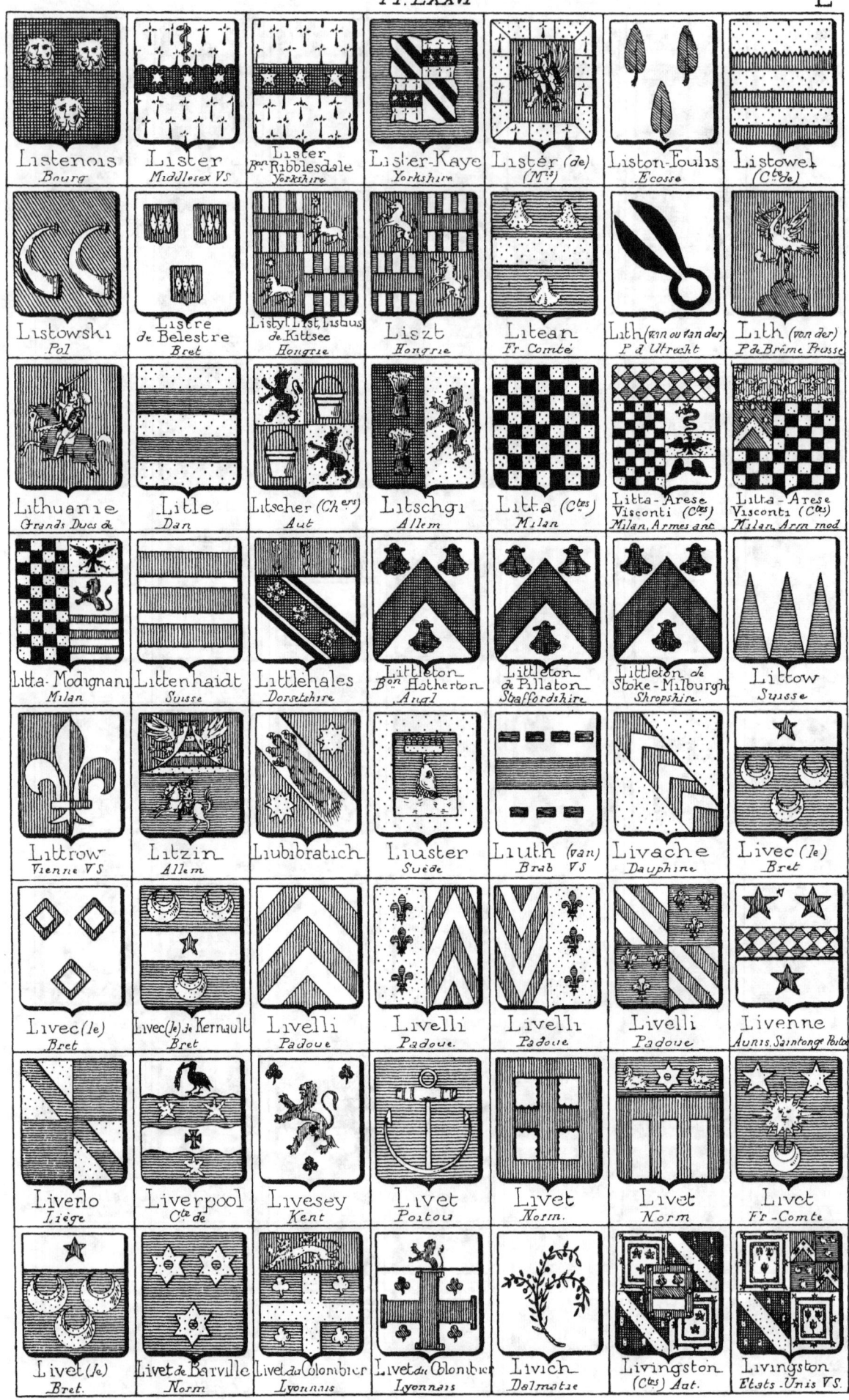

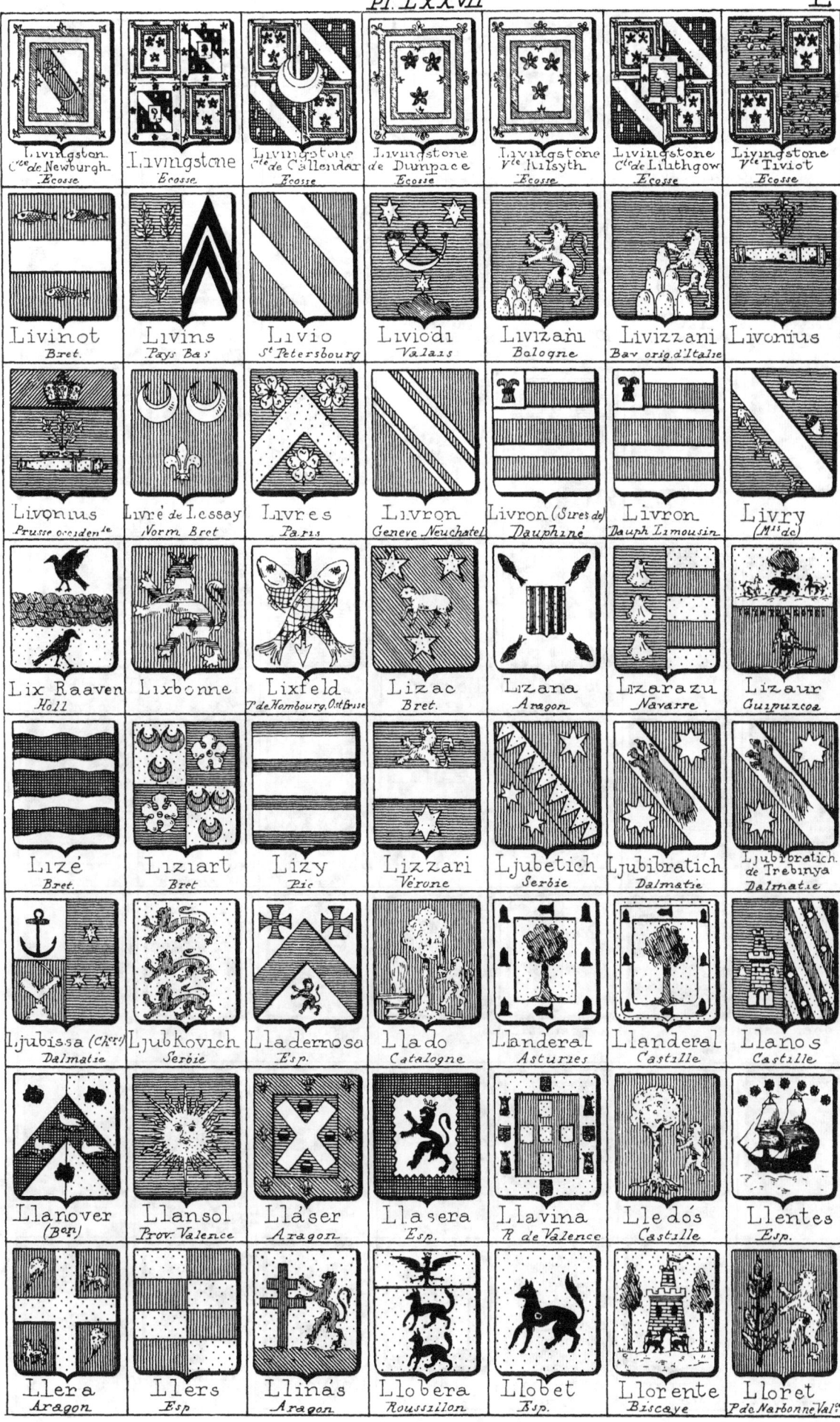

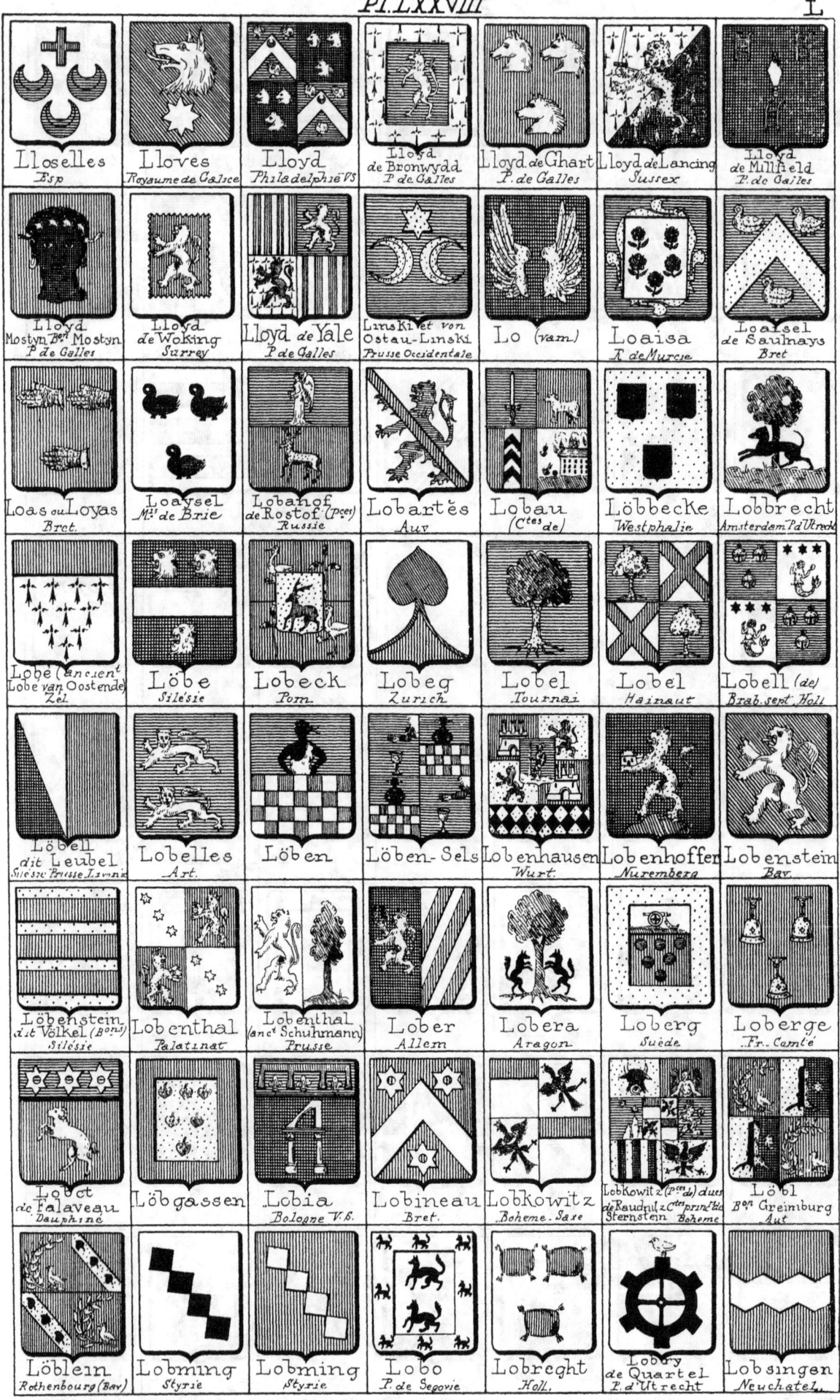

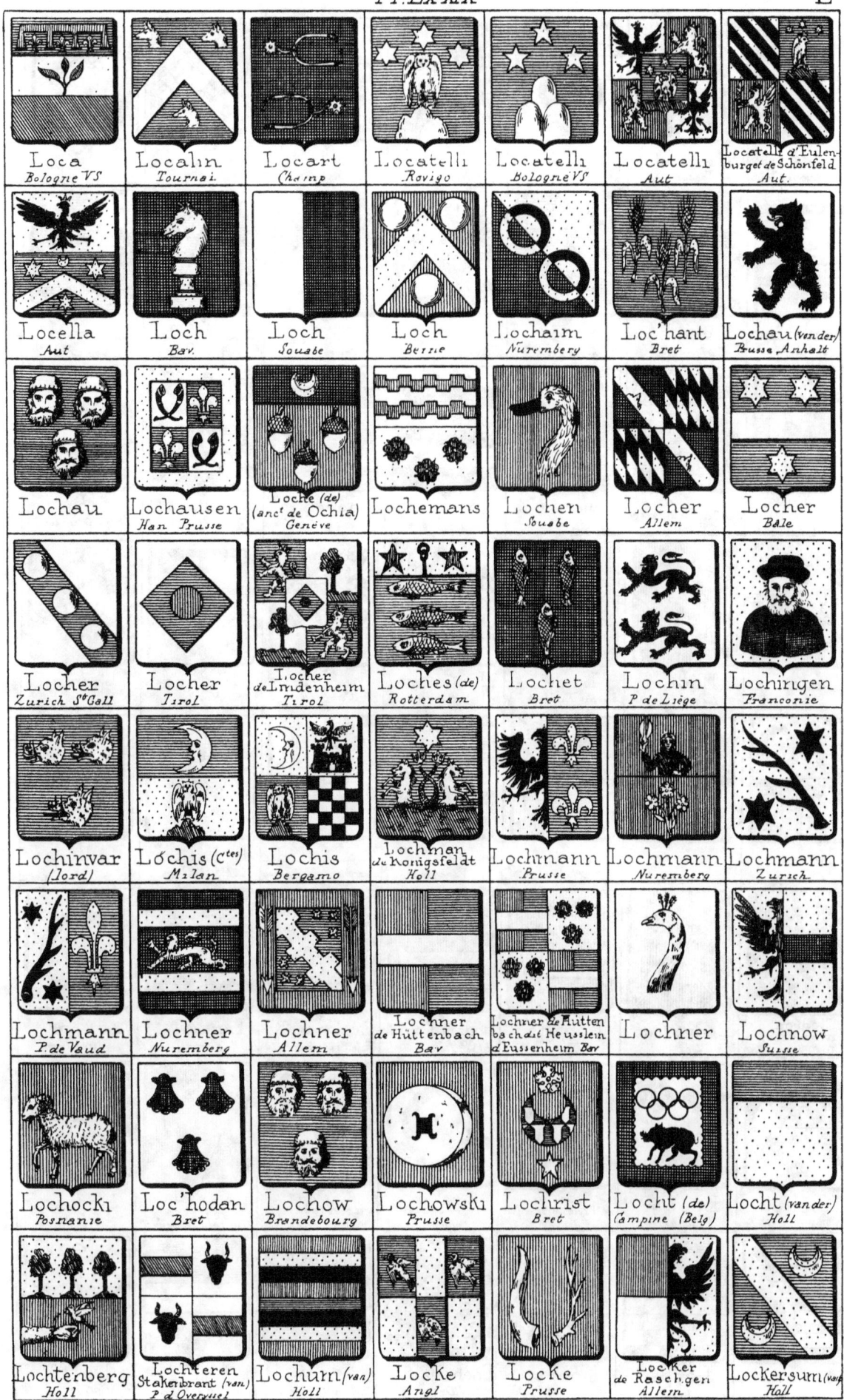

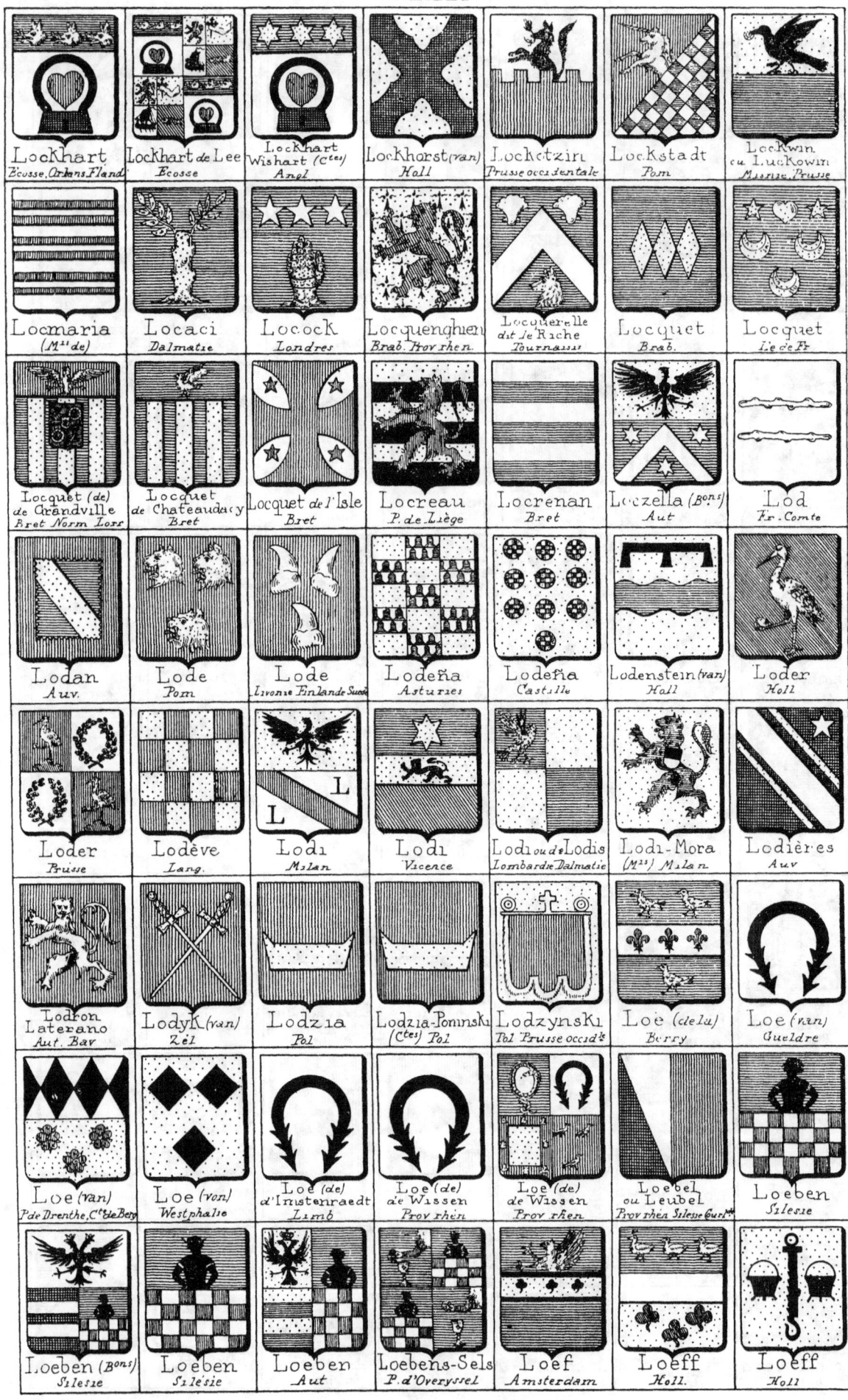

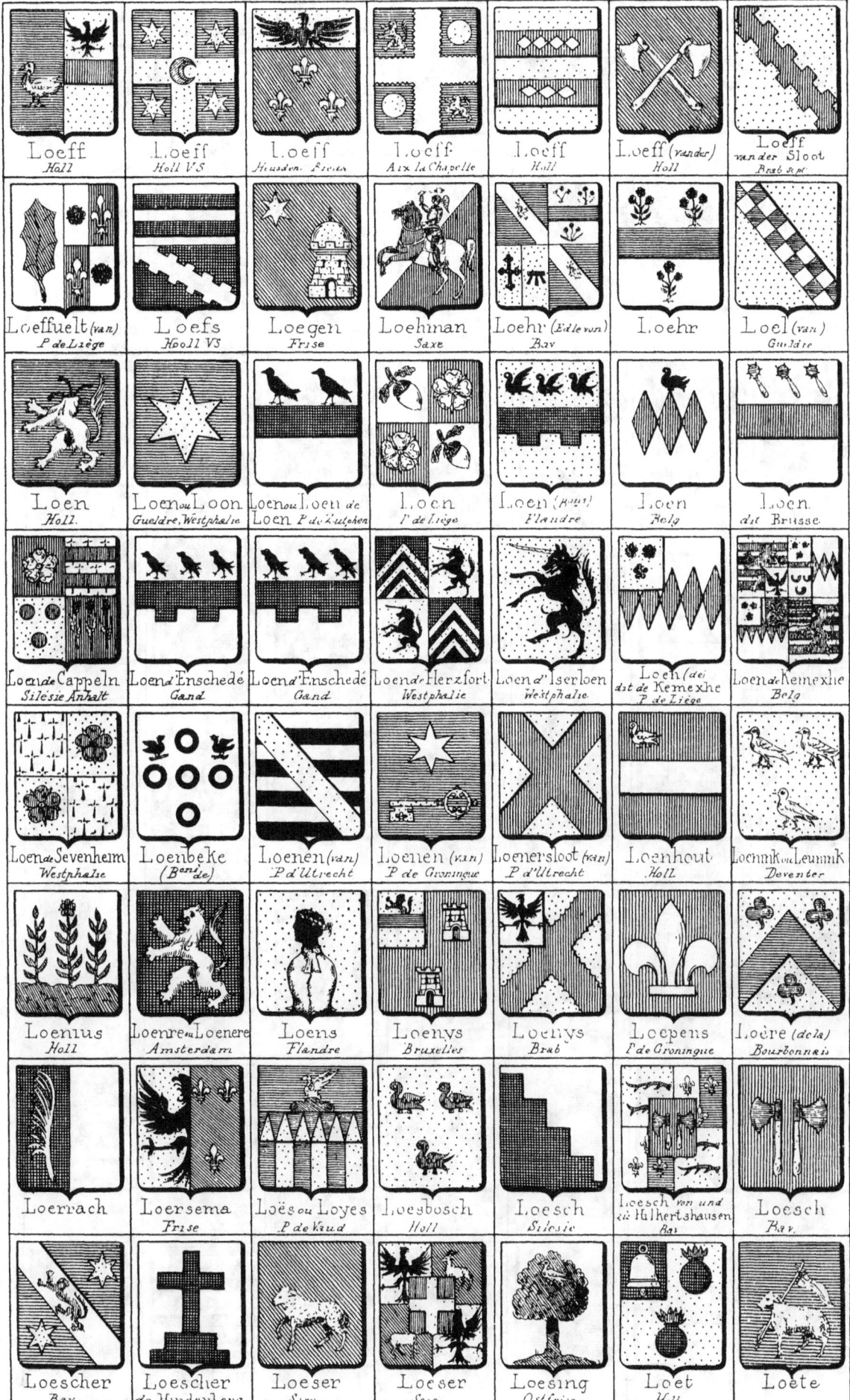

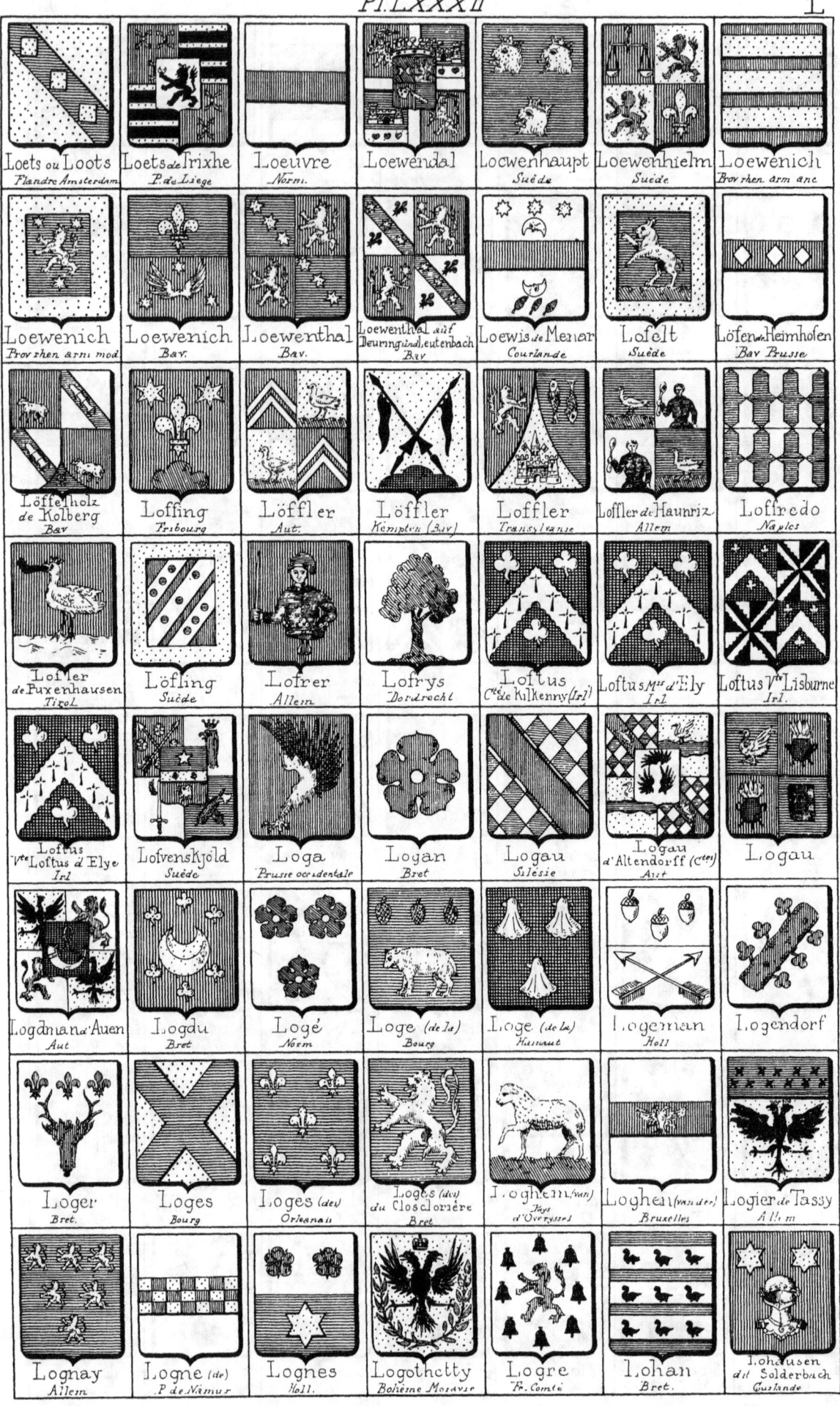

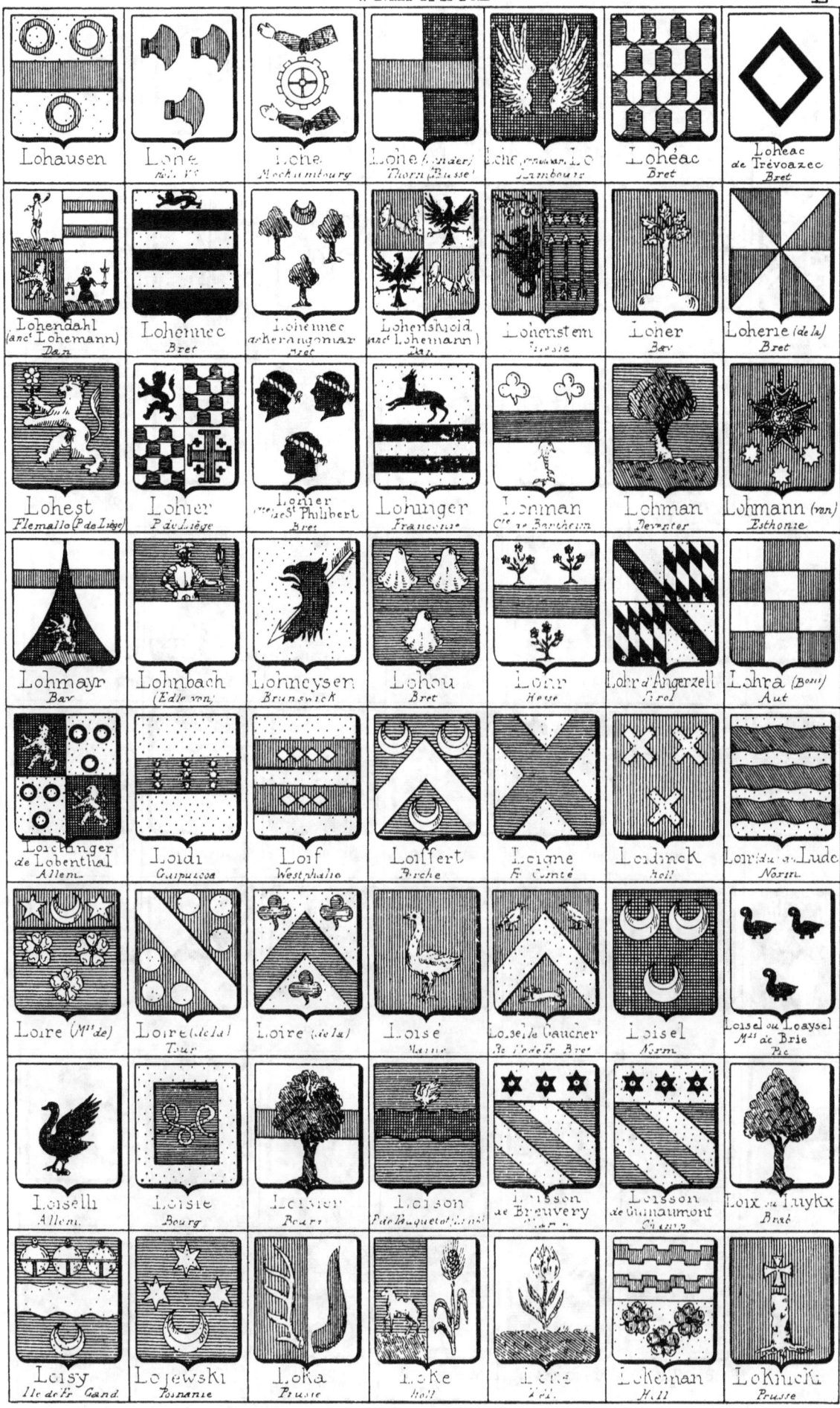

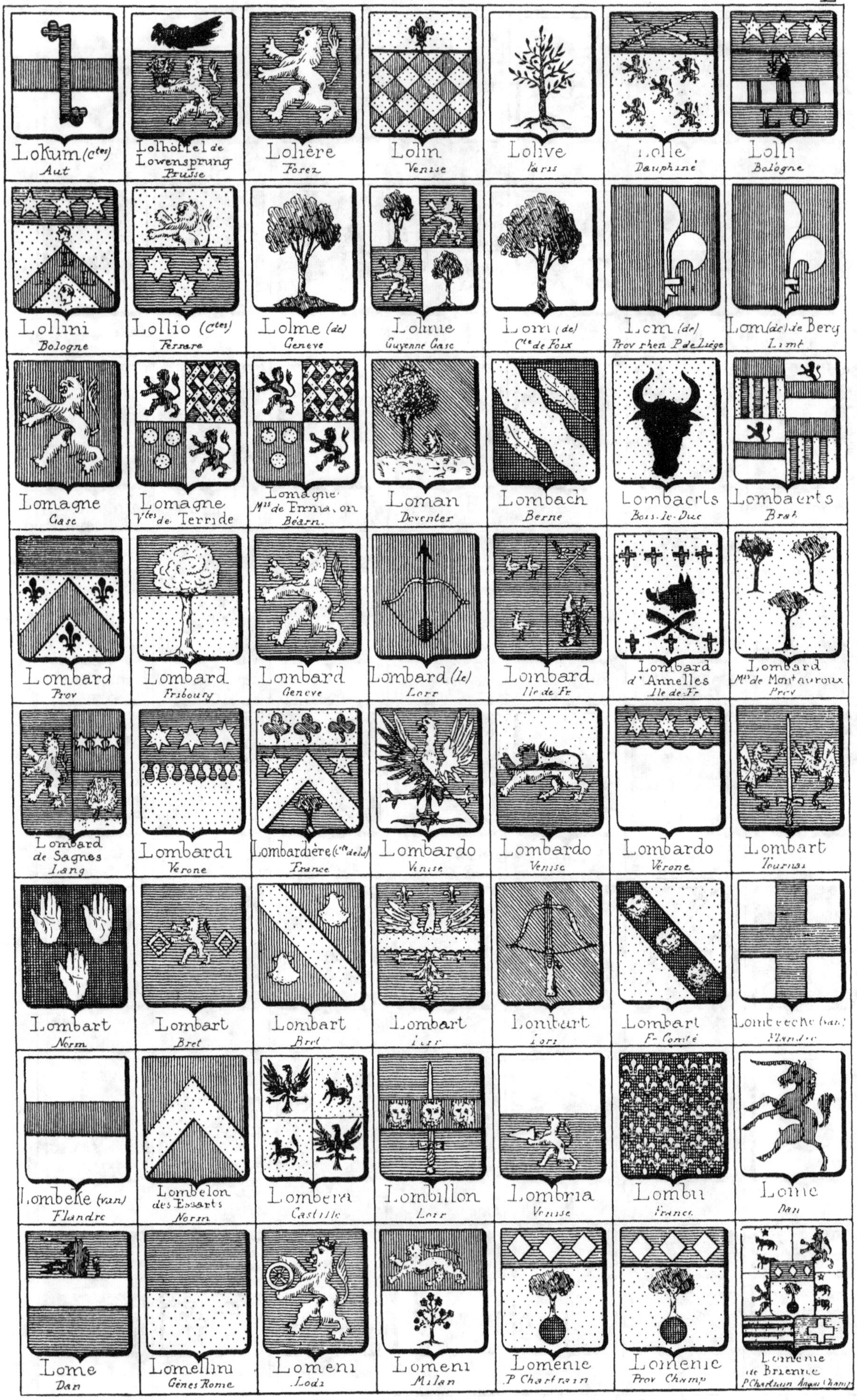

Pl.LXXXIV

| Lokum (C<sup>tes</sup>) Aut | Lolhoffel de Lowensprung Prusse | Lolière Forez | Lolin Venise | Lolive Paris | Lolle Dauphiné | Lolli Bologne |
| Lollini Bologne | Lollio (C<sup>tes</sup>) Ferrare | Lolme (de) Geneve | Lolme Guyenne Gasc | Lom (de) C<sup>té</sup> de Foix | Lom (de) Prov rhen P de Liège | Lom (de) le Berg Lim<sup>t</sup> |
| Lomagne Gasc | Lomagne V<sup>tes</sup> de Terride | Lomagne M<sup>is</sup> de Fimarcon Béarn | Loman Deventer | Lombach Berne | Lombaerts Bois-le-Duc | Lombaerts Brab |
| Lombard Prov | Lombard Fribourg | Lombard Geneve | Lombard (le) Lorr | Lombard Ile de Fr | Lombard d'Annelles Ile de Fr | Lombard M<sup>is</sup> de Montauroux Prov |
| Lombard de Sagnes Lang | Lombardi Verone | Lombardière (C<sup>te</sup> de la) France | Lombardo Venise | Lombardo Venise | Lombardo Verone | Lombart Tournai |
| Lombart Norm | Lombart Bret | Lombart Bret | Lombart Lorr | Lombart Lorr | Lombart F-Comté | Lombeeche (Van) Flandre |
| Lombeke (van) Flandre | Lombelon des Essarts Norm | Lombera Castille | Lombillon Lorr | Lombria Venise | Lombu France | Lome Dan |
| Lome Dan | Lomellini Gênes Rome | Lomeni Lodi | Lomeni Milan | Lomenie P Chartrain | Lomenie Prov Champ | Lomenie de Brienne P Chartrain Anjou Champ |

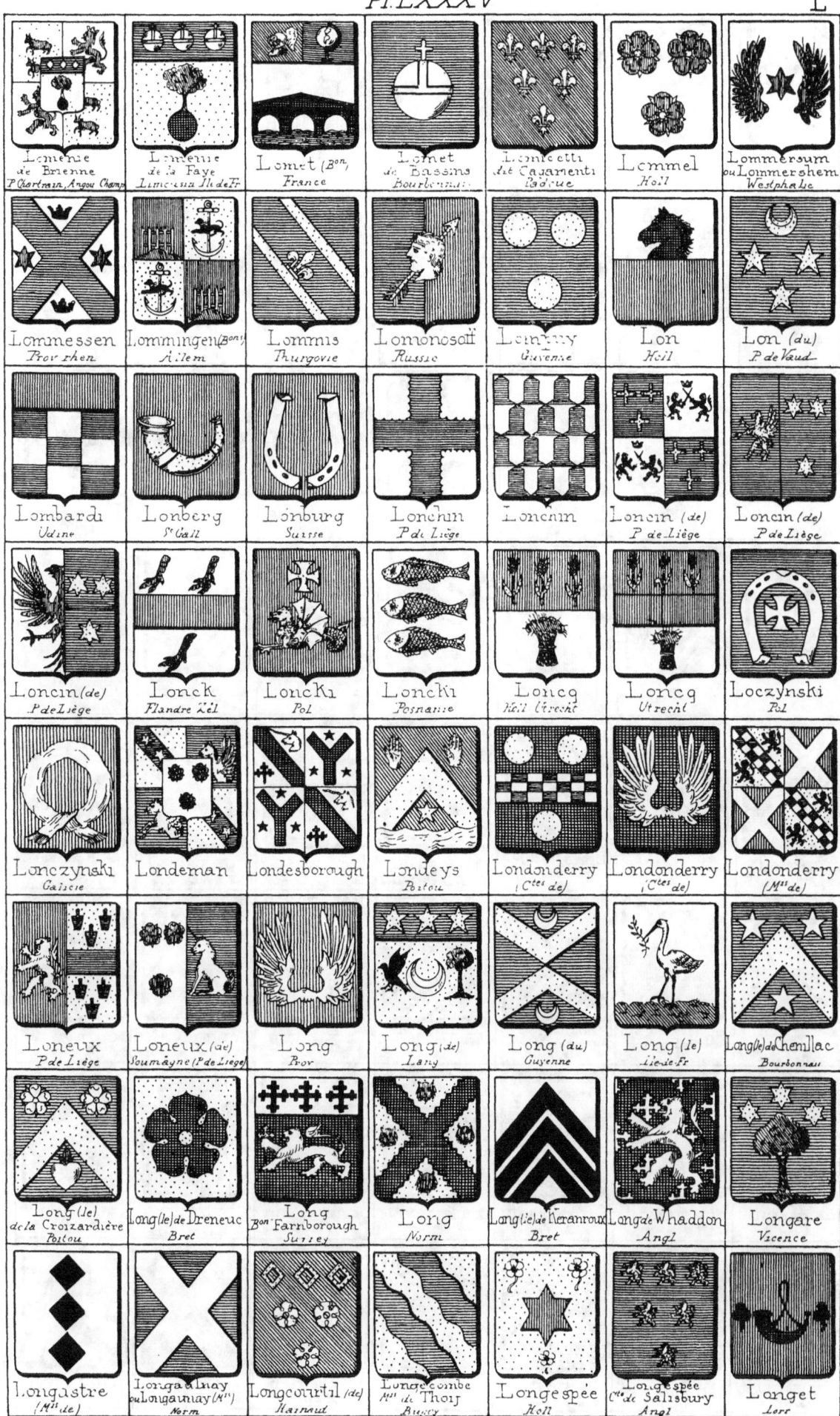

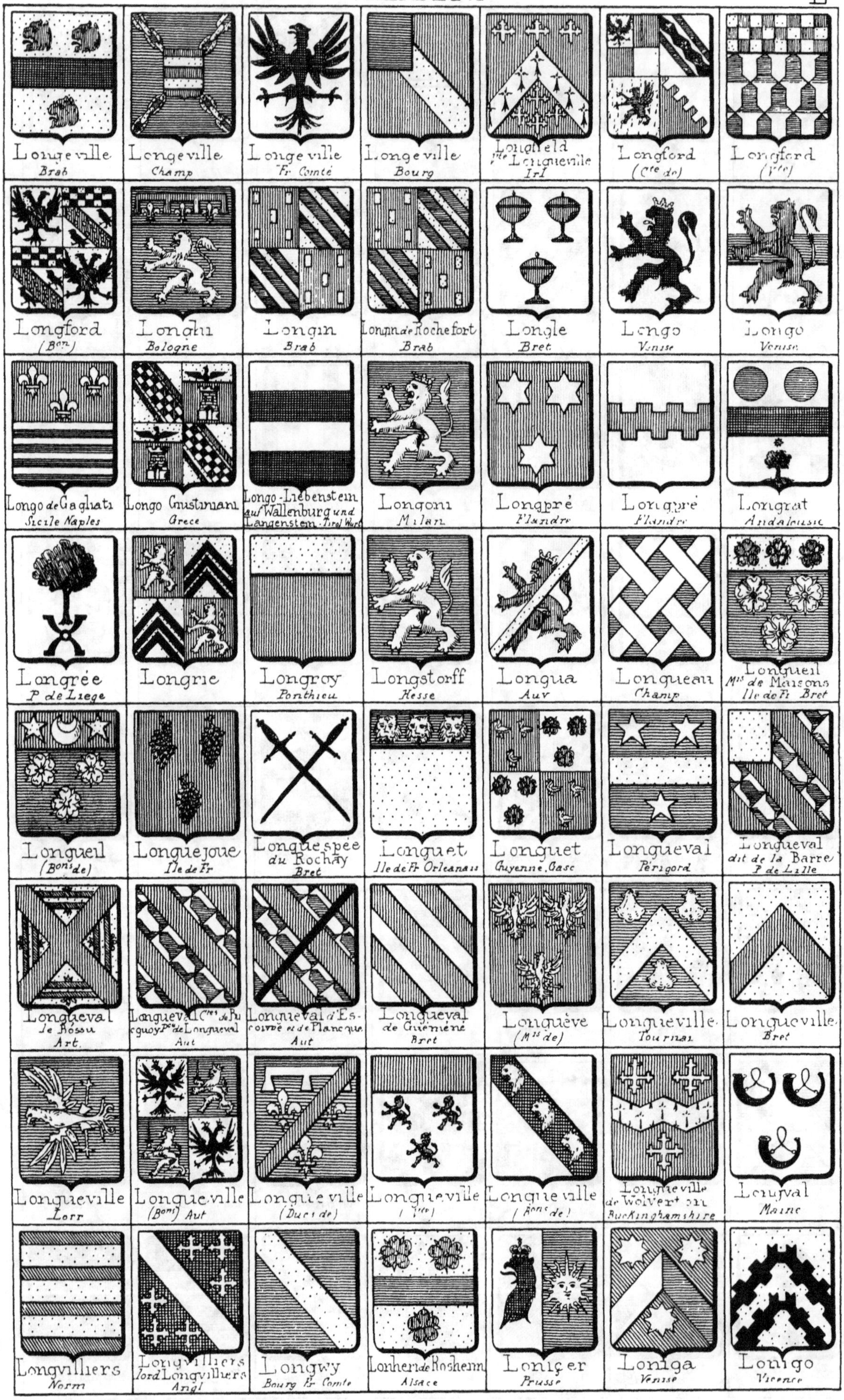

Pl. LXXXVI

| Longeville Brab. | Longeville Champ. | Longeville Fr. Comté | Longeville Bourg | Longfield d'te de Longueville Irl. | Longford (Cte de) | Longford (V'te) |
|---|---|---|---|---|---|---|
| Longford (Bon) | Longhi Bologne | Longin Brab. | Longin de Rochefort Brab. | Longle Bret. | Longo Venise | Longo Venise |
| Longo de Gagliati Sicile Naples | Longo Giustiniani Grece | Longo-Liebenstein auf Wallenburg und Langenstein Tirol Württ. | Longoni Milan | Longpré Flandre | Longpré Flandre | Longrat Andalousie |
| Longrée P. de Liege | Longrie | Longroy Ponthieu | Longstorff Hesse | Longua Auv. | Longueau Champ. | Longueil M's de Maisons Ile de Fr. Bret. |
| Longueil (Bon de) | Longuejoue Ile de Fr. | Longuespée du Rochay Bret. | Longuet Ile de Fr. Orléanais | Longuet Guyenne Gasc. | Longueval Périgord | Longueval dit de la Barre P. de Lille |
| Longueval de Bossu Art. | Longueval Cte de Buquoy Pce de Longueval Aut. | Longueval d'Escoivré et de Plancque Aut. | Longueval de Guémené Bret. | Longuève (M's de) | Longueville Tournai | Longueville Bret. |
| Longueville Lorr. | Longueville (Bon) Aut. | Longueville (Ducs de) | Longueville (V'te) | Longueville (Bon de) | Longueville de Wolverton Buckinghamshire | Longval Maine |
| Longvilliers Norm. | Longvilliers lord Longvilliers Angl. | Longwy Bourg. Fr. Comté | Lonheri de Rosheim Alsace | Loniçer Prusse | Loniga Venise | Lonigo Vicence |

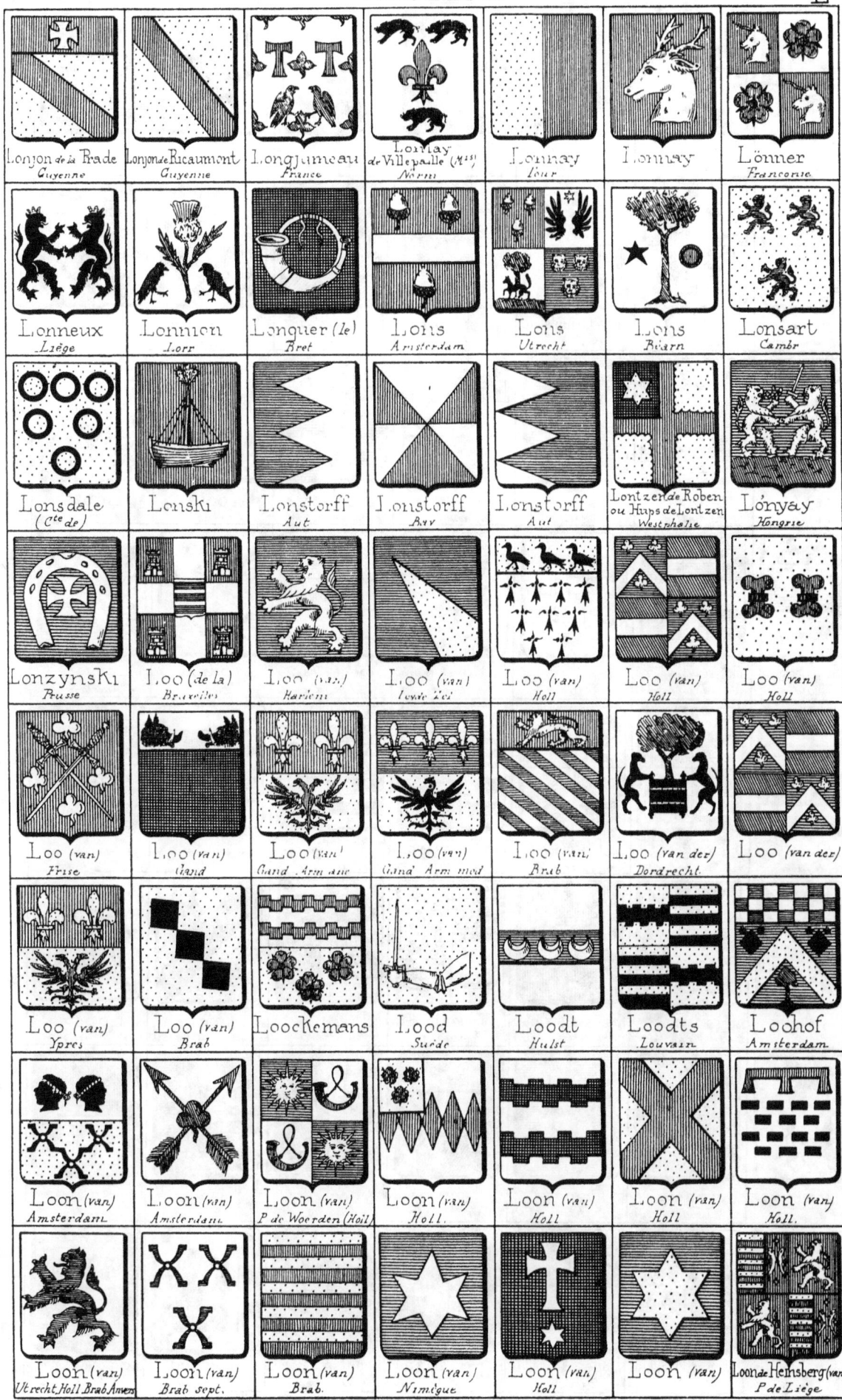

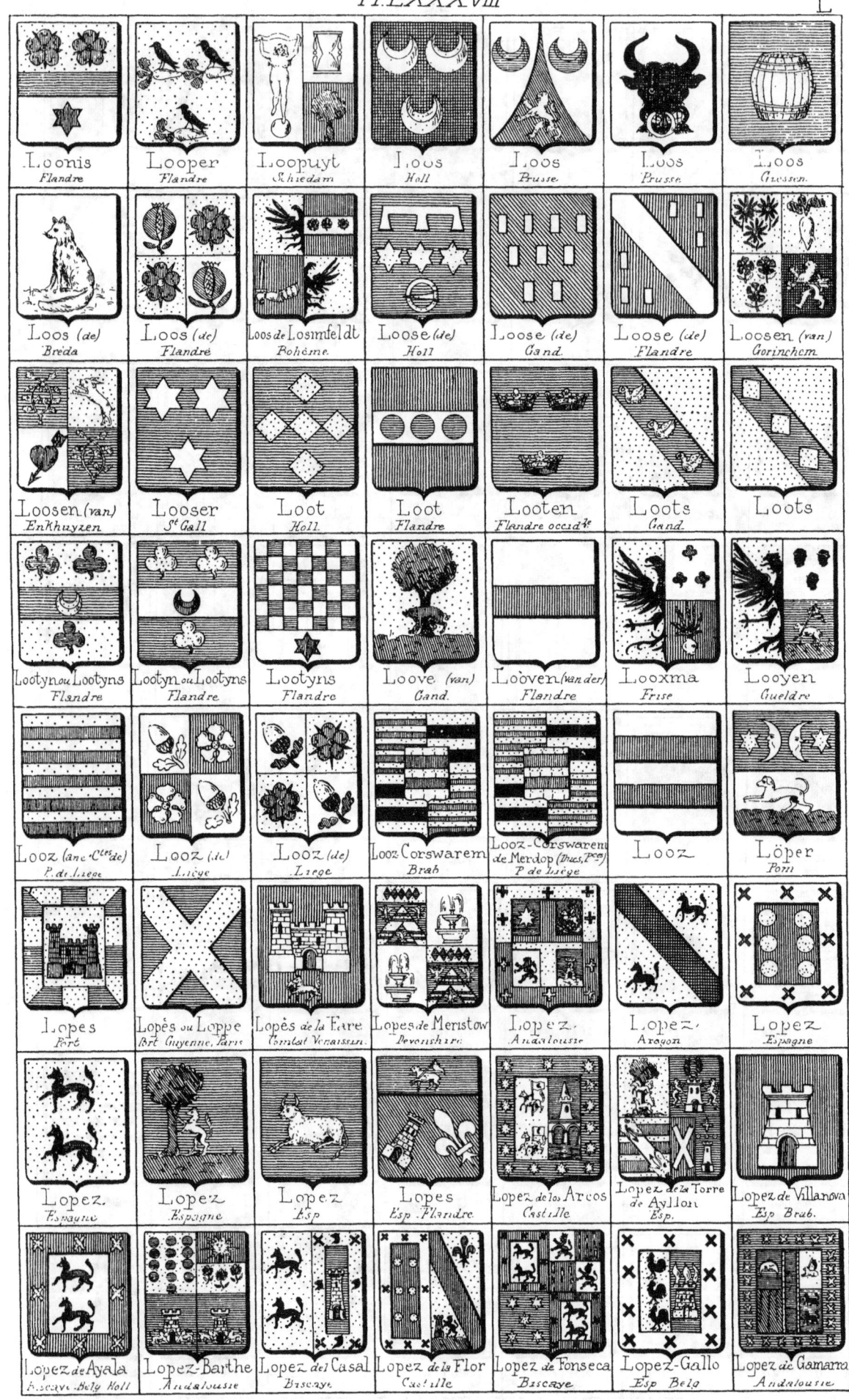

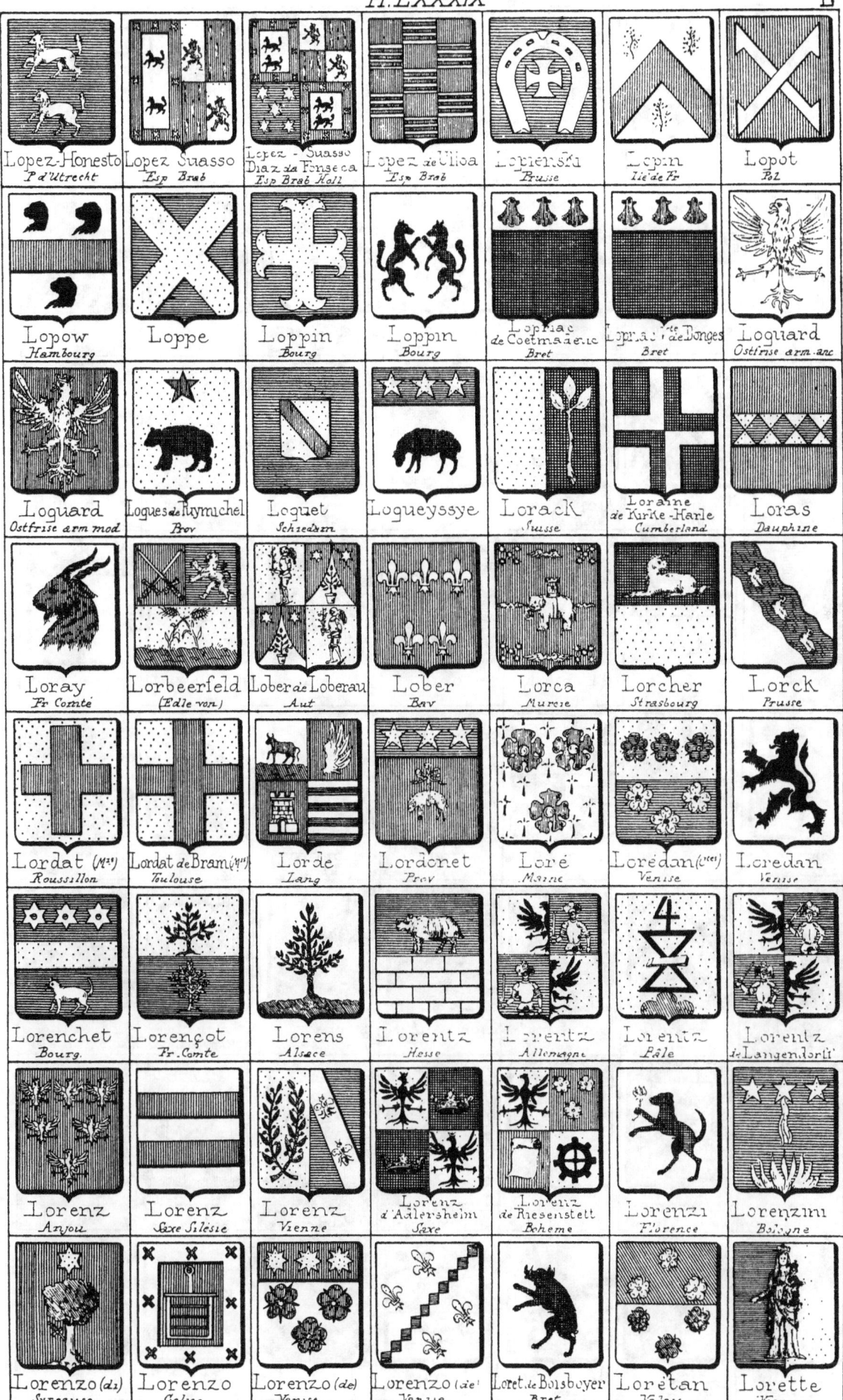

Pl. XCI  L

| | | | | | | |
|---|---|---|---|---|---|---|
| Lort de Séguiran Guyenne Gasc | Lort de Stackpole P. de Galles | Lortemar Prov | Lorthioir Tournai | Lorton (V^(te)) | Lory Bret | Lorveloux Bret |
| Loryue | Lorzano | Los Aut | Los ou Losch Galicie | Losa Castille | Losa Castille | Losada R. de Galice |
| Losane Frise | Losbühler Ratisbonne | Losch | Lösch | Loschaert | Loschart Franconie | Löschenbrand Brandebourg |
| Löscher Nuremberg | Löscher de Hindenberg Saxe | Losco Vicence, arm anc. | Losco Vicence, arm anc. | Losco Vicence, arm anc. | Losco Vicence, arm mod | Loschern de Hertzfeld Suède, Lithonie, Hesse |
| Losel Lauze de Plaisance (V^(tes)) Agenais | Losea (de) Fribourg | Losecaat Holl Gueldre | Losecaet P. de Groningue | Lösecke Han | Loselin Alsace | Losen Tirol |
| Losenegger Berne | Lösenich Prov rhen. | Losenstein Styrie | Löser Saxe, Prusse, arm anc | Löser Saxe, Prusse, arm mod | Losgert Holl | Losiatynski Pol |
| Losières ou Lauzières Lang. | Losières ou Lauzières Lang. | Losimthal (B^(ons)) Aut | Losimthal (V^(tes)) Aut | Loskant Mayence Wetzlar | Loslein Franconie | Lospice Pic |
| Losquet Norm | Loss Silésie | Loss Saxe | Loss | Lossa Saxe | Lossandières Maine | Lossberg P. de Lippe |

Pl. XCII                                                                                                          L

| Losschaert Bruges | Lösslou Lössl (Edl.von) Bav | Losser (Edl.von) Zittau (Saxe) | Losseth-Mandelli Milan | Lossnitz Bav | Lossow Silésie | Losstitz Saxe |
|---|---|---|---|---|---|---|
| Lossy Tournai | Lossy de Wariné Tournai | Lostanges (M.de) Limousin, Prusse | Lostanvern Bret | Lostin Pom | Losy de Losenau Aut | Lot Amsterdam |
| Loten Utrecht, Amsterdam | Loten Londres | Loth Arnhem | Lothen Prusse | Lothen Aut | Lothes Nuremberg | Lothian (M.is de) |
| Lotichius Gueldre | Lotin de Charny Beauce | Lotode Bret | Lotons | Lotsy Dordrecht | Lotten Aut | Lotter Ratisbonne |
| Lotterbeck Allem. | Lotteringhi dalla Stufa Florence | Lottersberg Bav | Lotti Bologne | Lotti Dalmatie | Lottiero Naples | Lottin Flandre |
| Lottin Pl. fr. | Lottinger (de) Milan | Lottner Bav | Lottum Silésie | Lottum (Bon) Prusse | Lottyns Holl | Lotz Bâle |
| Lotzbeck (von) auf Weyhern Bade | Lotzbeck (von) auf Weyhern (Bon) Bade | Lötzen Prusse | Lotzky de Masanizowski Silésie | Lotzweyl Suisse | Lou du Mescouez Bret | Lou(ve) le Loup de Villemord Bret |
| Louail de la Sauldraye Bret | Louan Soissonnais | Louan Bourbonnais | Louays de Kerligonan Bret | Loubaissin Toulouse | Loubat de Bohan Lyonnais | Loubat-Carles France |

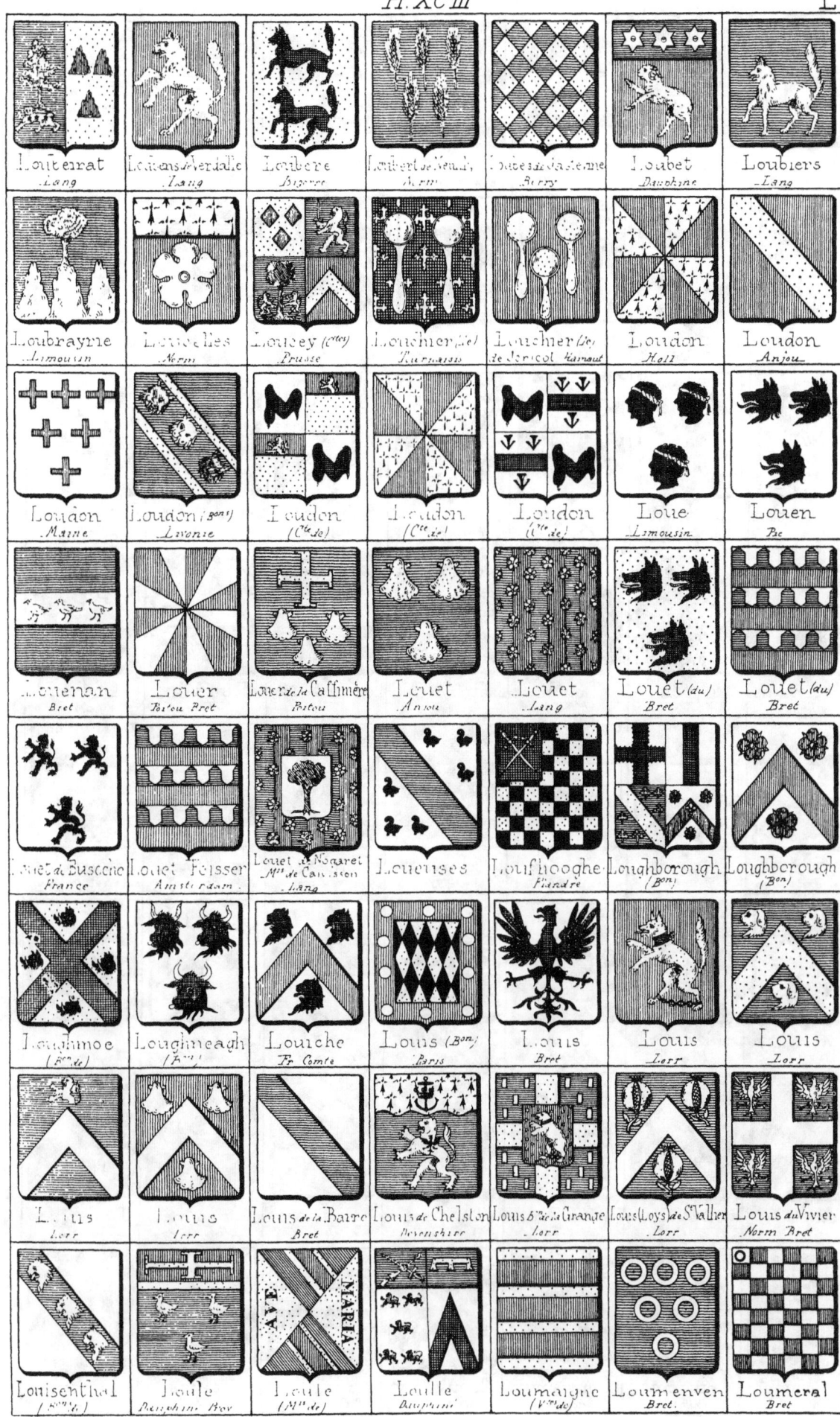

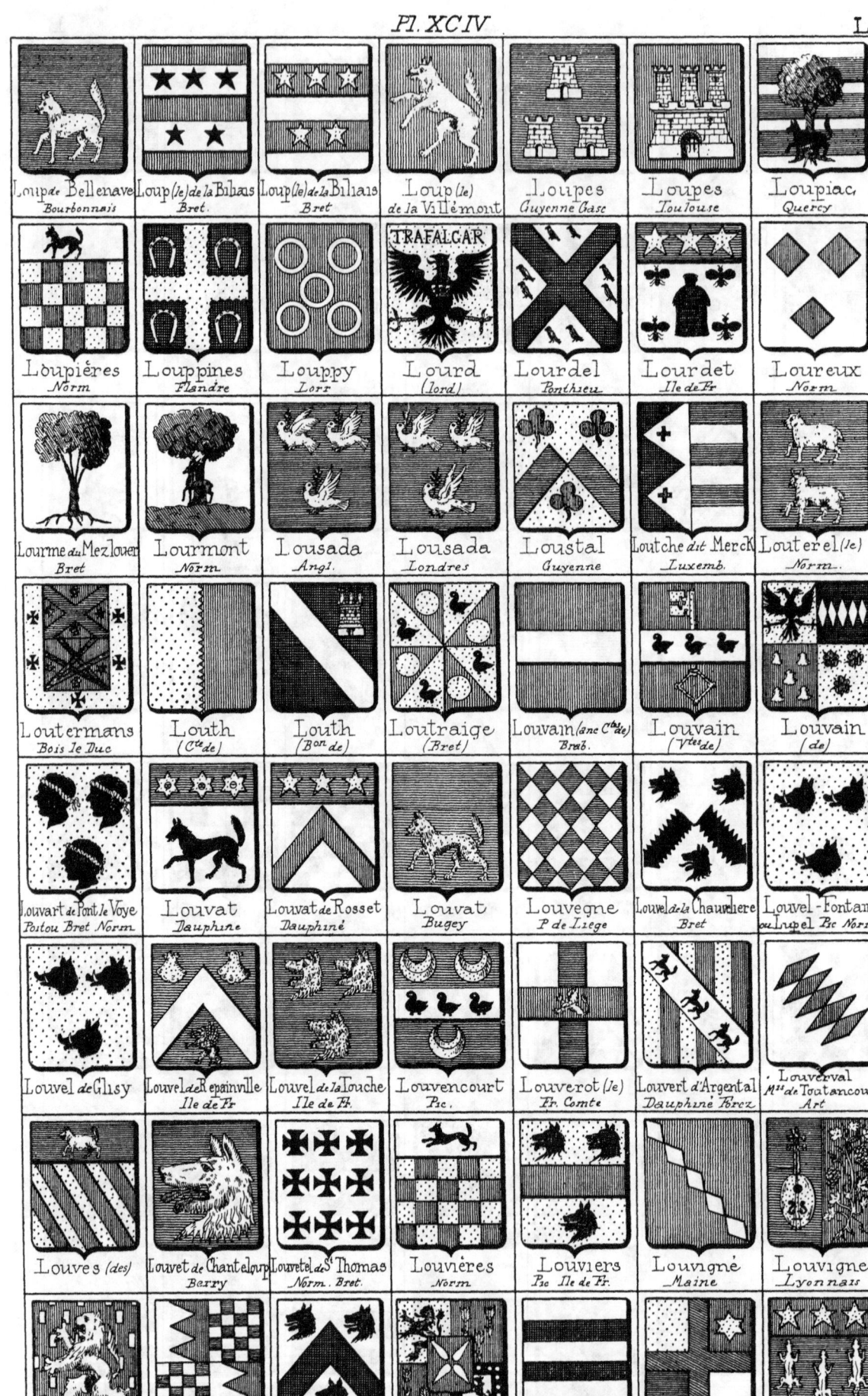

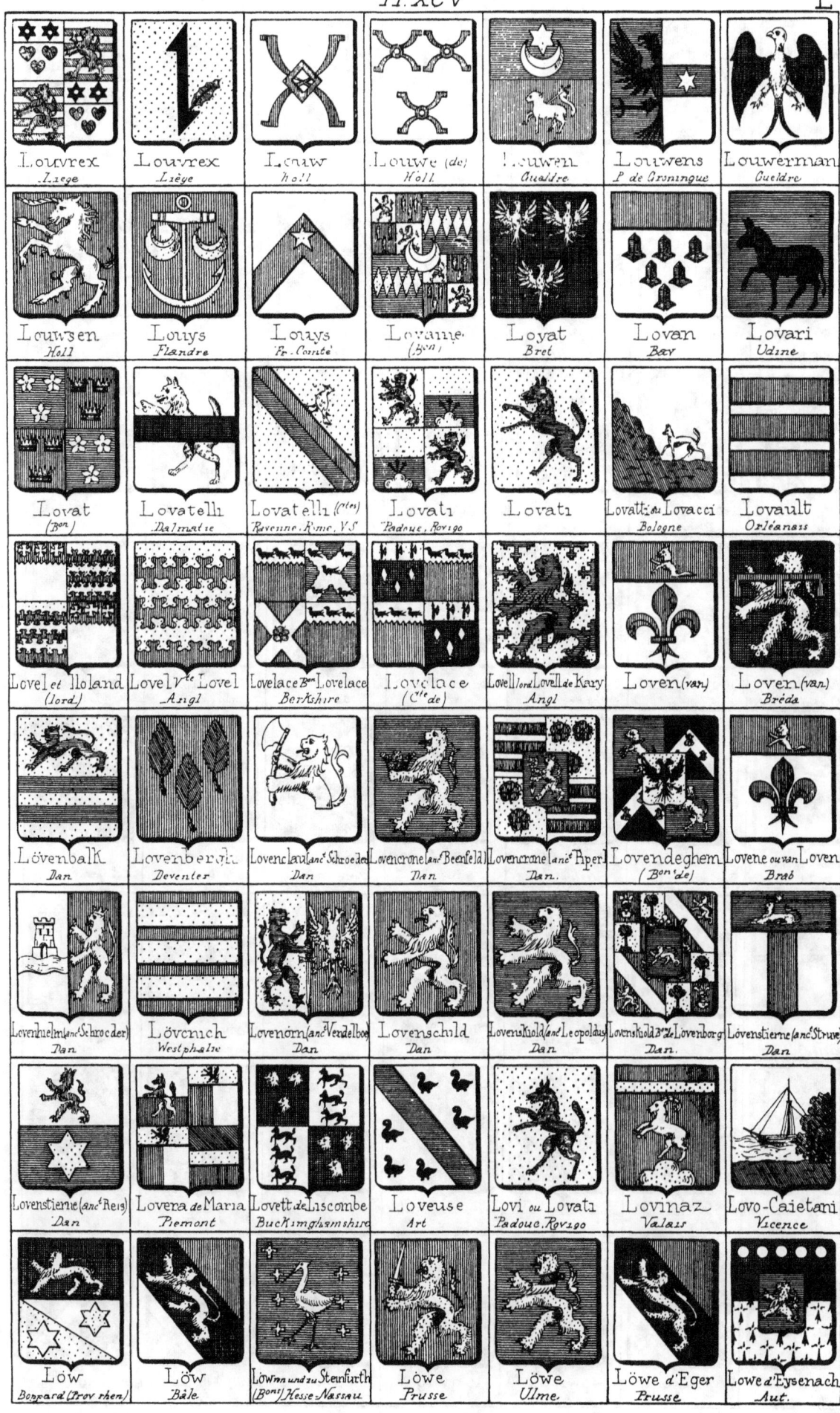

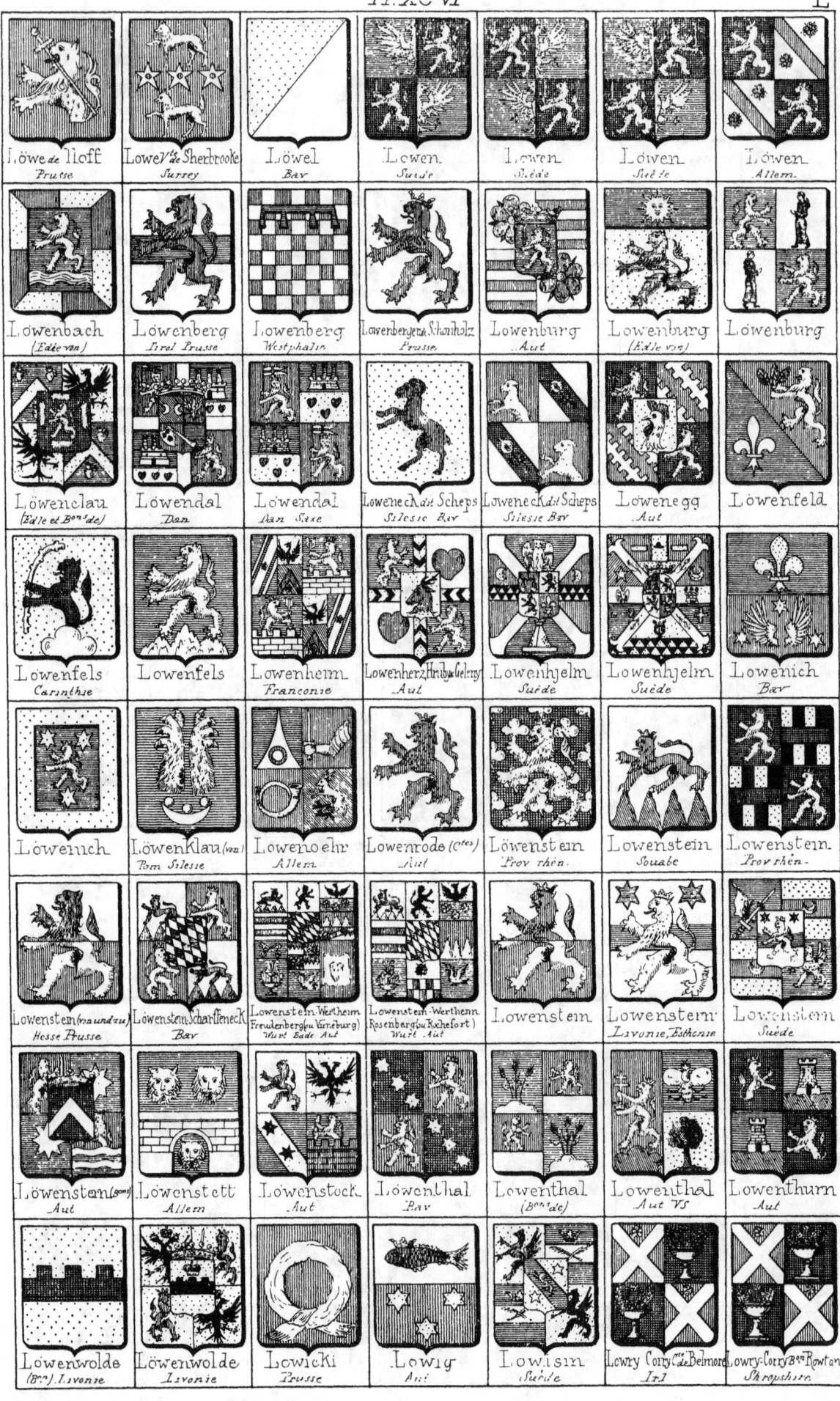

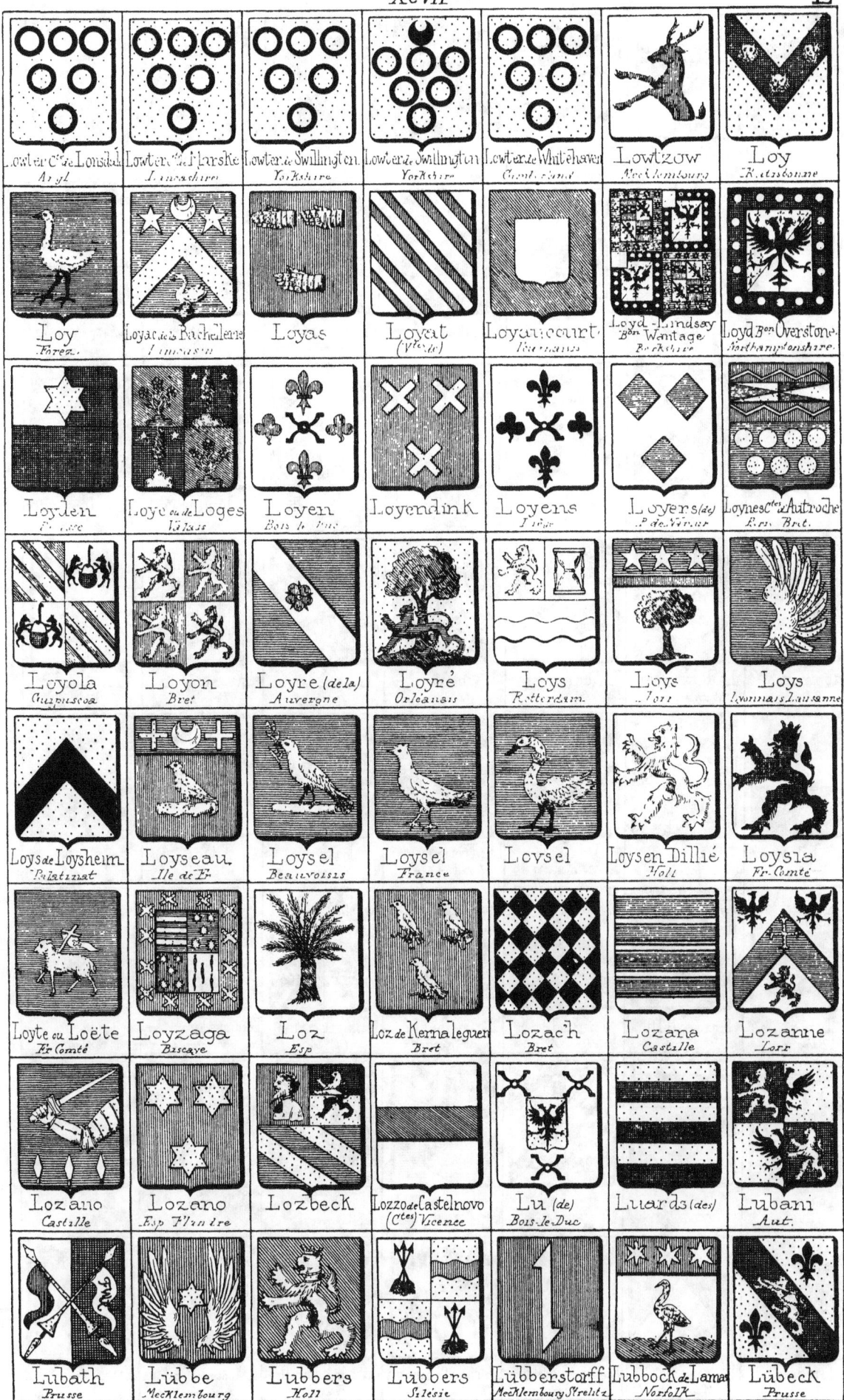

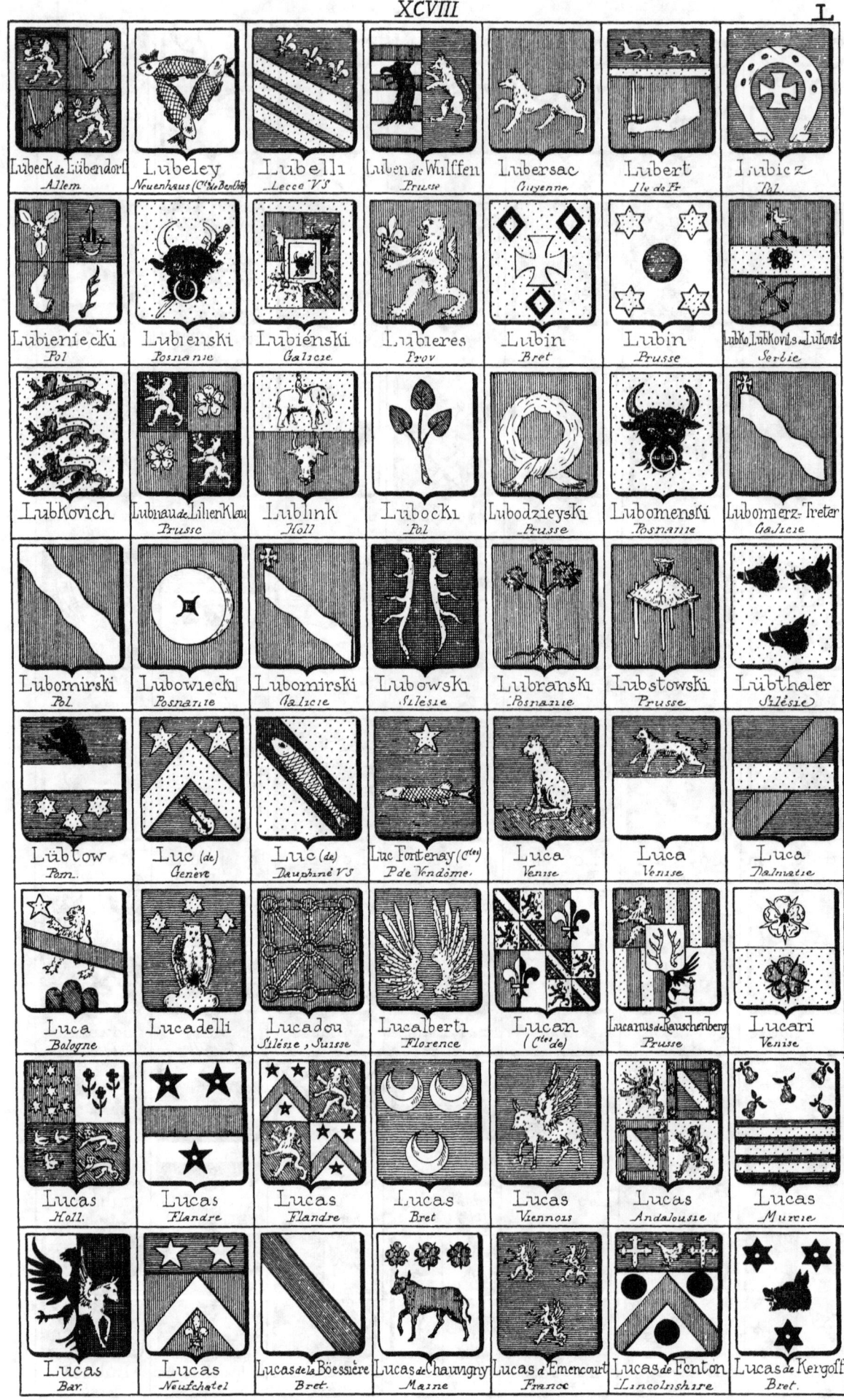

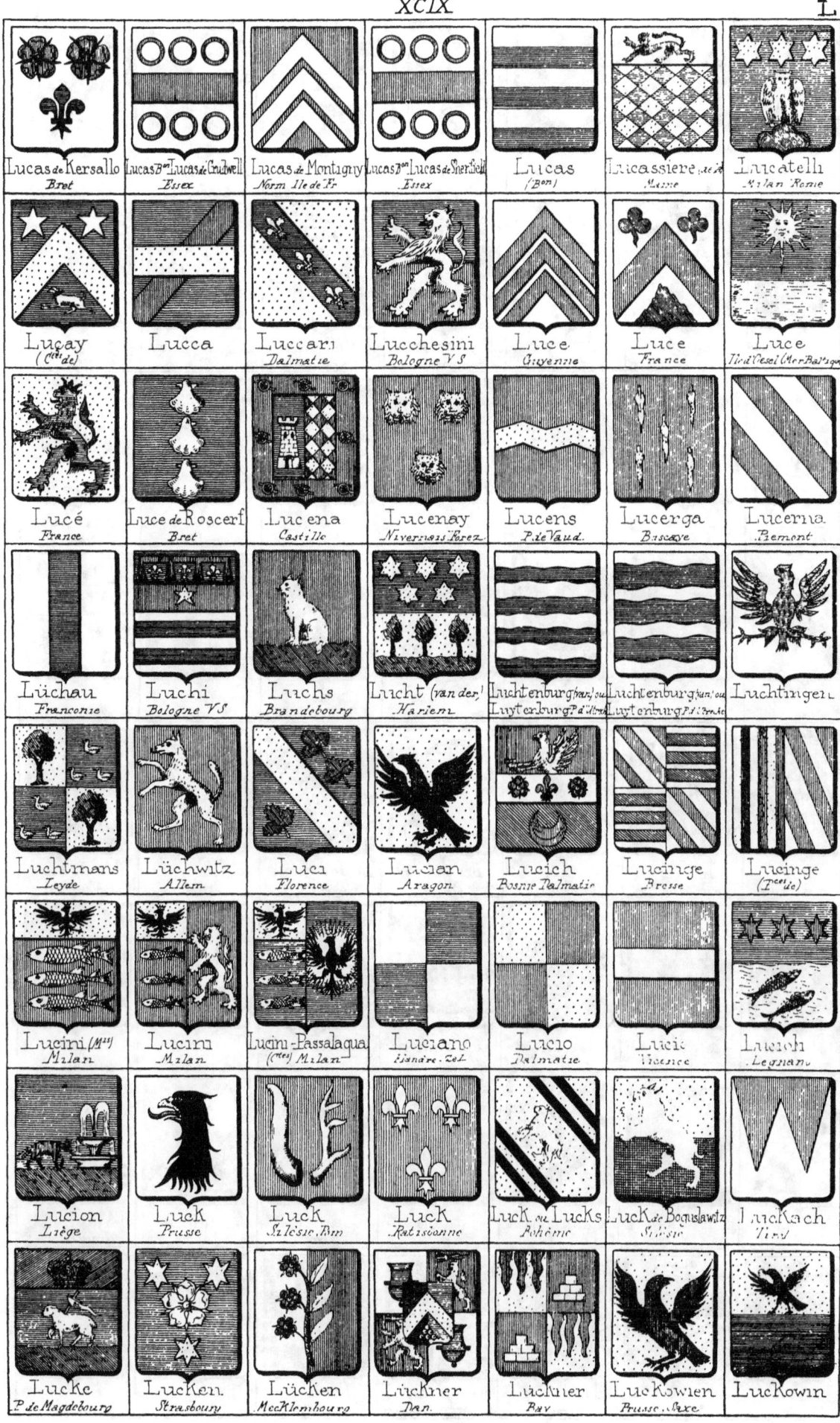

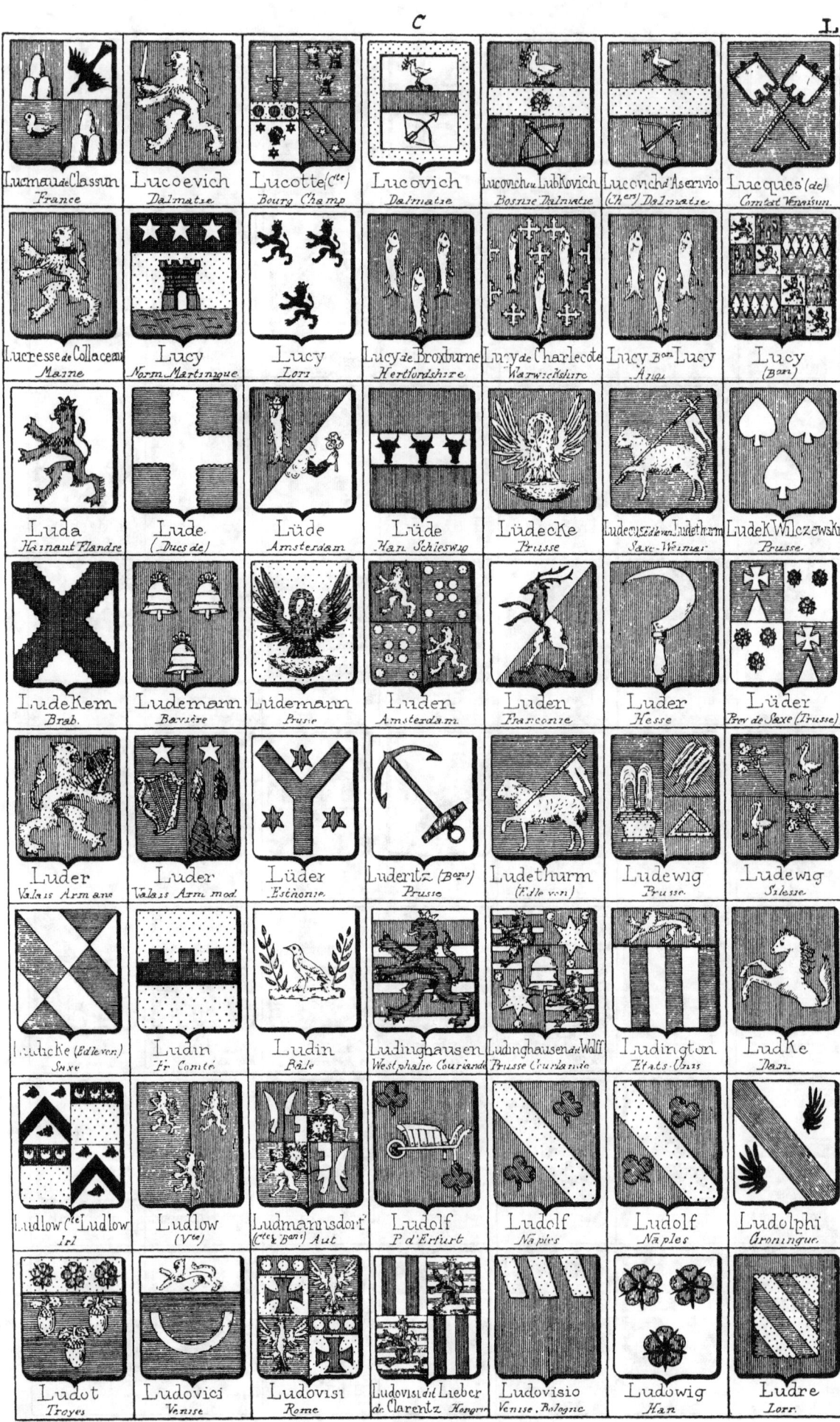

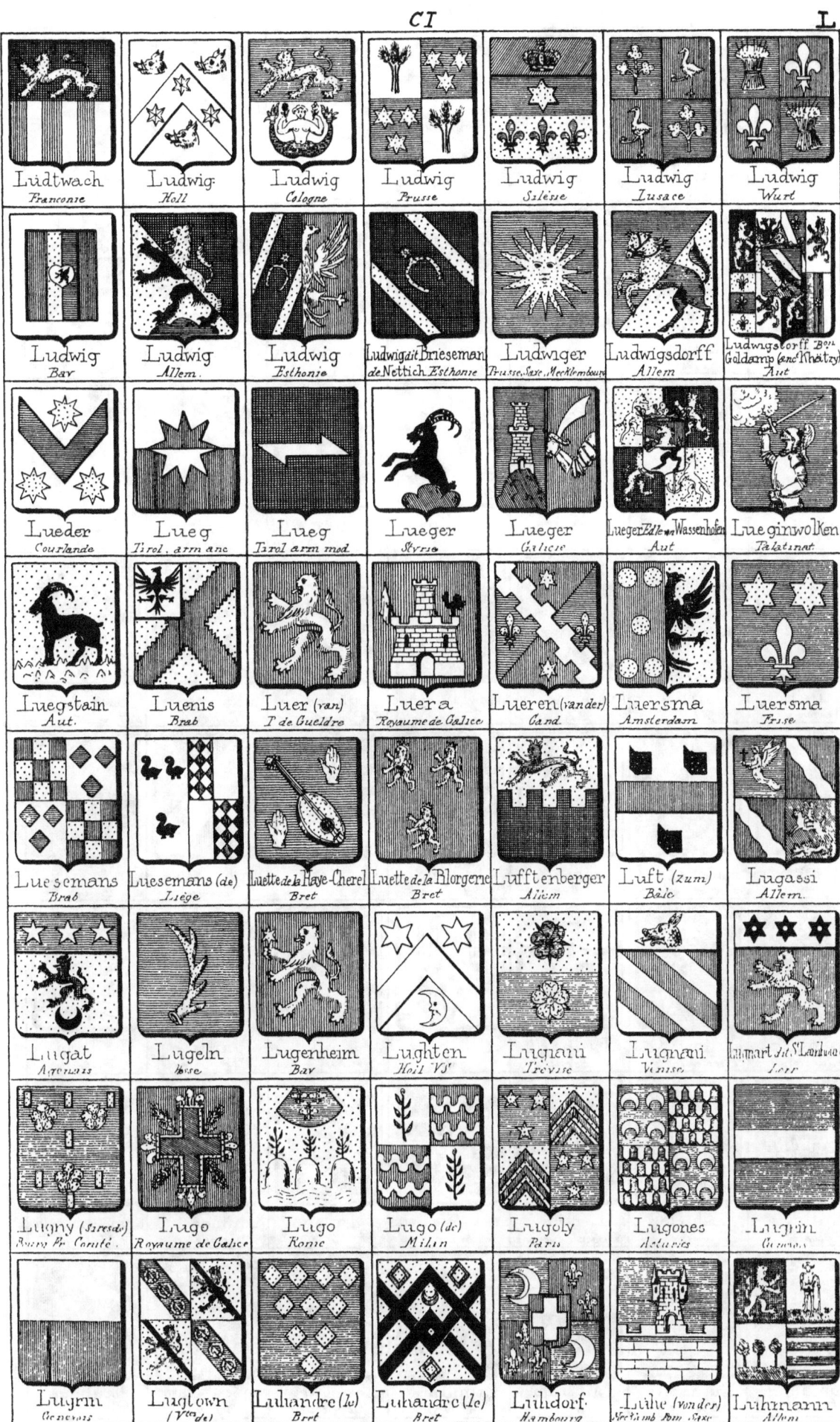

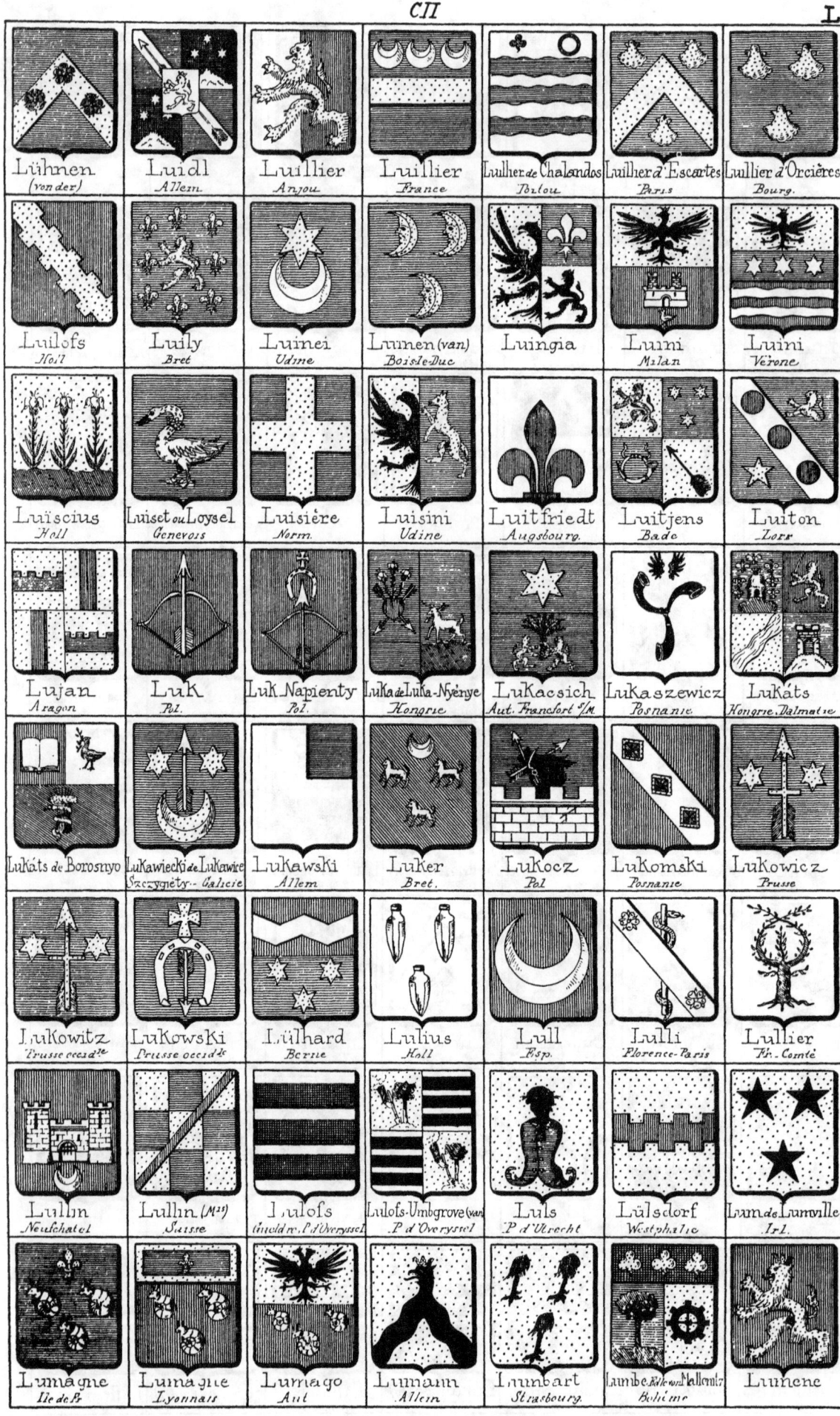

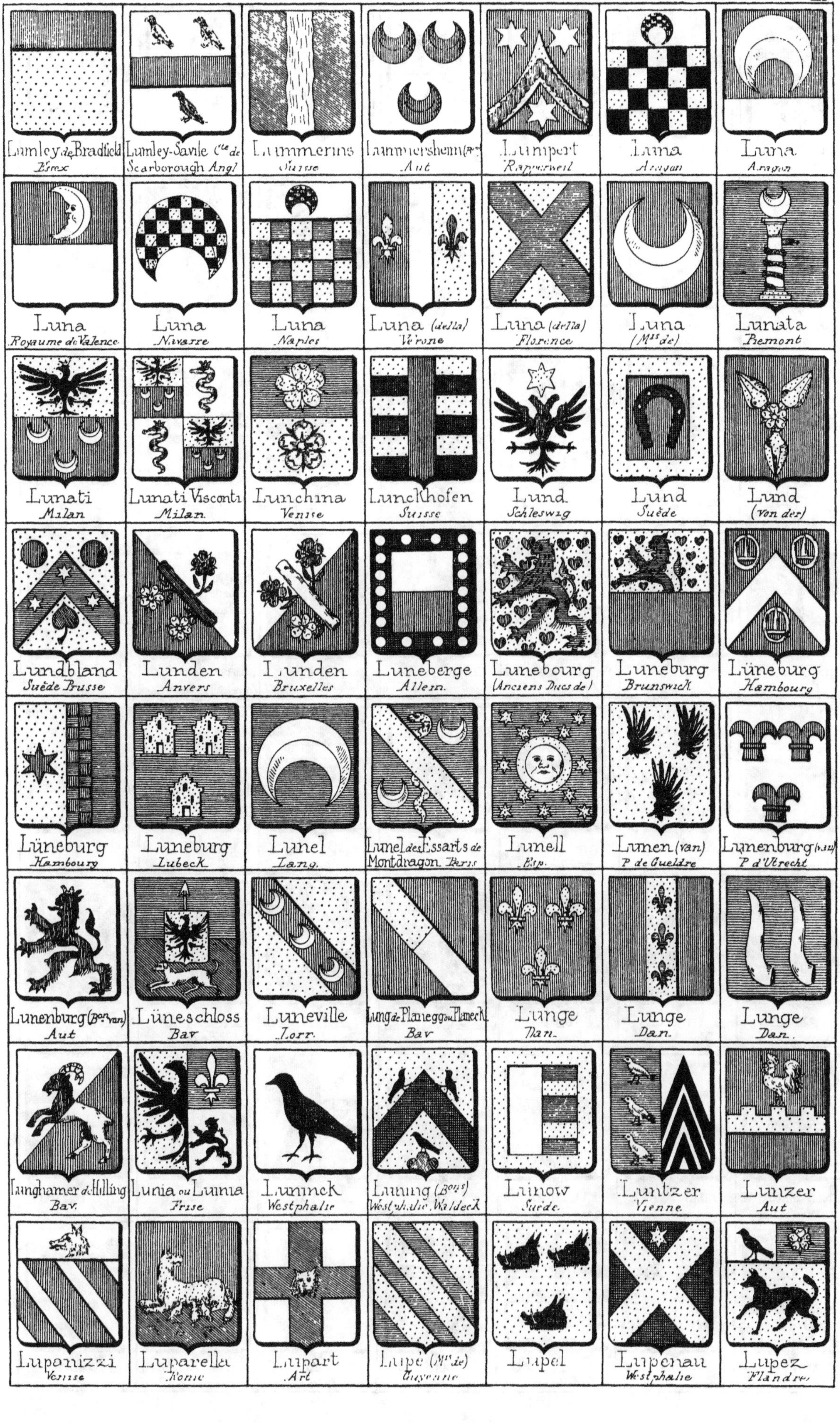

| Lumley de Bradfield *Mx* | Lumley-Savile C.te de Scarborough *Angl.* | Lummerins *Suisse* | Lummersheim *Aut.* | Lumpert *Rapperswil* | Luna *Aragon* | Luna *Aragon* |
|---|---|---|---|---|---|---|
| Luna *Royaume de Valence* | Luna *Navarre* | Luna *Naples* | Luna (della) *Vérone* | Luna (della) *Florence* | Luna (M.is de) | Lunata *Piémont* |
| Lunati *Milan* | Lunati Visconti *Milan* | Lunchina *Venise* | Lunckhofen *Suisse* | Lund *Schleswig* | Lund *Suède* | Lund (von der) |
| Lundbland *Suède Prusse* | Lunden *Anvers* | Lunden *Bruxelles* | Luneberge *Allem.* | Lunebourg (Anciens Ducs de) | Luneburg *Brunswick* | Lüneburg *Hambourg* |
| Lüneburg *Hambourg* | Luneburg *Lubeck* | Lunel *Lang.* | Lunel des Essarts de Montdragon *Paris* | Lunell *Esp.* | Lunen (van) *P. de Gueldre* | Lunenburg (b.u.) *P. d'Utrecht* |
| Lunenburg (B.on Van) *Aut.* | Lüneschloss *Bav.* | Luneville *Lorr.* | Lung de Planegg ou Planeck *Bav.* | Lunge *Dan.* | Lunge *Dan.* | Lunge *Dan.* |
| Lunghamer d'Hilling *Bav.* | Lunia ou Lumia *Frise* | Luninck *Westphalie* | Luning (B.ons) *Westph. et Waldeck* | Luinow *Suède* | Luntzer *Vienne* | Lunzer *Aut.* |
| Lupanizzi *Venise* | Luparella *Rome* | Lupart *Art.* | Lupé (M.is de) *Guyenne* | Lupel | Lupenau *Westphalie* | Lupez *Flandres* |

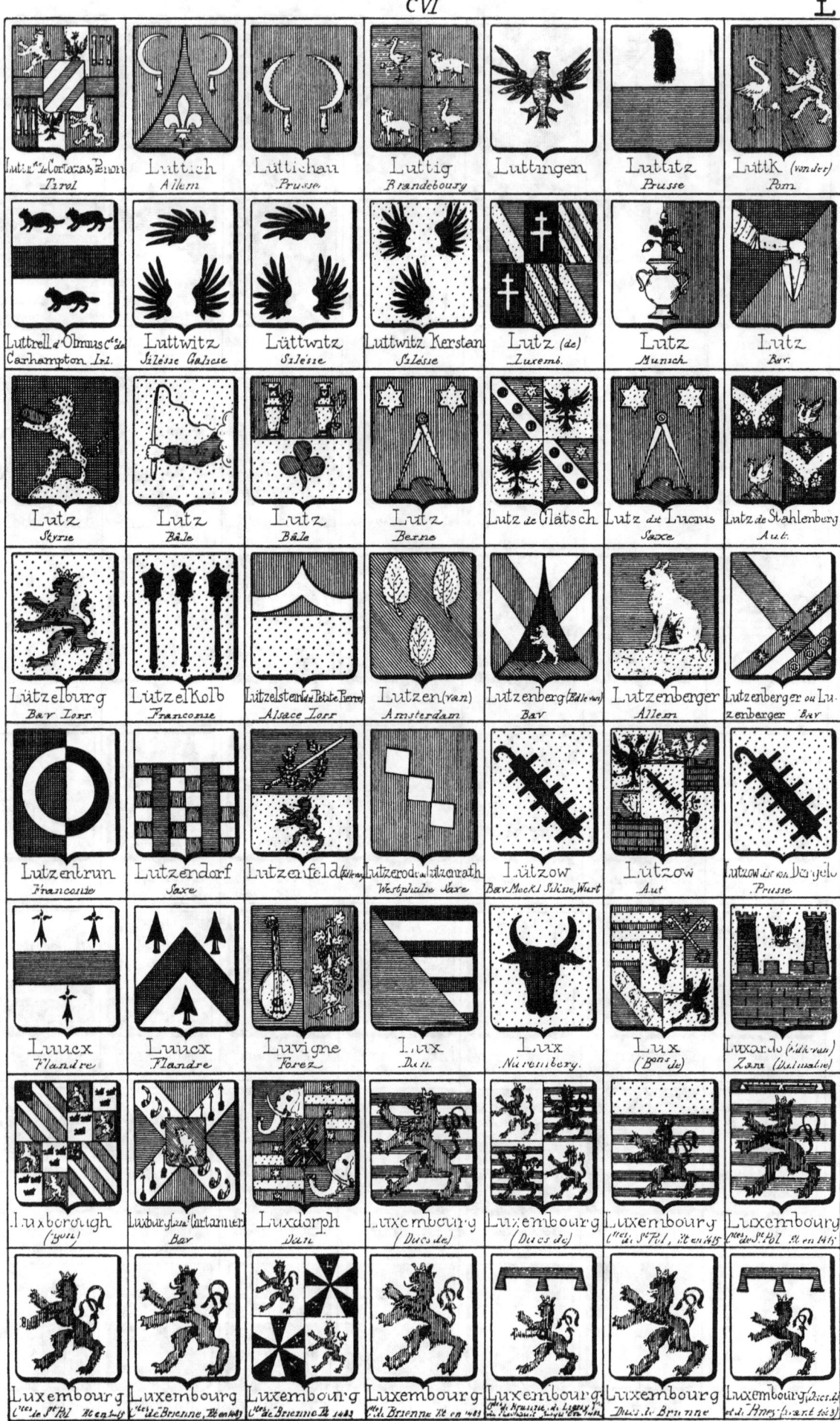

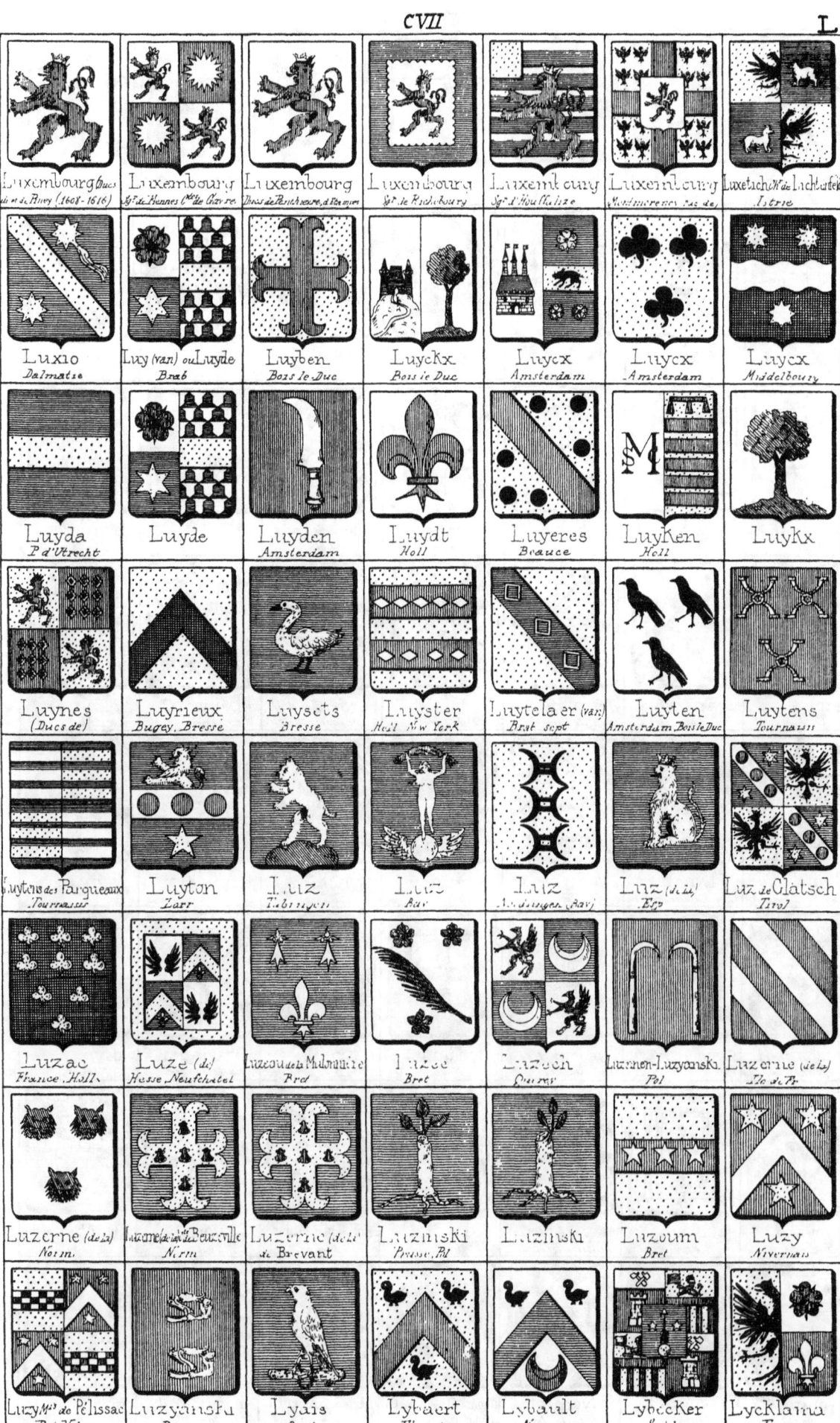

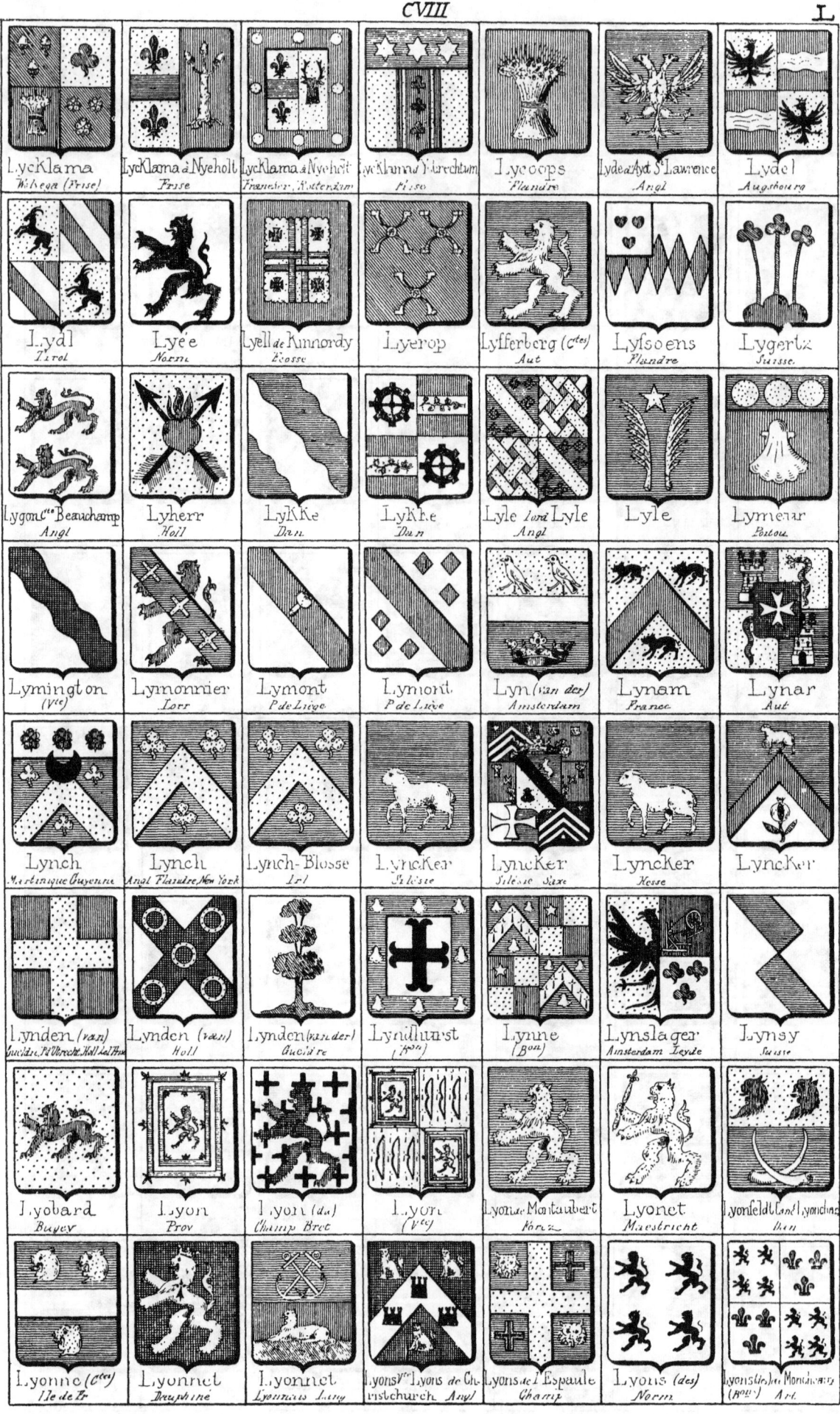

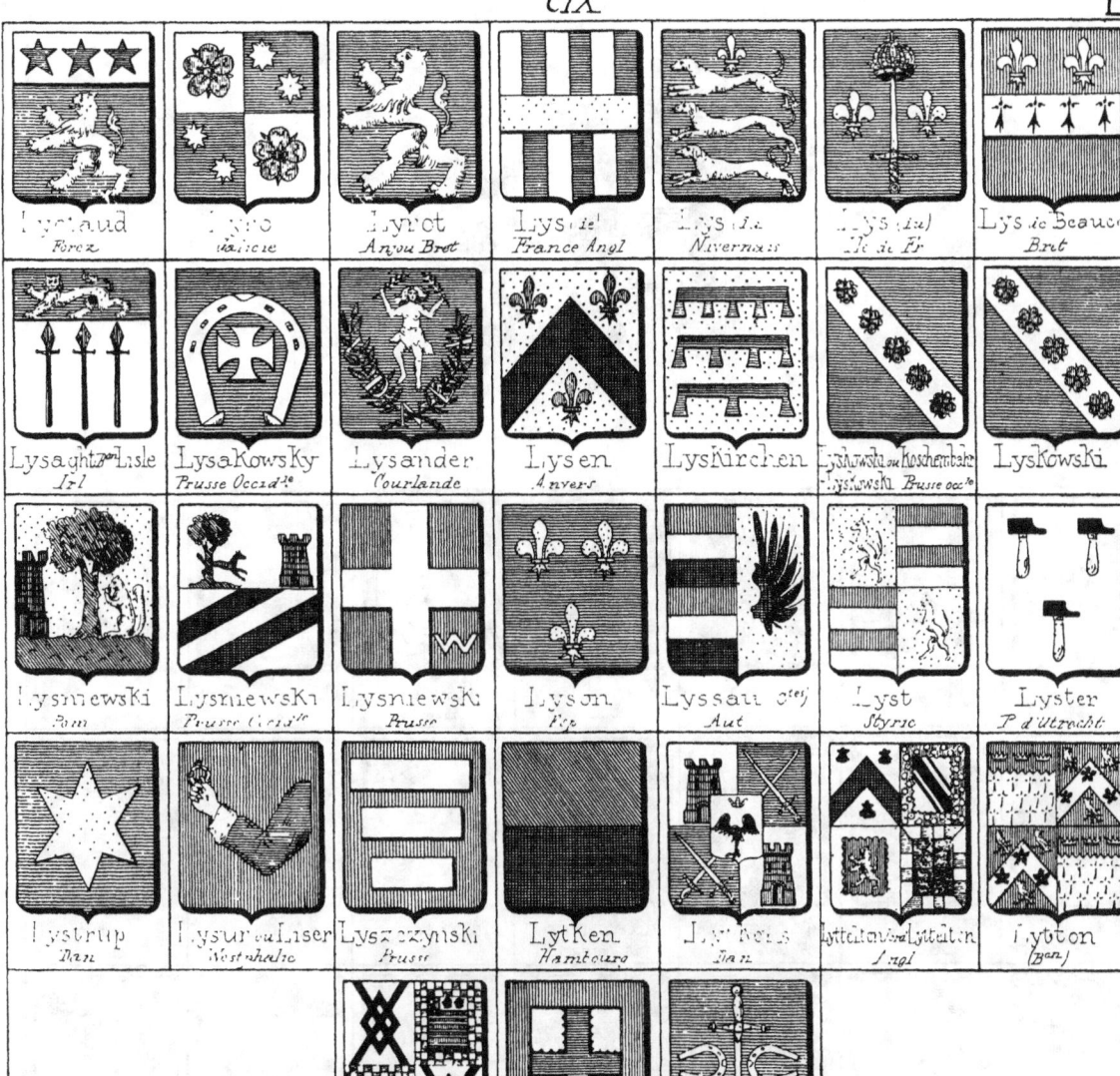

## Omissions dans la lettre L

 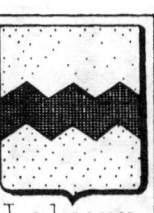  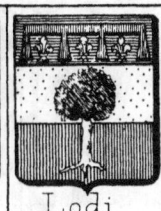   

CX M

| Maa<br>Suisse | Maack<br>Holstein | Maag<br>Zürich | Maagt (de)<br>Zel | Maan<br>Schiedam | Maanen (van)<br>Holl. | Maaneskiold |
| --- | --- | --- | --- | --- | --- | --- |
| Maap<br>Dan. | Maar<br>Dan. | Maaren (van)<br>Bois-le-Duc | Maarland<br>Schiedam | Maarsen (van) | Maas<br>Gouda | Maas<br>Holl. |
| Maas<br>Holl. | Maas<br>Holl. | Maas<br>Zalbommel (Gueldre) | Maas<br>Bâle | Maas (de)<br>Holl. | Maas Geesteranus<br>Holl. | Maasberg |
| Maasburg<br>(Ch.ers de Bons) | Maasse (van der)<br>Dan. | Maasfeld<br>(Edle von) | Maass<br>Pom. | Maath (van der) ou Mathe<br>P. d'Utrecht | Maath (van der) ou Vermaat<br>P. d'Utrecht | Maath (van der)<br>P. d'Utrecht |
| Maatleen<br>Schiedam | Maatsuiker<br>Holl. | Mabiez<br>Forez | Mabiez de Malval<br>Forez | Mabiez de Malval<br>Forez | Mabillard<br>Valais | Mabille du Chêne<br>Anjou |
| Mabille de la Paumelière<br>France | Mabillon<br>Neuchâtel | Maboul<br>Poitou | Maboul<br>Ile de Fr. | Mabrey<br>Norm. | Maccarani Tramanna<br>Vérone | Mac Adams<br>Etats Unis (Irland) |

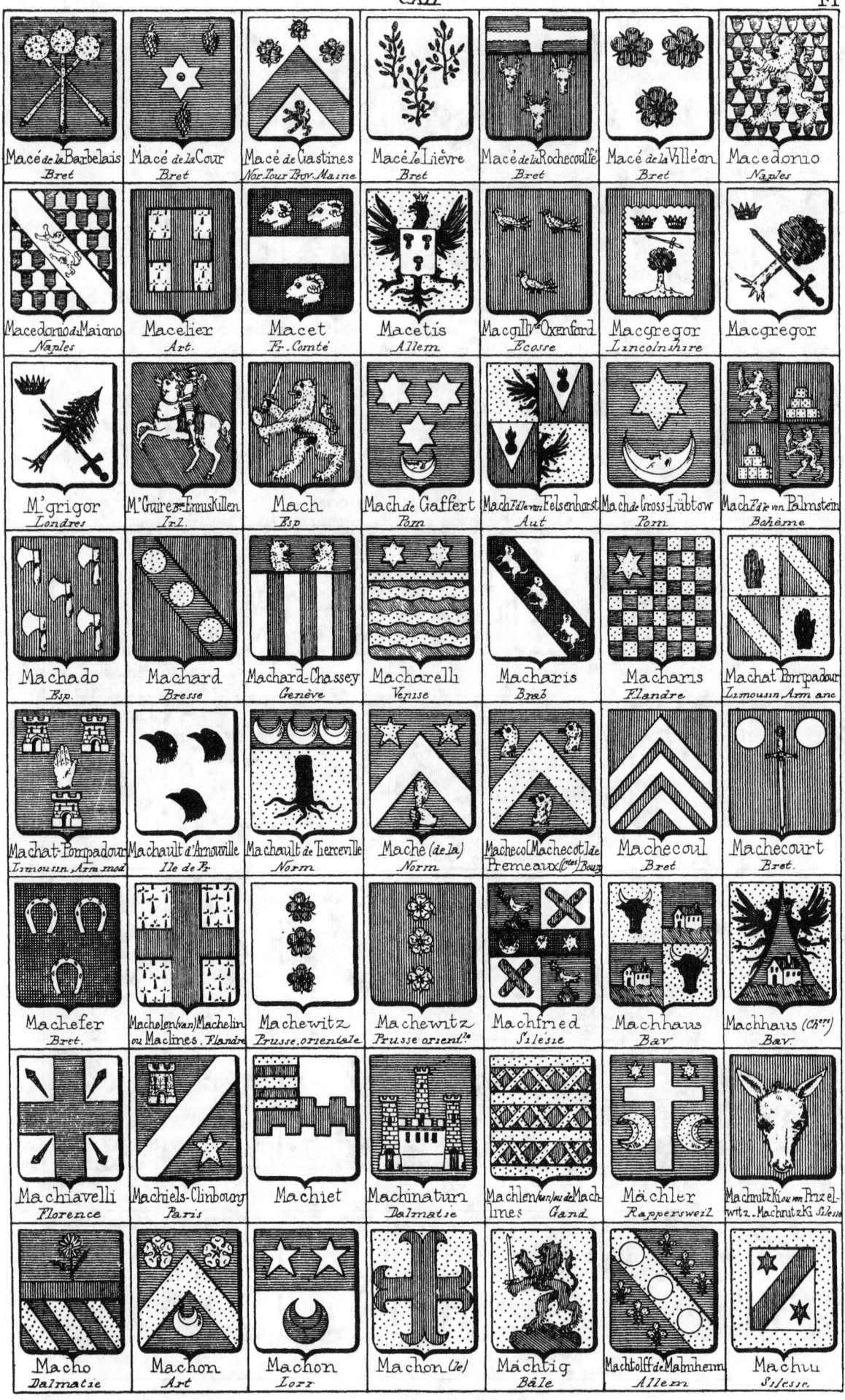

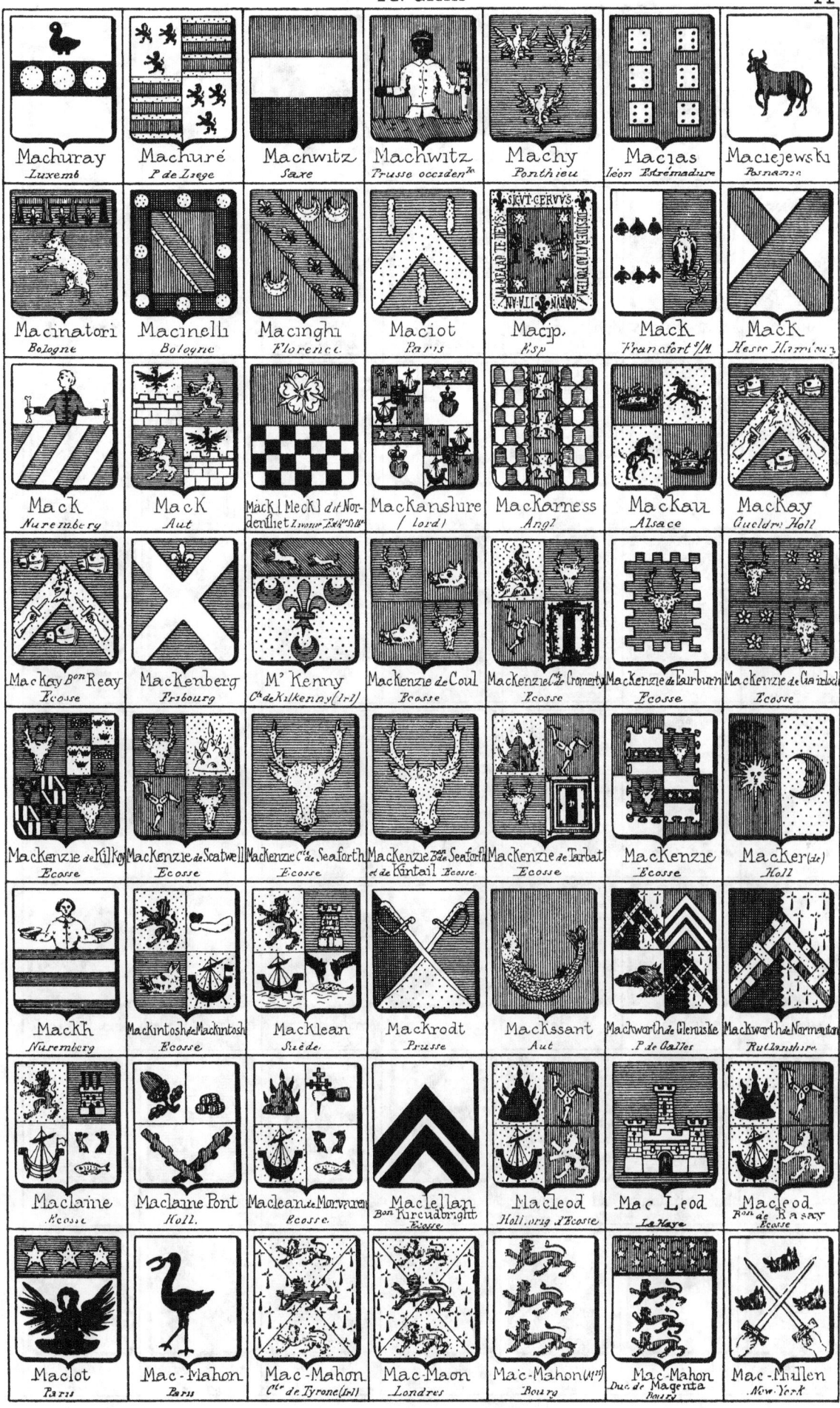

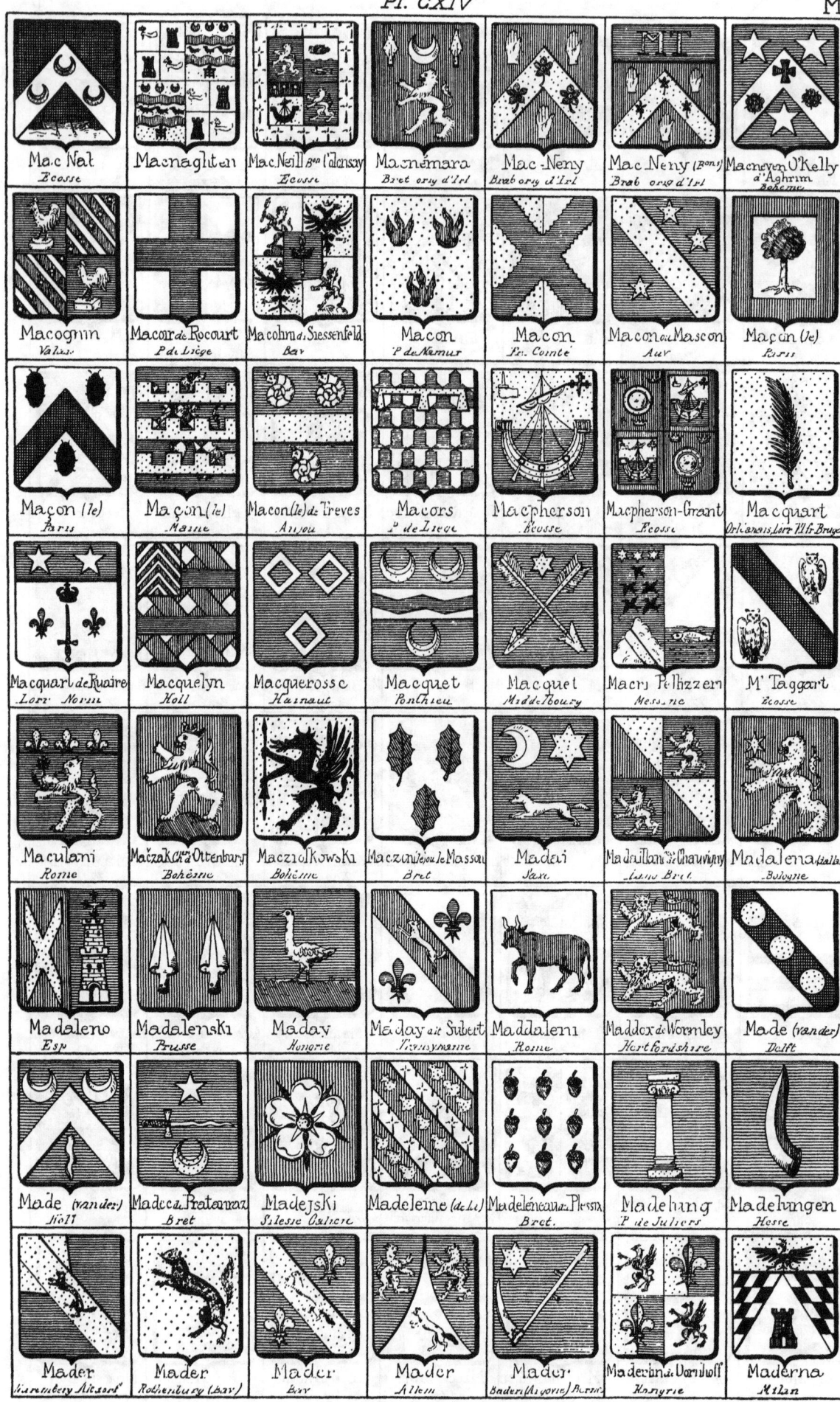

Pl. CXIV — M

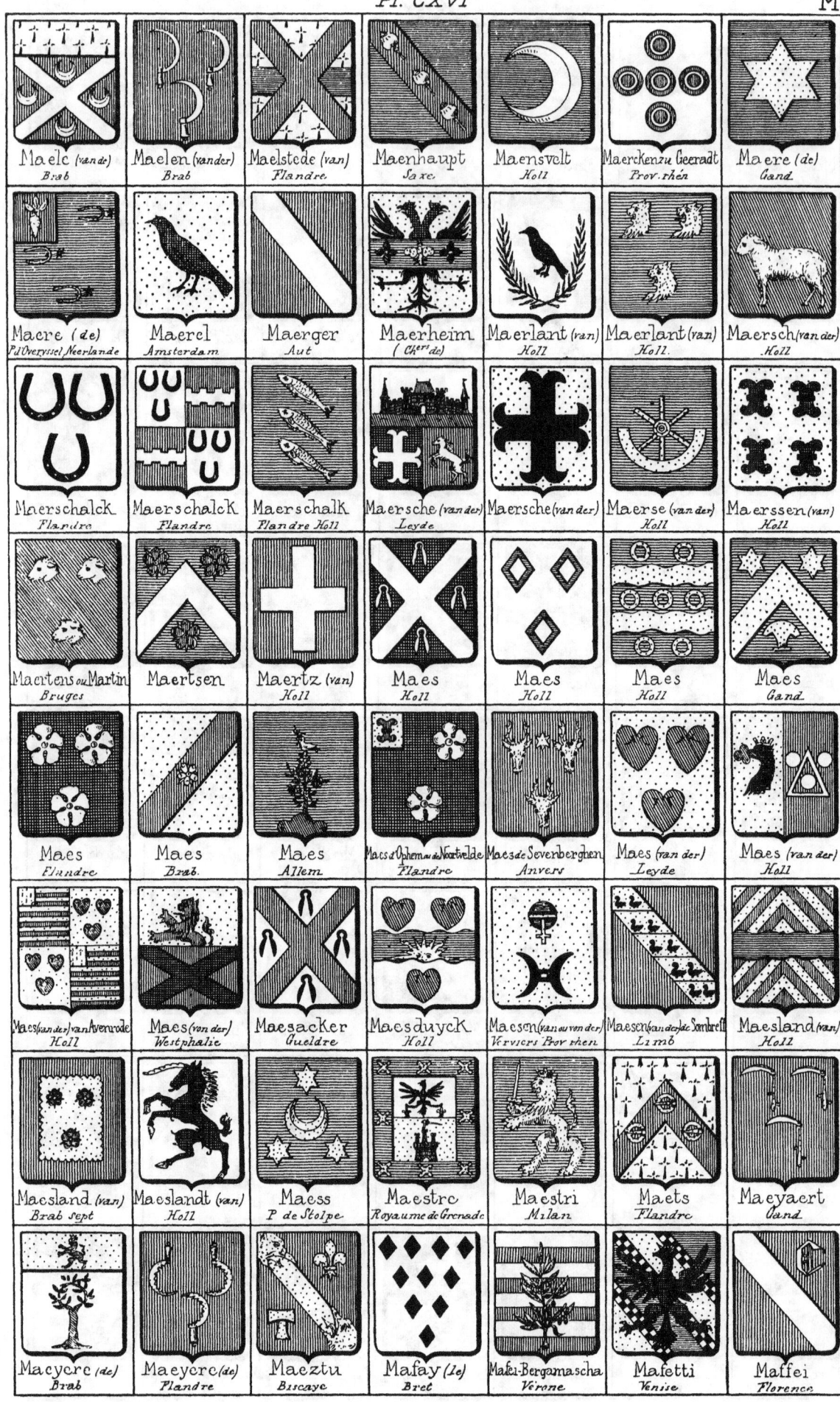

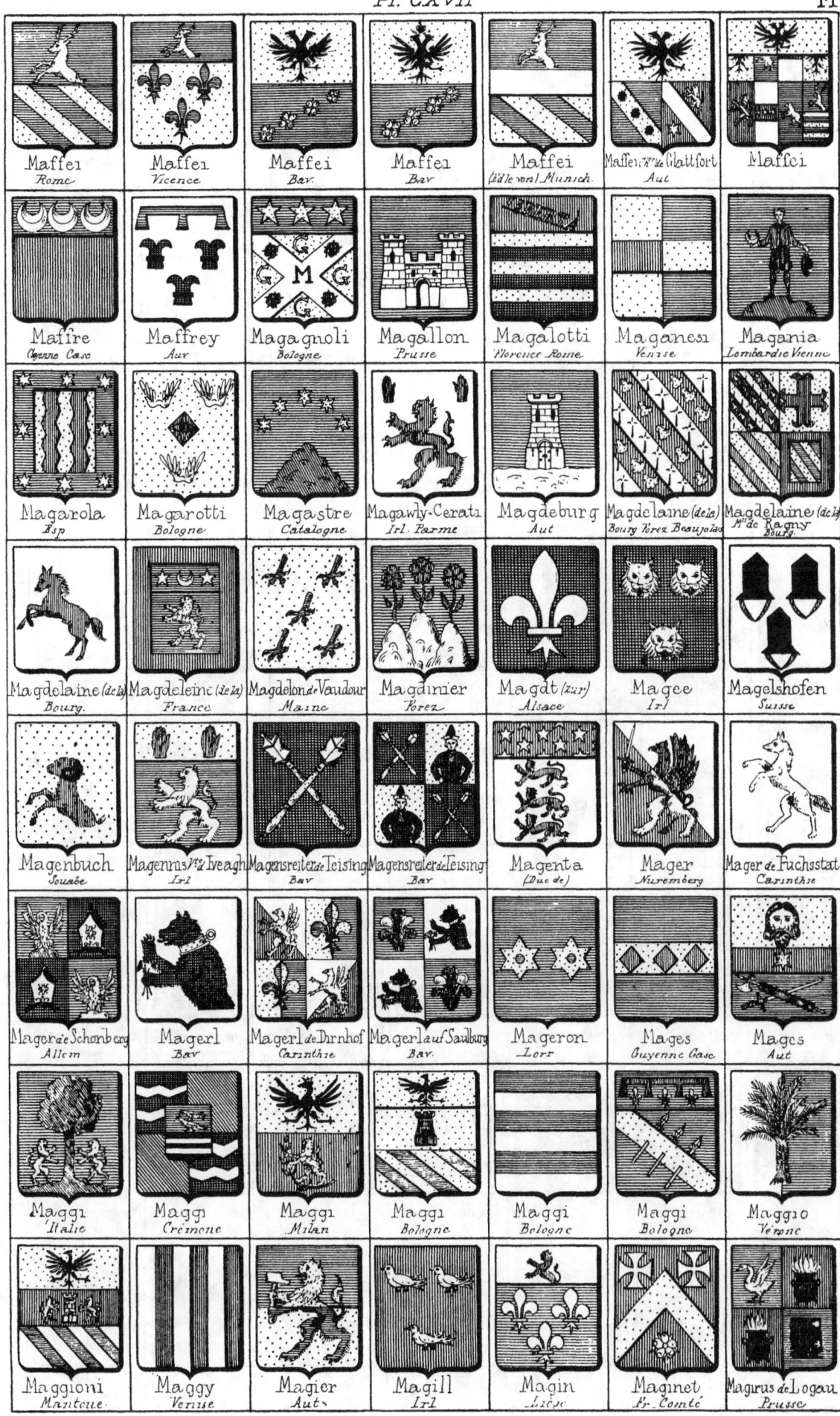

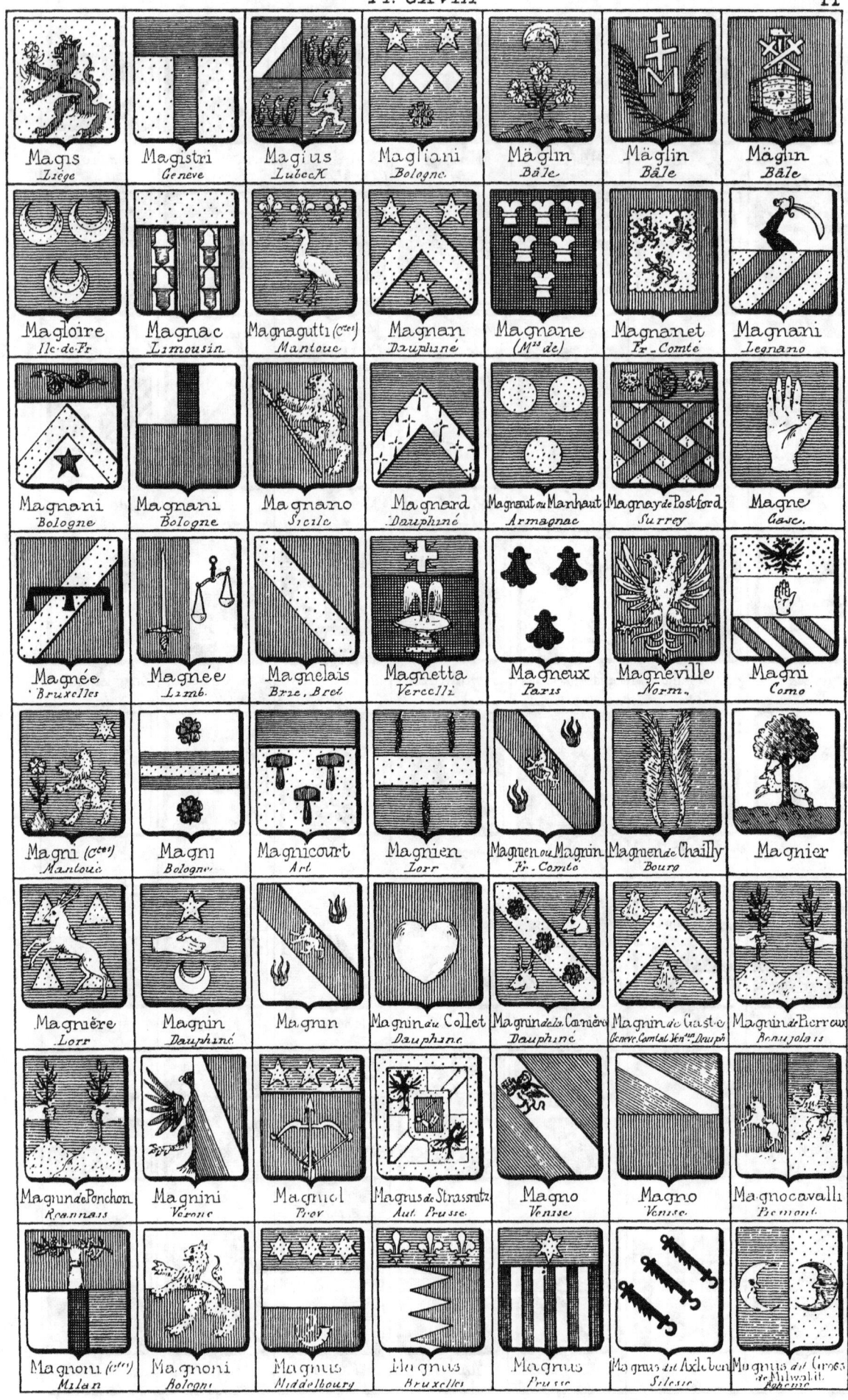

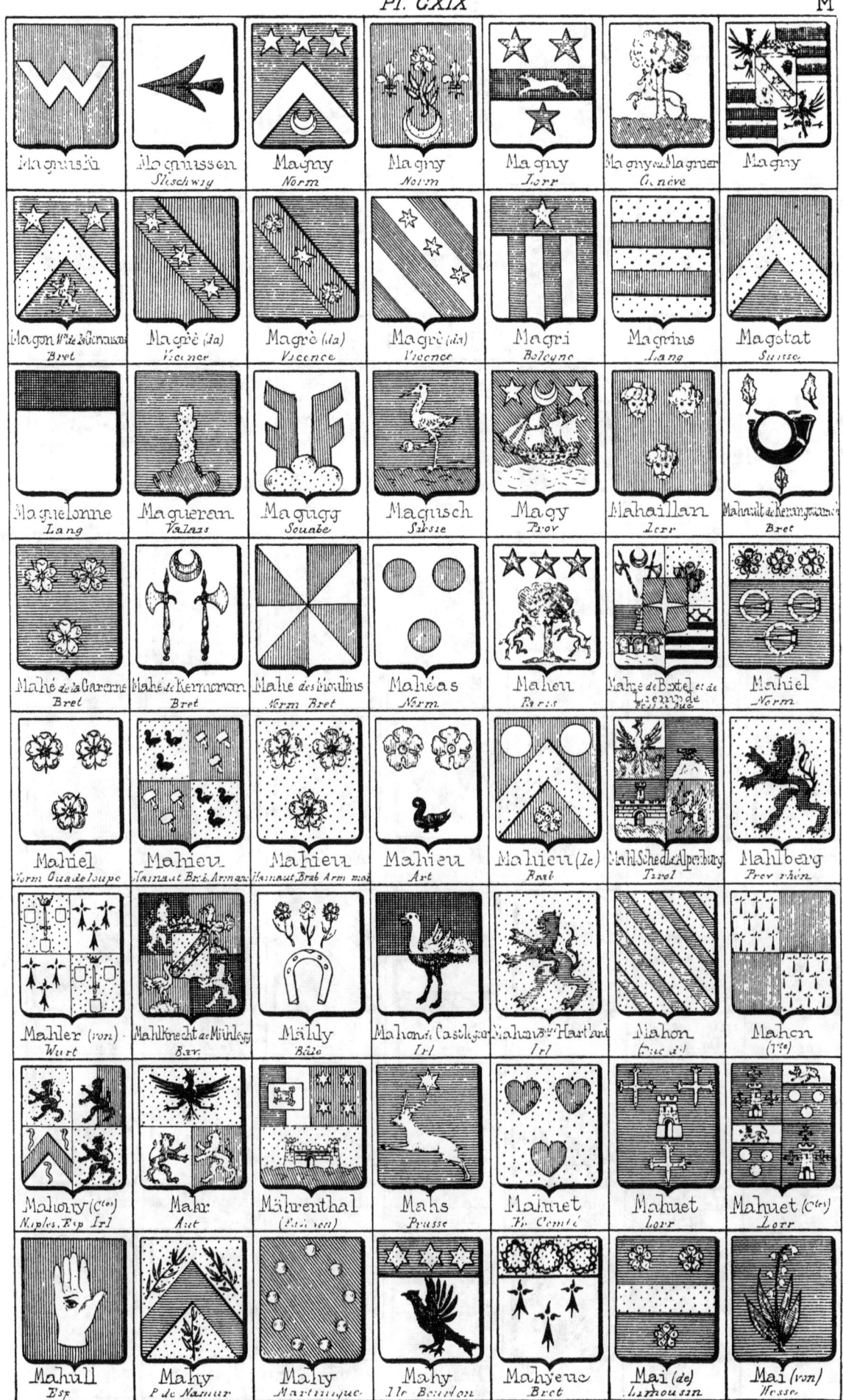

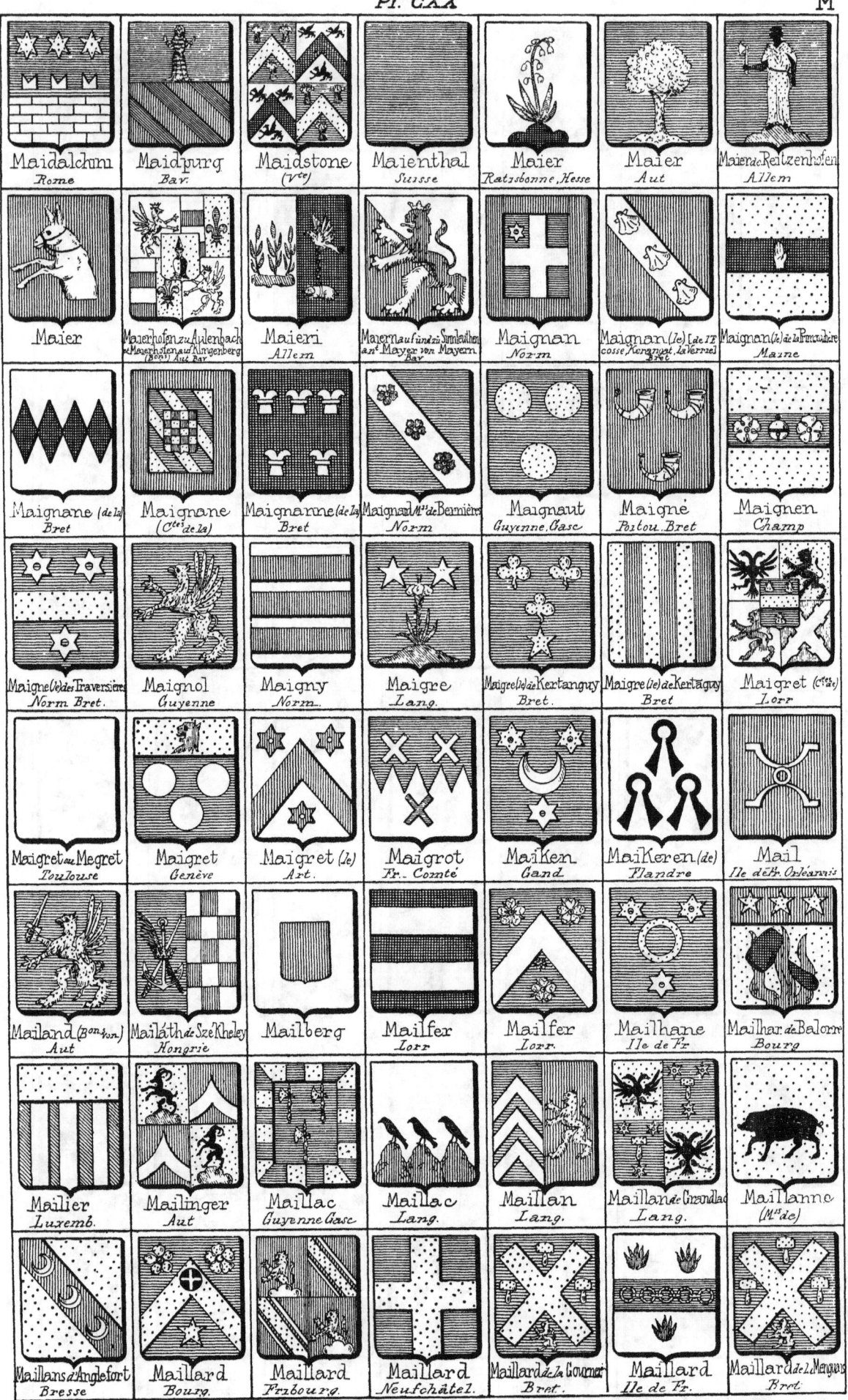

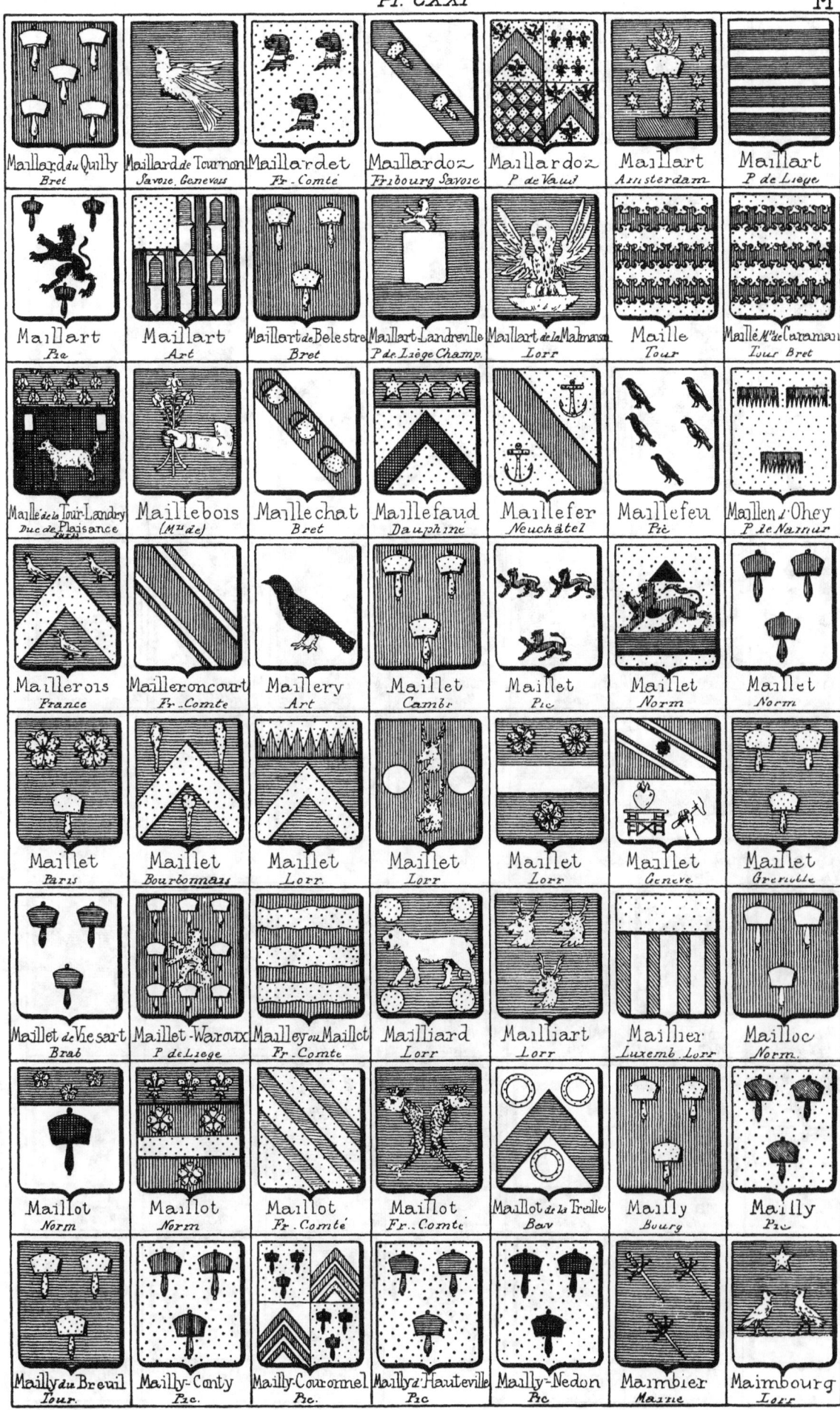

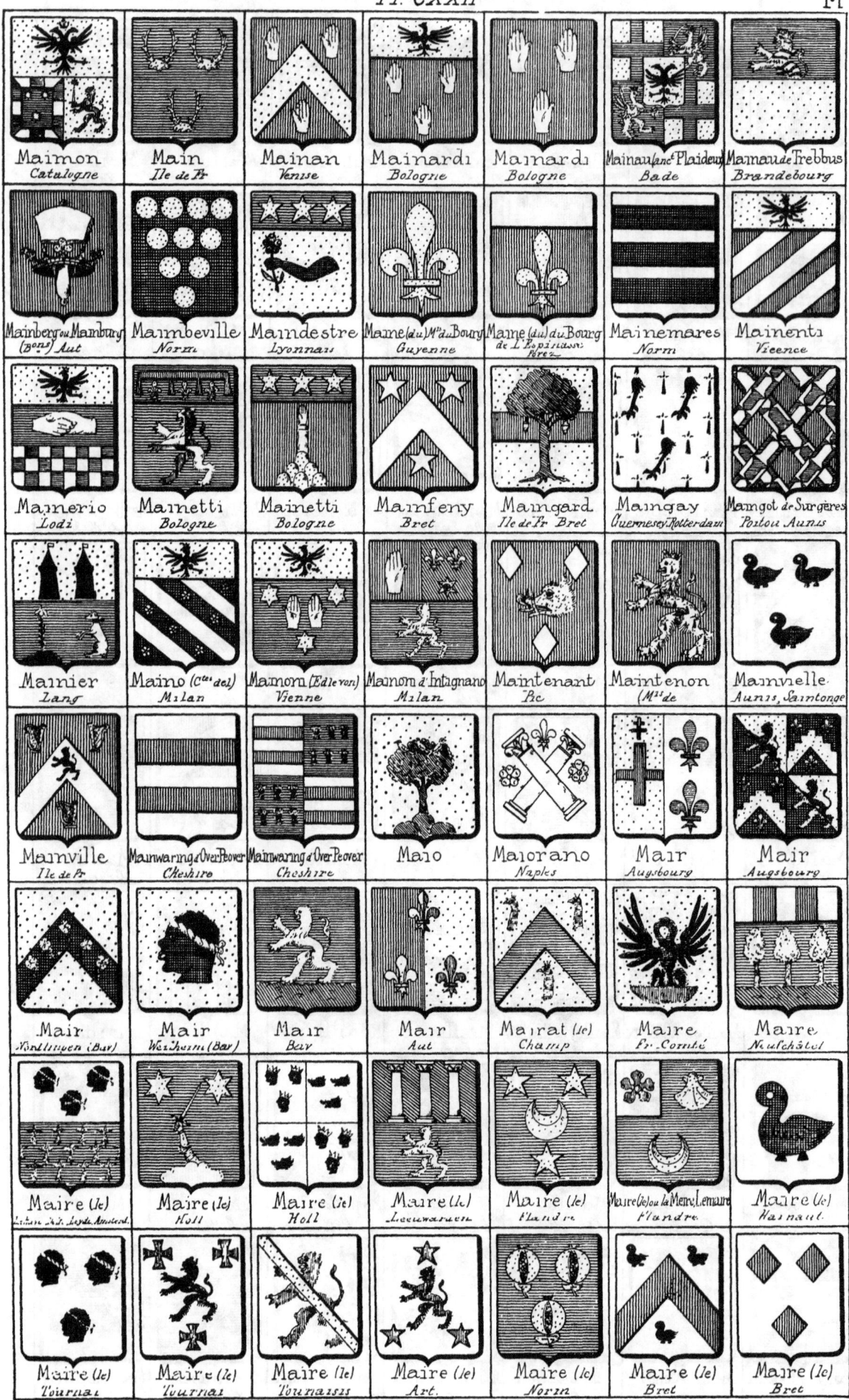

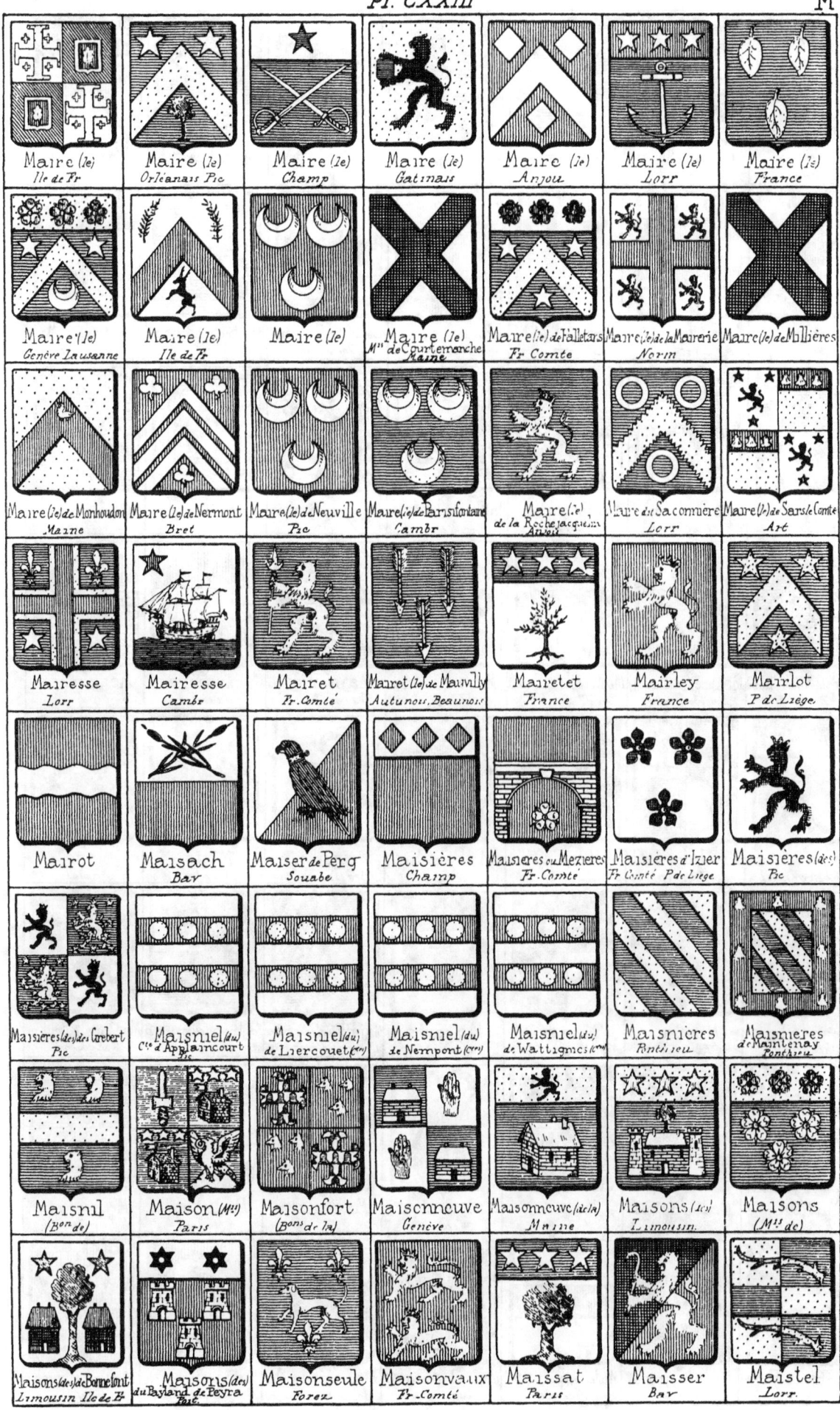

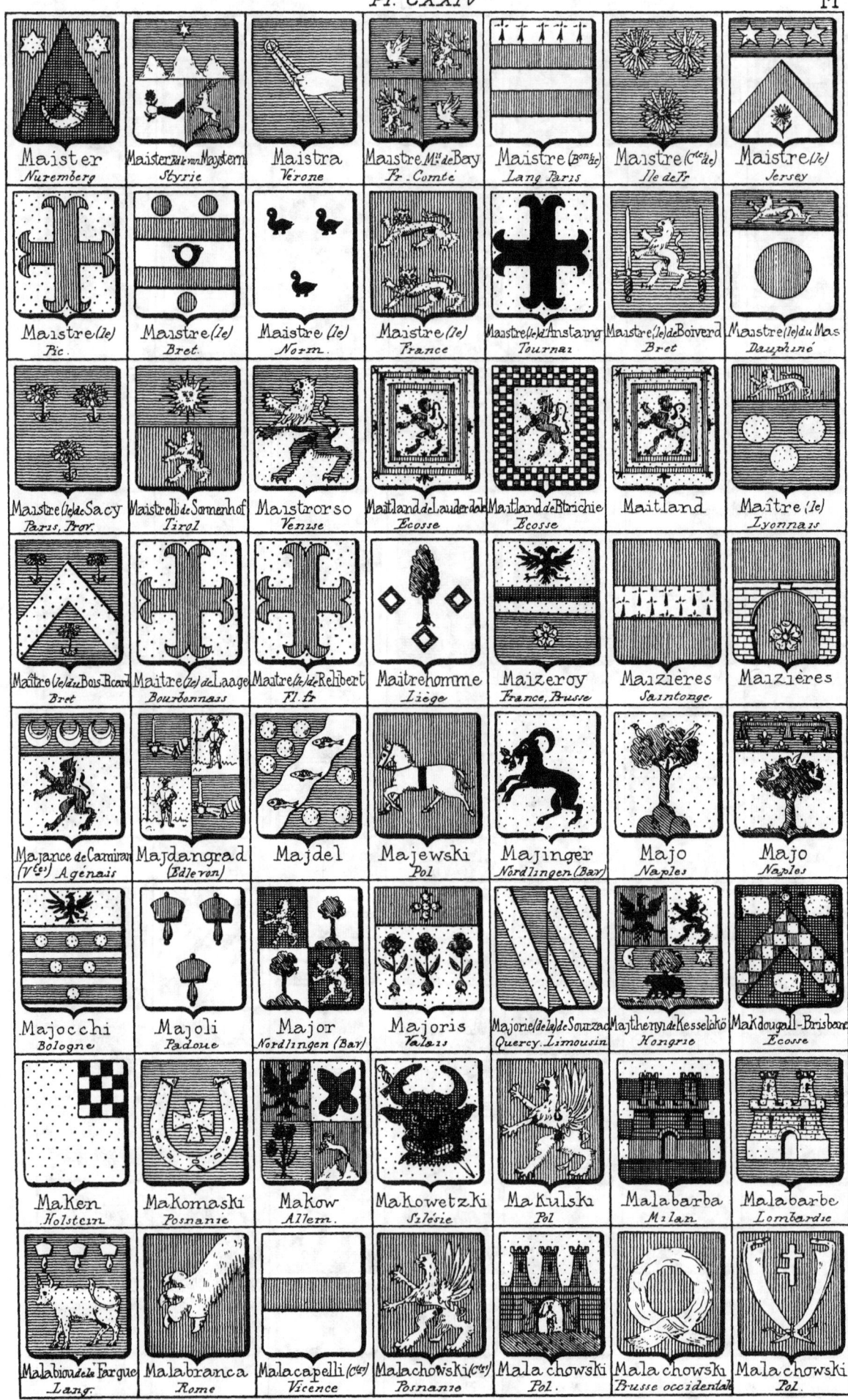

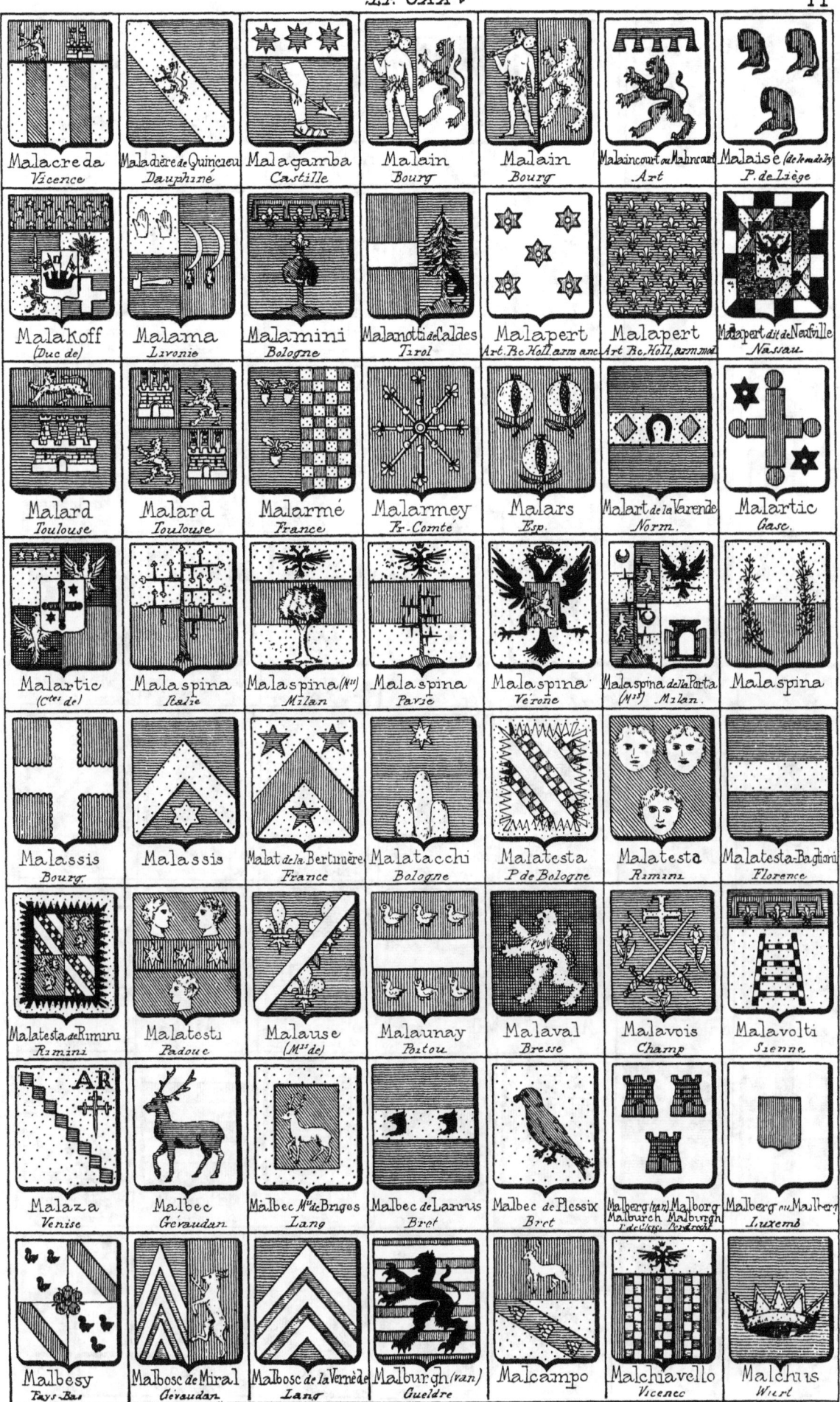

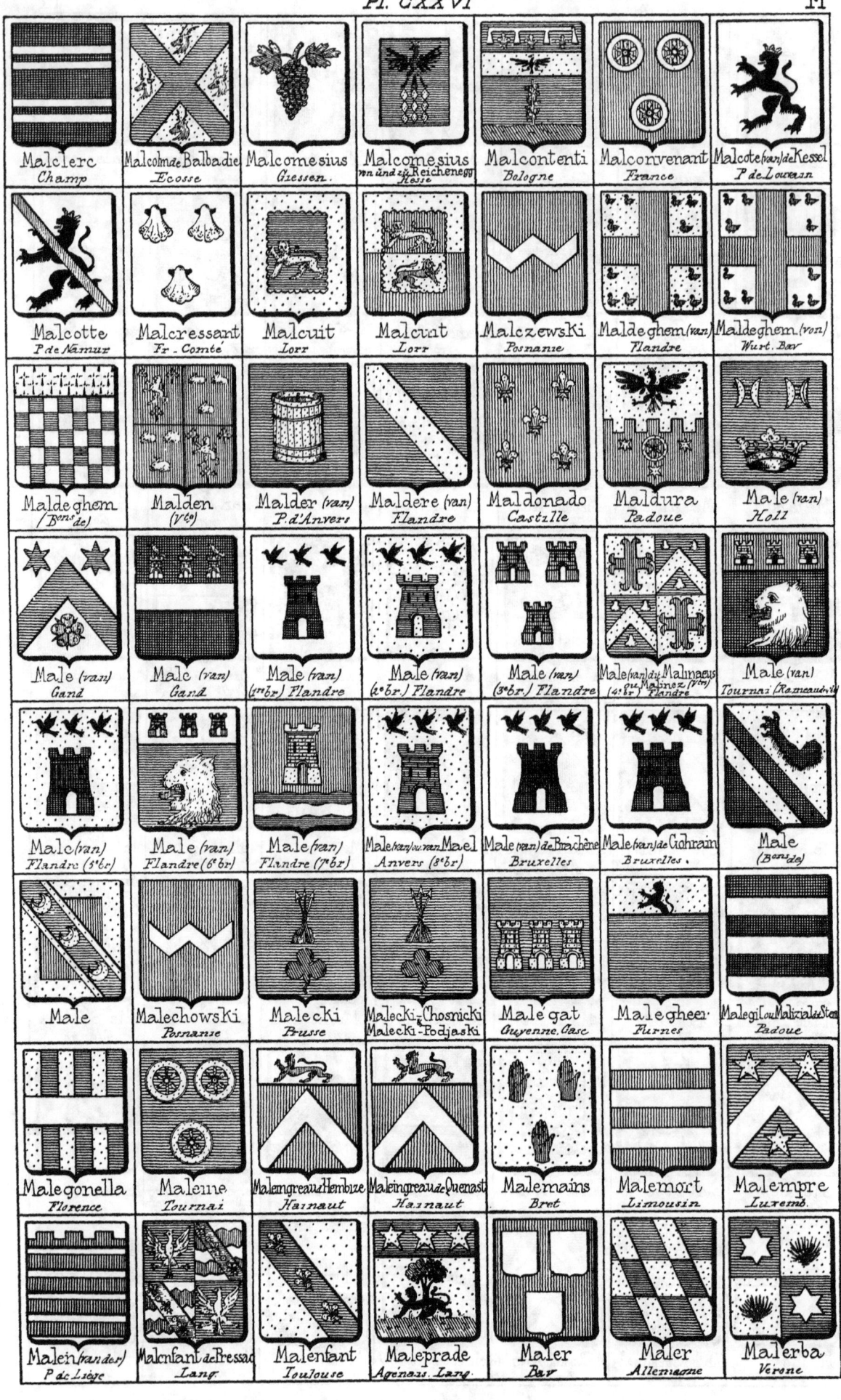

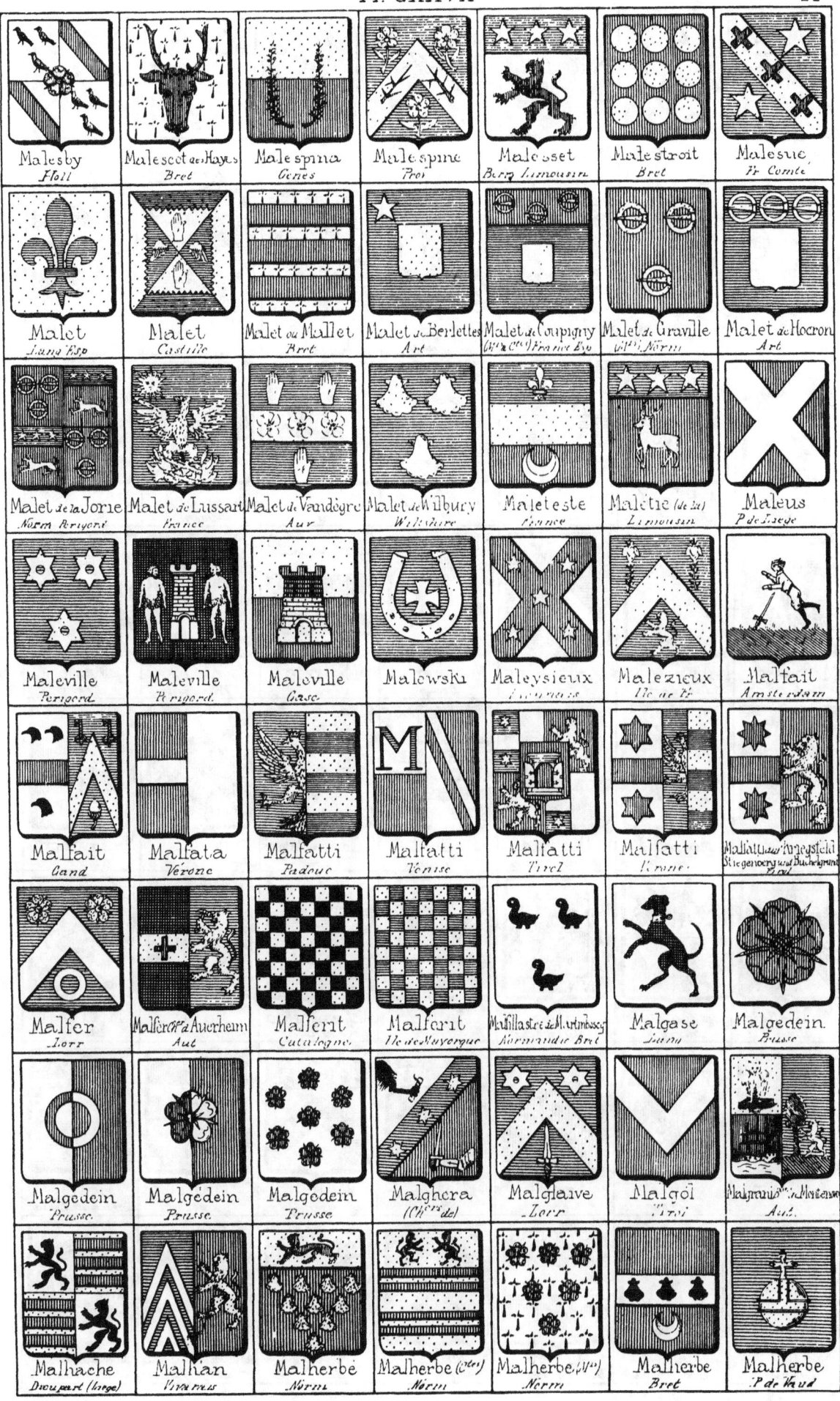

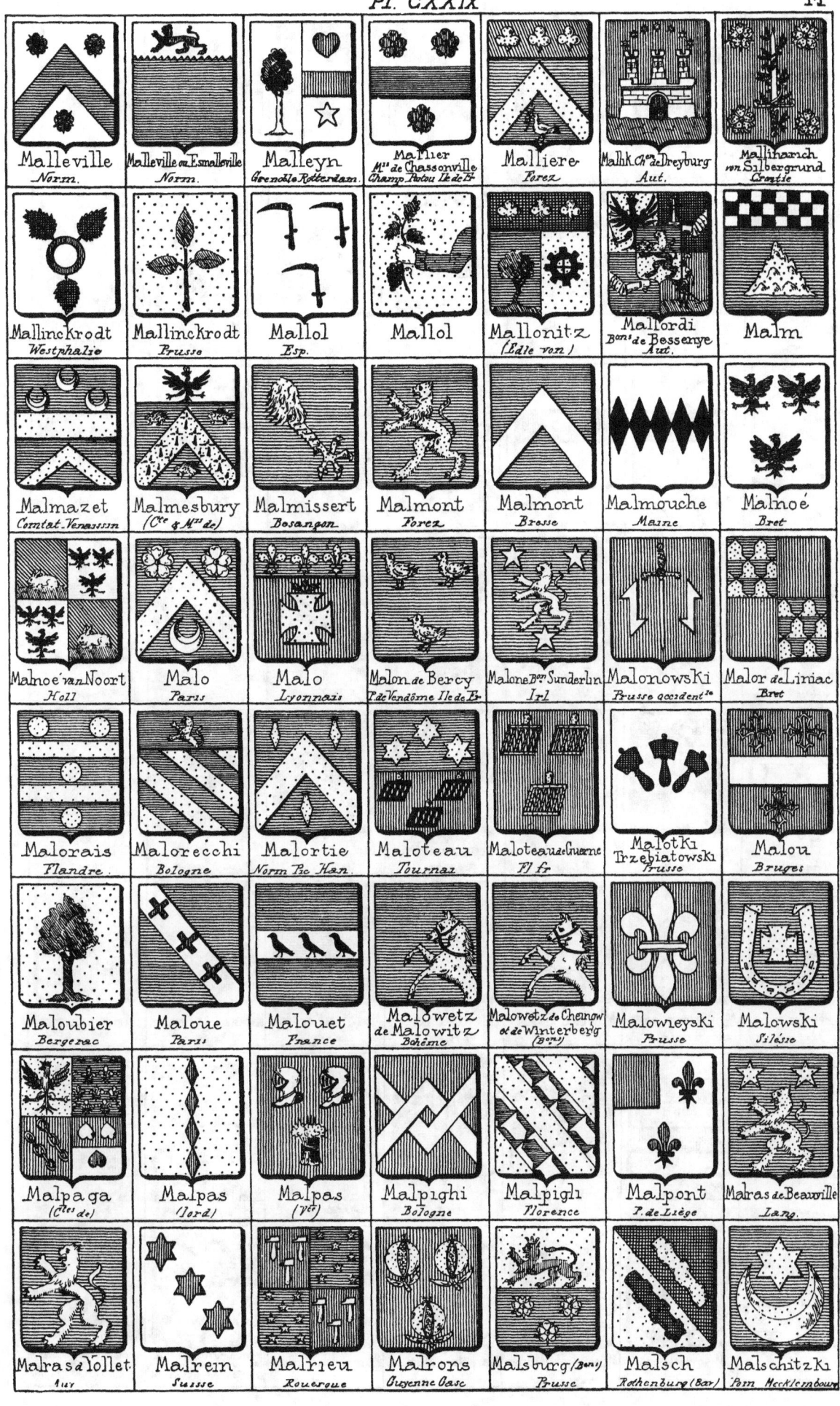

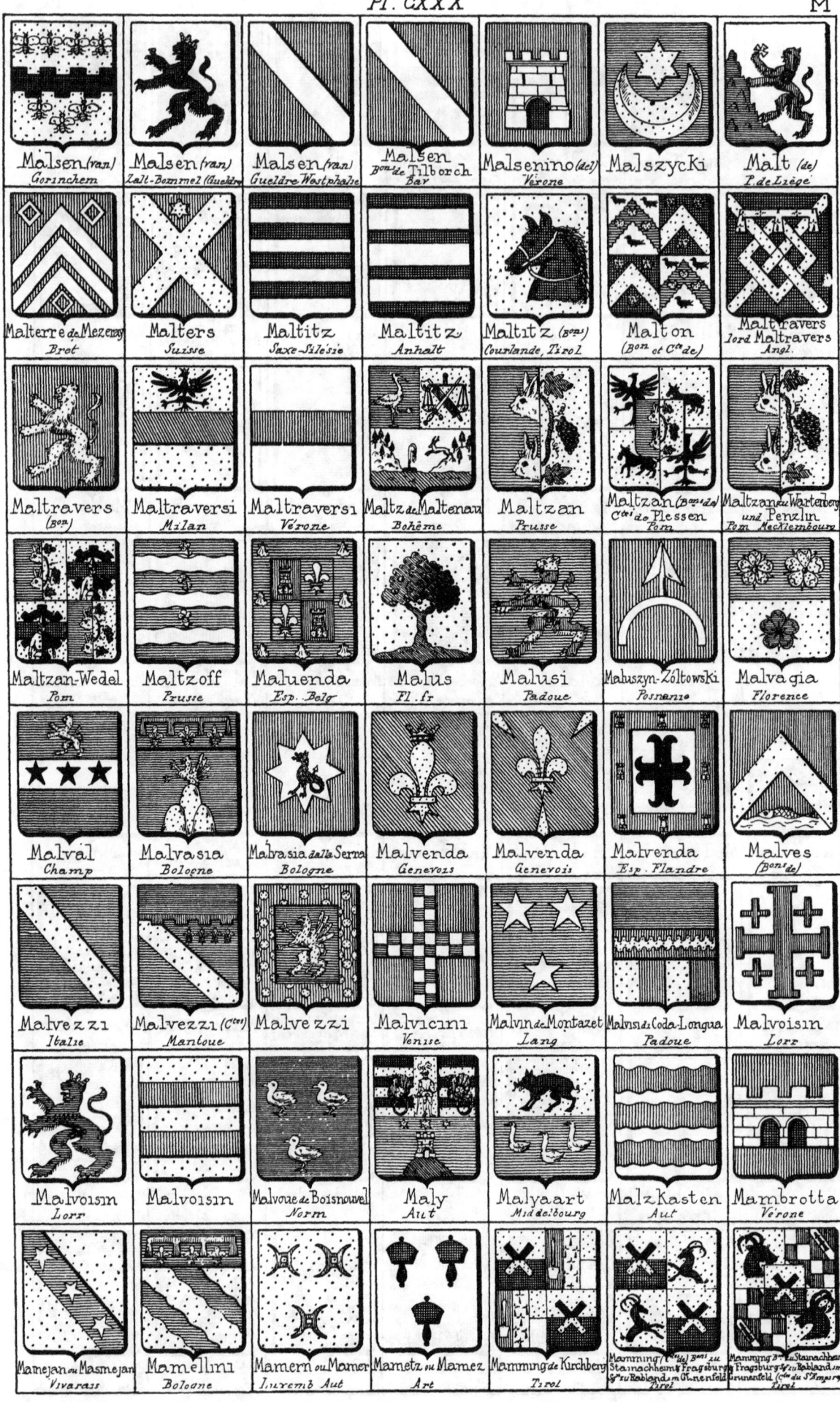

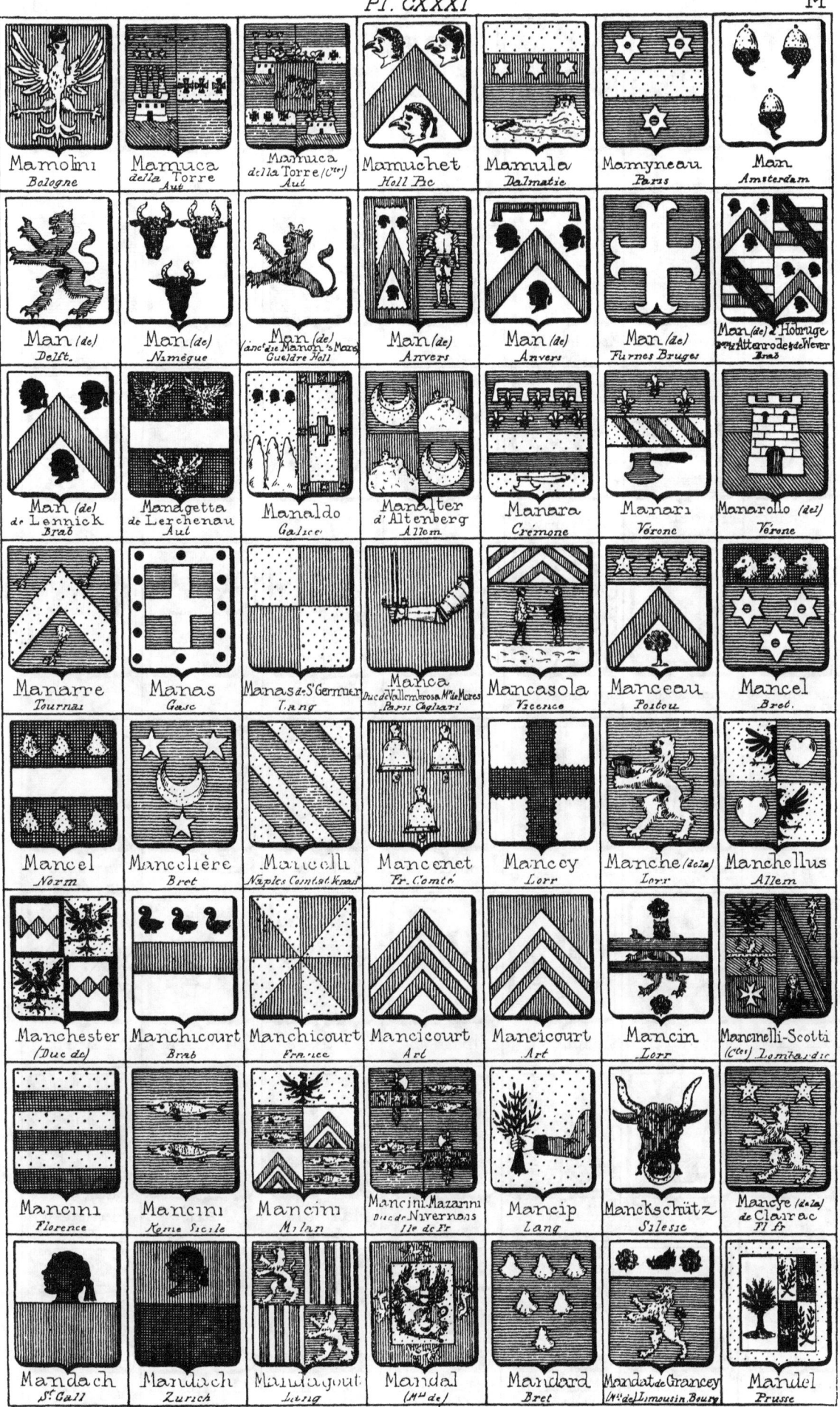

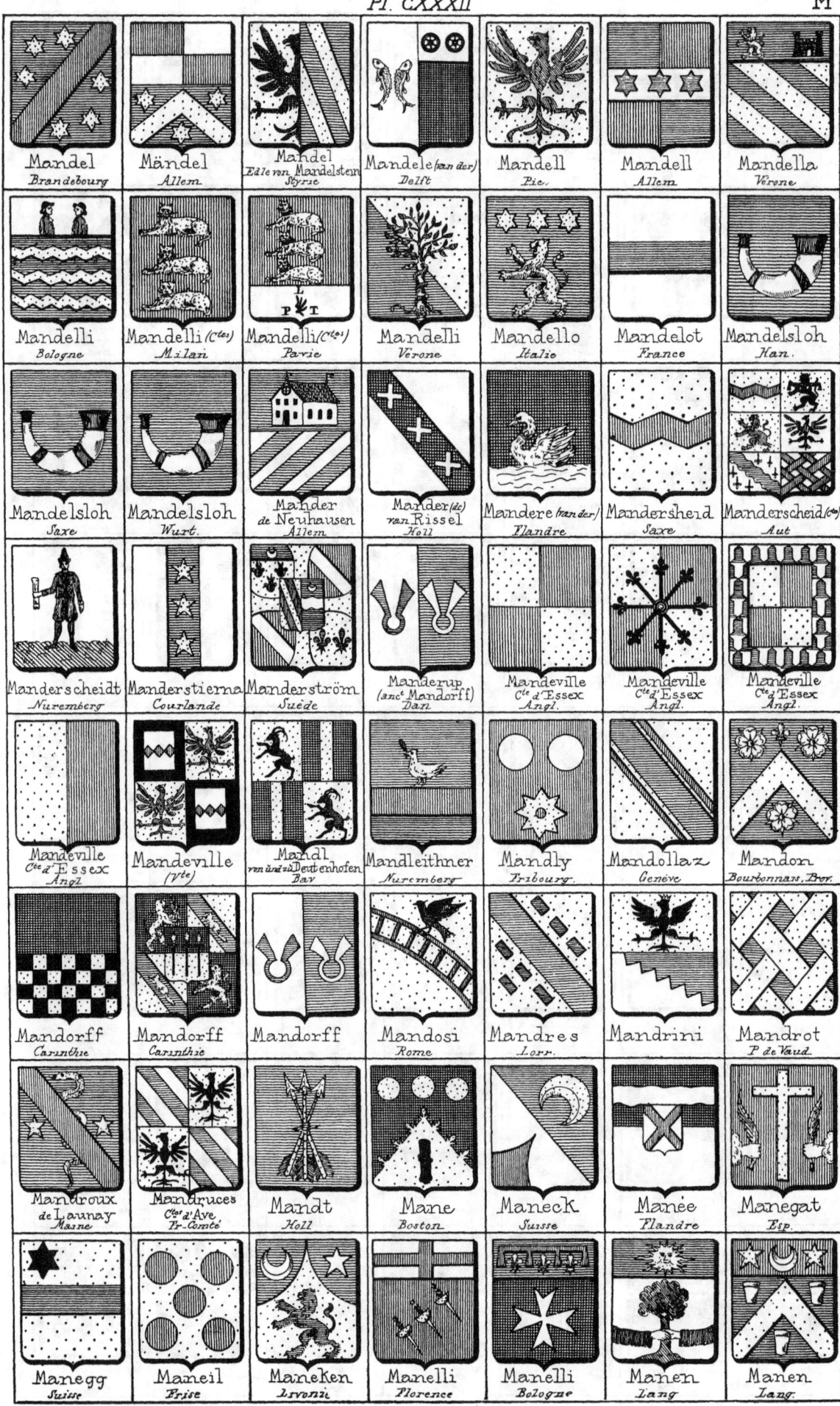

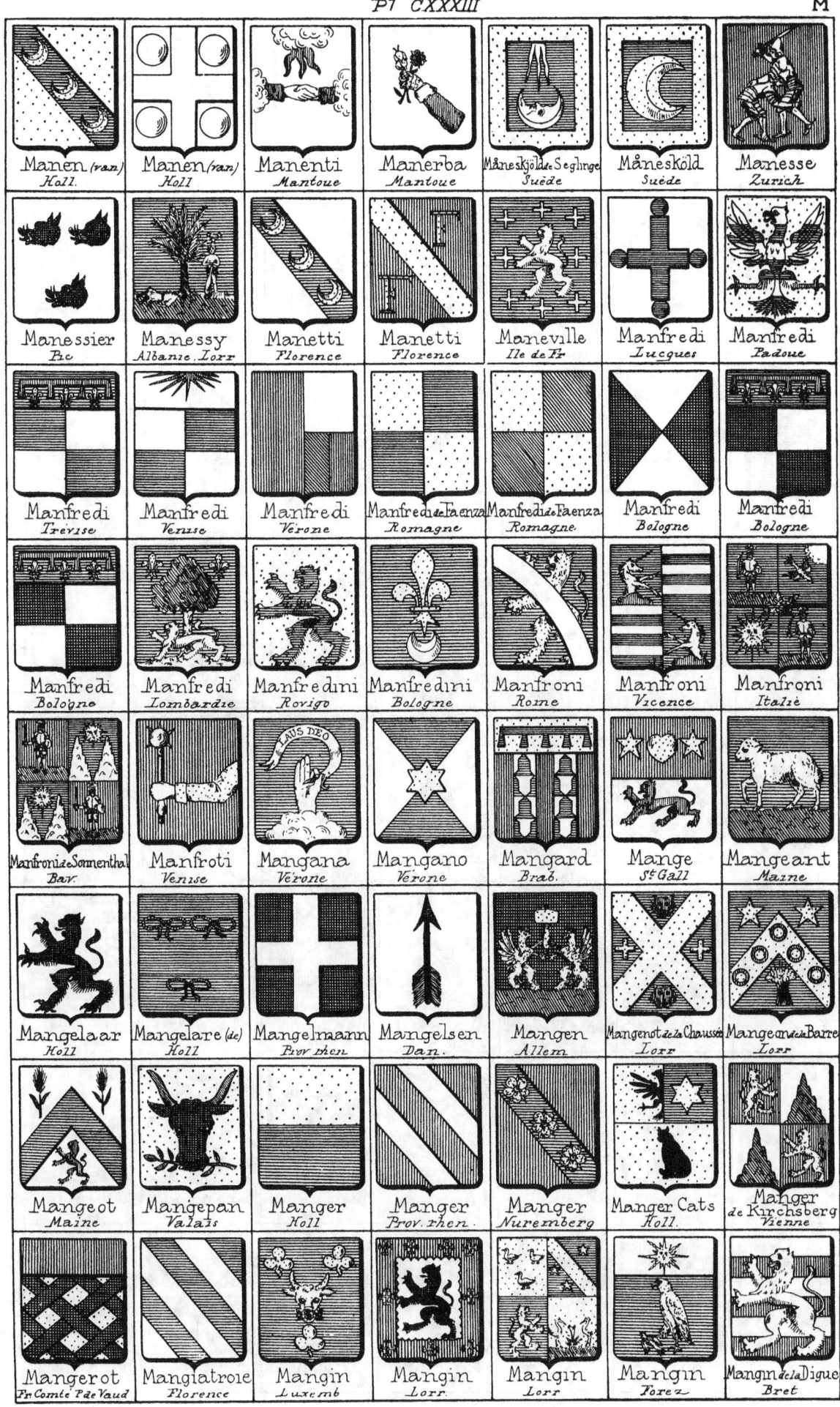

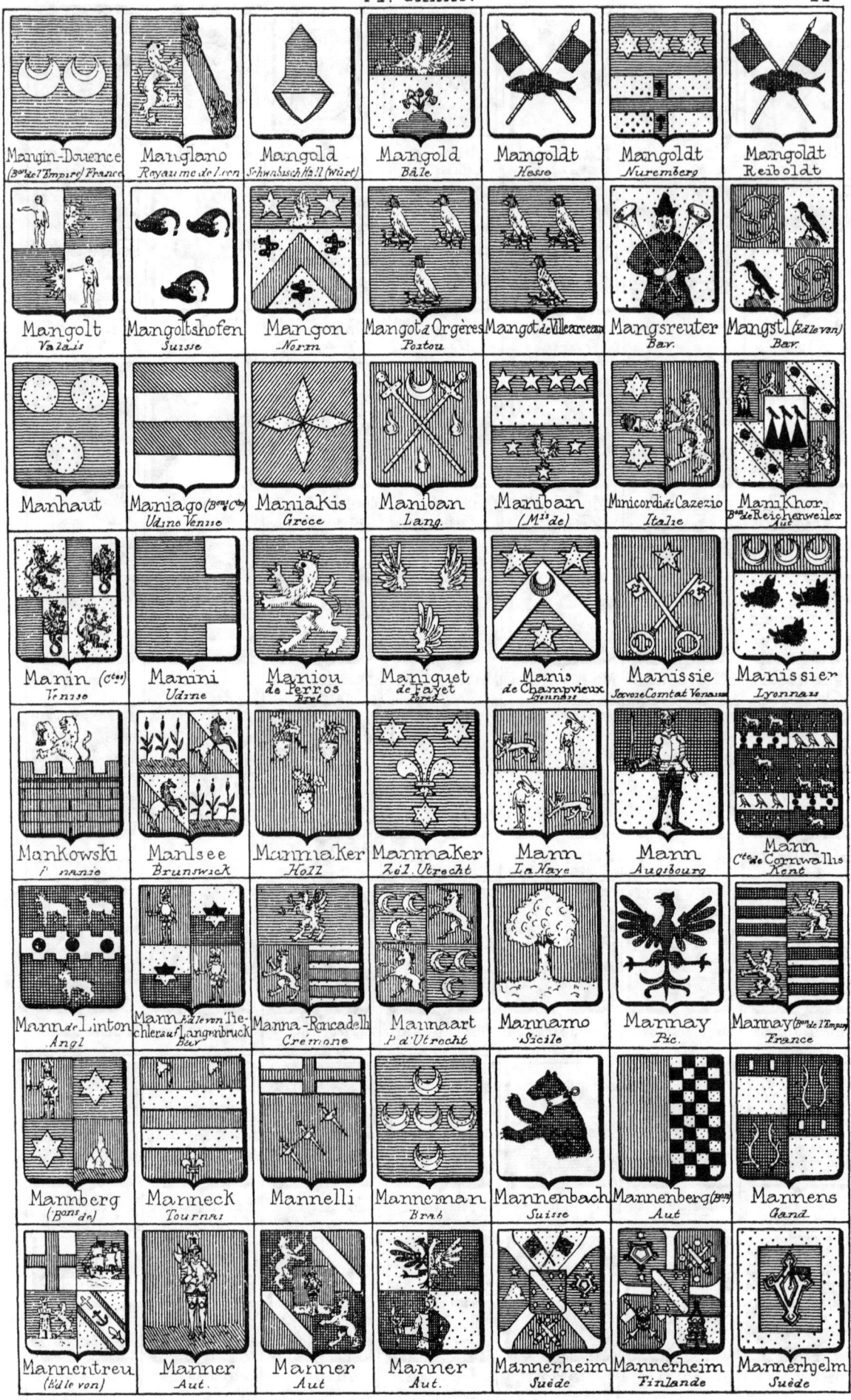

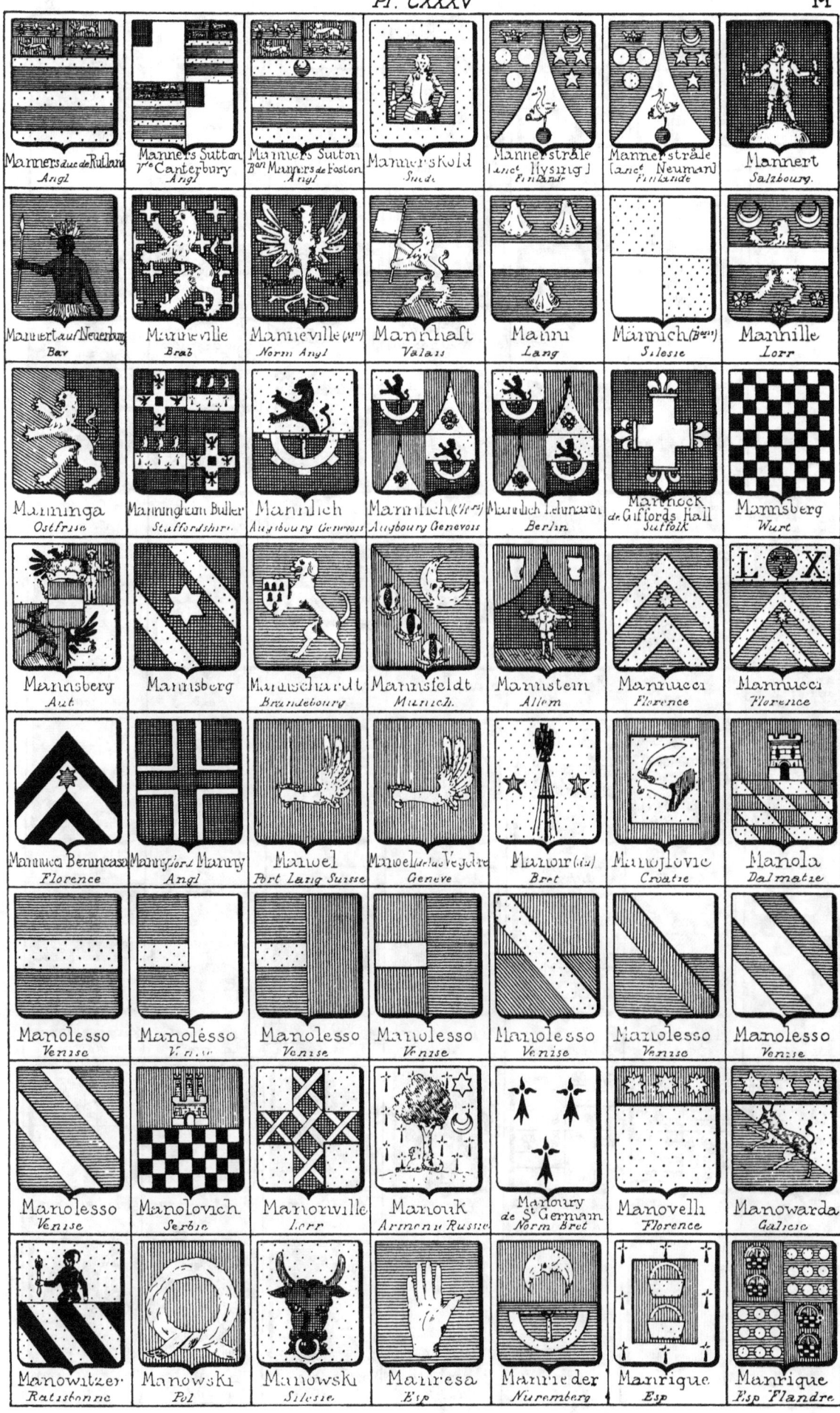

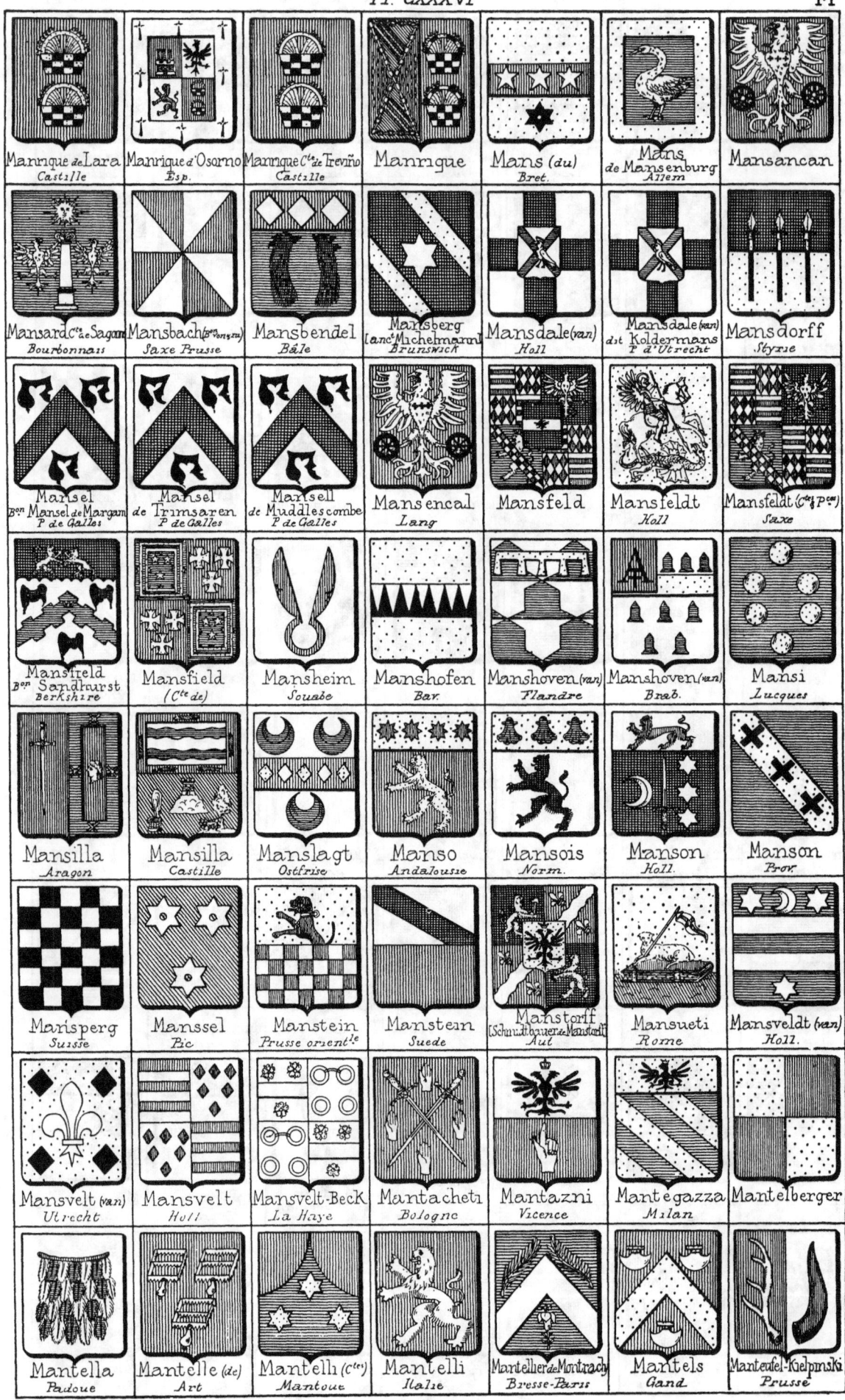

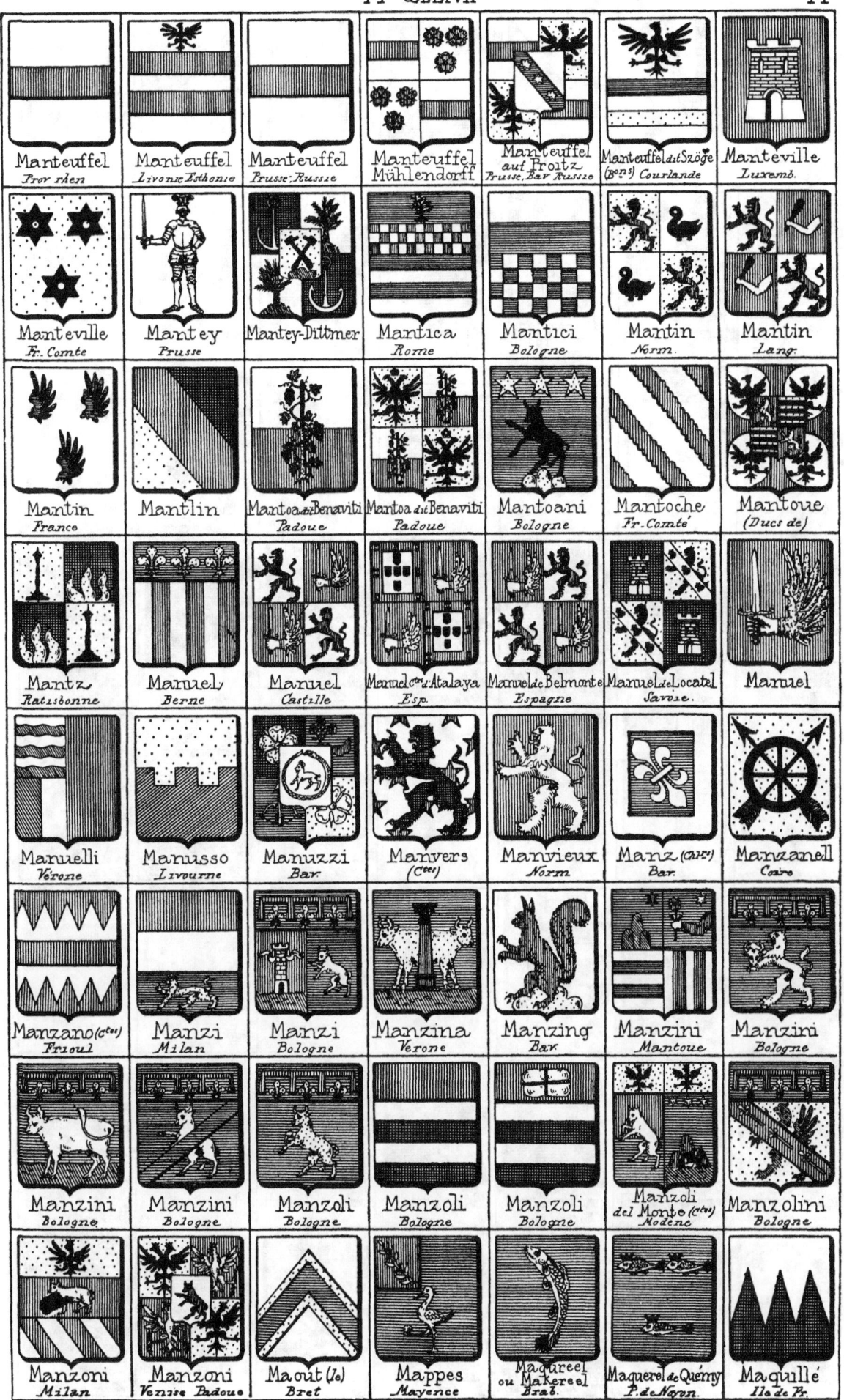

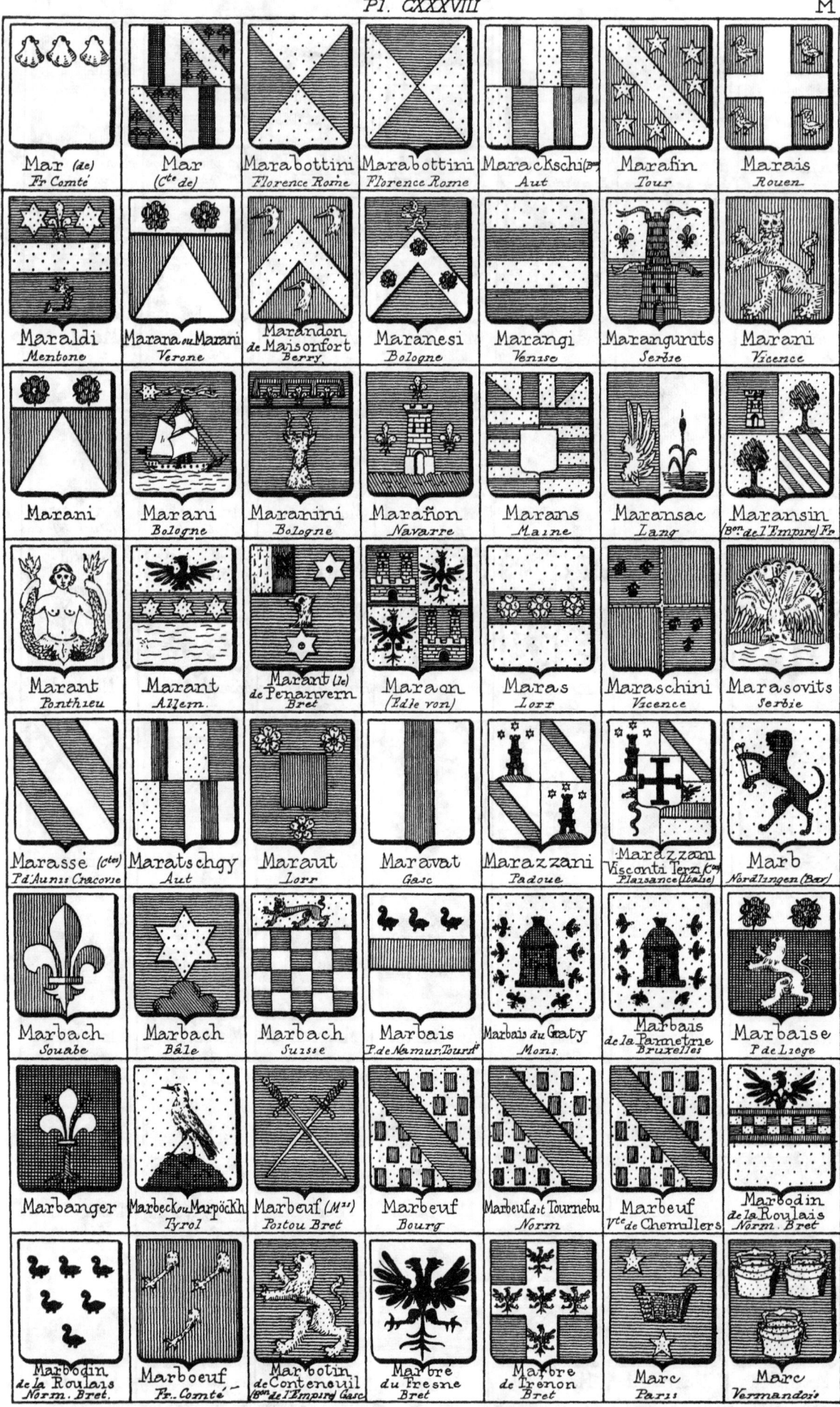

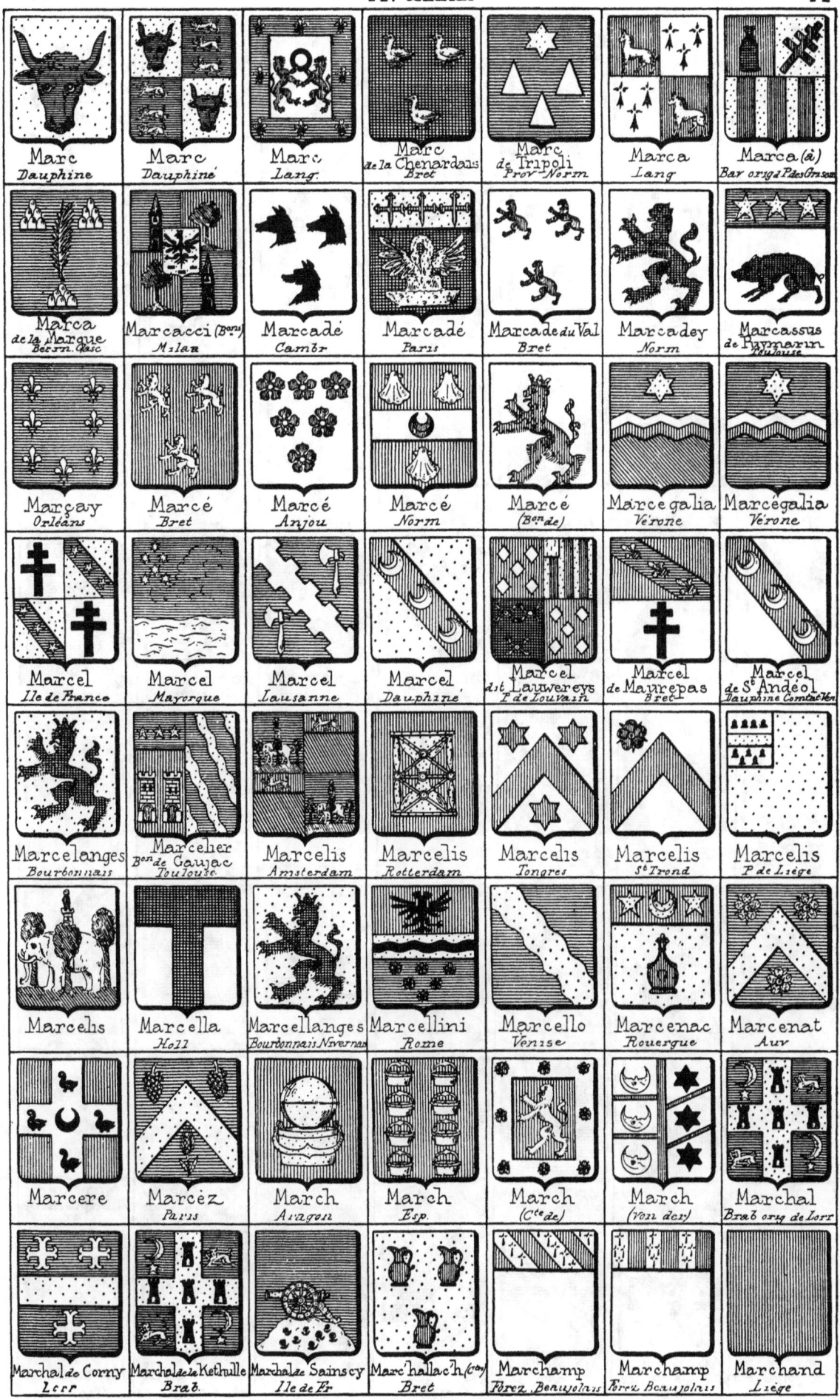

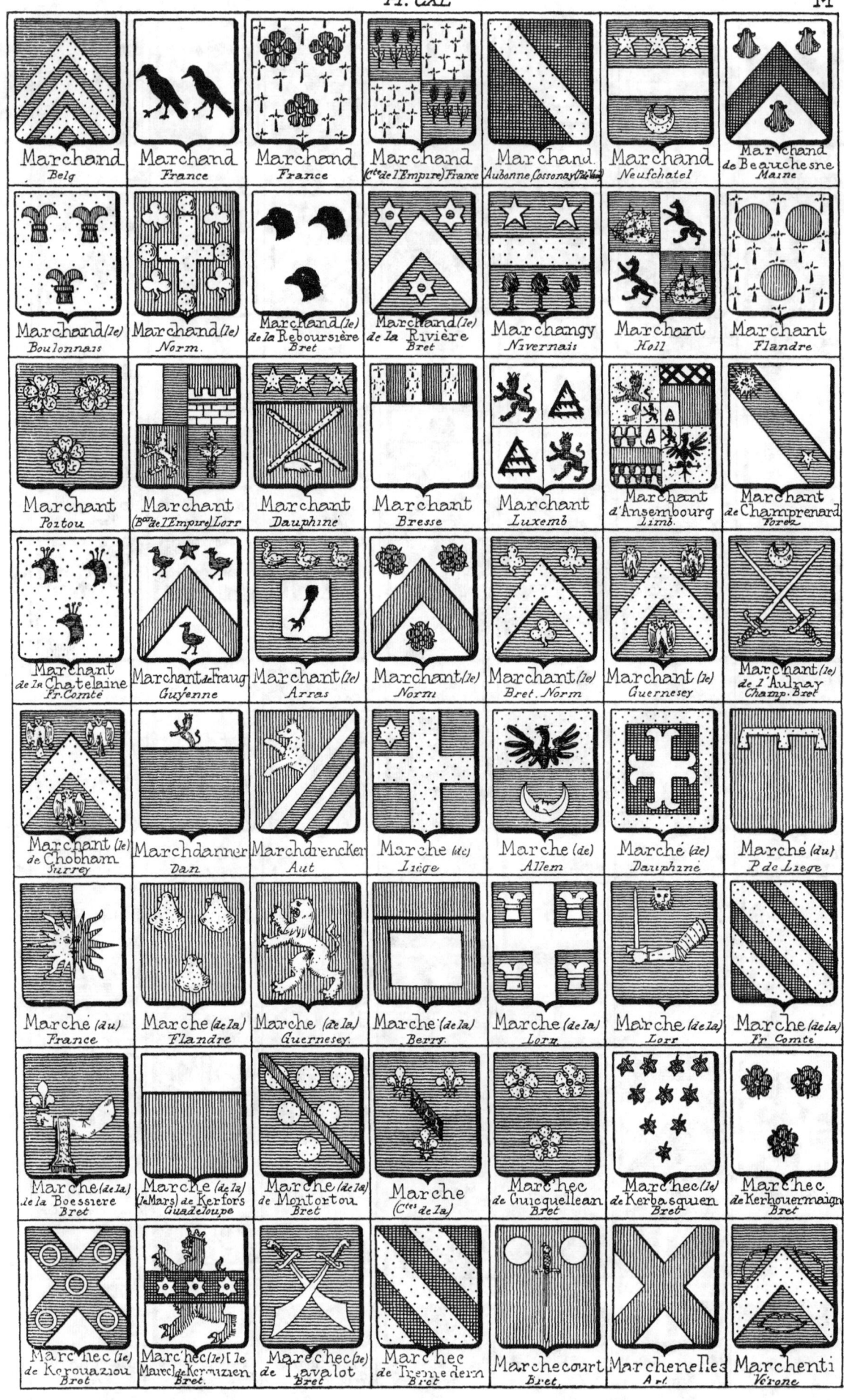

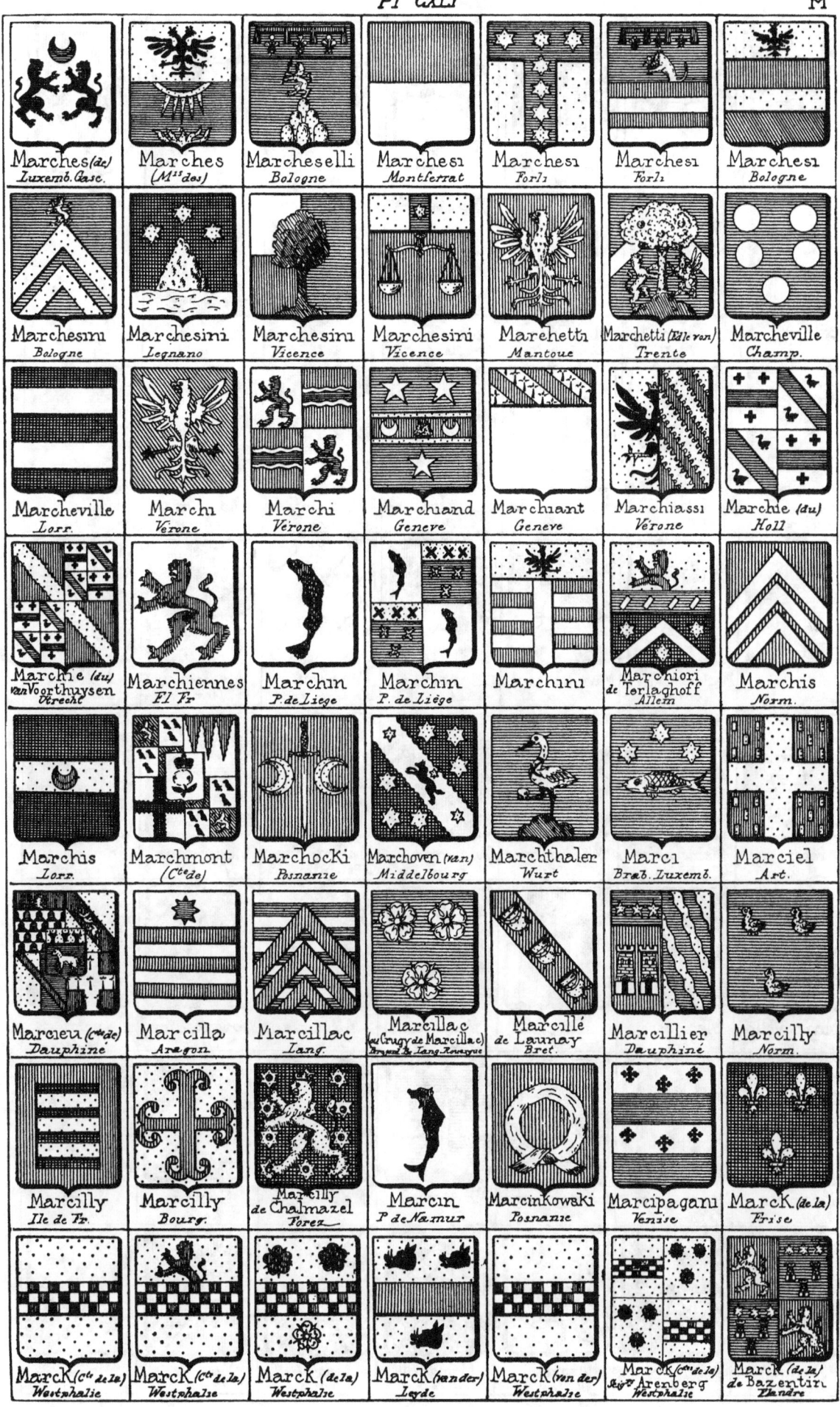

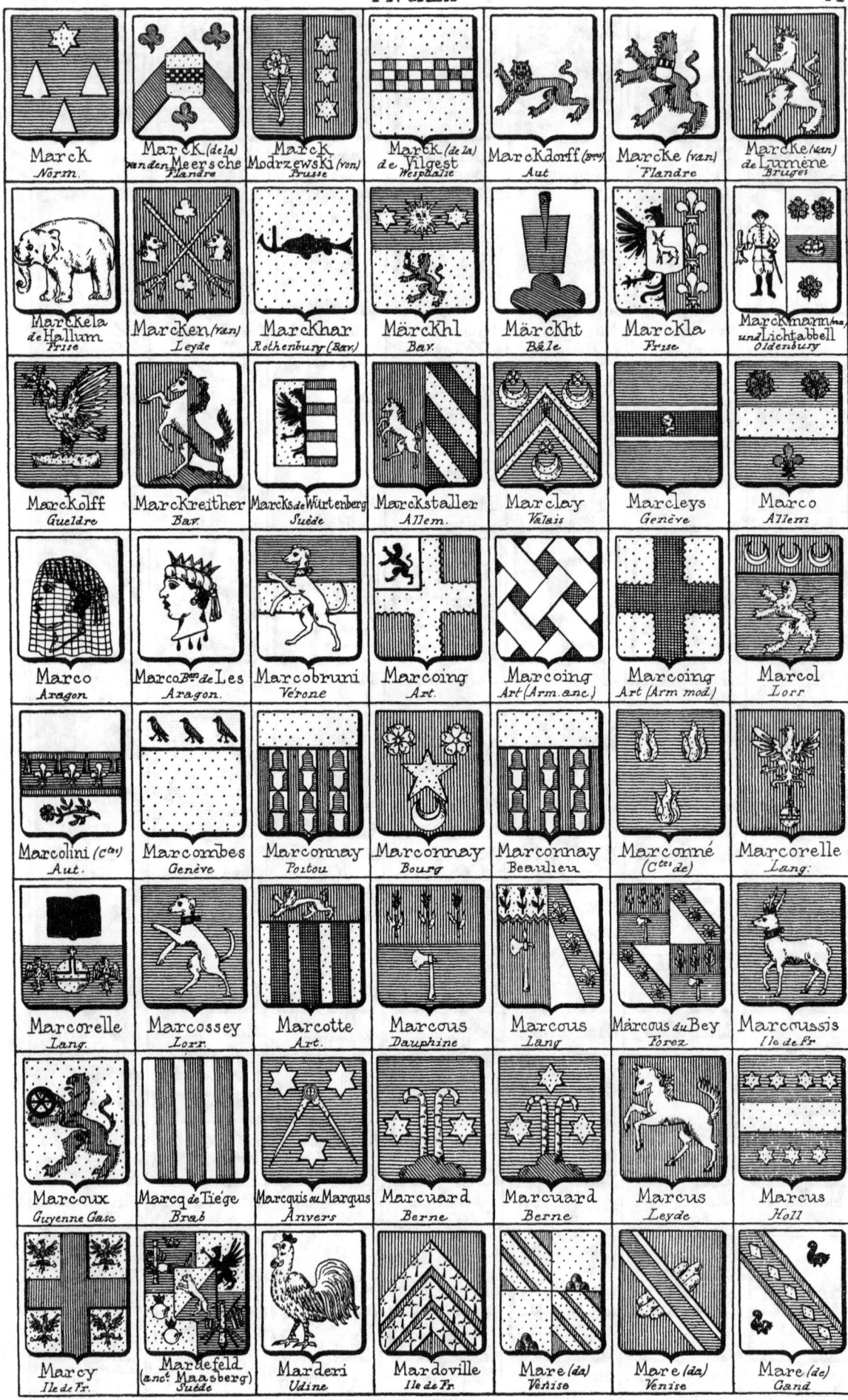

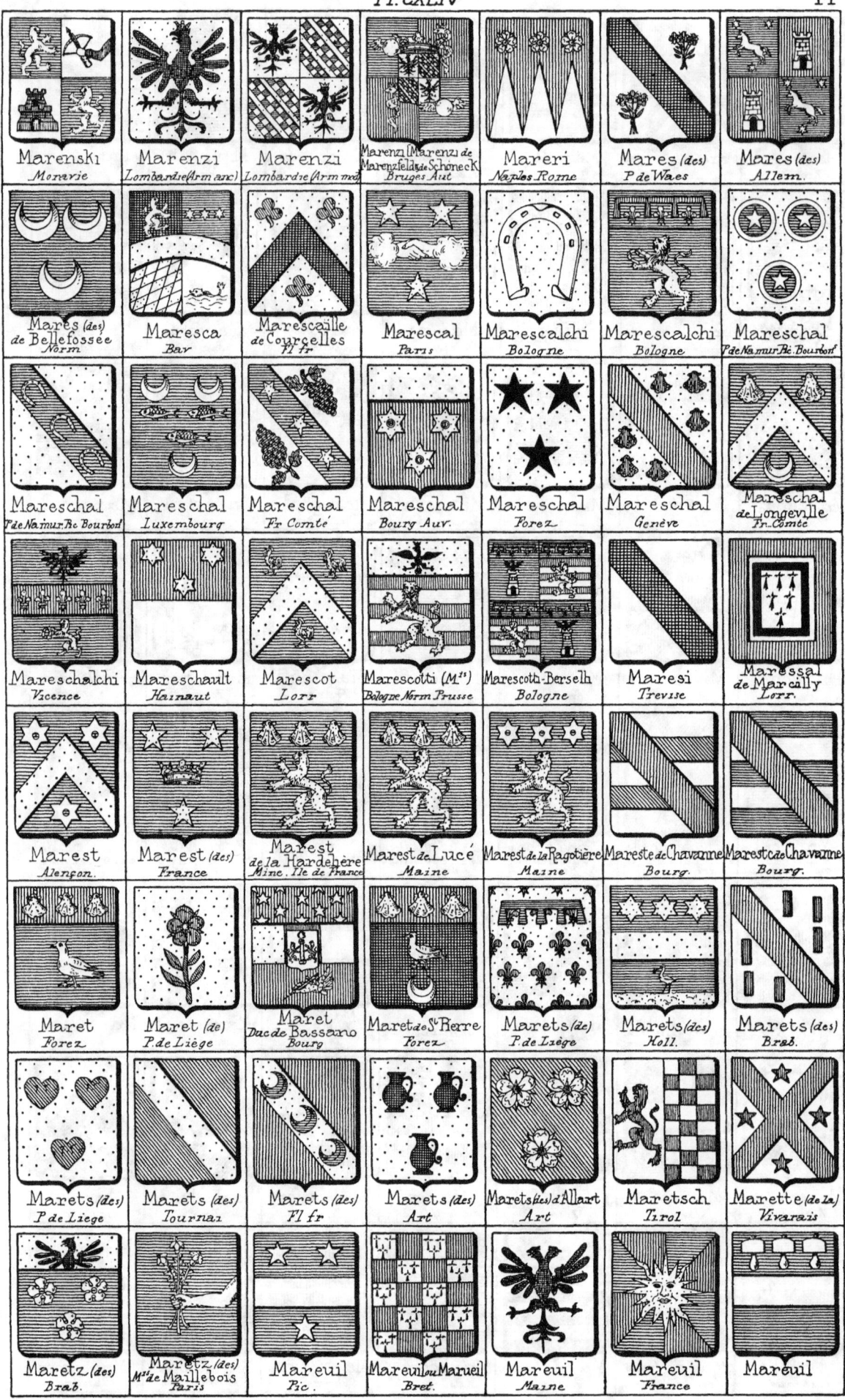

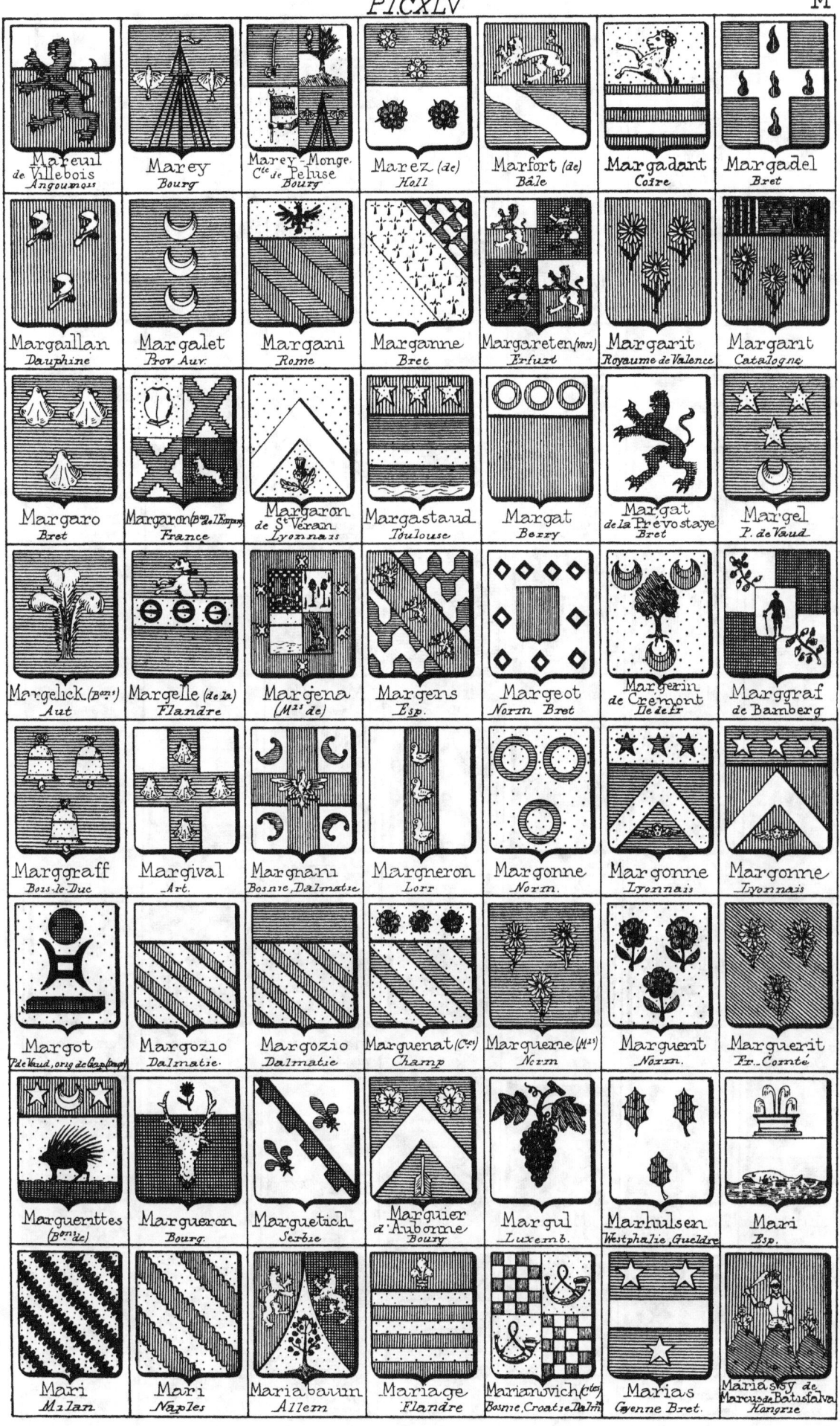

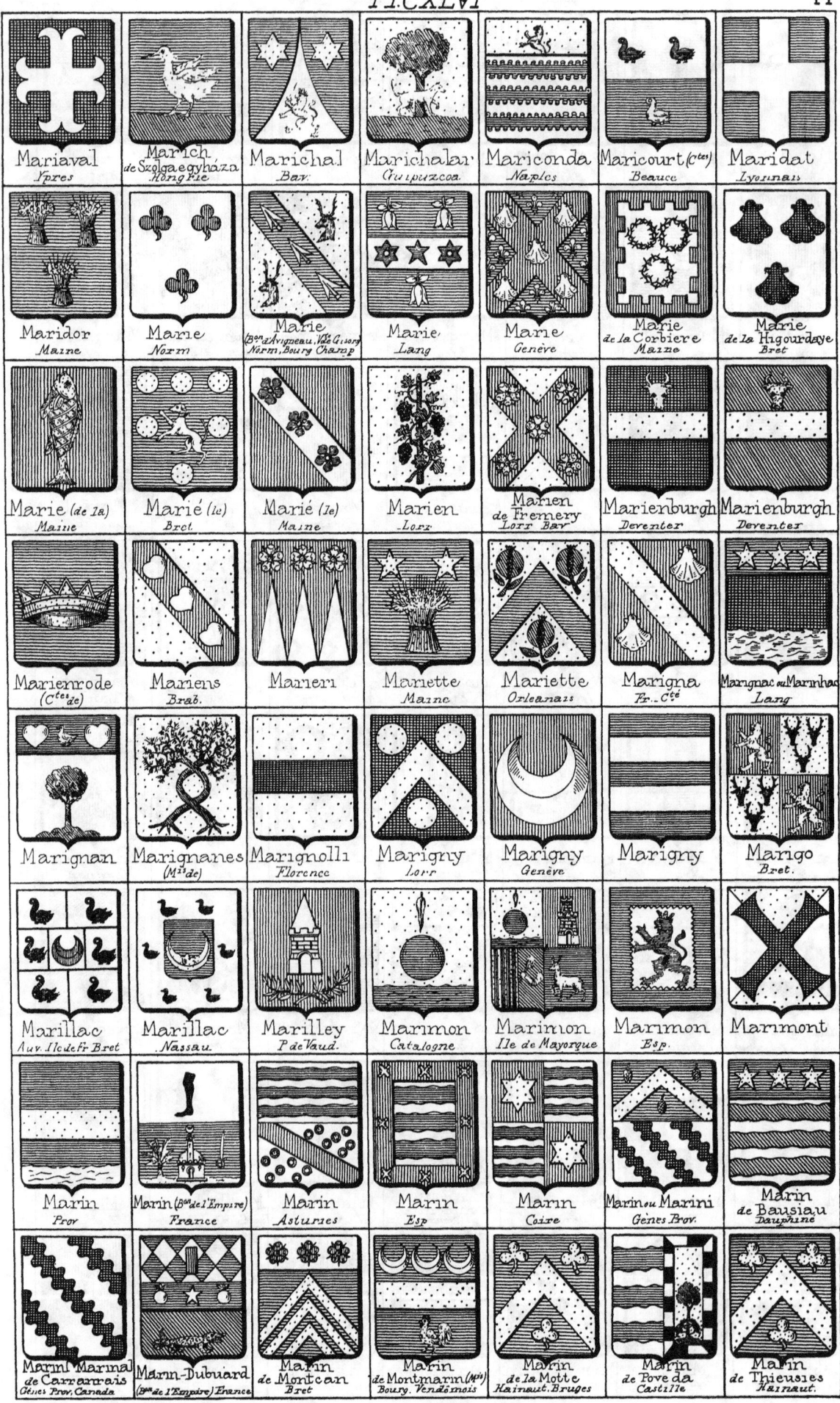

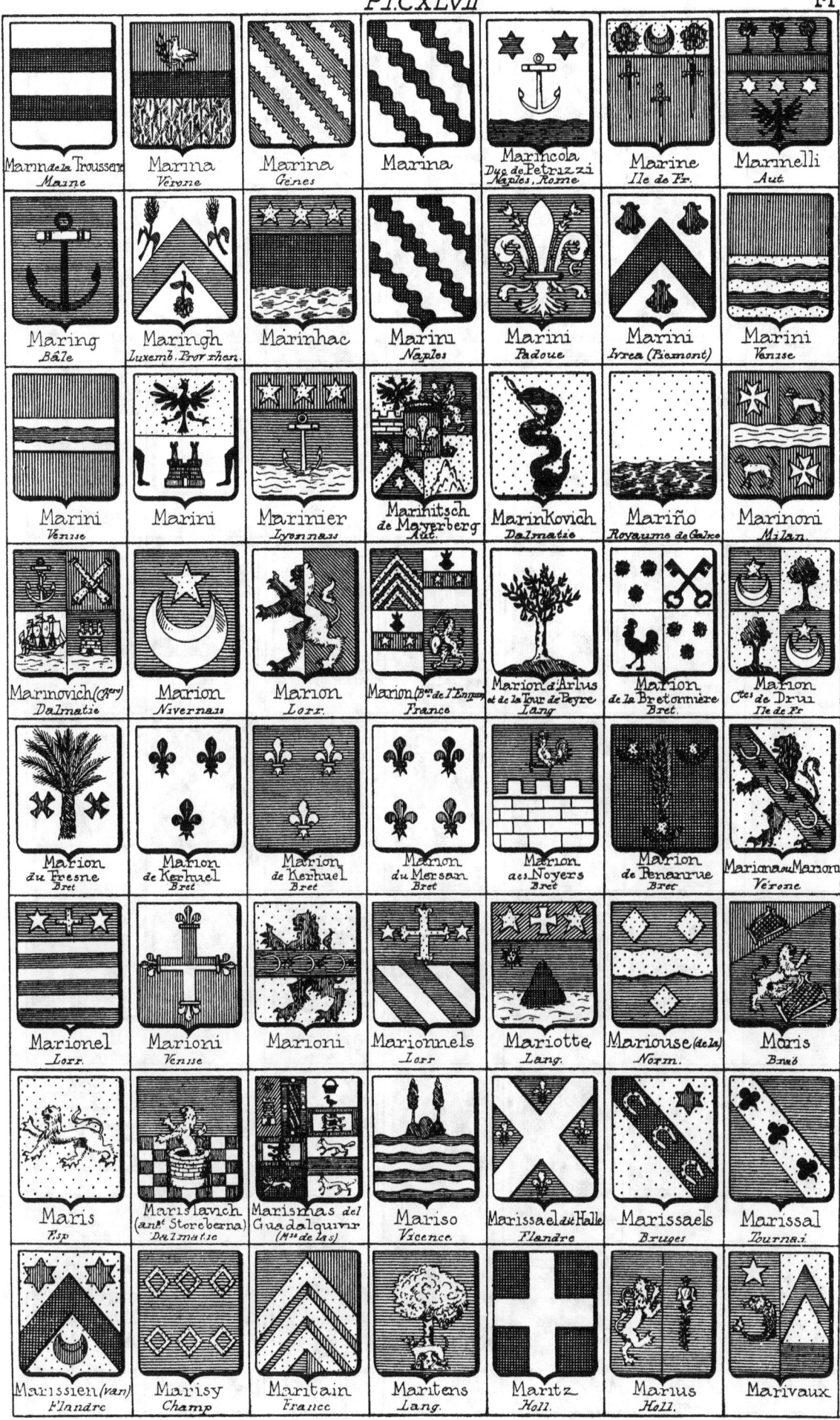

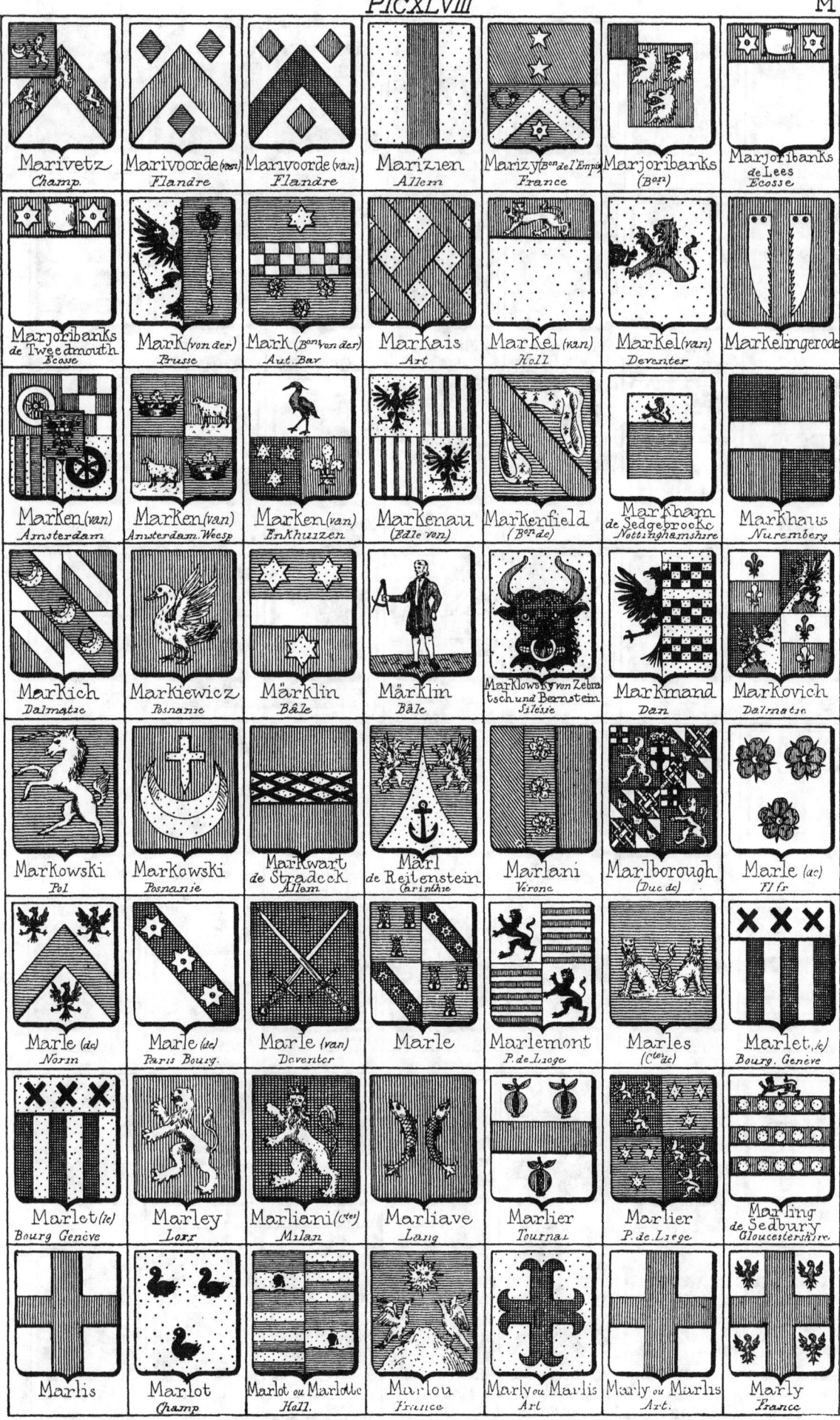

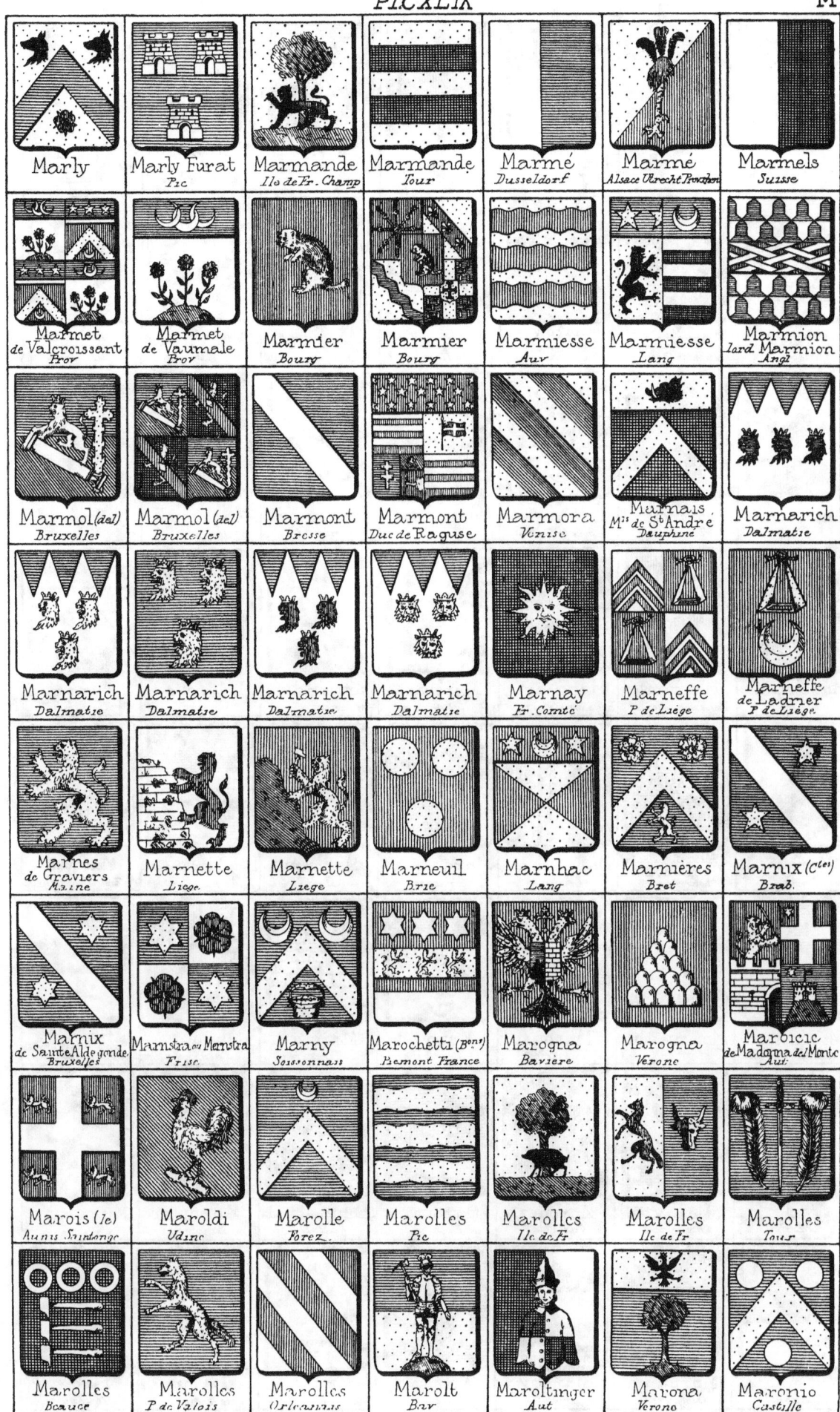

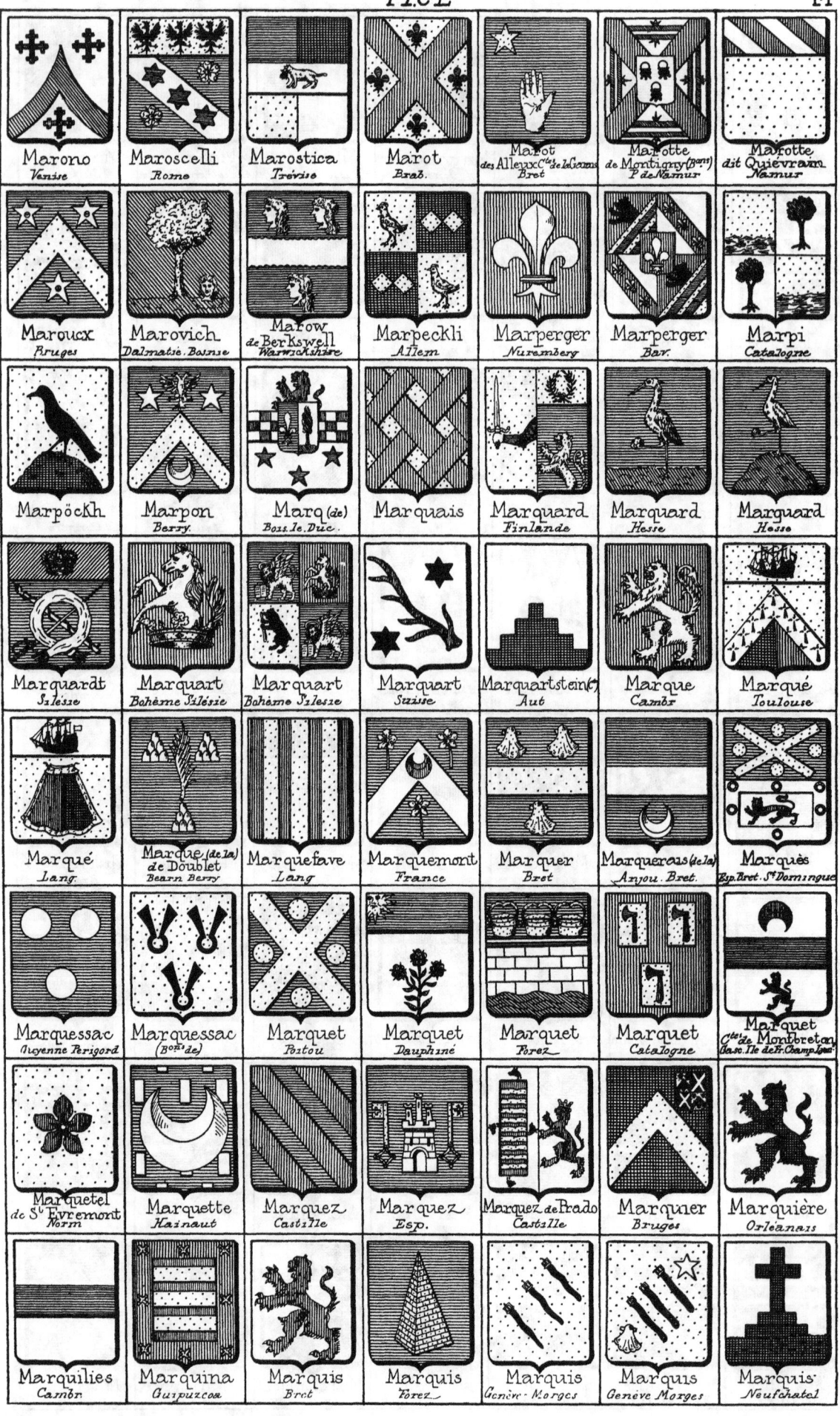

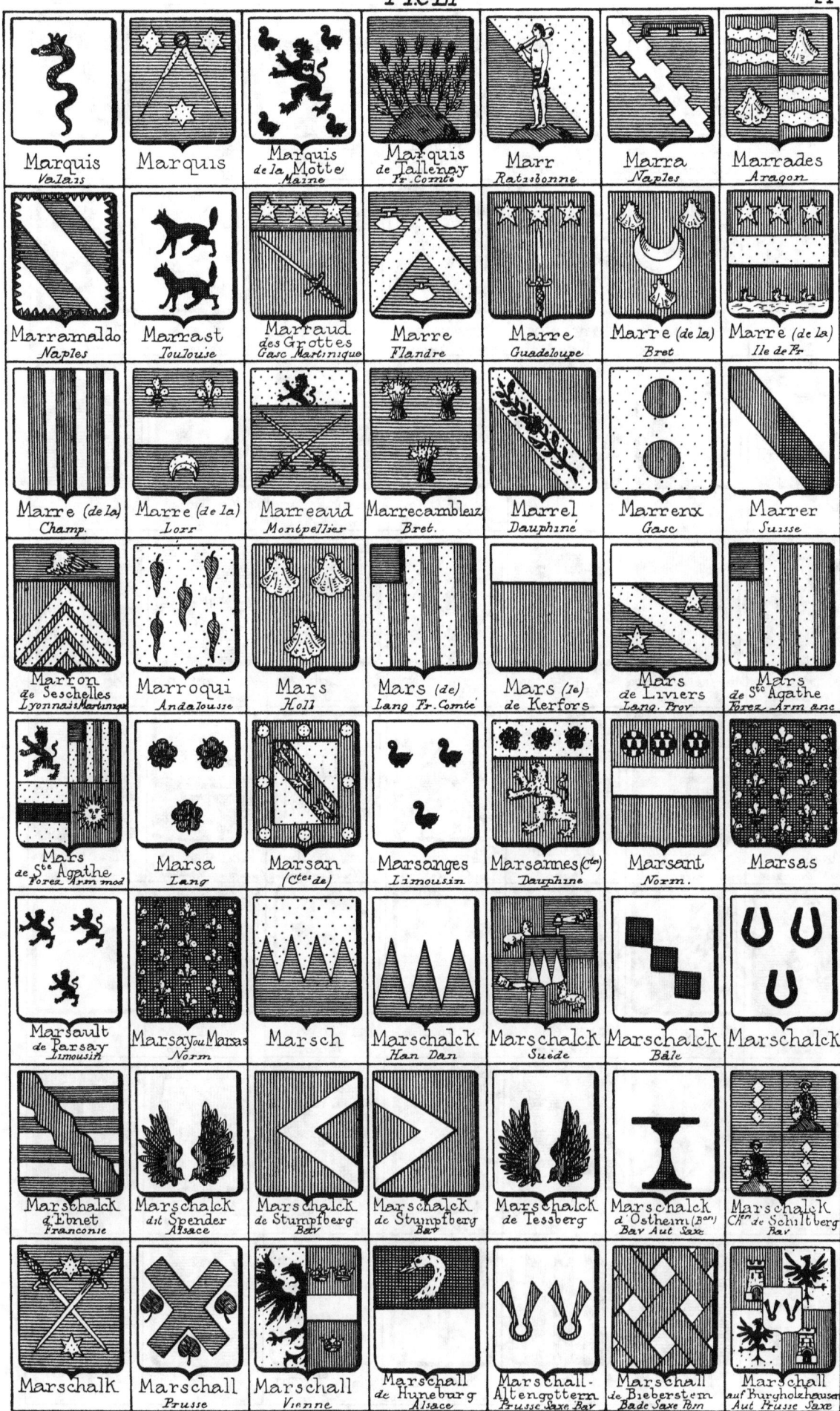

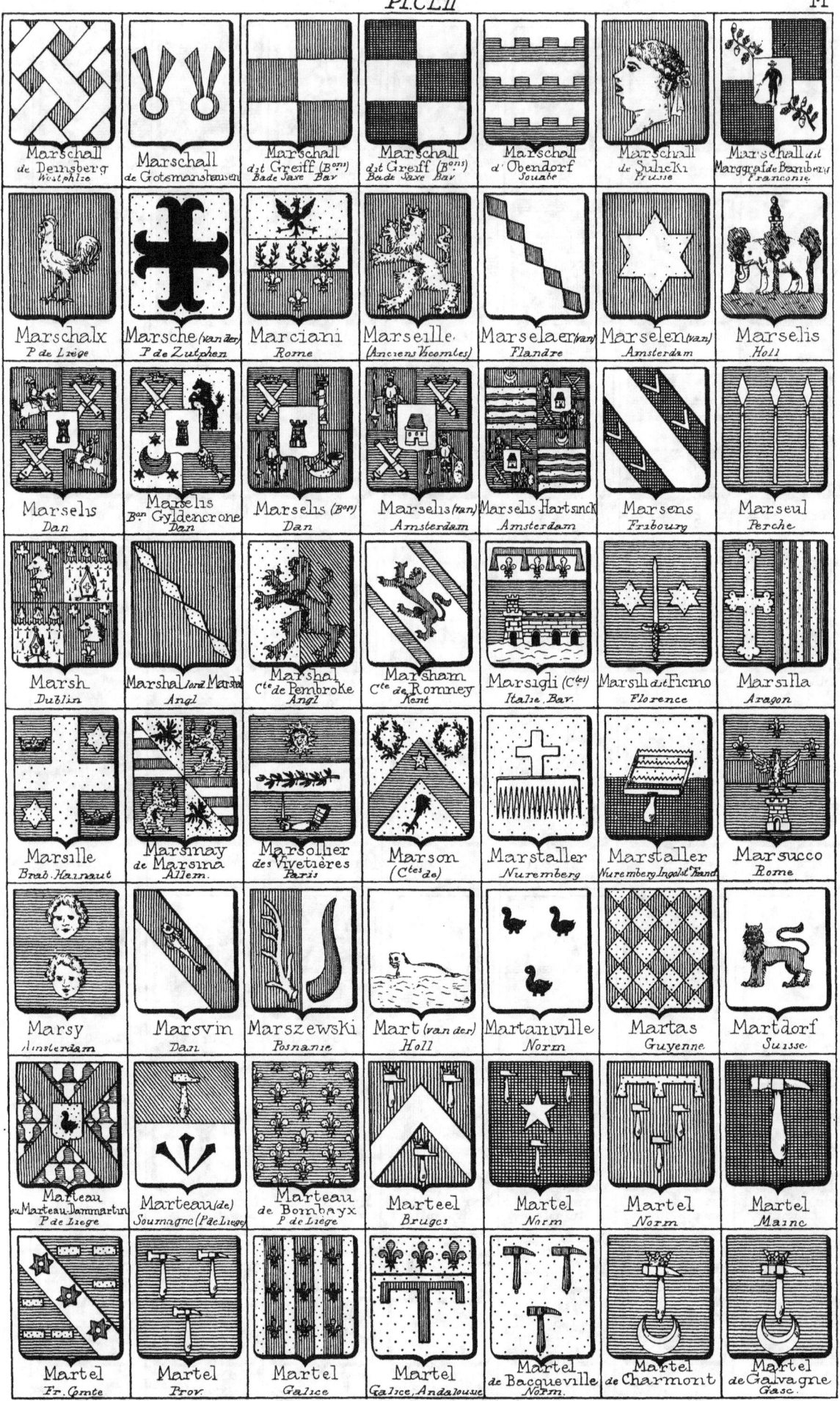

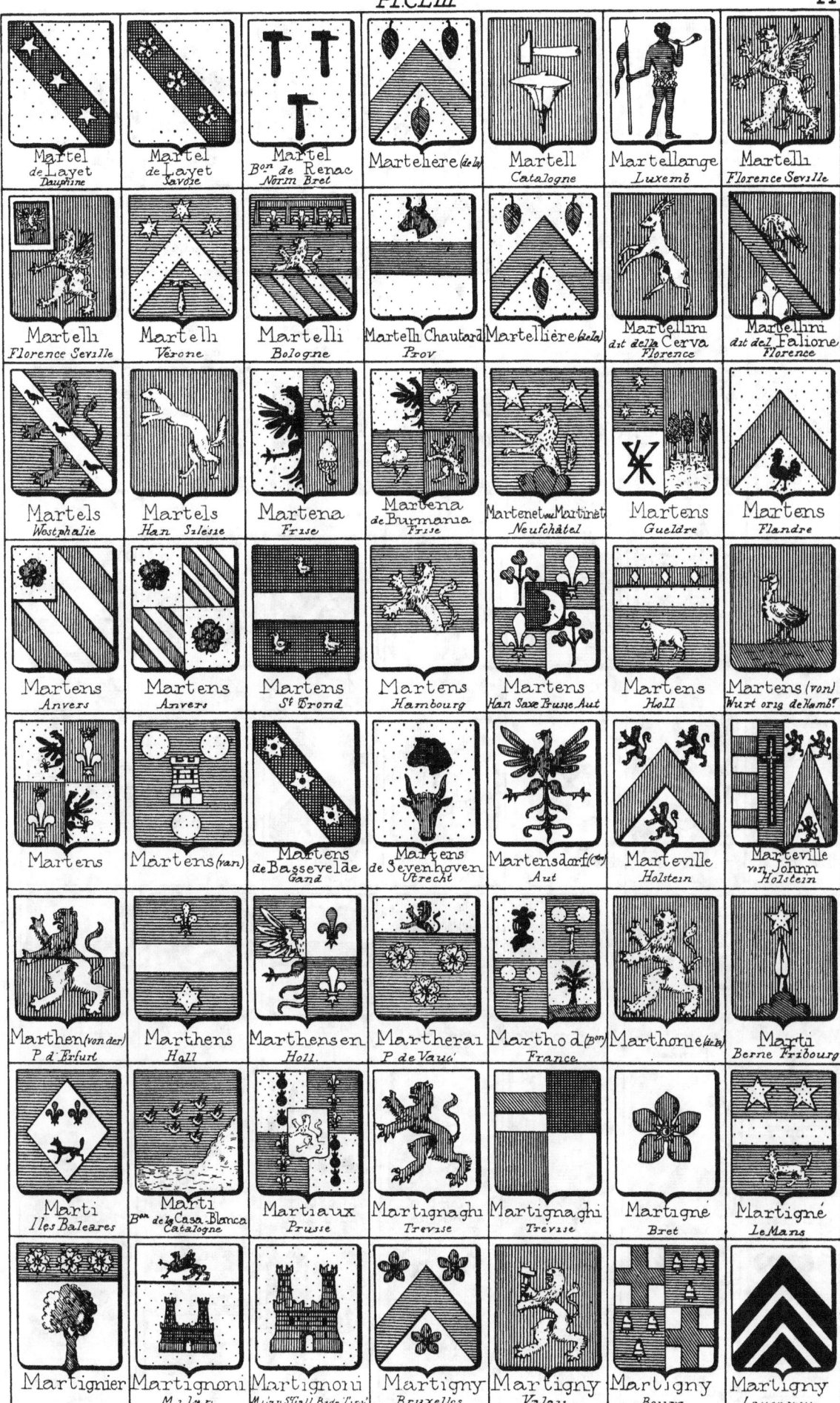

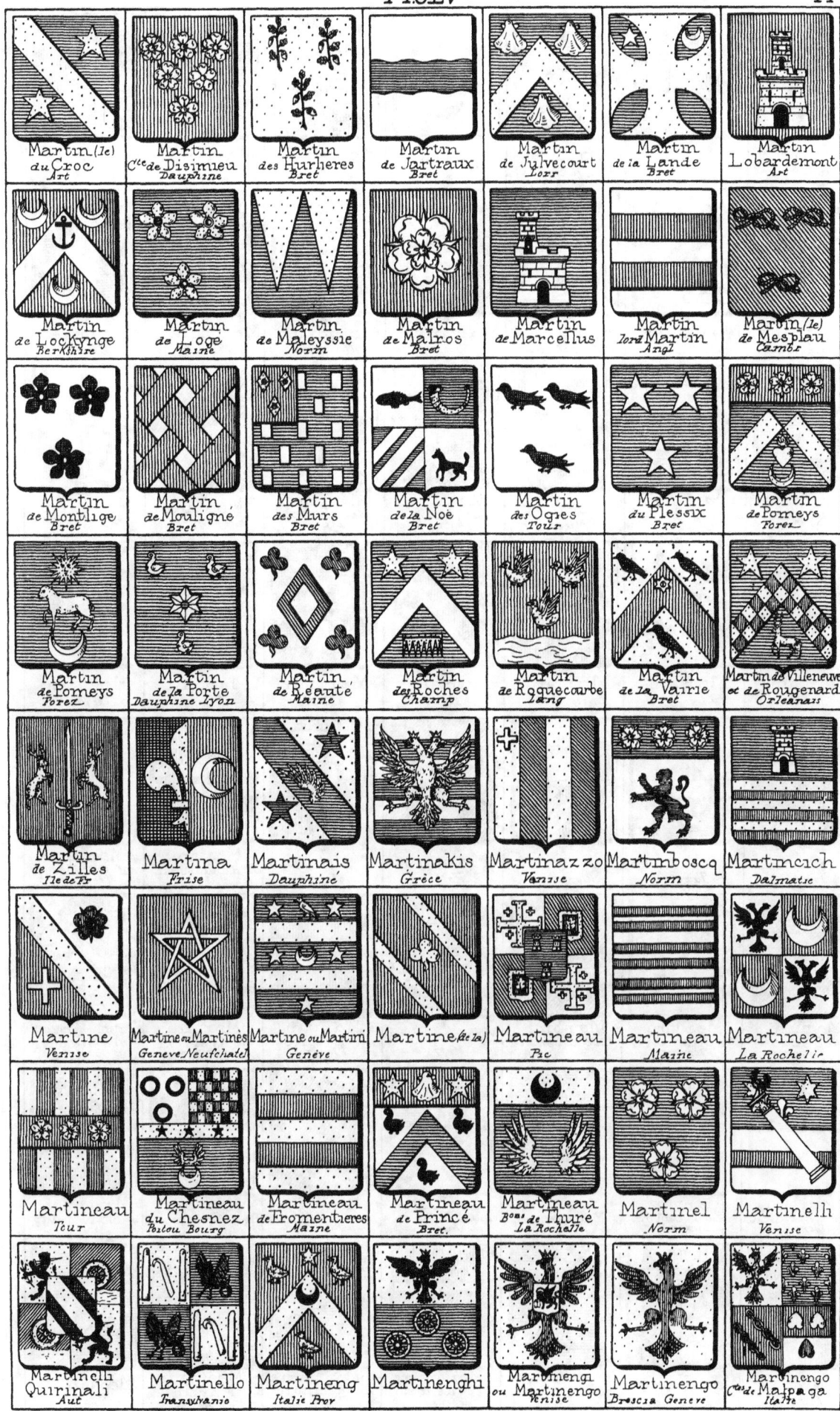

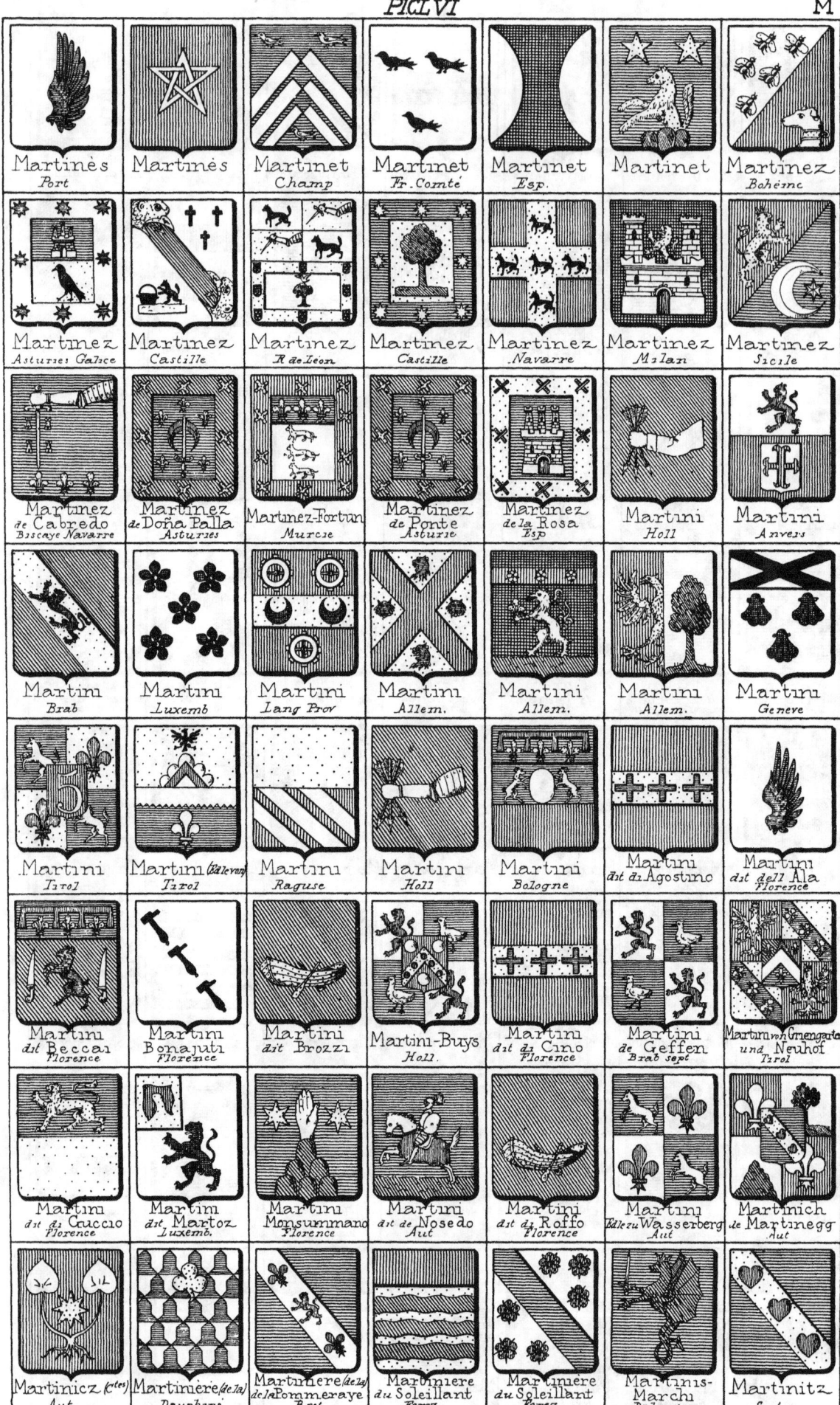

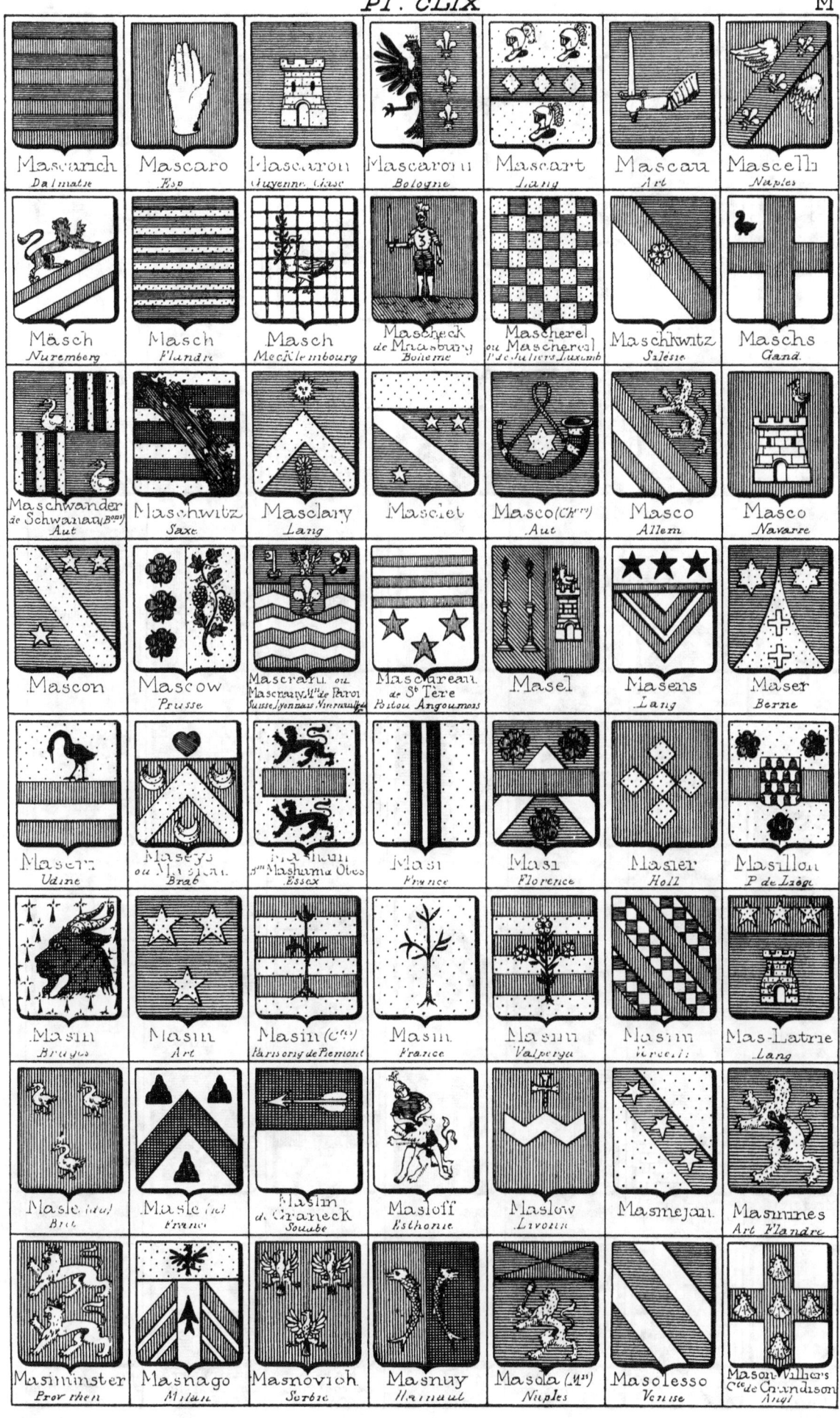

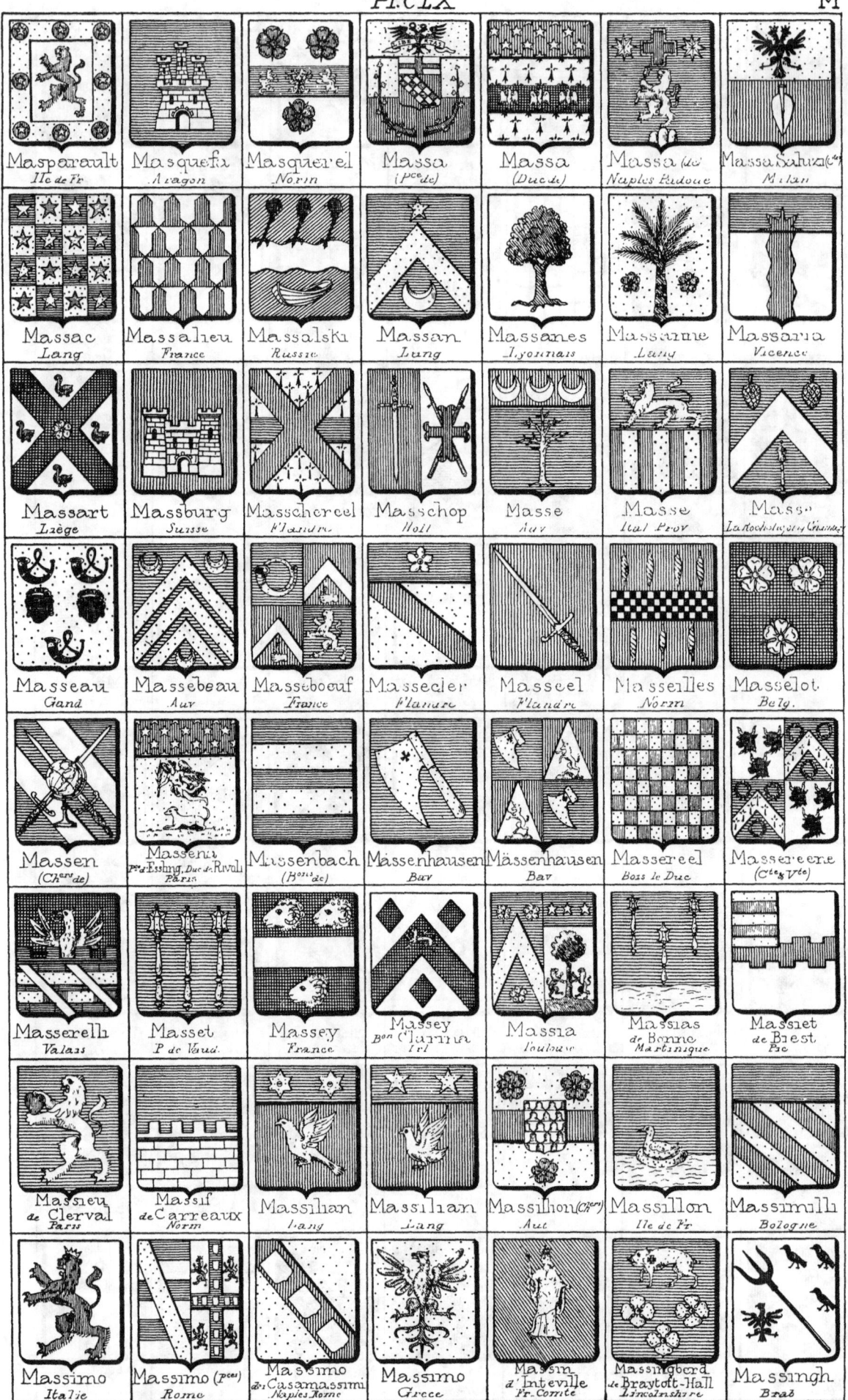

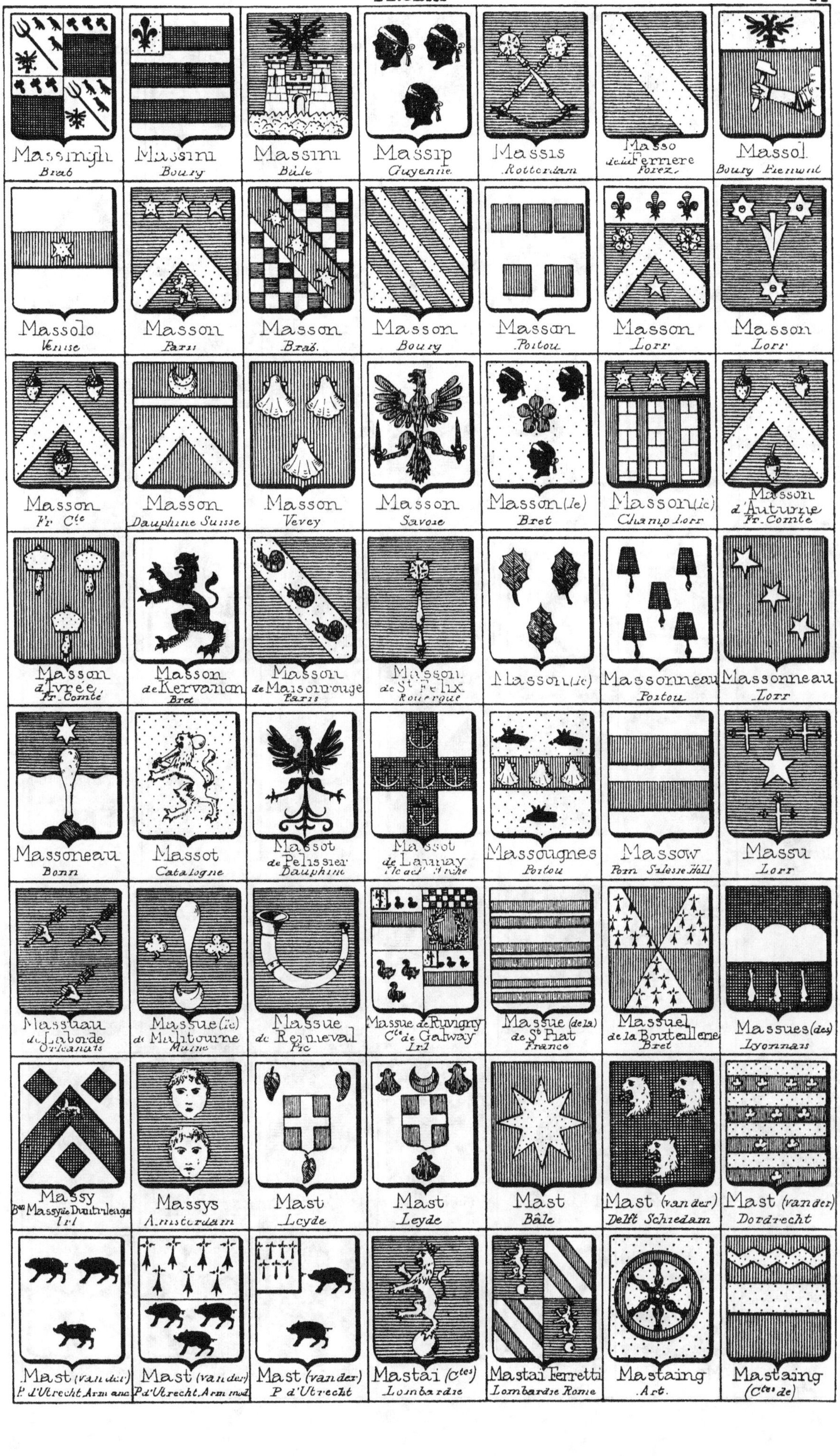

Pl.CLXI

| Massinghi Brab | Massini Bourg | Massini Bâle | Massip Guyenne | Massis Rotterdam | Masso de la Ferriere Forez | Massol Bourg Piemont |
| Massolo Venise | Masson Paris | Masson Brab. | Masson Bourg | Masson Poitou | Masson Lorr | Masson Lorr |
| Masson Fr Cté | Masson Dauphiné Suisse | Masson Vevey | Masson Savoie | Masson (le) Bret | Masson (le) Champ Lorr | Masson d'Auturne Fr. Comté |
| Masson d'Yvrée Fr. Comté | Masson de Kervanon Bret | Masson de Maisonrouge Paris | Masson de St Felix Rouergue | Masson (le) | Massonneau Poitou | Massonneau Lorr |
| Massoneau Bonn | Massot Catalogne | Massot de Pelissier Dauphiné | Massot de Launay Ile de France | Massougnes Poitou | Massow Pom Silesie Hall | Massu Lorr |
| Masshau de Laborde Orléanais | Massue (le) de Mahtourne Maine | Massue de Rennieval Pic | Massue de Ruvigny Cte de Galway Irl | Massue (de la) de St Piat France | Massuel de la Bouteillerie Bret | Massues (des) Lyonnais |
| Massy Bon Massy de Duntrileage Irl | Massys Amsterdam | Mast Leyde | Mast Leyde | Mast Bâle | Mast (van der) Delft Schiedam | Mast (van der) Dordrecht |
| Mast (van der) P. d'Utrecht Arm anc | Mast (van der) P d'Utrecht Arm mod | Mast (van der) P d'Utrecht | Mastai (Ctes) Lombardie | Mastai Ferretti Lombardie Rome | Mastaing Art. | Mastaing (Ctes de) |

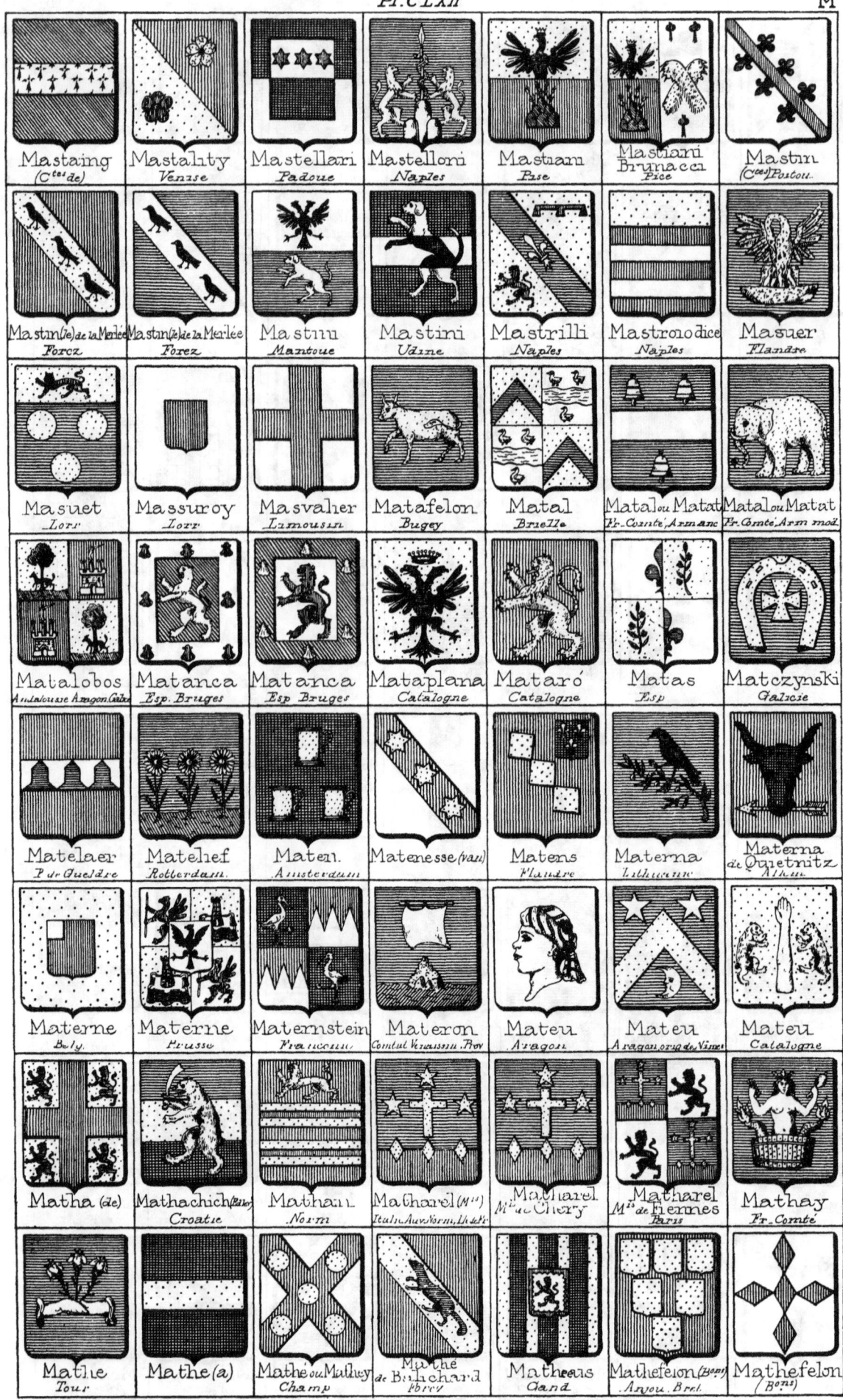

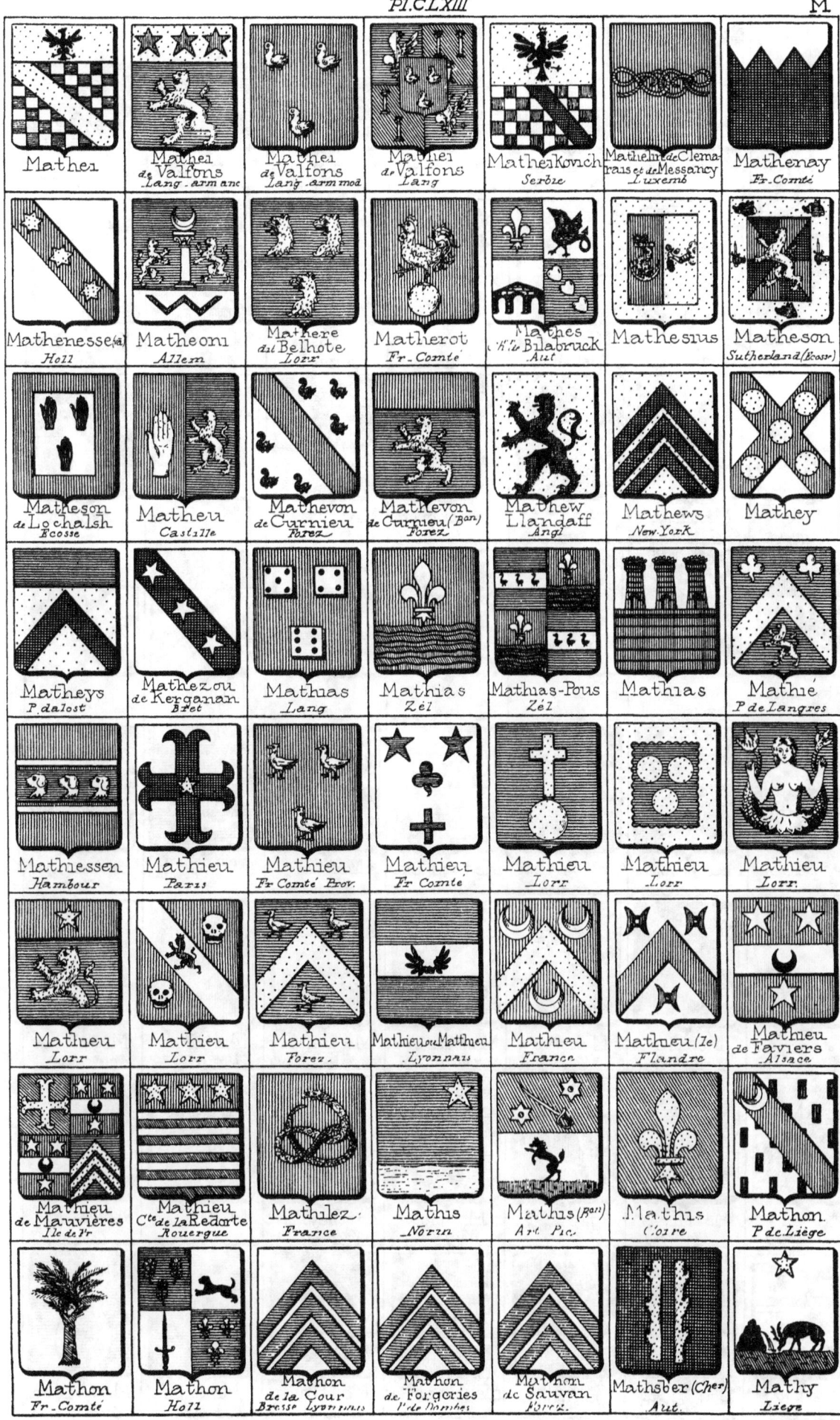

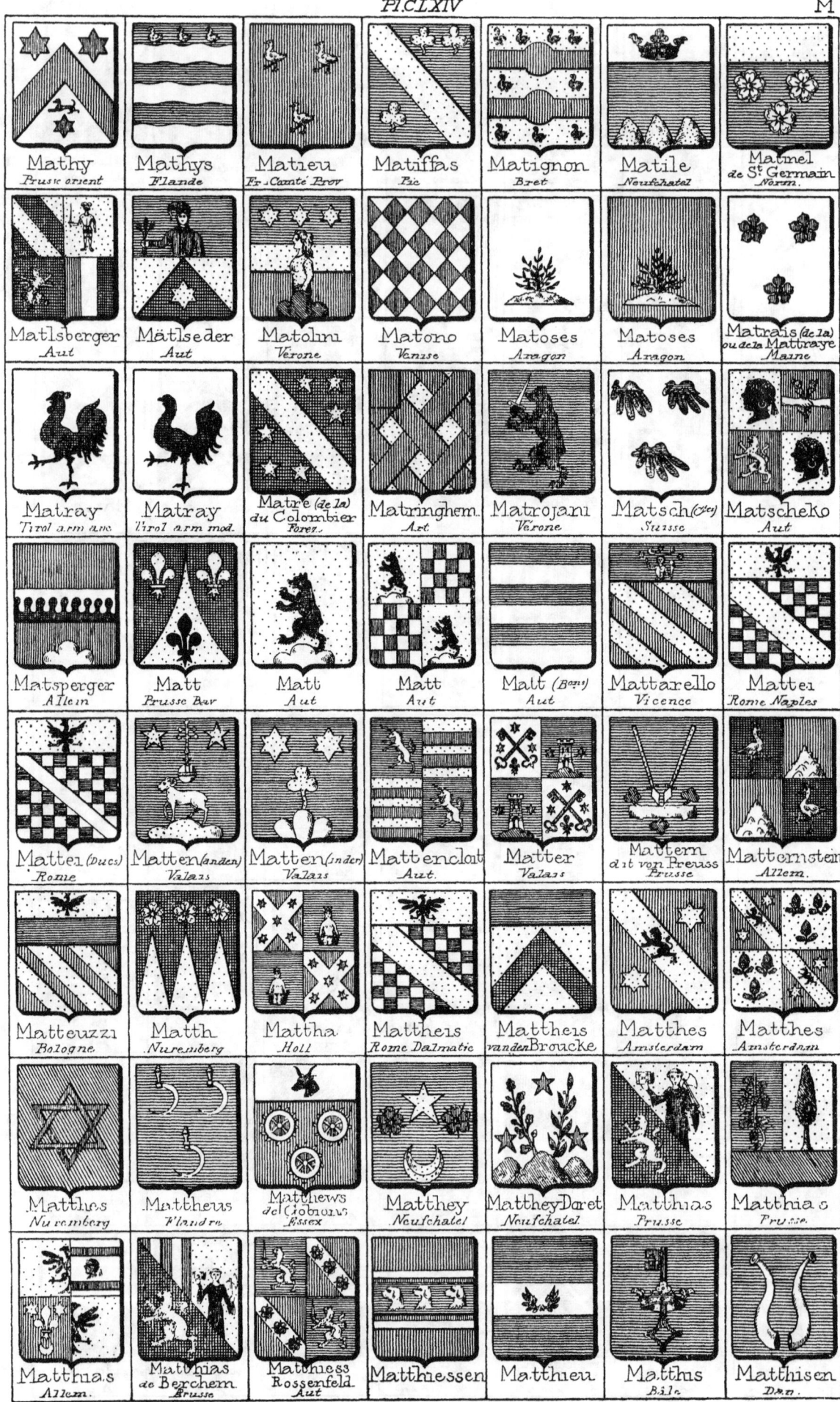

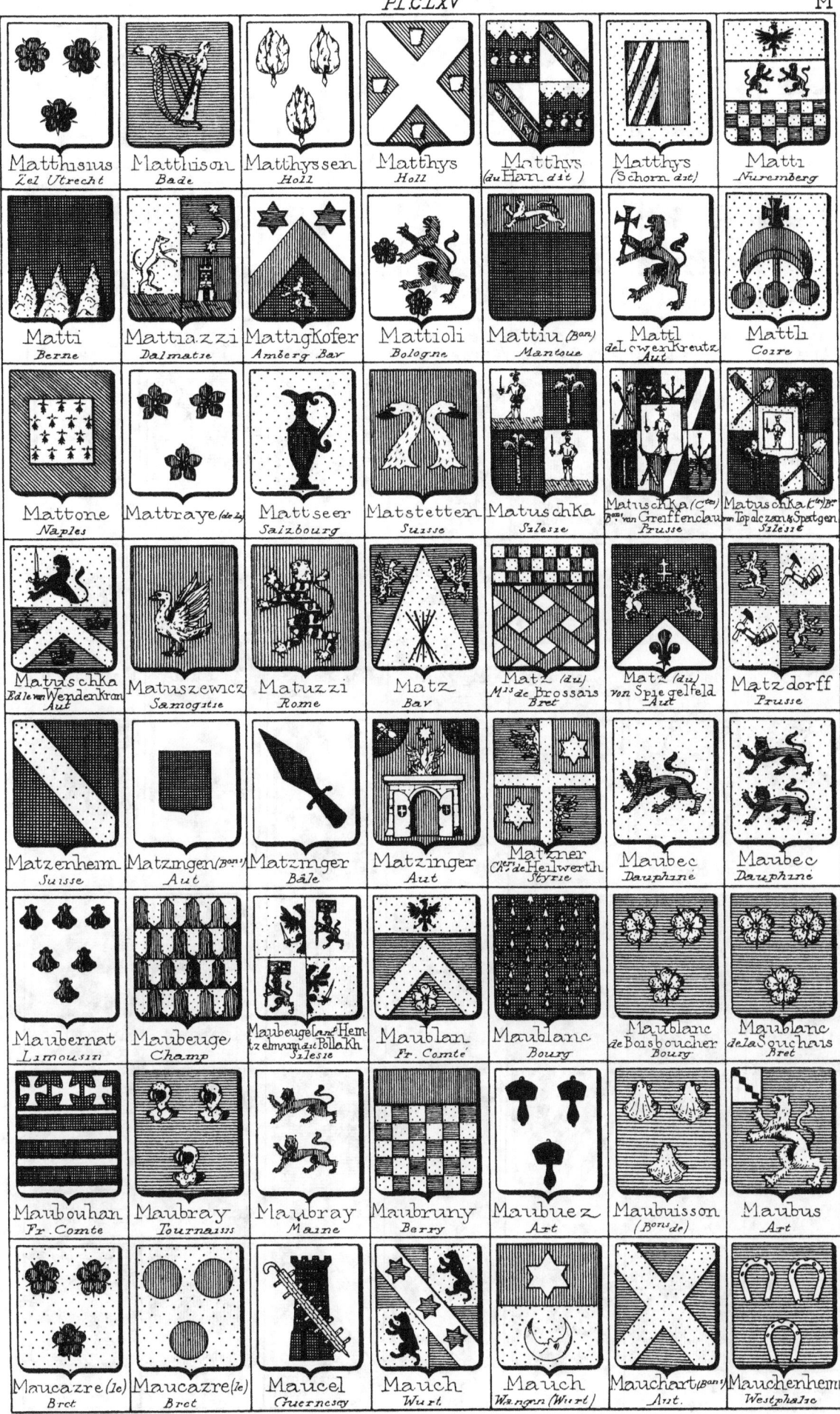

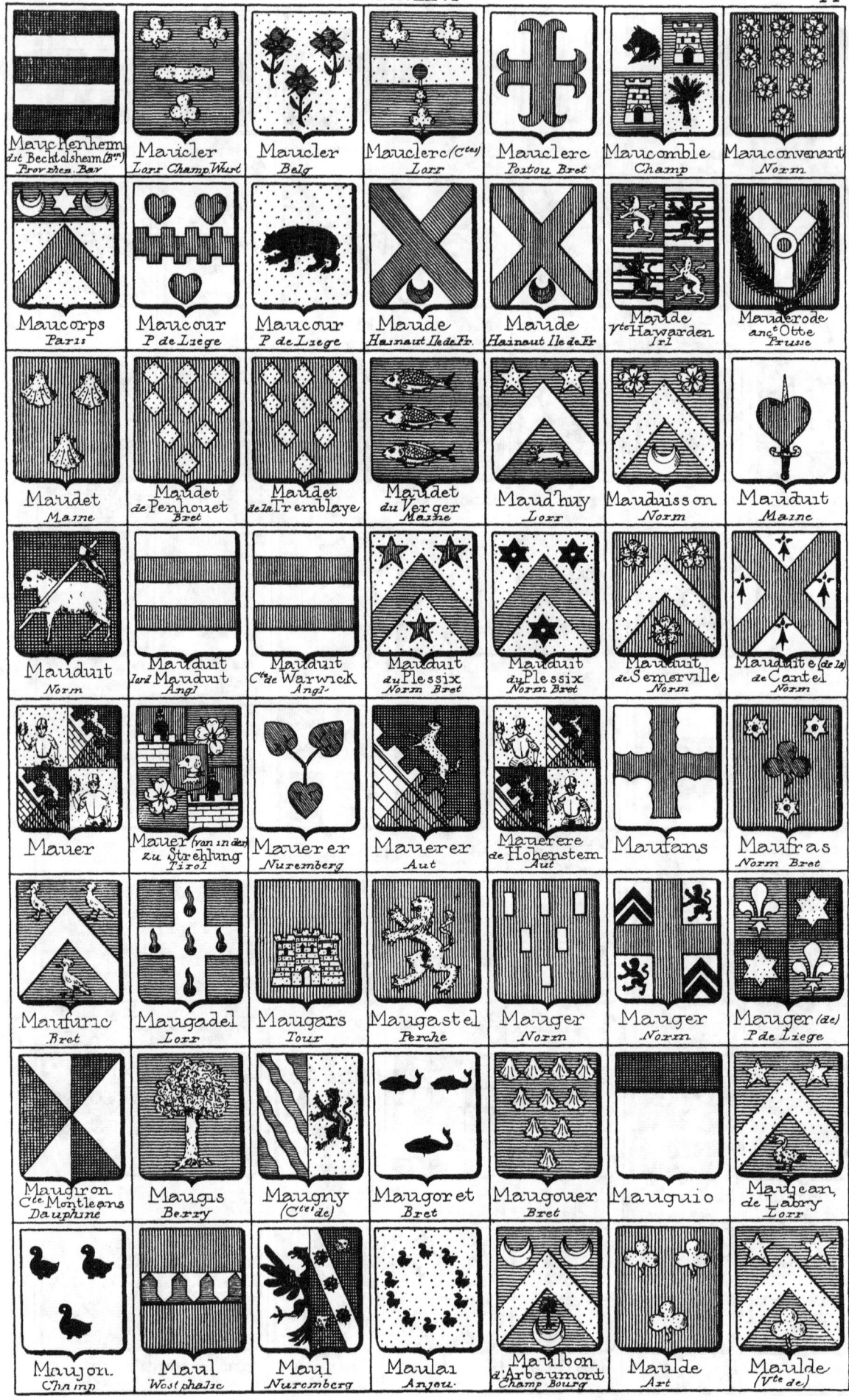

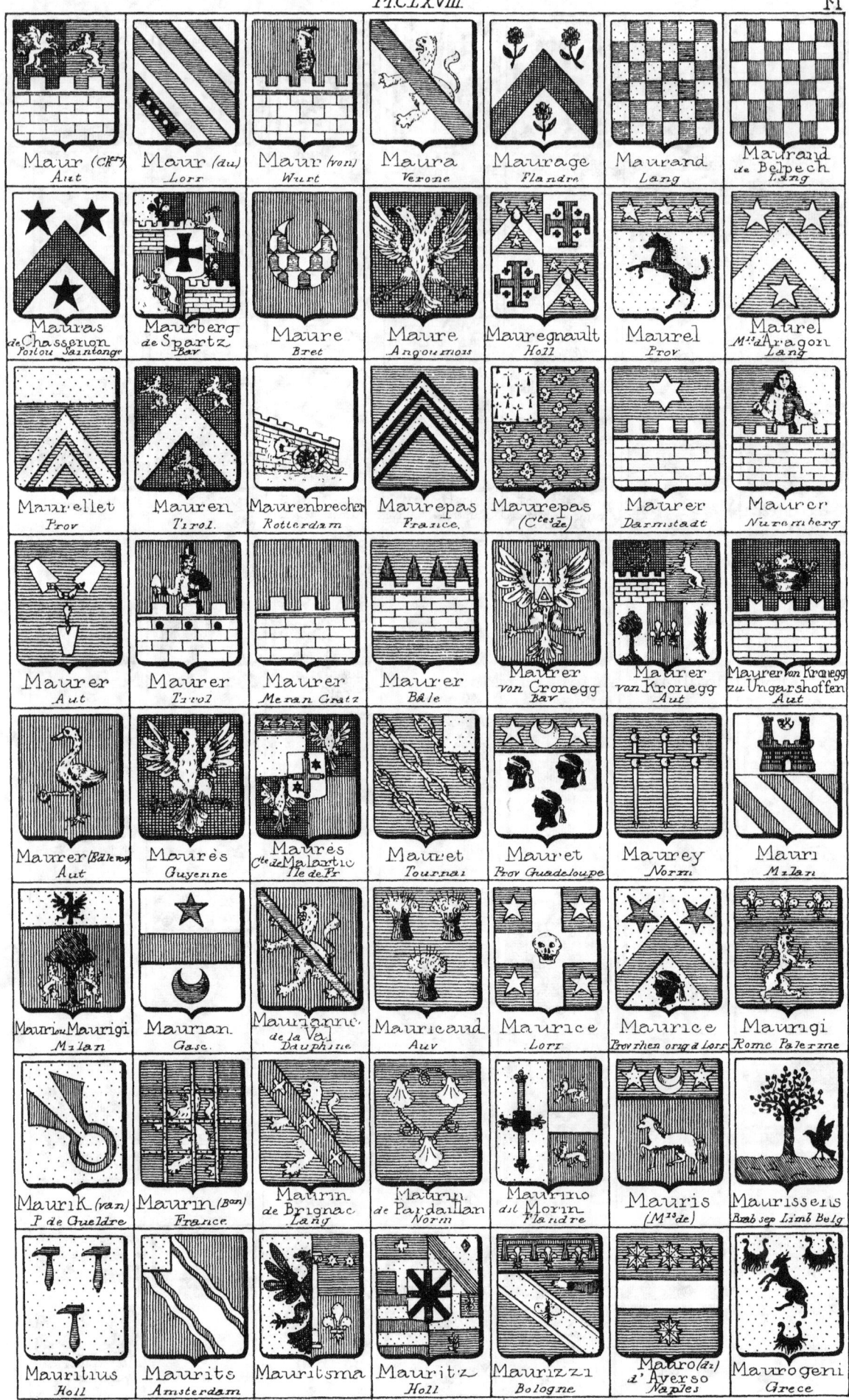

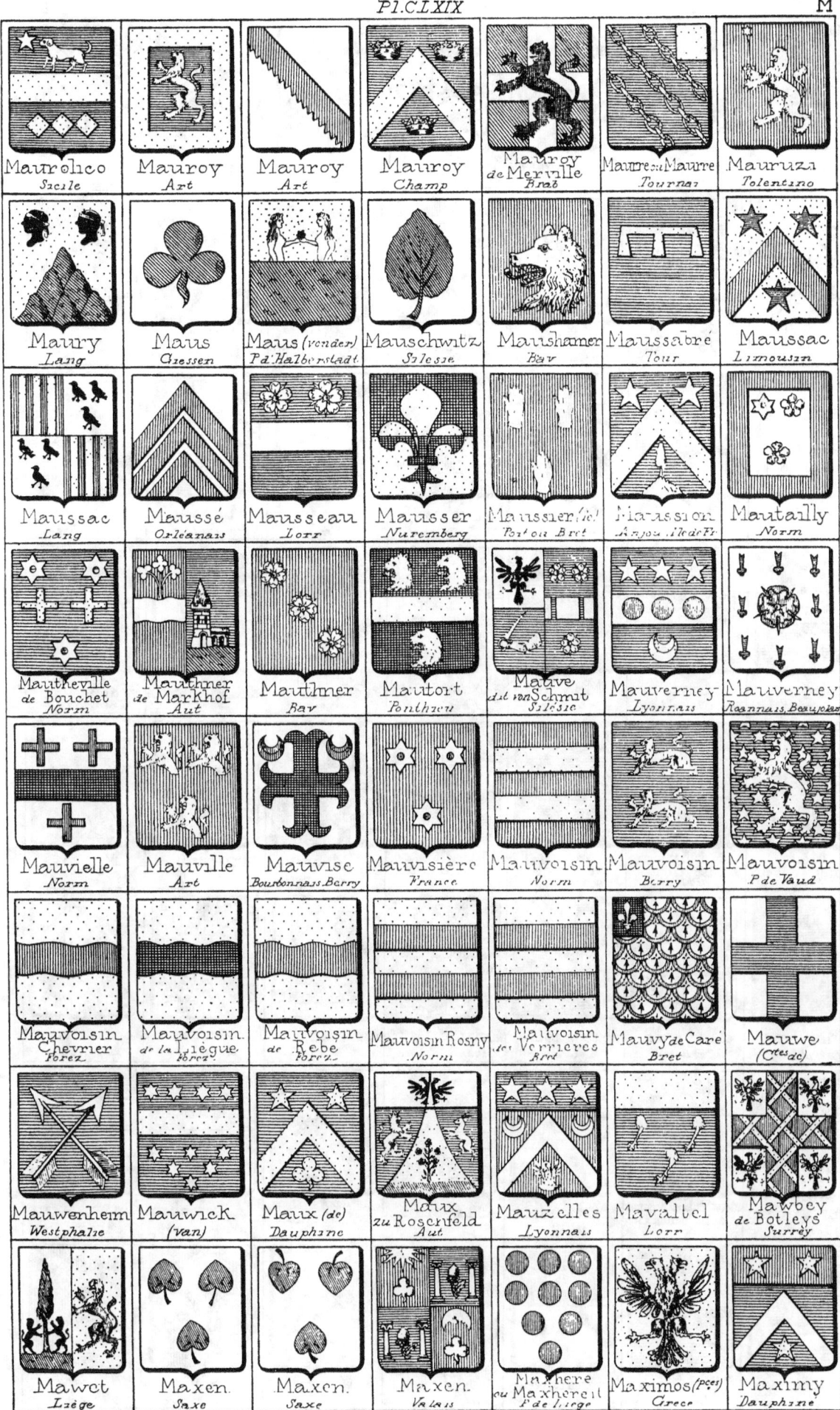

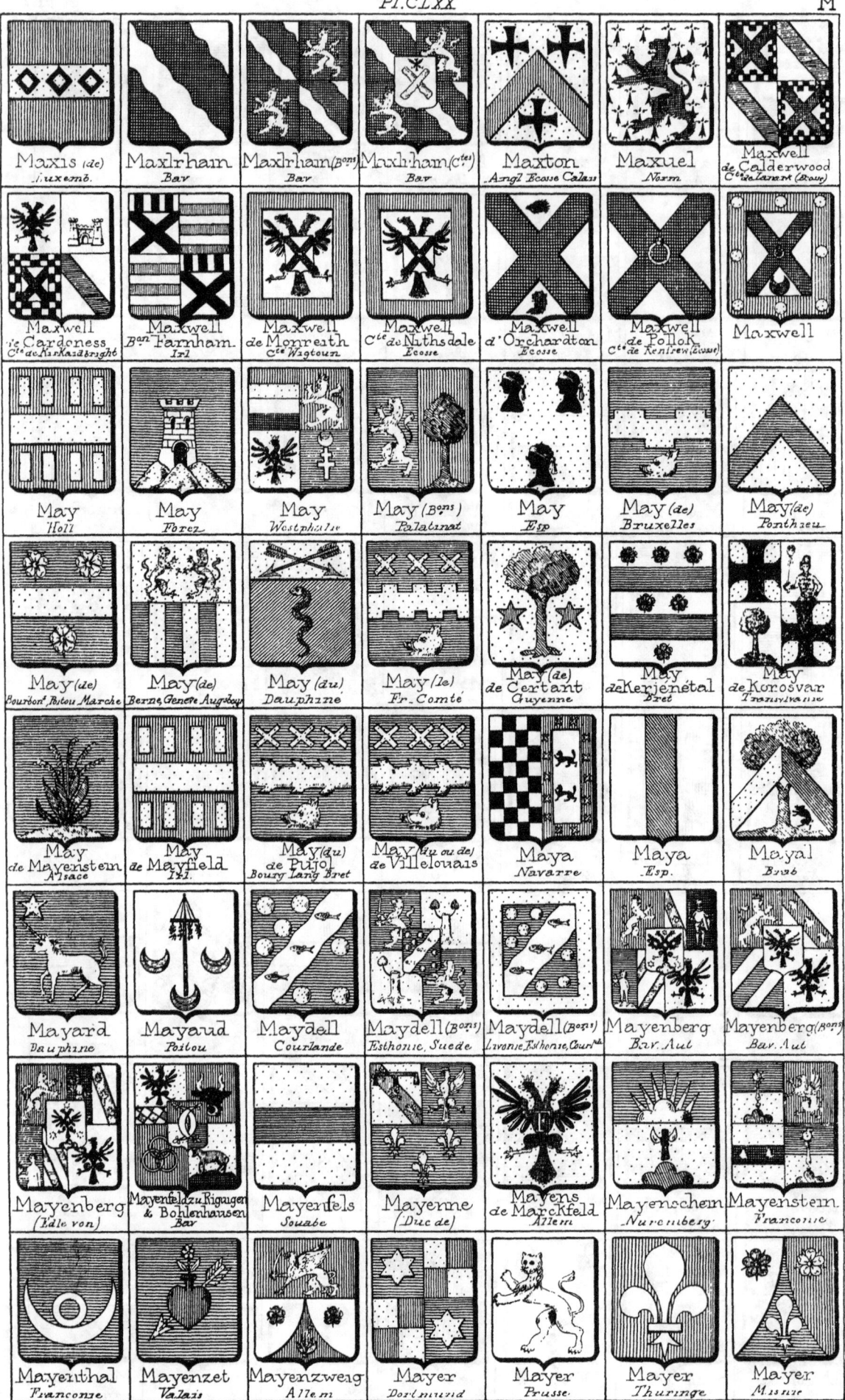

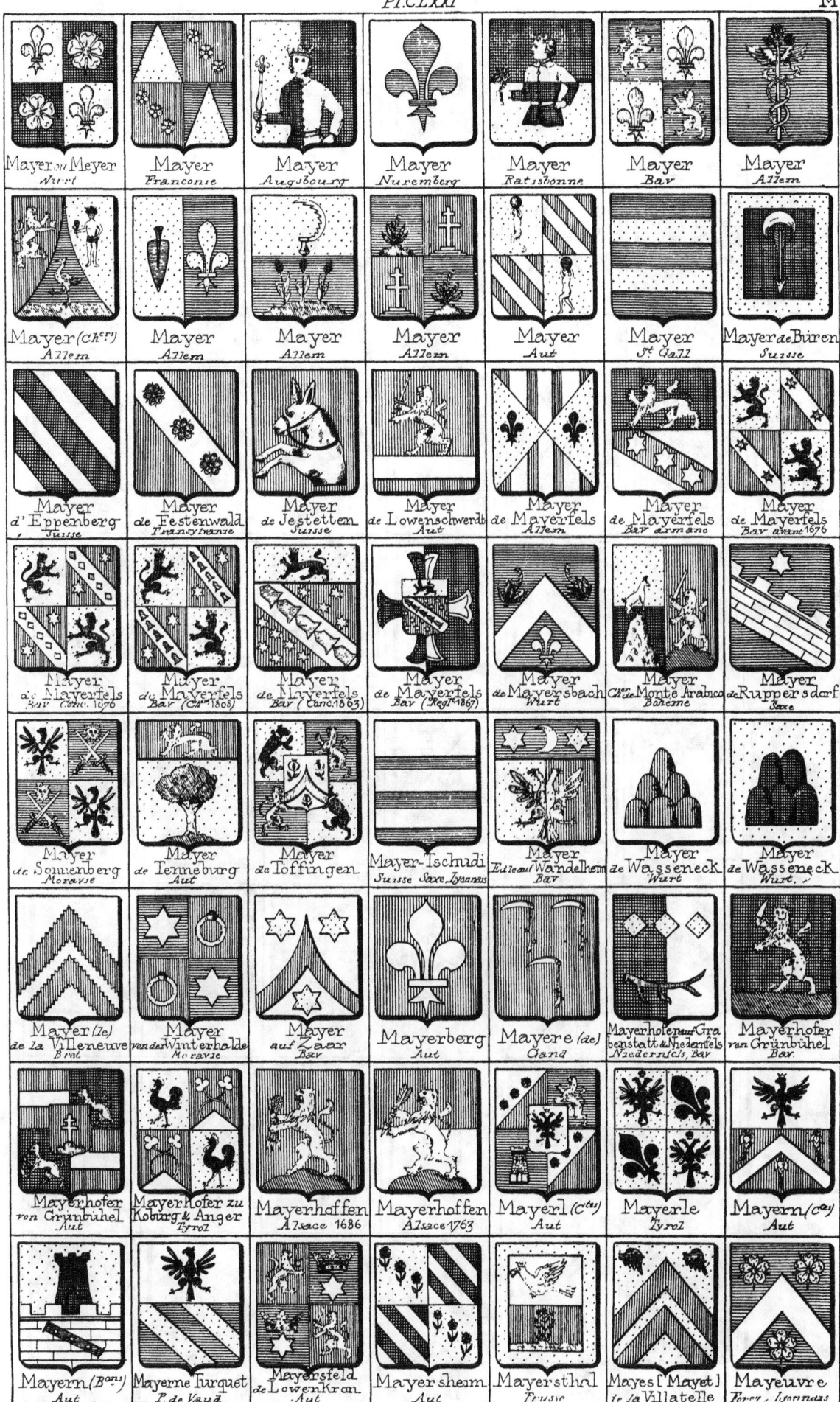

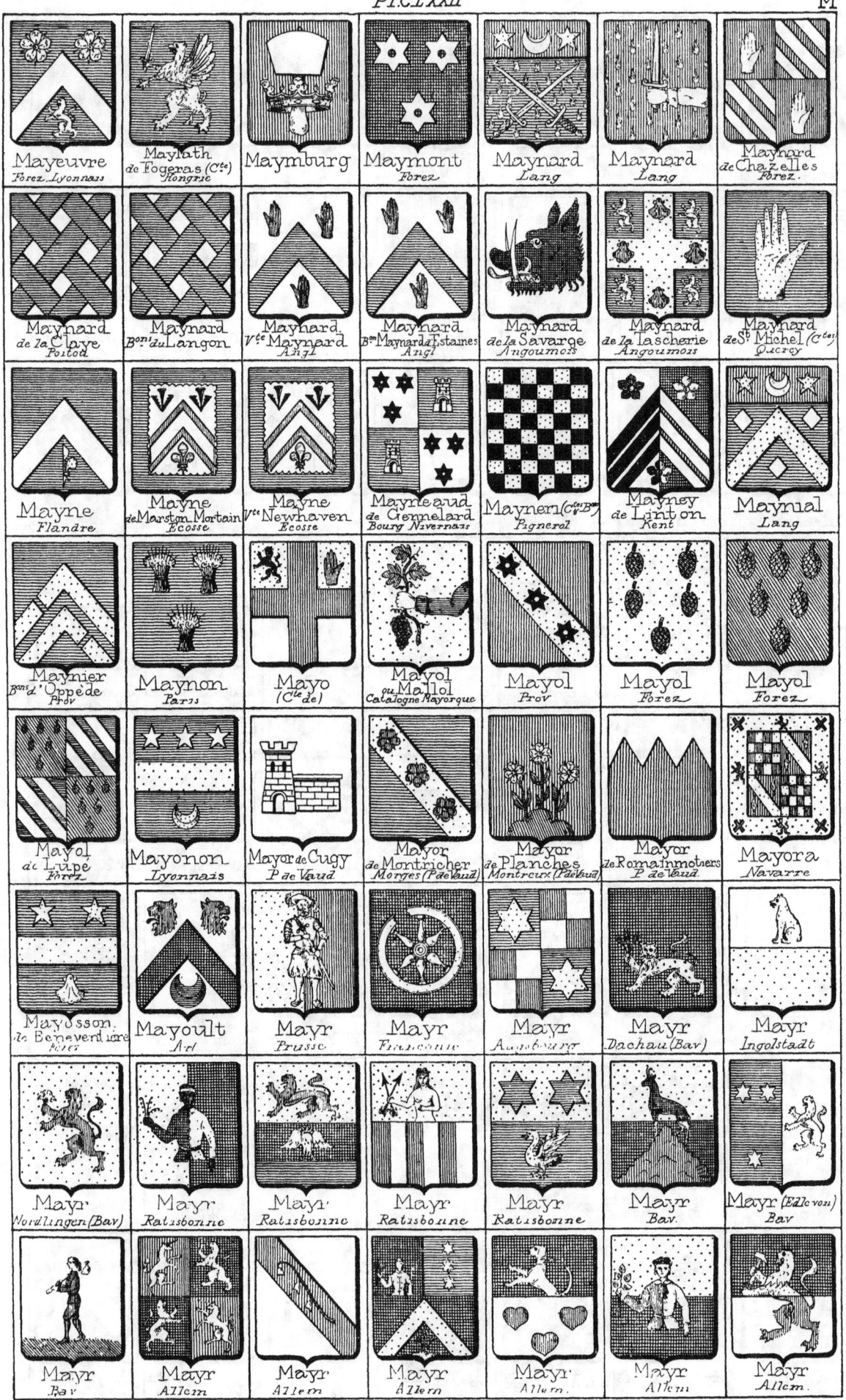

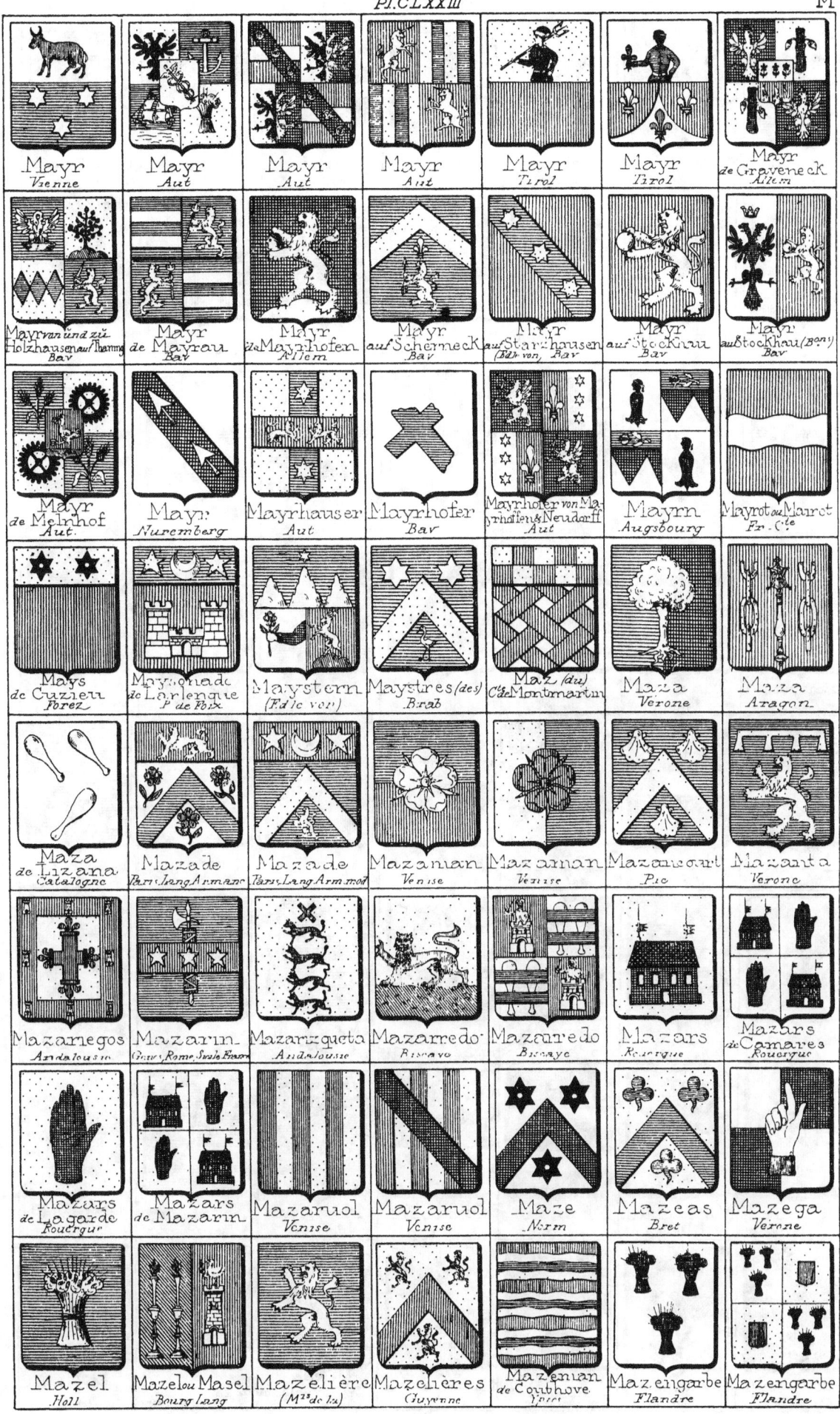

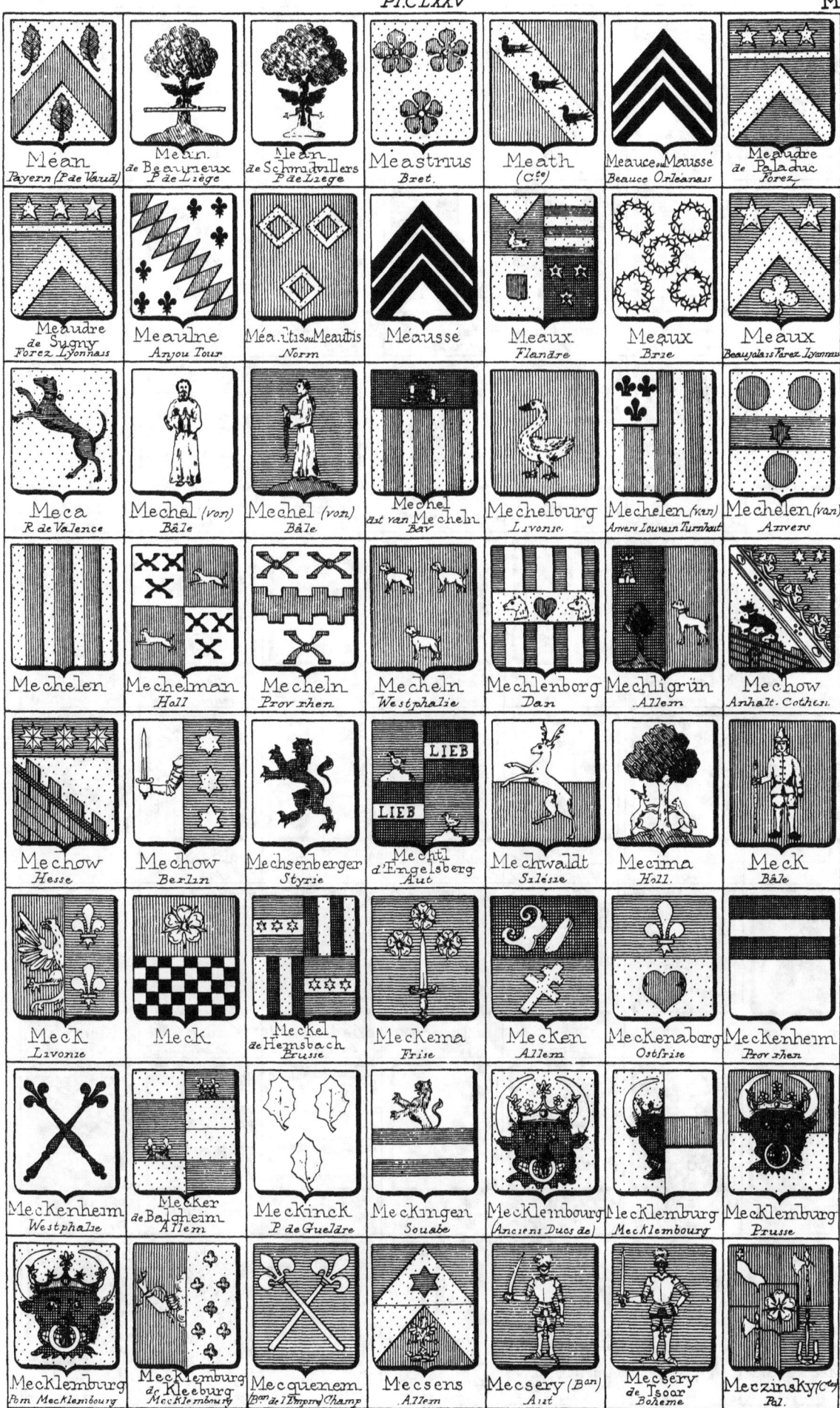

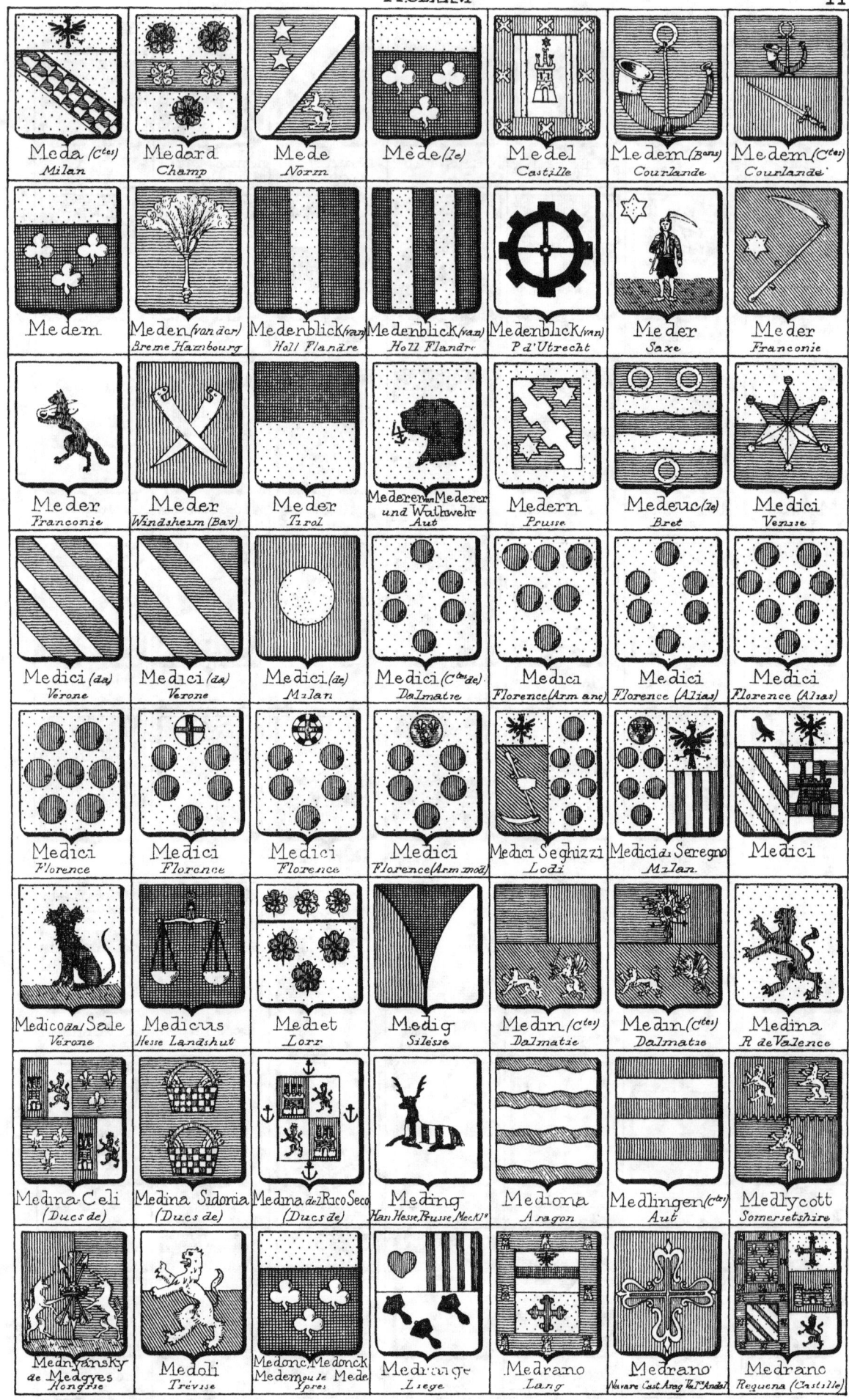

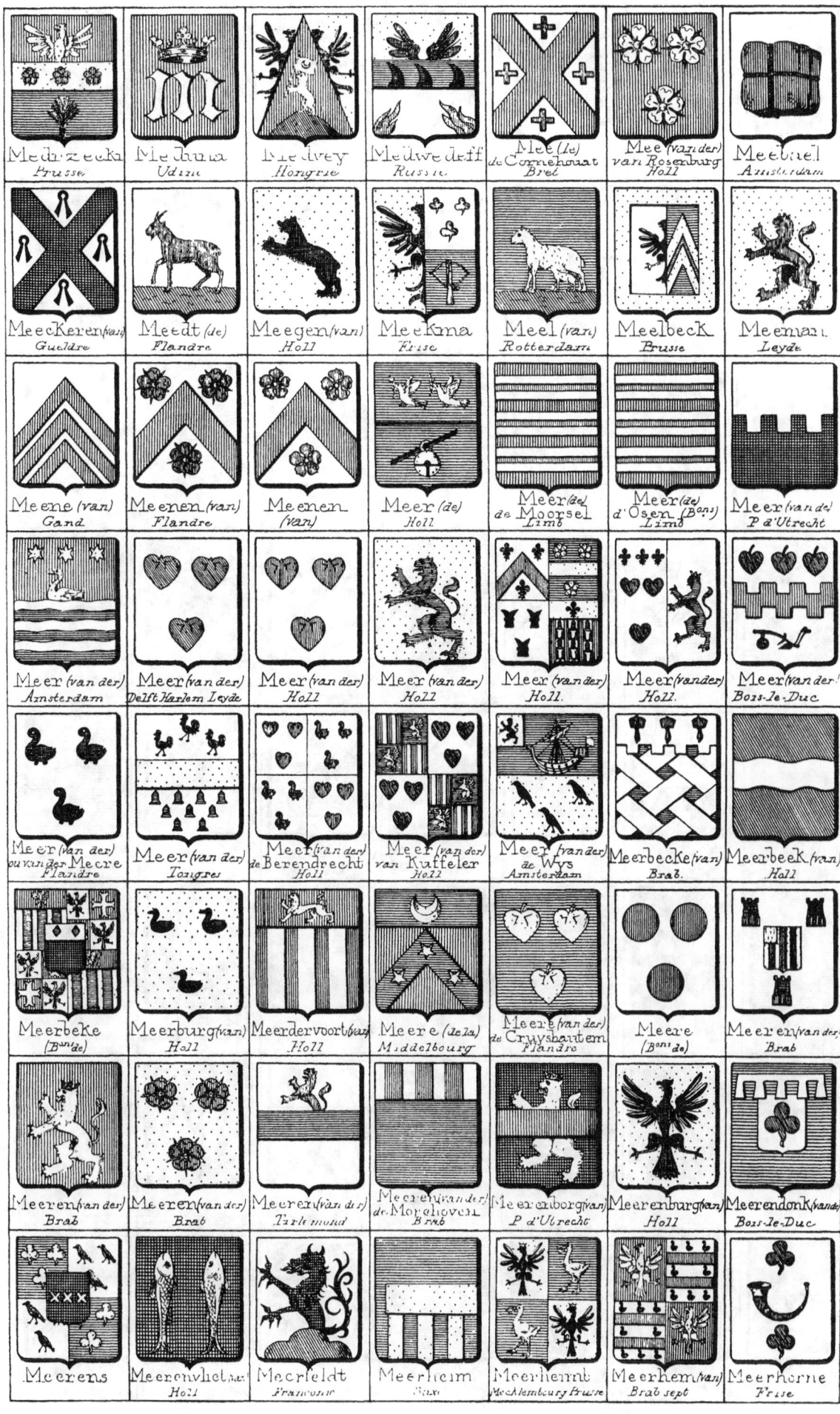

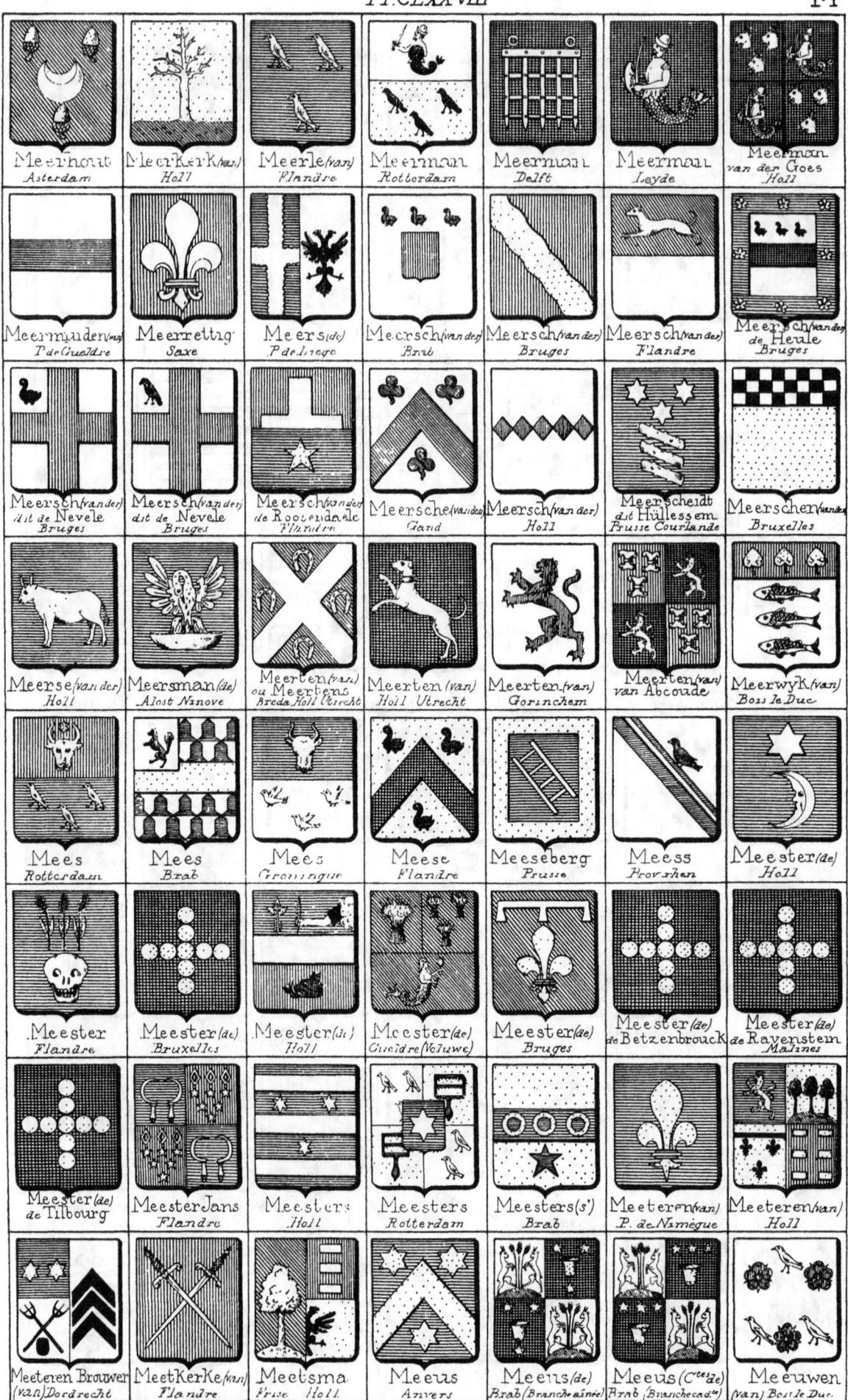

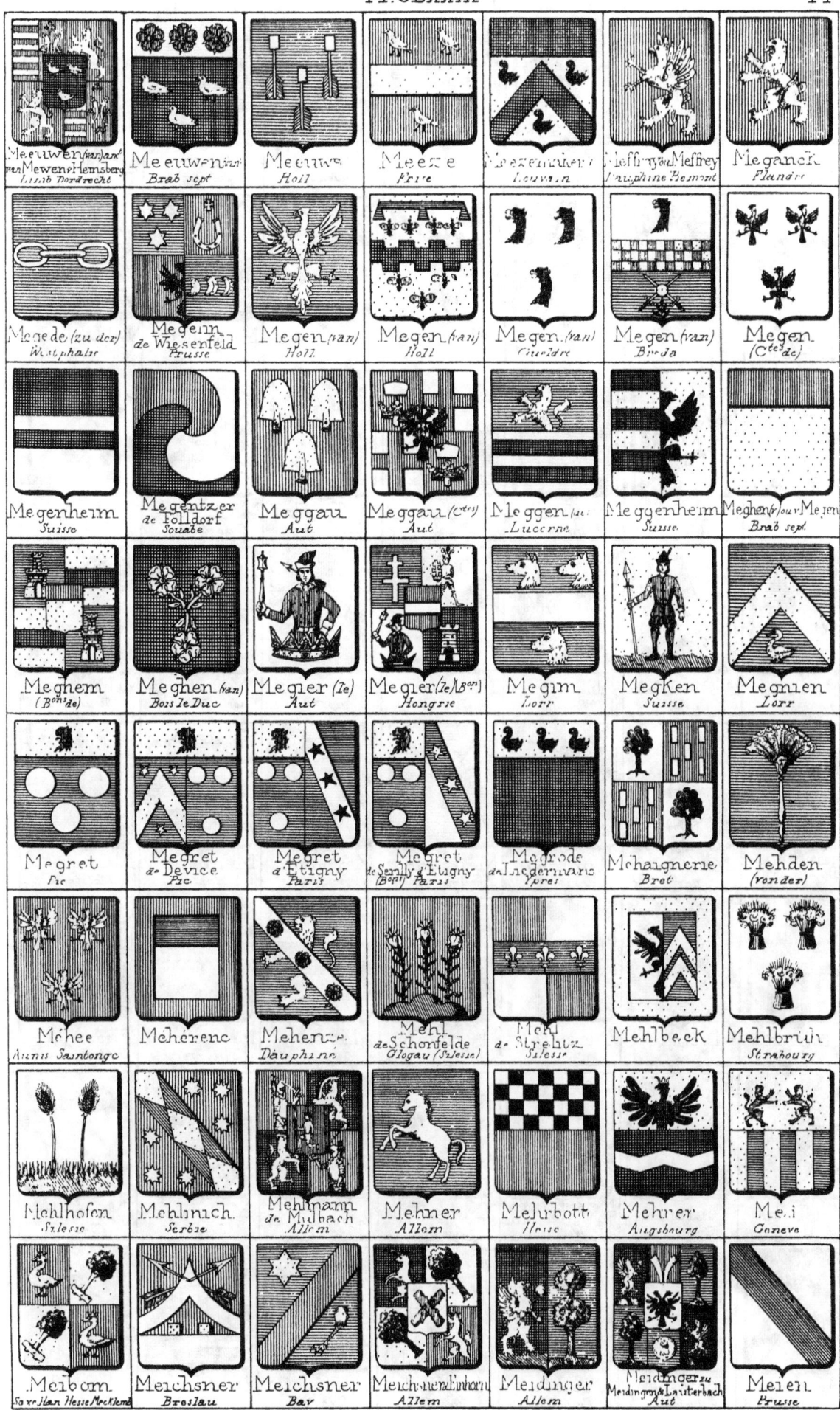

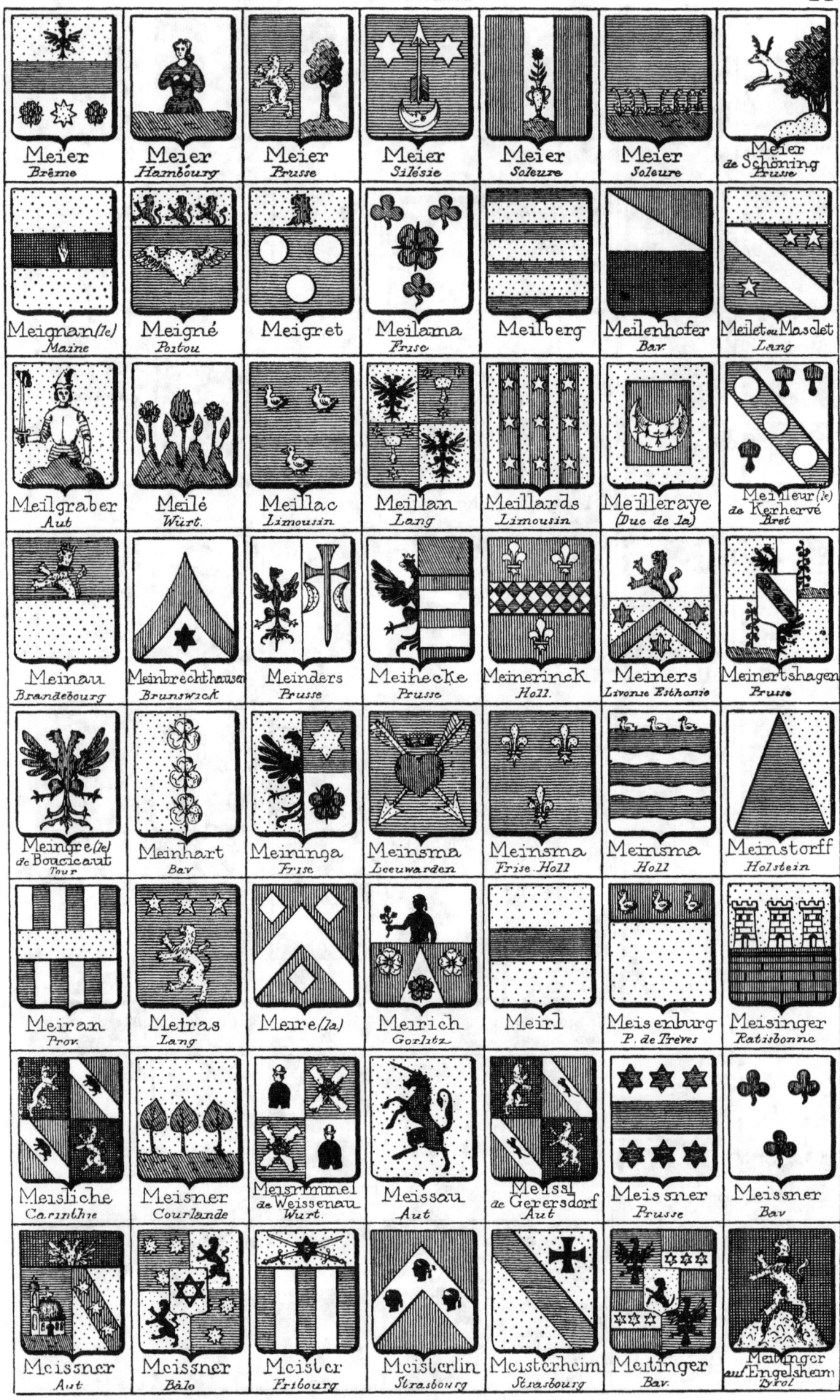

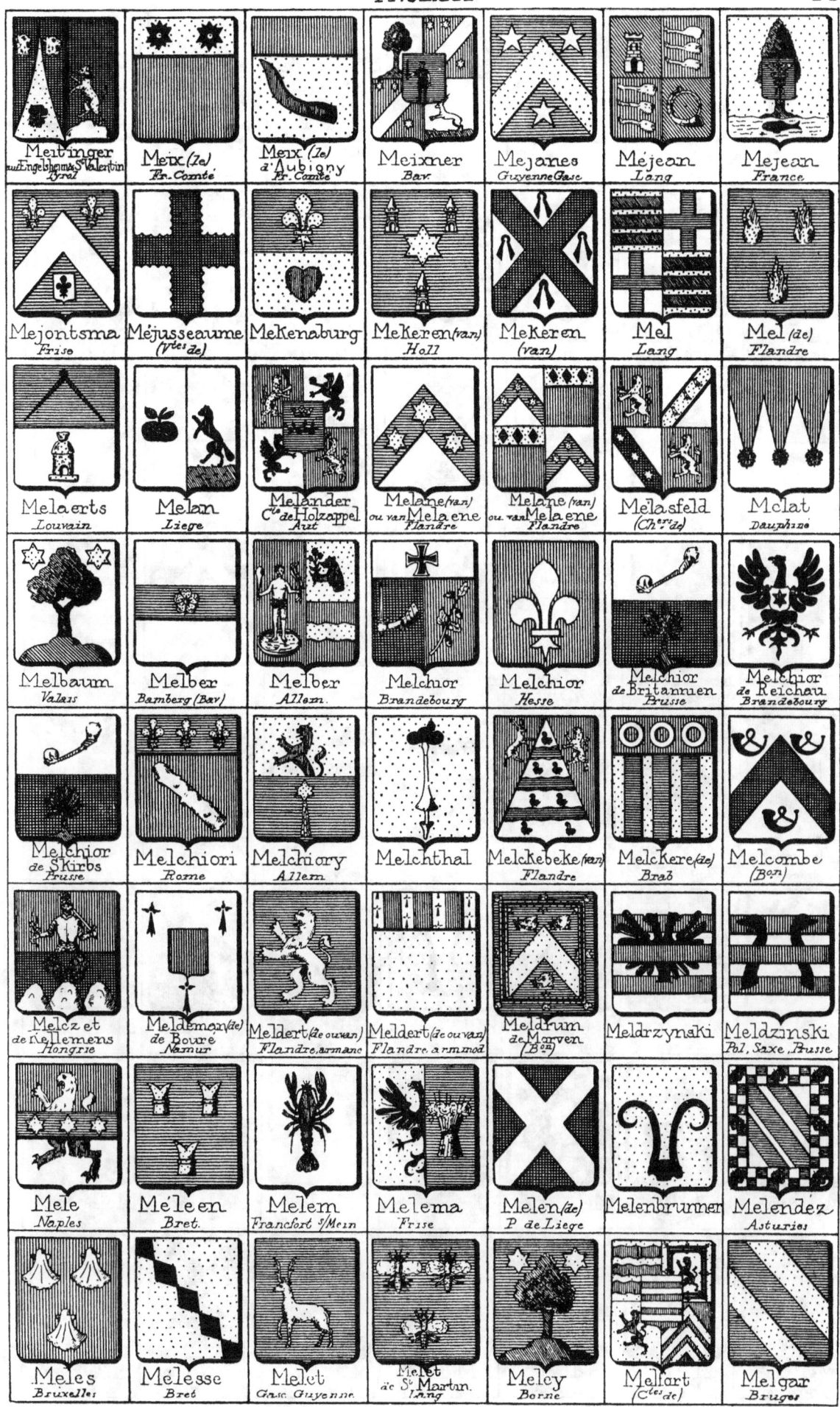

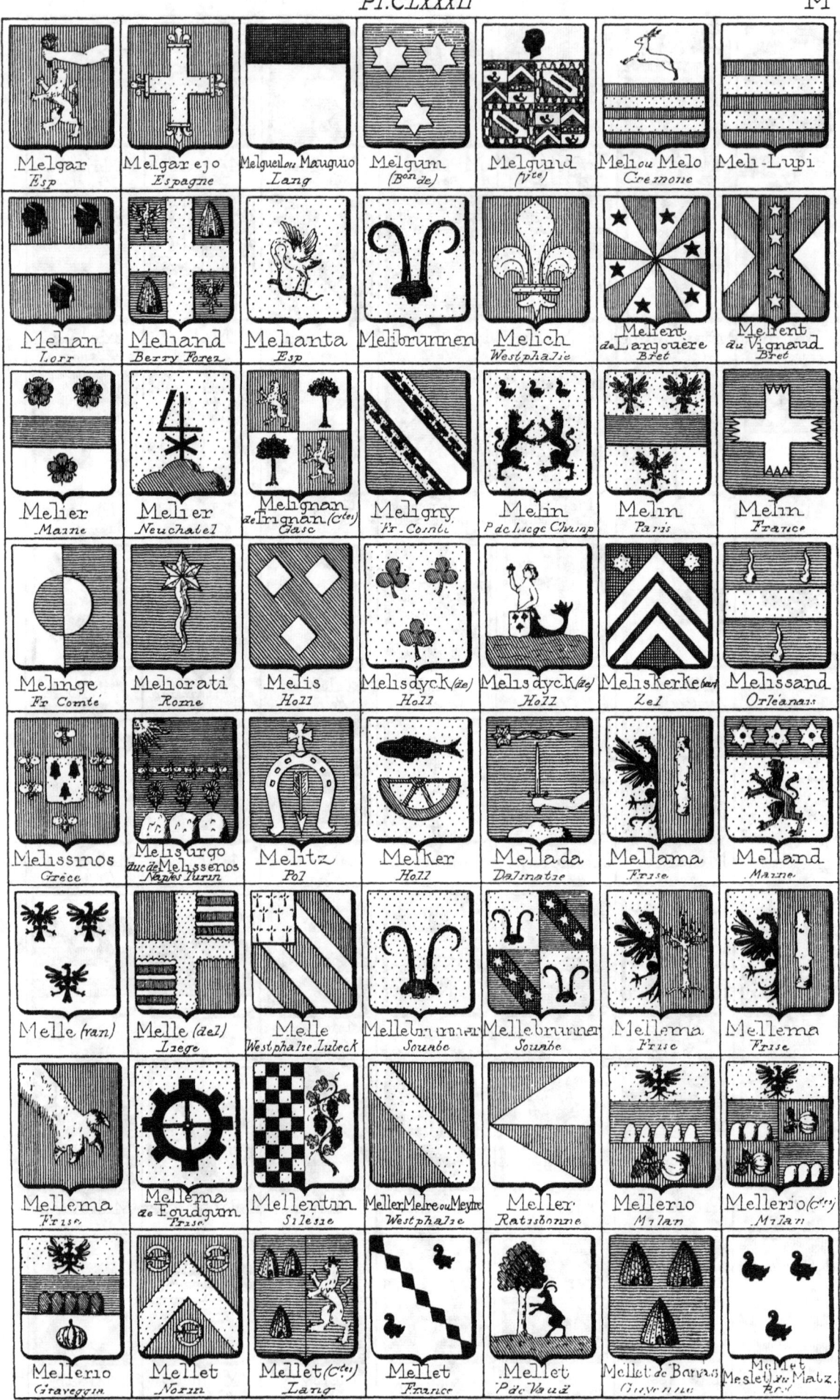

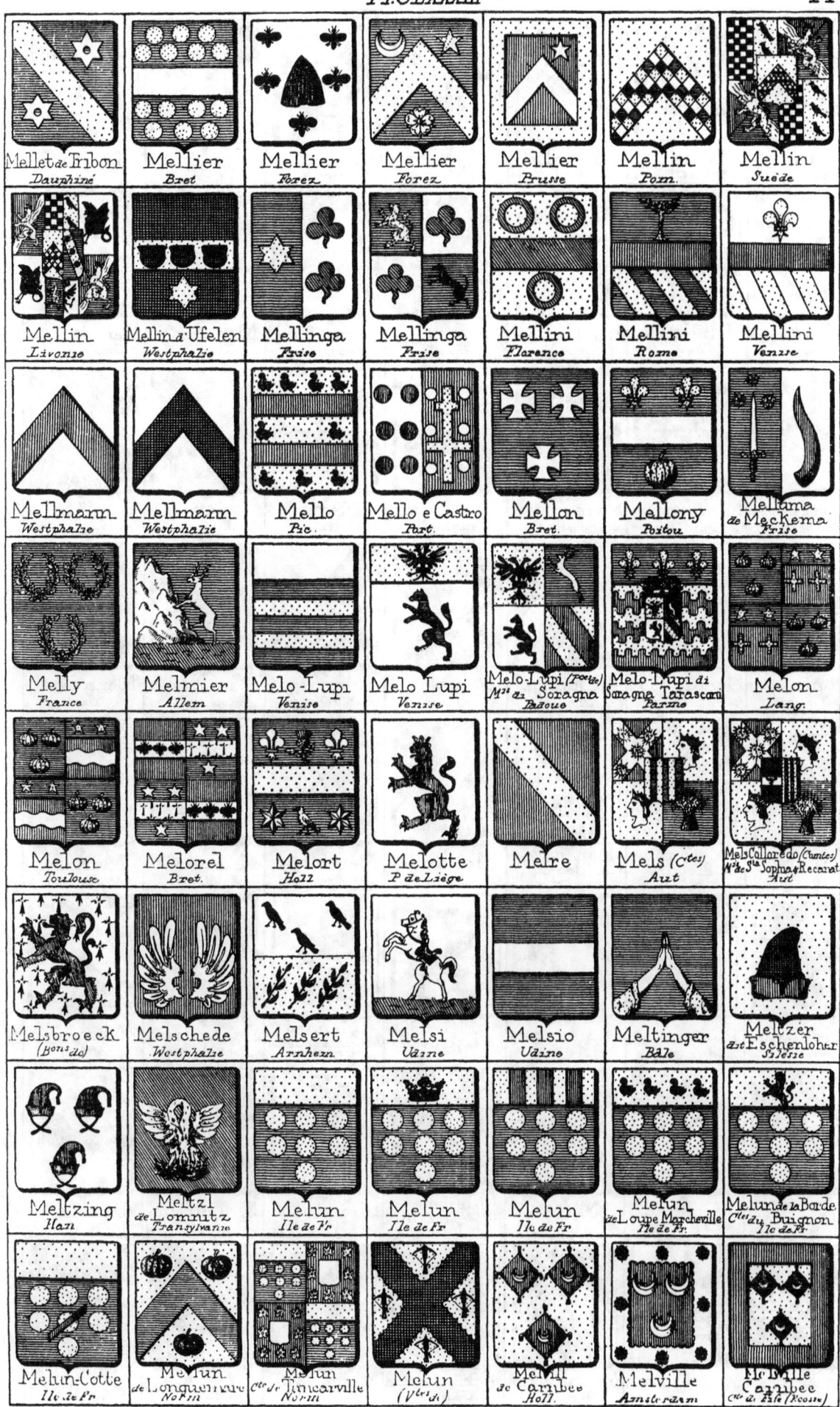

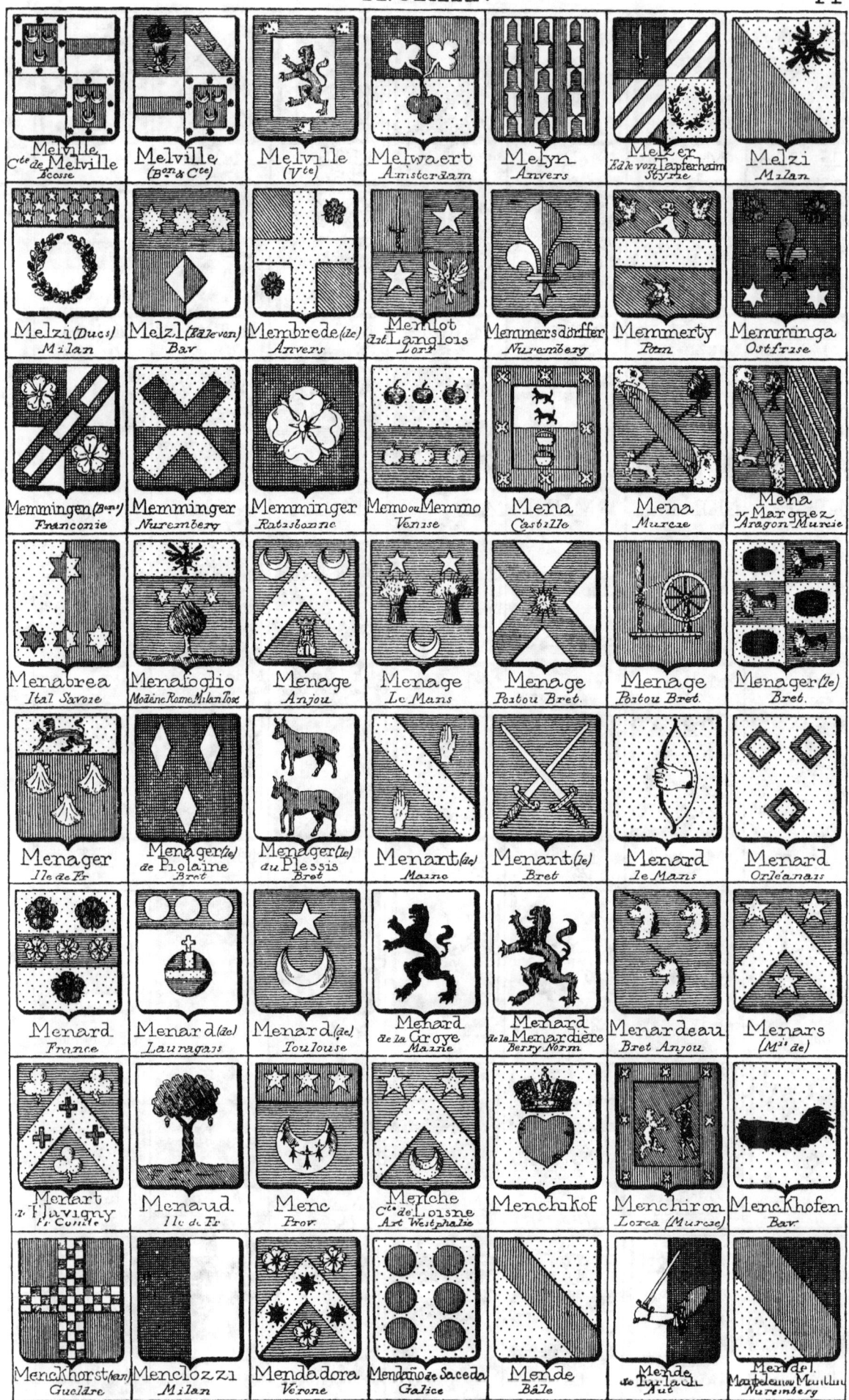

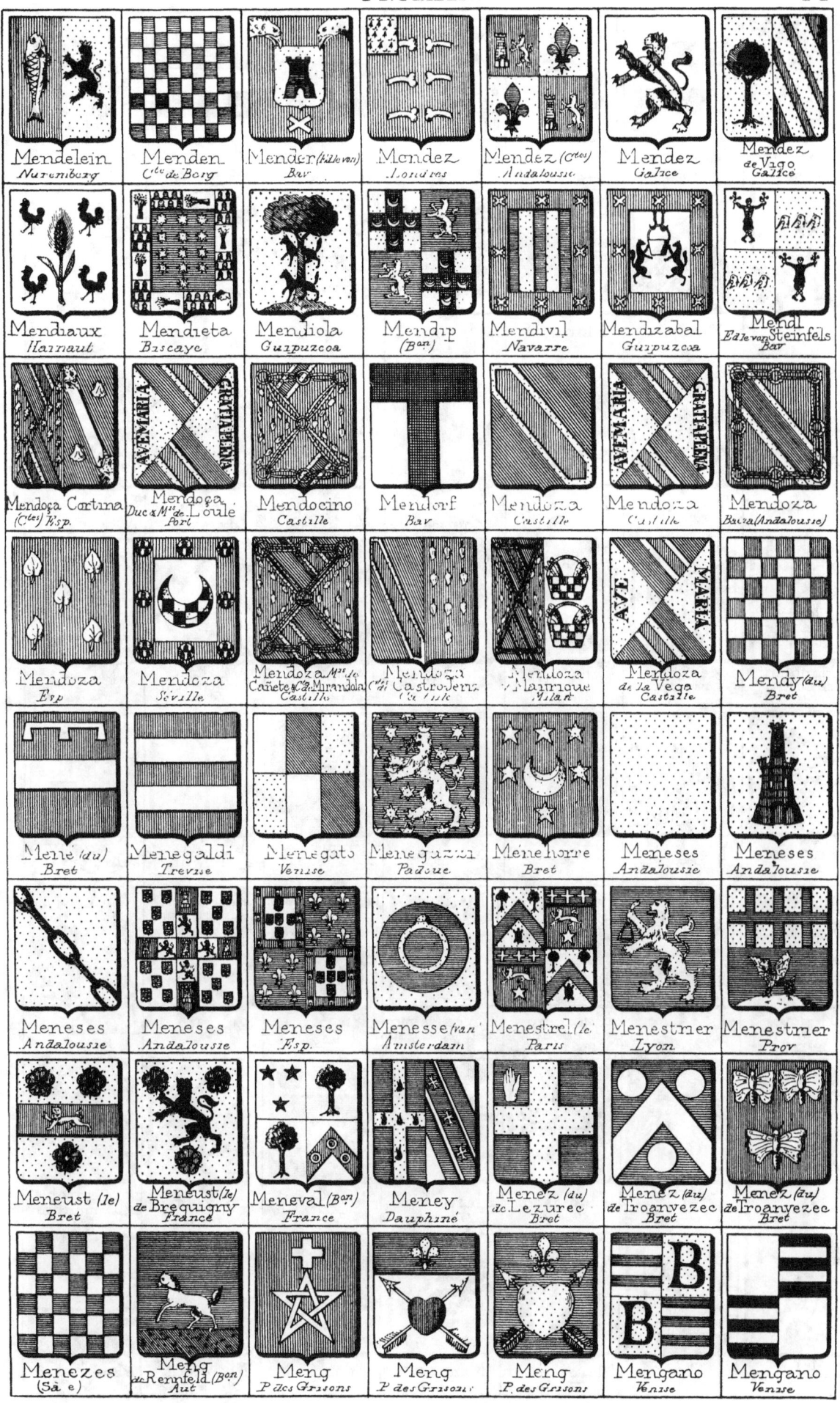

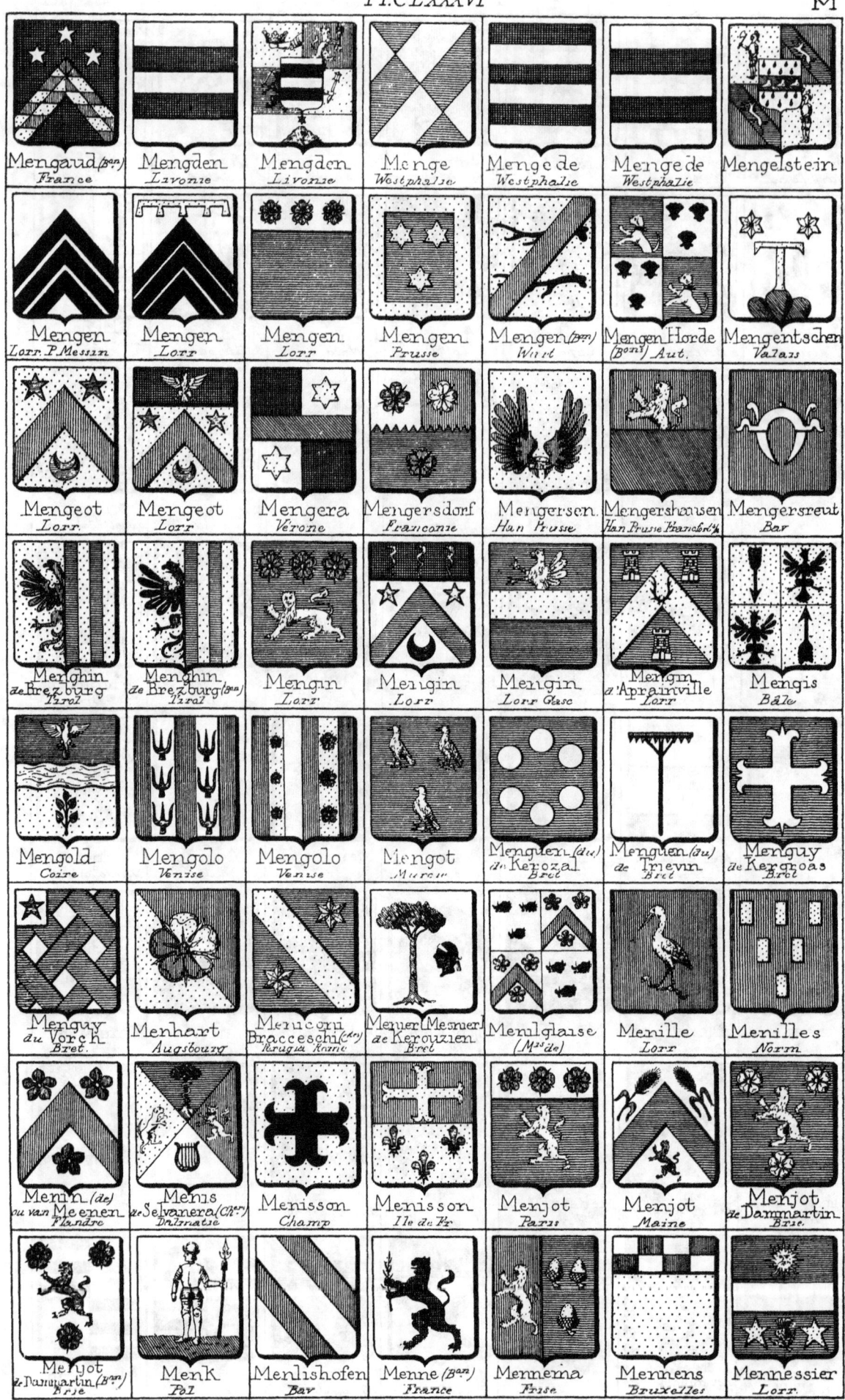

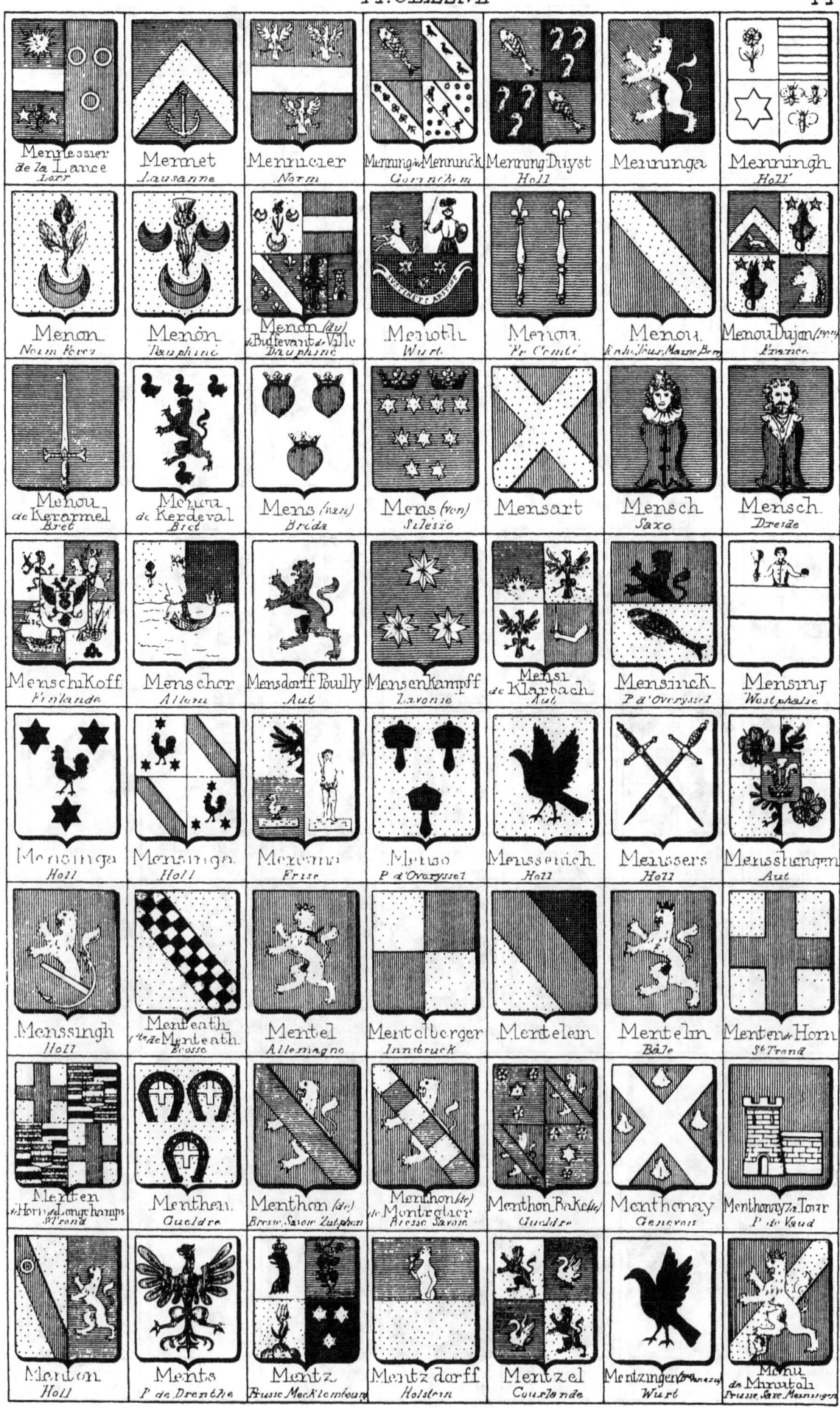

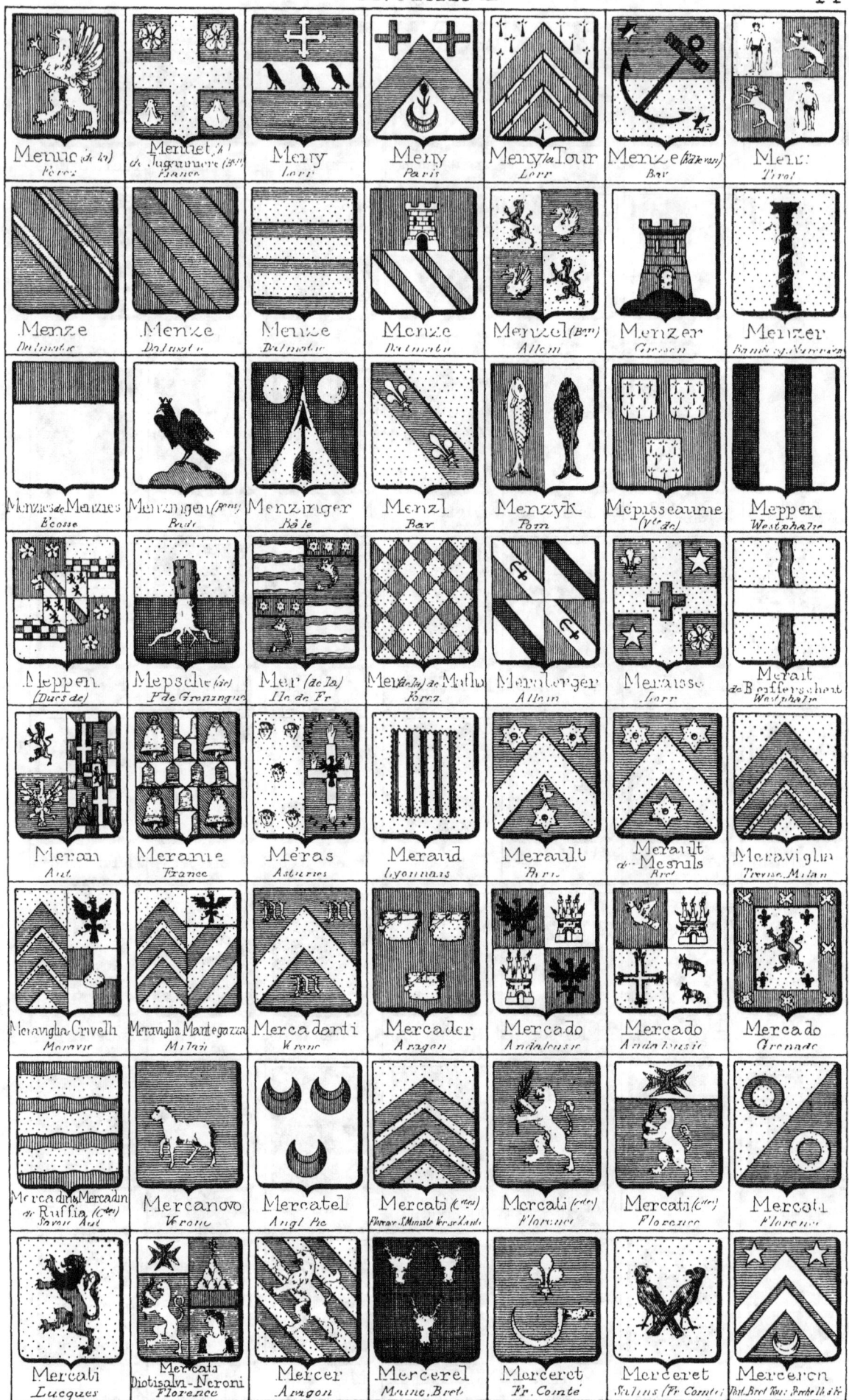

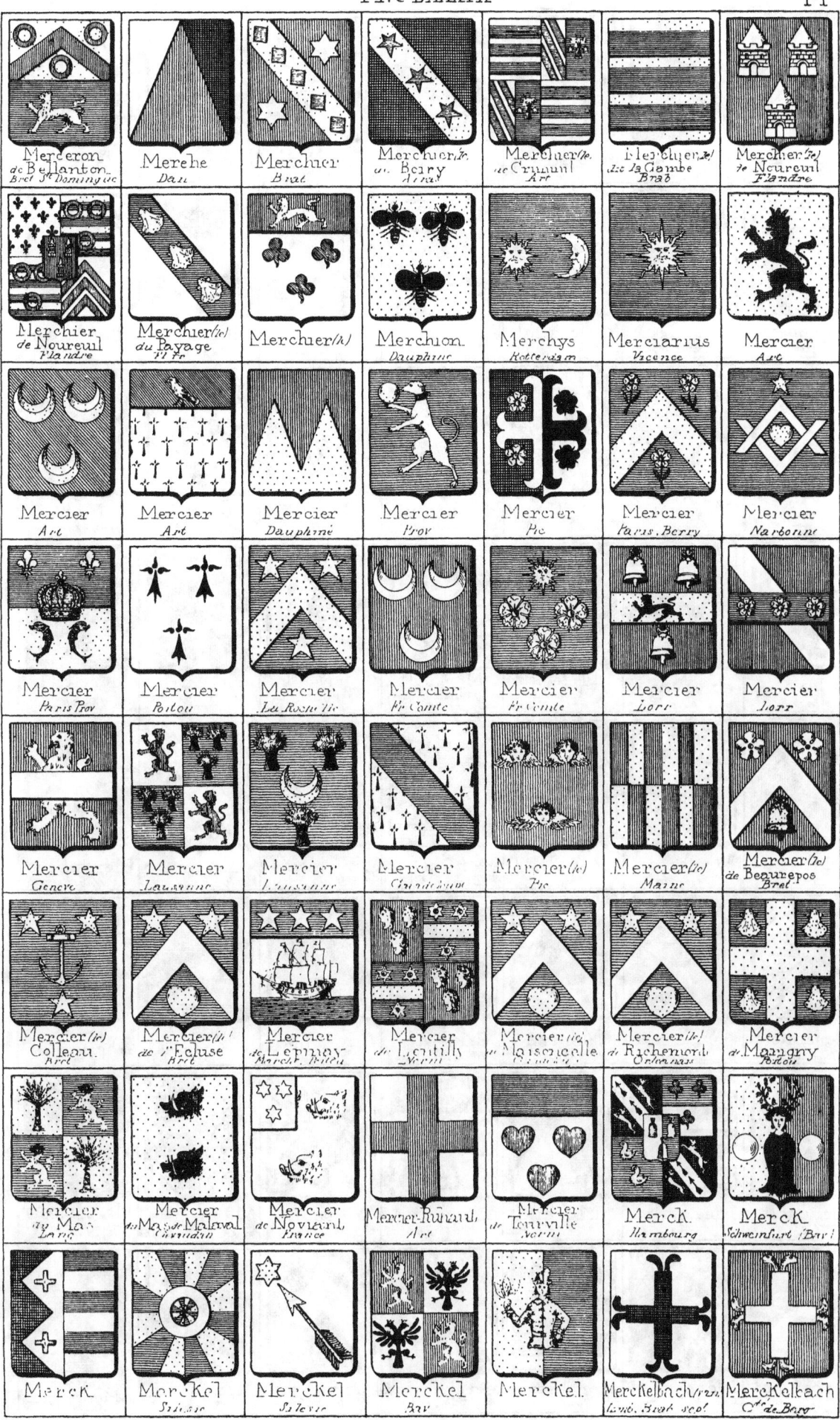

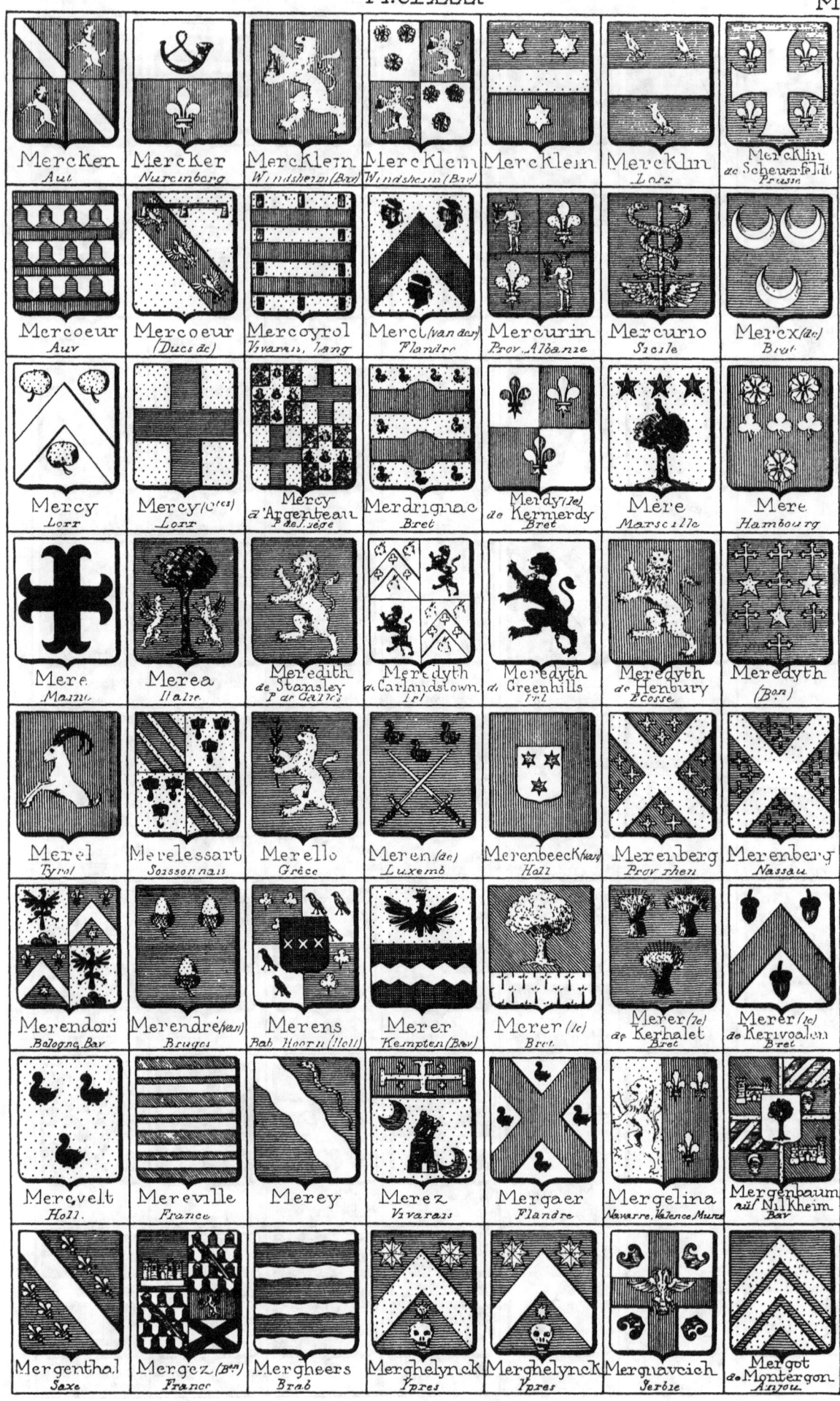

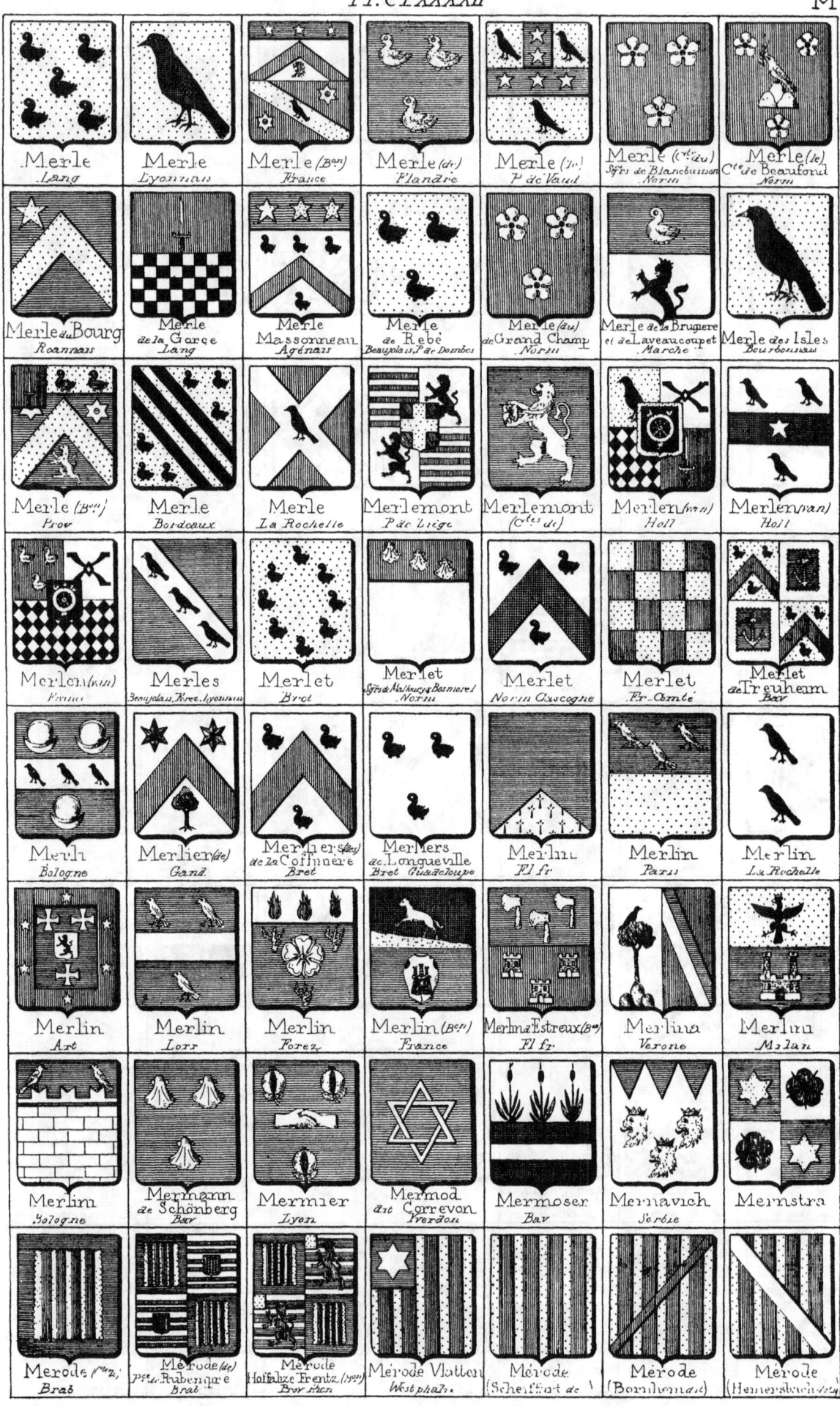

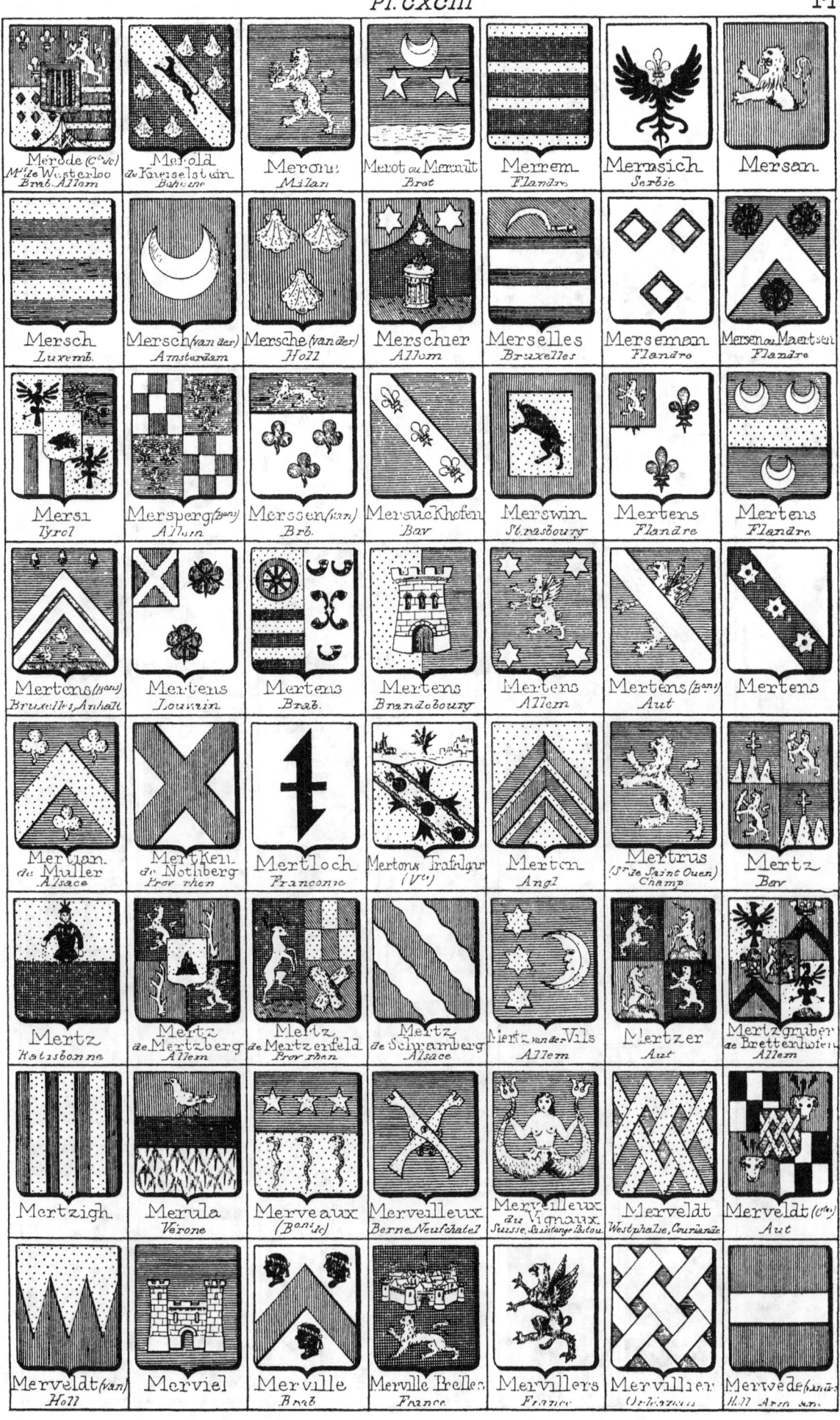

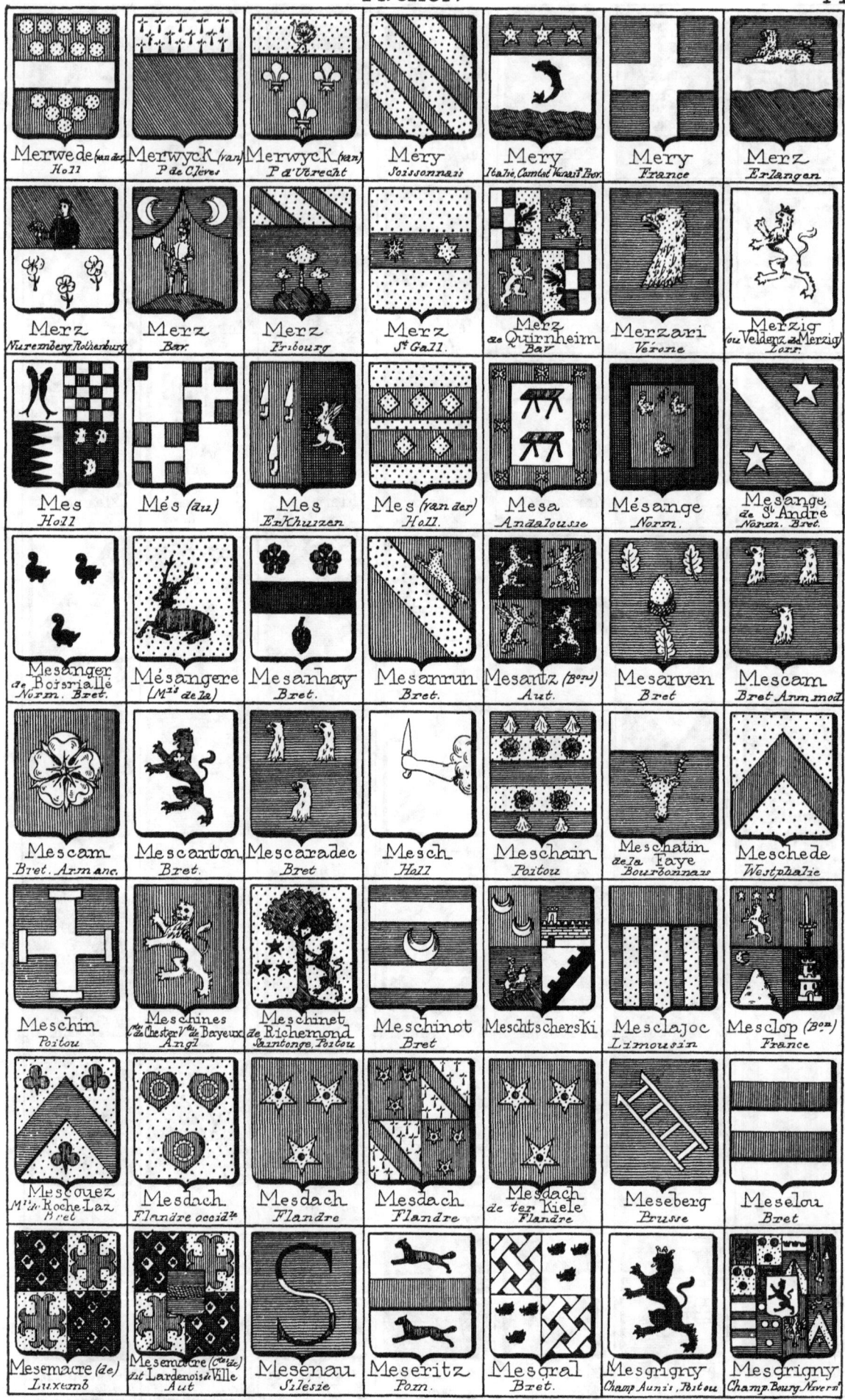

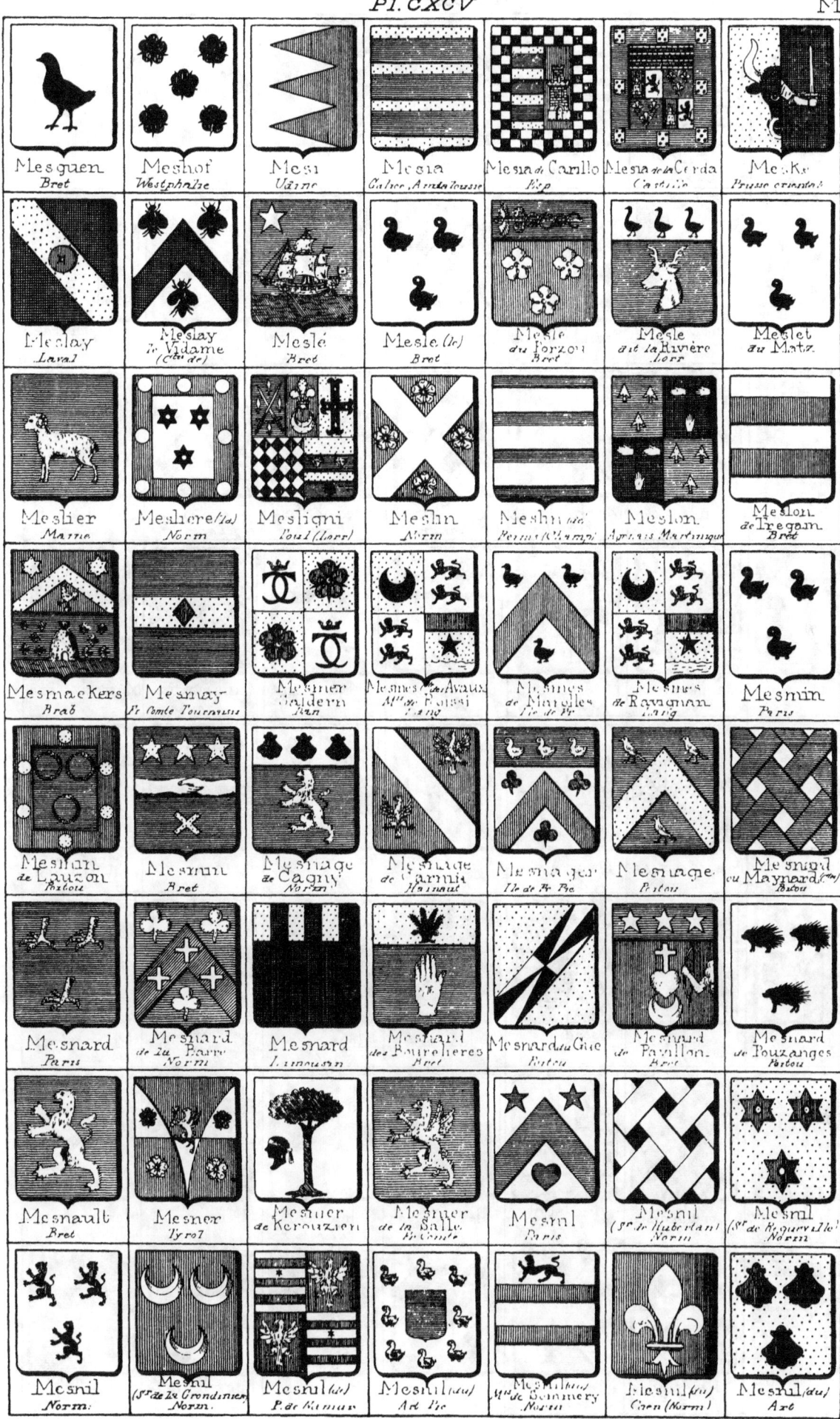

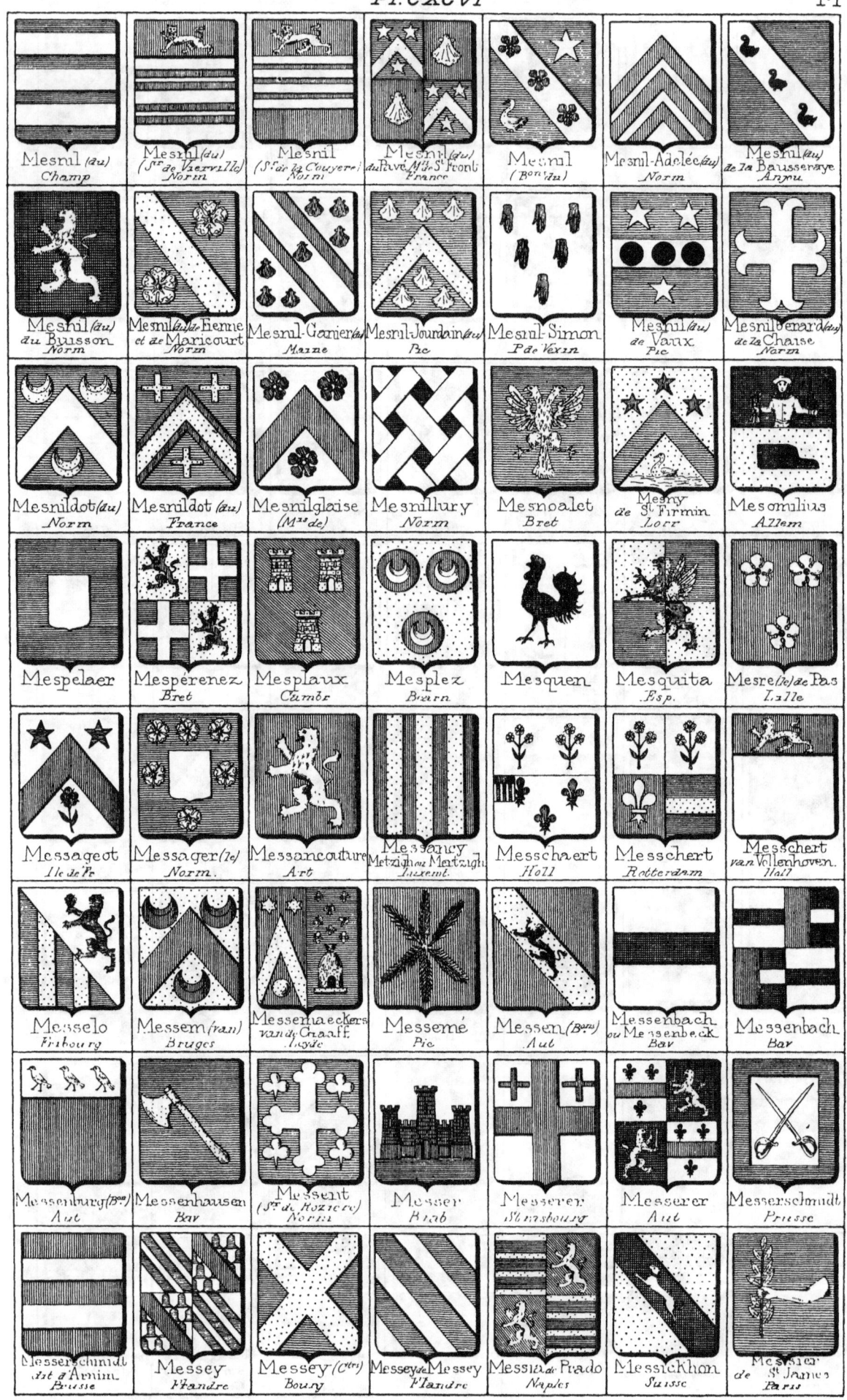

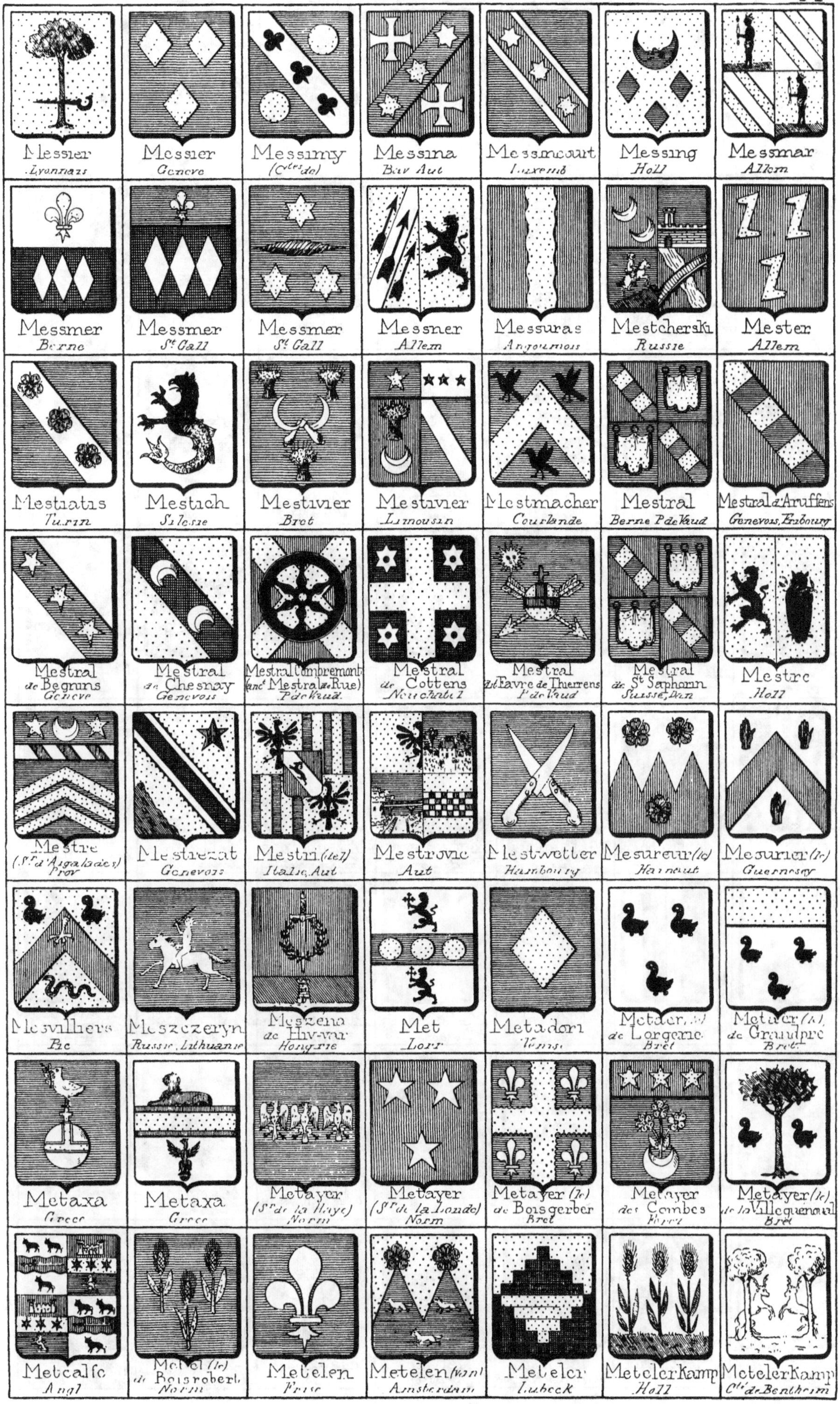

Pl. CXCVII

| Messier Lyonnais | Messier Genève | Messimy (C.te de) | Messina Bav. Aut. | Messincourt Luxemb. | Messing Holl. | Messmar Allem. |
|---|---|---|---|---|---|---|
| Messmer Berne | Messmer St. Gall | Messmer St. Gall | Messner Allem. | Messuras Angoumois | Mestcherski Russie | Mester Allem. |
| Mestiatis Turin | Mestich Silésie | Mestivier Bret. | Mestivier Limousin | Mestmacher Courlande | Mestral Berne P. de Vaud | Mestral d'Aruffens Genevois, Fribourg |
| Mestral de Begnins Genève | Mestral du Chesnay Genevois | Mestral Combremont (anc. Mestral de Rue) P. de Vaud | Mestral de Cottens Neuchâtel | Mestral de Favre de Thuerrens P. de Vaud | Mestral de St. Saphorin Suisse, Dan. | Mestre Holl. |
| Mestre (S.r d'Aigalades) Prov. | Mestrezat Genevois | Mestri (de) Italie, Aut. | Mestrovic Aut. | Mestwetter Hambourg | Mesureur (le) Hainaut | Mesurier (le) Guernesey |
| Mesvilliers Pic. | Meszczeryn Russie, Lithuanie | Meszena de Huvur Hongrie | Met Lorr. | Metadori Ven.se | Metaer de Lorgerie Bret. | Metaer (le) de Graulpré Bret. |
| Metaxa Grèce | Metaxa Grèce | Metayer (S.r de la Haye) Norm. | Metayer (S.r de la Lande) Norm. | Metayer de Boisgerber Bret. | Metayer des Combes Berry | Metayer (le) de la Villequenau Bret. |
| Metcalfe Angl. | Metel (le) de Boisrobert Norm. | Metelen Frise | Metelen (van) Amsterdam | Meteler Lubeck | Metelerkamp Holl. | Metelerkamp C.té de Bentheim |

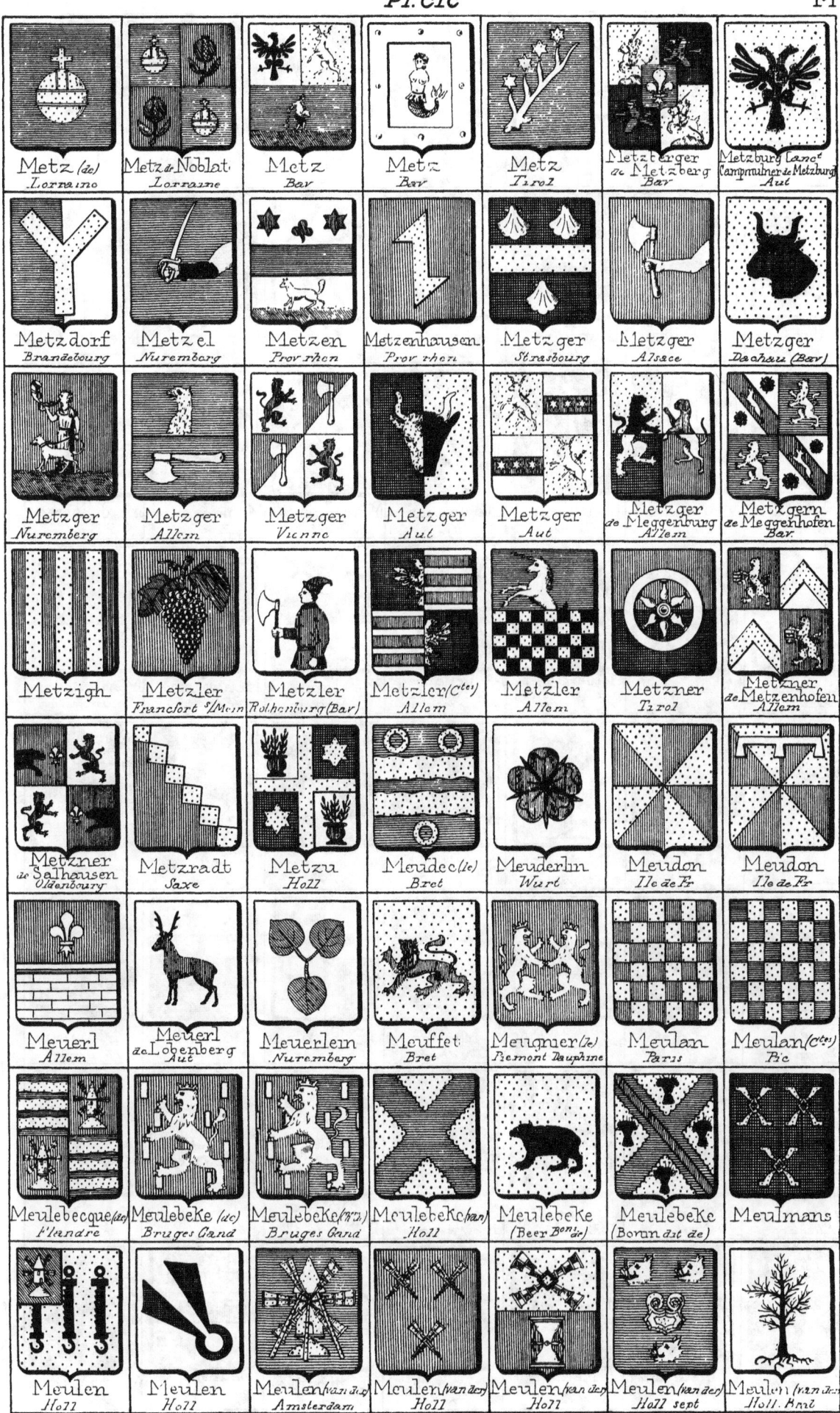

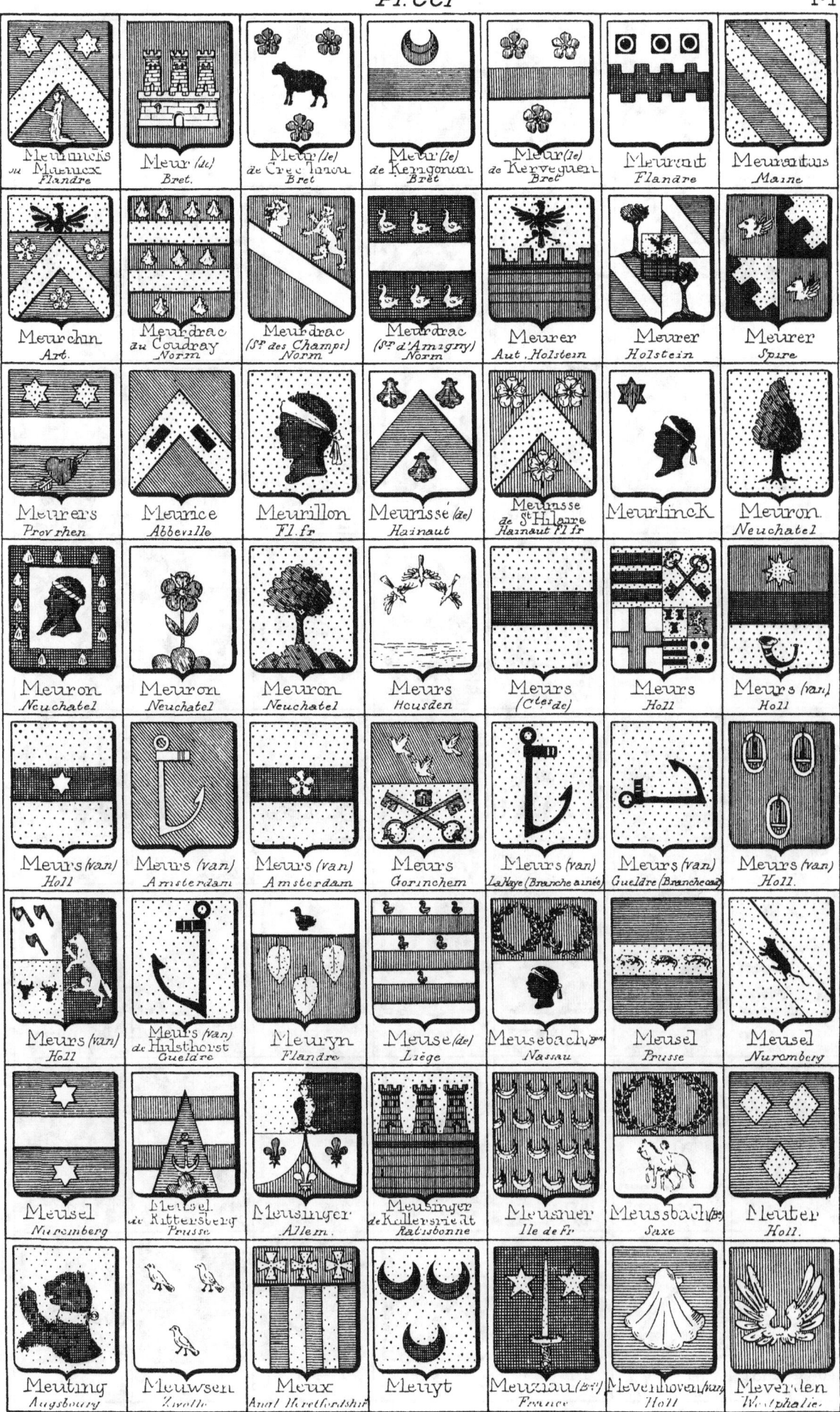

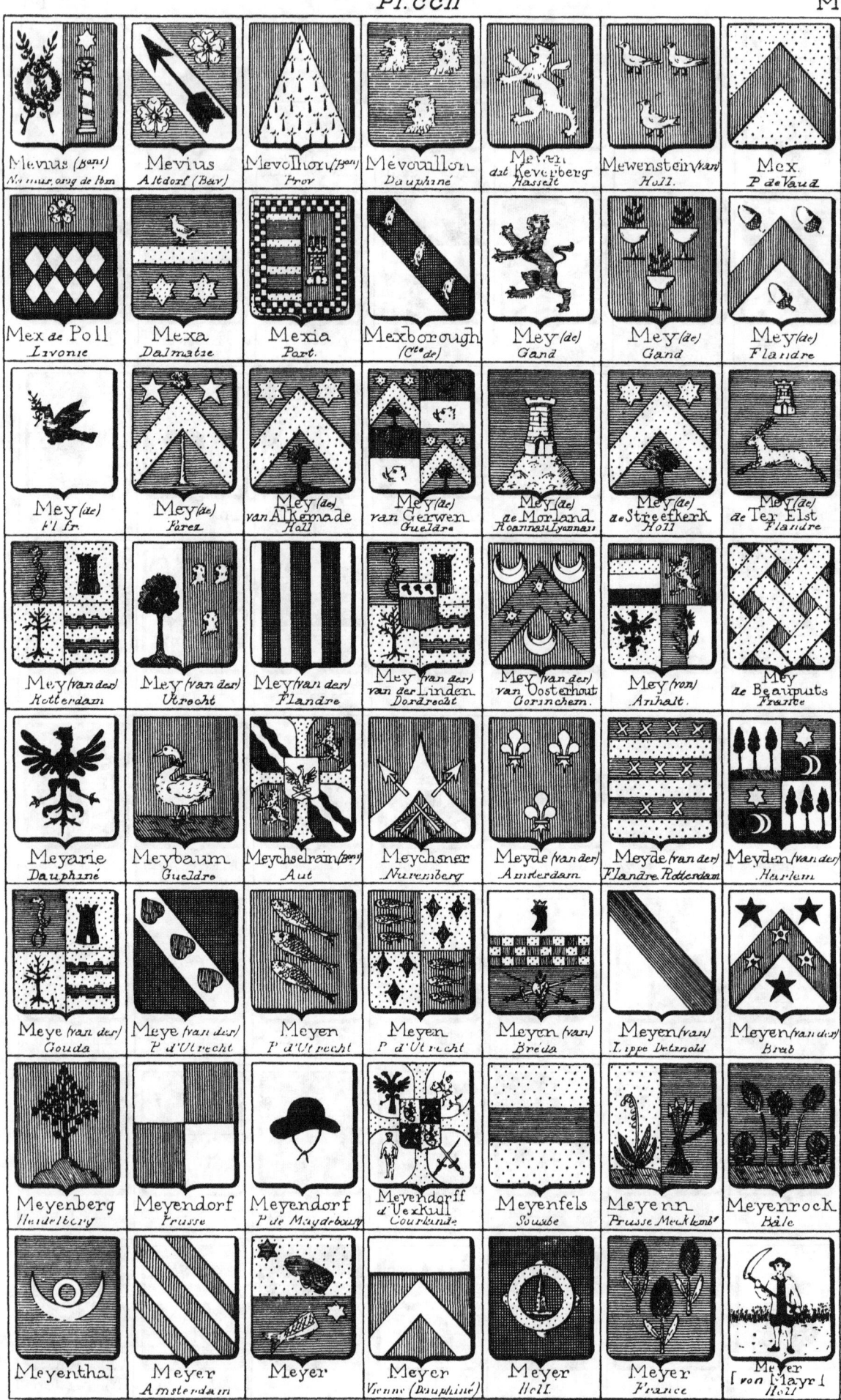

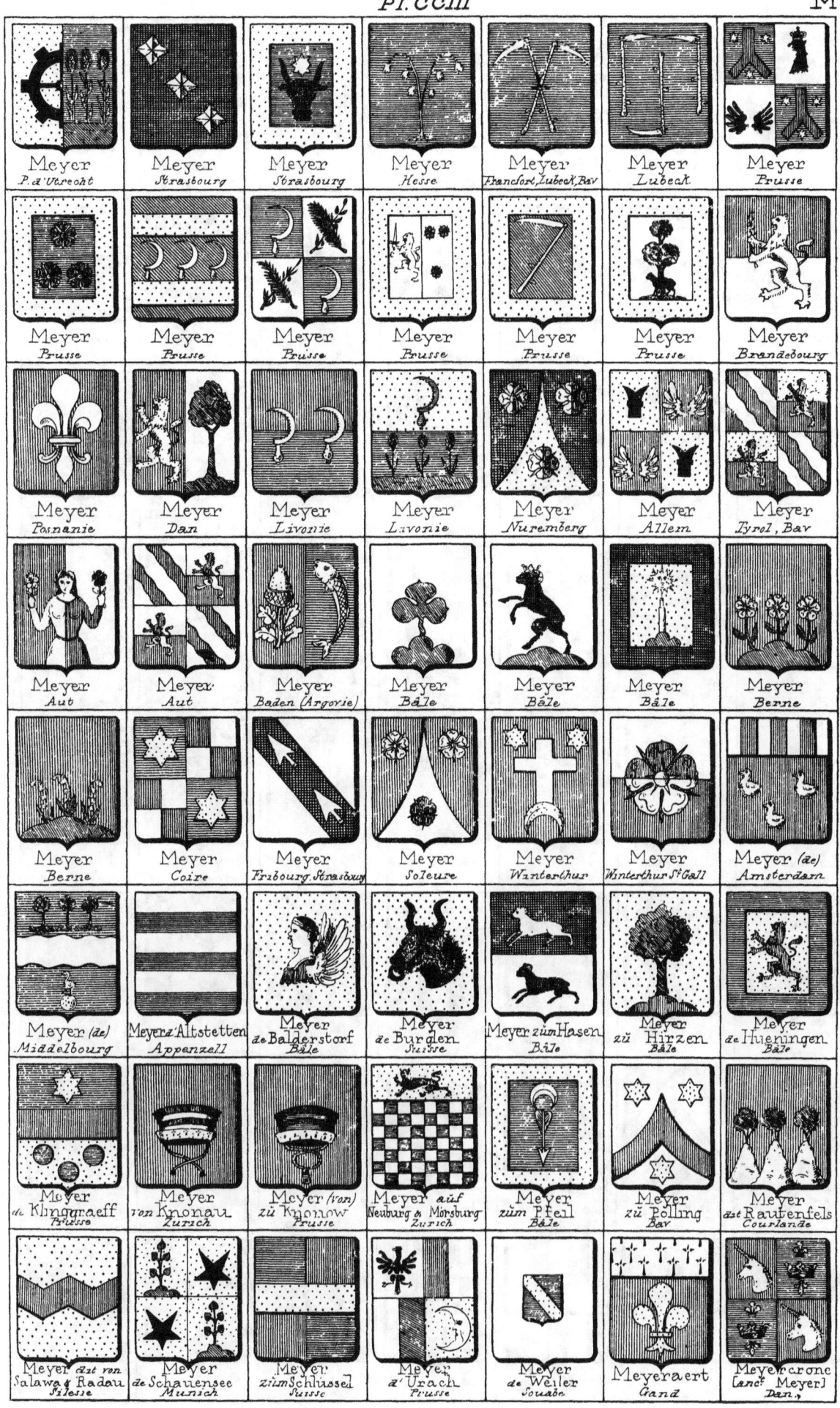

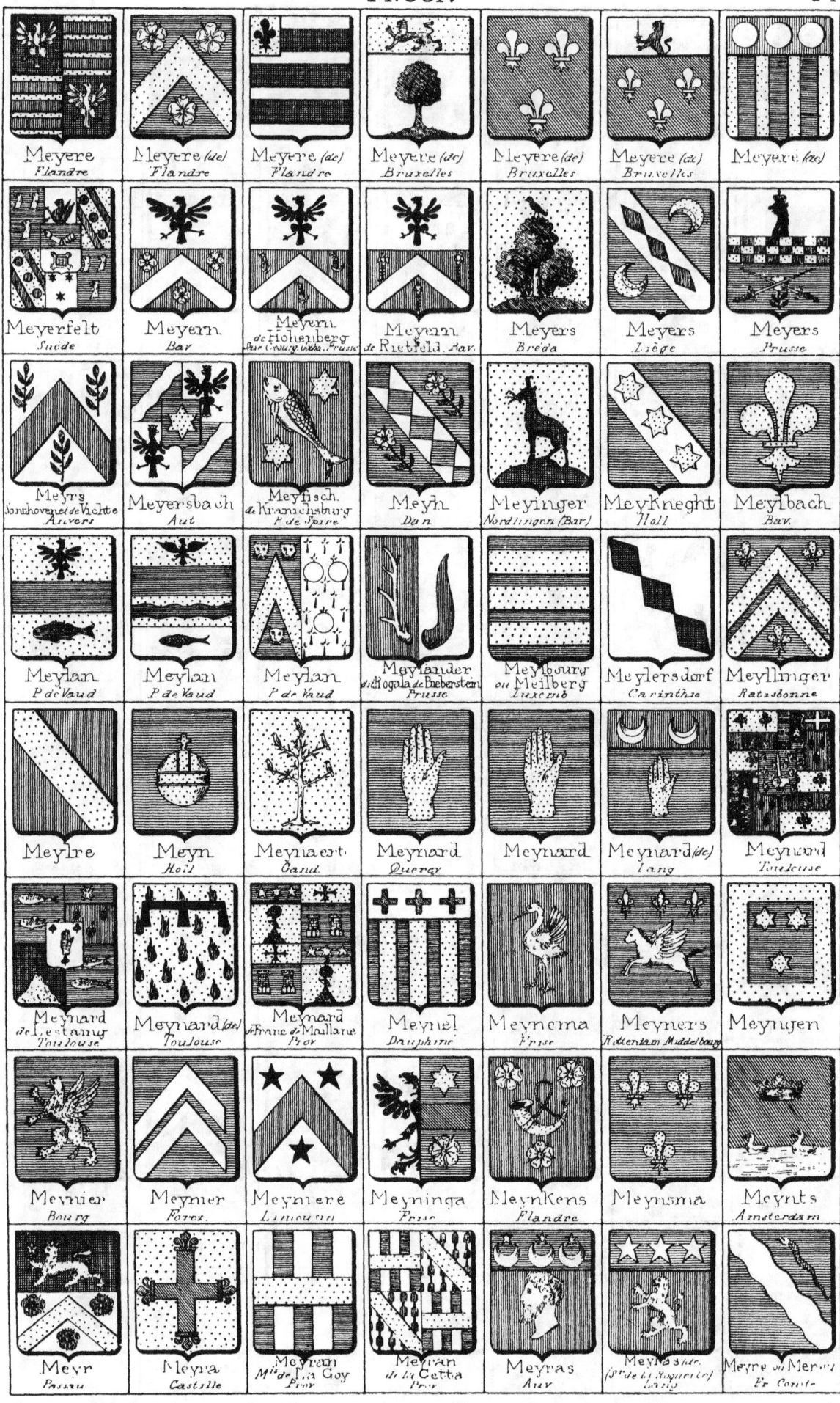

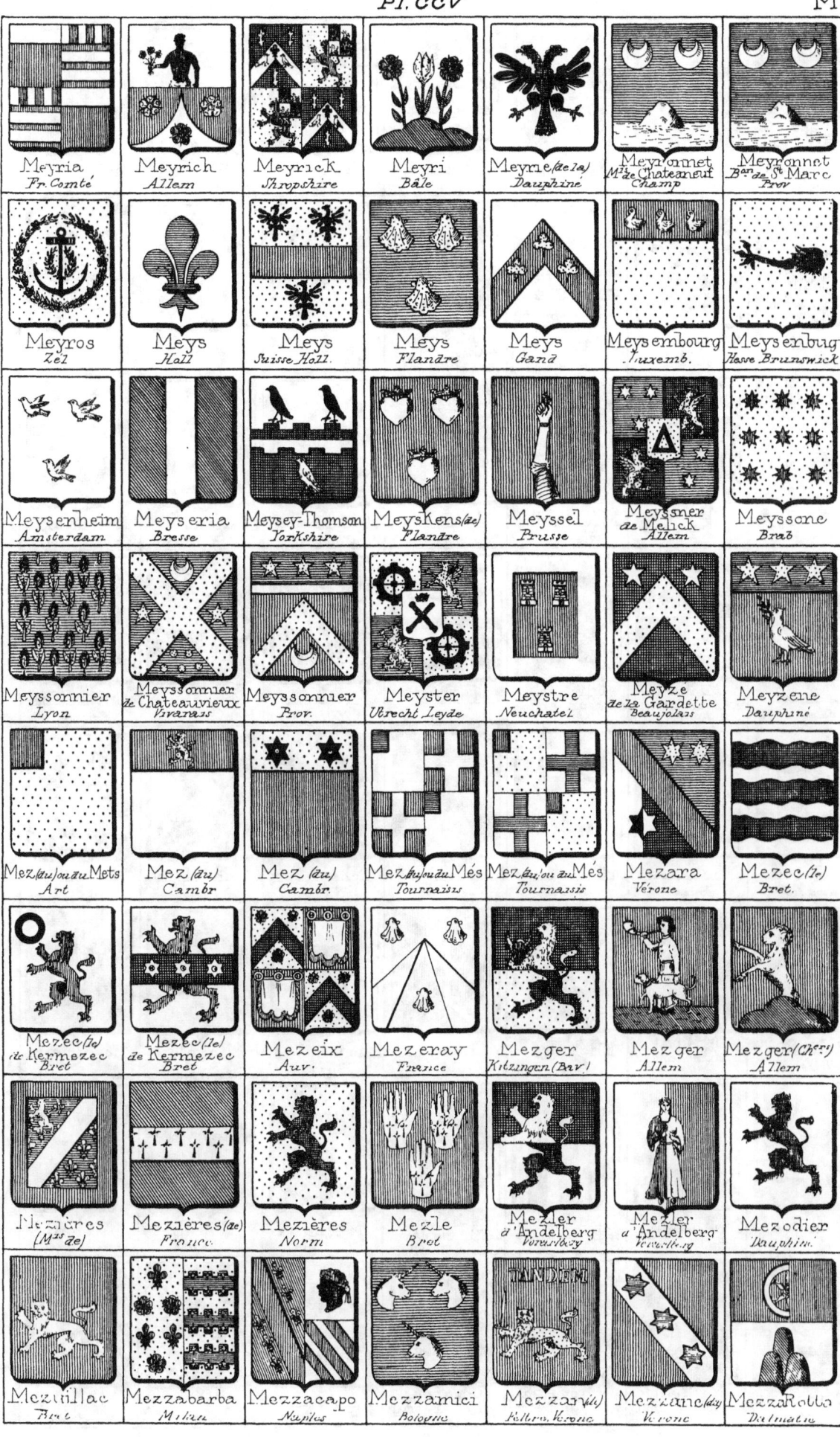

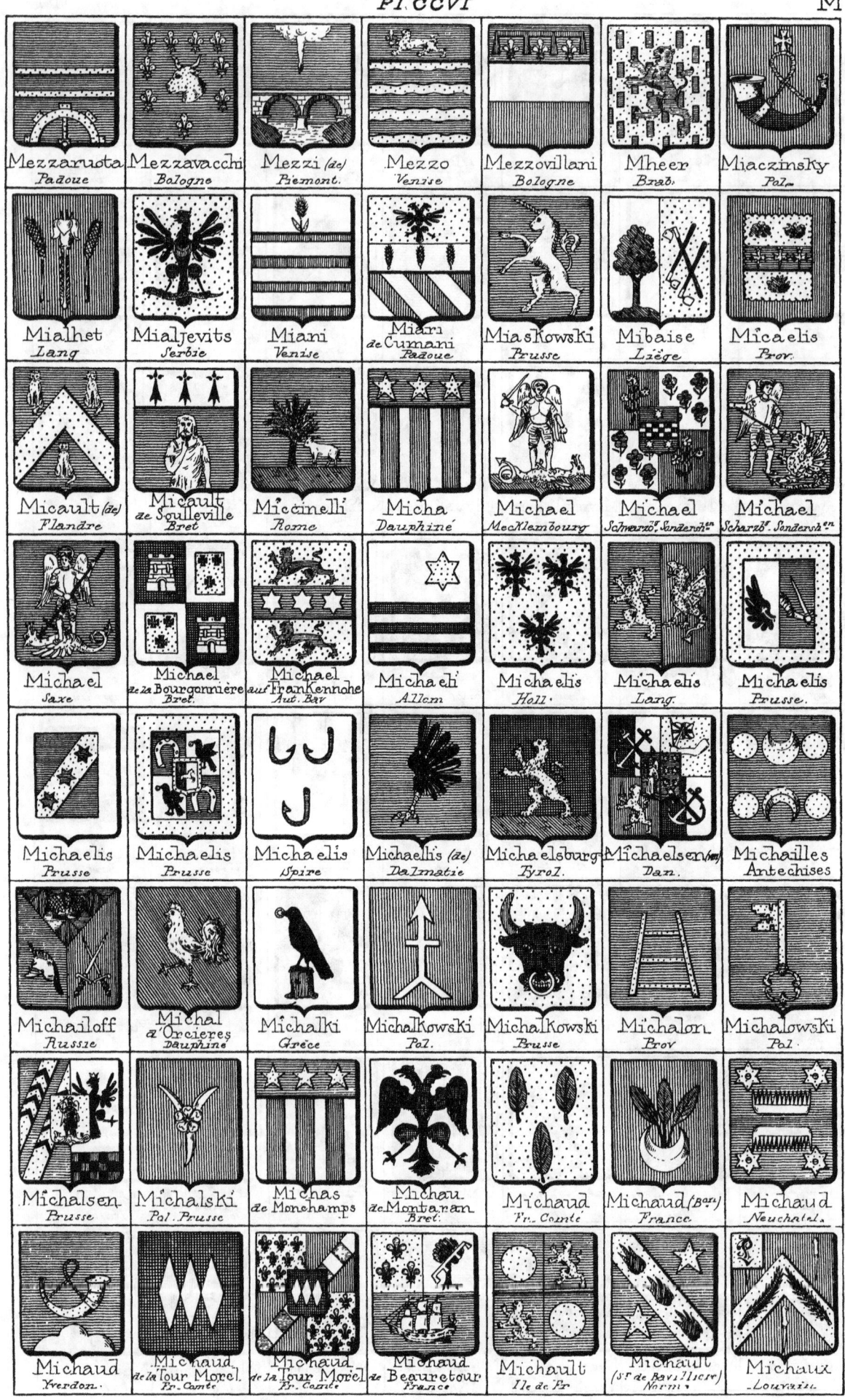

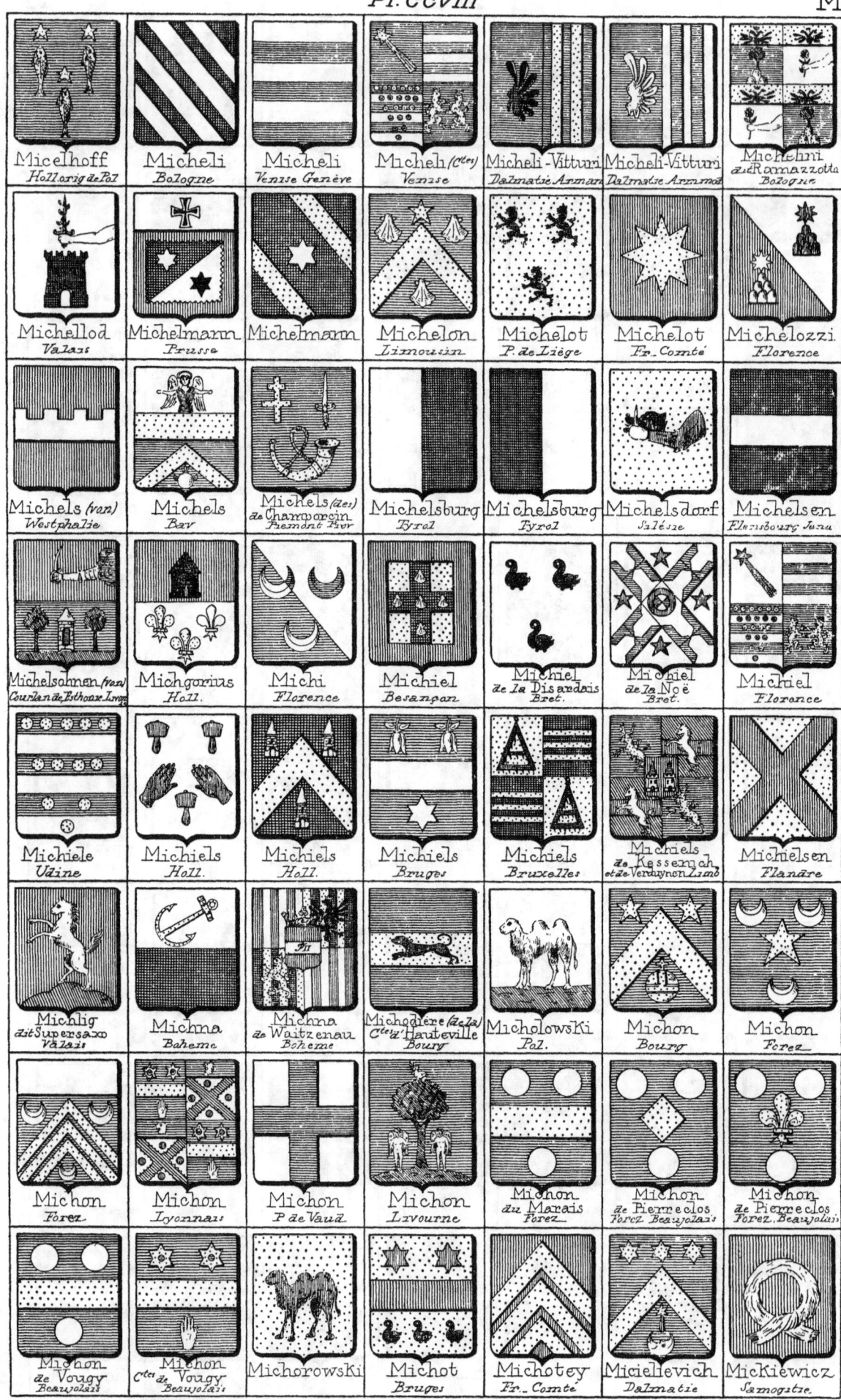

Pl. CCIX

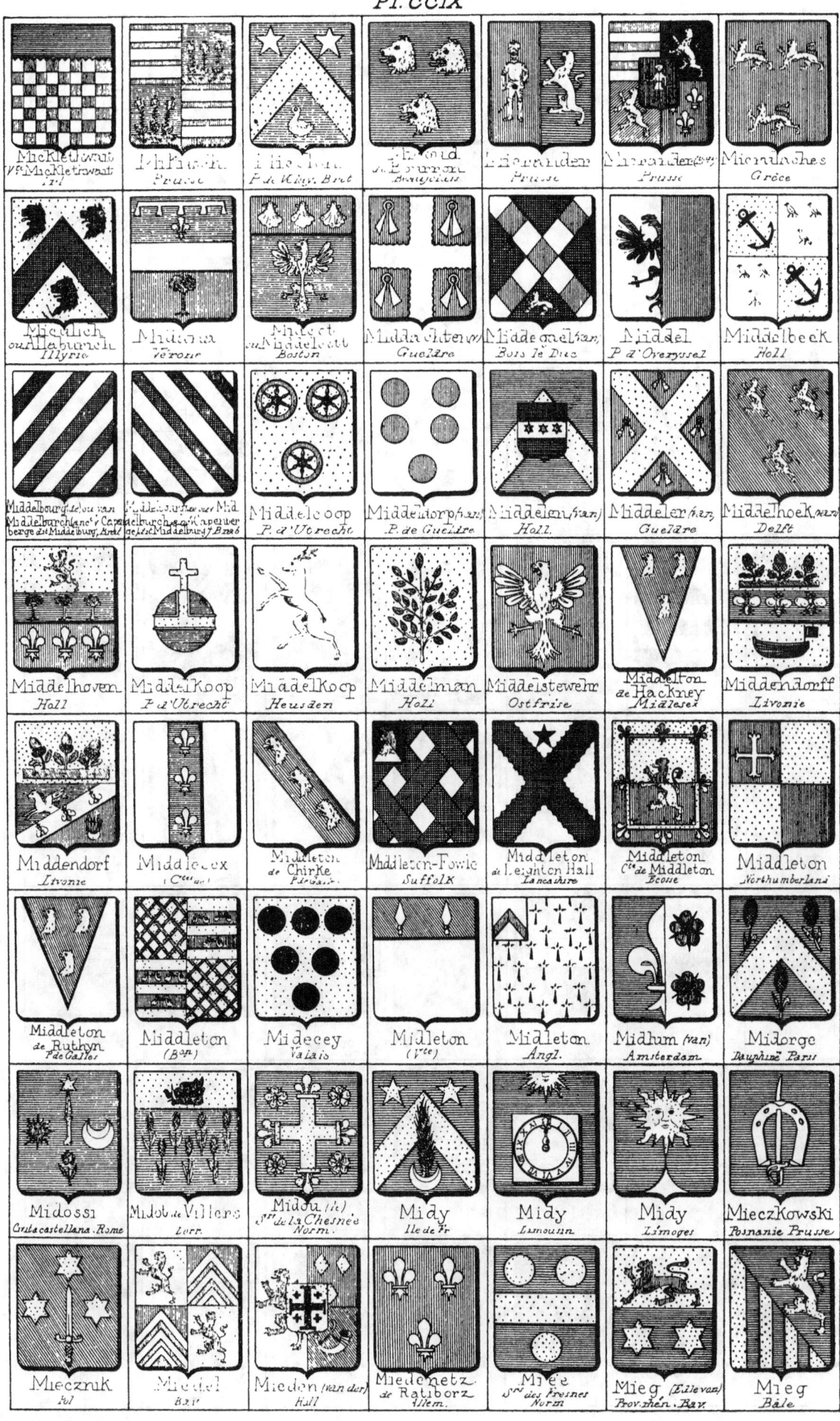

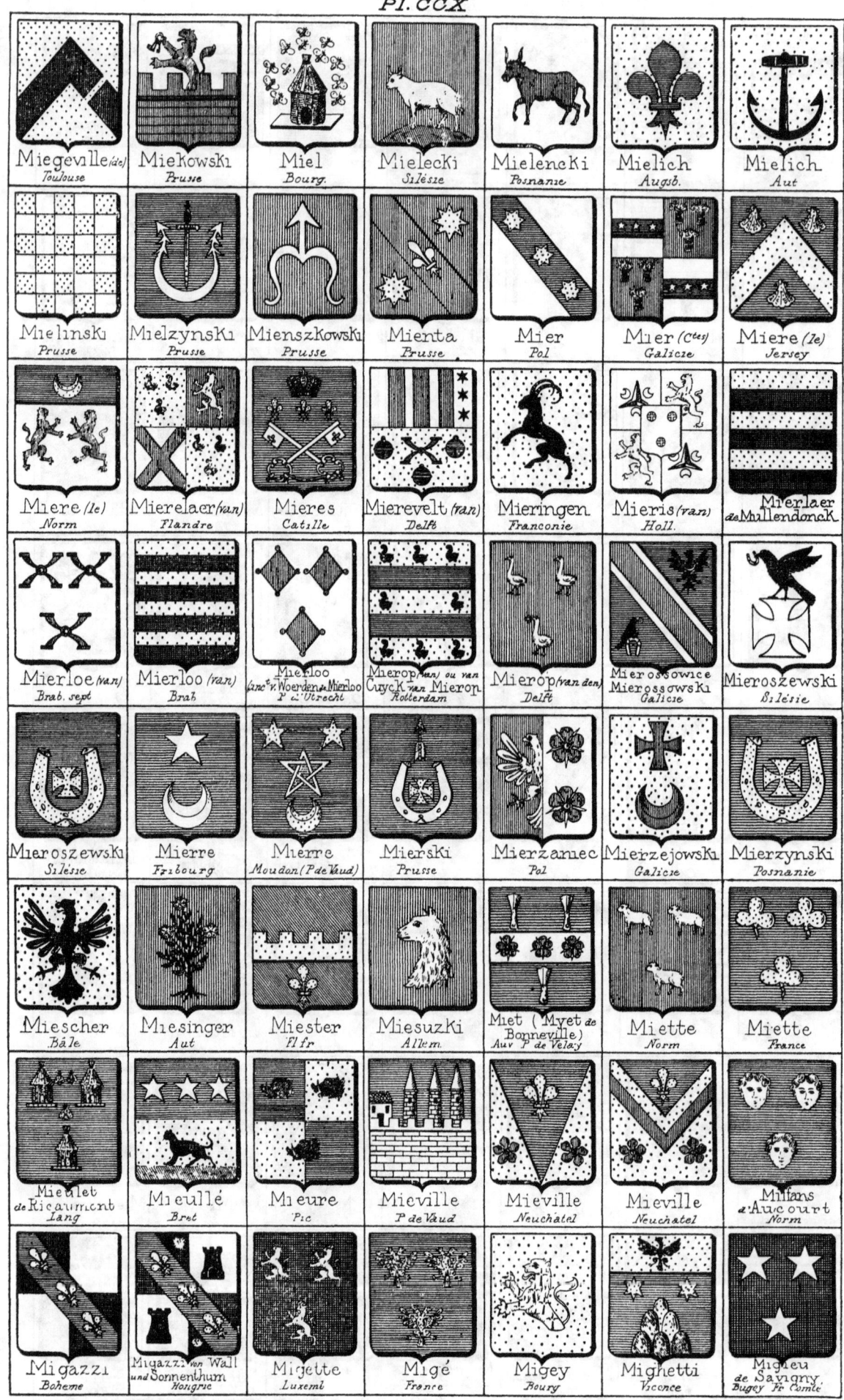

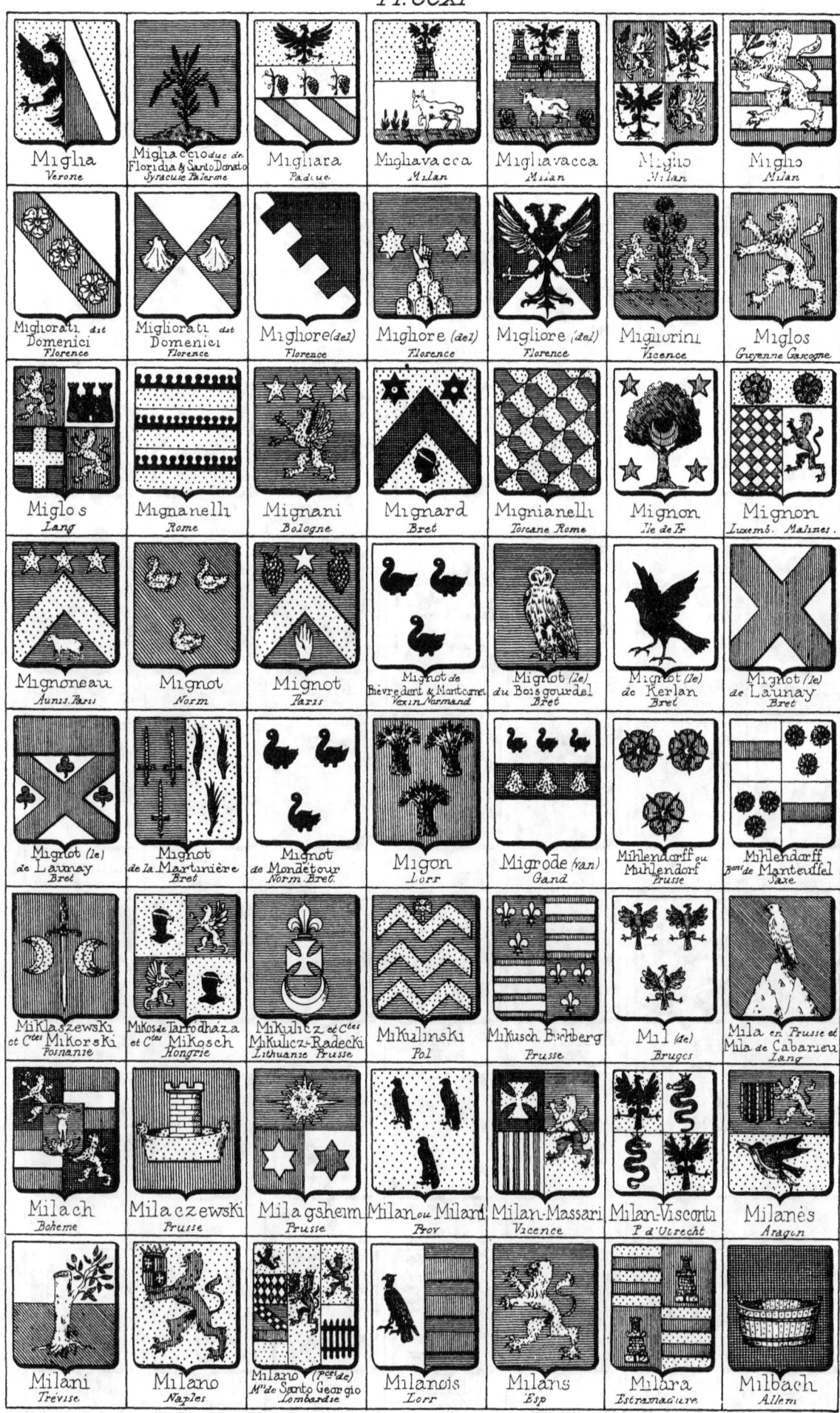

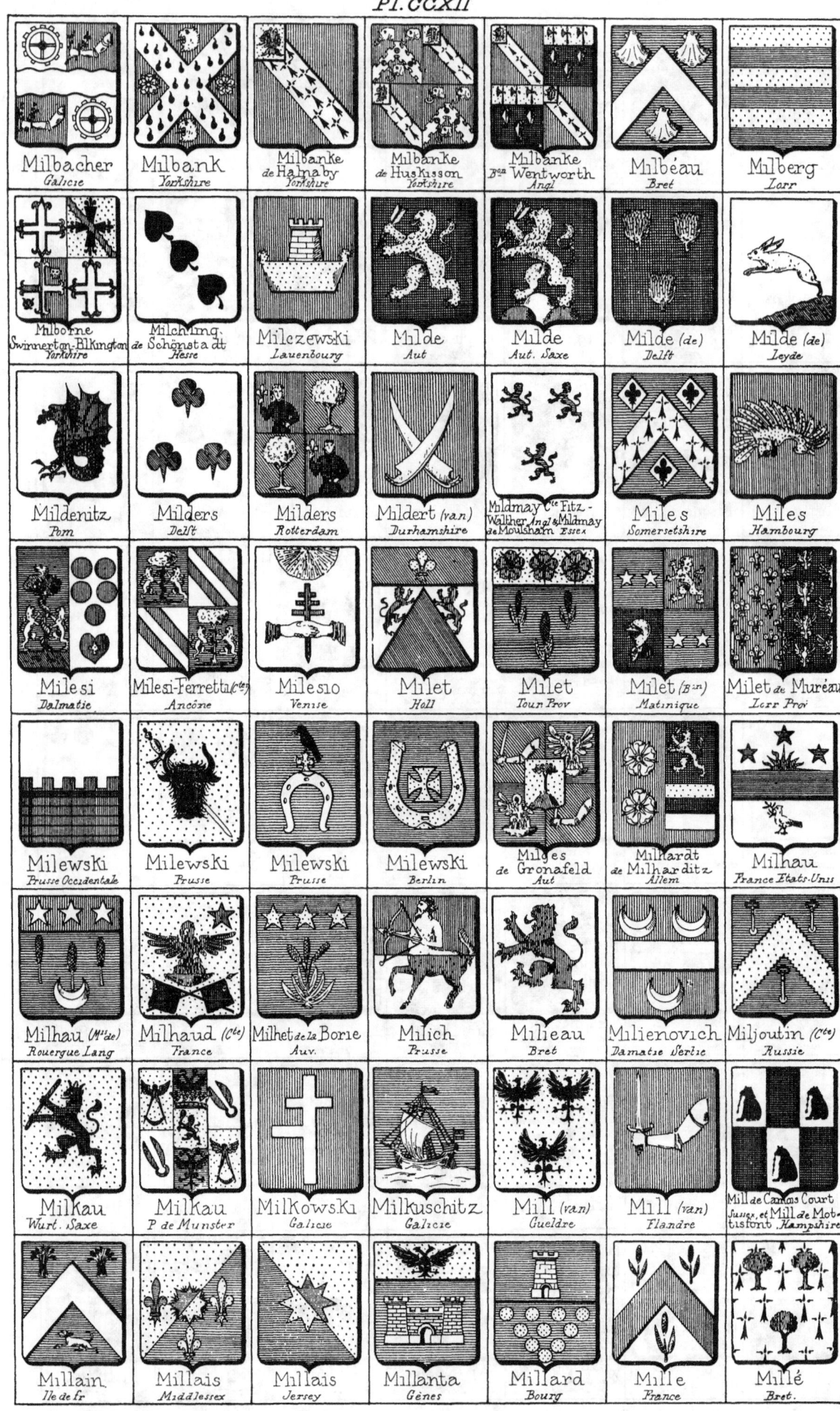

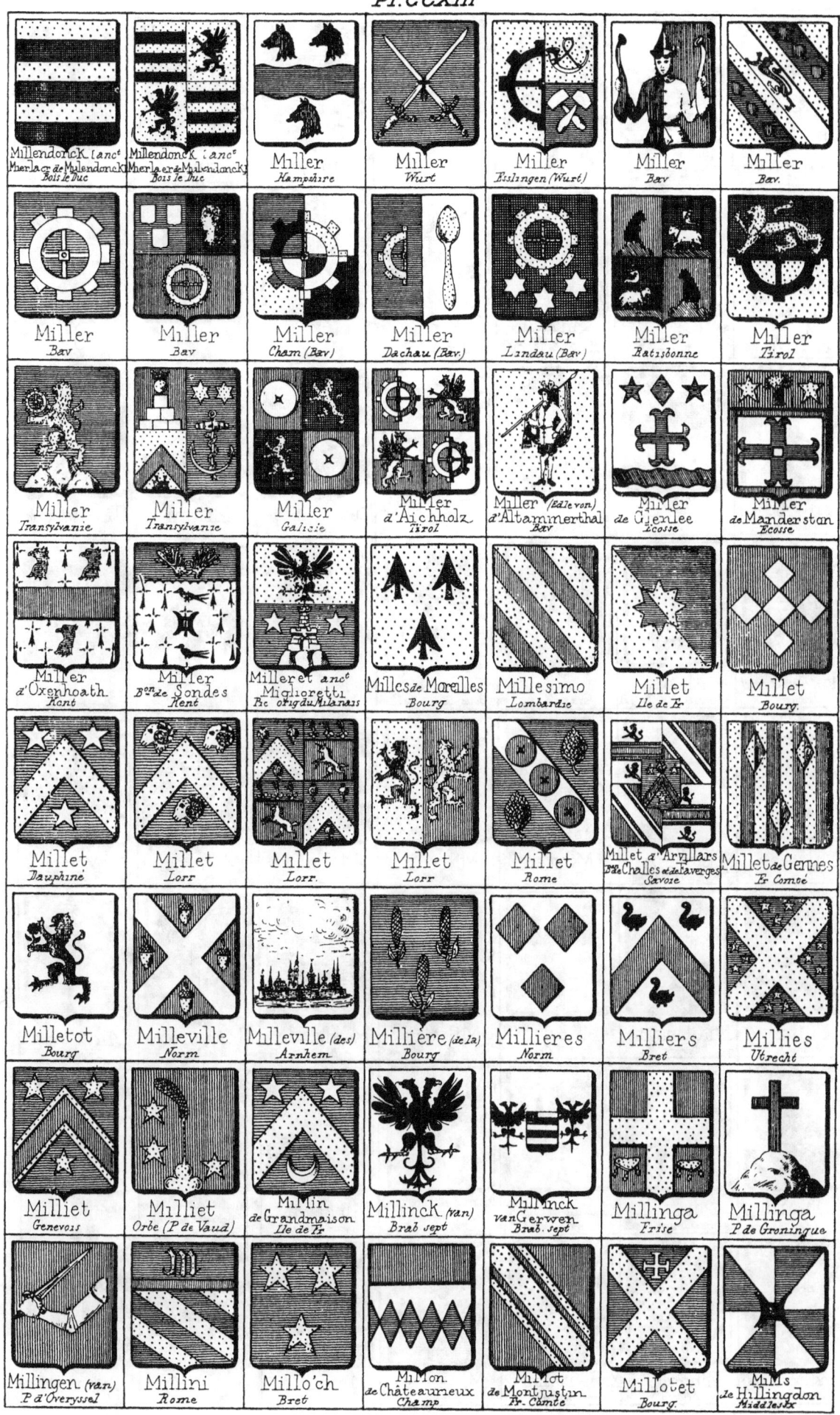

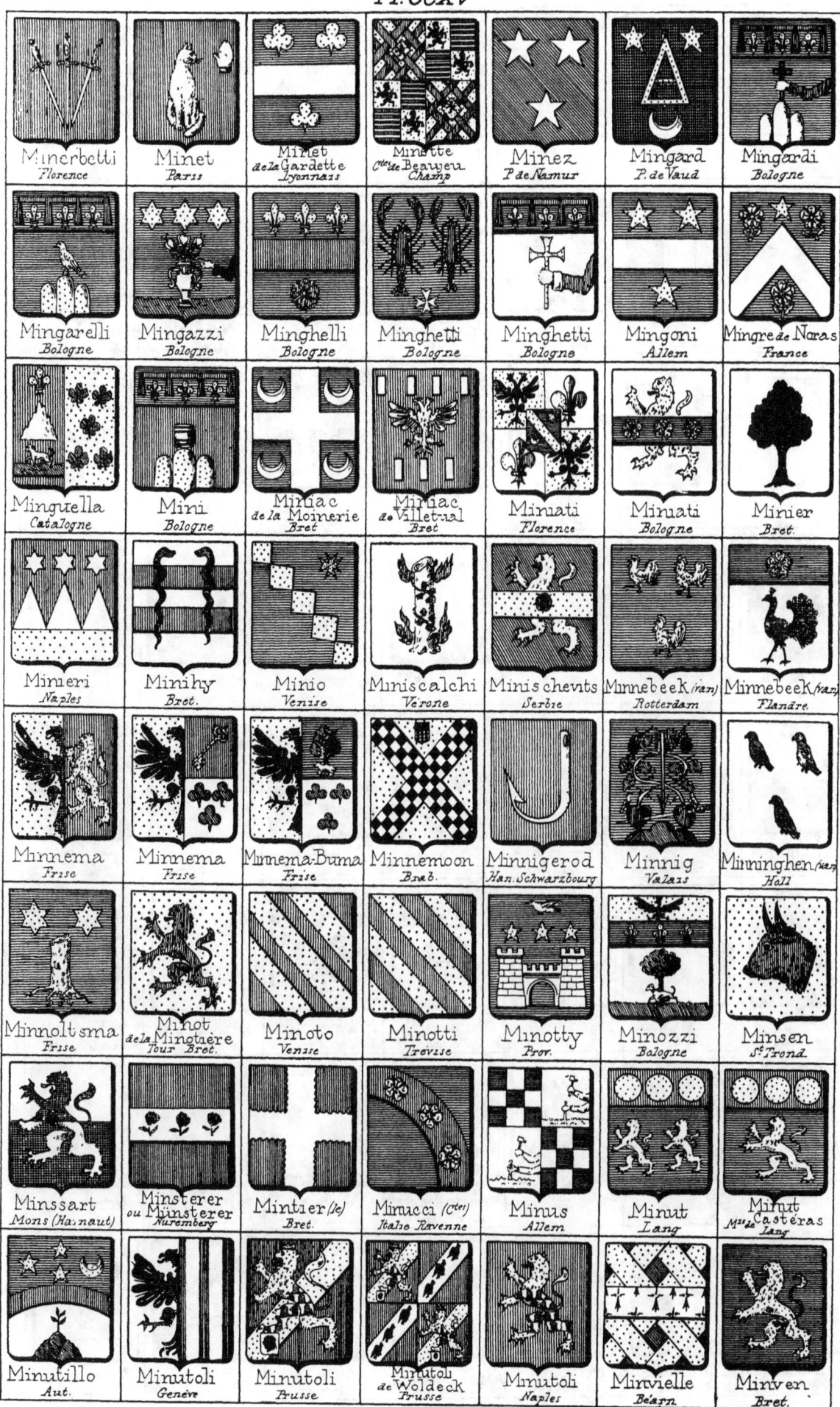

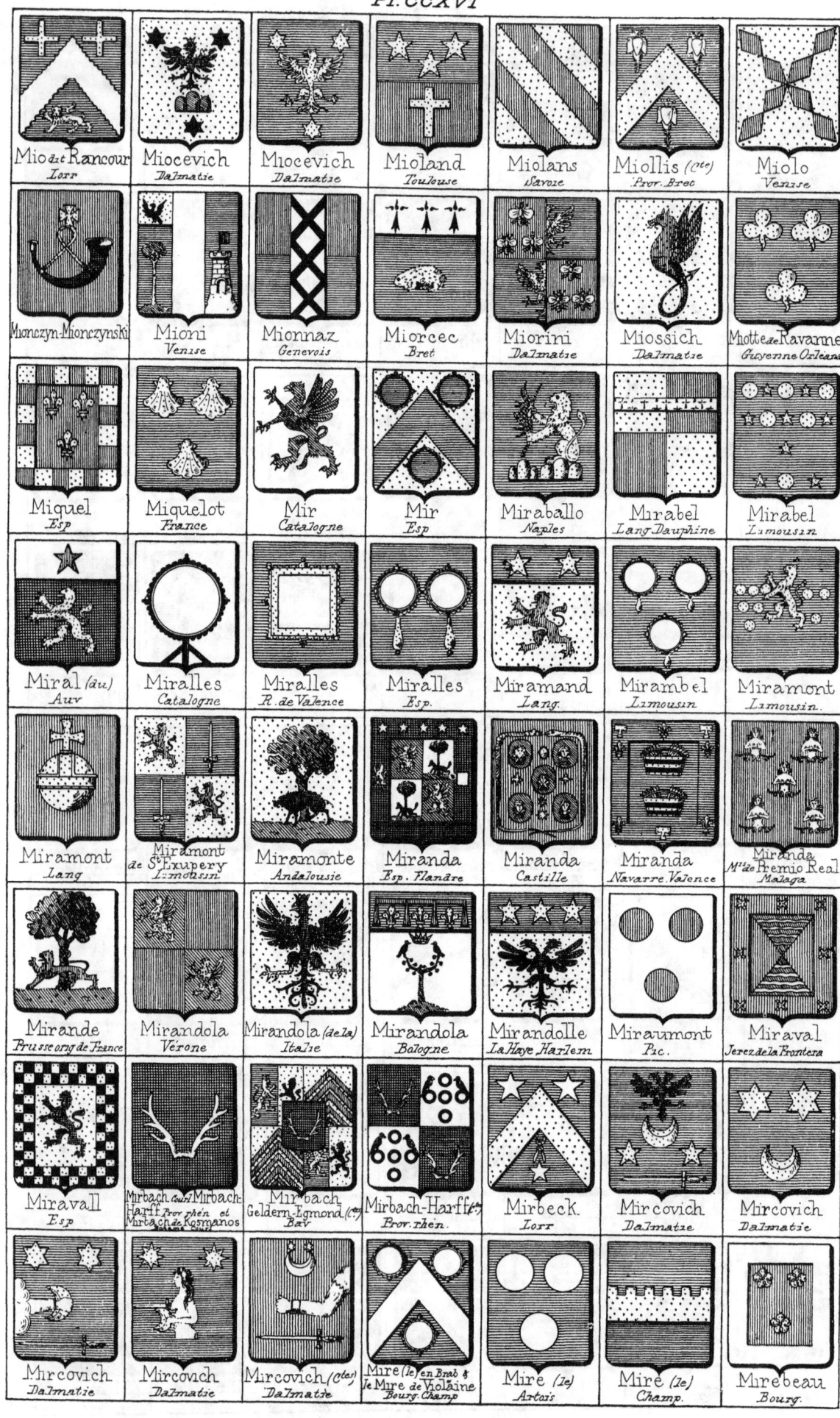

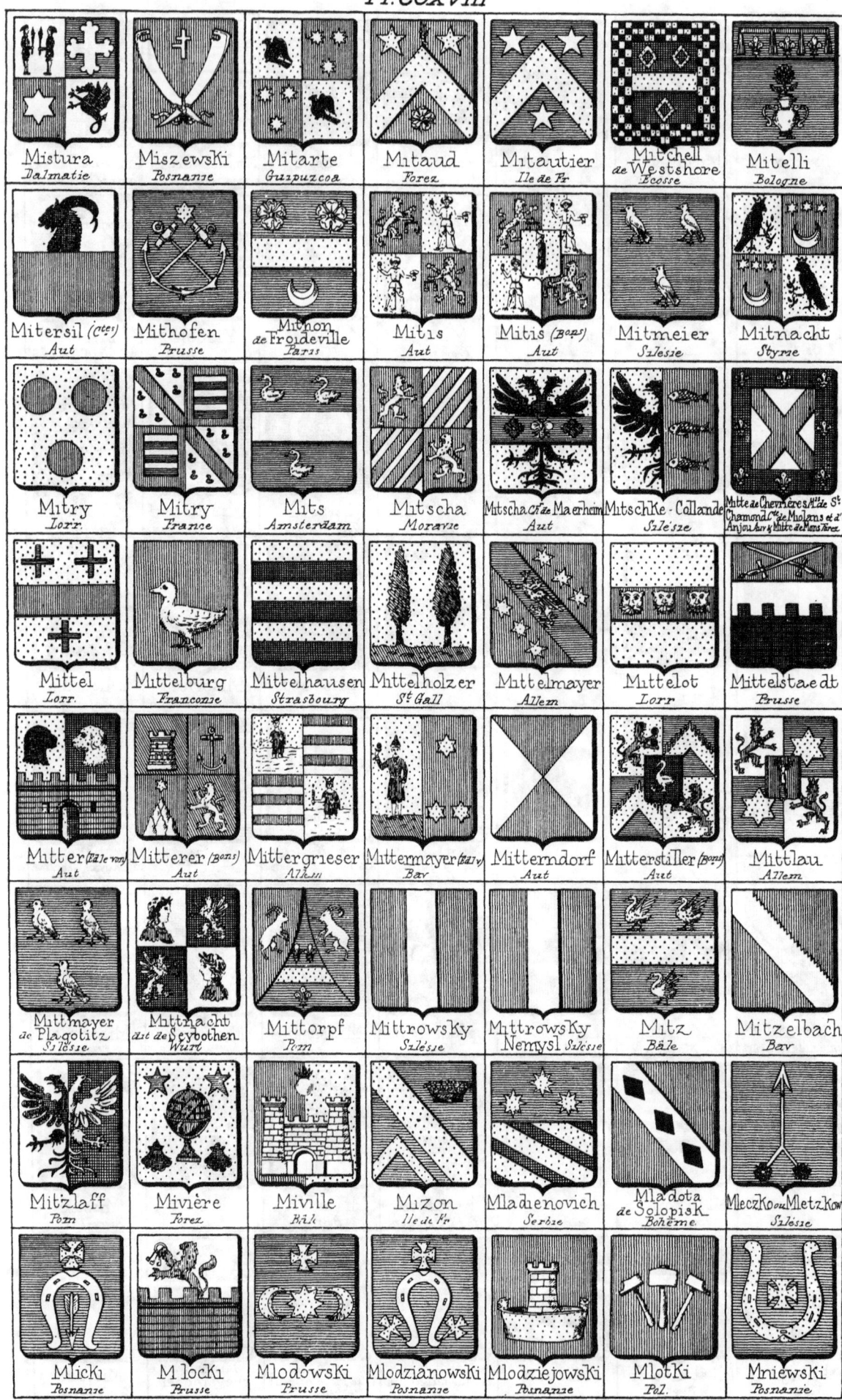

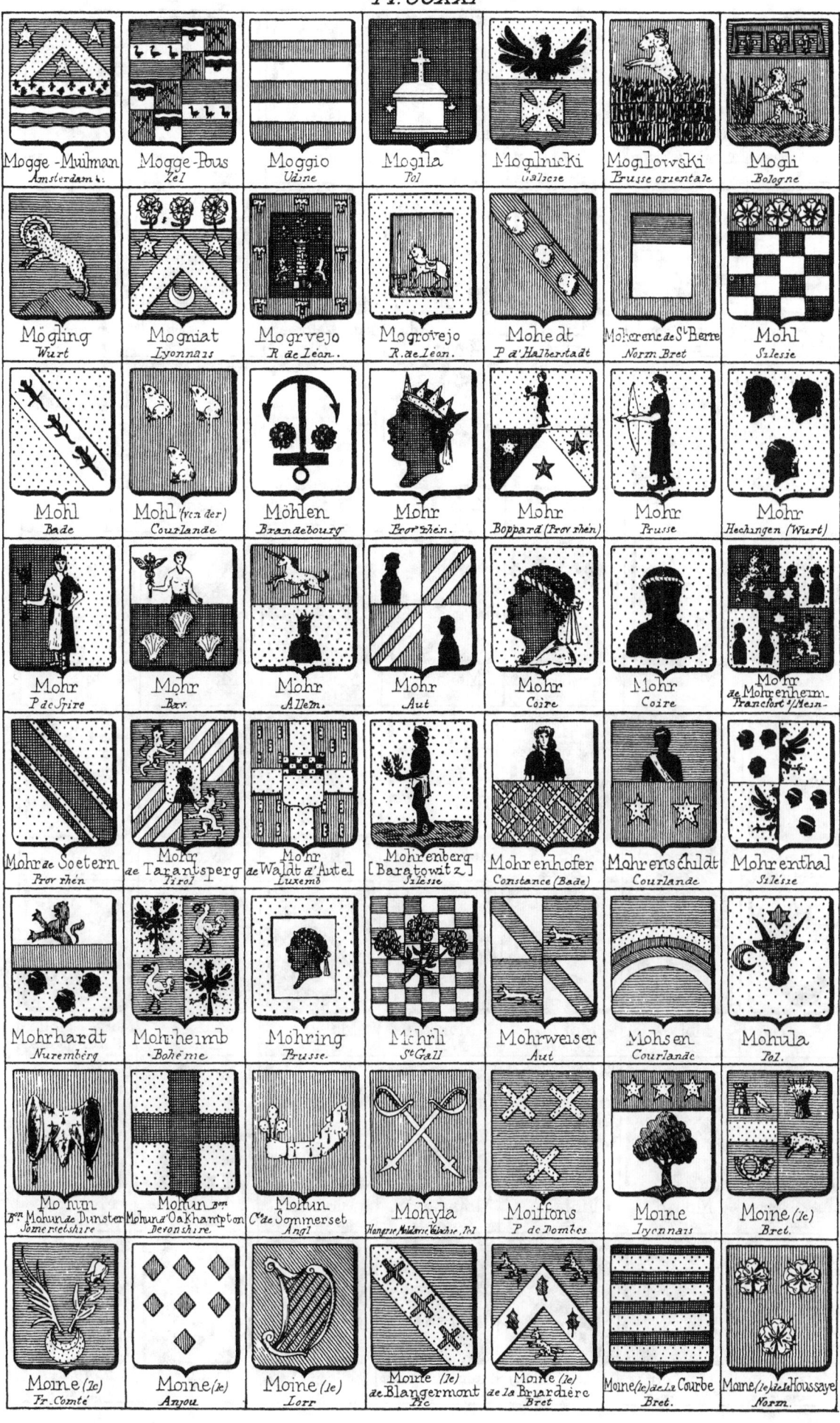

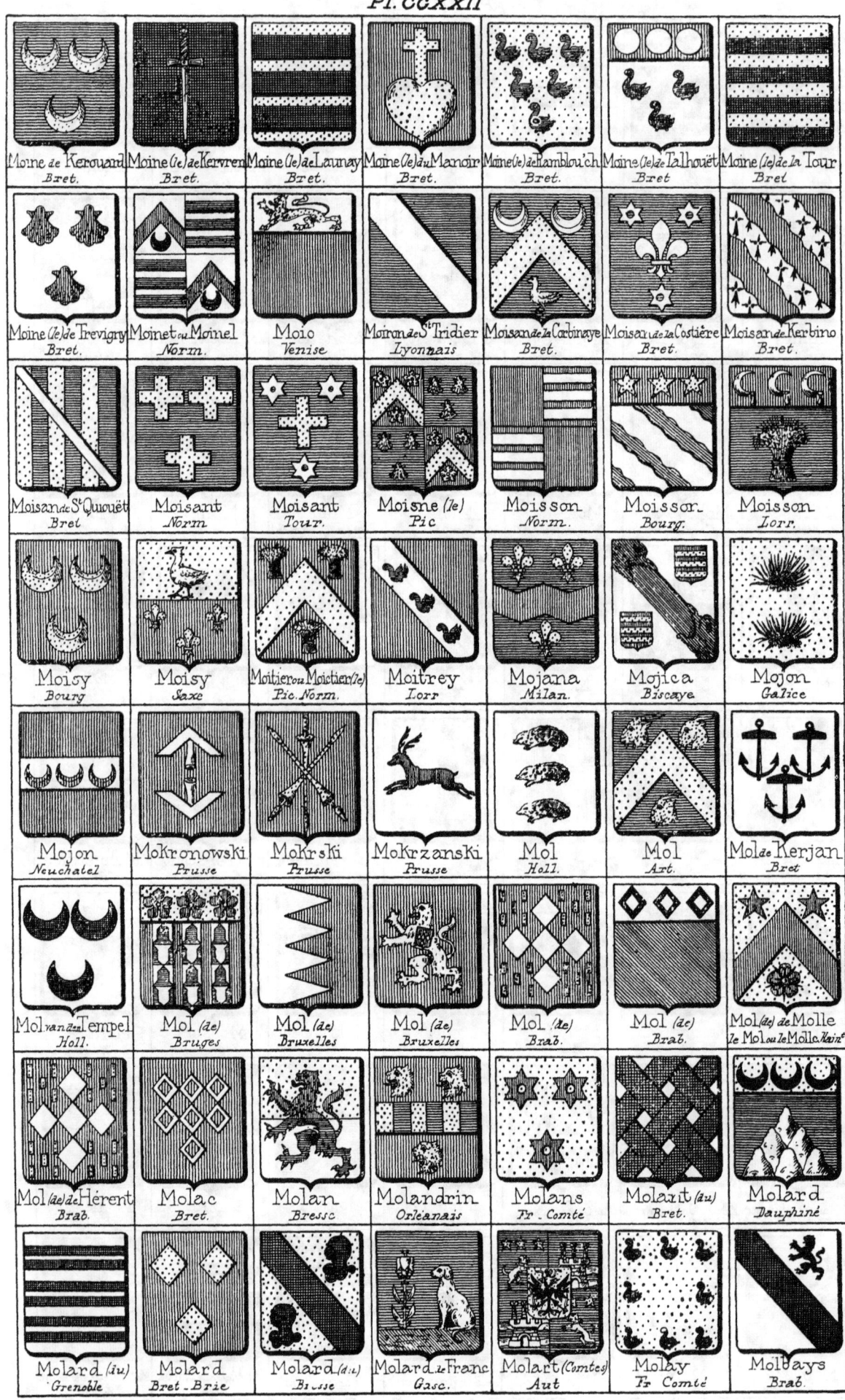

Pl. CCXXIV

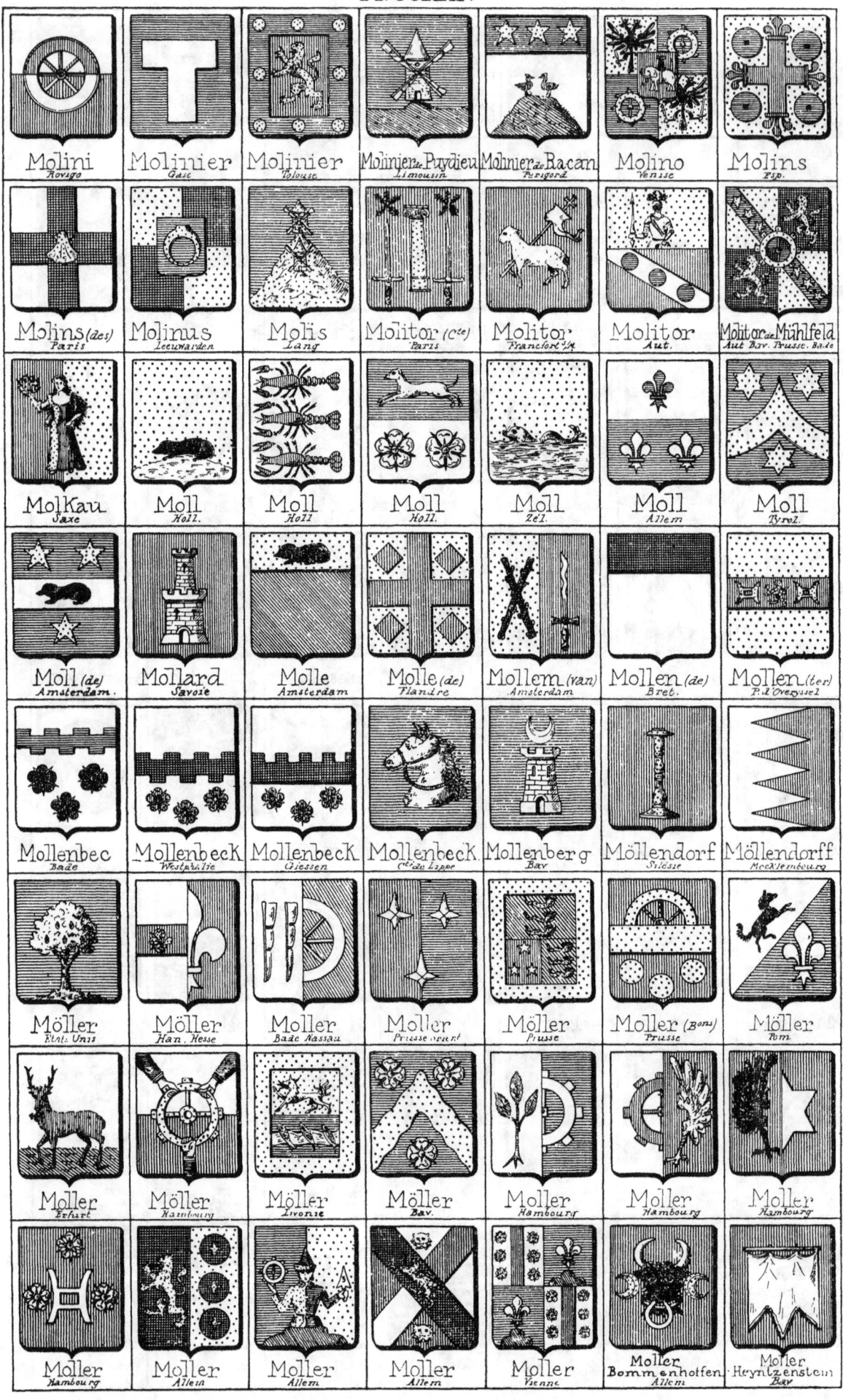

Pl. CCXXV

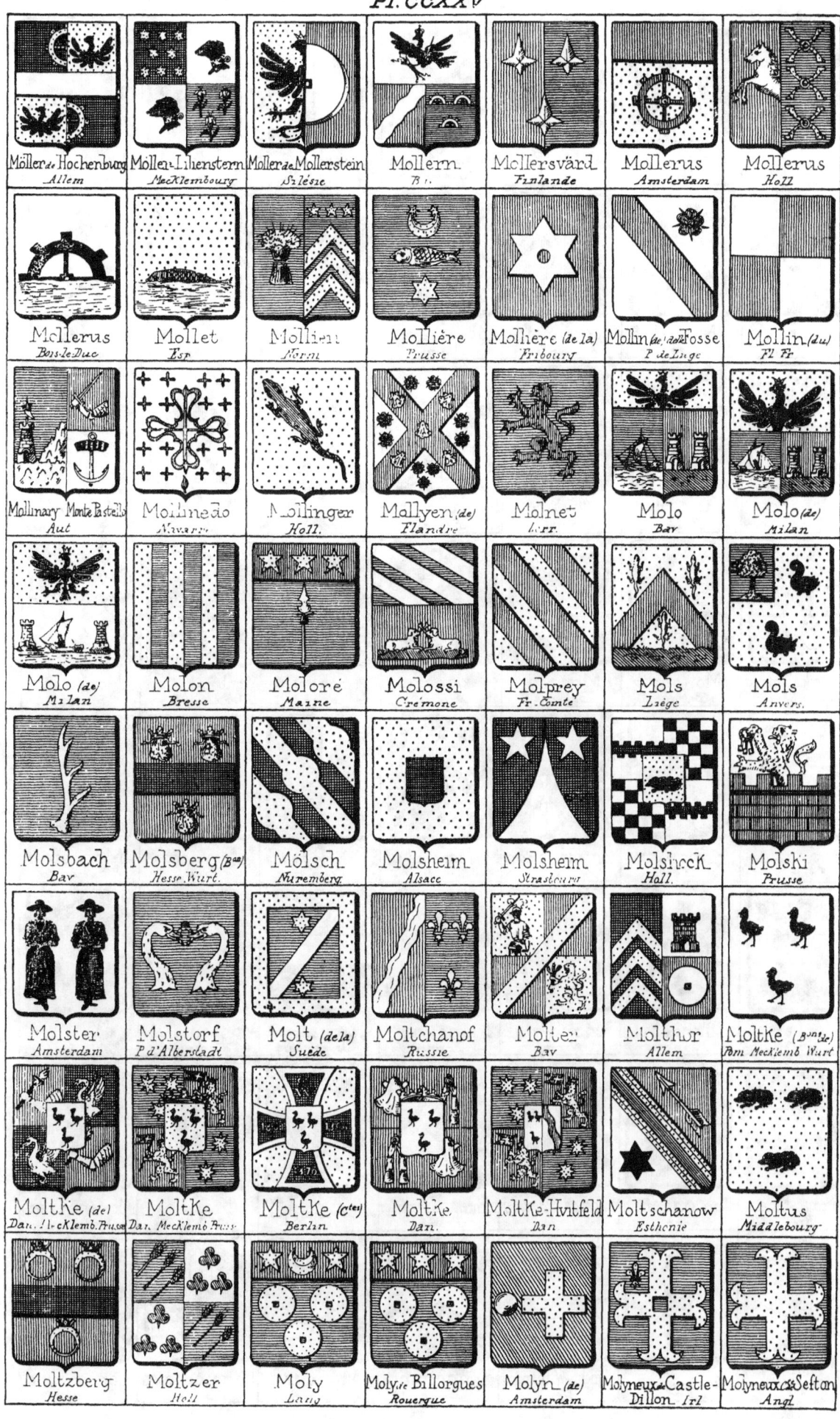

Pl. CCXXVI

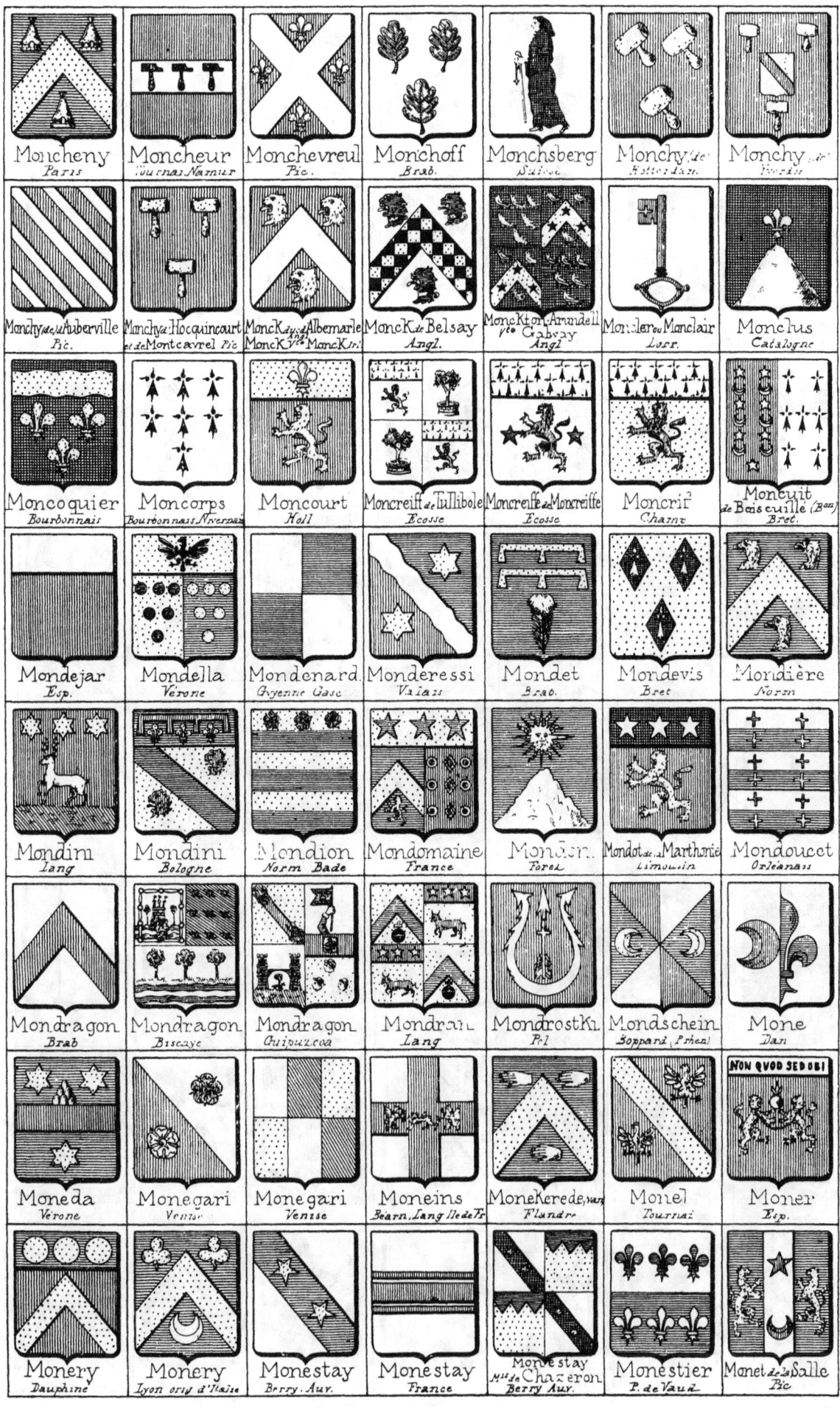

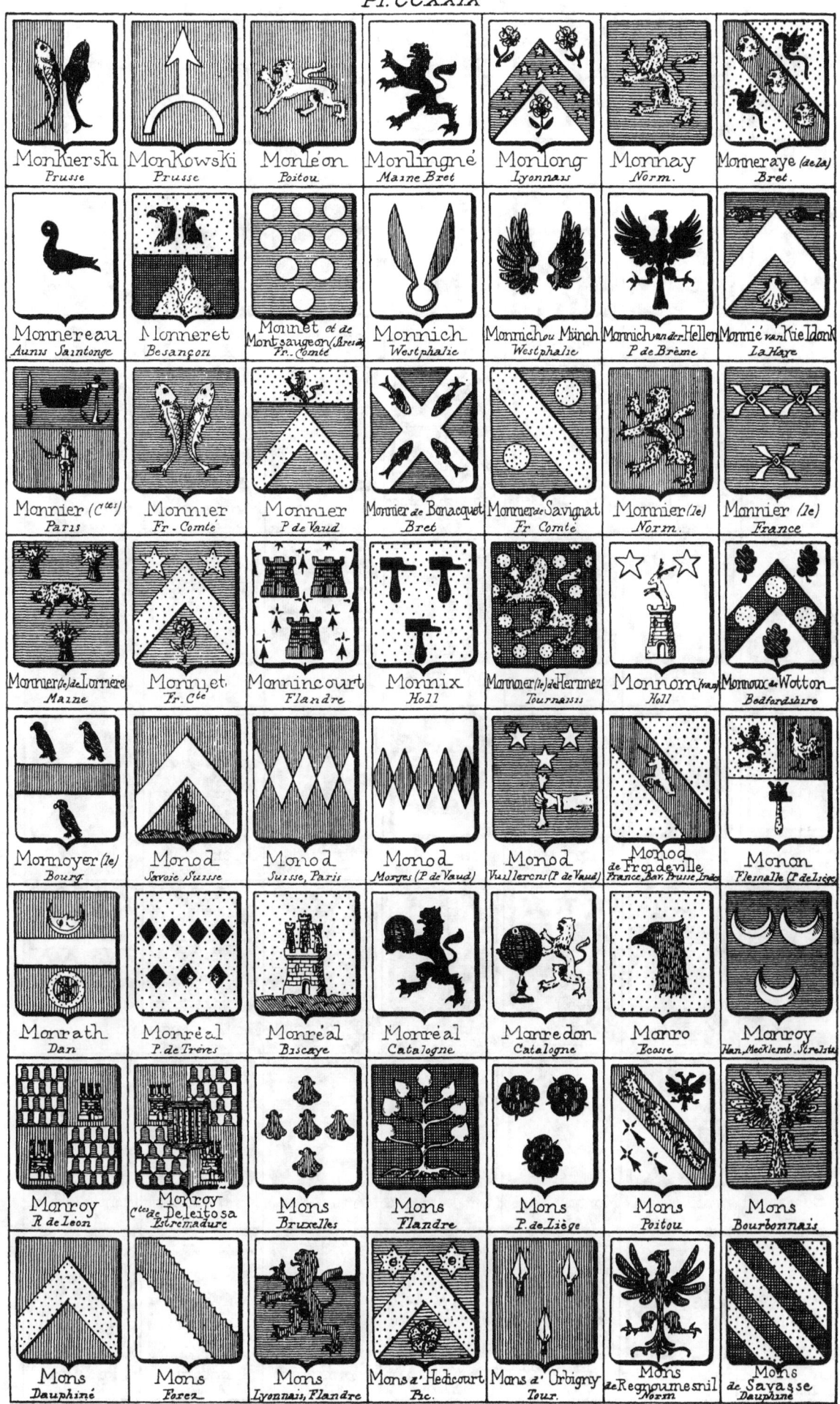

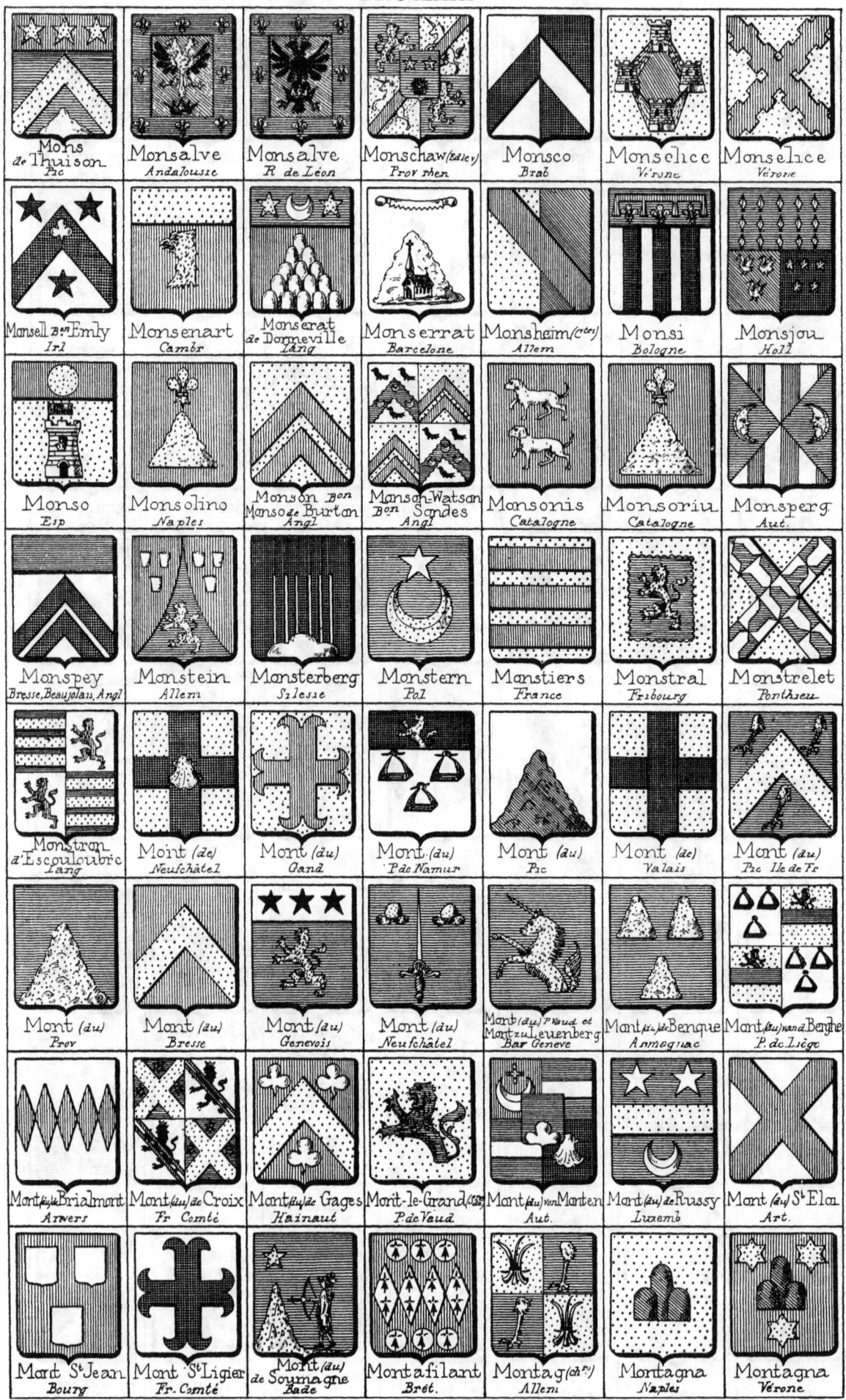

Pl. CCXXXI

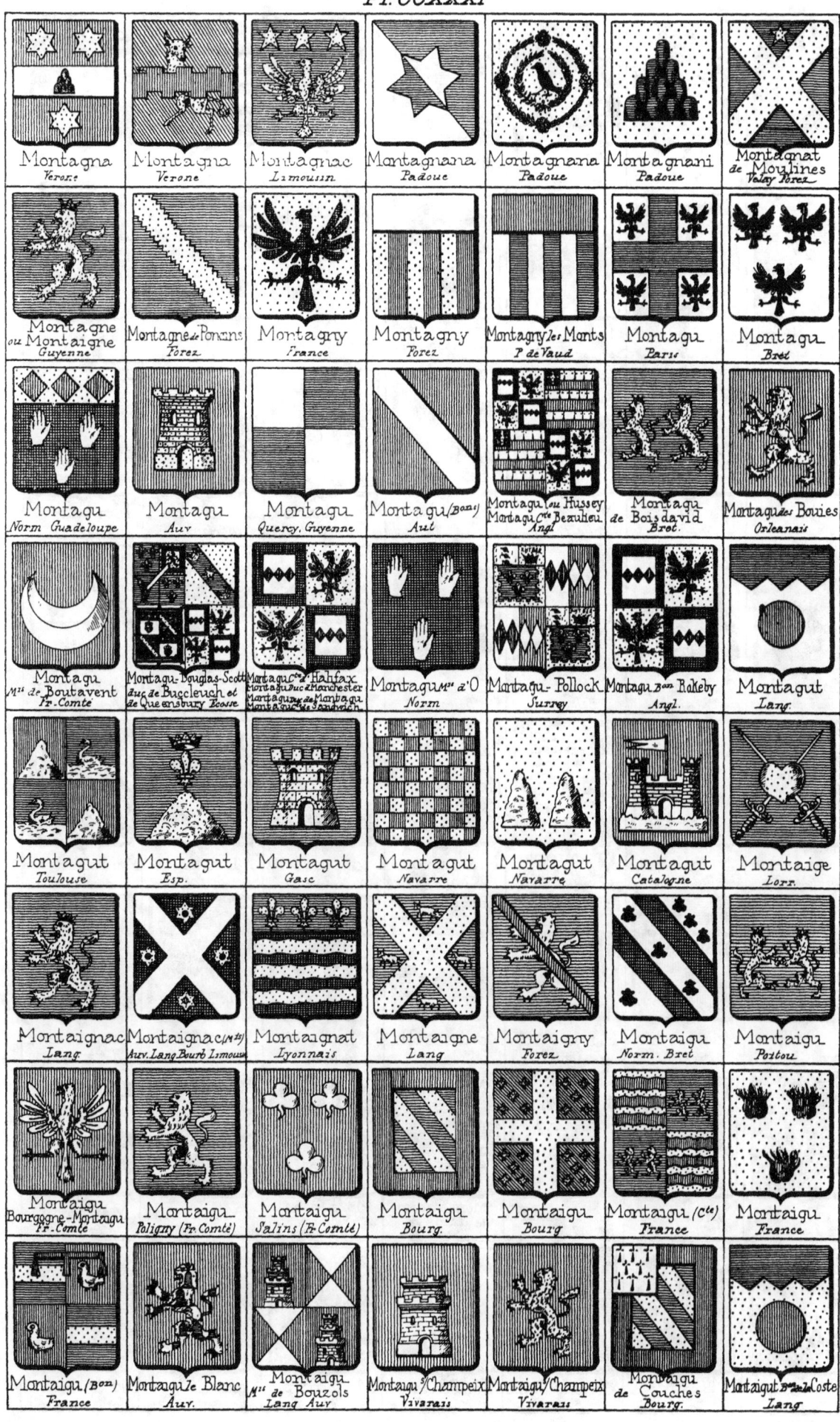

Pl. CCXXXII

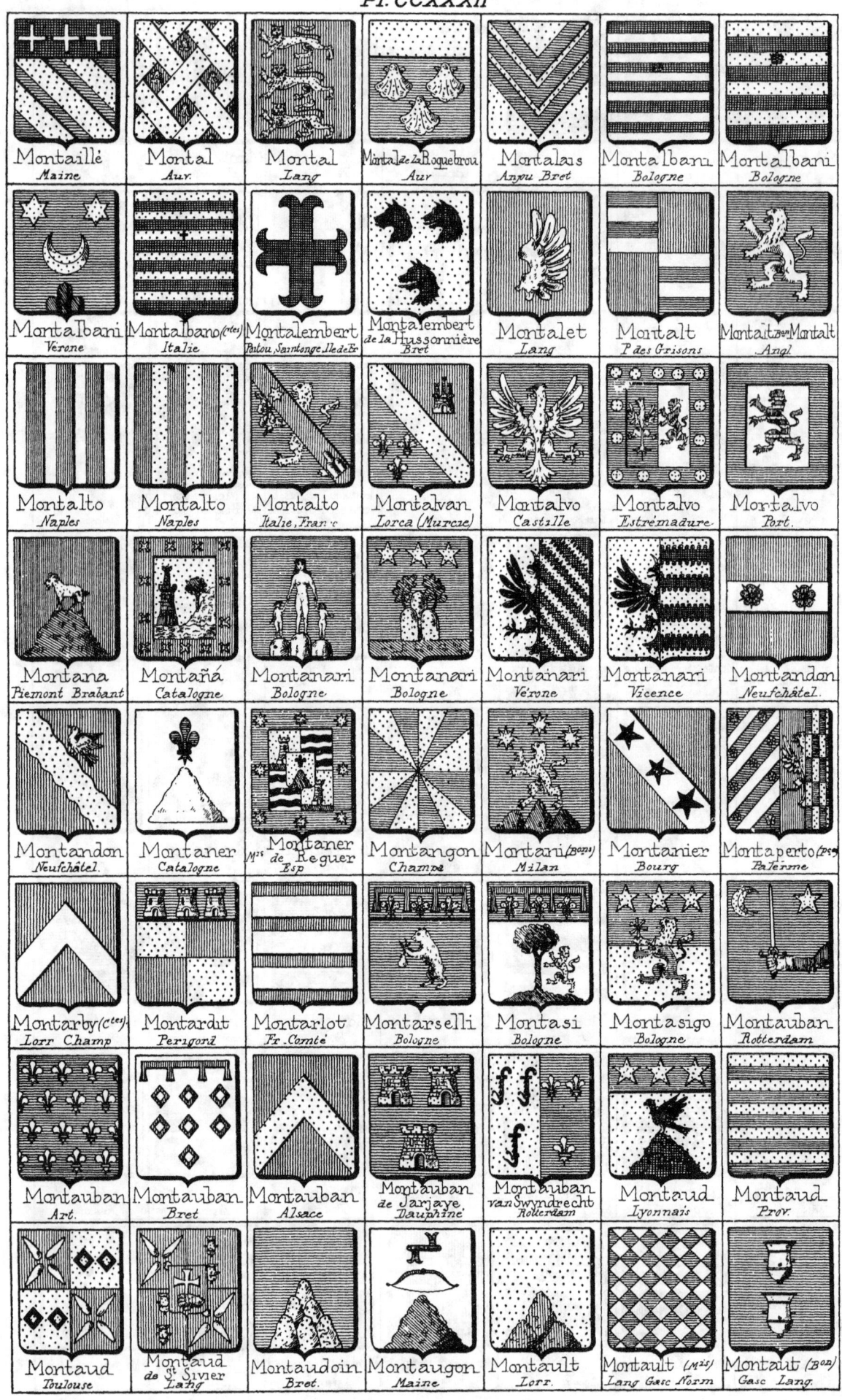

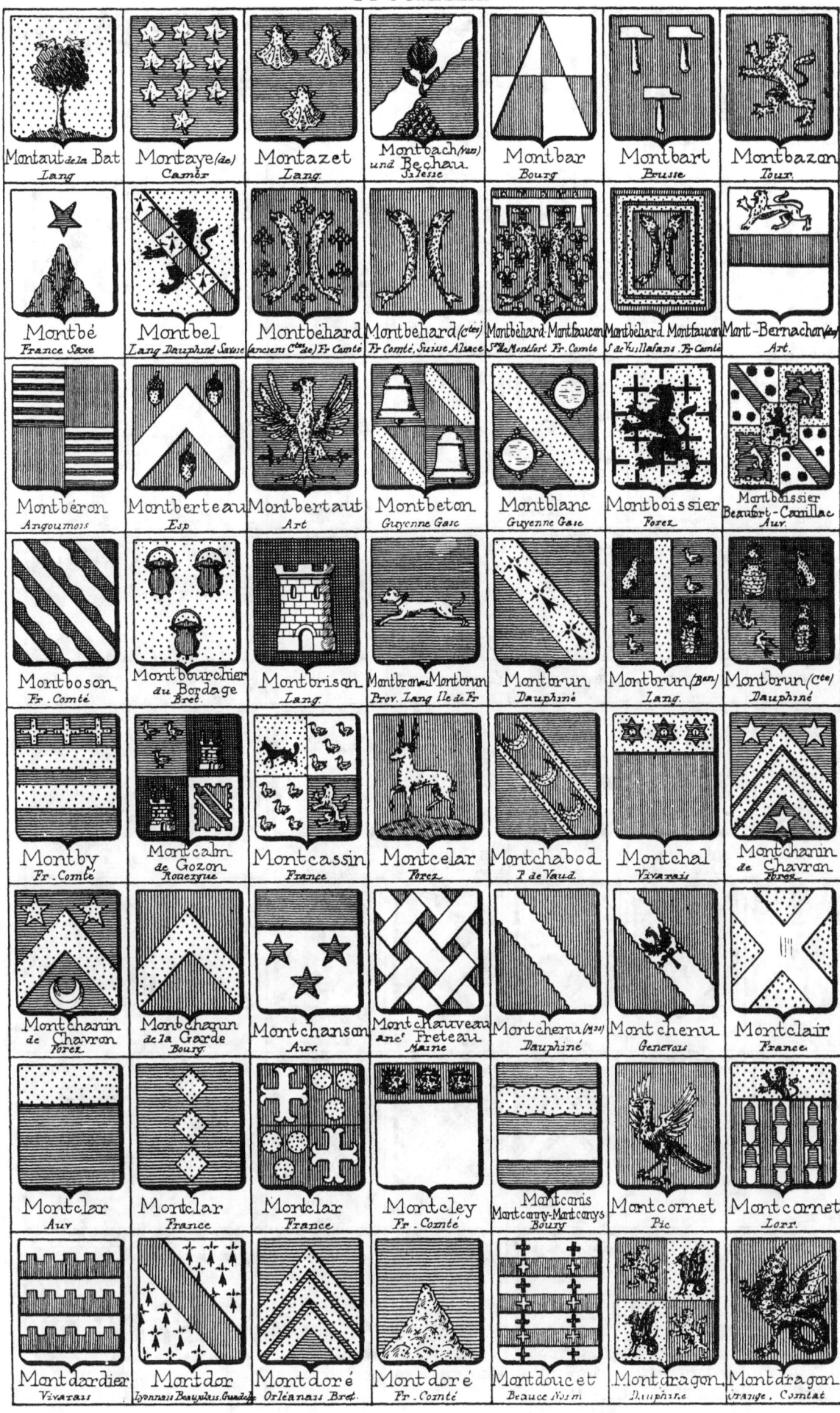

Pl. CCXXXIV

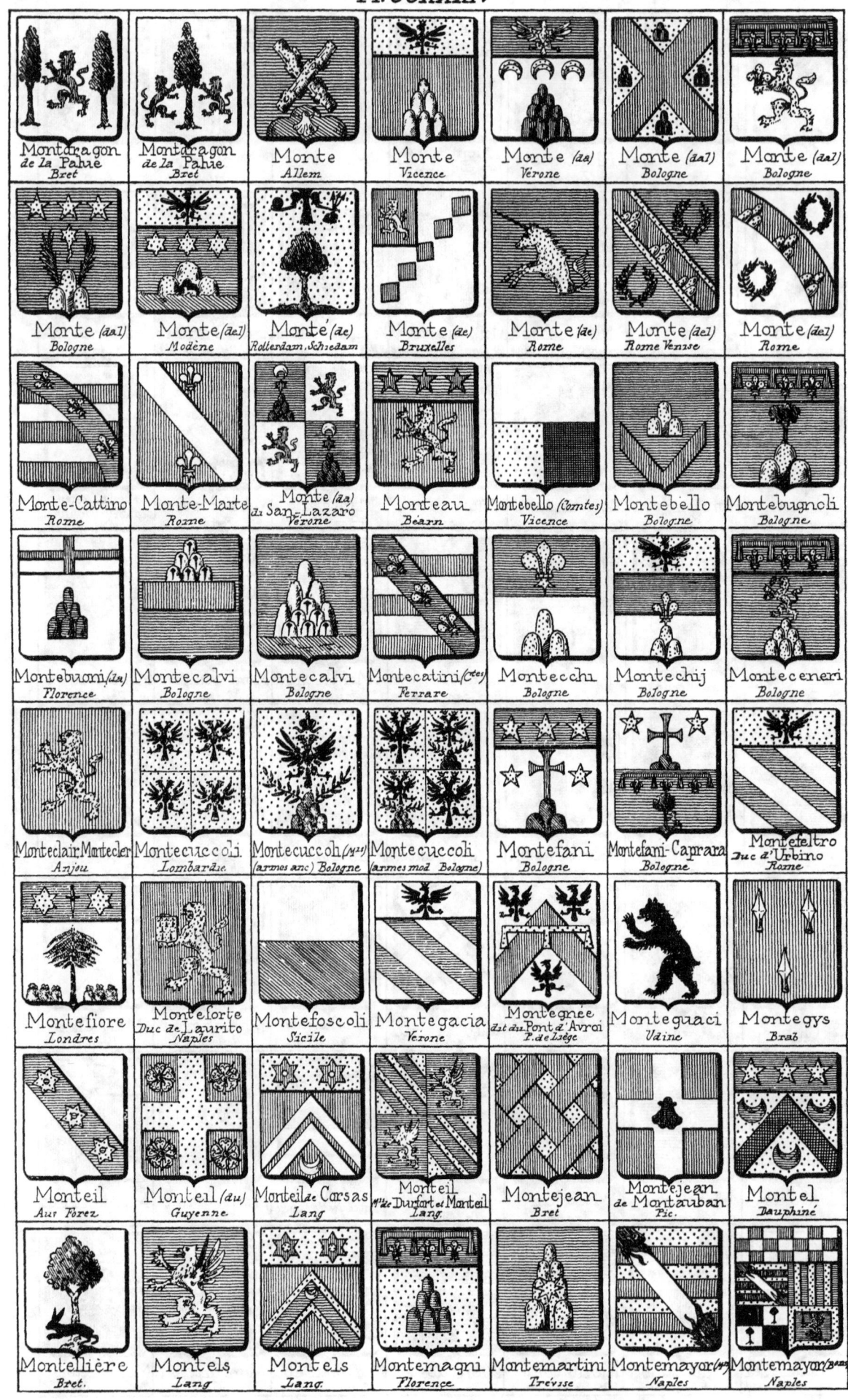

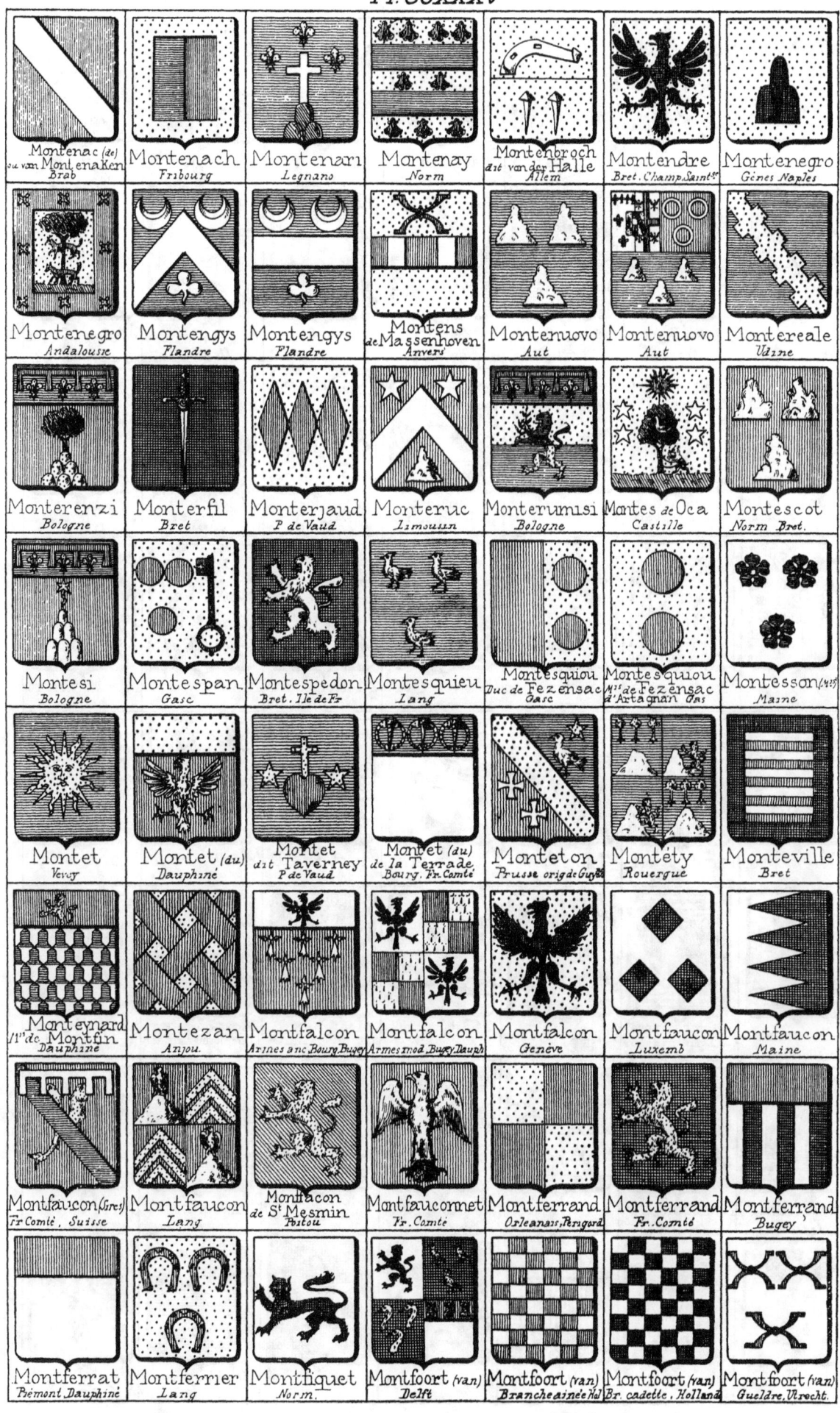

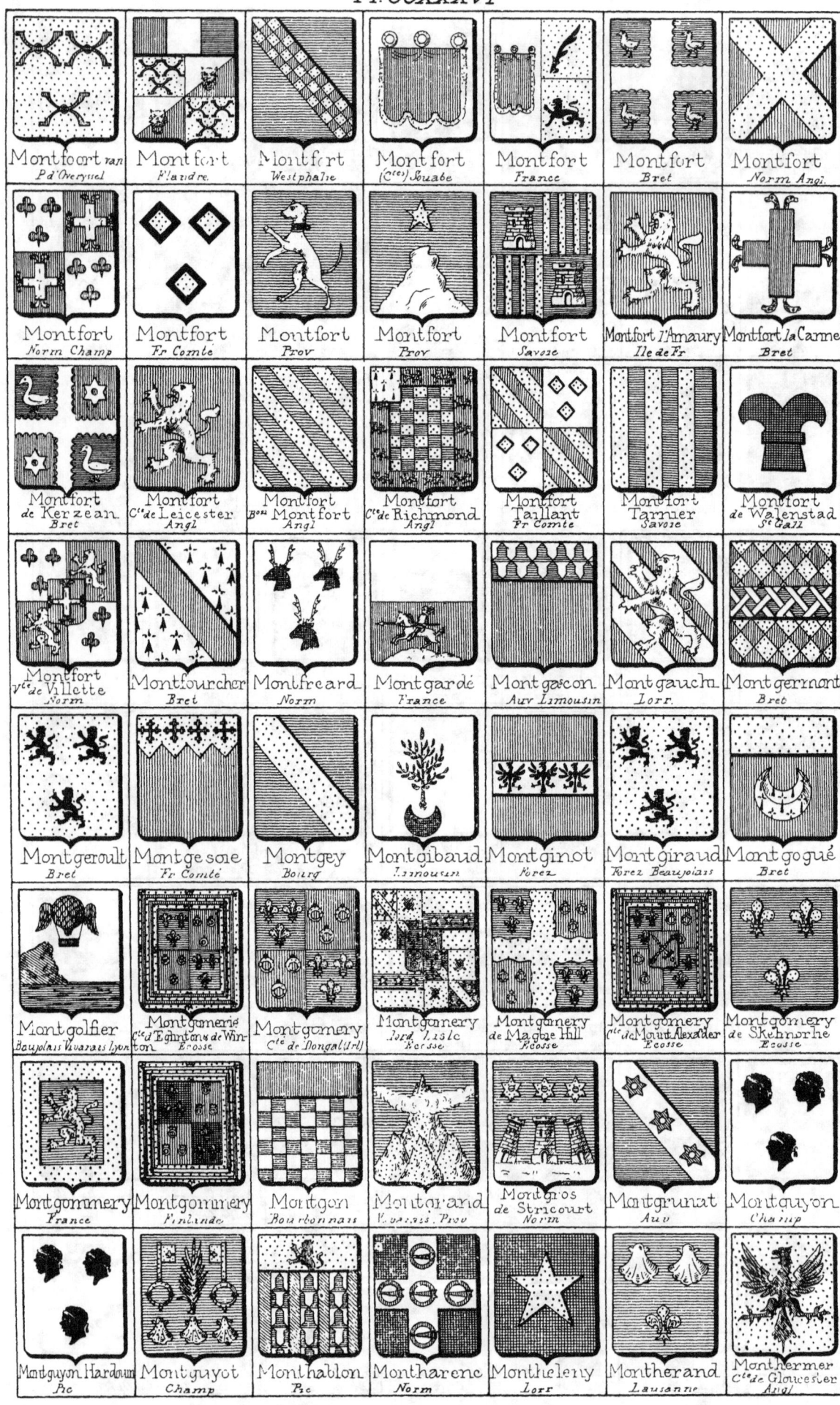
Pl. CCXXXVI

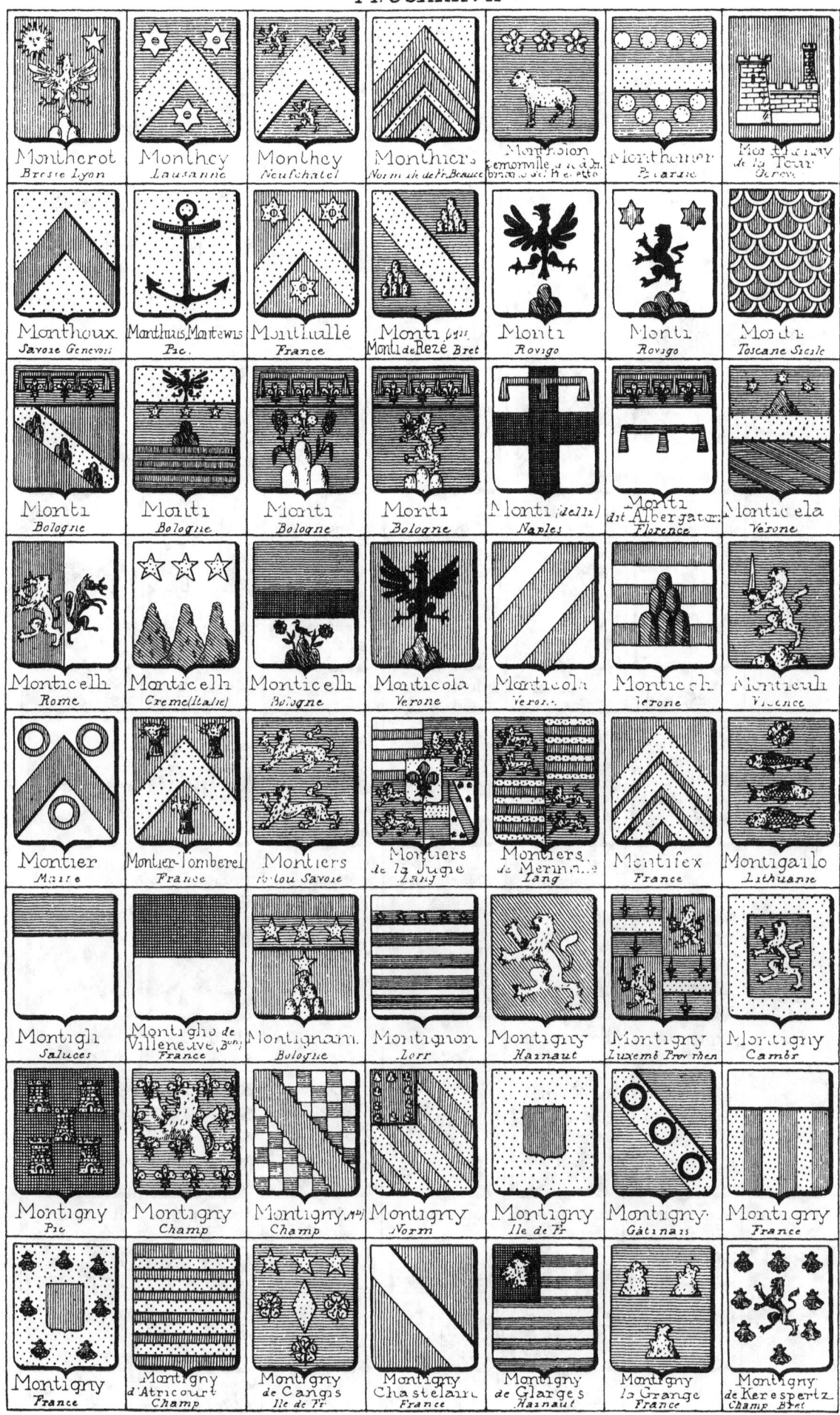

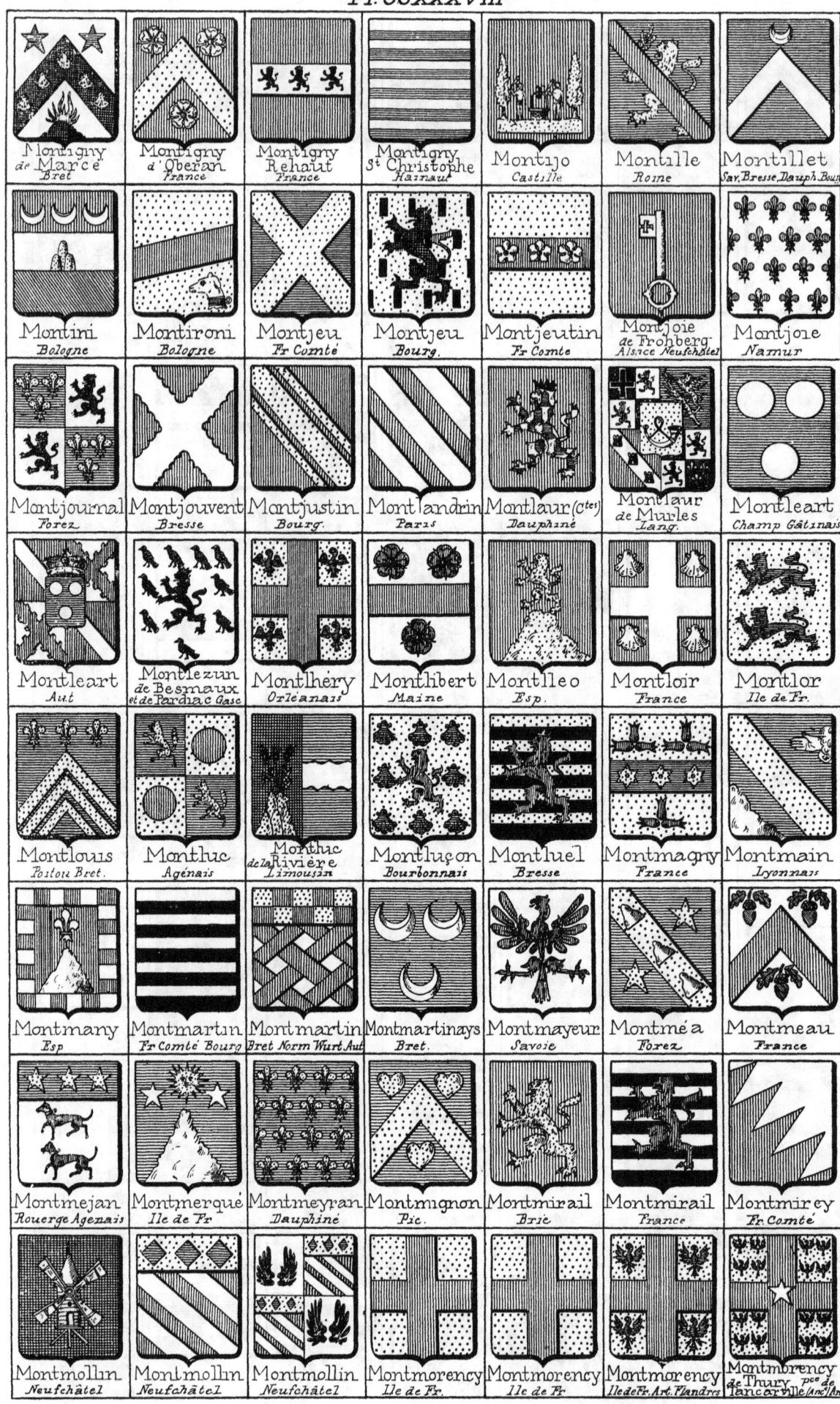

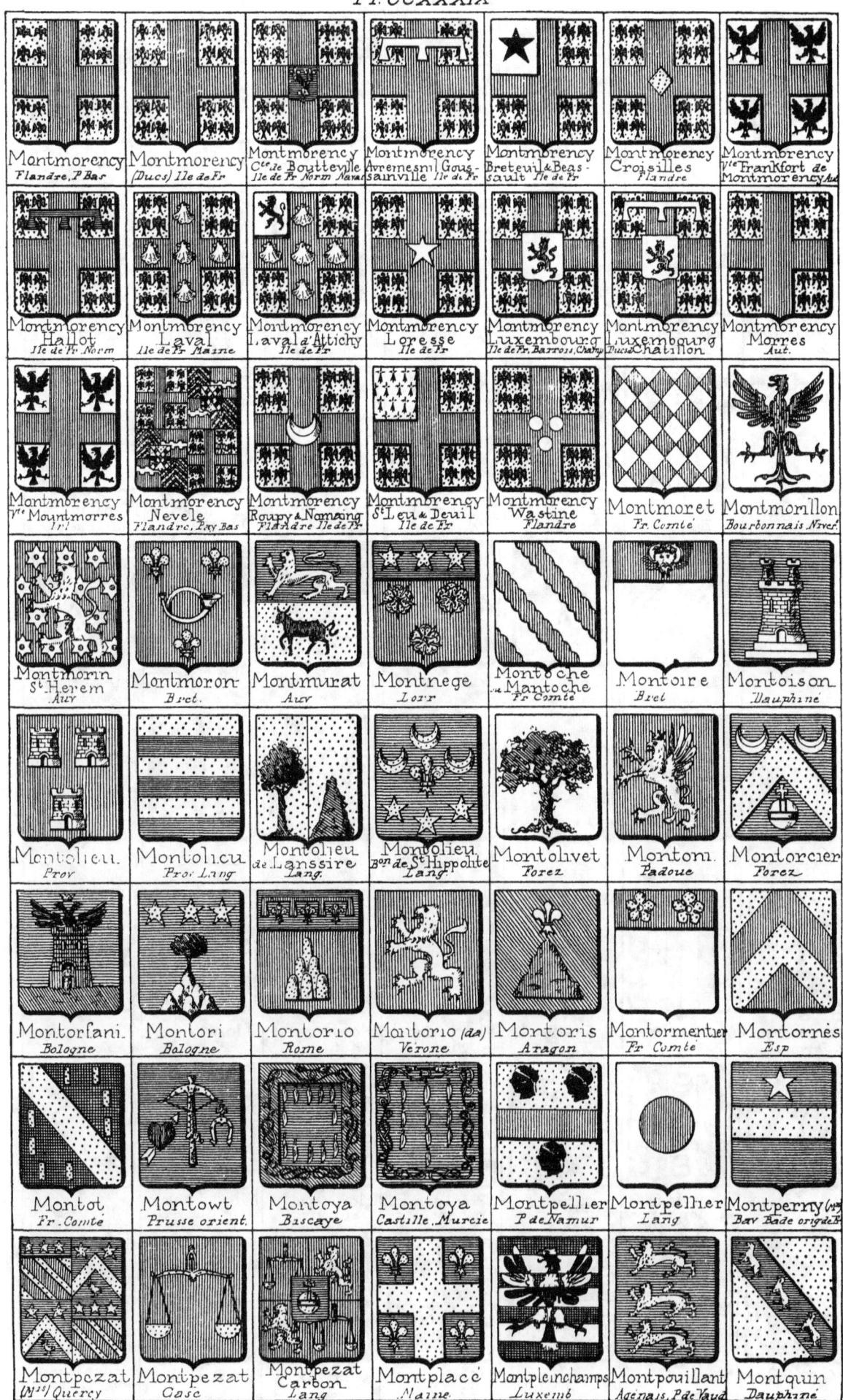

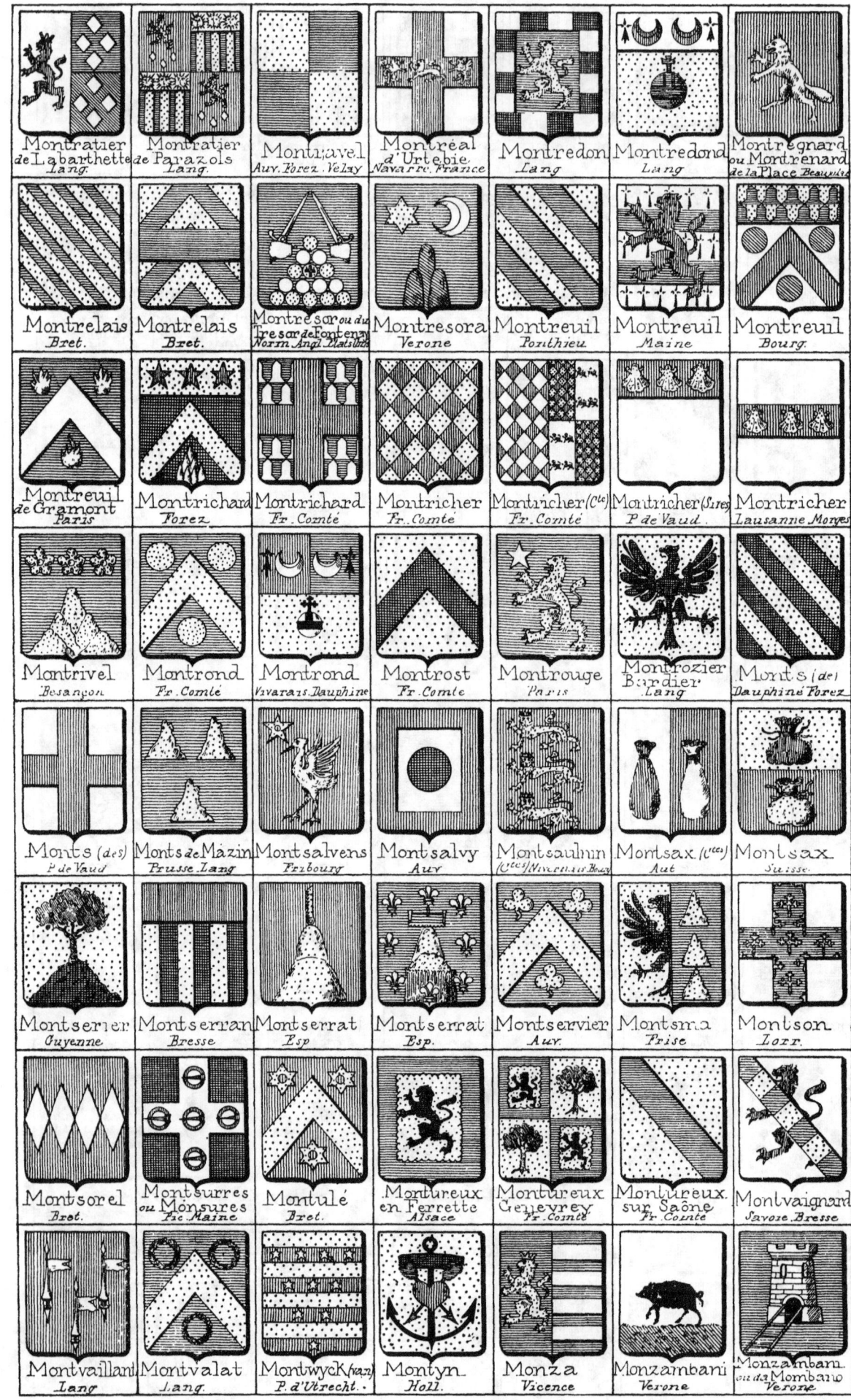

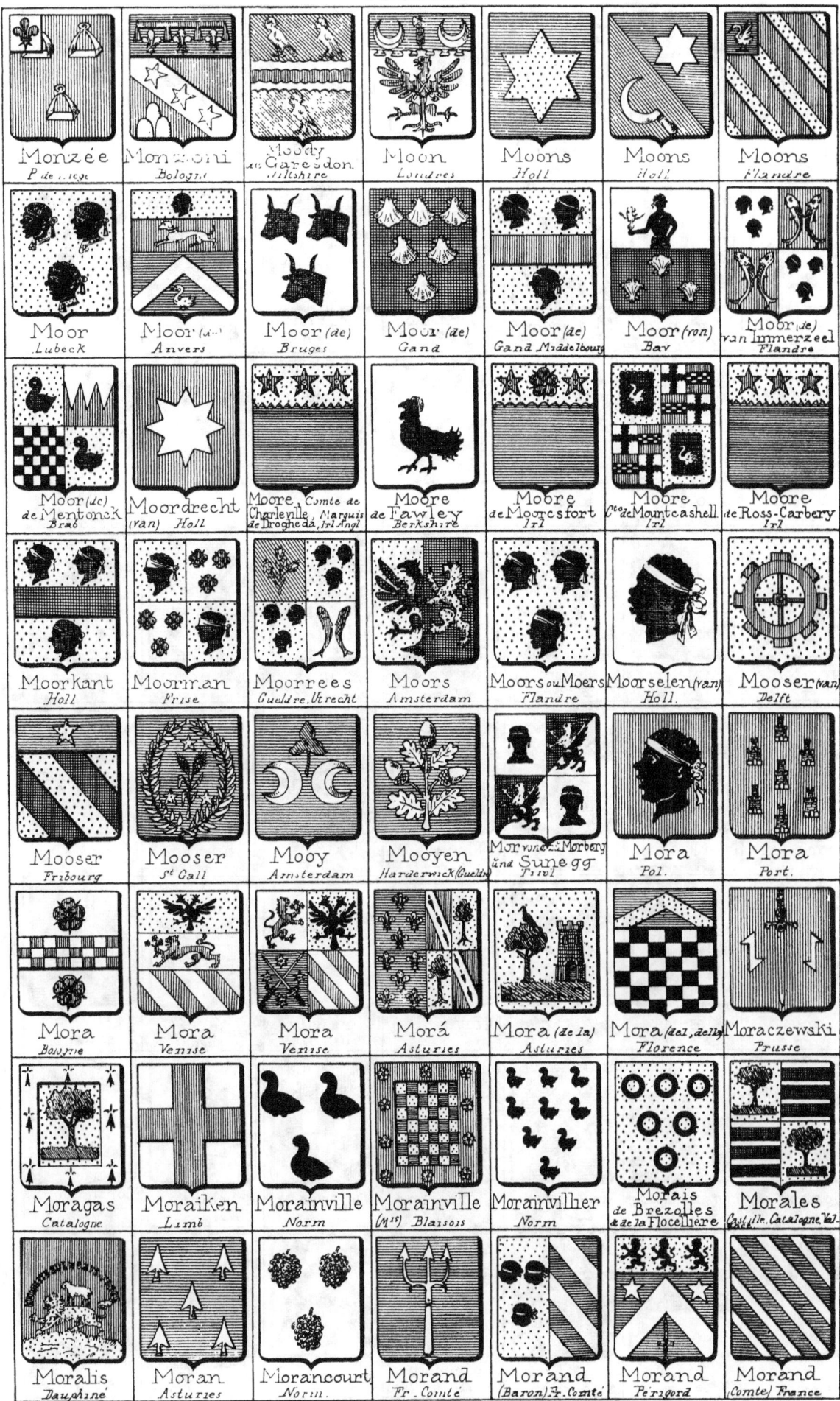

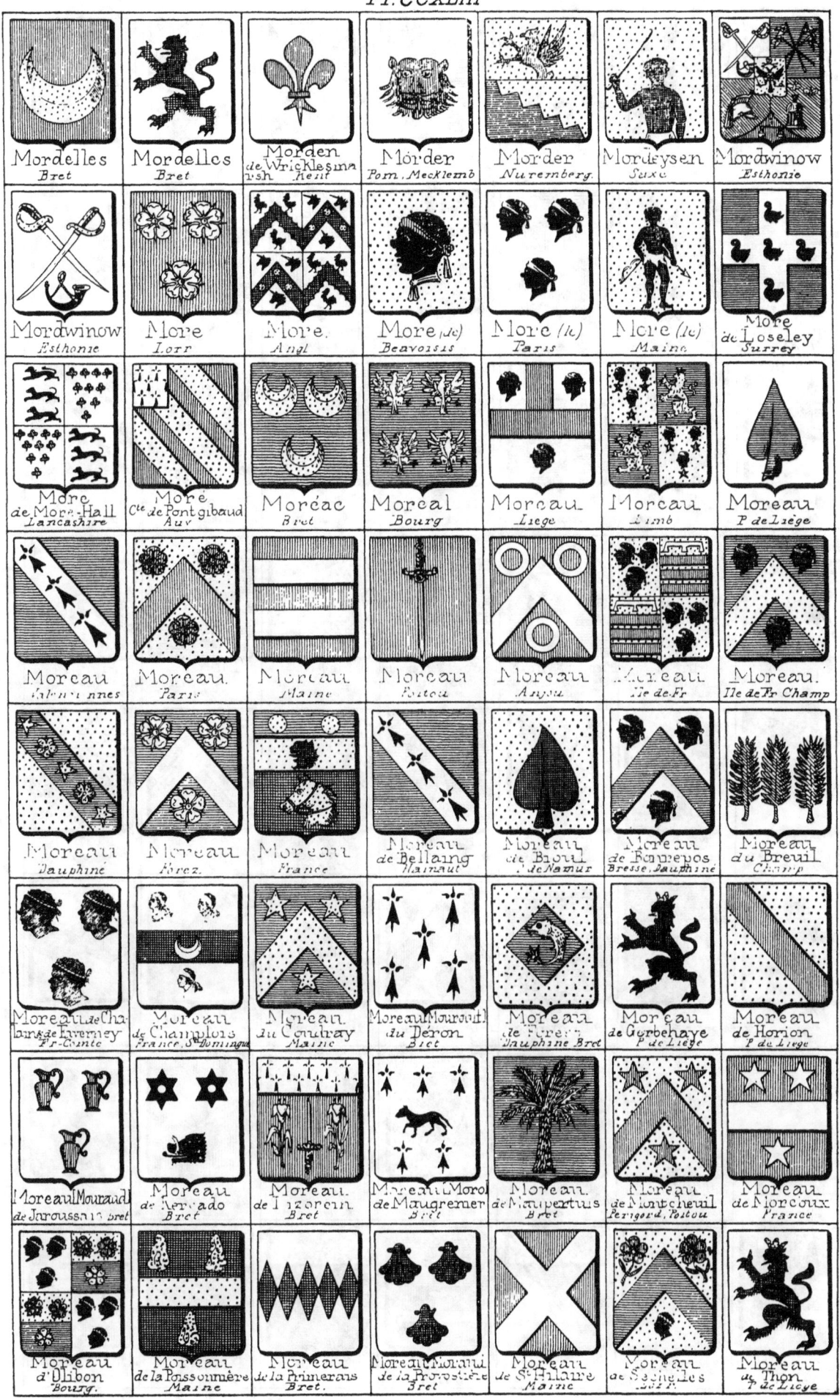

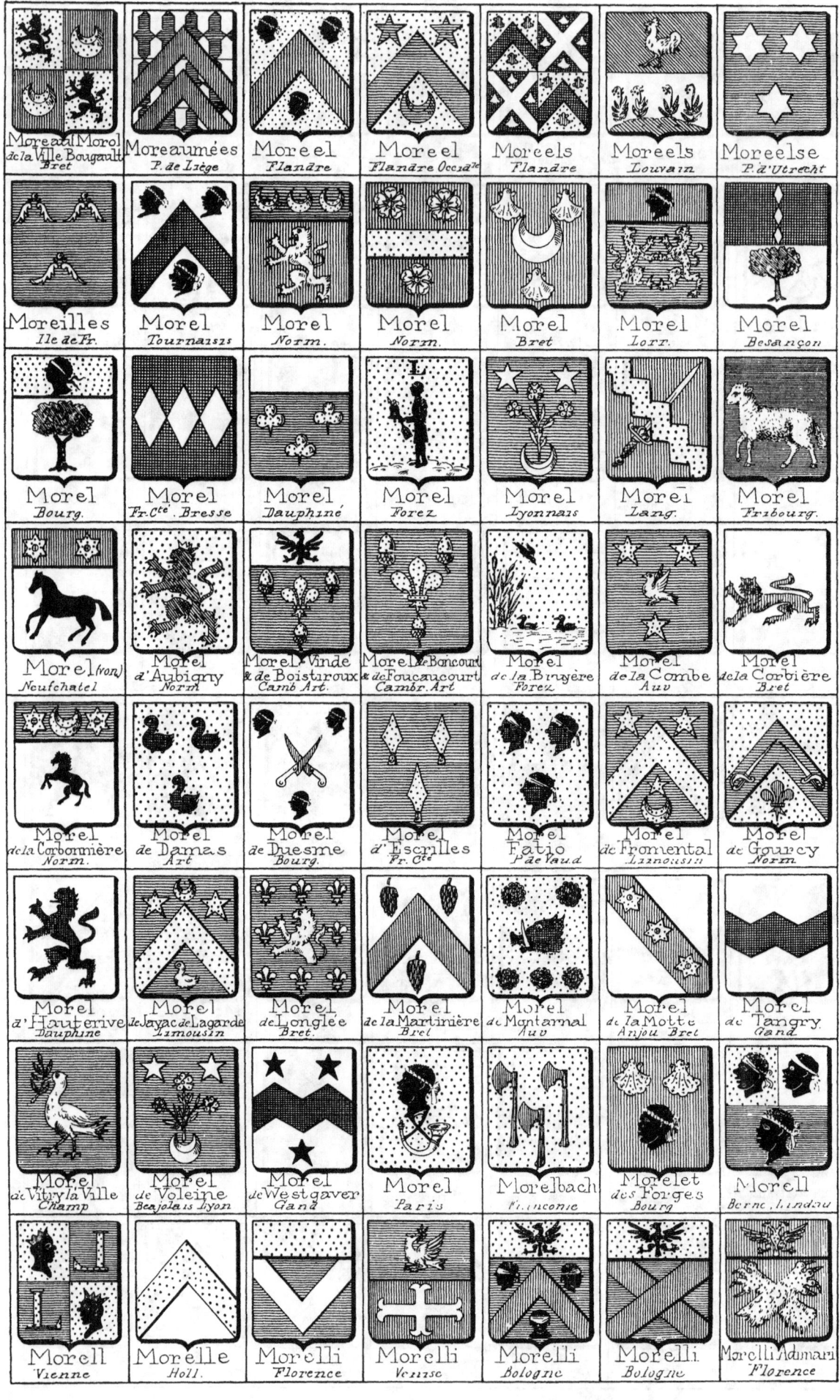

Pl. CCXLIV

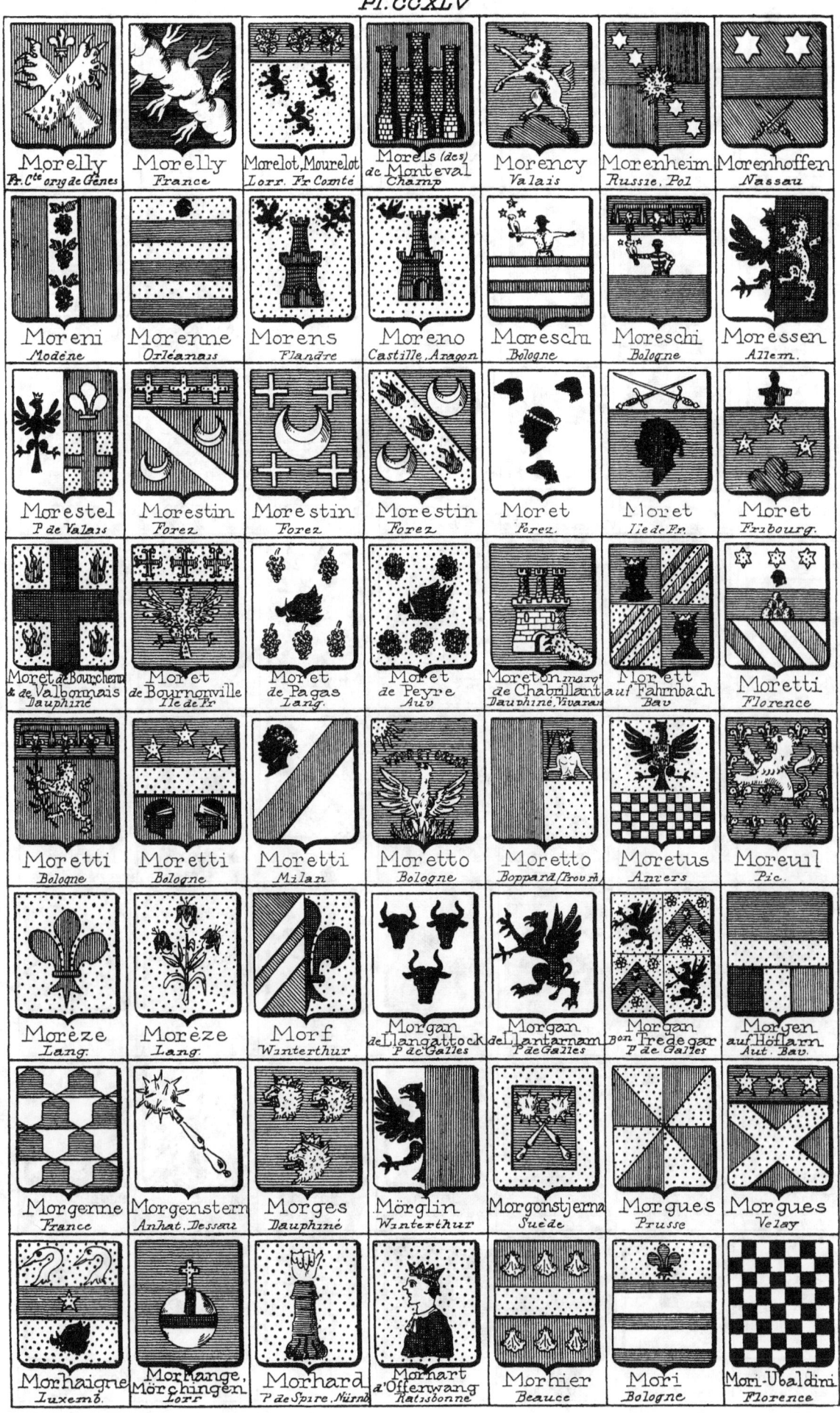

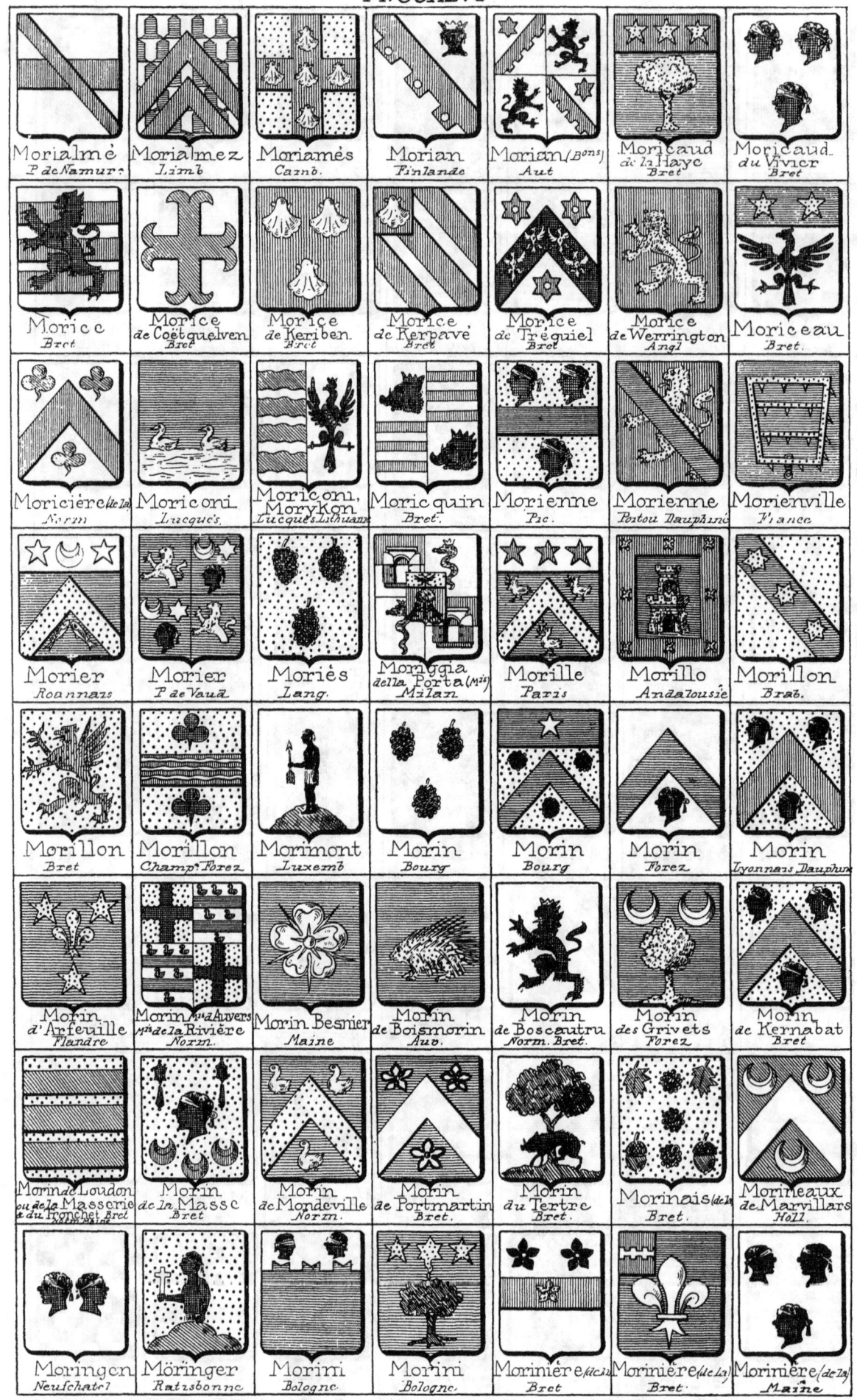

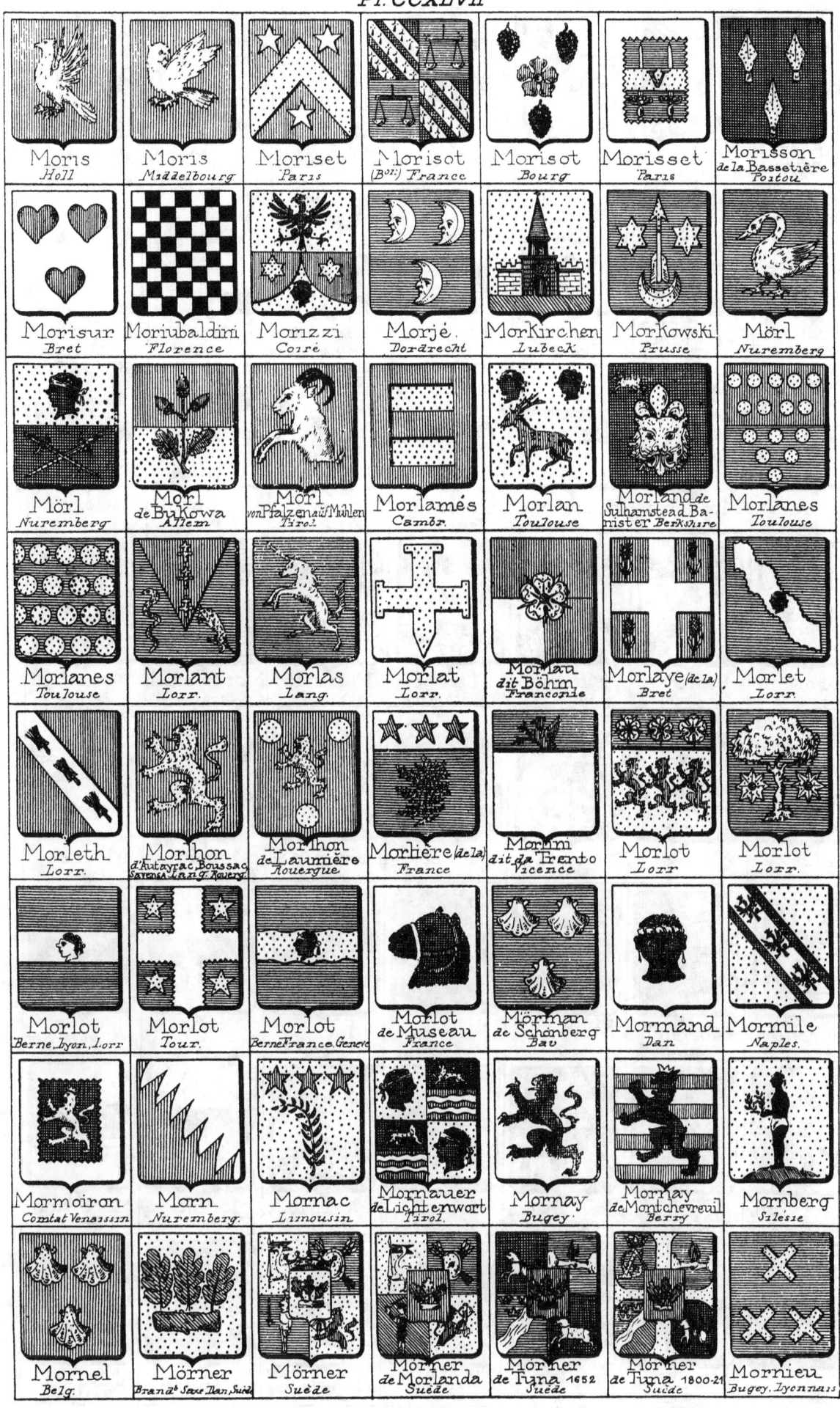

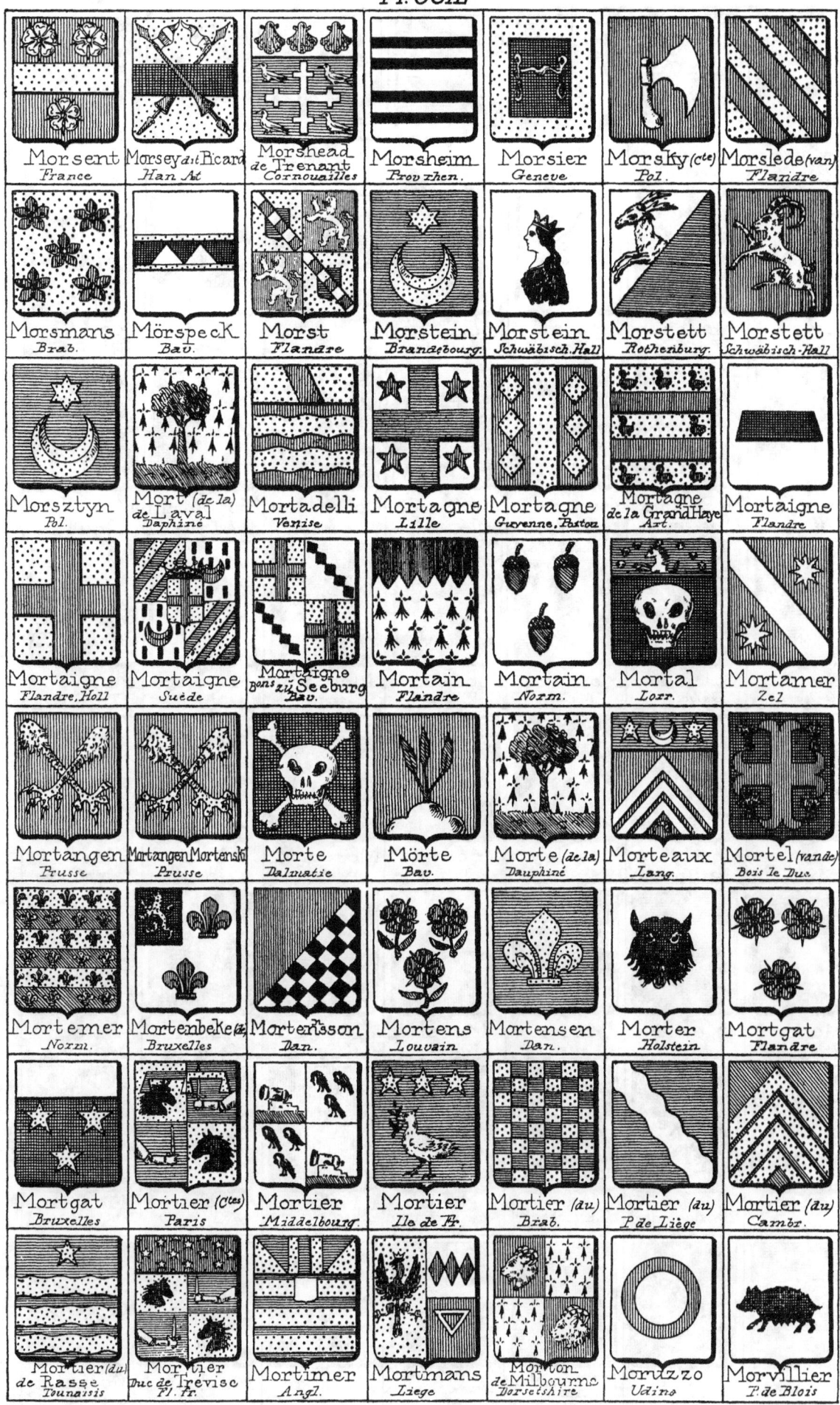

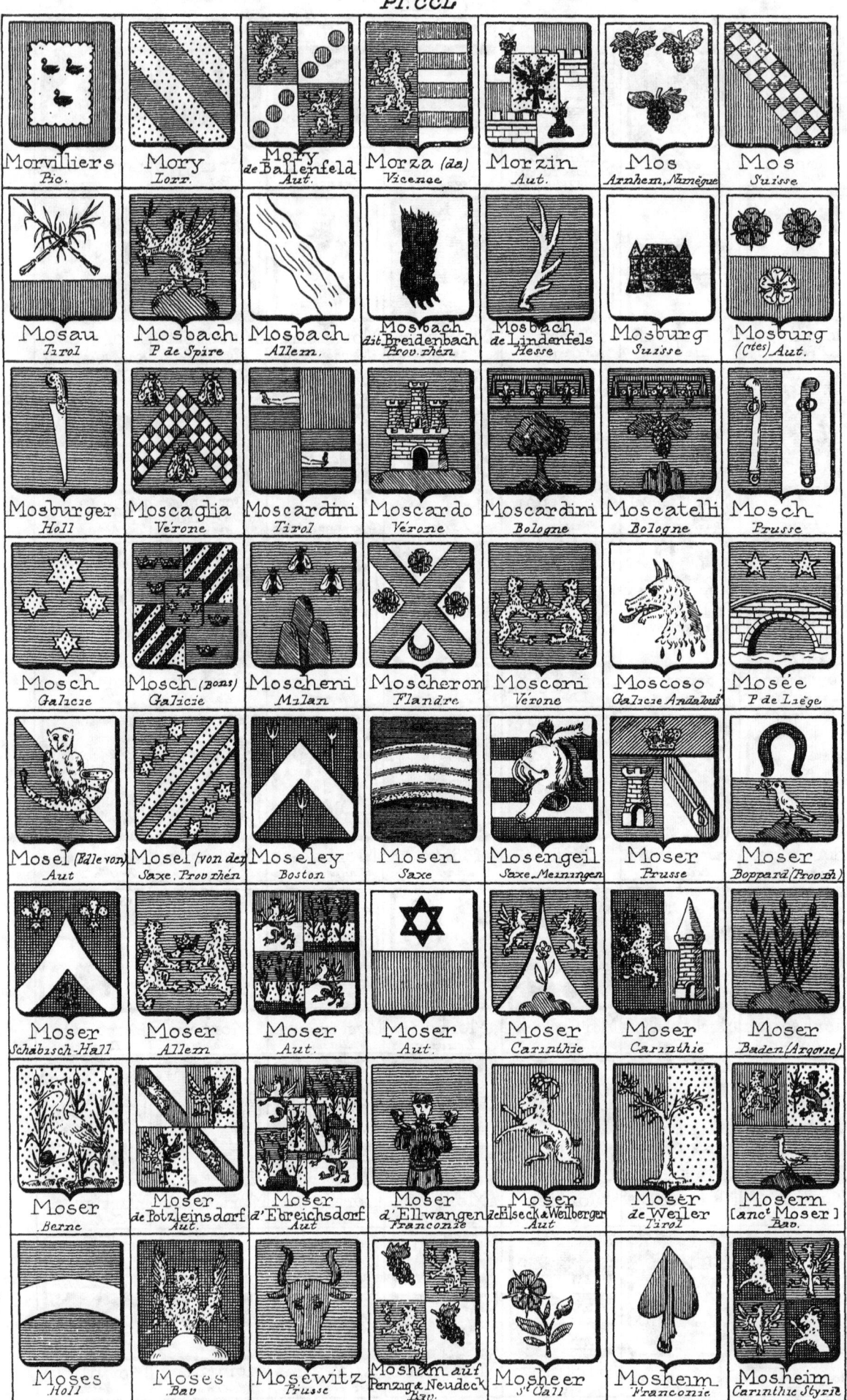

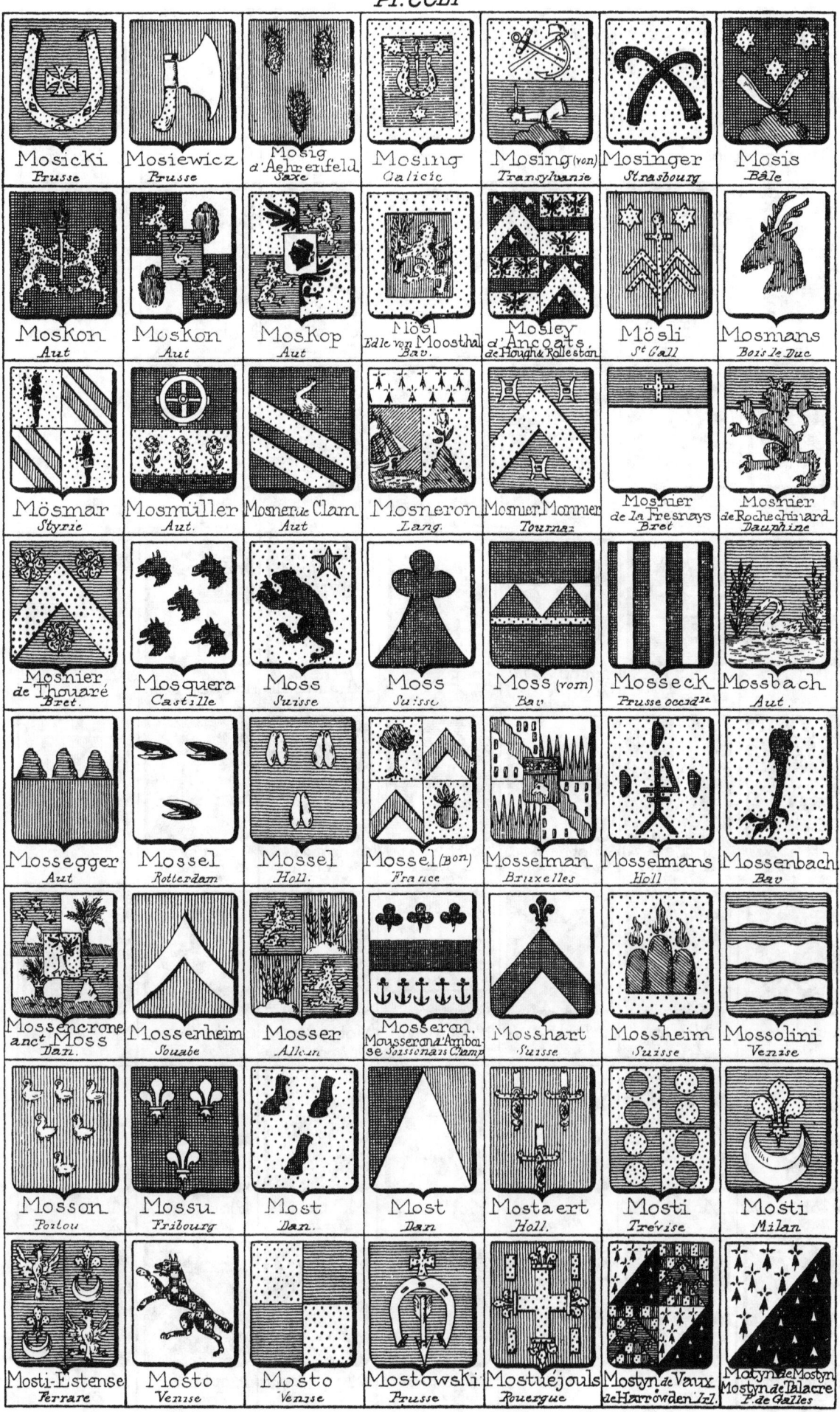

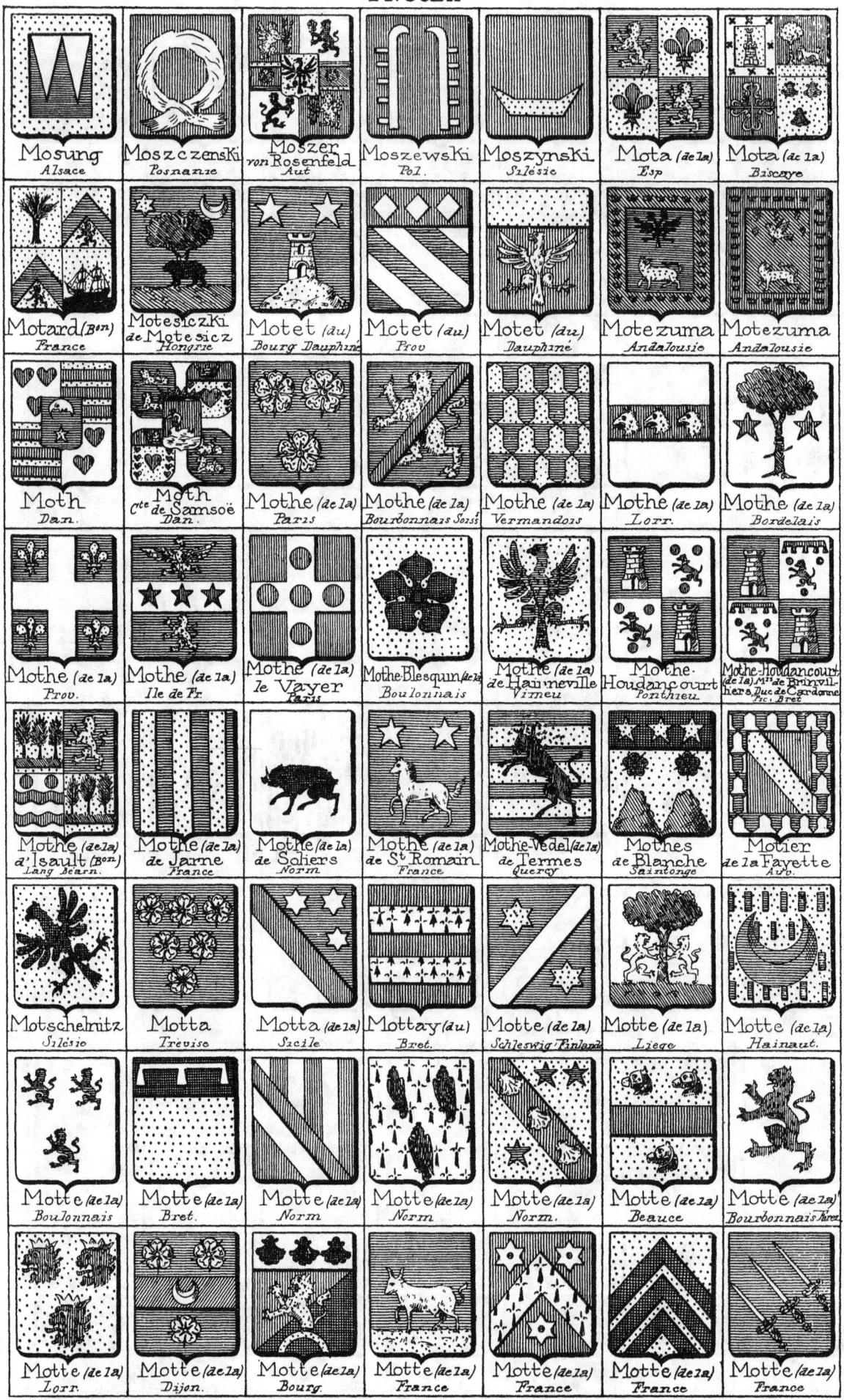

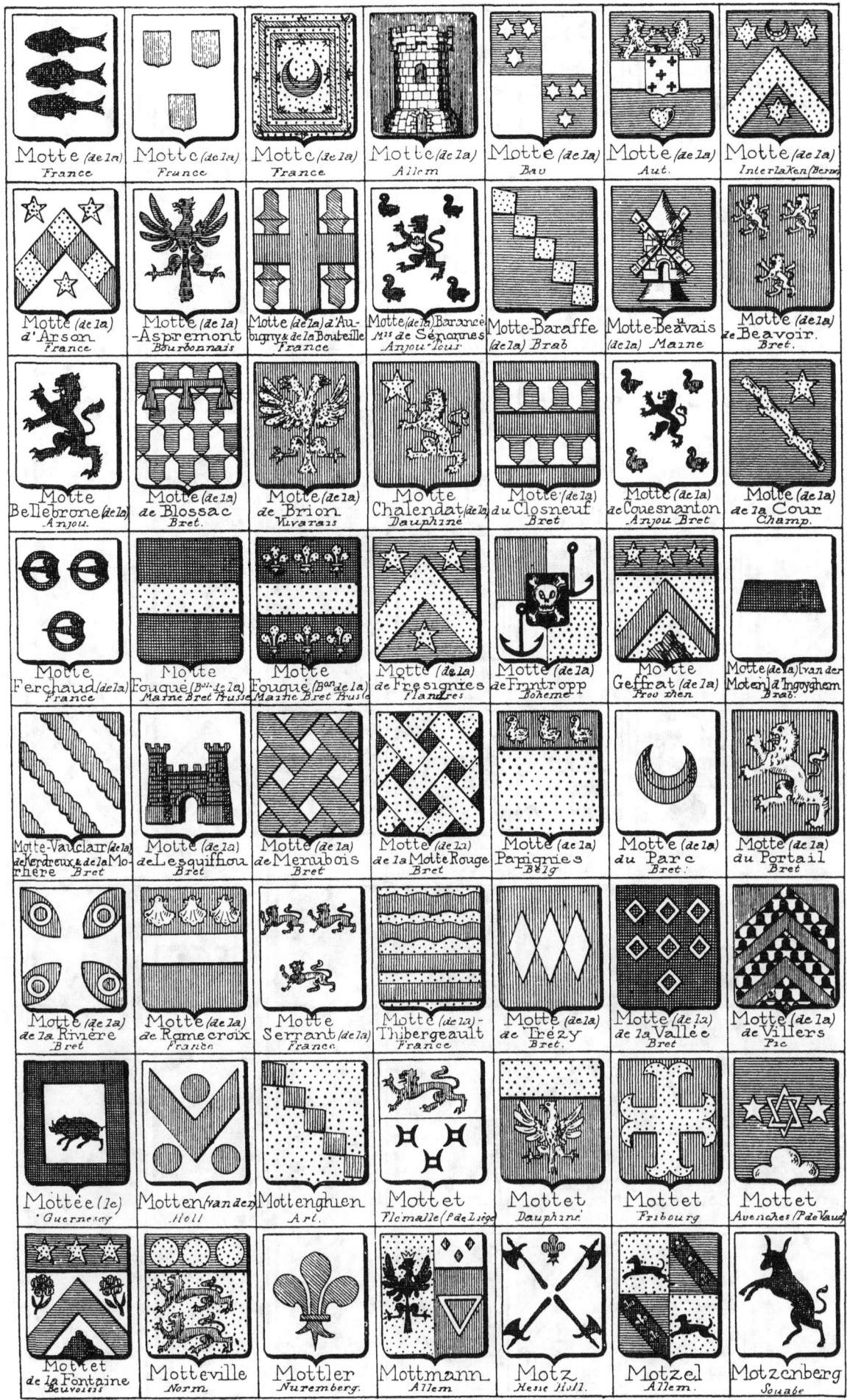

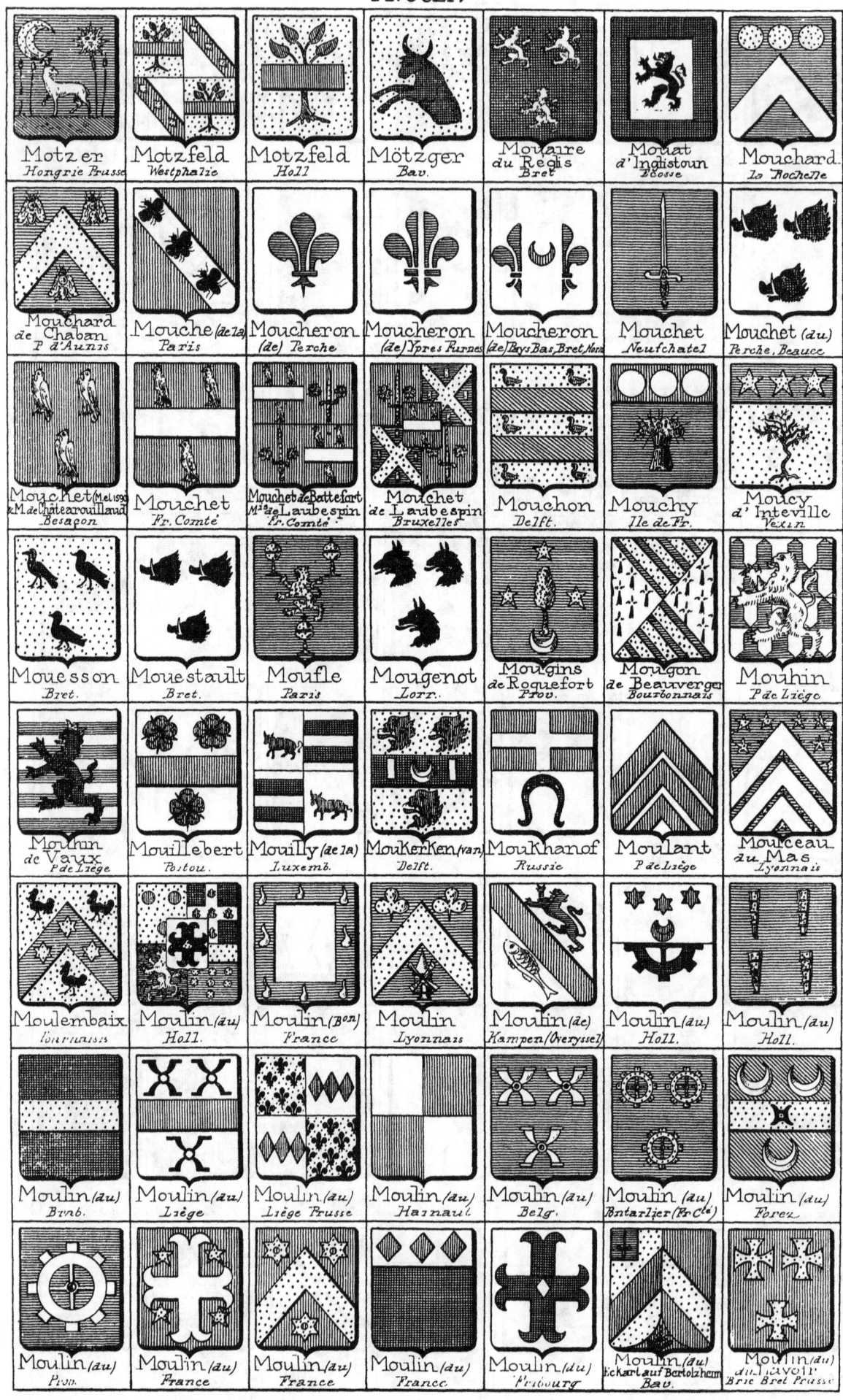

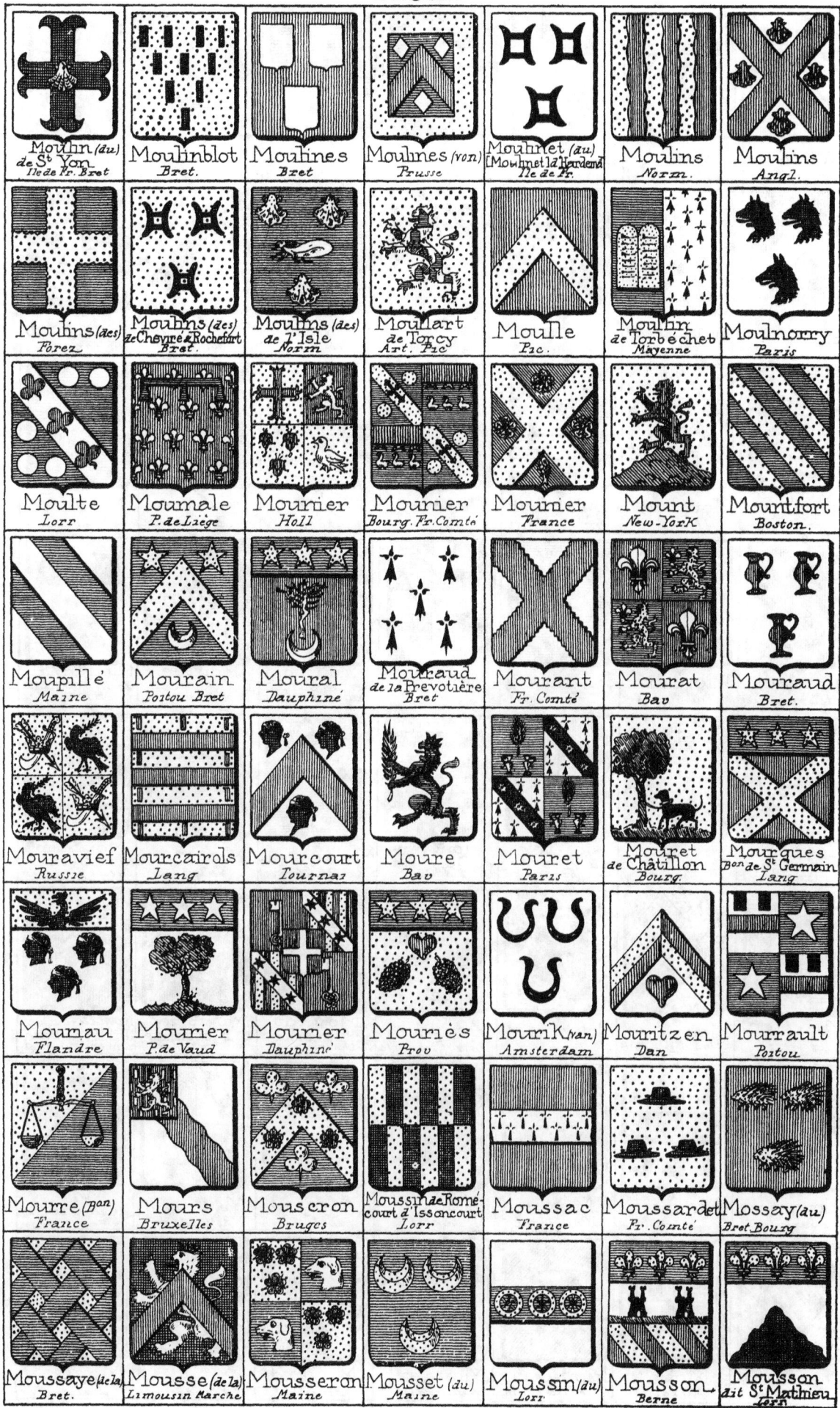

Pl. CCLVI

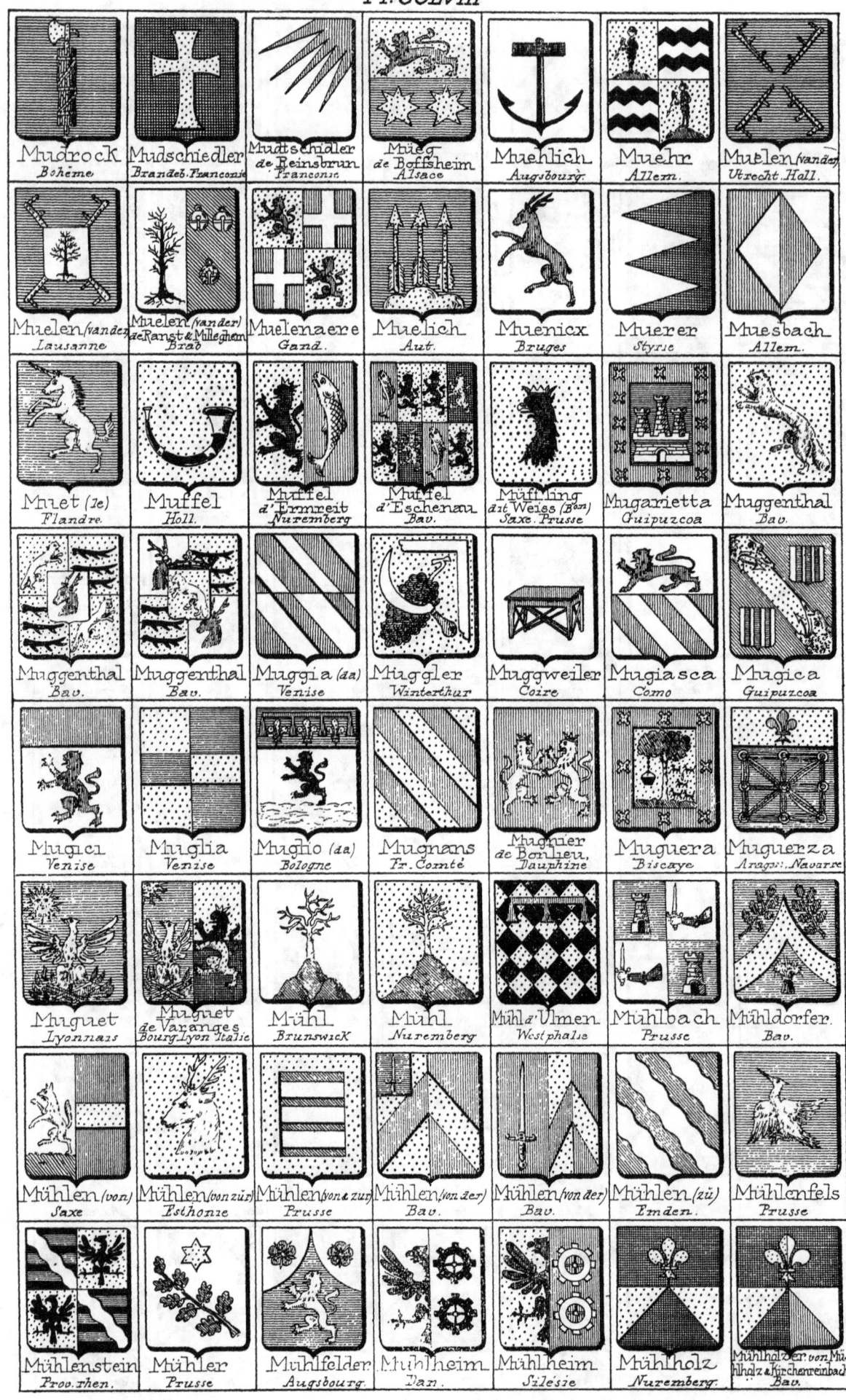

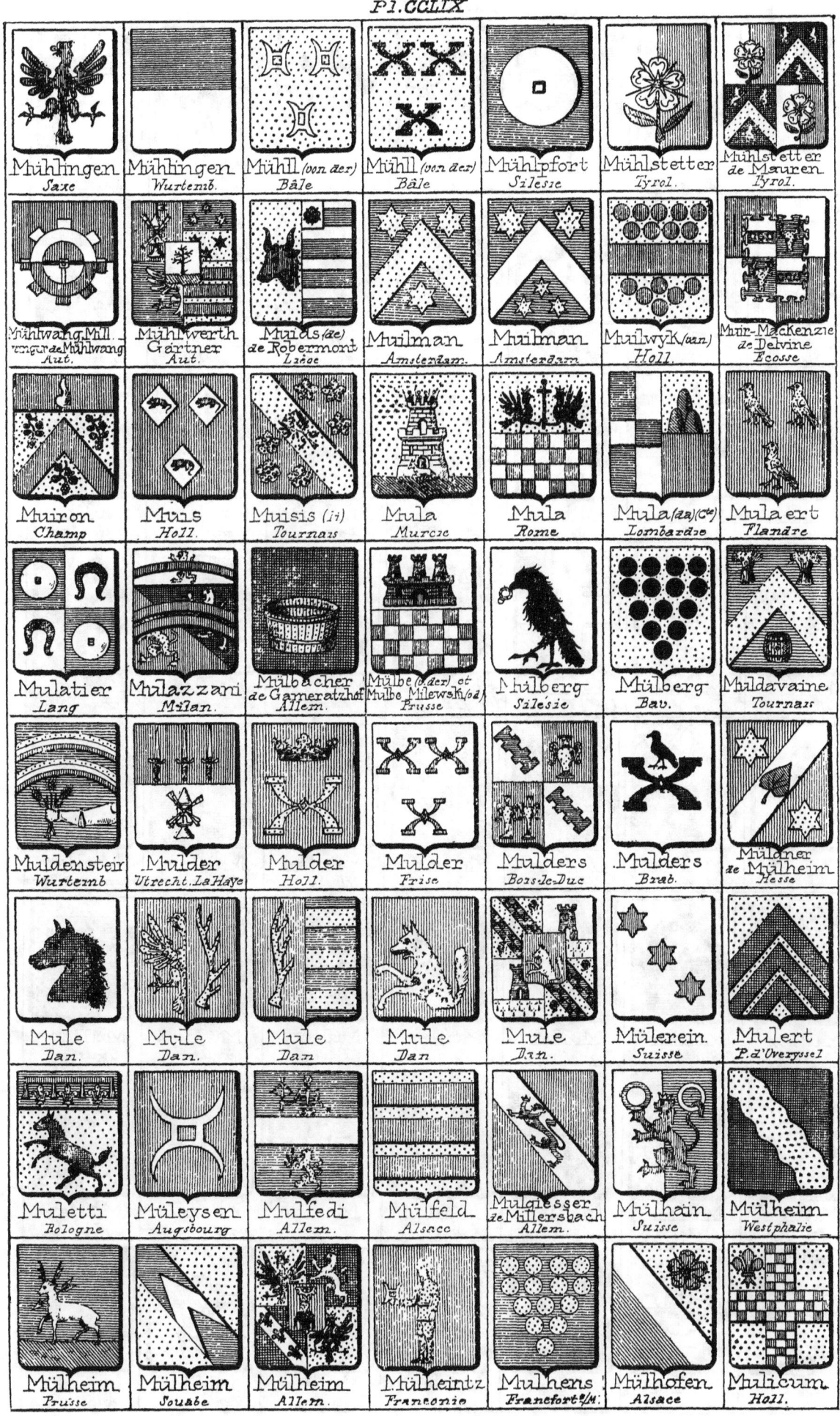

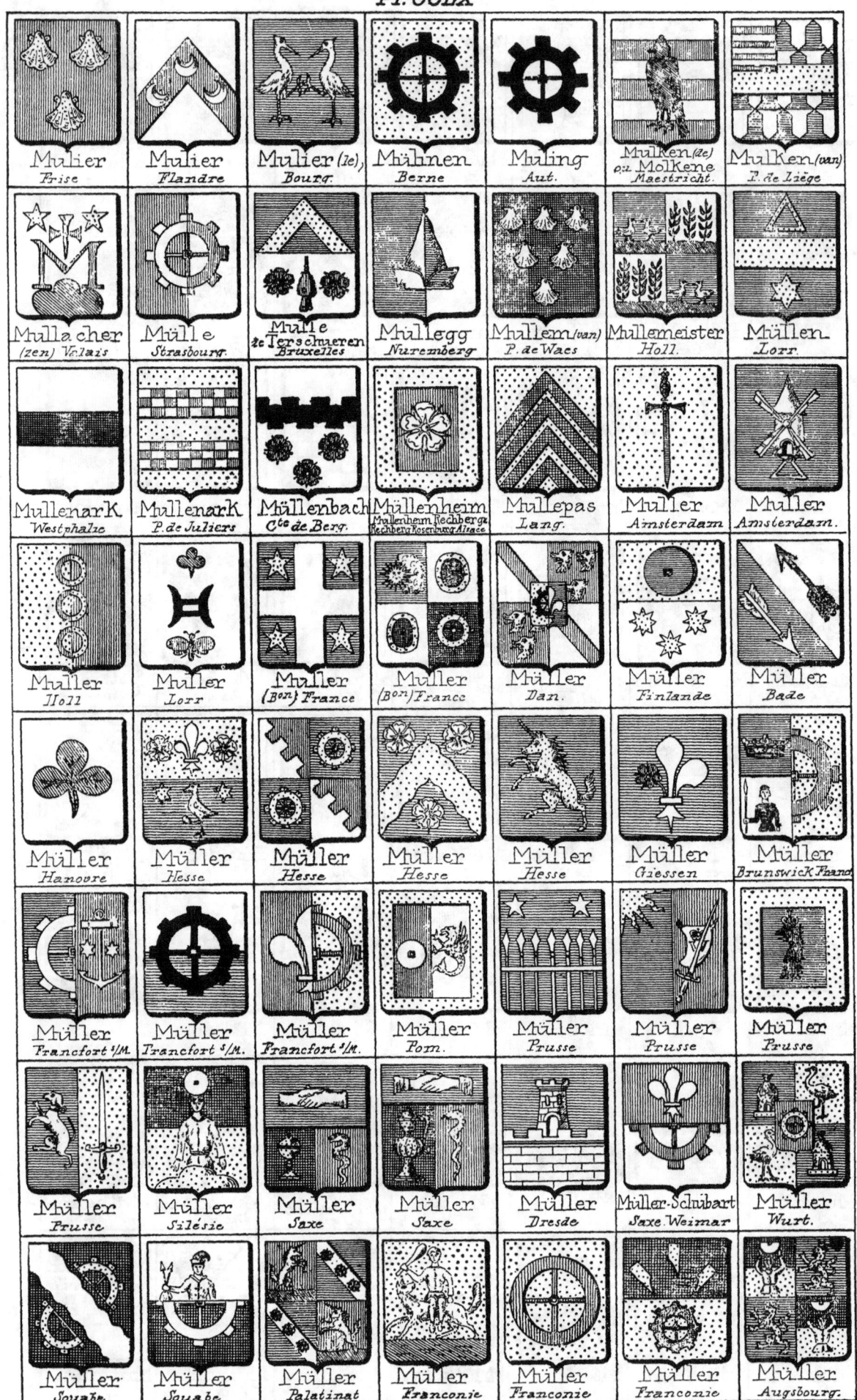

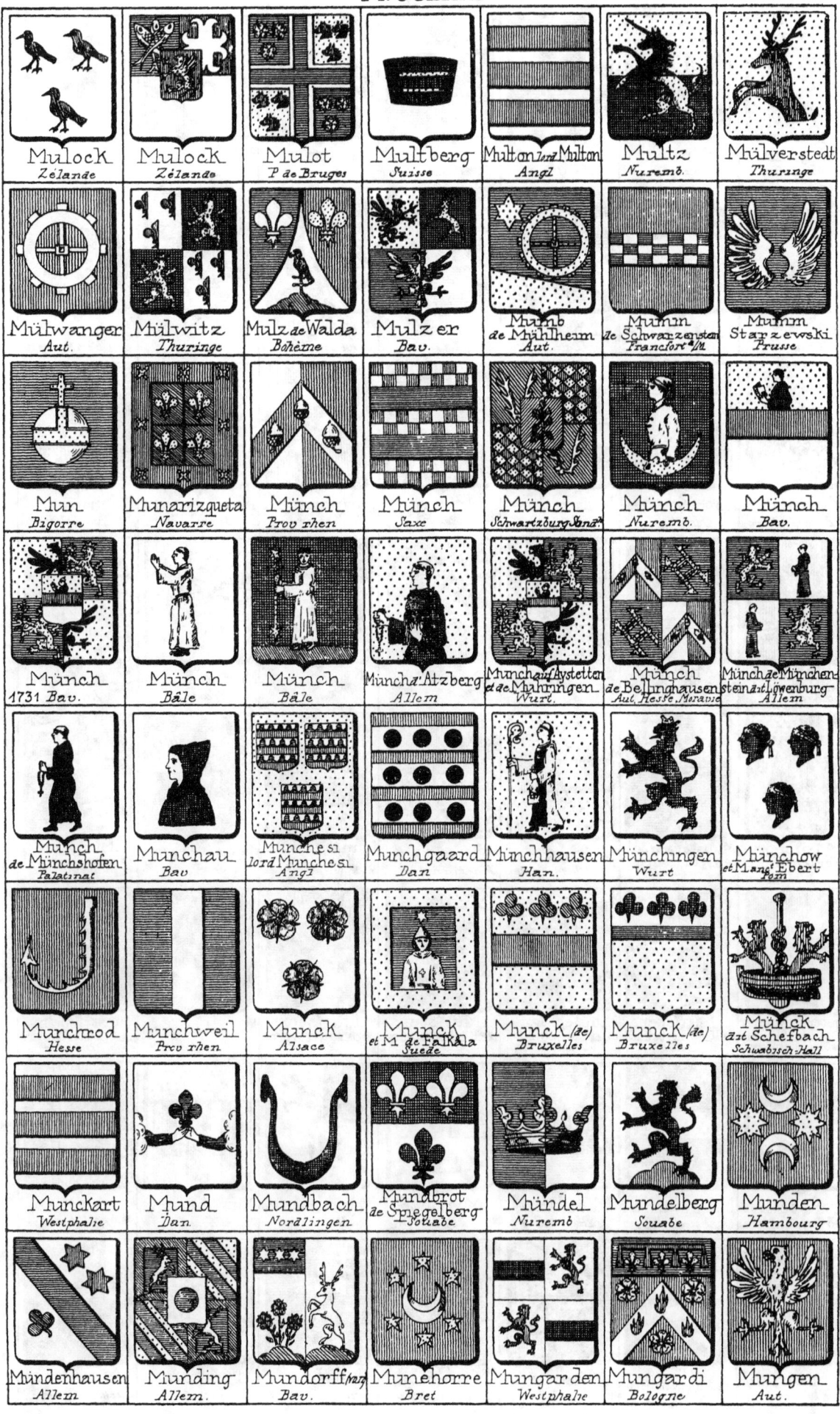

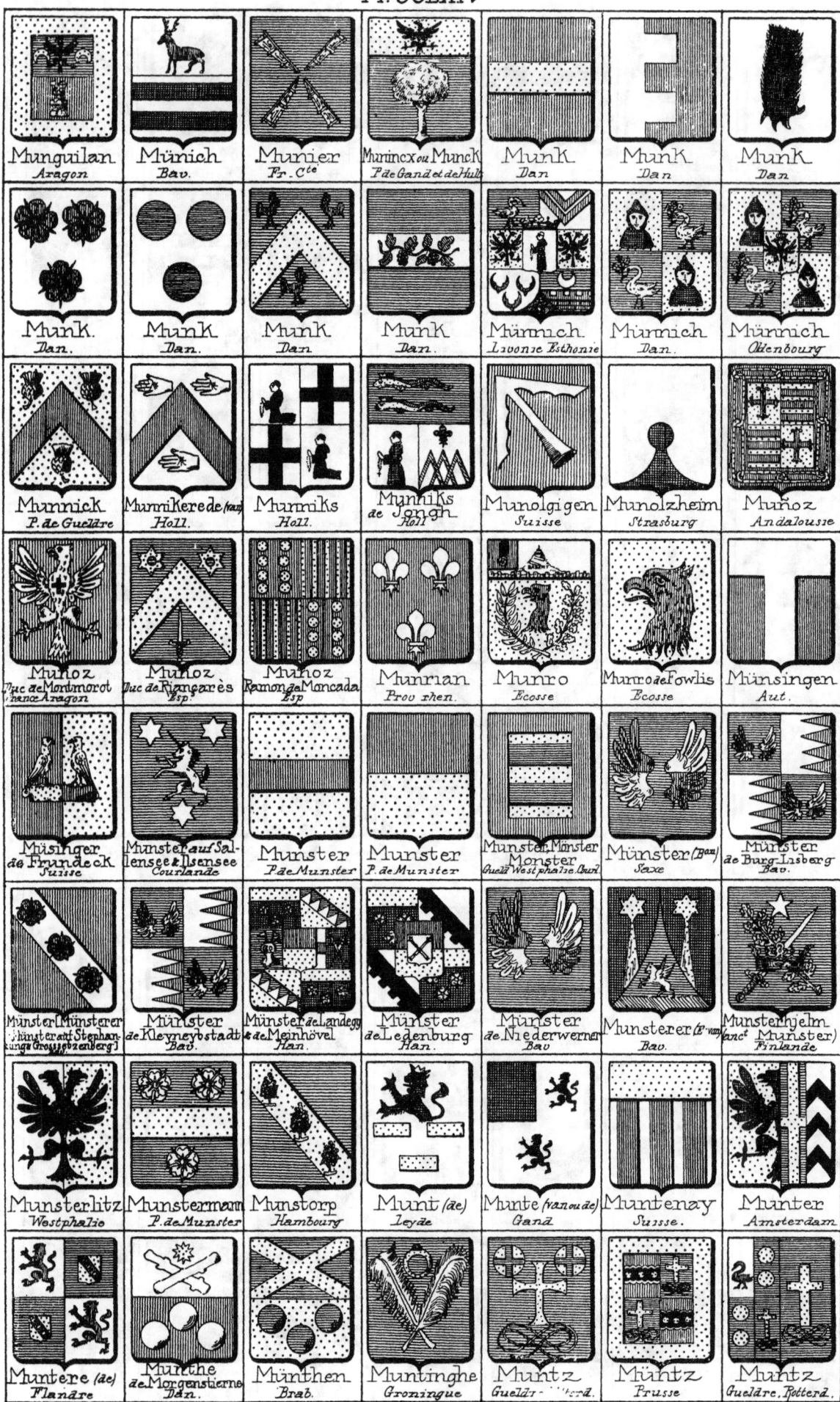

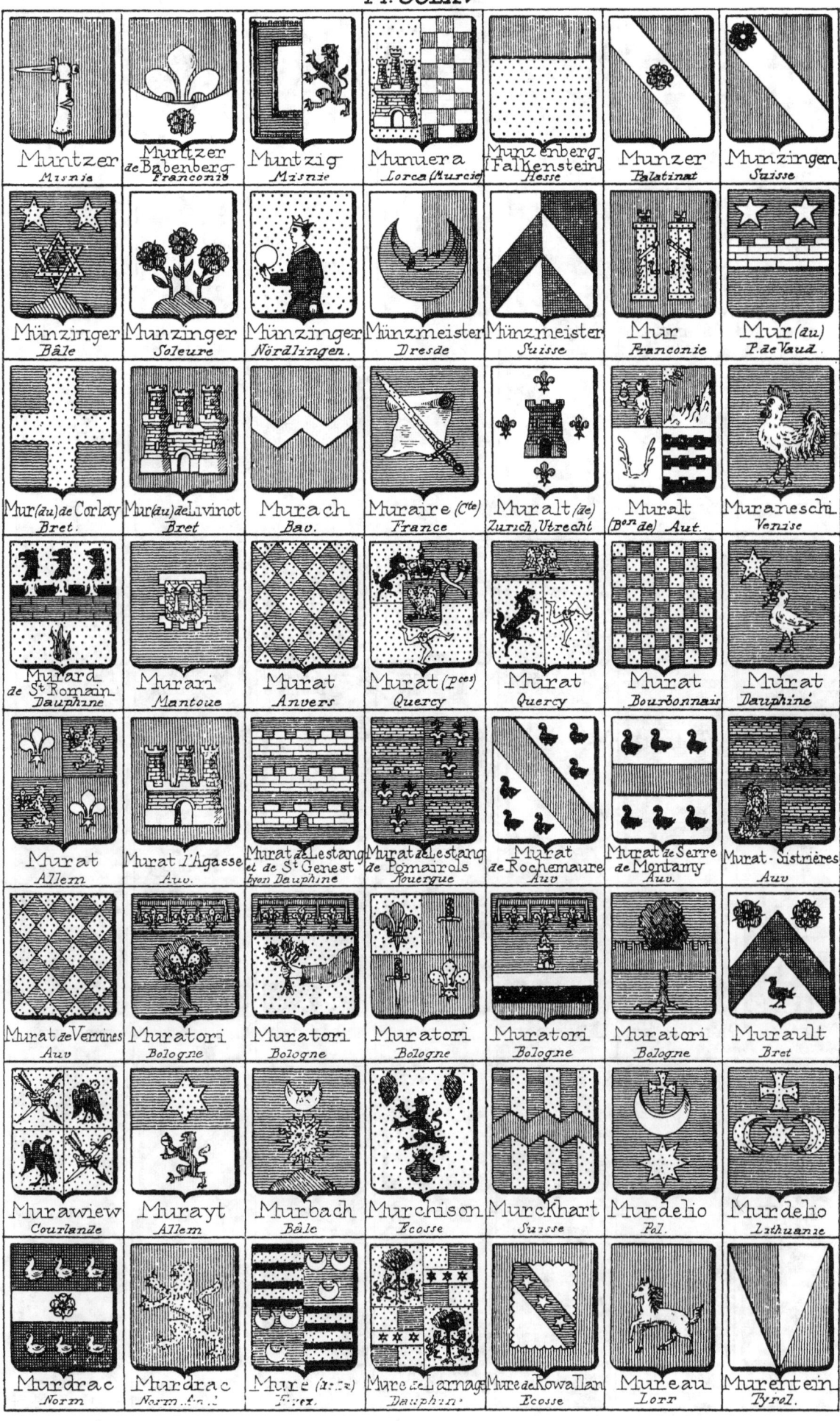

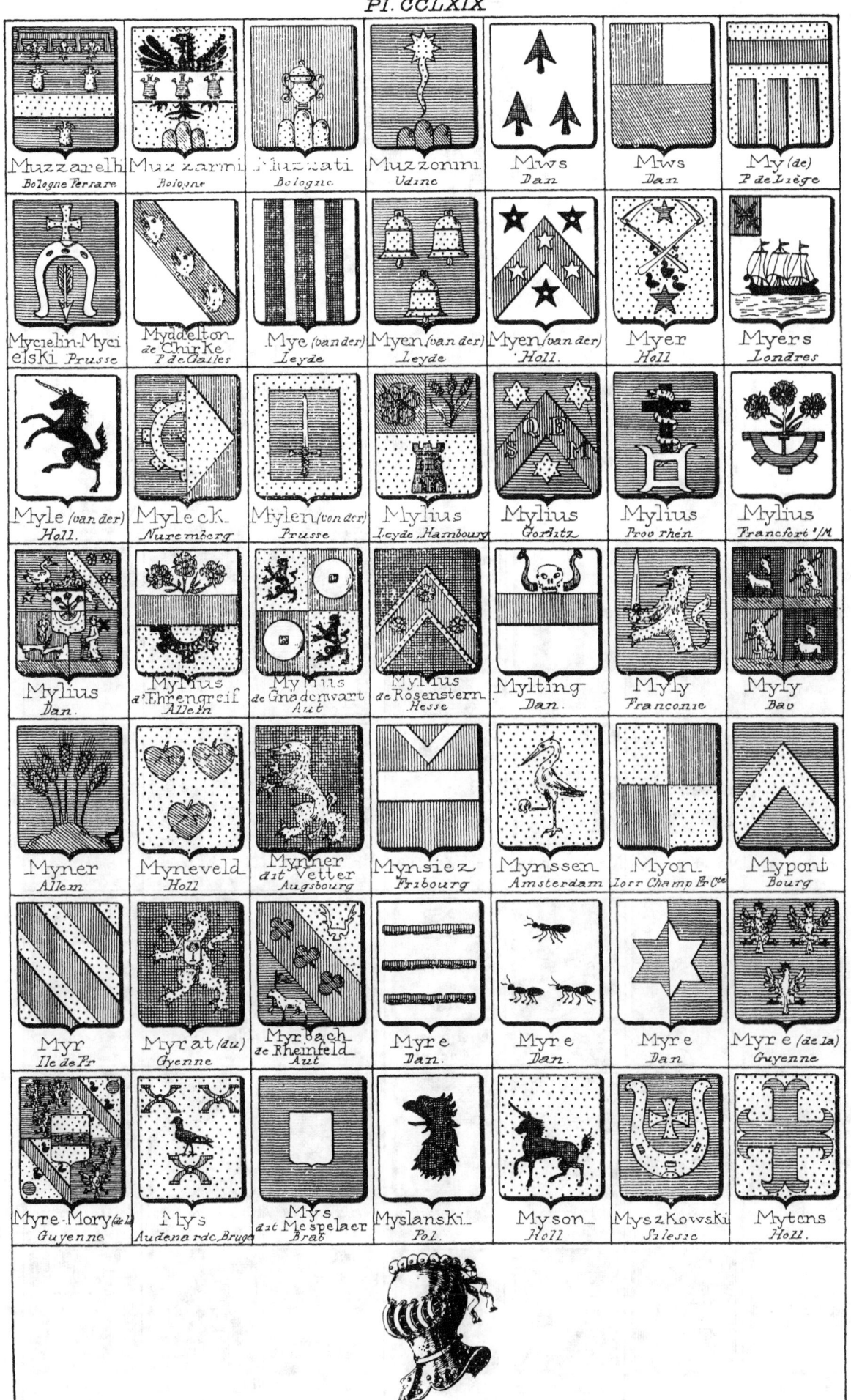
Pl. CCLXIX

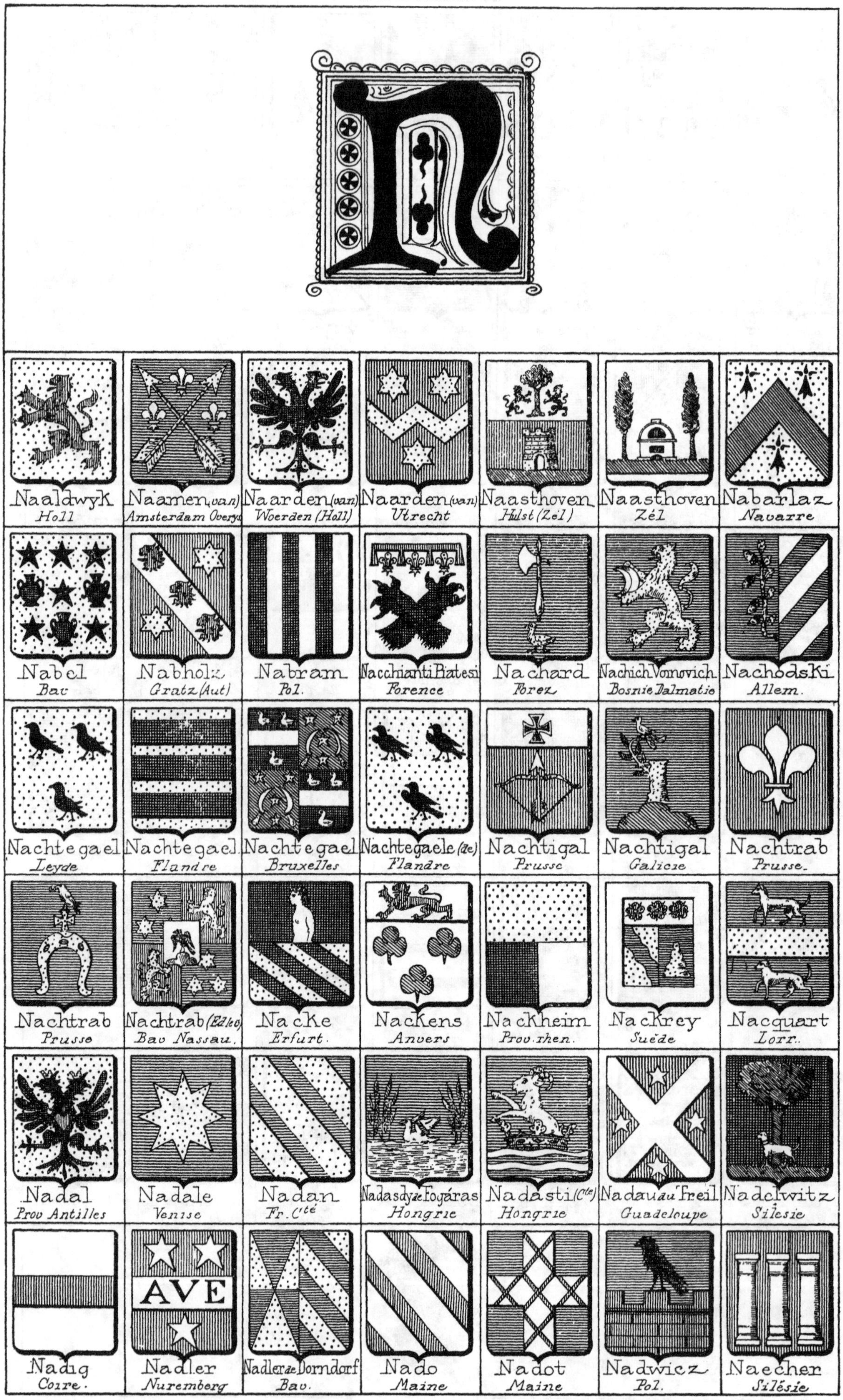

Pl. CCLXX

| Naaldwyk Holl | Naamen (van) Amsterdam Overys | Naarden (van) Woerden (Holl) | Naarden (van) Utrecht | Naasthoven Hulst (Zél) | Naasthoven Zél | Nabarlaz Navarre |
| Nabel Bav | Nabholz Gratz (Aut) | Nabram Pol. | Nacchianti Piatesi Florence | Nachard Forez | Nachich Vonovich Bosnie Dalmatie | Nachodski Allem. |
| Nachtegael Leyde | Nachtegael Flandre | Nachtegael Bruxelles | Nachtegaele (de) Flandre | Nachtigal Prusse | Nachtigal Galicie | Nachtrab Prusse |
| Nachtrab Prusse | Nachtrab (Ed&c) Bav Nassau | Nacke Erfurt | Nackens Anvers | Nackheim Prov.rhen. | Nackrey Suède | Nacquart Lorr. |
| Nadal Prov Antilles | Nadale Venise | Nadan Fr. Cté | Nadasdy de Fogáras Hongrie | Nadasti (Cte) Hongrie | Nadau du Freil Guadeloupe | Nadelwitz Silésie |
| Nadig Coire | Nadler Nuremberg | Nadler de Dorndorf Bav. | Nado Maine | Nadot Maine | Nadwicz Pol. | Naecher Silésie |

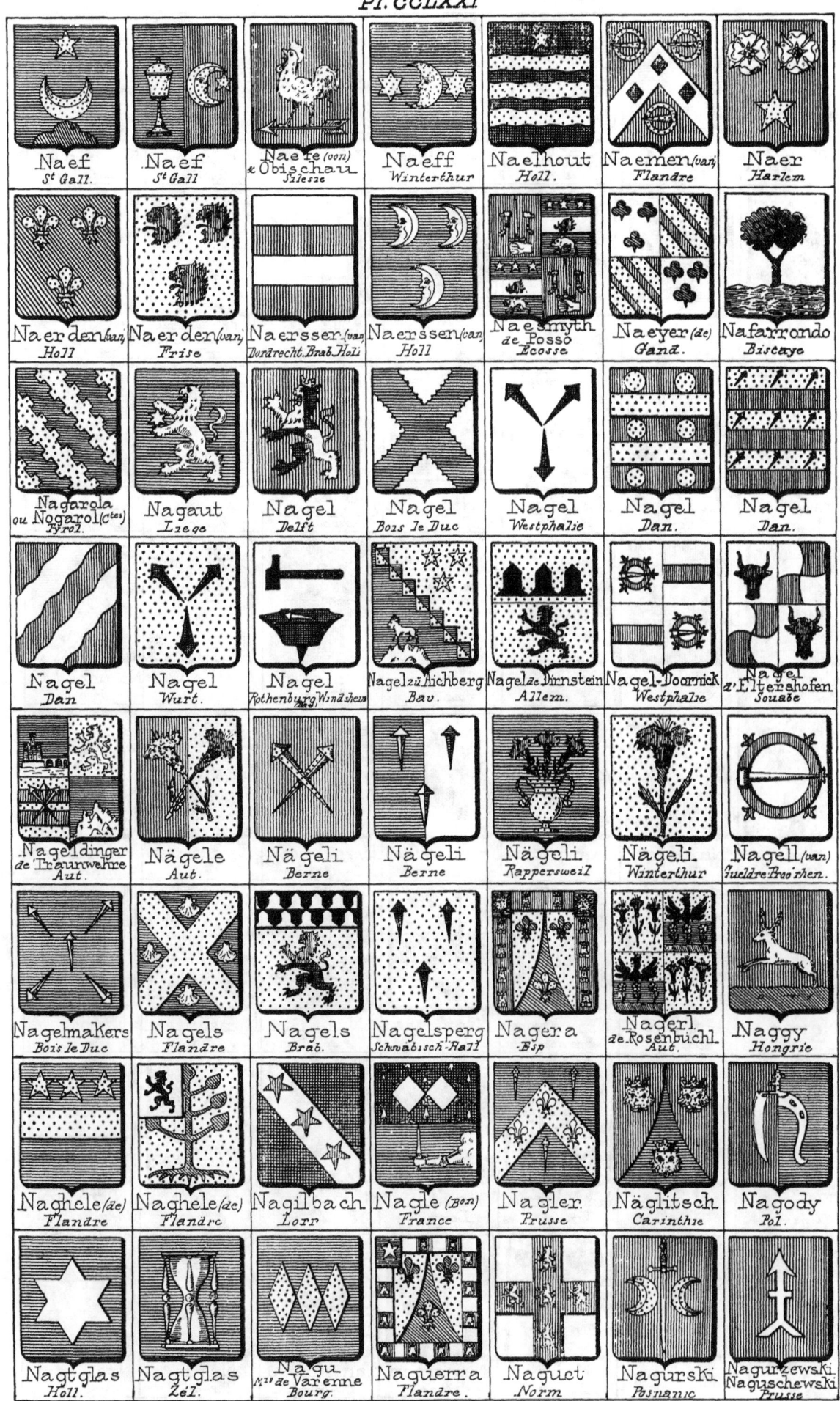

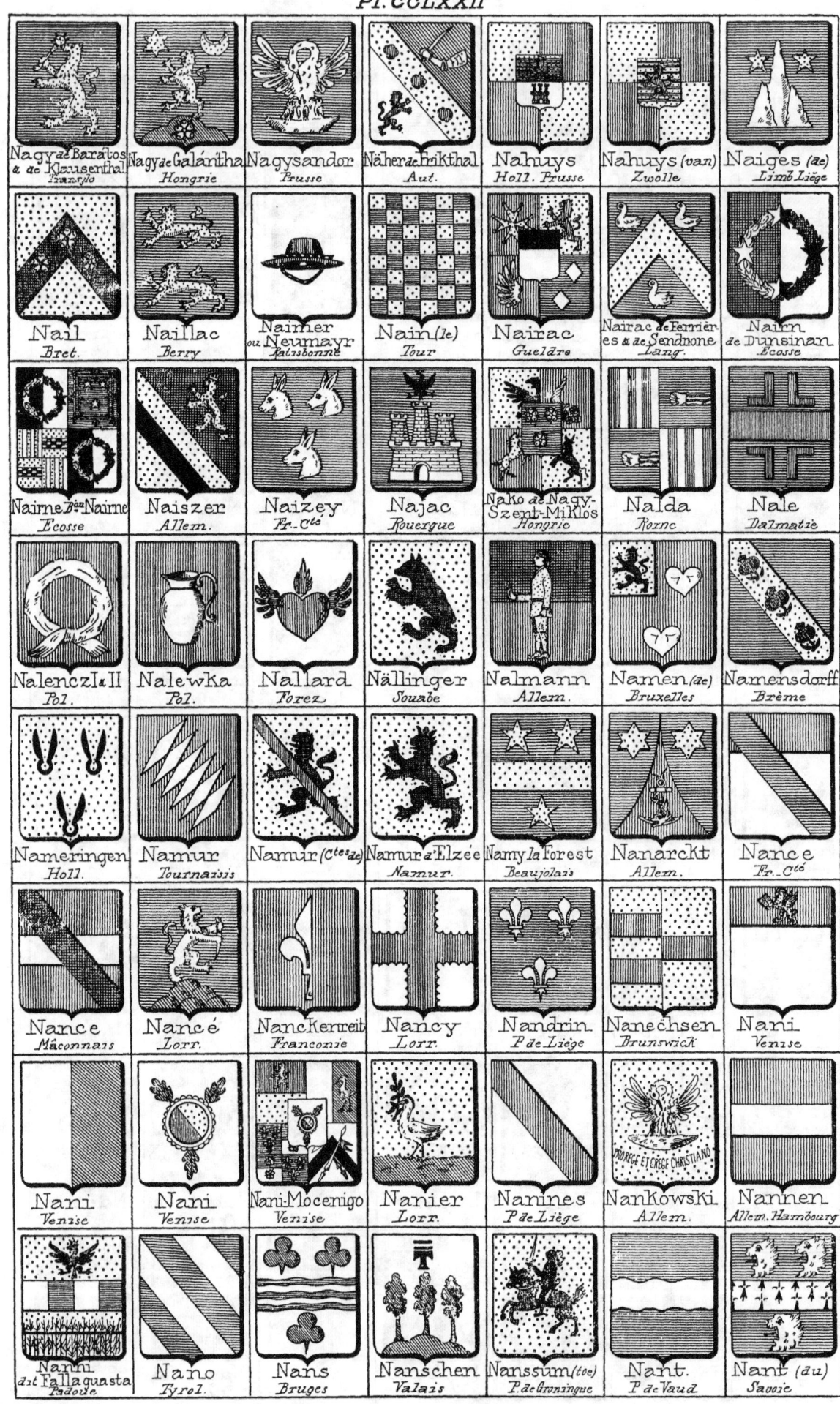

Pl. CCLXXIV

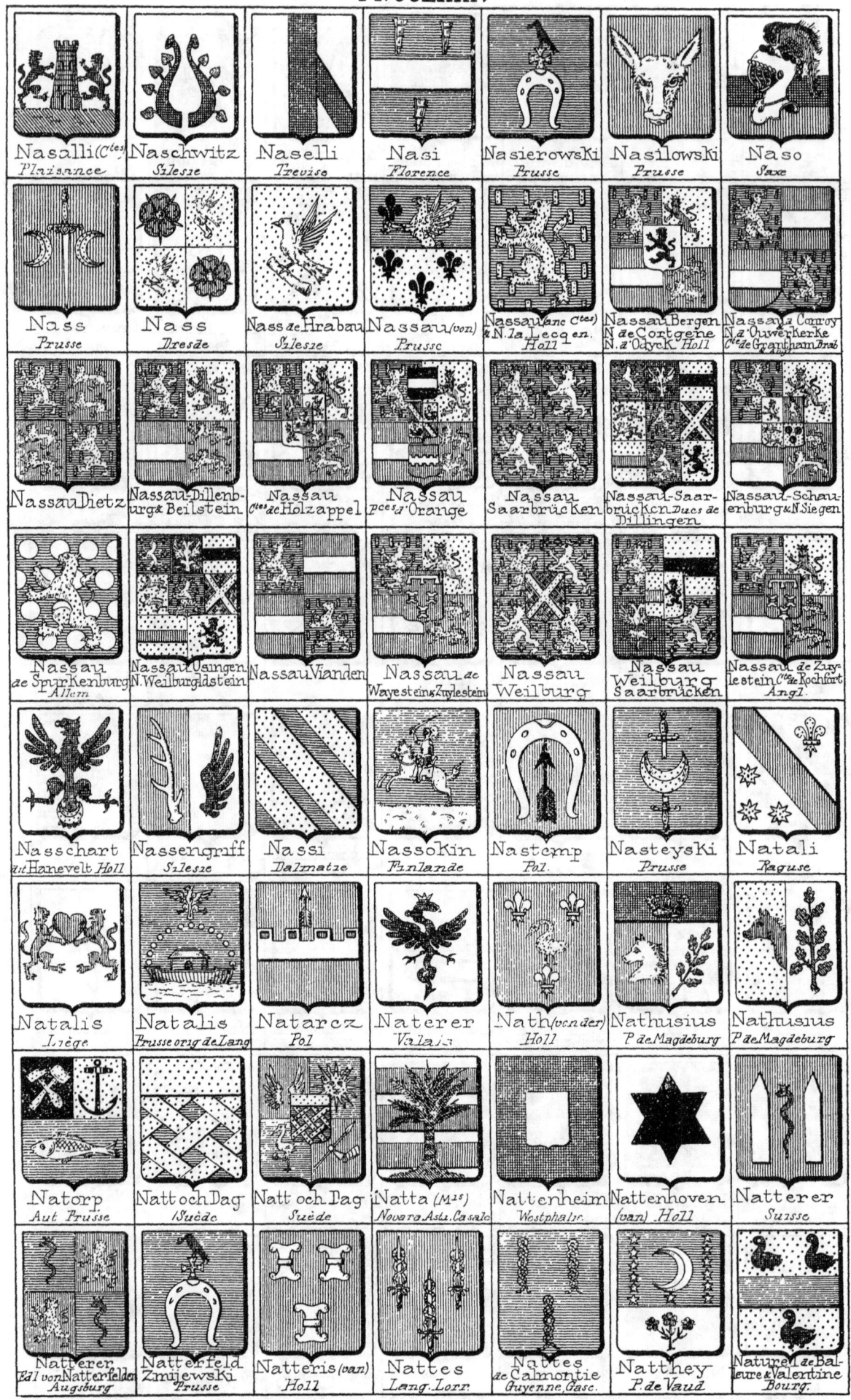

Pl. CCLXXV

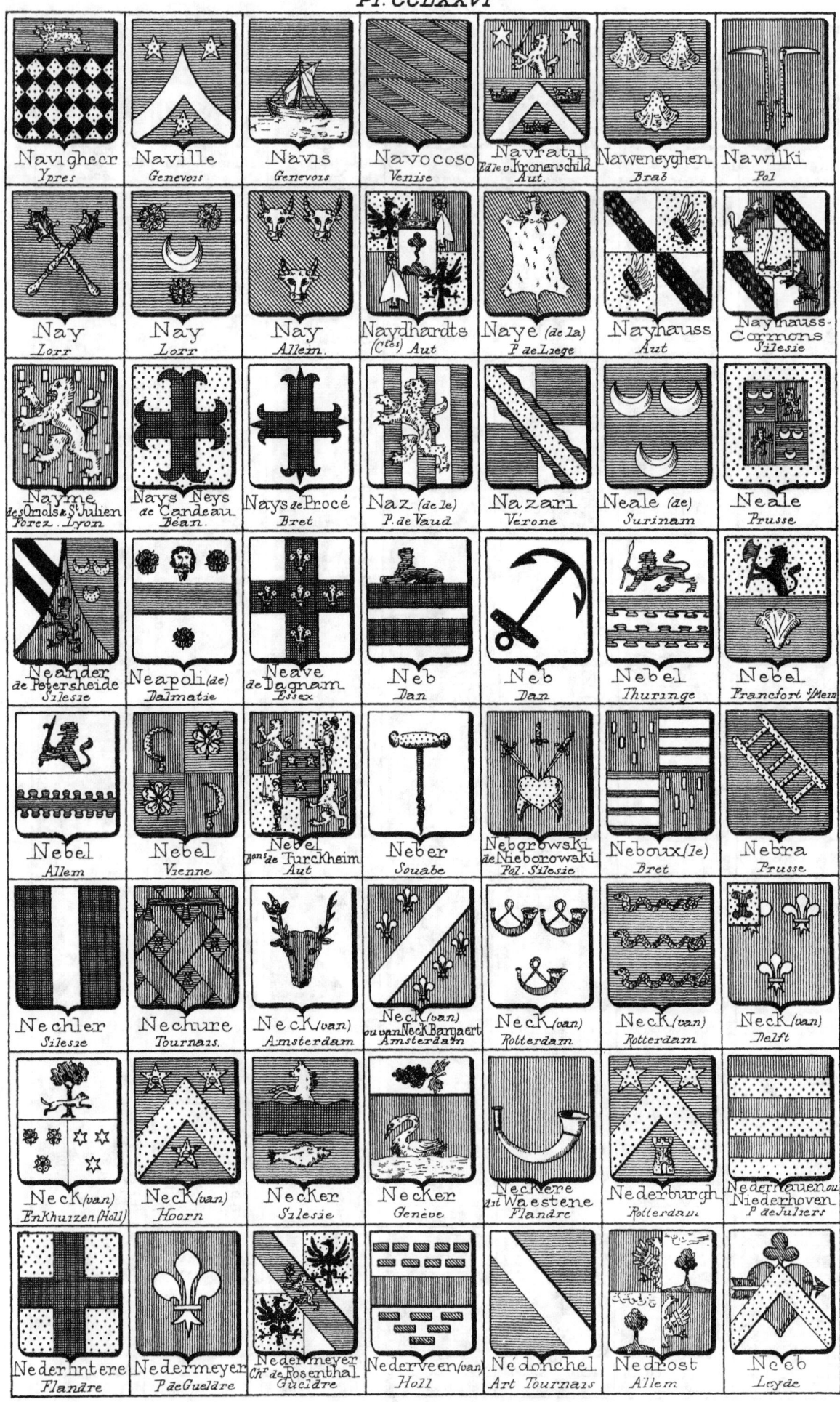

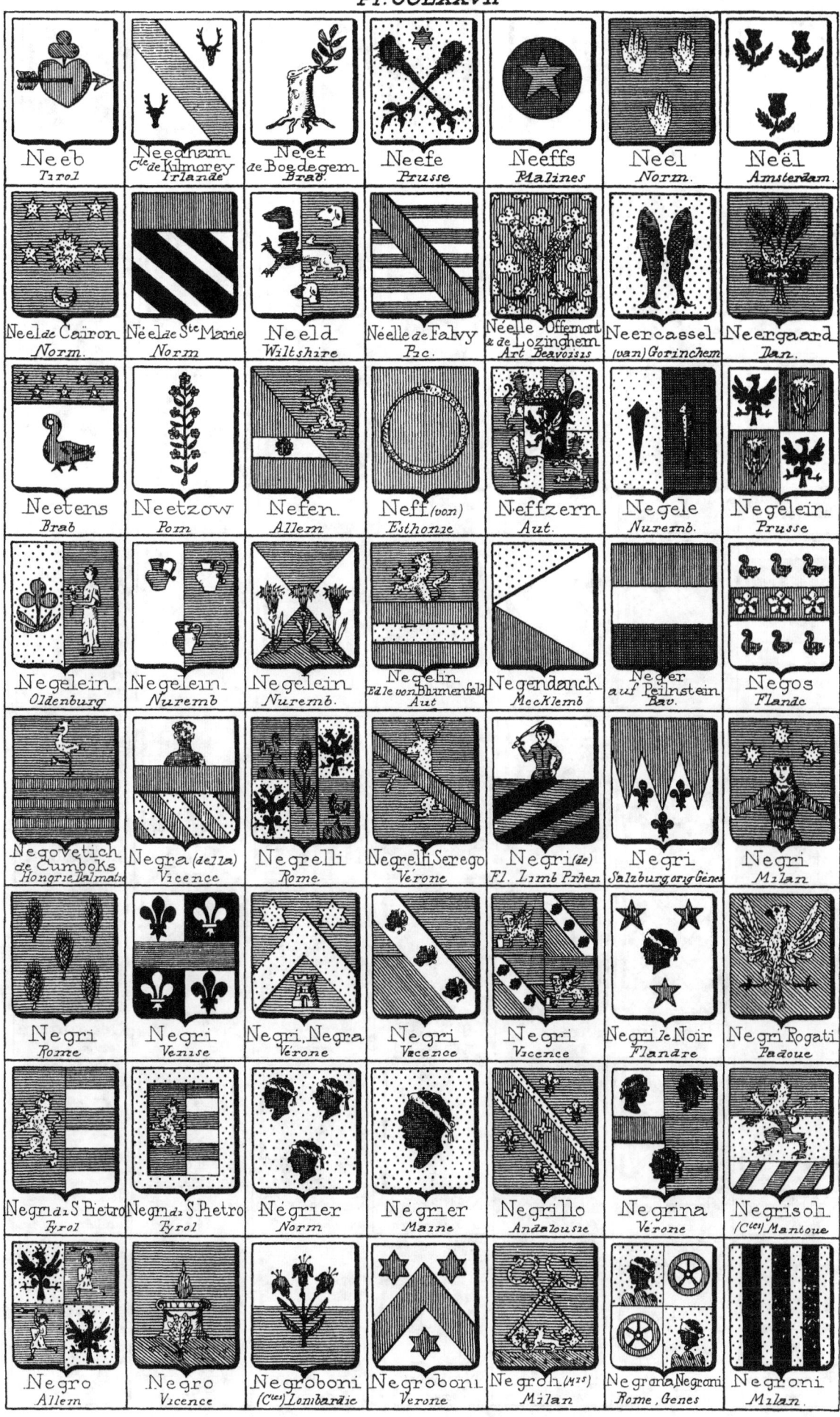

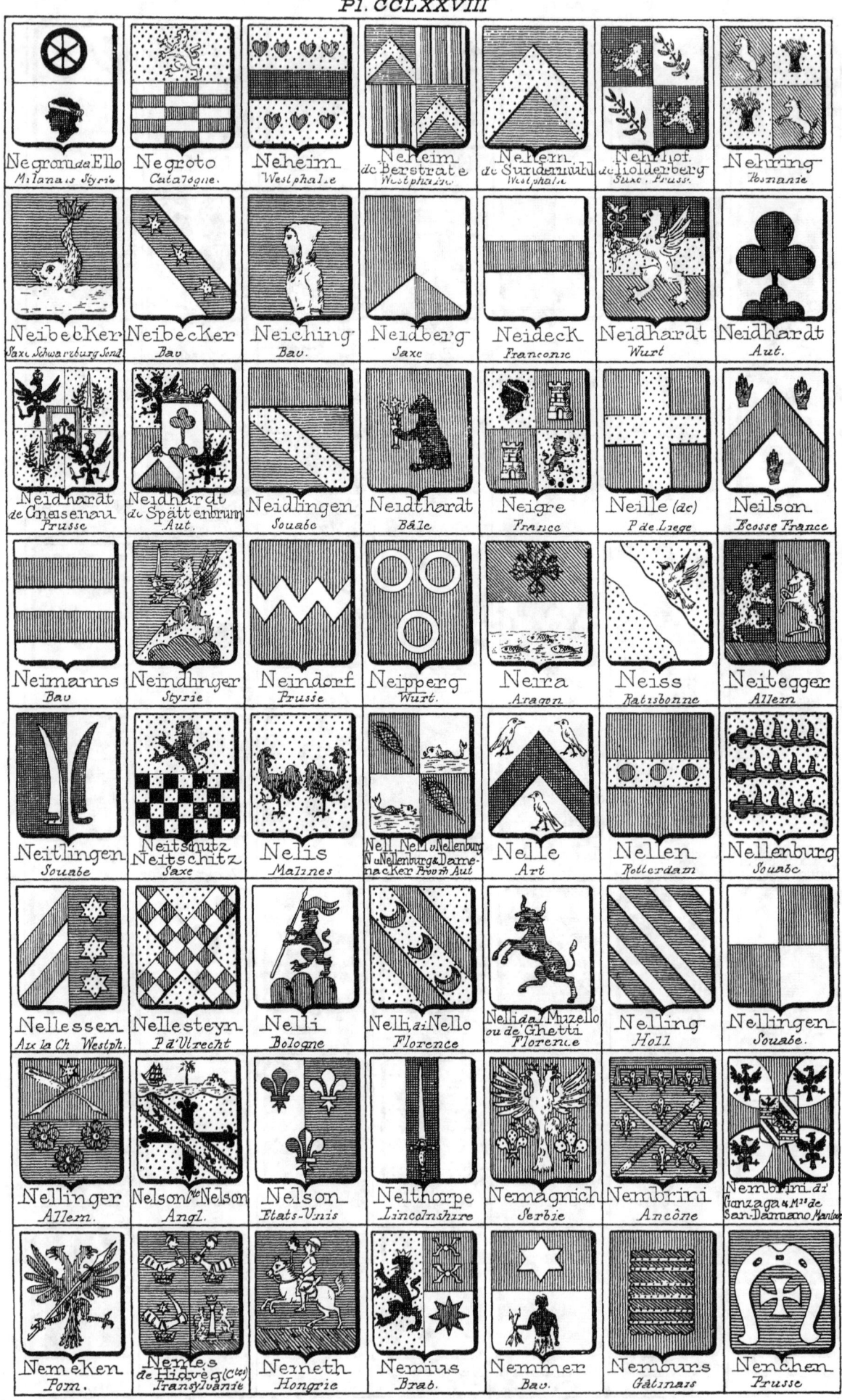

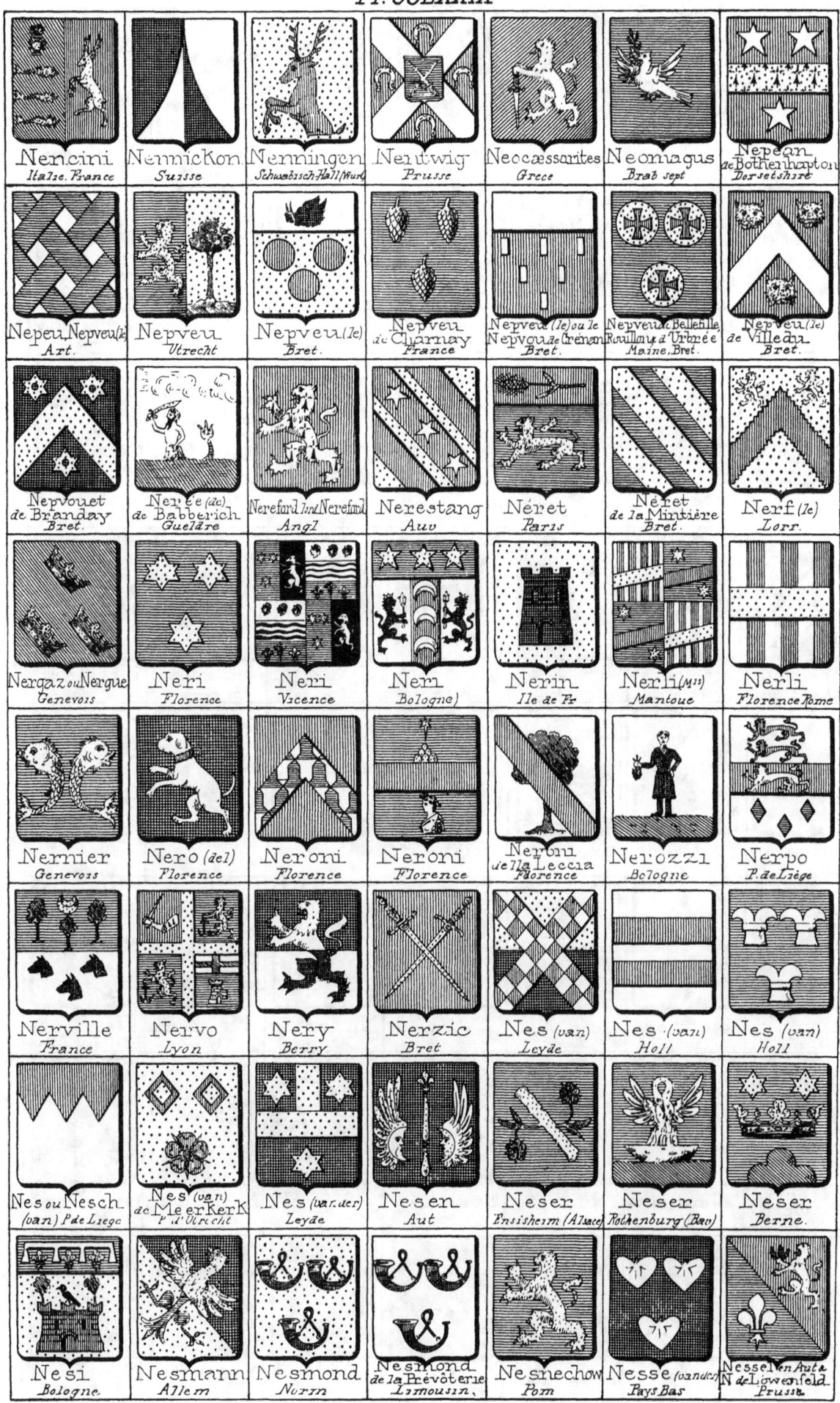

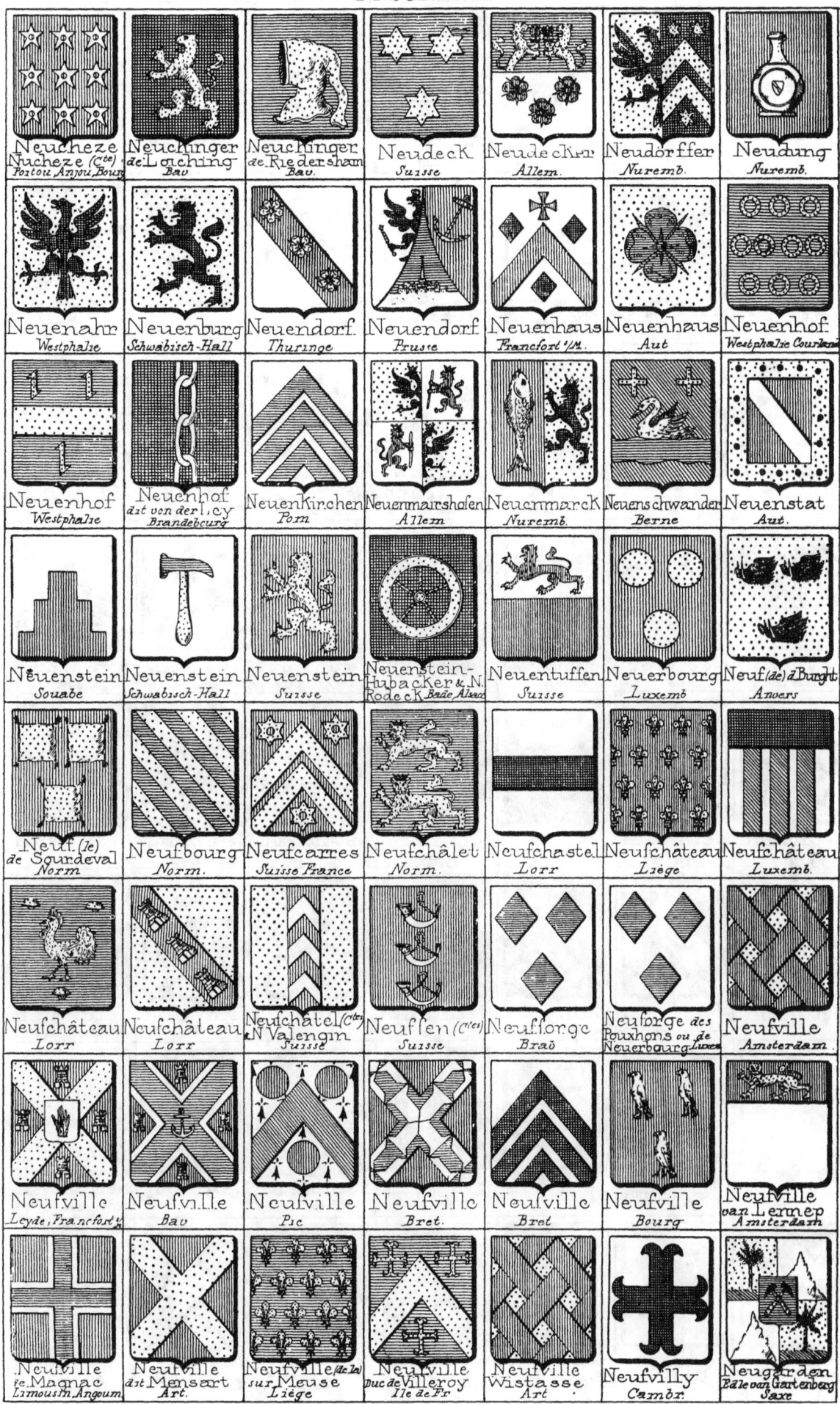

Pl. CCLXXXI

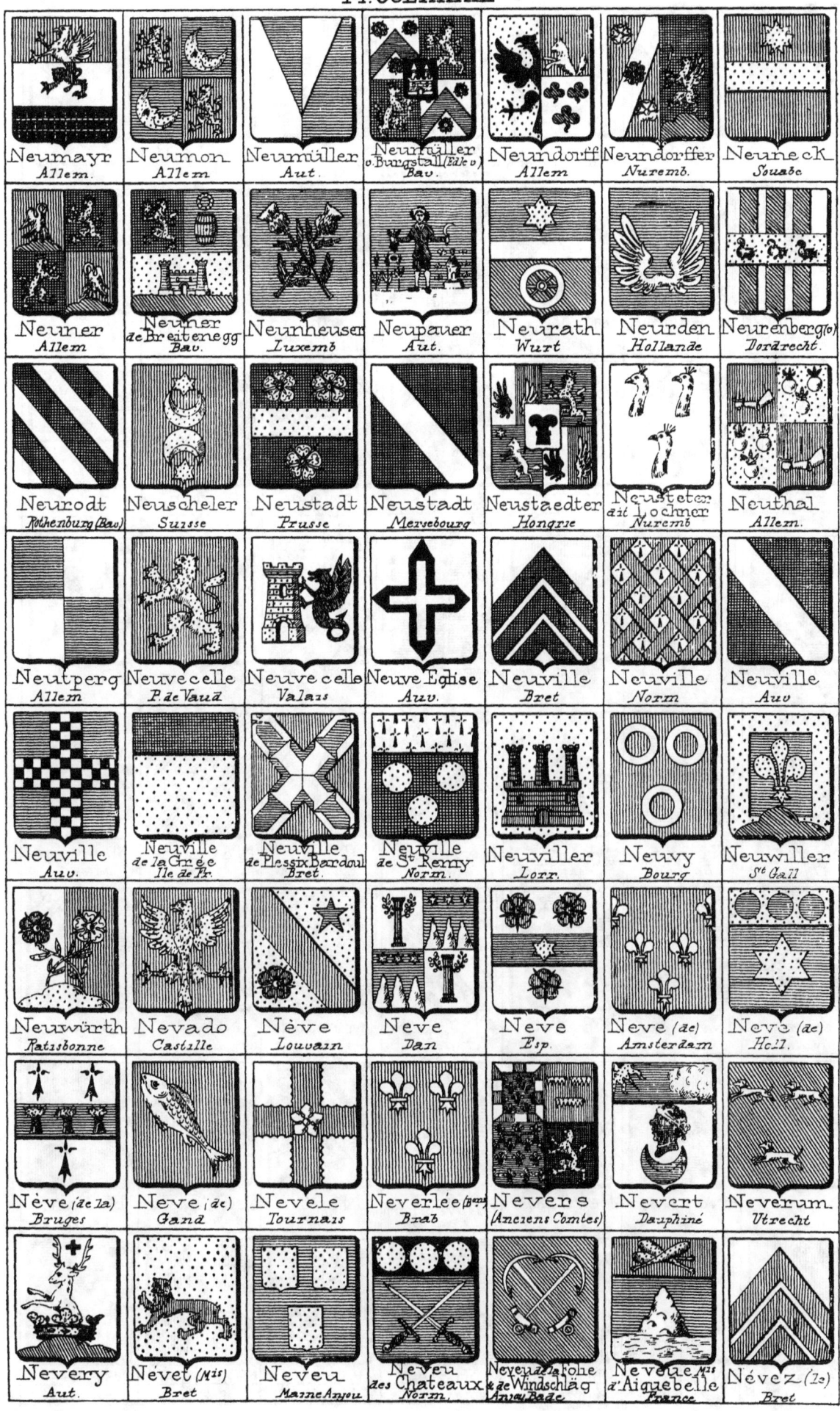

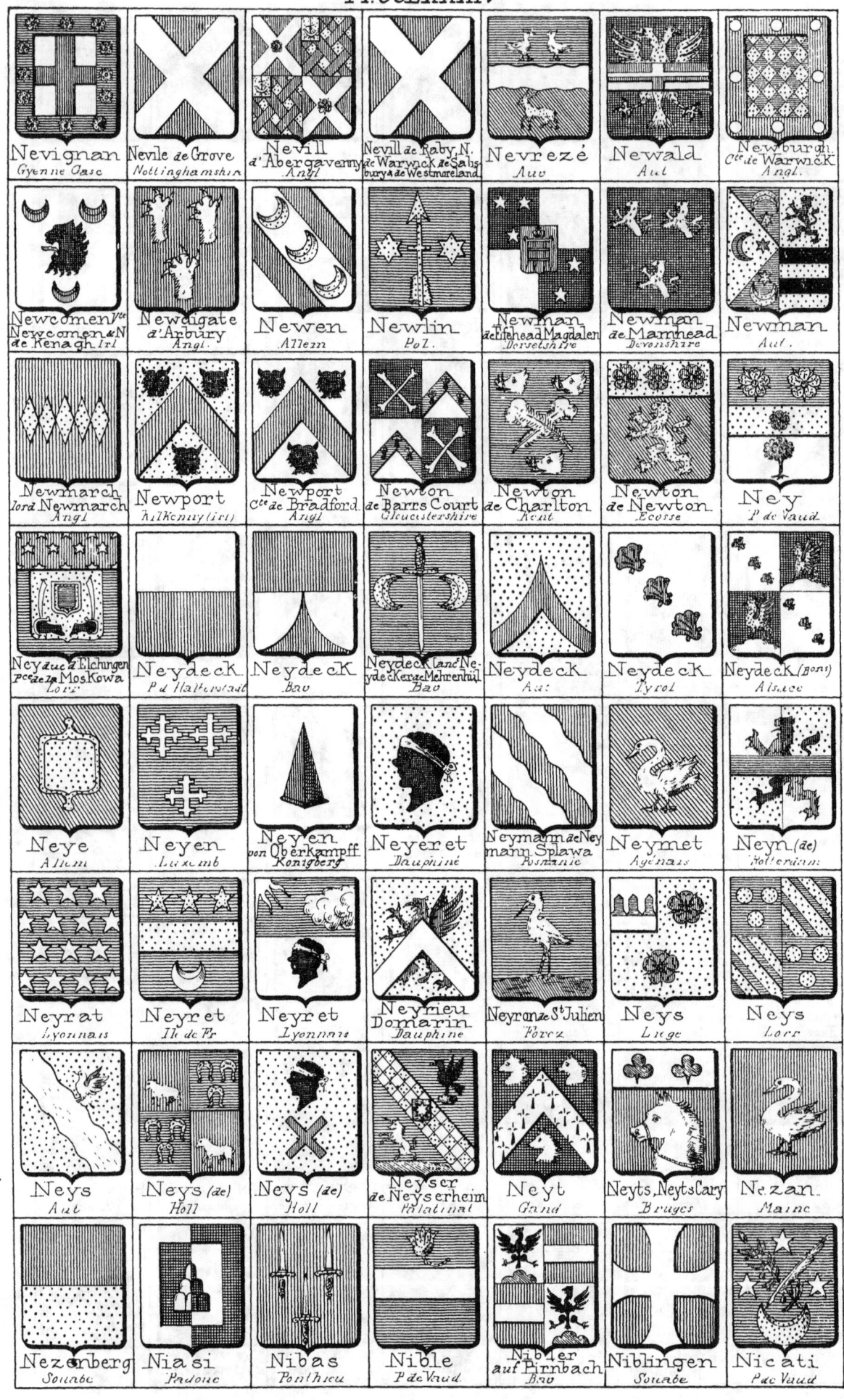

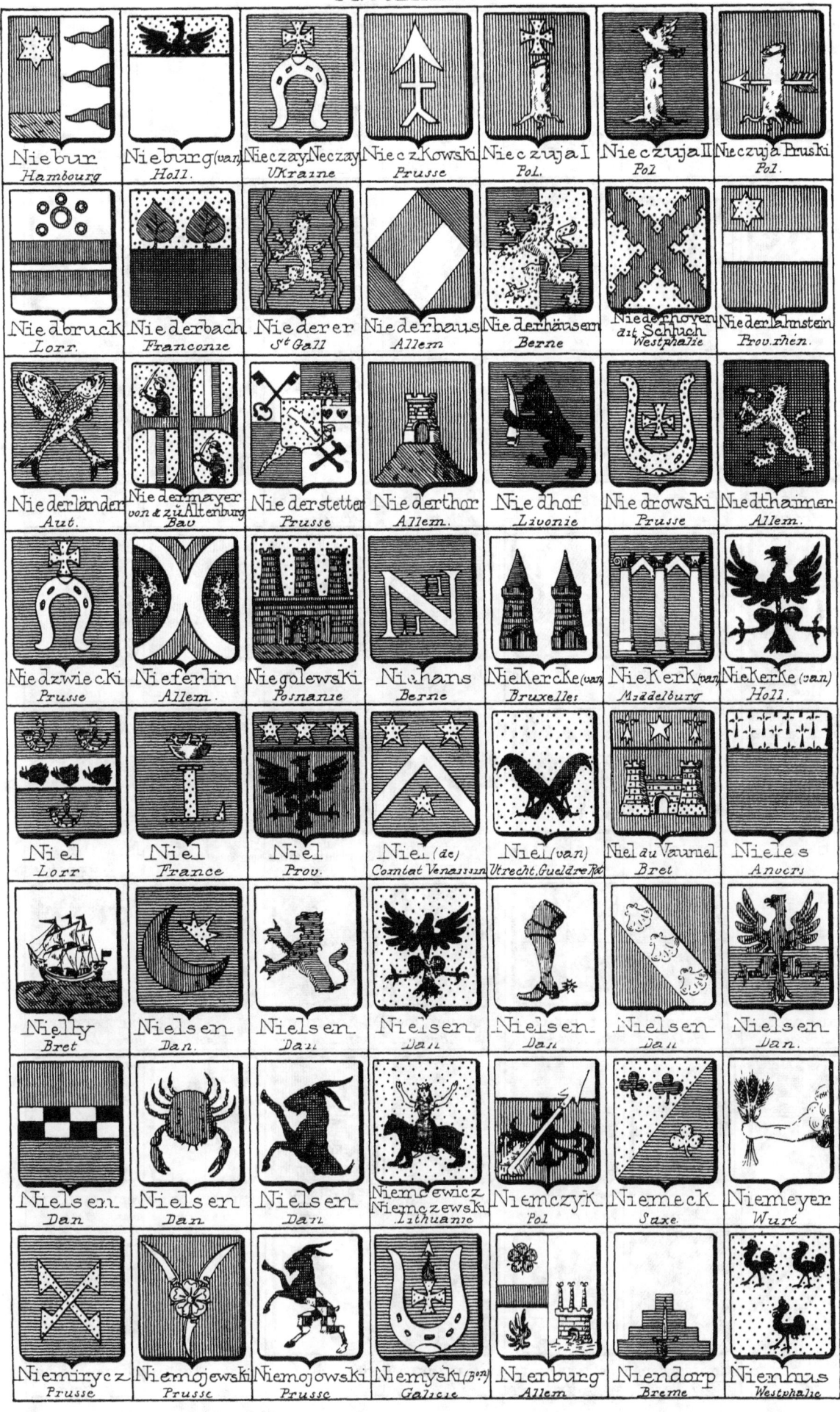

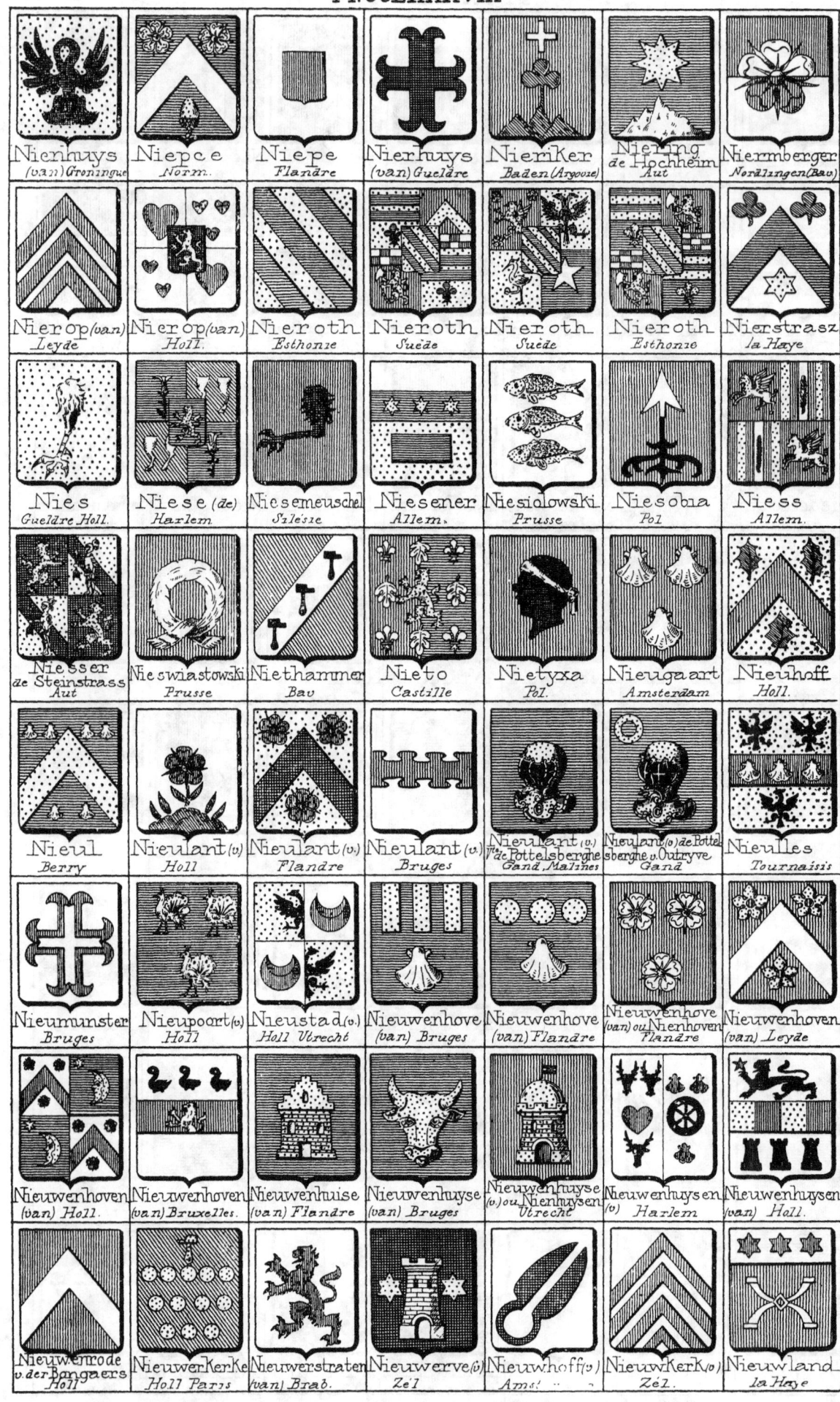

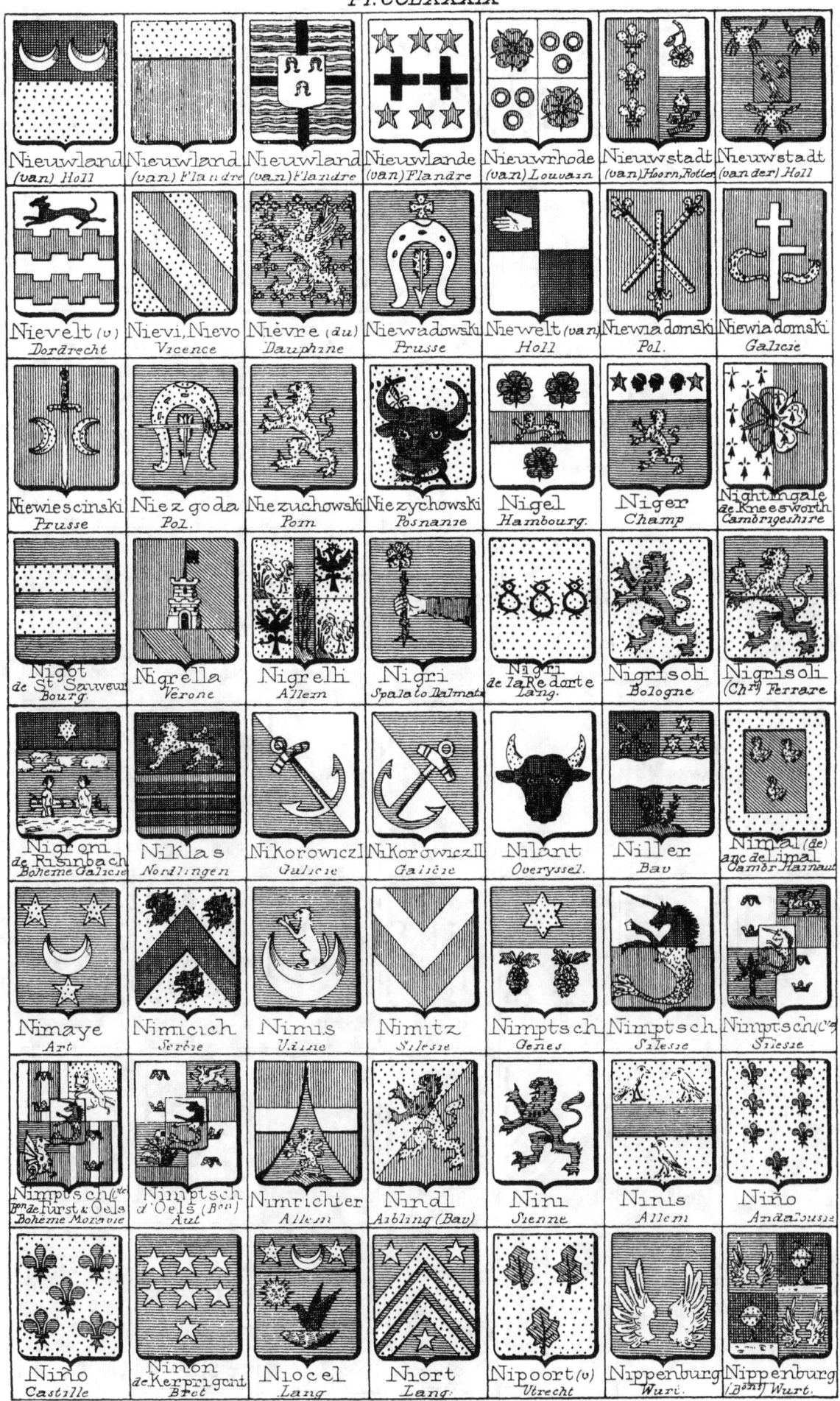

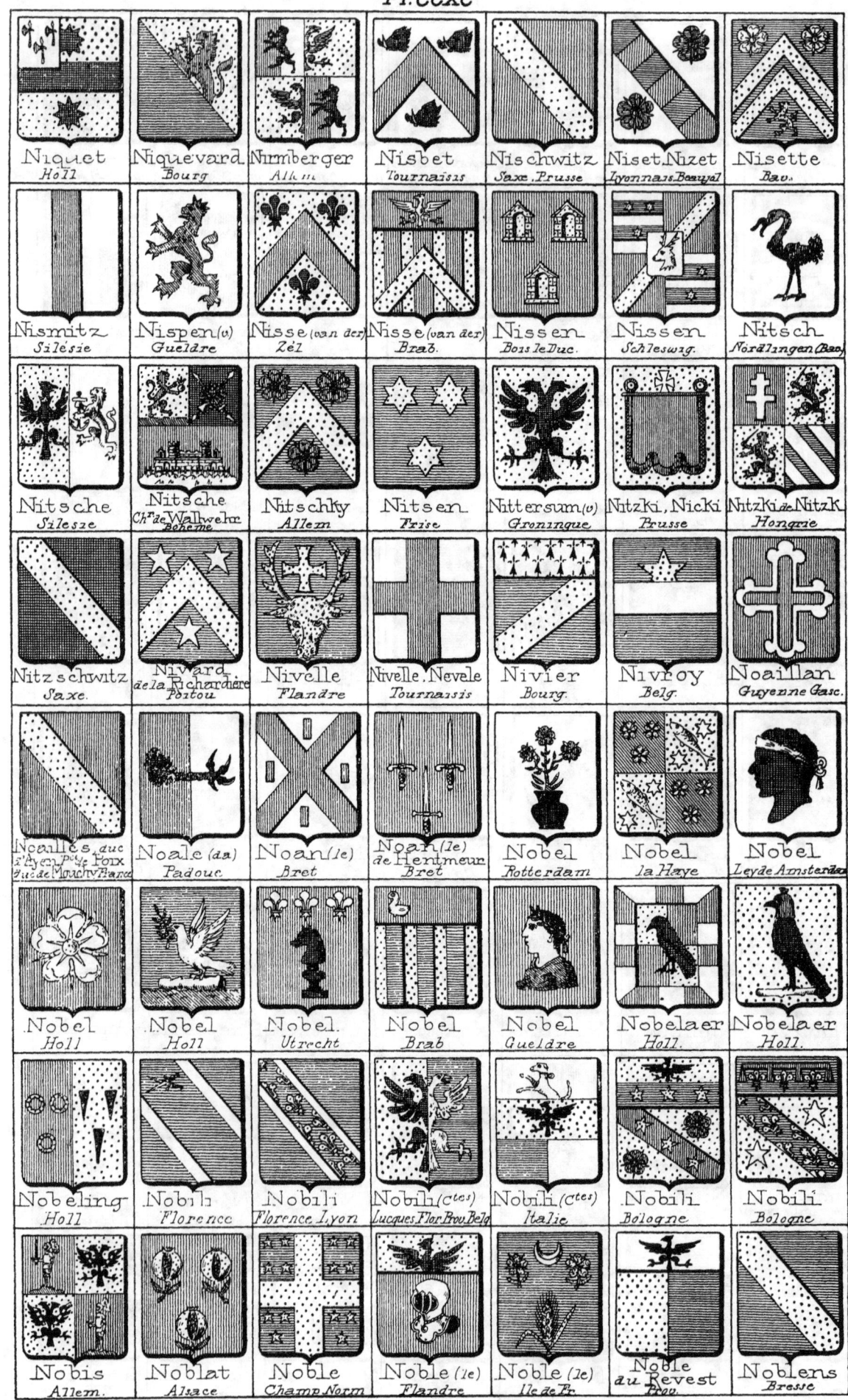

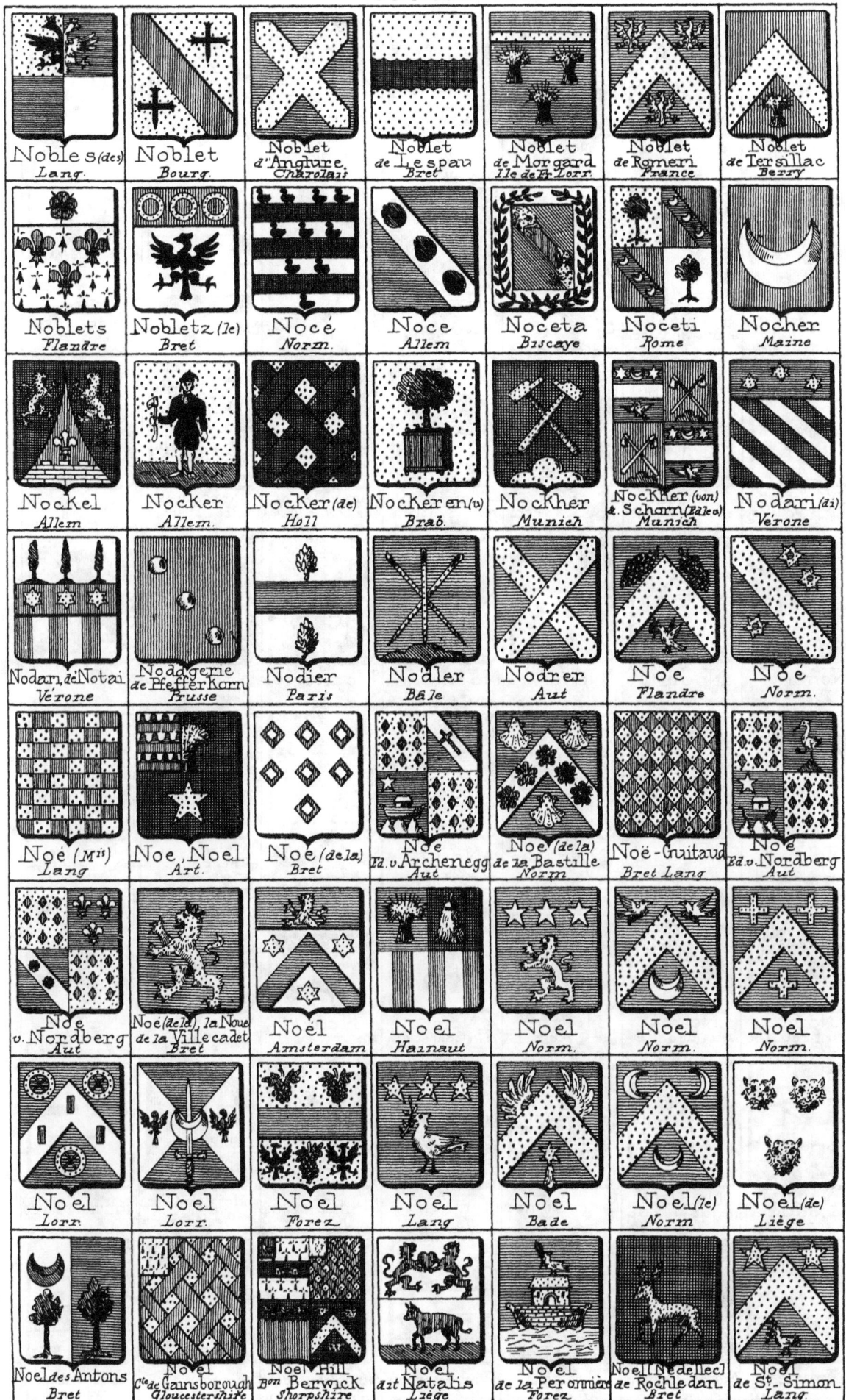

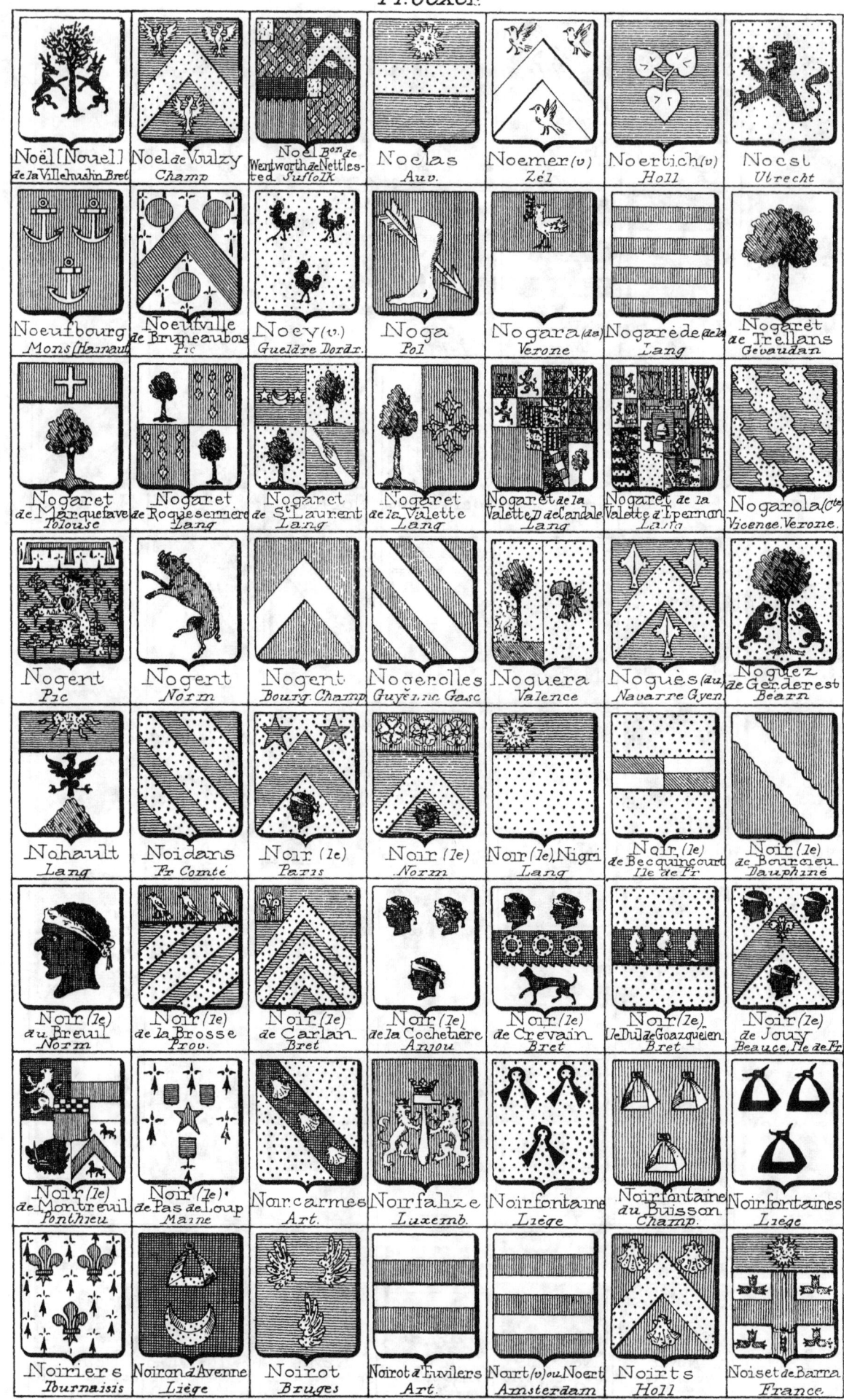

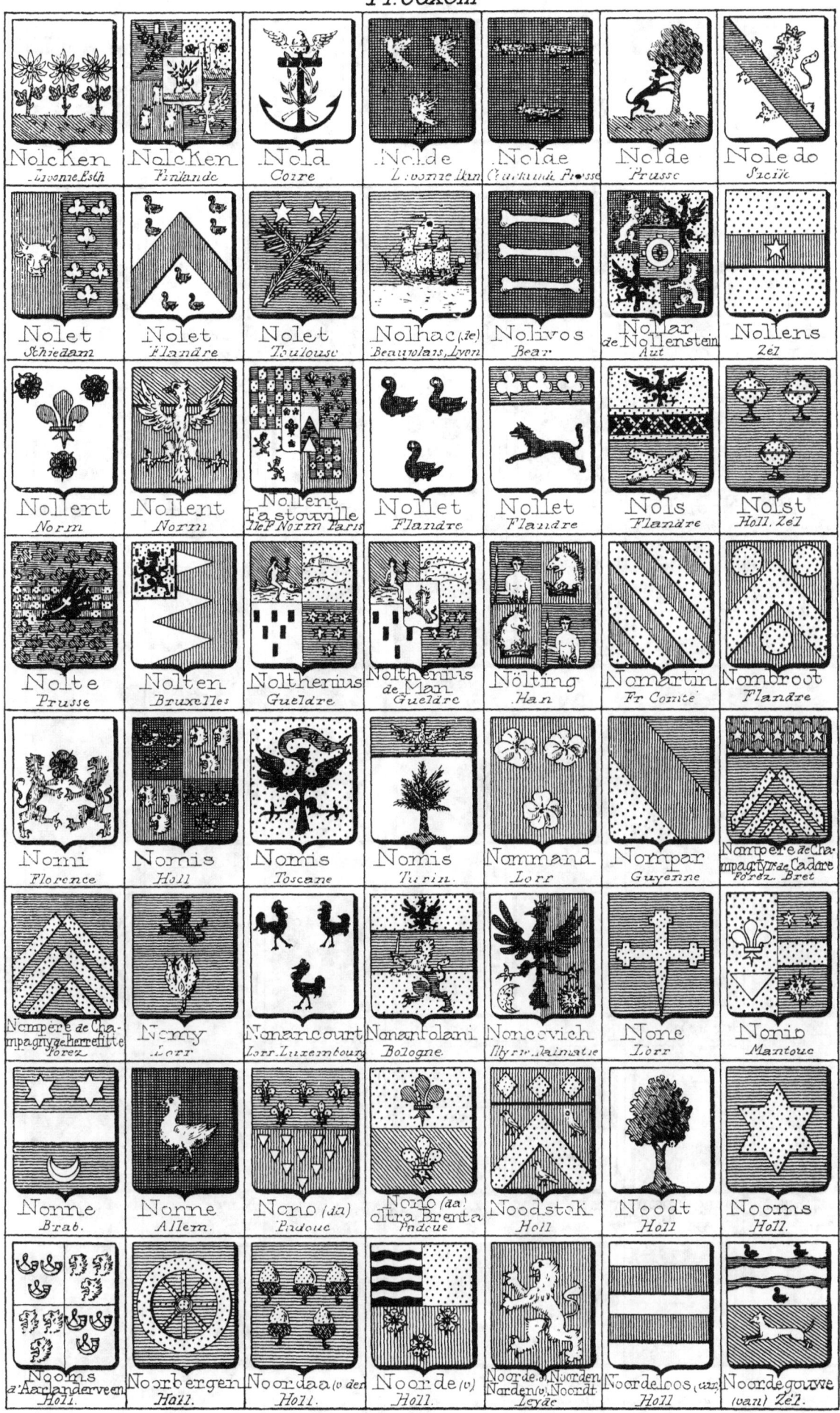

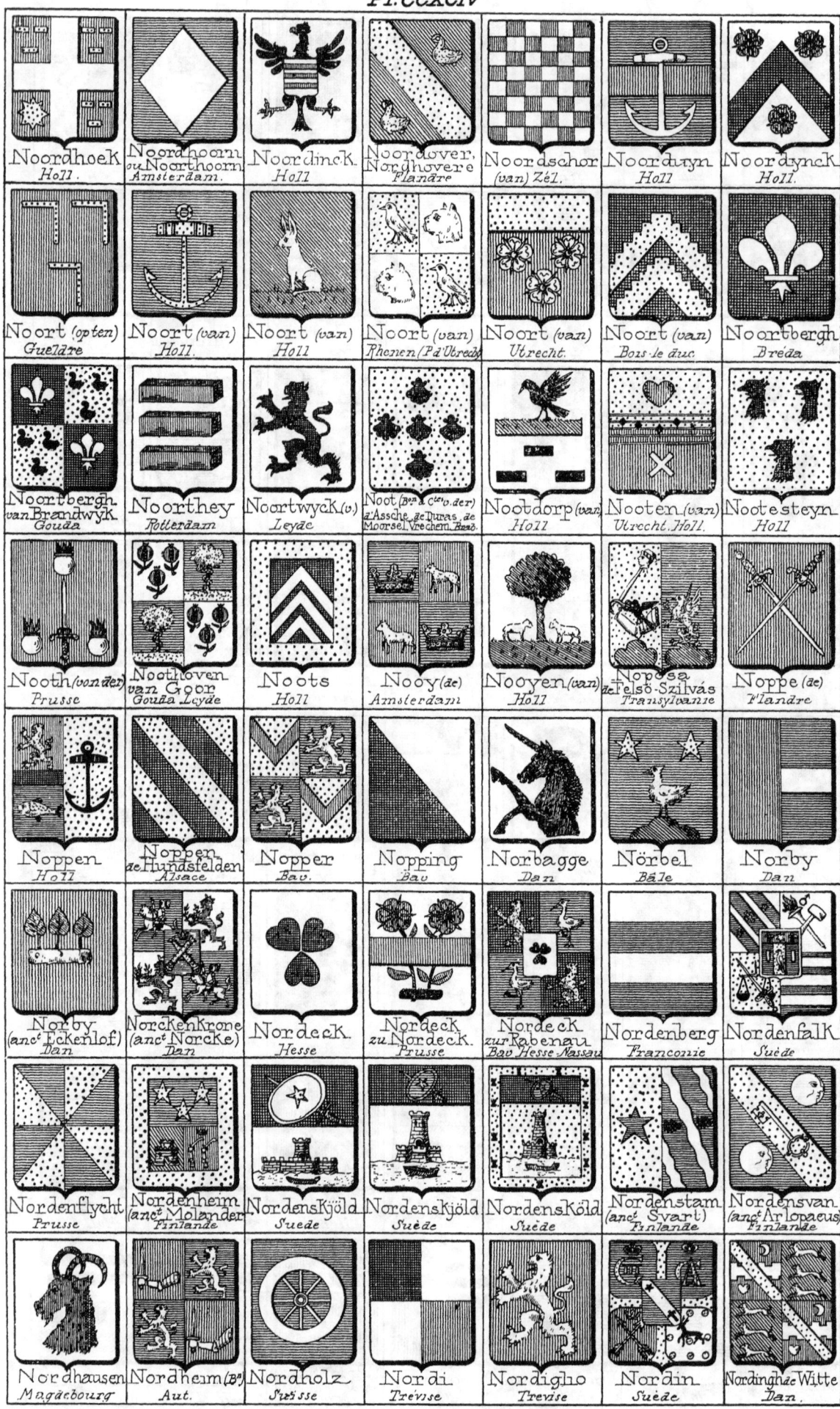

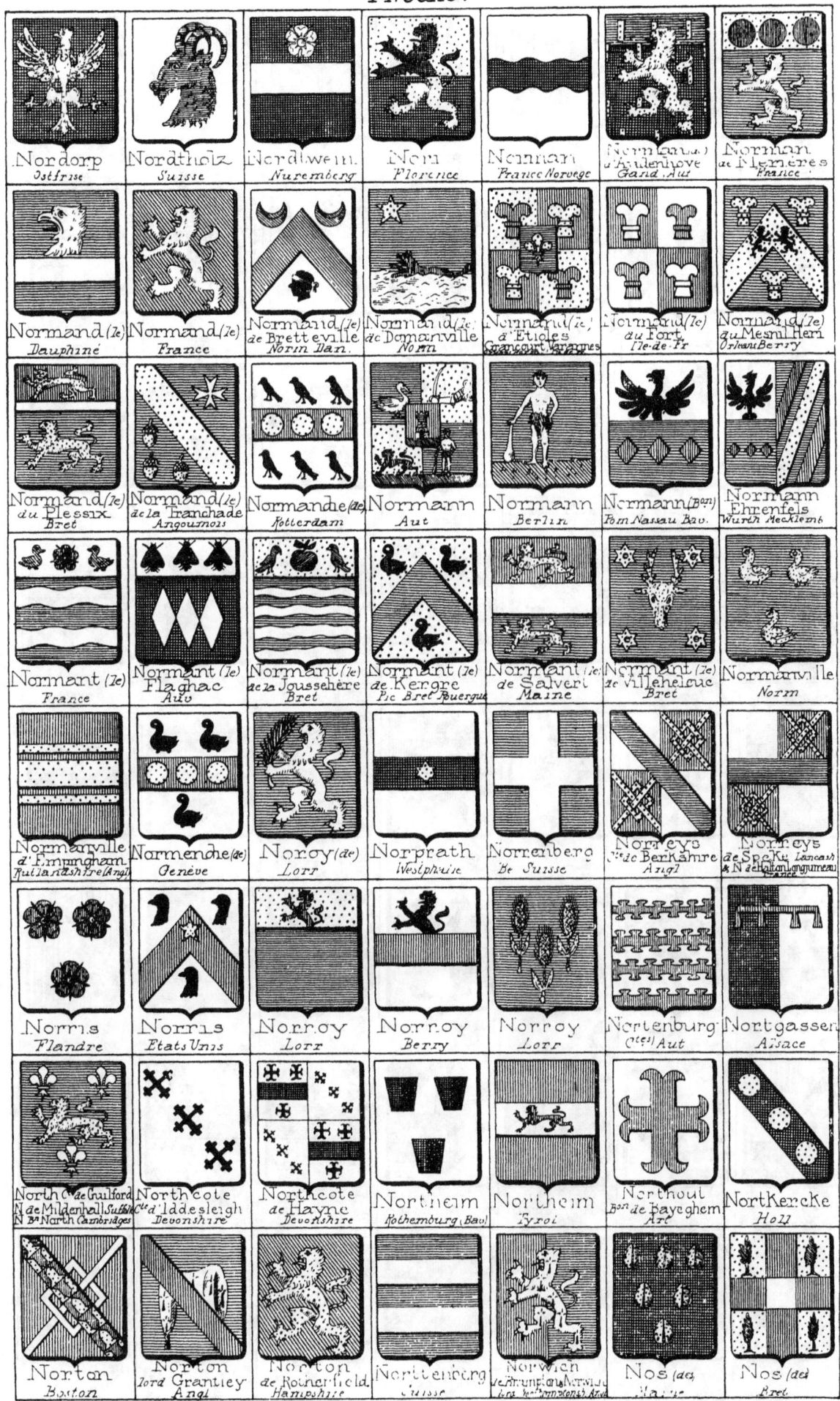

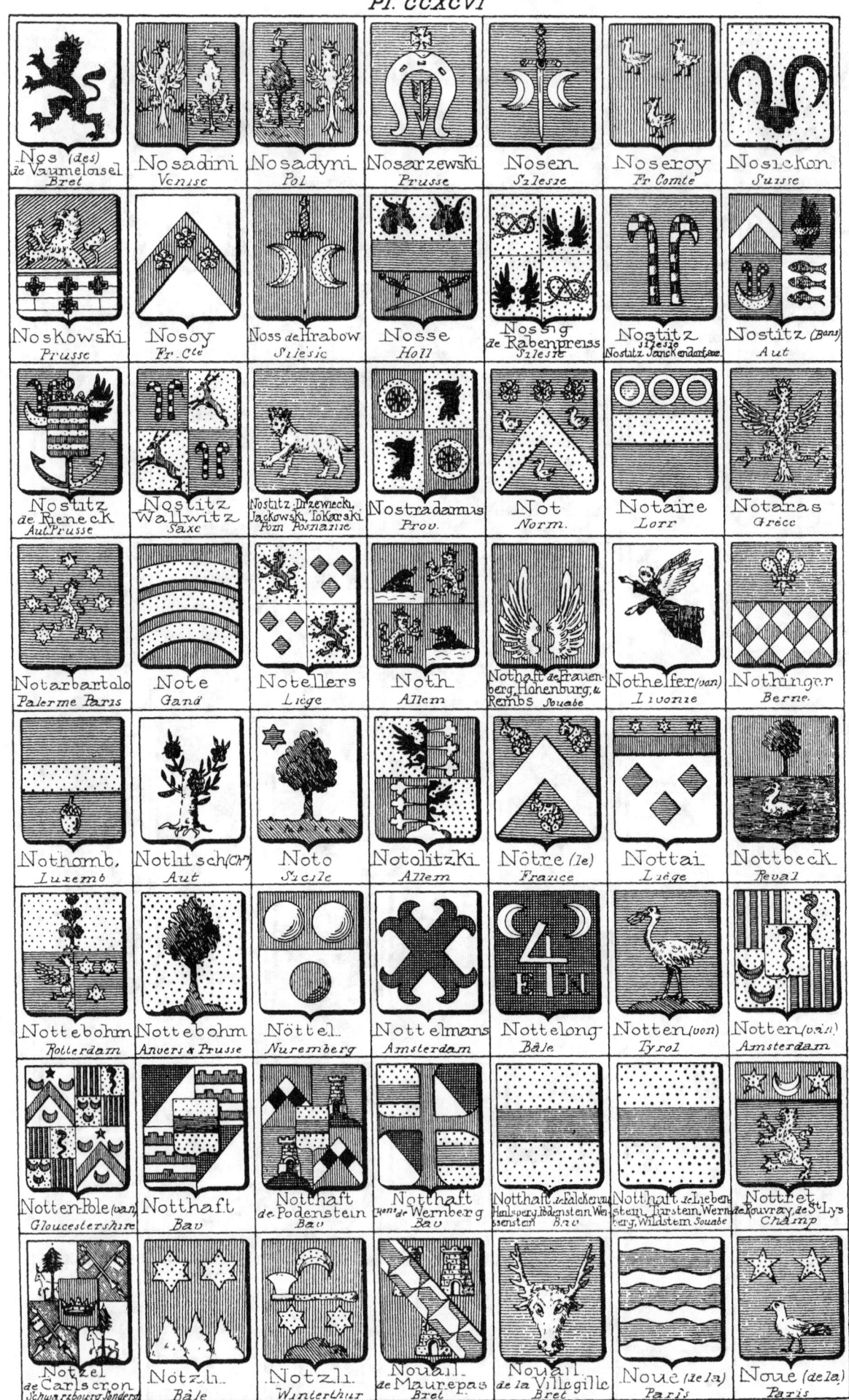

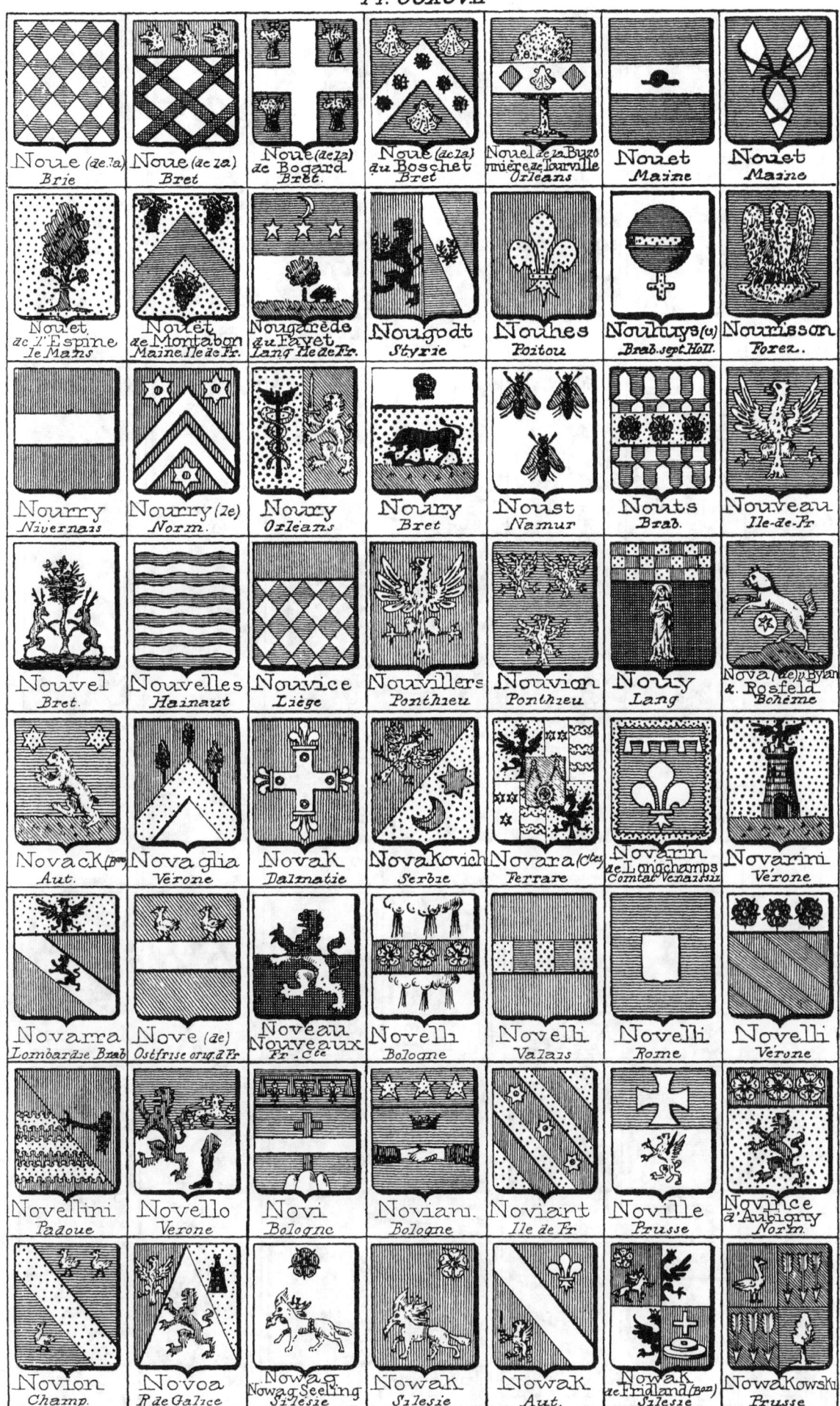

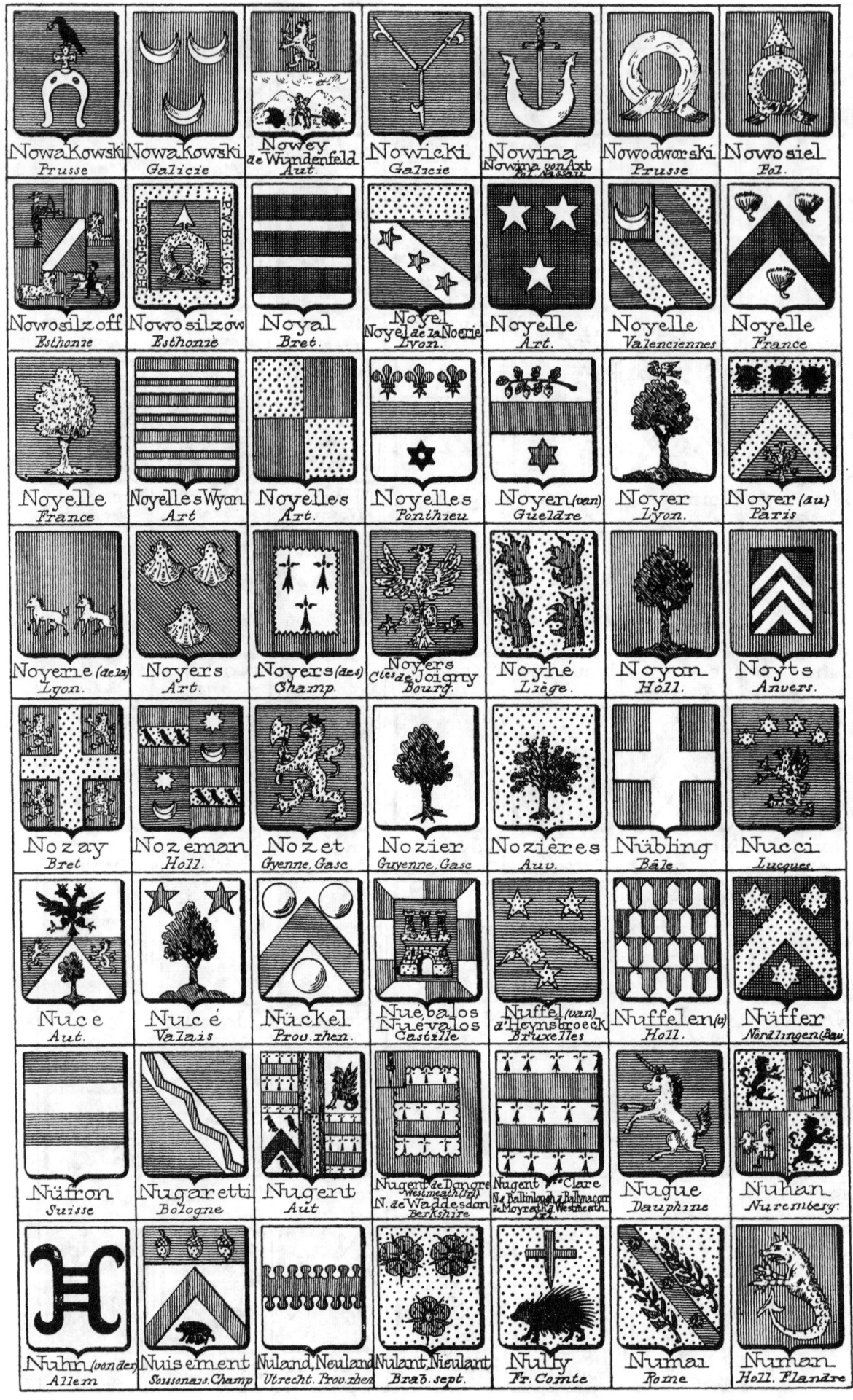

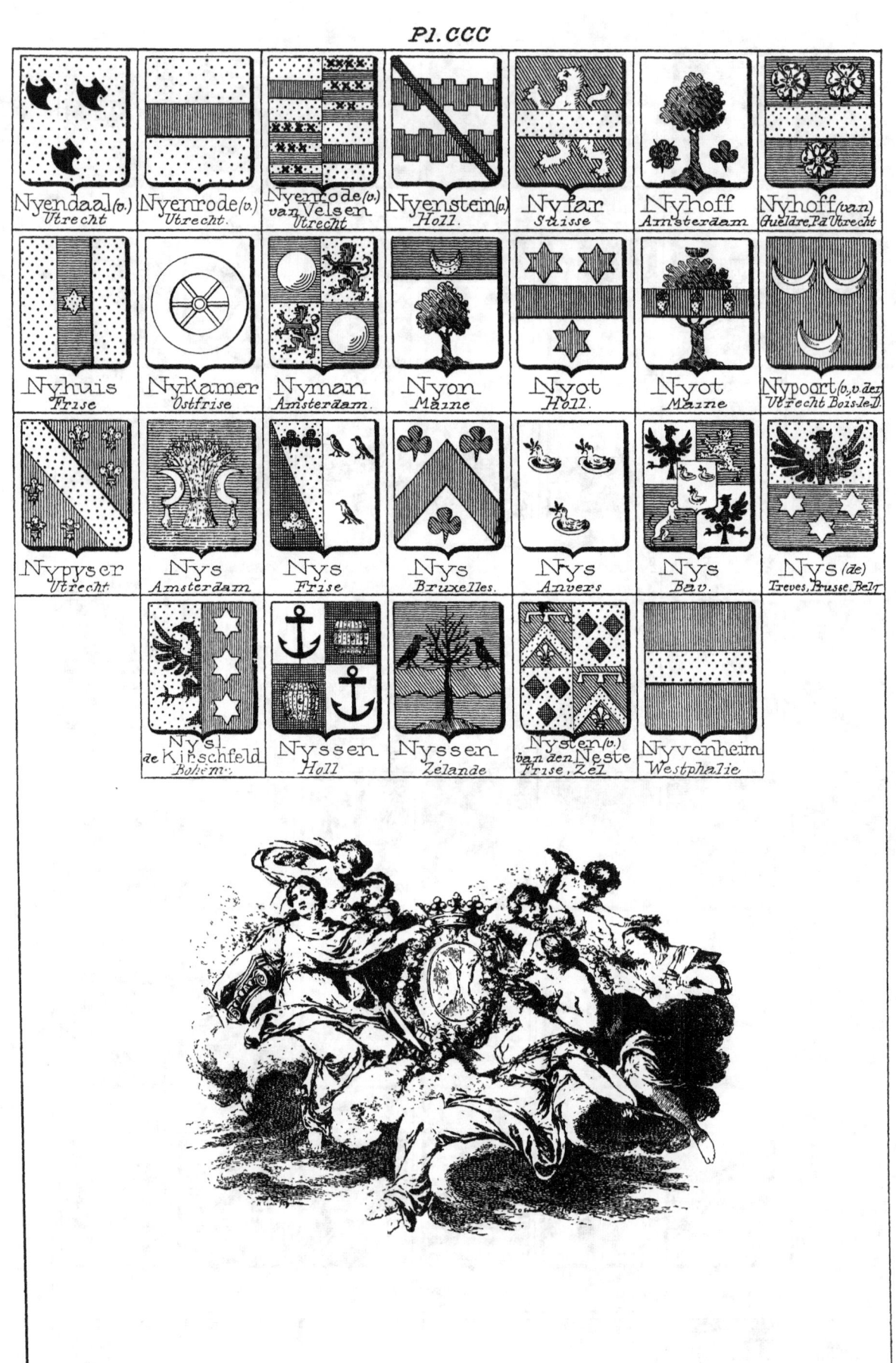

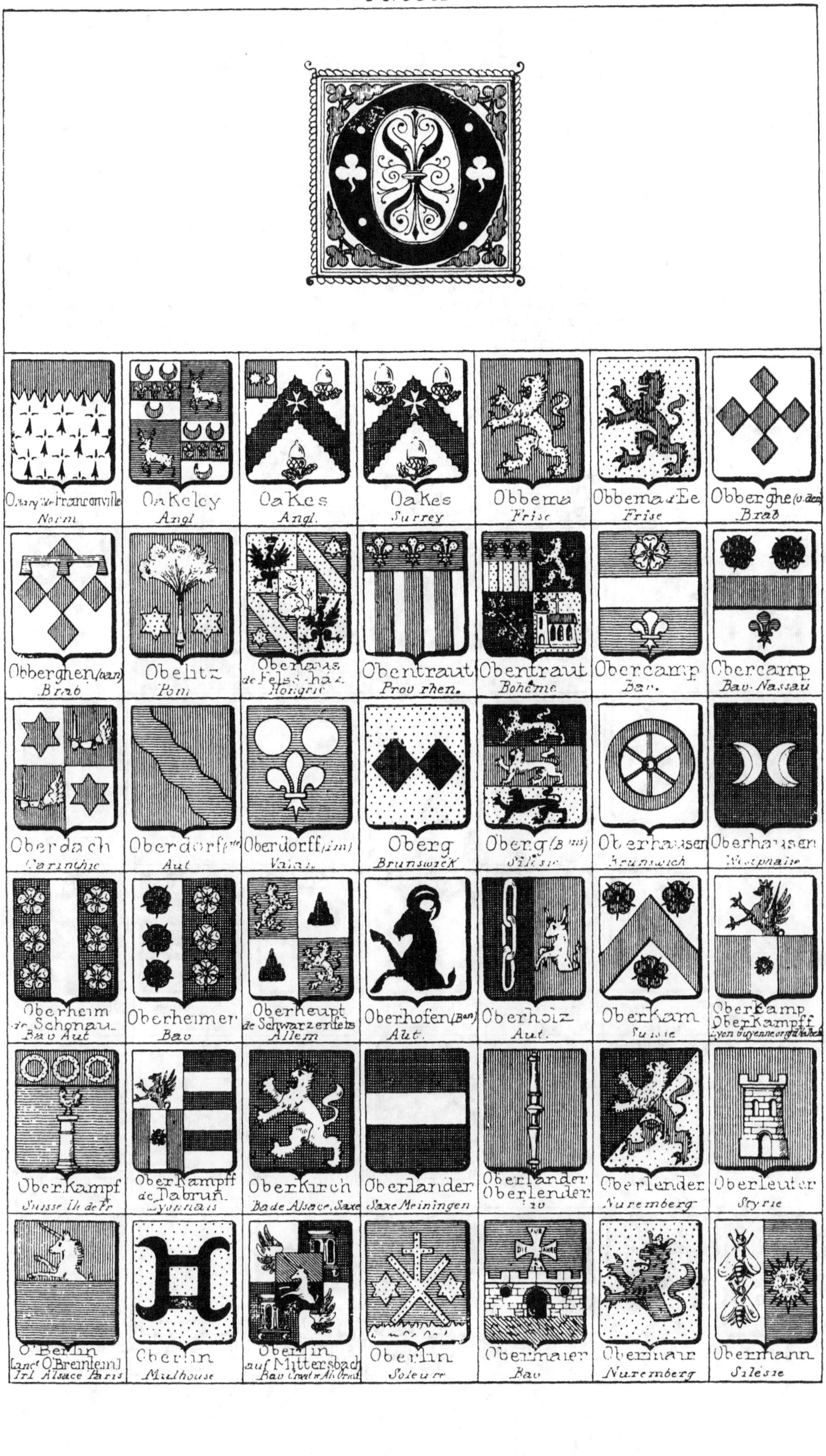

Pl. CCCI

| Omary de Franconville Norm | Oakeley Angl | Oakes Angl | Oakes Surrey | Obbema Frise | Obbema de Ee Frise | Obberghe (v. den) Brab |
| Obberghen (van) Brab | Obelitz Pom | Obernaus de Felss-haz Hongrie | Obentraut Prov rhen. | Obentraut Bohême | Obercamp Bav. | Obercamp Bav. Nassau |
| Oberdach Carinthie | Oberdorf (v de) Aut | Oberdorff (im) Valais | Oberg Brunswick | Oberg (B us) Silesie | Oberhausen Brunswick | Oberhausen Westphalie |
| Oberheim de Schonau Bav Aut | Oberheimer Bav | Oberheupt de Schwarzenfels Allem | Oberhofen (Bar) Aut | Oberholz Aut | Oberkam Suisse | Oberkamp Oberkampff Lyon Guyenne Autriche |
| Oberkampf Suisse Ih de Fr | Oberkampf de Dabrun Lyonnais | Oberkirch Ba de Alsace, Saxe | Oberlander Saxe Meiningen | Oberlander Oberlender | Oberlender Nuremberg | Oberleuter Styrie |
| O'Berlin Lanc O'Breintein Irl Alsace Paris | Oberlin Mulhouse | Oberlin auf Mittersbach Bav Craslu Alberd | Oberlin Soleure | Obermaier | Obermair Nuremberg | Obermann Silesie |

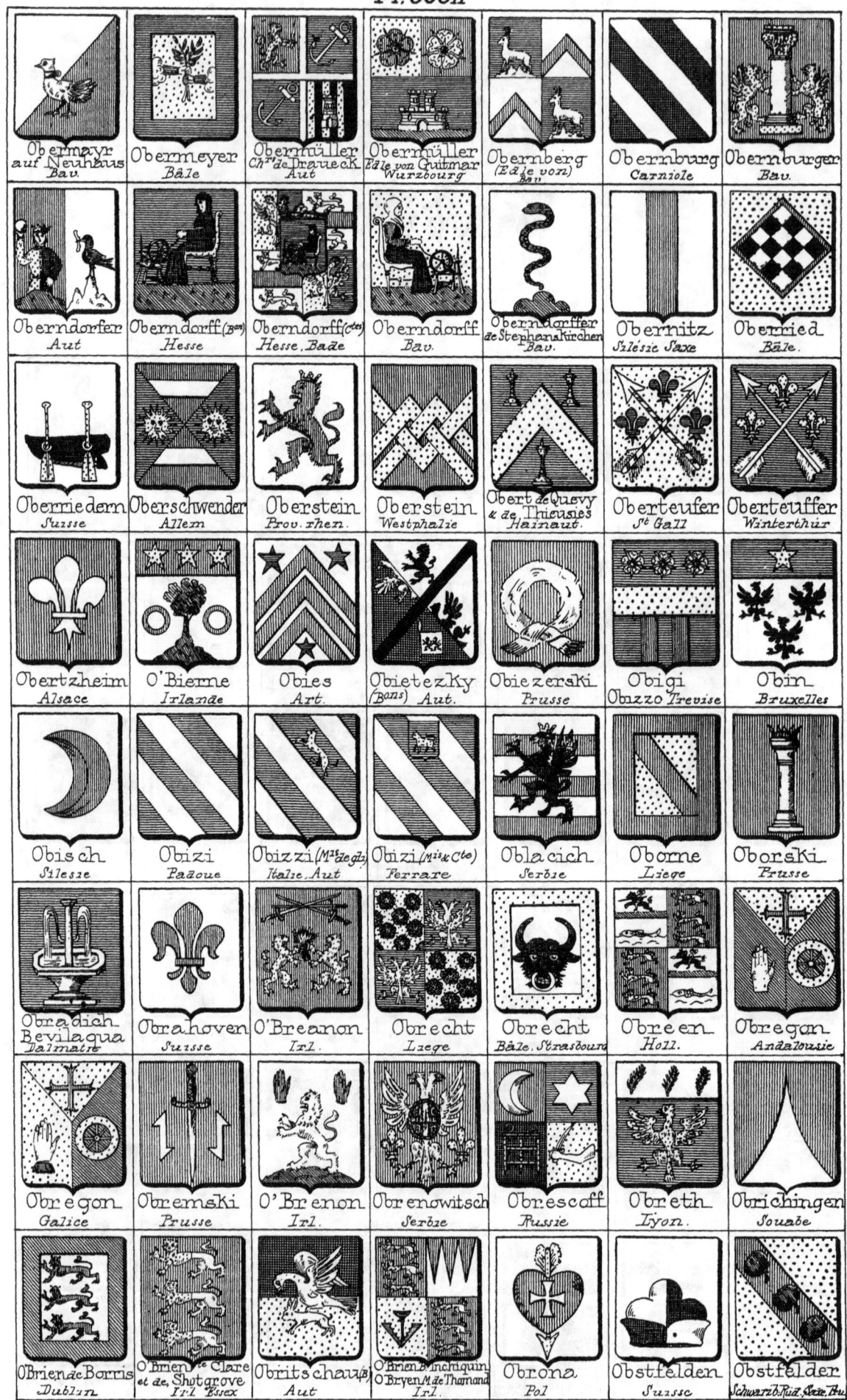

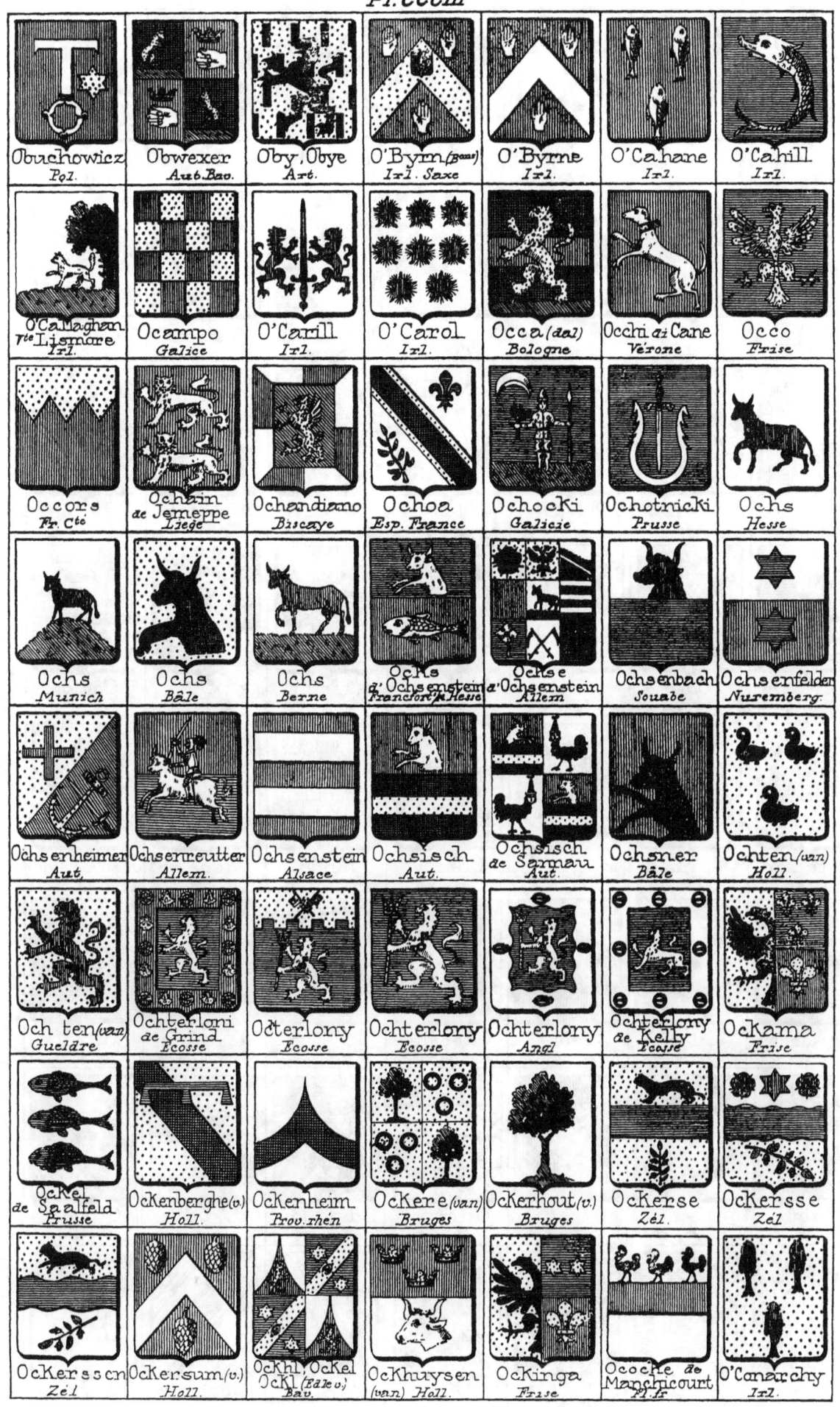

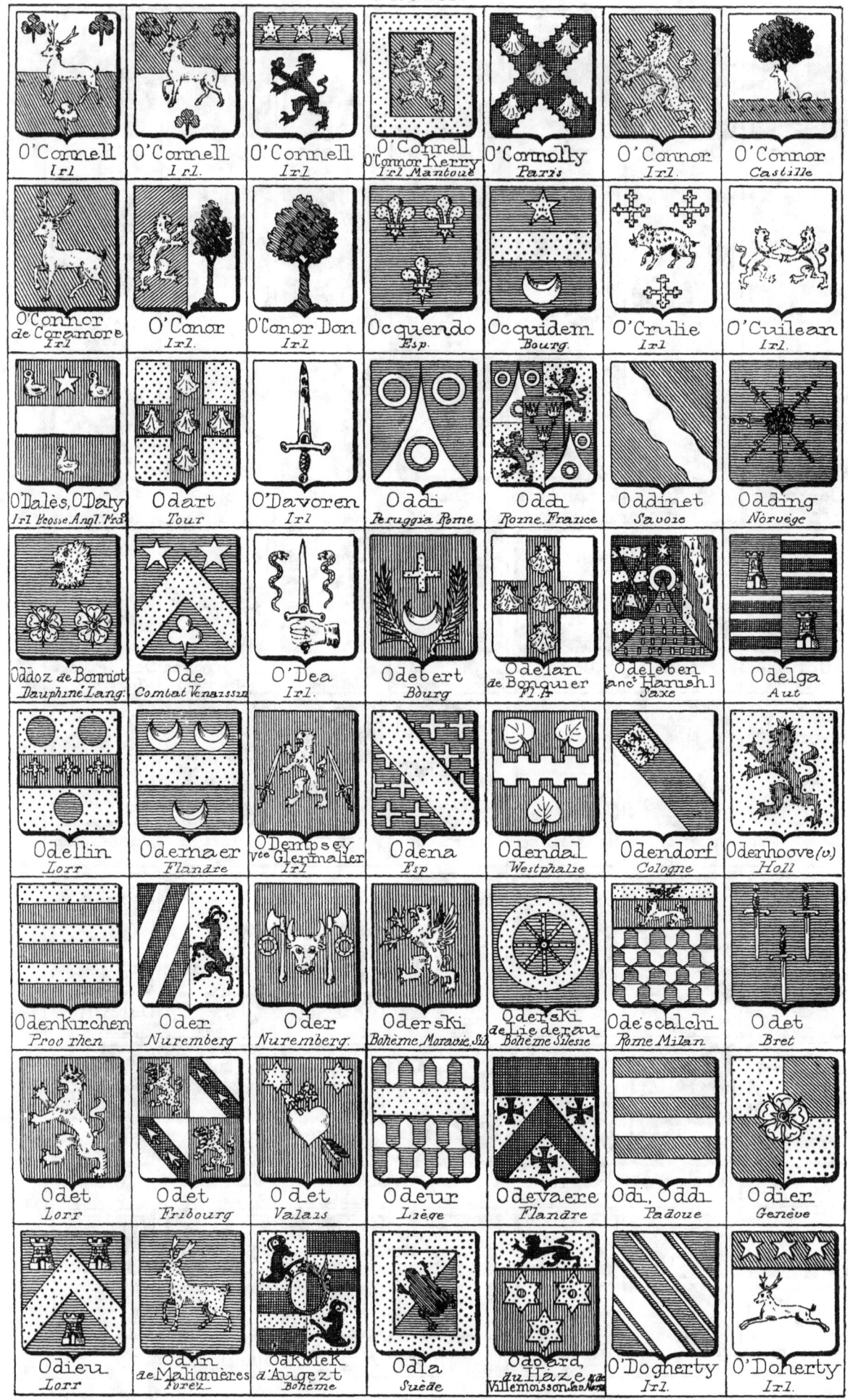

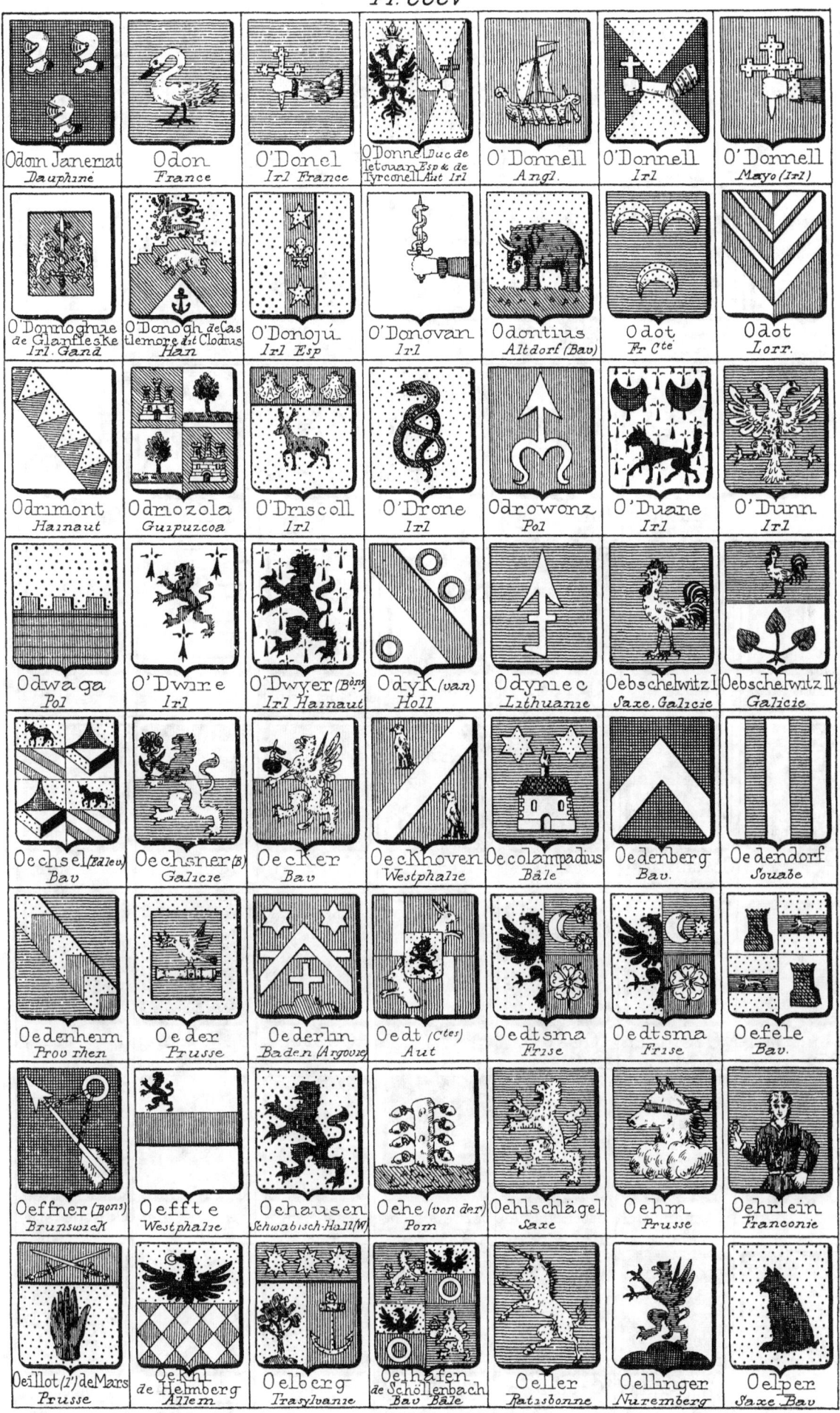

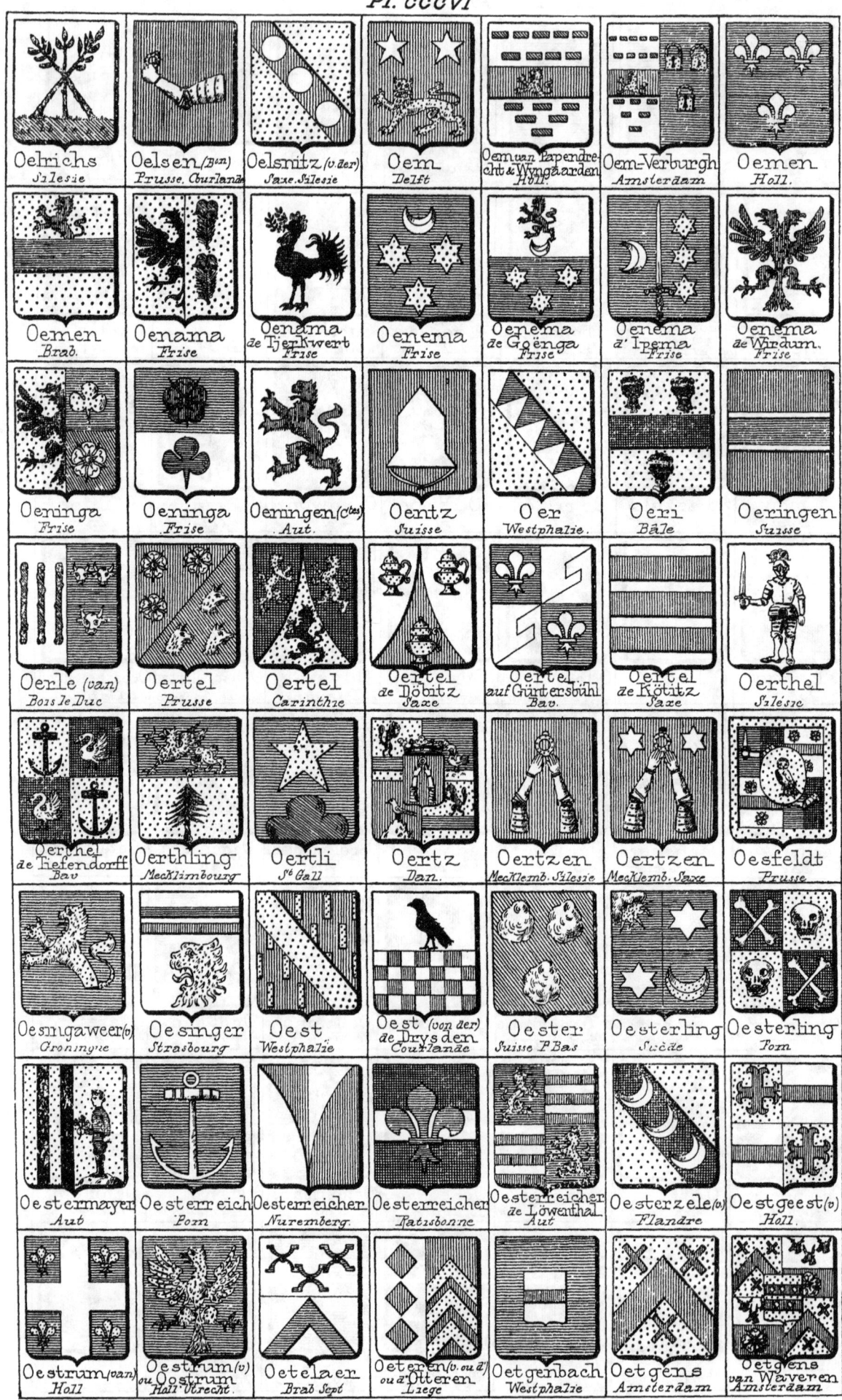

Pl. CCCVII

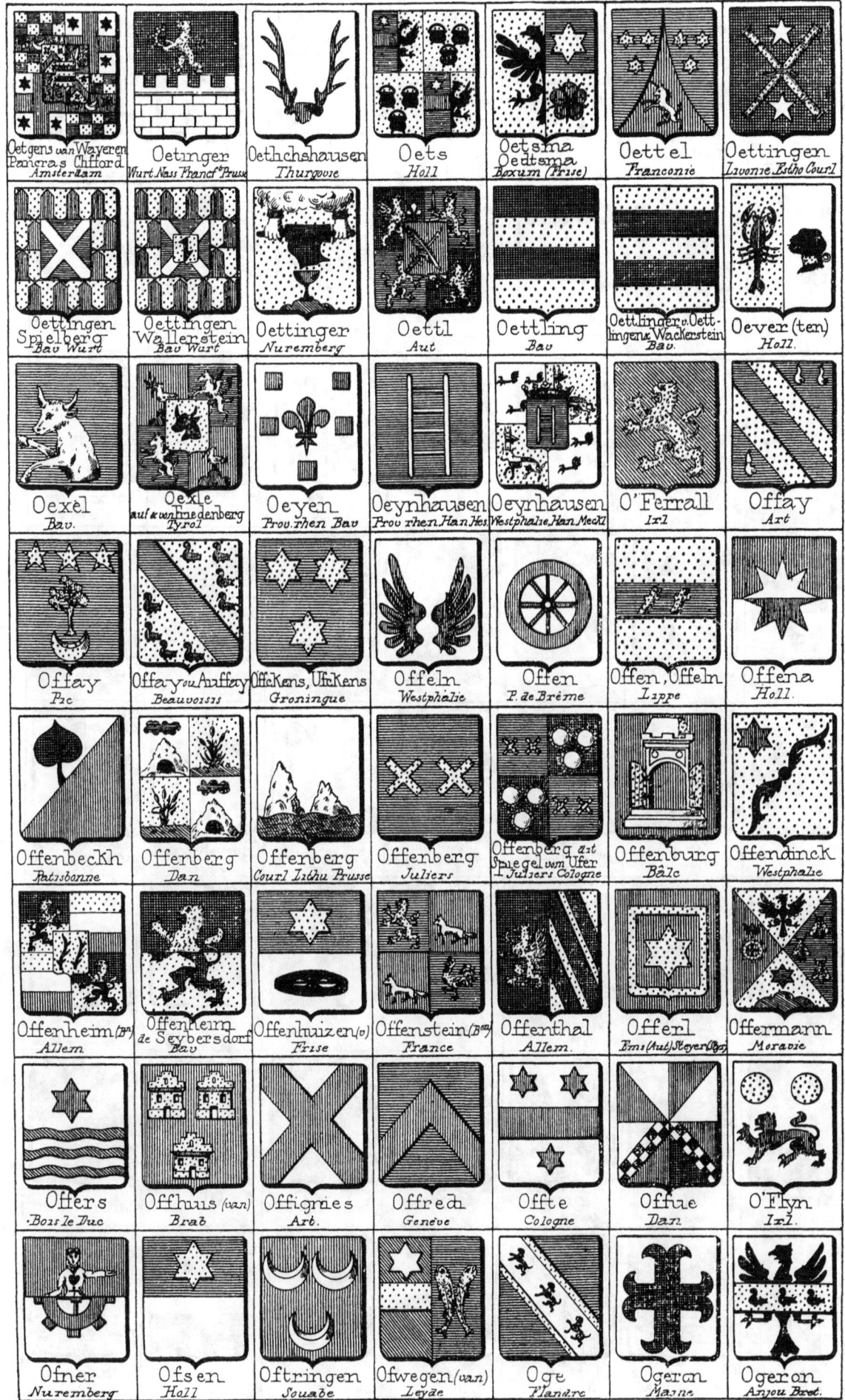

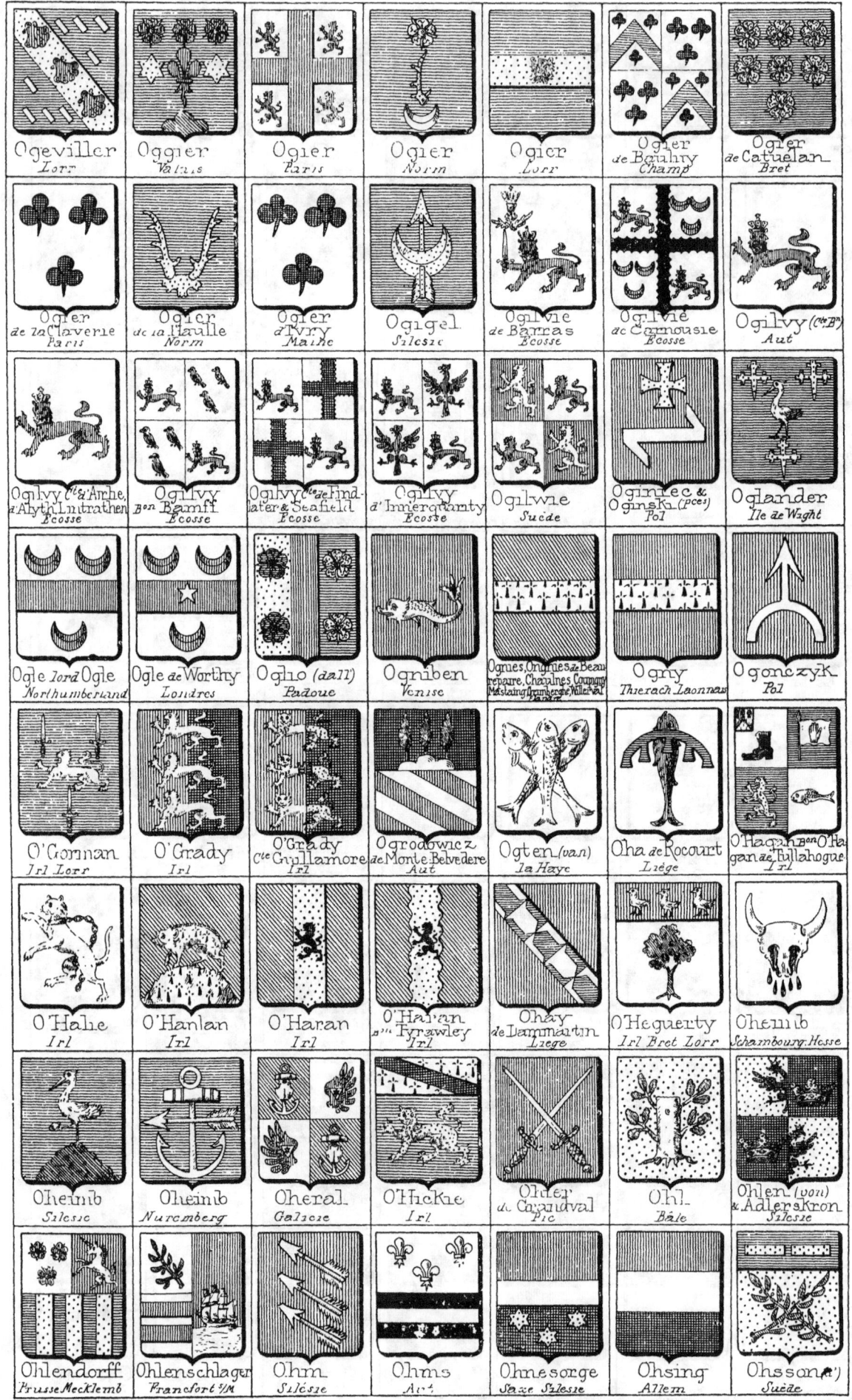

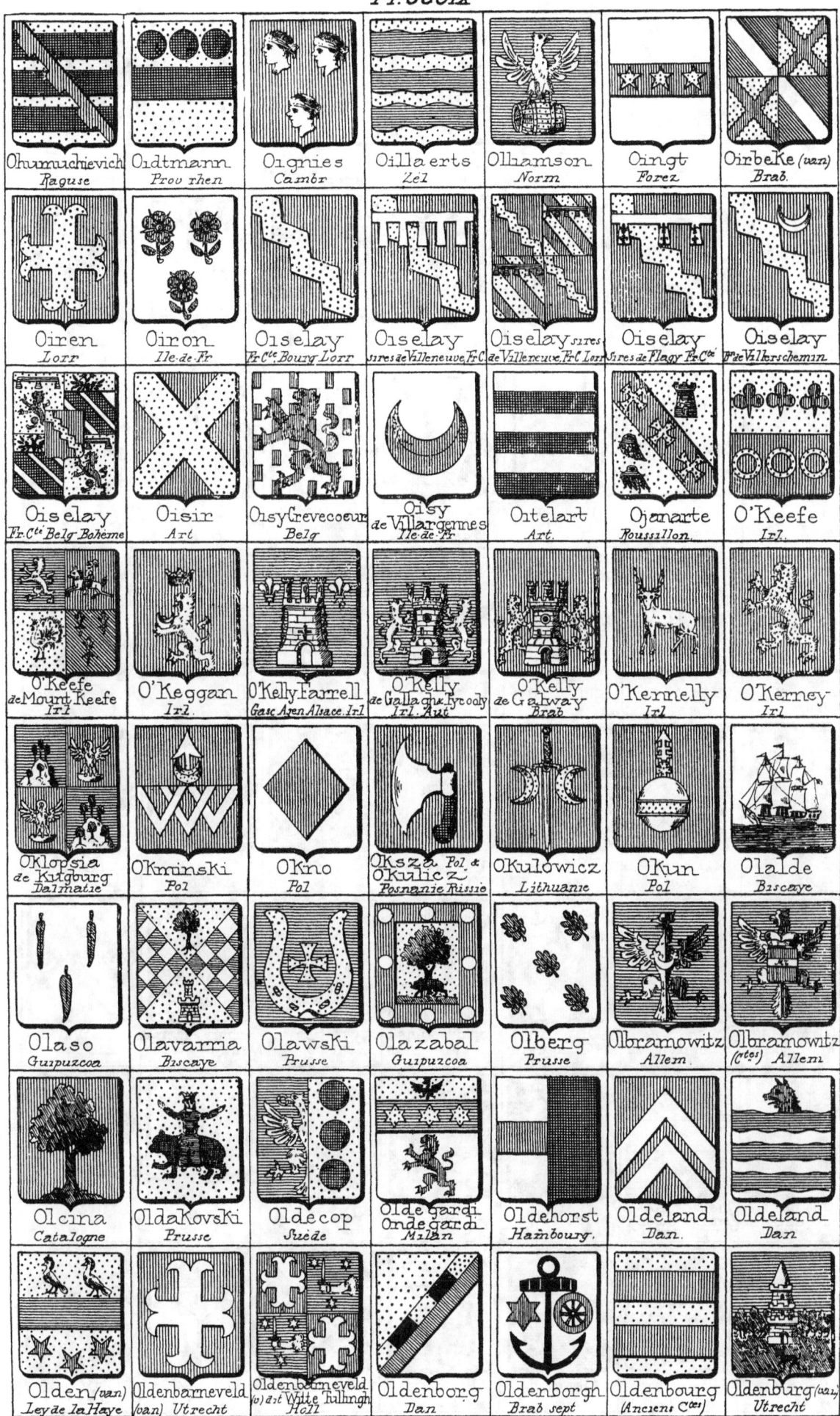
Pl. CCCIX

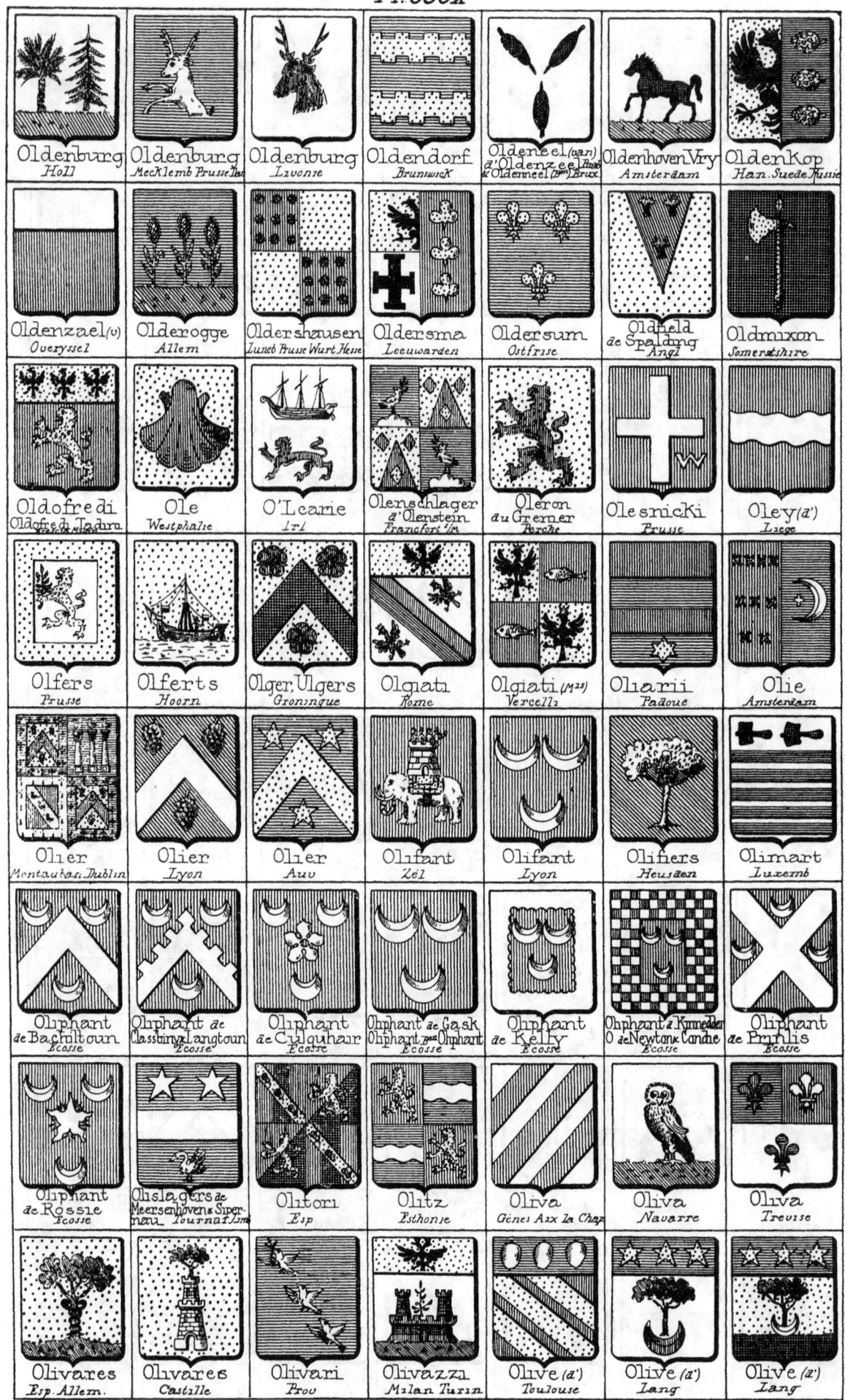

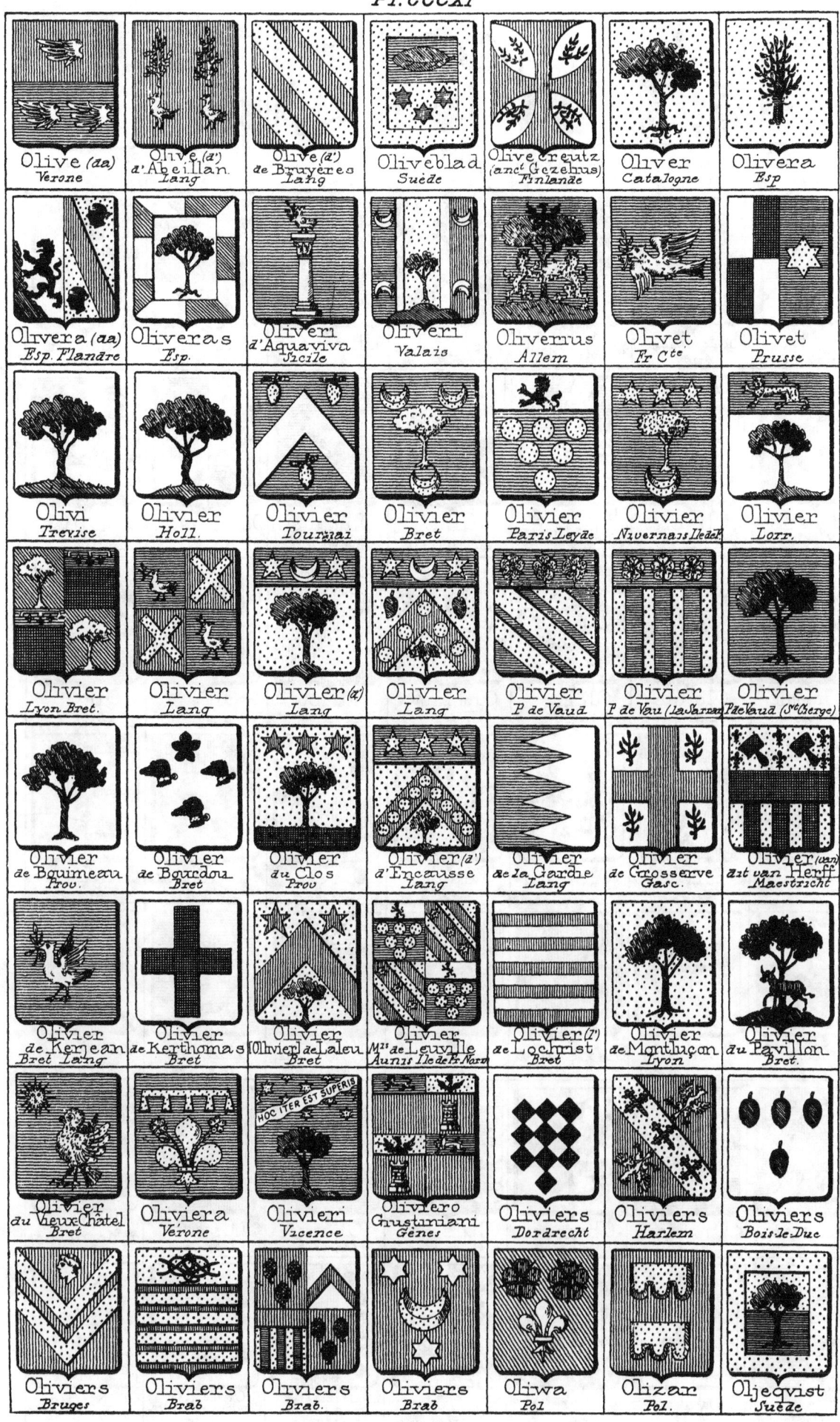

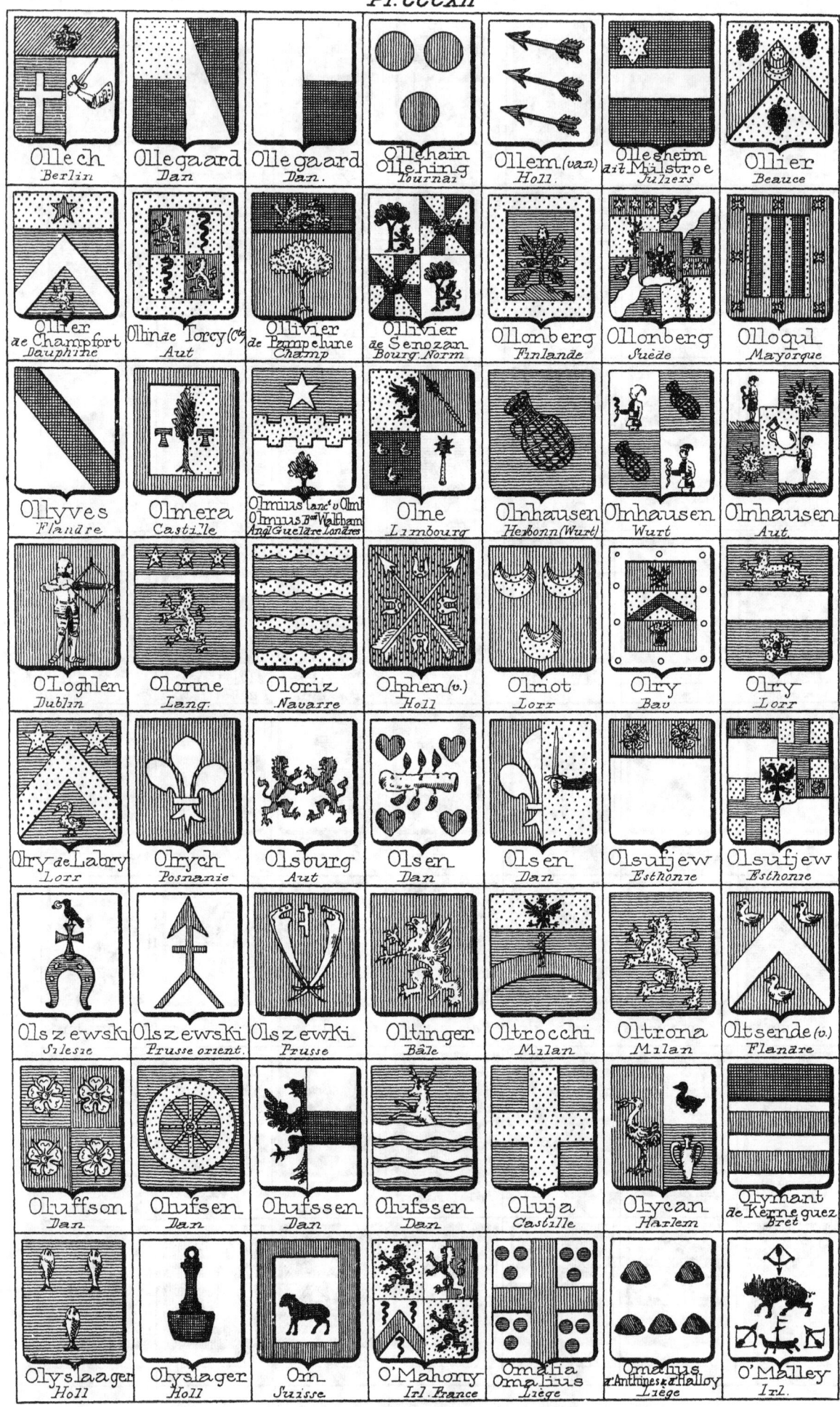
Pl. CCCXII

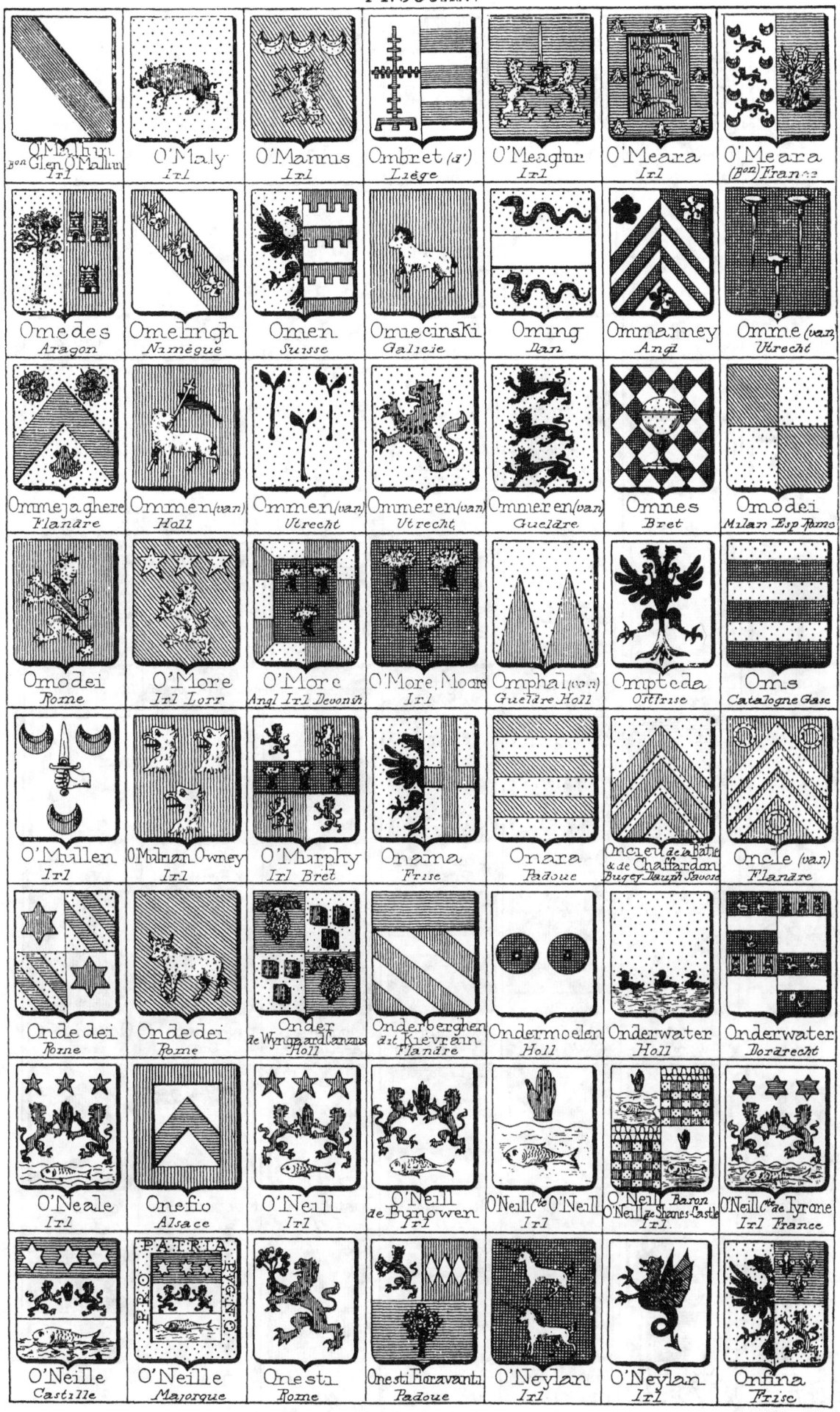

Pl. CCCXIV

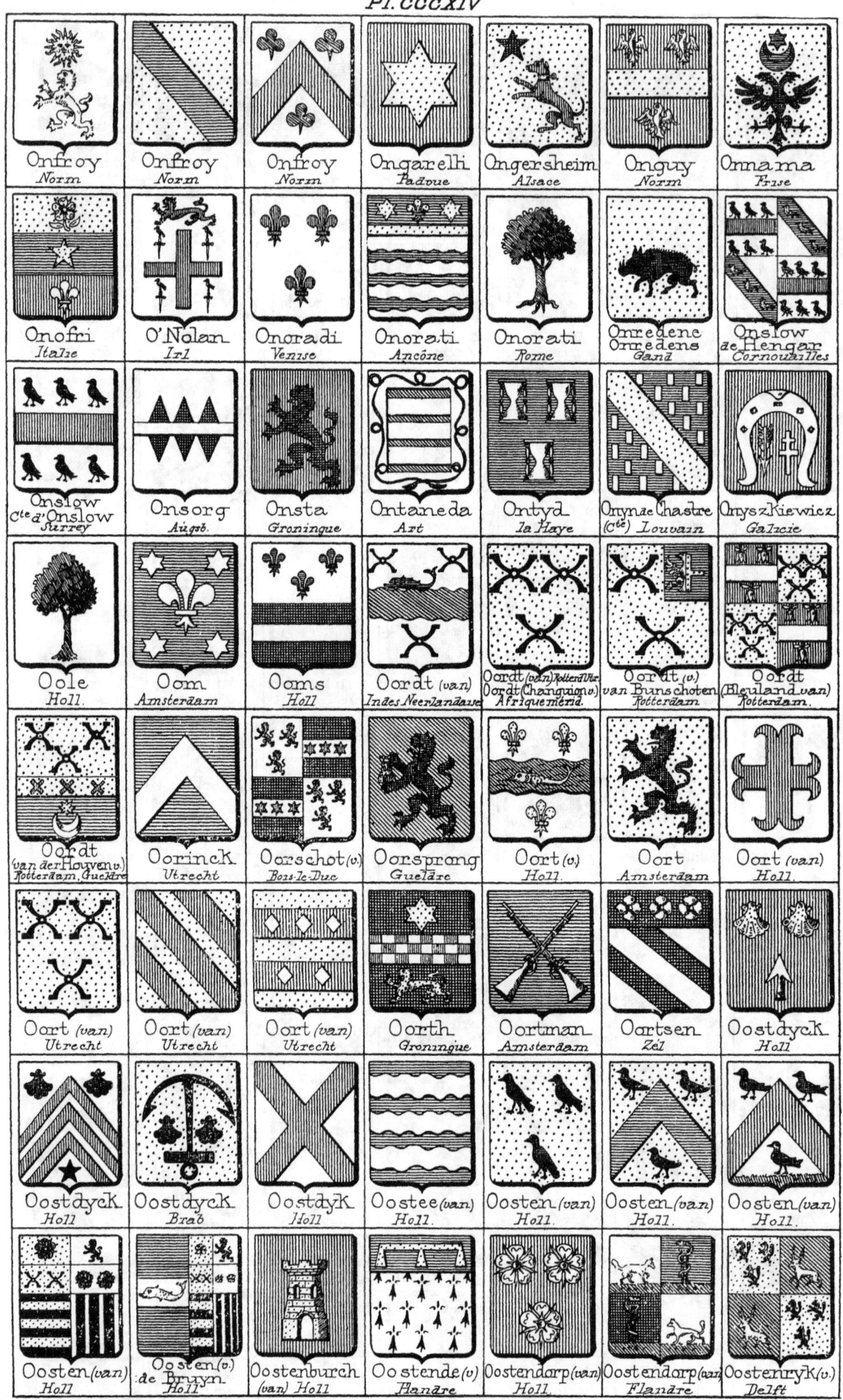

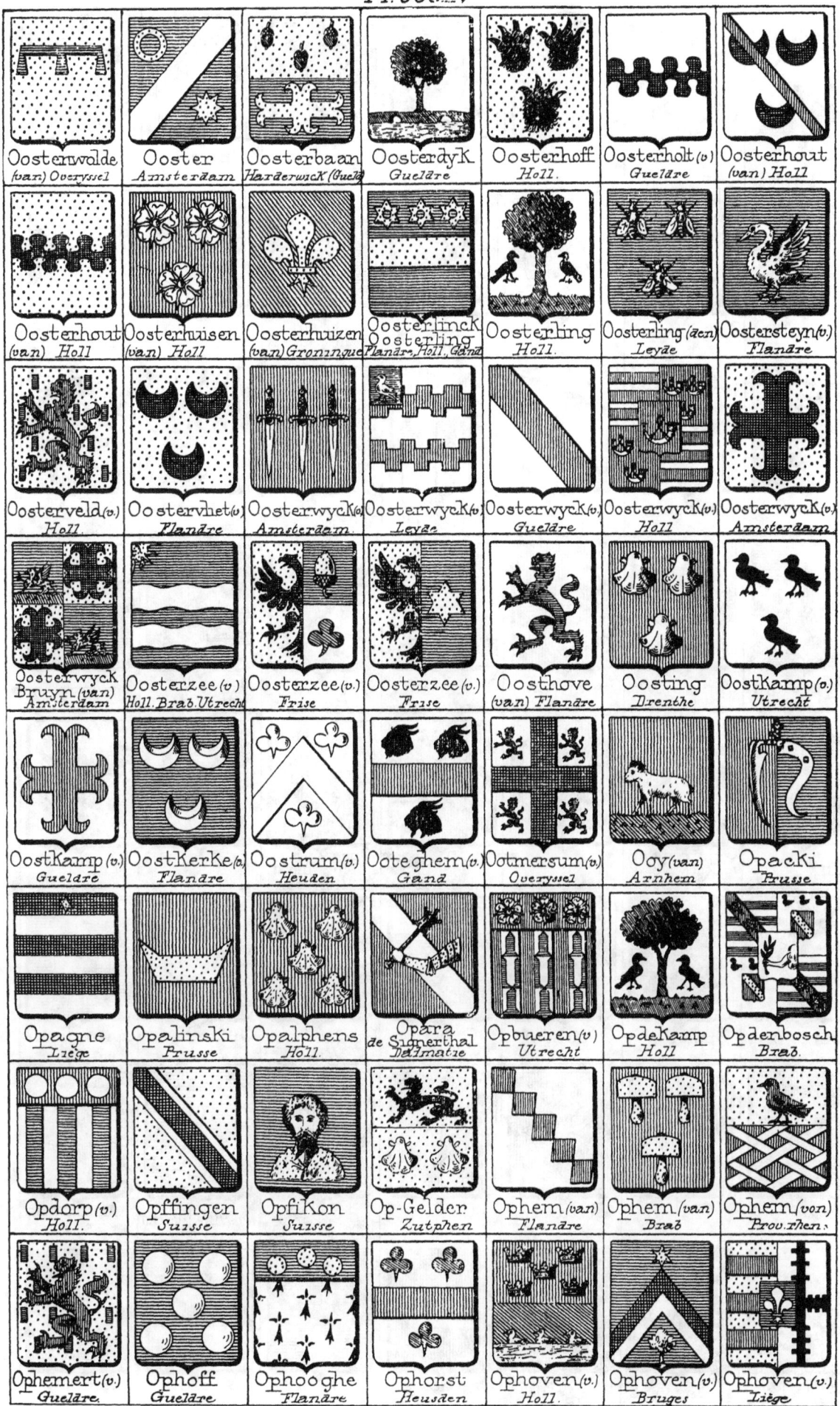

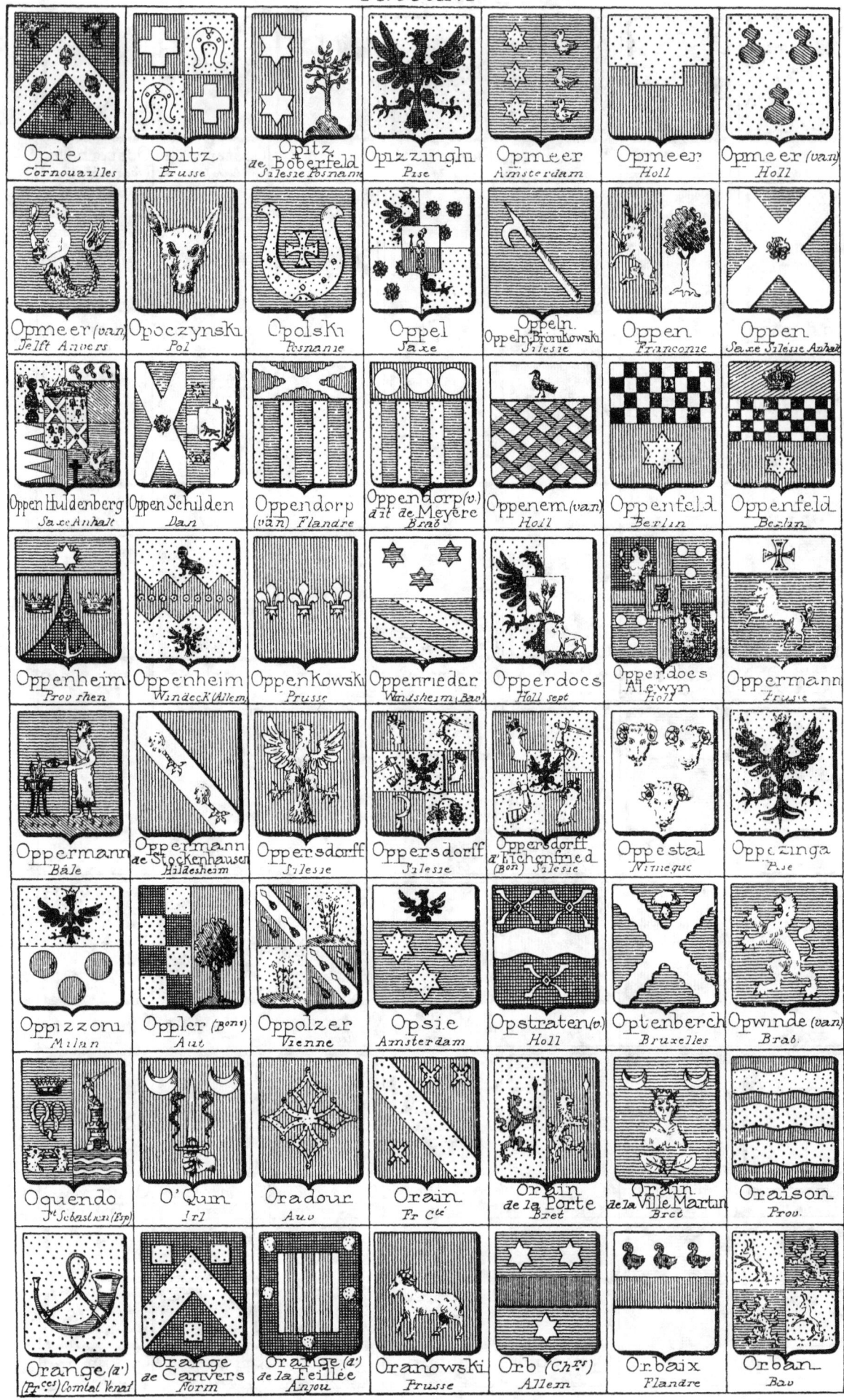

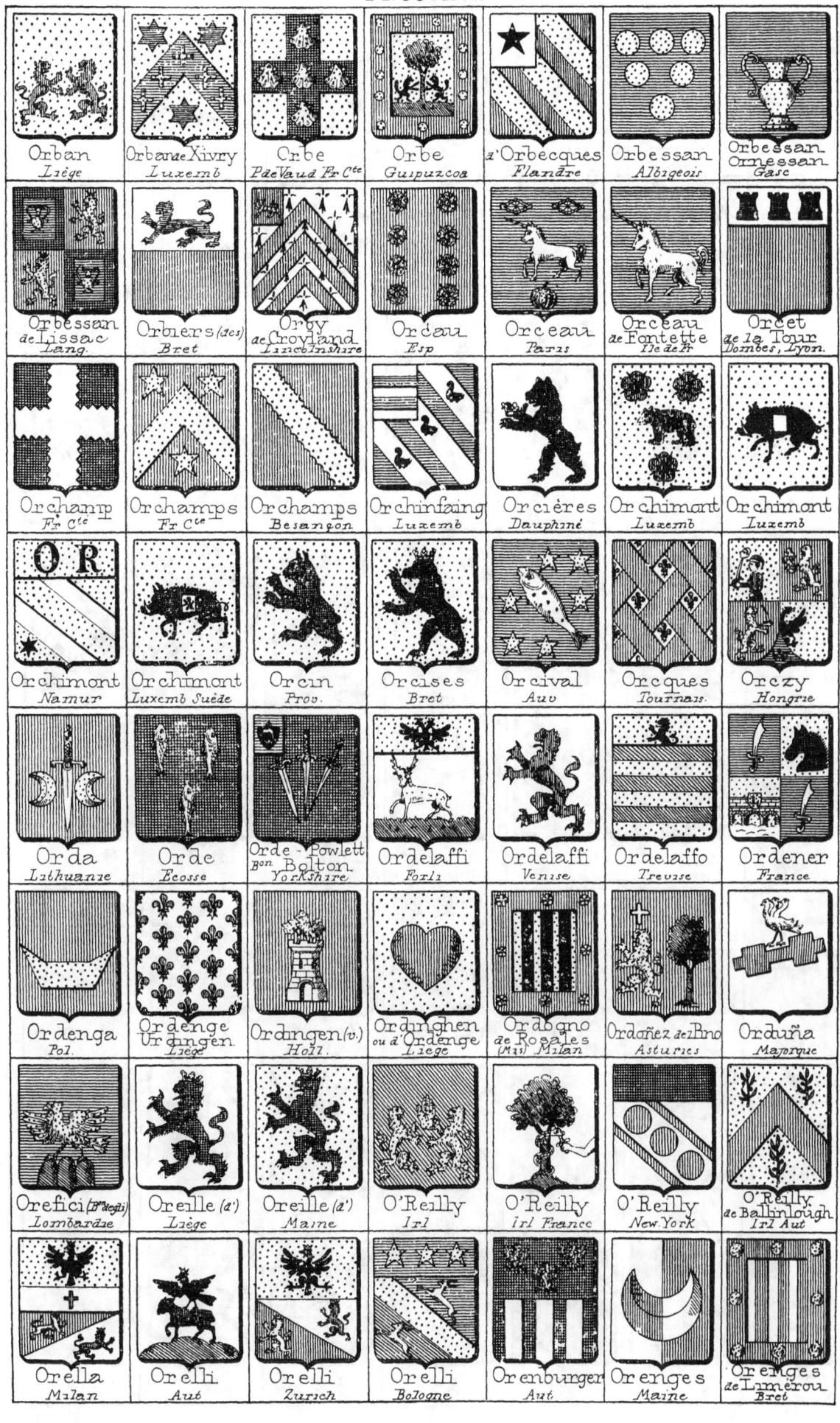

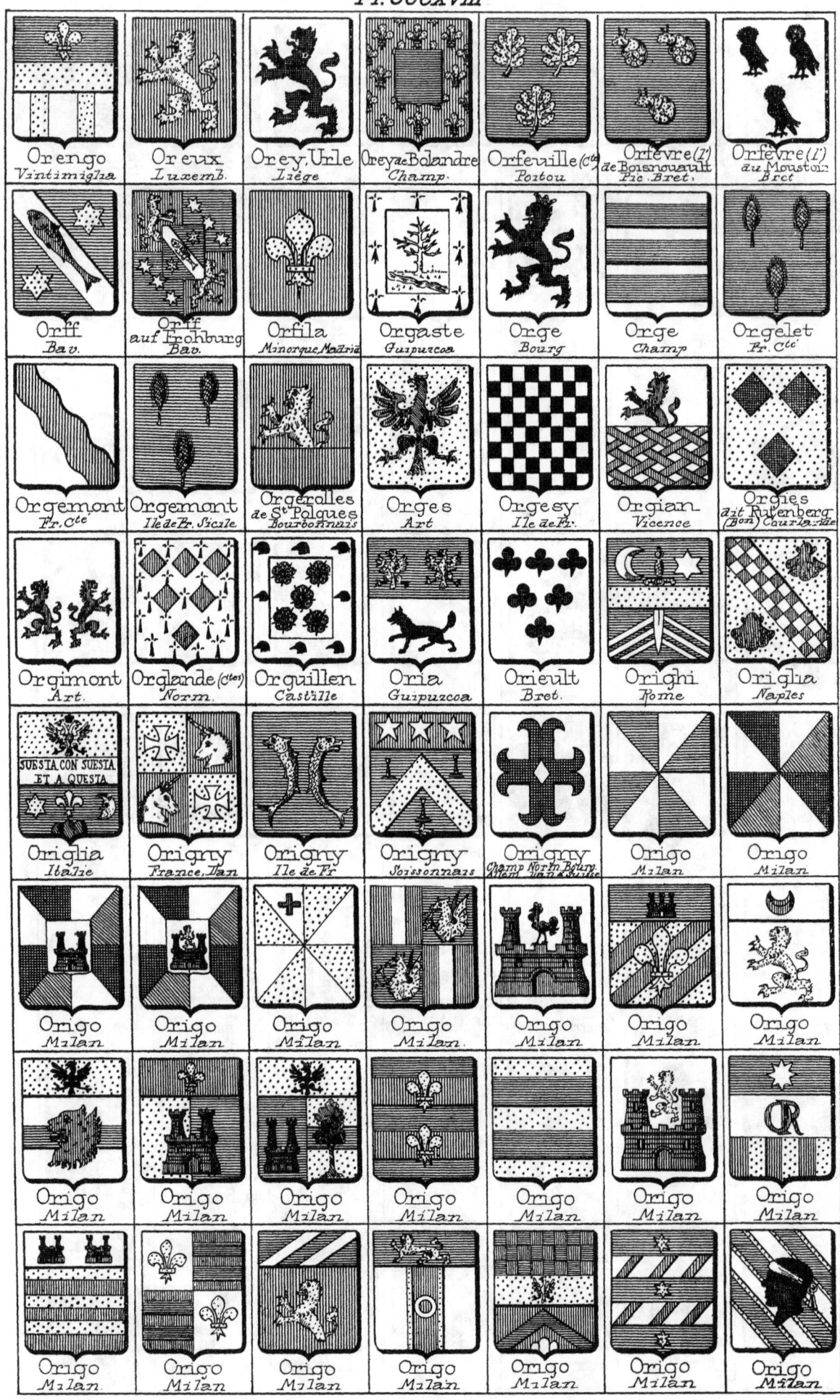

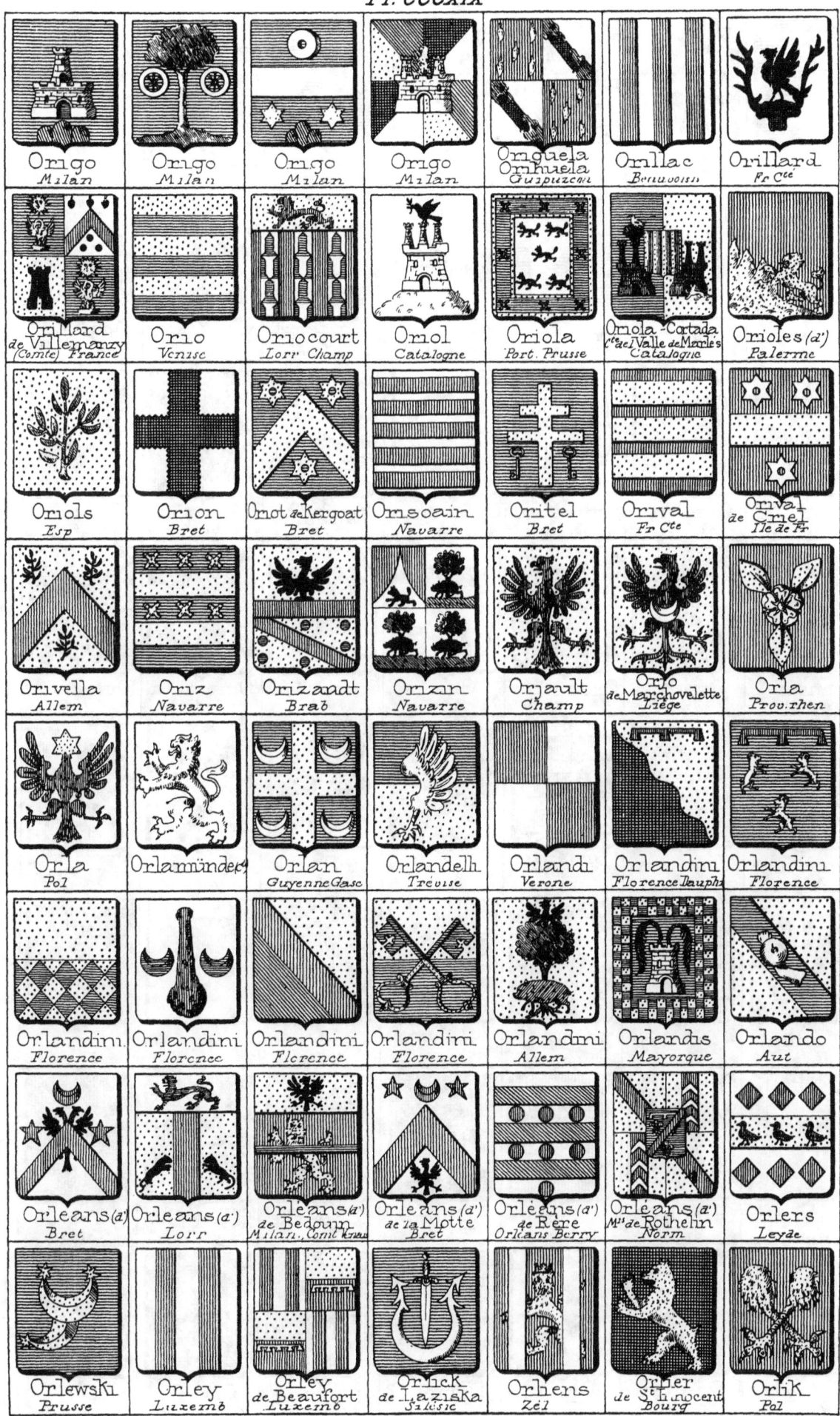

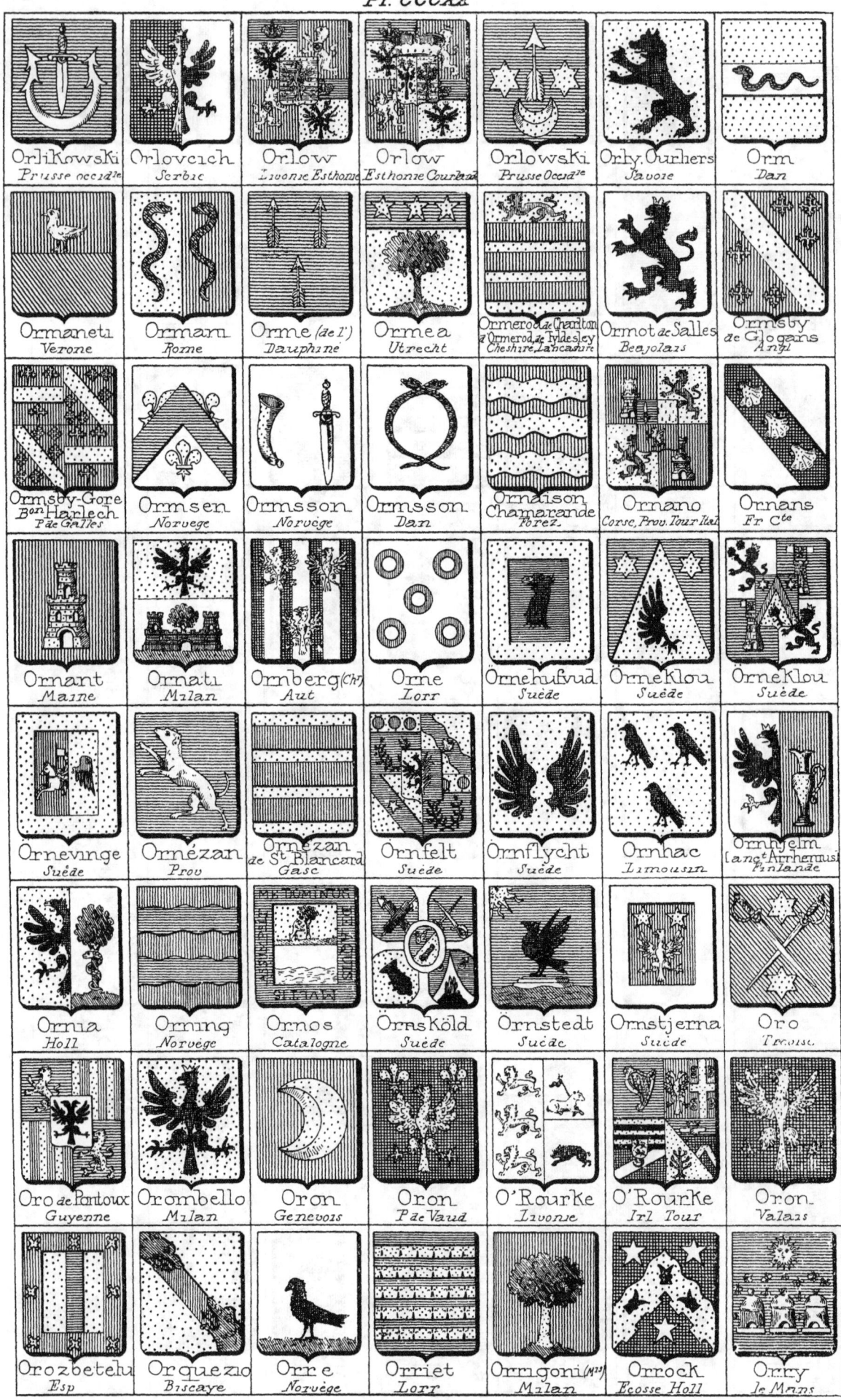
Pl. CCCXX

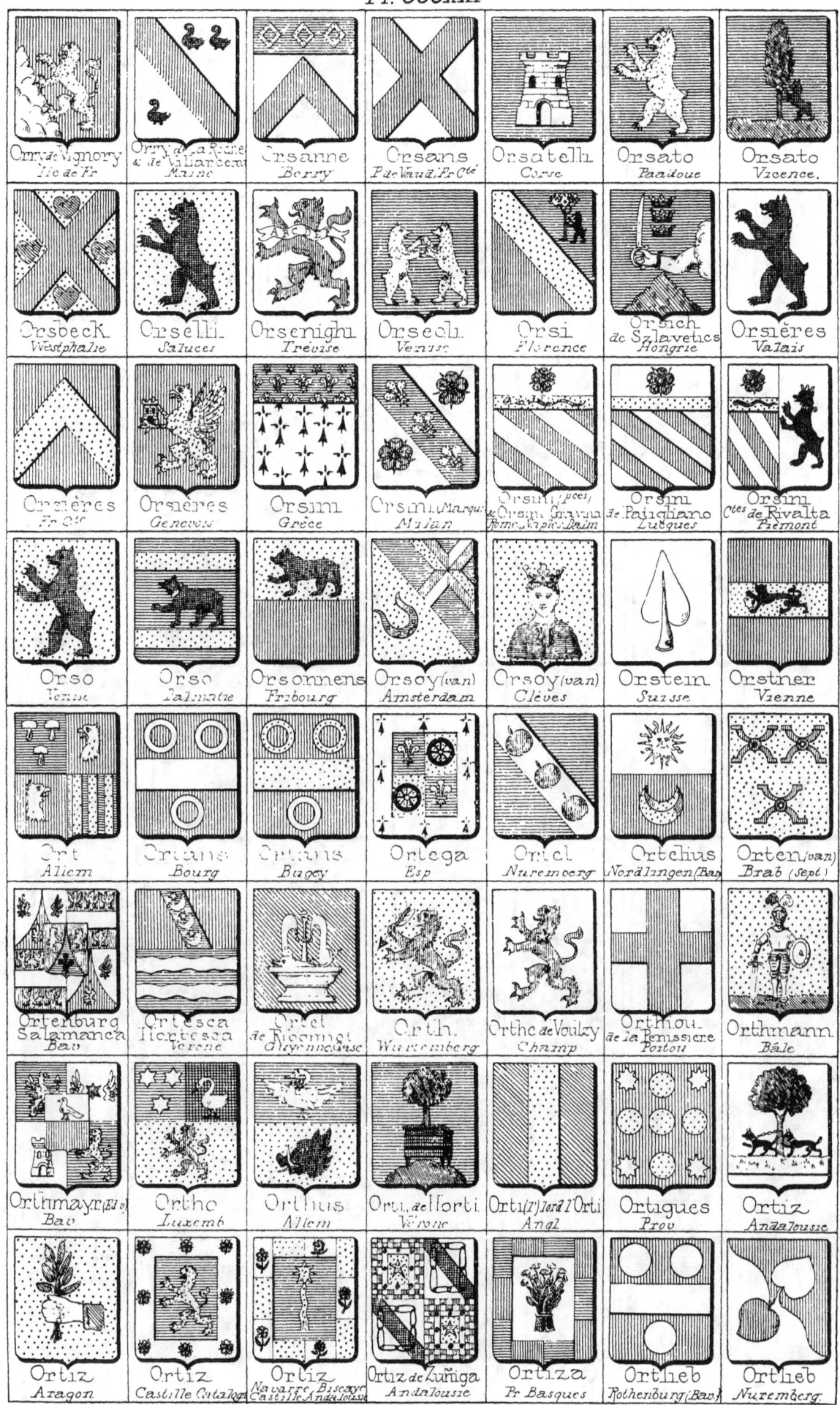

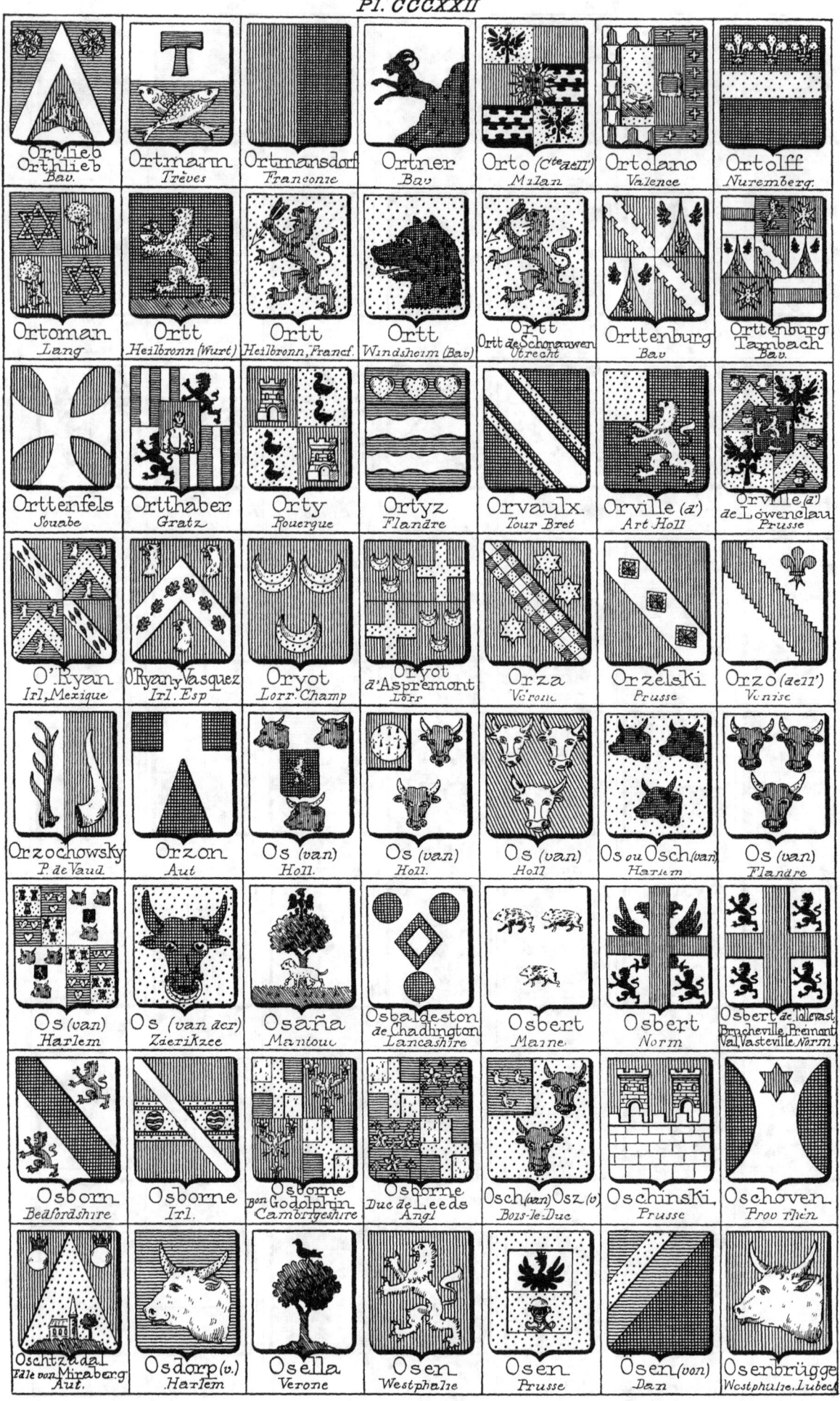

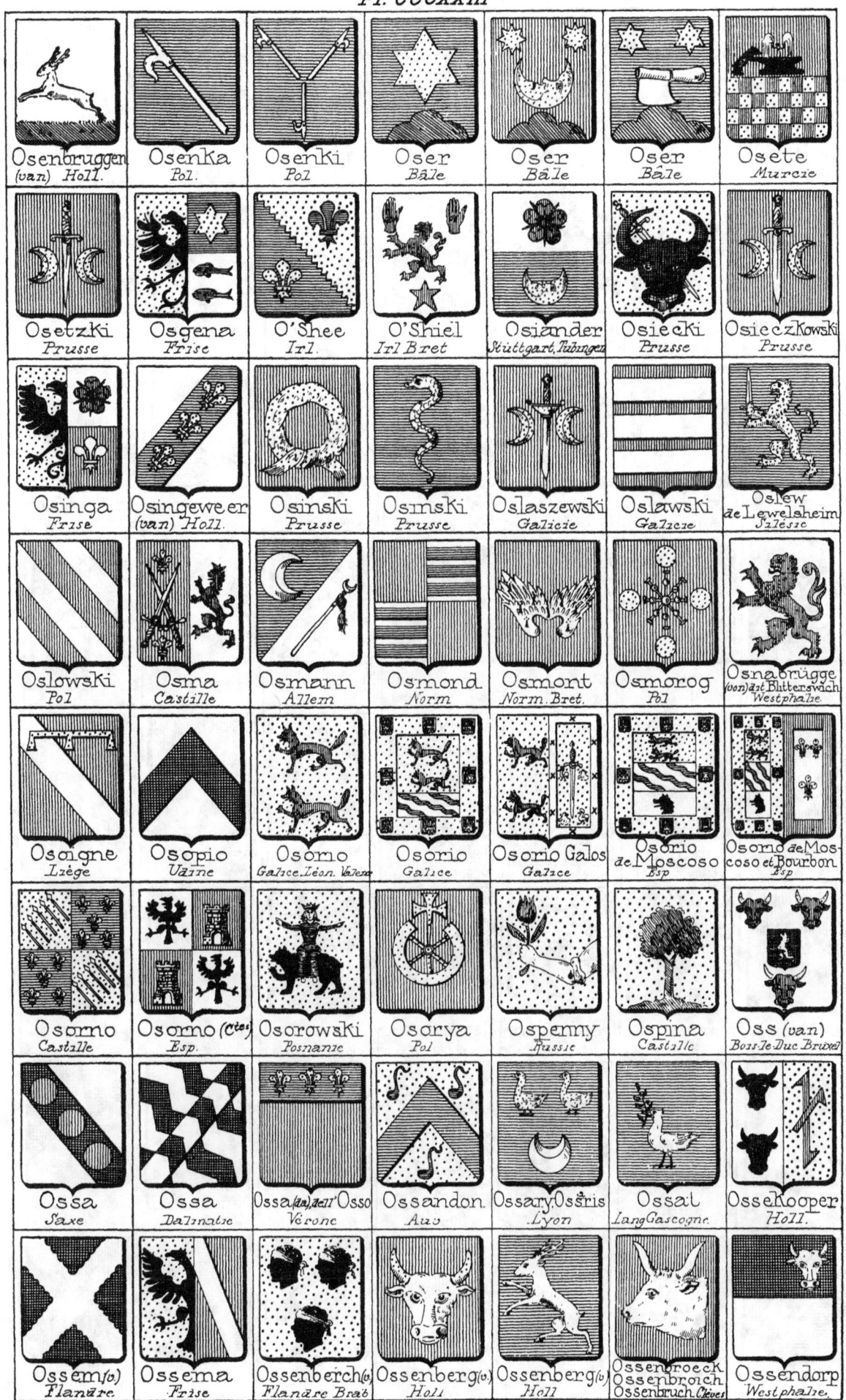

Pl. CCCXXV

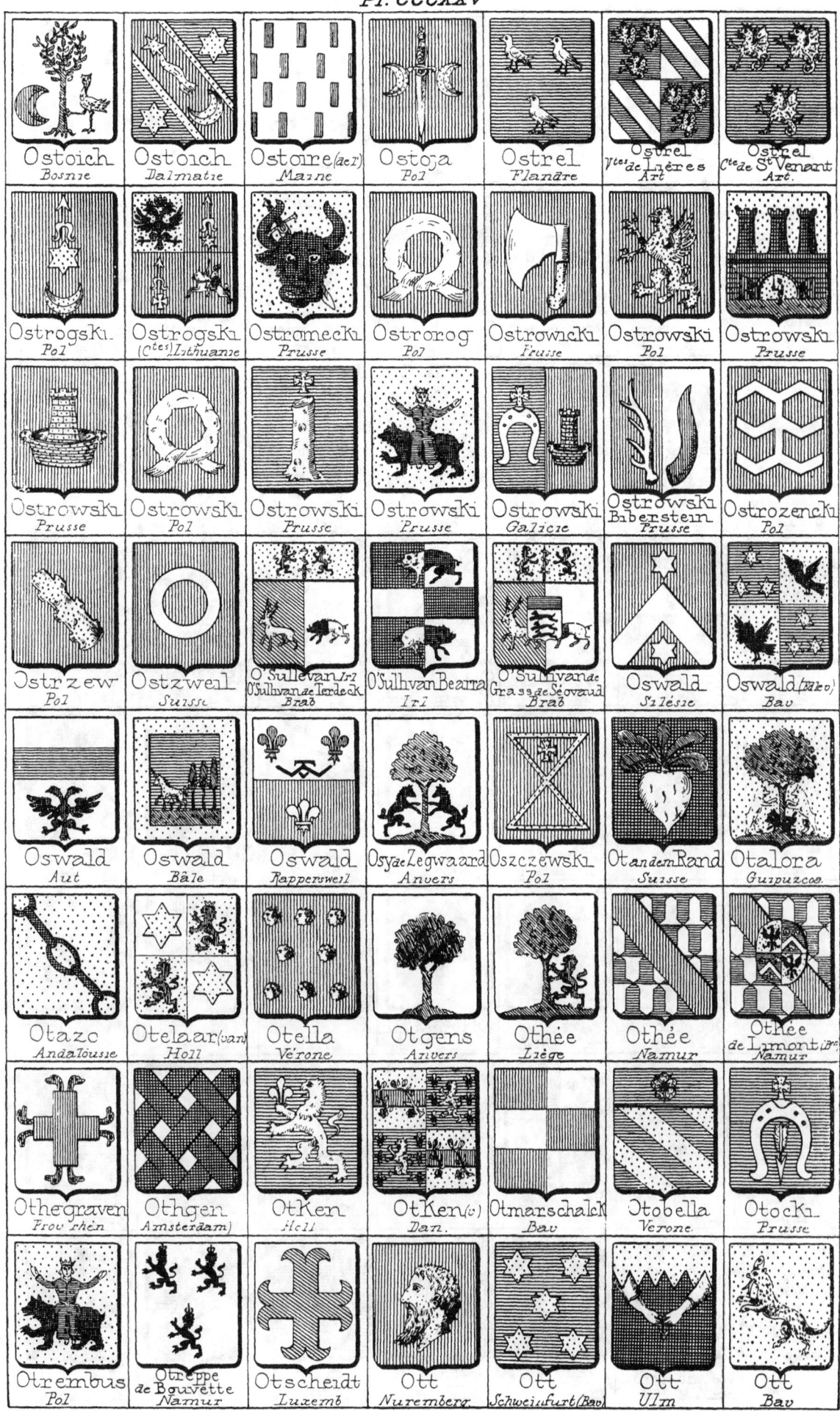

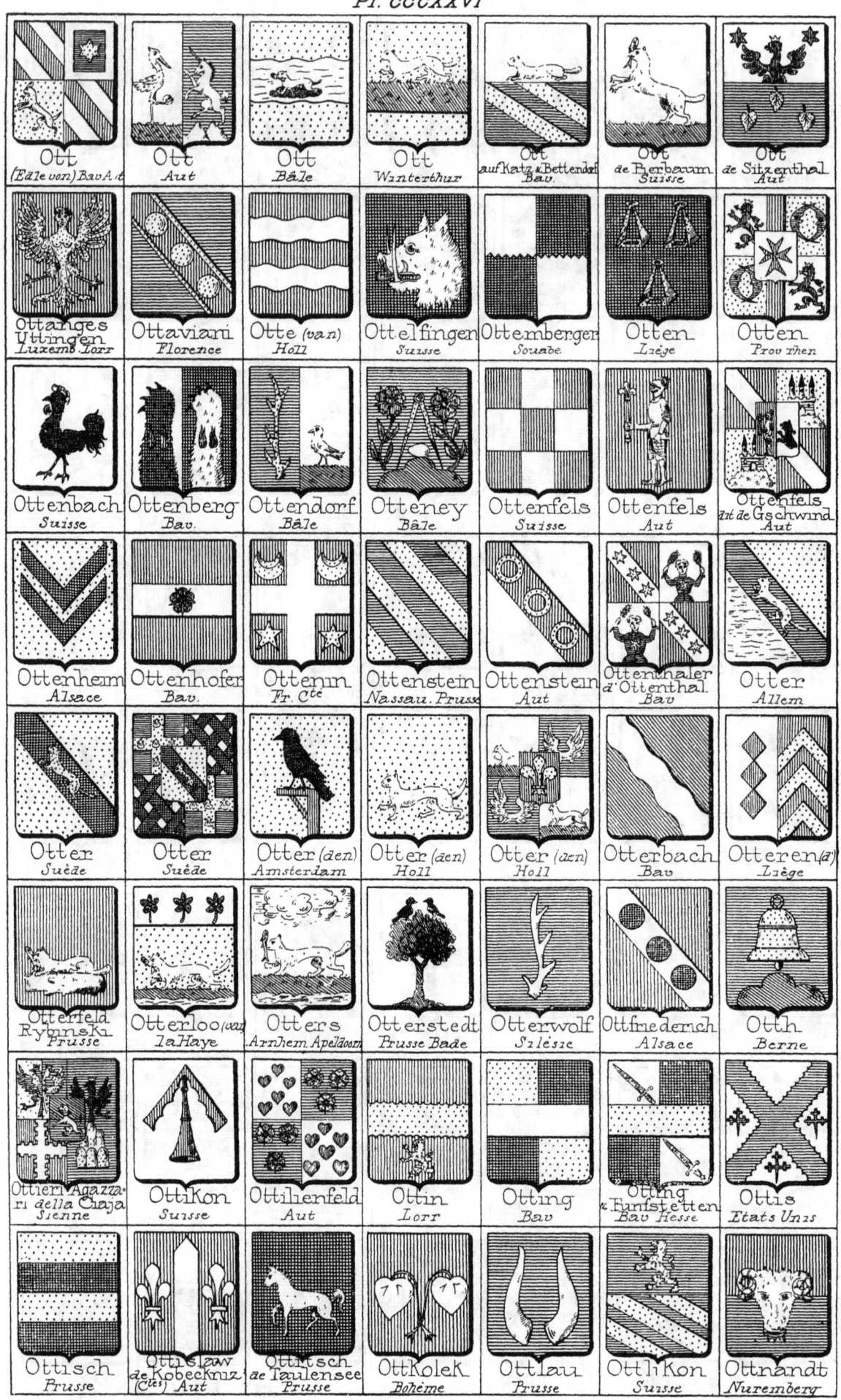

Pl. CCCXXVII

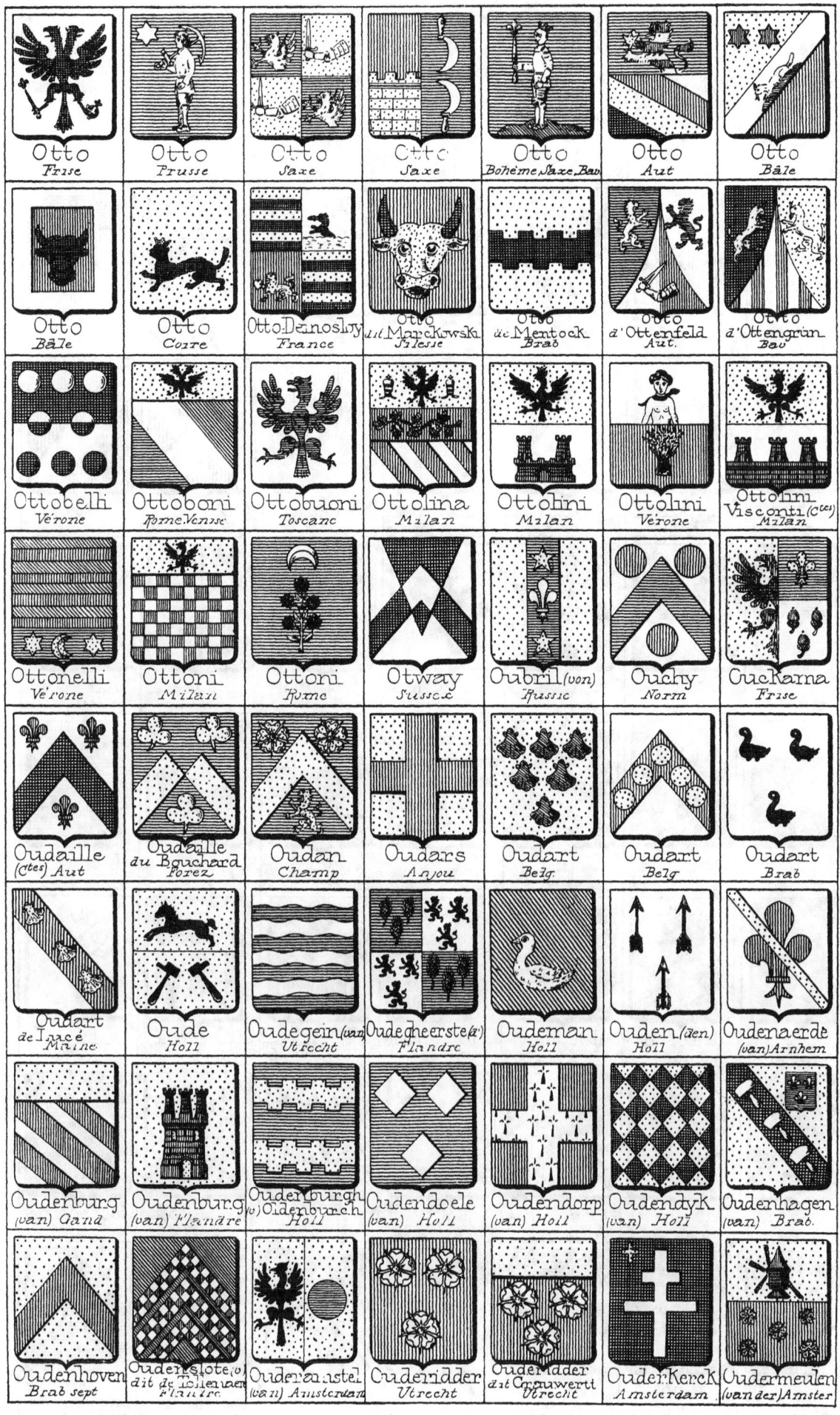

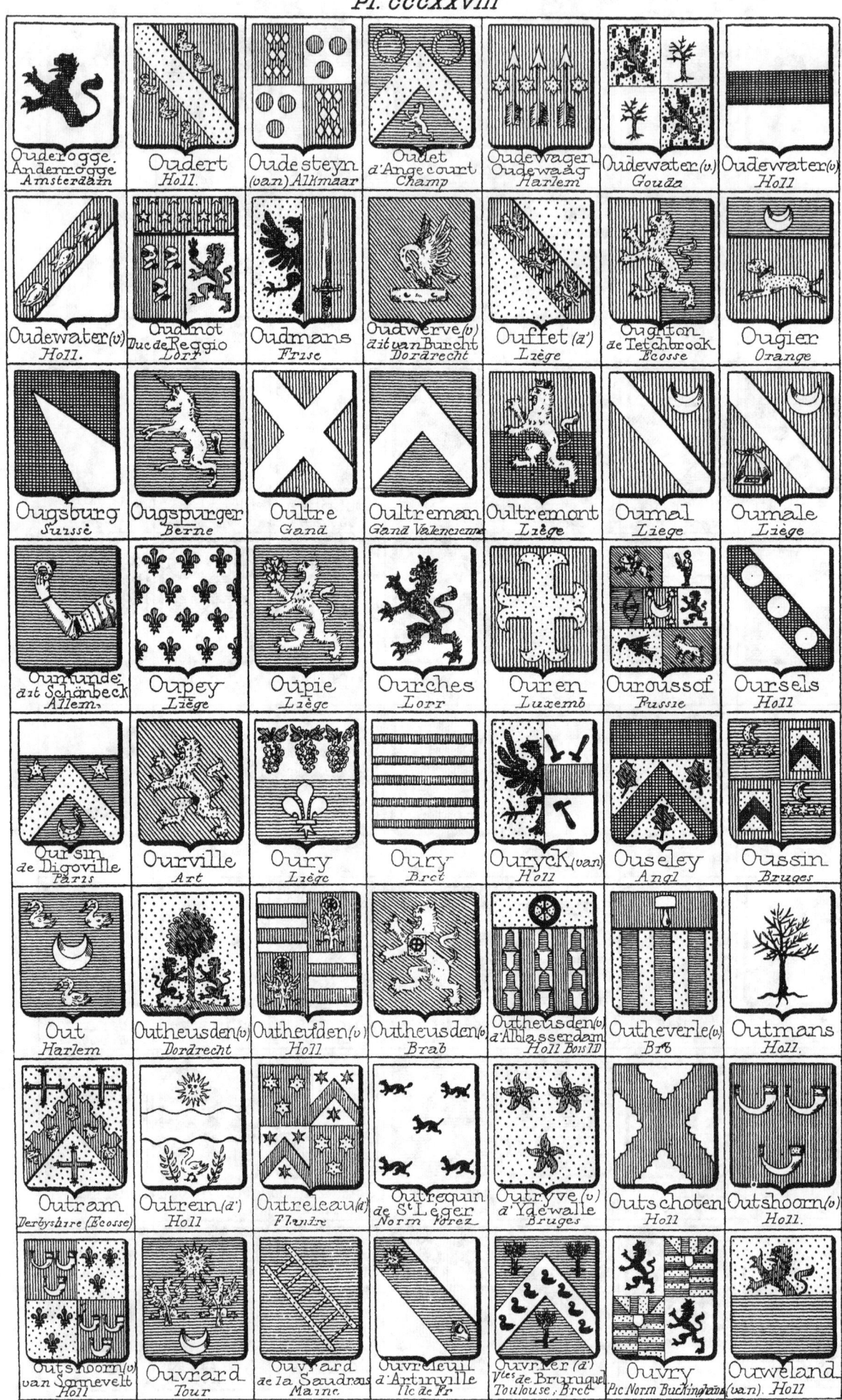

Pl. CCCXXIX

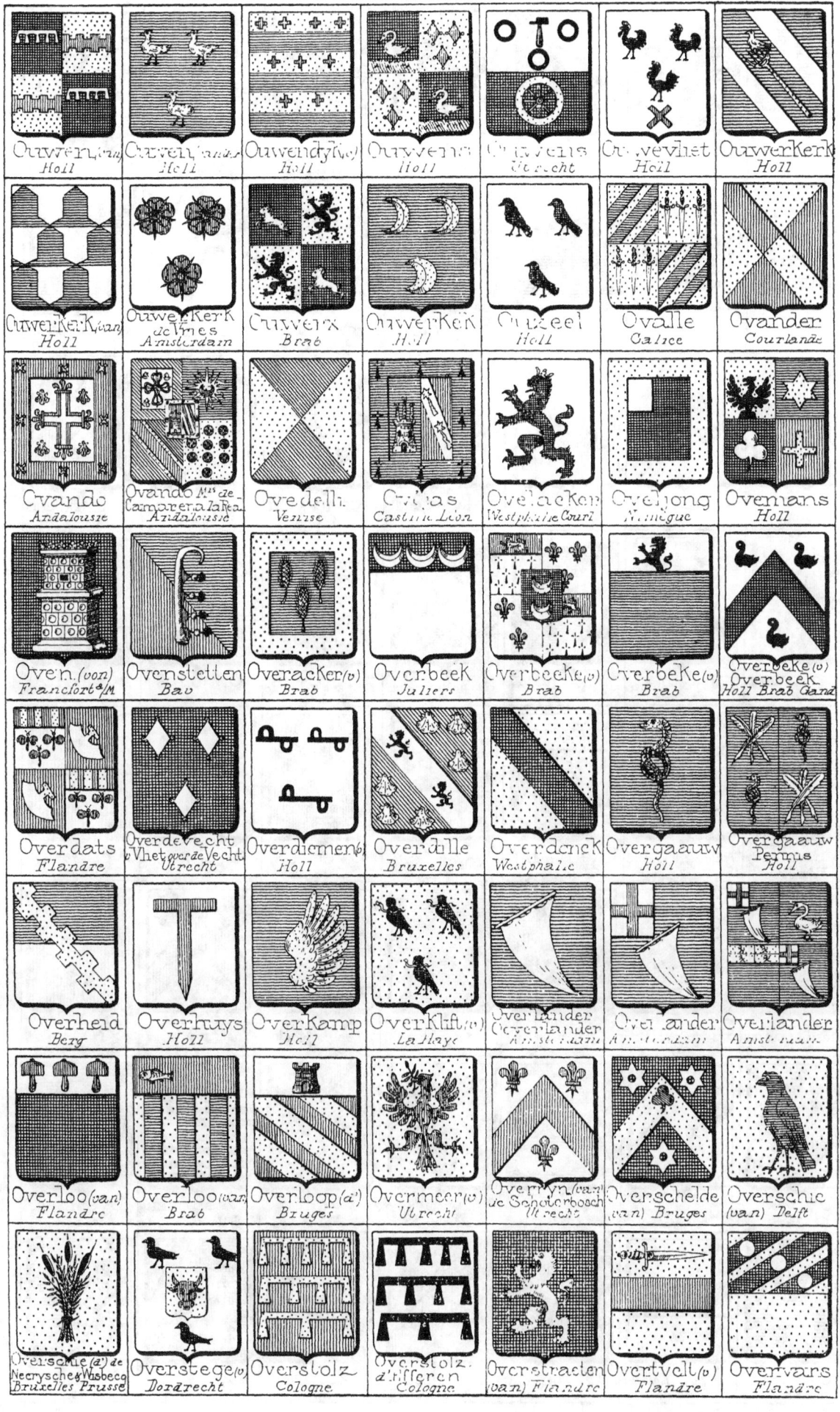

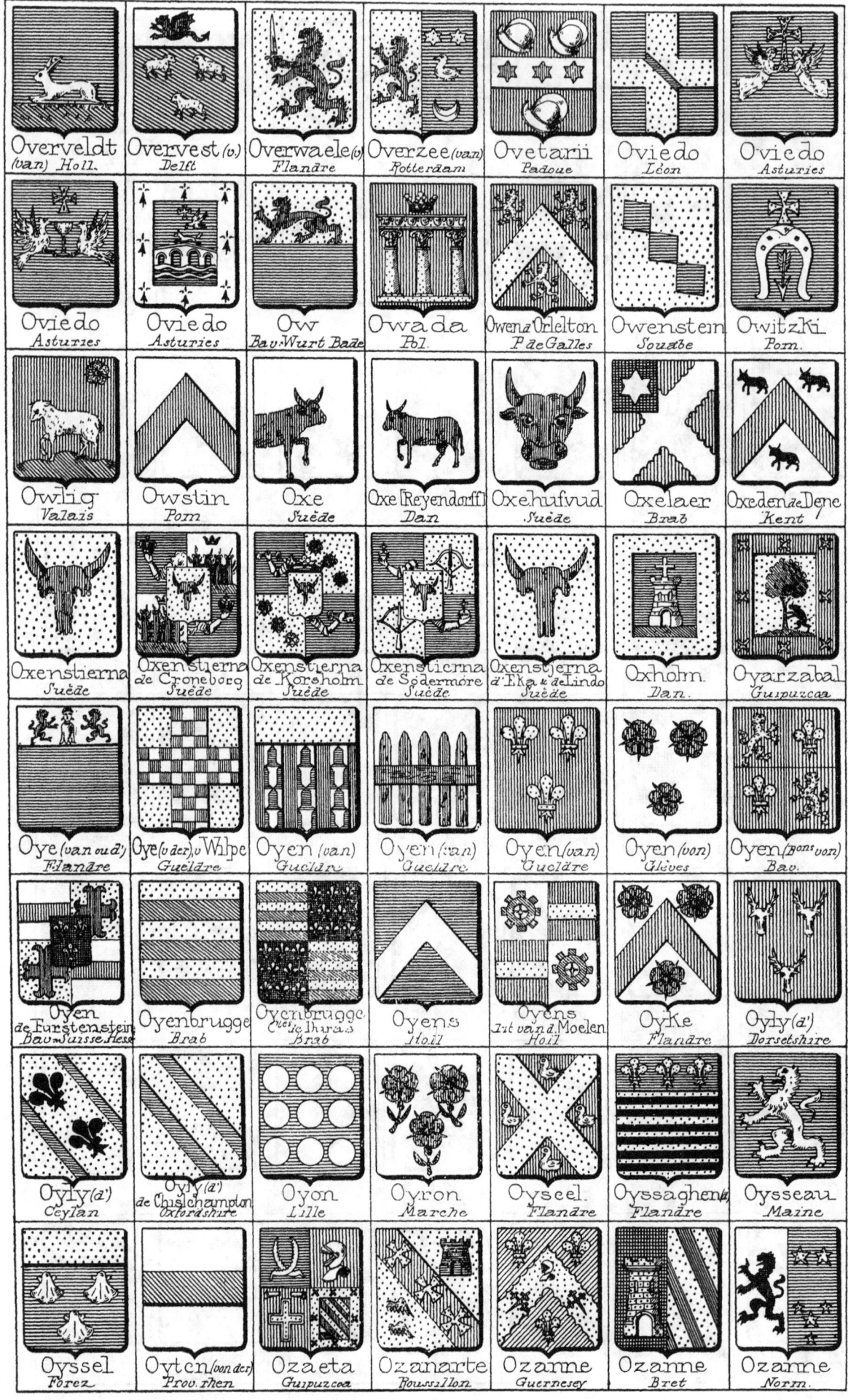

Pl. CCCXXXI

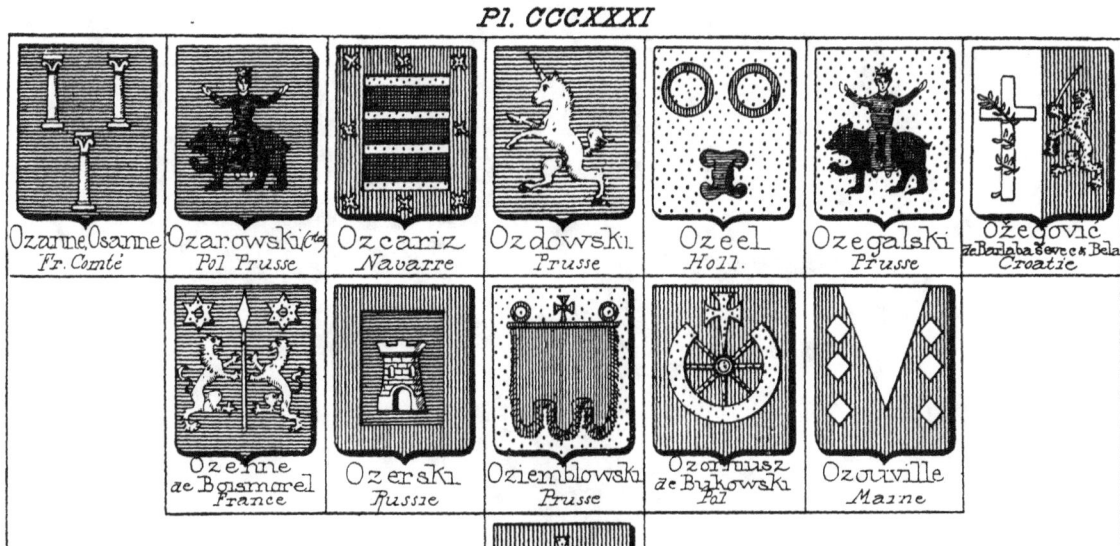

| Ozanne, Osanne<br>Fr. Comté | Ozarowski<br>Pol. Prusse | Ozcariz<br>Navarre | Ozdowski<br>Prusse | Ozeel<br>Holl. | Ozegalski<br>Prusse | Ožegović<br>de Barlabasevec & Bela<br>Croatie |
| --- | --- | --- | --- | --- | --- | --- |
| Ozenne<br>de Boismorel<br>France | Ozerski<br>Russie | Oziemblowski<br>Prusse | Ozoruusz<br>de Bukowski<br>Pol. | Ozouville<br>Maine | | |

Ozymblowski
Pol. Prusse

FIN
DV
Tome IV

www.ingramcontent.com/pod-product-compliance
Lightning Source LLC
Chambersburg PA
CBHW080835010526
44114CB00017B/2309